Die Konkursordnung für das Deutsche Reich

und ergänzende Gesetze

Handausgabe mit ausführlichen Erläuterungen

Von

Dr. Karl Meyer,

Staatsrat im Bayerischen Staatsministerium der Justiz

Zweite neubearbeitete Auflage

von

Joseph Bleyer,

Ministerialrat im Bayerischen Staatsministerium der Justiz

1921

München, Berlin und Leipzig

J. Schweitzer Verlag (Arthur Sellier)

Druck von Dr. F. P. Datterer & Cie., München-Freising.

Vorwort.

Die vorliegende Handausgabe wurde in 1. Auflage im Jahre 1899 von dem auch sonst auf konkursrechtlichem Gebiete wohlbekannten jetzigen Staatsrat im Bayerischen Staatsministerium der Justiz Dr. Karl Meyer herausgegeben. Sie erfreute sich bald in der Praxis wie beim akademischen Unterrichte großer Beliebtheit und ist deshalb seit einer Anzahl von Jahren im Buchhandel vergriffen. Auf Wunsch des anderweit in Anspruch genommenen Herrn Staatsrates Dr. Meyer habe ich einige Zeit vor Ausbruch des Weltkrieges die Neubearbeitung der Handausgabe übernommen.

In den letzten zwanzig Jahren hat die Gesetzgebung, Rechtsprechung und Literatur des weitverzweigten Konkursrechtes so tiefgreifende Änderungen erfahren, daß die vorliegende Arbeit unter Festhaltung des bewährten Charakters der 1. Auflage als neues Werk erscheint.

Sein Abschluß wäre mir aus Zeitmangel allerdings nicht möglich gewesen, wenn ich nicht die weitgehende Mithilfe des Rates am Oberlandesgerichte München Joseph Schiedermair gefunden hätte. Herr Oberlandesgerichtsrat Schiedermair hat die Erläuterungen zum § 60 und zu den „Besonderen Bestimmungen" in §§ 207 mit 236 KO., ferner zu den ergänzenden Gesetzen selbständig und unter eigener Verantwortung besorgt und unter Durchsicht des ganzen Manuskriptes die Gesetzgebung, Literatur und Rechtsprechung seit 1914 eingearbeitet. Die „Strafbestimmungen" (§§ 239 mit 244) hat Herr Landgerichtsrat im Staatsministerium der Justiz Dr. Emil Moser in München kommentiert.

Beiden Herren bin ich für ihre Mitwirkung zu aufrichtigem Danke verpflichtet. Desgleichen Herrn Staatsrat Dr. Meyer für das warme Interesse und die nachhaltige Förderung, die er der Arbeit stets zugewendet hat. Dank gebührt auch dem Verlage, der sich trotz der ungünstigen Zeitverhältnisse entschlossen hat, mit dem Buche herauszukommen.

Herbst 1920.

Bleyer.

Inhaltsübersicht.

I. Teil. Konkursordnung.

II. Teil. Ergänzungsgesetze zur Konkursordnung.

Übersicht der Abkürzungen.[1])

BayZfR. u. BayZ. = Zeitschrift für Rechtspflege in Bayern.

Begr. I = Motive zu dem Entwurf einer KO. und zu dem Entwurf des Einführungs Ges. RT. 2. Legislaturperiode, II. Session 1874 Nr. 200; III. Session 1875/76 Nr. 20 (Hahn, Materialien IV, 37).

Begr. II = Begründung zu den Entwürfen eines Ges. betr. Änderungen der KO. und eines zugehörigen Einführungs Ges. RT. 9. Legislatur-Periode, V. Session 1897/98 (Hahn, Materialien VII, 230).

Cosack = Cosack, Lehrbuch des Handelsrecht, 7. Aufl. 1910.

Cosack, BGB. = Cosack, Lehrbuch des Bürgerlichen Rechts, 6. Aufl. 1913.

Dernburg = Dernburg, Das Bürgerliche Recht des Deutschen Reichs und Preußens, 3. Aufl. 1906.

Dür-Hach. = Dr. A. Düringer und Dr. M. Hachenburg, Das Handelsgesetzbuch, 1. Bd. 1899; 2. Bd. 1901; 3. Bd. 1905; 4. Bd. 1917.

Enneccerus I = Enneccerus, Allg. Teil des Bürgerlichen Gesetzbuchs, 12. bis 14. Aufl. 1919.

Enneccerus I 2 = Enneccerus, Schuldrecht, 6. Aufl. 1915.

Falkmann = Falkmann, Kommentar zum Anfechtungsgesetz 1908.

FalkmannZw. = Falkmann, Die Zwangsvollstreckung, 2. Aufl. 1908.

Fischer-Henle = Fischer-Henle, Bürgerliches Gesetzbuch, 10. Aufl. 1918.

Fischer-Schäfer = Fischer und Schäfer, Die Gesetzgebung betr. die Zwangsvollstreckung in das unbewegliche Vermögen, 2. Aufl. 1910.

Fitting = Fitting, Reichskonkursrecht und Konkursverfahren 1914.

Frank = Frank Reinh., Strafgesetzbuch für das Deutsche Reich, 11.—14. Aufl. 1915.

Gaupp-Stein = Stein, Die Zivilprozeßordnung für das Deutsche Reich, 11. Aufl. 1913.

GeschA. VO. = VO. über die Geschäftsaufsicht zur Abwendung des K. vom 14. Dezember 1916 (RGBl. 1363).

GoA. = Goltdammer, Archiv für Strafrecht.

GruchotsBeitr. = Beiträge zur Erläuterung des deutschen Rechts, begr. von Dr. J. A. Gruchot.

GS. = Gerichtssaal.

Hellmann = Hellmann, Lehrbuch des deutschen Konkursrechts 1907.

Jaeckel-Güthe = Jaeckels Kommentar zum Zwangsversteigerungsgesetz, 5. Aufl. 1915.

Jaeger = Jaeger, Kommentar zur Konkursordnung, 5. Aufl. 1914, 1916.

Kipp = Kipp, Erbrecht, 2. Aufl. 1913.

Kipp-Wolff = Kipp-Wolff, Familienrecht, 2. Aufl. 1914.

Kleinfeller = Kleinfeller, Lehrbuch des Konkursrechts 1912.

Klimmer = Klimmer Dr. Otto, Die Geschäftsaufsicht zur Abwendung des Konkurses 1917.

Kohler = Kohler, Lehrbuch des Konkursrechts 1891.

---

[1]) Im übrigen wird verwiesen auf die Vorschläge des Deutschen Juristentags.

Kohler-Leitf. = Kohler, Leitfaden des Konkursrechts, 2. Aufl. 1903.

KommB. I = Protokolle der VIII. Kommission des Reichstags, D. RT. II. Session 1874 Nr. 200; III. Session 1875/76 Nr. 20 (Hahn, Materialien IV, 518).

KommB. II = Bericht der VI. Kommission über die Entwürfe eines Ges. betr. Änderungen der KO. samt dem dazu gehörigen EinfG. Nr. 100 d. D. RT. 9. LegislPer. V. Session 1897/98 (Hahn, Materialien VII, 284).

Kretzschmar = Kretzschmar, Das Erbrecht 1913.

KrTSchG. = Ges. betr. den Schutz der infolge des Krieges an Wahrnehmung ihrer Rechte behinderten Personen vom 4. August 1914 (RGBl. 328), geändert unterm 14. Januar 1915 (RGBl. 17) und 5. Juli 1917 (RGBl. 590).

Lang = Lang, Aufrechnungsrecht 1906.

Makower = Makower, Handelsgesetzbuch mit Kommentar, 13. Aufl. 1906.

Müller = G. Müller, Die Preußische Justizverwaltung, 6. Aufl. 1909/1910.

ObLG. ZS. NF. = Sammlung von Entscheidungen des Bayerischen Obersten Landesgerichts in Zivilsachen.

Oertmann = Oertmann, Recht der Schuldverhältnisse, 3./4. Aufl. 1910.

Petersen-Kleinfeller = Dr J. Petersen und Dr. Gg. Kleinfeller, Konkursordn. für das Deutsche Reich, 4. Aufl. 1900.

Planck = Plancks Kommentar zum Bürgerlichen Gesetzbuch; §§ 1—421 und 854—1112, 4. Aufl. 1913; von da ab 3. Aufl. 1904—1908.

Predari = Predari, Die Grundbuchordnung, 2. Aufl. 1913.

Rosenberg RGRKomm. = Das Reichs-Strafgesetzbuch, erläutert von Ebermayer, Eichelbaum, Lobe und Rosenberg S. 773 f. 1920.

Sarw.-Boss. = v. Sarwey-Bossert, Die Konkursordnung für das Deutsche Reich, 4. Aufl. 1901.

Schmidt = Schmidt, Hedemann, Fuchs, Familienrecht, München 1907.

Schwartz = Schwartz E., Strafgesetzbuch für das Deutsche Reich 1914.

Seuffert = Seuffert, Deutsches Konkursprozeßrecht 1899.

Staub = Staubs Kommentar zum Handelsgesetzbuch, §§ 1—177 10. Aufl. 1920; von da ab 9. Aufl. 1907/1908.

Staub-Stranz = Staubs Kommentar zur Wechselordnung, 8. Aufl. 1912.

Staudinger = J. v. Staudinger, Kommentar zum Bürgerlichen Gesetzbuch, 7./8. Aufl. 1912—1914.

Stenglein = Max Stengleins Komm. zu den strafr. Nebengesetzen des Deutschen Reichs, 4. Aufl 1911—1913.

Turnau-Förster = Turnau und Förster, Das Liegenschaftsrecht, 3. Aufl. 1906.

Völderndorff = v. Völderndorff, Konkursordnung, 2. Aufl. 1885.

Wilm.-Kurlb. = Wilmowski u. Kurlbaum-Kühne, Kommentar zur Konkursordnung, 6. Aufl. 1906.

WolffSachenR. = Wolff, Sachenrecht, 2. Aufl. 1913.

Wolff = Wolff Th., Kommentar zur Konkursordnung 1900.

Zweigert = Olshausen-Zweigert, Kommentar zum Strafgesetzbuch für das Deutsche Reich (10. Aufl.) Bd. II Anh. S. 1516 f. 1916.

Einleitung.

Der Entw. einer KO. für das Deutsche Reich nebst dem Entw. eines EinfG. wurde dem Reichstage am 21. Jan. 1875 und wiederholt am 27. Oktober 1875 vorgelegt, mit den von der Komm. beschlossenen Änderungen am 21. Dez. 1876 angenommen und am 10. Febr. 1877 im RGBl. S. 351 veröffentlicht. Die KO. trat am 1. Okt. 1879 in Kraft.

Die §§ 195 bis 197 KO. a. F. über den Konkurs der nach dem RG. vom 4. Juni 1868 errichteten Genossenschaften wurden durch das RG. vom 1. Okt. 1889 betr. die Erwerbs- und Wirtschaftsgenossenschaften (RGBl. 55) aufgehoben. Das RG. vom 9. Mai 1894 (RGBl. 439), betr. die Abänderung des § 41 KO., hat die Vorschrift in § 41 Nr. 4 geändert. Die Anträge der Abgeordneten Rintelen u. Gen. vom 16. Nov. 1893 über den Entw. eines Ges. betr. die Abänderung der KO. wurden einer Kommissionsberatung unterzogen, jedoch in der Vollversammlung des Reichstags nicht erledigt.

Die Einführung des BGB. führte auch zur Abänderung der KO. Der erste Entw. hiezu, in der Anlage II der Denkschrift zum Entw. eines BGB. veröffentlicht, wurde von Lothar Seuffert in BuschZ. 22, 475 und von Georg Kleinfellner in der DJZ. 1896, 474 und in Holdheims Monatsschrift für Handelsrecht 1898, 61 einer eingehenden Besprechung unterzogen. Der im Reichsjustizamt dann ausgearbeitete Gesetzentw. hat diese Kritik berücksichtigt, von einer vollständigen Umarbeitung der KO. aber abgesehen. Der Entw. wurde mit einer Begründung am 26. Jan. 1898 dem Reichstage vorgelegt. Er wurde der VI. Komm. überwiesen, der auch ein von den Abgeordneten Rintelen u. Gen. eingebrachter Gesetzentw. betr. die Abänderung der KO. zuging. Die Vorlage des Bundesrates wurde nach der KommBeratung, die in der Hauptsache Abänderungen auf Erschwerung des Zwangsvergleichs brachte, am 2. Mai 1898 in dritter Lesung samt dem EinfG. hiezu in IX Art. angenommen, am 17. Mai 1898 vollzogen und im RGBl. S. 230 veröffentlicht. Nach dem RG. v. 17. Mai 1898 betr. die Ermächtigung des Reichskanzlers zur Bek. verschiedener RG. (RGBl. 342) wurde der Text der neuen KO. in der Neunumerierung der Paragraphen durch die Bek. v. 20. Mai 1898 (RGBl. 612) veröffentlicht. In der KO. sind durch die Nov. 7 Paragraphen weggefallen, 50 Paragraphen geändert und 37 Paragraphen neueingefügt. Die Änderung im einzelnen ergibt sich aus der Anführung S. 523 u. 571 dieses Buches. Die Novellen zur KO. und zum EinfG. traten am 1. Januar 1900 mit dem BGB. in Kraft. Die Übergangsbestimmungen enthalten Art. V, VI, VIII des EinfG. zur KNovelle.

Die Neufassung erfuhr eine ausdrückliche Änderung erst wieder durch Art. 3 des RG. zur Einschränkung der Verfügungen über Miet- und Pachtzinsforderungen v. 8. Juni 1915 (RGBl. 327), in Kraft getreten am 20. Juni 1915; s. hiezu RTDrucksachen 1914/15 Nr. 71 u. 87.

Mittelbare Änderungen u. Ergänzungen hatten unterdessen schon gebracht: § 35 des HypothekenbankGes. v. 13. Juli 1899 (RGBl. 375); durch das genannte Ges. erfuhr auch das EG. KO. eine in dem im II. Teil erfolgten Abdruck des Ges. berücksichtigte Änderung; ferner das Ges., betr. die gemeinsamen Rechte der Besitzer von Schuldverschreibungen v. 4. Dez. 1899 (RGBl. 691); das VersicherungsaufsichtsGes. v. 12. Mai 1901 (RGBl. 139); die §§ 85 Abs. 2, 97 Abs. 4, 102 Abs. 4, 104l u. 104m der GewO. hinsichtlich der Innungen, Innungsausschüsse u. Innungsverbände; die §§ 36 bis 38 des Ges. über das Verlagsrecht v. 19. Juni 1901 (RGBl. 217); § 24 des ScheckGes. v. 11. März 1908 (RGBl. 71); endlich §§ 13, 14, 40 Abs. 3, 77, 157 des VersicherungsvertragsGes. v. 30. Mai 1908 (RGBl. 263). Konkursrechtliche Bestimmungen sind auch enthalten im Genossenschaftsges. v. 20. Mai 1898 (RGBl. 810) u. im Ges. betr. die Gesellschaften mit beschränkter Haftung v. 20. Mai 1898 (RGBl. 846) u. solche kstrafrechtlicher Natur im DepotGes. v. 5. Juli 1896 (RGBl. 183) u. im BauforderungsGes. v. 1. Juni 1909 (RGBl. 449); s. wegen dieser Gesetze den III. Teil dieses Buches.

I. Teil.

Konkursordnung

in der Fassung nach der Bek. vom 20. Mai 1898 (RGBl. 612).

Erstes Buch.

Konkursrecht.

Erster Titel.

Allgemeine Bestimmungen.

Vorbemerkungen.

Das erste Buch enthält die Hauptvorschriften des materiellen Konkursrechtes.

1. Über das Wesen des K. gehen die Ansichten auseinander. Das KVerf. ist kein Zwangsvollstreckungsverfahren, der KVerw. ist nicht Vollstreckungsorgan, seine auf die Besitzergreifung an der Masse und die Verwertung der Masse gerichteten Handlungen sind nicht Vollstreckungshandlungen. Das KVerf. tritt aber an die Stelle der Einzelvollstreckungen (§ 14) und verfolgt den Zweck, eine rechtlich geregelte Verwertung des Vermögens des GSch. und eine Verteilung des Erlöses unter bestimmte Gläubiger, die sog. KGl., herbeizuführen. Inwieweit deshalb die Vorschriften über die Zwangsvollstreckung auf das KVerf. entsprechend anwendbar sind, muß für den einzelnen Tatbestand besonders untersucht werden. Über einen wichtigen Grundsatz in dieser Hinsicht s. Anm. 3 zu § 4.

2. Was KMasse ist, bestimmt für den Regelkonkurs § 1, s. auch §§ 2, 9. Den Kreis der Konkursgläubiger umschreibt im allgemeinen § 3 Abs. 1. Nur die KGl. werden aus der Teilungsmasse befriedigt, nur ihr Interesse ist für die Durchführung des K. maßgebend. Eine besondere Rechtsstellung haben die Aussonderungsberechtigten (§§ 43 f.), die Absonderungsberechtigten (§§ 4, 47 f.) und die Massegläubiger (§§ 57 f.).

3. Die KO. entzieht dem Gemeinschuldner mit weitgehenden Einschränkungen (§§ 7—9) die Verwaltung der Masse und die Verfügung über sie und überträgt das Verwaltungs- und Verfügungsrecht dem Konkursverwalter, einem gesetzlich notwendigen, vom GSch.

und von den KGl. unabhängigen Organe für die Durchführung des K. (§ 6). Die Rechts- und Prozeßfähigkeit des GSch. wird durch die KE. nicht beschränkt. Der GSch. bleibt der Träger der Rechte und Verbindlichkeiten (bes. RGZ. 53, 352). Er ist auch der Träger der Rechte, die nach der KE. zur Masse erworben werden, und der Verbindlichkeiten, die nach der KE. mit Beziehung auf die Masse entstehen (vgl. RGZ. 78, 188). Die KMasse ist kein eigenes Rechtssubjekt, sie ist vielmehr Sondervermögen des GSch. Soweit das Vermögen des GSch. nicht zur KMasse gehört, bleibt es unberührt von der KE. dem Willen des GSch. unterworfen. Eine wichtige Wirkung des K. auf das konkursfreie Vermögen des GSch. besteht aber darin, daß die KGl. während des K. mit Einzelvollstreckung gegen dieses Vermögen nicht vorgehen können (§ 14). S. des näheren § 6 Anm. 1.

4. Der K. umfaßt regelmäßig das gesamte der Zwangsvollstreckung zugängliche Vermögen einer natürlichen oder juristischen Person (Regelkonkurs). Daneben ordnet das Gesetz in bestimmten Fällen einen K. über abgesonderte Vermögensmassen, deren Träger eine oder mehrere Personen sind. In diesen Fällen wird der GSch. vom K. nur soweit betroffen, als die abgesonderte Masse reicht (Sonderkonkurs). Näh. Anm. 5 zu § 1.

5. Zugunsten von Kriegsteilnehmern hatte das Kr.-TSchG. besondere, jetzt kaum mehr erheblich werdende Bestimmungen getroffen. Es beschränkte nämlich gegen die als Kriegsteilnehmer im Sinne des § 2 des Ges. erscheinenden Personen die KE., sah unter gewissen Voraussetzungen eine Aussetzung des Verfahrens gegen sie vor (§ 6) und traf endlich auch Schutzbestimmungen für die Fälle, in denen ein Kriegsteilnehmer in dem angeführten Sinne an einem KVerfahren als Gl. oder anderweit Berechtigter beteiligt war (§ 7). Diese Schutzbestimmungen waren mit Bek. v. 22. Okt. 1914 (RGBl. 450) u. v. 4. Febr. 1915 (RGBl. 70) auch auf Kriegsbeteiligte Österreich-Ungarns ausgedehnt worden.

Die Beschränkungen hinsichtlich der Stellung von KAnträgen, die die Bek. v. 24. Aug. 1916 (RGBl. 961) hinsichtlich solcher Vermögen gebracht hatte, die einer staatlichen Aufsicht oder Verwaltung wegen ihrer Ausländereigenschaft unterstellt waren und die Ausdehnungen dieser Bestimmungen durch die Bek. v. 14. Mai 1916 (RGBl. 375), 28. Sept. 1916 (RGBl. 1099), 24. Nov. 1916 (RGBl. 1289), 12. Sept. 1917 (RGBl. 831) und 13. Dez. 1917 (RGBl. 1105), desgl. der § 5 der Bek. v. 19. April 1917 (RGBl. 363) sind beseitigt durch die VO. v. 11. Jan. 1920 (RGBl. 32).

Konkursmasse.

§ 1. (§ 1.)

I Das Konkursverfahren umfaßt das gesamte, einer Zwangsvollstreckung unterliegende Vermögens des Gemeinschuldners, welches ihm zur Zeit der Eröffnung des Verfahrens gehört (Konkursmasse).

II Die im § 811 Nr. 4, 9 der Zivilprozeßordnung und im § 20 des Gesetzes über das Postwesen des Deutschen Reichs vom 28. Oktober 1871 vorgesehenen Beschränkungen kommen im Konkursverfahren nicht zur Anwendung.

III Zur Konkursmasse gehören auch die Geschäftsbücher des Gemeinschuldners.

IV Gegenstände, die nicht gepfändet werden sollen, gehören nicht zur Konkursmasse.

Begr. I 18 f., KommB. I 1 f., Begr. II 22 f., KommB. II 2 f. — Geändert durch die Nov.

1. Beschränkung der Masse auf Vermögen des GSch.

a) Nur Vermögen des GSch. gehört zur Masse, fremdes Vermögen darf der Verw. nicht zur Masse ziehen (vgl. RGZ. 75, 156); Ansprüche aus einem Vertrag zugunsten eines Dritten sind fremdes Vermögen (Dresden, LZ. 5, 565); s. auch § 3 Anm. 6. Möglicherweise gehört aber zum Vermögen des GSch. die Befugnis, fremde Sachen usw. in einzelnen Beziehungen zu nutzen (s. Anm. 1 zu § 43). Ausnahmsweise, namentlich durch Beschränkung des Aussonderungsrechtes der Ehefrau (§ 45), verfügt der Verw. rechtmäßig auch über fremdes Vermögen. Wegen der fiduziarischen Verhältnisse s. § 43 Anm. 2.

b) Die Masse umfaßt nur Vermögen des GSch., das ihm bei der KE. (§ 108) zusteht („gehört"). Frei ist demnach der Neuerwerb des GSch., d. h. das Vermögen, das der GSch. nach dem Zeitpunkt der KE. neu erwirbt. Der Neuerwerb ist weder Teil der KMasse noch außerhalb des KVerf. der Sondervollstreckung zugunsten von KGl. zugänglich (s. § 14 Abs. 1). Er kann aber zur Eröffnung eines weiteren K. führen. Rechtsstellung der am früher eröffneten K. beteiligten Gl. s. Anm. 4 zu § 14. Was Neuerwerb ist, kann im einzelnen Falle zweifelhaft sein. Maßgebend ist, daß der Rechtsgrund des Erwerbs in der Zeit nach der KE. liegt (s. Jaeger A. 54). Steht der GSch. in einem öffentlichrechtlichen oder privatrechtlichen Dienstverhältnis, so gehört zur Masse der Gehalt, Lohn usw. für die Dienstleistung des GSch. bis zur KE. (§ 108), soweit der Gehalt, Lohn usw. der Pfändung unterworfen ist (§ 850 ZPO. mit Lohnbeschlagnahmeges. v. 21. Juni 1869 u. der KriegsVO. über Lohnpfändung v. 25. Juni 1919, RGBl. 589, geänd. durch Ges. v. 10. Aug. 1920, RGBl. 1572), dagegen zum freien Vermögen des GSch., außer den unpfändbaren Ansprüchen der Gehalt, Lohn usw. für die Dienstleistung nach der KE. (Wegen der Frage, inwieweit eine vor KE. erfolgte Pfändung befreiter Gehälter wirkt, s. § 14 Anm. 3a.) Auf den Zeitpunkt der Fälligkeit kommt es nicht an. Vgl. RGZ. 12, 192; Jaeger A. 55; Seuffert 78 (bestr.). Im Gegensatz dazu sind Ruhegehälter, Wartegelder u. dgl., soweit pfändbar Bestandteile der Masse, falls der Rechtsgrund der Leistung, die (einstweilige) Versetzung in den Ruhestand usw., bis zur KE. eingetreten ist. Denn hier steht bei der KE. nur die von dem Erleben der jeweils bestimmten Zeitpunkte durch den GSch. oder von anderen Tatsachen abhängige Fälligkeit der einzelnen Leistungen aus. (Vgl. Rostock, SeuffA. 28, 229). Betagte Vermögensansprüche des GSch. gehören aber bei den sonstigen Voraussetzungen zur KMasse.

Die bei der KE. aufschiebend bedingten oder in ihrer Wirkung von einem Anfangstermin abhängigen (in diesem Sinne befristeten) Forderungen und anderen Vermögensrechte des GSch. (BGB.

§ 158 Abs. 1, § 163) begründen z. B. der KE. Anwartschaften des GSch., die zu seinem Vermögen gehören und grundsätzlich Gegenstand der Zwangsvollstreckung (Seuffert 1a zu § 829 ZPO.) also auch der KBeschlagnahme sind. Einzelfall (§ 717 Abs. 2 ZPO.) RGZ. 39, 107. Auflösend bedingte oder bei Eintritt eines Endtermins wegfallende Forderungen und andere Vermögensrechte des GSch. (BGB. § 158 Abs. 2, § 163) gehören bis zum Eintritt der Bedingung oder des Endtermins zur Masse und unterliegen nachher ohne Rücksicht auf § 15 der Aussonderung durch den von da ab Berechtigten (Anm. 4e zu § 15).

Wegen einer dem GSch. vor der KE. oder nachher angefallenen Erbschaft (eines Vermächtnisses) siehe die Erl. zu § 9.

Das Recht aus einem Leibrentenvertrag (BGB. §§ 759 f.) besteht nicht aus einer Mehrzahl einzelner selbständiger Ansprüche mit aufeinanderfolgenden Fälligkeitsterminen, sondern ist ein einheitliches nutzbares Recht (s. RGZ. 68, 340; RGRKomm. Anm. 1 zu § 759). Es gehört demnach, wenn es der GSch. bis zur KE. erworben hat, mit den während des K. anfallenden Nutzungen in die KMasse. So auch Jaeger A. 37 mit Literatur. Bei dem Leibgedingrecht (Altenteil usw.) ist zu prüfen, ob die einzelne Berechtigung pfändbar ist (s. Jaeger A. 38).

Zur KMasse gehört auch das Recht des GSch. einen Blankowechsel (bestimmungsgemäß) auszufüllen (vgl. Jaeger A. 16).

Wegen der Mäklergebühr, wenn der Mäklervertrag vorher geschlossen wurde, s. München, SeuffA. 73, 246; LZ. 11, 1015.

c) Die Masse kann sich nach der KE. vermehren oder inhaltlich ändern; vermehren insbesondere durch den Anfall von natürlichen oder juristischen Früchten (s. § 99 BGB.), inhaltlich ändern namentlich dadurch, daß auf Grund eines zur Masse gehörenden Rechtes oder als Ersatz für die Zerstörung, Beschädigung oder Entziehung eines zur Masse gehörenden Gegenstandes ein anderer Gegenstand tritt oder daß ein Gegenstand durch ein Rechtsgeschäft erworben wird, das sich auf die Masse bezieht (Grundsatz der Surrogation). Dazu gehört auch der Gewinn auf ein in der Masse liegendes Los. (Vgl. RGZ. 52, 53 u. 333; 53, 330 u. 352; 59, 369). Bei einer erst nach KE. an einem Grundstück des GSch. entstandenen Eigentümerhypothek hängt die Frage, ob sie in die KMasse fällt oder nicht, davon ab, ob sie für Rechnung der Masse (z. B. durch erfolgreiche Anfechtung der Fdg., durch Befriedigung des Glrs aus der Masse, einschließlich der Befriedigung aus einem einem Dritten zur weiteren Sicherheit übereigneten Gegenstand) oder für Rechnung des GSch. (z. B. durch Beerbung des HypothekGlrs durch den GSch., durch Befriedigung mit freiem Vermögen, durch GlrVerzicht zugunsten des GSch. persönlich) erworben wird; s. Tischbein (JW. 47, 497), s. auch Celle, OLG. 9, 378 f., Koch, BayZfR. 1, 457 f., Meyer, JW. 33, 27.

2. Ansprüche aus Lebensversicherungen u. a. insbesondere[1])

a) Bei einer Versicherung auf den Todesfall gehört die Versicherungssumme zum Nachlaß und damit zur NachlaßKMasse, wenn sie

[1]) Literatur u. a.: Emminghaus, LZ. 1, 29 f.; Wörner, LZ. 1, 331 f.; Behrend, LZ. 1, 385 f., 872 f.; Sachße, LZ. 2, 440 f.; Kirchmann, LZ. 6, 614 f.; Zeigner, ZVersWes. 13, 480 f., 654 f.; Jaeger, A. 56 zu § 1, A. 25 f. zu § 32; Meyn, Recht 10, 232 f.; Falkmann 38 f.

nicht im Zeitpunkte des Ablebens des Versicherungsnehmers einem begünstigten Dritten angefallen ist (RGZ. 62, 46). Wenn der Vertrag z. B. die Frau, die Kinder, die Familie als bezugsberechtigt nennt, erlangen diese mit dem Tode des Versicherungsnehmers einen selbständigen, nicht durch Rechtsübergang erworbenen Anspruch auf Zahlung der Versicherungssumme. Das gleiche gilt, wenn ohne nähere Bestimmung die „Erben" bezugsberechtigt sind (s. § 167 VVG.). Auch sie haben ein selbständiges Bezugsrecht, und schließen den Nachlaß von der Versicherungssumme aus. Dagegen fällt die Versicherungssumme in den Nachlaß, wenn ein Bezugsberechtigter nicht oder nicht mehr benannt oder als solche die Rechtsnachfolger (s. Begr. z. VVG. § 167 des Entw.) bezeichnet sind. Vgl. RGZ. 51, 403. Siehe auch Anm. 3 zu § 32, besonders über die Frage der Anfechtbarkeit der Benennung von Bezugsberechtigten und der Zahlungen an solche; § 168 VVG.

Wird der K. vor dem Eintritte des Versicherungsfalles eröffnet und tritt der Versicherungsfall während des K. ein (z. B. Tod des Versicherungsnehmers, Erreichung des bestimmten Alters), so hindert der K. den Anfall der Versicherungssumme an den begünstigten Dritten nicht, s o f e r n nicht der Verwalter diesen Anfall durch Ausübung des Widerrufsrechts rechtzeitig unmöglich gemacht hat. Bei der jetzt üblichen abgekürzten Lebensversicherung ist übrigens in der Regel ein begünstigter Dritter nur für den Todesfall benannt, während bei Ablauf der Versicherung zu Lebzeiten des Versicherungsnehmers die Summe an diesen gezahlt wird.

Solange der Versicherungsfall nicht eingetreten ist, gehören die Vermögensrechte des GSch. aus dem Versicherungsvertrag zur KMasse und werden nach § 6 vom Verw. ausgeübt. Vermögensrechtlich ist namentlich die Befugnis des GSch. einen Bezugsberechtigten zu benennen, die bisherige Benennung zu widerrufen (RG. LZ. 8, 955), an die Stelle des Bezeichneten einen andern zu setzen (vgl. § 166 VVG.), die Möglichkeit, die Ansprüche aus dem Vertrag einem andern abzutreten, ferner sein Anspruch auf Rücktritt vom Vertrag gegen Gewährung einer Vergütung (Rückkauf; dazu §§ 165, 176 VVG.) und die Möglichkeit, die Versicherung unter Fortdauer des Vertrages durch die Aufnahme von Darlehen des Versicherers zu verwerten. Im einzelnen kommt es auf die Versicherungsbedingungen an. Unrichtig ist die Annahme, daß das Benennungs- und Widerrufsrecht des GSch. und sein Kündigungsrecht als „höchstpersönliche Befugnisse" des GSch. der Ausübung durch den KVerw. entzogen seien (vgl. S t u t t g a r t, APrivVers. 7, 51 Anh.; N a u m b u r g, SeuffA. 59, 398). S. auch RG. LZ. 8, 955. Die Verwertung der Versicherung für die Masse kann dadurch ausgeschlossen sein, daß für den Dritten (unanfechtbar) ein unwiderrufliches Bezugsrecht begründet ist. Vgl. S t u t t g a r t a. a. O.

b) über die Frage, ob Ansprüche des GSch. aus einem U n f a l l v e r s i c h e r u n g s v e r t r a g zur Masse gehören, s. RGZ. 52, 49, K a r l s r u h e, SeuffA. 57, 303. Vgl. ferner § 180 VVG.

c) über Fragen der Haftpflichtvers. s. RGZ. 71, 363.

3. Beschränkung der Masse auf Vermögen, das der Zwangsvollstreckung unterliegt.

a) Zur KMasse gehört grundsätzlich nur das Vermögen des GSch., das der Z w a n g s v o l l s t r e c k u n g unterliegt.

b) Die Masse umfaßt aber (s. Abs. 2) darüber hinaus das zum Landwirtschaftsbetriebe erforderliche Gerät und Vieh usw. (ZPO. § 811 Nr. 4), das Inventar einer Apotheke (§ 811 Nr. 9) und das Inventar einer Posthalterei (PostG. § 20). Hat der GSch. ein Apothekenrealrecht, so gehört dieses zur KMasse. Der Verw. hat bei der Verwertung des Rechtes auf die besondere, landesrechtlich (GewO. §§ 6, 10) bestimmte Natur des Realrechtes (freie Veräußerlichkeit, Bindung an das Eigentum an einem Anwesen) Rücksicht zu nehmen. Unter welchen Voraussetzungen der Verw. die Apotheke weiterbetreiben oder schließen kann (vgl. § 129 Abs. 2, § 132 Abs. 1, § 134 Nr. 1) ist ebenfalls eine Frage des Gewerberechtes. S. auch § 6 Anhang u. Meyer, BlAdmPr. 53, 113 f. (bayer. R.).

c) Entgegen § 811 Nr. 11 ZPO. sind ferner nach Abs. 3 ein Teil der KMasse die Geschäftsbücher (einschließlich der geschäftlichen Briefschaften, s. Jaeger A. 20), die abgeschlossenen und die im Gebrauche befindlichen Bücher, dagegen nicht Familienpapiere. Die Verwertung der Geschäftsbücher ist aber nur beschränkt, insbesondere nicht als Altmaterial, zulässig (§ 117 Abs. 2).

d) Trotz ihrer Unpfändbarkeit sind die Fahrbetriebsmittel der Eisenbahnen, sofern ihr Unternehmer in K. geraten kann, von der KMasse nicht ausgeschlossen (RGes. v. 3. Mai 1886, RGBl. S. 131).

e) Beschränkt wird der Umfang der KMasse durch den Ausschluß der Gegenstände, die nicht gepfändet werden sollen (Abs. 4). S. ZPO. § 812. Der gewöhnliche Hausrat des GSch. ist demnach regelmäßig frei, auch soweit seine Pfändung nicht schlechthin unzulässig ist; was dazu gehört, ist Tatfrage. Über die Rechtsbehelfe des GSch. gegen die unzulässige Besitzergreifung des KVerw. s. Anm. 1 zu § 117.

f) Über die Beschränkung der Zwangsvollstreckung in segelfertige Schiffe s. HGB. § 482.

g) Soweit die Ausnahmen nicht reichen, beantwortet sich die Frage, was zur KMasse gehört, bei beweglichen Sachen und bei Forderungen sowie sonstigen Vermögensrechten, die nicht Gegenstand der Zwangsvollstreckung in das unbewegliche Vermögen sind, durch die Feststellung, ob sie der Pfändung unterworfen sind. Hiezu für bewegliche Sachen ZPO. § 811 Nr. 1 bis 3, 5 bis 8, 10, 11 (teilweise), 12, 13. Für Forderungen und andere Vermögensrechte s. besonders ZPO. §§ 850 (hierzu die KriegsVO. über Lohnpfändung v. 25. Juni 1919, RGBl. 589, geänd. durch Ges. v. 10. Aug. 1920, RGBl. 1572) bis 852, 857, 859, 860 (aber KO. § 2!), 861, 862, 863. Vor allem zu beachten, daß eine Forderung oder ein anderes hierher gehörendes Vermögensrecht in Ermangelung besonderer Vorschriften nur pfändbar ist, soweit die Übertragbarkeit reicht (ZPO. § 851 Abs. 1, § 857 Abs. 1, s. auch Abs. 3).

Einzelnes:

α) In das Recht des Urhebers eines Werkes der Literatur oder der Tonkunst (s. §§ 1, 11 f. LitUG. v. 19. Juni 1901) oder in sein Werk findet die Zwangsvollstreckung gegen den Urheber selbst ohne dessen ausdrückliche Einwilligung nicht statt; die Einwilligung kann nicht durch den gesetzlichen Vertreter des Urhebers erteilt werden und keinesfalls durch den KVerw., mag man seine Stellung auffassen, wie man will. Nur unter der Voraussetzung der persönlichen Einwilligung des Urhebers gehört deshalb das Urheberrecht oder das Werk zur KMasse. Im K. des Urhebers gilt dies auch, wenn das Werk erschienen ist. Anders im K. des Erben des Urhebers; hier gehört das erschienene Werk zur Masse (§ 10 LitUG.). Der Anspruch auf Vergütung aus einem Verlagsvertrag (VerlG. v. 19. Juni 1901), der dem Verfasser zur Zeit der KE. über sein Vermögen zusteht, gehört zur Masse. Über den Einfluß der KE. über das Vermögen des Verlegers, s. Anm. 1d zu § 17. Über das Urheberrecht an Werken der bildenden Künste und der Photographie s. entsprechend § 14 KunstUG. v. 9. Januar 1907. Über das Urheberrecht an Mustern und Modellen vgl. §§ 3, 7 MustG. v. 11. Januar 1876; Allfeld, Komm. 1904 S. 319.

Der Anspruch des GSch. auf Erteilung eines angemeldeten Patents und das Recht aus dem Patente gehören als übertragbare Vermögensrechte zur KMasse und können vom Verw. genutzt und verwertet werden, wie sie außerhalb des K. der GSch. nutzen und verwerten kann (vgl. §§ 3, 6 PatG.). Vor der Anmeldung ist die Erfindung (und damit der Gegenstand, in dem sie sich verkörpert,) unpfändbar und kein Teil der KMasse. Der Anspruch, der für den GSch. durch die Anmeldung nach der KE. begründet wird, ist als Neuerwerb frei (herrsch. Ans., vgl. RGZ. 52, 230f.; Köln, LZ. 1, 71 [Fabrikationsrezepte]; Seligsohn, PatG. [5] 183; Jaeger A. 11f.; Fitting 161; Meyer, JW. 33, 27; Ebermayer, Stengleins Nebeng. Anm. 3 zu § 6 PatG.). Entsprechendes gilt vom Gebrauchsmusterschutz (s. Jaeger A. 10).

β) Das Recht zur Führung einer bestimmten Firma gehört nicht zur Masse (Dresden, SeuffA. 69, 106).

γ) Der Anspruch des GSch. auf Buße (StGB. §§ 188, 231 u. a.; s. hierzu im allg. Meyer, JW. 33, 28) gehört nur dann zur KMasse, wenn er von der KE. rechtskräftig zuerkannt war. Vorher ist er unübertragbar und unpfändbar (vgl. § 444 Abs. 4 StPO. und die Literatur dazu, ferner Olshausen Anm. 3 zu § 188 StGB.; a. M. Seuffert ZPO. Anm. 1 zu § 851 ZPO.). Wird die Entscheidung nach der KE. rechtskräftig, so gehört die Buße zum freien Vermögen. Der Verw. kann den Anspruch des GSch. auf Buße im Strafprozeß nicht erheben und nicht weiter geltend machen. Das Recht des GSch. hierauf wird durch den K. nicht berührt. Eine andere Frage ist, welchen Einfluß die Erhebung der Zivilklage durch den Verw. auf den Strafprozeß ausübt. Jedenfalls wird der Verw. dadurch, daß der GSch. die Buße verfolgt, an der Zivilklage nicht gehindert. Wird aber die Buße rechtskräftig zuerkannt, bevor über den zivilrechtlichen Anspruch entschieden wird, so hat der Verpflichtete den Einwand aus § 188 Abs. 2 StGB. usw. Nach Jaeger A. 14 soll dagegen die Klage des Verw. den GSch. an der Weiterverfolgung des Bußanspruches hindern. Die Bezugnahme auf § 7 reicht aber nicht aus, weil der GSch. mit der Buße einen Anspruch verfolgt, der grundsätzlich nicht zur KMasse gehört.

δ) Der Anspruch des GSch. auf Schadensersatz gehört regelmäßig zur KMasse ohne Rücksicht darauf, was seine Grundlage ist, also auch der Anspruch aus einer vor der KE. begangenen unerlaubten Handlung, die gegen die Person des GSch. gerichtet war. Ist aber ein Schadensersatzanspruch ausnahmsweise nur unter bestimmten Voraussetzungen übertragbar und pfändbar, so müssen die Voraussetzungen vor der KE. eingetreten sein. S. besonders § 847 Abs. 1 u. 2, § 1300 BGB. (Schmerzensgeld u. a.). In diesen Fällen muß der Anspruch vor der KE. durch Vertrag anerkannt oder rechtshängig (§ 101) geworden sein, sonst gehört er nicht zur Masse. Wegen der Eigenschaft einer nach § 843 BGB., § 62 HGB. wegen einer Verletzung des Körpers oder der Gesundheit zu entrichtenden Rente als KF. (§ 850 Abs. 3 ZPO.) s. RGZ. 87, 82, ferner LohnpfändungsVO. v. 25. Juni 1919 (RGBl. 589).

ε) Wegen des Pflichtteilsanspruchs des GSch. und des Anspruchs des GSch. auf Herausgabe eines Geschenkes nach § 528 BGB. s. entsprechend § 852 ZPO., d. h. der Anspruch fällt nur in die Masse, wenn er anerkannt oder rechtshängig geworden ist.

ζ) Wegen des obligatorischen und des dinglichen Vorkaufsrechtes s. BGB. §§ 514, 1098. Ein dem GSch. als Grundstückseigentümer zustehendes subjektiv-dingliches Vorkaufsrecht (§ 1094 Abs. 2 BGB.) gehört aber mit dem Grundstücke zur Masse (Jaeger A. 33). Bei dem Wiederkaufsrechte (BGB. §§ 497f.) fehlt die Beschränkung der Übertragung. Der Einfluß der KE. auf ein Miet- oder Pachtrecht des GSch. ist besonders geregelt (§§ 19, 20).

η) Das Recht des GSch. zur Rücknahme einer hinterlegten Sache ist nach § 377 Abs. 1 BGB. der Pfändung nicht unterworfen, gehört also nicht zur KMasse. Während des K. kann weder der KVerw. noch nach der besonderen Vorschrift in § 377 Abs. 2 BGB. der GSch. das Recht zur Rücknahme ausüben. Der GSch. ist aber durch seinen K. am Verzicht auf das Recht zur Rücknahme (s. § 376 Abs. 2 Nr. 1 BGB.) nicht gehindert. Anderseits ist der Gl. berechtigt, während des K. der Hinterlegungsstelle die Annahme (BGB. § 376 Abs. 2 Nr. 2) zu erklären. § 15 kommt nicht zur Anwendung, obwohl die Rechtsstellung des Gl. sich bessert. Eine rechtmäßige Hinterlegung kann der Verw. nur angreifen, wenn die Voraussetzung für eine GlAnf. (s. bes. § 30 Nr. 2) vorliegen. Eine dem Gesetze nicht entsprechende Hinterlegung begründet einen zur KMasse gehörenden Anspruch des GSch. gegen den Begünstigten auf Rückgewährung des Herausgabeanspruchs oder wenigstens eine Feststellungsklage nach § 256 ZPO. (vgl. Jaeger A. 30; RGRKomm. Anm. 2 zu § 377, Anm. 2 zu § 378; Planck, Erl. 2 zu § 377). Über die Frage, ob der GSch. das Recht zur Zurücknahme während des K. ausüben kann, wenn der Gl. einwilligt, s. Planck, Jaeger je a. a. O. Über die Stellung des durch Hinterlegung gesicherten Gl. s. auch Anm. 3 zu § 49. Gerät der Gl. in K., so gehört der auf der Hinterlegung ruhende Anspruch zu seiner KMasse.

ϑ) Über ärztliche Praxis (kein Vermögensbestandteil) s. RG. LZ. 8, 492.

ι) Zur Frage, inwiefern die Anteilsrechte an einem Gesamthandsverhältnisse zur KMasse gezogen werden können, s. § 16 Anm. 1 u. RG. DJZ. 22, 519 u. Wieruszowski ebenda S. 572.

ϰ) Der sog. Haustrunk ist pfändbar u. fällt in die Masse (Stern, LZ. 8, 171).

4. Nießbrauch u. a. insbesondere.

a) Der Nießbrauch an Sachen oder Rechten ist nicht übertragbar (BGB. §§ 1059, 1068 Abs. 2) und gehört als solcher nicht zur KMasse. Seine Ausübung kann aber einem andern überlassen werden (a. a. O.). Soweit reicht demnach die Pfändbarkeit und die KBeschlagnahme. Der Verw. kann den Nießbrauch selbst für die Masse ausüben, insbesondere die Früchte ziehen, er kann das Recht aber auch mit Wirkung über die Dauer des K. hinaus (s. aber § 1061 BGB.) durch Übertragung der Ausübung an einen andern, insbesondere durch Verpachtung verwerten. S. auch RGZ. 6, 210. Besondere Vorschriften über den Nießbrauch an einem Vermögen s. §§ 1085 f. BGB. Dazu Jaeger A. 41. Sind verbrauchbare Sachen Gegenstand des Nießbrauchs (§ 1067 BGB.), so fallen die noch vorhandenen Sachen in die KMasse, weil der GSch. Eigentümer ist. Der Anspruch des Bestellers auf Werterſatz ist KForderung. Die Beteiligten können übrigens eine von § 1067 BGB. abweichende Vereinbarung getroffen haben. Entsprechend gilt auch für den Nießbrauch an nicht verbrauchbaren Sachen (s. Planck Erl. 5 zu § 1067). Es kommt deshalb auf die Umstände des Falles an.

Der einer juristischen Person (oder einer offenen Handelsgesellschaft, Planck, Erl. 3 zu § 1061 BGB.) zustehende Nießbrauch erlischt mit dieser (§ 1061 Satz 2 BGB.). Entsprechend dem bei § 25 Anm. 2 A Abs. 7 dargelegten Grundsatz ist aber anzunehmen, daß die KE. über das Vermögen der juristischen Person oder offenen Handelsgesellschaft das Erlöschen nicht zur Folge hat. Vgl. RGZ. 5, 7; 16, 1; Jaeger A. 42; a. M. Planck a. a. O.

b) Eine beschränkte persönliche Dienstbarkeit kann für die KMasse der Ausübung nach nur verwertet werden, wenn die Überlassung gestattet ist (s. § 1092 BGB.); hierzu Josef, LZ. 7, 458.

c) Bei dem Güterstand der Verwaltung und Nutznießung gehören zur KMasse des Mannes nicht das Recht des Mannes an dem eingebrachten Gute, nicht die Früchte, die der Mann während des K. erwirbt. Von den vor der KE. erworbenen Früchten fallen in die Masse nur die Früchte, die nach näherer Vorschrift des § 861 Abs. 1 Satz 2 ZPO. pfändbar sind (s. § 861 Abs. 1 ZPO.). Der frühere, durch die Novelle beseitigte Abs. 2 des § 1, wonach „der Nießbrauch, welcher dem GSch. während der Dauer des Verfahrens an dem Vermögen seiner Ehefrau . . . . nach den Landesgesetzen zusteht", grundsätzlich zur KMasse gehörte, gilt nur mehr nach Maßgabe des Art. VI EG. KNov. Dazu Anm. 22 zu § 2. Im übrigen s. wegen des Einflusses der KE. auf die güterrechtlichen Verhältnisse der Ehegatten die Anm. 4, 5 u. 6 zu § 2.

d) Das Recht, das dem Vater (der Mutter) kraft der elterlichen Nutznießung an dem Vermögen des Kindes zusteht, gehört nicht zur KMasse des nutznießenden Elternteils (s. § 862 Abs. 1 S. 1 ZPO.). Wegen der Früchte s. § 862 Abs. 2 ZPO. (entsprechende Anwendung des

§ 861 Abs. 1 S. 2; s. oben). Das frühere Recht (§ 1 Abs. 2), das den Nießbrauch am Kindesvermögen grundsätzlich zur Masse zog, ist auch übergangsweise nicht aufrecht erhalten (s. Art. 203 EG. BGB.; RGZ. 48, 191). S. weiter Anh. zu § 25; Dresden, SeuffA. 56, 339.

5. Regelkonkurs, Sonderkonkurs.

a) Der K. umfaßt regelmäßig das gesamte Vermögen einer natürlichen oder juristischen Person ohne Rücksicht darauf, ob es im Inland oder Ausland ist. Eine andere Frage ist, ob der KVerw. das ausländische Vermögen erreichen und verwerten kann. Sondervollstreckung im Auslande s. Anm. 6 zu § 14. Vgl. für den umgekehrten Fall, daß ein AuslandsK. eröffnet ist, § 237. Daneben kennt das Gesetz in bestimmten Fällen einen K. über abgesonderte Vermögensmassen, denen Rechtspersönlichkeit nicht zukommt. Das Charakteristische ist, daß die Person (die Personen), die die Rolle des GSch. hat (haben), vom K. nur hinsichtlich eines abgesonderten Teiles ihres Vermögens betroffen wird (werden). S. § 209 selbständiger K. über das Vermögen einer offenen Handels- oder einer Kommanditgesellschaft (die Kommanditaktiengesellschaft ist juristische Person), § 213 selbständiger K. über das Vermögen eines nicht rechtsfähigen Vereins, §§ 214 f. selbständiger K. über einen Nachlaß, § 236 selbständiger K. über das Gesamtgut einer fortgesetzten Gütergemeinschaft. Eine Sonderung im Vermögen vollzieht sich ferner in den Fällen des § 238. Wegen eines SonderK. im Falle der liquidationslosen Vereinigung einer AktienGes. mit einer solchen oder einer KommGes. auf Aktien s. § 207 Anm. 2b.

b) Auch innerhalb des RegelK. (UniversalK.) kann u. U. die Bildung verschiedener Haftungsmassen erforderlich sein. Z. B. Anm. 6e zu § 2. Zu beachten ist dabei aber, daß der K. nur Vermögen des GSch. (Abs. 1; A. 1a) umfaßt, nicht Vermögen eines andern, auch wenn der einzelne KGl. eine vor der KE. eingetretene Änderung im Vermögensbestande nicht gegen sich gelten zu lassen braucht. Vgl. RG. JW. 29, 343, 393; Jaeger A. 51. Über die damit zusammenhängende Frage, ob im allgemeinen unpfändbare, einzelnen KGl. aber zugängliche Gegenstände zur Masse gehören, vgl. Jaeger A. 28; Fitting 163 Anm. 29.

§ 2.

I Wird bei dem Güterstande der allgemeinen Gütergemeinschaft, der Errungenschaftsgemeinschaft oder der Fahrnisgemeinschaft das Konkursverfahren über das Vermögen des Ehemanns eröffnet, so gehört das Gesamtgut zur Konkursmasse; eine Auseinandersetzung wegen des Gesamtguts zwischen den Ehegatten findet nicht statt.

II Durch das Konkursverfahren über das Vermögen der Ehefrau wird das Gesamtgut nicht berührt.

III Diese Vorschriften finden bei der fortgesetzten Gütergemeinschaft mit der Maßgabe Anwendung,

daß an die Stelle des Ehemanns der überlebende Ehegatte, an die Stelle der Ehefrau die Abkömmlinge treten.

Begr. II 24 f., KommB. II 3 f. — Eingestellt durch die Nov.

1. Allgemeines. Der durch die Novelle eingefügte § 2 trifft keine Vorschrift für die Zusammensetzung der KMasse beim ordentlichen gesetzlichen Güterstand der Verwaltung und Nutznießung des Mannes und beim außerordentlichen gesetzlichen Güterstand der Gütertrennung. Die Grundsätze dafür ergeben sich zunächst aus § 1 in Verbindung mit dem bürgerlichen Rechte, sind aber des Zusammenhangs wegen hier darzustellen.

A. Gütertrennung (BGB. §§ 1426 f.).

2. Vermögensmassen. Das Vermögen des Mannes und das Vermögen der Frau ist auch in der Verwaltung und Nutznießung getrennt. Der Mann hat zwar Anspruch auf einen Beitrag der Frau zur Bestreitung des ehelichen Aufwands, der Anspruch ist aber nicht übertragbar und frei (§ 1427 BGB., § 851 Abs. 1 ZPO., § 1 Abs. 1 KO.).

3. Konkurs. Zum K. des Mannes gehört sein Vermögen nach § 1 Abs. 1 KO., zum K. der Frau ihr Vermögen dieser Art. Hat die Frau ihr Vermögen ganz oder teilweise der Verwaltung des Mannes überlassen (BGB. § 1430), so erlischt der Auftrag, der der Überlassung regelmäßig zugrunde liegt, mit der Eröffnung des K. über das Vermögen der Frau, nicht des Mannes (§ 23 Abs. 1, s. auch Abs. 2). Die nach der KE. über das Vermögen des Mannes an diesen fallenden freien Einkünfte aus dem Frauenvermögen gehören nicht zur KMasse. Zugunsten der Gläubiger des Mannes, auch zugunsten des KVerw. im K. des Mannes, gilt — wie auch sonst ohne Rücksicht auf das Güterrecht — die Vermutung des § 1362 Abs. 1 BGB.

B. Verwaltungsgemeinschaft (BGB. §§ 1363 f.).

4. Vermögensmassen. Das Vermögen des Mannes und das Vermögen der Frau bilden zwei getrennte Massen. Das Vermögen der Frau scheidet sich wieder in „eingebrachtes", der Verwaltung und Nutznießung des Mannes unterworfenes Gut (BGB. § 1363) und Vorbehaltsgut (§§ 1365 f.; entsprechende Anwendung der Vorschriften für die Gütertrennung § 1371). T r e n n u n g der S c h u l d e n h a f t u n g: den Gl. des Mannes haftet das Vermögen des Mannes, nicht das Vermögen der Frau, weder das eingebrachte noch das Vorbehaltsgut (§ 1410). Den Gl. der Frau haftet g r u n d s ä t z l i c h das ganze Vermögen der Frau. Dabei ist aber zu unterscheiden (das Verhältnis der Ehegatten zueinander bleibt außer Betracht): das Vorbehaltsgut haftet jedem Gl. der Frau; auch das eingebrachte Gut haftet grundsätzlich allen Gl. (§ 1411 Abs. 1), der Mann kann aber unter bestimmten Voraussetzungen (§§ 1412—1414) sein die Zwangsvollstreckung hinderndes Verwaltungs- und Nutznießungsrecht geltend machen. Eine solche Ausnahme hat im allgemeinen der Mann zu behaupten und zu beweisen; nach § 1412 Abs. 1 ist aber der Gl. beweispflichtig für die Zustimmung des Mannes oder den Tatbestand, aus dem sich die Wirksamkeit gegenüber dem Mann auch ohne diese Zustimmung ergibt (s. RGRKomm. Anm. 3 zu § 1411, Anm. 2 zu § 1412). Auf die Ausnahme kann sich nur der Mann berufen, nicht die Frau, auch nicht ein anderer Gl. Die Beschränkung der Haftung ist nur möglich, solange das Recht des Mannes dauert, also nur während der Verwaltungsgemeinschaft. Vgl. § 1426 BGB. Laufen deshalb der K. des Mannes und der K. der Frau nebeneinander, so ist (s. § 1419 BGB. Anm. 5) im K. der Frau eine Scheidung zwischen bloßen Vorbehaltsgutsgläubigern und sog. Vollgläubigern (Anm. 6) nicht mehr zu machen.

5. Konkurs des Mannes. Nur der Mann ist GSch.; nur seine Zahlungsunfähigkeit (§ 102) kommt in Betracht. KGl. sind nur die persönlichen Gl., die einen zur Zeit der KE. begründeten Vermögensanspruch gegen den Mann haben (§ 3), nicht die Gl. der Frau. Die Befriedigung aus dem Frauenvermögen vollzieht sich außerhalb des K. des Mannes nach den allgemeinen Vorschriften. Der Mann haftet aber den Gl. der Frau neben der Frau als Gesamtschuldner, soweit er nach BGB. §§ 1385 bis 1387 der Frau gegenüber deren Verbindlichkeiten zu tragen hat (§ 1388). Diese Forderungen gegen den Mann sind gewöhnliche KForderungen; für sie gilt jedoch § 68.

Zugunsten der Gl. des Mannes und im K. zugunsten des KVerw. wird bis zum Beweis des Gegenteils vermutet, daß alle beweglichen Sachen, die der Mann oder die Frau besitzt oder die beide Gatten gemeinschaftlich besitzen, dem Manne gehören (BGB. § 1362 Abs. 1; Gegenvermutung Abs. 2). Weitere Vorschriften zugunsten der KMasse des Mannes § 45 (im Gegensatz zu BGB. § 1382), § 31 Nr. 2, § 32 Nr. 2.

Die Verwaltungsgemeinschaft und damit das Verwaltungs- und Nutznießungsrecht des Mannes endigt — kraft Gesetzes — nicht schon mit der KE. über das Vermögen des Mannes, sondern erst mit der Rechtskraft des Beschlusses (BGB. § 1419, aber § 1424). Folge: Gütertrennung BGB. § 1426; s. weiter zu § 25. Von der KE. bis zur Rechtskraft des Beschlusses hat der Mann noch Verwaltung und Nutznießung. Das Verwaltungs- und Nutznießungsrecht ist der Pfändung nicht unterworfen (§ 861 Abs. 1 Satz 1 ZPO.), also kfrei (§ 1 Abs. 1). Die vom Manne vor der KE. erworbenen Früchte (BGB. §§ 99 f.) fallen dagegen in die KMasse soweit sie nicht der Pfändung entzogen sind (ZPO. § 861 Abs. 1 Satz 2). Was der Mann an Früchten nach der KE. noch erwirbt, ist kfrei.

Im K. des Mannes kann die Frau (oder der KVerw. im FrauenK.) auf Grund des § 1421 BGB. die Aussonderung des eingebrachten Gutes verlangen; s. dazu §§ 43, 46 und die Einschränkung nach § 45, ferner die Vermutungen des § 1362 Abs. 1, 2 BGB. Ihre etwaigen Ersatzansprüche sind gewöhnliche KForderungen. Vgl. § 183 (Beschränkung des Stimmrechts im Zwangsvergleichsverfahren).

6. Konkurs der Frau.[1])

[1]) Die hier behandelten Fragen sind mangels besonderer gesetzlicher Vorschriften teilweise äußerst zweifelhaft und sehr bestritten. Über die Versuche einer Regelung s. die Vorarbeiten z. BGB. Mot. IV 259, Prot. 2 Ls. VI 767 f. u. KommB. z. KonkNov. 4 f. — Literatur u. a. Jaeger A. 32 f., Pet-Kleinf. A. 6 f. u. Seuffert 87 f., Fitting 167 f., Hellmann 152 f.; Planck-Unzner E. 10 zu § 1411, Schmidt FamR. A. 9 zu § 1411, Opet FamR. 187, Crome BürgR. 4. Bd. 436, Dernburg FamR. 161, 164, Ullmann Ehel. Güterr. 2. A. 242 f., Quaatz ArchBürgR. 24, 30 f., Schröder, Ehel. Güterr. 3 A. 39 Anm. 1, Meyer SeuffBl. 64, 69.

a) Nur die Frau ist GSch., nur ihre Zahlungsunfähigkeit (§ 102) kommt in Betracht. Der Mann wird vom Eröffnungsverfahren nicht betroffen. Sehr zweifelhaft ist, ob Zahlungsunfähigkeit, Zahlungseinstellung der Frau schon dann vorliegt, wenn das Vorbehaltsgut unzureichend ist und dem Gl. die Befriedigung aus dem eingebrachten Gut verweigert wird (vgl. Planck Erl. zu § 1411; Schröder, Ehel. Güterrechte, 3. Aufl. 39 Anm. 1). Die Frage wird mit Opet, FamR. 187, zu bejahen sein. KGl. der Frau sind alle Gl. der Frau nach § 3. Der K. der Frau beendigt die Verwaltungsgemeinschaft nicht, das Verwaltungs- und Nutznießungsrecht des Mannes bleibt bestehen (arg. BGB. § 1419). Der K. umfaßt das gesamte Vermögen der Frau nach Maßgabe des § 1 Abs. 1, das Vorbehaltsgut und das eingebrachte Gut, das ihr zur Zeit der KE. gehört. Dazu kommen etwaige Ersatzansprüche gegen den Mann, die der KVerw. auf Grund der Beschlagnahmewirkung, die die KE. hat, für die KMasse geltend machen kann, ohne Rücksicht darauf, ob die Geltendmachung durch die Frau selbst der zeitlichen Beschränkung des § 1394 unterliegt (s. § 1411 Abs. 1 S. 2, Abs. 2).

b) Nach der KE. hat der Verw. das ganze Vermögen sofort in Besitz zu nehmen und zur Befriedigung der Gl. zu verwerten (§ 117 Abs. 1; vgl. § 123). Er tritt dabei für das eingebrachte Gut an die Stelle des Mannes. Da aber der Mann ein außerhalb des KVerfahrens stehender Dritter ist, darf der Verw. nicht gegen den Willen des besitzenden Mannes, also nicht eigenmächtig, das eingebrachte Gut an sich nehmen, sondern muß nötigenfalls auf Herausgabe klagen. Er macht dabei die Rechte der Gl. hinsichtlich der Befriedigung aus dem eingebrachten Gut geltend, obwohl er sonst als KVerw. mit der Verfolgung der Rechte der KGl. gegen Dritte nichts zu tun hat, RGZ. 73, 238 f. Der einzelne Gl. kann dem KVerw. als Nebenintervenient beitreten. Die Vermutung des § 1362 Abs. 1 BGB. steht dem Manne nicht zur Seite. Dagegen wird grundsätzlich (§ 1363) vermutet, daß das Frauenvermögen eingebrachtes Gut ist (s. RGZ. 65, 368). Zur Begründung der Klage des KVerw. genügt zunächst der Hinweis auf die KE. und die Behauptung, daß KGl. vorhanden sind, die Befriedigung aus dem eingebrachten Gute verlangen können (arg. BGB. § 1411 Abs. 1 Satz 1). Auf die Bestreitung des Mannes hat der KVerw. die einzelnen in Betracht kommenden Forderungen darzulegen. Der Beweis, daß Ausnahmefälle nach §§ 1412 bis 1414 vorliegen, ist im allgemeinen (s. oben) Sache des Mannes, ebenso der Einwand, daß hiernach ein Teil (und welcher Teil) des eingebrachten Gutes zur Befriedigung der vollberechtigten Gl. nicht erforderlich ist. Auf die vorhergehende Verwertung des Vorbehaltsguts kann der Mann den KVerw. so wenig verweisen wie den Einzelgl. außerhalb des K. Der KVerw. kann jedenfalls dann die Herausgabe des ganzen eingebrachten Gutes verlangen, wenn dessen Wert (vgl. § 123) durch den Betrag der unbestrittenen oder im Prozesse festgestellten Vollschulden erschöpft wird. Einer Feststellung im Herausgabeprozesse bedarf es nicht, soweit der Mann schon vor der KE. auf Klage des Gl. zur Duldung der Vollstreckung (§ 739 ZPO.) verurteilt wurde oder soweit er seine Duldungspflicht nach § 794 Abs. 2 ZPO. anerkannt hat. Für den K. einer Geschäftsfrau ist zu beachten, daß Rechtsgeschäfte der Frau dem Manne gegenüber grundsätzlich auch ohne seine Zustimmung wirksam sind und daß ihr Erwerb Vorbehaltsgut ist, vgl. §§ 1412, 1405, 1414, 1367 BGB., § 741 ZPO.

c) Aus der Verpflichtung des Mannes zur Herausgabe des eingebrachten Gutes folgt seine Pflicht, dem KVerw. ein Bestandsverzeichnis vorzulegen (§ 260 BGB.) und in entsprechender Anwendung des § 1421 BGB. weiter seine Pflicht über die Verwaltung Rechenschaft zu geben und u. U. den Offenbarungseid zu leisten (§ 259 BGB.). Die Pflicht zur Rechnungslegung beschränkt sich aber auf den Stamm des eingebrachten Gutes und die Nutzungen seit dem Zeitpunkt, in dem der KVerw. zuerst die Herausgabe des eingebrachten Gutes gefordert hat (RGZ. 73, 238 f.). Die Nutzungen des zur Masse herausverlangten eingebrachten Gutes fallen ohne die Beschränkung des § 861 Abs. 1 Satz 2 ZPO. in die Masse, denn, soweit der Mann herausgeben muß, hat er auch die Nutznießung nicht mehr.

d) Soweit der Mann zur Herausgabe des eingebrachten Gutes nicht verpflichtet ist, hat er gegen die KMasse, in die das Gut gelangt ist, einen dem Aussonderungsanspruch (§ 43) entsprechenden Anspruch auf Ausscheidung, weil das bloße Eigentum usw. der Frau für die Masse nicht verwertet werden kann (vgl. Jaeger A. 34). Soweit das eingebrachte Gut, das ihm herauszugeben ist, für die Masse schon verwertet ist, hat er einen Anspruch entsprechend § 46 oder (s. zu § 46) einen Masseanspruch nach § 59 Nr. 1, 3.

e) Für die Verteilung werden zwei Massen gebildet, aus dem Vorbehaltsgut und aus dem eingebrachten Gut mit Surrogaten. An der ersten Masse sind alle Gl., an der zweiten nur die VollGl. teilzunehmen berechtigt. Zunächst wird die aus dem eingebrachten Gute gebildete Masse verteilt, weil dieses Verfahren für die bloßen Vorbehaltsgl. günstiger ist als umgekehrt. Die VollGl. können entsprechend § 68 (s. KommB. II 5) bis zur Befriedigung bei jeder Masse den ganzen Betrag ihrer Forderung geltend machen. Ein etwaiger Rest des eingebrachten Gutes fällt an den zur Verwaltung berechtigten Mann zurück.

Welche Gl. dürfen aus der Masse des eingebrachten Gutes befriedigt werden? Die Berechtigung ist wie bei der Einzelvollstreckung dem Manne und nur ihm gegenüber — außerhalb des Prüfungstermins — festzustellen (formlose Zustimmung des Mannes; Verurteilung zur Duldung; Anerkenntnis nach ZPO. § 794 Abs. 2; Feststellung im Herausgabeprozeß des KVerw.; Feststellung auf Klage des Gl.). Wenn aber die Frau selbständig ein Erwerbsgeschäft betrieben hat, wird entsprechend § 741 (s. § 774) ZPO. und mit den dortigen Einschränkungen der Mann durch Feststellungsurteil gegen den Gl. nachzuweisen haben, daß das eingebrachte Gut für die Verbindlichkeiten nicht haftet. Die anderen Gl. und der KVerw. können die Erklärung des Mannes weder ersetzen noch ihr widersprechen; die Eintragung in die KTabelle (§ 145) stellt die Haftung des eingebrachten Gutes nicht fest; vgl. Planck, Erl. 10 zu § 1411; teilweise a. M. Pet.-Kleinf. A. 7; Seuffert 87).

Ein Zwangsvergleich kann den VollGl. größere Rechte gewähren als den Vorbehaltsgutsgl., ohne daß diese ausdrücklich einwilligen. § 181 ist demnach nicht anwendbar. Über die Annahme des Vergleiches werden die Gruppen gesondert abstimmen müssen; innerhalb jeder Gruppe wird die qualifizierte Mehrheit nach § 182 erreicht werden müssen. Im übrigen wird sich das Stimmrecht der Gl. in den Versammlungen nach den allgemeinen Grundsätzen (§§ 94 f.) bemessen.

Anders liegt die Sache, wenn der Mann das eingebrachte Gut dem KVerw. vorbehaltlos herausgibt und dadurch auf die Geltendmachung der ihm allenfalls nach §§ 1412 f. BGB. zustehenden Einwendungen verzichtet. Da sich auf die Beschränkung der Haftung nur der Mann, nicht ein Gl. gegenüber dem andern oder der KVerw. gegenüber dem Gl. berufen kann, kommt eine Scheidung der Masse nicht in Betracht; es gibt nur VollGl., die nach den allgemeinen Vorschriften befriedigt werden.

Der KVerw. ist bei der konkursmäßigen Verwertung des eingebrachten Gutes selbstverständlich nicht an die Einwilligung des Mannes nach §§ 1395 f. BGB. gebunden.

C. Allgemeine Gütergemeinschaft (BGB. §§ 1437 f.).

7. Vermögensmassen. Es ist zu unterscheiden Gesamtgut, Sondergut, Vorbehaltsgut. Das Gesamtgut umfaßt (§ 1438) grundsätzlich das Vermögen des Mannes und das Vermögen der Frau, das sie bei Eintritt der allgemeinen Gütergemeinschaft haben, und das Vermögen, das sie während der Gütergemeinschaft erwerben. Für die Eigenschaft als Gesamtgut spricht die Vermutung. Sondergut des einen oder anderen Gatten sind die Gegenstände, die nicht durch Rechtsgeschäfte übertragen werden können; sie werden im allgemeinen wie das eingebrachte Gut bei der Errungenschaftsgemeinschaft behandelt (§ 1439). Das Sondergut wird demnach vom Manne für Rechnung des Gesamtguts verwaltet; die Nutzungen gehören zum Gesamtgut (§ 1525). Über Vorbehaltsgut des einen oder andern Gatten s. §§ 1440, 1441; der Gatte — auch die Frau — verwaltet und nutzt das Gut selbständig.

Das Gesamtgut verwaltet der Mann; er allein verfügt auch darüber (§ 1443; Einschränkungen §§ 1444 f.). Eine wichtige Ausnahme ergibt sich für die Geschäftsfrau aus §§ 1452, 1405; s. auch §§ 1460, 1462.

Der Mann ist der Frau für die Verwaltung des Gesamtguts grundsätzlich nicht verantwortlich (§ 1456). Anderseits wird die Frau durch die Verwaltung des Mannes weder Dritten noch dem Manne gegenüber persönlich verpflichtet (§ 1443 Abs. 2). Gesamtgutsverbindlichkeiten sind alle Verbindlichkeiten des Mannes und regelmäßig alle Verbindlichkeiten der Frau ohne Rücksicht auf ihren Rechtsgrund. Daneben haftet jeder Teil persönlich für seine Verbindlichkeiten. Für die Verbindlichkeiten der Frau, die aus dem Gesamtgut zu erfüllen sind, haftet auch der Mann persönlich als Gesamtschuldner neben der Frau (s. § 1459). Ausnahmsweise haftet das Gesamtgut nicht für Verbindlichkeiten der Frau (§§ 1460 bis 1462). Beweispflichtig ist im allgemeinen, wer sich auf eine Ausnahme beruft, nach § 1460 Abs. 1 trifft aber den Gläubiger der Beweis für die Zustimmung des Mannes oder den Tatbestand, aus dem sich die Wirksamkeit für das Gesamtgut auch ohne diese Zustimmung ergibt. Bestimmte Gesamtgutsverbindlichkeiten sind unter den Ehegatten von einem Teile zu übernehmen (§§ 1463 f.). Fälligkeit § 1467.

8. Konkurs des Mannes.

a) Nur der Mann ist GSch. mit dessen Pflichten und Rechten (wichtig z. B. auch für die Möglichkeit der GlAnfechtung). KGl. sind die persönlichen Gl., die einen z. Z. der KE. begründeten Vermögensanspruch gegen den Mann haben (§ 3). Dazu gehören auch die Gl. der Frau, sofern die Verbindlichkeit der Frau Gesamtgutsverbindlichkeit ist (Anm. 7). Die Befriedigung aus dem Vermögen der Frau vollzieht sich außerhalb des K. des Mannes nach den allgemeinen Vorschriften. Der Anteil der Frau am Gesamtgut und an dessen einzelnen Gegenständen ist aber unpfändbar (ZPO. § 860 Abs. 1). Vielmehr gehört — neben dem persönlichen Vermögen des Mannes — entsprechend § 740 ZPO. das ganze Gesamtgut zur KMasse des Mannes. Ein auf das Gesamtgut beschränkter K. der Ehegatten als Gesamthänder ist ausgeschlossen (vgl. Jaeger A. 1, 4; Planck, Erl. 6 zu § 1459). Die KE. über das Vermögen des Mannes führt nicht ohne weiteres zur Beendigung der allgemeinen Gütergemeinschaft (s. § 25 Anm. 2 B). Die Frau kann aber vor oder nach der KE. unter den Voraussetzungen des § 1468 Nr. 4, 5 BGB. gegen den Mann auf Aufhebung der Gütergemeinschaft klagen. Die Aufhebung tritt dann mit der Rechtskraft des Urteils ein (§ 1470 Abs. 1). Gerät der Mann schon vor diesem Zeitpunkt in K., so wird der Masse das Gesamtgut nicht mehr entzogen. Auseinandersetzung zwischen den Gatten (§§ 16, 51) wegen des in die Masse geratenen Gesamtguts ist ausgeschlossen; wegen ihres persönlichen Vermögens hat die Frau einen Aussonderungsanspruch (§ 43). Zugunsten der KMasse des Mannes gilt aber die Vermutung des § 1362 Abs. 1 BGB. und die Vermutung zugunsten des Gesamtguts (Anm. 7); s. ferner § 45, § 31 Nr. 2, § 32 Nr. 2. Ersatzansprüche der Frau sind gewöhnliche KForderungen.

b) Der KVerw. nimmt nach § 117 die Masse einschließlich des Gesamtguts in Besitz und verwertet das Gesamtgut, ohne an die Verfügungsbeschränkungen des Mannes hinsichtlich der Grundstücke u. a. (§§ 1444 f. BGB.) gebunden zu sein (Jaeger A. 2; Planck, Erl. 6 zu § 1459).

9. Konkurs der Frau. Nur die Frau ist GSch., nur ihre Zahlungsunfähigkeit (§ 102) kommt in Betracht. Der Mann ist vom Eröffnungsverfahren nicht betroffen. Der K. beendigt die allgemeine Gütergemeinschaft nicht. Der K. umfaßt das Sondergut der Frau, soweit es konkursmäßig ist, und ihr Vorbehaltsgut (§ 1 Abs. 1). Dazu kommen etwaige Ersatzansprüche gegen den Mann oder gegen das Gesamtgut, die der KVerw. ohne Rücksicht auf das Fortbestehen der Gütergemeinschaft für die KMasse geltend machen kann (vgl. Planck, Erl. 1 zu § 1467, RGRKomm. A. 3, 5 dort). Der Anteil der Frau am Gesamtgut oder an dessen einzelnen Gegenständen gehört nicht zur Masse (Abs. 2; BGB. § 1442 Abs. 1; ZPO. § 860 Abs. 1). Etwa zur Masse gezogenes Gesamtgut kann der Mann aussondern. Für den K. der Geschäftsfrau gilt nichts Besonderes (s. Jaeger A. 10; a. M. Pet.-Kleinf. A. 2; Schmidt Anm. 8c zu § 1459, die das Gesamtgut zur Masse ziehen wollen). KGl. sind die persönlichen Gl. der Frau nach § 3. Soweit den Gl. der Frau das Gesamtgut und daneben persönlich der Mann haftet (Anm. 7), vollzieht sich ihre Befriedigung außerhalb des K. Das Gesamtgut gilt nicht als „sonstiges Vermögen des GSch." im Sinne des § 14 Abs. 1, sondern als Vermögen eines Dritten, des Mannes. S. auch § 68. Vgl.

Jaeger A. 11; Planck, Erl. 6 zu § 1459. Klage des Mannes auf Aufhebung der Gütergemeinschaft s. § 1469 BGB.

D. Errungenschaftsgemeinschaft (§§ 1519 f. BGB.).

10. Vermögensmassen. Es ist zu unterscheiden Gesamtgut, eingebrachtes Gut beider Gatten, Vorbehaltsgut der Frau. Was der Mann oder die Frau während der Errungenschaftsgemeinschaft erwirbt, wird Gesamtgut (§ 1519). Für das Gesamtgut gelten in der Hauptsache die Vorschriften über die allgemeine Gütergemeinschaft. Eingebrachtes Gut des Mannes oder der Frau ist namentlich, was ihm (ihr) bei dem Eintritte der Errungenschaftsgemeinschaft gehört und was er (sie) von Todes wegen erwirbt (§§ 1520 f.). Das eingebrachte Gut wird für Rechnung des Gesamtguts verwaltet, die Nutzungen fallen in das Gesamtgut; auf das eingebrachte Gut der Frau finden im übrigen die entsprechenden Vorschriften über das eingebrachte Gut bei der Verwaltungsgemeinschaft Anwendung (§ 1525). Die Pfändungsbeschränkung des § 861 Abs. 1 Satz 2 ZPO. gilt aber bei der Errungenschaftsgemeinschaft nicht (s. Schmidt Anm. 3 zu § 1543). Die Frau, nicht der Mann, kann auch Vorbehaltsgut haben; für dieses gilt das gleiche wie für das Vorbehaltsgut bei der allgemeinen Gütergemeinschaft (§ 1526). Es wird vermutet, daß das Vermögen der Ehegatten Gesamtgut ist (§ 1527). Wer sich auf das Gegenteil beruft, hat es zu beweisen. Gesamtgutsverbindlichkeiten sind alle Verbindlichkeiten des Mannes aber nur ausnahmsweise (§§ 1531 bis 1534) die Verbindlichkeiten der Frau. Soweit die letzteren dazu gehören, haftet für sie auch der Mann persönlich als Gesamtsch. neben der Frau (§ 1530). Beweispflichtig ist, wer die Ausnahme behauptet. Bestimmte Verbindlichkeiten sind unter den Gatten von einem Teile zu übernehmen (§§ 1535 f.). Fälligkeit von Ersatzansprüchen § 1541. Vgl. RGSt. 40, 177.

11. Konkurs des Mannes. S. im allgemeinen Anm. 8. Die Errungenschaftsgemeinschaft endigt aber kraft Gesetzes mit der Rechtskraft der KE. über das Vermögen des Mannes; für die Zukunft gilt ohne Rücksicht auf die Art der KBeendigung Gütertrennung (§§ 1543, 1545). Das schon mit der KE. in die Masse gefallene Gesamtgut wird dadurch dem K. nicht entzogen; wegen dieses Gesamtguts findet auch während des K. keine Auseinandersetzung statt (Abs. 1). Die Auseinandersetzung (§ 1546) beschränkt sich vielmehr auf die bis zur Rechtskraft der KE. anfallende Errungenschaft und den nach der Beendigung des K. etwa zurückfallenden Rest des Gesamtguts. Die Wirkungen der KBeschlagnahme zeigen sich auch darin, daß die persönliche Haftung des Mannes für bestimmte Verbindlichkeiten der Frau, die unter der Voraussetzung des § 1530 Abs. 2 Satz 2 an und für sich mit der Beendigung der Errungenschaftsgemeinschaft erlischt, während des K. fortdauert. Die in Betracht kommenden Gl. werden deshalb nicht etwa mit der Rechtskraft des KEBeschlusses auf das Gesamtgut beschränkt (im Ergebnis gleich Planck, Erl. 6 zu § 1530; Schmidt Anm. 4a zu § 1543). Die Frau kann schon während des K. gegen den Mann auf Wiederherstellung der Errungenschaftsgemeinschaft klagen; mit der Rechtskraft des Urteils ist die Errungenschaftsgemeinschaft wiederhergestellt (§§ 1547, 1548). Die KMasse wird aber dadurch nicht berührt. Bei Abweisung des Eröffnungsantrages mangels Masse (§ 107) endigt die Errungenschaftsgemeinschaft nicht kraft Gesetzes. Aufhebungsklage: s. § 1542 BGB.

12. Konkurs der Frau. S. Anm. 9. Der K. beendigt die Errungenschaftsgemeinschaft nicht. Er umfaßt das Vorbehaltsgut der Frau und ihr eingebrachtes Gut sowie etwaige Ersatzansprüche, soweit sie vor der Beendigung der Errungenschaftsgemeinschaft geltend gemacht werden können; s. dazu §§ 1539 f., 1525 Abs. 2, 1394, 1411, 1546 Abs. 3. KGläubiger sind die persönlichen Gläubiger der Frau nach § 3. Im übrigen s. entsprechend Anm. 6; es ist aber zu beachten, daß der Erwerb der Geschäftsfrau Gesamtgut ist (s. Karlsruhe, OLG. 9, 454). Zu Ungunsten der KMasse der Frau gilt die Vermutung des § 1527.

E. Fahrnisgemeinschaft (§§ 1549 f. BGB.).

13. Vermögensmassen. Gemeinschaft des beweglichen Vermögens und der beweglichen und unbeweglichen Errungenschaft. Zu unterscheiden Gesamtgut, eingebrachtes Gut beider Gatten, Vorbehaltsgut der Frau. Was der Mann oder die Frau bei dem Eintritte der Fahrnisgemeinschaft hat oder während der Gemeinschaft erwirbt, wird grundsätzlich Gesamtgut i. S. der allgemeinen Gütergemeinschaft (s. § 1549). Eingebrachtes Gut eines Gatten i. S. der Errungenschaftsgemeinschaft ist aber das unbewegliche Vermögen (Begriff § 1551 Abs. 2), das der Gatte bei dem Eintritte der Fahrnisgemeinschaft hat oder während der Gemeinschaft von Todes wegen oder durch Schenkung u. a. erwirbt (§ 1551); s. weiter §§ 1552 bis 1554. Vorbehaltsgut der Frau — der Mann kann solches nicht haben — wird nach den Grundsätzen der Gütertrennung behandelt (§§ 1555, 1549, 1440, 1441). Über die Schuldenhaftung s. Anm. 7 und für das Verhältnis unter den Gatten die besondere Vorschrift des § 1556 BGB.

14. Konkurs des Mannes. Die KE. ist kein gesetzlicher Beendigungsgrund der Fahrnisgemeinschaft. Der Mann verwaltet das eingebrachte Gut der Frau weiter; die nach der KE. anfallenden Nutzungen hieraus gehören zum Gesamtgut, aber nicht zur KMasse (Neuerwerb). S. § 1550 Abs. 2, § 1525. Das eingebrachte Gut der Frau ist nötigenfalls auszusondern. S. sonst entsprechend Anm. 8.

15. Konkurs der Frau. Der K. beendigt die Fahrnisgemeinschaft nicht. Er umfaßt das Vorbehaltsgut der Frau und ihr eingebrachtes Gut sowie etwaige Ersatzansprüche; vgl. Anm. 9 und Anm. 12. KGl. sind die persönlichen Gl. der Frau nach § 3. Im übrigen s. entsprechend Anm. 6.

F. Fortgesetzte Gütergemeinschaft (§§ 1483 f. BGB.).

16. Vermögensmassen und Haftung. Fortgesetzte Gütergemeinschaft folgt nach dem Tode eines Gatten, falls gemeinschaftliche Abkömmlinge vorhanden sind, der allgemeinen Gütergemeinschaft kraft Gesetzes (BGB. § 1483), der Fahrnisgemeinschaft nur kraft Ehevertrags (§ 1557). Fortgesetzte Errungenschaftsgemeinschaft ist ausgeschlossen (RG. RJA. 5, 142). Der überlebende Gatte kann aber in beiden Fällen die Fortsetzung der Gütergemeinschaft ablehnen, s. dazu § 9 u. Anm. 7 dort. Das Gesamtgut umfaßt in der Regel das eheliche Gesamtgut und das Vermögen, das der überlebende Gatte aus dem Nachlasse des verstorbenen Gatten oder nach dem Eintritt der fortgesetzten Gütergemeinschaft erwirbt, dagegen nicht das Vermögen, das der gemeinschaftliche Abkömmling bei Eintritt der fortgesetzten Gütergemeinschaft hat oder später erwirbt (§ 1485). Daneben ist Vorbehaltsgut und Sondergut des überlebenden Gatten möglich (§ 1486). Der überlebende Gatte hat gegenüber dem Gesamtgut im allgemeinen die rechtliche Stellung des Mannes, die anteilsberechtigten Abkömmlinge haben die rechtliche Stellung der Frau (§ 1487). Gesamtgutsverbindlichkeiten der fortgesetzten Gütergemeinschaft sind alle Verbindlichkeiten des überlebenden Gatten und die Verbindlichkeiten des gestorbenen Gatten, die Verbindlichkeiten des Gesamtguts der ehelichen Gütergemeinschaft waren, nicht aber die Verbindlichkeiten der anteilsberechtigten Abkömmlinge. Für die Gesamtgutsverbindlichkeiten der fortgesetzten Gütergemeinschaft haftet der überlebende Gatte persönlich. Er kann aber seine Haftung für die Verbindlichkeiten, für die er vor dem Eintritt der fortgesetzten Gütergemeinschaft nicht persönlich haftete, entsprechend den Vorschriften über die Erbenhaftung auf das Gesamtgut beschränken. Bei Überschuldung des Gesamtguts tritt Gesamtguts K. nach § 1975 BGB. ein (§ 236, §§ 214 bis 234); s. auch § 236 Anm. 1 u. 2. Die Abkömmlinge werden infolge der fortgesetzten Gütergemeinschaft weder für die Verbindlichkeiten des gestorbenen Gatten noch für die Verbindlichkeiten des überlebenden Gatten haftbar. § 1489; vgl. ZPO. § 786.

17. Konkurs des überlebenden Gatten. Nur der überlebende Gatte ist GSch. Konkursgläubiger sind seine persönlichen Gläubiger nach § 3, nicht die Gläubiger der Abkömmlinge. Haftet für eine Verbindlichkeit auch ein Abkömmling, so vollzieht sich die Befriedigung des Gläubigers aus dem Vermögen des Abkömmlings außerhalb des K. des überlebenden Gatten nach den allgemeinen Vorschriften. Der Anteil des Abkömmlings am Gesamtgut und an dessen einzelnen Gegenständen ist aber unpfändbar (ZPO. § 860 Abs. 1). Vielmehr gehört — neben dem persönlichen Vermögen des überlebenden Gatten — entsprechend § 745 Abs. 1 ZPO. das ganze Gesamtgut zur KMasse des überlebenden Gatten. Ein auf das Gesamtgut beschränkter K. der Teilhaber als Gesamthänder ist ausgeschlossen. Die KE. führt nicht kraft Gesetzes zur Beendigung der fortgesetzten Gütergemeinschaft. Aufhebungsklage des Abkömmlings s. § 1495.

18. Konkurs eines anteilsberechtigten Abkömmlings. Nur der Abkömmling (und jeder für sich) ist GSch., nur seine Zahlungsunfähigkeit (§ 102) kommt in Betracht. Der überlebende Gatte ist am Eröffnungsverfahren nicht beteiligt. Der K. beendigt die fortgesetzte Gütergemeinschaft nicht. Er umfaßt das persönliche Vermögen des Abkömmlings, wozu auch etwaige Ersatzansprüche gegen den überlebenden Gatten oder das Gesamtgut gehören. Sein Anteil am Gesamtgut oder an dessen einzelnen Gegenständen ist nicht Bestandteil der Masse (s. Anm. 9). Etwa zur Masse gezogenes Gesamtgut kann der überlebende Gatte aussondern. KGläubiger sind die persönlichen Gläubiger des Abkömmlings nach § 3. Sollte einem Gläubiger des Abkömmlings aus besonderen Gründen das Gesamtgut und daneben persönlich der überlebende Gatte haften, so steht der § 14 der Vollstreckung ins Gesamtgut nicht entgegen, s. Anm. 9.

G. Allgemeines.

19. Konkurs nach der Beendigung einer Gütergemeinschaft bis zur Auseinandersetzung (§§ 1471 f., 1497 f., 1546, 1549 BGB.). Mit der Beendigung einer Gütergemeinschaft tritt bis zur Auseinandersetzung ein Schwebezustand ein, d. h. das bei der Beendigung vorhandene Gesamtgut (s. aber § 1473) behält seine rechtliche Eigenschaft und das Gesamthandsverhältnis dauert fort, löst sich aber entsprechend dem Fortschreiten der Auseinandersetzung auf (vgl. Planck, Erl. 3 zu § 1471). Die Verwaltung des Gesamtguts steht den Teilhabern gemeinschaftlich zu. Trotz der für anwendbar erklärten Vorschrift des § 1442 BGB. sind die Anteile an dem Gesamtgut pfändbar (§ 860 Abs. 2 ZPO.). Wird deshalb in diesem Zeitraum über das Vermögen eines Teilhabers der ErbengesamtK. (s. § 234 Anm. 3) eröffnet, so umfaßt die Masse nach § 1 Abs. 1 auch den Anteil am Gesamtgut; die (weitere) Auseinandersetzung erfolgt nach §§ 16, 51 außerhalb des K. (vgl. Planck Erl. 8 zu § 1472; Staudinger Anm. 5 zu § 1471). Ebenso fällt beim NachlK. nur der Anteil am Gesamtgut in die Masse (ObLG. ZS. NF. 17, 98). Über die Haftung der Teilhaber bei vorzeitiger Teilung s. § 1480.

Die Ansicht Jaegers (A. 20 f.), daß in der angegebenen Zeit auch ein SonderK. über das bei der KE. noch vorhandene Gesamtgut gegen sämtliche Teilhaber als GSch. zulässig sei, findet im Gesetz keinen Anhalt (wie Jaeger Fitting 166, s. auch Seuffert 71 Anm. 10; dagegen Planck Erl. 13 zu § 1472, Pet.-Kleinf. Anm. 1 zu § 16). Die schlechtere Lage der Gesamtgutsgläubiger beruht auf den positiven gesetzlichen Vorschriften, die nach der Beendigung der Gütergemeinschaft den übrigen Gläubigern den Zugriff auf den Anteil ihres Schuldners am Gesamtgut und auf die einzelnen schon geteilten oder von ihrem Schuldner übernommenen Gegenstände ermöglichen, ohne daß auf die vorherige Berichtigung der Gesamtgutsverbindlichkeiten Rücksicht zu nehmen ist. Der § 1475 betrifft nur das Verhältnis der Teilhaber, gibt aber den Gesamtgutsgläubigern kein Vorrecht gegen die übrigen Gläubiger.

§ 2 ist nach Beendigung der Gütergemeinschaft unanwendbar. A. A. Roth (Recht 22, 180) für gewisse Fälle der Beendigung.

20. Schutz gutgläubiger Dritter gegen Änderungen des Güterrechts. Wird durch Ehevertrag die Verwaltung und Nutznießung des Mannes ausgeschlossen oder geändert oder wird eine im Güterrechtsregister eingetragene Regelung der güterrechtlichen Verhältnisse durch Ehevertrag aufgehoben oder geändert, so ist die Aufhebung oder Änderung Dritten gegenüber nur nach Maßgabe des § 1435 BGB. wirksam. Das gleiche gilt z. B. auch, wenn die im Güterrechtsregister eingetragene allgemeine Gütergemeinschaft, Errungenschaftsgemeinschaft oder Fahrnisgemeinschaft durch rechtskräftiges Urteil aufgehoben wurde (s. BGB. § 1470 Abs. 2, § 1545 Abs. 2, § 1549). Die Änderung kann gegenüber dem einen Gläubiger wirksam, gegenüber dem anderen unwirksam sein. Folge ist, daß für die Befriedigung der Gläubiger auch im K. Vermögensmassen von verschiedenem Umfange haften und daß z. B. für die in Betracht kommenden Gläubiger die KMasse nach den Grundsätzen des § 2 gebildet wird, obwohl die betreffende Form der Gütergemeinschaft nicht mehr besteht. Zu beachten ist aber, daß die Anwendung des § 1435 nur auf Verlangen des Dritten erfolgt (vgl. RGR.-Komm. Anm. 4).

21. Internationales Privatrecht. Der § 2 setzt eine Form der Gütergemeinschaft nach dem BGB. voraus. Er ist deshalb nicht anwendbar, wenn die Gatten in einem ausländischen Güterstande leben. In solchen Fällen ist nach Maßgabe des § 1 Abs. 1 zu untersuchen, was Vermögen des GSch. ist. Über das Verhältnis des deutschen Rechts zum ausländischen Recht s. zunächst das am 23. August 1912 (s. Art. 14 Abs. 1) in Kraft getretene Haager Abkommen vom 17. Juli 1905 über den Geltungsbereich der Gesetze in Ansehung der Wirkungen der Ehe usw. (RGBl. 1912 S. 453, 475), ratifiziert vom Deutschen Reiche, Frankreich, Italien, den Niederlanden, Portugal, Rumänien und Schweden; ferner von Belgien (RGBl. 1913, 249); s. hierzu nunmehr Art. 282 f. des VersaillerFV. Soweit nicht das Haager Abkommen gilt, sind die Art. 15, 16, 27, 28, 30 EG. BGB. anzuwenden. Vgl. die Denkschrift in der Reichstagsdrucksache 891 Session 1907/08 (bes. S. 44 f. über den Schutz Dritter gegen die Anwendung ausländischen Rechts). S. ferner § 11 a GewO. über den Gewerbebetrieb durch eine Ehefrau, für deren güterrechtliche Verhältnisse ausländisches Recht gilt, und die Haftung für die Verbindlichkeiten der Frau aus dem Gewerbebetrieb.

22. Übergangsvorschriften. Für den Güterstand einer bei dem Inkrafttreten des BGB. bestehenden Ehe s. EG. BGB. Art. 200, 218; ferner (Überleitung) Art. 59 § 8 preuß. AG. BGB. vom 20. September 1899; Art. 24 bayer. Übergangsgesetz vom 9. Juni 1899; § 18 sächs. AG. ZPO. und KO. vom 20. Juni 1900; § 18 bad. Überleitungsgesetz vom 4. August 1902; Art. 205 hess. AG. BGB. vom 17. Juli 1899; u. a. m. Soweit auf solche Güterstände die Vorschriften der KO. nicht landesrechtlich für anwendbar erklärt sind, bleiben die Vorschriften des bis 1. Januar 1900 geltenden KRechts maßgebend (Art. VI S. 1, 2 EG. KONovelle).

Konkursgläubiger.

§ 3. (§ 2.)

I Die Konkursmasse dient zur gemeinschaftlichen Befriedigung aller persönlichen Gläubiger, welche einen zur Zeit der Eröffnung des Verfahrens begründeten Vermögensanspruch an den Gemeinschuldner haben (Konkursgläubiger).

II Unterhaltsansprüche, die nach den §§ 1351, 1360, 1361, 1578—1583, 1586, 1601—1615, 1708—1714 des Bürgerlichen Gesetzbuches gegen den Gemeinschuldner begründet sind, sowie die sich aus den §§ 1715, 1716 des Bürgerlichen Gesetzbuchs ergebenden Ansprüche können für die Zukunft nur geltend gemacht werden, soweit der Gemeinschuldner als Erbe des Verpflichteten haftet.

Begr. I 25 f., KommB. I 8, Begr. II 25, KommB. II 5 f. — Geändert durch die Nov.

1. Allgemeines.

a) Der Abs. 1 bestimmt, wer KGläubiger ist, also eine KForderung hat. Von besonderen Vorschriften (§ 57 f.) abgesehen soll nur der KGl. aus der KMasse befriedigt werden, anderseits wird nur er durch das KVerfahren nach §§ 12, 14, 193 in der Verfolgung seiner Ansprüche beschränkt. KGl. ist, wer z. Z. der KE. einen persönlichen, auf Geld gerichteten oder nach dem Geldwerte schätzbaren (§ 69), erzwingbaren Anspruch auf Befriedigung aus dem Vermögen des GSch. hat (KForderung). KGl. ist auch, wer eine der Art oder dem Betrage nach unbestimmte oder eine (aufschiebend oder auflösend) bedingte oder eine betagte Forderung hat; §§ 65, 66, 67. Der Kreis der KGl. wird eingeschränkt durch §§ 63, 236, erweitert durch §§ 27, 28, 226, 236. Inländische und ausländische Gl. werden grundsätzlich gleich behandelt, § 5. KGl. sind alle Gl., die sich als KGl. beteiligen können, wenn sie sich auch tatsächlich nicht beteiligen, auch wenn sie ihre Forderungen nicht kennen; vgl. § 193, s. aber § 53 (Aufrechnung).

Die Person des Gl. kann während des K. wechseln (Gesamtnachfolge; Sondernachfolge; s. auch § 426 Abs. 2, § 774 BGB., Art. 10 WO.); der Nachfolger tritt ohne neue Anmeldung u. Prüfung, aber gegebenen Falls unter Darlegung des Eintritts der Nachfolge in das Teilnehmerrecht des Vorgängers ein (besondere Vorschriften für die Aufrechnung s. § 55 Nr. 2). §§ 263, 265 ZPO. nicht anwendbar. Vgl. Anm. 4 zu § 139; Jaeger Anm. 9 zu § 139, Anm. 4 zu § 142. Vgl. auch § 183 Abs. 2 (während des K.).

b) Gemeinschaftliche Befriedigung bedeutet nicht gleichmäßige Befriedigung; s. §§ 61 f., 226, 236.

c) Die KMasse bleibt Vermögen des GSch. Die KGl. werden daraus nach Maßgabe der KO. befriedigt oder sichergestellt. Sie erlangen an den zur Masse gehörenden Sachen und Rechten keine Rechte, die sie nicht schon z. Z. der KE. hatten, insbesondere kein Pfandrecht („Recht auf Sachhaftung", „Beschlagsrecht" usw.) an den Sachen und Rechten, ebensowenig den Besitz an den konkursbefangenen Sachen. Sie sind auch nicht bürgerlichrechtlich (als juristische Person, Gesellschaft oder sonst) organisiert. Eine „Gläubigerschaft" ist vom Gesetz nicht anerkannt. Jeder Gl. behält seine Ansprüche und verfolgt sie für sich und gegen andere Gl. Positive Ausnahmen (s. §§ 36, 147) bestätigen die Regel. Die Gesamtheit hat keinen Willen und keine Organe. Der KVerw. kommt als solches nicht in Betracht (s. zu § 6). Die Beschlußfassung in der GlVers. ist nur die vom Gesetz bestimmte Form, in der der Wille der einzelnen Gl. zum Ausdruck kommt. Der GlAussch. ist nur eine Vertretung der einzelnen Gl. mit bestimmten und begrenzten Aufgaben. Ein Zweckvermögen, Gesellschaftsvermögen u. dgl. der Gesamtheit der Gl. fehlt, ebenso gibt es keine Verbindlichkeiten der Gesamtheit. Die Gesamtheit ist auch nicht aktiv oder passiv parteifähig. Parteien sind der KVerw., der beteiligte Gl., u. U. der GSch.[1]) Dagegen ist es gerechtfertigt, von einer Beschlagnahme der KMasse für die Gl. zu reden.

---

[1]) Die Ansichten gehen weit auseinander. Ein Pfandrecht oder ein ähnliches Recht der Gläubigerschaft nehmen — im einzelnen unter sich wieder abweichend — bes. an Seuffert 151 f., Hellmann 622 f, Kohler Leitf. 72 f., 203 f. Dagegen u. A. Begr. I 15 f., Fitting 29 Anm. 17, Wilm.-Kurlb. 24 f., Pet.-Kleinf. Anm. 2 zu § 3, Sarw.-Boss. Anm. 4 zu § 3, Wolff Anm. 1 (nimmt aber Gemeinschaft

2. **KGläubiger sind nur persönliche Gläubiger.** Dingliche Ansprüche sind nicht KForderungen, sie begründen in den im Gesetze vorgesehenen Fällen das Recht auf abgesonderte Befriedigung (§§ 4, 47 f.), und nur der mit ihnen etwa verbundene persönliche Anspruch ist u. U. KForderung (§ 64). KForderungen sind ferner nur persönliche Ansprüche, die sich gegen das Vermögen des GSch. richten. Der Anspruch auf Aussonderung eines dem GSch. nicht gehörenden Gegenstandes ist deshalb auch dann keine KForderung, wenn er auf einem Schuldverhältnis (z. B. Leihe, Verwahrung) ruht (s. § 43). Persönliche Ansprüche sind auch die Ansprüche aus Pflichtteilsrechten (§§ 2303 f. BGB.), aus Vermächtnissen (§§ 1939, 2147 f.) und aus Auflagen (§§ 1940, 2192 f.). Die Mitgliedsrechte der Gesellschafter, Aktionäre, Genossen sind im K. der Handelsgesellschaften, Gesellschaften m. b. H. oder Genossenschaften (§§ 207, 209 KO., § 63 GmbHG., § 93 GenG.) nicht als KForderungen zu behandeln, weil sie zum Vermögen der Gesellschaft oder Genossenschaft gehören, wohl aber etwaige Gläubigerrechte des einzelnen Gesellschafters usw. aus Schuldverhältnissen, z. B. Darlehens- oder Mietverträgen. KForderung ist der Anspruch des stillen Gesellschafters auf Zurückgabe seiner Einlage unter Abzug des Verlustanteils nach dem Stande bei der KE. (s. § 16; HGB. §§ 341, 342).

3. **Geldwertige Ansprüche.** Der Anspruch muß auf Geld gerichtet oder in Geld schätzbar sein; s. §§ 69, 70. Ansprüche auf Herausgabe von Sachen, die zum Vermögen des GSch. gehören, und auf vertretbare oder nicht vertretbare Handlungen oder Unterlassungen des GSch. können als Interesseforderungen geltend gemacht werden, soweit nicht § 7 entgegensteht (Anm. 5). Vgl. §§ 883 f. ZPO.

4. **Erzwingbare Ansprüche** liegen nicht vor, wenn das Gesetz bestimmt, daß eine Verbindlichkeit nicht begründet ist (s. BGB. § 656 Ehevermittlung, § 762 Spiel oder Wette) oder wenn die Klagbarkeit der Forderung durch Vertrag ausgeschlossen ist (s. auch Anm. 3 zu § 103, Seuffert 134) oder wenn der Verpflichtete dauernd berechtigt ist, die Leistung zu verweigern (s. BGB. § 222 Verjährung). Solche Ansprüche sind nicht KForderungen (a. M. für verjährte Forderungen Wolff, LZ. 2, 108). Vgl. RG. GruchotsBeitr. 50, 1120. Eine verjährte Forderung kann aber nach Maßgabe des § 390 Satz 2 BGB. auch im K. aufgerechnet werden (§ 53). Erzwingbar sind auch die beschränkt übertragbaren Ansprüche auf Ersatz des Schadens, der nicht Vermögensschaden ist, s. §§ 847, 1300 BGB.

5. **Ansprüche, die z. Z. der KE. begründet sind.** Gl., deren Anspruch nach der KE. entstanden ist, können Massegläubiger sein (§§ 57 f.). Für die KForderung kommt es auf den Rechtsgrund des Anspruchs (Gesetz, Rechtsgeschäft, unerlaubte Handlung) nicht an, auch darauf nicht, ob er im Privatrecht oder öffentlichen Recht wurzelt. Es genügt aber nicht, daß z. Z. der KE. ein Verhältnis besteht, aus dem ein Anspruch

---

nach Bruchteilen, BGB. §§ 741 f. an), Jaeger Anm. 47 f. (lehnt nunmehr jede materiellrechtl. GlrGemeinschaft ab und anerkennt nur eine prozessuale Verbundenheit), RG. 46, 167. Vgl. auch RGZ. 10, 332, das sich gegen die Annahme eines durch die Zahlungsunfähigkeit des Schuldners entstehenden besonderen „KAnspruchs" der Gläubiger wendet.

entstehen kann (RG. GruchotsBeitr. 50, 1120). Vielmehr muß der Anspruch in diesem Zeitpunkte schon entstanden sein oder spätestens mit diesem Zeitpunkte entstehen (Ausnahmen s. Anm. 1 a); das Vermögensrecht muß schon erworben sein. Anderseits braucht der Anspruch nach Art oder Betrag noch nicht bestimmt zu sein (z. B. Schadensersatzanspruch, dessen Umfang bei der KE. noch nicht feststeht). Der Anspruch darf betagt sein, die Wirkung des Anspruches darf ferner aufschiebend oder auflösend bedingt oder an einen Anfangs- oder Endtermin gebunden sein. Das ergibt sich aus den positiven Vorschriften in §§ 65, 66, 67, 69; aber §§ 96, 154 Abs. 2, § 168. Diese Behandlung bedingter oder befristeter Ansprüche stimmt mit dem Standpunkt des BGB. überein, das solche Ansprüche als schon erworbene Rechte auffaßt (RGR.-Komm. Anm. 6 vor § 158 BGB.). Eine Ausnahme folgt aus § 7 für Ansprüche, deren Wirkung nach der KE. durch eine für die KMasse unwirksame Rechtshandlung des GSch. ausgelöst wird. Solche Ansprüche können der KMasse gegenüber nicht geltend gemacht werden. Ansprüche auf Schadensersatz wegen Nichterfüllung oder auf Vertragsstrafe (s. § 62 Nr. 2), die zwar z. Z. der KE. begründet sind aber nach diesem Zeitpunkte durch eine Handlung des GSch. (z. B. Zuwiderhandlung gegen ein Konkurrenzverbot) wirksam werden, sind deshalb als KForderungen (der KMasse gegenüber) ausgeschlossen. Anders, wenn die Vertragsverletzung nicht auf einer Rechtshandlung des GSch. ruht, sondern die Folge seiner Zahlungsunfähigkeit oder des Nichtwollens oder Nichterfüllens des KVerw. ist. Vgl. Begr. I 279, RGZ. 59, 53 (36, 126), Jaeger A. 15, Wilm.-Kurlb. A. 7 u. a. gegen Fitting 96 Anm. 29, Seuffert 54; s. ferner Anm. 3 zu § 62. Im einzelnen ist oft nicht unzweifelhaft, ob bei der KE. ein Anspruch schon begründet ist oder ob der Anspruch erst später (von neuem) entsteht:

a) **Leibrentenverträge** u. dgl. (§§ 330, 759 f. BGB., Art. 96 EG. BGB.) begründen einen KAnspruch auch für die Leistungen, die nach der KE. fällig werden (§ 69, u. U. § 70), s. auch Anm. 6. Entsprechendes gilt für die Ansprüche auf Zahlung von Geldrenten an den Verletzten oder Dritte nach §§ 843 f. BGB., § 7 HaftpflG. u. a.

b) Ein **Blanko-Akzept**, das der GSch. vor der KE. einem andern mit dem Rechte der Ausfüllung übergeben hat und das z. Z. der KE. noch nicht ausgefüllt ist, begründet ein Vermögensrecht auf Ausfüllung (einen aufschiebend bedingten Zahlungsanspruch) gegen den GSch., das durch die KE. nicht unwirksam wird. Nach der Ausfüllung ist der legitimierte Inhaber des Wechsels KGl. Die Einrede der mißbräuchlichen Ausfüllung greift wie außerhalb des K. nur gegen den Täter und seine schlechtgläubigen Nachmänner durch. Das Entsprechende gilt für die Blanko-Tratte. Vgl. Jaeger A. 21, Seuffert 55, Staub-Stranz Anm. 13a zu Art. 7, RGZ. 8, 57; 11, 8; (33, 44); auch 58, 172; a. M. Hellmann 211. Dagegen gibt die Blankoabtretung einer Hypothekforderung oder Grundschuld (schriftliche Abtretungserklärung ohne Benennung des neuen Gl.) selbst in Verbindung mit der Übergabe des Hypotheken- oder Grundschuldbriefs kein Ausfüllungsrecht nach der KE. (§§ 1154, 1192 BGB.), vgl. RGZ. 63, 232 f.

c) **Forderungen des Bürgen im K. des Hauptschuldners:**[1])

α) Bevor der Bürge den Hauptgläubiger befriedigt, besteht zwischen ihm und dem Hauptschuldner nicht notwendig ein Schuldverhältnis. Er wird aus dem Verhältnis mit dem Hauptschuldner aber in der Regel einen Befreiungsanspruch (BGB. § 775) oder bedingten Rückgriffsanspruch haben. Mit diesem Anspruch — nicht mit dem erst künftig kraft Gesetzes entstehenden Rückgriffsanspruch nach § 774 — ist er KGl. Der Bürge kann aber, wenn er den Hauptgläubiger vor der KE. auch nicht teilweise befriedigt hat, nicht neben dem sich beteiligenden Hauptgläubiger für sich Befriedigung oder Sicherung (§ 67) verlangen, weil die KMasse nur einmal zahlen muß und der Hauptgläubiger dabei vorgeht. Soweit der Bürge durch den Hauptgläubiger ausgeschlossen wird, nimmt er mithin nur die passive Stellung des KGl. ein (Vollstreckung, Zwangsvergleich!). Wenn und soweit sich der Hauptgläubiger nicht beteiligt, steht der aktiven Beteiligung des Bürgen nichts im Wege und kann er auch Sicherung aus der KMasse verlangen. Von dem Vollstreckungsverbot (§ 14) und dem Zwangsvergleich (§ 193) wird der Anspruch des Bürgen jedenfalls mitbetroffen.

β) Befriedigt der Bürge den Hauptgläubiger vor oder nach der KE. ganz (über den Verlust der Einrede der Vorausklage s. § 773 Abs. 1 Nr. 3, Abs. 2 BGB.), so tritt er für ihn in den K. ein. Ein etwaiges Vorzugsrecht (§§ 61, 62) kann auch er geltend machen (BGB. §§ 774, 412, 401 Abs. 2).

γ) Befriedigt der Bürge den Hauptgläubiger nach der KE. teilweise — weil er etwa nur eine Teilbürgschaft übernommen hat oder aus anderem Grunde —, so geht zwar soweit die Forderung des Gl. auf ihn über, nach der besonderen Vorschrift des § 68 kann aber der Hauptgläubiger bis zu seiner vollen Befriedigung die ganze Forderung, die er z. Z. der KE. hatte, weiter geltend machen. Der Bürge ist demnach auf die passive Stellung des KGl. (s. unter α) beschränkt, bis die ganze Forderung des Hauptgläubigers gedeckt ist, und kommt erst dann zum Zuge. Auf ihn fällt der Rest der auf die ganze Forderung treffenden Dividende oder Zwangsvergleichsrate.

δ) Wenn der Bürge den Hauptgläubiger vor der KE. teilweise befriedigt hat, ist die Rechtslage diese: Der Hauptgläubiger kann nur den Betrag anmelden, den er z. Z. der KE. noch zu fordern hat (§ 3 Abs. 1; s. auch § 68). In Höhe seiner Leistung ist der Bürge Nachfolger des Hauptgläubigers und soweit kann er die nach § 774 Abs. 1 Satz 1 BGB. auf ihn übergegangene Fdg. geltend machen. Dieses Recht wird durch § 774 Abs. 1 Satz 2, wonach der Bürge den

---

[1]) S. RGZ. 8, 290; 14, 172 (grundleg. E. der VerZS.) 42, 35; 76, 198; Gruch. 50, 1120; LZ. 1, 344; 2, 943 und die verschiedenartigen Lösungsversuche von Henneberg LZ. 5, 268 f., Bendix Recht 14, 686 f., Jaeger A. 24 f., A. 5 zu § 67, Pet.-Kleinf. A. 5 f. zu § 67, Wilm.-Kurlb. A. 4 f. zu § 67, Sarw.-Boss. A. 2 zu § 67, Seuffert 52 f., Fitting 97 f., Hellmann 218 f., Kohler 349 f., Leitf. 202 f., Düringer-Hachenburg HGB. 2 Bd. 287 f. (288), 294, Staub HGB. § 349 Anm. 47, Planck Erl. 5 zu § 774, s. auch Staudinger Anm. 4 zu § 268, Oertmann A. 3b zu § 774, Rehbein Anm. 22 zu §§ 420 f. BGB.

Übergang der Teilforderung „nicht zum Nachteile des Gl. geltend machen" darf, nicht berührt; die Anwendung dieser Bestimmung ist mit dem Wesen der kmäßigen Befriedigung nicht verträglich (RGZ. 83, 401; bestr. s. RG. daselbst). Anders nur bei der Ausfallbürgschaft (RG. a. a. O.), hier ist nur der Gl. anmeldeberechtigt; eine vor der KE. erfolgte Teilzahlung des Bürgen gilt, soweit nicht ausdrücklich anders vereinbart ist, nur als vorläufige, das volle FdgsRecht des Gl. gegen den Schuldner wahrende; durch die Anmeldung des Gl. wird das Recht des Bürgen gemäß den Bemerkungen unter α ausgeschlossen.

ε) Wenn auch die KMasse nur einmal — entweder an den Hauptgläubiger oder an den Bürgen — leistet, so kommt die Tatsache, daß es sich um zwei Schuldverhältnisse handelt, doch dadurch zur Geltung, daß der Bürge sich unabhängig vom KVerfahren aus einem Gegenstande der KMasse abgesondert befriedigen kann (§§ 4, 47 f.). Verwertet der Verw. den Gegenstand nach § 127, so geht das Recht des Bürgen auf den Erlös über. Der Bürge, der eine Schuld an die KMasse hat, ist ferner wegen seines Anspruches an den Schuldner nach Maßgabe der §§ 53 f. (§ 54 Abs. 3) zur Aufrechnung berechtigt, d. h. vor Eintritt der Bedingung darf er zwar die Zahlung an die KMasse nicht verweigern, er kann aber unter Vorbehalt der Aufrechnung Sicherstellung in der Höhe seiner Forderung verlangen. Nach dem Eintritt der Bedingung und der Erklärung der Aufrechnung ist die Zurückzahlung des eingezahlten Betrags bis zur Höhe der Forderung Masseschuld (vgl. dazu Kurlbaum, LZ. 4, 18 f.; Henneberg, LZ. 5, 283; Jaeger, Anm. 6 zu § 54; RG. LZ. 1, 344).

d) Gesamtschuldverhältnisse. Für Ansprüche des einen Gesamtschuldners im K. des andern gelten im allgemeinen die Sätze unter c) entsprechend. Es ist aber auf das innere Verhältnis zu achten, in dem die Gesamtschuldner stehen (Ausgleichungspflicht regelmäßig nach Kopfteilen, § 426 BGB., s. aber z. B. bei unerlaubten Handlungen §§ 840, 841). Der durch die Befriedigung des Gl. bedingte Ausgleichungsanspruch kann im K. des andern Gesamtschuldners nicht neben dem Befriedigungsanspruch des Gl. geltend gemacht werden.

e) Rückgriffsanspruch nach §§ 1143, 1225 BGB. Wie der Bürge wird der Dritte, dessen Grundstück zugunsten der KForderung mit einer Hypothek belastet ist oder der zugunsten der KForderung eine bewegliche Sache verpfändet hat, durch die Teilnahme des Hauptgläubigers an der gleichzeitigen Geltendmachung seines Anspruches gehindert; Jaeger Anm. 7 zu § 67.

f) Wechselanspruch, Wechselregreß. Hat der GSch. vor der KE. einen Wechsel akzeptiert, ausgestellt, indossiert oder mit seinem Aval versehen, so ist nicht nur die Person, die z. Z. der KE. legitimierter Wechselinhaber ist, sondern auch jeder Nachmann KGl. (vgl. Art. 8, 10, 14, 23, 36, 81 WO.). KGl. wird auch ein Nachmann, der den Wechsel nach KE. erwirbt, obwohl dem Vormann, der z. Z. der KE. Inhaber war, eine dessen Person gegenüber wirksame Einrede entgegenstand, die dem Nachmann gegenüber nicht durchschlägt

(RGZ. 84, 121). Durch das Indossament gibt ferner der Indossant sein Wechselrecht nicht auf; er bleibt also KGl., hat aber nur einen durch den Wechselregreß aufschiebend bedingten Zahlungsanspruch (s. §§ 67, 154, 168 Abs. 2). Da aber die einheitliche Wechselschuld aus der KMasse nur einmal zu befriedigen ist, so kann der Indossant zwar neben dem Nachmann den Anspruch anmelden, aber nicht neben dem Nachmann Befriedigung oder Sicherung verlangen. Der Zwangsvergleich wirkt auch gegen den Vormann, obwohl er die Zwangsvergleichsrate nicht für sich verlangen kann (§ 193). S. Staub-Stranz Anm. 6 zu Art. 10; ROHG. (Pl.) 24, 1 f.; RGZ. 77, 187; RG. Recht 17 Nr. 119. Löst der Indossant den Wechsel während des K. wieder ein, so wird sein Zahlungsanspruch unbedingt und er nimmt damit an der KMasse teil. Doch kann sich trotz der Einlösung der Inhaber vorbehalten, daß der im K. auf den Wechsel treffende Erlös ihm zukommen solle u. daß der einlösende Indossant ihm zur Erhebung den Wechsel übermitteln müsse (RGZ. 85, 53). Das Gleiche, wie hinsichtlich der Geltendmachung der Wechselforderung der Vormänner des Inhabers gilt hinsichtlich der Geltendmachung einer Forderung, für die der GSch. Wechsel gezeichnet hat, die der Empfänger dann weiter gegeben hat s. RGZ. 85, 53 (57). Bei Teilbefriedigung des Nachmannes während des K. ist § 68 anzuwenden.

Auch der Anspruch auf Ersatz der Wechselunkosten, die durch die Protestierung des Wechsels nach der KE. erwachsen, besteht schon z. Z. der KE. als bedingte und anmeldbare Forderung (a. M. Dresden, OLG. 14, 411).

g) Der Revalierungsanspruch des Akzeptanten gegen den Aussteller ist kein Wechselanspruch (Art. 23 Abs. 3 WO.), sondern beruht auf dem inneren bürgerlichrechtlichen Verhältnis beider. Aus diesem geht hervor, ob der Akzeptant schon vor der Einlösung des Wechsels gegen den Aussteller einen Anspruch auf sofortige Deckung oder Vorschuß hat (vgl. BGB. §§ 669, 675) oder ob sein Anspruch wie beim Gefälligkeitsakzept dadurch bedingt ist, daß der Aussteller den Wechsel nicht selbst einlöst. Näheres Rehbein, WO. Anm. 11 zu Art. 21 f.; Jaeger A. 28. Für die Masse bildet die Wechselschuld und die Schuld an den Akzeptanten eine einheitliche Schuld, die nur einmal zu erfüllen ist. Vom Zwangsvergleich im K. des Ausstellers wird auch der Revalierungsanspruch betroffen, während die Wechselverbindlichkeit des Akzeptanten davon nicht berührt wird (§ 193).

h) Gutgläubiger Erwerb nach §§ 405 BGB. bei Scheinforderungen. Er ist auch nach KE. möglich, wenn der Schuldschein vom GSch. vor KE. ausgestellt u. aus der Hand gegeben ist (RGZ. 87, 420).

i) Prozeßkosten; landesrechtliche Gebühren u. dgl. Auch hier kommt es darauf an, ob der Anspruch vor oder spätestens durch die KE. entstanden ist, wenn auch seine Wirkung durch ein späteres Ereignis aufschiebend bedingt ist. Zu beachten ist aber, daß Rechtshandlungen des GSch. nach der KE. der KMasse gegenüber unwirksam sind (§ 7). Eine solche Rechtshandlung ist die Übernahme von Kosten durch den GSch. (vgl. § 86 GKG.). Die vor der KE. liegenden, einen Kostenanspruch erzeugenden Ereignisse begründen

z. B. auch KForderungen (vgl. § 62 Nr. 1), wenn die Kostenpflicht erst durch ein späteres Urteil festgestellt wird, die nach der KE. liegenden Ereignisse dieser Art begründen KForderungen nicht (a. M. Hellmann 210). Das gilt für die Ansprüche des Staates (vgl. §§ 81 f., 86, 89, 93 GKG.) wie für die Ansprüche des Prozeßgegners (vgl. § 91 ZPO.; s. ferner § 62 Nr. 1). Streit herrscht, ob die Kosten eines vom Verw. oder gegen ihn aufgenommenen Prozesses nur soweit Masseschulden (§ 59 Nr. 1) sind, als sie durch die Aufnahme oder nach der Aufnahme entstanden sind, oder ob auch die vorher entstandenen Kosten dazu gehören. Wer nur die ersteren Kosten einrechnet, muß die letzteren als KForderungen ansehen. Es dürfte aber richtiger sein, auch die letzteren Kosten zu den Masseschulden zu rechnen, weil der Verw. mit der Aufnahme des Prozesses in die prozessuale Stellung des GSch. eintritt (herrsch. M., z. B. Dresden, SeuffA. 48, 482; Dresden, LZ. 1, 446; 3, 86; vgl. RGZ. 52, 332; näheres Jaeger Anm. 2 zu § 59; Anm. 31 zu § 3; s. ferner hier Anm. 1c zu § 59; Anm. 2 zu § 62). Ein Vergleich über die Kosten des vom Verw. aufgenommenen Prozesses „über die Kosten des Verf." umfaßt auch die vor der Aufnahme entstandenen, jedoch nicht ohne weiteres auch die eines nebenhergehenden Arrestes (Hamburg, SeuffA. 74, 196).

Im Strafprozeß werden zwar die Gebühren und Auslagen, die dem Verurteilten zur Last fallen, erst mit der Rechtskraft des Urteils fällig (GKG. § 96; s. §§ 59 f.), der (bedingte) Anspruch des Staates entsteht aber schon in dem Zeitpunkt, in dem die Strafverfolgungsbehörde befaßt wird, und das Verfahren entwickelt sich von Amts wegen weiter, ohne durch Rechtshandlungen des GSch. wesentlich beeinflußt zu werden. Die Staatskasse kann deshalb, wenn das Verfahren vor der KE. anhängig wurde, die Kosten des Strafverfahrens mit Einschluß der Strafvollstreckungskosten (§ 497 StPO.) schätzungsweise (§ 69) als KForderung anmelden. Geldstrafen sind als KForderungen stets und auch dann ausgeschlossen, wenn sie vor der KE. rechtskräftig erkannt sind (§ 63 Nr. 3). (Vgl. Zweibrücken, BayZfR. 6, 122; Karlsruhe, BadRechtspr. 8, 363; Augsburg, SeuffA. 68, 211 mit Lit.; RGSt. 13, 142; 32, 299 [Privatklageverf.]; RGZ. 20, 260 [Strafvollstreckungsk.]; anders Jaeger A. 32).

Die Gerichtskosten für das KVerf. selbst sind Massekosten (§ 58 Nr. 1).

6. Verträge auf Leistung an einen Dritten (§§ 328 bis 335 BGB.). Hatte der Dritte z. Z. der KE. schon das Recht erworben die Leistung zu fordern, so ist er im K. des Schuldners KGl. Daneben ist auch der Versprechensempfänger KGl., wenn nichts anderes anzunehmen ist (§ 335). Er kann aber nur Leistung an den Dritten fordern. Das Stimmrecht beim Zwangsvergleich können beide nur einheitlich ausüben (Jaeger A. 45). Ist das Recht des Dritten entstanden aber nur bedingt oder befristet wirksam, so ist auch seine KForderung bedingt oder betagt. Hat der Dritte bei der KE. kein Forderungsrecht, so ist nur der Versprechensempfänger KGl. Erwirbt aber der Dritte das Recht während des K., so wird er nach Analogie der Vorschriften über Rechtsnachfolge — gegebenen Falls neben dem auf das Recht nach

§ 335 BGB. beschränkten Versprechensempfänger — KGl. Übrigens kommt es stets auf die Umstände des Falles an, s. § 328 Abs. 2 BGB. und die Auslegungsregeln namentlich für Lebensversicherungs- und Leibrentenverträge, §§ 329 f.

7. **Gesamtgläubiger.** Können mehrere eine Leistung des GSch. in der Weise fordern, daß jeder die ganze Leistung fordern darf, der Schuldner aber nur einmal zu leisten verpflichtet ist (Gesamtgl.), so kann zwar jeder Gl. die volle Forderung anmelden, die Zahlungen im K. oder auf Grund eines Zwangsvergleiches erfolgen aber nur einmal und nach Belieben des Zahlenden an den einen oder den anderen Gl. Das ergibt sich aus § 428 BGB. Zur Teilnahme an den Abstimmungen ist jeder Gesamtgläubiger für die ganze Forderung berechtigt. Mehrere in der GlVersammlung erschienene Gesamtgläubiger können aber nur einheitlich abstimmen, sonst werden ihre Stimmen nicht gezählt. Zur Mehrheit für die Annahme des Zwangsvergleiches (§ 182) werden die auf die Forderung fallenden Stimmen nur gezählt, wenn alle anwesenden Gesamtgläubiger dem Vergleiche zugestimmt haben. Vgl. Jaeger Anm. 8 zu § 67.

8. **Unterhaltsansprüche.**

a) Der Abs. 2 (Novelle 1898) regelt die früher bestrittene Frage, inwieweit Unterhaltsansprüche, die einem Ehegatten, Verwandten oder unehelichen Kinde kraft Gesetzes gegen den GSch. zustehen, als KForderungen geltend gemacht werden können. Der Gesetzgeber geht dabei von der Erwägung aus, daß der Unterhaltsanspruch mit dem Eintritt des Bedürfnisses jeweils neu entstehe, wenn auch das Verhältnis zum Berechtigten, das den GSch. verpflichtet, schon vor der KE. begründet war (Begr. II 25, KommB. II 5 f.). Ob diese Meinung haltbar ist, mag dahingestellt bleiben. Die gewöhnliche Unterhaltspflicht des unehelichen Vaters (BGB. § 1708 Abs. 1) ist z. B. von dem Eintritt der Bedürftigkeit des Kindes nicht abhängig, sondern wird regelmäßig mit der Geburt des Kindes wirksam; nur die einzelnen Geldrenten sind befristet (§ 1710). Durch die Fassung des Gesetzes steht jedenfalls fest, daß die im Abs. 2 bezeichneten Unterhaltsansprüche und die Ansprüche der Mutter nach BGB. §§ 1715, 1716 „für die Zukunft", d. h. für die Zeit nach der KE. als KForderungen grundsätzlich nicht geltend gemacht werden können. Dies gilt auch, wenn die Voraussetzungen für die Geltendmachung des Anspruches schon vor der KE. eingetreten sind und nach der KE. fortdauern. Dies gilt ferner für die z. Z. der KE. fälligen Leistungen, die für eine im Gesetze bestimmte Zeit vorauszuzahlen sind, soweit die Zeit nach der KE. in Betracht kommt. War z. B. eine dreimonatlich vorauszahlbare Unterhaltsrente einen Monat vor der KE. fällig geworden aber nicht gezahlt worden, so kann der Berechtigte, soweit er für die Vergangenheit überhaupt Unterhalt fordern darf, als KForderung nur den Teilbetrag anmelden, der auf die Zeit bis zur KE. fällt. Da die Unterhaltsansprüche „für die Zukunft" nicht KForderungen sind, unterliegen sie anderseits nicht den Beschränkungen der §§ 12, 14, 193. Die Berechtigten können insbesondere schon während des K. mit Vollstreckung gegen das freie Vermögen des GSch. vorgehen.

b) Eine Ausnahme tritt ein, soweit der GSch. nicht durch ein familienrechtliches Verhältnis zum Unterhalte verpflichtet ist, sondern nur haftet, weil er den Verpflichteten beerbt hat. Dies wird nur für einen Teil der Ansprüche des Abs. 2 von Bedeutung; die Unterhaltspflicht usw. geht nämlich nur ausnahmsweise auf den Erben (als Nachlaßverbindlichkeit BGB. § 1967) über (BGB. §§ 1351, 1582, 1586, 1712, 1715), in der Regel erlischt sie mit dem Tode des Verpflichteten (§ 1360 Abs. 3, § 1516). Im Nachl. u. ErbenK. können deshalb diese letzteren Ansprüche auch für die Zukunft geltend gemacht werden; für bedingte oder befristete Ansprüche, s. die §§ 65, 66, 67, 69, 70. Bedingt ist z. B. zur Zeit der KE. die Unterhaltspflicht des Erben, wenn das uneheliche Kind erst während des K. geboren wird und der Vater vor der KE. gestorben ist (s. BGB. § 1712, Ausnahme § 1716). Abfindung des unehelichen Kindes: § 1712 Abs. 2 BGB. Soweit er KForderung ist, unterliegt der Unterhaltsanspruch den Beschränkungen der §§ 12, 14, 193.

c) Um einen Anspruch kraft Gesetzes handelt es sich auch, wenn der Berechtigte wegen seines gesetzlichen Anspruches einen Vollstreckungstitel erwirkt hat oder wenn die Beteiligten über den Inhalt des Anspruches eine Vereinbarung getroffen haben (z. B. § 1714 BGB.). Zweifelhaft ist, ob auch vertragsmäßige an Stelle des gesetzlichen Unterhalts zu gewährende Abfindungen unter Abs. 2 fallen. Die Frage wird im allgemeinen — vorbehaltlich der Anfechtung des Vertrags wegen Gläubigerbenachteiligung — zu verneinen sein (so Jaeger Anm. 35), es entscheiden aber die Umstände des Falles. Auch der Unterhaltsanspruch, der unabhängig vom Gesetz auf einem Vertrag oder auf einer Verfügung von Todes wegen ruht, ist grundsätzlich KForderung, soweit er nicht tatsächlich den gesetzlichen Anspruch erfüllen soll (z. B. Unterhalt einer Person, die nach dem Gesetze keinen Anspruch hat). Ausgeschlossen sind aber Forderungen aus einer Freigebigkeit des GSch. (§ 63 Nr. 4). Vgl. Jaeger A. 42. Über Leibrentenansprüche usw. s. oben Anm. 5a, 6. Unterhaltsansprüche aus unerlaubten Handlungen (BGB. §§ 823 f.), die vor der KE. begangen wurden, sind KForderungen, auch soweit die Zeit nach der KE. in Betracht kommt.

d) Soweit der Unterhalt für die Vergangenheit, d. h. für die Zeit vor der KE. verlangt werden kann (s. BGB. §§ 1351, 1360 Abs. 3, § 1580 Abs. 3, § 1613, dagegen § 1711), ist der Anspruch auch im K. des gesetzlich Verpflichteten KForderung mit den Beschränkungen nach §§ 12, 14, 193. Das gleiche gilt von Ersatzansprüchen gegen den Vater nach § 1715 BGB. und von Ersatzansprüchen Dritter, auch der Armenpflege, für den Unterhalt, den sie vor der KE. dem GSch. oder an Stelle des nach dem Gesetze verpflichteten GSch. einem andern gewährt haben, sofern solche Ersatzansprüche nach dem bürgerlichen oder öffentlichen Rechte überhaupt bestehen (vgl. § 1607 BGB., Art. 103 EG. BGB., Auftrag, auftraglose Geschäftsführung, ungerechtfertigte Bereicherung; s. auch RGZ. 72, 334; 75, 283).

9. Die Pflicht zur Auskunftserteilung an die Pflichtteilsberechtigten wird keine KFdg, sondern bleibt eine Verpflichtung des GSch. (RG. BayZfR. 16, 78).

Absonderungsberechtigte. **§ 4.** (§ 3.)

I Ein Anspruch auf abgesonderte Befriedigung aus Gegenständen, welche zur Konkursmasse gehören, kann nur in den von diesem Gesetze zugelassenen Fällen geltend gemacht werden.

II Die abgesonderte Befriedigung erfolgt unabhängig vom Konkursverfahren.

Begr. I 26 f., — Unverändert durch die Nov.

1. Allgemeines. Der Grundsatz, daß die KMasse zur gemeinschaftlichen Befriedigung aller persönlichen Gl. dient (§ 3), ist durchbrochen, dadurch, daß das Gesetz unter bestimmten Voraussetzungen die Absonderung von Gegenständen der KMasse und ihre Verwendung zur gesonderten Befriedigung einzelner Ansprüche zuläßt. Die abgesonderte Befriedigung erfolgt außerhalb des K. Über den Kreis der Absonderungsberechtigten s. §§ 47 bis 52 (221) KO.; §§ 11 bis 13 EG.; ferner Vorbem. vor § 47. Übergangsfragen s. bei Jaeger Anm. 2, 3. Über die Teilnahme der Absonderungsberechtigten als KGl. s. § 64 und die dortigen Anm.

2. Die zur abgesonderten Befriedigung dienenden Gegenstände (Sachen oder Rechte) und ihre Nutzungen (vgl. RGZ. 23, 59; 52, 139; 53, 350) sind im Gegensatz zu den auszusondernden Gegenständen (§§ 43 f.) Bestandteile der KMasse (§ 1 Abs. 1). Sie stehen deshalb vorbehaltlich der Rechte der Absonderungsberechtigten unter der Verwaltung und Verfügung des KVerw. (s. § 117) und unterliegen während des K. weder der Sondervollstreckung zugunsten einzelner KGl. (§ 14) noch dem Zugriffe der vom K. ausgeschlossenen, insbesondere der neuen Gl. Auch kann der GSch. über sie nach der KE. der Masse gegenüber rechtswirksam nicht verfügen (§ 7). Die Wirkungen des offenen Arrestes erstrecken sich auch auf diese Gegenstände (§§ 118, 119). U. U. hat der Gl. eine Vorzeigepflicht (§ 120).

3. Stellung der Absonderungsrechte im KVerfahren.

a) Der Inhalt der Ansprüche verändert sich — vorbehaltlich besonderer Vorschriften — durch die KE. nicht, er bestimmt sich wie ihre Geltendmachung (gerichtliches Verfahren, außergerichtliches Verfahren — dazu § 127 Abs. 2 —, Notwendigkeit eines Vollstreckungstitels) nach dem zugrunde liegenden bürgerlichen oder öffentlichen Rechte. Ist z. B. der Anspruch auf Befriedigung betagt oder bedingt, so bleibt er es (s. Anm. 2 zu § 65; Fitting 242). Wegen der Bestellung eines Pfandrechts oder einer Hypothek für eine künftige und erst nach der KE. entstehende Forderung s. Jaeger Anm. 23 zu § 15. Rechtshandlungen, die die abgesonderte Befriedigung beeinträchtigen, sind für den Absonderungsgläubiger auch während des K. nach dem AnfG. anfechtbar (Fitting 242 Anm. 3; vgl. RGZ. 35, 81; ObLGZ. a. S. 15, 750; 17, 181). Ist der Berechtigte zum Besitze der Sache befugt, so kann ihm der KVerw. den Besitz nur zur Verwertung des Gegenstands (§ 127 Abs. 1) entziehen. Die Befriedigung des Berechtigten erfolgt „unabhängig vom KVerfahren" d. h., wie wenn der K. nicht eröffnet wäre, ohne die Beschränkungen des § 63 (s. auch Anm. 1 dort) und ohne Rücksicht auf den Stand des KVerfahrens, ohne Rücksicht auch auf die Massegläubiger

(§§ 57 f.). Während des K. kann insbesondere die Zwangsvollstreckung in den abgesonderten Gegenstand eingeleitet oder fortgesetzt werden; s. hierzu Bem. 6 vor § 47. Jeder Berechtigte geht für sich vor, es gibt weder eine aus den Absonderungsobjekten gebildete Sondermasse noch eine Gemeinschaft unter den Absonderungsberechtigten. An die Stelle des GSch., der das Verwaltungs- und Verfügungsrecht verloren hat (§§ 6, 7), tritt der KVerw.; er übt die Rechte des GSch. aus und erfüllt seine Pflichten; an den Verw. sind deshalb von der KE. an die erforderlichen Erklärungen zu richten und gegen ihn ist nach den allgemeinen Zuständigkeitsvorschriften, nicht nach § 146, zu klagen (s. RG. JW. 30, 183). Über die Aufnahme eines unterbrochenen Prozesses s. § 11 Abs. 1. Das KGericht kann Streitigkeiten über das Bestehen und den Inhalt eines Absonderungsrechtes nicht entscheiden (Jaeger Anm. 11), es kann aber vermitteln. Auch Streitigkeiten zwischen dem KVerw. u. dem ZwVerw., ob Zubehörstücke zur KMasse oder zur ZwVerwMasse gehören, werden im Prozeßweg nicht nach § 766 ZPO. entschieden (RG. BayZfR. 12, 45).

b) Der Verw. zieht, wenn es ihm möglich ist, die Gegenstände zur Masse. Er kann aber auch Gegenstände, deren Verwertung für die Masse keinen Erfolg verspricht, freigeben. Dann hat sich der Absonderungsberechtigte wegen der Befriedigung aus dem Gegenstande mit dem GSch. auseinanderzusetzen (s. RG. JW. 30, 183, OLGZ. a. S. 17, 184). Der Verw. kann sich auch mit dem Sonderberechtigten wegen dessen Befriedigung gütlich vereinbaren und ihn, wenn er es im Interesse der KMasse geboten hält, aus der Masse befriedigen (vgl. RGZ. 35, 118). Wegen der Anerkennung von Absonderungsansprüchen über 300 ℳ und der Einlösung von Pfandstücken s. auch § 133 Nr. 2 (Genehmigung des etwa bestehenden GlAusschusses) und §§ 135, 136.

Die Absonderung von der KMasse erfolgt nur, wenn der Berechtigte sie verlangt (arg. Abs. 1). Ob Absonderungsansprüche bestehen, hat der KVerw. (vorbehaltlich besonderer Vorschriften, s. Bem. vor § 47) von sich aus nicht zu prüfen (s. RGZ. 14, 3). Der KVerw. würde sogar pflichtwidrig (§ 82) handeln, wenn er Vorzugsrechte, die durch die Untätigkeit des Berechtigten erlöschen, zum Nachteile der KMasse berücksichtigen wollte, obwohl der Berechtigte selbst sein Recht nicht wahrnimmt (s. z. B. §§ 560, 1124 BGB., RGZ. 52, 139). Wird die Absonderung eines zur Masse gezogenen Gegenstands nicht beansprucht, so verwertet der KVerw. den Gegenstand für die Masse. Eine Wartefrist ist nicht vorgeschrieben. Ob das Pfandrecht usw. des Dritten bestehen bleibt, ist nach den maßgebenden gesetzlichen Vorschriften zu entscheiden (guter Glaube!). Über die Berücksichtigung von Rechten, die aus dem Grundbuch ersichtlich sind, in dem vom KVerw. nach § 126 betriebenen Verfahren s. §§ 45, 114, 156 ZVG. (Jaeger Anm. 13 zu § 47). Ein allgemeiner Rechtssatz, daß der Absonderungsanspruch auf den Erlös des Gegenstandes übergeht, besteht nicht. Wenn aber der Verw. nach § 127 Abs. 1 einen Gegenstand verwertet, an dem ein Gl. ein rechtsgeschäftliches Pfandrecht oder ein diesem gleichstehendes Recht beansprucht, kann der Gl. abgesonderte Befriedigung aus dem Erlöse verlangen und nur der Überschuß fällt dann — wie in dem gewöhnlichen Falle, daß der Berechtigte seine Befriedigung selbst betreibt, — in die Masse. Auch bei der Zwangsversteigerung eines Grundstücks tritt für die am Grundstücke bestehenden Rechte, die mit dem Zuschlag erlöschen, der Versteigerungserlös an die Stelle des Grundstücks (s. Fischer-Schäfer Anm. 1 zu § 92 ZVG.). Nach der Rechtsprechung des RG. genügt es ferner, daß der Berechtigte der Verwertung des Gegenstandes für die Masse vorher widerspricht oder daß er ihr nur unter der Bedingung oder Voraussetzung seiner vorzugsweisen Befriedigung aus dem Erlöse zustimmt oder daß er wenigstens, bevor der Erlös mit der Masse vereinigt wird, seinen Anspruch auf Vorzugsbefriedigung geltend macht. Die Erklärung kann der Berechtigte auch außergerichtlich und formlos abgeben. In allen diesen Fällen geht der Absonderungsanspruch auf den Erlös über. Der Grund dafür ist, daß nach der Ansicht des RG. die Verwertung durch den KVerw. zwar keine Zwangsvollstreckung ist, ihr aber gegenüber Dritten, denen das Gesetz für den Fall der Zwangsvollstreckung ein Widerspruchs- oder Vorzugsrecht beigelegt hat (vgl. §§ 771, 805 ZPO.), materiell gleichsteht (s. RG. JW. 15, 414; RGZ. 14, 3; 42, 90; 69, 92; vgl. dazu Falkmann Zwangsvollstr. S. 413f.).

c) Auch soweit der Verw. die Veräußerung des Gegenstands selbst betreiben kann, ist er dazu den Absonderungsgläubigern gegenüber nur berechtigt, nicht verpflichtet. Für ihn entscheidet das Interesse der Masse (vgl. RGZ. 23, 59; aber auch RG. Gruchot Beitr. 48, 345.

d) Ist die Masse auf Kosten des Absonderungsberechtigten rechtlos bereichert oder hat der KVerw. dessen Recht schuldhaft und widerrechtlich verletzt, so hat der Betroffene einen Masseanspruch (s. § 59 Nr. 3, 1, § 172) und letzterenfalls auch einen persönlichen Schadensersatzanspruch gegen den KVerw. (s. § 82 und BGB. § 823). Vgl. RGZ. 14, 3; 69, 91 und 92; Naumburg, OLG. 15, 240.

4. Die Stellung des Hypothekengläubigers insbesondere. Die Hypothek (über die Grundschuld und Rentenschuld s. BGB. §§ 1192f., 1199f.) erstreckt sich außer auf das Grundstück auf getrennte Erzeugnisse und Bestandteile und das Zubehör (BGB. § 1120), auf die Miet- oder Pachtzinsforderung (§ 1123), auf die Ansprüche auf wiederkehrende Leistungen, die mit dem Grundstückseigentum verbunden sind, (§ 1126) und auf Versicherungsforderungen (§§ 1127f.). Unter bestimmten Voraussetzungen erlischt aber die Haftung und sind Verfügungen des Eigentümers dem HypothekenGl. gegenüber wirksam (s. §§ 1121, 1122, 1123, 1124, 1126, 1127, 1128, 1129, 1130). Mit der KE. geht die Verwaltung und die Verfügung über das Grundstück auf den KVerw. über (§ 6). Der KVerw. hat hier die Rechtsstellung des GSch.; seine Verfügungen sind deshalb den HypothekenGl. gegenüber grundsätzlich ebenso wirksam wie die Verfügungen des GSch. außerhalb des K. Er hat auf die HypothekenGl. nicht mehr Rücksicht zu nehmen als der Grundstückseigentümer. Die HypothekenGl. müssen ihre Rechte selbst wahren. In der E. des K. über das Vermögen des Eigentümers liegt eine Gefährdung des Hypothekenrechtes, die einer weiteren Glaubhaftmachung nicht bedarf (RGZ. 52, 138). Daraus folgt z. B., daß der KVerw. den Miet- oder Pachtzins eines hypothekenbelasteten Grundstücks für die Masse einzuziehen hat, solange ihn nicht ein HypothekenGl. mit Beschlag belegt hat. Als Rechtsbehelf hat der HypothekenGl. in dieser Hinsicht nach der KE. nur noch den Antrag auf Anordnung der Zwangsverwaltung (§ 148 ZVG., § 4 Abs. 2, § 47), auch im Wege einstweiliger Verfügung (§§ 935, 938 ZPO.). Forderungspfändung und Arrest sind durch die §§ 14, 15 ausgeschlossen (bestritten). Die Beschlagnahme durch Anordnung und Zwangsversteigerung umfaßt nach § 21 Abs. 2 ZVG. die Miet- und Pachtzinsforderungen nicht (s. RGZ. 52, 139; Anm. 1c zu § 47). Zu der Frage, ob der Hypothekengläubiger während des K. auf Grund seines dingl. Anspruchs eine Miet- oder Pachtzinsforderung pfänden kann, s. Stillschweig, JW. 46, 895; Gaupp-Stein § 704 Vorbem. IV 3 Note 86; München, OLG. 29, 245; KG. OLG. 29, 246 (beide bejahend). Auch Versicherungsgelder kann der KVerw. unter den gleichen Voraussetzungen, wie außerhalb des K. der Grundstückseigentümer mit Wirksamkeit gegen die HypothekenGl. für die Masse einziehen, wobei zwischen dem Tatbestand des § 1128 und dem des § 1129 sorgfältig zu unterscheiden ist (s. RGZ. 64, 28 f.). Zweifelhaft ist aber, wie es sich mit Erzeugnissen (s. § 99 Abs. 1 BGB.) und dem Zubehör (§§ 97, 98 BGB.) des Grundstücks verhält. Erzeugnisse, die vom Grundstücke getrennt sind (z. B. die eingebrachte Ernte) und zur Masse gehören, kann der KVerw. vor der Beschlagnahme für den HypothekenGl. für die Masse verwerten. Als Beschlagnahme kommt, weil Pfändung und Arrest ausgeschlossen sind (s. oben) und die Beschlagnahme im Wege der Zwangsversteigerung die getrennten Grunderzeugnisse nicht umfaßt (§ 21 Abs. 1 ZVG.), nur die Anordnung der Zwangsverwaltung (§ 148 Abs. 1 ZVG., auch einstweilige Verfügung, s. o.) in Betracht. Nicht getrennte Erzeugnisse (z. B. Früchte auf dem Halm, hängendes Obst) kann der KVerw. ebenfalls verwerten, solange sie nicht für den HypothekenGl. durch Anordnung der Zwangsversteigerung oder Zwangsverwaltung des Grundstücks in Beschlag genommen sind. Der HypothekenGl. kann der Verwertung aber nach Maßgabe des § 771 ZPO. widersprechen und nach der Verwertung den Erlös für sich beanspruchen (arg. § 810 ZPO., s. oben Anm. 3). Für Zubehör — dazu auch bestimmte landwirtschaftliche Erzeugnisse, BGB. § 98 Nr. 2 — enthält die ZPO. § 865 Abs. 2 ein Pfändungsverbot. Da die Verwertung der Masse durch den KVerw. grundsätzlich der Zwangsvollstreckung materiell gleichsteht, wenigstens soweit es sich um die Wahrung von Vorzugsrechten Dritter handelt (oben Anm. 3), darf der KVerw. Zubehör zwar dann für die Masse veräußern, wenn dies innerhalb der Grenzen einer ordnungsmäßigen Wirtschaft liegt (s. auch BGB. § 1122 Abs. 2, § 1135); zur Veräußerung lediglich im Interesse der KGl. und zum Schaden der HypothekenGl. ist er aber nicht befugt. Das ist namentlich von Bedeutung, wenn das Grundstück zu einem bestimmten Betrieb eingerichtet ist und durch die Veräußerung des Zubehörs unverhältnismäßig entwertet würde. Gegen diese Veräußerung kann der HypothekenGl. im Wege der Klage Widerspruch erheben; durch einstweilige Verfügung kann dem KVerw. die Veräußerung untersagt werden (entsprechend § 771 ZPO.; vgl. §§ 135, 136 BGB.). Ohne gerichtliches Veräußerungsverbot ist die Veräußerung und Entfernung des Zubehörs vom Grundstück auch dem HypothekenGl. gegenüber wirksam ohne Rücksicht darauf, ob der Erwerber gutgläubig ist. Der Verw. und u. U. auch der Erwerber setzen sich aber Schadensersatzansprüchen des geschädigten HypothekenGl. aus (vgl. § 82; BGB. §§ 823, 826). An die Stelle des Zubehörs tritt in allen Fällen, in denen der Verw. in das Recht des HypothekenGl. eingegriffen hat, der Erlös; auf ihn erstreckt sich jetzt die Hypothek, wie für sie das veräußerte Zubehör haftete. Das Vorzugsrecht auf den Erlös hat der HypothekenGl., auch wenn er der Veräußerung durch den KVerw. nicht widersprochen hatte, bis zu dessen Vereinigung mit der Masse. Nachher ist er der Masse gegenüber auf den Masseanspruch nach § 59 Nr. 1, 3 beschränkt.[1])

Neben den Ansprüchen, die sich aus der entsprechenden Anwendung der Grundsätze der Zwangsvollstreckung ergeben, hat der HypothekenGl. die Rechtsbehelfe nach §§ 1133 bis 1135 BGB.

Ausländische Gläubiger. **§ 5.** (§ 4.)

I Ausländische Gläubiger stehen den inländischen gleich.

II Unter Zustimmung des Bundesrats kann durch Anordnung des Reichskanzlers bestimmt werden, daß gegen einen ausländischen Staat, sowie dessen Angehörige und ihre Rechtsnachfolger ein Vergeltungsrecht zur Anwendung gebracht wird.

Begr. I 31 f., KommB. I 8 f.; Begr. II 26. — Geändert durch die Nov.

1. Verhältnis der KO. zum Auslande und den Ausländern s. §§ 5, 50, 56, 237, 238. Die ausländischen Gl. — nicht nur KGl. nach § 3 Abs. 1, sondern auch Massegläubiger, Aussonderungsberechtigte, Absonderungsberechtigte ohne persönlichen Anspruch gegen den GSch. — stehen den inländischen vorbehaltlich des Vergeltungsrechts (Abs. 2) gleich. Ausländer ist, wer nicht Deutscher ist (s. Reichs- und Staatsangehörigkeitsgesetz vom 22. Juli 1913, § 1); auch wer früher Deutscher war, die Reichsangehörigkeit aber verloren hat, oder wer sonst staatenlos ist. Ein Deutscher, der zugleich einem fremden Staat angehört, ist zu behandeln wie wenn er nur Deutscher wäre. Die Gleichstellung gilt für jeden im Inlande eröffneten K. ohne Rücksicht darauf, ob der GSch. Inländer oder Ausländer ist. Sarwey Anm. 1. Im übrigen bemißt sich die Frage, welches bürgerliche Recht gegenüber ausländischen Gl. anzuwenden ist, nach den Grundsätzen des internationalen Privatrechtes. S. Art. 7 f. EG. BGB.

---

[1]) Die Rechtsprechung, namentlich das RG., steht im wesentlichen auf dem gleichen Standpunkt, s. (grundlegend) RGZ. 69, 85 f., RG. JW. 37, 561 (27), LZ. 6, 697 (ferner früheres preuß. Recht, RGZ. 25, 18 f., 42, 85 f.), München SeuffArch. 65, 342, Dresden OLG. 4, 368; s. auch KG. OLG. 15, 168. Dagegen wohl Naumburg SeuffArch. 59, 147. Die bei entsprechender Anwendung des § 865 Abs. 2 ZPO. naheliegende Folgerung, daß der Konkursverwalter zur Veräußerung von Zubehör, die außerhalb der Grenzen einer ordnungsmäßigen Verwaltung des Grundstücks liegt, überhaupt nicht befugt sei, scheint das RG. in JW. 37, 561 nicht zu ziehen. Das RG. stellt dort die Streitfrage nur auf die Beteiligung des Hypothekengläubigers am Erlös ab. Es kommt aber viel auf die Umstände des Falles an. Die Verwüstung eines eingerichteten Anwesens durch die Veräußerung des Zubehörs führt in der Regel zu einer Entwertung, die zu dem Erlös aus den einzelnen Stücken nicht im richtigen Verhältnis steht; sie ist deshalb zweifellos unzulässig. Soweit der Verwalter Zubehör veräußern kann, darf er freihändig veräußern oder nach § 127 vorgehen (zweifelnd SeuffArch. 63, 342, s. auch OLG. 4, 368). Vgl. auch Wilm.-Kurlb. Anm. 5 zu § 126, Fischer-Schäfer Anm. 5 zu § 865 ZPO. Gegen die grundsätzliche Auffassung des RG. u. a. RGRKomm. Anm. 1 zu § 1121 BGB., Jaeger Anm. 5, Hellmann 169 Anm. 4, Schäfer LZ. 5, 1 ff. (gegen Schneider LZ. 3, 427, Josef LZ. 3, 524 und später LZ. 5, 593 f.).

2. Staatsverträge des Reichs.[1]) In vielen Handels- oder Meistbegünstigungsverträgen des Reichs (oder des früheren Zollvereins) ist den Angehörigen des Vertragsteiles „freier Zutritt zu den Gerichten“ und gleiche Behandlung mit den Inländern zugesichert. S. u. a. die Verträge mit Argentinien v. 19. September 1857 Art. 8 (Preuß. GesS. 1859, 405; Bayer. RegBl. 1859, 899); Bulgarien v. 1. August 1905 Art. 2 Abs. 2 (RGBl. 1906, 1; 1912, 488); Griechenland v. 9. Juli 1884 Art. 3 Abs. 2 (RGBl. 1885, 23); Italien v. 6. Dezember 1891 (RGBl. 1892, 97, s. auch 1905, 413) Art. 3 Abs. 2; Mexiko v. 5. Dezember 1882 (RGBl. 1883, 247) Art. 13; Nicaragua v. 4. Februar 1896 (RGBl. 1897, 171) Art. 5; Paraguay v. 21. Juli 1887 (RGBl. 1888, 178) Art. 2; Rußland v. $\frac{10.\ \text{Februar}}{29.\ \text{Januar}}$ 1894 und $\frac{28.\ \text{Juli}}{15.\ \text{Juli}}$ 1904 (RGBl. 1894, 153; 1905, 35) Art. 2 Abs. 4.

3. Über die Fortgeltung der früheren **Einzelstaatsverträge** s. Anm. zu § 4 EG.

4. Vergeltungsrecht. Vorbild Art. 31 EG. BGB. Die Anordnung der Vergeltung und ihr Inhalt steht vorbehaltlich der Schranken des Abs. 2 und etwa entgegenstehender Staatsverträge in dem richterlich nicht nachprüfbaren Ermessen der Reichsleitung. Sie kann ohne Rücksicht darauf, wann die Rechtsnachfolge (Gesamtnachfolge, Sondernachfolge) eingetreten ist, auch die inländischen Rechtsnachfolger eines Ausländers betreffen. A. M. Seuffert 59 Anm. 34. Der Indossatar eines Wechsels ist hier Rechtsnachfolger des Indossanten. Seuffert a. a. O.

5. Selbständiges Retorsionsrecht des Gerichts neben der Befugnis der Reichsleitung nach Abs. 2 besteht nicht.

6. Kriegsrecht. Wegen des Einflusses der VO. v. 7. Aug. 1914 (RGBl. 360) über die Geltendmachung von Ansprüchen von Personen, die ihren Wohnsitz im Ausland haben, zuletzt verlängert mit Bek. v. 16. Aug. 1919 (RGBl. 1445), auf die Geltendmachung solcher Ansprüche im K., s. Haberstumpf, BayZfR. 11, 37; Jaeger, LZ. 9, 415; Seuffert, Recht 20, 359; Dresden, OLG. 31, 186 und die weitere Literatur und Rechtspr. bei Güthe-Schlegelberger Kriegsbuch 1, 314; 2, 87 u. 7, 30.

Wirkung der K.Eröffnung. **§ 6.** (§ 5.)

I Mit der Eröffnung des Verfahrens verliert der Gemeinschuldner die Befugnis, sein zur Konkursmasse gehöriges Vermögen zu verwalten und über dasselbe zu verfügen.

II Das Verwaltungs- und Verfügungsrecht wird durch einen Konkursverwalter ausgeübt.

Begr. I 32 f., KommB. I 9. — Unverändert durch die Nov.

---

[1]) Der Einfluß des Krieges auf diese Verträge kann z. Z. nicht abschließend festgestellt werden.

1. Der Einfluß der KE. auf die rechtliche Stellung des GSch.

A. Allgemeines. Vor der KE. kann das Gericht nach § 106 zur Sicherung der Masse Anordnungen treffen, insbesondere ein allgemeines Veräußerungsverbot (§ 136 BGB.) an den Sch. erlassen. Mit der KE. (§ 108), nicht erst mit der öffentlichen Bekanntmachung oder Zustellung des Beschlusses (§ 111), verliert der GSch. ohne weiteres — auch ohne Eintragung ins Grundbuch — für sein zur KMasse gehörendes Vermögen das Verwaltungs- und Verfügungsrecht. Besondere Fälle sind in §§ 7, 8 geregelt. Er bleibt aber das Vermögenssubjekt, insbesondere Eigentümer der zur KMasse gehörenden Sachen und Inhaber der zu ihr gehörenden Rechte. Seine Rechts- und Geschäftsfähigkeit wird durch die KE. nicht berührt (s. aber Anm. 2 zu § 25), er wird auch nicht relativ geschäftsunfähig. Seine Rechtshandlungen nach der KE., die die Masse betreffen, sind nicht etwa nichtig sondern nur den KGl. gegenüber unwirksam (näheres zu § 7). Die Vorschrift des § 6 wirkt deshalb als gesetzliches Veräußerungsverbot, das nur den Schutz bestimmter Personen bezweckt, § 135 BGB. (s. aber RGZ. 71, 40). Die Unwirksamkeit ist auch nicht ausgeschlossen, wenn die Handlung des GSch. innerhalb der Grenzen einer ordnungsmäßigen Wirtschaft lag (anders § 23 Abs. 1 ZVG.). Soweit das Verbot nicht reicht, bleibt dem GSch. — vorbehaltlich anderweitiger Beschränkungen — die volle Verfügungsgewalt (Vermögen, das der Zwangsvollstreckung nicht unterliegt oder das der Verw. freigegeben hat; Neuerwerb). Rechtshandlungen des GSch. für die Zeit nach der Beendigung des KVerfahrens (z. B. Verträge mit KGl. über die Zahlung des Ausfalls der Forderungen) sind vollwirksam. S. aber § 181. Der GSch. kann auch während des KVerfahrens von seinen Gläubigern verklagt werden, doch ergibt sich für die KGl. (§ 3 Abs. 1) aus § 12 eine Beschränkung des Klagerechts und aus § 14 eine Beschränkung der Vollstreckung (näheres Anm. 1 zu § 12, Anm. 1 zu § 14). Über den Verlust der Kaufmannseigenschaft durch die KE. vgl. RG. JW. 31, 186.

B. Einzelnes.

a) Wechselrechtliches. Da die KE. die Geschäftsfähigkeit des GSch. nicht berührt, bleibt er wechselfähig (Art. 1 WO.). Hat er sich nach der KE. wechselrechtlich verpflichtet, so sind die Wechselgläubiger nicht KGl. (s. § 3 Abs. 1); sie können den GSch. auch während des KVerfahrens belangen und mit Vollstreckung gegen das nicht zur Masse gehörige Vermögen vorgehen, aus der KMasse werden sie nicht befriedigt (arg. § 3 Abs. 1, § 14 Abs. 1). Die zur Erhaltung der Wechselrechte erforderlichen Handlungen, insbesondere die Protesterhebung, müssen gegenüber dem GSch., nicht dem KVerw., vorgenommen werden, auch wenn sich der GSch. vor der KE. wechselrechtlich verpflichtet hat (s. ROHG. [Pl.] 24, 22 f.; RGZ. 2, 23; Jaeger Anm. 27). Das Entsprechende gilt für die Vornahme der Handlungen, die zur Erhaltung der Rechte aus einem Schecke (Scheckgesetz v. 11. März 1908) nötig sind. Hat jedoch der Verwalter in Ausübung seiner Verfügungsgewalt eine Wechsel- oder Scheckverbindlichkeit neu übernommen (vgl. § 59 Nr. 1), so sind die Handlungen ihm gegenüber vorzunehmen (vgl. Jaeger a. a. O.). Über die Befugnis des KVerw. zur Ausfüllung eines zur Masse gehörenden Wechselblanketts s. Anm. 1 b zu § 1.

b) **Sachenrechtliches.** Die KE. hat einen Wechsel im Vermögenssubjekt nicht zur Folge; sie schafft ein rechtsfähiges Sondervermögen auch nicht für den Erwerb nach der KE. Der GSch. bleibt insbesondere Eigentümer der Grundstücke, die ihm bei der KE. gehörten, und Inhaber der ihm zustehenden Rechte an Grundstücken sowie der ihm zustehenden Rechte an solchen Rechten. Die durch § 113 vorgeschriebene Eintragung im Grundbuch ist nicht Grundbuchberichtigung im Sinne des § 894 BGB.; sie hat nur den Zweck, die Anwendung der §§ 892, 893 BGB. für Dritte auszuschließen (s. § 7 Abs. 1, BGB. §§ 135 Abs. 2, 892 Abs. 1 Satz 2). Was der KVerw. in Ausübung seiner Gewalt erwirbt, erwirbt er rechtlich für den GSch. Auf die „Masse" dürfen Rechte im Grundbuch weder umgeschrieben noch neu eingetragen werden. Sollte eine Auflassung u. a. auf die Masse erfolgt sein, so hat das Grundbuchamt nach § 133 BGB. zu prüfen, ob nicht nach dem wirklichen Willen der Beteiligten der GSch. als Eigentümer (Berechtigter) und zugleich nach § 113 KO. die KE. eingetragen werden soll. In der Regel ist dies der Wille der Beteiligten (s. ObLGZ. 8, 241 n. F.). S. auch (NachlaßK.) ObLGZ. 14, 443 n. F.

c) **Prozeßrechtliches.** Soweit der Ausschluß des GSch. von der Verwaltung und der Verfügung über sein Vermögen reicht, ist er auch zur Prozeßführung nicht berechtigt, d. h. er ist weder der richtige Kläger noch der richtige Beklagte. Das Gericht hat den Mangel der Legitimation von Amts wegen zu berücksichtigen. Über die Rechtsverfolgung der KGl. gegen den GSch. s. näheres zu § 12. Über die Überleitung von Rechtsstreitigkeiten in das KVerfahren s. zunächst Anm. 1 zu § 10, Anm. 2 zu § 12. Im übrigen ist die prozessuale Stellung des GSch. im Zusammenhange mit der Rechtsstellung des KVerw. zu erörtern, durch die sie beeinflußt wird; s. Anm. 2.

2. Rechtliche Stellung des Konkursverwalters.

a) Der KVerw. ist — wie der NachlVerw. (RGRKomm. Anm. 1 zu § 1985 BGB.) — ein im öffentlichen Interesse geschaffenes Organ (wenn auch nicht staatsamtliches Organ s. RGZ. 52, 140) für die Zwecke des K., das seine Legitimation unmittelbar aus dem Gesetze, nicht aus fremdem Rechte entnimmt. Der KVerw. handelt zwar auf fremde Rechnung, aber im eigenen Namen und ist weder der gesetzliche Vertreter des GSch. noch der gesetzliche Vertreter der KGl. (oder der „Gläubigerschaft"). Er ist auch nicht der Vertreter der „Konkursverwaltung" oder der KMasse als einer selbständigen Persönlichkeit, denn als solche ist die Masse, die nach wie vor Vermögen des GSch. ist, nicht anerkannt (s. ObLGZ. n. F. 8, 241). Das Gegenteil ergibt sich auch nicht daraus, daß das Gesetz mitunter die „Masse" als Trägerin von Rechten und Pflichten hinstellt (z. B. § 36 VerlG.). Denn damit folgt es im Interesse der Kürze des Ausdrucks einem verbreiteten aber ungenauen Sprachgebrauche.

b) Die Stellung des KVerw. ist äußerst bestritten. Für die vorstehende sog. Amtstheorie die neuere Rechtsprechung des RG.[1]) z. B. Z. 29, 29f. (grundlegend!); 31, 122; 35, 31; 38, 379; 47, 373; 55, 266; 66, 114; 73, 315; 80, 418; KG. OLG. 2, 99; s. auch ObLGZ. n. F.

---

[1]) S. auch Hellwig, DJZ. 13, 1198ff.

5, 207. Ferner Lippmann, IheringsJ. 41, 112 f.; Falkmann (ZB.) 256; Gaupp-Stein I 3 vor § 50; Strohal, Erbr. [3] 281 Nr. 25.

Dagegen die sog. Vertretungstheorie, die den KVerw. α) als Vertreter des GSch. oder β) als Vertreter der KGl. oder der Gläubigerschaft oder γ) teils als Vertreter des GSch. und teils als Vertreter der KGl. (Anfechtungsrecht!) oder δ) als Vertreter der personifizierten Masse bezeichnet. Im einzelnen gehen diese Meinungen wieder auseinander. Für α z. B. Petersen-Kleinfeller III zu § 6, Wilm.-Kurlb. 3 vor § 1, Jaeger [5] § 6 Anm. 15; Maenner, LZ. 10, 783; für β z. B. Seuffert 157, Hellmann 632; für γ z. B. Jaeger [4] Anm. 1 ff., 17 „Doppelstellung des Verwalters"; für δ z. B. Völdernbdorff 41, s. auch Hellwig, Anspruch und Klagrecht 235 f.

c) Die Hauptbedeutung der Streitfrage liegt auf prozessualem Gebiete. Nach der Amtstheorie ist der KVerw. Partei, nach der Vertretungstheorie nur Vertreter der Partei (s. dazu die Fassung des § 11 Abs. 2 und GenG. § 111 Abs. 1). Freilich ist für die Amtstheorie zu beachten, daß der KVerw. persönlich durch die Rechtsstreitigkeiten, die er als solcher führt, materiell nicht berührt wird (wie auch die kraft seines Amtes geschlossenen Verträge in der Regel keine persönlichen Beziehungen zwischen ihm und den Gegnern schaffen, RGZ. 80, 418). Die Vorschriften der ZPO. über die Parteien, die nur den gewöhnlichen Fall regeln, daß Partei und Subjekt des streitigen Rechtes identisch sind, können deshalb nur angewendet werden, wenn sich nicht aus der besonderen Rechtsstellung des KVerw. etwas anderes ergibt (s. Gaupp-Stein Vorbem. I 3, II vor § 50). Näh. Anm. 3.

3. Prozeßrechtliche Folgerungen aus der Amtstheorie.[1]) Der richtige Kläger und der richtige Beklagte in Ansehung der KMasse ist der KVerw. Der GSch. ist Dritter; er kann im Zivilprozeß als Nebenintervenient auftreten (s. Gaupp-Stein Anm. II 2 § 66; Kohler, ZivA. 81, 409; KG. OLG. 20, 297) und soweit er nicht streitgenössischer Nebenintervenient ist, Zeuge sein (s. RGZ. 8, 412 f.; 29, 29; Braunschweig, SeuffA. 66, 36). Weiteres Anm. 3 d zu § 29, Anm. 1 zu § 36.

Der GSch. ist Rechtsvorgänger des Verw. im Sinne des § 445 ZPO. (RGZ. 53, 7 f.). Die Parteieide leistet der KVerw., Zeuge kann er nicht sein. Der allgemeine Gerichtsstand des Verw. bemißt sich entsprechend § 17 Abs. 1 ZPO. nach dem Orte der KVerwaltung = dem Sitze des KGer. nicht nach dem Wohnsitze des KVerw. (Nagler a. a. O., s. Marienwerder, SeuffA. 50, 347). Widerklagen (§ 33 ZPO.) gegen den KVerw. sind nur zulässig, wenn der Gegenanspruch aus der KMasse zu befriedigen ist (vorbehaltlich des § 12). Für die Erteilung des Armenrechtes (§§ 114 f. ZPO.) kommt in Betracht: Die Vermögensverhältnisse des Verwalters sind selbstverständlich belanglos. Aber auch die Unzulänglichkeit der KMasse gibt nach der herrschenden Meinung (z. B. RGZ. 33, 367; 50, 394) keine Grundlage für die Bewilligung des Armenrechtes. Der durch die KE. veranlaßte Parteienwechsel hat zur

[1]) Eingehend und grundsätzlich Nagler, Parteibegriff im Zivilverfahren „Rechtsgang" 68 f., 90, 92, 97, 100 f., 105 f.

Folge, daß ein vor der KE. dem GSch. bewilligtes Armenrecht gegenstandslos wird (s. Anm. 3 c zu § 10).

Die Kostenpflicht (§§ 91 f. ZPO.) trifft unter den gesetzlichen Voraussetzungen den KVerw. wie eine andere Partei (RG. JW. 30, 183), aber er haftet auch ohne ausdrückliche Beschränkung nur mit der KMasse, nicht mit seinem persönlichen Vermögen (vgl. Gaupp-Stein Bem. II 2 vor § 91). Für Gebühren soll nach BayObLG. JW .47, 103 der Verw. auch persönlich haften; diese aus der Amtstheorie gezogene Folgerung dürfte aus ihr sich nicht ergeben. Eine andere Frage ist, ob und wie der GSch. während des K. mit seinem freien Vermögen und nach der KBeendigung haftet. Hierüber s. Anm. 3 zu § 57. Für die Frage der Rechtskraftwirkung (s. besonders § 325 ZPO.) und die damit zusammenhängenden Fragen der Zwangsvollstreckung (s. besonders § 727 ZPO.) — Umstellung der Vollstreckungsklausel! — ist im allgemeinen davon auszugehen, daß der Verw. Rechtsnachfolger des GSch. und der GSch. nach der Beendigung des K. Rechtsnachfolger des Verw. ist, s. auch München, SeuffA. 69, 33. Eine vor der KE. gegenüber dem GSch. ergangene rechtskräftige Entscheidung u. a. wirkt Rechtskraft für und gegen den Verw., eine während des K. oder bei Fortdauer der Legitimation des Verw. (s. zu § 166) nach der KBeendigung gegenüber dem Verw. ergangene rechtskräftige Entscheidung wirkt für und gegen den GSch. Vgl. Gaupp-Stein III, VI zu § 325. Ergeht die Entscheidung während des K. gegenüber dem sachlich nicht legitimierten GSch., so wird es (s. § 325 ZPO.) darauf ankommen, ob der K. vor oder nach dem Eintritte der Rechtshängigkeit eröffnet worden ist. Letzterenfalls wirkt die Rechtskraft nicht gegenüber dem KVerw. Vgl. RGZ. 42, 392. Ersterenfalls tritt diese Wirkung trotz des § 7 und trotz des § 240 ZPO. ein. S. dazu Anm. 1 g zu § 10 (Nichtbeachtung der Unterbrechung des Verfahrens nach § 240 ZPO.). S. ferner zu § 146.

4. Inhalt und Grenzen der Verwaltung und Verfügung des KVerw.

a) Der Verw. übt (s. RGZ. 53, 192 f.) alle Verwaltungs- und Verfügungsbefugnisse des GSch. aus, soweit das Gesetz nicht Schranken zieht. Von der Zweckmäßigkeit seiner Handlungen ist ihre Rechtsgültigkeit nicht abhängig. Verstößt der Verw. nur tatsächlich gegen den Zweck der Verwaltung, d. h. benachteiligt er die Masse, so ist er den Beteiligten verantwortlich (§ 82), aber die Handlung ist gültig. Der Verw. kann neue Geschäfte eingehen, Veräußerungsverträge schließen, auch Grundstücke erwerben (s. OLGZ. n. F. 8, 240), Darlehen aufnehmen, Massegegenstände verpfänden usw. Die Ansprüche daraus sind Masseschulden (§ 59 Nr. 1). Der Verw. hat sich aber immer innerhalb der Schranken zu halten, daß er zum Zwecke der Verwaltung oder Verwertung der Masse handelt. Diese Beschränkung ist im Gesetz nicht ausdrücklich ausgesprochen, folgt aber unmittelbar aus dem Zwecke der Tätigkeit des Verw. (s. § 117 Abs. 1). S. RG. JW. 33, 241. Der Verw. darf demnach z. B. keine Schenkungen vornehmen (RGZ. 29, 82). Ausgenommen sind Trinkgelder u. dgl., die der Verkehrssitte entsprechen. Er darf weiter keinen Gl. durch Zuwendung besonderer Vorteile gesetzwidrig bevorzugen (RGZ. 23, 62). S. weiter RGZ. 57, 195; 63, 203 (Aktienrecht); JW. 33, 242 (mit Beisp. dafür aus der Rechtsprechung). Dagegen kann er Gegenstände, die nach seinem pflichtmäßigen Ermessen nicht verwertet werden können oder von deren Verwertung er sich für die Masse nichts verspricht, durch ausdrückliche oder stillschweigende empfangsbedürftige Erklärung an den GSch. (s. RGZ. 94, 55; Hamburg, Recht 6, 154) aus der Masse freigeben. Erklärung an das KG. genügt nicht, selbst wenn daraufhin der KVermerk im Grundbuch gelöscht wird (LG. Dresden, BuschsZ. 43, 399; dagegen Meyer ebendort). Freigegebene Gegenstände gehören von da an ohne weiteres zum freien Vermögen des GSch. und teilen die rechtliche Stellung dieses Vermögens; sie unterstehen nicht mehr der Verwaltung und Verfügung des KVerw. RG. JW. 25, 601; RGZ. 60, 109; 79, 29. S. dazu weiter Anm. 1 e zu § 10 (anhängige Rechtsstreitigkeiten); Celle, OLG. 23, 311, stillschweigende Freigabe eines Lebensversicherungsanspruches.

b) Der Verw. übt die Verwaltung und Verfügung über die KMasse selbständig aus, soweit ihm das Gesetz nicht durch die Anordnung der Mitwirkung anderer Organe bestimmte Schranken zieht. Über die Aufsicht des KG. s. zu § 83. Zu betonen ist hier, daß der GSch. die Aufsicht des KG. nicht deshalb anrufen kann, weil ihm eine Handlung des KVerw. unzweckmäßig erscheint (vgl. KG. LZ. 5, 158).

c) Der Verw. tritt in die Rechtsstellung des GSch. ein; er hat bei der Verwertung der Masse die Beschränkungen zu beachten, die auf Gesetz oder Vertrag beruhen. Über die Frage, ob der Verw. vertragsmäßige Beschränkungen der Preisbestimmung zu beachten hat, denen sich der GSch. unterworfen hat, s. jedoch RGZ. 35, 36 (Frage verneint, weil der Vertrag nicht auch die KGl. verpflichte, in deren Interesse die Masse verwertet wird).

d) Über die Beendigung des Verwaltungs- und Verfügungsrechtes des Verw. durch die Beendigung des K. s. RGZ. 79, 29, ferner Anm. 3 zu § 163. Weitere Wirksamkeit einer von ihm erteilten Vollmacht s. Anm. 1 h zu § 10.

e) Wegen der Antragstellung in Reichsschuldbuchsachen s. das Reichsschuldbuchges. vom 31. Mai 1910 § 9.

f) Dem Verwalter obliegt die Entbindung eines Zeugen von der Pflicht zur Verschwiegenheit bei Tatsachen, die für die KMasse von Bedeutung sind (RGZ. 59, 85; a. A. Darmstadt DJZ. 9, 128).

g) Wegen des Strafantragsrechts und des Nebenklagerechts des Verw. s. Meyer, JW. 33, 28; RGZ. 59, 85; und hier § 1 Anm. 3 g γ.

h) Einzelnes aus der Rechtsprechung: Vertragsmäßiger Verzicht auf ein Rechtsmittel durch den KVerw. mit Wirkung gegen den GSch. RGZ. 45, 329. Vertragsstrafe wegen vertragwidrigen Verhaltens des KVerw. RGZ. 35, 28. KVerw. Arbeitgeber nach § 1 GewGG.? RGZ. 55, 265. Entlastung von Aufsichtsratsmitgliedern durch den KVerw. im K. der Aktiengesellschaft RG. LZ. 5, 305 f. Übertragung von Namensaktien mit Zustimmung des KVerw. RGZ. 72, 290. Geltendmachung von Entschädigungsansprüchen bei vorhergegangener Geschäftsaufsicht gegen die aufsichtsführende Person (RG. JW. 46, 226).

5. **Internationales Recht.** Über die Fragen, die im Streitfalle zu prüfen sind, s. RG., Recht 17 Nr. 2928.

Anhang.

Die öffentlichrechtlichen Wirkungen der KE. werden von der KO. nicht behandelt. Für das Reichsrecht s. besonders § 32 Nr. 3, § 85 Abs. 2, § 113 Abs. 3 GVG.; § 11 Abs. 2, § 14 Abs. 1, § 21 Abs. 1 Gew.-GG.; § 10 Abs. 1 Nr. 5, § 13 Abs. 2, § 15 Abs. 2 KaufmGG. (Unfähigkeit zum Amte eines Schöffen, eines Geschworenen, eines Handelsrichters, eines Mitglieds eines Gewerbe- oder Kaufmannsgerichtes, Ausschluß von den Wahlen zu diesen Gerichten); § 5 Nr. 3, § 22, § 43 Abs. 3 Nr. 1, Abs. 4 RAO. (Obligatorische Versagung der Zulassung zum Rechtsanwalte, Möglichkeit der Zurücknahme der Zulassung, Ausschluß von der Wahl in den Anwaltskammervorstand, Verlust des durch die Wahl erlangten Amtes); § 2 Abs. 2 Nr. 3, § 6 Nr. 4 PatAnwG. (Versagung der Eintragung in die Liste der Patentanwälte, Löschung der Eintragung); § 7 BörsenG. (Ausschluß vom Börsenbesuch); s. auch § 91 Abs. 2, § 93a Abs. 1, 2, § 95a Abs. 2, § 103b Nr. 1 GewO. (Ausschluß von Wahlen nach der GewO.) u. a. m. Für Bayern s. Ges. über die Bauernkammern v. 20. März 1920 (GVBl. 67), Wahlberechtigung und Wählbarkeit zu den Vertretungskörpern der landwirtschaftlichen Berufsstände.

Wann die Minderung der staatsrechtlichen Stellung des GSch. endigt, muß im einzelnen Falle nach der maßgebenden reichsgesetzlichen oder landesgesetzlichen Vorschrift geprüft werden. S. dazu § 52 preuß. AG.KO. v. 6. März 1879 (Wegfall der Beschränkungen „mit der Beendigung des Verfahrens").

Ebensowenig kann die Frage allgemein beantwortet werden, wieweit sich die öffentlichrechtlichen Beschränkungen des GSch. auch an die Eröffnung eines SonderK. (s. Anm. 5 zu § 1) anschließen. Wie bei den privatrechtlichen Wirkungen (zu § 25) muß die ratio legis entscheiden.

Ist eine juristische Person im K., so werden die natürlichen Personen, deren Willen als der Wille der in der Auflösung begriffenen juristischen Person gilt (z. B. der Vorstand einer Aktiengesellschaft), von den öffentlichrechtlichen Beschränkungen des GSch. regelmäßig nicht betroffen; ebensowenig selbstverständlich der Vormund des GSch. usw.

Ausübung konzessionspflichtiger Gewerbe durch den KVerw.; keine bes. Konzession nötig (LG. Karlsruhe BuschsZ. 46, 215).

§ 7. (§ 6.)

I **Rechtshandlungen, welche der Gemeinschuldner nach der Eröffnung des Verfahrens vorgenommen hat, sind den Konkursgläubigern gegenüber unwirksam; die Vorschriften der §§ 892, 893 des Bürgerlichen Gesetzbuchs bleiben unberührt.**

II **Dem anderen Teile ist die Gegenleistung aus der Masse zurückzugewähren, soweit letztere durch dieselbe bereichert ist.**

III **Hat der Gemeinschuldner Rechtshandlungen am Tage der Eröffnung des Verfahrens vorgenommen, so wird vermutet, daß sie nach der Eröffnung vorgenommen worden sind.**

Begr. I 35 f., KommB. I 9 f., Begr. II 26. — Geändert durch die Novelle.

1. Allgemeines. Da der GSch. durch die KE. die Verwaltung der KMasse und die Verfügung über sie an den KVerw. verliert (§ 6), sind die darauf bezüglichen Verwaltungs- und Verfügungshandlungen, die er nach diesem Zeitpunkt vornimmt, den KGl. gegenüber grundsätzlich unwirksam. Noch weitergehend § 15. Rechtshandlungen vor der KE. können nach §§ 29 f. anfechtbar sein. Die Unwirksamkeit nach § 7 trifft nicht bloß Verfügungen (wie das Vorbild § 135 BGB. anordnet; s. aber für die Zeit zwischen der Zulassung des Eröffnungsantrags und der KE. § 106 Abs. 1 Satz 3 mit BGB. § 136), sondern alle Rechtshandlungen im weitesten Sinne (Anm. 2). Die Rechtshandlung ist jedoch nicht etwa nichtig auch nicht relativ, sondern nur relativ, d. h. gegenüber dem durch § 6 (s. § 3) geschützten Personenkreis oder dem KVerw. als dem zur Durchführung des K. bestellten Organ unwirksam; die Rechtshandlung besteht, sie verbindet aber die KMasse nicht. Die Unwirksamkeit ist auch weder identisch mit der Anfechtbarkeit von Rechtsgeschäften nach dem BGB. (s. besonders § 142) noch mit der Anfechtbarkeit im Sinne der §§ 29 f. KO. oder der §§ 1 f. AnfG. Sie deckt sich ferner nicht mit der Unwirksamkeit der Rechtsgeschäfte eines beschränkt Geschäftsfähigen (BGB. §§ 106 f.).[1] Die Beschränkung des GSch. tritt nicht ein mit Bezug auf sein Vermögen, das nicht zur KMasse gehört (Anm. 1 zu § 1, s. ferner Anm. 2). Abweichend von § 135 Abs. 2 finden die Vorschriften zugunsten derer, die Rechte von einem Nichtberechtigten herleiten, nur im Grundstücksverkehr entsprechende Anwendung. Sonst ist die Unwirksamkeit der Rechtshandlung unabhängig davon, daß der GSch. oder der andere Teil die KE. kennen. Entscheidend ist auch nicht die öffentliche Bekanntmachung der KE., sondern diese (§ 108) selbst. Abs. 3 enthält zuungunsten des GSch. eine Vermutung, die bis zum Beweise des Gegenteils gilt (vgl. ZPO. § 292).

2. Rechtshandlungen. Der Begriff ist im Gesetz nicht erläutert. Man versteht darunter die Willensakte, die nach der Rechtsordnung rechtliche Wirkung haben, ohne Rücksicht darauf, ob die Wirkung gewollt ist oder nicht (vgl. Staudinger, Anm. II 2 vor § 104; RGRKomm. Anm. 1 vor § 104). Enger ist der Begriff des Rechtsgeschäfts, d. h. der Willenserklärung, die auf die Hervorbringung eines rechtlichen Erfolgs abzielt; noch enger der Begriff der Verfügung, d. h. des Rechtsgeschäfts, durch das eine Sache oder ein Recht unmittelbar übertragen, belastet, verändert oder aufgehoben wird (s. Fischer-Henle Bem. vor § 104). Rechtshandlungen im Sinne des § 7 sind nicht bloß zweiseitige oder einseitige, empfangsbedürftige oder nicht empfangs-

[1] Über Inhalt und Tragweite der sog. relativen Unwirksamkeit (relativen Nichtigkeit) von Rechtshandlungen des GSch. nach § 7 KO. besteht Streit. Während die herrschende Meinung, der ich im wesentlichen folge, im Anschluß an die Begr. I 36 f. daran festhält, daß das Ges. zwischen der Unwirksamkeit der Rechtshandlungen gegenüber der Masse und der sonstigen Wirksamkeit unterscheidet, wird von anderen behauptet, daß die Rechtshandlungen des GSch., die die Masse berühren, gegenüber jedem nichtig oder doch, sobald der Verw. die Genehmigung verweigert hat, gegenüb. jedem nichtig und bis dahin in einem Schwebezustand seien. Für die herrschende Ans. u. a. KG. in RJA. 2, 189; 8, 47 (sehr eingehend), Dernburg I § 124, Predari Anm. 15 zu § 19, Turnau-Förster I 154 und fast die ganze konkursrechtliche Literatur. Dagegen bes. Eccius GruchotsBeitr. 50, 484, 485; Fitting S. 290 f.; Strohal in der Festschr. z. Jahrhundertf. d. allg. BGB. 2. Tl. S. 811 f. S. auch Jaeger Anm. 8, Planck II zu § 135, RGZ. 71, 40, Ebbeke Gruch. 61, 560. Die Frage spitzt sich darauf zu, ob § 7 eine Einschränkung des § 6 oder nur eine Ergänzung dieses allgemeinen Grundsatzes enthält. Die herrschende Ansicht ist für das erstere.

bedürftige, dingliche oder obligatorische Rechtsgeschäfte jeder Art und jeden Inhalts, sondern auch z. B. die Entgegennahme einer empfangsbedürftigen Willenserklärung (a. M. Wolff Anm. 4), das Verhalten, das den Eintritt der Bedingung eines Rechtsgeschäfts zur Folge hat, die Verbindung, Vermischung, Verarbeitung, Umbildung (BGB. §§ 946 f.), die Aneignung (BGB. § 958); die Prozeßführung; auch Handlungen öffentlichrechtlicher Natur, die auf die KMasse einwirken. Beispiele von Rechtsgeschäften, die unter § 7 fallen: Veräußerung oder Belastung einer Sache oder eines Rechtes, Aufhebung des Eigentums, Rechtsverzicht, Schuldanerkenntnis, Schuldübernahme, Annahme als Erfüllung oder an Erfüllungs Statt (s. dazu § 8), Quittungserteilung, Hinterlegung, Aufrechnung, Anfechtung, Kündigung, Mahnung, Stundung, Zustimmung (Einwilligung, Genehmigung; auch in der Form der sog. unmittelbaren Betätigung des Genehmigungswillens), auch familienrechtliche Geschäfte, die auf vermögensrechtliche Wirkungen gerichtet sind, z. B. Verträge über die güterrechtlichen Verhältnisse (§§ 1432 f. BGB.). Ob die Rechtshandlungen durch den GSch. persönlich oder durch eine für ihn handelnde Person z. B. gesetzlicher Vertreter einer juristischen Person, Inhaber der elterlichen Gewalt, Vormund, Pfleger, Prokurist, Bevollmächtigter (vgl. § 23) vorgenommen wurden, ist gleichgültig; die Handlung des Stellvertreters ist zu beurteilen, wie wenn sie der GSch. selbst vorgenommen hätte (s. auch Prot. z. BGBEntw. II 517).

Aber nicht alle Rechtshandlungen des GSch. nach der KE. sind den KGl. gegenüber unwirksam (trotz des scheinbar weitergehenden Wortlautes des Gesetzes). Unwirksam sind sie nur, soweit sie die KMasse (§ 1 Abs. 1) und die durch die KE. geschützten Interessen der KGl. (§ 3) berühren (wenn nicht etwa wirksame Geschäftsführung ohne Auftrag vorliegt). Daß sie der KMasse nachteilig seien, wird nicht erfordert; der KVerw. kann die Rechtshandlung z. B. ablehnen, weil sie ihm ununzweckmäßig scheint. Vollwirksam sind die Rechtshandlungen des GSch. in bezug auf sein von vornherein freies oder vom KVerw. freigegebenes Vermögen oder den Neuerwerb und die Rechtshandlungen, die einen neuen (d. h. erst nach der KE. entstehenden) Vermögensanspruch an den GSch. begründen, z. B. neue Darlehensverträge, neue Wechselgeschäfte. Die neuen Gl. sind nicht KGl. (§ 3), ihre Forderungen vermehren nicht die Schuldenmasse des K. In dieser Hinsicht hat der GSch. auch die Prozeßführung (Anm. 1 B c zu § 6). Wegen der Zwangsvollstreckung während des K. s. § 14.

Unerlaubte Handlungen (§§ 823 f. BGB.) des GSch. nach der KE. begründen ebenfalls nach § 3 keine Teilnahme des Anspruchsberechtigten am K. und sind für die Masse gleichgültig. Richtet sich das Delikt gegen die Masse, so kann der GSch. mit seinem freien Vermögen der Masse ersatzpflichtig sein.

Wann eine Rechtshandlung vorgenommen ist, kann zweifelhaft sein. Beruft sich der KVerw. auf die Unwirksamkeit, so hat er zu beweisen, daß sie nach der KE. vorgenommen wurde (eventuell aber Vermutung nach Abs. 3). Empfangsbedürftige Willenserklärungen unter Abwesenden gelten vorgenommen in dem Zeitpunkt, in dem sie wirksam werden, nicht schon in dem Zeitpunkt, in dem sie abgehen (§ 130 Abs. 1 BGB.; s. Jaeger Anm. 14).

Unwirksam nach § 7 sind nur die Rechtshandlungen, die der GSch. im eigenen Namen (als Verfügungsberechtigter) vornimmt. Die Wirksamkeit seiner Handlungen, die er als Vertreter des KVerw. mit oder ohne Vertretungsrecht vornimmt, richtet sich nach dem bürgerlichen Rechte (s. besonders BGB. §§ 177 f.).

Auch wenn die Handlung des GSch. zunächst einen Gegenstand der KMasse betrifft, haftet für seine Verbindlichkeiten hieraus von vornherein sein freies Vermögen (vgl. Anm. 4).

3. Die **Unwirksamkeit der Rechtshandlungen** ist nur relativ (Anm. 1).

a) Die Rechtshandlung ist grundsätzlich wirksam für die Personen, zwischen denen sie vorgenommen wird (auch wenn der Adressat ein KGl. ist), und jeden Dritten, besonders die Massegläubiger, Aussonderungs- und Absonderungsberechtigten. Nur „gegenüber den KGl." ist sie unwirksam d. h., soweit es ihr Interesse erheischt (RGZ. 83, 184). Da aber die Handlung nicht unmittelbar in den Rechtskreis des einzelnen KGl. eingreift, sondern in das Recht des KVerw. (§ 6 Abs. 2), ist die Geltendmachung der Unwirksamkeit ausschließlich Sache des KVerw. (vorbehaltlich des Rechtes dessen, gegen den die Rechtshandlung wirkt, z. B. bei der Fdgsübertragung des Drittschuldners, sich darauf zu berufen, RGZ. 83, 184). Nur im Prüfungstermin kann auch der einzelne Gl. gegen eine angemeldete Forderung, die aus einer von ihm als unwirksam betrachteten Rechtshandlung des GSch. abgeleitet wird, Widerspruch erheben. Der Gl. der streitig gebliebenen Forderung kann dann ihre Feststellung gegen den bestreitenden Gl. betreiben; das Urteil, das den Widerspruch für begründet erklärt, wirkt für alle KGl. (§§ 146, 147). Vgl. Wilm.-Kurlb. Anm. 6; Jaeger Anm. 10.

b) Die Geltendmachung der Unwirksamkeit liegt im pflichtmäßigen Ermessen des KVerw. Sie bedarf keiner Form, insbesondere keiner dahin gerichteten Erklärung. Die Geltendmachung kann z. B. stillschweigend dadurch erfolgen, daß der Verw. die vom GSch. abgetretene oder erlassene Forderung für die Masse geltend macht oder daß er eine Rechtshandlung vornimmt, die der Handlung des GSch. widerstreitet, z. B. seinerseits die Forderung nochmals veräußert. Für den vom KVerw. Erwerbenden ist die Rechtshandlung des GSch. ebenso unverbindlich wie für den KVerw.

Der KVerw. kann die Handlung des GSch. aber auch — innerhalb seiner Befugnisse (Anm. 4 zu § 6) — genehmigen und ihr dadurch rückwirkende Kraft gegenüber der KMasse (und damit allen KGl.) verleihen (s. BGB. § 184). Hat er schon vorher zugestimmt (eingewilligt) und nicht widerrufen, so war die Handlung von vornherein wirksam (vgl. §§ 182, 183, 185 Abs. 1 BGB.). Auch eine Verfügung (Anm. 2) des GSch. wird durch die Genehmigung des KVerw. mit rückwirkender Kraft wirksam (arg. § 185 Abs. 2 BGB.). Die Einwilligung oder Genehmigung bedarf nicht der für das Rechtsgeschäft bestimmten Form (§ 182 Abs. 2), kann vielmehr auch formlos und stillschweigend erklärt werden, z. B. Genehmigung der vom GSch. erklärten Kündigung durch Einforderung des Schuldkapitals für die Masse. Tatfrage ist, ob in der Annahme der Gegenleistung für die KMasse durch den KVerw. die Genehmigung liegt. § 111 BGB. (einseitige Rechtsgeschäfte eines Minderjährigen) ist nicht entsprechend anwendbar.

Handlungen des GSch., denen der Verw. zugestimmt hat, gelten als Handlungen des Verw.; Ansprüche daraus sind Masseschulden (§ 59 Nr. 1). Der GSch. ist der Masse zur Herausgabe des durch seine Rechtshandlung Erlangten verpflichtet (vgl. § 816 Abs. 1 BGB.).

c) Die Unwirksamkeit der Handlung wird nicht von Amts wegen untersucht und beachtet wie die Nichtigkeit eines Rechtsgeschäfts (s. Staudinger 3a zu § 135; a. M. Pet.-Kleinf. Anm. 6; Wilm.-Kurlb. Anm. 2; Planck, Erl. II 2b zu § 135). Zur Begründung der Klage des Erwerbers gegen den KVerw. gehört aber regelmäßig (Ausn. Anm. 5) die Behauptung, daß der Verw. genehmigt habe; sonst ist der Klagantrag nicht gerechtfertigt und ein Versäumnisurteil gegen den Verw. nicht zu erlassen (ZPO. § 331 Abs. 2; vgl. Wolff Anm. 6; Jaeger Anm. 7).

Eine Ausnahme vom obigen Grundsatze ergibt sich auf Grund des § 19 GBO. für die Eintragungen im Grundbuch, s. zu § 113.

d) Mit der Einstellung oder Aufhebung des K. fällt die Beschränkung der Wirksamkeit der Rechtshandlung ohne weiteres fort (vgl. den Fall, daß ein Nichtberechtigter nachträglich den Gegenstand seiner Verfügung erwirbt; § 185 BGB.). Es sind dann keine KGl. mehr da, deren Rechte zu wahren sind. Im Verfahren nach § 166 Abs. 2 kann aber der Verw. die Unwirksamkeit der Rechtshandlung auch nach der Aufhebung des K. geltend machen, denn soweit dauert der K. fort. Hat der KVerw. während des K. über den Gegenstand eine Verfügung getroffen, die mit der Verfügung des GSch. nicht in Einklang steht, so bleibt die Verfügung des KVerw. wirksam. Wirksam bleiben auch die Rechtshandlungen, die gegenüber dem KVerw. vorgenommen worden sind. Der einzelne frühere KGl., der nach der Beendigung des K. gegen den früheren GSch. auf Grund der §§ 164, 194 oder sonst vorgeht, kann sich auf die Unwirksamkeit nicht berufen (s. Jaeger Anm. 10, 12; teilweise anders Wilm.-Kurlb. Anm. 7). Der Beendigung des K. steht die Freigabe des Massegegenstandes, über den der GSch. verfügt hat, während des K. gleich (Jaeger Anm. 12).

e) Der Grundsatz, daß die Handlung des GSch. außer gegenüber der KMasse wirksam ist gegenüber jedermann, erleidet dadurch eine Einschränkung, daß der GSch. (von den Wirkungen des guten Glaubens, Anm. 5, abgesehen) auf andere nicht mehr Rechte übertragen kann als er selbst nach der KE. noch hat. Veräußert z. B. der GSch. eine Forderung, die zur KMasse gehört, so kann der Schuldner auch dem Erwerber der Forderung gegenüber die Zahlung mit der Einwendung verweigern, daß diesem die Aktivlegitimation fehle (arg. § 404 BGB.). Zahlt er dennoch an den Zessionar, so setzt er sich der Gefahr der Doppelzahlung ebenso aus, wie wenn er an den GSch. zahlen würde (s. § 118, Anm. 3 zu § 8). Vgl. dazu Hellmann 254 Anm. 4; Jaeger Anm. 9. Eine Leistung, die der Schuldner nach dieser Abtretung an den KVerw. bewirkt, und jedes Rechtsgeschäft, das er mit dem KVerw. über die Forderung vornimmt, gilt auch gegenüber dem neuen Gl., es sei denn, daß der KVerw. der Veräußerung der Forderung durch den GSch. zugestimmt hat und der Schuldner bei der Leistung an den KVerw. oder der Vornahme des Rechtsgeschäfts mit ihm die Zustimmung kannte (entsprechend BGB. § 407 Abs. 1; auch Abs. 2

— Wirkung der Rechtskraft eines Urteils — entsprechend anwendbar). U. U. kann der Schuldner hinterlegen (§ 372 BGB.).

f) Eine andere Frage ist, ob nicht die Willenserklärung des andern Teiles wegen arglistiger Täuschung über das Bestehen des K. oder doch wegen Irrtums über die Verfügungsgewalt des GSch. anfechtbar ist (§§ 123, 124, 119f., 142f. BGB.). Besteht das Anfechtungsrecht des Gegners, so ist es unabhängig von der Genehmigung der Rechtshandlung des GSch. durch den Verw. (arg. § 144 BGB.). Anfechtungsgegner ist der GSch.

4. Die Folgen der Unwirksamkeit bestehen darin, daß die Rechtshandlung gegenüber der KMasse als nicht geschehen gilt. Hat der GSch. eine bewegliche oder unbewegliche Sache übereignet, so gilt der Erwerber gegenüber der KMasse als Nichteigentümer (gegeb. Falls Klage des KVerw. nach § 985 BGB., Anspruch auf Grundbuchberichtigung § 894 BGB., Aussonderungsanspruch im K. des Erwerbers). Ob ihn die Haftung des bösgläubigen Besitzers trifft, richtet sich nach den Umständen des Falles (vgl. §§ 990, 987, 989 BGB.). Hat der GSch. über eine Forderung verfügt, die zur KMasse gehört, so kann der KVerw. die Forderung geltend machen, wie wenn die Verfügung nicht bestände. Die Unwirksamkeit beschränkt sich aber auch nach der Geltendmachung auf das Verhältnis zur Masse; die Handlung wird weder ex nunc noch ex tunc absolut (gegenüber jedermann) nichtig (a. M. Fitting 290). Der GSch. hat je nach den Umständen dem anderen Teile für die Folgen der Unwirksamkeit mit seinem freien Vermögen einzustehen (Anm. 2).

Hat der andere Teil (auch der weitere Erwerber, der von der Unwirksamkeit betroffen wird, Anm. 5) seinerseits geleistet, z. B. den Kaufpreis gezahlt, das Tauschstück übereignet, die Vergleichssumme beglichen, so erhält er nach Abs. 2 aus der Masse zurück, was von seiner Leistung in diese gelangt ist. Grund des Anspruchs ist die rechtlose Bereicherung der Masse (Masseschuld: § 59 Nr. 3). Was nicht in die Masse gelangt ist, sondern etwa vom GSch. für sich verbraucht wurde, kann der andere von der Masse nicht fordern. Ist die Gegenleistung zwar in die Masse gelangt aber zu ihren Gunsten schon verwendet, so ist aus ihr der Wert zu ersetzen. Über den Umfang des Bereicherungsanspruchs näheres §§ 818, 819 BGB. Ein Zurückbehaltungsrecht (BGB. § 273) in Bezug auf den Gegenstand, den der KVerw. zur Masse zurückfordert, kann der andere wegen des Anspruchs nach Abs. 2 nicht geltend machen (§ 15).

5. Wirkungen des guten Glaubens. Allgemeines. Während das vor der KE. erlassene Veräußerungsverbot (§ 106 Abs. 1) nur gilt unter entsprechender Anwendung der Vorschriften zugunsten derer, die Rechte von einem Nichtberechtigten herleiten (BGB. §§ 136, 135 Abs. 2), läßt § 7 Abs. 1 bloß die Vorschriften der §§ 892, 893 BGB. unberührt. Geschützt ist also nur der Immobiliarverkehr, nicht der Mobiliarverkehr. Von der entsprechenden Anwendung sind besonders ausgeschlossen BGB. §§ 932f., 1032, 1207, 1244, HGB. § 366, WO. Art. 74 (hiezu Staub-Stranz Anm. 4). Die Beschränkungen gelten aber nur gegenüber dem, der vom GSch. erwirbt. Zugunsten des weiteren Erwerbers einer Sache, eines Nießbrauchs, eines Pfandrechts sind die allgemeinen Vorschriften entsprechend anwendbar (vgl. Jaeger

Anm. 34 mit Lit.). **Es kommt demnach immerhin auf seinen guten Glauben an, sonst kann die Unwirksamkeit auch ihm gegenüber geltend gemacht werden, weil er in die angreifbare Rechtsstellung seines Vorgängers eintritt** (s. Anm. 3). Bei dem Erwerb des Eigentums an einer kbefangenen beweglichen Sache ist der zweite Erwerber nicht in gutem Glauben, wenn ihm bekannt oder infolge grober Fahrlässigkeit unbekannt ist, daß der Veräußerer die Sache nach der KE. durch eine ungenehmigte Verfügung des GSch. erworben hat (arg. § 932 Abs. 2 BGB.).

Soweit die allgemeinen Vorschriften den guten Glauben des weiteren Erwerbers nicht schützen, ist auch sein Erwerb der KMasse gegenüber unwirksam; das gilt namentlich für die weitere Übertragung einer kbefangenen Forderung.

Wegen des gutgläubigen Erwerbs von Scheinforderungen s. § 3 Anm. 5h.

6. Wirkungen des guten Glaubens im Grundstücksverkehr. Die Vorschriften der §§ 892, 893 BGB. über den öffentlichen Glauben des Grundbuchs bleiben durch Abs. 1 „unberührt", d. h. sie sind entsprechend anzuwenden. Wer nach der KE. ein Recht (Eigentum; beschränktes Recht) an einem Grundstück oder ein Recht an einem solchen Rechte durch Rechtsgeschäft mit dem GSch., nicht durch Zwangsvollstreckung (§ 14) oder kraft Gesetzes (z. B. BGB. § 1438), erwirbt, muß die Unwirksamkeit des Rechtsgeschäftes im Verhältnisse zur KMasse nur dann gegen sich gelten lassen, wenn die KE. aus dem Grundbuch (d. h. dem betreffenden Grundbuchblatte, § 3 S. 2 GBO.) ersichtlich (§ 113) oder dem Erwerber bekannt ist. Kennenmüssen steht dem Kennen nicht gleich. Auch für die Zeit nach der öffentlichen Bekanntmachung der KE. muß dem Erwerber die Kenntnis nachgewiesen werden. Ist zum Erwerb des Rechtes die Eintragung erforderlich, so entscheidet für die Kenntnis des Erwerbers die Zeit der Antragstellung bei dem Grundbuchamt oder, wenn die nach § 873 BGB. erforderliche Einigung erst später zustande kommt, die Zeit der Einigung. Sonst entscheidet die Zeit des Erwerbs. Entsprechendes gilt, wenn an den GSch., für den ein Recht im Grundbuch eingetragen ist, auf Grund dieses Rechtes eine Leistung bewirkt wird (z. B. Hypothekenzinsen gezahlt werden) oder wenn zwischen ihm und einem anderen in Ansehung dieses Rechtes ein nicht unter § 892 fallendes zweiseitiges oder einseitiges Rechtsgeschäft vorgenommen wird, das eine Verfügung über das Recht enthält (z. B. Aufhebung des Rechtes, Kündigung). Entscheidend für die Kenntnis des anderen ist die Zeit der Leistung oder der Vornahme des Rechtsgeschäftes. Ist für das Rechtsgeschäft die Eintragung im Grundbuch erforderlich, so kommt wieder § 892 Abs. 2 in Betracht (s. Planck Erl. zu § 893). Der Schutz erstreckt sich für die Hypothek auch auf die Forderung und gegen die Einreden des Eigentümers nach BGB. §§ 1137, 1138, 1140. Der gehörig legitimierte Besitzer des Hypothekenbriefs wird behandelt, wie wenn er als Gl. im Grundbuch eingetragen wäre (§ 1155 BGB.).

Die KMasse wird durch die Eintragung der KE. ins Grundbuch gegen die Wirkungen des öffentlichen Glaubens geschützt (§ 113). Über die Frage, ob das Grundbuch durch diese Eintragung gesperrt wird, s. zu § 113. Die infolge des öffentlichen Glaubens des Grundbuchs der KMasse gegenüber wirksame Rechtshandlung ist nach § 42 anfechtbar. Bei unentgeltlicher Verfügung besteht ferner ein Anspruch der KMasse gegen den Erwerber auf Herausgabe der Bereicherung: § 816 Abs. 1 Satz 2 BGB.

Ist die Rechtshandlung des GSch. vor der KE. vorgenommen, so kann trotzdem ein Recht an einem zur Masse gehörenden Grundstück grundsätzlich nach der KE. nicht mehr mit Wirksamkeit gegenüber der Masse erworben werden, § 15. Eine wichtige Einschränkung enthält aber der dort aufrecht erhaltene § 878 BGB.; Anm. 5 zu § 15.

Über die Bestellung eines Pfandrechtes an einem im Schiffsregister eingetragenen Schiffe nach der KE. s. § 15 (Anm. 5a dort).

§ 8. (§ 7.)

I Eine Leistung, welche auf eine zur Konkursmasse zu erfüllende Verbindlichkeit nach der Eröffnung des Verfahrens an den Gemeinschuldner erfolgt ist, befreit den Erfüllenden den Konkursgläubigern gegenüber nur insoweit, als das Geleistete in die Konkursmasse gekommen ist.

II War die Leistung vor der öffentlichen Bekanntmachung der Eröffnung erfolgt, so ist der Erfüllende befreit, wenn nicht bewiesen wird, daß ihm zur Zeit der Leistung die Eröffnung des Verfahrens bekannt war.

III War die Leistung nach der öffentlichen Bekanntmachung erfolgt, so wird der Erfüllende befreit, wenn er beweist, daß ihm zur Zeit der Leistung die Eröffnung des Verfahrens nicht bekannt war.

Begr. I 39 f., KommB. I 10 f. — Unverändert durch die Nov.

1. Leistungen an den GSch.

a) § 8 enthält eine Einschränkung des Grundsatzes in § 6 und zugleich eine Sondervorschrift gegenüber § 7. Obwohl der GSch. mit der KE. die Verwaltung und die Verfügung über sein befangenes Vermögen verliert, wirkt die nach diesem Zeitpunkt an ihn erfolgende Leistung einer (vertretbaren oder nicht vertretbaren) Sache oder eines Rechtes auf eine zur Aktivmasse zu erfüllende Verbindlichkeit (ohne Rücksicht auf deren Rechtsgrund; für Schuldverhältnisse s. BGB. §§ 241 f.) unter gewissen Voraussetzungen als Erfüllung (s. § 362 BGB.) nicht nur gegenüber dem GSch., sondern auch gegenüber der KMasse, d. h. dem kraft eigenen Rechtes tätigen KVerw. Dies gilt ohne Rücksicht darauf, ob — wie regelmäßig — bei der KE. offener Arrest erlassen ist (§§ 110, 111, 118) oder nicht. Die Leistung muß dem GSch. zur Zeit der KE. geschuldet sein. Annahme an Erfüllungs Statt wäre eine Rechtshandlung des GSch., die nach § 7 zu beurteilen ist. Leistungen auf Verbindlichkeiten, die später entstanden sind, berühren die KMasse nicht und sind dem GSch. zu bewirken. Für die Aufrechnung s. die besonderen Vorschriften in §§ 53 f.; für die Zahlung von Miet- oder Pachtzinsen s. § 21 Abs. 2. Die rechtmäßige Hinterlegung mit Ausschluß der Rücknahme der hinterlegten Sache (§§ 378, 372 BGB.), ist keine Leistung an den GSch. nach § 8, sondern befreit sofort auch gegenüber der KMasse.

b) Die Leistung an den GSch. wirkt als Leistung an die KMasse, soweit sie der KVerw. als solche gelten läßt (Einwilligung oder Genehmigung). Der KVerw. kann in diesem Falle den Gegenstand der Leistung zur Masse ziehen; s. BGB. § 362 Abs. 2, § 185.

c) Die Leistung an den GSch. wirkt ferner als Erfüllung gegenüber der KMasse, soweit sie in die KMasse gekommen ist, sei es daß der GSch. den Gegenstand der Leistung freiwillig abgeliefert oder daß der Verw. diesen zur Masse gezogen hat. Gleichgültig ist, ob der Gegenstand, nachdem er in die Masse gelangt war, der Masse verblieb oder entzogen wurde. Wird der Schuldner vom KVerw. zur nochmaligen Leistung an die Masse aufgefordert, so kann er nach Treu und Glauben verlangen, daß der Verw. zunächst vom GSch. den Gegenstand der Leistung als Surrogat der Verbindlichkeit einzieht, wenn dies ohne weiteres möglich ist. Vgl. § 117 Abs. 1; Jaeger Anm. 7; a. M. Hellmann 259; Wilm.-Kurlb. Anm. 2. Vgl. auch BGB. § 280 (Schadensersatzpflicht bei Unmöglichkeit der nochmaligen Leistung).

d) Leistet der Dritte (Schuldner) vor dem Zeitpunkt, in dem die öffentliche Bekanntmachung der KE. als erfolgt gilt (§ 76 Abs. 1), so ist er über das Regelmaß (Abs. 1) im ganzen Umfange seiner Leistung gegenüber der KMasse befreit. Die Befreiung tritt vorbehaltlich der Anwendung des Abs. 1 nur dann nicht ein, wenn der KVerw. beweist, daß dem Dritten zur Zeit der Leistung die KE. (nicht etwa bloß der KGrund oder der Antrag auf KE.; anders § 55) positiv bekannt war. Kennenmüssen, auch grobfahrlässiges Nichtkennen steht der Kenntnis nicht gleich (Abs. 2). Kannte der Leistende die KE., glaubte er aber nicht der Masse, sondern dem GSch. leisten zu müssen, so haftet er der Masse weiter (s. Wolff Anm. 6). Als Zeit der Leistung, der für die Gutgläubigkeit des Schuldners maßgebend ist, gilt der Zeitpunkt, in dem die Leistung als bewirkt gälte, wenn der K. nicht eröffnet wäre (vgl. Jaeger Anm. 14). Es kommt deshalb auch auf den Leistungsort an: §§ 269, 270 BGB.; eine Geldleistung ist im Zweifel erst bewirkt, wenn sie beim Gl. eingetroffen ist. Läuft die im § 76 Abs. 1 Satz 2 bezeichnete Zeit während der Versendung des Geldes ab, so ist die Leistung nach der öffentlichen Bekanntmachung erfolgt.

e) Leistet der Schuldner nach dem Zeitpunkt, in dem die öffentliche Bekanntmachung der KE. als bewirkt gilt, so ist er über das Regelmaß der KMasse gegenüber nur befreit, wenn er beweist, daß ihm zur Zeit der Leistung die KE. nicht bekannt war, z. B. weil er die öffentliche Bekanntmachung nicht gelesen und besondere Zustellung (§ 111 Abs. 3) nicht erhalten hat. Kenntnis der Zahlungseinstellung usw. ist dem Leistenden auch in diesem Falle unschädlich.

f) Ein besonderer Schutz ohne Rücksicht auf die öffentliche Bekanntmachung der KE. wird dem zu Teil, der an den GSch., für den ein Recht im Grundbuch eingetragen ist, auf Grund dieses Rechtes eine Leistung bewirkt; § 893 BGB., s. Anm. 6 zu § 7.

2. **Leistungen eines Vertreters oder an einen Vertreter** (gesetzlicher oder gewillkürter Vertreter) werden behandelt wie Leistungen des Dritten persönlich oder wie Leistungen an den GSch. persönlich; vgl.

§ 164 BGB. (s. auch *Fürst*, LZ. 2, 411). Leistet ein Vertreter, so kommt es darauf an, ob *er* zur Zeit der Leistung die KE. gekannt hat. War der Vertreter jedoch ein Bevollmächtigter des Schuldners *und* hat er nach bestimmten Weisungen des Dritten (Schuldners) gehandelt, so kann sich dieser nicht auf die Unkenntnis des Vertreters berufen, wenn er selbst die KE. gekannt hat (BGB. § 166). Das gleiche muß gelten, wenn der Bevollmächtigte zwar nicht nach bestimmten Weisungen des Dritten gehandelt hat, der Dritte aber die KE. gekannt und gleichwohl *schuldhaft* unterlassen hat, dem Bevollmächtigten die Leistung an den GSch. zu untersagen (vgl. *Jaeger* Anm. 19). Dagegen ist es wie bei dem GSch. so auch bei dessen Vertreter für die Wirkung der Leistung gegenüber der KMasse gleichgültig, ob er die KE. gekannt hat oder nicht.

Bedient sich der Schuldner eines andern nur zur Übermittlung der Leistung (Bote), so kommt es nur auf seine eigene Kenntnis an.

3. Leistungen an einen Rechtsnachfolger des GSch. Hat der GSch. das Recht auf die Leistung *vor* der KE. abgetreten, so gehört das Recht — vorbehaltlich der Anfechtung der Veräußerung (§§ 29 f.) — nicht zur KMasse (§ 1 Abs. 1); in solchen Fällen ist § 8 auf die Leistung an den Rechtsnachfolger nicht anwendbar. Erfolgte die Veräußerung *nach* der KE., so ist sie der KMasse gegenüber unwirksam (§ 7). Leistungen an den Rechtsnachfolger, z. B. den Erwerber einer zur Masse gehörenden Forderung, sind jedoch in entsprechender Anwendung und im Rahmen des § 8 auch der Masse gegenüber wirksam. Dies folgt daraus, daß der Dritte (Schuldner) bei der Leistung an den Nachfolger des GSch. nicht schlechter gestellt sein darf wie bei der Leistung an den GSch. persönlich. Leistet demnach der Erfüllende *vor* der öffentlichen Bekanntmachung der KE., so ist er auch gegenüber der KMasse befreit, wenn ihm der KVerw. nicht beweist, daß er zur Zeit der Leistung a) die KE. kannte und b) auch wußte, daß die Verfügung des GSch. nach der KE. erfolgte (vgl. §§ 407, 408 BGB.; *Jaeger* Anm. 9 zu § 7). Leistet der Erfüllende *nach* der öffentlichen Bekanntmachung, so ist die Beweislast umgekehrt. Auf jeden Fall aber ist der Erfüllende befreit, soweit seine Leistung in die KMasse gekommen ist.

4. Anweisung; Wechsel; Scheck.

a) Eine Anweisung des GSch. (BGB. §§ 783 f.; HGB. § 363) *nach* der KE. ist nach Maßgabe des § 7 der KMasse gegenüber unwirksam. Leistet der Angewiesene an den Anweisungsempfänger im Hinblick auf eine Forderung des GSch., die zur KMasse gehört, so wird er in der Höhe der Leistung von seiner Schuld nur in entsprechender Anwendung und im Rahmen des § 8 befreit (sonst BGB. § 787 Abs. 1). Vgl. *Jaeger* Anm. 5. Ob der Angewiesene, der die Anweisung angenommen hat, gleichwohl dem Anweisungsempfänger zur Leistung verpflichtet ist, hängt davon ab, ob er ihm eine Einwendung nach § 784 Abs. 1 BGB., z. B. die Anfechtung der Annahme wegen Irrtums oder arglistiger Täuschung über die KMäßigkeit des Anweisenden (§§ 119 f., 123, 124, 142, 143 BGB.) entgegensetzen kann.

b) Hat der GSch. die Anweisung *vor* der KE. ausgehändigt, so erlischt die Anweisung und damit die Ermächtigung des Angewiesenen, für Rechnung des Anweisenden (GSch.) zu leisten, nicht ohne weiteres mit der KE. (arg. BGB. § 791). Aus § 23 ergibt sich nicht das Gegenteil (s. dort). Der KVerw. kann aber widerrufen, solange nicht angenommen oder geleistet ist (BGB. § 790). Durch den Widerruf erlischt die Ermächtigung, vorbehaltlich einer etwaigen KForderung des Anweisungsempfängers auf Schadensersatz wegen Nichterfüllung (s. Jaeger Anm. 18 zu § 23). Hat der Angewiesene vor dem Widerruf und schon vor der KE. angenommen, so bleibt es trotz des Widerrufs bei seiner Verpflichtung zur Leistung (BGB. § 784) und ihr entsprechend wird er in der Höhe der Leistung von der Schuld an die KMasse frei (§ 787) ohne Rücksicht darauf, ob er bei der Leistung die KE. kannte oder nicht. Fraglich ist aber, ob der Angewiesene mit Wirkung gegen die KMasse die nicht widerrufene Anweisung nach der KE. noch annehmen kann. Mit der herrschenden Ansicht ist die Antwort auf Grund des § 8 darauf abzustellen, ob der Angewiesene bei der Annahme die KE. kannte oder nicht (Beweislast Abs. 2, 3). War er damals gutgläubig, so wirkt seine Leistung als Erfüllung an die Masse, auch wenn er zur Zeit der Leistung von der KE. wußte. War er nicht gutgläubig, so wird er der KMasse gegenüber nicht befreit. Leistet der Angewiesene ohne vorherige Annahme, so ist für seine Gutgläubigkeit und damit für die Wirksamkeit der Leistung gegenüber der Masse die Zeit der Leistung maßgebend, falls nicht die Anweisung schon vorher widerrufen wurde.

(Die Ansichten gehen auseinander. S. u. a. Jaeger Anm. 2f. zu § 8, Anm. 17f. zu § 23; Pet.-Kleinf. Anm. 1; Hellmann 258, 274 Fußn., 291; Seuffert 174 Anm. 7; Fitting 297 Anm. 23; RGRKomm. Anm. 2 zu § 791; Oertmann, R. der Schuldverh. [3/4] Anm. 4 zu § 791; Staub Anm. 18 zu § 363, Düringer-Hachenburg II 432f.; KommB. II 8f.; Entw. eines Scheckges. Reichst-Druckf. 566/1908 S. 29; Zweibrücken, SeuffA. 58, 61f.).

b) Entsprechendes wie für die Anweisung auf Schuld gilt für den gezogenen Wechsel.

c) Für den Scheck[1]) gilt die Besonderheit, daß er nicht angenommen werden kann (§ 10 ScheckG.). Sobald der Bezogene von der Eröffnung des K. über das Vermögen des Ausstellers Kenntnis erlangt hat, darf er bei Gefahr der Doppelzahlung den Scheck nicht mehr einlösen. War dagegen der Bezogene bei der Einlösung des vor der KE. ausgestellten Schecks gutgläubig (Beweislast Abs. 2, 3), so wird er dadurch insoweit von seiner Pflicht zur Rückgabe der Deckung frei. S. den Scheckgesetzentwurf a. a. O.; Jaeger Anm. 18 zu § 23. Vgl. auch Dresden, OLG. 14, 411.

5. Für befangene Schuldverschreibungen auf den Inhaber, deren Inhaber der GSch. ist, gilt die besondere Vorschrift des § 793 Abs. 1 BGB. Der Aussteller wird durch die Leistung an den GSch. befreit, auch wenn er die KE. kennt, kann sich aber unter den Voraussetzungen des § 826 BGB. der KMasse ersatzpflichtig machen. Dagegen ist er berechtigt, die Leistung an den GSch. zu verweigern, weil die Schuldverschreibung zur KMasse gehört, über die nur der KVerw. verfügen kann, § 6 Abs. 2. (Vgl. Sarw.-Boss. Anm. 2; Jaeger Anm. 21; anders Hellmann 257 Anm. 7.)

[1]) Versch. Meinungen bei Simonson GruchotsBeitr. 50, 43 (vor dem Scheckges.); Fürst LZ. 2, 407; Herzfeld LZ. 2, 435; Schreiber GoldschmidtsZ. 66, 349.

6. **Im inneren Verhältnisse zwischen dem Leistenden und dem GSch.** oder seinem Rechtsnachfolger tritt im Umfange der Leistung Befreiung von der Verbindlichkeit auch soweit ein, als der Leistende der KMasse gegenüber weiter haftet. Ob und wieweit der Leistende gegen den GSch. oder seinen Rechtsnachfolger Rückgriff nehmen kann, richtet sich nach den Umständen (vgl. § 812 Abs. 1 BGB.; Jaeger Anm. 6; a. M. Hellmann 258 unter Berufung auf § 815).

Erbschaftsannahme u. a.

§ 9.

Die Annahme oder Ausschlagung einer vor der Eröffnung des Verfahrens dem Gemeinschuldner angefallenen Erbschaft, sowie eines vor diesem Zeitpunkte dem Gemeinschuldner angefallenen Vermächtnisses steht nur dem Gemeinschuldner zu. Das gleiche gilt von der Ablehnung der fortgesetzten Gütergemeinschaft.

Begr. II 26 f. — Eingestellt durch die Nov.

1. **Allgemeines.** Der durch die Novelle eingefügte § 9 regelt die früher wegen der Verschiedenheit des geltenden Erbrechts gesetzlich nicht entschiedene und nicht einheitlich beantwortete Frage, ob die Annahme oder Ausschlagung einer vor der KE. dem GSch. angefallenen Erbschaft oder eines vor diesem Zeitpunkt angefallenen Vermächtnisses dem GSch. oder dem Verw. zusteht. In gleicher Weise regelt der Satz 2 den verwandten Fall der Ablehnung der fortgesetzten Gütergemeinschaft. Vgl. Begr. II 26 f. Ist dem GSch. eine Erbschaft oder ein Vermächtnis im Ausland angefallen, so ist der Grundsatz des § 9 entsprechend anzuwenden.

2. **Anfall der Erbschaft oder des Vermächtnisses vor der KE.**

a) Die Erbschaft (der Erbteil § 1922 Abs. 2 BGB.) geht mit dem Tode des Erblassers kraft Gesetzes auf den Erben über unbeschadet seines Rechtes sie auszuschlagen (BGB. § 1942 Abs. 1, § 1922). Die Ausschlagung wird ausgeschlossen durch die Annahme der Erbschaft (auch stillschweigende Willensbetätigung; im einzelnen Auslegungsfrage) und durch den Ablauf der unbenützten Ausschlagungsfrist von regelmäßig 6 Wochen (§§ 1943, 1944). Wird die Erbschaft formgültig (§ 1945) ausgeschlagen, so gilt der Anfall an den Ausschlagenden als nicht erfolgt (§ 1953 Abs. 1). Das Vermächtnis fällt regelmäßig mit dem Erbfall an, der Vermächtnisnehmer kann das Vermächtnis aber durch formlose Erklärung gegenüber dem Beschwerten ausschlagen, solange er es nicht durch formlose Erklärung gegenüber dem Beschwerten angenommen hat (§§ 2176, 2180). Für die Annahme oder die Ausschlagung des Verm. läuft keine Frist (s. aber § 2307 Abs. 2). Wird das Vermächtnis ausgeschlagen, so gilt sein Anfall als nicht erfolgt (§ 2180 Abs. 3 mit § 1953 Abs. 1).

b) Erbschaften und Vermächtnisse, die vor der KE. angefallen sind, gehören als Bestandteil des Vermögens des GSch. im Rahmen des § 1 Abs. 1 zur KMasse, auch wenn der GSch. den Anfall noch ausschlagen kann. Aber nur der GSch., nicht der Verw., hat die Entscheidung über Annahme oder Ausschlagung (Celle OLG. 30, 207).

3. **Wirkung der Annahme vor der KE.** War der Erbfall (das Vermächtnis) z. Z. der KE. schon angenommen, so ist der Aktivnachlaß (der Gegenstand des Vermächtnisses) ein Bestandteil der Aktivmasse, die Nachlaßverbindlichkeiten, BGB. § 1967 Abs. 1 und 2, (die Beschwerungen des Vermächtnisses) gehören zu den Passiven. Der KVerw. kann die Erbschaft (das Vermächtnis) nicht abstoßen, er kann aber die Beschränkung der Haftung des Erben auf den Nachlaß betreiben, s. Anm. 4.

4. **Wirkung der Annahme nach der KE.** Nimmt der GSch. den Vermögensanfall an, so gehört dieser endgültig zur Masse (s. aber § 128). Der KVerw. ist dann allen Beteiligten verpflichtet (s. § 82), die Beschränkung der Haftung des Erben auf den Nachlaß durch den Antrag auf Nachlaßverwaltung oder Nachlaßkonkurs (§ 1975 BGB., § 217) oder durch Geltendmachung der Einrede nach §§ 1990 f. BGB. herbeizuführen. S. auch (Kürzung von VermBeschw.) §§ 2187 f. BGB. Das Recht der NachlGl. auf NachlVerw. oder NachlK. (s. BGB. § 1981 Abs. 2, KO. § 217) bleibt unberührt. Vgl. § 234 Abs. 1. Die Ansprüche des Erben und gegen den Erben aus seiner Verwaltung des Nachlasses nach § 1978 BGB. gehören zur (Aktiv- oder Passiv-) Masse nur, soweit sie vor der KE. entstanden sind.

5. **Wirkung der Ausschlagung.** Da der Erbschafts- oder Vermächtnisanfall als nicht erfolgt gilt (Anm. 2), ist die Rechtslage so anzusehen, wie wenn die Erbschaft oder das Vermächtnis nie Bestandteil der KMasse gewesen wäre. Die Ausschlagung kann weder nach §§ 29 f. noch nach dem AnfG. angefochten werden (RGZ. 54, 289 f.; 67, 431; Jaeger Anm. 11). Vgl. § 517 BGB. Hat der Erbe vor der KE. erbschaftliche Geschäfte besorgt, so gehören seine Ansprüche daraus (§ 1959 Abs. 1 BGB.) zur Aktivmasse, seine Verbindlichkeiten daraus zur Schuldmasse. Die Geschäftsbesorgung nach der KE. berechtigt und verpflichtet die KMasse nicht (§ 1 Abs. 1, § 3).

6. **Anfall nach der KE.** ist Neuerwerb und berührt die Masse nicht. Zu beachten ist aber, daß bei Ausschlagung der Erbschaft (des Vermächtnisses) durch den vorher Berufenen auch der Anfall an den später Berufenen als mit dem Erbfall erfolgt gilt (§ 1953 Abs. 2, § 2180 Abs. 3 BGB.) und daß deshalb § 9 anwendbar ist, wenn zwar der Erbfall vor der KE. aber die Ausschlagung des vorher Berufenen nachher erfolgt ist (s. Jaeger Anm. 10). Dagegen fällt die Erbschaft dem Nacherben im Zweifel mit dem Tode des Vorerben an (s. § 2106 BGB.).

7. **Ablehnung der fortgesetzten Gütergemeinschaft.** Nach § 1483 BGB. wird nach dem Tode eines Gatten die allgemeine Gütergemeinschaft zwischen dem überlebenden Gatten und den gemeinschaftlichen Abkömmlingen, die im Falle der gesetzlichen Erbfolge als Erben berufen sind, fortgesetzt, der überlebende Gatte — Mann oder Frau — kann aber nach § 1484 BGB. die Fortsetzung ablehnen und hat nach § 9 dieses Recht auch, wenn während der Ablehnungsfrist (§§ 1484 Abs. 2, 1944 BGB.) über sein Vermögen der K. eröffnet wird. Begr. II 27. Auch die durch Ehevertrag vereinbarte Fortsetzung der Fahrnisgemeinschaft (§ 1557) kann der überlebende Teil ablehnen, Anm. 16

zu § 2. Infolge der Ablehnung gilt die fortgesetzte Gütergemeinschaft als nicht eingetreten. Das Gesamtgut wird außerhalb des KVerfahrens (§ 16) zwischen dem überlebenden Ehegatten und den Erben des verstorbenen Ehegatten auseinandergesetzt (§§ 1471 f., 1482, 1484, 1943 BGB.). In die KMasse fällt nicht das ganze Gesamtgut, sondern lediglich der Anteil des GSch., die Hälfte des nach der Berichtigung der Gesamtgutsverbindlichkeiten bleibenden Überschusses. S. § 51 KO.; §§ 1482, 1484 Abs. 3 BGB. Der Erbanspruch des GSch. an der anderen Hälfte (vgl. §§ 1931 f.) und dem übrigen Vermögen des verstorbenen Ehegatten ist der Regel des § 9 S. 1 unterworfen. S. Begr. II 27; Jaeger Anm. 15 f.; Seuffert 79.

Bei Fortsetzung der Gütergemeinschaft durch den überlebenden Eheteil gehört das ganze Gesamtgut ohne Rücksicht auf die Ansprüche der Abkömmlinge zur Masse. § 2 Abs. 3. Vgl. Jaeger Anm. 17.

8. **Wegen Anwendung des § 9 auf angefallene Lehen** nach preuß. Recht s. RGZ. 84, 342.

Aktivprozesse über die Aktivmasse.

§ 10. (§ 8.)

I **Rechtsstreitigkeiten über das zur Konkursmasse gehörige Vermögen, welche zur Zeit der Eröffnung des Verfahrens für den Gemeinschuldner anhängig sind, können in der Lage, in welcher sie sich befinden, von dem Konkursverwalter aufgenommen werden. Wird die Aufnahme verzögert, so kommen die Bestimmungen des § 239 der Zivilprozeßordnung zur entsprechenden Anwendung.**

II **Lehnt der Verwalter die Aufnahme des Rechtsstreits ab, so kann sowohl der Gemeinschuldner als der Gegner denselben aufnehmen.**

Begr. I 41 f., KommB. I 11, 96, 148. — Unverändert durch die Nov.

1. Übersicht.

a) Durch die Eröffnung des K. (§ 108) über das Vermögen einer Prozeßpartei wird ein anhängiges, d. h. noch nicht rechtskräftig geschlossenes Zivilprozeßverfahren (über Verwaltungsverfahren, Verwaltungsrechtsverfahren s. Anm. 2b zu § 12)[1] bis zur ordnungsmäßigen Aufnahme oder bis zur Beendigung des K. unterbrochen, falls es „die KMasse betrifft" (s. § 240 ZPO.). Die Unterbrechung ist die Folge davon, daß der GSch. mit der KE. das Recht verliert, über sein zur Masse gehöriges Vermögen zu verfügen (§ 6). Denn Prozeßführung ist Verfügung in diesem Sinne. Soweit der Verlust reicht, und solange er dauert, ist der GSch. nicht mehr der richtige Kläger und der richtige Beklagte; es fehlt ihm fernerhin die Sachlegitimation. Ob und wie der Rechtsstreit während des K. fortgesetzt werden kann, bestimmt die KO. Sie unterscheidet dabei zwischen Strei-

[1] Über den Einfluß des K. auf das Verfahren der freiwilligen Gerichtsbarkeit s. Josef LZ. 3, 829 f.

tigkeiten über die Aktivmasse (§§ 10, 11) und Streitigkeiten über die Passivmasse (§ 12). Erstere werden herkömmlich wieder geschieden in Aktivprozesse über die Aktivmasse (§ 10), d. h. Streitigkeiten, die vom Standpunkte des GSch. auf Vermehrung der Teilungsmasse gerichtet sind, und Passivprozesse über die Aktivmasse (§ 11), d. h. Streitigkeiten, in denen der GSch. eine Minderung der Teilungsmasse abwehrt.

b) Die Unterbrechung nach § 240 ZPO. tritt ohne weiteres, ohne Rücksicht auf die Kenntnis der Parteien oder des Gerichtes (vgl. RG. JW. 36, 713), mit dem Zeitpunkt ein, in dem nach dem Eröffnungsbeschluß die KE. erfolgte (§ 108), ohne Rücksicht auf den Zeitpunkt der öffentlichen Bekanntmachung (§ 111). Sie wird nicht dadurch abgewendet, daß der GSch. einen Prozeßbevollmächtigten bestellt hat. Über das Erlöschen der Prozeßvollmacht s. Anm. 3c zu § 23.

c) Die Unterbrechung trifft (s. darüber Seuffert ZPO., Bem. 2 vor § 239 ZPO.) zunächst anhängige Rechtsstreitigkeiten i. e. S., d. h. Prozesse mit notwendiger mündlicher Verhandlung. § 240 ist aber entsprechend anzuwenden auf Streitigkeiten, bei denen das Gericht mündliche Verhandlung anordnen kann, insbesondere auf das Kostenfestsetzungsverfahren, §§ 103f. ZPO. (RG. JW. 21, 204, GruchotsBeitr. 44, 1170 [JW. 29, 124]), auch soweit es sich um das Verfahren des Gerichtsschreibers handelt, dann auf das Beschwerdeverfahren (RGZ. 30, 409), auf das Verfahren wegen Erlasses einer einstweiligen Verfügung. Die Zwangsvollstreckung als solche wird durch die KE. nicht unterbrochen (s. zu § 14). Ist aber das Vollstreckungsgericht um eine Entscheidung angegangen, vor der es mündliche Verhandlung anordnen kann (vgl. § 764 ZPO.), sind z. B. Einwendungen gegen die Art und Weise der Zwangsvollstreckung (§ 766 ZPO.) erhoben, so wird dieses Verfahren unterbrochen. Ebenso wird ein Arrestverfahren (beachte § 14) unterbrochen. Vgl. RGZ. 20, 361. Desgleichen ein Mahnverfahren nach §§ 688f. ZPO. Wegen des schiedsrichterlichen Verfahrens s. RGZ. 62, 24; JW. 34, 738; ObLG. NF. 19, 5.

d) Die Unterbrechung tritt nur ein, wenn der GSch. Partei ist, nicht aber, wenn er Nebenintervenient ist. Ob sich der GSch. am Rechtsstreite weiter als solcher beteiligen kann, bestimmt sich nach § 6, ist also regelmäßig zu bejahen, weil er dabei nicht über die KMasse verfügt. Gerät ein Streitgenosse in K., so wird das Verfahren nur ihm gegenüber unterbrochen (Seuffert, ZPO. Anm. 2 zu § 240, Anm. 1c zu § 239; teilweise a. M. zu ZPO. § 62 Jaeger Anm. 3). Durch den K. über das Vermögen einer offenen Handelsgesellschaft werden die Verfahren unterbrochen, in denen die offene Handelsgesellschaft Partei ist, nicht aber ein Verfahren, in dem ein Gesellschafter Parteistellung hat. Die KE. über das Vermögen eines Gesellschafters ohne gleichzeitigen GesellschK. bewirkt nicht nach ZPO. § 240 die Unterbrechung eines Verfahrens, in dem die Gesellschaft als Partei beteiligt ist (RGZ. 34, 363). S. aber wegen ZPO. § 241 Seuffert ZPO. Anm. 2 zu § 240. Der Nachlaßkonkurs unterbricht nicht ein Verfahren, in dem der Erbe wegen seines Eigenvermögens Partei ist. Über das Zusammentreffen der Unterbrechungsgründe nach ZPO. § 239 (Tod einer Partei) und § 240 (K. über ihren Nachlaß) s. ZPO. § 243 und Jaeger Anm. 5.

e) Die Unterbrechung tritt nur ein, wenn das Verfahren „die KMasse betrifft", durch die Eröffnung eines SonderK. nur, wenn es die SonderKMasse betrifft (s. d). Das Verfahren muß also in Beziehung stehen zu dem einer Zwangsvollstreckung unterliegenden Vermögen des GSch., das ihm bei der KE. gehört (weiteres §§ 1, 2). Da der GSch. durch die KE. seine Prozeßfähigkeit nicht einbüßt, werden andere Verfahren ohne Unterbrechung fortgeführt. Das gilt für alle nicht vermögensrechtlichen Streitsachen (Ehesachen, Statussachen, Entmündigungssachen, Namen- oder Firmenstreitigkeiten u. a.), dann für Klagen auf persönliche Dienstleistungen, auf Auskunftserteilung (Hamburg OLG. 35, 244), für vermögensrechtliche Streitigkeiten über unpfändbare Gegenstände oder über eheliches Güterrecht, sofern dadurch die KMasse nicht betroffen wird, u. a. m. Die nachträgliche Freigabe eines Massegegenstandes, z. B. einer zweifelhaften Forderung, beseitigt die mit der KE. eingetretene Unterbrechung nicht rückwirkend, ermöglicht aber die Aufnahme des Verfahrens durch den GSch. und den anderen Teil (s. Jaeger Anm. 3). Bei Freigabe nach Aufnahme durch den KVerw. tritt der GSch. ohne weiters an die Stelle des Verw. (Rostock SeuffArch. 70, 46). Klagen gegen den GSch. auf Unterlassung einer persönlichen Tätigkeit z. B. auf Beseitigung oder Unterlassung von Störungen eines Eigentums oder sonstigen Rechtes betreffen an sich die KMasse nicht; s. Hamburg, SeuffA. 50, 122 [Eingriffe des GSch. in ein Patent ohne Beanspruchung eines besonderen Rechtes darauf]; Hamburg, OLG. 11, 355 [Titelführung]. Anders, wenn bei der Unterlassungsklage gegen den GSch. ein zur Masse gehöriges Recht in Frage steht (s. RGZ. 45, 374; Patentrecht); dann ist § 10 anwendbar. Dagegen hat RG. LZ. 1, 230 in einem Falle, in dem gegen den GSch. auf Bewilligung der Löschung eines für ihn eingetragenen Warenzeichens wegen Widerspruchs mit einem für den Kläger eingetragenen Warenzeichen geklagt war, den § 11 angewendet, weil es sich um einen Aussonderungsanspruch handle. Ähnlich Frankfurt (OLG. 35, 281) bei einer Klage auf Unterlassung der Verwertung eines Patents, das in ein Patent des Klägers eingreifen soll. Über die Frage, wann ein sog. Prozeß über die Passivmasse die KMasse betrifft, s. Anm. 2 zu § 12.

f) Ob das Verfahren die KMasse betrifft, kann Gegenstand eines besonderen Rechtsstreites zwischen GSch. und Verw. oder in dem vor der KE. anhängig gewordenen Verfahren als Streitpunkt zu würdigen sein. Näheres — auch über die Frage der Hauptintervention des GSch. (ZPO. § 64) — Jaeger Anm. 6. Vgl. § 146 ZPO.

g) Die Wirkung der Unterbrechung besteht (s. ZPO. § 249) darin, daß

α) der Fristenlauf (auch der Lauf von Notfristen) aufhört und nach der Beendigung der Unterbrechung die volle Frist von neuem läuft,

β) die während der Unterbrechung von einer Partei in Ansehung der Hauptsache (anders in Ansehung der Aufnahme des Verfahrens) vorgenommenen Prozeßhandlungen der andern Partei, auch dem KVerw. gegenüber (nicht auch dem Handelnden gegenüber) rechtsunwirksam sind,

γ) das Gericht nur noch eine Entscheidung verkünden darf, die es auf Grund einer vor der Unterbrechung erfolgten mündlichen Verhandlung erläßt, im übrigen aber Entscheidungen während der Unterbrechung nicht zu erlassen hat.

Vor der rechtsgültigen Aufnahme ist z. B. relativ unwirksam (β) ein Anerkenntnis, ein Verzicht, ein gerichtliches Geständnis, ein Beweisanerbieten, die Zustellung eines Urteils oder die Einlegung eines Rechtsmittels durch eine Partei. Aber nur der andere, nicht der Handelnde kann sich auf die Unwirksamkeit berufen. Hat etwa der Gegner in der nach der Unterbrechung fortgesetzten Verhandlung nach § 288 ZPO. eine Tatsache zugestanden, so ist er daran gebunden. Ebenso, wenn er während der Unterbrechung eine Entscheidung hat zustellen lassen. Der andere kann die für ihn unwirksame Handlung ausdrücklich oder stillschweigend rückwirkend genehmigen; er kann auch sein Rügerecht nach § 295 Abs. 1 ZPO. verlieren. S. RGZ. 14, 334; 51, 97; aber Rostock, OLG. 19, 202 (unwirksame Urteilszustellung an den GSch.). Unberührt von § 249 Abs. 2 ZPO. bleibt § 7 Abs. 1 KO., wonach Rechtshandlungen des GSch. nach der KE. der KMasse gegenüber unwirksam sind. Hat z. B. der GSch. nach der Unterbrechung einen Anspruch anerkannt oder auf einen Anspruch verzichtet, so kann der Verw. auch im Prozesse die Unwirksamkeit dieser Erklärung geltend machen.

Eine trotz der Unterbrechung erlassene gerichtliche Entscheidung beruht zwar auf einem Mangel des Verfahrens, ist aber weder „absolut nichtig" noch „relativ unwirksam"; sie wird vielmehr rechtskräftig, wenn nicht das nach Lage der Sache zulässige Rechtsmittel i. w. S. eingelegt wird (vgl. RGZ. 45, 327; 64, 362; LZ. 1, 229). Auf den Mangel des Verfahrens kann sich die Partei berufen, die davon betroffen wird; auch der GSch. persönlich kann ein Rechtsmittel einlegen zum Zwecke der Beseitigung einer trotz der Unterbrechung ergangenen Entscheidung (RG. JW. 45, 324). RG. LZ. 1, 230 nimmt an, daß der Mangel in jeder Lage des Verfahrens von Amts wegen zu berücksichtigen ist, auch in der Revisionsinstanz. S. auch Seuffert ZPO. Anm. 1d zu § 249 ZPO.; Jaeger Anm. 8.

h) Die Unterbrechung dauert ohne Aufnahme des Verfahrens, bis das KVerfahren aufgehoben oder sonst beendigt ist, d. h. bis zu dem Zeitpunkt, in dem die öffentliche Bekanntmachung des Aufhebungs- oder Einstellungsbeschlusses als bewirkt gilt (§§ 163, 190, 205 mit § 76 Abs. 1). Mit diesem Zeitpunkt hört die Unterbrechung ohne weiteres auf, z. B. eine durch die Unterbrechung im Lauf aufgehaltene Rechtsmittelfrist beginnt ohne weiteres von vorne zu laufen (s. ZPO. § 249 Abs. 1). Jede Partei kann ohne förmliche Aufnahme (§ 250 ZPO.) das Verfahren fortsetzen. §§ 241, 246 ZPO. nicht anwendbar. (RGZ. 45, 326; GruchotsBeitr. 48, 120; JW. 32, 4.) Das gilt übrigens auch, wenn das Verfahren während des K. aufgenommen worden war. Durch die Beendigung des K. wird das aufgenommene wie ein während des K. eingeleitetes Verfahren nicht unterbrochen (RGZ. 47, 373; 58, 371; 73, 314; GruchotsBeitr. 48, 121). Der GSch. rückt von selbst an Stelle des KVerw. als Partei ein, wenn nicht der Verw. ausnahmsweise den Prozeß zum Zweck einer Nachtragverteilung (§ 116) fortführt. Die Vollmacht des vom Verw. bestellten Prozeßbevollmächtigten erlischt durch die KBeendigung nicht. Vgl. RGZ. 73, 312; LZ. 2, 705; 5, 153. S. auch Anm. 4 zu § 36. Wird der KEröffnungsbeschluß im Beschwerdeweg aufgehoben (s. § 109), so endigt das KVerfahren und damit die Unterbrechung mit der Rechtskraft der Entscheidung des Beschwerdegerichts (§ 74 Satz 1); die Aufhebung hat keine rückwirkende Kraft, beseitigt insbesondere nicht die Einwirkung der Unterbrechung auf den Fristenlauf (s. Jaeger Anm. 13; Seuffert ZPO. Anm. 1 zu § 240 ZPO.).

i) Die Unterbrechung fällt ferner weg, wenn das Verfahren „nach den für den K. geltenden Bestimmungen aufgenommen wird". Hierüber §§ 10, 11 und § 12 (dort Anm. 2).

2. **Aktivprozesse über die Aktivmasse. Allgemeines.** Erforderlich ist ein Rechtsstreit, der bei der KE. „für den GSch." anhängig ist. Es kommt nicht auf die Parteirolle im Prozeß an, sondern es muß im Augenblick der KE. ein Vermstück für den GSch. verlangt werden. Vgl. RGZ. 63, 366. In der Regel wird allerdings der GSch. Kläger (auf Leistung oder Feststellung) sein. Es ist aber auch möglich, daß er der erstinstanzielle Beklagte ist (s. RGZ. 11, 400; 45, 376; 73, 277), z. B. wenn auf Feststellung des Nichtbestehens eines Anspruches geklagt ist, dessen sich der GSch. berühmt. Denn bei sachlicher Abweisung der Klage ist festgestellt, daß der Anspruch besteht. Unter § 10 fällt ferner ein Rechtsstreit, in dem der beklagte GSch. nach § 717 Abs. 2 ZPO. einen Anspruch auf Schadensersatz, oder nach § 717 Abs. 3 ZPO. einen Anspruch auf Erstattung des von ihm auf Grund des Urteils Geleisteten in dem gegen ihn anhängigen Verfahren geltend gemacht hat (vgl. RGZ. 11, 398; 45, 326; JW. 26, 562) oder ein Rechtsstreit wegen einer Aufrechnung des GSch., über welche die Entscheidung vorbehalten ist (§ 302 ZPO.). Entsprechendes gilt für das Nachverfahren nach §§ 599, 600 ZPO. (Urkunden- und Wechselprozeß) und für das Nachverfahren nach §§ 540, 541 ZPO. (vorbehaltene Verteidigungsmittel). Vgl. Jaeger Anm. 19. Ein Fall des § 10 liegt auch vor, wenn schon vor der Aufnahme ein Urteil erging, auf Grund dessen Pfändung u. Überweisung erfolgte (RG. DJZ. 20, 817). Anderseits genügt die Tatsache allein nicht, daß der GSch. als der Beklagte ein Gegenrecht einwendungsweise behauptet z. B. mit einer von ihm in Anspruch genommenen, bestrittenen Gegenforderung aufgerechnet oder das Recht zur Leistungsverweigerung nach § 322 BGB. geltend gemacht hatte. Dazu RG. JW. 20, 273.

Auch wenn ein Rechtsmittel eingelegt ist, kann der GSch., „für den" der Rechtsstreit anhängig ist, in der Rolle des Beklagten sein (z. B. Hamburg, LZ. 5, 634). Hierüber und über den Fall von Klage und Widerklage s. RGZ. 63, 366. S. weiter RGZ. 16, 118 (Klage des an einem anderen K. beteiligten Gl. gegen den GSch., der die Forderung des Klägers im Prüfungstermin bestritten hatte); RGZ. 45, 376 (Klage gegen den GSch. nach § 1 UnlWG. v. 27. V. 96, jetzt § 3 UnlWG. v. 7. VI. 09); München, BayZfR. 2, 105 (Klage gegen den GSch. auf Unterlassung der Ankündigung eines Ausverkaufs; die Entscheidung hinsichtlich der Kosten ist unrichtig); dazu Jaeger Anm. 18.

Die in jedem Rechtsstreit bestehende Möglichkeit, daß der Gegner des GSch. zur Kostentragung verurteilt wird, begründet nicht die Anwendung des § 10. Ist aber nur noch die Kostenpflicht streitig, so trifft § 10 zu, auch wenn die Klage gegen den GSch. gerichtet war, denn durch die Aufnahme kann der bedingte Ersatzanspruch des GSch. (§ 93 ZPO.) weiter verfolgt werden. Vgl. Jaeger Anm. 24, Kurlbaum gegen OLG. Stuttgart, JW. 34, 130; LZ. 2, 589; RGZ. 16, 360; Hamburg, OLG. 11, 356 (unter a).

3. Aufnahme des Rechtsstreits.

a) Grundsätzlich kann nur der KVerwalter den Rechtsstreit aufnehmen, d. h. in der Lage fortsetzen, in der er sich befindet (s. aber wegen Einlassung des Verw. in eine Aufnahme durch den Gegner RG. JW. 31, 423). Ob er dies tun will, ist seinem pflichtmäßigen Ermessen überlassen (s. § 82). Auch nach innen hat er, falls ein GlAusschuß bestellt ist, dessen Genehmigung nur einzuholen, wenn er bei einem Wertgegenstande von über 300 ℳ die Aufnahme des Rechtsstreits ablehnen will (§ 133 Nr. 2, §§ 135, 136).

b) Die Aufnahme erfolgt durch Zustellung eines Schriftsatzes an den Gegner (ZPO. § 250). Für den Anwaltsprozeß (ZPO. § 78) gilt Anwaltszwang. Für den Parteiprozeß s. die besondere Vorschrift in § 496 ZPO. Eine Erklärung gegenüber dem Gerichte genügt allein nicht (vgl. RGZ. 30, 410; 62, 27; 78, 344; JW. 20, 468). Da die Einlegung des Einspruchs, der Berufung, der Revision durch Einreichung der Einspruchs-, Berufungs-, Revisionsschrift bei Gericht erfolgt (§§ 340, 518, 553 ZPO.), erhebt sich die Frage, ob die Aufnahme des Rechtsstreits in dieser dem Gegner demnächst (§§ 340 a, 520, 553 a ZPO.) von Amts wegen zuzustellenden Schrift erklärt werden kann oder ob es dazu einer besonderen der Einlegung des Einspruches oder des Rechtsmittels vorausgehenden Erklärung gegenüber dem Gegner bedarf. Das RG. (a. M. z. B. Seuffert Anm. 2 zu § 250 ZPO.) hat sich für das letztere entschieden (s. zunächst für § 553 ZPO. RGZ. 66, 401; 68, 255; vgl. auch 78, 344. Seit der Novelle v. 1. VI. 09 gilt das gleiche für §§ 340, 518). Wenn aber der Mangel nicht rechtzeitig gerügt wird (§ 295 Abs. 1 ZPO.), ist das Rechtsmittel oder der Einspruch deshalb nicht unzulässig (RGZ. 66, 399). Im übrigen gilt trotz § 250 der Grundsatz, daß die Aufnahmeerklärung dem anwesenden Gegner gegenüber in der mündlichen Verhandlung nachgeholt werden kann (RGZ. 52, 347; 78, 344). Sowohl im Schriftsatz wie in der mündlichen Verhandlung braucht die Aufnahme nicht ausdrücklich erklärt zu werden, es genügt, daß aus dem Zusammenhang auf den Aufnahmewillen zu schließen ist (vgl. RGZ. 41, 403). Das Betreiben einer Urteilszustellung hat aber RGZ. 41, 403 nicht für genügend erachtet, ebensowenig RGZ. 66, 399 eine formlose Vereinbarung der Parteien.

c) Der Verw. übernimmt den Rechtsstreit, wie er bei der KE. liegt (RGZ. 20, 363). Die bis dahin erfolgten Prozeßhandlungen des GSch. bleiben wirksam. Möglicherweise kann sie der Verw. anfechten (vgl. Anm. 2a zu § 31). Ist der GSch. schwurpflichtig, so wird § 471 ZPO. angewendet (s. Jaeger Anm. 25). Die Verfügungsmacht des Verw. schließt eine Nebenintervention des GSch. nicht aus (s. Anm. 3 Abs. 1 zu § 6). Wegen der Wirkung der Prozeßführung des Verw. gegenüber dem GSch. s. Anm. 3, 4 zu § 6. Das dem armen GSch. vor der KE. bewilligte Armenrecht ist bis auf weiteres gegenstandslos, wenn der Verw., nicht der GSch. persönlich, den Rechtsstreit aufnimmt. Eine besondere Entziehung des Armenrechtes entsprechend § 121 ZPO. ist nicht erforderlich (Anm. 3 Abs. 2 zu § 6; vgl. dazu Jaeger Anm. 29). Dem GSch., der wegen der Ablehnung der Aufnahme oder Fortsetzung des

Rechtsstreits durch den Verw. selbst eintritt, kann das Armenrecht neu bewilligt werden. S. Dresden, OLG. 6, 396.

d) Der Verw. kann jederzeit aus dem aufgenommenen Rechtsstreit ausscheiden mit der Erklärung, daß er ihn für die KMasse nicht weiterführe. Damit treten die Wirkungen der Ablehnung (Anm. 4) ein. Vgl. Dresden a. a. O.; Jaeger Anm. 31; a. A. Hamburg OLG. 25, 91.

4. Ablehnung der Aufnahme. Für die Ablehnung der Aufnahme durch den Verw. (Mitwirkung des GlAusschusses s. Anm. 3a) besteht keine Formvorschrift. Der Verw. kann sie dem GSch. oder dem Gegner auch außergerichtlich erklären. Die Folge der Ablehnung ist die Freigabe des Gegenstandes aus dem KVerbande (s. RGZ. 41, 134). Vgl. Anm. 4 zu § 6. Der GSch. erlangt (ohne weiteres; nach RGZ. 79, 30 kein Fall der Rechtsnachfolge) wieder die Macht über den Gegenstand zu verfügen. Selbstverständlich kann er mit dem Verw. vereinbaren, daß er, was er erstreitet, zur KMasse bringt (s. jedoch für den Fall, daß der im Armenrecht streitende GSch. nur vorgeschoben wird, RGZ. 70, 368; vgl. auch RG. LZ. 8, 192). Auch dann ist der GSch. der Verfügungsberechtigte. Er kann den Rechtsstreit für seine Person aufnehmen (nach § 250 ZPO.; s. Anm. 3b). Ebenso kann der Gegner die Aufnahme gegenüber dem GSch. betätigen. Dieses Recht des Gegners versagt im Hinblick auf § 1975 BGB. Schneider LZ. 11, 583 dem Gegner beim NachlK.; er folgert hieraus, daß im NachlK. der Verw. kein Recht hat, die Aufnahme abzulehnen; dagegen Kurlbaum LZ. 11, 632 f. Die Legitimation des GSch. hat das Gericht von Amts wegen zu prüfen. Bildet jedoch den Gegenstand des Rechtsstreits ein sog. subjektivdingliches, mit dem Eigentum an einem Massegrundstücke verbundenes Recht (s. § 96 BGB.; Grunddienstbarkeit, Vorkaufsrecht, Reallast, Fischereirecht u. a.), so hat die Ablehnung der Prozeßführung durch den Verw. zwar die prozessuale Folge des Abs. 2, führt aber nicht zur materiellrechtlichen Lösung des Rechtes aus dem KVerbande. Denn solange das Recht mit dem Eigentum verbunden ist (ob es davon überhaupt getrennt werden kann, ist eine Frage für sich), kommt ein Prozeßerfolg des GSch. notwendigerweise der Masse zugute (bestritten, s. Jaeger Anm. 32, Seuffert 182 Anm. 6, 7; Wilm.-Kurlb. Anm. 12 u. a.). Eine weitere Einschränkung des Grundsatzes, daß der GSch. durch die Ablehnung der Aufnahme seitens des Verw. wieder Herr des Prozeßgegenstandes wird, ergibt sich aus § 17. S. Anm. 1c dort; ferner RGZ. 70, 368.

5. Verzögerung der Stellungnahme des Verw.

a) Erklärt der Verw. dem Gegner in angemessener Zeit weder Aufnahme noch Ablehnung, so kann ihn der Gegner entsprechend § 239 ZPO. zur Aufnahme und zugleich zur Verhandlung der Hauptsache laden. Der Ladungsschriftsatz ist dem KVerw. zuzustellen. Für das Verfahren vor dem AG. s. §§ 496, 497 ZPO. Erscheint der Verw. im Termin und bestreitet er seine Sachlegitimation nicht, lehnt er auch die Aufnahme nicht ab, so kann ohne weiteres zur Hauptsache verhandelt werden. Bestreitet der Verw. legitimiert zu sein, z. B. weil er den Streitgegenstand für frei hält, so kann darüber ein Zwischenstreit entstehen und je nach dem Standpunkte des Gerichts ein Endurteil auf Abweisung des Aufnahmeantrags oder ein Zwischenurteil nach § 303

ZPO. ergehen, das den Antrag für begründet erklärt (nicht nach §§ 274, 275 ZPO.; a. M. Jaeger Anm. 35; teilweise auch Seuffert 180). Das Gericht kann letzterenfalls auch im Endurteile zur Sache sich in den Gründen äußern. Die Sachlegitimation des Verw. hat das Gericht von Amts wegen zu prüfen. Erscheint der Verw. im Termine nicht, so kann der Gegner gegen ihn Versäumnisurteil in der Hauptsache beantragen (vgl. RGZ. 58, 203). Dabei muß das Gericht wieder die Legitimation des Verw. von sich aus würdigen.

b) Ist das Verfahren nach der Verkündung aber vor der Zustellung des Urteils oder nach der Zustellung des Urteils aber vor der Einlegung des Rechtsmittels unterbrochen worden, so hat der Gegner den mit der Erklärung zögernden Verw. zur Aufnahme des Rechtsstreites (nicht auch zur Verhandlung der Hauptsache) vor das Gericht zu laden, das das Urteil erlassen hat, denn bei diesem Gerichte sind die Prozeßhandlungen in diesem Abschnitte des Verfahrens noch vorzunehmen. Vgl. RG. (VZ.) 68, 250f. Das Gericht entscheidet über den Aufnahmeantrag durch Urteil (Endurteil oder Zwischenurteil, auch Versäumnisurteil). Vgl. RGZ. 58, 202. Wegen der Unterbrechung nach Einlegung der Revision aber vor der Revisionsbegründung vgl. RGZ. 78, 344.

6. Ein Auslandskonkurs unterbricht inländische Rechtsstreitigkeiten nicht. Näheres Anm. 5 zu § 237.

7. Über die Kosten aufgenommener und nicht aufgenommener Rechtsstreitigkeiten s. Anm. 5i zu § 3, 1c zu § 59, 2 zu § 62 (Aufnahme des Rechtsstreits nach § 146 unter Beschränkung auf den Kostenpunkt möglich!).

Passivprozesse über die Aktivmasse.

§ 11. (§ 9.)

I Rechtsstreitigkeiten, welche gegen den Gemeinschuldner anhängig und auf Aussonderung eines Gegenstandes aus der Konkursmasse oder auf abgesonderte Befriedigung gerichtet sind oder einen Anspruch betreffen, welcher als Masseschuld zu erachten ist, können sowohl von dem Konkursverwalter als von dem Gegner aufgenommen werden.

II Erkennt der Verwalter den Anspruch sofort an, so fallen ihm die Prozeßkosten nicht zur Last.

Begr. I 41 f., KommB. I 11 f., 97 f. — Unverändert durch die Nov.

1. Übersicht. Der § 11 betrifft Rechtsstreitigkeiten, die zu einer Verminderung der für KForderungen verfügbaren Teilungsmasse führen, falls sie zuungunsten des GSch. ausgehen (sog. Passivprozesse über die Aktivmasse). In der Regel wird also der GSch. der Beklagte (auf Leistung oder Feststellung) sein. Es ist aber auch möglich, daß er der erstinstanzielle Kläger ist. Er hat z. B. auf Feststellung des Nichtbestehens eines Herausgabeanspruches geklagt, den ein anderer als Eigentümer zu haben behauptet. Auch wenn ein Rechtsmittel eingelegt ist, kann der GSch., „gegen den" der Rechtsstreit anhängig ist, in der Rolle des Klägers sein.

2. Die **Rechtsstreitigkeiten** betreffen sämtlich Ansprüche, die vor den KForderungen aus der Masse zu decken sind:

a) Aussonderungsansprüche, §§ 43f. Über die Gegenstände der Aussonderung s. im allgemeinen Anm. 1 zu § 43. „Auf Aussonderung aus der KMasse gerichtet" kann ein bei der KE. schon anhängiges Verfahren wörtlich genommen eigentlich nicht sein. Gemeint sind Ansprüche, die sich nach der KE. materiell als Aussonderungsansprüche darstellen. Zu beachten ist dabei, daß auch die Aussonderung von Gegenständen, die dem GSch. dem Eigentum oder dem Rechte nach zustehen, nicht grundsätzlich ausgeschlossen ist (z. B. Anm. 2 zu § 43, Anm. 1 zu § 44). Wegen der Klage auf Bewilligung der Löschung eines Warenzeichens- oder Patents s. Anm. 1e zu § 10. Die Entscheidung des RG. ist begründet, weil der Masse ein Vermögensrecht entzogen wird, wenn die Klage durchdringt. Wegen des Rückgewähranspruches aus der GlAnfechtung s. Anm. 2d zu § 29. § 11 (nicht § 146 Abs. 3) findet auch Anwendung, wenn bei einer KFdg. nach KE. im Wege der Klageänderung beantragt wird, den Bekl. zu verurteilen, die Löschung einer ihm zustehenden HypFdg. wegen Aufrechnung mit der KlageFdg. zu bewilligen (RGZ. 86, 235).

b) Absonderungsansprüche, §§ 4, 47f. Ist mit der Klage gegen den GSch. aus einer Hypothek (s. § 1113 BGB.), Grundschuld oder Rentenschuld die Schuldklage oder sonst mit der Klage auf Befriedigung aus dem bei der Verwertung der Masse abzusondernden Gegenstande die persönliche Klage gegen den GSch. verbunden, so kann die Aufnahme nach § 11 sowohl durch den KVerw. als durch den Gegner nur hinsichtlich der abgesonderten Befriedigung aus dem zur Masse gehörigen Gegenstand erfolgen. Für die Verfolgung des persönlichen Anspruchs gilt § 12 und, wenn der Gl. seinen Anspruch als KForderung geltend machen will, § 64. Mit dem Anspruch auf abgesonderte Befriedigung ist übrigens ein persönlicher Anspruch gegen den GSch. nicht notwendig verbunden; z. B. der GSch. haftet mit einem Gegenstande für eine fremde Schuld. Selbstverständlich ist dann § 11 nicht anwendbar auf den Rechtsstreit des Gl. mit dem persönlich haftenden Dritten.

c) Masseschulden. In Betracht kommen Ansprüche aus gegenseitigen Verträgen, deren Erfüllung der Verw. zur Masse verlangt oder deren Erfüllung für die Zeit nach der KE. kraft Gesetzes erfolgen muß. S. § 59 Nr. 2, §§ 17, 19, 20, 21, 22. Für den NachlaßK. und den K. über das Gesamtgut einer fortgesetzten Gütergemeinschaft s. weiter §§ 224, 236. Soweit der Verw. ein Wahlrecht zwischen Erfüllung und Nichterfüllung hat, ist die Ausübung dieses Rechtes von maßgebender Bedeutung auch für die Prozeßführung, auch im Verhältnis zum GSch.: Anm. 1c zu § 17. Der Gegner kann den Rechtsstreit wirksam nur aufnehmen, wenn der Anspruch, seinen Bestand vorausgesetzt, Masseschuld ist, wenn also der Verw., der das Wahlrecht hat, sich für die Erfüllung entschieden hat. Hierüber muß sich der Verw. auf Verlangen des Gegners unverzüglich äußern (§ 17 Abs. 2). Die Aufnahme durch den Verwalter gilt als dahin gehende Wahl.

d) Die Geltendmachung der KFdgen erfordert vorherige Anmeldung und Einhaltung der Vorschriften des § 146.

3. **Die Aufnahme** kann durch den Verw. oder durch den Gegner erfolgen ohne Rücksicht auf die Parteirolle und den Stand des Ver-

fahrens. Form § 250 ZPO.; weiteres zu § 10. Der GSch. kann den Rechtsstreit nicht aufnehmen, ebensowenig kann dieser gegen ihn aufgenommen werden (arg. § 6). Hat aber der Verw. erklärt, daß er den Gegenstand der Aussonderung oder Absonderung für die Masse in keiner Hinsicht in Anspruch nehme, so ist er zur Sache nicht weiter legitimiert und an seine Stelle tritt der GSch. S. auch Jaeger Anm. 9. Fraglich aber zu bejahen ist, ob er diese Abstanderklärung noch nach seinem Eintritt in das Verfahren abgeben kann (vgl. RGZ. 79, 27 f.; a. M. Seuffert 182). S. auch Anm. 1a, Anm. 4 zu § 43. Einem durch die Wahl der Erfüllung oder kraft Gesetzes begründeten Masseschuldanspruch kann sich der Verw. nicht durch Verweisung des Gl. an den GSch. entziehen.

4. Die Kosten. Darüber Anm. 1c zu § 59. Ausnahmsweise sollen nach § 11 Abs. 2 „dem Verw. Prozeßkosten nicht zur Last fallen", wenn er den Anspruch sofort anerkennt.

a) Gibt der Verw. das Anerkenntnis ohne Prozeßaufnahme, so handelt es sich nur um Kosten aus der Zeit vor der KE. Einen Erstattungsanspruch macht der Gegner als KForderung geltend. Bei Widerspruch kann er die Feststellung durch Aufnahme des Rechtsstreits im Kostenpunkt verfolgen (s. § 146 Abs. 1, 3). Möglich ist auch, daß der Verw. einen Erstattungsanspruch der Masse durch Aufnahme des Verfahrens nach § 10 geltend macht (s. Anm. 2 zu § 10).

b) In § 11 Abs. 2 ist der Fall gemeint, daß der Verw. nach der Prozeßaufnahme den Anspruch „sofort" (Tatfrage) anerkennt. Dann soll der Eintritt des Verw. in den Rechtsstreit nicht wie sonst die Folge haben, daß die Prozeßkosten, die nicht der Gegner zu tragen hat, als Masseschulden erscheinen, auch wenn sie vor der KE. entstanden waren (Anm. 1c zu § 59). Die Masse soll vielmehr nicht verpflichtet sein, die vor der KE. liegenden Kosten, falls sie überhaupt dem Vermögen des GSch. zur Last fallen, vorweg zu tragen. Es bleibt dem Gegner überlassen, einen Ersatzanspruch als KForderung anzumelden. Die nach der KE. entstandenen Kosten, die nicht der Gegner zu tragen hat, bleiben Masseschulden, auch wenn der Verw. sofort anerkennt. Die Vorschriften der ZPO. über die Kostenpflicht werden durch § 11 Abs. 2 nicht berührt; weder die Urteilsformel noch die Urteilsgründe brauchen auf diese Ausnahme Rücksicht zu nehmen. Erst bei der Geltendmachung des Kostenanspruchs gegenüber der Masse zeigt sich der Unterschied. Keineswegs will § 11 Abs. 2 in Umkehrung allgemeiner Grundsätze ausdrücken, daß der Gegner, der gesiegt hat, kostenpflichtig ist (bestritten; vgl. KG. OLG. 27, 44, das annimmt, es seien dem Gegner des Verw. die Kosten aufzuerlegen unbeschadet seines Anspruchs, sie als KFdg. u allenfalls als Absonderungsberechtigter geltend zu machen; Karlsruhe, LZ. 1, 928; Köln, LZ. 4, 485; Königsberg, SeuffA. 59, 210; Jaeger Anm. 14f. gegen Wilm.-Kurlb. Anm. 5f. u. a.). Das Recht des Absonderungsgläubigers auch für die Kosten seiner Rechtsverfolgung abgesonderte Befriedigung zu verlangen (z. B. für die Hypothek § 1118, für das Pfandrecht an einer beweglichen Sache § 1210 Abs. 2 BGB.; vgl. § 48), wird durch § 11 Abs. 2 nicht betroffen.

5. Auslandskonkurs s. Anm. 5 zu § 237.

Verfolgung von KFdgen während des Konkurses.

§ 12. (§ 10.)

Konkursgläubiger können ihre Forderungen auf Sicherstellung oder Befriedigung aus der Konkursmasse nur nach Maßgabe der Vorschriften für das Konkursverfahren verfolgen.

Begr. I 46 f. — Unverändert durch die Nov.

1. Der Grundsatz. Wer KGl. ist, bestimmt die Regel des § 3. Die Eigenschaft als KGl. ist unabhängig von der Beteiligung am K. Der KGl., der sich nicht beteiligt, unterliegt trotzdem den Beschränkungen nach §§ 14, 193. Zur Beteiligung wird der KGl. nicht genötigt. Will er aber Sicherstellung (s. § 67) oder Befriedigung aus der Masse, so muß er seinen Anspruch nach den besonderen krechtlichen Vorschriften verfolgen. Das verfügt § 12. Soweit der KGl. dies nicht will, kann er vorbehaltlich der bezeichneten Beschränkungen seinen Anspruch unabhängig vom KVerfahren geltend machen und den GSch. gerichtlich belangen. Er kann also während des K. gegen den GSch., der trotz der KE. regelmäßig prozeßfähig bleibt, eine Leistungs- oder Feststellungsklage erheben. Da er aber nach § 14 an der Zwangsvollstreckung während des K. gehindert ist, auch soweit kfreies Vermögen des GSch. in Betracht kommt, kann er nur Verurteilung zur Leistung nach der KBeendigung begehren. Wesentlich ist diese Beschränkung des Klagantrags jedoch nicht, denn die sich aus § 14 ergebenden Einwendungen können auch gegenüber der Zwangsvollstreckung aus einem Urteil ohne diesen Vorbehalt erhoben werden. Ob sich der KGl. für die Verfolgung des Anspruchs im K. oder außerhalb des K. entscheidet, unterliegt seiner freien Wahl. Er kann nur nicht (gegen Hellwig, Anspruch und Klagrecht 229) beide Wege nebeneinander verfolgen, weil er die Streitsache nicht mehrmals anhängig machen darf (vgl. §§ 263, 274 ZPO.). Ein ausdrücklicher Verzicht des KGl. auf die Anmeldung des Anspruches im K. ist nicht erforderlich. Es genügt, daß der KGl., solange die Streitsache außerhalb des K. anhängig ist, seinen Anspruch im K. nicht geltend macht oder eine schon betätigte Anmeldung zurücknimmt. An der Verfolgung seines Anspruchs im K. ist er nicht deshalb gehindert, weil er ihn schon außerhalb des K. anhängig gemacht hat. Die Folge der nachträglichen Geltendmachung im K. ist nur, daß ihm der GSch. im Rechtsstreit außerhalb des K. die Einrede der Anhängigkeit im K. entgegensetzen kann. Man pflegt deshalb zu sagen, daß der KGl. von dem einen zum andern Verfahren übergehen darf.[1] Erzielt der KGl. während des KVerfahrens eine Verurteilung des GSch., so wirkt das Erkenntnis selbstverständlich nicht gegen die KMasse. Der Widerspruch gegen die Forderung des KGl. ist aber (§ 146 Abs. 6) vom Widersprechenden zu verfolgen, u. U. durch Aufnahme des Rechtsstreits (Einlegung des zulässigen Rechtsmittels).

---

[1]) Diese Sätze entsprechen im allgemeinen der herrschenden Lehre. S. z. B. RGZ. 86, 394; 29, 74, Gruch. 31, 1124; JW. 23, 173; Begr. I 48; Wilm.-Kurlb. Anm. 2. Dagegen Jaeger Anm. 6, auch LZ. 7, 692; Fitting 104, Hamm LZ. 3, 868 u. a. Das von Jaeger Anm. 8 geleugnete Interesse des KG. an der außerkonkursmäßigen Verf. seines Anspruchs ist z. B. dann gegeben, wenn der Gl. der Umwandlung seiner Forderung nach § 69 für die Zeit nach der KBeendigung entgehen will. Vgl. Anm. 3 a zu § 69.

b) Über den Fall, daß sich ein als Masseforderung geltend gemachter Anspruch als KForderung herausstellt, s. Anm. 7 zu § 57 (RGZ. 67, 373).

c) Ob der Anspruch privatrechtlich oder öffentlichrechtlich ist, hat hier keine Bedeutung. Vgl. ObLG. ZS. n. F. 4, 661 (Festsetzung der vom GSch. geschuldeten Notariatsgebühren).

2. Unterbrechung anhängiger Rechtsstreitigkeiten.

a) Im Falle der KE. über das Vermögen einer Partei wird ein anhängiger Zivilprozeß, der die KMasse betrifft, unterbrochen, bis er nach den für den K. geltenden Vorschriften aufgenommen oder bis der K. beendigt wird (s. §§ 240, 249, 250 ZPO.). Der Streit über einen Anspruch, der eine KForderung begründet, (sog. Prozeß über die Passivmasse), betrifft die KMasse nur, wenn und solange der Anspruch behufs Sicherstellung oder Befriedigung aus der Masse geltend gemacht wird. Nach Anm. 1 ist der KGl. dazu nicht genötigt. Er kann den Rechtsstreit nach der KE. gegen den GSch. (nicht etwa gegen den Verw.) fortführen, solange er nicht die Forderung im K. anmeldet. Erst dann wird der Rechtsstreit ohne weiteres unterbrochen. Die Unterbrechung dauert, bis der Rechtsstreit nach § 144 Abs. 2 vom Konkursgläubiger gegen den im Prüfungstermin bestreitenden GSch. oder nach § 146 Abs. 1, 3 vom Konkursgläubiger gegen den widersprechenden KVerw. oder Einzelgläubiger oder nach § 146 Abs. 3, 6 vom widersprechenden KVerwalter oder Einzelgläubiger gegen den anmeldenden Gl. aufgenommen wird oder bis der K. beendigt ist. Die Unterbrechung fällt ferner weg, wenn der Gl. von der weiteren Geltendmachung seines Anspruchs im K. Abstand nimmt.[1]) Würde allerdings mit der Entscheidung über eine KForderung zugleich über das Bestehen oder Nichtbestehen eines sichernden Nebenrechtes entschieden, so betrifft das Verfahren die Masse erst dann nicht, wenn der Gl. auf sein Absonderungsrecht verzichtet. Solange dieser Verzicht nicht erklärt ist, wird tatsächlich über den Bestand der Aktivmasse prozessiert (Karlsruhe, BadRpr. 9, 182).

b) Ob und wie Streitigkeiten in Verwaltungssachen und Verwaltungsrechtssachen infolge der KE. unterbrochen werden, bestimmt das Landesrecht.

Veräußerungsverbot.

§ 13.

Ein gegen den Gemeinschuldner bestehendes Veräußerungsverbot der in den §§ 135, 136 des Bürgerlichen Gesetzbuchs bezeichneten Art ist den Konkursgläubigern gegenüber unwirksam; wirk-

---

[1]) Bestritten. S. RGZ. 25, 17. RG. LZ. 1, 229 scheint anzunehmen, daß der Prozeß mit der KE. kraft Gesetzes unterbrochen wird, die Unterbrechung aber durch die Erklärung des Klägers beseitigt werden kann, er suche aus der KMasse keine Befriedigung. S. ferner Gaupp-Stein I 2 zu § 240; Wilm.-Kurlb. Anm. 2. Dagegen nehmen Jaeger Anm. 1, Fitting 79, Seuffert 188, Seuffert ZPO. 4b zu § 240 u. a. an, daß jeder Rechtsstreit über die Passivmasse durch die KE. ohne weiteres unterbrochen wird, sind aber darüber nicht einig, ob der Kläger den Rechtsstreit gegen den GSch. fortsetzen kann, wenn er auf die Teilnahme am K. „verzichtet".

sam bleibt jedoch eine bei der Zwangsvollstreckung in das unbewegliche Vermögen erfolgte Beschlagnahme.

Begr. II 27. — Eingef. durch die Nov.

1. **Allgemeines.** Die Vorschrift entspricht dem Wesen des KVerfahrens, das die gleichmäßige Behandlung der KGl. nach dem Range der Forderungen verlangt. Sie versagt deshalb entgegen § 772 ZPO. den relativen Veräußerungsverboten nach §§ 135, 136 BGB. die Wirksamkeit im K. Ausgenommen ist die bei der Zwangsvollstreckung in das unbewegliche Vermögen zum Zwecke der Zwangsversteigerung oder Zwangsverwaltung erfolgte Beschlagnahme. Diese hat zwar die rechtliche Natur eines Veräußerungsverbotes zugunsten des betreibenden Gl. (s. §§ 23, 162 ZVG.), begründet aber nach § 47 KO., § 10 Abs. 1 Nr. 5 ZVG. ein Recht auf abgesonderte Befriedigung und bleibt deshalb im K. wirksam.

2. **Die Regel.**

a) Getroffen sind nur die gesetzlichen und die behördlichen Veräußerungsverbote nach §§ 135, 136 BGB. Ihre Unwirksamkeit beschränkt sich auf die Dauer des K. und ermöglicht dem Verw. die Verwertung des Gegenstandes für die Masse ohne Rücksicht auf das (dem GSch. gegenüber unberührt gebliebene) Verbot durchzuführen. Absolute gesetzliche Veräußerungsverbote binden auch den KVerw.

b) Rechtsgeschäftliche Veräußerungsverbote haben nur schuldrechtliche Wirkung (§ 137 BGB.). Die Verpflichtung des GSch., nicht zu verfügen, bindet nicht den KVerw., der als amtlich bestelltes Organ zur Durchführung der Zwecke des K. handelt. Übrigens ist zu beachten: der Anspruch, daß der Verpflichtete über ein Recht an einem Grundstück oder ein Recht an einem solche Rechte nicht verfügt, kann zwar nicht nach § 883 BGB. durch eine Vormerkung im Grundbuche gesichert werden, aber eine dem § 883 entsprechende Vormerkung ist nicht deshalb unzulässig, weil sie eine Wirkung erzielt, die einem rechtsgeschäftlichen Veräußerungsverbot gleichkommt (KGJ. 40, 123f. mit Lit.). Die Vormerkung bleibt im K. wirksam (§ 24).

c) Das nach §§ 106, 113 erlassene gerichtliche Veräußerungsverbot an den GSch. bezweckt den Schutz der KMasse. Auf dieses Verbot kann sich der Verw. berufen, um die Unwirksamkeit einer nachher (s. § 76) bis zur KE. (§ 108) erfolgten Verfügung durch Rechtsgeschäft oder im Wege der Zwangsvollstreckung oder der Arrestvollziehung geltend zu machen. S. dazu Anm. 1 zu § 7. Dagegen kann sich der Verw. regelmäßig nicht auf ein Veräußerungsverbot (z. B. in einer einstweiligen Verfügung) berufen, das ein einzelner KGl. zu seinem Schutze erwirkt hatte. Anders, wenn der Verw. einen von dem KGl. erhobenen Anfechtungsanspruch weiter verfolgt (§ 13 Abs. 1 AnfG.).

d) Veräußerungsverbote gegen den Verw. sind nicht ausgeschlossen. Z. B. Anm. 4 zu § 43: einstweilige Verfügung zugunsten eines Aussonderungsberechtigten.

3. **Die Ausnahme.** Bei der Zwangsvollstreckung in das unbewegliche Vermögen bleibt die Beschlagnahme wirksam, wenn sie zur Zeit der KE. (§ 108) schon „erfolgt" ist. Erfolgt ist die Beschlagnahme

jedenfalls, wenn bei der KE. der Beschluß auf Anordnung der Zwangsversteigerung oder Zwangsverwaltung oder auf Zulassung des Beitritts des Gl. dem Schuldner schon zugestellt war (§ 207 ZPO. findet dabei keine Anwendung, Jaeckel-Güthe § 23 Anm. 12), ferner, wenn zur Zeit der KE. das Grundbuchamt das Ersuchen um Eintragung des Vermerks im Grundbuch erledigt hatte (§ 22 Abs. 1 ZVG.). Zweifelhaft ist aber, ob die Beschlagnahme auch wirksam ist, wenn zwar das Ersuchen um Eintragung des Vermerks dem Grundbuchamte schon vor der KE. zugegangen war, der Vermerk jedoch erst nach der KE. eingetragen wurde. Mit der herrschenden Lehre (z. B. Jaeckel-Güthe Anm. 12 zu § 23; von der Pfordten Bem. 3 zu § 19, 6 zu § 23; Jaeger Anm. 10) ist die Frage zu verneinen, weil ohne die Eintragung das Recht auf Befriedigung aus dem Grundstücke, damit das Absonderungsrecht, nicht entsteht, nach der KE. aber das Recht mit Wirksamkeit gegenüber der Masse nicht mehr erworben werden kann (§ 15) und eine Ausnahme nach § 15 Satz 2 nicht zutrifft. S. auch zu § 113. Nach der KE. kann die Beschlagnahme wirksam nur zugunsten eines Gl. erfolgen, der schon bis zur KE. ein Recht auf Befriedigung aus dem Grundstück und damit (§§ 47, 4) im K. ein Absonderungsrecht erlangt hat. Daneben kann nach § 126 der KVerw. die Zwangsversteigerung oder Zwangsverwaltung betreiben. Für den NachlaßK. s. die besondere Vorschrift in § 221 (dazu für den K. über das Gesamtgut einer fortgesetzten Gütergemeinschaft § 236).

§ 14. (§ 11.)

I Während der Dauer des Konkursverfahrens finden Arreste und Zwangsvollstreckungen zugunsten einzelner Konkursgläubiger weder in das zur Konkursmasse gehörige noch in das sonstige Vermögen des Gemeinschuldners statt.

II In Ansehung der zur Konkursmasse gehörigen Grundstücke, sowie der für den Gemeinschuldner eingetragenen Rechte an Grundstücken oder an eingetragenen Rechten kann während der Dauer des Konkursverfahrens eine Vormerkung auf Grund einer einstweiligen Verfügung zugunsten einzelner Konkursgläubiger nicht eingetragen werden. Das gleiche gilt von der Eintragung einer Vormerkung in Ansehung eines Schiffspfandrechts.

Begr. I 49 f., KommB. I 12 f.; Begr. II 28, KommB. II 10 — Abs. 2 eingef. durch die Nov.

1. Der Grundsatz.

a) Da die KMasse der gemeinschaftlichen, wenn auch nicht gleichmäßigen Befriedigung aller KGl. dient (s. § 3 Abs. 1), hat das Gesetz jeden Sonderangriff von KGl. gegen die Masse ausgeschlossen. Es schien ferner angebracht, während des K. auch Zwangszugriffe gegen das freie Vermögen auszuschließen, soweit sie von KGl. unternommen werden. Der damit verfolgte Zweck, dem GSch. das wirtschaftliche Aufkommen zu erleichtern, wird allerdings nur unvollkommen erreicht, weil ein weiterer K. über den Neuerwerb möglich ist, an dem auch die Gl. des ErstK. beteiligt sind (Anm. 4).

b) Die vor der KE. erfolgten Zwangsvollstreckungs- oder Arresthandlungen können besonders nach § 30 Nr. 2 anfechtbar sein.

2. **Die vom Abs. 1 betroffenen Personen.** Betroffen sind die KGl. ohne Rücksicht auf ihren Rang und ohne Unterschied, ob sie sich am Verfahren beteiligen oder nicht, nicht aber die Aussonderungsberechtigten (§§ 43 f., Anm. 4a zu § 43), die Absonderungsberechtigten (§§ 47 f., s. Anm. 3, 4 zu § 4), die Massegläubiger (§§ 57 f., Anm. 2b zu § 57), die nach § 3 Abs. 2, § 63 vom K. ausgeschlossenen Gl. (s. Anm. 1 zu § 63), die Gl., deren Forderung nach der KE. entstanden ist.

3. **Die vom Abs. 1 betroffenen Handlungen.**[1])

a) „Arreste und Zwangsvollstreckungen" sind ausgeschlossen ohne Unterscheidung ihrer rechtlichen Grundlage. Auch das Verwaltungszwangsverfahren wird davon betroffen. Auch die vor KE. erfolgten Pfändungen von freien Gehältern oder ähnlichen Bezügen fallen unter § 14 trotz § 832 ZPO. (Pfeiffer u. Jaeger LZ. 7, 668). Ist bei der KE. ein Verfahren anhängig, so wird es nicht unterbrochen; § 240 ZPO. ist auf die Zwangsvollstreckung nicht anwendbar (s. Seuffert ZPO. Anm. 2 vor § 239 ZPO.; Neukamp, ZPO. S. 207). Das Verfahren kann aber nur dann wirksam fortgesetzt werden, wenn der Gl. dem Verbote des Abs. 1 nicht unterliegt, wenn er insbesondere bis zur KE. ein Absonderungsrecht erworben hat, das nach § 4 unabhängig vom K. verwirklicht wird. S. im einzelnen wegen der Forderungspfändung Anm. 6b zu § 49, wegen des Übergangs von Arrestpfandrecht in Vollstreckungspfandrecht Anm. 6c zu § 49, wegen der Pfändungsbenachrichtigung Anm. 6d zu § 49, wegen der Beschlagnahme z. B. der Immobiliarzwangsvollstreckung Anm. 2 zu § 13, wegen der Rechtsstellung der Hypothekengläubiger u. a. Anm. 4 zu § 4, Anm. 1c zu § 47. Über einzelne Fragen, die sich bei Arrest ergeben, s. RGZ. 56, 145. Wegen der Umstellung der Vollstreckungsklausel gegen den KVerw., soweit eine Vollstreckung in die Masse möglich ist, s. Anm. 3 zu § 6.

b) Handlungen, die nicht Arrest oder Zwangsvollstreckung sind, fallen nicht unter das Verbot (s. auch RG. LZ. 3, 74 wegen freiwilliger Befriedigung aus freien Mitteln und GlAnfechtung). Urteile gegen den GSch. (s. § 144 Abs. 2, Anm. 1 zu § 12) und Zahlungsbefehle (s. §§ 699 f ZPO.). können auch während des K. für vorläufig vollstreckbar erklärt werden (Hamburg LZ. 8, 1405). Auf Antrag des Gl. ist ihm eine vollstreckbare Ausfertigung (§§ 724 f. ZPO.) gegen den GSch. zu erteilen ohne Unterschied, wann das Urteil ergangen ist (vgl. Gaupp-Stein II 3 zu § 724). Auch die zur Zwangsvollstreckung erforderliche Urteilszustellung (§ 750 ZPO.) kann während des K. erfolgen. Dagegen ist als Zwangsvollstreckung ausgeschlossen das Offenbarungseidsverfahren gegen den GSch. nach §§ 899 f. (807, 883) ZPO. (wegen des § 889 ZPO. s.

[1]) Über Gehaltspfändung näheres LZ. 7, 669 f.

Jaeger Anm. 1), als Arrest der persönliche Sicherheitsarrest (§ 918 ZPO.). Offenbarungseid des GSch. im KVerfahren s. § 125, Offenbarungseid des KVerw. s. Anm. 2b zu § 57. Wegen des Einflusses der KE. auf ein gegen den GSch. anhängiges Offenbarungseidsverfahren s. KG. OLG. 23, 226.

c) Die Aufrechnung von KForderungen gegen Forderungen, die zur Masse oder zum sonstigen Vermögen des GSch. gehören, wird durch § 14 Abs. 1 nicht berührt; RGZ. 26, 67; a. M. Fitting 253.

d) Die Eintragung im Grundbuch auf Grund einer Bewilligung ist Zwangsvollstreckung auch dann nicht, wenn die Erklärung nach § 894 ZPO. durch rechtskräftiges Urteil ersetzt wird. KG. OLG. 19, 204. S. weiter Anm. 7b u. Anm. 4 zu § 15.

4. Die vom Abs. 1 betroffenen Vermögensmassen. Außer der KMasse wird alles sonstige Vermögen des GSch. geschützt, das von vornherein kfreie Vermögen, soweit es überhaupt Vollstreckungsgegenstand sein kann, das neu erworbene Vermögen ohne Rücksicht auf den Erwerbsgrund und die vom KVerw. als unverwertbar, überlastet usw. freigegebenen Stücke. Handlungen des GSch. in Ansehung seines freien Vermögens können aber von den KGl. schon während des K. mit Einzelanfechtung angegriffen werden (§ 13 Abs. 5 AnfG.). Zweifelhaft ist, ob die KGl., während der erste K. schwebt, zum Antrag auf Eröffnung des K. über den Neuerwerb des GSch. und zur Teilnahme an diesem K. berechtigt sind. Leitet man aus § 14 den allgemeinen Satz ab, daß die KGl. während der Dauer des ErstK. sich nur an die KMasse halten können, so ist die Frage zu verneinen. Geht man dagegen davon aus, daß § 14 nur die Einzelzwangsvollstreckung verbietet, so ist im K. über den Neuerwerb nach der Regel des § 3 Abs. 1 jeder persönliche Gl. zur Teilnahme berechtigt, der z. Z. der Eröffnung dieses K. einen Vermögensanspruch gegen den GSch. hat. Die letztere Ansicht (Jaeger Anm. 13 gegen Willenb. Anm. 3 u. a.) verdient den Vorzug. Die Beteiligung im zweiten K. erfolgt in Anwendung des im § 234 (§ 64) zum Ausdruck gekommenen Grundsatzes (vgl. Jaeger a. a. O.), nicht nach § 68. Zweifellos ist, daß sich die Gl., soweit sie noch eine klagbare Forderung haben, nach der Beendigung des ErstK. am weiteren K. beteiligen können.

5. Wirkung und Dauer des Verbotes.

a) Die Zwangsvollstreckung ist schlechthin unzulässig („findet nicht statt"), ist also nicht bloß der KMasse sondern auch dem GSch. gegenüber unwirksam (anders § 7 Abs. 1, § 15) RGZ. 28, 285. Das Vollstreckungsgericht, das Grundbuchamt und die Vollstreckungsorgane jeder Art haben das Verbot von Amts wegen zu beachten. Gegen die Zwangsvollstreckung in die Masse hat der Verw. (nicht ein KGl.), gegen die Zwangsvollstreckung in das freie Vermögen der GSch. Einwendungen nach § 766 ZPO. (vgl. RGZ. 29, 76). Die Zwangsvollstreckung ist einzustellen, schon erfolgte Vollstreckungsmaßregeln sind aufzuheben (§ 775 Nr. 1, § 776 Satz 1 ZPO.). Eine Zwangshypothek (§ 866 ZPO.) oder Arresthypothek (§ 932) wird jedoch nicht gelöscht, vielmehr erwirbt sie der GSch. (§ 868 Abs. 1), je nachdem das Grundstück zur KMasse gehört oder nicht, für die KMasse oder sein freies Vermögen. Eine unzulässige Arrestanordnung ist nicht kraft Gesetzes unwirksam, sondern kann nur durch Widerspruch gegen den Beschluß (§ 924 ZPO.) oder durch Berufung (Revision) oder Einspruch gegen das Urteil bekämpft werden. Vgl. Jaeger Anm. 22. Hat das Grundbuchamt unter Verletzung des § 14 eine Eintragung vorgenommen, durch die das Grundbuch unrichtig geworden ist, z. B. nach der KE. die Pfändung einer Forderung des GSch., für die eine Buchhypothek besteht, zugunsten eines KGl. eingetragen, so hat es von Amts wegen einen Widerspruch einzutragen (§ 54 Abs. 1 Satz 1 GBO.).

b) Das Verbot gilt von der KE. an (§ 108) — nicht schon vom Erlaß eines allgemeinen Veräußerungsverbotes; hiefür § 106 Abs. 1, § 76 Abs. 1 Satz 2, BGB. §§ 136, 135 — und dauert bis zu dem Zeitpunkt, in dem die Beendigung des K. (Aufhebung, Einstellung) wirksam wird. S. §§ 163, 190, 205 mit § 76 Abs. 1 Satz 2. Da die Vollstreckungshandlung absolut unwirksam ist und bleibt, muß sie nach der KBeendigung ohne rückwirkende Kraft neu vorgenommen werden. Nach der KBeendigung haftet den Gl., soweit sie noch forderungsberechtigt sind, das Gesamtvermögen des GSch. Das gilt auch, wenn ein verwertbares Vermögensstück nicht zur Masse gezogen war, z. B. weil es der GSch. verschwiegen hatte oder weil es im Ausland dem Verw. nicht erreichbar war. Wie der GSch. über solche Stücke frei verfügen kann, dürfen grundsätzlich auch die Gl. mit Zwangsvollstreckung in diese vorgehen ohne Rücksicht, ob sie den Sachverhalt kennen oder nicht. Erst mit der Anordnung einer gerichtlichen Nachtragsverteilung (§ 166) wird das Vermögensstück für die KZwecke wieder gebunden. Wie hier Jaeger Anm. 20; a. M. RGZ. 25, 7 für den Fall, daß der Gl. durch Benützung der Unkenntnis des Verw. „arglistig" gehandelt hat.

6. Internationales Recht. Das Verbot bezieht sich nur auf inländische Arreste und Zwangsvollstreckungen. Die KO. verbietet nicht, daß ein (deutscher oder ausländischer) KGl. im Ausland mit Arrest und Zwangsvollstreckung in dort befindliches, an und für sich zur Sollmasse des deutschen K. gehöriges Vermögen des GSch. vorgeht. Die Zulässigkeit dieser Maßnahme bestimmt sich vielmehr nach dem betreffenden ausländischen Rechte. Die KO. schreibt auch nicht vor, daß der KGl. den Vollstreckungserlös an die deutsche KMasse abliefert (s. RGZ. 54, 193). Wird er aber abgeliefert, so ist er an die deutsche Masse, nicht an den GSch. abzuliefern (RGZ. 90, 124). S. auch Anm. 4 vor § 47, Anm. 4 zu § 68.

7. Bedeutung des Abs. 2.

a) Die Eintragung einer Vormerkung im Grundbuch nach § 883 BGB. erfolgt (s. § 885) auf Grund einer einstweiligen Verfügung (§§ 935 f. ZPO.) oder auf Grund der Bewilligung des Berechtigten. Während des K. kann, sofern das betroffene Grundstück oder Recht zur Masse gehört, nur der Verw. die Eintragung bewilligen. S. Anm. 2b zu § 15. Die Eintragung auf Grund einer einstweiligen Verfügung zugunsten von KGl. ist durch Abs. 2 ausgeschlossen und vom Grundbuchamt abzulehnen. Das gilt aber nur gegenüber Grundstücken und Rechten, die zur KMasse gehören, nicht gegenüber kfreien Gegenständen. Der Wortlaut des Gesetzes ist allerdings nicht ganz klar; vgl. Jaeger Anm. 33; RGZ. 68, 150.

b) Nicht um eine Vormerkung auf Grund einstweiliger Verfügung handelt es sich in den Fällen des § 895 ZPO., wo regelmäßig mit dem Erlasse des vorläufig vollstreckbaren Urteils die Eintragung einer Vormerkung als bewilligt gilt. Über einzelne Streitfragen s. Seuffert ZPO. Anm. 1; Gaupp-Stein II. Ob diese Vormerkung nach der KE. in Ansehung eines zur Masse gehörigen Grundstückes oder Rechtes eingetragen werden kann, bemißt sich nach § 15 in Verbindung mit BGB. § 878. Es genügt demnach, daß der Eintragungsantrag noch vor der KE. bei dem Grundbuchamte gestellt wurde. Vgl. Jaeger Anm. 32 mit Lit. und wegen der Anwendbarkeit des § 878 auf die (nach § 895 ZPO. fingierte) Einwilligung des Berechtigten zur Eintragung einer Vormerkung weiter RGR.-Komm. Anm. 2 zu § 885; Staudinger Bem. h zu § 878 (beide dagegen). S. Anm. 2b zu § 15.

c) Über Schiffspfandrecht s. §§ 1259 f. BGB., §§ 100 f. FGG. Dazu Anm. 1c zu § 47.

d) Die Wirkung einer den KGl. gegenüber durchgreifenden Vormerkung bestimmt sich nach § 24. S. die dortigen Anm.

e) Besondere Vorschriften für den NachlK. und den K. über das Gesamtgut einer fortgesetzten Gütergemeinschaft s. § 221 Abs. 2, § 236.

f) Über die Eintragung eines Widerspruchs nach § 899 BGB. s. Anm. 4h zu § 15.

Erwerb von Vorzugsrechten. § 15. (§ 12.)

Rechte an den zur Konkursmasse gehörigen Gegenständen, sowie Vorzugsrechte und Zurückbehaltungsrechte in Ansehung solcher Gegenstände können nach der Eröffnung des Verfahrens nicht mit Wirksamkeit gegenüber den Konkursgläubigern erworben werden, auch wenn der Erwerb nicht auf einer Rechtshandlung des Gemeinschuldners beruht. Die Vorschriften der §§ 878, 892, 893 und des § 1260 Abs. 1 des Bürgerlichen Gesetzbuchs bleiben unberührt.

Begr. I 53 f. Begr. II 28 f. — Geändert durch die Nov.

1. Der Grundsatz. Durch die KE. tritt eine Beschlagnahme des Vermögens des GSch. ein, die die Neuentstehung von Rechten an den zur KMasse gehörigen Gegenständen (Sachen oder Rechten) entweder überhaupt hindert (s. Anm. 5a zu § 14) oder doch der Wirksamkeit gegenüber den KGl. entkleidet. Der (konstitutive) Rechtserwerb kann ruhen auf einer Rechtshandlung des GSch. vor der KE. oder auf einer Rechtshandlung des GSch. nach der KE. oder er kann ohne Zutun des GSch. eintreten. Der KMasse gegenüber greift in der Regel nur der Erwerb durch, der vor der KE. vollzogen war. Ob er nach §§ 29 f. anfechtbar ist, der Erwerber und sein Rechtsnachfolger also einem schuldrechtlichen Anspruch auf Rückgewähr des der Masse Entzogenen ausgesetzt ist, bildet eine Frage für sich. Hat die vor der KE. liegende Rechtshandlung des GSch. bis zur KE. noch nicht zum Rechtserwerb geführt, so kann sich der Erwerb während des K. mit Wirkung gegen die KGl.

grundsätzlich nicht mehr vollziehen. Wichtige Ausnahmen davon enthält § 15 Satz 2. Rechtshandlungen des GSch. nach der KE. können nach § 7 Abs. 1 zu einer für die KGl. nachteiligen Änderung im Bestande der Masse regelmäßig nicht führen. Doch bringt auch hier der Schutz des Erwerbers durch den öffentlichen Glauben des Grundbuchs Ausnahmen unbeschadet der Möglichkeit der Anfechtung (§ 42). Die Vorschrift des § 7 Abs. 1 wird durch § 15 ergänzt. § 15 betrifft den Erwerb nach der KE. ohne Rücksicht auf die zeitliche Vornahme der Handlung, die den Anspruch auf den Erwerb begründet, ferner ohne Rücksicht, ob dem Erwerb eine Rechtshandlung des GSch. zugrunde liegt oder ob er an einen andern Vorgang anknüpft. Er bezieht sich über seinen Wortlaut hinaus auch auf die Aufhebung von Belastungen, die zugunsten der KMasse an fremden Gegenständen bestehen.

2. Die in Betracht kommenden Rechte.

a) Nach der früheren Fassung wurden außer den Vorzugs- und Zurückbehaltungsrechten nur „Pfand- und Hypothekenrechte" betroffen. Die Novelle hat den Kreis auf alle „Rechte an den zur KMasse gehörigen Gegenständen", also insbesondere auf das Eigentum, den Nießbrauch, die sonstigen Dienstbarkeiten, die Reallast, das dingliche Vorkaufsrecht erweitert.

b) Ein Vorzugsrecht auf Befriedigung würde die Beschlagnahme zum Zwecke der Zwangsversteigerung oder Zwangsverwaltung eines Grundstücks u. a. begründen. S. dazu Anm. 2 zu § 13. Auch die Vormerkung im Grundbuche nach § 883 BGB. begründet ein Vorzugsrecht „in Ansehung" des Grundstücks oder des Rechtes, auf das sie sich bezieht. S. BGB. § 883 Abs. 2, § 888; KO. § 24. Das Vorzugsrecht entsteht mit der Eintragung der Vormerkung im Grundbuche. Da es mit Wirksamkeit gegen die KMasse regelmäßig nicht erworben werden kann, ist die Eintragung nach der KE. grundsätzlich ausgeschlossen, auch wenn sie vorher vom GSch. bewilligt wurde. Ob sich aus Satz 2 und BGB. § 878 ein anderes ergibt, wenn der Eintragungsantrag bei der KE. schon gestellt war, hängt von der Entscheidung der Vorfrage ab, ob § 878 auch anzuwenden ist, wenn der Berechtigte die Eintragung einer Vormerkung bewilligt hat (oder wenn seine Einwilligung fingiert wird, §§ 894, 895 ZPO.). Diese Frage ist mit Planck [3], Erl. 1b zu § 885, Jaeger Anm. 32 zu § 14 u. a. gegen RGRKomm. Anm. 2 zu § 885, Staudinger, Bem. h zu § 878 u. a. zu bejahen. S. auch Anm. 7b zu § 14. Selbstverständlich kann der Verwalter in Ausübung seines Verfügungsrechtes während des K. Vormerkungen bewilligen, die dem GSch. gegenüber nach der KBeendigung wirksam bleiben. Ferner können Aussonderungsberechtigte (z. B. wenn die nach § 46 auszusondernde Gegenleistung ein Grundstück oder Grundstücksrecht ist), oder Massegläubiger während des K. auf Grund einer einstweiligen Verfügung gegen den KVerw. die Eintragung einer Vormerkung erwirken.

c) Über Zurückbehaltungsrechte in Ansehung von Gegenständen der Masse s. § 49 Nr. 1, 3, 4; Anm. 2, 7, 8 zu § 49. Die Rechtsstellung der Massegläubiger wird durch § 15 nicht berührt. S. Anm. 2b zu § 57.

3. Inhalt des Verbots. Der Rechtserwerb hat der KMasse gegenüber keine Wirksamkeit, ist also nicht absolut unwirksam, kann aber vom KVerw. als nicht erfolgt behandelt werden. Näheres Anm. 1 f. zu § 7. Die relative Nichtigkeit dauert nur während des K. und gilt nicht im Verhältnisse zum GSch. Nach der Beendigung des K. ist der Erwerb gegen jeden wirksam. Wegen der Vollendung einer Ersitzung s. Jaeger Anm. 11.

4. Grenzen des Verbots.

a) Als selbstverständlich betont das Gesetz nicht besonders, daß der Verwalter in Ausübung seines Verwaltungs- und Verfügungsrechtes (§§ 6, 117), z. B. in Erfüllung eines vor der KE. geschlossenen Vertrages (§ 17), Rechte an den zur Masse gehörigen Gegenständen mit Wirkung gegen jeden und über die Dauer des K. hinaus begründen kann. S. Bem. 3 vor § 47; RGZ. 53, 350. Dazu Marienwerder, OLG. 19, 402 (Fortsetzung eines Geschäftes mit dem Kommissionär durch den Verw.). Hat der GSch. einem andern gestattet, sich Erzeugnisse oder sonstige Bestandteile einer zur Masse gehörigen Sache anzueignen (z. B. Verpachtung, Verkauf von stehenden Früchten oder Holz auf dem Stamme, Überlassung einer Sandgrube zur Ausbeutung), s. § 956 BGB., so bemißt sich die Verpflichtung des Verw., dem andern nach der KE. die weitere Aneignung zu gestatten, darnach, ob er (s. §§ 17 f., 59 Nr. 2) den zugrunde liegenden Vertrag für die Masse erfüllen muß oder nicht. Muß er erfüllen, so kann der andere trotz § 15 Eigentum an den Erzeugnissen oder sonstigen Bestandteilen erlangen. Vgl. Jaeger Anm. 15, anders Staudinger Anm. 3d zu § 956.

b) Durch eine nachträgliche Änderung im Bestande der Masse kann zugunsten eines Sonderberechtigten, dessen Recht bei der KE. schon begründet war, während des K. eine Verschiebung eintreten. Z. B. kann sich ein Absonderungsrecht nach der KE. kraft Gesetzes dadurch verstärken, daß die belastete Sache Früchte trägt oder daß in die Mietwohnung weitere Sachen eingebracht werden oder daß das Hypothekengrundstück verpachtet wird. Vgl. RGZ. 53, 350 (Erstreckung der Hypothek auf Zubehör, dessen Eigentum erst der KVerw. für den GSch. erworben hatte), RGZ. 59, 369; dazu Jaeger Anm. 28. Weiterer Fall Anm. 2a zu § 49.

c) Ein Rechtsverlust zum Schaden der Masse, der durch § 15 nicht gehindert wird, kann kraft Gesetzes eintreten durch Verbindung, Vermischung, Verarbeitung (§§ 946 f. BGB.; ebenso Jaeger Anm. 11), auch durch Eigentumserwerb an der Fundsache (§ 973 BGB.; Jaeger Anm. 11). Öffentlichrechtliche Entziehungen und Beschränkungen, z. B. Zwangsenteignung oder Zwangsbelastung, greifen selbstverständlich auch der Masse gegenüber durch; Jaeger Anm. 11. Das gleiche gilt von strafrechtlichen Beschlagnahmen (s. § 94 StPO.), Einziehungen (§§ 40, 42, 152, 295, 360 Abs. 2, § 367 Abs. 2 StGB. u. a.) und der Unbrauchbarmachung (§ 41 StGB. u. a.) selbst dann, wenn der GSch. die strafbare Handlung nach der KE. begangen hat.

d) Nur die Masse wird durch § 15 geschützt, nicht das freie Vermögen des GSch.

e) Hat jemand vor der KE. ein Recht an einem Gegenstand der KMasse unter einer aufschiebenden Bedingung erlangt und tritt die Bedingung während des K. ein, so steht ihm von da ab das Recht unbedingt zu. Hat jemand vor der KE. dem GSch. ein Recht unter einer auflösenden Bedingung eingeräumt und tritt die Bedingung während des K. ein, so endigt damit die Wirkung des Rechtsgeschäftes und fällt das Recht an ihn zurück. Der KVerw. kann während der Schwebezeit die von der Bedingung abhängige Wirkung durch eine Verfügung nicht vereiteln, § 158; s. § 161 BGB. S. weiter Anm. 1, 3d zu § 26. Über das Verhältnis von § 184 BGB. (rückwirkende Genehmigung) und § 15 s. Ritter, LZ. 5, 236. Die dort mitgeteilte Entscheidung des OLG. Hamburg ist kaum richtig.

f) Nur der Erwerb, der sich nach der KE. vollzieht, wird von § 15 betroffen. Waren alle Erwerbserfordernisse vor der KE. erfüllt (was dazu gehört, bestimmt sich verschieden je nach dem in Betracht kommenden Rechte), so ist der Erwerb der KMasse gegenüber wirksam, wenn sich die Unwirksamkeit nicht aus einem anderen Grunde, z. B. Verstoß gegen ein allgemeines Veräußerungsverbot (§ 106 Abs. 1), ergibt. Lag jedoch bei der KE. auch nur ein Erwerbserfordernis nicht vor, so trifft Satz 1 zu, wenn sich der Erwerber nicht auf eine Ausnahme nach Satz 2 berufen kann.

g) Nur der Erwerb von Rechten, die bei der KE. an den Massegegenständen noch nicht bestehen, fällt unter § 15, nicht der Erwerb durch Verfügung über schon bestehende beschränkte Rechte, insbesondere durch Übertragung eines solchen Rechtes unter Wechsel des Inhabers. Der Übergang hat gegen die Masse auch dann Wirkung, wenn die gegen den Vorgänger begründete Anfechtung nach § 40 gegen den Nachfolger nicht möglich ist (s. RGZ. 34, 60 f.; so nun auch Jaeger Anm. 24). Stand jedoch das Recht an dem Massegegenstande dem GSch. zu, z. B. eine Eigentümerhypothek, so ist selbstverständlich § 15 für die Verfügung über dieses Recht einschlägig (s. Jaeger Anm. 25).

h) Durch die Berichtigung des Grundbuchs (§ 894 BGB.) wird der Inhalt des Grundbuchs der wirklichen Rechtslage angepaßt. Sie ist deshalb während des K. zulässig. Die Zustimmung erteilt der KVerw. Ebenso kann ein Widerspruch gegen die Richtigkeit des Grundbuches (§ 899) eingetragen und hierzu eine einstweilige Verfügung gegen den Verw. erwirkt werden. Freilich darf die Änderung der Rechtslage, der das Grundbuch angepaßt werden soll, nicht der KMasse gegenüber unwirksam sein. Hat z. B. der GSch. während des K. unter Vereinbarung allgemeiner Gütergemeinschaft geheiratet, so ist der kraft Gesetzes (§ 1438 BGB.) erfolgte Eintritt der Vermögensgemeinschaft ohne Wirkung gegenüber der Masse und ein Anspruch auf Grundbuchberichtigung (§ 1438 Abs. 3) während des K. ausgeschlossen.

5. Die Ausnahmen nach Satz 2.

a) § 878 BGB.: Eine vom GSch. nach BGB. § 873 (Übereignung eines Grundstückes, Belastung eines Grundstückes mit einem Rechte, Übertragung oder Belastung eines solchen Rechtes) oder § 875 (Aufhebung eines Rechtes an einem Grundstück) oder § 877 (inhaltliche Änderung eines Grundstückrechtes) abgegebene Erklärung bleibt wirksam, wenn der K. erst eröffnet wird (§ 108), nachdem die Erklärung für den GSch. bindend geworden ist (oder als bindend abgegeben fingiert wird) und der Antrag auf Eintragung bei dem Grundbuchamte gestellt worden ist. Entsprechend § 1260 BGB. für die Bestellung des Pfandrechtes an einem im Schiffsregister eingetragenen Schiffe. Wegen der

Anwendung des § 878 auf Vormerkungen s. Anm. 2b. Dadurch, daß auf § 878 BGB. als Ausnahme hingewiesen ist, wird klargestellt, daß die Fortdauer der Wirksamkeit der Erklärung zugleich unter Durchbrechung des Satzes 1 einen der KMasse gegenüber wirksamen Erwerb (auch die Aufhebung einer Belastung) nach der KE. ermöglicht. Vgl. Jaeger Anm. 38. Anders bei der Beschlagnahme zur Zwangsvollstreckung in das unbewegliche Vermögen, s. Anm. 2 zu § 13.

Wegen der Anfechtbarkeit des durch § 878 gedeckten Erwerbs s. Anm. zu § 42; RGZ. 81, 424.

b) §§ 892, 893 BGB. Über die Wirkungen des guten Glaubens im Grundstückverkehr s. zunächst § 7 und Anm. 6 dort. Eine Zwangs- oder Arresthypothek kann nach der KE. nicht mehr gültig eingetragen werden, auch wenn der Antrag vorher gestellt wurde (s. § 14; Anm. 5a dort); der öffentliche Glauben des Grundbuchs schützt den Antragsteller nicht, weil er nicht durch Rechtsgeschäfte erwirbt. Zugunsten des gutgläubigen Erwerbers der unrichtig eingetragenen Hypothek gelten die allgemeinen Vorschriften des bürgerlichen Rechtes. Diese geben auch dann Maß, wenn ein nach § 15 Satz 1 zwar nicht ungültiger, aber der KMasse gegenüber unwirksamer Erwerb auf einen andern übergeht. Im Mobiliarverkehr wird jedenfalls der erste Erwerber durch seinen guten Glauben nicht geschützt. Wegen des Schutzes weiterer Erwerber s. entsprechend Anm. 5 zu § 7. Vgl. Jaeger Anm. 42 f.

6. Über die Stellung des Grundbuchamtes zu Eintragungsanträgen, die bei der KE. vorliegen oder nachher eingehen, s. Anm. 2 zu § 113.

7. Übergangsrecht s. Art. VI EG. KNov., Begr. II 29, RG. JW. 33, 403 (nach früherem Rechte nicht eintragungspflichtige Pfandrechte an Grundstücken), Jaeger Anm. 9.

Teilung einer Gemeinschaft. **§ 16.** (§ 14.) [1])

I Befindet sich der Gemeinschuldner mit Dritten in einem Miteigentume, in einer Gesellschaft oder in einer andern Gemeinschaft, so erfolgt die Teilung oder sonstige Auseinandersetzung außerhalb des Konkursverfahrens.

II Eine Vereinbarung, durch welche bei einer Gemeinschaft nach Bruchteilen das Recht, die Aufhebung der Gemeinschaft zu verlangen, für immer oder auf Zeit ausgeschlossen oder eine Kündigungsfrist bestimmt worden ist, wirkt nicht gegen die Konkursmasse. Das gleiche gilt von einer Anordnung dieses Inhalts, die ein Erblasser für die Gemeinschaft seiner Erben getroffen hat.

Begr. I 61, Begr. II 29. — Abs. 2 ist durch die Nov. eingestellt.

---

1) § 13 KO. a. F. über die Wirkung des K. auf die Verjährung ist als gegenstandslos durch die Nov. aufgehoben worden. Die KE. hemmt nach §§ 202 f. BGB. die Verjährung nicht. Durch die Anmeldung einer KForderung wird nach § 209 Abs. 2 Nr. 2 BGB. die Verjährung der angemeldeten Forderung unterbrochen. Begr. II 29.

1. **Allgemeines.**

a) § 16 bezieht sich auf alle Fälle einer Gemeinschaft beweglichen oder unbeweglichen Vermögens zwischen dem GSch. und einer oder mehreren anderen Personen ohne Rücksicht auf den Rechtsgrund der Entstehung (Gesetz, Vertrag, Verfügung von Todes wegen), die rechtliche Art der Gemeinschaft (insbesondere Gesamthandsverhältnis, Gemeinschaft nach Bruchteilen) und ohne Unterschied, ob sie einzelne oder mehrere Gegenstände oder einen Inbegriff von Gegenständen betrifft. § 16 trifft nicht zu, wenn der GSch. auf das Mitgliedsrecht bei einer juristischen Person beschränkt ist, die die Inhaberin des Vermögens ist.

b) In § 16 Abs. 1 ist vorausgesetzt, daß die Auseinandersetzung der Gemeinschaft für die Zwecke des KVerfahrens erforderlich ist. Das ist nicht der Fall, wenn entweder das ganze Gemeinschaftsvermögen oder umgekehrt nicht einmal der Anteil des GSch. daran zur KMasse gehört (s. § 2 für die Güterstände der ehelichen und der fortgesetzten Gütergemeinschaft).

c) Daß die Auseinandersetzung (Liquidation des Vermögens) stattfinden muß, weil ein Gemeinschaftsgenosse in K. gefallen ist, sagt § 16 nicht. Der Einfluß der KE. auf den Bestand der Gemeinschaft bestimmt sich vielmehr nach außerkonkursrechtlichen Grundsätzen (s. die Anm. zu § 25). Ebensowenig sagt der § 16, daß der KVerw. die Auseinandersetzung jeder Gemeinschaft, in der sich der GSch. befindet, verlangen darf. Aus der KO. folgt — abgesehen von der Sondervorschrift in § 16 Abs. 2 — nur, daß an der Auseinandersetzung an Stelle des GSch. der KVerw. beteiligt ist (§ 6) und daß die Auseinandersetzung kein Teil des KVerfahrens ist (§ 16 Abs. 1). Die Teilnahme des K.-Verw. hängt davon ab, daß der Anteil des GSch. am Gemeinschaftsvermögen der Zwangsvollstreckung unterliegt und deshalb zur KMasse gehört (§ 1 Abs. 1). Wie die Voraussetzungen regelt sich auch die Art der Auseinandersetzung nach außerkonkursrechtlichen Grundsätzen, nicht nach §§ 126, 127 KO. Ist der GSch. nur anfallberechtigt ohne in der Eigenschaft als Anteilsberechtigter an der Durchführung der Auseinandersetzung beteiligt zu sein, so gilt das Gleiche für den Verw. und die Masse.

d) Ob die Gemeinschaft zur Zeit der KE. noch ihre Zwecke verfolgt oder schon in der Auseinandersetzung (Liquidation) begriffen ist, ist ohne Belang. Mit der KE. tritt (s. unter c) der KVerw. an die Stelle des GSch. Ist bei der KE. ungeteiltes Vermögen nicht mehr vorhanden, so ist § 16 und damit § 51 nicht mehr anwendbar; vgl. Jaeger Anm. 7 zu § 51; a. M. anscheinend Seuffert 113.

2. **Die Stellung der Gemeinschaftsgläubiger.** In der Begr. I 61 heißt es: Das vorliegende Gemeinschaftsverhältnis „bestimmt auch die Rechte der Gemeinschaftsgläubiger. Mit der Teilung oder Versilberung des Gemeinschaftsobjektes und der Befriedigung der Gemeinschaftsgläubiger ist der Anteil ermittelt, welcher zur KMasse des GSch. gehört". Hieraus folgert man, daß zur KMasse nur der Nettoanteil des GSch. am gemeinschaftlichen Vermögen gehört und daß die Gemeinschaftsschulden vorweg zu befriedigen sind. Wolff Anm. 1 zu § 51 spricht sogar von einem Absonderungsrechte der Gemeinschaftsgläubiger an dem Gegenstande der Gemeinschaft. Das

ist aber nicht richtig. § 16 Abs. 1 sagt nur, daß die Auseinandersetzung der Gemeinschaftsgenossen außerhalb des K. erfolgt, gibt aber den Gemeinschaftsgläubigern kein Recht auf Vorzugsbefriedigung. Das Recht auf Befriedigung bei der Auseinandersetzung müßte der Gl. auf eine Vorschrift außerhalb der KO. stützen können. Für die Gemeinschaft und die Gesamthandsverhältnisse des BGB. besteht sie nicht. Die Vorschriften der §§ 733, 755, 1475, (1546, 1549), 2042, 2046 BGB. begründen eine Berichtigungspflicht nur für die Teilhaber untereinander ohne auch den Gemeinschaftsgläubigern ein entsprechendes Recht zu geben. Das gleiche gilt nach §§ 149, 155 HGB. für die Liquidation der offenen Handelsgesellschaft (vgl. § 161 Abs. 2 für die KommG.). Die Berichtigung der Schulden unter den Teilhabern kann auch rechnerisch erfolgen, wie überhaupt die Art der Auseinandersetzung in der Regel im Belieben der Teilhaber liegt. Anderseits ist zu beachten, daß zur KMasse zwar nicht das gemeinschaftliche Vermögen als solches gehört unter Beschränkung der anderen Teilhaber auf eine Absonderungsberechtigung, aber auch nicht bloß der nach der Durchführung der Auseinandersetzung sich ergebende Nettoanteil des GSch., sondern das zur Zeit der KE. bestehende Anteilsrecht des GSch. an der Gemeinschaft. Daraus folgt, daß der KVerw. mit der KE. im Verhältnisse zu den anderen Teilhabern und zu den Gemeinschaftsgläubigern an die Stelle des GSch. tritt. Weiter folgt daraus: Wenn den Gemeinschaftsgläubigern nach dem Rechte außerhalb der KO. ein abgesondertes Gemeinschaftsvermögen haftet, können sie, solange solches Vermögen vorhanden ist, ihre Haftung nach den außerkonkursrechtlichen Vorschriften geltend machen, obwohl ein Teilhaber im K. ist. Durch §§ 12, 14 KO. werden sie daran nicht gehindert. An Stelle des Teilhabers ist der KVerw. zu verklagen. Solange z. B. Gesellschaftsvermögen (§ 718 BGB.) vorhanden ist, können die Gesellschaftsgläubiger wegen ihrer Befriedigung aus dem Gesellschaftsvermögen (§ 736 ZPO.) vorgehen. Bis zur Teilung des Nachlasses, dessen Miterbe der GSch. ist, können die Nachlaßgläubiger Befriedigung aus dem ungeteilten Nachlaß verlangen (§ 2059 Abs. 2 BGB.; § 747 ZPO.). Bis zur Beendigung der Liquidation einer offenen Handelsgesellschaft, deren Gesellschafter der GSch. war, können die Gesellschaftsgläubiger Befriedigung aus dem Gesellschaftsvermögen begehren und nötigenfalls die offene Handelsgesellschaft, vertreten durch die Liquidatoren, mit Klage belangen (§§ 149, 124 HGB.). Vgl. RG. Gruch. 45, 621 f. (s. auch RGZ. 8, 102). S. ferner J a e g e r Anm. 17; W i l m. - K u r l b. Anm. 4. Nach der Teilung des Gemeinschaftsvermögens hat der bei der Auseinandersetzung nicht befriedigte frühere Gemeinschaftsgläubiger, sofern er persönlicher Gl. des GSch. ist (§ 3), seine KForderung und daneben die Ansprüche gegen die anderen früheren Teilhaber, aber nicht, wie W o l f f Anm. 1 zu § 51 annimmt, eine Masseforderung (§ 59 Nr. 3), denn die Masse ist auf Kosten des Gl. ebensowenig rechtlos bereichert wie es die anderen bei der Auseinandersetzung beteiligten Gesellschafter u. dgl. sind. Eine Bereicherung wäre nur gegeben, wenn der Gemeinschaftsgläubiger a u s n a h m s w e i s e einen A n s p r u c h auf Vorzugsbefriedigung bei der Auseinandersetzung hätte. Eine andere Frage ist, ob nicht auch nach der Teilung ein K. über das Sondervermögen möglich ist (s. § 216 Abs. 2).

3. Die Stellung der anderen Teilhaber. Hat der Verw. den gemeinschaftlichen Gegenstand unbefugt zur Masse gezogen, so haben die anderen Teilhaber ein Aussonderungsrecht, dessen Inhalt sich nach den Gesetzen außerhalb der KO. richtet (§ 43). Hat der Verw. den Gegenstand veräußert, so haben sie, soweit ihre Anteile in Betracht kommen, die Rechte nach § 46. An dem Anteil des GSch., der bei der Auseinandersetzung ermittelt ist, kommt ihnen wegen der Forderungen, die sich auf die Gemeinschaft (i. w. S.) gründen, ein Absonderungsrecht zu (§ 51).

4. Die stille Gesellschaft (§§ 335 f. HGB.) begründet nur forderungsrechtliche Beziehungen, keine Vermögensgemeinschaft des stillen Gesellschafters und des Komplementars, insbesondere nicht wie die gewöhnliche Gesellschaft (§§ 705 f. BGB.) ein Gesamthandsverhältnis, gehört also an sich nicht zu den Gemeinschaften nach Abs. 1. Nach der Auflösung der stillen Gesellschaft infolge der KE. über das Vermögen des stillen Gesellschafters oder des Komplementars (Anm. 2 A zu § 25) hat sich aber der Komplementar oder sein KVerw. mit dem stillen Gesellschafter oder seinem KVerw. nach dem Geschäftsstande bei der KE. auseinanderzusetzen (§ 340 HGB.) und zwar außerhalb des K. Der Klage gegen den KVerw. des Komplementars auf Rechnungslegung oder Feststellung (Staub Anm. 17 zu § 340) steht mithin § 12 KO. nicht entgegen. S. weiter § 51.

5. a) Die Vorschrift des Abs. 2 geht zurück auf § 751 und § 2044 BGB. Die Teilhaber einer Gemeinschaft nach Bruchteilen können das Recht die Aufhebung der Gemeinschaft zu verlangen für immer oder auf Zeit ausschließen oder eine Kündigungsfrist bestimmen (s. dazu für das Miteigentum an Grundstücken § 1010). Der Erblasser kann durch letztwillige Verfügung die Auseinandersetzung des Nachlasses oder einzelner Nachlaßgegenstände ausschließen oder von der Einhaltung einer Kündigungsfrist abhängig machen. Die Miterben können untereinander das gleiche vereinbaren (s. § 2042 Abs. 2 mit §§ 749 f.). In allen diesen Fällen — auch in dem letzten vom Gesetze nicht ausdrücklich genannten Falle (so auch Jaeger Anm. 12) — wirkt die Bestimmung nicht gegen die KMasse, d. h. der KVerw. betreibt die Teilung wie wenn sie nicht bestünde. Das gilt auch, wenn die Beschränkung des GSch., der Miteigentümer eines Grundstückes ist, als Belastung im Grundbuche eingetragen ist.

b) Andere gesetzliche oder rechtsgeschäftliche Teilungsverbote, Teilungsbeschränkungen (vgl. für die Erbengemeinschaft §§ 2043, 2045 BGB., s. weiter Jaeger Anm. 14) binden vorbehaltlich etwaiger Möglichkeit die Rechtshandlung anzufechten auch den Verw. über Beschränkungen des KVerw. bei der Verwertung des sog. Stockwerkseigentums (Herbergsrecht) s. Art. 131 EG. BGB. und die Ausführungsvorschriften dazu.

Zweiter Titel.

Erfüllung der Rechtsgeschäfte.

Vorbemerkung.

Der zweite Titel regelt die Einwirkung des KVerfahrens auf die Erfüllung der Rechtsgeschäfte. § 17 enthält Grundsätzliches für die Behandlung beiderseits nicht erfüllter gegenseitiger Verträge. § 18 bringt eine Ausnahme für Fixgeschäfte, die §§ 19 mit 21 besondere Vorschriften für Miet- und Pachtverträge, der § 22 für Dienstverträge, § 23 — dazu § 27 — für Verträge auf Geschäftsbesorgung. § 24 geht über den Rahmen der Titelüberschrift hinaus und schreibt die fortdauernde Wirksamkeit von rechtsgeschäftlichen und anderen Vormerkungen im Grundbuch und im Schiffsregister vor, auch führt er zu einer Einschränkung des Grundsatzes in § 17. Der § 26 befaßt sich mit den Rechten, die der andere Teil hat, wenn infolge der KE. eine Verbindlichkeit des GSch. nicht erfüllt oder ein Rechtsverhältnis aufgehoben wird. § 28 regelt im Anschluß an die Fassung des § 27 besondere Fälle des Gesellschaftsrechtes. Der § 25 bestimmt das Verhältnis, in dem das bürgerliche Recht außerhalb der KO. zu den Vorschriften des 2. Titels steht.

Die Novelle von 1898 hat die §§ 17, 18, 26 (der jetzigen Zählung) unverändert gelassen, die anderen Paragraphen teils dem neuen bürgerlichen Rechte inhaltlich angepaßt teils neu eingefügt.

Zweiseitige Verträge; Grundsätzliches.

§ 17. (§ 15.)[1]

I Wenn ein zweiseitiger Vertrag zur Zeit der Eröffnung des Konkursverfahrens von dem Gemeinschuldner und von dem anderen Teile nicht oder nicht vollständig erfüllt ist, so kann der Konkursverwalter an Stelle des Gemeinschuldners den Vertrag erfüllen und die Erfüllung von dem anderen Teile verlangen.

II Der Verwalter muß auf Erfordern des anderen Teils, auch wenn die Erfüllungszeit noch nicht eingetreten ist, demselben ohne Verzug erklären, ob er die Erfüllung verlangen will. Unterläßt er dies, so kann er auf der Erfüllung nicht bestehen.

Begr. I 62 f., 64 f., KommB. I 148 f.; Begr. II 30. — Unverändert durch d. Nov.

1. Allgemeines.

a) Der § 17 setzt voraus, daß ein gegenseitiger Vertrag zwischen dem GSch. und einem andern zur Zeit der KE. von beiden Teilen nicht oder doch nur teilweise erfüllt ist, daß also jeder Teil bei der KE. mit seiner Vertragsleistung wenigstens teilweise im Rückstand ist.

[1] S. auch Staub Erl. zu § 382 HGB. VIII. Anm. 76 f.

Ob der Rückstand dem Vertrag entspricht, z. B. weil die Leistungen noch nicht fällig sind, oder auf Verzug usw. beruht, ist für die grundsätzliche Regelung des § 17 gleichgültig. Der § 17 ist demnach nicht anwendbar, wenn

1. beide Teile ihre Vertragsleistung vollständig erfüllt haben;
2. ein Teil vollständig geleistet hat, der andere Teil aber mit der Leistung ganz oder teilweise im Rückstande ist.

Haben beide Teile vor der KE. vollständig geleistet (Anm. 3), so ist das Vertragsverhältnis — vorbehaltlich der Anfechtung durch den KVerw., §§ 29 f. — auch für die KMasse erledigt. Der KVerw. kann nicht die Leistung des GSch. zurückverlangen, auch wenn er dem andern dafür die Zurückgabe seiner Leistung anbietet. Das gleiche gilt für den andern. Hat der GSch. allein vollständig erfüllt, so ist der KVerw. auf die Geltendmachung des Anspruches gegen den andern beschränkt, wenn der Anspruch überhaupt zur KMasse gehört. Außerdem steht die Geltendmachung nach wie vor dem GSch. zu. Hat der andere allein vollständig geleistet, so verfolgt er seine Forderungen nach § 12 im K. (vgl. RGZ. 63, 231), soweit sie zu den KForderungen gehört und soweit er nicht zur Aussonderung (§§ 43 f.) oder zur Absonderung (§§ 4, 47 f.) berechtigt ist.

b) Der § 17 enthält eine Ausnahme von dem Grundsatze, daß die KMasse in die Rechtsverhältnisse des GSch. eintritt, wie sie zur Zeit der KE. bestehen. Der KVerw. ist nicht gehalten an Stelle des GSch. den Vertrag zu erfüllen oder weiter zu erfüllen. Er hat vielmehr — regelmäßig (aber Abs. 2) bis zur KBeendigung, s. Anm. 8 — die Wahl, ob er erfüllen oder nicht erfüllen will. Gezwungen ist er nur, dem andern Teil auf dessen Verlangen ohne schuldhaftes Zögern zu erklären, wie er sich entschlossen hat. Unterläßt er dies, so verwirkt er den Anspruch auf die Vertragserfüllung durch den Gegner. Der Gegner ist an den Vertrag trotz der KE. gebunden; er hat kein Wahlrecht; er kann nur den Verw. vor die Notwendigkeit stellen, sich zu entscheiden. Tritt der Verw. in den Vertrag ein, so hat der Gegner seine vertragsmäßige Leistung zur KMasse zu machen. Wegen der ihm aus dem Vertrage zustehenden Gegenansprüche ist er nach § 59 Nr. 2 Massegläubiger. Insoweit ist die Vorschrift des § 17 auch im Interesse des Gegners. Wird der Gegner genötigt, trotz der KE. zu erfüllen, so soll er wegen seiner Gegenansprüche nicht auf die Teilnahme als KGl. beschränkt werden, sondern die sicherere Stellung eines Massegläubigers einnehmen. Tritt der Verw. in den Vertrag nicht ein, so wird der Gegner von der Verpflichtung zur Leistung an die Masse frei. Wegen seiner Ansprüche an die Masse s. Anm. 7.

c) Die Entscheidung des KVerw. ist auch im Verhältnis zum GSch. bindend. Das gilt nicht nur für die Dauer des K. in Ansehung des kfreien Vermögens, sondern auch nach der Beendigung des K. ohne Rücksicht auf den Grund der Beendigung (hiezu Anm. 8). Der GSch. kann deshalb nicht seinerseits die Erfüllung eines Vertrages verlangen, dessen Erfüllung der KVerw. abgelehnt hat. Das Gegenteil läßt sich auch nicht aus dem Rechtssatze folgern, der dem § 10 Abs. 2 zugrunde liegt. Ebensowenig kann der andere Teil vom GSch. Erfüllung verlangen. RGZ. 41, 133 und herrschende M., vgl. Jaeger Anm. 50, 51, auch Anm. 33 zu § 10; Fitting 53/54; Staub Exk. zu § 382 Anm. 87.

d) Eigenartige, von § 17 abweichende Vorschriften sind enthalten in § 36 (dazu §§ 37, 38) VerlG. vom 19. Juni 1901 für den Fall, daß über das Vermögen des Verlegers der K. eröffnet wird. Die wichtigsten Besonderheiten sind, daß § 17 auch dann angewendet wird, wenn der Verfasser das Werk schon vor der KE. abgeliefert hat, das Verlagsrecht des Verlegers also schon entstanden ist (§ 9 Abs. 1 VerlG.), und daß der Verfasser vom Vertrage zurücktreten kann, wenn bei der KE. mit der Vervielfältigung des Werkes noch nicht begonnen war. Eine ausdrückliche Ausnahme von § 17 ist nur die letztere Vorschrift; die erstere hat mehr den Zweck, Zweifel abzuschneiden. Diese könnten sich daraus ergeben, daß der Verfasser mit der Überlassung des Werkes an den Verleger den Vertrag wenigstens in der Hauptsache erfüllt hat (§ 1 VerlG.). Näheres s. Teil III Nr. 8.

e) Über Inseratenforderungen im KVerfahren s. Fuld, LZ. 4, 429 f.

2. **Zweiseitige Verträge.**

a) Der § 17 bezieht sich (ausführliches bei Jaeger Anm. 1 f.) nur auf Verträge, bei denen jeder Teil notwendig Gl. und Sch. ist und bei denen die Leistungen derart in einem Austauschverhältnisse stehen, daß die eine Leistung gegen die andere und wegen der anderen versprochen wird (gegenseitige Verträge im Sinne der §§ 320 f. BGB.; vgl. RGZ. 65, 47). Dazu gehören — vorbehaltlich ihrer besonderen Regelung — namentlich Kauf, Tausch; Miete, Pacht (s. aber §§ 19, 20, 21); Dienstvertrag (s. aber §§ 22, 23); Werkvertrag (s. aber § 23); der entgeltliche Verwahrungsvertrag; auch der Vergleich nach § 779 BGB.; ferner nach dem HGB. das Kommissionsgeschäft, §§ 383 f. (s. aber Anm. 1 zu § 23); das Speditionsgeschäft §§ 407 f; das Lagergeschäft §§ 416 f.: das Frachtgeschäft §§ 425 f. Über die bestrittene Natur des Mäklervertrages s. Oertmann [3/4] Anm. 3 vor § 652; s. auch § 23 Anm. 1a; über Bürgschaft s. auch RGZ. 84, 223. Nicht unter § 17 fallen dagegen einseitige Schuldverhältnisse, bei denen nur der eine Teil Gl., der andere Teil Sch. ist, auch wenn sie auf Vertrag beruhen, z. B. das Darlehen, und sog. unvollkommen zweiseitige Schuldverhältnisse, bei denen zwar jeder Teil Gl. und Sch. ist oder wenigstens sein kann, der Zweck des Vertrags aber nicht Austausch der gegenseitigen Leistungen ist (vgl. Cosack BGB. I 356). Zu den letzteren gehört der Auftrag nach §§ 662 f. BGB., der ohnehin in § 23 Abs. 1 besonders geregelt ist (s. Königsberg, LZ. 3, 569). Auch das Kontokurrentverhältnis fällt hierher, doch wird aus anderen Gründen auch dieses durch KE. beendet (Strzyberg, JW. 43, 666). Die Erfüllung der einseitigen und unvollkommen zweiseitigen Schuldverhältnisse bietet nichts Besonderes. Ansprüche gegen den GSch. hieraus sind regelmäßig als KForderungen geltend zu machen, wenn sie nicht nach § 63 vom K. ausgeschlossen sind.

b) Die Übernahme von Aktien durch die Gründer (§ 188 HGB.) und die Zeichnung von Aktien durch Nichtgründer (§§ 189, 281 HGB.) sind keine gegenseitigen Verträge mit der Aktiengesellschaft, die erst mit der Eintragung in das Handelsregister entsteht (§ 200 dort) und mit deren Entstehung auch das Mitgliedsrecht der Beteiligten begründet ist. Ist demnach der GSch. gegenüber der Aktiengesellschaft zu Einzahlungen auf Aktien verpflichtet (s. §§ 218 f. HGB.), so ist § 17 nicht anzuwenden. Die Aktiengesellschaft kann ihre Forderungen anmelden, sie kann aber auch außerhalb des K. die Kaduzierung nach § 219 HGB. betreiben. Beides schließt sich nicht aus (s. Jaeger Anm. 4—6; Staub Anm. 15 zu § 218; a. M. ROHG. 25, 292 f.; RGZ. 2, 262; Wolff, LZ. 5, 881 f.). Im K. der Aktiengesellschaft gehören die Ansprüche auf Einzahlung zur Masse und werden vom KVerw. geltend gemacht. Wegen der rückständigen Aktienurkunden haben die Aktionäre Aussonderungsansprüche nach § 43. RGZ. 94, 64 gibt dem Zeichner gegenüber dem Anspruch auf Einzahlung ein Zurückbehaltungsrecht nach §§ 273, 274 BGB., wenn Aktienurkunden in der Masse vorhanden sind, bis sie herausgegeben sind, u. versagt es, aber nur im Hinblick auf § 69, wenn die Urkunden noch nicht ausgefertigt sind; gegen erstere Folgerung Jaeger JW. 48, 190 unter Berufung auf die frühere Rechtspr. (RGZ. 79, 176 u. 83, 268) u. auf § 49 Abs. 1 Nr. 3.

c) Leistungen aus gegenseitigen Verträgen sind grundsätzlich Zug um Zug (§ 320 Abs. 1 Satz 1 BGB.) zu erfüllen. Besteht eine Vorleistungspflicht, so wird sie durch die Eröffnung des K. über das Vermögen des einen oder des andern Teiles nicht beseitigt. Gerät der Vorausverpflichtete in K., so ist § 321 BGB. schon seinem Wortlaute nach nicht anwendbar (Verschlechterung der Vermögensverhältnisse des anderen Teiles). Gerät der andere Teil in K., so wird in der Regel feststehen, daß sich seine Vermögensverhältnisse gegenüber der Zeit des Vertragsschlusses wesentlich verschlechtert haben. Es ist aber zu bedenken, daß bei Eintritt des KVerw. in den Vertrag die Lage des Gl. insoferne günstiger gestaltet ist, als er aus der Masse vorweg (§§ 57, 59 Nr. 2) befriedigt wird. Will also der Vorausverpflichtete wegen der KE. nur Zug um Zug oder gegen Sicherheit leisten (§ 321 BGB.), so hat er zu beweisen, daß trotz seiner Berechtigung als Massegläubiger sein Anspruch auf die Gegenleistung gefährdet ist (vgl. § 60) und daß er gegenüber den Vermögensverhältnissen des andern Teiles bei dem Vertragsabschlusse wesentlich schlechter gestellt ist. Im Ergebnisse ebenso Jaeger Anm. 34. Vgl. Staub Exk. zu § 382 Anm. 81. Vorbehalten bleibt § 370 HGB.

d) Die Anwendung des § 17 setzt voraus, daß der KVerw. an Stelle des GSch. den Vertrag überhaupt erfüllen kann und daß der Anspruch auf die (weitere) Gegenleistung zur KMasse gehört. Gegensatz: „freie Schuldverhältnisse" (Jaeger Anm. 25 f.). Der Vertrag muß deshalb eine vertretbare nicht rein persönliche Leistung des GSch. betreffen (s. dazu § 267 BGB.). Unvertretbar ist z. B. im Zweifel die Leistung des Dienstverpflichteten (§ 613 BGB.). Die Erfüllung von unvertretbaren Leistungen des Vertragsgegners wird der KVerw., wenn der Anspruch überhaupt Bestandteil der Masse ist, nur verlangen, wenn sie für die KMasse von Wert sind. Doch sind für die wichtigsten Fälle (Dienstvertrag) in §§ 22, 23 Sondervorschriften getroffen. Wohl zu unterscheiden von der Frage, ob der KVerw. in das schwebende Vertragsverhältnis eintreten kann, ist die Frage, ob und wieweit Ansprüche des GSch. aus dem Vertrag zur KMasse gehören und anderseits ob und wieweit Ansprüche des Gegners eine KForderung begründen. Der Vertrag des GSch. mit seinem Hausarzte fällt z. B. nicht unter § 17, der Arzt kann aber nach § 3 Abs. 1 (vgl. § 61 Nr. 4) KGl. sein. Anderseits gehören, wenn ein Arzt in K. gerät, die bei der KE. bestehenden Forderungen des GSch. aus seiner vertragsmäßigen Tätigkeit zur Masse, auf die Weitererfüllung der Verträge hat aber der KVerw. keinen Einfluß; s. auch RG. LZ. 8, 492.

3. Stand der Erfüllung bei der KE. S. zunächst Anm. 1.

a) Ob der Vertrag von beiden Seiten oder von der einen oder anderen Seite bei der KE. vollständig erfüllt ist, bemißt sich dem zugrunde liegenden Rechtsverhältnisse.[1]) Erfüllung ist Leistung des nach dem Inhalte des Vertrages Geschuldeten (RGZ. 64, 336). Nicht vollständig hat erfüllt, wer mangelhaft erfüllt hat (Staub a. a. O. Anm. 78). S. §§ 362 f., dann 378 (Hinterlegung), 389 (Aufrechnung), 397 (Erlaß) BGB. Zur vollständigen Erfüllung gehört auch die Entrichtung der Nebenleistungen wie Zinsen und Kosten (s. dazu § 367 BGB.). Bei Grundstücken ist notwendig Übergabe und Eintragung des Eigentumsübergangs; bloße Abgabe der Auflassungserklärung genügt nicht (RGZ. 85, 402); s. auch RG. JW. 44, 100. In dem praktisch wichtigen Falle des Eigentumsvorbehalts beim Kaufe bis zur Zahlung des Kaufpreises oder einem anderen Ereignis ist mit RGZ. 64, 207 und 336 anzunehmen, daß der Verkäufer noch nicht erfüllt hat, auch wenn er die Sache übergeben und eine positive Tätigkeit nicht mehr zu entfalten hat. Erfüllung liegt auch vor, wenn die Leistung auf Grund eines vorläufig vollstreckbaren Urteils zur Abwendung der Zwangsvollstreckung erfolgte (RGZ. 85, 214). Wegen Erfüllung bei einem für den GSch. begründeten Nießbrauch s. RG. DJZ. 21, 813.

b) Ist der Vertrag bei der KE. nicht erfüllt, so kommt es zunächst darauf an, ob er noch besteht. Das ist nicht der Fall, wenn vorher der eine Teil vom Vertrag zurückgetreten ist, weil die dem andern Teile obliegende Leistung infolge eines Umstandes, den dieser zu vertreten hat, ganz oder teilweise unmöglich geworden ist oder weil der andere Teil mit seiner Leistung im Verzuge war (§§ 325, 326 BGB.). Unter den gleichen Umständen kann sich der Berechtigte auch für den Anspruch auf Schadensersatz wegen Nichterfüllung entschieden haben. Dann wird zwar der Vertrag nicht aufgelöst, aber sein Inhalt verändert. Nach der vom RG. (z. B. 50, 262 f.; 57, 106; 61, 351) angenommenen Differenztheorie tritt an die Stelle der vertragsmäßig geschuldeten Leistungen beider Teile der auf Geld gehende Anspruch des Berechtigten auf Ersatz des Schadens, der sich aus der Vergleichung seines Vermögensstandes bei der Erfüllung und der Nichterfüllung des Vertrags ergibt. Sind demnach die Voraussetzungen für den Schadensersatzanspruch gegeben, so ist nicht nur für den Ersatzberechtigten sondern auch für den Gegner der Anspruch auf Erfüllung ausgeschlossen. Der Ersatzberechtigte ist nicht etwa verpflichtet seinerseits vertragsmäßig zu leisten; er kann auch nicht mehr verlangen, daß der Gegner seine Leistung als Erfüllung annimmt. Die Gegenleistungspflicht des Ersatzberechtigten ist nur ein Posten bei der Berechnung des Schadensersatzes (s. Anm. 1 zu § 325 RGRKomm.).

Für den K. ergibt sich daraus folgendes: Die Erfüllung des Vertrages kann der KVerw. — vorbehaltlich anderer gütlicher Vereinbarung — nur wählen, wenn bis zur KE. der GSch. berechtigt war den Vertrag zu erfüllen und die Erfüllung von dem andern Teile zu verlangen. Ist

[1]) Über Wiederkaufsrecht und Wiederverkaufsrecht während des K. s. Seuffert LR. 1, 20 f.

insbesondere die Nachfrist des § 326 gegen den GSch. bis zur KE. abgelaufen, so kann der KVerw. weder wirksam erfüllen noch Erfüllung verlangen. Es besteht vielmehr noch eine einseitige Forderung des Gegners, die dieser nach seiner Wahl auf Rücktritt oder Schadensersatzpflicht stützen und als KForderung verfolgen kann. Ist die Nachfrist bei der KE. noch nicht abgelaufen, so kann sie sich nicht mehr vollenden. Denn der GSch. verliert durch die KE. rechtlich die Möglichkeit zu erfüllen (§ 6). Außerdem tritt nach § 17 eine wesentliche Änderung in den Vertragsbeziehungen ein. Der Gl. kann sich demnach gegenüber dem KVerw. auf die Fristsetzung nicht berufen. Für das Vorgehen des Gl. ist § 17 Abs. 2 maßgebend. Er kann dem KVerw. auch keine neue Frist zur Bewirkung der Leistung mit der Erklärung nach § 326 Satz 1 BGB. bestimmen, er kann ihn aber zur Erklärung auffordern, ob er den Vertrag erfüllt. Diese Aufforderung liegt schon im Verlangen der fälligen Leistung, sie liegt auch in der bezeichneten Fristsetzung. Aber für den KVerw. ist nicht die Frist maßgebend, die der Gl. bestimmt hat, sondern die gesetzliche Vorschrift, daß er sich „ohne Verzug" erklären muß. Erklärt er sich ohne schuldhaftes Zögern, wenn auch nach Ablauf der ihm gesetzten Frist für die Erfüllung, so muß der Gl. die Leistung annehmen und seinerseits erfüllen (teilweise a. M. Jaeger Anm. 35, s. auch Staub Exk. zu § 382 Anm. 79).

Hat der Gl. vor der KE. von dem im Verzuge befindlichen Sch. ohne Fristbestimmung Schadensersatz wegen Nichterfüllung des Vertrages verlangt oder ist er ohne Fristbestimmung vom Vertrage zurückgetreten, weil die Vertragserfüllung infolge des Verzugs für ihn kein Interesse hat (§ 326 Abs. 2 BGB.), so kann er sofort seine Rechte hieraus im K. geltend machen; der KVerw. ist zur Erfüllung des Vertrages und zur Forderung der vertragsmäßigen Gegenleistung nicht berechtigt. Das gleiche muß gelten, wenn der Gl. zwar vor der KE. eine derartige Erklärung nicht abgegeben, infolge des Verzugs aber an der Erfüllung des KVerw. kein Interesse mehr hat. Gegen das Erfüllungsbegehren des KVerw. hat er eine entsprechende Einwendung.

Hat der Gl. von der Fristbestimmung an den im Verzuge befindlichen Schuldner abgesehen, weil dieser von vornherein die Leistung bestimmt abgelehnt hatte (vgl. z. B. RGZ. 56, 233), so kommt es darauf an, ob er schon vor der KE. Schadensersatz verlangt hatte oder vom Vertrage zurückgetreten war. Ist dies der Fall, so hat der Verw. kein Recht auf vertragsmäßige Erfüllung. Ist dies nicht der Fall, so muß zunächst der Verw. zur Erfüllung des Vertrages Stellung nehmen, bevor der Gl. weiter vorgehen kann. Ist die Nachfrist des § 326 gegen den andern Teil bis zur KE. abgelaufen, so kann der KVerw. nicht mehr Erfüllung verlangen, weil der GSch., als er in K. verfiel, einen Anspruch auf Erfüllung nicht mehr hatte. Der Verw. hat dann die Wahl zwischen dem Schadensersatzanspruch und dem Rücktritt, sofern nicht schon der GSch. das Wahlrecht ausgeübt hat. An diese Entscheidung ist der Verw. gebunden vorbehaltlich etwaiger Anfechtung (§§ 29 f.).

4. Stellung des KVerw.

a) Der KVerw. kann aus der Masse den Vertrag erfüllen und für die Masse (s. dazu RGZ. 84, 228 f.) die Gegenleistung verlangen. Er kann also auch, was das Gesetz allerdings nicht ausdrücklich sagt, die Erfüllung des Vertrags ablehnen und damit den Anspruch auf die Gegenleistung aufgeben.

Der Entschluß des KVerw. beruht auf seinem pflichtmäßigen Ermessen. Für ihn ist allein das Interesse der Masse, nicht auch das des Vertragsgegners maßgebend. Er hat abzuwägen, ob die Erfüllung oder die Nichterfüllung des Vertrags für die Masse vorteilhafter ist, ob insbesondere nicht etwa die Masse durch die Erfüllung mit schwer verwertbaren Gegenständen belastet wird. Über diese Verhältnisse wird sich der KVerw. aus den Geschäftsbüchern, durch Befragen des GSch. usw. sobald als möglich klar werden müssen. Nach innen (§ 136) hat der Verw. u. U. (Wertgrenze 300 ℳ) die Genehmigung des GlAusschusses einzuholen und dem GSch. Mitteilung zu machen (§ 133 Nr. 2, § 135).

b) Die Erklärung des KVerw. hängt nicht von einer vorherigen Aufforderung des Gegners ab. Die Aufforderung hat nur die Bedeutung, daß sie den Verw. nötigt ohne schuldhaftes Zögern die Erfüllung zu verlangen, falls er sich für die Erfüllung entschieden hat. Die Erklärung des Verw. und das „Erfordern" des andern Teiles sind einseitige empfangsbedürftige Willenserklärungen nach §§ 130 bis 132 BGB., sie bedürfen keiner Form, für ihre Auslegung gilt § 133 BGB. Die Erklärung des Verw. kann namentlich auch stillschweigend z. B. durch vertragsmäßige Leistung an den Gegner (vgl. RGZ. 52, 53) oder durch Annahme der Gegenleistung erfolgen, auch durch bloßes Schweigen (RGZ. 96, 292), doch kommt es auf die Umstände an.

c) Die (eine oder die andere) Erklärung des Verw. ist wie eine sonstige Willenserklärung wegen Irrtums, arglistiger Täuschung oder Drohung anfechtbar (§§ 119 f. — § 122 Schadensersatzpflicht der Masse! —, §§ 123, 124, 142 f. BGB.). Zur Anfechtung kann u. a. der tatsächliche Irrtum des Verw. über den Umfang des Vertrags, in den er eingetreten ist, oder über den Stand der Erfüllung, z. B. über das Bestehen schon fälliger, ungezahlter Kaufpreisraten führen, nicht aber ein Irrtum über die Rechtsfolgen der Wahlerklärung (RGZ. 51, 281; 62, 201; 85, 221; JW. 33, 392; Gruch. 50, 887; s. Jaeger Anm. 30; Staub Exk. zu § 382 Anm. 82c). Wegen der Anfechtung der Wahl der Erfüllung spez. bei Sukzessivlieferungsverträgen (s. hierzu unten unter d) s. Jaeger LZ. 10, 22.

d) Der Verw. darf seine Wahlerklärung nicht auf einen Teil des Vertrages beschränken (vgl. RGZ. 73, 64). Das ist von besonderer Bedeutung für Sukzessivlieferungsverträge (zum Begr. RG. JW. 33, 90; RGZ. 85, 221; Jaeger LZ. 6, 294 f.). Der Verw. darf nicht Erfüllung der ausstehenden Lieferungen verlangen und den Eintritt in den Vertrag sonst verweigern. Er kann nur den ganzen Vertrag übernehmen und ist dann auch zur Zahlung der vor der KE. an den GSch. gemachten Lieferungen verpflichtet. Der Gegner hat für alle Lieferungen die einheitliche Stellung eines Massegläubigers. Die Erklärung des Verw., daß er Erfüllung verlange und selbst betätigen werde, rechtfertigt den Regelschluß, daß er dem Gesetz entsprechend in den ganzen Vertrag eingetreten ist. Wegen irrtümlicher Annahme, es entstehe bloß eine KForderung, s. RGZ. 98, 136. Eine Erklärung des KVerw., die sich auf die Übernahme eines Teiles des Vertrags beschränkt, ist rechtsunwirksam und keine Grundlage für Erfüllungsansprüche des Gegners (RG. JW. 33, 392; Gruch. 56, 1076); desgl. eine Erklärung des Verw., daß er zwar die noch ausstehenden Teilleistungen fordere, aber die vor der KE. erfolgten Teilleistungen nicht voll bezahlen wolle (RG. LZ. 11, 750). Auch der Verw. kann sich auf die Unwirksamkeit dieser Erklärung berufen. Selbstverständlich kann aber der Verw. mit dem Gegner ein Abkommen treffen, daß er für die Masse nur die Erfüllung eines Teiles der Lieferungen übernimmt (vgl. Jaeger Anm. 18). Diese Regeln setzen voraus, daß nicht schon ein Teil des Vertrags vor der KE. erledigt ist, denn insoweit ist von einem Wahlrechte des Verw. nicht die Rede. Sein Wahlrecht kann der Verw. nur einheitlich ausüben, aber es ist zu prüfen, wie weit es reicht. Geht der Vertrag wie bei der Sukzessivlieferung von vornherein auf (zeitlich bestimmt oder unbestimmt) aufeinanderfolgende Teilleistungen, so bleibt der Teil des Vertrags, der vor der KE. durch Leistung und Gegenleistung erfüllt ist, außer Betracht. Das Wahlrecht des Verw. und die Wirksamkeit seiner Erklärung erstreckt sich nur auf den Teil, der noch nicht durch beiderseitige Leistung erledigt ist. Das gleiche muß gelten, wenn zwar der Gegenstand des Vertrags eine einheitliche Lieferung und eine Teilleistung an sich nicht berechtigt ist (s. § 266 BGB.), der Schuldner aber gleichwohl vor der KE. eine Teilleistung geliefert und in dem entsprechenden Teile der Gegenleistung seinen Ausgleich erhalten hat. — Über die Erfüllung von Verträgen auf Lieferung von Wasser, Gas, Elektrizität aus städtischen Werken eingehend Jaeger Anm. 18b; LZ. 6, 286 (mit Rechtspr.); KG. LZ. 6, 565; Hamm LZ. 7, 251; Celle LZ. 8, 694; Regierung v. Oberb. LZ. 8, 162; Josef LZ. 8, 1706; Braunschweig OLG. 27, 243. Über den Telephonvertrag s. Scholz Gruch. 52, 359.

5. Stellung des Vertragsgegners. Während der KVerw. nach § 17 ein Wahlrecht hat, bleibt der andere Teil nach der KE. an den Vertrag gebunden; die KO. jedenfalls gibt ihm kein Recht, wegen der KE. zurückzutreten. Gerät auch er in K., so hat auch sein KVerw. das Wahlrecht nach § 17 unabhängig von dem anderen KVerw. An den Vertrag ist der andere Teil aber nur gebunden, wenn keine gegenteilige Abrede getroffen ist. Es kann z. B. vereinbart sein, daß der Vertrag bei Ausbruch des K. als aufgelöst gelte oder daß der Gegner des GSch. in diesem Falle ohne weiteres zurücktreten könne. S. ferner für den Kauf auf Kredit unter Eigentumsvorbehalt des Verkäufers § 455 BGB. (Anm. 3c zu § 26). Solche Abreden sind gültig; auch der § 326 BGB. steht nicht im Wege, weil er nur nachgiebiges Recht enthält (s. RGZ. 61, 354). Nach der KE. ist allerdings eine solche Vereinbarung mit dem GSch. der KMasse gegenüber unwirksam und ohne Einfluß auf die Rechte des Verw. (§ 7). Die Parteien können demnach vor der KE. durch Abmachungen über den Bestand des Vertrags dem Wahlrechte des Verw. tatsächlich den Boden entziehen, sie können aber nicht entgegen der zwingenden Vorschrift des § 17 Bestimmungen über die Vertragserfüllung für den Fall des K. treffen (s. dazu RGZ. 64, 338 und für § 19 RGZ. 54, 247; ferner Jaeger Anm. 40, 49). S. weiter Anm. 1 zu § 18 (Fixgeschäft), Anm. 1 zu § 26.

6. Erfüllungsbegehren des KVerw.

a) Verlangt (oder wählt: RGZ. 64, 338) der Verw. die Erfüllung durch den Gegner, so ist er an die einmal abgegebene Erklärung (vorbehaltlich etwaiger Anfechtung wegen Irrtums u. a. Anm. 4) gebunden. Sein Recht auf Ablehnung der Erfüllung ist dann erledigt, es steht vielmehr fest, daß er den Vertrag seinerseits so erfüllen muß, wie ihn der GSch. erfüllen müßte, wenn er nicht in K. geraten wäre. Für den

Inhalt seiner Leistung ist der Vertrag maßgebend; er kann nicht willkürlich in Geld erfüllen. Der Gegner ist Massegläubiger nach § 59 Nr. 2, er hat nicht bloß die Hauptleistung zu fordern, sondern auch Zinsen für die Zeit vor und nach der KE., Kosten, Vertragsstrafen und andere Nebenleistungen. Die rechtliche Stellung des Gegners bestimmt sich nicht nach §§ 12, 14, 138f., § 193, sondern nach §§ 57, 60, s. ferner Anm. 2 bis 7 zu § 57.

b) In Ansehung der zur Masse verlangten Erfüllung stehen sich der KVerw. und der Gegner gegenüber wie außerhalb des K. der GSch. und der Gegner. Für die gegenseitige Leistung sind namentlich die §§ 320f. BGB. maßgebend. Über § 321 s. Anm. 2c. Gerät der eine oder der andere Teil mit seiner Leistung in Verzug, so kommt § 326 in Betracht, wenn nichts anderes verabredet ist. Der hiernach mögliche Schadensersatzanspruch des Gegners wegen Nichterfüllung ist Masseschuld (§ 59 Nr. 1 und 2) wie der Anspruch auf Erfüllung. Für die Berechnung des Schadensersatzes gilt nichts besonderes; wegen der auch hier bedeutsamen Streitfrage zu § 326 (Differenztheorie) s. Anm. 3.

c) Der Verpflichtung zur vertragsmäßigen Leistung entspricht das Recht des KVerw. auf die vertragsmäßige Gegenleistung. Auch hier muß der Verw. infolge seiner Wahlerklärung den Vertrag nehmen wie er ihn findet. Hat z. B. der GSch. wirksam gestundet, oder ist der Anspruch an einen andern abgetreten oder verpfändet oder von einem andern gepfändet, so kann der Verw. deshalb die Erfüllung des Vertrags nicht verweigern (vgl. RGZ. 11, 52). Der Vertragsgegner kann ferner dem Verw. die Einwendungen entgegensetzen, die ihm gegen den GSch. zustanden. Über die Frage, ob und wann eine Anweisung des GSch. wirksam ist, s. Anm. 4 zu § 8.

7. **Ablehnung der Erfüllung durch den KVerw.**

a) Die Rechtsfolgen der Ablehnung sind im Gesetz nicht ausdrücklich bestimmt. Die Begründung I 69 verweist auf § 26 (§ 21 a. F.). Aber auch diese Vorschrift allein schafft keinen klaren Aufschluß. Aus dem Zusammenhange der Vorschriften (s. auch § 18 Abs. 1) mit dem allgemeinen bürgerlichen Rechte ergibt sich folgendes: Die Nichterfüllung des Vertrags bedeutet nicht seine nachträgliche Aufhebung; der Vertrag wird weder durch die KE. noch durch die ablehnende Erklärung des Verw. rückgängig gemacht (RGZ. 56, 239). Das Wahlrecht des Verw. geht nicht dahin, daß er die Erfüllung des Vertrags verlangen oder es bei der (nach dieser Ansicht als unmittelbare Folge der KE. eingetretenen) Nichterfüllung des Vertrags „belassen" kann (so Begründung I 67; Fitting 52 Anm. 15). Die Wirkung der KE. besteht vielmehr nur darin, daß der Verw. nicht verpflichtet ist (weiter) zu erfüllen. Die Nichterfüllung des Vertrags oder die Unterlassung der weiteren Erfüllung ist erst eine Folge seiner Stellungnahme und insofern nur mittelbar auf die KE. zurückzuführen. Dadurch daß der Verw. von seinem Rechte Gebrauch macht, den Eintritt in den Vertrag abzulehnen, verwandeln sich die gegenseitigen Ansprüche auf vertragsmäßige Erfüllung in den einseitigen Geldanspruch des Gegners auf Ausgleichung des Schadens, den er durch die Nichterfüllung des Vertrags erleidet. Auch für diesen Anspruch ist der Vertrag die Grundlage; die Verbindlichkeit bleibt dem Grunde nach die gleiche, nur ihr Bestand ändert sich, und zwar kraft Gesetzes, nicht kraft Rechtsgeschäfts. Die Haftung des Bürgen besteht deshalb auch für die Ersatzforderung (s. § 767 BGB.; Staudinger § 767 Anm. 2; KG. OLG. 18, 41). Auch Pfandrechte erlöschen nicht (arg. §§ 1204, 1210, 1252, 1257, 1273 BGB.) usw. Die Rechtfertigung des Ersatzanspruchs liegt in der willkürlichen wenn auch rechtmäßigen Nichterfüllung des Vertrags durch die Gegenpartei. Ähnlich wie diese für die von ihr zu vertretende Unmöglichkeit ihrer Leistung oder ihren Verzug aufzukommen hat (§§ 325, 326 BGB.), muß sie für die Folgen der ihr nach § 17 im eigenen Interesse erlaubten Erfüllungsverweigerung einstehen. Da aber der daraus entstehende Schaden des Gl., wenn auch mittelbar, durch die KE. veranlaßt ist, beschränkt § 26 den Anspruch des Gl. auf eine KForderung. Auf diese Weise läßt sich die zweifellos vorhandene Lücke des Gesetzes (s. auch Anm. 4 zu § 26) schließen. Einen Anspruch auf den Rücktritt vom Vertrag, der die Parteien verpflichten würde im Falle des Rücktritts einander die empfangenen Leistungen zurückzuwähren (vgl. §§ 327, 346 f. BGB.), gibt die Ablehnung der Erfüllung weder dem KVerw. noch dem Gegner (s. aber unter b); (herrschende, wenn auch verschieden begründete Lehre; s. z. B. Begr. I 91, Begr. II 30; RGZ. 21, 6; 56, 239 f.; 64, 207; Jaeger Anm. 43 f.; Seuffert 190; a. M. Hellmann 266 f.).

b) Die Berechnung und Feststellung des Schadens, den der Gegner zu beweisen hat, erfolgt nach allgemeinen Grundsätzen (§§ 249 f. BGB.); der Berechtigte hat aber keinen Anspruch auf sog. Naturalrestitution (§§ 249, 250), weil dies dem Anspruche auf Vertragserfüllung gleichkäme. Der zu ersetzende Schaden umfaßt auch den entgangenen Gewinn (§ 252; Königsberg OLG. 27, 250). § 254 (Verschulden des Gegners) kann anwendbar sein. Die Streitfrage zu §§ 325, 326 BGB. (Austauschtheorie — Differenztheorie s. 3 b) ist hier ohne Bedeutung; nach § 17 ist es zweifellos, daß der Gegner, der nach der Ablehnung durch den Verw. Schadensersatz verlangt, zur vertragsmäßigen Leistung seinerseits weder verpflichtet noch berechtigt ist. Wie in den Fällen nach §§ 325, 326 BGB. läßt sich der Schaden abstrakt oder konkret feststellen (s. Braunschweig, LZ. 3, 83); § 69 (Schätzung) ist nicht anzuwenden. Für die Berechnung des konkreten Schadens kommt bei Kaufverträgen in erster Linie der Selbsthilfeverkauf des Verkäufers ohne den Formenzwang des § 373 HGB. und der Deckungskauf des Käufers in Betracht (vgl. RGRKomm. Anm. 2 zu § 325). Gegenüberzustellen ist hierbei der wirkliche Sachverlauf der Lage des Berechtigten, die bestünde, wenn wirklich erfüllt worden wäre; es darf bei Feststellung der letzteren nicht etwa angenommen werden, daß der Berechtigte auf seine Fdg. nur die KQuote erhalten hätte (RG. LZ. 14, 50). Wegen der Berechnung des abstr. Sch. vgl. RGZ. 60, 346; 68, 163. Bei der Berechnung des Schadens sind selbstverständlich etwaige Teilleistungen der einen oder anderen Seite zu berücksichtigen. Hat z. B. der Käufer dem GSch. eine Anzahlung auf den Kaufpreis geleistet ohne die Ware erhalten zu haben, so erhöht sich sein Ersatzanspruch entsprechend. Die Zurückgabe der Zahlung kann er nach § 26 Satz 1 nicht verlangen. Hatte umgekehrt der GSch. teilweise erfüllt, so mindert sich der Ersatzanspruch des Gegners. Zweifelhaft und bestritten ist aber, ob der Gegner zur Herausgabe des Restes an die Masse verpflichtet ist, wenn durch die Teilleistung nicht bloß sein etwaiger Schaden ausgeglichen wird, sondern sogar eine Bereicherung bleibt. Diese Frage — keine krechtliche Sonderfrage — wird zu bejahen sein, obwohl die Ablehnung der Erfüllung nicht zur Auflösung des Vertrages führt, denn die Teilleistung ist im Vertrauen auf das Bestehen des vertragsmäßigen Erfüllungsanspruches erfolgt. Fällt dieser später weg, so wird auch der Teilleistung der rechtliche Grund entzogen (s. § 812 Abs. 1 Satz 2 BGB.), wenn auch die Grundlage des Vertrags unberührt bleibt. Der Gegner kann auch billigerweise nicht mehr als die Ausgleichung seines Schadens mit Einschluß des Gewinnentgangs verlangen; was er darüber hinaus aus dem Vermögen des anderen gezogen hat, besitzt er ohne rechtfertigenden Grund (gl. A. Jaeger Anm. 46; wohl auch Wilm.-Kurlb. Anm. 6; Staub Erk. zu § 382 Anm. 85; s. ferner Sarw.-Bossf. Anm. 2b). Dementgegen steht das RGZ. 56, 241 auf dem Standpunkte, daß bei Unterlassung der weiteren Erfüllung jeder Teil die vom anderen empfangenen in sein Eigentum übergegangenen Leistungen behalte. Das ergebe sich für Leistungen an den GSch. aus § 26 und für Leistungen an den andern Teil aus dem Fehlen eines entgegengesetzten Rechtssatzes. Der KVerw. könne bei der Ausübung des Wahlrechtes Nachteile für die KMasse vermeiden. So auch Dresden, OLG. 4, 170; Braunschweig, OLG. 10, 193; Marienwerder, OLG. 29, 299 u. a. Grundsätzlich anders wieder RGZ. 73, 58 f. Dort wird der Bereicherungsanspruch der Masse nicht abgelehnt, darüber hinaus aber ein allgemeiner auch im K. gültiger Rechtssatz aufgestellt, daß keine Partei die auf Grund eines zweiseitigen Vertrages empfangene Teilleistung endgültig behalten könne, ohne zur entsprechenden Gegenleistung verpflichtet zu sein; s. hierzu Pakuscher JW. 42, 723.

c) Mit dem eben Erörterten hängt enge die Frage zusammen, ob der andere Teil den Besitz einer Sache, den er vom GSch. durch die teilweise Erfüllung des Vertrages erlangt hat, dem KVerw. gegenüber nach § 986 BGB. behaupten kann. Z. B. der GSch. hat dem Gegner Waren unter Eigentumsvorbehalt bis zur völligen Zahlung des Kaufpreises verkauft (s. §§ 433, 455 BGB.) und einen Teil der Waren geliefert. Der KVerw. lehnt die weitere Erfüllung ab und macht den Eigentumsanspruch geltend. Da nunmehr die weitere Erfüllung des Vertrages ausgeschlossen und der andere Teil auf einen Geldersatzanspruch beschränkt ist, wird ein Recht des Gegners zum Besitze, das dem Eigentum des GSch. vorgeht, nicht mehr bestehen vorbehaltlich der Ansprüche wegen Verwendungen auf die Sache (vgl. § 49 Abs. 1 Nr. 3, Anm. 7 dort). Es ist demgemäß jedenf. bei Übergabe von Grundstücken gegenüber dem KVerw., der sie zurückverlangt, auch die exc. rei venditae et traditae ausgeschlossen (RGZ. 91, 218). Umgekehrt kann nach Ablehnung der weiteren Erfüllung auch der KVerw. die Einbehaltung einer Sache, deren Eigentümer der andere ist, nicht unter Berufung auf die vertragsmäßige Einräumung des Besitzes rechtfertigen (arg. § 26 Satz 1). Der andere ist vielmehr aussonderungsberechtigt. S. RGZ. 56, 239 u. 242; 63, 231; Jaeger Anm. 14, 17; Staub Erk. zu § 382 Anm. 83, 90. Vgl. auch Müller, LZ. 2, 684; Jaeger, LZ. 2, 688; Schlotter, LZ. 5, 49.

d) Gerichtsstand für den Anspruch auf Schadensersatz: § 29 ZPO. Ein Rechtsstreit, der bei der KE. wegen der Vertragserfüllung schon anhängig war, ist nach Ablehnung der Erfüllung wegen der streitigen Schadensersatzforderung aufzunehmen. Darin liegt keine Klagänderung (§ 268 Nr. 3 ZPO.). S. aber RGZ. 64, 207. Vgl. auch Staub a. a. O. Anm. 83a.

e) Abreden der Parteien für den Fall der Nichterfüllung des Vertrages treffen (vgl. Anm. 5) auch die Ablehnung der Erfüllung durch den Verw. Eine Vertragsstrafe für die Nichterfüllung (§ 340 BGB.) kann deshalb geltend gemacht werden (s. Anm. 3 zu § 62). Rechte aus einem Eigentumsvorbehalt bleiben unberührt (RGZ. 56, 241).

8. **Der gegenseitige Vertrag nach der Beendigung des K.** Hat sich der KVerw. für die Erfüllung des Vertrages entschieden und wird der Vertrag während des K. nicht vollständig erfüllt, so setzt sich dieser nach der Beendigung des K. zwischen dem GSch. und dem andern Teil fort. Hat der Verw. die Erfüllung ausdrücklich oder stillschweigend abgelehnt, so bleibt es auch nach der KBeendigung bei den daraus entstandenen Folgen, in der Regel also bei der Umwandlung der gegenseitigen Erfüllungsansprüche in einen einseitigen Geldersatzanspruch des Gegners. Dieser Anspruch wird wie eine andere KForderung vom Zwangsvergleiche betroffen (§ 193). S. RGZ. 79, 211 (mit Lit.). Hat der Verw. zu dem Vertrag keine Stellung genommen, z. B. weil er ihm unbekannt blieb oder weil die Vertragserfüllung von keiner Seite aufgegriffen wurde, so wird nach der Beendigung des K. das Vertragsverhältnis zwischen dem GSch. und der Gegenpartei mit dem alten Inhalte fortgesetzt; auf den GSch. geht das Wahlrecht des KVerw., das nur den Zwecken des K. dient, nicht über. Das gilt auch, wenn ein Zwangsvergleich inmitte liegt. Der Erfüllungsanspruch des anderen Teiles wird von diesem nicht betroffen. Der Zwangsvergleich berührt zwar alle nicht bevorrechtigten KForderungen, auch wenn sie im KVerfahren nicht angemeldet wurden (§ 193), seine Wirkung erstreckt sich aber eben nur auf K F o r d e r u n g e n. Da nun der Anspruch auf E r f ü l l u n g eines unter § 17 fallenden Vertrages niemals eine KForderung darstellt, sondern nur Masseanspruch sein kann, ist die Wirkung des Zwangsvergleiches ausgeschlossen (ebenso J a e g e r Anm. 55; s. auch K ö n i g s b e r g, SeuffA. 61, 343; D r e s d e n, Sächs. OLG. 32, 92; a. M. S e u f f e r t 190; W i l m. - K u r l b. Anm. 4 zu § 193). S. auch unter 1c.

Fixgeschäfte.

§ 18. (§ 16.)

I **War die Lieferung von Waren, welche einen Markt- oder Börsenpreis haben, genau zu einer festbestimmten Zeit oder binnen einer festbestimmten Frist bedungen, und tritt die Zeit oder der Ablauf der Frist erst nach der Eröffnung des Verfahrens ein, so kann nicht die Erfüllung verlangt, sondern nur eine Forderung wegen Nichterfüllung geltend gemacht werden.**

II **Der Betrag dieser Forderung bestimmt sich durch den Unterschied zwischen dem Kaufpreise und demjenigen Markt- oder Börsenpreise, welcher an dem Orte der Erfüllung oder an dem für denselben maßgebenden Handelsplatze sich für die**

am zweiten Werktage nach der Eröffnung des Verfahrens mit der bedungenen Erfüllungszeit geschlossenen Geschäfte ergibt.

III Ist ein solcher Markt- oder Börsenpreis nicht zu ermitteln, so findet die Bestimmung des ersten Absatzes keine Anwendung.

Begr. I 69 f. — Unverändert durch die Nov.

1. **Fixgeschäfte des bürgerlichen und des Handelsrechts.** Das Merkmal des Fixgeschäfts liegt nach § 361 BGB. in der Vereinbarung, daß die Leistung des einen Teiles (oder beider Teile) genau zu einer festbestimmten Zeit oder innerhalb einer festbestimmten Frist bewirkt werden soll (Beispiel aus dem täglichen Leben s. Staub Exk. zu § 359 HGB. Bem. 40). Im Zweifel ist der nichtsäumige Teil, wenn die Leistung nicht rechtzeitig erfolgt, zum sofortigen Rücktritt vom Vertrag berechtigt. Dieses Recht hat er — zunächst abgesehen von § 18 — auch, wenn der andere Teil in K. geraten und die Leistung nach der KE. zu bewirken ist. Voraussetzung ist dafür aber, daß sich die Erfüllungsansprüche nicht schon vor der Zeit, in der zu leisten war, durch die Erfüllungsverweigerung des Verw. in einen einseitigen Ersatzanspruch verwandelt haben. Eine besondere Art des Fixgeschäftes ist das Handelsfixgeschäft (§ 376 HGB.). Hier kann der nichtsäumige Teil, wenn die Leistung nicht rechtzeitig erfolgt, sofort vom Vertrag zurücktreten oder, falls sein Schuldner im Verzug ist, sofort statt der Erfüllung Schadensersatz wegen Nichterfüllung verlangen.. Der Erfüllungsanspruch bleibt ihm — im Gegensatz zu § 361 und § 326 BGB. — nur gewahrt, wenn er sofort nach dem Ablaufe der Zeit oder der Frist dem Gegner anzeigt, daß er auf Erfüllung bestehe. Hat der Nichtsäumige seinen Erfüllungsanspruch nicht rechtzeitig gewahrt, so verliert auch der andere endgültig das Recht, den Vertrag zu erfüllen (vgl. Staub Anm. 18 u. 19 zu § 376). Für den K. des Säumigen kommt es deshalb zunächst auf die Rechtslage bei der KE. an; das Wahlrecht des Verw. nach § 17 setzt ein Erfüllungsrecht des GSch. voraus (s. Anm. 3 zu § 17). Tritt die vertragsmäßige Leistungszeit nach der KE. ein, so entscheidet gemäß § 17 die Stellungnahme des Verw.

2. **Die Voraussetzungen des § 18.** § 18 enthält für bestimmte Fixgeschäfte eine Ausnahme von § 17. Wie dieser bezieht er sich nur auf Verträge, die von keiner Partei vollständig erfüllt sind. Die besondere Regelung trifft nur Fixgeschäfte über die Lieferung von Waren, die markt- oder börsenmäßig gehandelt werden, z. B. Lebensmittel, Metalle. Daß zu den Waren im Sinne des § 18 auch Wertpapiere gehören, ist zweifellos. Das Geschäft muß demnach ein Lieferungsgeschäft sein (Gegensatz: vertragsmäßige Differenzgeschäfte, s. § 764 BGB. und dazu §§ 58, 61, 68 BörsG.), es muß aber auch ein Zeitgeschäft sein. Der Kaufpreis muß für die künftig erfolgende Lieferung im voraus bestimmt sein. Weitere Voraussetzung ist, daß die Leistungszeit oder das Fristende erst nach der KE. eintritt. Gleichgültig ist, ob die Vertragsteile Kaufleute sind und ob der GSch. Lieferant oder Lieferungsempfänger ist. Gleichgültig ist ferner, wie der Börsen- oder Marktpreis (Abs. 2) ermittelt werden kann, auf Grund von Kursnotierungen oder sonstwie. Über Geschäfte mit fixem Ab-

ladungstermin s. Hamburg, OLG. 23, 302; LZ. 5, 635; über Nochgeschäfte RG. GruchBeitr. 59, 935.

3. Die Wirkung der KE. in den Fällen des § 18. Das schwebende Lieferungsgeschäft verwandelt sich mit der KE. ohne weiteres in ein Differenzgeschäft, bei dem es lediglich auf den Unterschied zwischen dem vereinbarten Kaufpreis und dem in Abs. 2 bezeichneten Markt- oder Börsenpreis ankommt. Berechnet sich die Differenz zugunsten der Masse, so hat sie der Gegner zur Masse einzuzahlen, berechnet sie sich zugunsten des Gegners, so hat dieser eine KForderung in dieser Höhe (§ 26). Da sich die Umwandlung kraft Gesetzes vollzieht, ist der Erfüllungsanspruch des Verw. und ein Wahlrecht zwischen Erfüllung und Nichterfüllung ausgeschlossen. Auch der Gegner hat keinen Erfüllungsanspruch. Die Umwandlung ist zwingendes Recht. Die Parteien können nicht vereinbaren, daß der Vertrag auch im Falle der KE. erfüllt werden muß, sie sind aber nicht gehindert zu vereinbaren, daß mit der KE. der Vertrag als aufgelöst gilt.

4. Die Berechnung der Differenz. Der § 18 schaltet das Wahlrecht des KVerw. aus, weil es aus wirtschaftlichen Erwägungen, namentlich wegen des gewöhnlichen Zusammenhangs mit anderen Geschäften, nicht angeht, den Vertrag längere Zeit in Schwebe zu halten. Das Geschäft soll deshalb sofort liquidiert werden. Der Gegner des GSch., Käufer oder Verkäufer, soll Gelegenheit haben, sich gleich nach der KE. durch anderweitigen Kauf oder Verkauf Deckung zu verschaffen. Den Überschuß des Markt- oder Börsenpreises über den Kaufpreis kann der Käufer fordern, weil er um so viel mehr aufwenden muß, den Minderbetrag der Verkäufer, weil er um so viel weniger erhält (vgl. Staub Anm. 96, Erk. zu § 382). Den zweiten Werktag nach der KE. erklärt das Gesetz — unter Ausschluß anderer Abrede (Jaeger Anm. 26) — für maßgebend, weil bis dahin der Gegner vermutlich die KE. kennen und seine Verfügung treffen kann. Ob der Gegner im einzelnen Falle tatsächlich von der KE. rechtzeitig erfährt und Deckung sucht, und wie hoch etwa sein wirklicher Schaden ist, ist gleichgültig. Zu beachten ist, daß nicht etwa der Kaufpreis entscheidet, der für Kassegeschäfte am vertragsmäßigen Erfüllungstage gilt.

Beispiel: A in B kauft am 16. Juni 1913 bei C in D 100 Aktien zu 1000 ℳ Nennwert und 2500 ℳ Kurswert, lieferbar Ultimo Juli 1913 in E. Am 10. Juli 1913 kommt C in K. Das Fixgeschäft wandelt sich in ein Differenzgeschäft. Der Unterschied wird berechnet nach dem Kurse, den die Aktien am 12. Juli 1913 in E oder dem für E maßgebenden Handelsplatze haben, wenn als Lieferungszeit Ultimo Juli 1913 und als Lieferungsort E vereinbart wird. Beträgt der Kurswert einer Aktie hiernach 2600 ℳ, so hat A eine KForderung (§ 26 Satz 2) von 100×100 = 10 000 ℳ, beträgt jedoch der Kurswert 2300 ℳ, so hat A an die Masse 200×100 = 20 000 ℳ zu zahlen. Auf die weiteren Kursschwankungen bis Ultimo und den Kurs an Ultimo kommt es nicht an.

5. Das Geschäft nach der KBeendigung. Da sich die Umwandlung des Lieferungsgeschäftes in ein Differenzgeschäft ohne weiteres vollzieht, behält sie nach der Beendigung des K. für beide Teile ihre Wirkung (vgl. Jaeger Anm. 19). Das gilt auch, wenn der sich berechnende Differenzanspruch für die Masse oder als KForderung nicht geltend gemacht worden ist, z. B. weil der Vertrag dem Verw. unbekannt blieb. A. M. Seuffert 192.

6. Rückkehr zur Regel. Kann der Unterschied nach Abs. 2 nicht berechnet werden, weil der dort bezeichnete Markt- oder Börsenpreis nicht zu ermitteln ist, so wird das Geschäft nach der Regel des § 17 behandelt; die Umwandlung in ein Differenzgeschäft gilt als nicht erfolgt. Eine Berechnung nach Abs. 2 kann auch nicht erfolgen, wenn der Erfüllungstag auf den Tag der KE. oder den ersten Werktag nach der KE. fällt. Dann wird zwar der Abs. 1 anzuwenden, der Unterschied aber nach den am Erfüllungstag geltenden Preisen zu berechnen sein. A. M. Jaeger Anm. 12; Fitting 58 Anm. 30, die § 17 anwenden.

Miet- u. Pachtverträge. **§ 19.** (§ 17 Nr. 1).

War dem Gemeinschuldner ein von ihm gemieteter oder gepachteter Gegenstand vor der Eröffnung des Verfahrens überlassen, so kann sowohl der andere Teil als der Verwalter das Miet- oder Pachtverhältnis kündigen. Die Kündigungsfrist ist, falls nicht eine kürzere Frist bedungen war, die gesetzliche. Kündigt der Verwalter, so ist der andere Teil berechtigt, Ersatz des ihm durch die Aufhebung des Vertrags entstehenden Schadens zu verlangen.

§ 20. (§ 18.)

I War dem Gemeinschuldner ein von ihm gemieteter oder gepachteter Gegenstand zur Zeit der Eröffnung des Verfahrens noch nicht überlassen, so kann der andere Teil von dem Vertrage zurücktreten.

II Auf Erfordern des Verwalters muß der andere Teil demselben ohne Verzug erklären, ob er von dem Vertrage zurücktreten will. Unterläßt er dies, so kommen die Bestimmungen des § 17 zur Anwendung.

§ 21. (teilweise § 17 Nr. 2.)

I Hatte der Gemeinschuldner einen von ihm vermieteten oder verpachteten Gegenstand dem Mieter oder dem Pächter vor der Eröffnung des Verfahrens überlassen, so ist der Miet- oder Pachtvertrag auch der Konkursmasse gegenüber wirksam.

II Im Falle der Vermietung oder der Verpachtung eines Grundstücks, sowie im Falle der Vermietung von Wohnräumen oder anderen Räumen ist jedoch eine Verfügung, die der Gemeinschuldner vor der Eröffnung des Verfahrens über den auf die spätere Zeit entfallenden Miet- oder Pachtzins getroffen hat, insbesondere die Einziehung des Miet- oder Pachtzinses, der Konkursmasse gegenüber nur insoweit wirksam, als sich die Verfügung auf den Miet- oder Pachtzins für das zur Zeit der Eröffnung des Verfahrens laufende Kalendervierteljahr bezieht; **erfolgt die Konkurseröffnung innerhalb des letzten halben Monats eines Kalendervierteljahrs, so ist die Verfügung auch insoweit wirksam, als sie sich auf den Miet- oder Pachtzins für das folgende Kalendervierteljahr bezieht.** Soweit die Entrichtung des Miet- oder Pachtzinses der Konkursmasse gegenüber wirksam ist, kann der Mieter oder der Pächter gegen die Miet- oder Pachtzinsforderung der Konkursmasse eine ihm gegen den Gemeinschuldner zustehende Forderung aufrechnen.

III Eine von dem Konkursverwalter vorgenommene freiwillige Veräußerung des von dem Gemeinschuldner vermieteten oder verpachteten Grundstücks wirkt, sofern das Grundstück dem Mieter oder dem Pächter vor der Eröffnung des Verfahrens überlassen war, auf das Miet- oder Pachtverhältnis wie eine Zwangsversteigerung. **Die Vorschriften des § 57 b des Gesetzes über die Zwangsversteigerung und die Zwangsverwaltung bleiben jedoch außer Betracht.**

Zu §§ 19 bis 21: Begr. I 74 f., Begr. II 29 f., KommB. II 12. — Geändert durch die Nov.

Gemeinsame Erläuterungen zu §§ 19 bis 21.

1. Übersicht.

a) Die Einwirkung der KE. auf einen Miet- oder Pachtvertrag, an dem der GSch. beteiligt ist, äußert sich verschieden, je nachdem der GSch. Vermieter (Verpächter) ist oder Mieter (Pächter). Letzterenfalls kommt es weiter darauf an, ob dem GSch. der gemietete (gepachtete) Gegenstand vor der KE. überlassen war (§ 19) oder nicht (§ 20). Soweit das Gesetz besondere Vorschriften trifft, ist dadurch die Anwendung des § 17 ausgeschlossen. Soweit besondere Vorschriften nicht bestehen, ist auf § 17 zurückzugreifen.

b) Über die Zugehörigkeit eines dem GSch. zustehenden Miet- oder Pachtrechtes zur KMasse fehlt es an ausdrücklichen gesetzlichen Bestimmungen. Die §§ 19, 20 setzen aber, indem sie den Einfluß der KE. auf Miet- und Pachtvertrag regeln, diese Zugehörigkeit voraus und enthalten insofern eine Erweiterung des § 1, als es auf die Pfändbarkeit des Miet- oder Pachtrechtes (s. Seuffert ZPO. Anm. 1 zu § 851, Gaupp-Stein II 4 zu § 857) im einzelnen Falle nicht ankommt (vgl. KommBer. II 2 f.). Der KVerw. hat demnach das Miet- oder Pachtrecht des GSch. für die Masse auszunützen (s. auch Anm. 4 zu § 4). Näheres Jaeger § 19 Anm. 1; Wilm.-Kurlb. Anm. 3. Vgl. auch RGZ. 40, 125.

c) Die fettgedruckten Teile des § 21 sind eingefügt durch Art. 3 des Ges. zur Einschränkung der Verfügungen über Miet- und Pachtzinsforderungen v. 8. Juni 1915 (RGBl. 327); durch das Ges. wurden außerdem in Abs. 2 S. 1 des § 21 die Worte „und das folgende" gestrichen. Es trat in Kraft am 20. Juni 1915.

2. Der GSch. als Mieter oder Pächter; Fälle des § 19.

a) Der § 19 setzt voraus, daß der GSch. vor der KE. einen Miet- oder Pachtvertrag als Mieter oder Pächter geschlossen und vor der KE. den unmittelbaren oder mittelbaren Besitz (s. § 868 BGB.) der gemieteten oder gepachteten beweglichen oder unbeweglichen Sache oder den Genuß des gepachteten Rechtes erlangt hat; Verzug des GSch. mit der Inbesitznahme steht dem Besitz nicht gleich (a. A. Pfeiffer LZ. 7, 915). Gegensatz: § 20. Über besondere Fälle s. Jaeger § 19 Anm. 6. Durch die KE. wird der Vertrag nicht aufgehoben, er ist der KMasse und dem Vermieter (Verpächter) gegenüber fortdauernd wirksam. Der Verw. hat mithin kein Wahlrecht, ob er in den Vertrag eintreten will oder nicht, er muß den Vertrag übernehmen und erfüllen. Für die Zeit nach der KE., d. h. vom Tage der KE. an, ist der Vermieter (Verpächter) MasseGl. nach § 59 Nr. 2 (s. Anm. 2 dort); soweit die Vertragsleistungen für die Zeit bis zur KE. rückständig sind, ist er KGl. vorbehaltlich seines Absonderungsrechtes nach § 49 Nr. 2. Die Besonderheit des § 19 besteht aber darin, daß beide Vertragsteile — für den GSch. der Verw. — das Miet- oder Pachtverhältnis kündigen können, auch wenn es für bestimmte Zeit eingegangen ist und deshalb außerhalb des K. erst mit dem Ablaufe dieser Zeit endigen würde (s. §§ 564, 581 Abs. 2 BGB.). Die Kündigungsfrist ist ohne Rücksicht auf den gegenteiligen Inhalt des Vertrages die gesetzliche (BGB. § 565 Abs. 1 Satz 1, Abs. 2, 4! — s. Jaeger Anm. 11; Fischer-Henle Anm. 9 zu § 565 —, §§ 580, 581, 595). Das Miet- oder Pachtverhältnis wird deshalb grundsätzlich im K. des Mieters behandelt, wie wenn es auf unbestimmte Zeit ohne vertragsmäßige Festsetzung der Kündigungsfrist geschlossen wäre. Nur wenn der Vertrag eine kürzere, wenn auch für beide Teile nicht gleichmäßig lange Frist als die gesetzliche bestimmt, gilt die für den Kündigenden vorgesehene kürzere Frist. Das ist an sich selbstverständlich. Denn da der Vertrag wirksam bleibt und nur die vom Gesetz ausdrücklich bestimmten Einschränkungen erfährt, gelten auch seine kürzeren Fristen fort. Freilich müssen, wenn die kürzere Frist nicht allgemein sondern nur unter bestimmten Voraussetzungen zugelassen ist, die Voraussetzungen dafür vorliegen. Ist also die kürzere Vertragsfrist erst nach dem Ablauf einer bestimmten Miet- oder Pachtzeit zulässig, so kann sie im K. des Mieters nicht zur Kündigung des Vertrages vor dem Zeitablaufe benützt, sondern es muß dann die gesetzliche Frist eingehalten werden. An die Vertragsfrist sind die Vertragsteile aber nicht gebunden, wenn die unmittelbare Anwendung des Gesetzes zu einer schnelleren Auflösung des Vertrages führt als der Vertrag selbst. Könnte also der Mieter (der KVerw.) oder der Vermieter den Vertrag nach dem Gesetze ohne Einhaltung einer Kündigungsfrist kündigen, während er nach dem Vertrag in einem solchen Falle eine Frist einhalten müßte, so tritt der Vertrag hinter das Gesetz zurück. Die Vereinbarungen über die Auflösung des Vertrages gelten m. a. W. nur soweit, als sie für die Auflösung des Vertrages günstiger sind als das Gesetz (vgl. RGZ. 56, 248).

b) Die Vorschriften des § 19 über die Kündigung sind nur insofern zwingend, als sie der KMasse die Möglichkeit vorzeitiger Lösung des Miet- oder Pachtverhältnisses geben sollen. Durch Parteiabrede kann dieses Recht des KVerw. nicht ausgeschlossen oder beschränkt werden. Andere Abmachungen sind gültig, z. B. die Vereinbarung, daß der Vermieter (Verpächter) im K. des Mieters ohne Einhaltung einer Frist kündigen kann oder daß der Vertrag in diesem Falle ohne weiteres als aufgelöst gelten soll (RGZ. 56, 245; Jaeger § 19 Anm. 2, 10). S. auch Anm. 5 zu § 17.

c) Das beiderseitige Kündigungsrecht nach § 19 dauert, solange der K. dauert; die Kündigung braucht nicht für den ersten Termin zu erfolgen, für den sie zulässig ist (Begr. I 80, Seuffert 192). Erfolgt die Kündigung, so bindet sie den GSch., auch wenn die Frist erst nach der Beendigung des K. abläuft. Dagegen kann auf Grund des § 19 von keinem Teile mehr gekündigt werden, sobald der K. beendigt ist. Es entscheidet dann wieder zunächst der Miet- oder Pachtvertrag, soweit er nicht im Laufe des K. durch Vereinbarung geändert wurde.

d) Kündigt der Verw. auf Grund der Sondervorschrift des § 19, so kann der andere Teil Schadensersatz für die Aufhebung des Vertrages verlangen (S. 3) und diesen Anspruch als KGl. — nicht als Massegl. — geltend machen (§ 26 Satz 2). Die Forderung entsteht mit der KE. aufschiebend bedingt durch die Kündigung des Verw. und kann als solche schon vor der Kündigung angemeldet werden (s. dazu § 67 und Anm. 1 dort, vgl. auch § 54). Der Schaden besteht in dem Ausfall, den der Gl. durch die vorzeitige Aufhebung des Vertrages erleidet. Dafür hat der Gl. die Beweislast. Der KVerw. kann einwenden und beweisen, daß der Gläubiger es unterlassen hat, den Schaden durch Weitervermietung (Weiterverpachtung) abzuwenden oder zu mindern (§ 254 BGB.). Der Ersatzanspruch ist aber nicht dadurch aufschiebend bedingt, daß der Gl. nicht weiter vermieten (verpachten) kann. Der Gl. kann mithin, wenn der Vertrag durch die Kündigung des Verw. vorzeitig aufgelöst wird, nicht bloß Sicherung, sondern sofortige Zahlung der Dividenden verlangen, auch wenn die spätere Aufhebung oder Minderung des Schadens nicht ausgeschlossen ist (vgl. RG. JW. 20, 292). S. entspr. Anm. 2c zu § 22. Im Prozesse entscheidet das Gericht unter Würdigung aller Umstände nach freier Überzeugung (§ 287 ZPO.). Für den Entschädigungsanspruch kann der Vermieter (Verpächter) nach ausdrückl. Vorschrift in § 49 Nr. 2 sein gesetzliches Pfandrecht nicht geltend machen. S. Anm. 4, 5 zu § 49.

e) Durch die Einfügung des Satz 3, der die frühere Streitfrage über die Folgen der vorzeitigen Kündigung des Verw. beseitigen wollte (Begr. II 29), ist zugleich außer Zweifel gestellt, daß ein Schadensersatzanspruch nicht besteht, wenn der andere Teil von seinem Rechte der vorzeitigen Kündigung nach § 19 Gebrauch macht (vgl. RG. JW. 27, 642). In diesem Falle kann die Masse nur den für die Zeit nach der Aufhebung des Vertrages etwa im voraus entrichteten Miet- oder Pachtzins nach Maßgabe des § 347 BGB. zurückverlangen (entspr. § 555 BGB.). Jaeger § 19 Anm. 19 verweist auf § 812 Abs. 1 Satz 2 BGB.

f) Die Grundsätze des § 19 gelten auch, wenn der GSch. Untermieter (Unterpächter) ist. Bei Mitmiete (Miete durch mehrere) ist § 19 nicht anwendbar, s. Josef LZ. 7, 128 und dazu Jaeger § 19 Anm. 7a. Über die bestrittene rechtliche Natur des sog. Möbelleihvertrags (Kauf, Miete) s. Samter, Komm. z. AbzG. S. 83, ferner Hörle GruchotsBeitr. 55, 181. § 19 ist (wie § 20 u. § 21 Abs. 1) auch maßgebend für den Einfluß der KE. auf einen Jagdpachtvertrag (s. Behr, Bayr. Jagdges. S. 72; Pollwein, Bayr. Jagdges. [7] S. 28). Im K. eines Mitjagdpächters ist § 19 nicht anwendbar. Der Verw. ist auf die Auseinandersetzung mit den anderen Mitpächtern beschränkt (§ 16).

3. Der GSch. als Mieter oder Pächter; Fälle des § 20.

a) § 20 setzt einen wirksamen Miet- oder Pachtvertrag voraus, der bis zur KE. noch nicht durch Überlassung des Gegenstandes an den GSch. in Vollzug gesetzt wurde. Das ist z. B. in der Regel der Fall, wenn der GSch. eine Wohnung oder einen Laden gemietet aber noch nicht bezogen hat. Die Vorschrift ist nur im Zusammenhange mit § 17 richtig zu verstehen. Der Verw. hat die Wahl, ob er für die Masse in den Vertr. eintreten oder die Erfüllung ablehnen will. Nebenher geht aber unabhängig von dem Wahlrechte des Verw. das Recht des Vermieters (Verpächters) vom Vertrage zurückzutreten. Darin liegt die Besonderheit des § 20. Denn während nach der Regel des § 17 der andere Teil die Entschließung des Verw. abwarten muß und diesen nur drängen kann sich zu entscheiden, hat nach § 20 der Vertragsgegner zwar kein Wahlrecht zwischen Erfüllung und Nichterfüllung, aber die Befugnis, durch einseitige empfangsbedürftige Willenserklärung (§ 130 BGB.) an den Verw. den Vertrag — auch mit Wirkung gegen den GSch. und für die Zeit nach der KBeendigung — zur Auflösung zu bringen. Den etwa im voraus empfangenen Miet- oder Pachtzins hat er entsprechend §§ 346f. BGB. zurückzugeben. Einen Schadensersatzanspruch wegen Nichterfüllung des Vertrages hat bei Rücktritt weder er noch die andere Seite (s. Begr. I 82). Es kommen demnach folgende Fälle in Betracht:

1. Der Vermieter (Verpächter) tritt ohne vorherige Erklärung des Verw. vom Vertrag zurück. Dann ist der Vertrag aufgelöst, ohne daß der Verw. Erfüllung verlangen kann.
2. Der Verw. verlangt Erklärung des andern, ob er zurücktritt. Dann muß der andere den Rücktritt ohne schuldhaftes Zögern erklären, sonst verwirkt er dieses Recht und die Erfüllung hängt von der Entscheidung des Verw. nach § 17 ab.
3. Der Vermieter (Verpächter) erklärt, daß er nicht zurücktritt. Dann kommt es auf die Entschließung des Verw. an, ob der Vertrag erfüllt wird oder nicht. Je nachdem ist der Vermieter (Verpächter) Massegl. oder mit seinem Ersatzanspruche KGl.

4. Der Verw. erklärt sich von vornherein für die Erfüllung des Vertrages. Dann kann der andere trotzdem zurücktreten, muß aber von dem Rechte ohne schuldhaftes Zögern Gebrauch machen. Erklärt er den Rücktritt nicht, so ist der Vertrag von beiden Seiten vollständig zu erfüllen. Die Anwendung des § 19 (vorzeitige Kündigung) ist für beide Teile ausgeschlossen.

5. Der Verw. erklärt sich von vornherein für die Nichterfüllung des Vertrages. Dann kann der andere trotzdem seinerseits noch vom Vertrage zurücktreten, weil die Erklärung des Verw. nur die zukünftige Erfüllung des Vertrages ausschließt, er hat aber dabei zu bedenken, daß er durch den Rücktritt seinen etwaigen Schadensersatzanspruch wegen Nichterfüllung verwirkt.

b) Der § 20 ist insofern zwingend, als die Bewegungsfreiheit des Verw. durch Parteiabrede nicht eingeengt werden kann. Dagegen können Vereinbarungen der Parteien zum Ausschlusse des Rücktrittsrechts des Vermieters (Verpächters) und umgekehrt zur Erweiterung dieses Rechtes über den Rahmen des § 20 hinaus führen. S. Anm. 2b oben.

4. Der GSch. als Vermieter oder Verpächter; die Fälle des § 21.

a) Besonders geregelt ist nur der Fall, daß der GSch. den vermieteten (verpachteten) Gegenstand dem Mieter (Pächter) vor der KE. schon überlassen hatte (§ 21; vgl. Anm. 2a oben). Hat der Vertrag zur Überlassung noch nicht geführt, so gilt mangels einer gegenteiligen Vorschrift ausschließlich die Regel des § 17, also das Wahlrecht des Verw. zwischen Erfüllung und Nichterfüllung ohne Rücktrittsrecht des andern Teiles; § 21 Abs. 2, 3 ist nicht anwendbar. Ist dagegen die Überlassung erfolgt, so bleibt der Vertrag auch der KMasse gegenüber wirksam und muß vorbehaltlich anderer Vereinbarung von beiden Seiten vollständig erfüllt werden ohne die Möglichkeit außerordentlicher kmäßiger Kündigung. Wegen seiner Ansprüche aus dem Vertrag ist dann der andere Teil Massegl. (§ 59 Nr. 2). Zieht der Verw. den vermieteten (verpachteten) Gegenstand wegen übermäßiger Belastung oder aus einem andern Grunde nicht zur Masse oder gibt er ihn frei, so soll nach S e u f f e r t 194 der § 21 nicht anwendbar sein. Das scheint, soweit Abs. 1 in Betracht kommt, nicht richtig. Die Masse kann sich der kraft Gesetzes eintretenden Haftung für die Vertragserfüllung nicht willkürlich entziehen. Diese Haftung hängt nicht davon ab, ob der vermietete (verpachtete) Gegenstand für die Masse verwertbar ist. Auch die Geltendmachung einer KForderung kann der Verw. nicht dadurch abwenden, daß er den Gegenstand, auf den sie sich bezieht, aus der Masse freigibt. Dagegen ist, wenn der Verw. das zur Masse gehörige vermietete (verpachtete) Grundstück freigibt, der Abs. 2 (und selbstverständlich der Abs. 3) nicht anwendbar (vgl. J a e g e r § 21 Anm. 18).

b) Hatte der GSch. gemietet (gepachtet) und den gleichen Gegenstand wieder vermietet (verpachtet), so behält der Untermietvertrag (Unterpachtvertrag) in den Fällen des § 21 an sich seine Wirksamkeit. Er hängt aber in seinem Bestande von dem Bestehen des Hauptvertrages ab (vgl. § 556 Abs. 3, § 581 Abs. 2 BGB.); durch die Aufhebung des Hauptvertrages wird die weitere Erfüllung des Untervertrages unmöglich. Der Verw. ist durch seine Verpflichtung den Untervertrag auszuhalten rechtlich nicht gehindert, durch Ausübung des kmäßigen Kündigungsrechts nach § 19 den Hauptvertrag zur Auflösung zu bringen. Die dann eintretende Nichterfüllung des Untervertrages berechtigt den Untermieter (Unterpächter) nur, seinen Schadensersatzanspruch als KForderung geltend zu machen. Die Nichterfüllung ist zwar die Folge einer Handlung des KVerw. (s. § 59 Nr. 1), zugleich aber mittelbare Folge der KE. Diese Tatsache hindert das Entstehen einer Masseschuld (s. § 26 Satz 2). RGZ. 67, 372 f., JW. 39, 341. Der Untermieter (Unterpächter) hat demnach, wenn der KVerw. den Hauptvertrag nach § 19 kündigt, keine weitergehenden Ansprüche als wenn der Vermieter (Verpächter) des Hauptvertrages von seinem Kündigungsrechte nach § 19 Gebrauch macht.

c) Wird zugunsten eines Hypothekengl. der für das belastete Grundstück zu entrichtende Miet- oder Pachtzins in Beschlag genommen, so ist nach § 1124 BGB. eine rechtsgeschäftliche Verfügung (namentlich Einziehung, Übertragung, Belastung, Erlaß oder Stundung, s. Jaeger § 21 Anm. 13), aber auch eine Verfügung i. W. der Zwangsvollstreckung oder Arrestvollziehung (RGZ. 58, 185; 59, 184; 64, 418; 76, 116), die darüber vor der Beschlagnahme getroffen ist, dem Hypothekengl. gegenüber unwirksam, soweit sie sich auf den Miet- oder Pachtzins für eine spätere Zeit als das zur Zeit der Beschlagnahme laufende, und, wenn die Beschlagnahme innerhalb des letzten halben Monats eines Kalendervierteljahres erfolgt, soweit sie sich auf einen Miet- oder Pachtzins für eine spätere Zeit als das folgende Kalendervierteljahr bezieht. Das halbe Monat beginnt auch im März und September (den Monaten mit 31 Tagen) bereits mit dem Beginn des Sechzehnten. Nach § 1125 (vgl. § 575) BGB. kann ferner, soweit die Einziehung des Miet- oder Pachtzinses dem Hypothekengläubiger gegenüber unwirksam ist, der Mieter oder Pächter nicht eine ihm gegen den Vermieter oder Verpächter zustehende Forderung gegen den Hypothekengläubiger aufrechnen (entgegen § 406 BGB.). In einer ähnlichen Lage wie der Hypothekengl., der die Beschlagnahme des Grundstücks erwirkt hat, sind die KGl. hinsichtlich der auf die Zeit nach der KE. entfallenden Miet- oder Pachtzinsen aus Grundstücken, die zur KMasse gehören und dem Mieter oder Pächter zur Zeit der KE. schon überlassen waren. In dem gleichen Umfange werden demnach durch Abs. 2 die KGl. geschützt (Begr. II 16), weil zu ihren Gunsten die KE. wie eine Beschlagnahme wirkt. Die Frage, ob der Satz 2 des Abs. 2 eine Einschränkung oder eine Erweiterung des sonst geltenden Aufrechnungsrechtes enthält (vgl. KommBer. II, 12), tritt angesichts des im allgemeinen klaren Willens des Gesetzes in den Hintergrund. Aus § 55 Nr. 1 würde sich die ausnahmslose Unzulässigkeit der Aufrechnung von Forderungen an den GSch. — ohne Beschränkung auf KForderungen — gegen die nach der KE. fällig gewordenen Miet- oder Pachtzinsforderungen der Masse ergeben. Insofern enthält § 21 Abs. 2 Satz 2 eine Ausnahme zugunsten des Mieters oder Pächters (vgl. Jaeger § 55 Anm. 5). Anderseits wird aber hier der Satz, daß gegen Forderungen der Masse, die schon vor der KE. an den GSch. zu erfüllen waren, mit KForderungen unbeschränkt aufgerechnet werden kann, zu Ungunsten des Mieters oder Pächters eingeschränkt. Denn auch wenn der Mieter z. B. vor der KE. auf ein Jahr vorauszuzahlen hatte, kann er nach der KE. gegen die Forderung, mit deren Erfüllung er rückständig war, eine ihm gegen den GSch. zustehende Forderung nur in der Höhe des Miet- oder Pachtzinses für das bei der KE. laufende und ausnahmsweise höchstens das folgende Kalendervierteljahr aufrechnen. Z. B. A hat von B am 1. Febr. 1914 gegen jährliche Vorauszahlung ein Familienhaus um 2400 ℳ gemietet und das Haus bezogen, den 1. Jahreszins aber nicht gezahlt, weil er eine Forderung in gleicher Höhe gegen B hat. Am 16. März 1914 gerät B in K. A kann nur in Höhe des bis 1. Juli 1914 treffenden Mietzinses (= 1000 ℳ) aufrechnen, den Rest muß er zur Masse zahlen und kann er anderseits als KForderung anmelden. Hätte A vor der KE. den Jahreszins von 2400 ℳ entrichtet, so müßte er gleichwohl 1200 ℳ an die KMasse nochmals zahlen, denn insoweit ist die Einziehung nach Satz 1 für die Masse unwirksam. In Höhe dieser 1200 ℳ hätte er einen durch die Zahlung an die Masse bedingten, als KForderung verfolgbaren Bereicherungsanspruch gegen den GSch. (s. Jaeger § 21 Anm. 17).

Nicht zweifelhaft ist trotz dem Schweigen des Ges., daß der Mieter (Pächter) in den Fällen des Abs. 2 S. 2 nur eine Forderung aufrechnen kann, die er spätestens mit der KE. gegen den GSch. erworben hat (vgl. § 55 Abs. 1 Nr. 2).

d) Der Abs. 2 bezieht sich („jedoch") nur auf die Fälle des Abs. 1 und betrifft von diesen wieder nur die Vermietung oder Verpachtung eines Grundstücks und die Vermietung von Wohnräumen und andern Räumen (s. § 580 BGB.). Hat der GSch. andere Gegenstände vermietet oder verpachtet, so sind mangels einer Vorschrift, die derartige Verfügungen ausschlösse, Verfügungen des GSch. über die nach der KE. zu entrichtenden Miet- oder Pachtzinse unbeschränkt wirksam (s. Begr. II, 31) vorbehaltlich ihrer Anfechtbarkeit nach §§ 29 f. Wegen der Aufrechnung gelten die allgemeinen Vorschriften, §§ 53 f.

e) Der Verw. kann die Zwangsversteigerung der unbeweglichen Massegegenstände betreiben (§ 126, ZVG. §§ 172 f.), er kann diese aber auch freiwillig veräußern (s. § 134 Nr. 1, §§ 135, 136). Ist das zwangsweise versteigerte Grundstück einem Mieter oder Pächter überlassen, so bemessen sich die Wirkungen der Zwangsversteigerung auf das Miet- oder Pachtverhältnis nach §§ 57 und 57 a ZVG., d. h. es finden die Vorschriften der §§ 571, 572, des § 573 S. 1 und der §§ 574, 575 BGB. Anwendung, jedoch mit den aus § 57 a sich ergebenden Maßgaben. Hieraus folgt, daß, abweichend von der nach §§ 571 und 572 für die freiwillige Veräußerung getroffenen Regelung, der Ersteher berechtigt ist, das Miet- oder Pachtverhältnis unter Einhaltung der gesetzlichen Frist (§§ 565, 595 BGB.) zu kündigen; doch muß er für den ersten Termin kündigen, für den die Kündigung zulässig ist (§ 57 a); § 57 b ZwVG. kann nicht Anwendung finden, weil nach § 173 ZwVG. bei einer vom KVerw. betriebenen Zwangsversteigerung der Beschluß auf Anordnung des Verfahrens nicht als Beschlagnahme gelten soll (Kretzschmar BayZfR. 14, 224; a. A. Jaeger § 21 Anm. 22). Zufolge des § 21 Abs. 3 soll eine freiwillige Veräußerung durch den KVerw., abweichend von sonstigen freiwilligen Veräußerungen, die gleiche Wirkung haben, jedoch auch hier (kraft ausdrücklicher gesetzl. Bestimmung) mit Ausnahme des § 57 b, der bei einer freiwilligen Veräußerung, weil es an einer Beschlagnahme fehlt, nicht anwendbar sein kann. Der Erwerber — nicht der andere Teil — kann also ohne Rücksicht auf die vereinbarte Vertragsdauer das Miet- oder Pachtverhältnis wie bei der Zwangsversteigerung (§ 57a) kündigen. Macht der Erwerber davon Gebrauch, so kann der Mieter (Pächter) für die als mittelbare Folge der KE. eintretende vorzeitige Aufhebung des Vertrages einen Ersatzanspruch im K. geltend machen, aber nur als KForderung (§ 26 Satz 2; s. RGZ. 67, 376). Die Aufrechnung der Entschädigungsforderung gegenüber dem Erwerber oder der Masse bemißt sich nach den allgemeinen Vorschriften. Eine Schadensersatzpflicht der Masse nach § 571 Abs. 2 BGB. fällt dagegen nicht unter § 26 sondern ist Masseschuld (vgl. auch Jaeger § 21 Anm. 21). Der Abs. 3 gilt auch für die freiwillige Veräußerung grundstücksgleicher Rechte, die der GSch. verpachtet hatte, z. B. — nach bayerischem Rechte — für die Veräußerung eines verpachteten selbständigen Fischereirechtes.

f) Für altrechtliche Miet- oder Pachtverhältnisse sind übergangsweise zu vergleichen Art. VI EG. KonkNov., Art. 170 bis 172 EG. BGB. § 17 Nr. 2 KO. a. F. und dazu Jaeger Anm. 26, Fischer-Henle Anm. 2 zu Art. 172 EG., Fischer-Schäfer Anm. 6 zu § 57 ZVG.

Zum Ges. v. 8. Juni 1915 (s. oben Anm. 1c) enthalten dessen Art. 4 und 5 Übergangsbestimmungen, von denen Art. 4 jetzt gegenstandslos ist, während Art. 5 bestimmt, daß dann, wenn das Miet- oder Pachtverhältnis vor dem Inkrafttreten des Ges. begründet worden ist, für die Wirksamkeit von Rechtsgeschäften, die zwischen dem Mieter oder Pächter und dem Vermieter oder Verpächter in Ansehung der Miet- oder Pachtzinsforderung vorgenommen werden, § 21 Abs. 2 in der früheren Form maßgebend bleiben soll, soweit es sich um den Miet- oder Pachtzins für die Zeit bis zu dem ersten Termine handelt, für den die Kündigung des Miet- oder Pachtverhältnisses zulässig ist.

Dienstverträge.

§ 22. (§ 19.)

I Ein in dem Haushalte, Wirtschaftsbetriebe oder Erwerbsgeschäfte des Gemeinschuldners angetretenes Dienstverhältnis kann von jedem Teile gekündigt werden. Die Kündigungsfrist ist, falls nicht eine kürzere Frist bedungen war, die gesetzliche.

II Kündigt der Verwalter, so ist der andere Teil berechtigt, Ersatz des ihm durch die Aufhebung des Dienstverhältnisses entstehenden Schadens zu verlangen.

Begr. I 82 f., KommB. I 15 f., 149; Begr. II 31. — Geändert durch die Nov.

1. Die von § 22 betroffenen Rechtsverhältnisse.

a) § 22 erstreckt sich nur auf Dienstverträge, d. h. auf Verträge, deren Gegenstand die Leistung von Diensten gegen Vergütung ist (Hauptregelung in §§ 611 f. BGB.), nicht auf Werkverträge, die die Herstellung eines Werkes gegen Vergütung zum Gegenstande haben (§§ 631 f. BGB.), ferner nicht auf Aufträge (s. § 23 Abs. 1), d. h. auf die unentgeltliche Geschäftsbesorgung (§§ 662 f. BGB.) und, wie sich aus der besonderen Vorschrift des § 23 Abs. 2 ergibt, auch nicht auf entgeltliche Geschäftsbesorgungsverträge. Von den übrigen Dienstverträgen kommen nur solche in Betracht, in denen der GSch. der Dienstberechtigte ist. Ist der GSch.

der Dienstverpflichtete und hat er der Regel entsprechend in Person zu leisten (s. § 613 BGB.), so fällt der Vertrag auch nicht unter § 17 (Anm. 2d zu § 17). Ob die KE. über das Vermögen des Dienstverpflichteten einen Grund zur Vertragsauflösung gibt, bestimmt sich nach dem Vertr. und den für diesen maßgebenden Normen. Die Dienstleistung muß nach § 22 bis zur KE. schon begonnen haben (Verzug in dem Beginn steht dem nicht gleich; a. A. Pfeiffer LZ. 7, 915) und die Dienste müssen nach dem Inhalte des Vertrages für den Haushalt, den Wirtschaftsbetrieb oder das Erwerbsgeschäft des GSch. übernommen sein. Ob die Dienstleistung für den Wirtschaftsbetrieb oder das Erwerbsgeschäft des GSch. bestimmt ist, wird sich ohne besondere Schwierigkeiten feststellen lassen. Hier kommen namentlich landwirtschaftliche Dienstboten, Gutsbeamte, dann Handlungsgehilfen, Fabrikarbeiter, Gewerbsgehilfen, Werkmeister, Techniker, Betriebsbeamte u. a. in Betracht, auch der Vorstand einer Aktiengesellschaft (RG. LZ. 3, 689), nicht aber der Aufsichtsrat (RGZ. 81, 332, dort auch darüber, daß der Aufsichtsrat im K. keine Vergütung erhält; s. hierzu § 23 Anm. 1a). Über die Einwirkung des K. des Geschäftsherrn auf das Agenturverhältnis s. Anm. 1a zu § 23. Zwischen höheren und niederen Diensten unterscheidet das Gesetz nicht, auch nicht zwischen der Anstellung mit festem Bezug und anderweitiger Entlohnung. Nicht erforderlich ist weiter, daß das Dienstverhältnis die Erwerbstätigkeit des Pflichtigen vollständig oder hauptsächlich in Anspruch nimmt, daß es eine Abhängigkeit des Pflichtigen vom Berechtigten begründet (JW. 37, 138) und daß es dauernd oder an eine Kündigungsfrist gebunden ist. Immerhin darf es sich nicht um einzelne Dienstleistungen handeln, die den Vertrag erschöpfen und bei Wiederholung die Eingehung eines neuen Vertrages erforderlich machen. Ob das eine oder andere vorliegt, ist Tatfrage. Hat z. B. der GSch. mit einem landwirtschaftlichen Taglöhner im vornherein vereinbart, daß dieser an bestimmten Wochentagen oder auf jeweiliges Verlangen bei ihm arbeitet, so fällt der Vertrag unter § 22. Ist dagegen diese Vereinbarung nicht getroffen und bedarf es für die jedesmalige Arbeitsleistung eines Vertrages, so ist § 22 nicht anzuwenden. Die für den Wirtschaftsbetrieb oder das Erwerbsgeschäft des GSch. bestimmten Dienstleistungen kann nach der KE. der KVerw. für die Masse in Anspruch nehmen; daß die Dienste dem GSch. in Person zu leisten sind, ist hier im allgemeinen ausgeschlossen (vgl. § 613 BGB.). Ob die Hilfeleistung von Angehörigen des GSch. in der Wirtschaft oder im Geschäft auf einem Dienstverhältnis beruht, kann nur nach den Umständen festgestellt werden.

Größere Schwierigkeiten macht es, den Umfang der Dienste zu bestimmen, die „in dem Haushalte" des GSch. geleistet werden. Dazu gehören nicht nur Arbeiten in der Hauswirtschaft, z. B. von Dienstboten, Wirtschafterinnen, Hausmeistern, sondern auch die Dienstleistung von Angestellten, die Dienste höherer Art verrichten, wie von Privatlehrern, Erziehern, Gesellschafterinnen. Das Erfordernis der Beschäftigung im Haushalte wird in der Regel erfüllt sein, wenn der Pflichtige in die Hausgemeinschaft des GSch. oder von ihm abhängiger Familienangehöriger (gemeinschaftliche Wohnung und Verpflegung) aufgenommen ist. Ein wesentliches Merkmal ist diese Aufnahme aber nicht. Es kommt vielmehr auf die Umstände an, ob der Pflichtige seine Dienste im Hauswesen des GSch. leistet (vgl. Jaeger Anm. 6). Solche Dienstleistungen kann der KVerw. in der Regel nicht für die Masse verwerten; dennoch muß er sie aus der Masse vergüten (§ 59 Nr. 2), anderseits kann er auch solche rein persönliche Verträge nach § 22 kündigen (vgl. Fitting 63 Anm. 46, Jaeger Anm. 3 gegen Sarw.-Voss. Anm. 1).[1])

b) Lehrverträge mit dem GSch. als Lehrherrn (vgl. HGB. §§ 76 f., GewO. §§ 126 f.) sind keine Dienstverhältnisse im Sinne des § 22, sondern fallen unter § 17 (s. LG. Nürnberg, BayZfR. 1, 260 [Aal], Wilm.-Kurlb. Anm. 4, Pet.-Kleinf. Anm. 1 gegen Jaeger Anm. 7; s. auch Begr. I, 85). Ob nicht der K. des Lehrherrn einen wichtigen Grund zur Kündigung des Vertrages durch den andern Teil bildet, ist eine Frage für sich. Für das HGB. bejaht von Staub Anm. 7 zu § 77.

2. Der Inhalt des § 22 im einzelnen.

a) Durch die KE. wird der Dienstvertrag nicht aufgehoben, er ist der KMasse und dem andern Teil gegenüber fortdauernd wirksam. Der Verw. muß demnach den Vertrag erfüllen, er hat kein Wahlrecht. Für die Zeit vom Tage der KE. an ist der Dienstverpflichtete Massegl. nach § 59 Nr. 2; soweit die Vertragsleistungen für die Zeit bis zur KE. rückständig sind, ist er — für das letzte Jahr bevorrechtigter (§ 61 Nr. 1) — KGl. Beide Teile — für den GSch. der Verw. — können aber das Dienstverhältnis kündigen, selbst wenn es für bestimmte Zeit, für die Lebenszeit einer Person u. a. m. eingegangen ist (vgl. z. B. §§ 620 Abs. 1 mit 624 BGB.). Die Kündigungsfrist ist ohne Rücksicht auf längere vertragsmäßige Fristen die gesetzliche (dazu §§ 620 bis 623, wohl auch § 624 BGB., § 66 HGB., §§ 122, 134 Abs. 1, §§ 133 a f. GewO.). Nur wenn der Vertrag eine kürzere Frist vorsieht, gilt die für den Kündigenden bestimmte kürzere Frist. Kann das Dienstverhältnis, wie häufig bei Arbeitern, jederzeit ohne Einhaltung einer Frist gelöst werden, so ist dies auch im K. des Dienstherrn der Fall. Die KE. über das Vermögen des Dienstberechtigten wird auch oft ein „wichtiger Grund" sein, der den Dienstverpflichteten zur Kündigung des Dienstverhältnisses ohne Einhaltung einer Frist berechtigt. So § 626 BGB., § 70 HGB., §§ 124 a, 133 b, 134 Abs. 1 GewO. Vgl. Staub Anm. 28 zu § 70. § 25 steht nicht entgegen. Dagegen kann der Verw. den § 22 nicht dadurch umgehen, daß er die KE. als „wichtigen Grund" zur sofortigen Auflösung der Dienstverträge erklärt und sich, d. h. die Masse, dadurch der Vertragserfüllung entzieht. Im Laufe des K. kann der Verw. selbstverständlich das Dienstverhältnis ohne Einhaltung einer Kündigungsfrist lösen, wenn außerhalb des K. der GSch. dazu aus einem „wichtigen Grunde" berechtigt wäre (vgl. RG. JW. 26, 468).

b) Über den zwingenden Charakter des § 22 und die Dauer des kmäßigen Kündigungsrechts s. entsprechend Anm. 2 b u. c zu §§ 19 bis 21.

c) Kündigt der Verw. auf Grund der Sondervorschrift des § 22, so kann der andere Teil Schadensersatz für die Aufhebung

---

[1]) Der Entw. hatte in § 19 Satz 1 gelautet: „Ein bei dem GSch. angetretenes Dienstverhältnis kann von jedem Teile aufgekündigt werden"; in der Begr. I 83 war aber bemerkt, daß Dienstverträge ausgeschlossen seien, nach denen die Dienste nur an den GSch. persönlich geleistet werden können. Die RTKomm. stellte sich auf den gegenteiligen Standpunkt und fügte dem Entw. den Zusatz bei: „Die vorstehende Bestimmung findet Anwendung, gleichviel, ob die Dienstleistung an die Person des GSch. geknüpft ist, oder nicht" (Ber. 18). Bis zur 2. Lesung änderte dann die Redaktionskommission den Wortlaut in die Gesetz gewordene Fassung und ließ den Zusatz weg, den man offenbar für entbehrlich hielt (vgl. Ber. 149). Eine sachliche Änderung war nicht beabsichtigt.

des Vertrages verlangen (Abs. 2) und diesen Anspruch als nicht bevorrechtigter KGl. — nicht als Massegl. — geltend machen (§ 26 Satz 2). Die Forderung entsteht mit der KE., aufschiebend bedingt (§ 67) durch die Kündigung des Verw., und kann als solche schon vor der Kündigung angemeldet werden. Ist infolge der Kündigung des Verw. der Vertrag aufgelöst, so ist der Gl. nicht mehr auf eine bloße Sicherung beschränkt, sondern mit seiner Forderung auf den Ersatz des gesamten Ausfalls, den er durch die vorzeitige Aufhebung des Vertrages erleidet (s. §§ 249, 251 BGB.; Provisionsansprüche s. Karlsruhe, OLG. 11, 370), zur Teilnahme an den Zahlungen schon berechtigt, bevor das vertragsmäßige Ende des Vertrages herangekommen ist und sich überblicken läßt, welchen Schaden er endgültig erlitten hat. Wird der Schaden ganz oder teilweise aufgehoben, nachdem der Gl. die Zahlungen empfangen hat, so entstehen Bereicherungsansprüche der Masse oder des früheren GSch. Ist z. B. durch die Kündigung des Verw. ein Dienstverhältnis ein Jahr vor dem vertragsmäßigen Ablaufe beendigt worden, so kann der Dienstverpflichtete die Vergütung für dieses Jahr sofort als KForderung geltend machen und die Zahlung der darauf fallenden Dividenden beanspruchen. Verwertet der Gl. während dieser Zeit seine Arbeitskraft anderweitig oder unterläßt er dies schuldhaft (nicht bloß böswillig wie nach § 649 BGB.), so fällt der Rechtsgrund der Zahlung ganz oder teilweise weg und ist der Gl. zur Herauszahlung der Bereicherung verpflichtet (vgl. KG. OLG. 10, 195 gegen Jaeger Anm. 15; s. entsprechend Anm. 2d zu §§ 19 bis 21).

d) Kündigt der Dienstverpflichtete auf Grund des § 22, so hat weder er noch die Gegenseite einen Schadensersatzanspruch.

e) Der GSch. muß die vom KVerw. nach § 22 betätigte Kündigung gegen sich gelten lassen, wie wenn sie von ihm selbst ausgegangen wäre (RG. JW. 32, 389). Hat sich der Dienstverpflichtete für den Fall der Vertragsauflösung einem Konkurrenzverbot unterworfen, so ist es Frage der Auslegung des Vertrages, ob das Verbot auch bei Kündigung durch den KVerw. nach § 22 bindet (vgl. RG. LZ. 1, 61, aber Jaeger Anm. 16).

f) Über die Frage, ob der KVerw., der nach der KE. die Dienste eines zuvor vom GSch. angestellten gewerblichen Arbeiters angenommen hat, nach § 1 Abs. 1 GewGG. als Arbeitgeber anzusehen ist, s. (bedenklich) RGZ. 55, 265.

3. Der GSch. als Dienstverpflichteter. Für die Kündigung des Dienstverhältnisses gelten keine krechtlichen Sondervorschriften. Die Entlohnung bis zur KE. ist nach Maßgabe des § 1 Bestandteil der Masse, die Entlohnung für die Zeit nach der KE. ist kfreies Vermögen des GSch. S. auch **Anm. 1.**

Geschäftsbesorgungsverträge. **§ 23.**

I Ein von dem Gemeinschuldner erteilter Auftrag erlischt durch die Eröffnung des Verfahrens, es sei denn, daß der Auftrag sich nicht auf das zur Konkursmasse gehörige Vermögen bezieht. Erlischt der Auftrag, so finden die Vorschriften des § 672

Satz 2 und des § 674 des Bürgerlichen Gesetzbuchs entsprechende Anwendung.

II Das gleiche gilt, wenn sich jemand durch einen Dienstvertrag oder einen Werkvertrag verpflichtet hat, ein ihm von dem Gemeinschuldner übertragenes Geschäft für diesen zu besorgen.

Begr. II 31 f. (dazu Prot. z. BGB E. II 374 f.; VI 760 f.). — Neueingefügt durch die Nov.

1. Allgemeines.

a) Die KO. enthielt bis zur Novelle von 1898 keine selbständigen Vorschriften über die Einwirkung der KE. auf einen vom GSch. erteilten Auftrag. Es waren hiefür die etwaigen besonderen landesrechtlichen Vorschriften maßgebend (s. § 20 a. F.). Da jetzt der Auftrag im BGB. (§§ 662 f.) reichsrechtlich geregelt ist, hat die Novelle von 1898 auch die krechtlichen Lücken geschlossen. Der Abs. 1 bezieht sich auf den Auftrag im Sinne des § 662 BGB., d. h. den unentgeltlichen Geschäftsbesorgungsvertrag, der Abs. 2 wendet den gleichen Rechtssatz an auf entgeltliche Geschäftsbesorgungsverträge, die Dienstverträge (§ 611 BGB.) oder Werkverträge (§ 631 BGB.) sind. S. § 675 BGB. Über den Begriff der „Geschäftsbesorgung" besteht große Meinungsverschiedenheit. (Überblick bei Oertmann Anm. 1 zu § 675.) Nach einer verbreiteten Ansicht hat jeder Dienst- oder Werkvertrag eine Geschäftsbesorgung für den Dienstberechtigten oder Besteller zum Gegenstand. Diese Ansicht ist aber jedenfalls für das KRecht abzulehnen, das bei Dienstverträgen einen Unterschied als gegeben voraussetzt (§ 22 gegen § 23 Abs. 2). Nach Staudinger Anm. 2 zu § 675 und anderen soll der Sprachgebrauch des täglichen Lebens entscheiden, der zur Besorgung von Geschäften neben der Besorgung von Rechtsgeschäften zwar auch tatsächliche Verrichtungen, wie die Verwaltung von Vermögen, für den Geschäftsherrn rechnet, darunter aber z. B. gewöhnliche handwerksmäßige Arbeiten oder die Dienstleistung von Dienstboten, Gewerbsgehilfen usw. nicht versteht. Im übrigen muß wegen der Streitfrage auf die Literatur zum BGB. (z. B. Enneccerus I, 2 § 384) verwiesen werden (vgl. Jaeger Anm. 10 zu § 22, Anm. 7 zu § 23). Auf Geschäftsbesorgung ist u. a. gerichtet, wenigstens regelmäßig, der Vertrag zwischen Rechtsanwalt oder Patentanwalt und Mandant (vgl. Albrecht, JW. 37, 729; ObLGZ. n. F. 7, 27; auch RGSt. 39, 120; RGZ. 69, 26), der Vertrag zwischen der AktienG. u. den Mitgliedern des Aufsichtsrats RGZ. 81, 153, der Vertrag zwischen einer G. m. b. H. und ihren Geschäftsführern KG. OLG. 27, 252, s. aber hierzu KG. u. Jaeger LZ. 10, 930; 7, 355; dann das Inkassomandat (RG. JW. 35, 109), der Agenturvertrag (HGB. §§ 84 f.; RGZ. 63, 73; RG. JW. 37, 138), der Kommissionsvertrag (HGB. §§ 383 f.; RGZ. 71, 76; RG. JW. 34, 20; KG. OLG. 32, 366), der Speditionsvertrag (HGB. §§ 407 f.), der Frachtvertrag (HGB. §§ 425 f.), der Scheckvertrag (vgl. Fürst, LZ. 2, 410). Auch der Mäklervertrag gehört hieher (vgl. Staub Anm. 42a Exk. vor § 93). Erlischt ein gegenseitiger Vertrag nach § 23 Abs. 2 durch die Eröffnung des K. des Geschäftsherrn, so ist von einem Wahlrechte des Verw. nach § 17 nicht mehr die Rede (vgl. RGZ. 71, 76).

Der Verw. kann mit dem anderen Teil einen neuen Vertrag schließen, er kann aber nicht in das alte Vertragsverhältnis eintreten.

b) § 23 regelt nur die Wirkung der KE. über das Vermögen des Geschäftsherrn. Gerät der Geschäftsbesorger (Beauftragte, Dienstverpflichtete, Unternehmer) in K., so gelten, auch für die ihm erteilte Vollmacht (für die Prozeßvollmacht s. Jaeger Anm. 15 a. E.), keine besonderen Vorschriften. Unter den Voraussetzungen des § 17 hat also der Verw. das Wahlrecht der Erfüllung oder Nichterfüllung; an seine Stellungnahme knüpfen sich die gewöhnlichen Folgen. Es ist aber zu beachten, daß es sich bei den Geschäftsbesorgungen häufig um persönliche, nicht vertretbare Leistungen des GSch. handelt. Dann ist das Vertragsverhältnis kfrei und seine Fortsetzung oder Lösung bestimmt sich ausschließlich nach den Normen außerhalb der KO. Darnach wird die KE. oft einen „wichtigen Grund" zur sofortigen Vertragsauflösung darstellen (vgl. Anm. 2d zu § 17, Anm. 1a zu § 22). Über die Einwirkung des K. des Agenten auf den Agenturvertrag s. Jaeger Anm. 15, RGZ. 78, 94. Der K. des Kommissionärs führt gleichfalls nicht ohne weiteres zur Lösung des Vertrages (RGZ. 78, 93; Jaeger a. a. O. gegen Staub Anm. 25 zu § 383. Der Auftrag (Abs. 1) fällt nicht unter § 17, weil er kein gegenseitiger Vertrag ist. Auf den KVerw. geht die Verpflichtung zur Ausführung des Auftrages niemals über, auch wenn die Ausführung übertragbar wäre (s. § 664 Abs. 1 BGB.). Verpflichtet bleibt der GSch.; für Widerruf und Kündigung gilt § 671 BGB. Den Ersatz von Aufwendungen (§ 670), die der GSch. vor der KE. gemacht hat, kann der Verw. für die Masse fordern, der Ersatz späterer Aufwendungen ist kfrei. Herausgabe- und Schadensersatzanspruch des Geschäftsherrn, die bis zur KE. entstanden sind, begründen eine KForderung, später entstandene berechtigen nicht zur Teilnahme als KGl. U. U. hat aber der Geschäftsherr einen Masseanspruch wegen rechtloser Bereicherung der Masse (§ 59 Nr. 3). Der Geschäftsherr kann auch Aussonderungsberechtigter sein (§§ 43, 46).

2. Der Inhalt des § 23 im einzelnen.

a) Der Vertrag auf Geschäftsbesorgung erlischt kraft Gesetzes mit der KE. (§ 108), nicht erst mit dem Eintritte der Rechtskraft des Eröffnungsbeschlusses. Damit scheidet die Anwendung des § 17 aus. Der Verw. kann diesen Vertrag nicht fortsetzen; er kann, wenn die K.-Masse ein Interesse daran hat, nur eine neue Vereinbarung treffen. Der Vertrag erlischt auch im Verhältnis zum GSch. und lebt nach der Beendigung des K. nicht wieder auf. Gleichgültig ist dabei, ob die Geschäftsbesorgung noch nicht oder schon teilweise ausgeführt ist. Folge des Erlöschens ist die Pflicht des Geschäftsbesorgers, ohne Rücksicht auf den Stand des Geschäfts unverzüglich Rechenschaft abzulegen (§§ 666, 765 BGB.; RGZ. 56, 118).

b) Der Vertrag erlischt nicht, wenn er nicht die KMasse (§ 1) betrifft, wenn er sich also überhaupt nicht auf das Vermögen des Geschäftsherrn (GSch.) oder doch auf kfreies Vermögen bezieht. Es genügt mithin nicht, daß die Ausführung des Geschäftes den GSch. zu Leistungen (Ersatz von Aufwendungen, Vergütung) verpflichtet. Die Ausführung muß vielmehr einen Gegenstand der Aktivmasse unmittelbar betreffen, das ist nicht der Fall, wenn die Geschäftsbesorgung dem GSch. einen Gegenstand ohne Inanspruchnahme der Masse verschaffen soll (vgl. Jaeger Anm. 3; Hellmann 289 Anm. 4). Erlischt der Vertrag nicht, so wird dadurch die KMasse nicht nachteilig beeinflußt. Denn die Tätigkeit des Geschäftsbesorgers nach der KE. begründet keine KForderung.

c) Der Vertrag gilt ausnahmsweise als fortbestehend, soweit sein sofortiges Erlöschen nicht im Interesse der Masse liegt, weil mit dem Aufschube der Geschäftsbesorgung Gefahr verbunden wäre. Dann ist der Geschäftsbesorger nicht bloß berechtigt, sondern auch verpflichtet das Geschäft (weiter) zu besorgen, bis der KVerw. anderweit Fürsorge treffen kann (entsprechend § 672 Satz 2, § 675 BGB.). In Ansehung der so nach der KE. entstandenen Ersatzansprüche ist der Geschäftsbesorger Massegl. (§ 27). Der Vertrag gilt ferner zugunsten des Geschäftsbesorgers als fortbestehend, bis dieser von der KE. Kenntnis erlangt oder nach den Umständen erlangt haben muß (entsprechend §§ 674, 675 BGB.). Dann ist aber der Geschäftsbesorger wegen der nach der KE. entstandenen Ersatzansprüche auf die Teilnahme als KGl. beschränkt (§ 27). S. auch zu § 27.

d) Das Gesetz enthält keine Vorschrift darüber, ob der Geschäftsbesorger wegen der vorzeitigen Auflösung des Dienst- oder Werkvertrages einen Schadensersatzanspruch hat. Durch § 26 Satz 2 wird er nicht begründet. Dort ist bloß gesagt, daß der andere Teil, wenn er nach dem bürgerlichen Rechte eine Forderung wegen der Aufhebung hat, diese grundsätzlich nur als KGl. geltend machen kann (RGZ. 63, 73). Das RG. verneint (a. a. O.) den Schadensersatzanspruch, weil der GSch. die kraft Gesetzes eintretende Aufhebung des Vertrages nicht zu vertreten habe und aus der Vergleichung des § 23 Abs. 2 mit § 27 und § 22 Abs. 2 hervorgehe, daß die KO. einen solchen Anspruch nicht habe begründen wollen. Die Einfügung des § 22 Abs. 2 (und ebenso des § 19 Satz 3) hatte aber nur den Zweck, dem von der herrschenden Ansicht schon vorher ohne ausdrückliche gesetzliche Vorschrift angenommenen Entschädigungsanspruch des andern Teiles eine sichere Grundlage zu geben (s. Begr. II, 29, 31). Andere Ersatzansprüche sollten dadurch nicht ausgeschlossen werden. In den Fällen des § 23 Abs. 2 wird dem Vertragsgegner der Beweis offen zu lassen sein, daß die KE. und damit die vorzeitige Vertragsauflösung auf ein schuldhaftes Verhalten des GSch. zurückzuführen ist und dessen Schadensersatzpflicht begründet (vgl. Jaeger Anm. 6; Wilm.-Kurlb. § 26 Anm. 9; Staub Anm. 12 zu § 92; a. M. Hellmann 289).

3. Die Einwirkung der KE. auf eine Vollmacht.

a) Das Erlöschen der Vollmacht, d. h. der durch Rechtsgeschäft erteilten Vertretungsmacht (§ 166 Abs. 2 BGB.), bestimmt sich nach dem Rechtsverhältnis, das ihrer Erteilung zugrunde liegt (§ 168 Satz 1 BGB.). Erlischt also nach § 23 ein Geschäftsbesorgungsvertrag, so erlischt auch die dem Geschäftsbesorger erteilte Vollmacht. Zurückgabe der Vollmachtsurkunde an den KVerw. § 175 BGB., § 6 KO. Handelt der andere Teil — wenn auch gutgläubig —, obwohl die Vollmacht erloschen ist, so bestimmt sich die Wirksamkeit seiner Handlungen nach §§ 177 bis 180 BGB.; auch für und gegen den GSch., dem gegenüber die Vollmacht gleichfalls erloschen ist, sind sie nicht ohne weiteres wirksam. Soweit der Vertrag als fortbestehend gilt (Anm. 2c), gilt auch die Vollmacht als fortbestehend. Einschränkung § 167 BGB. Dem Dritten gegenüber bleibt die Vollmacht auch unter den Voraussetzungen der §§ 170 bis 174 BGB. in Kraft. Eine andere Frage ist, ob die Rechtshandlung, die der Geschäftsbesorger auf Grund der in Kraft bleibenden Vollmacht nach der KE. vornimmt, der KMasse gegenüber wirksam ist. Entscheidend ist der § 7. Die Fortdauer der Vollmacht hat nur die Wirkung, daß die Rechtshandlung des Geschäftsbesorgers nach Maßgabe des § 164 BGB. als Rechtshandlung des GSch. gilt und diesen persönlich berechtigt und verpflichtet; der KMasse gegenüber hat sie keine größere Wirksamkeit als die Rechtshandlung, die der GSch. selbst vornimmt (s. Anm. 3 zu § 7). Vgl. Jaeger Anm. 11; Hellmann 291; Staub Anm. 100, 106, 107 Anhang zu § 58. Wegen der Leistung auf eine zur Aktivmasse gehörende Verbindlichkeit an einen Vertreter des GSch. s. Anm. 2 zu § 8.

b) Mit der KE. über das Vermögen des Geschäftsherrn erlischt auch die Prokura (HGB. §§ 48 f., Staub Anm. 12 zu § 52) und die Handlungsvollmacht (HGB. §§ 54, 55), insbesondere die Vollmacht zur Einziehung von Zahlungen, ohne Rücksicht auf das Innenverhältnis; s. Jaeger LZ. 10, 22. Zu §§ 15, 32 HGB. vgl. Staub a. a. O.

c) Mit der KE. erlischt gleichzeitig mit dem zugrunde liegenden Geschäftsbesorgungsvertrag ferner eine vom GSch. erteilte Prozeßvollmacht, es sei denn, daß sie sich nicht auf die KMasse bezieht, z. B. in einer nicht vermögensrechtlichen Streitsache erteilt ist; RG. LZ. 1, 835 (mit Bem. von Jaeger); bestr.; schlechthin für Nichterlöschen der Vollmacht unter anderm München SeuffArch. 69, 167. Wird ein schon anhängiges Prozeßverfahren nach § 240 ZPO. durch die KE. unterbrochen, so ist es nicht gegenüber dem bisherigen Prozeßvertreter des GSch. sondern gegenüber dem Verw. (oder dem von ihm etwa schon bestellten neuen Prozeßbevollmächtigten) aufzunehmen. RG. a. a. O.; Jaeger Anm. 8; Gaupp-Stein Anm. I Abs. 3 zu § 86. Eine andere Frage ist, ob die Prozeßvollmacht, die der KVerw. während des K. für einen die Masse betreffenden Rechtsstreit erteilt hat, durch die Beendigung des K. aufgehoben wird. Die Frage ist zu verneinen; RGZ. 73, 312; LZ. 2, 705.

4. Anweisung.

a) Der Anweisung (BGB. §§ 783 f., HGB. § 363) liegt zwar regelmäßig ein Geschäftsbesorgungsvertrag zwischen dem Anweisenden und dem Angewiesenen zugrunde, sie stellt aber ein von diesem Grundgeschäft losgelöstes Rechtsgeschäft dar (näheres z. B. RGRKomm. Anm. 1 vor § 783 BGB.) und erlischt deshalb nicht mit diesem durch die Eröffnung des K. über das Vermögen des Anweisenden. Ihr Schicksal im K. des Anweisenden wird deshalb nicht durch § 23 sondern durch die für sie maßgebenden bürgerlichrechtlichen Normen in Verbindung mit § 8 KO. bestimmt. Das gleiche gilt für den Scheck und den Wechsel. S. Anm. 4 zu § 8. Nicht unter den Begriff der Anweisung fallen der im Bankgiroverkehr übliche sog. rote Scheck und die Postanweisung (vgl. RGZ. 60, 24 f.; RGRKomm. Anm. 4 vor § 783; Cosack, HR. 311 f.).

b) Im K. des Angewiesenen kommt es darauf an, ob dieser z. Z. der KE. schon angenommen hat. Ist dies der Fall, so ist der Anweisungsempfänger KGl. (vgl. § 784 BGB.). Über die Konkurrenz des

Anweisungsempfängers und des Anweisenden als KGl. s. Jaeger Anm. 21. Hat er noch nicht angenommen, so ist die Anweisung fortan dem KVerw. zur Annahme oder Leistung vorzulegen. Nimmt dieser an, was mit Rücksicht auf das Grundgeschäft mit dem Anweisenden geboten sein kann, so ist die Leistung Masseschuld nach § 59 Nr. 1 gerade so wie die Leistung auf eine vom Anweisenden erst nach der Eröffnung des K. über das Vermögen des Angewiesenen erteilte und vom KVerw. honorierte Anweisung. Vgl. RGRKomm. Anm. 2 zu § 791.

c) Im K. des Anweisungsempfängers erlischt die Anweisung gleichfalls nicht ohne weiteres. War die Anweisung vor der KE. erteilt, so gehört das Recht, die Leistung bei dem Angewiesenen im eigenen Namen zu erheben (§ 783 BGB.), zur Masse und wird vom KVerw. geltend gemacht. Auch die Ermächtigung des Angewiesenen, für Rechnung des Anweisenden zu leisten, wird nach außen nicht berührt. Nach den Umständen des Falles ist aber zu entscheiden, ob der Angewiesene dem Anweisenden gegenüber verpflichtet ist, auch ohne Widerruf der Anweisung (§ 790 BGB.) die Annahme oder die Leistung ohne Annahme zu verweigern. Aus der Nichtbeachtung kann sich ein Schadensersatzanspruch des Anweisenden ergeben. Im Verhältnis zwischen dem Anweisenden und dem Anweisungsempfänger kann der nach außen unbeschränkt zulässige Widerruf (§ 790) zu einem Schadensersatzanspruch des Anweisungsempfängers führen.

Vormerkung.

§ 24.

Ist zur Sicherung eines Anspruchs auf Einräumung oder Aufhebung eines Rechts an einem Grundstücke des Gemeinschuldners oder an einem für den Gemeinschuldner eingetragenen Rechte oder zur Sicherung eines Anspruchs auf Änderung des Inhalts oder des Ranges eines solchen Rechts eine Vormerkung im Grundbuch eingetragen, so kann der Gläubiger von dem Konkursverwalter die Befriedigung seines Anspruchs verlangen. Das gleiche gilt, wenn in Ansehung eines Schiffspfandrechts eine Vormerkung im Schiffsregister eingetragen ist.

Begr. II 32. — Eingef. durch die Nov.

1. Vormerkungen im Grundbuch.

a) Die Eintragung einer Vormerkung der in Satz 1 bez. Art (§ 883 Abs. 1 BGB.) im Grundbuch erfolgt nach § 885 BGB. auf Grund einer gerichtlichen einstweiligen Verfügung oder auf Grund der Bewilligung des Betroffenen. S. ferner §§ 18, 25, 76 GBO. Soweit es sich um Grundstücke handelt, die zur KMasse gehören, oder um solche eingetragene Rechte an Grundstücken oder an eingetragenen Rechten, kann während des K. eine Vormerkung auf Grund einstweiliger Verf. zugunsten einzelner KGl. nicht eingetragen werden (§ 14 Abs. 2 Satz 1). Die vom GSch. während des K. erklärte Bewilligung der Vormerkung ist nach § 7 Abs. 1 der KMasse gegenüber unwirksam (vgl. auch Anm. 7 zu § 14, Anm. 2b zu § 15). § 24 setzt eine Vormerkung voraus, die für die KMasse wirksam ist (s. dazu die besonderen Vorschriften in § 221 Abs. 2, § 236). Seine Vorschrift entspricht den § 883 Abs. 2, 3, § 888 BGB. Wie im Reichstag am 27. April 1898 unter Zustimmung der Regierungen ausdrücklich festgestellt wurde (StenB. S. 1995), bezieht sich der § 24 trotz seiner Stellung im 2. Titel auf alle Vormerkungen ohne Rücksicht auf den Rechtsgrund, nicht bloß auf rechtsgeschäftliche. Zweifelhaft ist jedoch, ob § 24 auch für Vormerkungen gilt, die nach § 18 Abs. 2 oder § 76 GBO. von Amts wegen eingetragen sind. Das KG. RJA. 10, 231 f. verneint, weil solche Vormerkungen nicht zur Sicherung privatrechtlicher persönlicher Ansprüche dienen und aus § 24 nicht folge, daß alle vor der KE. eingetragenen Vormerkungen im K. wirksam bleiben (a. a. O. 235). Gegen das KG. du Chesne LZ. 5, 511 (515). Die Wirkung einer Vormerkung im Sinne des § 24 hat auch der Bauvermerk zugunsten einer Bauhypothek (§ 11 BauFdgsGes. vom 11. Juni 1909).

Ein Abkommen, durch das der Grundeigentümer einer neuen Hypothek den Rang unmittelbar hinter dem wirklich valutierten Betrag einer vorgehenden Hypothek anweist, ist nach der ständigen Rechtsprechung des RG. schon ein endgültiger Verzicht auf die künftige Eigentümergrundschuld wenigstens insoweit, als es sich um den Vorrang vor der neu eingetragenen Hypothek handelt. Das Abkommen bedarf keiner besonderen Form. Ist es im Grundbuch nicht eingetragen, so besteht ein dinglicher Berichtigungsanspruch, den auch die KMasse anerkennen muß und der weiter geht als eine Vormerkung nach § 1179 BGB. RG. LZ. 2, 384 (dort Näheres).

Die Vormerkung ist anders wie die im § 13 bez. Veräußerungsverbote auch im K. gültig. Der KVerw. hat die Vormerkung während der Schwebezeit — wie eine Verfügung des GSch. unter einer aufschiebenden Bedingung, § 161 Abs. 1 BGB. (eine andere konstruktive Auffassung vertritt Kretzschmar JW. 45, 168) — zu achten, er kann über das Grundstück oder das Recht nur soweit wirksam verfügen, als der durch die Vormerkung gesicherte Anspruch nicht vereitelt oder beeinträchtigt wird. Soweit der Erwerb eines eingetragenen Rechtes oder eines Rechtes an einem solchen Rechte dergestalt unwirksam ist, kann der Gesicherte vom Erwerber die Zustimmung zu der Eintragung oder der Löschung verlangen, die zur Verwirklichung seines Anspruches erforderlich ist. Mit Rücksicht auf diese dingliche Wirkung der Vormerkung ist dem Gl. durch § 24 Satz 1 auch das positive Recht eingeräumt, vom KVerw. die Befriedigung seines Anspruchs zu verlangen. Selbstverständlich nur, wenn die Voraussetzungen dafür nach dem zugrunde liegenden Rechtsverhältnis gegeben sind. Ein künftiger oder ein bedingter Anspruch (§ 883 Abs. 1 Satz 2) entsteht nicht durch die KE. oder wird durch sie nicht unbedingt, ein betagter Anspruch wird nicht fällig. Die einzige Änderung, die durch die KE. eintritt, ist, daß das Verlangen an den KVerw. gerichtet wird. Über Vormerkung für künftige Ansprüche vgl. Pfeiffer LZ. 5, 606 und 769; Jaeger LZ. 5, 606 und 770. Auf die Befriedigung des Anspruchs hat der Gl. ein Klagerecht;

§ 12 ist nicht anwendbar. Für die Aufnahme eines durch die KE. unterbrochenen Rechtsstreits über den vorgemerkten Anspruch gilt entsprechend der § 11 (Jaeger Anm. 15). Der § 24 ist auch maßgebend, wenn vor der KE. der GSch. eine nach § 883 Abs. 2 BGB. unwirksame Verfügung getroffen, z. B. das Grundstück, dessen Übereignung durch die Vormerkung gesichert ist, einem andern übertragen hat. Denn für das Verhältnis zwischen dem gesicherten Gl. und dem GSch. (der KMasse) besteht die frühere Rechtslage fort (vgl. Jaeger Anm. 17). Über das Verhältnis des § 24 zum § 26 s. Köln LZ. 3, 491.

b) Liegt dem durch die Vormerkung gesicherten Anspruch ein gegenseitiger Vertrag zugrunde, der vom Berechtigten vollständig erfüllt ist, so versteht sich die Anwendung des § 24 von selbst. Hatte aber der Berechtigte den Vertrag bei der KE. seinerseits nicht oder nicht vollständig erfüllt, so fragt es sich, ob der KVerw. das Wahlrecht des § 17 hat oder ob er auch in solchen Fällen den durch die Vormerkung gesicherten Anspruch nach § 24 befriedigen muß. Das letztere ist anzunehmen. § 24 führt demnach zu einer Einschränkung des § 17 (herrschende Lehre, vgl. Jaeger Anm. 22, 23, Planck [4] 3c zu § 883, Staudinger V 6b zu § 883).

c) Die Befriedigung des Anspruches kann zur Entstehung eines Aussonderungsrechtes oder (gegen § 15) eines Absonderungsrechtes führen. Zu beachten ist, daß sich nach § 883 Abs. 3 BGB. der Rang des entsprechend der Vormerkung eingeräumten Rechtes nach der Eintragung der Vormerkung bestimmt. Vgl. RGZ. 78, 75 (Vormerkung gewährt ein durch das Bestehen des gesicherten Anspruches bedingtes Recht auf Befriedigung und somit ein Absonderungsrecht).

d) Die Rechte aus einer Vormerkung werden durch den Zwangsvergleich nicht berührt. § 193 Satz 2.

2. Vormerkungen im Schiffsregister. Nach dem Satz 2 gilt das gleiche wie im Satz 1 für eine Vormerkung, die für ein Schiffspfandrecht im Schiffsregister eingetragen ist. Vgl. §§ 1259 f., BGB., § 100 Abs. 2 (GBO. § 18), §§ 103, 123 FGG. und Anm. 1c zu § 47.

§ 25. (§ 20.)

Soweit rücksichtlich einzelner, durch die §§ 18—24 nicht betroffener Rechtsverhältnisse das bürgerliche Recht besondere Bestimmungen über die Wirkung der Eröffnung des Konkursverfahrens enthält, kommen diese Bestimmungen zur Anwendung.

Begr. I 84; KommB. I 153; Begr. II 32. — Geändert durch die Nov.

1. Rechtlicher Inhalt des § 25. Soweit die Landesgesetze besondere Vorschriften über die privatrechtliche Wirkung der KE. auf die Erfüllung gegenseitiger Verträge enthalten sollten, treten sie hinter die §§ 18 bis 24 KO. zurück auch in den ihnen vorbehaltenen Materien (s. Art. 55 EG. BGB.). Sonst können sie in diesem Rahmen darüber besondere, von § 17 abweichende Vorschriften geben (s. weiter Anm. 3). Die §§ 18 bis 24 KO. gehen ferner allen einschlägigen reichsgesetzlichen Vorschriften vor, die älter sind als die KO. Das

BGB. ist gegenüber der KO. in der Neufassung das ältere Gesetz, kann aber lex specialis sein; so mit Recht Jaeger Anm. 2. An besonderen Vorschriften späterer Reichsgesetze s. u. a. § 36 VerlG. v. 19. Juni 1901 (Anm. 1d zu § 17), ferner § 61 Abs. 2 des Versicherungsaufsichtsgesetzes vom 12. Mai 1901, wonach durch die KE. über die Aktiengesellschaft oder den Verein auf Gegenseitigkeit, der die Lebensversicherung betreibt, die Lebensversicherungsverhältnisse ohne weiteres erlöschen (s. auch §§ 6, 63, 90). Die Vorschriften des Gesetzes vom 12. Mai 1901 sind durch § 13 VVG. vom 30. Mai 1908 aufrechterhalten; sonst ist dort abweichend bestimmt, daß bei der KE. über das Vermögen des Versicherers das Versicherungsverhältnis mit dem Ablauf eines Monats seit der E. (§ 108) endigt und bis dahin der KMasse gegenüber wirksam bleibt. Im K. des Versicherungsnehmers kann der Versicherer das Versicherungsverhältnis nur unter Einhaltung einer Frist von mindestens einem Monat kündigen; § 14 Abs. 1 VVG. Kündigt der Versicherer, so kann er die Prämie nur für die Zeit bis zur Beendigung des Versicherungsverhältnisses verlangen. Im übrigen bleiben die Vorschriften der KO. über den Einfluß des K. auf laufende Vertragsverhältnisse unberührt. Hat der Versicherungsnehmer die Prämie schon gezahlt, so dauert das Versicherungsverhältnis nach der KE. fort. Ist aber der Vertrag von keiner Seite erfüllt, so bestimmt der KVerw., ob die Erfüllung erfolgen soll oder nicht (§ 17). Letzterenfalls ist der Versicherer zur Leistung nicht weiter verpflichtet. Wählt der Verw. die Erfüllung, so ist die Prämie Masseschuld nach § 59 Nr. 2 (s. Begr. z. § 14 VVGE. Reichst. 12. LegPer. I. Sess. 1907 Drucks. Nr. 364).

2. Sonstige wichtige privatrechtliche Wirkungen der KE. nach dem Reichsrechte (wegen der öffentlichrechtlichen Wirkungen s. Anhang zu § 6).

Die Vorschriften sind zunächst für den UniversalK. berechnet. Inwieweit sich die Wirkungen auch an die Eröffnung eines SonderK. (s. Anm. 5 zu § 1) anschließen, muß in jedem einzelnen Falle besonders geprüft werden. Es entscheidet die ratio legis (vgl. Jaeger Anm. 68 zu § 1, Fitting S. 43). Ist eine juristische Person im K., so werden die natürlichen Personen, deren Willen als der Wille der in der Auflösung begriffenen (s. u.) juristischen Person gilt, z. B. der Vorstand einer Aktiengesellschaft, von den außerhalb der KO. normierten Beschränkungen des GSch. regelmäßig nicht betroffen. Ebensowenig selbstverständlich der Vormund des GSch. usw.

A. Einfluß auf den Bestand von Gesellschaften und juristischen Personen.

BGB. § 42 Abs. 1 (s. §§ 74, 75) Verlust der Rechtsfähigkeit des rechtsfähigen Vereins, § 86 Verlust der Rechtsfähigkeit der Stiftung, § 728 Auflösung der Gesellschaft durch die KE. über das Vermögen eines Gesellschafters (aber § 736; s. KO. § 28).

HGB. § 131 Nr. 3 und 5 Auflösung der offenen Handelsgesellschaft durch die KE. über das Vermögen der Gesellschaft oder über das Vermögen eines Gesellschafters, § 161 Abs. 2 mit § 131 Nr. 3 und 5 Auflösung der Kommanditgesellschaft durch die KE. über das Vermögen der Gesellschaft oder über das Vermögen eines (persönlich oder beschränkt) haftenden Gesellschafters, s. auch § 171 Abs. 2 (Geltendmachung der Haftung des Kommanditisten im K.), § 292 Nr. 3 Auflösung der

Aktiengesellschaft durch die KE. über das Vermögen der Gesellschaft, § 330 mit § 161 Abs. 2 und § 131 Nr. 3 und 5 Auflösung der Kommanditaktiengesellschaft durch die KE. über das Vermögen der Gesellschaft oder über das Vermögen eines persönlich haftenden Gesellschafters, Auflösung der stillen Gesellschaft (§§ 335 f.) durch die KE. über das Vermögen des stillen Gesellschafters oder des Inhabers des Handelsgeschäfts (arg. § 728 BGB.), § 505 Abs. 2 keine Auflösung der Reederei durch den K. über das Vermögen eines Mitreeders.

Im Vertrag über die offene Handelsgesellschaft, die Kommanditgesellschaft und die Kommanditaktiengesellschaft kann bestimmt werden, daß bei der KE. über das Vermögen eines Gesellschafters dieser Gesellschafter ausscheidet und die Gesellschaft unter den übrigen Gesellschaftern fortbesteht (§§ 138, 161 Abs. 2, 330 Abs. 1). S. weiter §§ 141 Abs. 2, 161 Abs. 2, 330 Abs. 1 HGB.

GenG. § 101 (Auflösung der Genossenschaft durch die KE.).

GmbHG. § 60 Abs. 1 Nr. 4 (Auflösung der GmbH. durch die KE.). Darüber, ob eine noch nicht eingetragene GmbH. durch die Eröffnung des K. über das Vermögen eines Gesellschafters aufgelöst wird, s. RGZ. 82, 290.

Versicherungsaufsichtsgesetz vom 12. Mai 1901 § 49 (Auflösung des Versicherungsvereins auf Gegenseitigkeit durch die KE. über den Verein). Wegen der „kleineren Vereine" im Sinne dieses Gesetzes s. § 53 dort.

Zur Abwicklung des KVerf. bleiben die juristischen Personen, die durch die KE. aufgelöst werden oder die Rechtsfähigkeit verlieren, bestehen. Dies gilt auch dann, wenn das Gesetz ein Liquidationsverfahren im Anschluß an die KE. ausdrücklich ausschließt (s. z. B. § 294 Abs. 1 HGB. für den K. der Aktiengesellschaft). Denn dann tritt an die Stelle des Liquidationsverfahrens das KVerf., zu dessen Erledigung der Fortbestand der juristischen Person ebenso erforderlich ist wie für die bürgerlichrechtliche Liquidation. Träger der Geschäfte, auch der zur Erhaltung, Verwaltung oder Verwertung der KMasse vom KVerw. vorgenommenen neuen Geschäfte, ist deshalb die insoweit fortbestehende juristische Person (vgl. ObLG. 8, 241 n. F. — LZ. 1, 604 —, ROHG. 16, 284 f.; 19, 235; RGZ. 14, 417; 16, 338; 59, 254 f.; 78, 93; s. auch RGZ. 41, 95; KG. OLG. 6, 261).

Ob bei Körperschaften, Stiftungen, Anstalten des öffentlichen Rechtes der K. zulässig ist und welche Wirkungen er auf den Bestand der juristischen Person hat, bestimmt sich nach dem maßgebenden öffentlichen Reichs- oder Landesrecht (vgl. § 89 BGB.) s. hierzu § 213 Anm. 4.

B. Familienrechtliche Wirkungen.

BGB. §§ 1419, 1426 Beendigung der Verwaltung und Nutznießung des Mannes am eingebrachten Gute der Frau mit der Rechtskraft der KE. über das Vermögen des Mannes; Gütertrennung auch für die Zeit nach der Beendigung des KVerf.; §§ 1543, 1545 Beendigung der Errungenschaftsgemeinschaft mit der Rechtskraft der KE. über das Vermögen des Mannes; Gütertrennung auch für die Zeit nach der Beendigung des KVerf. Aber Klage der Frau auf Wiederherstellung der Gemeinschaft, §§ 1547, 1548 (schon während des K. möglich). Dagegen endigt die allgemeine Gütergemeinschaft und die Fahrnisgemeinschaft nicht durch die KE. über das Vermögen des Mannes. Wegen der Klage der Frau auf Aufhebung der Gütergemeinschaft s. § 1468 Nr. 5, § 1549. K. über das Vermögen der Frau ist für keinen Güterstand gesetzlicher Beendigungsgrund. Die fortgesetzte Gütergemeinschaft wird weder durch die KE. über das Vermögen des überlebenden Gatten noch durch die KE. über das Vermögen eines anteilsberechtigten Abkömmlings beendigt (s. §§ 1483 f. und für die Fahrnisgemeinschaft § 1557). Eheschließung während des K. des Mannes oder der Frau hindert weder den Eintritt der Verwaltungsgemeinschaft noch den Eintritt eines vertragsmäßigen Güterstandes. Die Gatten können während des K. den Güterstand aufheben oder ändern (§§ 1432 f.); der Vertrag ist aber den KGl. gegenüber unwirksam (arg. § 7). Durch Ehevertrag können auch die Wirkungen des K. auf die güterrechtlichen Verhältnisse (s. o.) behoben werden.

BGB. § 1647, § 1656 Abs. 1, §§ 1657, 1681, 1686. Mit der Rechtskraft der KE. über das Vermögen des Vaters oder (im Falle des § 1686) der Mutter endigt die Vermögensverwaltung einschließlich der Vertretung des Kindes in Vermögensangelegenheiten (§ 1630) — nicht die elterliche Gewalt, nicht die Nutznießung — des Vaters oder der Mutter. Mit der Beendigung des K. erhält der Gewalthaber die Vermögensverwaltung nicht ohne weiteres sondern nur nach Ermessen des Vormundschaftsgerichts zurück. Pflegschaft, wenn Kindesvermögen vorhanden ist oder später anfällt oder wenn das Kind in Vermögensangelegenheiten zu vertreten ist (§ 1909 Abs. 1). Anzeigepflicht des Vaters (der Mutter) § 1909 Abs. 2, des KG. § 50 FGG. Nach KG. in RJA. 12, 179 endigt die Verwaltung des Kindesvermögens (§ 1647 BGB.) auch dann, wenn der Inhaber der elterl. Gewalt Teilhaber einer o. H. ist und allein der GesellschaftsK. eröffnet wird (bestr.).

Erwirbt der Vater (die Mutter) die elterliche Gewalt während der Dauer des K., so bleibt davon die Vermögensverwaltung ausgeschlossen; sie kann ihm (ihr) aber entsprechend § 1647 Abs. 2 nach der Beendigung des K. übertragen werden. Erwirbt er sie erst nach der Beendigung des K., so hat der frühere K. keinen Einfluß mehr, d. h. die elterliche Gewalt umfaßt dann kraft Gesetzes auch die Vermögensverwaltung (Planck-Unzner Erl. 4 zu § 1647).

Von der KE. an (§ 108) während der Dauer des K. ist der GSch. untauglich zum Vormund, Gegenvormund, Mitglied des Familienrats, Pfleger (BGB. §§ 1781 Nr. 3, 1792 Abs. 4, 1866 Nr. 2, 1915). Ist der Vormund usw. in K. geraten, so ist er zu entlassen (§§ 1878, 1886, 1895, 1915).

C. Weitere wichtige privatrechtliche Wirkungen.

Die Verjährung eines Anspruchs wird — auch gegenüber dem GSch. — unterbrochen, wenn der Berechtigte den Anspruch, d. h. eine KForderung (Jaeger Anm. 26), im K. anmeldet (§§ 209, 217 BGB.), die KE. als solche hat diese Wirkung nicht. Die Unterbrechung dauert fort, auch wenn die Forderung von irgendeiner Seite bestritten wird, bis der K. beendigt ist (BGB. § 214 Abs. 1), d. h. bis zur Bekanntmachung der Aufhebung oder Einstellung des K. (§§ 163, 190, 202, 204, 205) oder bis zur Rechtskraft des Beschlusses, der den Eröffnungsbeschluß aufhebt (nicht bis zu dessen Bekanntmachung nach § 116; vgl.

§ 74). Auch im letzteren Falle wird die Unterbrechung nicht nachträglich unwirksam; § 212 Abs. 1 BGB. ist nicht entsprechend anwendbar (bestritten; vgl. Jaeger Anm. 17 f., RGRKomm. Anm. I zu § 214, Staudinger Anm. 2 dort, Seuffert 253 f.). Bei Zurücknahme der Anmeldung gilt die Unterbrechung als nicht erfolgt (§ 214 Abs. 2). Über die Fortdauer der Unterbrechung nach der KBeendigung für streitige Forderungen s. BGB. § 214 Abs. 3.

Hat der Schuldner nach §§ 372 f. BGB. hinterlegt und wird über sein Vermögen der K. eröffnet, so kann er während des K. das an sich der Pfändung nicht unterworfene Rücknahmerecht nicht ausüben (§ 377); s. § 1 Anm. 3 g η.

Die Bürgeneinrede der Vorausklage ist vorbehaltlich des § 773 Abs. 2 BGB. ausgeschlossen, sobald über das Vermögen des Hauptschuldners der K. eröffnet ist; nach der Beendigung des K. lebt sie wieder auf, wenn der Hauptschuldner wieder Vermögen erlangt hat, was der Bürge beweisen muß; § 773 Abs. 1 Nr. 3 BGB. (s. RGRKomm. Anm. 3, 4 zu § 773).

3. Privatrechtliche Wirkungen der KE. nach den Landesrechten können eintreten auf den Gebieten der diesen vorbehaltenen Materien. Durch § 4 EG. werden sie nicht ausgeschlossen (Einschränkung Anm. 1). Soweit jedoch in den landesrechtlichen Normen auf die allgemeinen landeskonkursrechtlichen Vorschriften verwiesen ist, die durch die KO. außer Kraft gesetzt sind, gelten die Vorschriften der KO. Aufrechterhalten sind nur die besonderen Vorschriften, die für einzelne Rechtsverhältnisse unabhängig und neben den allgemeinen Vorschriften getroffen sind (s. dazu Prot. 202; RGZ. 3, 42).

Schadensersatzanspruch. § 26. (§ 21.)

Wenn infolge der Eröffnung des Konkursverfahrens die Nichterfüllung einer Verbindlichkeit oder die Aufhebung eines Rechtsverhältnisses des Gemeinschuldners eintritt, so ist der andere Teil nicht berechtigt, die Rückgabe seiner in das Eigentum des Gemeinschuldners übergegangenen Leistung aus der Konkursmasse zu verlangen. Er kann eine Forderung wegen der Nichterfüllung oder der Aufhebung nur als Konkursgläubiger geltend machen, soweit ihm nicht ein Anspruch auf abgesonderte Befriedigung zusteht.

Begr. I 86 f., KommB. I 19. — Unverändert durch die Nov.

1. Allgemeines. Durch die Vorschriften des § 26 (alt § 21) sollten die Bestimmungen älterer Rechtssysteme, daß bei Nichterfüllung eines Vertrages der Vertrag aufgelöst wird und das Geleistete aus dem Eigentum des Empfängers wieder ausscheidet, für das KVerf. ausgeschlossen werden. Näheres, auch über den Einfluß der gerichtlichen Auflösung des Vertrages, s. RGZ. 17, 80. Vgl. auch RGZ. 56, 240. Die KO. geht davon aus, daß die Nichterfüllung, die als Folge der KE. eintritt, den Vertrag nicht aufhebt; der Vertrag bleibt bestehen; nur die weitere vertragsmäßige Erfüllung unterbleibt; was der Gegner bis dahin an den GSch. geleistet hat, bleibt in dessen Vermögen. Ein Eigentumsanspruch des Gegners ist ausgeschlossen, sofern die Leistung in das Eigentum des GSch. schon übergegangen ist. Auch ein Konditionsanspruch auf Herausgabe der Leistung ist nicht anerkannt (s. aber § 44; Anm. 5 dort). Anderseits sagt aber die Vorschrift nur, daß die KE. und die sich ihr anschließende Nichterfüllung oder Aufhebung eines Rechtsverhältnisses nicht kraft Gesetzes zur rückwirkenden Vertragsauflösung führt (s. Begr. I 91). Ist z. B. gültig vereinbart, daß der Vertrag bei Ausbruch des K. als aufgelöst gelte oder daß der Gegner des GSch. in diesem Falle ohne weiteres zurücktreten könne (Anm. 5 zu § 17), so treten die der Abmachung entsprechenden Folgen ein. S. für den Vertragsrücktritt §§ 346 f. BGB. Aussonderungsansprüche kann der Gegner nach §§ 43 f. geltend machen. Hat er dem GSch. gültig einen Gegenstand unter der auflösenden Bedingung der KE. übertragen, so tritt mit der KE. der frühere Rechtszustand wieder ein (§ 158 Abs. 2 BGB.). Der Gegner wird also z. B. mit diesem Zeitpunkte wieder Eigentümer der unter dieser Bedingung übereigneten beweglichen Sache. Weiters Anm. 3d. Kann der Gegner nach dem bürgerlichen Rechte den der Übereignung zugrunde liegenden Vertrag wegen Irrtums u. a. anfechten so wird er daran durch § 26 nicht gehindert (vgl. Jaeger Anm. 6; a. A. Marquardt LZ. 8, 824).

2. Nichterfüllung einer Verbindlichkeit oder Aufhebung eines Rechtsverhältnisses als Folge der KE. Gemeint sind die Fälle der §§ 17 f., an die sich § 26 offenbar anschließt (weitergehend Jaeger Anm. 11, 17). Der unmittelbar, d. h. kraft Gesetzes mit der KE. eintretenden Nichterfüllung (Aufhebung) steht die nur mittelbar auf der KE., unmittelbar auf dem durch die KE. ermöglichten rechtserheblichen Verhalten des einen oder anderen Teiles beruhende Nichterfüllung (Aufhebung) gleich. Eine mittelbare Folge der KE. ist die Nichterfüllung oder die Unterlassung der weiteren Erfüllung namentlich, wenn der Verw. die (weitere) Erfüllung nach § 17 ablehnt (Anm. 7 zu § 17); die Aufhebung eines Rechtsverhältnisses ist mittelbare Folge der KE. namentlich, wenn nach § 19 oder nach § 22 der Vertrag von der einen oder andern Seite gekündigt wird. Vgl. RGZ. 67, 375; Anm. 4b, e zu §§ 19 bis 21.

3. Kein Anspruch des anderen Teiles auf Rückgabe der dem GSch. übereigneten Leistung; Satz 1.

a) Hat der andere Teil seinerseits ganz oder teilweise erfüllt und ist die Leistung (Geld, Waren u. a.) bürgerlichrechtlich in das Eigentum des GSch. übergegangen, so hat der Umstand, daß infolge der KE. der Vertrag nicht weiter erfüllt oder aufgehoben wird, nicht die Wirkung, daß das Geleistete aus der Masse ausscheidet und an den andern Teil zurückfällt, auch wenn es aus der Masse ausgeschieden werden könnte. Der andere Teil hat also nicht ohne weiteres einen Aussonderungsanspruch. Dieser Anspruch müßte besonders begründet sein, s. Anm. 1; s. ferner §§ 44 (Anm. 1, 5 dort). Der bezeichnete Rechtssatz ist eine selbstverständliche Folge des Grundsatzes, daß die Nichterfüllung oder Aufhebung den Vertrag nicht rückwirkend beseitigt, sondern nur für die Zukunft berührt, s. Anm. 7 zu § 17. Aus § 26 Satz 1 muß aber weiter gefolgert werden, daß der andere Teil auch keinen persönlichen Anspruch auf Zurückgabe seiner Leistung aus der Masse hat. Er hat insbesondere keinen Masseanspruch nach § 59 Nr. 3, denn durch seine auf Grund des Vertrages erfolgende Leistung an den GSch. ist die Masse nicht rechtlos bereichert (vgl. Anm. 3 zu § 59). S. RGZ. 26, 96. Eine Ausnahme besteht für den Fall, daß das Eigentum auf den GSch. erst nach der KE. übergegangen, aber als Surrogation für den zur Masse gehörenden Anspruch auf Übereignung Bestandteil der Masse ist. Z. B. eine dem GSch. noch nicht übereignete Warensendung trifft bei diesem nach der KE. ein. Tritt der Verwalter nicht in den Vertrag ein, so ist die Masse um das Eigentum rechtlos bereichert. Der andere Teil hat ferner keinen als KForderung verfolgbaren Rückgabeanspruch, denn alle KForderungen sind auf rangmäßige und verhältnismäßige Befriedigung aus der in Geld umgesetzten Masse gerichtet. Der andere Teil ist mithin darauf beschränkt, daß er seine Leistung an den GSch. bei der Berechnung seines Schadens in Ansatz bringt und vorbehaltlich des Rechtes abgesonderter Befriedigung seine (stets auf Geld gerichtete) Ersatzforderung im K. verfolgt (Satz 2). Vgl. Anm. 7 zu § 17.

b) Trotz des Wortlautes des Gesetzes („Rückgabe" der in das „Eigentum" . . . übergegangenen Leistung) ist der Geltungsbereich der Vorschrift nicht auf die Übereignung von Sachen einzuengen sondern auch auf die Übertragung von Rechten, insbesondere von Forderungen, an den GSch. zu erstrecken. Vgl. Jaeger Anm. 13.

c) Auf den Fall, daß der Leistungsgegenstand nicht in das Vermögen des GSch. übergegangen ist, bezieht sich der Satz 1 nicht, wie sein Wortlaut beweist. Über Einreden aus dem Besitze s. Anm. 7c zu § 17. Hat sich bei dem Kauf einer beweglichen Sache auf Kredit der Verkäufer des Eigentum bis zur Zahlung des Kaufpreises vorbehalten, ist also, wofür nach § 455 BGB. die Vermutung spricht, die Übereignung unter der aufschiebenden Bedingung vollständiger Zahlung des Kaufpreises erfolgt, so hat der Verkäufer zweifellos einen Aussonderungsanspruch, wenn er den Rücktritt vom Vertrage aus dem Grunde erklärt, weil entweder der GSch. schon vor der KE. mit der Zahlung in Verzug gekommen ist, oder der KVerw. die (weitere) Zahlung verweigert. Vgl. dazu RG. LZ. 3, 786. Damit ist aber nicht gesagt, daß der Aussonderungsanspruch nur erhoben werden kann, wenn der Kaufpreisanspruch nicht geltend gemacht wird und umgekehrt. Die Geltendmachung der Kaufpreisforderung im K. schließt die Geltendmachung des Eigentumsvorbehalts grundsätzlich nicht aus. Anderseits wird durch die Geltendmachung des Eigentumsvorbehalts nicht ohne weiteres der Kaufvertrag aufgelöst und damit die Kaufpreisforderung hinfällig (RGZ. 7, 148, LZ. 1, 513; vgl. auch RGRKomm. Anm. 1 zu § 455). Bei Abzahlungsgeschäften ist aber zu beachten, daß es als Ausübung des Rücktrittrechts gilt, wenn der Verkäufer auf Grund des Vorbehalts die Sache „wieder an sich genommen hat" (s. RGRKomm. Anm. 9 zu § 455, Jaeger Anm. 15).

In dem Falle, daß die Übereignung durch die vertragsmäßige Erfüllung der Gegenleistung auflösend bedingt ist und daß der GSch. bei der KE. noch Eigentümer der beweglichen Sache ist, ist es zweifelhaft, ob die Nichterfüllung der Verbindlichkeit durch den KVerw. die auflösende Bedingung eintreten und das Eigentum an den Vertragsgegner zurückfallen läßt. Die Frage ist wohl zu bejahen. Der § 26 Satz 1 steht nach seinem durch die Begr. I 91 hinreichend klargestellten Zweck und Inhalt (s. Anm. 1) nicht entgegen, auch nicht der § 15, der nicht zutrifft, weil die Vereinbarung über den Rückfall des Eigentums vor der KE. liegt (vgl. in letzter Hinsicht Anm. 4c zu § 15, Jaeger Anm. 15 zu § 15). Fällt das Eigentum infolge des Eintritts der Bedingung während des K. an den Verkäufer zurück, so hat dieser ein Aussonderungsrecht. S. die sich widersprechenden Ansichten von Jaeger Anm. 15, 16 zu § 26, Fitting 68 Anm. 65 einerseits und Wilm.-Kurlb. Anm. 6 zu § 26 anderseits. Ist der Eintritt der Bedingung ohne weiteres auf die Zahlungseinstellung oder die KE. abgestellt, so dürfte das Aussonderungsrecht des anderen Teiles überhaupt nicht zweifelhaft sein. S. Anm. 1. Vgl. RGZ. 56, 241. Mit diesen Fragen hängt die Frage zusammen, ob eine Vormerkung, die den Anspruch des Gläubigers gegen den GSch auf Rückübertragung des Eigentums an einem Grundstück oder eines Rechtes an einem Grundstück für den Fall der Nichterfüllung einer Verbindlichkeit sichern soll, dem KVerw. gegenüber nach § 24 durchgreift. Mit Wilm.-Kurlb. Anm. 8 und Willenb. Anm. 3 ist das auch dann zu bejahen, wenn infolge des K. nicht erfüllt wird. Anders Jaeger Anm. 8, Fitting 69 Anm. 65, Köln LZ. 3, 493.

4. KForderung des andern Teiles; Satz 2.

a) Eine allgemeine Vorschrift, daß der Vertragsgegner des GSch. wegen der Nichterfüllung oder der Aufhebung des Vertrages, die als Folge der KE. eintritt, einen Anspruch auf Schadloshaltung hat, ist aus § 26 nicht abzuleiten und auch sonst in der KO. nicht ausgesprochen. Besondere Vorschriften sind in §§ 18, 19, 22 enthalten. Erschöpfend ist diese Regelung nicht (s. Anm. 2d zu § 23). Wo eine besondere Vorschrift fehlt, muß vielmehr auf das allgemeine bürgerliche Recht zurückgegriffen werden, dessen Sätze unter Umständen entsprechend anzuwenden sind (s. Anm. 7 zu § 17; vgl. Begr. I 92; RGZ. 26, 96; 63, 73; Wilm.-Kurlb. Anm. 9; Kleinf. Lehrb. 112 unter Bezugnahme auf BGB. §§ 275, 279f., 340f. u. a. A. M. mit beachtenswerter Kritik Jaeger Anm. 20f., nach dem die KO. selbst im Zusammenhange der §§ 17 bis 22 den Anspruch dem Grunde nach anerkennt. S. auch RG. LZ. 2, 385. Nicht nur die Höhe des Anspruchs auf Schadloshaltung (im weiteren Sinne, auch Ansprüche wegen rechtloser Bereicherung gehören hieher), auch sein Grund ergibt sich aus der Natur des einzelnen Falles und den Regeln des bürgerlichen Rechtes. Ist hiernach ein Ersatzanspruch begründet, so kann er nach Satz 2 vorbehaltlich des etwaigen Anspruchs auf abgesonderte Befriedigung (§§ 4, 47f.) nur als KForderung verfolgt werden; als Masseanspruch also auch dann nicht, wenn die Nichterfüllung oder Aufhebung des Vertrages auf dem durch die KO. ermöglichten Verhalten des Verwalters beruht. Insofern ist damit eine Ausnahme von § 59 Nr. 1 begründet (Anm. 1b zu § 59). Über die Geltendmachung von Vertragsstrafen s. RGZ. 59, 55.

b) Von der Aufforderung des anderen Teiles nach § 17 Abs. 2 ist die Erhebung des Anspruches nicht unbedingt abhängig (RGZ. 22, 109).

c) Die Aufrechnung der Entschädigungsforderung ist durch § 26 nicht ausgeschlossen (Jaeger Anm. 19). S. dazu RG. Gruch. 60, 1035; RGZ. 58, 11, Hamburg SeuffA. 61, 83, Seuffert 190 („eventueller Anspruch aus dem vor der KE. geschlossenen Vertrage"), a. A. RG. 46, 98.

§ 27.

Erlischt ein von dem Gemeinschuldner erteilter Auftrag oder ein Dienst- oder Werkvertrag der im § 23 Abs. 2 bezeichneten Art infolge der Eröffnung des Verfahrens, so ist der andere Teil in Ansehung der nach der Eröffnung des Verfahrens entstandenen Ersatzansprüche im Falle des § 672 Satz 2 des Bürgerlichen Gesetzbuchs Massegläubiger, im Falle des § 674 des Bürgerlichen Gesetzbuchs Konkursgläubiger.

Begr. II 32. — Eingef. durch die Nov.

a) Wenn ein durch die KE. an sich erloschener Auftrag, ferner ein Dienstvertrag oder Werkvertrag, der auf einer Geschäftsbesorgung gerichtet ist, nach § 672 Satz 2, § 675 BGB., § 23 KO. als fortbestehend gilt, weil mit dem Aufschub Gefahr verbunden ist, kommt die Fortsetzung der Geschäftsführung unmittelbar der KMasse zugute. Der andere Teil muß dann den Vertrag nach der KE. zur Masse erfüllen und hat in Ansehung der durch diese Tätigkeit begründeten Ersatzansprüche mit Einschluß des vertragsmäßigen Anspruchs auf Vergütung (Jaeger Anm. 3) die Stellung eines Massegläubigers nach § 59 Nr. 2 Anm. 2 zu § 59. Die mit dem Rechtsverhältnisse verbundene, mit diesem an und für sich nach § 168 BGB. durch die KE. erloschene Vollmacht gilt ebenfalls insoweit als fortbestehend; die auf Grund der Vollmacht vorgenommenen Handlungen sind der KMasse gegenüber wirksam. S. Begr. II 32.

b) Wird ein Auftrag, Dienstvertrag oder Werkvertrag mit Rücksicht auf den guten Glauben des zur Geschäftsbesorgung Berufenen als fortdauernd behandelt (§§ 674, 675 BGB., § 23 KO.), so ist dieser für seine Ersatzansprüche KGl. Die Geschäfte sind zwar nach der KE. vorgenommen, um aber den zur Geschäftsbesorgung Berufenen tunlichst vor Schaden zu bewahren, werden sie so behandelt, wie wenn sie vor der KE. vorgenommen wären. Ausnahme von dem Grundsatze des § 3.

§ 28.

Wird eine nach § 705 des Bürgerlichen Gesetzbuchs eingegangene Gesellschaft durch die Eröffnung des Konkursverfahrens über das Vermögen eines Gesellschafters aufgelöst, so ist der geschäftsführende Gesellschafter in Ansehung der Ansprüche, welche ihm aus der einstweiligen Fortführung der Geschäfte nach § 728 Satz 2 des Bürgerlichen Gesetzbuchs zustehen, Massegläubiger, in Ansehung der ihm nach § 729 des Bürgerlichen Gesetzbuchs zustehenden Ansprüche, unbeschadet der Bestimmung des § 51, Konkursgläubiger.

Begr. II 33. — Eingef. durch die Nov.

a) Eine nach § 705 BGB. eingegangene Gesellschaft wird durch die KE. über das Vermögen eines Gesellschafters regelmäßig aufgelöst (BGB. § 728, aber § 736). Die übrigen Gesellschafter sind aber verpflichtet, die ihnen übertragenen Geschäfte, wenn mit dem Aufschube Gefahr verbunden ist, einstweilen fortzuführen, bis der KVerw. in Gemeinschaft mit ihnen Fürsorge treffen kann (s. dazu Anm. 1c, d zu § 16). Die Gesellschaft gilt insoweit als fortbestehend. §§ 728, 727 Abs. 2 Satz 3 BGB. Da die einstweilige Fortführung der Geschäfte im Interesse der KMasse liegt, ist der Gesellschafter in Ansehung der ihm aus dieser Geschäftsführung erwachsenden Ansprüche Massegläubiger nach § 59 Nr. 2 (s. Anm. 2 zu § 59).

b) Nach § 729 BGB. gilt, falls die Gesellschaft durch die KE. über das Vermögen eines Gesellschafters aufgelöst wird, die einem Gesellschafter durch den Gesellschaftsvertrag übertragene Befugnis zur Geschäftsführung zu seinen Gunsten als fortbestehend, bis er von der Auflösung Kenntnis erlangt oder die Auflösung kennen muß. Die ihm von der KE. bis zu diesem Zeitpunkt aus seiner Geschäftsführung erwachsenden Ansprüche kann er aus Gründen der Billigkeit als KForderung geltend machen, unbeschadet seines Rechtes, wegen dieser Ansprüche nach § 51 KO. abgesonderte Befriedigung aus dem bei der Auseinandersetzung über das Gesellschaftsvermögen ermittelten Anteile des GSch. zu verlangen. Begr. II 33. S. Anm. zu § 51.

c) Über die entsprechende Anwendung des § 28 auf Gesellschaften des Handelsrechts s. §§ 136, 137, 161 Abs. 2, § 330 Abs. 1, 2 HGB. (Anm. 2 A zu § 25), Jaeger Anm. 5, Staub Anm. 3 zu § 137, Seuffert 237.

Dritter Titel.

Anfechtung.

Vorbemerkung.

Der 3. Titel regelt das Anfechtungsrecht im K. Die Normen für die sog. Gläubigeranfechtung außerhalb des K. gibt das Anfechtungsgesetz vom 21. Juli 1879. Der § 29 stellt den allgemeinen Grundsatz auf. In § 30 sind rein krechtliche Anfechtungsgründe aufgeführt, in §§ 31, 32 Anfechtungsgründe, die im § 3 des AnfG. entsprechend wiederkehren. Die §§ 33, 34 enthalten Beschränkungen des Anfechtungsrechtes. Der § 35 läßt die Anfechtbarkeit auch für den Fall zu, daß für die anzufechtende Rechtshandlung ein vollstreckbarer Schuldtitel erlangt oder daß sie durch Zwangsvollstreckung oder durch Arrestvollzug erwirkt wurde. Der § 36 weist die Ausübung des Anfechtungsrechtes ausschließlich dem Verwalter zu. Die §§ 37—39 bestimmen den Umfang der Rückgewähr und die Rechte des Anfechtungsgegners, der § 40 die Anfechtung gegen den Erben und den sonstigen Rechtsnachfolger des Dritten, der § 41 die Ausschlußfrist. Der § 42 macht es möglich, auch Rechtshandlungen anzufechten, die zwar nach der KE. vorgenommen, wegen des öffentlichen Glaubens des Grundbuchs aber der KMasse gegenüber an und für sich wirksam sind.

Für den NachlaßK. ist § 222 zu beachten. S. auch § 236 (K. über das Gesamtgut einer fortgesetzten Gütergemeinschaft). Einen besonderen Fall regelt § 342 HGB. (krechtliche Anfechtung einer Vereinbarung mit dem stillen Gesellschafter, durch die diesem die Einlage ganz oder teilweise zurückgewährt oder der Verlustanteil ganz oder teilweise erlassen wurde). Dazu RG. SeuffA. 56, 191 und wegen des Einflusses der Gesch.-Aufsicht hierauf Klimmer § 73 Anm. 1.

Durch die Novelle ist der § 32 Nr. 2 in Einklang mit dem ehelichen Güterrechte des BGB. gebracht worden. Ferner hat sie die §§ 40, 41 (früher §§ 33, 34) geändert und den § 42 neu eingefügt.

Allgemeiner Grundsatz. **§ 29.** (§ 22).

Rechtshandlungen, welche vor der Eröffnung des Konkursverfahrens vorgenommen sind, können als den Konkursgläubigern gegenüber unwirksam nach Maßgabe der folgenden Bestimmungen angefochten werden.

Begr. I 94 f., KommB. I 20. — Unverändert durch die Nov.

1. **Der Rechtsgrund der krechtlichen Anfechtung.** Der GSch. verliert das Recht, sein zur KMasse gehöriges Vermögen zu verwalten und darüber zu verfügen, erst mit der KE. Soll er in dieser Hinsicht schon im Eröffnungsverfahren beschränkt werden, so bedarf es dazu einer besonderen gerichtlichen Anordnung (§ 106 Abs. 1). Rechtshandlungen des GSch. bis zur KE., wenn auch nach der Zahlungseinstellung oder dem Antrag auf KE. sind deshalb der KMasse gegenüber grundsätzlich wirksam (vgl. §§ 6, 7). Nach den Erfahrungen des Lebens erleidet aber das Vermögen des späteren GSch. gerade dann, wenn seine Lage kritisch geworden ist, häufig Veränderungen, die die Aussichten der Gläubiger auf eine Befriedigung ihrer Ansprüche schmälern. Die Veränderungen erfolgen teils mit dem Willen des Schuldners, teils ohne oder gegen seinen Willen, insbesondere durch Zwangsvollstreckung. Handelt es sich um Willensakte des Schuldners, so liegt ihnen oft, aber nicht notwendig, die Absicht des Schuldners zugrunde, seine Gläubiger zu benachteiligen oder einen Gläubiger vor den übrigen zu begünstigen. Um diesem Übelstande zu begegnen, stellt das Gesetz eine Reihe einzelner Tatbestände auf, die den KVerw., das zur Durchführung des K. bestellte Organ, ermächtigen, die darunter fallenden Rechtshandlungen als für die KMasse unwirksam binnen bestimmter Frist (§ 41) anzufechten. Die Grundlage dieser Befugnis sind die positiven gesetzlichen Vorschriften. Das Gesetz betrachtet es als billig, daß gewisse Benachteiligungen der Masse, die sich aus Rechtshandlungen vor der KE. ergeben, durch die Tätigkeit des KVerw. ausgeglichen werden können. Die Anfechtung beruht nicht etwa darauf, daß durch die Handlung ein Recht der KGl. an dem Vermögen des Schuldners verletzt worden ist. Die Behauptung, daß den KGl. — etwa von der Zahlungseinstellung an — neben ihren Forderungen ein besonders gearteter Anspruch („KAnspruch“ u. dgl.) zustehe, der durch

die anfechtbare Handlung verletzt werde, hat im Gesetz keinen Anhalt (vgl. RGZ. 10, 332). Aus der Anfechtbarkeit einer Handlung darf nicht gefolgert werden, daß sie rechtswidrig vorgenommen ist. Die Handlung, wird voll wirksam vorgenommen, aber mit der Gefahr, daß später, d. h. mit der KE. ihre Anfechtung möglich wird (wegen anfechtbarer Handlungen, die den Tatbestand des § 241 erfüllen, s. RGZ. 56, 230). Auch dann bleibt die Handlung rechtsgültig, ihre für die Masse nachteiligen Wirkungen können aber durch die Ausübung des Anfechtungsrechtes beseitigt werden. Die Gleichstellung der anfechtbaren Handlungen mit den unerlaubten Handlungen des allgemeinen bürgerlichen Rechtes (§§ 823 f. BGB. ist abzulehnen. Die Anwendung der Rechtssätze, die für die letzteren gelten, auf die ersteren und umgekehrt ist ausgeschlossen. Die Voraussetzungen der krechtlichen Anfechtung, ihre Ausübung, ihre Wirkungen usw. sind ausschließlich in der KO. und in den ergänzenden Vorschriften des AnfG. geregelt. Auf Grund des einzelnen Anfechtungstatbestandes tritt nur die Anfechtbarkeit ein, nicht daneben eine Schadensersatzpflicht. Selbstverständlich kann sich aber eine krechtlich anfechtbare Handlung im Einzelfalle zugleich als eine unerlaubte Handlung des allgemeinen bürgerlichen Rechtes darstellen (§§ 823, 826 BGB., bes. § 823 Abs. 2 im Hinblick auf §§ 239, 241 KO.) s. aber RG. BayZ. 16, 156. Dann bestehen die mehreren Ansprüche selbständig nebeneinander; nur die Ausübung des krechtlichen Anfechtungsrechtes ist durch § 36 dem KVerw. vorbehalten. Vgl. RG. Gruch. 49, 345 f. (fiduziarische Veräußerungen des Schuldners, zunächst für das AnfG.); RGZ. 74, 226 mit weit. Rspr.; LZ. 2, 862; Breslau SeuffA. 61, 239. Ähnlich ist eine anfechtbare Rechtshandlung nicht schon nach §§ 134, 138 BGB. nichtig, weil ein Anfechtungstatbestand (auch § 31 Nr. 1) erfüllt ist (vgl. RGZ. 69, 145 f.); sittenwidrig kann sie allerd. sein. (RG. JW. 43, 834).

Aus der Tatsache, daß die krechtlich anfechtbaren Handlungen als solche nicht unerlaubte Handlungen im Sinne des BGB. sind, darf aber nicht geschlossen werden, daß sie nicht in anderer Beziehung, insbesondere nach § 32 ZPO. (Gerichtsstand) als „unerlaubte Handlungen" (Delikte) aufgefaßt werden können. Die herrschende Ansicht nimmt an, daß die auf § 31 Nr. 1 oder Nr. 2 gestützte Anfechtungsklage im Gerichtsstande des § 32 ZPO. erhoben werden können (für Nr. 1 RGZ. [Pl.] 21, 425, RG. SeuffA. 38, 220; für § 3 Nr. 2 AnfG. und die ihm entsprechende Nr. 2 des § 31 KO. RGZ. 48, 403; s. ferner RGZ. 74, 226, Hamburg LZ. 5, 314; Falkmann 533 f., KommB. II 14). Dagegen wird der Gerichtsstand des § 32 ZPO. fast allgemein abgelehnt für die Klagen nach § 30 Nr. 1 oder Nr. 2, § 32 Nr. 1 oder Nr. 2 (vgl. RG. SeuffArch. 70, 300), RGZ. 10, 325 f.; 21, 420 f.). Für § 31 Nr. 1 ist der herrschenden Ansicht beizustimmen, dagegen von dem Anm. 3 zu § 31 vertretenen Standpunkt nicht für § 31 Nr. 2. Teilweise a. M. Jaeger Anm. 4 f. (mit Lit.), Seuffert 225 f., Gaupp-Stein II zu § 32 u. a.

2. Die Natur und die Wirkungen der krechtlichen Anfechtung.

a) Die krechtliche Anfechtung ist eine besonders geartete und selbständig geordnete Rechtsmaterie (vgl. RGZ. 44, 95). Mit der im BGB. geregelten Anfechtung von Rechtsgeschäften wegen eines Willensmangls (s. bes. §§ 119 f., 123, 124, 142 f. BGB.) hat sie nichts zu tun. Die bürgerlich rechtliche Anfechtung bewirkt nach § 142 BGB., daß das Rechtsgeschäft als von Anfang an nichtig anzusehen ist, sie wirkt also (ex tunc) rechtsvernichtend. Die krechtliche Anfechtung dagegen geht auf die schuldrechtliche Rückgewähr des durch die anfechtbare Handlung weggekommenen Vermögensstückes zur KMasse (s. § 37). Die Ausübung dieses Rechtes läßt den Bestand des zwischen dem GSch. und dem Anfechtungsgegner abgeschlossenen obligatorischen und dinglichen Rechtsgeschäftes völlig unberührt. Das Recht der Gläubigeranfechtung erschöpft sich in dem forderungsrechtlichen Anspruch (§ 194 BGB.) gegen den Anfechtungsgegner auf Beseitigung der für die KMasse nachteiligen Vermögensverschiebung, die durch die angefochtene Handlung zu Lasten des Vermögens des GSch. in das Vermögen des Anfechtungsgegners stattgefunden hat[1]) (s. RG. LZ. 1, 837 f.). Eine wichtige Folge ist, daß Rechte, die Dritte nach der Vornahme der anfechtbaren Handlung erworben haben, durch die Anfechtung nicht berührt werden und nur die Verpflichtung des Anfechtungsgegners begründen sie zu beseitigen oder Ersatz zu leisten (RGZ. 13, 7). Die Art und Weise der Beseitigung richtet sich nach den Umständen. Der Anfechtungsanspruch entsteht ohne weiteres auf Grund der gesetzlich aufgestellten Tatbestände in Verbindung mit der KE., nicht etwa auf Grund einer Erklärung gegenüber dem Anfechtungsgegner (Näheres Anm. 3).

b) Die „Unwirksamkeit" einer krechtlich angefochtenen Rechtshandlung ist, wie aus a folgt, mit der in § 7 behandelten Unwirksamkeit von Rechtshandlungen des GSch. rechtlich nicht identisch. Während eine nach § 7 der KMasse gegenüber unwirksame Rechtshandlung relativ nichtig ist (Anm. 3, 4 dort), ist der krechtlich anfechtbare Tatbestand in Verbindung mit der KE. nur die Grundlage eines Schuldverhältnisses zwischen der Masse und dem Anfechtungsgegner, dessen Gegenstand die Forderungen nach §§ 37, 38 bilden.

c) Der Anfechtungsanspruch besteht nur im Interesse der KMasse („den KGl. gegenüber unwirksam"); zugunsten eines andern, etwa eines Absonderungsberechtigten oder eines Massegläubigers, kann ihn der Verwalter nicht geltendmachen. Der Verwalter kann den Anspruch auch nicht auf eine andere Person übertragen (ausf. RGZ. 30, 71). Das Ziel des Anspruches ist ausschließlich die Vermehrung der KMasse (§ 37). Die erfolgreiche Anfechtung verschafft deshalb auch nur der Masse Rechte, andere, z. B. Gläubiger, die dem Anfechtungsgegner im Range nachgehen, können sich darauf nicht berufen, ihnen gegenüber bleibt die Handlung auch weiterhin voll wirksam bestehen. Vgl. RGZ. 20, 30; 30, 93; Jaeger Anm. 22, 26; Falkmann 556. Aus der Beschränkung der Anfechtung und ihrer Wirkung ergibt sich insbesondere, daß die Handlung im persönlichen Verhältnis zwischen dem GSch. und dem Anfechtungsgegner ihre Wirksamkeit nicht einbüßt. Jaeger Anm. 23.

---

[1]) Herrschende Ans., s. bes. ausführlich Jaeger Anm. 10 f. mit Lit., Jaeger LZ. 7, 23, dann Seuffert 220, Kohler, Leitf. 137, Falkmann 530, 556, K. Meyer JW. 31, 613 f., 33, 29 f. u. v. a.; s. auch Wernecke LZ. 6, 816 f. und ständige Rspr. d. RG.; z. B. RGZ. 7, 35; 13, 6; 32, 24; 42, 367; 44, 93; 47, 220; auf Grund der Nov. LZ. 1, 837 f. (sehr eingehend), RGZ. 58, 45 u. 107. Anders die Anhänger der sog. Dinglichkeitslehre, z. B. Fitting 217 f., Hellmann 353 f., 363 f. Die Dinglichkeitslehre gelangt von ihrem grundsätzlich abweichenden Ausgangspunkte zu einer Reihe anderer Ergebnisse, die im folgenden nicht weiter dargestellt werden.

über die Folgen daraus für das materiellrechtliche Verhältnis beider nach der Beendigung des K. und den bei der KBeendigung schwebenden Anfechtungsrechtsstreit s. Anm. 4 zu § 36.

d) Da der Anfechtungsanspruch nur auf einem Schuldverhältnis beruht und die gerichtliche oder außergerichtliche Erklärung des Anfechtungswillens keine dingliche Wirkung hat, kann der nach § 36 legitimierte Verwalter im K. des Anfechtungsgegners den Gegenstand der Anfechtung regelmäßig nicht aussondern (§ 43), denn bis zur Rückgewähr (s. auch § 894 ZPO.) gehört der Gegenstand zum Vermögen des Gegners. Ein Aussonderungsrecht besteht nur, wenn die Rückgewähr vor der Eröffnung des K. über das Vermögen des Anfechtungsgegners erfolgt ist. S. dazu RGZ. 13, 6. Ohne vorherige Rückgewähr kann nur eine KForderung geltendgemacht werden. Die Rückgewähr selbst kann ihrerseits anfechtbar sein. Mit der Aussonderung ist auch die Anwendung des § 11 ausgeschlossen.

e) Der Mangel der dinglichen Wirkung hat die weitere Folge, daß durch die Erklärung des Anfechtungswillens der Inhalt des Grundbuchs, in dem auf Grund der anfechtbaren Handlung eine Eintragung erfolgt ist, nicht ohne weiteres unrichtig wird. Weder die Anfechtbarkeit noch die tatsächliche Anfechtung führt zur Grundbuchberichtigung (§ 894 BGB.); es darf also auch kein Widerspruch nach § 899 BGB. eingetragen werden. Der aus der Anfechtung sich ergebende Anspruch kann nur durch Eintragung einer Vormerkung (§§ 883, 885 BGB.) gesichert werden. Ebenso RGRKomm. Anm. 2 zu § 883, Jaeger Anm. 14. Nach dem AnfG. (§ 7) ist die Rechtslage anders. Selbstverständlich kann der KVerw. gegen den Anfechtungsgegner nach den allgemeinen Vorschriften (§§ 916 f. ZPO.) auch Arrest oder einstweilige Verfügung erwirken. Frankfurt LZ. 2, 74. S. auch Wernecke LZ. 6, 899.

3. Die Geltendmachung der krechtlichen Anfechtung.

a) Nach § 34 a. F. „verjährte“ das Anfechtungsrecht in einem Jahre seit der Eröffnung des Verfahrens. In § 41 n. F. ist für die Anfechtung eine Ausschlußfrist von einem Jahre festgesetzt. Die Begr. II 35 führt dazu aus, daß nach dem BGB. nur Ansprüche der Verjährung unterlägen, das Anfechtungsrecht aber nicht als Anspruch im Sinne des BGB. anzusehen sei. Der Entw. habe deshalb im Anschluß an § 124 Abs. 1 BGB. die Fassung geändert. In der Komm. (Ber. 12 f.) wurde von Seite der Regierungen gegenüber einem Antrag, der die Geltendmachung der Anfechtung durch die Klage verlangte, ausgeführt, daß zur krechtlichen Anfechtung die rechtsgeschäftliche Anfechtungserklärung des KVerw. gegenüber dem Anfechtungsgegner genüge. Der Antrag wurde darauf mit kleiner Mehrheit abgelehnt. In der Praxis ist diese Ansicht, die im Gesetze nicht zum Ausdruck kommt, mit Recht nicht durchgedrungen. Der Anfechtungsanspruch besteht ohne weiteres, sobald einer der gesetzlich aufgestellten Tatbestände gegeben und die KE. dazugetreten ist. Für die Geltendmachung des Anspruches läuft die Ausschlußfrist von einem Jahre seit der KE. über die Art und Weise der Geltendmachung enthält die KO. keine ausdrücklichen Vorschriften. Auch der Sinn des Gesetzes zwingt nicht dazu, den § 143 Abs. 1 BGB. entsprechend anzuwenden, zumal dieser im engen Zusammenhang mit dem für die krechtliche Anfechtung nicht einschlagenden § 142 steht. Die Verwandlung der Verjährungsfrist in eine Ausschlußfrist bietet ebenfalls keinen Grund von der für den Rechtszustand vor 1900 fast einhellig vertretenen Auffassung abzuweichen, daß die Gläubigeranfechtung nur gerichtlich, nicht durch außergerichtliche Erklärung geltendgemacht werden kann. Zum Beweis dafür hat das RG. auf den Wortlaut des AnfG. (bes. §§ 4, 5, 9) Bezug genommen und darauf hingewiesen, daß die Gläubigeranfechtung innerhalb des K. hinsichtlich der Art der Geltendmachung von der Gläubigeranfechtung nach dem AnfG. nicht verschieden behandelt werden könne (s. RGZ. 52, 334 für das AnfG.; 58, 44; 62, 199 und LZ. 1, 839 für die KO.). Ebenso Jaeger Anm. 59f., Falkmann 531 u. a., a. M. Seuffert 220. Hieraus folgt, daß die Ausschlußfrist durch die außergerichtliche Erklärung des KVerw. gegenüber dem Anfechtungsgegner, insbesondere durch den Widerspruch des Verwalters im Prüfungstermin, nicht gewahrt wird. Vielmehr bedarf es dazu der Anfechtungsklage — Leistungs- oder Feststellungsklage (s. unten) —, der Anfechtungswiderklage, der Anfechtungseinwendung, der Anfechtungsreplik (vgl. RGZ. 19, 202) usw. im gerichtlichen Verfahren. Die Erhebung der Anfechtungsklage und damit die Wahrung der Frist erfolgt durch Zustellung des Klageschriftsatzes an den Anfechtungsgegner (§ 253 ZPO.); im amtsgerichtlichen Verfahren genügt zur Wahrung der Frist regelmäßig die Einreichung der Klage bei Gericht (§ 496 Abs. 3, § 498 ZPO.). Der Klagerhebung steht die Zustellung eines Zahlungsbefehls im Mahnverfahren gleich (entspr. § 209 Abs. 2 Nr. 1 BGB.). Geeignet zur Wahrung der Frist ist nur eine Klage, die sich geeignet erweist zu einer sachlichen Entscheidung über den geltend gemachten Anspruch, also nicht eine wegen Unzuständigkeit des Gerichts abgewiesene Klage. Nachträgliche Heilung einer unwirksamen Klageerhebung, auf Grund prozessualer Vorschriften, heilt die Mängel auch hinsichtlich der bürgerlichrechtlichen Wirkung. Eine zurückgenommene Klage wahrt die Frist nicht; § 212 Abs. 2 BGB. findet hier keine Anwendung (RGZ. 88, 294; 90, 86). Im übrigen ist nach den allgemeinen zivilprozessualen Grundsätzen der Vortrag in der mündlichen Verhandlung erforderlich und entscheidend; es genügt nicht, daß die Anfechtung in einem vorbereitenden, demnächst zugestellten Schriftsatz erklärt wird (s. RGZ. 58, 44 gegen RGZ. 52, 334, das die Erklärung in einem zugestellten Schriftsatz als genügend gelten ließ). Im K. des Anfechtungsgegners erfolgt die noch nicht geltendgemachte Anfechtung durch die Anmeldung des Anspruchs im K. (entsprechend § 209 Abs. 2 Nr. 2 BGB.). Vgl. Karlsruhe BadRpr. 13, 280; Jaeger Anm. 60. Wegen Arrest und einstweiliger Verfügung s. Anm. 2 zu § 41. Die Anfechtungsklage ist regelmäßig Leistungsklage, ausnahmsweise unter den Voraussetzungen des § 256 ZPO. (hiezu RG. LZ. 2, 786) Feststellungsklage. Eine Vorschrift entsprechend § 9 AnfG. gilt für die krechtliche Anfechtung nicht. Durch die außergerichtliche Anerkennung des Anfechtungsanspruches seitens des Verpflichteten wird die einjährige Ausschlußfrist (§ 41 Abs. 1) entgegen den Vorschriften über Verjährung (§ 208 BGB.) nicht unterbrochen, Jaeger Anm. 2 zu § 49. Unter Umständen liegt aber in der Anerkennung ein besonderer Verpflichtungsgrund (s. § 781 BGB.) oder sie beruht auf einem Vergleiche (s. § 779 BGB.), der dem KVerw. eine selbständige Klage ermöglicht.

b) Die Anfechtungsklage hat den Grund des Anfechtungsanspruchs bestimmt anzugeben (§ 253 ZPO.). Das schließt nicht aus, daß die Klage auf mehrere Anfechtungsgründe nebeneinander oder nacheinander gestützt wird. Der Übergang von dem einen Anfechtungstatbestande zum andern nach der Erhebung der Klage stellt grundsätzlich eine Klagänderung dar (s. §§ 264, 268 f., 527 ZPO.). A. M. Seuffert 227 Anm. 13. Das gilt aber nur soweit, als der Rechtsgrund des Tatbestands, auf den der Kläger übergeht, von dem Rechtsgrunde des in der Klage angegebenen Tatbestands verschieden ist. Dabei werden von der herrschenden Ansicht in Gruppen zusammengefaßt die Fälle des § 30, dann die Fälle des § 31 und die Fälle des § 32. Der Übergang von einer Gruppe zur andern wird als Klagänderung erachtet, nicht aber der Wechsel innerhalb der nämlichen Gruppe. Falkmann 532. Vgl. RGZ. 22, 389 (für das Verhältnis von § 32 und § 31 Nr. 1 sowie § 31 Nr. 1 und § 30), RG. LZ. 1, 513 (für das Verhältnis von § 30 und § 31), Wilm.-Kurlb. Anm. 17. Jaeger Anm. 57 nimmt eine Klagänderung auch dann an, wenn der Verwalter innerhalb des § 30 oder des § 31 von einer Nummer zur andern übergeht. Soweit es sich um den Wechsel zwischen § 31 Nr. 1 und § 31 Nr. 2 handelt, ist dieser Ansicht beizustimmen, weil der Rechtsgrund beider Tatbestände nicht einheitlich ist (Anm. 1 zu § 31). Übrigens ist zu beachten, daß der Anfechtungskläger eine gesetzliche Vorschrift überhaupt nicht zu zitieren braucht; er kann sich auf die Darlegung der Tatsachen beschränken und der Prüfung des Gerichts überlassen, ob seine tatsächlichen Behauptungen einen der gesetzlichen Tatbestände erfüllen. Auch ein Fehlgreifen der Partei in der Bezeichnung der gesetzlichen Vorschrift ist deshalb unschädlich. RG. LZ. 5, 856.

c) Als Gerichtsstände für die Anfechtungsklage kommen in Betracht der allgemeine Gerichtsstand des Anfechtungsgegners (ZPO. §§ 12 f.), die Gerichtsstände für vermögensrechtliche Ansprüche nach §§ 20, 23, der Gerichtsstand der Niederlassung nach § 21, nicht aber wegen der rein persönlichen Wirkung der Anfechtung der dingliche Gerichtsstand nach § 24 oder der Gerichtsstand des Erfüllungsorts nach § 29 (RGZ. 30, 402). Vgl. Jaeger Anm. 18, Falkmann 533 f., Seuffert 220. Über den Gerichtsstand des § 32 s. o. Anm. 1. Die Kammern für Handelssachen (§§ 100 f. GVG.) sind nicht zuständig (vgl. auch RG. Gruch. 38, 1187; JW. 31, 273). Sehr bestritten ist, ob der ausschließliche Gerichtsstand (ZPO. § 802) des § 771 ZPO. — Widerspruchsklage — besteht, wenn der KVerw. den Erwerb den Vollstreckungsschuldners oder den Akt der Zwangsvollstreckung als für die Masse unwirksam anficht.[1]) Nach der Rechtspr. des RG. ist im letzteren Falle die Widerspruchsklage gegeben (z. B. RGZ. 18, 393; 30, 397; 40, 372; Gruch. 38, 181, 493; JW. 30, 330; LZ. 2, 610 Widerspruch des Verwalters gegen die Befriedigung des Pfandgläubigers aus dem Erlös; LZ. 4, 227). Der schuldrechtlichen Natur der Anfechtung entspricht nur die von Jaeger Anm. 17 (s. auch LZ. 2, 611), Falkmann 432 f., Seuffert Anm. zu § 771 ZPO. u. a. vertretene Ansicht, die die Widerspruchs-

[1]) Eingehend (mit Rspr. und Lit.) Wernecke LZ. 6, 816 f., 886 f. S. auch Voß LZ. 4, 189 f., 266 f. (Klagbitte, Urteilsformel und Vollstreckungsklage bei der Pfändungsanfechtung).

klage in beiden Fällen für unzulässig hält. Wie das RG. auch OLG. 15, 455 (a. S.). Vermittelnd Stuttgart LZ. 4, 242.

d) Parteien im Anfechtungsprozeß sind der KVerw. und der Anfechtungsgegner, d. h. die Person, der gegenüber die anfechtbare Handlung vorgenommen ist (nicht der „Strohmann" RG. LZ. 2, 390), oder in bestimmten Fällen (§ 40) ihr Rechtsnachfolger, nicht auch der GSch. Wegen der Verurteilung des Mannes zur Duldung der Zwangsvollstreckung vgl. RG. LZ. 5, 949. Der Verwalter ist Partei als amtlich bestelltes Organ für die Durchführung der Zwecke des K. Bei der Anfechtung wahrt er das Interesse der KGl., diese haben aber keine Parteistellung. Der Verwalter wird auch hier weder als gesetzlicher Vertreter des GSch. noch als solcher der KGl. sondern kraft eigenen Rechtes tätig. Was der Verwalter durch den Anfechtungsprozeß erzielt, wird Bestandteil der Masse, also Vermögen des GSch. Dazu gehört der Anspruch auf Ersatz der Kosten, während die Verpflichtung des Verwalters zum Kostenersatz eine Masseschuld nach § 59 Nr. 1 ist (RGZ. 52, 330). Die einzelnen KGl. können dem Verwalter als Nebenintervenienten (§ 66 ZPO.) beitreten. Ihr rechtliches Interesse am Siege des Verwalters geht aus § 13 Abs. 4 AnfG. und dem Interesse an der Vermehrung der Masse hervor. RG. JW. 18, 203; 20, 273; Gaupp-Stein II 2 zu § 66. Der GlAusschuß (§§ 87, 88) oder seine einzelnen Mitglieder als solche haben das Recht der Nebenintervention nicht (RGZ. 36, 367). Die Vorschrift des § 133 Nr. 2, daß der Verwalter bei Wertgegenständen von mehr als 300 ℳ die Genehmigung des GlAusschusses einholen muß, bevor er den Rechtsstreit anhängig macht, hat nur interne Bedeutung (§ 136). Wegen der Anwendung des § 69 ZPO. s. Jaeger Anm. 8 zu § 36. Wegen der Intervention des GSch. vgl. Jaeger Anm. 9 zu § 36 (aber Anm. 33 zu § 6) gegen Wilm.-Kurlb. Anm. 18 zu § 29, jedoch auch Braunschweig DJZ. 16, 544 (SeuffA. 66, 36). Regelmäßig wird der GSch. ein rechtliches Interesse daran haben, daß der Anfechtungsgegner siegt. Er kann aber als Träger der Masseschulden, wozu die Prozeßkosten gehören, ein rechtliches Interesse haben, dem KVerw. beizustehen und ist, wenn er diesem beitritt, streitgenössischer Nebenintervenient nach § 69. Als solcher kann er nicht Zeugnis geben. S. noch Seuffert 183, Gaupp-Stein II 2 zu § 66, Kohler ZivArch. 81, 409.

e) Bei der rechtlichen Anfechtung bestimmt sich der Streitwert nach dem Gegenstande der Rückgewähr (§ 37); er wird vom Gerichte nach freiem Ermessen festgesetzt (ZPO. § 3), sofern nicht die Klage auf einen bestimmten Geldbetrag gerichtet ist. Geht die Anfechtung gegen eine Pfändung, so ist § 6 ZPO. maßgebend. Kommt es hiernach auf den Betrag der Forderung des Gläubigers an, so sind in Anwendung des § 4 ZPO. Nebenforderungen wie Zinsen und Kosten außer Betracht zu lassen (RG. LZ. 4, 227 mit Bem. von Jaeger). Ist der Gegenstand, insbesondere ein Grundstück, belastet zurückzugewähren, so sind die Lasten bei der Wertberechnung abzuziehen; vgl. RGZ. 34, 404. S. auch Jaeger § 37 Anm. 37, Gaupp-Stein III 2 zu § 6; München OLG. 19, 49.

f) Ist die Handlung des GSch. nichtig (s. bes. BGB. §§ 104, 105, 117, 118, 125, 138, 142) oder nach dem bürgerlichen Rechte wegen

Irrtums, arglistiger Täuschung, Drohung anfechtbar, aber noch nicht angefochten (BGB. §§ 119f., 123, 124, 143, 144), so bedarf es grundsätzlich nicht der krechtlichen Anfechtung. S. auch RGZ. 70, 58 (obligatorischer Vertrag und dingliche Erfüllung). Der KVerw. kann nach § 6 im Interesse der Masse die Rechtsbehelfe gebrauchen, die dem GSch. gegen Dritte zustehen. Immerhin ist die krechtliche Anfechtung in solchen Fällen nicht bedeutungslos. Sie kann unter der allgemeinen Voraussetzung (Anm. 4c) ausgeübt werden, daß die Handlung zu einer Veränderung geführt hat, die die Gläubiger benachteiligt. Ist z. B. ein Dritter auf Grund eines nichtigen dinglichen Vertrags als Eigentümer eines Grundstücks des GSch. oder sonst als Rechtsnachfolger des GSch. im Grundbuch eingetragen oder hat er auf Grund einer nichtigen Einigung nach § 929 BGB. den Besitz einer zur Masse gehörigen beweglichen Sache erlangt, so benachteiligt dieser Zustand die KGl. (s. RG. LZ. 5, 712, 951). Der KVerw. kann dann nicht nur von dem Dritten die Zustimmung zur Grundbuchberichtigung oder die Zurückgabe der beweglichen Sache verlangen, sondern selbständig oder eventuell die krechtliche Anfechtung geltend machen. Die eventuelle Geltendmachung in der gleichen Klage empfiehlt sich besonders dann, wenn es zweifelhaft ist, ob der Klagegrund der Nichtigkeit des Geschäfts u. a. durchgreift. Wird der eine oder der andere Klagegrund allein geltend gemacht, so ist der Übergang zu dem andern eine Klagänderung, die nur nach §§ 264, 527 ZPO. zulässig ist (vgl. Jaeger Anm. 53, Falkmann 461; a. M. Seuffert 204). Unter den nichtigen Rechtsgeschäften kommen hier namentlich in Betracht Scheingeschäfte (§ 117 BGB.), durch die der nachmalige GSch. Vermögensstücke veräußert in der dem andern Teile bekannten Absicht seine Gläubiger zu benachteiligen. S. dazu (fiduziarische Veräußerungen) RG. Gruch. 49, 345f. S. ferner oben Anm. 1.

4. Die allgemeinen Voraussetzungen der krechtlichen Anfechtung.

a) Gegenstand der Anfechtung sind Rechtshandlungen, die vor der KE. (§§ 108, 7 Abs. 3) vorgenommen sind. Ausnahme § 42. Über die Begriffe Rechtshandlung, Rechtsgeschäft, Verfügung s. Anm. 2 zu § 7. Diese drei keineswegs identischen Begriffe kehren auch in den einzelnen Anfechtungstatbeständen wieder. Nach § 29 können ganz allgemein „Rechtshandlungen . . . nach Maßgabe der folgenden Bestimmungen" angefochten werden. Daß die Handlung vom späteren GSch. ausgeht, ferner daß ihre rechtliche Wirkung seinem Willen entspricht, ist demnach keine allgemeine Voraussetzung der Anfechtung, kann aber Voraussetzung des besonderen Anfechtungstatbestands sein (s. § 30 Nr. 1 Halbs. 1, § 31 Nr. 1 und 2, § 32 Nr. 1 und 2). Daß auch Handlungen anfechtbar sein können, die gegen den Willen des GSch. durch Zwangsvollstreckung oder Arrestvollziehung erwirkt wurden, ergibt sich ohne weiteres aus § 35 (dazu § 30 Nr. 1 Halbs. 2 Nr. 2). Solche Vollstreckungshandlungen stellen nur unter besonderen Umständen (namentlich Zusammenwirken mit dem Gläubiger) Rechtshandlungen des GSch. dar (RG. LZ. 2, 389) und sind dann auch als solche anfechtbar. Soweit Handlungen des GSch. in Betracht kommen, ist es gleichgültig, ob sie durch ihn persönlich oder durch eine für ihn handelnde Person (z. B. gesetzlicher Vertreter einer juristischen Person, Inhaber der elterlichen

Gewalt, Vormund, Pfleger, Prokurist, gewöhnlicher Bevollmächtigter) vorgenommen wurde. Die Handlung des Stellvertreters ist zu beurteilen, wie wenn sie der GSch. persönlich vorgenommen hätte. Wegen der Kenntnis der für die Anfechtung erheblichen Tatsache s. Anm. 1 d u. e zu § 30. Die gegen den Erblasser begründete Anfechtung findet unbeschränkt gegen den Erben statt (§ 40 Abs. 1). Nicht von Belang ist, ob die Handlung des GSch. außergerichtlich oder gerichtlich, namentlich im Laufe eines Rechtsstreits (z. B. Anerkenntnis eines Anspruches, Verzicht auf einen Anspruch, gerichtlicher Vergleich, Zurücknahme eines Rechtsmittels) erfolgte und ob bei ihr eine öffentliche Behörde, etwa durch Beurkundung oder Genehmigung des Rechtsgeschäftes mitgewirkt hat. Vgl. Fitting 186 f., Jaeger Anm. 39. Wegen der Anfechtung der Verfügung des GSch. über einen Gegenstand, bezüglich dessen ein Gemeinschaftsverhältnis besteht, s. Jaeger Anm. 38. Keine allgemeine Voraussetzung der Anfechtbarkeit ist weiter die Unentgeltlichkeit der Rechtshandlung. Dagegen ist die Tatsache, daß die Handlung entgeltlich oder unentgeltlich erfolgt ist, von Bedeutung für einzelne Anfechtungstatbestände (§ 31 Nr. 2, § 32) und je nach den Umständen des Falles für die allgemeine Voraussetzung der Gläubigerbenachteiligung (unter c). Die Frage der Entgeltlichkeit fällt nicht zusammen mit der Frage, ob der Anfechtungsgegner einen Anspruch auf die Zuwendung hatte. Diese Frage ist von Bedeutung für den Tatbestand des § 30 Nr. 2.

b) Gegen die Annahme der Begr. I 115 f. können auch Unterlassungen des späteren GSch. als Rechtshandlungen anfechtbar sein. Es muß aber eine vorsätzliche (bewußte und gewollte) Unterlassung vorliegen, z. B. die vorsätzliche Nichtunterbrechung einer Verjährungsfrist, die vorsätzliche Unterlassung des zur Erhaltung von Regreßansprüchen erforderlichen Wechselprotestes, die vorsätzliche Unterlassung der Rechtsmitteleinlegung, das vorsätzliche, von Versäumnisfolgen begleitete Nichterscheinen vor Gericht. Ein passives Verhalten, das auf Nachlässigkeit oder Versehen beruht, genügt nicht. Anderseits ist eine Benachteiligungsabsicht des Schuldners nicht in jedem Falle erforderlich wennschon bei solchen Unterlassungen häufig gegeben. Vgl. RGZ. 6, 369 und die verschiedenen Ansichten von Jaeger Anm. 32, Wilm.-Kurlb. Anm. 1, Fitting 188, Kohler 217 f., Hartmann-Meikel 67 f. S. auch OLG. SeuffA. 42, 165, Frankfurt LZ. 2, 176. Wie sich aus der Fassung des § 37 (Zurückgewährung des aus dem Vermögen des GSch. Veräußerten) zweifelsfrei ergibt, ist die Ablehnung von Neuerwerb durch den GSch. nicht anfechtbar. Die Gläubiger können zwar verlangen, daß das Vermögen des Schuldners, soweit es der kmäßigen Beschlagnahme unterliegt, zu ihrer Befriedigung verwendet wird, sie haben aber kein Recht darauf, daß der Schuldner zu ihrer Befriedigung etwas erwirbt (s. Begr. I 116). Da die Anfechtung sonach grundsätzlich voraussetzt, daß der zurückgeforderte Gegenstand früher zum Vermögen des GSch. gehörte, ist die Anfechtung auch ausgeschlossen, wenn der GSch. seine Arbeitskraft unangemessen verwertet, z. B. für einen andern unentgeltlich oder unter dem üblichen Preise gearbeitet hat (vgl. Dresden OLG. 10, 223). Das gilt selbst dann, wenn der Schuldner von der ausgesprochenen und dem andern Teile bekannten Absicht geleitet war, den Gläubigern den Ertrag seiner Arbeit zu entziehen, denn die Gläubiger haben keinen Anspruch darauf, daß der Schuldner für sie arbeitet (RGZ. 67, 171; 69, 63). Von diesem Standpunkt hat das RG. a. a. O. Bd. 67 auch erklärt, es sei nicht sittenwidrig, daß ein Schuldner im Geschäfte seiner Frau unentgeltlich Dienste leiste und so seinen Gläubigern den Ertrag seiner wirtschaftlichen Tätigkeit entziehe. In solchen Fällen haben demnach die Gläubiger in der Regel auch keinen Schadensersatzanspruch nach dem BGB. Eine Ausnahme muß aber gemacht werden zugunsten der unterhaltsberechtigten Personen, deren Anspruch auf Unterhalt strafrechtlich geschützt ist (§ 361 Nr. 10 StGB., § 823 Abs. 2 BGB.).

Auch Vorausverfügungen über Vergütungen, die durch künftige Arbeit oder sonstige Tätigkeit erst verdient werden müssen, betreffen nicht das vorhandene Vermögen des Schuldners, sind also der Anfechtung entzogen (RG. JW. 34, 442). Im Zusammenhang damit steht die Frage nach der Anfechtbarkeit der sog. 1500 ℳ-Verträge (wegen der derzeitigen Lohnpfändungsgrenze s. die LohnpfändungsVO. in der Fassung vom 22. Juni 1919, RGBl. 589), die in neuerer Zeit zu dem mehr oder minder zugestandenen Zwecke abgeschlossen werden, die Vorschriften des LohnBG. vom 21. Juni 1869 (s. auch § 850 Nr. 1 ZPO.) über die Pfändung des Arbeits- oder Dienstlohnes unschädlich zu machen. Nach § 4 Nr. 4 dieses Gesetzes finden die Pfändungsbeschränkungen keine Anwendung, soweit der Arbeits- oder Dienstlohn den Betrag von 1500 ℳ für das Jahr übersteigt. Der Dienstverpflichtete läßt sich deshalb von dem Dienstherrn vertragsmäßig nur einen Gehalt von 1500 ℳ versprechen. Der Rest der Gegenleistung für die Dienste wird in dem Dienstvertrag einem Dritten, meist einem Angehörigen des Dienstverpflichteten zugesichert. Der Dritte schließt den Vertrag mit ab. Wenn der Dienstverpflichtete, wie das die Regel ist, durch den Vertrag nichts aus seinem Vermögen aufgibt, insbesondere nicht eine ausdrückliche oder stillschweigende Forderungsabtretung vorliegt, ist dem Vertrag mit der Gläubigeranfechtung (innerhalb oder außerhalb des K.) nicht beizukommen. Eine andere Frage ist, ob der Vertrag als Scheingeschäft oder als gesetz- oder als sittenwidrig nichtig ist oder ob er ein anderes Geschäft verdeckt (§ 117 Abs. 2 BGB.) oder ob er die Vertragsparteien nach § 826 BGB. zum Schadensersatz verpflichtet. Allgemeine Grundsätze lassen sich hier nicht aufstellen, es kommt vielmehr auf die Umstände des Falles an. Die Rechtspr. des RG. ist für Angriffe auf solche Verträge entschieden ungünstig.[1])

Die Ausschlagung einer Erbschaft durch den GSch. unterliegt — jedenfalls, wenn der Erbfall nach dem BGB. eingetreten ist, — der Gläubigeranfechtung nicht (RGZ. 54, 289 f.; 67, 431). Das ergibt sich zwingend aus dem Rechtssatze, der dem § 9 zugrunde liegt. Ebensowenig ist anfechtbar die Annahme einer Erbschaft, die Ausschlagung oder Annahme eines Vermächtnisses, die Fortsetzung der Gütergemeinschaft oder die Ablehnung der fortgesetzten Gütergemeinschaft (vgl. § 9), der Erbverzicht. Der Pflichtteilsanspruch ist nur pfändbar, wenn er durch Vertrag anerkannt oder rechtshängig geworden ist

[1]) Vgl. RGZ. 69, 59, LZ. 6, 560 und 686; 9, 542; Dresden SeuffA. 65, 110; weitere Rspr. LZ. 6, 709 f.; 5, 285 mit Bem. von Jaeger; s. auch LZ. 2, 798; 5, 958. Aus der reichhaltigen Literatur vgl. Lippmann LZ. 4, 833 f.; 6, 132 f.: Strucksberg LZ. 6, 207 f.; Hampke LZ. 6, 633 f.; Kohler, Becker, Stolzenthaler LZ. 7, 641 ff.; Jaeger LZ. 8, 1065; Lesser JW. 40, 622; Becker Recht 16, 430; Voß BuschsZ. 42, 484; Hartmann-Meikel 74 f.

(§ 852 Abs. 1 ZPO.). Ein späterer Verzicht ist deshalb der Gläubigeranfechtung zugänglich, ein früherer nicht. Vgl. Jaeger Anm. 34, Hartmann-Meikel 77 f., Falkmann 492 Anm. 12.

Die aufschiebend bedingte Forderung bildet als „rechtlich gesicherte und geschützte, abtretbare und pfändbare Anwartschaft auf das Recht" einen Vermögensbestandteil. Ihre Abtretung kann demnach schon vor Eintritt der Bedingung eine anfechtbare Rechtshandlung sein (RGZ. 67, 430). Dazu RGZ. 67, 20: Anfechtung der Veräußerung von Sachen, die der GSch. unter Eigentumsvorbehalt gekauft hatte.

c) Die Anfechtung setzt immer voraus, daß die Rechtshandlung unmittelbar oder mittelbar zu einer Benachteiligung der KMasse (§§ 1, 2) geführt hat; ihr Ziel ist die Ausgleichung der Benachteiligung auf Kosten des Anfechtungsgegners (s. RG. LZ. 5, 863). Die Benachteiligung der Masse gehört auch dann zu den allgemeinen Voraussetzungen der Anfechtung, wenn sie vom Gesetze zu dem einzelnen Anfechtungstatbestande nicht ausdrücklich gefordert wird. Immerhin ist dieser Umstand von Bedeutung für die Beweislast. Der KVerw. braucht zur Begründung des Anfechtungsanspruches die Benachteiligung der Gläubiger regelmäßig nur zu behaupten und zu beweisen, wo sie ausdrücklich als gesetzliches Erfordernis bezeichnet ist. In anderen Fällen hat der Anfechtungsgegner zu beweisen, daß die Masse nicht benachteiligt wurde (RG. JW. 33, 559, a. M. für den „Streitfall" Jaeger Anm. 40, anscheinend auch RG. LZ. 2, 705) Ob die Masse gemindert wurde, bemißt sich abgesehen von den Fällen des § 30 Nr. 1 Halbs. 1 und des § 31 Nr. 2 nicht nach der Lage bei der Vornahme der Rechtshandlung sondern nach der Lage bei der KE. Die Masse ist demnach regelmäßig auch dann benachteiligt, wenn der GSch. infolge der Handlung eine dem Werte des Veräußerten entsprechende Gegenleistung erhalten hat. Die Frage ist nicht, ob die Handlung zu einer Schädigung des GSch. geführt hat (sie mag sogar von seinem Standpunkt vorteilhaft gewesen sein, RGZ. 10, 8), sondern ob sich die Befriedigung der KGläubiger aus der Masse vorteilhafter gestalten würde, wenn die Handlung nicht vorgenommen wäre. Das kann trotz entsprechender Gegenleistung (etwa Schuldbefreiung des GSch.) der Fall sein z. B. wenn der durch die Handlung befriedigte Gläubiger ohne die Handlung auf die KDividende beschränkt wäre, während das zur Befriedigung des Gläubigers Weggegebene sich in der Masse befände. Vgl. RGZ. 33, 123; 36, 166; 60, 109; JW. 33, 559 oder, wenn ein Dritter auf Weisung des GSch. einen Gl. des GSch. wegfertigt, der Dritte aber durch Sicherheit gedeckt ist (RGZ. 81, 144). Da das Recht der Anfechtung nur im Interesse der besseren Befriedigung der KGläubiger besteht, entfällt es, wenn der Anfechtungsgegner beweist, daß die Masse ohnehin zur vollen Befriedigung aller KGläubiger ausreicht. S. Seuffert 204, Jaeger Anm. 40. Die Anfechtung ist weiter zwecklos und unzulässig, wenn das dem Vermögen des Schuldners Entzogene aus rechtlichen oder tatsächlichen Gründen keinen tauglichen Gegenstand für den Zugriff der KGläubiger bildet, seine Rückgewähr also die Lage der KGläubiger nicht bessern würde. Das ist z. B. der Fall, wenn an dem weggegebenen Gegenstand ein Dritter sich das Eigentum bis zur Zahlung des Kaufpreises vorbehalten hat und der Wert des Gegenstands geringer ist als der noch für ihn zu entrichtende Kaufpreisrest (RG. LZ. 10, 23); oder, wenn dem GSch. nur fiduziarisches Eigentum an dem weggegebenen Gegenstand zustand, hinsichtlich dessen dennoch ein Aussonderungsrecht bestand; s. § 43 Anm. 2; ferner fällt hierher der Fall, daß der entfremdete Gegenstand nicht zur KMasse gehören würde, weil er nicht gepfändet werden darf oder nicht gepfändet werden soll (s. § 1), oder wenn er mit Rechten Dritter derart belastet ist, daß er für die Masse nicht verwertet werden könnte. Z. B. kann die Veräußerung oder Weiterbelastung eines bis zur Wertgrenze mit Hypotheken belasteten Grundstücks nicht angefochten werden (RG. LZ. 5, 863; Dresden SeuffArch. 71, 17). Vgl. dazu RGZ. 21, 93 (99); 39, 92; JW. 35, 722. Unanfechtbar ist regelmäßig (Ausn. s. Jaeger Anm. 45) ferner die Begründung einer Forderung, die im K. nicht geltendgemacht werden kann (§ 63), die Passivmasse also nicht erhöht. S. Seuffert 205. Unanfechtbar ist auch die Veräußerung einer ärztlichen Praxis (RG. JW. 43, 210). Daß der K. mit Recht eröffnet worden sei, hat der Verwalter nicht nachzuweisen, ein gegenteiliger Einwand ist im Rechtsstreit überhaupt nicht zu beachten. RG. SeuffA. 55, 378. Die Zahlungsunfähigkeit des Sch. bei der Vornahme der Handlung ist niemals Tatbestandsmerkmal der Anfechtung. Der Verwalter hat dafür keine Beweislast. Es genügt, daß im K. die Befriedigung der KGläubiger nicht voll erfolgen kann (vgl. RGZ. 10, 330). Der § 30 knüpft jedoch Rechtsfolgen an die Zahlungseinstellung und den Antrag auf KE. Die Benachteiligung der Gläubiger kann auch durch familienrechtliche Geschäfte des GSch., Verlöbnis, Eheschließung usw. hervorgerufen sein. In der Regel sind solche Geschäfte für die Gläubiger unanfechtbar, weil sie nicht von vornherein auf eine Veräußerung aus dem Vermögen des Schuldners gerichtet sind (s. Hartmann-Meikel 58, Jaeger Anm. 41, Falkmann 493). Wenn aber das Geschäft vorwiegend vermögensrechtlichen Charakter hat wie ein Abkommen über die Gewährung des Unterhalts, ist die Anfechtung nicht ausgeschlossen. Über die Anfechtung von Eheverträgen s. Anm. 2 zu § 31.

d) Im einzelnen ist noch folgendes hervorzuheben:

Die Masse kann beeinträchtigt sein durch die Minderung der Befriedigungsmittel, durch die Erschwerung der dem Verwalter nach § 117 obliegenden Verwertung (dazu RG. LZ. 3, 557) oder durch die Mehrung der Passivmasse (RGZ. 36, 161; Jaeger Anm. 44). Ist die Aktivmasse und die Passivmasse im ganzen die gleiche geblieben (RGZ. 48, 151), so kann der Verwalter nicht anfechten. Daß die Handlung einzelnen Gläubigern zum Vorteil gereichte, schließt, wie schon aus § 30 hervorgeht, die Schädigung der Masse nicht aus (vgl. RGZ. 53, 236). Für einzelne vorteilhaft, dagegen für die Masse schädlich kann z. B. sein, daß einzelne Gläubiger durch Rechtsgeschäft mit dem GSch., etwa durch käufliche Abnahme von Ware, sich die Möglichkeit zur Aufrechnung verschaffen. Die Aufrechnung ist zwar auch im K. zulässig (§ 53), aber die Aufrechnungslage darf nicht anfechtbar herbeigeführt sein (vgl. RGZ. a. a. O.; JW. 24, 82; Jaeger Anm. 45). Ob eine Beeinträchtigung der Masse auch vorliegt, wenn zugunsten von Absonderungsberechtigten Maßregeln getroffen werden, die deren Befriedigung sichern sollen, läßt sich nur nach den Umständen des Falles entscheiden (s. RG. Gruch. 44,

959 Antichrese nach preuß. R.; 51, 1107 Nießbrauchleistung; RGZ. 64, 339; Hamburg OLG. 11, 308 Abtretung der Mietzinsen an einen Makler). Über das Verhältnis von Anfechtungsrecht und Verfolgungsrecht (§ 44) vgl. RGZ. 31, 137.

Die Benachteiligung muß entweder unmittelbar durch die Vornahme der Handlung erfolgt sein (§ 30 Nr. 1 Halbs. 1, § 31 Nr. 2) oder sie kann auch mittelbar eingetreten sein (übrige Fälle). Verlangt das Gesetz unmittelbare Benachteiligung (der Interessen der nachmaligen KGläubiger, nicht des nachmaligen GSch.), so muß die Handlung als solche eine Minderung der Befriedigungsmittel oder eine Erschwerung der Verwertung der Masse oder eine Erhöhung der Passivmasse bewirkt haben. Die unmittelbare Benachteiligung ist also nicht eingetreten, wenn der Schuldner an Stelle des aus seinem Vermögen Weggegebenen ein vom Standpunkt seiner Gläubiger mindestens gleichwertiges Vermögensstück erhalten, wenn er insbesondere für eine Forderung die ihm geschuldete Leistung empfangen hat. Gleichgültig ist für diese Frage, ob sich bis zur KE. die Verhältnisse nachteilig geändert haben, ob insbesondere bei der KE. die Gegenleistung noch in der Masse vorhanden oder schon vorher vom GSch. verbraucht, veräußert oder sonst Gegenstand einer für die Masse nachteiligen Verfügung des GSch. war (RGZ. 90, 69). Deshalb kann der Schuldner des späteren GSch., auch wenn er dessen KLage kennt, in der Regel an diesen ohne Bedenken erfüllen (s. Jaeger Anm. 26 zu § 30). Möglicherweise ist aber ein Fall des § 31 Nr. 1 gegeben (Jaeger Anm. 3 zu § 31). Darin, daß das Entgelt durch den GSch. leichter verschleudert werden konnte (bes. Geld), liegt noch keine Benachteiligung der Masse (vgl. RGZ. 27, 100; 29, 79 gegen 18, 123; RG. JW. 29, 716; s. auch Stettin LZ. 2, 247). Wegen der Verwendung des Entgelts zur Befriedigung von Gläubigern oder dieser Befriedigung als Entgelt s. RG. LZ. 5, 951; auch JW. 23, 546. Trotz unmittelbarer Benachteiligung durch die Vornahme der Handlung kann die Anfechtung entfallen, wenn die Benachteiligung bis zur EK. etwa durch Steigerung des Wertes oder Gegenleistung beseitigt ist (s. Fitting 193). Verlangt das Gesetz nur mittelbare Benachteiligung, so ist für die Frage, ob diese Schädigung vorliegt, nicht der Zeitpunkt der Vornahme der angefochtenen Handlung, sondern die Zeit der KE. maßgebend. Vorausgesetzt ist dabei, daß die Masse noch in dem Zeitpunkt geschädigt ist, in dem die Verpflichtung zur Rückgewähr gerichtlich ausgesprochen wird (vgl. Jaeger Anm. 47 unter Berufung auf RG. SächsA. 15, 80, s. auch RG. LZ. 4, 164). Hätte sich in diesem Zeitpunkte die KMasse ohne das Dazwischentreten der angefochtenen Handlung für die KGläubiger günstiger gestaltet, so ist die Anfechtung statthaft, auch wenn der GSch. für den veräußerten Gegenstand eine angemessene Gegenleistung erhalten hat. Ob diese Gegenleistung in in der Masse liegt, ist nicht von ausschlaggebender Bedeutung; sie kann z. B. derart im Werte gesunken sein, daß sie für die Befriedigung der KGläubiger nicht in Betracht kommt.

Die Anfechtung erfolgt zugunsten der KMasse (§ 37). Daß die Forderungen der KGläubiger schon bei der Vornahme der anfechtbaren Handlung bestanden haben, wird in keinem Falle vorausgesetzt; ein

Unterschied zwischen den Gläubigern wird nicht gemacht RGZ 15, 63; Seuffert 226; Jaeger Anm. 47.

Wegen der Beweislast für den Tatbestand der Benachteiligung s. o. bei c. Ob der GSch. durch Übernahme einer Wechselverbindlichkeit (Annahme, Ausstellung, Begebung) die KMasse benachteiligt hat, kann nur entschieden werden, wenn man auf das zugrunde liegende Rechtsverhältnis zurückgeht. Nach der Ansicht des RG. (Z. 26, 75; 58, 145) ist aber die Anfechtung nicht von der Darlegung des Grundgeschäftes abhängig, schon die Berufung auf die wechselrechtliche Handlung als solche enthält nach ihm den — wenn auch nicht endgültigen — Beweis der Benachteiligung; es bleibt vielmehr dem Anfechtungsgegner überlassen, das Grundgeschäft aufzudecken und zu beweisen, daß die wechselrechtliche Handlung keine Gläubigerbenachteiligung bewirkt hat. Dazu Jaeger Anm. 49, Hartmann-Meikel 159f., Falkmann 92f.

e) Zum allgemeinen Tatbestand der Anfechtung gehört schließlich, daß der Anfechtungsgegner unmittelbar oder mittelbar (über einen „Strohmann" RG LZ. 2, 390; 4, 867 oder über einen gutgläubigen Dritten RG LZ. 3, 557, Gruch. 53, 1132; s ferner RGZ. 43, 83; 59, 195) eine Zuwendung aus dem Vermögen des GSch. erhalten hat (s. §§ 37 bis 40) Andere Rechtshandlungen wie die Kündigung eines Mietvertrages oder eines Darlehens oder der Widerruf einer Vollmacht (Seuffert 206) können deshalb zur Anfechtung auch nicht führen, wenn sie den Interessen der KGläubiger zuwiderlaufen Daß der Gegner auf die Zuwendung einen Rechtsanspruch hatte, schließt die Anfechtung nicht grundsätzlich aus. Ob sie ihm dann freiwillig oder im Rechtswege geboten wurde, ist unerheblich (s § 35) Die Erfüllung fälliger Verbindlichkeiten durch den nachmaligen GSch. steht sogar der Annahme einer fraudulosen anfechtbaren Handlung nach § 31 Nr 1 nicht entgegen (RG 16, 62; 23, 11) Näheres Anm. 2a dort Eine Bereicherung des Anfechtungsgegners ist nur ausnahmsweise (§ 37 Abs. 2) vorausgesetzt RG LZ. 5, 855 Häufig erfolgt die Zuwendung in Erfüllung eines Verpflichtungsgeschäfts durch abstraktes Rechtsgeschäft (z B. Auflassung, Fahrnisübereignung, Forderungsabtretung) oder zur Erfüllung einer Verpflichtung durch Zwangsvollstreckung Ist das Kausalgeschäft anfechtbar, so wird davon ohne weiteres auch die Erfüllung betroffen, denn in dieser liegt der nachteilige Erfolg, der nach § 37 beseitigt werden soll Dagegen ist es namentlich nach § 30 möglich, daß die Erfüllung ohne das Kausalgeschäft anfechtbar ist Übrigens sind beide Geschäfte häufig als einheitlicher Akt aufzufassen, auch wenn sie zeitlich auseinanderfallen. Dann ergreift die Anfechtung stets den Gesamtakt und die Anfechtungsfristen sind von der letzten Handlung zu rechnen, die zu dem für die KMasse lästigen Erfolge geführt hat. Vgl. Falkmann 21, 92f., Jaeger Anm 31 Wegen des Verhältnisses von Schenkungsversprechen und Schenkungsvollzug s. Jaeger Anm 3 zu § 32. Als einheitlicher Akt ist auch die Pfändungsbenachrichtigung zusammen mit der Pfändung aufzufassen Aus § 845 Abs 2 ZPO. darf nicht etwa geschlossen werden, daß die vor der kritischen Zeit liegende Benachrichtigung die während der kritischen Zeit erfolgte Pfändung der Anfechtung entzieht Treffend Jaeger Anm 36 zu § 30 gegen RGZ. 42, 365, 83, 332; Naumburg OLG. 26, 401 und die herrschende Ansicht, z. B. Seuffert ZPO. Anm. 3 Abs. 2 zu § 845; s. auch Rothbart DJZ. 17, 567.

5. Kriegsrecht.

Für Fälle der §§ 30 Nr. 2, 31 Nr. 2, 32, 33, in denen die Anfechtung davon abhängt, daß gewisse Rechtshandlungen (s. wegen dieses Begriffs oben Anm. 4a) innerhalb bestimmter Fristen vor der KE., vor dem KEAntrag oder vor der Zahlungseinstellung vorgenommen wurden, sieht § 75 GeschA. VO. eine Fristverlängerung insofern vor, als bei der Berechnung der Fristen die Zeit nicht mitgerechnet wird, während deren die Geschäftsaufsicht bestand; wegen des Beginns und des Endes der Geschäftsaufsicht s. § 102 Anm. 3. Diese Bestimmung findet ihre Rechtfertigung darin, daß zufolge des § 6 Abs. 1 GeschA. VO. während ihrer Dauer ein KVerf. über das Vermögen des Schuldners nicht zulässig und damit auch eine kmäßige Anfechtung unmöglich ist; anders die Rechtspr. zur früheren GeschA. VO. s. Celle JW. 45, 1545.

Die gleichen Fristen wurden verlängert durch § 8 Abs. 3 des KrTSchG. in der Fassung der VO. v. 5. Juli 1917 (RGBl. 590), insoferne als bei ihrer Berechnung auch die Zeit nicht eingerechnet werden soll, während deren der Schuldner zahlungsunfähig ist und zu den in § 2 KrTSchG. bezeichneten Personen (d. s. gewisse zum mobilen Heere gehörige oder ihnen gleichgestellte Personen) gehört, oder falls der Kriegszustand vor Ablauf dieses Zeitraums endete, die Zeit bis zur Beendigung des Kriegszustands. Wann der Kriegszustand als beendet anzusehen ist, soll durch Kaiserliche VO., also jetzt durch VO. des Reichspräsidenten (§ 4 des Übergangsges. v. 4. März 1919, RGBl. 285; Art. 179 RVerf. v. 11. Aug. 1919), bestimmt werden (§ 11 KrTSchG.). Durch § 2 BRVO. v. 3. Mai 1917 (RGBl. 392) wurden den vorbezeichneten Personen die Personen gleichgestellt, die sich in Ausübung des vaterländischen Hilfsdiensts im Ausland aufhalten; s. hierzu den Aufruf des Rates der Volksbeauftr. v. 12. Nov. 1918 (RGBl. 1303), wonach das Ges. über den vaterländ. Hilfsdienst „aufgehoben wird".

6. Das Verhältnis zum ausländischen Rechte.[1])

a) Die Anfechtung hat die Vermehrung der KMasse über den in den §§ 1, 2 bezeichneten Umfang zum Ziele. Gleichwie die KO. bei der Bestimmung des normalen Umfangs der Masse auf das ausländische Recht keine Rücksicht nimmt (Anm. 5 zu § 1), beansprucht sie volle Geltung auch für die Entscheidung der Frage, ob und wann und wie ausnahmsweise Werte, die vor der KE. aus dem Vermögen des GSch.

[1]) Die Meinungen gehen weit auseinander; s. auch RG. JW. 22, 130. Übersicht bei Jaeger Anm. 66 f. und Meili 175 f. Andere lassen z. B. das Recht entscheiden, das zur Zeit der Vornahme der Handlung am Wohnorte des GSch. gilt, oder das Heimatrecht des Anfechtungsgegners oder das Recht des Ortes, an dem die Rückgewährpflicht (§ 37) zu erfüllen ist. Die letztere Ansicht führt zu dem gleichen wie hier vertretenen Ergebnisse, daß das deutsche Recht entscheidet. Jaeger macht aber die grnudsätzliche Einschränkung, daß die Anfechtung nur möglich ist, wenn sie zugleich nach dem für den Erwerbsakt maßgebenden örtlichen Rechte möglich ist. Wie aber dann, wenn das ausländische Recht auf einer völlig anderen Grundlage beruht als das deutsche? Ist ferner erforderlich, daß das ausländische Recht den deutschen K. anerkennt? M. E. führt jede Hereinziehung ausländischen Rechtes zu unüberwindlichen Schwierigkeiten.

ausgeschieden sind, zur besseren Befriedigung der KGl. zurückgewährt werden müssen. Die KO. unterscheidet nicht, ob ein Beteiligter bei der Vornahme der Rechtshandlung seinen Wohnsitz im Ausland gehabt hat, ob er Ausländer war oder ist, oder ob der Gegenstand, um den es sich handelt, in diesem Zeitpunkt im Auslande war oder bei der Erhebung des Anfechtungsanspruches im Ausland ist. Bei der inländischen Rechtsverfolgung kann deshalb die Gläubigeranfechtung innerhalb des K. nur auf die KO., niemals auf ausländisches Recht, gestützt werden, anderseits ist der Anfechtungsanspruch regelmäßig gegeben, wenn der Sachverhalt einen von der KO. aufgestellten Anfechtungstatbestand erfüllt. (Eine andere Frage ist, ob ein inländischer Gerichtsstand besteht, s. Anm. 3c). Mit Recht bemerkt aber Seuffert 202 (der ebenfalls die ausschließliche Geltung des inländischen Rechtes betont), daß möglicherweise die Benachteiligung der Masse und damit (s. Anm. 4c) die Anfechtung entfällt, wenn der im Machtbereiche des ausländischen Rechtes befindliche Gegenstand auch ohne die Veräußerung nicht zur Masse hätte gezogen werden können, weil das betr. ausländische Recht den deutschen K. nicht anerkennt. Ist bei Beschränkung des K. auf das Inlandsvermögen (§ 238) der weggekommene Gegenstand im Ausland, so setzt die Anfechtung voraus, daß der Gegenstand durch die Rechtshandlung aus dem Inlandvermögen ausgeschieden wurde.

b) über den Einfluß eines ausländischen K. auf die Anfechtbarkeit von Rechtshandlungen für das Inland s. zu § 237 Anm. 6.

Besondere konkursrechtliche Anfechtungsgründe.

§ 30. (§ 23.)

Anfechtbar sind:

1. die nach der Zahlungseinstellung oder dem Antrage auf Eröffnung des Verfahrens von dem Gemeinschuldner eingegangenen Rechtsgeschäfte, durch deren Eingehung die Konkursgläubiger benachteiligt werden, wenn dem anderen Teile zu der Zeit, als er das Geschäft einging, die Zahlungseinstellung oder der Eröffnungsantrag bekannt war; sowie die nach der Zahlungseinstellung oder dem Eröffnungsantrage erfolgten Rechtshandlungen, welche einem Konkursgläubiger Sicherung oder Befriedigung gewähren, wenn dem Gläubiger zu der Zeit, als die Handlung erfolgte, die Zahlungseinstellung oder der Eröffnungsantrag bekannt war;

2. die nach der Zahlungseinstellung oder dem Antrage auf Eröffnung des Verfahrens oder in den letzten zehn Tagen vor der Zahlungseinstellung oder dem Eröffnungsantrage erfolgten Rechtshandlungen, welche einem Konkursgläubiger eine Sicherung oder Befriedigung gewähren, die er nicht oder nicht in der Art oder nicht zu der Zeit zu beanspruchen

hatte, sofern er nicht beweist, daß ihm zur Zeit der Handlung weder die Zahlungseinstellung und der Eröffnungsantrag, noch eine Absicht des Gemeinschuldners, ihn vor den übrigen Gläubigern zu begünstigen, bekannt war.

Begr. I 117 f., KommB. I 20 f. — Unverändert durch die Nov.

1. Allgemeines.

a) Der § 30 faßt drei Anfechtungstatbestände zusammen, denen gemeinschaftlich ist, daß die Rechtshandlung nach der Zahlungseinstellung oder dem KEAntrage vorgenommen wurde. Nach dem dritten Tatbestande, Nr. 2, genügt aber auch die Vornahme in den letzten 10 Tagen vor der Zahlungseinstellung oder dem Eröffnungsantrage. Der § 30 steht in Zusammenhang mit § 102. Der zahlungsunfähige Schuldner ist kmäßig. Das wichtigste Kennzeichen der Zahlungsunfähigkeit ist die Zahlungseinstellung. Von der Zahlungseinstellung an soll das Vermögen des Schuldners für alle Gläubiger rechtlich gebunden sein, wenn sie auch dadurch kein besonderes subjektives Recht neben ihrer Forderung erlangen (s. Anm. 1 zu § 29). Das gleiche gilt von dem KEAntrage.

b) Zahlungseinstellung ist die im Verhalten des Sch. für die Beteiligten (nicht gerade für jedermann RG. LZ. 4, 862) zum Ausdrucke kommende Tatsache, daß der Schuldner wegen voraussichtlich dauernden Mangels an Zahlungsmitteln seine fälligen Geldschulden allgemein nicht erfüllt, obwohl ihre Zahlung von ihm verlangt wird (feststehende Rechtspr., vgl. RGZ. 51, 413; ferner Z. 50, 39; JW. 33, 454; LZ. 2, 386, 704; 5, 859). Der Schuldner (für den K. einer offenen Handelsgesellschaft s. § 209 Anm. 3c) muß sich tatsächlich in dieser Lage befinden; Wille und Absicht, nicht mehr zu zahlen, ist nicht notwendig (RG. JW. 48, 826 und hierzu Jaeger LZ. 13, 1081); ist er andererseits nur zahlungsunwillig, so hat er seine Zahlungen nicht im Sinne des § 30 eingestellt (feststehende Rechtspr., s. RG. JW. 33, 454; LZ. 2, 388; vgl. auch ObLG. 17, 419 a. S.), auch wenn es ihm gelingen sollte, seine Gläubiger zu täuschen und für sich Vorteile zu erlangen. Eine Entblößung von allen Mitteln fordert aber der Begriff nicht, ebensowenig das gänzliche Unterlassen von Zahlungen (RGZ. 50, 41). Das letztere ergibt sich ohne weiteres aus § 30 Nr. 1 Halbs. 2. Häufig leistet der Schuldner noch sog. Notzahlungen oder er zahlt Haushaltschulden, Lohnschulden u. dgl. Notwendig ist nur, daß er in der Hauptsache die Geldforderungen der andrängenden Gläubiger nicht befriedigen kann. Möglicherweise genügt schon, daß er eine einzige Schuld nicht zahlt (s. RG. JW. 01, 753; LZ. 5, 859). Die Zahlungsunfähigkeit ist unter Umständen dadurch ausgeschlossen, daß der Schuldner seinen Kredit anspannen kann (vgl. RG. JW. 02, 546). Mit Überschuldung, d. h. dem Überwiegen der Vermögenspassiva über die Aktiva, ist sie nicht identisch. Überschuldung ist weder erforderlich noch ausreichend (vgl. Jaeger Anm. 8; RG. JW. 05, 157; ObLG. SeuffBl. 65, 193). Ein überschuldeter Kaufmann kann flüssige Zahlungsverhältnisse haben, anderseits muß ein Kaufmann mitunter die Zahlungen einstellen, obwohl sich für ihn ein beträchtliches Reinvermögen herausrechnet. Wie sich aus der Begriffsbestimmung ergibt, genügt es nicht, daß der Schuldner seine fälligen Geldschulden nicht zahlen kann Es ist vielmehr erforderlich, daß die Gläubiger auf Zahlung drängen (s. RG. LZ. 4, 474). Bewilligen die Hauptgläubiger bei drohender Zahlungseinstellung dem Schuldner einen Aufschub, so daß er die kleineren Gläubiger zahlen kann und in der Erfüllung der von ihm begehrten Zahlungen keine Unterbrechung eintritt, so liegt keine Zahlungseinstellung vor; ebenso wird durch die Bewilligung dieses Aufschubs und die Aufnahme der sonstigen Zahlungen eine schon eingetretene Zahlungseinstellung hinfällig (vgl RG LZ. 2, 540) Zahlungseinstellung ist nicht zu verwechseln mit Zahlungsstockung. Diese liegt vor, wenn der Schuldner zwar aufgehört hat zu zahlen, aber erwarten kann, daß er innerhalb eines Zeitraums, der nach der Auffassung des Verkehrslebens den Mangel an bereiten Mitteln als vorübergehend erscheinen läßt, die Mittel aufbringt, die zur Deckung der zu erfüllenden Geldverbindlichkeiten nötig sind (s. RGZ. 50, 42) Noch weniger darf unpünktliche, zögernde, ordnungswidrige Zahlung als Zahlungseinstellung behandelt werden Bestimmte Tatsachen, in denen stets die Merkmale der Zahlungseinstellung liegen, gibt es nicht, namentlich ist die Abgrenzung von der Zahlungsstockung nicht immer sicher zu bestimmen Ob Zahlungseinstellung vorlag, entscheidet das Prozeßgericht nach freier Beweiswürdigung, ohne an die Auffassung des KGerichts (s § 102) gebunden zu sein Nachprüfung durch das Revisionsgericht, z. B RGZ 50, 40; JW 33, 454 Anzeichen der Zahlungseinstellung können z. B sein Flucht des Schuldners (s. Bamberg BayZfR. 4, 403), Aufgabe des Betriebs, sofortige Veräußerung eingekaufter Rohstoffe, Verschleuderung des Warenlagers oder des Hausgerätes, Sicherungsübereignungen (dazu RG LZ 4, 938), Hingabe von Waren an Zahlungs Statt, Ersuchen der Gläubiger um Stundung oder außergerichtlichen Nachlaß, dann Wechselproteste (s RG JW. 29, 132), Pfändungen usw. Zu beachten ist dabei, daß die Zahlungseinstellung durch unlautere Mittel wie die Verschleuderung auf Kredit bezogener Waren nicht selten verzögert wird Solange der Schuldner, wenn auch auf bedenkliche oder strafbare Weise seine Zahlungen aufrechthält, liegt Zahlungseinstellung nicht vor (vgl RG JW 30, 653; LZ. 1, 919 oben; LZ. 5, 858, 859), auch wenn er dem gleichzeitigen Andrängen seiner Gläubiger nicht standhalten könnte. Die Zahlungseinstellung muß den K. herbeigeführt haben, in dem der KVerw den auf sie gestützten Anfechtungsanspruch geltendmacht Ist der ursächliche Zusammenhang dadurch unterbrochen, daß die Zahlungseinstellung durch den späteren Wegfall einer ihrer Voraussetzungen (z B durch Wiedererlangung von Zahlungsmitteln oder Stundung der Hauptverbindlichkeiten) beendigt wurde, so entsteht die Möglichkeit die in dieser Krisis vorgenommenen Rechtshandlungen anzufechten auch dann nicht, wenn die Zahlungsfähigkeit des Schuldners nur kurze Zeit gedauert hat und die Erwartung, er werde die Schwierigkeiten dauernd überwinden, sich als unbegründet erweist (vgl. RG LZ. 2, 389, 540, 704) In einem zweiten K desselben GSch. kann Grundlage der Anfechtung auch die vor dem ersten K liegende Zahl.-Einstellung sein (Magdeburg LZ. 9, 1407).

Über eine besondere Festsetzung des Tages der Zahlungseinst. s. § 199.

Die Eröffnung des NachlaßK. setzt zwar die Überschuldung des Nachlasses voraus (§ 215), trotzdem ist für die Anfechtung wie im RegelK. die Zahlungseinstellung (durch den Erblasser oder den Erben) maßgebend, nicht der Eintritt der Überschuldung. RGZ. 25, 38. S. weiter Jaeger Anm. 12.

c) Eröffnungsantrag. Maßgebend ist der Zeitpunkt, in dem der Eröffnungsantrag (§ 103) bei dem KGericht eingereicht wird, schriftlich oder zum Protokolle des Gerichtsschreibers des KGerichts. Wird der Antrag zum Protokoll des Gerichtsschreibers eines anderen Amtsgerichts gestellt, so ist der Zeitpunkt maßgebend, in dem der Antrag bei dem K.-Gericht eintrifft. Aus welchen Gründen und zu welchen Zwecken der Eröffnungsantrag gestellt wird, wie lange er zeitlich zurückliegt und ob er bereits glaubhaft gemacht ist, ist gleichgültig (RGZ. 88, 237). Der Eröffnungsantrag muß zur Eröffnung des K. geführt haben, in dem der Verw. den auf ihn gestützten Anfechtungsanspruch geltend macht. Ist der ursächliche Zusammenhang dadurch unterbrochen, daß der Antrag aus irgendeinem Grunde (s. §§ 105, 107) zurückgewiesen wird und erst ein neuer Antrag zur KE. führt, so dient der frühere, erledigte Antrag nicht mehr als Anfechtungsgrund. Anders, wenn der Antrag dadurch gegenstandslos wird, daß der K. auf Grund eines gleichzeitig vorliegenden weiteren Antrags eröffnet wird; s. Jaeger Anm. 16. Vgl. auch RGZ. 36, 73 (Eintritt der Zahlungsunfähigkeit des Schuldners erst nach der Antragstellung).

d) Kenntnis der Zahlungseinstellung oder des Eröffnungsantrages. Gefordert ist, daß der „andere Teil" (Nr. 1 Halbsatz 1) oder der KGl. (Nr. 1 Halbsatz 2) von der Zahlungseinstellung oder dem Eröffnungsantrag positive Kenntnis hat. Fahrlässige Unkenntnis steht dem Kennen nicht gleich (s. RGZ. 95, 152; Jaeger Anm. 17); ebensowenig ein bloßes Vermuten, oder die Überzeugung von einer bevorstehenden Zahlungseinstellung (RGZ. 95, 152). Hat der Gläubiger z. B. die Mitteilung des Schuldners von der Zahlungseinstellung aus unberechtigtem Mißtrauen für unwahr gehalten oder hat er dessen Lage mangels der nötigen Aufmerksamkeit nicht durchschaut, so fehlt es am subjektiven Tatbestand (vgl. auch OLG. [a. S.] 17, 419). Daß dem andern Teile (dem KGl.) der Rechtsbegriff der Zahlungseinstellung geläufig war, ist nicht erforderlich; es genügt, daß ihm auf Grund der tatsächlichen Verhältnisse das Vorliegen der Merkmale bekannt war, aus denen sich der Begriff zusammensetzt. Über die innere Tatsache der Kenntnis der Zahlungseinstellung kann regelmäßig der Eid zugeschoben und ein richterlicher Eid auferlegt werden (s. §§ 445, 457 ZPO.). Bestehen Bedenken, ob dem Anfechtungsgegner der Begriff geläufig war, so können die einzelnen aus der feststehenden Begriffsbestimmung entnommenen Merkmale in die Eidesnorm aufgenommen werden (RGZ. 51, 412, Seuffert Anm. 1 zu § 445 ZPO.). Keineswegs genügt es, die Kenntnis der Tatsachen festzustellen, aus denen das Gericht seinerseits das Vorhandensein der Zahlungseinstellung folgert (RGZ. 23, 114, LZ. 2, 862). Die Kenntnis muß vorhanden sein zu der Zeit, als der andere Teil „das Geschäft einging" (Nr. 1 Halbsatz 1), zu der Zeit, „als die Handlung erfolgte" (Nr. 1 Halbsatz 2); die Nr. 2 stellt den Beweis der Nichtkenntnis auf die „Zeit der Handlung" ab Der (irrige) Glaube, die Zahlungseinstellung sei wieder aufgehoben worden, ist bedeutungslos; es genügt, wenn die Kenntnis von der erfolgten Zahlungseinstellung vorhanden ist (RG JW 45, 1118); s. auch Jaeger LZ 8, 741 und Rothbarth LZ 8, 1343. Bei Geschäften, die als einheitlicher Rechtsakt aufzufassen sind (Anm 4e zu § 29), genügt die Kenntnis zur Zeit der letzten Handlung, die zu dem benachteiligenden Erfolge führt. Vollzieht sich die Vermögensverschiebung erst durch die Eintragung im Grundbuch, so kommt es darauf an, ob der andere Teil (der KGl) den Eröffnungsantrag oder die Zahlungseinstellung zur Zeit dieser Eintragung kannte Für die Kenntnis ist insbesondere nicht die Zeit der Stellung des Eintragungsantrages maßgebend Die Vorschriften der §§ 878, 892 BGB kommen hier nicht in Betracht Das Grundbuch ist nicht dazu bestimmt, Aufschluß über die Zahlungsfähigkeit der als berechtigt eingetragenen Person zu geben. RGZ 51, 284; 68, 152; 68, 375; Jaeger Anm 18, 19 gegen Wilm.-Kurlb Anm 13. Ähnlich ist bei der Verpfändung einer Forderung, die unter § 1280 BGB fällt, der Zeitpunkt der Anzeige des Gläubigers an den Schuldner, nicht des Verpfändungsvertrags maßgebend (RG JW. 31, 185). Bei der Bestellung oder Übertragung einer Briefhypothek ist regelmäßig der Zeitpunkt der Übergabe des Briefes an den (neuen) Gläubiger entscheidend, §§ 1117, 1154 BGB Darüber, daß der Grundbuchrichter nicht verpflichtet ist, einen Eintragungseintrag zur Sicherung des Antragstellers gegen Anfechtung beschleunigt zu erledigen, s. RG BayZfR. 5, 230

e) Vertretung. Handelt ein (gesetzlicher oder gewillkürter) Vertreter des anderen Teiles (des KGl.), so kommt es grundsätzlich darauf an, ob er — nicht der Vertretene — die Zahlungseinstellung oder den Eröffnungsantrag in dem in Betracht kommenden Zeitpunkte gekannt hat (s § 166 Abs. 1 BGB.; RGZ. 72, 133). War aber der Vertreter ein Bevollmächtigter und hat er nach bestimmten Weisungen des Vollmachtgebers gehandelt, so kann sich dieser nicht auf die Unkenntnis des Vertreters berufen, wenn ihm selbst in der maßgebenden Zeit die Zahlungseinstellung oder der Eröffnungsantrag bekannt war (s. § 166 Abs 2). Erforderlich ist hierbei nicht, daß zur Vollmacht immer noch bestimmte Weisungen hinzukommen, sondern die Kenntnis des Vollmachtgebers entscheidet schon dann, wenn der Bevollmächtigte im Rahmen der Vollmacht zu einem bestimmten Rechtsakt schreitet, zu dessen Vornahme ihn der Machtgeber veranlassen wollte (RG. JW. 45, 317); s. auch Hamm OLG. 30, 350. Die Geltung dieser Rechtssätze ist nicht auf die Abgabe von rechtsgeschäftlichen Willenserklärungen beschränkt, sondern bezieht sich auch auf die Vornahme anderer Rechtshandlungen Zu den Vertretern im obigen Sinne gehört auch der Prozeßbevollmächtigte Dagegen kommt es nach der herrschenden, allerdings verschieden begründeten Ansicht auf die Kenntnis oder Unkenntnis des vollstreckenden oder nach § 754 ZPO. tätigen Gerichtsvollziehers oder sonstigen Beitreibungsbeamten nicht an Vgl. RGZ. 95, 152; 90, 193; Hamburg, SeuffA. 58, 298; Bamberg a. a. O 299 (sofern der Gerichtsvollzieher nicht besondere Vollmacht des Gläubigers hat); RG JW. 29, 74; Jaeger Anm. 21; Hartmann-Meikel 169f; Seuffert 211; a. M

z. B. mit beachtenswerten Gründen Falkmann, ZVollstr. 287f. (mit Lit.). Die Kenntnis des Vollstreckungsgerichts ist zweifellos ohne Bedeutung; das gleiche gilt von der Kenntnis des beurkundenden Beamten (f. RG. LZ. 1, 516). Ohne Belang ist auch die Kenntnis einer zur Übermittlung einer Willenserklärung verwendeten Person (des Boten; vgl. § 120 BGB.). Bei Gesamtvertretung ist die Kenntnis eines Vertreters genügend. Über Vertretung ohne Vertretungsmacht ausführlich RGZ. 68, 376.

2. Die Fälle der Nr. 1 Halbsatz 1.

a) Hierher gehören nur Verträge des GSch.; die Fassung „Rechtsgeschäfte" des Ges. wird dem Sinne nicht gerecht. Der Vertragsgegner braucht nicht KGl. zu sein. S. z. B. RG. LZ. 5, 854 (Anwalt als Treuhänder bei der Verwertung der Forderungen, die der GSch. zur Abführung an die Gl. ihm abgetreten hat). Einseitige Rechtsgeschäfte, ferner Rechtshandlungen im weiteren Sinne, insbesondere Vollstreckungshandlungen, scheiden aus. Es ist aber möglich, daß einem Rechtsgeschäft, das sich nach außen als einseitiges kundgibt, z. B. einem Verzicht, einer Rechtsaufhebung, ein Vertrag zugrunde liegt. Dann ist der Vertrag der Anfechtung nicht entzogen und seine Anfechtung umfaßt das einseitige Erfüllungsgeschäft. Ebenso kann umgekehrt eine sich äußerlich als Vertrag darstellende Handlung eine bloße, von dem Anfechtungsgegner kraft ihm zustehender freier Entschließung vorgenommenen Rechtshandlung sein, z. B. bei Geltendmachung eines Einlösungsrechts nach § 1223 Abs. 2 BGB. (RGZ. 90, 69). Unter Nr. 1 Halbsatz 1 fallen ferner nicht Verträge, die einem KGl. Sicherung oder Befriedigung gewähren, denn diese Rechtshandlungen sind im Halbsatz 2 der Nr. 1 und in Nr. 2 besonders geregelt. Vgl. Jaeger Anm. 24. Die Benachteiligung kann auch durch einen vom GSch. mit sich selbst als Vertreter des Anfechtungsgegners gemäß § 181 BGB. geschlossenen Vertrag erfolgen, z. B. durch Einlegen von eigenem Geld in eine von dem GSch. verwaltete Kasse des Anfechtungsgegners (RG. LZ. 12, 925). Anfechtbar ist auch die Honorarzahlung für Bemühungen und Auslagen für ein Moratorium nach Zahlungseinstellung (KG. Seuff. Arch. 68, 214, RG. LZ. 9, 767 (bestr.) f. Wolff LZ. 7, 746; Jaeger LZ. 8, 1609; 9, 768; JW. 45, 1253; Herz JW. 42, 248).

b) Die unmittelbare Benachteiligung der KMasse durch den Vertragsabschluß ist ausdrücklich bezeichnetes Tatbestandsmerkmal. Näheres Anm. 4c, d zu § 29. Die Absicht oder das Bewußtsein der Benachteiligung ist auf keiner Seite erforderlich.

c) Der anfechtende KVerw. hat den objektiven und subjektiven Tatbestand zu beweisen.

3. Die Fälle der Nr. 1 Halbsatz 2. Sog. kongruente Deckung.

a) Hierher gehören alle Rechtshandlungen (f. Anm. 2 zu § 7), nicht bloß Verträge oder sonstige Rechtsgeschäfte, die einem KGl. Sicherung oder Befriedigung eines bei der Vornahme der Handlung schon begründeten Anspruches (RGZ. 9, 50; JW. 19, 192) gewähren. KGl. im Sinne der Vorschrift ist ohne Rücksicht auf den Rang (§ 61) der Gl., der abgesehen von der anfechtbaren Handlung mit der in Frage stehenden Forderung zur Teilnahme am K. berechtigt ist, also auch der Gl., der durch die anfechtbare Handlung volle Befriedigung erlangt hat. Der bevorrechtigte Rang der Forderung ist aber von Bedeutung für die erforderliche Benachteiligung der Masse. Denn würde der bevorrechtigte Anspruch im K. die gleiche Deckung finden, so wäre die Masse nicht benachteiligt. Die Rechtshandlung braucht nicht vom GSch. auszugehen, sie kann auch gegen seinen Willen erfolgen, insbesondere durch Zwangsvollstreckung (Vollziehung eines Arrestes oder einer einstweiligen Verfügung). RGZ. (Pl.) 10, 34. Der Geltungsbereich der Vorschrift ist aber gerade was Zwangshandlungen betrifft, durch die Nr. 2 erheblich eingeschränkt. Unter Nr. 1 Halbsatz 2 fällt nur die Befriedigung oder Sicherung, auf die der Gl. einen (nicht notwendig im Rechtsweg verfolgbaren und nicht notwendig privatrechtlichen) erzwingbaren Anspruch hatte. Als Befriedigung kommt insbesondere die Bewirkung der geschuldeten Leistung (§§ 362, 378 BGB., s. auch § 754 ZPO.) und ihre Zwangsbeitreibung in Betracht; letztere, sofern sie darauf gerichtet ist, dem Gl. das ihm Geschuldete unmittelbar zu verschaffen. Das ist auch der Fall, wenn der Vollstreckungsbeamte wegen eines Geldanspruches des Gl. bei dem Schuldner Geld pfändet und die Wegnahme des Geldes durch ihn — wie regelmäßig — als Zahlung des Schuldners gilt (s. § 815 Abs. 3 ZPO.). RG. SeuffA. 39, 255. Anders dagegen, wenn die Zwangsvollstreckung dem Gl. nur ein Pfandrecht verschafft. Denn dadurch erlangt der Gl. nur eine Sicherung seines auf eine andere Leistung gerichteten Anspruches. Näheres Anm. 4b. Als Sicherung, die der Gl. beanspruchen kann, kommt z. B. die Einräumung einer Sicherungshypothek nach § 648 BGB. in Frage. S. ferner § 1391 BGB. (Sicherung des Frauenvermögens). Wegen des Art. 29 WO. (Sicherheit wegen Zahlungseinstellung des Akzeptanten) s. ObLG. Z. a. S. 11, 263; RGZ. 39, 122; Jaeger Anm. 44. Auch die mittelbare Deckung eines KGl. durch einen Dritten auf Kosten des späteren GSch., d. h. unter Benachteiligung der Masse, kann hierher gehören. Der wirtschaftliche Erfolg, nicht die äußere Form des Hergangs ist entscheidend. Anfechtungsgegner ist nicht die im eigenen Namen oder im Namen des GSch. leistende Mittelperson, sondern der Gl., der im Ergebnis auf Kosten der Masse eine Zuwendung erhalten hat. Vgl. Jaeger Anm. 32f.; Hartmann-Meikel 87f.; Falkmann 10. Beispiele RGZ. 43, 85; 46, 103; 48, 148; LZ. 3, 693; 4, 866. Eine besondere Verweisung auf § 30 Nr. 1 enthält § 13 Abs. 3 AnfG. Zu Ausnahmen führt § 34.

b) Die Benachteiligung der Masse ist zwar im Gesetze nicht ausdrücklich verlangt aber allgemeine Voraussetzung der Anfechtung (s. Anmerk. 4 c, d zu § 29). Mittelbare Benachteiligung genügt hier. Stammt die Befriedigung oder Sicherung aus dem Vermögen eines Dritten, so kann der Verw. regelmäßig nicht anfechten; s. aber RGZ. 48, 149. Die Benachteiligung der Masse fehlt weiter, wenn der Anspruch eines Aussonderungsberechtigten erfüllt wurde. Das gleiche gilt von der Deckung eines Absonderungsberechtigten, der nicht zugleich KGl. ist. Die Deckung kann aber nach Nr. 1 Halbsatz 1 anfechtbar sein. Ist der gedeckte Absonderungsberechtigte zugleich KGl. (s. § 64), so kommt es auf die Umstände an, ob die Masse benachteiligt ist. Es ist zu untersuchen, ob die Masse ohne die anfechtbare Handlung besser stünde. Z. B. der nachm. GSch. löst durch Befriedigung des Pfandgläubigers ein Pfand aus. Je nach dem Werte des Pfandes ist die Handlung für die Masse gleichgültig oder schädlich. Vgl. Jaeger Anm. 41, Seuffert 206 Anm. 7, RGZ. 90, 69. Nach der Anm. 4c zu § 29 vertretenen Ansicht hat der Verw. zu beweisen, daß dem KGl. z. Z. der Vornahme der Rechtshandlung die Zahlungseinstellung oder der Eröffnungsantrag bekannt war, nicht aber, daß die Handlung die Masse benachteiligt hat. Dem Anfechtungs-Gegner steht der Beweis frei, daß die Masse nicht benachteiligt wurde. Über den Fall, daß der GSch. durch Befriedigung seines Gl. ein von einem Dritten bestelltes Pfand freigemacht hat (Anfechtung gegen den Dritten?) s. RG. LZ. 5, 944.

c) Daß der KGl. sich während der kritischen Zeit durch Aufrechnung Deckung verschaffte, ist regelmäßig nicht anfechtbar, denn die Aufrechnung greift auch im K. durch (§ 53). Anfechtbar kann aber (nach Nr. 2) das Rechtsgeschäft sein, das die Aufrechnungslage herbeigeführt hat, z. B. der Verkauf von Waren an den KGl. unter Aufrechnung der Forderung und des Kaufpreises. Vgl. Hamburg, LZ. 4, 791 (Aufrechnung durch eine Girobank). Die Aufrechnungslage kann auch dadurch erzielt werden, daß ein Schuldner des GSch. eine Forderung gegen den GSch. erwirbt. S. § 55 Nr. 3 und Anm. 4 dort. Vgl. auch RG. JW. 24, 82.

4. Die Fälle der Nr. 2. Sog. inkongruente Deckung.

a) Hat ein KGl. (Anm. 3a) Deckung — Befriedigung oder Sicherung — erlangt, die mit seinem Anspruche nicht übereinstimmt, so ist die Möglichkeit der Anfechtung erweitert, weil dann nach den Erfahrungen des Lebens die Benachteiligung der Masse viel wahrscheinlicher ist als bei der sog. kongruenten Deckung (Anm. 3). Die Inkongruenz kann darin bestehen, daß der KGl. auf eine Befriedigung (Sicherung) überhaupt keinen Anspruch hatte oder daß der Inhalt der Zuwendung der Art nach von dem Inhalte des Anspruches abweicht oder daß die Dekkung vorzeitig gewährt wurde.

Bei einer Befriedigung liegt der erste Fall vor, wenn der an und für sich erzwingbare Vermögensanspruch des Gl. — ohne solchen ist er nicht KGl. (Anm. 1a zu § 3) — durch einen rechtszerstörenden Einwand des Schuldners (s. bes. §§ 119f., 123, 142 BGB.) beseitigt werden konnte, der Schuldner aber trotzdem geleistet hat. Diese Leistung hatte der Gl. nach der gesamten Rechtslage nicht zu beanspruchen. Für die Anfechtung kommt es nicht darauf an, ob der Schuldner in Kenntnis seines Rechtes geleistet oder das Rechtsgeschäft sonst bestätigt hat (vgl. § 144 BGB.). Nur eine Bestätigung vor der kritischen Zeit stünde der Anfechtung nach Nr. 2 entgegen. Dagegen ist der erste Fall nicht gegeben, wenn der Schuldner in der kritischen Zeit eine von vornherein nicht erzwingbare Verbindlichkeit, z. B. eine Spiel- oder Wettschuld oder ein nichtiges Geschäft erfüllt hat. Denn dadurch hat er keinen KGl. befriedigt. Ein Anfechtungsanspruch ist möglicherweise nach Nr. 1 Halbsatz 1 oder §§ 31, 32 begründet. Treffend Jaeger Anm. 50. Wegen Befriedigung des Gl. bei einer Wahlschuld mit Wahlrecht des Schuldners (§ 262 BGB.) oder bei facultas alternativa des Schuldners s. RG. 71, 91 (Hingabe von Kundenwechseln).

Der Art nach weicht die Befriedigung des Gl. von dessen Anspruch namentlich dann ab, wenn der Gl. eine andere als die geschuldete an Erfüllungs Statt annimmt (§ 364 Abs. 1 BGB.), z. B. Waren oder

Forderungen für Geld. Dazu gehört auch die Ausgleichung der Kaufpreisforderung durch die Zurücknahme der Waren (RGZ. 31, 136). Verkehrsübliche Geldsurrogate, besonders Banknoten, stehen hier selbstverständlich der Leistung in gesetzlichen Zahlungsmitteln gleich. S. Jaeger Anm. 51. Dabei ist zu beachten, daß die Noten der Reichsbank seit 1. Jan. 1910, und die Reichskassenscheine bis auf weiteres gesetzliche Zahlungsmittel sind (Art. 3, 8 der Nov. v. 1. Juni 1909 zum Bankgesetz v. 14. März 1875 und § 1 des Gesetzes betr. die Reichskassenscheine und die Banknoten vom 4. August 1914, RGBl. 347). S. andererseits wegen der Silbermünzen nun die Bek. vom 12. Juni 1917 (RGBl. 625) und vom 13. April 1920 (RGBl. 521). Auch die Vermittlung der Befriedigung des Gl. durch den Wechsel- oder Scheckverkehr stellt nach der maßgebenden Verkehrsauffassung selbst dann keine inkongruente Deckung dar, wenn der Gl. auf diese Zahlungsart keinen Anspruch hatte. S. Jaeger a. a. O.; Fürst, LZ. 2, 413 unten, RG. LZ. 12, 770. Bei sonstigen Abweichungen ist ebenfalls entscheidend, ob dem Gl. im Ergebnisse das zukam, was er verlangen konnte. § 30 Nr. 2 setzt voraus, daß sich durch die Art der Befriedigung die Lage des Gl. günstiger gestaltet hat (RG. LZ. 4, 475). Es ist aber nicht maßgebend, ob der Wert dessen, was der Gl. an Stelle des ihm Gebührenden erhielt, den Wert der ihm gebührenden Leistung erreicht oder überstiegen hat. Auch wenn er hinter dem letzteren zurückblieb, kann die Masse benachteiligt sein.

Der Zeit nach ist inkongruent insbesondere die Befriedigung eines zur Zeit der Leistung noch nicht fälligen oder aufschiebend bedingten Anspruches, auch wenn die Fälligkeit oder die Bedingung noch vor der KE. eintritt. Dagegen ist Nr. 2 nicht anwendbar, wenn der Schuldner oder der Gl., ohne daß in der kritischen Zeit das Schuldverhältnis inhaltlich geändert wurde, auf Grund seines Kündigungsrechtes die Fälligkeit herbeigeführt oder wenn der Schuldner kraft gesetzlicher Ermächtigung (s. § 271 Abs. 2 BGB.) im voraus geleistet hat. Vgl. Jaeger Anm. 52.

Entsprechendes wie für die inkongruente Befriedigung gilt für die inkongruente Sicherung. Anfechtbar können namentlich Pfandbestellungen, ferner fiduziarische Übereignungen und Schiebungen sein. Wegen der wirtschaftlichen Gleichartigkeit hat das RG. Recht 3 Nr. 3429 eine Sicherungsübereignung an Stelle der Pfandbestellung, auf die der Gl. einen Anspruch hatte, als kongruente Deckung erklärt.

b) Besondere Erörterung bedarf die Sicherung im Wege der Zwangsvollstreckung. Ist die Zwangsvollstreckung darauf gerichtet, dem Gl. die ihm gebührende Leistung unmittelbar zu verschaffen, so erhält der Gl., wenn auch im Zwangswege, gerade das, was er beanspruchen kann. Von inkongruenter Deckung ist dann nicht die Rede (Pfändung von Geld oben Anm. 3a). Verschafft ihm dagegen die Zwangsvollstreckung zunächst nur eine Sicherung des auf einem Vollstreckungstitel beruhendes Anspruches, so hat er zwar durch Vermittlung des Vollstreckungsorganes eine rechtmäßige Sicherung aber doch eine Vorzugsstellung erlangt, auf die er ebenso wie bei freiwilliger Sicherung seines Anspruches durch den Schuldner kein Klagerecht hat. Die Vollstreckungshandlung soll ihm zur Verwirklichung seines Anspruches verhelfen, aber sie ist nicht selbst diese Verwirklichung. Aus diesem Grunde ist die Sicherung inkongruent, wenn sie auch rechtmäßig ist. Daraus folgt, daß die Sicherung eines unanfechtbar erworbenen vollstreckbaren Anspruches durch Pfändung von Sachen oder Rechten, durch Eintragung einer Zwangs- oder Arresthypothek oder durch Beschlagnahme eines Grundstücks zum Zwecke der Zwangsversteigerung oder der Zwangsverwaltung (dazu Dresden LZ. 3, 494) nach Nr. 2 anfechtbar ist, wenn sie innerhalb der kritischen Zeit (mit Einschluß der 10 Tage) erfolgt ist. Ebenso die Sicherung eines Anspruches durch Vollzug eines Arrestes oder auf Grund einstweiliger Verfügung (Herrschende Lehre; grundlegend RGZ. [Pl.] 10, 33 f., ferner 17, 29; 32, 67; 55, 321 [Arrestbefehl und nachfolgende Pfändung]; ObLG. Z. n. S. 5, 496; Jaeger Anm. 55 f.; Seuffert 209 u. a.). Die Anfechtung wird nicht ausgeschlossen durch die Durchführung der Zwangsvollstreckung, insbesondere die Versteigerung gepfändeter Sachen vor der KE. Der Gl. muß dann ebenso, wie wenn er ein ihm vertragsmäßig aber anfechtbar bestelltes Pfand verwertet hat, den Erlös zur Masse zurückgewähren (RGZ. 17, 30; 23, 113; 40, 91; SeuffArch. 44, 379). Anders liegt der Fall, wenn der Gl. schon vor der kritischen Zeit (mit Einschluß der 10 Tage) durch eine Vollstreckungshandlung, Pfändung usw., eine Sicherung erlangt hat, die ihn im K. zur abgesonderten Befriedigung (§§ 47, 49) berechtigt. Dann erlangt er wie ein Gl., der zur gleichen Zeit ein Pfandrecht durch Vertrag erworben hat, seine durch die unanfechtbare Sicherung vermittelte Befriedigung nicht als KGl. sondern als Absonderungsberechtigter; gegen die Durchführung des Vollstreckungsverfahrens während der Krisis besteht kein Hindernis (RGZ. 17, 27). Wird eine Arrestpfändung gemäß § 929 Abs. 3, § 207 ZPO. rückwirkend wirksam, so entscheidet die Kenntnis der Zahlungseinstellung oder des Eröffnungsantrags im Augenblick der Gesuchsüberreichung (Hamburg OLG. 32, 372). Wie die Sicherung durch Zwangsvollstreckung ist anfechtbar die Sicherheitsleistung des Schuldners zur Abwendung der Zwangsvollstreckung (Seuffert 209). Nach RG. JurW. 35, 178 soll auch die Bewilligung einer vollstreckbaren notariellen Urkunde durch den Sch. für eine unbestrittene klagbare Forderung ein Fall der inkongruenten Deckung sein, weil der Gl. keinen Anspruch darauf habe, daß ihm die Zwangsvollstreckung ohne Anrufen der Gerichte ermöglicht werde.

c) Die Anfechtung umfaßt auch Handlungen, die in den letzten 10 Tagen vor der eigentlichen Krisis vorgenommen wurden, d. h. (s. Anm. 1 d) zum Abschlusse gelangten. Entsprechend § 187 Abs. 1 BGB. wird der Tag der Zahlungseinstellung oder der KE. nicht mitgerechnet (s. RGZ. 26, 5). Ist die KE. durch mehrere Anträge veranlaßt worden, so ist für die Fristberechnung der erste gestellte Antrag maßgebend (RG. LZ. 5, 856).

d) Wegen der Benachteiligung der Masse vgl. Anm. 3 b.

e) Beweislast: Der KVerw. hat zu beweisen, daß die Rechtshandlung dem Anfechtungsgegner (KGl.) eine inkongruente Sicherung oder Befriedigung innerhalb der kritischen Zeit mit Einschluß der 10 Tage gewährt hat. Der Gegner kann einwenden und beweisen, daß die Handlung die Masse nicht benachteiligt hat (s. Anm. 4 c zu § 29). Es steht ihm ferner der Gegenbeweis frei,

1. wenn die Handlung in die letzten 10 Tage vor der Zahlungseinstellung oder der KE. fällt, daß zur Zeit der Handlung eine Absicht des

GSch. ihn vor den übrigen KGl. zu begünstigen nicht bestand (s. RG. JW. 19, 113) oder wenigstens ihm nicht bekannt war,

2. wenn die Handlung nach der Zahlungseinstellung oder dem KEAntrag liegt, außerdem, daß ihm die Zahlungseinstellung oder der Eröffnungsantrag nicht bekannt war (vgl. RGZ. 40, 89). Nicht zu beweisen braucht er, daß sein Nichtkennen nicht auf Fahrlässigkeit beruht, oder daß er die Zahlungseinstellung oder den Eröffnungsantrag nicht vermutet, oder, daß er nicht die Überzeugung von einer bevorstehenden Zahlungseinstellung gehabt habe (RGZ. 95, 152).

Zweifellos ist die Begünstigungsabsicht des GSch. d. h. seine Absicht, den einzelnen KGl. durch Leistung aus dem zur KMasse gehörigen Vermögen vor den anderen zu bevorzugen, und die Kenntnis des Gegners davon keine Voraussetzung der Anfechtung, die der Vertw. zu beweisen und das Gericht festzustellen hätte; ein Zusammenwirken des GSch. und des KGl. ist auch bei den hervorragend in Betracht kommenden Vollstreckungshandlungen keineswegs die Regel, sondern die Ausnahme. Aber auch die Lehre, daß das Gesetz die widerlegbare Vermutung der Begünstigungsabsicht auf der einen und der Kenntnis davon auf der andern Seite aufstelle (z. B. RGZ. 69, 255, Seuffert 211, Fitting 209), ist nicht haltbar. Man kann nur sagen, daß die Erfahrung des Lebens, wonach viele unter Nr. 2 fallende Handlungen von der Absicht des GSch. ausgehen, einzelne KGl. zu bevorzugen, den Gesetzgeber bestimmt hat, dem Anfechtungsgegner zur Entkräftung des Anfechtungsbegehrens einen strengen Entlastungsbeweis aufzulegen. S. Jaeger Anm. 60, LZ. 2, 874 f. (OLG. Bamberg; RG.; dazu die Bem. v. Jaeger), RG. (Pl.) Z. 21, 430. Die Begünstigungsabsicht ist nicht identisch mit der Absicht die anderen Gl. zu benachteiligen. Sie greift weiter als diese; durch den Nachweis, daß Benachteiligungsabsicht fehlte, hat der Gegner den ihm obliegenden Beweis nicht erbracht (RG. LZ. 5, 859; Seuffert 211/212). Vgl. auch die Strafvorschriften in § 241.

5. **Anfechtung von Rechtsgeschäften und Rechtshandlungen aus der Zeit einer Geschäftsaufsicht.**

Anfechtbar sind auch die vom Aufsichtsschuldner während der Gesch.-A. vorgenommenen, die KGl. benachteiligenden Rechtsgeschäfte (Nr. 1 Halbs. 1), ferner die von ihm einzelnen Gl. gegenüber vorgenommenen Befriedigungshandlungen (Nr. 1 Halbs. 2, Nr. 2), sowie die von einzelnen Neugläubigern selbst während des Aufsichtsverfahrens vorgenommenen Vollstreckungshandlungen. Zahlungseinstellung und Kenntnis hievon ist hier leicht bewiesen (Tremblau JW. 48, 373 gegen Jaeger JW. 46, 264).

Absichtsgläubigeranfechtung.[1]

§ 31. (§ 24.)

Anfechtbar sind:

1. Rechtshandlungen, welche der Gemeinschuldner in der dem anderen Teile bekannten Absicht, seine Gläubiger zu benachteiligen, vorgenommen hat;

[1] Nach Fitting 197 (Jaeger: Absichtsanfechtung).

2. die in dem letzten Jahre vor der Eröffnuug des Verfahrens geschlossenen, entgeltlichen Verträge des Gemeinschuldners mit seinem Ehegatten vor oder während der Ehe, mit seinen oder seines Ehegatten Verwandten in auf- und absteigender Linie, mit seinen oder seines Ehegatten voll- und halbbürtigen Geschwistern, oder mit dem Ehegatten einer dieser Personen,

sofern durch den Abschluß des Vertrages die Gläubiger des Gemeinschuldners benachteiligt werden und der andere Teil nicht beweist, daß ihm zur Zeit des Vertragsabschlusses eine Absicht des Gemeinschuldners, die Gläubiger zu benachteiligen, nicht bekannt war.

Begr. I 130 f., KommB. I 22 f. — Unverändert durch die Nov.

1. Allgemeines. Die zwei Nummern enthalten verschiedene Tatbestände. Gemeinsam ist ihnen nur, daß für jeden die Absicht des GSch. seine Gl. zu benachteiligen und die Kenntnis des andern Teiles davon Bedeutung hat. Aber nicht im gleichen Sinne. Nach der Nr. 1 ist diese Willensrichtung des GSch. und die Kenntnis des andern davon wesentliche Voraussetzung der Anfechtung. Die Nr. 2 fordert diesen subjektiven Tatbestand nicht, sie eröffnet dem Anfechtungsgegner nur die Möglichkeit den Anfechtungsanspruch dadurch zu entkräften, daß er das Fehlen dieser Willensrichtung des GSch. oder doch seiner Kenntnis davon beweist. Insofern ist der Ausdruck Absichtsgläubigeranfechtung für die Fälle der Nr. 2 nur halbwegs treffend, denn die Anfechtung nach Nr. 2 greift mangels des Gegenbeweises schon durch, wenn eine Benachteiligungsabsicht des GSch. nicht festgestellt oder vom Verw. auch nur behauptet ist. Über die Frage, ob die anfechtbaren Handlungen Delikte darstellen, s. Anm. 1 zu § 29.

2. Die Fälle der Nr. 1.

a) Die Anfechtbarkeit beschränkt sich nicht auf Rechtsgeschäfte (so § 30 Nr. 1 Halbs. 1), sondern erstreckt sich auf alle Rechtshandlungen des späteren GSch., die er gegenüber einem andern vorgenommen hat. Vollstreckungshandlungen gegen den GSch. sind als solche hiernach ausgeschlossen, können aber mittelbar dadurch von der Anfechtung betroffen werden, daß sie auf einem anfechtbaren Verhalten (auch Unterlassen) des GSch. gegenüber dem betreibenden Teile beruhen (vgl. RGZ. 47, 224: beschleunigte Gewährung eines Vollstreckungstitels mit Pfändung). So kann z. B. das Nichtverhandeln in einem Rechtsstreite mit der Folge des Versäumnisurteils, ein Anerkenntnis mit der Folge des Anerkenntnisurteils, das passive Verhalten gegenüber einem Arrestantrag des Gl., dann die Benachrichtigung des Gl. von drohenden Vollstreckungshandlungen anderer, das Verheimlichen von Pfandstücken zu seinen Gunsten auf einem dolosen Zusammenwirken mit dem Gl. begründet sein. Den Gegenstand der Anfechtung bildet niemals die gerichtliche Entscheidung, sondern die zur Entscheidung führende Rechtshandlung (Begr. I 132). Wegen simulierter Ansprüche, die im Prozeßweg ausgetragen werden, s. Jaeger Anm. 8 zu § 35. Eine zeitliche Schranke der Anfechtung enthält nur § 41 Abs. 1. Die Anfechtung muß binnen Jahresfrist seit der KE. und zugleich binnen 30 Jahren seit der Vornahme der Handlung erfolgen. Daß die Handlung in irgendwelcher Beziehung zum K. steht, ist nicht erforderlich. Insbesondere braucht der spät. GSch. nicht in Voraussicht des K. oder seiner Zahlungseinstellung gehandelt zu haben. Es ist nicht einmal notwendig, daß er in Zahlungsschwierigkeiten war. Mangels einer Einschränkung im Gesetze können unter § 31 Nr. 1 auch Handlungen des GSch. fallen, zu deren Vornahme er rechtlich verpflichtet war, insbesondere die Erfüllung einer Verbindlichkeit, auf die der andere Teil einen Anspruch hatte. Allerdings ist folgendes zu beachten: Außerhalb des K. entscheidet unter mehreren Gl. im allgemeinen der Zeitpunkt des Zugriffs. Jeder Gl. kann sein Sonderinteresse verfolgen ohne Rücksicht auf die anderen. Der Schuldner ist weder verpflichtet noch berechtigt, die Befriedigung des früher fordernden Gl. abzulehnen, weil andere gleichzeitige oder spätere Gl. verkürzt werden können. Erst mit der Zahlungseinstellung oder dem KEAntrag entsteht eine gewisse Gebundenheit des Schuldnervermögens zugunsten aller KGl. Vorher ist die kongruente, dem Anspruch des Gl. inhaltlich entsprechende Deckung regelmäßig unanfechtbar. Nur wenn das Kausalgeschäft anfechtbar ist (Anm. 4 zu § 29) oder wenn ausnahmsweise aus besonderen Umständen erhellt, daß der Schuldner in der dem andern Teile bekannten rechtswidrigen Absicht gehandelt hat, seine sonstigen Gl. zu benachteiligen, kann auch die kongruente Deckung der Anfechtung unterliegen. Das bloße Bewußtsein des Schuldners, daß er durch die Befriedigung des einen Gl. an der Befriedigung der übrigen gehindert wird, läßt noch keinen Schluß auf die Absicht der Benachteiligung zu (herrschende Meinung; vgl. RGZ. 20, 180; 23, 9; 27, 133; 38, 103; JW. 25, 175; 31, 25; Gruch. 50, 1147; Jaeger Anm. 2; Seuffert 206 Anm. 7; Fitting 198 Anm. 7 u. a.). Hiernach wird es sich dabei immer um besonders geartete Fälle handeln, in denen der Befriedigungszweck hinter die Benachteiligungsabsicht zurücktritt (s. RG. JW. 25, 175). Ähnlich kann der Schuldner des späteren GSch. die Erfüllung seiner Verbindlichkeit an diesen in der Regel nicht verweigern, weil er damit rechnet, daß der GSch. den Gegenstand der Leistung seinen Gl. entzieht (s. aber Jaeger Anm. 3).

Bei inkongruenter Deckung des Gl., z. B. bei Erfüllung einer verjährten Verbindlichkeit, Leistung an Erfüllungs Statt durch Hingabe von Waren oder Abtretung von Rechten statt Geld, Einräumung von Rechten an beweglichen oder unbeweglichen Sachen oder an Rechten zur Sicherung, Ermöglichung der Aufrechnung usw., liegt die Annahme der Benachteiligungsabsicht des Schuldners näher als bei kongruenter Deckung. Immerhin ist davon auszugehen, daß der Gl. mit dem Schuldner über die Deckung grundsätzlich frei befinden kann, ohne daß die Interessen anderer Gl. berücksichtigt werden müssen. Erst 10 Tage vor der Zahlungseinstellung oder dem Eröffnungsantrag wird die inkongruente Deckung regelmäßig anfechtbar (§ 30 Nr. 2). Vorher genügt selbst ein Zusammenwirken des Gl. und des Schuldners mit dem Bewußtsein beider, daß durch die Rechtshandlung anderen Gl. die Deckung erschwert oder entzogen wird, nicht zur Begründung der konkursrechtlichen Anfechtung nach § 31 Nr. 1. Es bedarf vielmehr der damit nicht identischen Benachteiligungs a b s i ch t des späteren GSch. und der Kenntnis des anderen Teiles davon.

b) Die Benachteiligungsabsicht des späteren GSch. muß bei der Vornahme der Rechtshandlung bestanden haben. Bei Handlungen, die als einheitlicher Akt aufzufassen sind (Anm. 4e zu § 29), genügt, daß die Benachteiligungsabsicht zur Zeit des letzten Aktes vorhanden war. Wegen der Geschäfte, die im Grundbuch eingetragen werden, s. entsprechend Anm. 1d zu § 30. „Absicht" deutet hier auf den erstrebten Erfolg. Der GSch. muß den Zweck verfolgt haben, durch die Handlung seine Gl. in eine ungünstigere Lage zu versetzen. Daneben kann er auch andere Zwecke verfolgt haben. Es ist nicht notwendig, daß die Benachteiligung der Gl. sein Hauptziel war. Die Handlung kann z. B. z u n ä ch st den Zweck haben, Vermögensstücke für den späteren Verbrauch des GSch. beiseitezuschaffen oder den Unterhalt der Familie zu sichern oder einen Angehörigen zu bevorzugen. Das Bewußtsein des GSch., daß die Handlung die Gl. benachteiligt, ist nicht genügend, noch weniger das Bewußtsein, daß eine Benachteiligung m ö g l i ch e Folge der Handlung ist. Immerhin wird, wenn das Bewußtsein des GSch. festgestellt ist, daß die notwendige Folge seiner Handlung eine Verkürzung der Gl. sei, der Schluß auf die Absicht der Benachteiligung häufig naheliegen. Fahrlässig mangelnde Voraussicht des GSch. ist selbstverständlich nie ausreichend. Im übrigen muß betont werden, daß es stets auf die Würdigung der Umstände des Falles ankommt. Das Gesetz will die a r g l i st i g e Verkürzung der Gl. für die KMasse unschädlich machen. Ob ein — auch dem anderen Teile bewußtes — arglistiges Verhalten des GSch. vorliegt, ist nur nach Prüfung der tatsächlichen Verhältnisse zu entscheiden. (Die Rechtsprechung des RG. hat geschwankt; aus neuerer Zeit s. RGZ. 33, 124; JW. 35, 180; LZ. 3, 323; dann ObLG. Z. a. S. 17, 471.) S. auch J a e g e r Anm. 8f.; F a l k m a n n 20f. Unerheblich ist, ob der Schuldner mit der Vornahme der Handlung die Verkürzung eines oder mehrerer bestimmter Gl. anstrebt oder ob er alle seine jetzigen oder künftigen Gl. benachteiligen will.

c) Bei der Vornahme der Rechtshandlung muß der andere Teil die Benachteiligungsabsicht des nachmaligen GSch. gekannt haben. Wurde ihm diese erst später bewußt, so besteht kein Anfechtungsanspruch. Kennenmüssen, fahrlässiges Nichtkennen steht der Kenntnis nicht gleich. Daß der andere in die Verhältnisse des GSch. genauen Einblick hatte, ist nicht erforderlich. Es genügt z. B., daß er aus der Natur des Geschäftes den richtigen Schluß auf die Benachteiligungsabsicht gezogen hat. Für die beschleunigte Einräumung eines Vollstreckungstitels mit nachfolgender Zwangsvollstreckung hat das RG. (Z. 47, 225; JW. 35, 180) den Zeitpunkt der Zwangsvollstreckung als maßgebend erklärt, weil sich erst durch diese der anfechtbare Erwerb vollziehe. S. dazu Anm. 1d zu § 30; weitere Fälle mit Rechtsprechung F a l k m a n n 28 Anm. 128. Eine Bereicherungs- oder Schädigungsabsicht des andern gehört nicht zum Tatbestand.

d) Wurde der andere Teil durch einen V e r t r e t e r tätig, so kommt es grundsätzlich auf die Kenntnis oder Unkenntnis des Vertreters an (näheres Anm. 1e zu § 30). Bei einer Vertretung des GSch. sind die Grundsätze des § 166 Abs. 1 und 2 BGB., der wörtlich nur die Beeinflussung der rechtlichen Folgen einer Willenserklärung durch die Kenntnis gewisser Umstände trifft, entsprechend anzuwenden. Grundsätzlich ist also die Willensrichtung des Vertreters maßgebend (gl. Ansicht Falkmann 25; Hellmann 329; Jaeger Anm. 10; vgl. RG. LZ. 1, 516; Hamburg LZ. 5, 314). Hat der Mann als Verwalter des ehelichen Gesamtgutes gehandelt, so kommt es auf seine Absicht oder seine Kenntnis an. Bei Verfügungen über eingebrachtes Gut der Frau ist die Absicht des Eheteils entscheidend, der verfügt hat. Vgl. Jaeger Anm. 11, 16; Falkmann 25.

e) Die Rechtshandlung muß zu einer (wenigstens mittelbaren) Benachteiligung der KMasse geführt haben. Die Anfechtung ist nur zulässig, wenn die Masse ohne Vornahme der Handlung besser stünde. Daß gerade die beabsichtigte Benachteiligung eintrat, ist nicht erforderlich. Näheres Anm. 4 c, d zu § 29. Im Wege der Anfechtung kann auch die Einlage eines Aktionärs in Anspruch genommen werden, ebenso die Stammeinlage des GSch. bei einer G. m. b. H. RGZ. 74, 16.

f) Beweislast: Der KVerw. hat die Benachteiligungsabsicht des GSch. und die Kenntnis des anderen davon zu den für diese inneren Vorgänge maßgebenden Zeitpunkten zu beweisen. Der GSch. kann als Zeuge vernommen werden. Über die Benachteiligungsabsicht des GSch. kann er ferner dem Gegner als dessen Rechtsnachfolger (§ 445 ZPO.) den Eid zuschieben (RGZ. 15, 368; SeuffArch. 59, 175). Selbstverständlich ist ferner Eideszuschiebung an den Gegner über seine Kenntnis von der (bewiesenen) Benachteiligungsabsicht des GSch. zulässig. Der Anfechtungsgegner kann gegenüber dem Anfechtungsanspruch einwenden und beweisen, daß es an der Benachteiligung der KMasse fehlt.

3. Die Fälle der Nr. 2.

a) Nr. 1 nimmt nicht Rücksicht darauf, ob der spätere GSch. mit dem andern Teile in näheren persönlichen Beziehungen steht oder nicht. Rechtshandlungen mit Angehörigen fallen ebenso unter ihren Tatbestand wie Rechtshandlungen mit anderen Personen. Daneben und darüber hinaus stellt die Nr. 2 einen besonderen Anfechtungstatbestand für Rechtshandlungen des GSch. mit bestimmten Angehörigen auf. Sie beschränkt sich aber auf entgeltliche Verträge unter Ausschluß anderer Rechtshandlungen. Der Vertrag muß ferner in dem letzten Jahre vor der KE. (§ 108) geschlossen sein (Fristberechnung entsprechend § 187 Abs. 1, § 188 BGB. ohne Mitrechnung des Tages der KE.) und sein Abschluß muß eine unmittelbare Benachteiligung der Masse (Anm. 4 c, d zu § 29) herbeigeführt haben. Der besondere Tatbestand beruht auf der Erfahrung, daß Verträge mit Angehörigen, auch wenn sie nicht erst während der Krisis (§ 30 Nr. 1 Halbs. 1), sondern einige Zeit vorher zustande kommen, verdächtiger sind als andere Rechtsgeschäfte des GSch., weil die Gefahr des arglistigen Zusammenwirkens beider Teile zum Schaden der späteren KMasse bedeutend näher liegt. Das Gesetz fordert deshalb zur Begründung des Anfechtungsanspruches nicht den Nachweis der Benachteiligungsabsicht des GSch. und ihrer Kenntnis bei dem andern Vertragsteile. Immerhin ist es nicht angebracht, mit der herrschenden Lehre von „präsumtiv arglistigen Geschäften" zu reden. Eine Rechtsvermutung arglistigen Verhaltens mit Rücksicht auf den drohenden K. stellt das

Gesetz nicht auf. Der Verw. braucht die Benachteiligungsabsicht nicht einmal zu behaupten. Die Anfechtbarkeit besteht bei den obigen Voraussetzungen auch, wenn nach den Umständen, z. B. weil der GSch durch den unvorhergesehenen Zusammenbruch anderer plötzlich in K. geraten ist, die Annahme arglistigen Zusammenwirkens beider Teile bei dem Vertrage unbegründet scheint, der andere Teil aber den ihm obliegenden Beweis seiner Gutgläubigkeit nicht führt. S. entspr. Anm. 4e zu § 30 (vgl. Jaeger Anm. 20; KG. LZ. 2, 795 [AnfG.]; anders RGZ. 45, 25; 48, 403 u. a.; s. aber RG. [Pl.] Z. 21, 425 und zu § 30 Nr. 2 a. a. O. 429). Über Scheingeschäfte s. Anm. 3f zu § 29

b) Entgeltliche Verträge sind zweiseitige Rechtsgeschäfte, zu deren Inhalt die Hingabe der einen Leistung gegen entsprechende Vergütung, auch Befreiung von einer Verbindlichkeit, gehört. Den Gegensatz bilden unentgeltliche Verfügungen (§ 32). Nicht notwendig ist, daß ein gegenseitiger Vertrag nach §§ 320f. BGB. vorliegt. Z. B. kann ein verzinsliches Darlehen nach Nr. 2 anfechtbar sein. Auch Verträge, durch die eine unanfechtbar begründete Verbindlichkeit des GSch. oder des andern Teiles innerhalb der Jahresfrist Deckung findet, gehören hieher. Selbst die Fälle kongruenter Deckung (s. Anm. 3 zu § 30) sind nicht ausgenommen. Anfechtbar kann z. B. sein eine Auflassung in Erfüllung des obligatorischen Vertrages nach § 313 BGB. oder ein sonstiger dinglicher Vertrag, durch den eine Verpflichtung erfüllt wird. Wann allerdings das Erfüllungsgeschäft einen Vertrag darstellt, ist eine andere Frage (sehr bestritten; s. RGKomm. Anm. 2 zu § 362 BGB.). Die Zahlung einer Schuld betrachtet als entgeltlichen Vertrag nach § 31 Nr. 2 RG. LZ. 4, 864 (RGZ. 51, 76). Hat sich die kongruente Deckung durch Vertrag vollzogen, so wird doch regelmäßig die unmittelbare Benachteiligung der Gl. durch den Vertragsabschluß fehlen. Näher liegt die Benachteiligung bei inkongruenter Deckung (Anm. 4 zu § 30), namentlich bei Verträgen über Hingabe an Erfüllungs Statt, inkongruenter Sicherstellung des Angehörigen, dann bei Vereinbarung über die Aufhebung oder die Änderung eines Vertrages. Nicht entscheidend ist die äußere Form, in der die Rechtshandlung auftritt. Vollstreckungshandlungen gegen den GSch. sind als solche nach Nr. 2 nicht anfechtbar. Sie können aber auf einer Vereinbarung des GSch. mit dem vorgehenden Angehörigen beruhen und dadurch von der Anfechtung mitbetroffen werden (s. auch Anm. 2a).

c) Der entgeltliche Vertrag muß (wenn auch in der Form der sogenannten mittelbaren Zuwendung; Anm. 4e zu § 29) mit einem der im Gesetze bezeichneten Angehörigen abgeschlossen sein. Soweit es sich um Verträge mit dem Ehegatten handelt, genügt es, daß der GSch. den anderen Vertragsteil bis zur Geltendmachung des Anfechtungsanspruchs geheiratet hat, auch wenn bei dem Vertragsabschluß kein Verlöbnis bestand. Anderseits ist nicht erforderlich, daß die bei dem Vertragsabschluß bestehende Ehe bis zur KE. gedauert hat. Verträge zwischen vormaligen Ehegatten gehören nicht hierher. Näheres Jaeger Anm. 24f. Verwandtschaft und Schwägerschaft bestimmen sich (s. Art. 33 EG. BGB.) nach dem BGB. (§§ 1589, 1590, 1705, 1757 u. a.). „Stiefgeschwister", die keinen Elternteil gemeinsam haben, zählen nicht zu den halbbürtigen Geschwistern. Verträge des GSch. mit Verwandten des Ehegatten kommen nur in Betracht, wenn seine

Ehe, die die Beziehung vermittelt, vor Abschluß des Vertrages geschlossen war. Dagegen ist es nach der herrschenden Ansicht unerheblich, ob die Ehe bei Vertragsschluß noch bestand oder schon vorher aufgelöst war (RGZ. 63, 92; Jaeger Anm. 28; Falkmann 32 gegen Hartm.-Meikel 178). Z. B. kann nach Nr. 2 ein Vertrag des GSch. mit dem Bruder seiner vorher gestorbenen Frau angefochten werden. Verträge des GSch. mit dem Gatten eines Verwandten von ihm oder eines Verwandten seines Ehegatten (z. B. mit dem Mann seiner Schwester oder mit der Frau des Bruders seiner Frau) gehören bloß dann daher, wenn die Ehe des Vertragsgegners mit dem Verwandten des GSch. oder dem Verwandten des Ehegatten des GSch vor dem Vertragsabschlusse schon geschlossen und nicht aufgelöst war. RGZ. 63, 96. Vertragsabschluß mit dem Verlobten eines Verwandten genügt nicht. Im K. einer offenen Handelsgesellschaft genügt zur Anfechtung die im Gesetz bezeichnete Beziehung eines Gesellschafters zu dem Vertragsgegner (vgl. RG. 43, 105; RG. LZ. 8, 867; s. aber Frankfurt LZ. 3, 85). Das gleiche gilt, wenn der GSch. mit einer offenen Handelsgesellschaft kontrahiert hat. Anders, wenn der gesetzliche Vertreter einer in K. geratenen juristischen Person den Vertrag mit seinem Verwandten usw. oder wenn der GSch. den Vertrag mit dem zu ihm im Angehörigenverhältnis stehenden gesetzlichen Vertreter einer juristischen Person geschlossen hat. Hier gilt die Regel, daß es bei dem Abschluß durch Stellvertreter nur auf die zwischen den Vertragsparteien bestehende Verwandtschaft usw. ankommt (RGZ. 12, 70). Mit einer juristischen Person besteht aber keine Verwandtschaft. Vgl. Falkmann 31; Hartm.-Meikel 179.

d) Der Vertragsabschluß muß eine unmittelbare Benachteiligung der KGl. herbeigeführt haben. Näheres Anm. 4 c, d zu § 29.

e) Beweislast: Der Verw. hat den Tatbestand des Anfechtungsanspruchs (a bis d) zu beweisen, wozu auch der Abschluß des Vertrages innerhalb der Jahresfrist gehört. Bei einem rechtlich einheitlichen Akte, der in verschiedene Tätigkeiten zerfällt, genügt es, daß die letzte Tätigkeit innerhalb des Jahres erfolgte (s. Anm. 4e zu § 29, Anm. 1d zu § 30; vgl. RG. LZ. 5, 947). Der andere Teil kann einwenden und beweisen, daß zur Zeit des Vertragsabschlusses eine Absicht des GSch. seine Gl. zu benachteiligen nicht bestand (RG. JW. 30, 123) oder jedenfalls ihm nicht bekannt war. Vgl. RGZ. 71, 354. Bei der Anfechtung von Deckungsgeschäften, auch solchen mit kongruenter Deckung, kehrt sich mangels einer Unterscheidung im Gesetze die Beweislast nicht um. Nur für die freie richterliche Beweiswürdigung (§ 286 ZPO.) ist der Nachweis von Bedeutung, daß die Zuwendung an den Vertragsgegner in Erfüllung einer erzwingbaren Verbindlichkeit des GSch. erfolgte. Denn normalerweise ist in der Mehrzahl solcher Fälle der Zweck des Geschäftes nicht die Benachteiligung der übrigen Gl. sondern die Befriedigung des einzelnen Berechtigten. Diese Erfahrung wird, wenn Anhaltspunkte für das Gegenteil mangeln, den Richter zur Feststellung veranlassen, daß eine Benachteiligungsabsicht des GSch. nicht bestand oder doch dem andern nicht bekannt war. Nur tatsächlich, nicht rechtlich ist also die Beweislage für den an einem reinen Erfüllungsgeschäfte Beteiligten günstiger (die Rechtsprechung des RG. ist nicht einheitlich. Wie hier RGZ. 51, 77; LZ. 5, 947; s. aber die in RGZ. 45, 23f. angezogene frühere Rechtsprechung; vgl. Jaeger Anm. 36; Falkmann 30). Über Geschäfte mit inkongruenter Deckung s. RG. LZ. 3, 480.

Anfechtung unentgeltl. Verfügungen.

§ 32. (§ 25.)

Anfechtbar sind:

1. die in dem letzten Jahre vor der Eröffnung des Verfahrens von dem Gemeinschuldner vorgenommenen unentgeltlichen Verfügungen, sofern nicht dieselben gebräuchliche Gelegenheitsgeschenke zum Gegenstande hatten;

2. die in den letzten zwei Jahren vor der Eröffnung des Konkurses von dem Gemeinschuldner vorgenommenen unentgeltlichen Verfügungen zugunsten seines Ehegatten.

Begr. I 133f., KommB. I 23; Begr. II 33f. — Geändert durch die Nov.

1. Allgemeines.

a) AnfGrund nach § 32 ist die (mittelb.) Benachteiligung der Masse (Anm. 4c, d zu § 29) durch eine „unentgeltliche Verfügung" des GSch. innerhalb eines Jahres (Nr. 1) oder zweier Jahre (Nr. 2) vor der KE. (§ 108). Fristberechnung entspr. § 187 Abs. 1, § 188 BGB. ohne Mitzählung des Tages der KE. Abgesehen von der längeren Frist der Nr. 2 ist der AnfTatbes. einheitlich. Auf die VermVerh. des GSch. und die Willensrichtung der Beteiligten bei der Vornahme der Verf. wird in § 32 keine Rücksicht genommen. Doch ist der gute oder schlechte Glaube des Empf. von Bedeutung für den Umfang der Rückgewährspflicht (§ 37 Abs. 2). Der gesetzgeb. Grund der Vorschr. ist, daß das Befriedigungsrecht der KGl. den Rechten derer vorgeht, die in bestimmten Zeitgrenzen aus dem Verm. des GSch. eine Zuwendung ohne entspr. Gegenleistung erhalten haben. Schenkungsanf. gegenüber Prolongationswechseln; kommt es für die Fristberechnung auf den letzten Wechsel oder auf den Urwechsel an? RGZ. 77, 49.

b) Besondere Vorschr. in § 222 (NachlK.); s. auch § 236.

c) Neben § 32 steht der AnfTatbestand des § 341 HGB. (Rückgewähr der Einlage oder Erlaß des Verlustanteils zugunsten des stillen Gesellschafters). Vgl. Staub dort.

2. Unentgeltliche Verfügung.

a) Eine unentgeltl. Verfügung nach § 32 liegt nicht bloß dann vor, wenn durch RGesch. eine Sache oder ein Recht, das zum Verm. des spät. GSch. gehört, ohne entspr. Entgelt unmittelbar übertragen, belastet, verändert oder aufgehoben wird (bürgerlichrechtl. Verf., Anm. 2 zu § 7), sondern weitergehend schon dann, wenn der GSch. einem andern durch eine RHdlg. eine Zuwendung macht, die mangels entspr. Gegenleistung für ihn eine Vermögensminderung enthält. Die unentgeltliche Verf. ist regelmäßig aber nicht begriffsmäßig Schenkung nach § 516 BGB. Sie ist nicht notwendig ein Vertr., sondern kann auch einseit. RGesch. oder

RHdlg. im weiteren Sinne (vgl. Anm. 2 zu § 7), auch ein Unterlassen sein. Fraglich ist, ob sie eine Bereicherung des Empf., d. h. eine Mehrung seines Verm. notwendig voraussetzt.

Vom Standp. des GSch. ist die Verf. schon unentgeltlich, wenn in sein Verm. kein entspr. Äquivalent fließt, vom Standp. des Empf. dagegen nur, wenn er auch an einen Dritten keinen Ausgleich zu leisten hat. Zahlt z. B. der GSch. freigebig eine fremde Schuld, so besteht der den Empf. treffende Ausgleich in der Schuldbefreiung des Dritten; übernimmt der GSch. für einen Dritten Bürgschaft, damit dieser Kredit erhält, so vergilt der Empf. dadurch, daß er den Kredit gewährt. Im allgem. ist im Sinne des § 32 unentgeltlich jede Zuwendung aus dem Verm. des GSch., der nicht nach der Auffassung beider Teile eine gleichwertige Gegenleistung in das Verm. des GSch. gegenüberstehen soll. Aber der Begriff des Entgelts umfaßt hier eigene wirtschaftliche Interessen des GSch. an der Leistung, mag diese auch zunächst einem Dritten zugut kommen. So RG. JW. 42, 608; SeuffArch. 68, 383. Die Rechtspr. des RG. schwankt. Allerdings nach RGZ. 51, 415, LZ. 4, 588 liegt unentgeltliche Verf. vor, wenn kein entspr. Gegenwert in das Verm. des GSch. kommt. RGZ. 92, 227 betont, daß Bereicherung des Empfängers nicht erforderlich ist, und nimmt deshalb Unentgeltlichkeit auch an, wenn der Empfänger die ihm überlassenen Werte restlos zur Erreichung eines bestimmten Zwecks, z. B. zur Befriedigung eines Gl. des GSch. verwenden muß. S. auch RGZ. 10, 87. RGZ. 77, 50 lehnt die Annahme einer unentgeltl. Verf. schon dann ab, wenn der Empfänger im Austausch mit der Zuwendung einem Dritten VermVorteile (Kredit) zukommen lassen muß. Vgl. ferner RG. SeuffArch. 45, 245 (Unentgeltlichkeit auf beiden Seiten erforderlich); RGZ. 38, 8 mit weiterer Rspr.; RGZ. 60, 25. Ob die Verf. unentgeltlich ist, muß nach den Verhältnissen im Zeitpunkt der Vornahme der Verf. beurteilt werden. Handelt der GSch. in der Auffassung, eine gleichwertige Gegenleistung zu erhalten, so hat er nicht unentgeltlich verfügt, wenn auch diese Gegenleistung dann ausbleibt. Die Erwartung eines Gegengeschenks macht aber die Verf. nicht zur unentgeltlichen; doch kann durch das Gegengeschenk die Benachteiligung der Masse ausgeschlossen sein (s. Jaeger A. 1). Die Verfügung ist nicht unentgeltlich, wenn bei Sicherung einer nicht bestehenden Schuld sich beide Teile des Nichtbestehens nicht bewußt sind; hier möglicherweise Anfechtung w. Irrtums oder ein Bereicherungsanspruch (RG. SeuffArch. 70, 343).

b) Einzelnes: Zweifelhaft ist, ob die Gewährung eines unverzinslichen Darlehens unentgeltliche Verfügung ist; s. Jaeger Anm. 35 zu § 29 teilw. abw. Falkmann 6 Anm. 12. Gegenwert der Verf. kann auch eine Schuldbefreiung sein. Erfüllt also der GSch. durch die Verf. eine rechtlich erzwingbare Verbindlichkeit, so leistet er nicht unentgeltlich, auch wenn die Deckung inkongruent ist (Anm. 4 zu § 30). Das gleiche gilt (arg. § 222 Abs. 2 BGB.), wenn der GSch. einen verjährten Anspr. in Kenntnis oder Unkenntnis der Verjährung befriedigt. Erfüllt dagegen der GSch. eine Nichtschuld, so verfügt er unentgeltlich, auch wenn er nach bürgerl. R. — wie bei Spiel oder Wette (§ 762 BGB.) — das Geleistete aus diesem Grunde nicht zurückfordern kann. Die Tatsache, daß der GSch. einer sittlichen Pflicht oder Anstandspflicht (vgl. § 534

BGB.) genügt, nimmt der Verf. den Charakter der Unentgeltlichkeit nicht (s. Falkmann 35 Anm. 166; Hartm.-Meikel 187 gegen Jaeger Anm. 5); solche Zuwendungen fallen aber häufig unter die Ausnahmen der nach den Verhältnissen des GSch. und den Umständen des Falles zu beurteilenden „gebräuchlichen Gelegenheitsgeschenke". Die Gewährung einer Aussteuer im Rahmen des § 1620 BGB. ist Verpflichtung des Vaters oder der Mutter und erfolgt deshalb nicht unentgeltlich. Dagegen ist die darüber hinausgehende Ausstattung (§ 1624 BGB.), wenn nicht ausnahmsweise eine unanfechtbare Rechtspflicht übernommen ist, auch soweit unentgeltliche Verf., als sie nicht als Schenkung gilt (vgl. Planck Erl. 5 dort; Falkmann a. a. O. gegen Jaeger Anm. 5; Staudinger Anm. 3d zu § 1624). S. auch Anm. 5 zu § 63.

Die freiwillige Sicherung einer eigenen Schuld, z. B. durch Pfand- oder Hypothekbestellung, soll nach RGZ. 9, 103 keine unentgeltliche Verf. sein. Jedenfalls ist sie abgesehen von § 31 nur unter den Voraussetzungen des § 30 Nr. 2 anfechtbar. Vgl. Jaeger Anm. 7; Wilm.-Kurlb. Anm. 3.

Die freiwillige Sicherung einer fremden Schuld kann zugunsten des Gl. und des dritten Sch. eine unentgeltliche Verf. sein; diese Eigenschaft wird aber schon ausgeschlossen durch ein wirtschaftliches Interesse des Verfügenden, s. o. a. RG. SeuffArch. 68, 382.

Schwierigkeiten bieten Verfügungen, die gegen ein hinter ihrem Werte zurückbleibendes Entgelt erfolgen. Hier kommt es auf die Umstände an, ob eine Schenkung in anderer äußerer Form vorliegt (s. § 117 Abs. 2 BGB. z. B. „Kauf" einer wertlosen Sache oder Forderung; RGZ. 50, 136), oder ob das Entgelt ernstlich im Austausch für die Leistung des GSch. geboten wird. Ersterenfalls liegt eine unentgeltl. Verf. vor, letzterenfalls nicht diese, sondern ein entgeltlicher Vertrag, dessen Anfechtbarkeit sich nicht nach § 32 bemißt (häufig wird § 31 Nr. 1 oder Nr. 2 anwendbar sein). Die auf dem Lande üblichen Gutsübergabsvertr. z. B., in denen ein Abkömmling das Anwesen regelmäßig zu einem unter dem Verkehrswerte bleibenden Anschlag übernimmt, können nach § 32 nicht angefochten werden (vgl. Jaeger A. 11, 23; Falkmann 37 A. 137; anders Hartm.-Meikel 192; s. auch Begr. I 136; Stettin LZ. 2, 323).

Ein abstr. Schuldanerkenntnis oder Schuldverspr. ist jedenfalls keine unentgeltl. Verf., wenn es eine eigene, bestehende Schuld des GSch. betrifft (RGZ. 62, 45). Auch der Prolongationswechsel enthält keine neue selbständige Zuwendung neben dem Wechsel, den er ersetzt. Wenn der letztere der SchenkungsGlAnf. nicht unterliegt, gilt das Gleiche vom Prolongationswechsel. Ob der ersetzte W. bei Hingabe des Prolongationswechsel eingezogen wurde, ist unerheblich (RGZ. 77, 51). Ebenso RG. LZ. 3, 74 (Sichtw. als Ersatzw.).

3. Versicherungsverträge insbesondere.

a) Wird in einem LebensversVertr. die Zahlung der VersSumme an einen Dritten bedungen, so erwirbt der Dritte im Zweifel unmittelbar das Recht, die Leistung zu fordern. Soll aber die Leistung an den Dritten erst nach dem Tode des VersNehmers erfolgen, so erwirbt der Dritte das Recht auf die VersSumme im Zweifel (RGZ. 71, 326) erst dem Augenblick, in dem der VersNehmer stirbt (s. § 330 S. 1, § 331 Abs. 1 BGB.). In diesem Falle gehört das wenn auch betagte und bedingte Recht aus dem VersVertr. bis zum Tode zum Vermögen des VersNehmers. Der begünstigte Dritte hat solange nur eine Hoffnung auf die Erlangung der VersSumme, kein bedingtes Recht. Mit dem Todesfall erwirbt er den Anspruch unmittelbar auf Grund des Vertr., nicht durch einen Rechtsübergang aus dem Verm. des Erblassers. Der VersVertr. zugunsten eines Dritten beruht im Verh. des Vers.-Nehmers zu dem Dritten regelmäßig auf einer Freigebigkeit des Vers.-Nehmers. Eine Benachteiligung der Masse kann aber nur vorliegen, wenn die vertragsmäßigen Leistungen (regelmäßig wiederkehrende Prämienzahlungen) aus dem Verm. des VersNehmers entnommen sind. Von dem Versicherer können sie nach § 32 nicht zurückverlangt werden, denn er hat sie nicht unentgeltlich empfangen. Dagegen besteht eine Rückgewährpflicht des begünstigten Dritten, wenn und soweit er infolge der Prämienzahlung die für ihn versicherte Leistung aus dem VersVertr. bezogen hat. Denn dann hat die Aufwendung aus dem Verm. des VersNehmers, um deren Wert die Masse verkürzt wurde, dem Willen des VersNehmers entsprechend mittelbar zu einer Zuwendung an den Dritten geführt. Der AnfAnspr. geht aber nur auf die Vergütung der fristgemäß (Nr. 1 oder Nr. 2) dem Verm. des VersNehmers entzogenen Prämienzahlungen (RGZ. 61, 217), nicht auf die Rückzahlung des VersKapitals, das niemals im Verm. des VersNehmers war, auch nicht auf die Vergütung des Betrages, den der VersNehmer zur Zeit seines Ablebens durch Verwertung der Vers. hätte erlangen können („Zeitwert" der Police), aber seinem Verm. nicht zugeführt hat. Daß er unterlassen hat diesen Erwerb zu ziehen unterliegt der Anf. durch den Verw. nicht. Das Ergebnis ist hiernach folgendes: Ist das Vers.-Kapital mit dem Tode des VersNehmers unmittelbar einem Dritten zugefallen, so gehört es nicht zum Nachlaß und nicht zur Nachlaß-KMasse. Der Verw. kann höchstens (s. aber b) die Zahlung der Prämien aus den Mitteln des VersNehmers anfechten, wenn auch sonst einer der Tatbestände der §§ 30 bis 32 gegeben ist. Wird der K. zu Lebzeiten des VersNehmers eröffnet, so kann der Verw. ebenfalls nur die Prämienzahlung anfechten. Vor Eintritt des VersFalles kommt aber noch in Betracht, ob der begünstigte Dritte durch die Prämienzahlung eine mittelbare Zuwendung in sein Verm. erlangt hat. Diese Zuwendung ist zweifellos nicht gegeben, wenn der Dritte wie regelmäßig bis zum Eintritt des VersFalles nur eine Hoffnung auf Erwerb hat, aber auch nicht anzunehmen, wenn dem Dritten ausnahmsweise schon vor diesem Zeitpunkt ein unwiderrufliches (bedingtes und betagtes) Recht auf die seinerzeitige Zahlung des VersKapitals zusteht. Denn eine Zuwendung in sein Verm. hat der Dritte durch die in der Prämienzahlung liegende Sicherung seiner Anwartschaft noch nicht erlangt. RGZ. 61, 217 scheint ferner im Anschluß an Hamburg SeuffArch. 55, 30 die Anfechtung der Prämienzahlung auch für den NachlK. dann auszuschließen, wenn der VersNehmer zur Prämienzahlung durch Vertrag mit dem Vers. verpflichtet war, also eine eigene Verbindlichkeit erfüllt hat. Über die Frage, wieviel an Prämien bei einer Mehrheit von Berechtigten (z. B. Witwe und Kinder) von dem Einzelnen verlangt werden kann, s. RG. LZ. 5, 860.

b) Anfechtung kann möglich sein, wenn der VersNehmer durch nachträgliche Benennung eines bezugsberechtigten Dritten die VersSumme der KMasse entzogen (s. Stuttgart APrivVers. 6, 42 Anh.) oder wenn er durch sonst eine Verfügung sich zum Nachteile der Masse seiner Rechte aus dem Vertrag ganz oder teilweise begeben (z. B. auf das Recht des Widerrufs zugunsten des benannten Dritten verzichtet oder seine Ansprüche aus dem Vertrage einem andern abgetreten oder „die Police" verpfändet) hat. Der erste Fall hat zunächst Bedeutung für den NachlK. Voraussetzung ist, daß die VersSumme ohne die Verfügung in den Nachlaß und damit in die KMasse gefallen wäre, weil kein Dritter benannt oder die Benennung widerrufen war. Ist der Dritte unentgeltlich innerhalb des letzten Jahres (Nr. 1) oder der 2 letzten Jahre (Nr. 2) vor der KE. benannt worden, so greift die Anfechtung nach § 32 durch und zwar geht sie gegen den Dritten auf Rückgewähr der VersSumme. RGZ. 62, 46.

c) über Leibrentenversicherung s. Jaeger Anm. 29.

4. **Besonderheiten der Fälle Nr. 2.**

a) Nach dem BGB. sind unentgeltliche Verfügungen zugunsten des anderen Gatten (Mann oder Frau) nicht verboten. Für die Anfechtung nach Nr. 2 genügt es nicht, daß der GSch. mit dem Begünstigten bei der Erhebung des AnfAnspr. verheiratet ist. Anderseits ist das nicht erforderlich. Die Ehe muß bei der Vornahme der Verfügung bestanden haben (RGZ. 76, 5), wenn sie auch später aufgelöst wurde. Gebräuchliche Gelegenheitsgeschenke an den Gatten sind wie nach Nr. 1 nicht anfechtbar. In dieser Hinsicht ist Nr. 2 aus Nr. 1 zu ergänzen (bestr.).

b) Nach Nr. 2 war bis zum Inkrafttreten der Nov. weiter anfechtbar eine in den letzten 2 Jahren vor der KE. vom GSch. bewirkte „Sicherstellung oder Rückgewähr eines Heiratsgutes oder des gesetzlich in seine Verwaltung gekommenen Verm. seiner Ehefrau, sofern er nicht zu der Sicherstellung oder Rückgewähr durch das Gesetz oder durch einen vor diesem Zeitraum geschlossenen Vertrag verpflichtet war". Die Vorschrift ist beseitigt worden, weil man einen Widerspruch mit dem Güterrechte des BGB. befürchtete (näheres Begr. II 33 f.). Aus der Beseitigung läßt sich aber nicht schließen, daß Verträge des GSch. mit seinem Ehegatten über den Güterstand der Anfechtung entzogen sind. Solche Verträge sind vielmehr nach den allgem. Vorschr. (§§ 29 f.) anfechtbar. Eine unentgeltliche Verfügung nach § 32 liegt hiernach z. B. nicht vor, wenn der Gegenstand der den Gl. des einen Teiles nachteiligen Vereinbarung von dem andern Eheteile klagweise erzwungen werden konnte. Vgl. RGZ. 57, 81 und aus der reichhaltigen Literatur K. Meyer ZBlFG. V, 1 f., Ullmann LZ. 1, 201 f., Bendix LZ. 1, 726 f., 816 f., Jaeger AnfG. Anm. 61 f. zu § 3, Falkmann 87 f., Hartm.-Meikel 197 f.

c) Die gestrichene Vorschrift (b) bleibt übergangsweise in Kraft, soweit für den Güterstand das vor dem 1. Jan. 1900 geltende bürgerl. Recht maßgebend ist. Art. VI EG. KONov. Vgl. aber Anm. 22 zu § 2.

Beschränkung des § 30.

§ 33. (§ 26.)

Rechtshandlungen, welche früher als sechs Monate vor der Eröffnung des Verfahrens erfolgt sind, können aus dem Grunde einer Kenntnis der Zahlungseinstellung nicht angefochten werden.

Begr. I 138 f. — Unverändert durch die Nov.

a) Die Vorschrift beschränkt die Anwendung des § 30. Fristberechnung entspr. § 187 Abs. 1, § 188 BGB. rückwärts von der KE. (§ 108) ohne Mitrechnung des Tages der KE. § 193 BGB. nicht anwendbar. Es kommt nicht darauf an, wann die Zahlungseinstellung (Anm. 1 zu § 30) eingetreten ist (denn daß die KE. der Zahlungseinstellung innerhalb einer bestimmten Frist nachfolgen müsse, sagt das Gesetz nicht; Frankfurt LZ. 2, 173), sondern darauf, wann die RHdlg. „erfolgte"; RGZ. 69, 255. Das Letztere bemißt sich regelmäßig (s. Anm. 4e zu § 29, Anm. 1d zu § 30) nach dem Zeitpunkte des Rechtsaktes, der den benachteiligenden Erfolg in sich schließt. Bezugnahme auf § 33 in § 50 mit § 56 und in § 55 Nr. 3.

b) Die Vorschrift sagt nur, daß die Kenntnis der Zahlungseinstellung bei der Vornahme der RHdlg. unschädlich sein soll. Im übrigen berührt sie die AnfTatbestände nicht. Eine in der kritischen Zeit mit Einschluß der zehn Tage aber mehr als 6 Monate vor der KE. erfolgte inkongruente Deckung (§ 30 Nr. 2) ist also anfechtbar, es sei denn daß der KGl. beweist, er habe zur Zeit der Handlung weder den EAntr. (falls er schon gestellt war) noch eine Begünstigungsabsicht des GSch. gekannt. Bloß der Beweis, daß er die Zahlungseinstellung nicht gekannt habe, wird dem AnfGegner durch § 33 erlassen. Ebenso im Erg. RGZ. 66, 256, Jaeger Anm. 3; anders RGZ. 25, 86.

§ 34. (§ 27.)

I Wechselzahlungen des Gemeinschuldners können auf Grund des § 30 Nr. 1 von dem Empfänger nicht zurückgefordert werden, wenn nach Wechselrecht der Empfänger bei Verlust des Wechselanspruchs gegen andere Wechselverpflichtete zur Annahme der Zahlung verbunden war.

II Die gezahlte Wechselsumme muß von dem letzten Wechselregreßschuldner oder, falls derselbe den Wechsel für Rechnung eines Dritten begeben hatte, von diesem erstattet werden, wenn dem letzten Wechselregreßschuldner oder dem Dritten zu der Zeit, als er den Wechsel begab oder begeben ließ, einer der im § 30 Nr. 1 erwähnten Umstände bekannt war.

Begr. I 139 f., KommB. I 25. — Unverändert durch die Nov.

1. Nach dem Wechselrecht ist in gewissen Fällen an die Ablehnung einer angebotenen Zahlung der Verlust des Wechselanspruchs gegen andere Wechselverpflichtete geknüpft. Hauptfall WO. Art. 41. Der § 34 Abs. 1 schützt deshalb für solche Fälle den Empfänger einer Wechselzahlung des GSch. gegen die Anfechtung auf Grund des § 30 Nr. 1. Die Anwendung eines andern AnfTatbest. ist nicht ausgeschlossen. Nur Wechselzahlungen sind der Anfechtung in diesem Umfang entzogen, nicht das Eingehen einer Wechselverbindlichkeit. Gleichgültig ist, in welcher rechtlichen Eigenschaft der GSch. gezahlt hat (s. Seuffert 208).

2. Abs. 2.

a) Die Zahlung, die der Bezogene oder der Aussteller des eigenen Wechsels dem Wechselinhaber unanfechtbar geleistet hat, entlastet dessen Vormänner. Unter ihnen sind die Zwischenmänner, die den Wechsel gleichfalls gezahlt haben und die gleichfalls gegen ihren Vormann hätten Rückgriff nehmen können, in der gleichen Lage wie der Inhaber, den der GSch. gezahlt hat. In einem anderen Verhältnis ist der letzte Wechselregreßschuldner, welcher in Ermangelung der Zahlung des GSch. für den Wechselbetrag schließlich hätte aufkommen müssen. Ihm kommt im Erfolg der Wechselbetrag zugute, er steht nur dem GSch. gegenüber. Er ist deshalb unter bestimmten Voraussetzungen ersatzpflichtig. Hat der letzte Regreßschuldner den Wechsel für Rechnung eines Dritten begeben (Beweisfrage!), so richtet sich der Erstattungsanspruch gegen den Dritten. Begr. I, 140.

b) Der Abs. 2 stellt nicht einen allgemeinen von den Voraussetzungen des Abs. 1 unabhängigen Grundsatz auf, er ist vielmehr nur in den Fällen anwendbar, in denen Abs. 1 zutrifft. Schlägt Abs. 1 nicht ein, kann vielmehr die Wechselzahlung nach § 30 Nr. 1 angefochten werden, so hat der KVerw. nicht etwa neben dem AnfAnspr. den Erstattungsanspruch nach § 34 Abs. 2, ebensowenig hat er ein Wahlrecht zwischen der Klage gegen den Zahlungsempfänger und der Klage gegen den letzten Wechselregreßschuldner, er kann vielmehr nur anfechten. RGZ. 40, 42. Der AnfAnspr. geht auf Rückgewähr des durch die Zahlung aus dem Verm. des GSch. entnommenen Betrags, also auch der Protestkosten (s. § 37). Für die Kenntnis ist nicht die Zeit der Zahlung durch den GSch. sondern die Zeit der Begebung (hierüber Begr. I, 141) maßgebend.

3. Durch § 24 des Scheckges. v. 11. März 1908 wurde bestimmt, daß auf die Anfechtung einer auf einen Scheck geleisteten Zahlung die Vorschriften des § 34 entsprechende Anwendung finden. Bloße Gutschrift auf Grund eines Schecks, den ein Gl. des GSch. einem Schuldner des GSch. ausstellte zugunsten dieses Schuldners, ist keine Zahlung und deshalb anfechtbar (RG. SeuffArch. 69, 394).

Vollstreckungstitel und Vollstreckung.

§ 35. (§ 28.)

Die Anfechtung wird dadurch nicht ausgeschlossen, daß für die anzufechtende Rechtshandlung ein vollstreckbarer Schuldtitel erlangt, oder daß dieselbe durch Zwangsvollstreckung oder durch Vollziehung eines Arrestes erwirkt worden ist.

Begr. I 143. — Unverändert durch die Nov.

a) Die Anfechtung ist nicht deshalb ausgeschlossen, weil der Anfechtungsgegner *nach* der Vornahme der anfechtenden Rhdlg. einen Vollstreckungstitel (s. bes. §§ 704, 794, 801 ZPO.) erlangt hat, kraft dessen er die ihm gemachte Zuwendung beanspruchen kann. Sie ist weiter nicht deshalb ausgeschlossen, weil der Vornahme der anfechtenden Rhdlg. die Erwirkung eines vollstreckbaren Schuldtitels durch den AnfGegner oder seinen Rechtsvorgänger *vorausgegangen* ist, ferner nicht, weil die

Rhdlg. auf Zwangsvollstreckung (Arrestvollziehung) beruht. An den einzelnen AnfTatbeständen wird durch § 35 nichts geändert. Der § 35 soll nur sonst naheliegende Zweifel beseitigen, nicht die Möglichkeit der Anfechtung erweitern. Ob also die Anfechtung einer Vollstreckungshdlg. überhaupt möglich ist, bemißt sich nach der in Betracht kommenden Vorschrift (s. Anm. 4a zu § 29, Anm. 2a, 3a, 4b zu § 30, Anm. 2a zu § 31). Die Anfechtung richtet sich niemals gegen den VollstrTitel als solchen, sondern gegen das rechtserhebliche Verhalten, durch das der VollstrTitel erwirkt wurde (s. Anm. 2a zu § 31), oder gegen die Rechtshandlung, die auf Grund des VollstrTitels vorgenommen wurde. Der VollstrTitel wird auch, wie sich aus der schuldrechtlichen Wirkung der Anfechtung ohne weiteres ergibt, durch die Anfechtung nicht zerstört, er behält vielmehr abgesehen von der krechtlichen Anfechtung seine volle Bedeutung. Die Feststellungen, die dem VollstrTitel zugrunde liegen, sind selbstverständlich bei der Geltendmachung des AnfAnspr. und der Entscheidung über ihn nicht bindend.

b) Unberührt bleibt durch § 35 die Vorschrift, daß der Widerspruch gegen eine im Prüfungstermine (wegen Anfechtbarkeit) vom Verwalter bestrittene titulierte Forderung vom Verwalter zu verfolgen ist (§ 146 Abs. 6). In einem anhängigen Rechtsstreite macht der Verwalter die Anfechtung je nach der Lage durch Erhebung einer Einwendung, Einlegung des Einspruchs oder eines Rechtsmittels usw. geltend. Wegen der Zulässigkeit einer Widerspruchsklage nach § 771 ZPO. s. Anm. 3c zu § 29.

Ausübung des Anfechtungsrechtes.

§ 36. (§ 29.)

Das Anfechtungsrecht wird von dem Verwalter ausgeübt.

Begr. I 144 f., KommB. I 25 f. — Unverändert durch die Nov.

1. Die Rechtsstellung des Verwalters. Die krechtliche Anfechtung ist ein Mittel zur Vermehrung der Teilungsmasse. Ihre Ausübung steht ausschließlich dem Verwalter zu. Nur nach innen ist seine Rechtsstellung beschränkt: §§ 133, 136. Selbstverständlich muß er von seinem Ermessen unter persönlicher Verantwortung (§ 82) pflichtmäßigen Gebrauch machen. Dem einzelnen KGl. ist die krechtliche Anfechtung verwehrt, selbst wenn der Verw. die Geltendmachung des AnfAnspr. für sich ablehnt; er kann auch einen Widerspruch gegen eine angemeldete Forderung (§ 146) nicht durch deren Anfechtbarkeit stützen. Wie der Verwalter das Anfechtungsrecht nicht durch Abtretung an einen andern verwerten darf (RGZ. 30, 71, LZ. 4, 86), kann er auch einem einzelnen Gläubiger nicht gestatten, den AnfAnspr. entsprechend § 147 vorläufig auf eigene Gefahr geltend zu machen. Durch den ausdrücklichen oder stillschweigenden Verzicht des Verwalters auf den AnfAnspr. ist dieser für den anhängigen K. untergegangen. Eine wegen Irrtums usw. fehlerhafte Willenserklärung (z. B. das irrtümliche Unterlassen eines Widerspruchs im Prüfungstermin) kann der Verwalter bürgerlichrechtlich (§ 143 BGB.) anfechten. Der Gewinn aus der krechtlichen Anfechtung fällt in die Masse; Rechtsträger ist der GSch. (vgl. RGZ. 52, 333).

2. Geltendmachung der Anfechtung. Stellung der KGl. und des GSch. im AnfProzeß s. Anm. 3 zu § 29. Der AnfGegner ist RNachf. des GSch. im Sinne des § 445 ZPO., vgl. Anm. 2f zu § 31.

3. Überleitung der Einzelanfechtung in die krechtliche Anfechtung. § 13 AnfG.

a) Mit der KE. hört die Möglichkeit zur Einzelanfechtung auf Grund des AnfG. für die KGl. auf. Nur der KVerw. kann während des K. die Anfechtung betreiben. Auch die Rechte aus einer einstweiligen Verfügung, die ein EinzelGl. zum Schutze seines AnfRechtes erwirkt hatte, gehen auf die Masse über (näheres Kassel LZ. 4, 246). Hat der einzelne KGl. schon ein obsiegendes rechtskräftiges Urteil erlangt, so ist es nach Erteilung der Klausel für den Verw. als RNachf. des im Urteile bezeichneten Gläubigers (§ 727 ZPO.) Vollstreckungstitel zugunsten der Masse. Die rechtskräftige Abweisung des EinzelAnfAnspr. berührt den Verw. nicht. Ist das Verfahren über den EinzelAnfAnspr. noch rechtshängig, so wird es durch die KE. unterbrochen (§ 13 Abs. 2 AnfG.). Der KVerw. kann den Rechtsstreit aufnehmen und, auch wenn die krechtlichen Fristen verstrichen sind (Jaeger Anm. 14), den Klaganspruch nach der KO. erweitern, ohne daß dies eine Klagänderung bedeutet. Er kann auch die Aufnahme ablehnen und nach Maßgabe der KO. den AnfAnspr. neu geltend machen (Abs. 2 a. a. O.). Hat der Verw. das rechtskräftige Urteil oder den anhängigen Rechtsstreit übernommen, so sind aus dem zur Masse gelangenden Gegenstande der Rückgewähr dem EinzelGl. die Prozeßkosten im voraus zu erstatten (§ 13 Abs. 1 AnfG.).

b) Unter Umständen kann die vor der KE. erlangte Sicherung oder Befriedigung des KGl. aus dem Zurückzugewährenden zugunsten der Masse anfechtbar sein: § 13 Abs. 3 AnfG.

c) Die KGl. werden durch den KVerw. von der EinzelAnf. grundsätzlich ausgeschlossen. Aussonderungsberechtigte und Absonderungsberechtigte (s. aber Bremen LZ. 3, 540) können wegen ihres Aussonderungs- oder Absonderungsanspruchs auch während des K. mit EinzelAnf. vorgehen, ihn auch einredeweise geltend machen (Posen OLG. 35, 249, a. A. Posen OLG. 25, 327), desgleichen MasseGl. wegen ihres Masseanspruchs und nach ausdrücklicher Vorschrift in § 13 Abs. 5 AnfG. in Ansehung des freien Vermögens auch KGl. Für eine Forderung, die nach § 63 im K. nicht angemeldet werden kann, findet nach dem Zwecke des Ges. (vgl. § 3 Abs. 1) eine EinzelAnf. hinsichtlich des Gegenstandes der krechtlichen Anfechtung nicht statt, wenn nicht der Verw. auf sein Anfechtungsrecht verzichtet hat (vgl. Seuffert 219 Anm. 2).

4. Einfluß der KBeendigung.

a) Mit dem Zeitpunkt, in dem die KBeendigung wirksam wird (§§ 163, 190, 205, 76 Abs. 1), erlischt der krechtliche AnfAnspr. und damit die Legitimation des Verw. zur Anfechtung. Ist aber bei der Aufhebung des K. infolge Schlußverteilung ein AnfRechtsstreit anhängig, so kann ihn der Verw. zum Zwecke einer etwaigen Nachtragverteilung (§ 166) fortführen (vgl. Seuffert 184, 228, Jaeger Anm. 3 zu § 161). Im übrigen sind anhängige AnfProzesse in der

Hauptsache erledigt, nicht aber im Kostenpunkt. Insoweit tritt als Partei wie in anderen Rechtsstreitigkeiten an Stelle des Verw. ohne weiteres der GSch. Für die Entscheidung über die Kosten kann dann maßgebend sein, ob der geltend gemachte AnfAnspr. begründet gewesen wäre (s. RGZ. 52, 330). Näheres Jaeger Anm. 24 zu § 29 mit Lit. S. auch Marienwerder OLG. 23, 212 u. 304.

b) Nach der KBeendigung (a) lebt das Recht der KGl. zur Einzelanfechtung wieder auf. Die Einwendungen, die der AnfGegner gegen den Verw. erlangt hat (Erfüllung, Vergleich, Verzicht, res iudicata u. a.), hat er auch gegen den EinzelGl. Auf die Nichteinhaltung der krechtlichen Frist nach § 41 KO. kann er sich aber dem EinzelGl. gegenüber nicht berufen; für diesen laufen besondere Fristen (s. § 13 Abs. 4 AnfG.). In AnfProzesse, die bei der KBeendigung anhängig sind, kann der EinzelGl. regelmäßig nicht eintreten. Eine Ausnahme gilt nur für den Rechtsstreit, den der gleiche Gl. vor der KE. anhängig gemacht hatte und aus dem er wegen der KE. ausgeschieden war. Ein vom Verw. erwirktes, noch nicht vollzogenes rechtskräftiges Urteil kann der EinzelGl. nicht für sich vollstrecken. Träger des urteilsmäßigen Anspruchs ist der GSch. S. dazu Jaeger Anm. 24 u. 25 zu § 29. A. M. Seuffert 229.

Gegenstand des Anfechtungsanspruchs.

§ 37. (§ 30.)

I **Was durch anfechtbare Handlung aus dem Vermögen des Gemeinschuldners veräußert, weggegeben oder aufgegeben ist, muß zur Konkursmasse zurückgewährt werden.**

II **Der gutgläubige Empfänger einer unehelichen Leistung hat dieselbe nur soweit zurückzugewähren, als er durch sie bereichert ist.**

Begr. I 146 f., KommB. I 27 f. — Unverändert durch die Nov.

1. **Allgemeines.** Die krechtliche Anfechtung geht auf die schuldrechtliche Rückgewähr des durch die anfechtb. Hdlg. weggekommenen Vermögensstückes zur KMasse. Der Anspruch gegen den AnfGegner ist gerichtet auf Beseitigung der für die Masse nachteiligen Vermögensverschiebung, die zu Lasten des Vermögens des GSch. in das Vermögen des AnfGegners stattgefunden hat (näheres Anm. 2 zu § 29). Wegen der Haftung eines Treuhänders s. RG. LZ. 5, 584. Die Verpflichtung zur Rückgewähr beruht unmittelbar auf dem Gesetz. Infolge der Anfechtung entsteht unter Rückwirkung auf den Zeitpunkt der Vornahme der RHdlg. ein Schuldverhältnis, das den AnfGegner zur Ausgleichung der die Masse benachteiligenden Verschiebung verpflichtet. Die Verpflichtung geht unmittelbar und regelmäßig weder auf Schadensersatz (s. Anm. 1 zu § 29) noch auf Herausgabe ungerechtfertigter Bereicherung. Art und Umfang der Rückgewähr bestimmen sich deshalb nicht ohne weiteres nach §§ 249 f. BGB. (RGZ. 74, 225), auch nicht nach §§ 812 f. BGB. Immerhin ist es unerläßlich, zur Ergänzung des § 37 und mit Berücksichtigung der Eigenart der krechtlichen Anfechtung auf das allgemeine bürgerl. Recht, zunächst auf das allgemeine Recht

der Schuldverhältnisse in §§ 241 f. BGB. zurückzugreifen (Gl. Ansicht Jaeger Anm. 7 f. gegen Hartm.-Meikel 230 u. a.). Anders ausnahmsweise nach Abs. 2, wo die Rückgewähr sich auf die Bereicherung beschränkt und die §§ 818, 819 BGB. hilfsweise heranzuziehen sind.

2. Umfang der Rückgewähr nach Abs. 1.

a) Zurückgewährt muß werden, was aus dem Vermögen des GSch. (s. dazu RGZ. 36, 161 Verpfändung einer fremden Sache) durch die AnfHdlg. weggekommen ist. Wegen sog. mittelbarer Zuwendungen s. RG. Recht 10 Nr. 1531. Auszugleichen sind nicht bloß Minderungen der Aktivmasse sondern auch Mehrungen der Passivmasse (s. Anm. 4 d zu § 29). Ersterenfalls hat der AnfGegner in die Masse zu bringen, was ohne die anfechtbare Handlung darin enthalten wäre. Letzterenfalls darf er die Verbindlichkeit des GSch. nicht zum Schaden der KGl. geltend machen. Auf die Gutgläubigkeit oder Schlechtgläubigkeit des AnfGegners und die einzelnen AnfTatbestände wird nach Abs. 1 keine Rücksicht genommen (RGZ. 24, 143). Nicht entscheidend ist, ob der AnfGegner durch die anfechtbare Handlung eine Vermögensmehrung erzielt hat und was in sein Vermögen gelangt ist. Er kann z. B. die Kosten der anfechtbaren Handlung nicht abziehen (vgl. München SeuffArch. 60, 431). Über teilweise Rückgewähr bei teilweiser Anfechtbarkeit eines Geschäftes vgl. RG. LZ. 5, 950. Im einzelnen ergibt sich:

b) Früchte und sonstige geldwertige Nutzungen (s. § 100 BGB.), die der AnfGegenstand seit der Vornahme der RHdlg. für das Vermögen des GSch. gewährt hätte, hat der AnfGegner mitzuerstatten (RGZ. 24, 143 f., RG. SeuffArch. 50, 251). Es kommt nicht darauf an, welche Nutzungen der AnfGegner gezogen hat. Welche Früchte usw. der GSch. hätte ziehen können, hat der anfechtende KVerw. zu behaupten und zu beweisen. Dem AnfGegner steht der Beweis offen, daß insoweit eine Benachteiligung der Masse fehlt, weil die Nutzungen, die der GSch. erlangt hätte, nicht in die KMasse gekommen wären oder weil der GSch. den Erwerb von Nutzungen unterlassen hätte. Durch die Erhebung der AnfKlage und die Zustellung eines Zahlungsbefehls aber auch schon durch außergerichtliche Mahnung des Verw. (ebenso Jaeger Anm. 36) kommt der AnfGegner in Verzug (§ 284 Abs. 1 BGB.). Er hat dann eine Geldschuld ohne weiteres mit 4 % zu verzinsen (§ 288, s. auch § 291 BGB.), falls der Verw. nicht den Entgang höherer Zinsen nachweist. S. ferner für die Zeit der Rechtshängigkeit §§ 291, 292 Abs. 2 mit § 987 BGB. § 352 HGB. (5 %) nicht anwendbar, s. RG. JW. 31, 273; RGZ. 96, 53 (57).

c) Der AnfGegner hat, wenn es sich nicht um vertretbare, vom Verkehr nach Zahl, Maß oder Gewicht bewertete und hiernach ersetzbare Sachen (§ 91 BGB.) handelt, den Gegenstand, der aus dem Vermögen des GSch. weggekommen ist, in Natur zurückzugewähren. Ist er dazu nicht imstande, so hat er den (tatsächlichen nicht den Nominal-) Wert in Geld zu ersetzen. Die KO. enthält darüber keine ausdrückliche Vorschrift. Aus dem regelmäßigen Zwecke des § 37, der Masse in Geld bestehende oder in Geld umsetzbare (§ 117) Befriedigungsmittel zuzuführen, ergibt sich aber, daß es nicht gerade auf den aus dem Vermögen des GSch. weggekommenen Gegenstand sondern auf seinen Wert ankommt. Durch die Veräußerung (oder den Verbrauch) des Gegenstandes entzieht sich also der AnfGegner nicht seiner Haftung, auch dann nicht, wenn nach § 40 sein Rechtsnachfolger in Anspruch genommen werden kann (RGZ. 34, 406; RG. LZ. 12, 1082; RG. Gruch. 37, 1191; JW. 22, 308; vgl. RGZ. 56, 195). Der Verw. braucht sich nicht (vgl. § 281 BGB.) auf den etwaigen Ersatz oder Ersatzanspruch verweisen zu lassen, den der Anfechtungsgegner infolge der Weggabe des Gegenstandes erlangt hat. Anderseits kann er auch den vom AnfGegner über die Benachteiligung der Masse hinaus erzielten Mehrerlös nicht beanspruchen. Wegen der Rückgewähr einer teilweise veräußerten Sachgesamtheit (§ 92 Abs. 2 BGB.) vgl. RG. LZ. 2, 788.

d) Die Anfechtung führt nicht zu einer Bereicherung der Masse. War der Gegenstand an den AnfGegner belastet mit fremden Rechten gekommen, so braucht er den Gegenstand nur mit diesen Lasten herauszugeben oder Werterſatz nur nach Abzug der Lasten zu leisten (vgl. RGZ. 34, 404). Hat er eine Last beseitigt, z. B. einen PfandGl. befriedigt, so kann er Zug um Zug (§§ 273, 274 BGB.) Ersatz dafür verlangen und die Rückgewähr solange verweigern. Ist anderseits der Gegenstand erst nach der Vornahme der anfechtbaren Handlung rechtsgeschäftlich oder zwangsweise mit Rechten Dritter belastet worden, so hat der AnfGegner für die Beseitigung der Rechte zu sorgen oder, wenn er dazu außerstande ist, insoweit Geldersatz zu leisten. Verwendungen auf den Gegenstand sind dem AnfGegner zu vergüten, soweit sie auch zu machen gewesen wären, wenn der Gegenstand bei dem GSch. geblieben wäre, ferner soweit die Masse bereichert wäre (vgl. § 59 Nr. 3). Vgl. § 994 Abs. 1, §§ 995, 996 BGB. Karlsruhe LZ. 2, 625. Für die Zeit der Rechtshängigkeit des Anspruchs s. § 292 mit § 994 Abs. 2, § 996 BGB. S. auch § 1000 BGB. (Zurückbehaltungsrecht).

e) Fraglich ist, wieweit der AnfGegner für Zufall (zufälligen Untergang, zufällige Verschlechterung des Gegenstandes) haftet. Während des Verzugs (b) ist er auch für die zufällig eintretende Unmöglichkeit der Leistung verantwortlich (s. § 287 BGB.). Die vorher eingetretene Unmöglichkeit befreit den AnfGegner vorbehaltlich der Haftung nach § 281 BGB., sofern er den verursachenden Umstand nicht zu vertreten hat (§§ 275 f. BGB.). Zu vertreten ist Vorsatz und Fahrlässigkeit und bei Gattungsschulden das persönliche Unvermögen des Schuldners zur Leistung auch ohne Verschulden. Soweit er die Unmöglichkeit der Leistung zu vertreten hat, ist der AnfGegner zum Schadensersatz wegen Nichterfüllung verpflichtet (§ 280 BGB.) und hat deshalb für Wiederherstellung des früheren Zustandes oder Geldentschädigung einzustehen (§§ 249 f. BGB.). Vgl. Seuffert 221 f. Weitergehende Haftung für zufällige Unmöglichkeit der Rückgabe nehmen an Jaeger Anm. 17, Hartm.-Meikel 251 u. a.

f) Wegen der Aufrechnung gegen die Rückgewährschuld s. Anm. 2c zu § 55.

g) Ob mehrere Personen, die zusammen an einer anfechtbaren Handlung beteiligt sind, als Teilschuldner oder als Gesamtschuldner haften, bestimmt sich zunächst nach der Teilbarkeit der Leistung (§§ 420, 431 BGB.). Es kommt aber auch auf das zwischen ihnen bestehende Gemeinschaftsverhältnis an. Näheres Jaeger Anm. 24; RGZ. 24, 141.

3. Art der Rückgewähr nach Abs. 1. Nach § 7 AnfG. kann der EinzelGl. die Rückgewähr des anfechtbar weggekommenen Vermögensstückes nur beanspruchen, „soweit es zu seiner Befriedigung erforderlich ist". § 37 enthält diese Beschränkung nicht, weil sie dem Zwecke des K. — Versilberung der Masse für die KGl. — nicht entspricht. Immerhin ist es nicht ausgeschlossen, daß die Zwangsvollstreckung in den Gegenstand ohne dessen förmliche Rückübertragung in das Vermögen des GSch. den KZwecken genügt. Die Zwangsversteigerung eines anfechtbar veräußerten Grundstücks (s. § 126) kann der KVerw. wie entspr. bei der Einzelanfechtung trotz § 17 Abs. 1, § 172 ZVG. schon betreiben, wenn der AnfGegner vollstreckbar verurteilt ist, die Zwangsversteigerung für die KMasse zu dulden. Eine vorausgehende Rückauflassung an den GSch. und Eintragung des GSch. als Eigentümer im Grundbuch ist (regelmäßig) nicht erforderlich (bedeutsam wegen der Gebühren für den Eigentumswechsel). RGZ. 56, 142; 67, 20. Vgl. Fischer-Schäfer Anm. 5 zu § 17, Anm. 3 zu § 172. Bedenken bei Jaeger Anm. 14.

Ist ein beschränktes Grundstücksrecht des Gegners anfechtbar bestellt so geht der Anspruch darauf, daß der AnfGegner das Recht der KMasse gegenüber nicht geltend macht und das Recht beseitigt, sofern es die Verwertung des Grundstücks für die Masse behindert. In der Regel wird die Löschung des Rechtes im Grundbuche zu bewilligen sein. Für die Rückgewähr einer anfechtbar bestellten Hypothek, Grundschuld, Rentenschuld ist aber zu beachten, daß den Interessen der Masse mit einer Löschung im Grundbuch und Aushändigung des etwaigen Briefes nicht gedient ist, wenn Nachhypotheken usw. bestehen. Denn die Löschung bewirkt, daß die Nachhypotheken vorrücken (RG. LZ. 3, 324). Soll das vermieden werden, so ist der Antrag auf Verzichterklärung (§ 1168, vgl. § 1177 BGB.) zu richten oder je nach den Umständen auf Einwilligung, daß der Zwangsversteigerungserlös an die Masse gezahlt wird. Der Übergang vom einen zum andern Antrag ohne Änderung des Klagegrundes ist keine Klagänderung (§ 268 Nr. 3 ZPO.). RGZ. 52, 82 f.; 68, 374; LZ. 5, 715, früher RGZ. 30, 91; KGJ. 39 A 226 (LZ. 5, 158). Vgl. Jaeger Anm. 27 zu § 29. Ist ein beschränktes Grundstücksrecht des GSch. anfechtbar aufgehoben worden, so hat der AnfGegner das Recht mit dem früheren Range wieder einzuräumen. Ist der Erlaß einer Forderung des GSch. anfechtbar, so verlangt der Verw. nicht erst Wiederherstellung der Forderung, sondern unmittelbar Leistung. Das gleiche gilt, wenn eine Forderung gegen einen Dritten auf den Gegner anfechtbar übergegangen und durch Erfüllung an den Gegner, Aufrechnung usw. erloschen ist. Vgl. RGZ. 48, 149; 58, 106. Wegen der Ausgleichung einer Unterlassung s. Jaeger Anm. 15 und (vergleichsmäßige Unterlassung der Geltendmachung eines Anspruchs) RG. JW. 25, 695, Gruch. 41, 1107.

4. Verhältnis zwischen GSch. und AnfGegner. Über das Verhältnis des GSch. zum AnfGegner nach Vollzug der Rückgewähr bestimmt die KO. nichts. Es kommt auf das der anfechtbaren Handlung zugrunde liegende Rechtsverhältnis an. Da dieses durch die Anfechtung in seinem Bestande nicht betroffen wird (Anm. 2 zu § 29), kann der AnfGegner seinen etwaigen Gewährleistungsanspruch auf das Rechtsverhältnis stützen, z. B. nochmalige Vertragserfüllung verlangen. Der Gegenstand der Rückgewähr bleibt im Vermögen des GSch., auch wenn der K. beendigt wird, ohne daß er für die GlBefriedigung verwertet wurde. In das Vermögen des AnfGegners gelangt er erst zurück durch weitere RHdlgen z. B. Rückübereignung, neue Verpfändung, neue Pfändung. Vgl. Jaeger Anm. 25 zu § 29, Anm. 23 zu § 37, RG. LZ. 5, 159. Bestand die Pflicht zur Rückgewähr darin, daß der AnfGegner die Zwangsversteigerung eines anfechtbar erworbenen Grundstücks für die KMasse zu dulden hatte, so kommt allerdings eine Rückübereignung des nicht verwerteten Grundstücks nicht in Frage, weil dieses aus dem Vermögen des AnfGegners nicht ausgeschieden ist.

5. Kosten der Rückgewähr. Die Masse hat einen Anspruch auf kostenlose Rückgewähr des AnfGegenstandes. Die Kosten der Rückgewähr, auch die Gebühren für Eintragung im Grundbuch u. a. hat deshalb im Verhältnis zur Masse der AnfGegner zu tragen oder zu erstatten. Vgl. Jaeger Anm. 21.

6. Tatbestand des Abs. 2. Abs. 2 (vgl. § 40 Abs. 3) ist eine Ausnahme von der Regel des Abs. 1. Wer sich auf die Ausnahme beruft, hat sie zu beweisen (vgl. RGZ. 92, 227; Jaeger Anm. 31; Fitting 225 Anm. 23 gegen Begr. I, 148 u. a.). In Betracht kommen nur Anf.-Anspr. nach § 32 Nr. 1 oder Nr. 2 und § 222. „Gutgläubig" war der Empfänger, wenn und solange er für die Annahme einer Benachteiligung der Gläubiger durch die unentgeltliche Verfügung keinen Anhalt hatte (Fitting 225). Fahrlässiges Nichtkennen steht der Kenntnis nicht gleich (entspr. § 819 Abs. 1 BGB. A. M. wohl Jaeger Anm. 29). Von der späteren Erlangung der Kenntnis an, die der Verw. beweisen muß, haftet der AnfGegner nach der Regel des Abs. 1. Eine Verschärfung seiner Haftung erfolgt jedenfalls mit dem Eintritte der Rechtshängigkeit (entspr. § 818 Abs. 4 BGB.). Vgl. Anm. 2b. Für die Zeit vor dem Eintritte der Rechtshängigkeit, in der der AnfGegner gutgläubig war, erstreckt sich die Pflicht zur Rückgewähr auf die von ihm gezogenen Nutzungen und auf das, was er auf Grund eines erlangten Rechtes oder als Ersatz für die Zerstörung, Beschädigung oder Entziehung des erlangten Gegenstandes erworben hat. Ist der AnfGegner zur Herausgabe außerstande, so hat er den Wert zu ersetzen. Die Pflicht zur Herausgabe oder zum Wertersatz hat aber ihre Schranke in der Bereicherung, die der AnfGegner in dem Zeitpunkte inne hat, in dem die Verschärfung der Haftung eintritt (entspr. § 818 BGB.). Über den Begriff der Bereicherung s. RGZ. 68, 270; 72, 3. Vergleichsgrößen sind das Vermögen des AnfGegners in dem bezeichneten Zeitpunkte und das Vermögen, das er im gleichen Zeitpunkte ohne die Zuwendung aus dem Vermögen des GSch. hätte. Abzugsfähig sind also z. B. auch die Stempel, Gebühren u. a., die er für die Zuwendung aufgebracht hat. Die Kosten für die Rückgewähr hat im Verhältnis zum AnfGegner die KMasse zu tragen, weil der AnfGegner nur für die Bereicherung haftet.

Gegenleistung des Anfechtungsgegners.

§ 38. (§ 31.)

Die Gegenleistung ist aus der Konkursmasse zu erstatten, soweit sie sich in derselben befindet, oder soweit die Masse um

ihren Wert bereichert ist. Darüber hinaus kann ein Anspruch nur als Konkursforderung geltend gemacht werden.

Begr. I 146 f., KommB. I 28. — Unverändert durch die Nov.

1. **Allgemeines.** Der AnfGegner kann nicht beanspruchen, daß er in den Zustand zurückversetzt wird, in dem er sich vor der Vornahme der angefochtenen Handlung befand. Er kann deshalb nicht entsprechend den Vorschriften über Vertragsrücktritt (§§ 346 f. BGB.) die Rückgewähr (§ 37) verweigern, bis seine Leistung zurückgegeben wird. Dieser Grundsatz ist aber nach § 38 S. 1 nicht anwendbar, soweit die KMasse durch die Gegenleistung in ihrem ursprünglichen Gegenstand oder in ihrem Werte bereichert ist. Soweit ist der AnfGegner MasseGl. Darüber hinaus kommt sein Anspruch auf die Gegenleistung nur als KForderung in Betracht (Satz 2). Wegen des Verhältnisses des § 38 zu § 8 AnfG. s. Jaeger Anm. 11.

2. **Der Masseanspruch nach Satz 1.** Erfüllt der AnfGegner den Rückgewähranspruch der Masse (§ 37), so ist die Masse rechtlos bereichert, wenn sie die noch vorhandene Gegenleistung behält. Die Herausgabe dieser rechtlosen Bereicherung ist Masseschuld (§ 59 Nr. 3). Von einem Aussonderungsanspruch (§ 43) des AnfGegners ist keine Rede (vgl. RGZ. 13, 7, Jaeger Anm. 1). Herauszugeben ist, was im Zeitpunkte der Rückgewähr (§ 37) von der Gegenleistung, wenn auch nur dem Werte nach, mit den gezogenen Nutzungen usw. (entsprechend § 818 BGB.) in der KMasse liegt. Die Bereicherung ergibt sich aus einer Vergleichung des Massestandes mit und ohne die Leistung des AnfGegners (vgl. Anm. 6 zu § 37). Das freie Vermögen des GSch. bleibt außer Betracht. Daß die Gegenleistung und was von ihr in der Masse ist, hat der AnfGegner zu beweisen. Soweit die Bereicherung der Masse reicht, kann der AnfGegner die ihm obliegende Leistung (§ 37) bis zur Bewirkung der Leistung des Verw. verweigern, denn sein Anspruch beruht auf dem gleichen rechtlichen Verhältnis wie seine Verpflichtung. Wendet er gegen die Klage des Verw. ein, daß er zur Zurückbehaltung berechtigt ist, so wird er zur Erfüllung Zug um Zug verurteilt (s. §§ 273, 274 BGB.). Vgl. Seuffert 224, Wilm.-Kurlb. Anm. 2 gegen Jaeger Anm. 4, der Vorleistungspflicht des AnfGegners annimmt. Gleichartige Ansprüche können gegen einander aufgerechnet werden (§ 387 BGB., vgl. Anm. 2b zu § 55). Hat der AnfGegner erfüllt, ohne daß sein Masseanspruch erfüllt wurde, so kann er gegen den Verw. klagend vorgehen (weiteres zu § 57).

3. **Die Bedeutung des Satz 2.** Einen weitergehenden Anspruch als nach Satz 1 auf Erstattung der Gegenleistung kann der AnfGegner nur als KForderung erfolgen. Beispiel: Der GSch. hat Waren anfechtbar veräußert und den Kaufpreis noch vor der KE. für sich verbraucht ohne daß ein Ersatz in die KMasse kam. Wie der Zusammenhang mit Satz 1 ergibt, bezieht sich Satz 2 nur auf die Gegenleistung, nicht auf Gewährleistungs- und Schadensersatzansprüche des AnfGegners gegen den GSch. aus dem Grundgeschäfte (a. M. Seuffert 224). Ob solche Ansprüche als KForderungen verfolgt werden können, bestimmt sich nach der Regel des § 3, von der § 38 Satz 2 eine Ausnahme ist. Denkbar ist z. B., daß der GSch. aus dem Grundgeschäfte haftet,

weil er den AnfGegner getäuscht hat. Die Forderung unterliegt vorbehaltlich der Möglichkeit zur Aufrechnung (§ 53) der Anmeldung und Prüfung wie die anderen KForderungen; vor Vollzug der Rückgewähr berechtigt sie nur zu einer Sicherung (s. § 67).

Forderung des Anfechtungsgegners.

§ 39. (§ 32.)

Wenn der Empfänger einer anfechtbaren Leistung das Empfangene zurückgewährt, so tritt seine Forderung wieder in Kraft.

Begr. I 146 f. — Unverändert durch die Nov.

a) § 39 setzt voraus, daß der AnfGegner eine anfechtbare Leistung des GSch. als kongruente oder inkongruente Erfüllung eines Anspruchs erhalten hat und daß infolgedessen der Anspruch insoweit erloschen ist. Ob die anfechtbare Leistung freiwillig oder erzwungen erfolgte, ist ohne Belang. In der Regel hat das Erlöschen des Anspruchs eine Minderung der Passivmasse zur Wirkung. Wenn die Leistung zur Masse zurückgewährt wird, kann der Anspruch ohne Gefahr für die anderen Gläubiger mitkonkurrieren. Die Bedeutung des § 39 geht aber weiter; der Anspruch lebt — vorausgesetzt, daß er nicht selbst von der Anfechtung betroffen wurde — von selbst, d. h. ohne weiteren Rechtsakt, mit rückwirkender Kraft, auch mit Wirkung gegen den GSch. persönlich und beteiligte Dritte wieder auf; er wird behandelt, wie wenn er nicht erloschen wäre. War er durch Gegenstände der Masse (unanfechtbar) gesichert und sind diese Gegenstände noch vorhanden, so lebt auch die Sicherung wieder auf. Freilich ist zu beachten, daß z. B. ein Pfandrecht an einer beweglichen Sache mit der Zurückgabe des Pfandes erlischt (§ 1253 BGB.) und neu bestellt werden muß. Dazu ist der Verw. verpflichtet, wenn die Sache in der Masse ist. Hat er sie für die Masse schon verwertet, so ist die Herausgabe der rechtlosen Bereicherung Masseschuld (§ 59 Nr. 3). Auch hat der AnfGegner Anspruch auf abgesonderte Befriedigung aus dem noch getrennt vorhandenen Erlöse. Ist infolge der anfechtbaren Leistung ein Recht an einem Grundstück oder ein Recht an einem solchen Rechte im Grundbuch inhaltlich geändert oder aufgehoben worden, so steht der Inhalt des Grundbuchs, soweit der frühere Rechtszustand von selbst wieder eintritt, mit der wirklichen Rechtslage nicht im Einklang und der Verw. ist verpflichtet, die Grundbuchberichtigung zu bewilligen (§§ 894 bis 899 BGB.). Für die Geltendmachung des wieder in Kraft getretenen Anspruchs im K., z. B. seinen Rang (§ 61) sind die allgemeinen Vorschriften maßgebend (s. bes. §§ 3, 63), desgleichen für die Geltendmachung des damit etwa verbundenen Absonderungsrechtes.

b) Mit dem Anspruch leben auch Sicherungsrechte an dem kfreien Vermögen des GSch. und Sicherungsrechte gegenüber Dritten z. B. eine Bürgschaft oder eine gesamtschuldnerische Haftung wieder auf (s. RG. Recht 7, 294, Jaeger Anm. 15, Willenb. Anm. 3; bestr.). Für ihre Verwirklichung gilt gleichfalls nichts besonderes.

c) Nach der allgemeinen Fassung des § 39 wird durch ihn auch der Fall getroffen, daß durch die Leistung des GSch. die Verbindlichkeit eines Dritten erfüllt wurde, z. B. Zahlung fremder Schuld. Dann tritt der Anspruch gegen den Dritten rückwirkend in Kraft. Vgl. Jaeger Anm. 5.

d) Der Anspruch lebt wieder auf, sobald und soweit Rückgewähr erfolgt ist. Schon deshalb (s. auch § 55 Nr. 1) ist Aufrechnung mit der Forderung gegen den Rückgewähranspruch ausgeschlossen. Gegen sonstige Ansprüche, die zur Masse zu erfüllen sind, kann der AnfGegner nach den allgemeinen Vorschriften (§§ 53 f.) aufrechnen. Der KVerw. kann gegen die Dividendenansprüche für den wieder aufgelebten Teil der Forderung mit dem rückständigen Teile der auf Geld gerichteten Rückgewährforderung aufrechnen.

Anfechtung gegen Rechtsnachfolger.

§ 40. (§ 33.)

I Die gegen den Erblasser begründete Anfechtung findet gegen den Erben statt.

II Gegen einen anderen Rechtsnachfolger desjenigen, welchem gegenüber die anfechtbare Handlung vorgenommen ist, findet die gegen den letzteren begründete Anfechtung statt:

1. **wenn ihm zur Zeit seines Erwerbes die Umstände, welche die Anfechtbarkeit des Erwerbes seines Rechtsvorgängers begründen, bekannt waren;**
2. **wenn er zu den im § 31 Nr. 2 genannten Personen gehört, es sei denn, daß ihm zur Zeit seines Erwerbes die Umstände, welche die Anfechtbarkeit des Erwerbes seines Rechtsvorgängers begründen, unbekannt waren;**
3. **wenn ihm das Erlangte unentgeltlich zugewendet worden ist.**

III Im Falle des Abs. 2 Nr. 3 findet auf die Haftung des Rechtsnachfolgers die Bestimmung des § 37 Abs. 2 Anwendung.

Begr. I 150 f.; Begr. II 34 f. — Geändert durch die Nov.

1. Die Novelle von 1898 hat den Abs. 1 nicht verändert, dagegen den Abs. 2 umgestaltet und den Abs. 3 neu eingeführt. Die Gründe ergeben sich aus der Begr. II, 34 f. Übergangsrecht Jaeger Anm. 29.

2. Gesamtrechtsnachfolge u. a. Abs. 1.

a) Mit dem Tode der Person, die zunächst als AnfGegner in Betracht kommt (Anm. 3d zu § 29), geht ihr Vermögen als Ganzes auf den oder die Erben über (§ 1922 Abs. 1 BGB.). Wenn deshalb der Erwerb des Erblassers der krechtlichen Anfechtung ausgesetzt war, trifft dieser Nachteil ohne weiteres den (die) Erben. Wann die Erbfolge eintritt, ob vor oder nach der KE., ist ohne Belang. Es ist nicht etwa erforderlich („begründete" Anfechtung), daß der AnfAnspruch gegen den Erblasser geltend gemacht war. Die aus der Mangelhaftigkeit des Erwerbs sich ergebende Haftung ist als eine „vom Erblasser herrührende Schuld" im Sinne des § 1967 Abs. 2 BGB. eine — für mehrere Erben gemeinschaftliche — Nachlaßverbindlichkeit. Auf Wissen und Willen des Erben kommt es grundsätzlich nicht an; nur in den Fällen des § 37 Abs. 2 ist es von Bedeutung, ob der Erbe den guten Glauben des Erblassers fortsetzt oder nicht. Mit welchen Vermögensbeständen der Erbe für die Rückgewähr (§ 37) haftet, bestimmt sich nach allgemeinen Vorschriften. Der Erbe haftet also grundsätzlich unbeschränkt, kann aber seine Haftung auf den Nachlaß beschränken. Mehrere Erben haften als Gesamtschuldner (§§ 2058 f. BGB.). Wegen der Geltendmachung des AnfAnspruchs vor der Annahme der Erbschaft vgl. § 1958 BGB. Zwangsvollstreckung §§ 778 f. ZPO. Bis zum Eintritt einer Nacherbfolge haftet der Vorerbe; nachher der Nacherbe, der Vorerbe nur ausnahmsweise (s. §§ 2139, 2145 BGB.). Wegen Erstreckung der AnfFrist entsprechend § 207 BGB. s. Anm. 2 zu § 41.

Ist der GSch. Alleinerbe des Erwerbers, so kommt es darauf an, ob die Erbschaft zur Masse gehört (Anfall der Erbschaft vor der KE. und Annahme derselben, s. § 9) oder nicht. Ersterenfalls ist die Anfechtung gegenstandslos, weil eine getrennte für die Rückgewähr haftende Masse nicht da ist. Letzterenfalls, also wenn NachlaßVerw. oder NachlaßK. eröffnet oder die Erbschaft erst nach der KE. angefallen ist, findet die Anfechtung statt.

Ist der GSch. Miterbe, so macht der KVerw. den Rückgewähranspruch nach den allgemeinen Vorschriften über die Verfolgung einer Nachlaßforderung (§§ 2058 f. BGB.) geltend; gegen sämtliche Miterben oder einzelne, auch gegen den GSch., wenn der Erbteil des GSch. nicht zur Masse gehört; gegen die übrigen Miterben (auf Zustimmung zur Befriedigung des Rückgewähranspruchs aus dem ungeteilten Nachlaß) oder einzelne von ihnen, wenn der Erbteil des GSch. Bestandteil der Masse ist. Vgl. Planck Anm. 4 zu § 2058 BGB., Dresden Sächs. OLG. 25, 364. Bei der Auseinandersetzung des Nachlasses, an der die Masse letzterenfalls beteiligt ist (s. § 16), ist auf die Masse der Teil des Rückgewähranspruchs zu übernehmen, der dem Verhältnisse des Erbteils des GSch. zum Nachlaß entspricht (vgl. §§ 748, 2038 Abs. 2 BGB., Planck Anm. 3 zu § 2058).

b) Der Grundsatz des Abs. 1 gilt ferner für alle sonstigen Fälle, in denen ein Dritter an Stelle des bisherigen Verpflichteten oder neben ihm kraft Gesetzes in dessen sämtliche Verbindlichkeiten ohne Unterschied oder mit Beschränkung auf bestimmte Arten einrückt. Das ist z. B. der Fall nach § 419 BGB. (Vermögensübernahme), nach §§ 2382 f. BGB. (Erbschaftskauf), § 25 HGB. (Erwerb eines Handelsgeschäfts unter Lebenden). Weitere Beispiele Falkmann 55 f. Keiner Erörterung bedarf, daß in die Verbindlichkeit, wie sie besteht, auch eintritt, wer sie durch Vertrag mit dem Verw. (§ 414 BGB.) oder gemäß § 415 BGB. übernimmt. So im Erg. Jaeger Anm. 5, Hartmann-Meikel 287 f. gegen Willenb. Anm. 1 u. a.

3. Rechtsnachfolge nach Abs. 2. Allgemeines.

a) Wer den AnfGegenstand an sich bringt, tritt nicht in die Verpflichtung des ersten Erwerbers ein (vgl. Anm. 2c zu § 37). Die Anfechtbarkeit ist nicht etwa ein dem AnfGegenstand anhaftender Mangel, den jeder weitere Erwerber gegen sich gelten lassen muß; sie begründet nur schuldrechtliche Beziehungen. Eine Berufung auf den öffentlichen Glauben des Grundbuchs (§ 892) gegenüber dem AnfAnspruch ist ausgeschlossen; das Grundbuch hat hier keine Auskunft zu geben (RG. LZ. 4, 942). Der AnfGegenstand ist nicht im Zivilprozesse „die in Streit befangene Sache" nach §§ 265, 325 ZPO. Die Verurteilung zur Rückgewähr ist deshalb (s. weiter unter g) nicht vollstreckbar gegen die Person, die den AnfGegenstand nach der Klagerhebung erworben hat (vgl. RGZ. 34, 59, Falkmann 246 Anm. 81 mit Lit.). Im § 40 Abs. 2 handelt es sich um positive Ausnahmevorschriften, die sich nicht schon aus der Natur der Verhältnisse ergeben.

b) „Rechtsnachfolger" im Sinne des Abs. 2 ist, wer nach der Vornahme der anfechtbaren Handlung den AnfGegenstand — Sache oder Recht — oder ein Recht an dem Gegenstand in Ableitung von dem ersten Erwerber (oder einem Nachfolger) — wenn auch über einen „Strohmann", der dann nicht als Rechtsnachfolger gilt, RG. LZ. 4, 867 — an sich gebracht hat. Rechtsnachfolger ist auch, wer Rechte von einem Nichtberechtigten herleitet (s. bes. §§ 892, 932 f. BGB., vgl. Jaeger Anm. 27) und wer, wie der Indossatar eines Wechsels, nicht in die Rechtsstellung des Vormannes eintritt sondern ein neues selbständiges Recht erwirbt (s. RG. SeuffArch. 45, 248). Ob der Erwerb rechtsgeschäftlich erfolgte oder im Wege der Zwangsvollstreckung (Arrestvollziehung) oder kraft Gesetzes ist ohne Belang, ebenso ob er vor oder nach der KE. liegt und letzterenfalls ob er vor oder nach der Geltendmachung des AnfAnspruchs gegen einen Vorgänger stattfand.

c) Rechtsnachfolger ist nicht nur, wer durch Übereignung oder Rechtsabtretung das Vollrecht seines Vorgängers erlangt, sondern — ohne Rücksicht auf den Rechtsgrund des Erwerbs — auch, für wen aus dem Vollrechte des Vorgängers ein neues beschränkteres Recht abgezweigt wird, also z. B. der HypothekenGl. gegenüber dem Grundstückseigentümer, der PfandGl. oder der PfändungspfandGl. gegenüber dem Eigentümer einer beweglichen Sache oder dem Inhaber eines Rechtes (vgl. RGZ. 9 84; 15, 371; JW. 26, 346; LZ. 5, 949; Jaeger Anm. 10; Falkmann 57), u. U. auch der Besitzer einer Sache (vgl. dazu Jaeger a. a. O., Hartmann-Meikel 289, Fitting 210 Anm. 38). Der Vermächtnisnehmer ist als Sondernachfolger des Erblassers anzusehen, wenn auch sein Erwerb erst auf der Erfüllung seines schuldrechtlichen Anspruchs gegen den Erben beruht (bestr.).

d) Rechtsnachfolger ist dagegen nicht, wer den aus dem Vermögen des GSch. weggekommenen Gegenstand in einer wirtschaftlich und rechtlich neuen Gestalt z. B. nach Umbildung zu einer neuen Sache (§ 950 BGB.) erlangt oder wer eine Leistung aus dem Erlöse des Gegenstandes erhält (vgl. RG. SeuffArch. 45, 248). Dabei ist aber die Auswechslung des Gegenstandes gegen einen anderen nach der Verkehrsauffassung gleichstehenden z. B. die Umwechslung von Banknoten in Geld zur Verhütung von Umgehungsversuchen nicht zu beachten.

e) Gegen den Rechtsnachfolger findet die gegen den Ersterwerber „begründete" Anfechtung statt, d. h. der AnfAnspruch gegen den Rechtsnachfolger besteht nur, wenn ein AnfAnspruch auch gegen den Ersterwerber geltend gemacht werden kann. Ist der Erwerb des Ersten bei dem Eintritt der Nachfolge unanfechtbar, so kann auch der Rechtsnachfolger nicht belangt werden. Dagegen ist für die Anfechtung nicht erforderlich, daß ein AnfAnspruch gegen den Ersterwerber schon geltend gemacht ist oder noch geltend gemacht wird. Durch die Änderungen in der Novelle ist ferner klargestellt (s. Begr. II, 34), daß auch jeder Zwischenerwerb anfechtbar sein muß. Der unanfechtbare Erwerb irgend eines Vormannes schützt die Rechtsnachfolger vor der Anfechtung, auch wenn sie ihrerseits die Anfechtbarkeit des Erwerbs des ersten und zweiten usw. Erwerbers kannten. Für diese Regelung waren offenbar die Vorschriften über den gutgläubigen Erwerb von Fahrniseigentum (§§ 932 f. BGB.) vorbildlich. Welche Wirkung gegenüber dem Rechtsnachfolger ein Umstand hat, der nach dem Eintritte der Nachfolge die Rückgewährpflicht eines Vormannes aufhebt oder beschränkt, läßt sich nicht allgemein sagen. Grundsätzlich ist es z. B. möglich, daß der Verw. mit einem Verpflichteten einen Vergleich schließt, auf den sich die anderen nur insofern berufen können, als durch die Vergleichsleistung die Benachteiligung der Masse und damit ihr Rückgewähranspruch beschränkt wird. Für Erfüllung u. a. s. § 422 BGB.; vgl. auch RGRK. Anm. 1 zu § 423 (Erlaß, Vergleich) und sonst § 425 BGB.

f) Hängt hiernach der AnfAnspruch gegen den Rechtsnachfolger davon ab, daß die Anfechtung, wenn auch aus verschiedenen Gründen (z. B. gegen den vorletzten Vormann nach § 40 Abs. 2 Nr. 3, gegen den letzten Vormann nach § 40 Abs. 2 Nr. 1), gegen alle Vormänner möglich ist, so ist doch anderseits jeder Anspruch gegenüber den anderen Ansprüchen sonst selbständig (vgl. Anm. 2 c zu § 37). Der Verw. kann alle oder einzelne Verpflichtete belangen nach seiner Wahl; der Rechtsvorgänger kann den Verw. nicht an den Nachfolger, der Nachfolger den Verw. nicht an den Vorgänger verweisen (s. nur § 76 ZPO., Jaeger Anm. 10, 23, bei Mietverhältnis u. a.). Durch die rechtzeitige Anfechtung gegen den einen wird die Frist zur Anfechtung gegen die andern nicht gewahrt. Zwischen den Verpflichteten besteht insofern eine Rechtsgemeinschaft, als der Verw. die Rückgewähr nur einmal zu fordern berechtigt ist. Die Rechtsgemeinschaft verstärkt sich zum Gesamtschuldverhältnis (§§ 421 f. BGB.), soweit die mehreren den nämlichen Gegenstand zu leisten haben. Das ist nicht immer der Fall. Der Rechtsnachfolger haftet (wichtig für die Fälle der Abzweigung eines beschränkteren Rechtes, s. c) nur für den Bereich seiner Nachfolge (innerhalb desselben nach den Grundsätzen des § 37; Jaeger Anm. 22). Auch kann der eine auf Rückgewähr in Natur, der andere auf Geldersatz, der eine auf volle Rückgewähr, der andere auf die Bereicherung (s. § 37) haften. Dann besteht keine eigentliche Gesamtschuld, ihre Rechtssätze sind aber soweit möglich anzuwenden. Rechnet z. B. der zum Gelderſatz Verpflichtete mit einer Geldforderung auf, so wirkt dies als Befreiung auch für die Schuldner, die in Natur zu leisten haben (s. § 422 Abs. 1). Werden mehrere Verpflichtete gleichzeitig verklagt (§ 59 ZPO.), so sind sie Streitgenossen nach § 61 (nicht § 62) ZPO. Hat der eine in Natur der andere ersatzweise zu leisten, so kommt im Urteil zweckmäßig zum Ausdruck, daß die Masse nur die eine oder die andere Volleistung fordern kann. Wie ein rechtskräftiges Urteil nach § 425 (Abs. 2) BGB. nur für und gegen den am Rechtsstreite beteiligten Gesamtschuldner wirkt, wirkt ein rechtskräftiges Urteil über einen AnfAnspruch nur für und gegen die Parteien. Der Rechtsnachfolger des in Anspruch Genommenen kann, falls die AnfKlage gegen seinen Vorgänger abgewiesen wurde, dem gegen ihn gerichteten Anfechtungsanspruch nicht die Einwendung entgegensetzen, daß die Sache rechtskräftig entschieden sei, auch wenn er erst nach dem Eintritte der Rechtshängigkeit Rechtsnachfolger wurde. Ebensowenig kann der Verw. nach §§ 727, 730 ZPO. Vollstreckungsklausel gegen diesen Rechtsnachfolger verlangen. Vgl. RG. LZ. 2, 787. Das ist abgesehen von der sonstigen Auslegung des § 325 ZPO. schon deshalb ausgeschlossen, weil die Anfechtung gegen den Rechtsnachfolger an besondere materiellrechtliche Voraussetzungen gebunden ist, die einer selbständigen Nachprüfung im Rechtsstreite bedürfen. Eine scheinbare Ausnahme ergibt sich nur für den Fall, daß die Rechtsnachfolge erst *nach* der rechtskräftigen Abweisung des AnfAnspruchs eingetreten ist. Denn dann hat der Rechtsnachfolger von vornherein unanfechtbar erworben, weil sein Vorgänger nicht mehr belangt werden kann. Das ist aber keine Ausnahme von § 325 ZPO., sondern eine Folgerung aus § 40 Abs. 2 KO. Die Lage ist ähnlich, wie wenn dem Vorgänger vor Eintritt der Nachfolge die AnfSchuld erlassen worden wäre (vgl. *Falkmann* 59, *Hartmann-Meikel* 293; a. M. wohl *Jaeger* Anm. 26).

g) Was der Rechtsnachfolger an seinen Vormann geleistet hat, kann er nicht nach § 38 aus der K*Masse* zurückverlangen. Er hat auch wegen der Ansprüche an seinen Vormann keine K*Forderung*. Für sein Verhältnis zum Vormann ist das der Nachfolge zugrunde liegende Verhältnis maßgebend. § 39 ist dafür nicht anwendbar (s. *Jaeger* Anm. 28).

4. Die einzelnen Fälle.

a) *Abs.* 2 *Nr.* 1: Welcher AnfGrund gegen den Vorgänger (Ersterwerber oder einer dessen Nachfolger) vorliegt, ist gleichgültig. Der Rechtsnachfolger muß nicht die Anfechtbarkeit des Erwerbs, sondern die einzelnen (äußeren oder inneren) Tatsachen gekannt haben, die die Anfechtbarkeit begründen, also z. B. nach § 31 Nr. 1 auch die Kenntnis des Rechtsvorgängers von der Benachteiligungsabsicht des GSch. (vgl. RGZ. 74, 181). Fahrlässigkeit genügt nicht. Die Kenntnis muß z. Z. seines Erwerbes, d. h. des Eintrittes der Rechtsnachfolge (s. auch Anm. 4 c zu § 29, Anm. 1 d zu § 30) vorhanden sein. Spätere Kenntniserlangung ist unschädlich. Der anfechtende Verw. hat die Anfechtbarkeit des Erwerbs sämtlicher Vormänner und die Kenntnis des in Anspruch genommenen Nachfolgers zu beweisen. Er hat aber, soweit der erste Erwerb in Betracht kommt, nicht mehr zu beweisen, als wenn er den ersten Erwerber belangen würde, kann also den Einwendungsbeweis nach § 30 Nr. 2 oder § 31 Nr. 2 (in Ansehung der Person des *Ersterwerbers*) dem Rechtsnachfolger überlassen. S. *Jaeger* Anm. 16, *Seuffert* 217 Anm. 30, RG. LZ. 2, 795, RG. dort 876, RGZ. 71, 353, LZ. 4, 941, BayZfR. 7, 164.

b) *Abs.* 2 *Nr.* 2. Gehört der Rechtsnachfolger zu dem in § 31 Nr. 2 bezeichneten Kreise von Angehörigen des GSch. (vgl. RGZ. 19, 203), so hat der Verw. außer der Anfechtbarkeit des Erwerbs der

Vormänner nichts zu beweisen. Dem Rechtsnachfolger ist überlassen den Beweis seiner Unkenntnis zu führen. Ob der Rechtsnachfolger zu dem betroffenen Personenkreise gehört, bestimmt sich grundsätzlich nach der Zeit des Eintritts der Nachfolge. Soweit es sich aber um die Rechtsnachfolge des Gatten des GSch. handelt, genügt es, daß die Ehe bis zur Geltendmachung des AnfAnspruches geschlossen wurde. S. das Entspr. in Anm. 3c zu § 31.

c) Abs. 2 Nr. 3, Abs. 3. Ein besonderer Grund zur Haftung ist die Rechtsnachfolge durch unentgeltliche Zuwendung, auch von Todes wegen. Darüber Anm. 2 zu § 32. Die Haftung stuft sich ab (Abs. 3), je nachdem der Empfänger gutgläubig war und blieb oder nicht. Näheres Anm. 6 zu § 37. Der Verw. hat außer der Anfechtbarkeit des Erwerbs der Vormänner nur die Unentgeltlichkeit der Zuwendung zu beweisen. Wenn der AnfGegner aus Abs. 3 mit § 37 Abs. 2 eine Minderung seiner Haftung ableitet, trifft ihn die Beweislast.

d) Der Übergang von der Nr. 1 oder der Nr. 2 zur Nr. 3 und umgekehrt und wohl auch der Übergang von der Nr. 1 zur Nr. 2 und umgekehrt ist als Klagänderung aufzufassen. Vgl. Anm. 3b zu § 29.

Ausschlußfristen.

§ 41. (§ 34.)

I Die Anfechtung kann nur binnen Jahresfrist seit der Eröffnung des Verfahrens erfolgen. Auf den Lauf der Frist finden die für die Verjährung geltenden Vorschriften des § 203 Abs. 2 und des § 207 des Bürgerlichen Gesetzbuchs entsprechende Anwendung. Die Anfechtung nach § 31 Nr. 1 ist ausgeschlossen, wenn seit der Vornahme der Handlung dreißig Jahre verstrichen sind.

II Ist durch die anfechtbare Handlung eine Verpflichtung des Gemeinschuldners zu einer Leistung begründet, so kann der Konkursverwalter die Leistung verweigern, auch wenn die Anfechtung nach Abs. 1 ausgeschlossen ist.

Begr. I 153 f., Begr. II 35, KommB. II 12 f. — Geändert durch die Nov.

1. **Allgemeines.** Die Fassung des § 41 durch die Nov. von 1898 beruht auf der von der herrschenden Meinung jetzt abgelehnten Auffassung, daß das AnfRecht nicht als ein Anspruch im Sinne des BGB. anzusehen sei und deshalb der Verjährung nicht unterliege. S. dazu Anm. 3a zu § 29.

2. **Die einjährige Ausschlußfrist des Abs. 1 Satz 1.** Der AnfAnspruch muß innerhalb der einjährigen Frist — Ausschlußfrist und deshalb von Amts wegen festzustellen (RGZ. 90, 86; 88, 295), nicht Verjährungsfrist — seit der KE. (§ 208, Berechnung der Frist § 187 Abs. 1, § 188 BGB.) geltend gemacht sein, einerlei, ob er gegen den Ersterwerber oder eines Nachfolgers (§ 40) gerichtet wird, sonst erlischt er und es bleibt nur das Weigerungsrecht nach Abs. 2. Über die Art der Geltend-

machung s. Anm. 3a zu § 29. Klageerhebung bei dem unzuständigen Gericht wahrt die Frist nicht (RG. SeuffArch. 72, 395); auch die Erwirkung eines Arrestes gegen den AnfGegner wegen des AnfAnspruchs oder die Erwirkung einer einstweiligen Verfügung genügt zur Fristwahrung nicht, weil sie nur die spätere Verwirklichung des Anspruchs sichern soll. Zu beachten ist die Fristerstreckung, die sich durch die entsprechende Anwendung des § 207 BGB. (§ 41 Abs. 1 Satz 2) ergibt, wenn der AnfAnspruch eine Nachlaßverbindlichkeit ist (s. Anm. 2 zu § 40). In den Fällen des § 31 Nr. 1 verkürzt sich die AnfFrist des Satz 1, wenn die dreißigjährige Frist des Abs. 1 Satz 3 vor dem Ablauf eines Jahres seit der KE. endigt. Sind die 30 Jahre bis zur KE. schon abgelaufen, so ist eine Anfechtung überhaupt nicht möglich. Andere Vorschriften über die Verjährung als § 203 Abs. 2, § 207 sind nicht anwendbar (RG. SeuffArch. 72, 395). Satz 3 ist aber nicht eine Ausnahme von Satz 1 in dem Sinne, daß die Anfechtung nach § 31 Nr. 1 nach Ablauf der Jahresfrist (Satz 1) noch möglich wäre, wenn nur die 30 Jahre noch nicht verstrichen sind. Durch Parteivereinbarung können die Fristen nicht erstreckt werden (s. Jaeger LZ. 2, 878). Für die Anwendung des § 195 BGB. (regelmäßige Verjährungsfrist 30 Jahre) ist (gegen die Anhänger der Theorie von der außergerichtlichen Anfechtung) kein Raum. Die Versäumung der Frist des § 41 begründet keine dem Anf.-Recht des EinzelnGl. entgegenstehende Einrede im Sinne des § 13 Abs. 4 AnfGes. (RGZ. 91, 90)

3. Die Bedeutung des Abs. 2. Die Anfechtung geht auf Rückgewähr eines der Masse entzogenen Vermögensstückes, will also die Masse vermehren. Durch den von Amts wegen beachtbaren (Hamburg LZ. 2, 876) ungenutzten Ablauf der AnfFrist (Abs. 1) verliert der Verw. dieses Recht. Dem Verw. soll es aber dann wenigstens möglich sein, eine Schädigung der Masse durch Ansprüche des Gegners aus der anfechtbaren Handlung hintanzuhalten. Er kann ohne zeitliche Beschränkung durch Einwendung oder Gegeneinwendung — u. U. auch als Kläger; RGZ. 95, 226; Aschaffenburg LZ. 2, 532; Jaeger Anm. 9 — die Anerkennung des Anspruchs unter Berufung auf die Anfechtbarkeit der Handlung verweigern. Wörtlich trifft Abs. 2 (entspr. § 853 BGB. u. a.) nur den Fall, daß der GSch. eine anfechtbar begründete Schuldverbindlichkeit noch nicht erfüllt hat. Der Sinn der Vorschrift ist aber, daß nach Ablauf der Ausschlußfrist des Abs. 1 der Verw. die Einwendung der Anfechtbarkeit gegen jeden Anspruch, also auch gegen einen Aussonderungs- oder Absonderungsanspruch, hat, durch den der AnfGegner auf Grund der anfechtbaren Handlung von der Masse etwas verlangt (RGZ. 95, 224; 84, 225; 62, 199; abw. RGZ. 56, 315f.; s. auch Hamburg LZ. 2, 877). Für die Erstattung der Gegenleistung ist dann § 38 maßgebend, Jaeger Anm. 8. Wegen anfechtbar erwirkter Vormerkung s. Breslau OLG. 19, 209.

Erweiterung des Anfechtungsrechtes.

§ 42.

Die Vorschriften über die Anfechtung der vor der Eröffnung des Verfahrens vorgenommenen Rechtshandlungen gelten auch für die Anfechtung

von Rechtshandlungen, die nach der Eröffnung des Verfahrens vorgenommen worden sind, sofern diese nach den §§ 892, 893 des Bürgerlichen Gesetzbuchs den Konkursgläubigern gegenüber wirksam sind. Die Frist für die Ausübung des Anfechtungsrechts beginnt mit der Vornahme der Rechtshandlung.

Begr. II 35. — Neu eingef. durch die Nov.

a) Die Vorschriften der §§ 29 f. gelten zunächst nur für RHdlgn., die vor der KE. vorgenommen worden sind. Mit Rücksicht auf § 7 Abs. 1 sind durch § 42 die Vorschriften ausgedehnt auf RHdlgn., die nach der Eröffnung des Verfahrens vorgenommen wurden, aber wegen der Bestimmungen des BGB. über den öffentlichen Glauben des Grundbuchs — §§ 892, 893 BGB. — der KMasse gegenüber wirksam sind. Die Frist für die Ausübung des AnfRechtes beginnt hier nicht mit der KE., sondern erst mit der Vornahme der RHdlg. Dazu entspr. Anm. 4c zu § 29, Anm. 1d zu § 30. Trotz des scheinbar nicht so weit gehenden Wortlautes des § 42 muß die Anfechtbarkeit ferner ausgedehnt werden auf den Rechtserwerb, der sich nach der KE. vollzieht, aber auf einer RHdlg. des GSch. vor der KE. beruht und der KMasse gegenüber wirksam ist, weil der Antr. auf Eintragung bei dem Grundbuchamt vor der KE. gestellt worden ist (s. § 15 S. 2; BGB. § 878); RGZ. 81, 424. Auf den Fahrniserwerb nach der KE. bezieht sich § 42 nicht; der Erwerb ist entweder der KMasse gegenüber nach § 7 Abs. 1 Halbs. 1 nichtig oder er ist (in der Hand des gutgläubigen weiteren Erwerbers) vollgültig; angefochten kann er nicht werden. S. Anm. 5 zu § 7, Anm. 5b zu § 15.

b) Anwendbar sind alle AnfTatbestände mit den Einschränkungen, die sich daraus ergeben, daß die RHdlg. nicht vor der KE. vorgenommen ist. Die Fristen nach § 31 Nr. 2, § 32 kommen deshalb nicht in Betracht. Jaeger Anm. 1. Für die Beweislast, dann für die Haftung der Rechtsnachfolge (§ 40), für den Umfang der Rückgewähr (§ 37), für die Anspr. des AnfGegners (§§ 38, 39) gilt nichts Besonderes.

Vierter Titel.

Aussonderung.

Vorbemerkung.

a) Die KMasse umfaßt nur Vermögen des GSch. und nicht alles Vermögen des GSch. (§§ 1, 2). Andere Vermögensstücke darf der Verw. bei eigener Haftung (§ 82) ohne Zustimmung des Berechtigten nicht als Massebestandteile behandeln (s. § 117), er muß sie insbesondere von der Verwertung ausnehmen. Ob der Verw. verpflichtet ist den fremden Gegenstand herauszugeben, ist eine andere Frage. Ihre Beantwortung entscheidet sich nicht nach krechtlichen Grundsätzen sondern nach dem für das Rechtsverhältnis maßgebenden bürgerlichen Rechte. Es kommt darauf an, ob der Verw. auf dieser Grundlage den Gegenstand innehaben darf oder nicht. Hat z. B. der GSch. eine Sache dem Eigentümer entwendet, so darf sie auch der Verw. nicht behalten; hat er dagegen eine Sache etwa für Geschäftszwecke, nicht zum persönlichen Gebrauch, entliehen, so ist der Verw. im Zweifel befugt, die Sache zu gebrauchen und u. U. ihre Herausgabe zu verweigern. Eine Herausgabepflicht ist der Pflicht zur Aussonderung nicht wesentlich. Der Anspruch auf Aussonderung kann sich auf das Recht beschränken, ein Unterlassen zu fordern (vgl. RG. JW. 35, 436). S. auch Jaeger Anm. 23 zu § 43 (actio negatoria).

b) Während Absonderungsrechte (§§ 4, 47 f.) an Gegenständen bestehen, die zur KMasse gehören, und auf Vorzugsbefriedigung aus diesen Gegenständen gerichtet sind, betrifft die regelmäßige Aussonderung nur Gegenstände, die nicht zur Masse gehören. In der Regel gehören solche Gegenstände überhaupt nicht zum Vermögen des GSch. Diesen Hauptfall hat § 43 zunächst im Auge. Die Aussonderung kann aber auch zur Abgrenzung des kbefangenen und des kfreien Vermögen des GSch. erfolgen (gegen Jaeger § 43 Anm. 1).

c) Neben der Regel des § 43 stellt § 44 einen besonderen Aussonderungstatbestand auf. § 45 beschränkt die Aussonderung für die Frau des GSch. § 46 betrifft die Veräußerung des Gegenstandes vor oder nach der KE. und das Recht auf die Gegenleistung.

d) Über einen besonderen strafrechtlichen Schutz der Aussonderung s. §§ 9 f. des DepotG. v. 5. Juli 1896.

e) Die Nov. hat den 4. Titel nicht geändert.

Regel.

§ 43. (§ 35.)

Die Ansprüche auf Aussonderung eines dem Gemeinschuldner nicht gehörigen Gegenstandes aus der Konkursmasse auf Grund eines dinglichen oder persönlichen Rechts bestimmen sich nach den außerhalb des Konkursverfahrens geltenden Gesetzen.

Begr. I 154 f., KommB. I 28 f., 149, 163 f., 172. — Unverändert durch die Nov.

1. Die Gegenstände der Aussonderung.

a) Ausgesondert werden Gegenstände, die nicht zur Masse gehören, auch vertretbare Sachen, Waren u. dgl. (Vorbem. b). Deshalb geht der Anspruch des MasseGl. auf Ausfolgung eines Massegegenstandes z. B. einer vom Verw. gekauften Sache nicht auf Aussonderung im Sinne des § 43. Ebensowenig geht auf Aussonderung der Anspruch gegen den GSch. auf Verschaffung (Neubegründung oder Abtretung, RG. DJZ. 17, 1530) eines Rechtes, insbesondere des Eigentums an einer Sache. Der Anspruch auf Aussonderung kann auf dinglicher oder persönlicher Grundlage ruhen. Die Aussonderung beschränkt sich demnach nicht auf Ansprüche aus dem Eigentum (§§ 985 f. BGB.) oder aus einem beschränkten dinglichen Rechte, sie wird vielmehr auch durch Schuldverhältnisse, z. B. einen Hinterlegungsvertrag (s. aber § 700 BGB., § 2 DepotG., unregelmäßiger Vertrag), Leih- oder Mietvertrag, begründet, setzt also nicht voraus, daß der Berechtigte den Gegenstand als ihm „gehörig" in Anspruch nimmt (vgl. RGZ. 40, 6). Das unterscheidende Merkmal liegt darin, daß der Gegenstand beansprucht wird, weil er nicht zur KMasse gehört. Das ist (s. b) auch der Fall, wenn der Prätendent die bessere Rechtsstellung in Anspruch nimmt. Durch **Vertrag** kann aber ein Aussonderungsrecht an einem Massegegenstand nicht begründet werden (s. RGZ. 63, 307: unzulässiger Eigentumsvorbehalt an einer zum wesentlichen Bestandteil des Grundstücks gewordenen Maschine). Für die Entscheidung maßgebend ist das regelmäßig (s. aber § 46, ferner Jaeger Anm. 14f.) vor der KE. begründete Rechtsverhältnis, durch das der Gegenstand in eine Beziehung zur KMasse gekommen ist. Bei Anfechtung nach § 142 BGB. ist, auch soweit es sich um Aussonderung handelt, die Rechtslage so zu beurteilen, wie wenn das Rechtsgeschäft niemals stattgefunden habe (vgl. RGZ. 69, 17; 70, 57f.). Ob dem Verw. die tatsächliche Verfügung über den Gegenstand ermöglicht ist, gibt nicht den Ausschlag. Auch wenn der andere im Besitz ist, kann sich ein Aussonderungsstreit erheben. Wenn z. B. der Verw. die Eigentumsklage stellt und der Besitzer sein besseres Besitzrecht als PfandGl. einwendet, dreht sich der Streit um die Aussonderung des Pfandrechts. Hat der Verw. unzweideutig kundgegeben, daß er den Gegenstand in keiner Hinsicht zur Masse zieht oder sonst für sie in Anspruch nimmt, namentlich dadurch, daß er ihn in dieser Absicht dem GSch. belassen hat, so fehlt es an einer wesentlichen Voraussetzung für die Geltendmachung eines Aussonderungsanspruchs (s. Anm. 4).

b) Was alles aus der Masse auszusondern ist, läßt sich nicht aufzählen. Durch die KE. wird das Vermögen des GSch. nicht vermehrt (s. freilich wegen der ehelichen Güterverhältnisse die weittragenden § 2 und § 45). Fremde Sachen, fremde Forderungen, andere fremde Vermögensrechte, die sich bei der KE. im Besitz oder sonstiger Innehabung des GSch. befinden, fallen nicht in die KMasse. Sie werden, ohne daß sich der Anspruch durch die KE. ändert, von dem Berechtigten mit den Mitteln geltend gemacht, die ihm nach dem zugrunde liegenden Rechtsverhältnis zustehen. Was aber der Masse fremd ist, bestimmt nicht die KO. sondern das materielle Recht außerhalb der KO. Nach diesem bestimmt sich auch, wem vor der KE. gezogene Erzeugnisse u. a. zustehen (dazu Jaeger Anm. 22). Zu beachten ist, daß das fremde Recht an einem zur Masse gehörigen Gegenstande bestehen kann. Z. B. kann ein vom Verw. bestrittener Nießbrauch an Sachen oder Rechten des GSch. oder eine vom Verw. bestrittene Grunddienstbarkeit auf dem Anwesen des GSch. ausgesondert werden. Ein besonderes, neben dem Absonderungs- und Aussonderungsrecht einhergehendes Recht zur Geltendmachung dinglicher Rechte im K. nimmt an Kretzschmar JW. 45, 165. Soweit es sich um fremde Rechte an Massegegenständen handelt, die einen Anspruch auf abgesonderte Befriedigung begründen, berührt sich die Aussonderung enge mit der Absonderung. Der Streit um den Bestand und den Umfang des Rechtes ist ein Aussonderungsstreit, d. h. ein Streit um den Bereich der Macht an dem Massegegenstande, zugleich aber ein Absonderungsstreit, d. h. ein Streit um die Befriedigung aus dem Massegegenstande (näheres Jaeger Anm. 11). Wegen der **Nutznießung des Mannes** am eingebrachten Gute der Frau s. Anm. B zu § 2. Die **elterliche Nutznießung** begründet im K. des Kindes kein Aussonderungsrecht (s. § 1659 Abs. 1 BGB.). Wegen des dinglichen Vorkaufsrechts s. § 1098 BGB. Das Recht auf Wegnahme einer Einrichtung (§§ 258, 547, 558, 601, 606, 951, 997, 1049, 1216, 2125 u. a. BGB.) gibt einen Aussonderungsanspruch nur dann, wenn die wegzunehmende Einrichtung nicht dem GSch. (der Masse) eigentümlich gehört (vgl. § 95 BGB.). Gehört sie eigentümlich zur Masse, so kann nicht ausgesondert sondern nur eine KForderung nach § 69 geltend gemacht werden. S. RGZ. 63, 308; anders Kretzschmar ZBlFG. 6, 12f.

c) Im Grundbuchverkehre führt zur Aussonderung der Anspruch auf Grundbuchberichtigung (§§ 894f., 899 BGB.), sei es, daß der Inhalt des Grundbuchs in Ansehung eines belasteten Massegrundstücks oder daß er in Ansehung eines zugunsten der Masse belasteten Grundstücks eines andern unrichtig ist (z. B. RGZ. 60, 251 Anspruch auf Löschung einer gezahlten Grundschuld). Über den Fall, daß der GSch. eine Briefgrundschuld bestellt hat, dem Gläubiger aber der Brief vor der KE. nicht übergeben wurde, s. RGZ. 77, 106 (KVerw. ist nach der Ansicht des RG. zur Herausgabe des Briefs nicht verpflichtet, kann vielmehr vom Gläubiger Zustimmung zur Grundbuchberichtigung verlangen).

d) Im Depotverkehr (s. oben a) ist jeweils die Vorfrage zu entscheiden, wer Eigentümer des Depots ist. Bei den verschiedenen Arten des Sonderdepots bleibt der Hinterleger Eigentümer; er hat deshalb ein Aussonderungsrecht, solange sein Eigentum vorhanden ist, nachher u. U. Rechte nach § 46. Bei dem sog. Summendepot geht das Eigentum auf den Verwahrer (Bankier) über; nach dem Eigentumsübergang hat der Hinterleger nur eine KForderung. Vgl. Staub Exk. zu § 424 HGB. (Anm. 5, 6), Jaeger Anm. 29. Über den Eigentumserwerb an Ersatzwerten, die in das Depot gelegt werden, s. RGZ. 63, 16.

e) Gegenstand der Aussonderung kann auch der Besitz sein, nicht bloß in dem Sinne, daß ein Recht geltend gemacht wird, welches zum Besitze berechtigt, sondern auch selbständig auf Grund der Vorschriften über Besitzschutz (§§ 858f., § 1007 BGB.). S. auch § 869 BGB.: Schutz des mittelbaren Besitzers. Ferner § 556 Abs. 3, § 604 Abs. 4 BGB.: Zurückforderung der vermieteten oder verliehenen Sache von dem dritten Besitzer.

f) Wegen der Aussonderung der Erbschaft oder Teilen der Erbschaft, des Surrogationserwerbs u. a. im K. des Erbschaftsbesitzers s. §§ 2018f. BGB., Jaeger Anm. 33. Wegen der Aussonderung der Erbschaft im K. des Vorerben zugunsten des Nacherben s. Anm. a—d zu § 128.

g) Gegenstand der Aussonderung sind weiter fremde Forderungsrechte (RGZ. 98, 143; Marienwerder SeuffArch. 53, 484), ferner sonstige Vermögensrechte, wie Urheberrechte, Patentrechte (Karlsruhe OLG. 3, 55), auch Lizenzrechte (Seuffert 93). S. auch RGZ. 45, 170. (Recht an einem photogr. Bilde).

h) Keine Aussonderung sondern nur eine KForderung begründet der Anspruch auf Rückgewähr wegen Gläubigerbenachteiligung (§ 37 KO., § 7 AnfG.), s. Anm. 2d zu § 29, dann der Anspruch auf Herausgabe einer ungerechtfertigten Bereicherung (§§ 812 f. BGB.), sofern er schon vor der KE. entstanden ist (sonst § 59 Nr. 3; näheres Anm. 3 dort); s. auch § 46. Vgl. RGZ. 66, 390; 70, 57; Jaeger Anm. 31.

i) Die Vorschrift über die Aussonderung und die Erfüllung von Rechtsgeschäften (§§ 17 f.) stehen selbständig nebeneinander, greifen aber tatsächlich ineinander über. Vgl. Anm. 3a zu § 17 (Eigentumsvorbehalt), Anm. 1, 3 zu § 26, auch Anm. 1c zu § 24.

2. Geschäfte mit fiduziarischer Abrede insbesondere. Vgl. dazu Anm. 4 zu § 48. Wird fiduziarisch, ernsthaft und nicht zum Schein, eine Sache übereignet oder ein Recht begründet oder übertragen, so ist der sog. Treuhänder zwar der Eigentümer (Rechtsträger), nach der Abrede mit seinem Rechtsvorgänger soll er aber über den ihm überlassenen Gegenstand nicht zu seinen Gunsten oder wenigstens nur unter gewissen Voraussetzungen zu seinen Gunsten verfügen dürfen. Dem § 43 liegt der Gedanke zugrunde, daß den KGl. zu ihrer Befriedigung an dem Vermögen des GSch. nicht mehr Rechte zustehen, als der GSch. hatte (Anm. 1b). Andere Rechte sind als fremde aus der Masse auszuscheiden. Die Rechtsprechung und die herrschende Ansicht in der Literatur nimmt deshalb mit Recht an, daß trotz des scheinbar entgegenstehenden Wortlautes des Gesetzes die formell in das Vermögen des in K. geratenen Treuhänders übergegangenen Vermögensstücke von dem anderen Vertragsteile nach Maßgabe der Vereinbarung ausgesondert werden können.[1]) Z. B. können ausgesondert werden Wechsel oder andere durch Indossament übertragbare Urkunden, die der GSch. nur zur Einziehung für den Indossanten erhalten hat, obwohl das Indossament den Zusatz zur Einziehung nicht enthält. Weiter — von besonders gestalteten Fällen abgesehen — zu einem bestimmten Zweck gesammeltes Vermögen (Enneccerus I, 1 § 110 II). Dann Gegenstände, die dem GSch. zur Verwertung für Rechnung des andern überlassen (übereignet, übertragen) wurden, auch ein mit solcher Abrede dem GSch. aufgelassenes und für ihn im Grundbuch eingetragenes Grundstück (RG. 45, 80; 79, 121). Ein Treuhandverhältnis liegt aber nur in den Fällen vor, in denen der eine (der Treuhandgeber) einen Gegenstand einem Dritten zu treuen Händen übereignet hat, nicht aber in solchen Fällen, in denen jemand einen Gegenstand nur für Rechnung und im Interesse eines andern als stiller Vertreter von einem Dritten erworben hat; hier hat der Vertretene nur einen schuldrechtlichen Anspruch (RGZ. 91, 12; 84, 214). Ferner Gegenstände, die der GSch. zu seiner Sicherung für einen Anspruch gegen den anderen Vertragsteil oder einen Dritten zu Eigentum usw. erhalten hat. Selbstverständlich kann der Verw.

[1]) S. die eingehenden Erörterungen in der RTKomm. Ber. 28 f., 163 f., 172 (als die übereinstimmende Auffassung der Kommission und der Regierungsvertreter wurde festgestellt: „Durch § 35 des Entwurfs soll nicht ausgeschlossen sein die Zurückforderung von Wechseln und anderen durch Indossament übertragbaren Urkunden aus der KMasse, sofern sie dem GSch. nur behufs der Einziehung oder mit der Bestimmung übertragen worden sind, daß sie nur zur Sicherstellung des GSch. dienen sollen, obwohl das Indossament den Zusatz ‚zur Einziehung', ‚zur Sicherung' oder eine ähnliche beschränkende Klausel nicht enthält"). Vgl. RG. SeuffArch. 46, 146; GruchotsBeitr. 37, 121; 49, 901; RGZ. 35, 79; 44, 3; 45, 80; Hamburg, OLG. 11, 359; Braunschweig DJZ. 18, 592; Braunschweig OLG. 26, 48. Aus der Literatur: Jaeger Anm. 38 f., Fitting 274, Kleinf. 78, Staub Anm. 112 zu § 368 u. a. gegen Seuffert 93 Anm. 10 und namentlich Hellmann 157 f.

gegenüber dem Aussonderungsbegehren die Einwendungen erheben, die der GSch. aus dem zugrunde liegenden Rechtsgeschäfte hat, z. B. die Herausgabe von der Befriedigung der Masse abhängig machen. Ist das fiduziarisch überlassene Vermögensstück nicht mehr in der Masse, so hat der Treugeber die Rechte nach § 46. Hat allerdings der GSch. den Gegenstand vor der KE. veräußert und die Gegenleistung eingezogen, so ist der Treugeber auf eine KForderung beschränkt (RGZ. 94, 305). Über die Rechte des Treuhänders im K. des Treugebers s. Anm. 4 zu § 48.

3. **Kommissions- und Speditionsgeschäfte insbesondere.** S. auch Anm. 1a zu § 23.

a) Verkaufskommission (§§ 383f. HGB., Ausdehnung § 406 HGB.). Gerät der Kommittent in K., so erlischt der Vertrag (§ 23). Der Kommissionär muß das von ihm noch nicht verkaufte oder durch Selbsteintritt (§ 400) übernommene Gut zurückgeben vorbehaltlich seines Absonderungsrechtes (s. § 397 HGB.; Anm. 3 zu § 49). Wegen seines Rechtes nach § 398 HGB. vgl. ebens. Anm. 3 zu § 49. Aus den Forderungen, die durch das für Rechnung des Kommittenten geschlossene Verkaufsgeschäft begründet sind, kann sich der Kommissionär vor dem Kommittenten und dessen Gläubigern befriedigen (§ 400 HGB.). Der K. des Kommissionärs führt nicht ohne weiteres zur Vertragslösung; unter den Voraussetzungen des § 17 hat der Verw. das Wahlrecht der Erfüllung oder Nichterfüllung (Anm. 1b zu § 23). Abgesehen von den hieran sich knüpfenden Folgen hat der Kommittent das Recht zur Aussonderung des ihm noch gehörenden Gutes. Soweit der Kommissionär schon verfügt und aus dem Geschäfte Forderungen erworben hat, kann der Kommittent vom KVerw. verlangen, daß die Forderungen nicht als Massebestandteil behandelt sondern nach Deckung der Kosten usw. (§ 397) ihm abgetreten werden (§ 392 Abs. 2 HGB.). Bis zur Abtretung kann der Kommittent die Forderung von dem Dritten nicht einziehen, auch wenn er Aussonderung begehrt hat; legitimiert dazu ist der KVerw. (RG. Recht 11 Nr. 369 S. 119 [Leitsatz dort zu berichtigen]; ausführl. LZ. 1, 440). Hat der Kommissionär vor der KE. über die Forderung durch Einziehung, Abtretung, Aufrechnung u. a., wenn auch rechtswidrig, verfügt, so hat der Kommittent kein regelrechtes Aussonderungsrecht, wenn er sich nicht auf einen besonderen Rechtsübergang, z. B. Übereignung, Zwangsvollstreckung, berufen kann. Denn die Ausnahme des § 392 Abs. 2 HGB. betrifft nur Forderungen gegen den Dritten (Schuldner), über die der Kommissionär, der rechtliche Träger der Forderung, noch nicht verfügt hat, dagegen insbesondere nicht das auf Grund der Forderung in das Vermögen des Kommissionärs Gelangte, bei der Verkaufskommission also nicht den vom Käufer gezahlten Preis. Diesen kann der Kommittent nicht aussondern, wenn er nicht durch einen besonderen Vorgang (s. b) Eigentum erlangt hat, er ist vielmehr regelmäßig nur KGl. Einen Ersatzaussonderungsanspruch nach § 46 hat der Kommittent z. B. hinsichtlich der ausstehenden Gegenleistung für die vom Kommissionär rechtswidrig an einen Dritten abgetretene Forderung und bei Einziehung der Forderung hinsichtlich des nach der KE. zur Masse gelangten Kaufpreises (sofern er ausscheidbar vorhanden ist, sonst Masseforderung). S. Anm. 2b zu § 46. Ob Forderungen, die in Wertpapieren (auch Wechsel, Scheck) verkörpert sind, unter § 392 Abs. 2 fallen, ist bestritten. Bejahend Ritter HGB. Anm. 5, RGZ. 41, (4); dagegen Jaeger Anm. 50. Wegen der Aufrechnung durch den Dritten (Schuldner) s. Anm. 2d zu § 53.

b) Einkaufskommission (§§ 383f. HGB., Ausdehnung § 406 HGB). Gerät der Kommittent in K., so muß der Kommissionär vorbehaltlich seiner Rechte (a) den zur Ausführung des Geschäfts erlangten Betrag an den KVerw. zurückzahlen. S. weiter § 44. Im K. des Kommissionärs ist der Kommittent regelmäßig auf eine KForderung beschränkt, soweit nicht § 392 Abs. 2 HGB. zu seinen Gunsten eingreift. Zu beachten ist, daß der Kommissionär Eigentümer der gekauften Ware wird (Ausn. s. Staub Anm. 31 zu § 383). Der Kommittent kann sie nur aussondern, wenn er einen besonderen Vorgang nachweist, der sein Eigentum begründet. Es kann aber dazu, ohne daß der Kommittent mitgewirkt hat, besondere Verwahrung der gekauften Wertpapiere durch den Kommissionär u. dgl. genügen (s. RGZ. 52, 130; 63, 16; Verh. z. § 7 DepotG. [Stückeverz.] 63, 405; Staub Anm. 33 zu § 383). Bestand bei der KE. eine Forderung des Kommissionärs gegen den Dritten und ist dann die auf Grund der Forderung gelieferte Ware in die Masse gekommen, so kann der Kommittent nach § 46 die Ware aussondern oder, wenn sie veräußert ist, als Massegläubiger (§ 59 Nr. 1, 3) auftreten. Nürnberg. LZ. 13, 333; vgl. Jaeger Anm. 50.

c) Beim Speditionsgeschäft hat der Versender, im K. des Spediteurs ein Aussonderungsr. an dessen Forderungen gegen den Frachtführer (RGZ. 92, 8).

d) Über Versicherung für fremde Rechnung s. §§ 74f., §§ 151, 179 VVG., Jaeger Anm. 53.

4. Geltendmachung der Aussonderung.

a) Aussonderung aus der Masse kommt nur in Frage, wenn der Verw. den Gegenstand für diese in Anspruch nimmt (Anm. 1a). Andernfalls kann sich der Berechtigte an den GSch. persönlich halten. Was zur Durchführung des Aussonderungsanspruches zu geschehen hat und auf welchem Wege vorzugehen ist, bestimmt sich nach den Umständen und den Gesetzen außerhalb der KO. (RG. JW. 35, 436). Ebenso, wer Träger des Anspruches ist und wie die Beweislast verteilt ist. Nicht immer kommt die Herausgabe des Gegenstandes in Betracht (Vorbem.). Kann z. B. der Verw. nach dem bürgerlichen Rechte verlangen, daß der Masse eine Sache auf Zeit oder zu einem bestimmten Zwecke belassen werde, so kann der Aussonderungsanspruch des Berechtigten darauf beschränkt sein, daß der Verw. sein Eigentum oder sein sonstiges Recht auf die Sache anerkennt und eine unzulässige Verwertung der Sache für die Masse unterläßt (vgl. RG. a. a. O.). Wegen der Fälle, in denen der GSch. vor der KE. den herauszugebenden Gegenstand beschädigt, belastet usw. hat, s. Jaeger Anm. 61.

b) Die Klage gegen den Verw. auf Aussonderung ist je nach dem Rechtsgrunde dingliche oder persönliche Klage. Sie kann nach den allgemeinen prozessualen Vorschriften Klage auf Leistung (auch künftige Leistung) oder (s. § 256 ZPO.) auf Feststellung (RGZ. 98, 143) sein. Selbstverständlich kann anderseits der Verw. nach § 256 ZPO. auf Feststellung klagen, daß ein Aussonderungsanspruch nicht besteht. Am Anmeldungs- und Prüfungsverfahren (§§ 138f.) sind die Aussonderungsberechtigten nicht beteiligt, ihre Ansprüche werden in der KTabelle nicht eingetragen. Sie sind auch nicht verpflichtet, mit der Geltendmachung des Anspruchs bis nach dem Prüfungstermin zu warten. Anmeldung des Anspruchs für den Fall, daß das Recht auf Aussonderung nicht anerkannt wird, ist zulässig (s. auch wegen der Konkurrenz der Ansprüche Anm. 3c zu § 26). Durch die Anmeldung und die Feststellung zur Tabelle ist die Verfolgung des Aussonderungsanspruches nicht ausgeschlossen. Ein Aussonderungsanspruch, der irrig als KForderung behandelt wird, hat im Tabelleneintrag (§ 164 Abs. 2) keine Vollstreckungsgrundlage. Die Beschränkungen der §§ 12, 14, 15 gelten gegenüber den Aussonderungsberechtigten nicht. Während des K. können sie mit Arrest, einstweiliger Verfügung (s. RG. Gruch. 46, 679) und Zwangsvollstreckung gegen die Masse vorgehen und Rechte an den zur Masse gehörenden Gegenständen im Wege des Zwanges oder der Vereinbarung mit dem Verw. mit Wirksamkeit auch gegenüber den KGl. erwerben. Vor der Anerkennung von Aussonderungsansprüchen, die einen Wert von mehr als 300 ℳ betreffen, hat der Verw. die Genehmigung des etwa bestellten GlAusschusses einzuholen, ohne daß davon im Verhältnis zu den Berechtigten die Gültigkeit der Anerkennung abhängt (§§ 133, 136). Mitteilung an den GSch. s. § 135.

c) Für den Gerichtsstand der Aussonderungsklage gelten keine besonderen Vorschriften, auch wenn sie der GSch. gegen den KVerw. erhebt. § 771 ZPO. (Widerspruchsklage) ist nicht entsprechend anwendbar (RG. Gruch. 38, 1171; s. über die Frage Falkmann, ZV. 413f., 472 Anm. 2), auch nicht § 146 Abs. 2. Da sich durch die KE. der Inhalt des Anspr. nicht ändert, ist der Gerichtsstand des Erfüllungsortes (§ 29 ZPO.) nicht ausgeschlossen (Jaeger Anm. 58, Fitting 264 Anm. 9) und bleibt es auch bei einem vorher mit dem GSch. vereinbarten Gerichtsstand. S. weiter Anm. zu § 6. Über die Aufnahme von Rechtsstreitigkeiten s. § 11.

d) Durch § 172 werden Aussonderungsansprüche als solche nicht ausgeschlossen. Ist der Aussonderungsanspruch aber in einen Masseanspruch übergegangen (§ 46), so wird dieser von § 172 betroffen. Wegen der Haftung des GSch. und der KGl. s. Anm. dort. Ist der Aussonderungsgegenstand oder sein ausscheidbares Surrogat (vgl. Jaeger Anm. 13) bei der Beendigung des K. in der dem GSch. hinausgegebenen Masse noch vorhanden, so richtet sich der Anspruch wieder gegen den GSch.; von einem Zwangsvergleich wird er nicht berührt (s. § 193).

e) Die persönliche Verantwortung des Verw. richtet sich nach § 82, setzt also sein Verschulden voraus. S. dazu RG. LZ. 3, 787 (Haftung der Masse für Verschulden des Verw.?), KG. OLG. 15, 237; SeuffBl. 70, 107; Jaeger Anm. 57.

Verfolgungsrecht.

§ 44. (§ 36.)

[1] **Der Verkäufer oder Einkaufskommissionär kann Waren, welche von einem anderen Orte an den Gemeinschuldner abgesendet und von dem Gemeinschuldner noch nicht vollständig bezahlt sind, zurückfordern, sofern nicht dieselben schon vor der**

Eröffnung des Verfahrens an dem Orte der Ablieferung angekommen und in den Gewahrsam des Gemeinschuldners oder einer anderen Person für ihn gelangt sind.

II Die Bestimmungen des § 17 finden Anwendung.

Begr. I 162 f., KommB. I 32 f. — Unverändert durch die Nov.

1. **Allgemeines.** Nach der Regel des § 43 können nur Gegenstände ausgesondert werden, die dem GSch. „nicht gehören". Aus Billigkeitsgründen enthält § 44 eine Ausnahme für sog. Distanzgeschäfte. Das darin geregelte Verfolgungsrecht (droit de suite) des Verkäufers oder Einkaufskommissionärs besteht an Waren mit Einschluß von Wertpapieren, die schon Eigentum des GSch. geworden sind. Ist das Eigentum auf den GSch. nicht übergegangen, so gründet der Berechtigte den Aussonderungsanspruch auf § 43. Das Verfolgungsrecht wird auch praktisch, wenn das Eigentum auf den GSch. erst nach der KE. übergegangen, aber als Surrogationserwerb (an Stelle der zur Masse gehörenden Forderung auf Übereignung) Bestandteil der Masse ist. Vgl. Anm. 3 zu § 26; Jaeger Anm. 4. Eine rechtliche Verpflichtung des GSch., zur Erhaltung des Verfolgungsrechtes kurz vor Ausbruch des K. eintreffende Waren zurückzuweisen, besteht nicht. Ob die Abnahme der Waren den GSch. zum Schadensersatz verpflichtet, ist eine Frage des allgemeinen bürgerlichen Rechtes (§ 826 BGB., dazu Kleinf. 81), ebenso ob ein Dritter auf Schadensersatz haftet, dessen Zusammenwirken mit dem GSch. das Verfolgungsrecht gegenstandslos macht (vgl. Anm. 2). U. U. kann sich der Verkäufer durch Anfechtung wegen arglistiger Täuschung helfen; vgl. dazu Jaeger Anm. 18 zu § 43.

2. **Natur des Verfolgungsrechtes.** Der Verkäufer (entspr. Anwendung auf den Tausch § 515, auf den Werklieferungsvertrag § 651 Abs. 1; s. auch § 445 BGB.) oder Einkaufskommissionär (Ausdehnung auf andere Geschäfte § 406 HGB.) hat einen schuldrechtlichen Anspruch auf Zurückgabe der Waren. In der Regel kann er Rückübertragung des Eigentums verlangen. Es ist aber nicht notwendig, daß er seinen Anspruch auf früheres Eigentum stützt (vgl. Willenb. Anm. 1); möglicherweise war er nie Eigentümer. Das Schuldverhältnis entsteht kraft Gesetzes mit der KE. (s. RGZ. 41, 334) und erzeugt ein gesetzliches Rücktrittsrecht des Verkäufers (EKommiss.), auf das die Vorschriften über das vertragsmäßige Rücktrittsrecht, §§ 346 f. BGB., soweit als möglich entsprechend anzuwenden sind (bestr., s. Jaeger Anm. 5 f.; Staub Anm. 100 Exk. z. § 382; Frankfurt SeuffArch. 69, 429, das ein ex tunc wirkendes dingliches Recht zur Rückgängigmachung der Eigentumsübertragung annimmt u. a.). Durch die Ausübung des Verfolgungsrechtes (einseitige außergerichtliche Erklärung gegenüber dem Verw., s. § 349 BGB.) wird aber nur das Erfüllungsgeschäft, nicht das Grundgeschäft, hinfällig und es werden kondiktionsähnliche, Zug um Zug zu erfüllende gegenseitige Ansprüche auf Wiederherstellung des Zustands begründet, wie er vor der Erfüllung bestand (s. im allgem. RGZ. 50, 266). Vgl. Kleinf. 80. Das Eigentum an den Waren fällt nicht etwa von selbst und mit rückwirkender Kraft vermöge der KE. oder dem Verlangen auf Zurückgabe an den Verkäufer (EKommiss.) zurück, es muß diesem erst zurückübertragen werden. Von Bedeutung ist das für die Frage der Wirksamkeit des Ver-

folgungsrechtes gegen Dritte. Hat vor der KE. der GSch. oder nach der KE. der Verw. die Waren einem Dritten übereignet, so ist der Verkäufer (E.-Kommiss.) hinsichtlich einer Aussonderung auf die Rechte nach § 46 beschränkt, ein Verfolgungsrecht gegen den Dritten hat er nicht, ohne Rücksicht darauf, ob dieser von der Ausübung des Verfolgungsrechtes wußte (wissen konnte) oder mit der Ausübung rechnete (rechnen konnte); a. A. Frankfurt a. a. O. Aus der schuldrechtlichen Natur des Verfolgungsrechtes ergibt sich ferner, daß beschränkte dingliche Rechte an der Ware, die in der Zwischenzeit begründet wurden, insbesondere Pfandrechte, durch die Ausübung des Verfolgungsrechtes nicht hinfällig werden (vgl. Jaeger Anm. 29 mit Lit. und Rechtspr., bes. RG. 32, 20. Je nach der grundsätzl. Auff. sind die Ans. versch.). Eine weitere Folge ist aber auch (gegen Jaeger Anm. 29 und herrsch. Lehre), daß nach Maßgabe des § 369 Abs. 2 HGB. mit § 986 Abs. 2 BGB. das kaufmännische Zurückbehaltungsrecht gegenüber dem sein Verfolgungsrecht ausübenden Verkäufer (E.-Kommiss.) durchgreift (vgl. dazu Staub Anm. 32 zu § 369; Anm. 100 Exk. zu § 382).

3. Einzelne Voraussetzungen.

a) Ein Distanzgeschäft (nicht notwendig Handelsgeschäft) im Sinne des § 44 liegt vor, wenn die Waren vom Verkäufer (E.-Kommiss.) oder auf seine Veranlassung von einem Dritten (z. B. Grossisten) von auswärts an den für die Ablieferung an den GSch. oder dessen Vertreter bestimmten Ort versendet werden. Versendung innerhalb der gleichen Ortschaft genügt nicht wie nach § 447 BGB. Der Ort der Absendung und der Ort der Ablieferung müssen zu verschiedenen Ortschaften und wohl auch zu verschiedenen politischen Gemeinden usw. gehören. Wo der Vertrag geschlossen wurde und wo er zu erfüllen ist (dazu § 269 BGB.), bleibt ohne Belang, ebenso, wo die Parteien ihren Wohnsitz (Niederlassung) haben. Nicht nötig ist demnach besonders, daß der Ort des Geschäftsschlusses vom Ablieferungsorte verschieden ist. Gleichgültig ist auch, auf wessen Gefahr die Versendung geht (dazu §§ 446, 447 BGB.) und wer ihre Kosten trägt (dazu § 448 Abs. 1 BGB.). Keine Anwendung findet § 44, wenn nicht der Verkäufer (E.-Kommiss.) die Ware versendet, sondern der Käufer (Kommitt.), der die Ware übergeben erhalten hat und sie dann nach auswärts abschickt. Ohne Belang ist (s. zum folgenden RG. JW. 28, 165; 39, 394; Stuttgart OLG. 19, 212), ob der eine oder der andere Teil den Vertrag mit dem Spediteur, Frachtführer usw. schließt, und wer den Gewahrsam auf der Reise hat. Das Verfolgungsrecht wird hiernach nicht ausgeschlossen, wenn der Gewahrsam während des Transports und vor der Erreichung des Ablieferungsortes auf einen Vertreter des GSch. übergeht. Der Ausschluß tritt nur ein, wenn der Übergang nach dem Eintreffen der Ware am Ablieferungsort erfolgt. Auch eine Lagerung der Ware für den Käufer (Kommitt.) während der Reise ist bedeutungslos. Ablieferungsort ist aber nicht notwendig das Endziel der Reise (RG. LZ. 1, 919). Daß der Übergang des Eigentums auf den Käufer (vgl. HGB. § 424 Lagerschein, § 450 Ladeschein, § 647 Konnossement; § 26 BinnenschG.; DepotG. §§ 3, 7 Stückeverz.) dem Verfolgungsrecht nicht entgegensteht, ist schon Anm. 1 ausgeführt (s. auch RG. a. a. O.). Entscheidend ist allein, daß die Ware sich zur Zeit der KE. zum Zwecke der Ablieferung an den GSch. oder dessen Vertreter noch unterwegs befindet, wenn sie auch nach der KE. in den Gewahrsam des GSch. oder des KVerw. gelangt ist. Das bedeutet übrigens nur die Grenze für die Entstehung des Verfolgungsrechtes. Das Recht entsteht, wenn die Ware den Absendungsort nicht verlassen hat. Für den Fall, daß die Ware sich noch im Gewahrsam des vom Verkäufer mit der Versendung beauftragten Spediteurs befindet, ist die Frage in RGZ. 73, 146 bejahend entschieden. Um so mehr muß, will man nicht den Verkäufer zu einer Scheinversendung bis zur nächsten Straßenecke nötigen (RG. a. a. O.), das Recht durchgreifen, wenn die Ware in der Gewalt des Verkäufers geblieben ist. Das Recht gibt dann eine Einwendung gegen den Eigentumsanspruch des Verw. (bestr., a. M. wohl Jaeger Anm. 13).

b) Das Verfolgungsrecht setzt ferner voraus, daß die Ware einschließlich der den GSch. treffenden Kosten, auch der Provision des Kommissionärs, vom GSch. „noch nicht vollständig bezahlt ist". Die Schuld des Käufers (Kommittenten) darf demnach nicht durch Erfüllung, Annahme an Erfüllungs Statt, Hinterlegung, Aufrechnung, Erlaß erloschen sein. Bloße Möglichkeit der Aufrechnung genügt nicht, auch nicht schon die Hingabe von Wechseln, Schecken zum Zwecke der Erfüllung (nicht an Erfüllungs Statt; s. § 364 Abs. 2 BGB.). Eine nachträglich erklärte Aufrechnung macht aber das schon entstandene Verfolgungsrecht unwirksam (§ 389 BGB., vgl. Jaeger Anm. 20). Ob der Verkäufer (EKommiss.) seinerseits schon vollständig erfüllt hat (also in der Regel durch Übergabe und Übereignung der Ware), ist nur für die Anwendung des Abs. 2, nicht für das Verfolgungsrecht als solches von Bedeutung.

c) Das Verfolgungsrecht ist ausgeschlossen, wenn die Ware noch vor der KE. (§ 108), wenn auch nach der Zahlungseinstellung oder der Stellung des EAntrages (RGZ. 31, 137), am Ablieferungsort in den Gewahrsam, d. i. in die tatsächliche Gewalt des GSch. oder einer für ihn handelnden Person, namentlich seines Geschäftsbesorgers, seines Spediteurs oder z. B. der Zollverwaltung (RGZ. 27, 137) gelangt ist. Dadurch, daß der Käufer die Ware dann aus irgendeinem Grunde nicht annimmt, insbesondere dem Verkäufer zur Verfügung stellt, lebt das Verfolgungsrecht nicht wieder auf (s. RGZ. 8, 86). Mittelbarer Besitz des GSch. schließt das Verfolgungsrecht nicht aus (Jaeger Anm. 16).

4. **Die Geltendmachung des Verfolgungsrechtes** durch Klage kann auch im Gerichtsstand des Erfüllungsortes, § 29 ZPO., erfolgen (ebenso Jaeger Anm. 24). Im Wege der Einwendung ist sie z. B. möglich gegen einen Anfechtungsanspruch des Verw. (vgl. RGZ. 31, 137) oder gegen einen Herausgabeanspruch des Verw., falls der Verkäufer die Ware unterwegs angehalten hat (s. Staub Anm. 112, Exk. zu § 382; s. auch Anm. 3a). Über außergerichtliche Erklärung s. Anm. 2. Gegen den KVerw. richtet sich das Verfolgungsrecht nur, wenn er die Ware für die Masse in Anspruch nimmt (s. Anm. 1 zu § 43). Die Beweislast trifft denjenigen, der sich auf das Verfolgungsrecht beruft, auch dafür, daß die Ware nicht schon vor der KE. am Ablieferungsort in den Gewahrsam des GSch. usw. gekommen ist (vgl. RGZ. 31, 138).

5. **Die Anwendung des § 17 nach Abs. 2.** Ist der Vertrag vom Verkäufer (EKommiss.) schon vollständig erfüllt (s. Anm. 3b), die Ware aber bei der KE. noch unterwegs, so ist § 17, der einen beiderseits

unerfüllten Vertrag voraussetzt, nicht unmittelbar anwendbar. Der Verw. wird aber an Stelle des GSch. den vielleicht für die Masse vorteilhaften Vertrag erfüllen und die Zurückgabe der Ware dadurch ausschließen können. Z. B. es ist nur ein geringer Teil des Kaufpreises unbeglichen. Denn der andere Teil hat das Verfolgungsrecht nur, weil und solange er nicht befriedigt ist. Mehr als die Befriedigung kann er nicht verlangen (vgl. Wilm.-Kurlb. Anm. 13; Seuffert 96 N. 20; a. M. Jaeger Anm. 22). Ist der Vertrag auch auf Seiten des andern Teiles nicht vollständig erfüllt, so ergibt sich die Anwendung des § 17 ohne weiteres aus Abs. 2. Der Verw. kann also der Ausübung des Verfolgungsrechtes dadurch vorgreifen oder begegnen, daß er in den Vertrag eintritt und vom andern Teile Erfüllung begehrt. Die Folgen dieser Erklärung bestimmen sich nach § 17. Entscheidet sich der Verw. für die Nichterfüllung, so hat der andere Teil entgegen § 26 Abs. 1 den Anspruch auf Rückgabe der in das Eigentum des GSch. übergegangenen Ware und daneben nach Maßgabe des § 26 Satz 2 eine KForderung auf Schadensersatz wegen Nichterfüllung (dazu Anm. 4 zu § 26), soweit er sich nicht (z. B. §§ 397, 398 BGB.) außerhalb des K. befriedigen kann. Kennt der Verw. bei der Veräußerung der Ware (s. § 46) den Tatbestand, der das Verfolgungsrecht begründet, so ist er gezwungen den Vertrag zu erfüllen (vgl. Jaeger Anm. 28).

6. Internationales Recht. Ob und unter welchen Voraussetzungen und mit welcher Wirkung in einem deutschen K. das Verfolgungsrecht ausgeübt werden kann, bestimmt sich, weil es sich in § 44 um eine krechtliche Norm handelt, ausschließlich nach deutschem Rechte. Vgl. Jaeger Anm. 33; s. auch (unentsch.) RGZ. 41, 333 f. (ausländische Zahlungseinstellung) u. Hamburg OLG. 34, 6; Staub Anm. 117. Exk. zu § 382.

Aussonderungsrecht der Ehefrau.

§ 45. (§ 37.)

Die Ehefrau des Gemeinschuldners kann Gegenstände, welche sie während der Ehe erworben hat, nur in Anspruch nehmen, wenn sie beweist, daß dieselben nicht mit Mitteln des Gemeinschuldners erworben sind.

Begr. I 171 f., KommB. I 35 f., 149. — Unverändert durch die Nov.

1. Zweck und Geltungsbereich der Vorschrift. In der Ehe kommt es ohne Rücksicht auf den Güterstand häufig zu Verschiebungen des Vermögens der Ehegatten und zur Verdunklung der hiefür maßgebenden Verhältnisse. Dadurch wird die Feststellung der gegenseitigen Berechtigungen der Ehegatten erschwert und eine Schädigung der Gläubiger nahegerückt. Insbesondere besteht die Gefahr, daß der eine Teil sein Vermögen mit Mitteln des andern und auf dessen Kosten vermehrt und dann im K. des andern zum Schaden der Masse Aussonderungsansprüche erhebt. Ein gesetzlicher Schutz dagegen ist nur für die Gläubiger des Mannes gegenüber der Frau für nötig erachtet worden. Die Frau soll während der Ehe erworbene Gegenstände, die sie an sich nach § 43 als nicht zur Masse gehörend aussondern könnte, nur in Anspruch nehmen können, wenn sie den Hergang des Erwerbs klarlegt und dabei beweist, daß die Erwerbsmittel nicht aus dem Vermögen des GSch. stammen. Da sie mit Mitteln ihres Mannes erworbene, wenn auch ihr gehörige Gegenstände nicht „in Anspruch nehmen kann", darf sie der Verwertung solcher Gegenstände für die Masse nicht widersprechen, muß ihr vielmehr zustimmen und die Gegenstände, die sie inne hat, herausgeben oder sonst dem Verw. zur Verfügung stellen. Ein Vermögensverzeichnis und den Offenbarungseid nach § 260 BGB. kann aber der Verw. von der Frau nicht verlangen. RG. Gruch. 47, 910 f. (SeuffBl. 69, 251). Die gleiche Rechtsstellung wie die Frau nehmen Universal- und Sonderrechtsnachfolger ein, wenn die Nachfolge nach KE. erfolgt (Sieburg JW. 42, 1087). Im NachlaßK. greift § 45 gegenüber der Witwe des Erblassers durch (vgl. Marienwerder SeuffArch. 66, 170). Auf den Güterstand nimmt § 45 keine Rücksicht. Mittelbar ist dieser aber von großer Bedeutung, weil die KMasse des Mannes je nach dem Güterstande verschieden ist (§ 2). Wegen der einzelnen Güterstände s. die dortigen Anmerkungen.

2. **Verhältnis des § 45 zum § 1362 BGB.** § 1362 BGB. stellt ohne Rücksicht auf den Güterstand zwei Vermutungen auf. Die eine (Abs. 1) zugunsten der Gläubiger des Mannes, wonach die im Besitz eines der Ehegatten, also auch der Frau, oder beider Gatten befindlichen beweglichen Sachen dem Manne gehören; die andere (Abs. 2) zugunsten der Frau und ihrer Gläubiger, wonach die ausschließlich zum persönlichen Gebrauche der Frau bestimmten Sachen der Frau gehören. Neben BGB. § 1362, der auch zugunsten des KVerw. gilt (Sieburg JW. 42, 1087), steht § 45. Die Vermutung des § 1362 Abs. 1 nötigt die Frau zu beweisen, daß bewegliche Sachen, die sie für sich beansprucht, ihr gehören. Der Verw. kann ihr aber einwenden, daß sie die Sache während der Ehe erworben hat. Gegen diese Einwendung muß die Frau behaupten und beweisen, daß der Erwerb nicht mit Mitteln des GSch., sondern mit ihren eigenen oder den Mitteln eines Dritten erfolgte. Gegen die Vermutung des § 1362 Abs. 2 hat der KVerw. zu behaupten und zu beweisen, daß die Sache (z. B. ein Schmuckgegenstand) nicht der Frau, sondern dem Manne gehört. Gelingt ihm der Beweis, so ist der Aussonderungsanspruch der Frau nach der Regel des § 43 als unbegründet erledigt. Vermag der Verw. nur den Erwerb der Sache durch die Frau während der Ehe zu beweisen, so muß die Frau den in § 45 bezeichneten Gegenbeweis erbringen (vgl. RG. Gruch. 47, 914; Staudinger Anm. 7 zu § 1362; Planck Erl. 8 zu § 1362). § 45 betrifft übrigens über BGB. § 1362 hinausgehend nicht bloß bewegliche Sachen sondern auch Grundstücke und Rechte aller Art, auch im Grundbuche für die Frau eingetragene Berechtigungen (Marienwerder a. a. O.); unpfändbare Gegenstände sind aber mit Jaeger Anm. 4 aus seinem Bereich auszuscheiden.

3. **Verhältnis des § 45 zum § 1382 BGB.** Haushaltsgegenstände, die im gesetzlichen Güterstande der Mann an Stelle der von der Frau eingebrachten nicht mehr vorhandenen oder jetzt wertlosen Stücke aus seinen Mitteln anschafft, werden eingebrachtes Gut. Nach dem Wortlaute des § 45 wären sie trotzdem im K. des Mannes zur Masse zu ziehen, denn daß die Frau nach außen als Erwerberin aufgetreten ist,

wird nicht gefordert. Mit der vorherrschenden Meinung (s. im Ergebn. mit versch. Begr. Planck Erl. 4, Wilm.-Kurlb. Anm. 5, Jaeger Anm. 10, RGRKomm. Anm. 7, Prot. z. BGBE. VI 802f. gegen Staudinger Anm. 4 u. a.) ist aber anzunehmen, daß das Aussonderungsrecht der Frau durchgreift, weil fingiert wird, als habe der Mann mit der Anschaffung einer Verpflichtung entsprochen. Wegen des § 1381 BGB. vgl. Jaeger Anm. 10, dann (Erwerbung eines Geschäftsanteils an einer GmbH. mit Mitteln des eingebrachten Gutes) Breslau OLG. 18, 258.

4. **Einzelne Voraussetzungen.**

a) Der § 45 trifft nur Gegenstände, die die Frau von Dritten erworben hat, nicht Gegenstände, die durch Rechtsgeschäfte mit dem Manne aus dessen Vermögen auf sie übergegangen sind. Solche Rechtsgeschäfte können anfechtbar sein (bes. § 31 Nr. 2, § 32 Nr. 2) und verpflichten dann zur Rückgewähr (§ 37), begründen aber an und für sich (s. aber b) nicht den Tatbestand des § 45 (RGZ. 14, 22). Das gleiche gilt von Verträgen, die der Mann zugunsten der Frau mit einem Dritten geschlossen hat, besonders Versicherungsverträge. Auch hier ist die Zuwendung aus dem Vermögen des Mannes u. U. anfechtbar (Anm. 3 zu § 32).

b) „Mit Mitteln" des Mannes hat die Frau erworben, wenn die zum Erwerbe des Gegenstandes verwendeten Sachmittel im Augenblicke des Erwerbs dem Manne gehörten oder wenn der Erwerb sonst auf Kosten des Mannes erfolgte. Gegensatz: eigene Mittel der Frau oder Mittel eines Dritten. Der Umstand, daß die Mittel ursprünglich vom Manne herrührten, bei dem Erwerbe aber der Frau gehörten, steht der Frau nicht entgegen (Marienwerder SeuffArch. 66, 173), selbst wenn die Hingabe durch den Mann (z. B. Schenkung) der Anfechtung unterliegt (s. RG. Gruch. 36, 1195). Immerhin ist der Einwendungsbeweis der Frau dann nicht erbracht, wenn feststeht, daß ihr der Mann die Mittel im unmittelbaren Zusammenhange mit dem Erwerb übereignet, z. B. zum Zwecke des Erwerbs Geld geschenkt hat. Das gleiche gilt, wenn der Mann den Gegenstand, wie schon beim Erwerbe beabsichtigt war, hinterher aus seinen Mitteln zahlt oder wenn er den Gegenstand auf seine Kosten erwirbt, um ihn seiner Frau zuzuwenden (a. M. Jaeger Anm. 11). Es kommt eben nicht auf die Rechtsform an, in der der Erwerb auftritt, sondern auf den wirtschaftlichen Effekt, den das Geschäft im ganzen hat. Sonst würde der § 45 in der großen Mehrzahl der Fälle umgangen. Ist der Erwerb teilweise mit Mitteln des Mannes, teilweise mit solchen der Frau oder eines Dritten erfolgt, so versagt der Anspruch der Frau in dem Verhältnis, als die Mittel des Mannes zum Erwerbe beigetragen haben, und im gleichen Verhältnisse ist der Erwerb als Massebestandteil verwertbar (a. M. Wilm.-Kurlb. Anm. 12). Soweit der Erwerb teilbar ist, bestehen keine Schwierigkeiten. Ist er unteilbar (z. B. ein Hausgrundstück), so findet zwischen der Frau und der Masse eine Auseinandersetzung (s. § 16) in entsprechender Anwendung der Vorschriften über die Gemeinschaft nach Bruchteilen statt (§§ 741f. BGB.). Ähnlich Jaeger Anm. 8. Die Frau hat jedoch das Recht der Einlösung (Barzahlung, Aufrechnung u. a.) durch Schadloshaltung der Masse (s. Jaeger Anm. 7;

a. M. Marienwerder SeuffArch. 66, 173), wie sie auch vor der KE. durch Rückerstattung der aufgewendeten Mittel des Mannes die Inanspruchnahme des Gegenstandes für die Masse abwendet. Die Masse ihrerseits hat aus § 45 keinen Ersatzanspruch, wenn der Gegenstand bei der KE. nicht mehr vorhanden, verschlechtert usw. ist. Es ist wohl zu beachten, daß der Erwerb der Frau durch die KE. oder dadurch, daß der Verw. die Herausgabe beansprucht, nicht etwa unwirksam wird oder ipso iure auf den Mann (die Masse) übergeht, und daß § 45 auch nicht eine Erweiterung der Anfechtungsvorschriften (s. § 37) darstellt. Hat die Frau vor der KE. über ihren Erwerb verfügt, so richtet sich ein Aussonderungsanspruch ihres Rechtsnachfolgers nach der Regel des § 43 (s. Celle SeuffArch. 48, 377). Aber auch nach der KE. kann die Frau vorbehaltlich der Frage nach der Wirkung eines rechtskräftigen Urteils (s. § 325 ZPO.) mit Wirkung gegen die Masse über den Gegenstand verfügen, ohne daß der Erwerb des Nachfolgers von seinem guten Glauben abhängig ist. Unter besonderen Umständen (s. § 826 BGB.) mögen die Frau und der Dritte allerdings der Masse ersatzpflichtig sein.

5. **Geltendmachung des Anspruchs.**

a) Hiefür bestehen keine besonderen Grundsätze. Vgl. Anm. 4 zu § 43. Die Frau kann nach den allgemeinen Vorschriften gegen den Verw. auf Leistung oder Feststellung klagen. Klagt der Verw. gegen die Frau, z. B. weil die Frau im Besitz ist oder ein Grundstücksrecht auf ihren Namen eingetragen ist, so geht sein Antrag — wenigstens regelmäßig — nicht auf Übertragung des zum Vermögen der Frau gehörenden Gegenstandes dem Rechte nach (Übereignung, Abtretung), sondern auf Einwilligung in die Verwertung des Gegenstandes für die Masse. Der Unterschied ist von Bedeutung für den Fall, daß der K. ohne vorherige Verwertung des Gegenstandes beendigt wird; dann ist der Gegenstand bei der Frau verblieben.

b) Die Beweislast verteilt sich dahin, daß der Verw., der sich auf § 45 beruft, den Erwerb der Frau während der Ehe zu behaupten und zu beweisen hat (vgl. RG. Gruch. 47, 912), während die Frau behaupten und beweisen muß, daß sie nicht mit Mitteln des Mannes, sondern mit eigenen Mitteln oder Mitteln eines Dritten erworben hat. Über Eideszuschiebung s. ObLG. SeuffArch. 42, 102.

Ersatzaussonderung.

§ 46. (§ 38.)

Sind Gegenstände, deren Aussonderung aus der Konkursmasse hätte beansprucht werden können, vor der Eröffnung des Verfahrens von dem Gemeinschuldner oder nach der Eröffnung des Verfahrens von dem Verwalter veräußert worden, so ist der Aussonderungsberechtigte befugt, die Abtretung des Rechts auf die Gegenleistung, soweit diese aussteht, zu verlangen. Er kann die Gegenleistung aus der Masse beanspruchen, soweit sie nach der Eröffnung des Verfahrens zu derselben eingezogen worden ist.

Begr. I 185 f. — Unverändert durch die Nov.

1. Allgemeines.

a) Hat der GSch. den Aussonderungsgegenstand vor der KE. im eigenen Namen veräußert, so wäre der Berechtigte an sich auf eine KForderung je nach seinem Rechtsverhältnisse zum GSch. beschränkt. Erfolgt die Veräußerung erst durch den Verw., also nach der KE., so hätte der Berechtigte einen Masseanspruch nach § 59 Nr. 1, 3. In beiden Fällen wird durch § 46 die Rechtsstellung des Berechtigten aus Billigkeitsgründen für die Dauer des K. (Heine LZ. 3, 844) gebessert. War bei der KE. die Gegenleistung, die der GSch. aus der Veräußerung zu beanspruchen hat, ganz oder teilweise noch ausständig, so kann der Berechtigte verlangen, daß für ihn das Recht auf die Gegenleistung durch Abtretung ersatzweise ausgesondert wird. Die Folge ist, daß er weiter die Aussonderung der Gegenleistung selbst aus der Masse beanspruchen kann, soweit sie nach der KE. zu dieser eingezogen wurde und noch individuell bestimmbar vorhanden ist. Soweit hiernach Aussonderungsansprüche anerkannt sind, hat der Berechtigte eine Vorzugsstellung auch vor den Massegläubigern, weil diese erst nach den Aussonderungsberechtigten zum Zuge kommen (Bem. 1 vor § 57).

b) § 46 betrifft nur das Verhältnis des Berechtigten zur Masse und nimmt auf dessen Ansprüche gegen Dritte (Nachfolger des GSch.) keine Rücksicht. Beide Arten von Ansprüchen gehen nebeneinander her. (Begr. I, 185 und die herrsch. Lehre, Fitting 272 Note 31; Wilm.-Kurlb. Anm. 11 u. a. Dagegen wendet Jaeger Anm. 3, 20 den § 46 nur an, wenn die Veräußerung an den Dritten dem Berechtigten gegenüber wirksam ist, verneint also z. B. die Ersatzaussonderung, wenn der Berechtigte den Eigentumsanspruch gegen den schlechtgläubigen Empfänger hat.) Allerdings sind die Ansprüche gegen Dritte für § 46 nicht ohne Bedeutung. Hat z. B. der Berechtigte von dem Dritten, für den der Erwerb etwa wegen seiner Schlechtgläubigkeit oder, weil die Sache dem Berechtigten abhanden gekommen ist (§ 935 BGB.), unwirksam ist, den Gegenstand zurückerhalten, so ist dadurch sein Ersatzaussonderungsanspruch gegen die Masse untergegangen. Weitergehende Ansprüche des Berechtigten z. B. wegen Verschlechterung der Sache oder entgangenen Gewinnes, die durch § 46 keineswegs ausgeschlossen werden, sind nur als KForderungen verfolgbar, wenn sie nicht ausnahmsweise (s. § 59 Nr. 1) als Masseanspruch geltendgemacht werden können.

2. Einzelne Voraussetzungen.

a) Es muß sich um einen Gegenstand (Sache oder Recht) handeln, der nach den Vorschriften der §§ 43, 44, 45 ausgesondert werden kann oder hätte ausgesondert werden können, wenn er sich bei der KE. noch in der Masse befunden hätte (vgl. Braunschweig SeuffArch. 49, 380, dag. Jaeger Anm. 6). Wegen einer Ersitzung bis zur Klagerhebung s. Wilm.-Kurlb. Anm. 2. Auf den dinglichen oder schuldrechtlichen Inhalt des Aussonderungsanspruchs kommt es nicht an (vgl. Begr. I, 187; näheres Jaeger Anm. 7).

b) Der Gegenstand muß vor der KE. (§ 108) vom GSch. (u. U. vom Pfandgläubiger) oder nach der KE. vom Verw. „veräußert" worden sein, unbefugt oder befugt z. B. kraft Auftrags oder sonstiger Geschäftsbesorgung oder nach § 1376 Nr. 1 BGB. u. a. Auch dann findet § 46 Anwendung, wenn der Schuldner eine unter Eigentumsvorbehalt erworbene Sache mit Ermächtigung des Eigentümers im eigenen Namen veräußert (Stettin SeuffArch. 68, 296; a. A. Kiel ebendort 297). Der Begriff Veräußerung umfaßt jedenfalls rechtsgeschäftliche Verfügungen (Anm. 2 zu § 7) über den Gegenstand im ganzen oder in einzelnen Beziehungen (Übereignung, Abtretung; Belastung, namentlich Verpfändung). Bestritten ist, ob er auch Vollstreckungshandlungen enthält. Nach Wilm.-Kurlb. Anm. 6, Wolff Anm. 4 ist eine Zwangsversteigerung „Veräußerung". Sofern der Verw. die Zwangsversteigerung nach § 126 betrieben hat, ist dies nicht zweifelhaft (dazu RG. LZ. 3, 786). RGZ. 94, 20 (25) erblickt darüber hinaus eine Veräußerung in jeder Zwangsmaßnahme (Zwangsvollstr., Enteignung); s. auch Jaeger Anm. 8. Veräußerung ist ferner nicht eine Eigentumsänderung durch Verbindung, Vermischung, Verarbeitung (§§ 946 f., 951 BGB.). Würden z. B. vor oder nach der KE. fremde eingelagerte Rohstoffe zur Fabrikation von Waren verwendet, so geht der Aussonderungsanspruch nicht auf die Waren über. Der Berechtigte hat nur eine KForderung bzw. für die Zeit nach der KE. einen Masseanspruch (§ 59 Nr. 1, 3). Wegen Kommissionsgeschäfte s. Anm. 3 zu § 43.

c) Die Veräußerung muß für eine Gegenleistung, also entgeltlich, erfolgt sein. Fand sie unentgeltlich statt, so ist ein Aussonderungsanspruch des Berechtigten ausgeschlossen. Welche Ansprüche dieser dann gegen den dritten Erwerber hat, ist eine andere Frage (s. auch § 816 Abs. 1 Satz 2 BGB.). Was als Gegenleistung zu erachten ist, bestimmt sich nach den Umständen. Ein gegenseitiger Vertrag, bei dem die Leistung des Erwerbers im Austausche mit der Leistung des Veräußerers erfolgt, braucht nicht vorzuliegen. Hat der GSch. oder der KVerw. durch die Hingabe des Gegenstandes lediglich eine Verbindlichkeit getilgt, so ist die Befreiung von der Verbindlichkeit keine Gegenleistung im Sinne des § 46. Bestand die Veräußerung in der Verpfändung einer fremden Sache, so bildet die Herausgabe des Überschusses nicht die Gegenleistung der Verpfändung. Der Eigentümer kann aber nach § 1247 Satz 2 den an die Stelle des Pfandes getretenen Überschuß unmittelbar vom Pfandgläubiger herausverlangen (vgl. Jaeger Anm. 13 gegen Braunschweig SeuffArch. 49, 380). Gerät der Überschuß nach der KE. in die Masse, so ist diese nach § 59 Nr. 3 rechtlos bereichert.

d) Veräußerung ist auch die Einziehung einer Forderung, auch wenn die Schuld durch die Leistung an den KVerw. nicht getilgt wird (a. A. insoweit Jaeger § 46 Anm. 9 und Sarw.-Bossert Anm. 4). Gegenleistung ist hier die Hingabe des Geldes oder die sonstige Tilgungsleistung. Die Zahlung muß sich aber noch unterscheidbar in der Masse finden (RGZ. 98, 143).

3. Inhalt des Anspruchs.

a) Der Anspruch nach Satz 1 geht auf die Abtretung des Rechtes, das der Masse bei der KE. auf die ganz oder teilweise ausständige Gegenleistung zusteht, hat also schuldrechtlichen Inhalt. Nebenrechte § 401 BGB. Der Anspruch auf Abtretung umfaßt auch den Anspruch auf Herausgabe zahlungshalber gegebener Wechsel (§ 364 Abs. 2 BGB.; Hamburg SeuffArch. 50, 126). Vor der Abtretung kann der Berechtigte diesen Anspruch gegen den Dritten nicht geltendmachen (wohl aber u. U. seinen von § 46 unabhängigen Anspruch aus dem Eigentum u. a., s. Anm. 1 b); ein Fall der Übertragung einer Forderung kraft Gesetzes

(s. § 412 BGB.) liegt nicht vor. Abzutreten ist das Recht, wie es in die Masse gekommen ist. Ein Anspruch auf Befreiung von fremden Rechten, z. B. einem Pfandrechte, hat der Aussonderungsberechtigte nicht.

b) Soweit der Anspruch auf die Gegenleistung bei der KE. nicht mehr besteht, weil sie der GSch. teilweise eingezogen hat oder weil der Anspruch sonst, durch Aufrechnung, Erlaß u. a. teilweise erloschen ist, ist ein Ersatzaussonderungsanspruch nicht mehr gegeben, selbst wenn der Gegenstand der Teilleistung zur KMasse gekommen und darin ausscheidbar enthalten ist. Auch einen Masseanspruch hat der Berechtigte insoweit nicht, weil die Voraussetzungen nicht vorliegen und insbesondere die Masse nicht rechtlos bereichert ist (s. Anm. 3 zu § 59). Der Berechtigte ist sonach in dieser Richtung auf eine KForderung beschränkt, falls er nicht Eigentümer des vom GSch. Eingezogenen geworden ist (dazu RGZ. 63, 16). Dagegen trifft § 46 Satz 1 zu, wenn an Stelle des Anspruchs auf die noch ausstehende Gegenleistung der Anspruch des GSch. auf eine andere Leistung, z. B. auf Schadensersatz getreten und diese bei der KE. ganz oder teilweise ausständig ist.

c) Soweit die Gegenleistung nach der KE. zur Masse eingezogen wurde und in der Masse noch ausscheidbar vorhanden ist, geht der Ersatzaussonderungsanspruch (wieder obligatorisch) nach Satz 2 auf Herausgabe der Gegenleistung oder des durch weitere Verfügung (s. Jaeger Anm. 17, 19) an deren Stelle getretenen individuell bestimmbaren Gegenstandes. Ist die Gegenleistung oder ihr Surrogat mit der übrigen Masse vermischt oder sonst nicht mehr auszuscheiden z. B. verbraucht (namentlich Geld), so besteht nach § 59 Nr. 1 oder Nr. 3 ein Masseanspruch des Berechtigten, der wie die übrigen Masseforderungen befriedigt wird (s. bes. § 60). RG. LZ. 2, 855; 3, 787.

d) Schwierigkeiten können entstehen, wenn der Aussonderungsgegenstand mit anderen Gegenständen oder nach einer nicht unter § 950 BGB. fallenden, aber werterhöhenden Bearbeitung oder Verarbeitung veräußert wurde. Dann entscheiden die Umstände, auf welchen Teil der Gegenleistung sich der Ersatzaussonderungsanspruch erstreckt und gegeb. Falles, worauf der Masseanspruch geht. Die Beweislast hat, wer den Anspruch erhebt. Vgl. RG. JW. 27, 480; 28, 96; LZ. 3, 787; § 286 ZPO. Hat der Berechtigte die Sache zu einem niedrigeren Preis an den GSch. verkauft, als dieser sie weiterverkaufte, so kann die Aussonderungsforderung nicht höher sein als die Kaufpreisforderung an den GSch. (Stettin SeuffArch. 68, 296).

4. Einwirkungen des GSch. nach der KE.

a) Hat der GSch. den auszusondernden Gegenstand nach der KE. veräußert (wegen des Grundbuchsverkehrs s. entspr. Anm. 1 d zu § 30), so besteht kein Ersatzaussonderungsanspruch gegen die Masse, wenn der GSch. nicht in Vertretung des Verw. gehandelt hat. Der Berechtigte hat sich an den GSch. persönlich zu halten. Ist die Masse durch die Gegenleistung bereichert, so trifft § 59 Nr. 3 zu. Wenn allerdings der auszusondernde Gegenstand ausnahmsweise Eigentum des GSch. war (z. B. Anm. 1 zu § 44) und der Verw. nach § 7 die Unwirksamkeit der Veräußerung durch den GSch. geltend gemacht hat, so kann der Berechtigte den in die Masse zurückgelangten Gegenstand aussondern oder Abtretung des Anspruchs auf die noch ausstehende Zurückgabe verlangen; hat der Verw. die unwirksame Veräußerung genehmigt, so geht der Anspruch des Berechtigten auf Abtretung des Rechtes auf die Gegenleistung (arg. § 46 Satz 1) oder Herausgabe der eingezogenen Gegenleistung (arg. Satz 2).

b) Hat der GSch. die Gegenleistung nach der KE. für sich eingezogen und ist die Leistung der KMasse gegenüber wirksam (§ 8), so besteht ein Ersatzaussonderungsanspruch nur soweit, als die Leistung nachträglich in die Masse gelangt und dort ausscheidbar ist.

Fünfter Titel.

Absonderung.

Vorbemerkung.

1. Der § 47 regelt die Absonderungsansprüche an Gegenständen, die der Zwangsvollstreckung in das unbewegliche Vermögen unterliegen, der § 48 an sonstigen Gegenständen, an denen ein rechtsgeschäftliches Pfandrecht besteht. Der § 49 stellt das gesetzliche Pfandrecht, das Pfändungspfandrecht und die in Nr. 1, 3 und 4 aufgeführten Zurückbehaltungsrechte dem rechtsgeschäftlichen Pfandrechte gleich. Der § 50 soll die Masse in bestimmten Fällen gegen die Geltendmachung eines Absonderungsrechtes nach ausländischem Gesetze schützen. Der § 51 schafft ein Absonderungsrecht bei Gemeinschaftsverhältnissen. Der § 52 gibt einen landesrechtlichen Vorbehalt für die abgesonderte Befriedigung aus Lehen, Stammgütern und Familienfideikommissen.

2. Absonderungsrechte müssen z. Z. der KE. schon begründet sein, d. h. alle Erfordernisse der Begründung müssen vor der KE. erfüllt sein (s. Jaeger Anm. 11 a. E. zu § 48). Sie können nachher weder auf Grund einer Rechtshandlung des GSch. (§ 7) noch auf Grund einer Sondervollstreckung (§ 14) noch sonst (§ 15) entstehen. Ausnahmen ergeben sich, soweit der gute Glaube berücksichtigt wird (§§ 7, 15), und nach § 24; s. ferner Anm. 4b zu § 15; Anm. 2 zu § 49. Das Absonderungsrecht kann sich nach der KE. kraft Gesetzes verstärken z. B. dadurch, daß die belastete Sache Früchte trägt (vgl. RGZ. 53, 350). Während des K. kann der Verw. in Ausübung seines Verwaltungs- und Verfügungsrechtes (§§ 6, 117) zur Masse gehörige Gegenstände mit Sonderrechten belasten (Genehmigung des Gläubigerausschusses oder der Gläubigerversammlung § 134 Nr. 2; §§ 135, 136) und es können für Masseforderungen gesetzliche Pfandrechte entstehen.

3. Eine andere Frage ist, ob sich die abgesonderte Befriedigung auf den Anspruch beschränkt, wie er z. Z. der KE. besteht. Die Frage ist zu verneinen; der Umfang des Anspruchs z. Z. der Verwirklichung des Absonderungsrechtes entscheidet (s. auch RG. LZ. 4, 230). Insbesondere werden auch Zinsen seit der KE. berücksichtigt (s. Anm. 3 zu § 4; Jaeger Anm. 2 zu § 63).

4. Absonderungsrechte bestehen nur an Gegenständen, die zur KMasse gehören. Haftet für die Forderung des Gläubigers ein Gegenstand, der einem Dritten gehört oder freies Vermögen des GSch. ist, so ist der Gläubiger der KMasse gegenüber nicht Absonderungsberechtigter sondern nur KGl. Er hat aber eine vollberechtigte KForderung, nicht bloß eine sog. Ausfallforderung, d. h. er kann ohne vorherigen Verzicht auf die Pfandhaftung usw. für die volle Forderung verhältnismäßige Befriedigung aus der Masse verlangen; die Beschränkungen der §§ 64, 153, 155, 156, 168 Nr. 3 fallen weg. Vgl. RGZ. 59, 367 f.; Dresden OLG. 15, 239. Ob er wegen seiner Befriedigung zunächst auf den ihm haftenden Gegenstand verwiesen werden kann, bestimmt sich nach dem maßgebenden Rechtsverhältnis (s. z. B. § 772 Abs. 2, § 773 Abs. 2 BGB.). Im allgemeinen steht es bei dem Gläubiger, ob und wann er sich an den Gegenstand halten will. Eine Teilbefriedigung des Gläubigers aus dem haftenden Gegenstand eines Dritten während des K. soll nach RGZ. 59, 372 (unentschieden RGZ. 74, 234) das Befriedigungsrecht des Gläubigers im K. nicht mindern, der Gläubiger könnte also entsprechend § 68 bis zur vollen Befriedigung den Betrag geltend machen, den er bei der KE. zu fordern hatte. S. aber Anm. 4 zu § 68; s. ferner Anm. 1 zu § 48, Anm. 8 zu § 49. Vgl. § 64.

5. Absonderungsrechte können während des K. übertragen werden oder sonst auf einen andern übergehen. Der Übergang hat gegen die KMasse auch dann Wirkung, wenn die gegen den Vorgänger begründete Anfechtung nach § 40 gegen den Nachfolger nicht möglich ist (s. Anm. 4 g zu § 15; RGZ. 34, 60 f. Der GSch. persönlich kann abgesonderte Befriedigung aus der KMasse auf Grund eines Rechtes an eigener Sache (z. B. § 889 gegen § 1256 BGB.) nicht verlangen. Der KVerw. macht das Recht neben und gegenüber den sonstigen Berechtigten für die Masse geltend. Das gilt auch, wenn das Recht nach der KE. mit Mitteln der Masse erworben wurde (z. B. Abfindung eines Berechtigten durch den KVerw.). Hat der GSch. aber das Recht nach der KE. mit freien Mitteln oder sonst ohne Heranziehung der Masse erworben (Neuerwerb), so hat er vorbehaltlich besonderer Beschränkungen (s. vor allem § 1197 BGB.) die Stellung des Gläubigers.

6. Die Feststellung eines Absonderungsrechtes erfolgt zwischen dem, der darauf Anspruch erhebt, und dem KVerw. (Feststellungs- oder Leistungsklage). Näheres Anm. 3 zu § 4. Wenn der Absonderungsberechtigte zugleich einen persönlichen Anspruch gegen den GSch. hat, kann er während des K. seinen persönlichen Anspruch nur nach den Vorschriften für das KVerf. verfolgen (§§ 12, 64, s. aber für unanmeldbare Forderungen Anm. 1 zu § 63); den Absonderungsanspruch dagegen macht er außerhalb des KVerf. geltend (§ 4 Abs. 2). Eine andere Frage ist, ob der Vollstreckungstitel, den der Absonderungsberechtigte über seine persönliche Forderung (nicht über das Absonderungsrecht, Anm. 3 zu § 4) durch die auch vom GSch. nicht ausdrücklich bestrittene Feststellung der Forderung zur KTabelle erlangt (§§ 144, 145, 164), zur Geltendmachung des Absonderungsrechtes schon während des K. legitimiert, d. h., wenn man den Hauptfall herausgreift, ob die Feststellung der durch eine Hypothek gesicherten Forderung in der KTabelle die Hypothekenklage des Gläubigers gegen den KVerw. (§§ 1113, 1147 BGB., vgl. § 25 ZPO.) überflüssig macht und dem Gläubiger (auf Grund einer vollstreckbaren Ausfertigung der Eintragung in die KTabelle) die sofortige Betreibung der Zwangsvollstreckung in das Grundstück ermöglicht. Voraussetzung ist dabei, daß der GSch. zugleich persönlicher Schuldner und Eigentümer des belasteten Grundstücks ist. Wer der m. E. richtigen Auffassung ist, daß ein Vollstreckungstitel über die Forderung dem Vollstreckungstitel über die Hypothek für die Zwangsvollstreckung (Rangordnung, geringstes Gebot!) gleichsteht, wird die Frage bejahen. Wer dagegen zur Geltendmachung des Hypothekenanspruchs einen Vollstreckungstitel für die Hypothek verlangt, wird die Frage verneinen (s. Staudinger V D zu § 1147; Fischer-Schäfer S. 79 und Anm. 2 zu § 44 ZwVG.; Jaeger Anm. 10 zu § 47 und eingehend im „Recht" 8, 590f., 620f.; Wolf BayZfR. 13, 381; ObLG. ZS. a. S. 17, 181; Karlsruhe LZ. 1, 921f.). Von der hier vertretenen Ansicht aus kann der Hypothekengläubiger während des K. die Zwangsverwertung des Grundstücks auch betreiben, wenn er vor der KE. auf Grund der Schuldklage einen endgültigen Vollstreckungstitel erwirkt hat (s. Jaeger im „Recht" a. a. O.).

7. Der KVerw. verwertet den Gegenstand, an dem ein Absonderungsrecht besteht, für die KMasse wenn möglich freihändig (vgl. auch § 134 Nr. 1, §§ 135, 136) oder nach den Vorschriften der §§ 126, 127. Über die Ansprüche des Absonderungsberechtigten auf den Erlös oder gegen die bereicherte Masse s. Anm. 3, 4 zu § 4. Ist für die Masse nichts zu erwarten, so kann der Verw. den Gegenstand freigeben (Anm. 3 zu § 4, Anm. 4 zu § 6). Wie der Absonderungsberechtigte seine Befriedigung suchen kann, bestimmt die KO. nicht (§ 4 Abs. 2; s. Anm. 3 zu § 4, Anm. 2 zu § 65), sie treibt ihn aber durch die Vorschriften der § 127 Abs. 2, §§ 153, 168, 155, 156 an, seine abgesonderte Befriedigung zu beschleunigen. Fällt der Berechtigte bei der Verwertung des Gegenstandes ganz oder teilweise aus, so nimmt er an der KMasse als KGl. mit seinem Anspruch oder dem Ausfalle nur teil, wenn und soweit ihm der GSch. als persönlicher Schuldner haftet (s. § 64).

Absonderungsrecht an Immobilien.

§ 47. (§ 39.)

Zur abgesonderten Befriedigung dienen die Gegenstände, welche der Zwangsvollstreckung in das unbewegliche Vermögen unterliegen, für diejenigen, welchen ein Recht auf Befriedigung aus denselben zusteht.

Begr. I 190f., Begr. II 35f. — Geändert durch die Nov.

1. **Die in Betracht kommenden Gegenstände.** Der Zwangsvollstreckung in das unbewegliche Vermögen unterliegen (§ 864 ZPO.)

a) die Grundstücke,

b) die grundstücksgleichen Berechtigungen (§ 1017 BGB. Erbbaurecht, ferner die landesrechtlich den Grundstücken gleichgestellten Rechte wie z. B. Erbpachtrechte, EG. BGB. Art. 63, Bergwerkseigentum, Art. 67 a. a. O., selbständige Fischereirechte, Art. 69, Realgewerbeberechtigungen u. a.; für Preußen s. die Aufzählung bei Fischer-Schäfer S. 84f., für Bayern s. Art. 17 AG. ZVG., Art. 9 FischG., Art. 42 BergG.);

c) die im Schiffsregister eingetragenen Schiffe (s. aber für die Arrestvollziehung § 931 ZPO.). Dazu RG. über das Flaggenrecht der Kauffahrteischiffe v. 22. Juni 1899, RGBl. 319 (mit RG. v. 29. Mai 1901, RGBl. 184) bes. §§ 1, 4f., 10f. (Schiffs-Zertifikat), 16,

26, 26a und RG. über die privatrechtl. Verhältnisse der Binnenschiffahrt v. 15. Juni 1895 i. F. der Bek. v. 20. Mai 1898, RGBl. 868, bes. §§ 1, 119f., 125 (Schiffsbrief), 128, 129. S. auch § 482 HGB.

Die Zwangsvollstreckung in den Bruchteil eines Grundstücks oder einer grundstücksgleichen Berechtigung ist nur beschränkt zulässig (§ 864 Abs. 2 ZPO.). Der Anteil an einem in das Schiffsregister eingetragenen Schiffe (Schiffspart) unterliegt der Zwangsvollstreckung in das bewegliche Vermögen (§§ 858, 857 ZPO.).

Der Zwangsvollstreckung in das unbewegliche Vermögen unterliegen grundsätzlich auch die Gegenstände (Sachen, Rechte), auf welche sich bei Grundstücken und Berechtigungen die Hypothek, bei Schiffen das eingetragene Pfandrecht erstreckt (§ 865 Abs. 1 ZPO.; §§ 1120 bis 1131, § 1265 BGB.; vgl. § 478 HGB.). Außerhalb des K. unterliegen diese Gegenstände daneben — das unpfändbare Zubehör ausgenommen — auch zugunsten der Realberechtigten der Zwangsvollstreckung in das bewegliche Vermögen, solange sie nicht im Wege der Immobiliarvollstreckung mit Beschlag belegt sind (§ 865 Abs. 2 ZPO.). Während des K. sind aber solche Einzelvollstreckungen für die persönlichen Gläubiger wie für die Realberechtigten ausgeschlossen. Soweit die persönlichen Gläubiger in Betracht kommen, ist dies zweifellos (s. § 14 Abs. 1). Der Realberechtigte kann sein Absonderungsrecht nur in dem Umfange geltend machen, wie es z. Z. der KE. besteht (abges. von einer Erweiterung kraft Ges., s. Bem. vor Art. 47). Er kann deshalb nach der KE. bessere, stärkere Rechte an den in Betracht kommenden Gegenständen nicht mehr erwerben, jedenfalls nicht mehr mit Wirksamkeit gegen die KMasse (§ 15). Nur soweit die nach der KE. erfolgende Beschlagnahme des Grundstücks zum Zwecke der Zwangsversteigerung oder Zwangsverwaltung kraft Gesetzes die Gegenstände mit umfaßt, auf die sich die Hypothek erstreckt, werden auch diese der KMasse entzogen und zur Immobiliarmasse gezogen. Der Umfang der Beschlagnahme z. Z. der Zwangsversteigerung und der Beschlagnahme z. Z. der Zwangsverwaltung ist verschieden (ZVG. § 21 im Vergleich mit §§ 146, 148). Insbesondere werden die Miet- und Pachtzinsforderungen nur von der letzteren, nicht von der ersteren ergriffen. Da die KE. ohne weiteres eine Gefährdung der Verwirklichung des Hypothekenrechtes enthält, kann der Hypothekengläubiger die vorläufige Zwangsverwaltung des Grundstücks im Wege einstweiliger Verfügung beantragen (vgl. RGZ. 52, 138, Hamburg OLG. 8, 207, Braunschweig OLG. 10, 419; Turnau-Förster Anm. 3 zu § 1124 BGB., abw. Jaeger Anm. 10 zu § 14). Über die Stellung des Hypothekengläubigers s. näh. Anm. 4 zu § 4.

2. Die Absonderungsberechtigten. Die Ansprüche, die ein Recht auf Befriedigung aus dem Grundstücke gewähren, sind nach einer bestimmten Rangordnung in §§ 10 bis 14 ZVG. bezeichnet; s. dazu §§ 109f. Verteilung des Versteigerungserlöses, §§ 155f. Verteilung der Erträgnisse der Zwangsverwaltung und § 162 Zwangsversteigerung von Schiffen. Ein Absonderungsrecht im K. begründet auch eine Vormerkung zur Sicherung des Anspruchs auf Einräumung einer Hypothek (dazu § 48 ZVG., § 24 KO.), s. RGZ. 78, 75. Durch § 13 Halbs. 2 ist klargestellt, daß eine vor der KE. wirksam gewordene Beschlagnahme (s. ZVG. §§ 20, 22, 23, 146, 151, 162, 165) der KMasse gegenüber wirksam bleibt, auch wenn das Verfahren ein persönlicher Gläubiger betreibt. Auch dieser hat demnach im K. ein Absonderungsrecht. S. Anm. 2 zu § 13.

3. **Das Verfahren.** Das Zwangsvollstreckungsverfahren wickelt sich ab wie wenn der K. nicht eröffnet wäre (§ 4 Abs. 2). Auch der Umfang der Immobiliarmasse (Bestandteile, Erzeugnisse, Zubehör, Miet- und Pachtzinsforderungen, subjektiv dingliche Ansprüche, Forderungen aus einer Versicherung), das Recht auf Befriedigung, die Rangordnung der Ansprüche werden durch die Gesetze außerhalb der KO. bestimmt (vgl. Fitting 232). Über die Rangordnung der Ansprüche aus einem und demselben Rechte s. § 12 ZVG. (Hauptanspruch wird zuletzt befriedigt); die Beschränkungen des § 63 KO. gelten für die abgesonderte Befriedigung nicht. Hat der GSch. ein Recht auf Befriedigung aus der eigenen Sache und gehört das Recht zur KMasse (Anm. 1 zu § 1), so fällt der Teil des Erlöses, der auf das Recht trifft, in die KMasse; gehört das Recht zum freien Vermögen des GSch., so bleibt auch der darauf fallende Erlös frei. Der Überschuß, der sich nach der abgesonderten Befriedigung der zur Teilnahme am Erlöse berechtigten Personen ergibt, ist Bestandteil der KMasse (s. auch Bem. 5 vor § 47).

4. **Bahneinheiten.** Nach dem preuß. Ges. über die Bahneinheiten v. 19. Aug. 1895/11. Juni 1902 (Textierung v. 8. Juli 1902 GS. 238; vgl. EG. BGB. Art. 112; EG. ZVG. § 2, ZPO. § 871) bilden Privateisenbahnen und Kleinbahnen mit den dem Bahnunternehmen gewidmeten Vermögenswerten (§ 4) eine Einheit (Bahneinheit). Die Bahneinheit unterliegt der Zwangsversteigerung und Zwangsverwaltung wie ein Grundstück (§ 20). Für das Recht auf Befriedigung gelten im allgemeinen die Vorschriften des § 10 ZVG. (§ 26). Über die Zwangsliquidation = Verwertung aller Bestandteile der Bahneinheit durch einen Liquidator s. §§ 40 f.

5. **Übergangsvorschriften** s. Art. VI EG. KNov. Bis zu dem Zeitpunkt, in dem für einen Bezirk das Grundbuch als angelegt anzusehen ist, gelten für die Zwangsvollstreckung in das unbewegliche Vermögen die Landesgesetze; s. Art. 186 EG. BGB., § 1 EG. ZVG.

Rechtsgeschäftl. Pfandrechte. § 48. (§ 40.)

Gläubiger, welche an einem zur Konkursmasse gehörigen Gegenstand ein durch Rechtsgeschäft bestelltes Pfandrecht haben, können aus den ihnen verpfändeten Gegenständen abgesonderte Befriedigung wegen ihrer Pfandforderung verlangen, zunächst wegen der Kosten, dann wegen der Zinsen, zuletzt wegen des Kapitals.

Begr. I 195; Begr. II 36. — Geändert durch die Nov.

1. **Die in Betracht kommenden Gegenstände.** Mit einem rechtsgeschäftlichen Pfandrechte (dag. § 49 Nr. 2) im Sinne des BGB. kann belastet sein eine bewegliche wenn auch nach § 811 ZPO. unpfändbare Sache (BGB. §§ 90, 1204), der Anteil eines Miteigentümers an einer beweglichen Sache (§ 1258), ein übertragbares Recht (§§ 1273, 1274), namentlich eine Forderung (§§ 1279 f.), eine Grund- oder Rentenschuld (§ 1291). Über das Pfandrecht an Wechseln oder anderen durch Indossament übertragbaren Papieren und an Inhaberpapieren gelten die bes. Vorschriften der §§ 1292 f. BGB. Der Gegenstand (Sache oder

Recht) muß zur KMasse gehören. Ist zur Sicherung der Forderung des KGl. ein anderer Gegenstand, also der Gegenstand eines Dritten oder ein Gegenstand des freien Vermögens des GSch. z. B. eine nach der KE. erworbene oder eine unpfändbare oder ordnungsmäßig von der Pfändung ausgenommene Sache (§ 1 Abs. 1, 4) mit einem Pfandrechte belastet, so ist §§ 48, 64 nicht anwendbar (s. Bem. 4 vor § 47).

Auch Gegenstände, auf die sich die Hypothek erstreckt, können grundsätzlich verpfändet werden. Ihre Verpfändung ist aber nur unter bestimmten Voraussetzungen dem Hypothekengläubiger gegenüber wirksam; die Zwangsvollstreckung in das unbewegliche Vermögen umfaßt in verschiedenem Umfang auch sie (s. §§ 1120 f. BGB., § 865 Abs. 1 ZPO., Anm. 1 zu § 47).

Eingetragene Schiffe (Anm. 1 zu § 47) können rechtsgeschäftlich verpfändet werden (§§ 1259 f. BGB.), der Pfandgläubiger kann sich aber Befriedigung nur mit einem vollstreckbaren Titel nach den Vorschriften über die Zwangsvollstreckung in das unbewegliche Vermögen verschaffen (BGB. § 1268; ZPO. § 864 Abs. 1; Anm. 1 zu § 47).

2. **Die Absonderungsberechtigten.** Die §§ 14 bis 16 EG. KO., die für das Faustpfandrecht im Sinne des § 40 a. F. bestimmte materiellrechtliche Erfordernisse aufgestellt hatten, sind durch Art. II Nr. 4 EG. KNov. aufgehoben worden (s. aber Anm. 5). Ob ein rechtsgeschäftliches Pfandrecht besteht, bestimmt jetzt das allgemeine bürgerliche Recht (§§ 1204 f. BGB., vgl. auch §§ 424, 450, 647 HGB.). Das Pfandrecht muß aber schon z. Z. der KE. — wenn auch für eine künftige oder bedingte Forderung (nicht notwendig Geldforderung) — bestellt sein (Bem. 3 vor § 47). Die rechtsgeschäftliche Verpflichtung ein Pfandrecht zu bestellen (s. BGB. § 314) begründet nur eine KForderung des Berechtigten. Unter den Voraussetzungen des § 1207 BGB. (vgl. §§ 366, 367 HGB.) kann auch ein Pfandrecht geltend gemacht werden, daß ein Dritter widerrechtlich an einer zur Masse gehörigen Sache bestellt hat. Das bürgerliche Recht bestimmt ferner, ob und wie der Pfandgläubiger zum Besitz oder Mitbesitze (s. § 1206) des Pfandgegenstandes berechtigt ist und ob der KVerw. den Gegenstand, wenn er ihn besitzt, an den Pfandgläubiger herausgeben muß. Für den Rang mehrerer Berechtigter ist im allgemeinen das Alter des Rechtes maßgebend (§ 1209). Das Pfandrecht erstreckt sich auf die Erzeugnisse, die von dem Pfande — wenn auch nach der KE. (Bem. 3 vor § 47) — getrennt werden (§ 1212).

3. **Verwertung des Pfandgegenstandes.**

a) Die Befriedigung des Berechtigten erfolgt außerhalb des K. und unabhängig von ihm (§ 4 Abs. 2). Der Umfang und Inhalt des Pfandrechts verändert sich wie seine Geltendmachung durch die KE. nicht. Näheres Anm. 3 zu § 4. Das Pfandrecht an einer beweglichen Sache wird demnach auch während des K. regelmäßig durch öffentliche Versteigerung der Sache verwertet (§§ 1228 f., 1235 f.). Zum Verkaufe ist der Pfandgläubiger erst berechtigt, wenn seine Forderung ganz oder teilweise fällig ist (§ 1228 Abs. 2). Die Rechte und Pflichten des Pfandeigentümers hat der KVerw. Die Befriedigung aus einem verpfändeten Rechte erfolgt auf Grund eines vollstreckbaren Titels nach den Vorschriften über die Zwangsvollstreckung (§ 1277 BGB., §§ 828 f. ZPO.). Das Pfandrecht an einer Forderung berechtigt aber den Pfandgläubiger ohne vollstreckbaren Titel zur Einziehung der Forderung (näheres §§ 1282, 1284, 1287 f.). Für die Verwertung von Pfandrechten an indossablen Papieren und Inhaberpapieren s. §§ 1294 f. Mit der Verwertungsbefugnis des Gläubigers konkurriert nach § 127 das Recht des Verw., die Verwertung zu betreiben, nach Ablauf der im Abs. 2 bezeichneten Frist. Dazu Anm. 3 zu § 4.

b) Das Pfand haftet für die Forderung in ihrem jeweiligen Bestand samt ihren Änderungen durch Verschulden oder Verzug des Schuldners, auch für die Kosten der Kündigung, der Rechtsverfolgung (vgl. Anm. 4b zu § 11) und des Pfandverkaufs, für den Ersatz von Verwendungen, für Vertragsstrafen und für Zinsen jeder Art (§ 1210) ohne Rücksicht darauf, ob der Anspruch vor oder nach der KE. entstanden ist (wenn nur das Pfandrecht z. B. der KE. schon bestellt war). Soweit der Anspruch aber auf einer Rechtshandlung des GSch. nach der KE. ruht, die der KMasse gegenüber unwirksam ist (§ 7), nimmt er an der abgesonderten Befriedigung nicht teil. Reicht der Pfanderlös zur Tilgung der Haupt- und der Nebenansprüche nicht aus, so wird er (s. auch § 367 Abs. 1 BGB.) zunächst auf die Kosten, dann auf die Zinsen und zuletzt auf den Hauptanspruch angerechnet. Vertragsstrafen kommen mit dem Hauptanspruch zum Zuge. Der Anspruch auf Ersatz von Verwendungen (Auslagen) wird mit den Kosten zu befriedigen sein, weil die Verwendungen in der Regel der Erhaltung oder doch Verbesserung des Gegenstandes dienen (a. M. Jaeger Anm. 9). Ob der Vorteil bei der Verwertung noch vorhanden war, ist gleichgültig (anders § 49 Nr. 3). Jedenfalls wird der Rest des Erlöses, trotzdem § 48 von dem Verwendungsanspruch schweigt, erst an die KMasse abgeliefert, wenn dieser gedeckt ist. Für den Ausfall kann der teilweise befriedigte Absonderungsgläubiger nach Maßgabe des § 64 und mit den für die KForderungen geltenden Beschränkungen (s. bes. §§ 3, 63) aus der KMasse verhältnismäßige Befriedigung verlangen.

c) Durch die besondere Vorschrift in § 49 Abs. 2 ist den in § 49 Abs. 1 Nr. 1 bezeichneten Rechten im Zusammentreffen mit rechtsgeschäftlich bestellten, auch älteren Pfandrechten der Vorrang eingeräumt.

4. Die Sicherheitsübereignung im K. des Treugebers.[1])

a) Zur Sicherung eines Anspruchs kann dem Gläubiger nicht nur ein Pfandrecht bestellt sondern auch das Eigentum an einer Sache oder ein Recht, namentlich eine Forderung, übertragen werden (Sicherungsübereignung; Sicherungskauf; fiduziarische Rechtsübertragung u. a.). Dem Gläubiger stehen dann der Anspruch und das Eigentum an der Sache oder das Recht nebeneinander zu. Die Übertragung des Gegenstandes ist aber regelmäßig (s. jedoch § 925 Abs. 2 BGB.) auflösend bedingt durch die Befriedigung des Anspruchs. Oder der Gläubiger ist wenigstens verpflichtet, den Gegenstand zurückzuübertragen, wenn er befriedigt ist. Was in dieser Hinsicht rechtens ist, entscheidet die Abrede der Beteiligten. Sie ist auch für die Voraussetzungen maßgebend, unter

---

[1]) Besondere Literatur u. a. Düringer, Zur Lehre vom Sicherungskauf, LZ. 2, 97 f. (105 f.), Staub § 368 Anm. 108; s. ferner Anm. 2 zu § 43, Jaeger Anm. 13 zu § 48 (grundsätzl. Anm. 38 f. zu § 43), Pet.-Kleinf. Anm. 1 zu § 64 [anders jetzt Kleinf. Lehrb. 87], Staudinger Anm. 4 zu § 1205, VIII zu § 929, 3 zu § 930; aus der Rechtspr. RGZ. 24, 45 f., LZ. 4, 157; Dresden OLG. 15, 239.

denen der Gläubiger im Verhältnis zum Schuldner den Gegenstand zu seiner Befriedigung verwerten darf, für die Behandlung des Übererlöses usw. Für solche Rechtsgeschäfte gelten keine besonderen Vorschriften. Die Sicherungsübereignung einer beweglichen Sache kann wie jede Übereignung einer beweglichen Sache durch sog. Besitzkonstitut erfolgen, d. h. der Schuldner und bisherige Eigentümer bleibt als Mieter, Leiher u. dgl. im unmittelbaren Besitze der Sache (s. § 930 BGB.). Das wirtschaftliche Ergebnis ist dann die Umgehung des § 1205 BGB., der die Bestellung eines Pfandrechts durch Besitzkonstitut ausschließt. Es besteht aber Einigkeit, daß deshalb die Sicherungsübereignung nicht unwirksam ist. Gefordert wird eine ernstlich gewollte Übereignung, sonst liegt nur ein Scheingeschäft vor; die verschleierte Pfandbestellung wäre mangels der Formen des § 1205 nichtig (§ 117 BGB.). Kein Vorrecht gewährt, solange nicht dem § 1180 BGB. genügt ist, die Vereinbarung, daß eine für eine nun bezahlte Schuld bestellte Hypothek der Sicherung einer anderen Fdg. dienen soll (RG. BayZ. 14, 251). Ob die Übertragung ernstlich gewollt oder simuliert ist, kann nur nach den Umständen des Falles entschieden werden. Da sich hier große Mißbräuche eingeschlichen haben, durch die der redliche Kreditgeber schwer geschädigt werden kann, empfiehlt sich immer streng kritische Prüfung. Häufig sind die Geschäfte auch nach §§ 29f. anfechtbar.

b) Im K. des Schuldners, der ihm das Vermögensstück sicherungsweise übertragen hat, kann der Gläubiger das Stück aussondern (§ 43). Er kann aber auch seine Forderung geltend machen. Dann ist der § 64 entsprechend anzuwenden und der Gläubiger wie ein Absonderungsberechtigter zu behandeln (s. §§ 4, 48, 153, 155, 156, 168 Nr. 3). Der Gläubiger ist also dann genötigt, die Verwertung des Gegenstandes zu betreiben und sich daraus zu befriedigen. An der KMasse nimmt er nur mit dem Ausfalle teil oder, soweit er auf abgesonderte Befriedigung verzichtet. Die Art der Verwertung richtet sich nach der früheren Abrede des Gläubigers und des Schuldners oder nach der Vereinbarung mit dem KVerw. Ist nichts vereinbart, so steht sie im Ermessen des Gläubigers (vgl. Staub § 368 Anm. 111); zur Einhaltung der Formen der Pfandverwertung ist er mangels einer Abrede nicht verpflichtet. § 127 (Verwertung durch den Verw.) dürfte nicht anwendbar sein (Kleinf. Lehrb. 87; a. M. Jaeger Anm. 13). Liegt es im Interesse der Masse, so kann der Verw., wie es dem GSch. möglich gewesen wäre, den Gläubiger befriedigen und den Gegenstand für die Masse verwerten oder die Ablieferung zur Masse verlangen. Das Ergebnis ist: Die Aussonderung des Gegenstandes und die Befriedigung seiner (vollen) Forderung aus der Masse darf der Gläubiger nicht nebeneinander begehren. Wenn ihn der KVerw. nicht wegfertigt, hat der Gläubiger die Wahl, ob er Aussonderung des Gegenstandes verlangen und sich mit seiner persönlichen Forderung am KVerf. nicht beteiligen will oder ob er unter Verzicht auf den Gegenstand verhältnismäßige Befriedigung für die ganze persönliche Forderung beanspruchen will oder ob er die Verwertung des Gegenstandes betreiben und sich für den Ausfall als KGl. an die Masse halten will. Seine Stellung im K. entspricht demnach (von § 127 abges.) der Stellung des Pfandgläubigers. Wie dieser wird er mit seiner nicht bevorrechtigten Forderung durch den Zwangsvergleich auch betroffen, wenn er sich am KVerf. nicht beteiligt hat, die Rechte aus dem Sicherungsgeschäft bleiben aber unberührt (§ 193; RG. LZ. 4, 158).

c) Hat das Sicherungsgeschäft mit dem Gläubiger nicht der GSch. sondern ein Dritter zugunsten des GSch. geschlossen, so kann der Gläubiger ohne weiteres für die volle Forderung verhältnismäßige Befriedigung aus der Masse verlangen. Durch das Sicherungsgeschäft ist die Masse nicht berührt, weil der zur Sicherung übertragene Gegenstand nicht aus dem Vermögen des GSch. stammt. S. ferner Bem. 4 vor § 47 und wegen der Anwendung des § 193 RG. LZ. 4, 157.

d) Ist der Gegenstand dem Vermögen des GSch. entnommen, der GSch. aber nicht persönlicher Schuldner des gesicherten Gläubigers, so kann § 64 nicht entsprechend angewendet werden. Der Gläubiger ist im K. auf den Aussonderungsanspruch beschränkt. Ob und wie der KVerw. den Gegenstand auslösen kann, bestimmt sich nach dem inneren Verhältnis (u. U. sind die Vorschr. zum Schutze des Verpfänders, §§ 1217, 1218, 1223 Abs. 2 BGB., entsprechend anwendbar).

5. **Übergangsvorschriften** s. Art. VI EG. KNov. Die Vorschriften des vor dem 1. Januar 1900 geltenden KRechts, also auch die (s. Anm. 2) aufgehobenen §§ 14. bis 16 EG. KO., sind maßgebend, soweit für ein rechtsgeschäftlich bestelltes Pfandrecht die Vorschriften des bis dahin geltenden bürgerlichen Rechtes in Kraft geblieben sind; dazu Art. 184 EG. BGB. Näheres Jaeger Anm. 10.

Gesetzl. u. Pfändungspf.- u. Zurückbeh.-Rechte.

§ 49. (§ 41.)

[1]Den im § 48 bezeichneten Pfandgläubigern stehen gleich:

1. **die Reichskasse, die Staatskassen und die Gemeinden, sowie die Amts-, Kreis- und Provinzialverbände wegen öffentlicher Abgaben, in Ansehung der zurückgehaltenen oder in Beschlag genommenen zoll- und steuerpflichtigen Sachen;**
2. **diejenigen, welche an gewissen Gegenständen ein gesetzliches oder ein durch Pfändung erlangtes Pfandrecht haben; das dem Vermieter und dem Verpächter nach den §§ 559, 581, 585 des Bürgerlichen Gesetzbuchs zustehende Pfandrecht kann in Ansehung des Miet- oder Pachtzinses für eine frühere Zeit als das letzte Jahr vor der Eröffnung des Verfahrens, sowie in Ansehung des dem Vermieter oder dem Verpächter infolge der Kündigung des Verwalters entstehenden Entschädigungsanspruchs nicht geltend gemacht werden; das Pfandrecht des Verpächters eines landwirtschaftlichen Grundstücks unterliegt in Ansehung des Pachtzinses der Beschränkung nicht;**

3. diejenigen welche etwas zum Nutzen einer Sache verwendet haben, wegen des den noch vorhandenen Vorteil nicht übersteigenden Betrags ihrer Forderung aus der Verwendung, in Ansehung der zurückbehaltenen Sache,
4. diejenigen, welchen nach dem Handelsgesetzbuche in Ansehung gewisser Gegenstände ein Zurückbehaltungsrecht zusteht.

II Die im Abs. 1 Nr. 1 bezeichneten Rechte gehen den im Abs. 1 Nr. 2—4 und den im § 48 bezeichneten Rechten vor.

Begr. I 201, Begr. II 35 f. — Geändert durch die Nov.

1. Allgemeines. Der § 49 stellt den Vertragspfandgläubigern (§ 48) bestimmte andere Gläubiger gleich, d. h. er gibt ihnen das Recht der abgesonderten Befriedigung an einzelnen zur KMasse gehörigen Gegenständen (beweglichе Sachen oder Rechte), zu denen ihre Ansprüche in bestimmten rechtlichen Beziehungen stehen. Das Vorrecht ist auf die Befriedigung des Hauptanspruchs und der Nebenansprüche in der im § 48 bezeichneten Reihenfolge beschränkt. Die Gläubiger sind den Vertragspfandgläubigern auch im Verfahren gleichgestellt (s. §§ 4, 118, 119, 120, 127, 153, 155, 156, 168 Nr. 3). Über das KVerf. hinaus erstreckt sich die Gleichstellung nicht. Der Inhalt der Rechte ändert sich nicht; wie die Geltendmachung der Rechte ist er nach den zugrunde liegenden öffentlichen oder bürgerlichen Rechtsverhältnissen zu beurteilen (Anm. 3 zu § 4). Abgesehen von Abs. 2 (und Art. III EG. KNov.), die den im Abs. 1 Nr. 1 bezeichneten Ansprüchen wegen öffentlicher Abgaben einen Vorrang vor den anderen, wenn auch älteren Absonderungsrechten innerhalb (und außerhalb) des K. geben, bestimmt die KO. nichts über die Rangordnung mehrerer zusammentreffender Absonderungsrechte an dem gleichen Gegenstande. Es entscheiden demnach die allgemeinen Vorschriften, d. h. grundsätzlich das Alter des Rechtes (s. aber § 1208 BGB., § 366 HGB.). Sind mehrere Rechte gleich alt, so haben sie gleichen Rang und Anspruch auf verhältnismäßige Befriedigung (s. § 1209 mit § 1257 BGB. und § 804 ZPO.; RGRKomm. Anm. 1 zu § 1209; Fischer-Henle Anm. 1 zu § 1209, Anm. 3, 4 zu § 1257). Besondere Vorschriften über den Rang der gesetzlichen Pfandrechte des Kommissionärs, Spediteurs, Lagerhalters und Frachtführers in § 443 HGB.; weitere Rangvorschriften in §§ 766 f., §§ 776, 777 HGB. und in §§ 106 f., 116 BinnenschG., § 29 FlößG. Die Reihenfolge des § 49 ist — anders wie in § 61 — keine Rangfolge (Begr. I, 220).

2. a) Das Vorzugsrecht nach Nr. 1 setzt voraus, daß ein Reichsgesetz oder Landesgesetz den Reichsfiskus, den Landesfiskus oder einen untergeordneten staatlichen Verband ermächtigt, Sachen, deren Einfuhr, Ausfuhr, Herstellung, Vertrieb usw. den Anspruch auf eine öffentliche Abgabe (Zoll, Steuer, Aufschlag u. a.) begründet, wegen dieses Anspruchs zurückzuhalten oder in Beschlag zu nehmen. Aus diesen Sachen darf sich der Fiskus oder Verband unter Ausschluß älterer Rechte (Abs. 2, siehe Anm. 1) wegen seines Abgabenanspruchs in der Haupt-

und Nebensache (§ 48) (nicht wegen anderer Ansprüche gegen den GSch.) vorzugsweise befriedigen. Die Zurückhaltung oder Beschlagnahme erfolgt möglicherweise erst nach der KE., z. B. wenn eine zur KMasse gehörige Sache erst nachher in das Zollgebiet eingeführt wird. Der § 15 steht dem Rechtserwerbe nicht entgegen, weil mangels besonderer Vorschriften der öffentlichrechtliche Verband das Beschlagnahme- oder Zurückbehaltsrecht unabhängig von der privatrechtlichen Verfügungsgewalt über die Sache und mit Wirkung gegen jeden kraft öffentlichen Rechtes erwirbt (vgl. § 14 des VereinszollG.). Die Sache wird außerhalb des K. (§ 4 Abs. 2) nach den für die Abgabe maßgebenden reichsrechtlichen oder landesrechtlichen Vorschriften verwertet.

b) Für andere öffentliche Abgaben (z. B. direkte Steuern) oder sonstige Ansprüche haben die öffentlichrechtlichen Verbände kein besonderes Befriedigungsrecht. Vorbehaltlich des Vorrechts bei der Befriedigung aus der Masse nach § 61 Nr. 2, 3 stehen sie den anderen Gläubigern gleich. Sie genießen demnach ein Absonderungsrecht z. B., wenn sie vor der KE. ein Pfändungspfandrecht erlangt haben. Für das Gebiet der Reichssteuern s. § 317 ReichsabgO. vom 13. Dezember 1919.

3. **Gesetzliche Pfandrechte.** Auf ein kraft Ges. entstandenes Pfandrecht finden die Vorschriften über das rechtsgeschäftlich bestellte Pfandrecht entsprechende Anwendung (§§ 1257, 1204 f. BGB.).

Aufzählung der wichtigsten gesetzlichen Pfandrechte:

α) Das Pfandrecht des Berechtigten, zu dessen Gunsten durch Hinterlegung von Geld oder Wertpapieren Sicherheit geleistet wurde, an dem Gelde oder den Wertpapieren oder u. U. an der Forderung auf Rückerstattung, § 233 BGB. Entsprechendes gilt für die Fälle der Sicherheitsleistung im Prozesse, s. § 108 ZPO. (Seuffert ZPO. dort) und auch für die Hinterlegung des Streitgegenstandes nach § 713 Abs. 2 ZPO. Näheres Jaeger Anm. 8; Falkmann 329 f. (bestr.).

β) Das Pfandrecht des Vermieters eines Grundstücks oder von Wohnräumen oder anderen Räumen (insbesondere eines Ladens) an den eingebrachten Sachen des Mieters für seine Forderungen aus dem Mietverhältnis, §§ 559 bis 563, 580 BGB., s. unten b.

γ) Das Pfandrecht des Verpächters eines Grundstücks an den eingebrachten Sachen des Pächters für seine Forderungen aus dem Pachtverhältnis, § 581 Abs. 2 mit §§ 559 f. BGB. Das Pfandrecht des Verpächters eines landwirtschaftlichen Grundstückes ist erweitert durch § 585.

δ) Das Pfandrecht des Pächters eines Grundstücks an den in seinen Besitz gelangten Inventarstücken für die Forderungen gegen den Verpächter, die sich auf das mitgepachtete Inventar beziehen, § 590 BGB. An Inventar, das ihm gehört, hat der Pächter ein Aussonderungsrecht (§ 43).

ε) Das Pfandrecht des Werkunternehmers an den von ihm hergestellten oder ausgebesserten und dabei in seinen Besitz gelangten beweglichen Sachen des Bestellers für seine Forderungen aus dem Werkvertrag, § 647 BGB.

ζ) Das Pfandrecht des Gastwirts an den eingebrachten Sachen des Gastes für die in § 704 BGB. bezeichneten Forderungen.

η) Das Pfandrecht des Kommissionärs am Kommissionsgute nach §§ 397, 399 HGB. Das Absonderungsrecht erstreckt sich nicht auf Kommissionsgut, das erst nach der KE. in den Besitz des Kommissionärs gelangt; RGZ. 71, 76. Ist der K. z. Z. der KE. Eigentümer des Kommissionsguts, so kann er sich zwar nach Maßgabe der pfandrechtlichen Vorschriften befriedigen (§ 398), die Grundsätze über Absonderungsrechte (bes. §§ 64, 127) sind dann aber nicht anwendbar, vgl. Anm. 4 vor § 47 und Anm. 8. A. M. Jaeger Anm. 9.

ϑ) Das Pfandrecht des Spediteurs am Lagergute nach § 421 HBG. HGB.

ι) Das Pfandrecht des Lagerhalters am Lagergute nach § 421 HGB.

κ) Das Pfandrecht des Frachtführers am Frachtgute nach §§ 440 bis 442 HGB. Dazu §§ 26, 77 Abs. 2 BinnenschG., Art. 20, 21 internationales Übereinkommen über den Eisenbahnfrachtverkehr vom 14. Oktober 1890.

λ) Im Seehandel das Pfandrecht des Verfrachters an den Gütern nach §§ 623, 624, 627, 674 HGB.; das Pfandrecht der Vergütungsberechtigten nach §§ 725, 731 Abs. 3 HGB.; für die Binnenschiffahrt § 89 BinnenschG.; das Pfandrecht wegen der Bergungs- und Hilfskosten an den geborgenen oder geretteten Gegenständen nach § 751 HGB. (§§ 740—748, 750 nach dem Gesetz über den Zusammenstoß von Schiffen sowie über die Bergung und Hilfsleistung in Seenot vom 7. Januar 1913, RGBl. S. 90); dazu § 20 (mit der Änderung nach Art. 2 des zit. RG. vom 7. Januar 1913), § 21 StrandO. vom 17. Mai 1874; für die Binnenschiffahrt §§ 97 f. BinnenschG.; das Pfandrecht der Schiffsgläubiger an der Fracht nach §§ 756 f., 771 f. HGB.; für die Binnenschiffahrt §§ 104 f. BinnenschG.[1])

μ) Nach dem Flößereigesetz vom 15. Juni 1895 das Pfandrecht des Entschädigungsberechtigten an dem Floße, § 22 Abs. 2 (vgl. § 23), das Pfandrecht der Berger oder Helfer an den geborgenen oder geretteten Gegenständen, §§ 28, 29. Dem gesetzlichen Pfandrecht steht nahe das durch § 157 VVG. bei der Haftpflichtversicherung dem Dritten im K. des Versicherungsnehmers zugunsten des ihm gegen letzteren zustehenden Anspruchs eingeräumte Recht auf abgesonderte Befriedigung aus der Entschädigungsfdg., s. hierzu Teil III Nr. 10.

4. Das Pfandrecht des Vermieters insbesondere (Anm. 3 β).

a) Das Pfandrecht des Vermieters (Untervermieters) oder seines Rechtsnachfolgers besteht an den pfändbaren (wenn auch nach § 812 ZPO. ordnungsmäßig von der Pfändung nicht betroffenen) eingebrachten Sachen (§ 90 BGB.) des Mieters (Untermieters), auch an Geld und Wertpapieren, für seine Forderungen aus dem Mietverhältnis, besonders für die Mietzinsforderung, ohne Rücksicht auf deren Fälligkeit. Für künftige d. h. zur Zeit der Verwirklichung des Pfandrechts noch nicht fällige Entschädigungsforderungen (vgl. RG. LZ. 4, 230) kann es aber

---

[1]) Das gesetzliche Pfandrecht der Schiffsgläubiger an dem eingetragenen Schiffe nebst Zubehör (§ 755 HGB., § 103 BinnenschG.) führt zur Absonderung des Schiffes nach § 47 (vgl. Fitting 284 Anm. 13).

nicht geltend gemacht werden, für den noch nicht fälligen Mietzins nur mit Beschränkung auf das bei der Geltendmachung laufende und das folgende Mietjahr. Nur die Sachen des Mieters sind dem Pfandrecht unterworfen, nicht die Sachen des Ehegatten, der nicht mitgemietet hat, oder der Kinder (Eigentumsvermutung § 1362 BGB.). Wenn aber bei ehelicher Gütergemeinschaft die Mietschuld Gesamtgutsverbindlichkeit ist, besteht das Pfandrecht an dem Gesamtgut. Lastet auf den eingebrachten Sachen der Eigentumsvorbehalt eines Dritten, so erlangt der Vermieter kein Pfandrecht, solange nicht der Mieter Eigentümer wird. Umgekehrt wird das Pfandrecht nicht berührt, wenn der Mieter ihm gehörige eingebrachte Sachen einem Dritten übereignet aber im Gewahrsam behält (häufige Form der Sicherungsübereignung), vgl. RG. LZ. 4, 230 (Zusammentreffen von Aussonderungs- und Absonderungsrecht). Gegenüber der KMasse, also soweit es sich um Bestandteile der KMasse handelt (s. RG. a. a. O.), ist die Pfandhaftung für rückständige Mietzinsen auf ein Jahr vom Tage der KE. zurück[1]) beschränkt (vgl. § 563 BGB.), ferner kann sie nicht geltend gemacht werden wegen des Schadensersatzanspruchs, den der Vermieter nach § 19 Satz 3 (s. § 26) bei der vorzeitigen Kündigung durch den Verw. hat. Anderseits besteht die Pfandhaftung auch für die Ansprüche des Vermieters, die auf die Zeit nach der KE. fallen (Masseschuld § 59 Nr. 2). Das gesetzliche Vermieterpfandrecht kann durch Vertrag ausgeschlossen oder eingeschränkt sein; eine Erweiterung ist möglich nach den Grundsätzen des Vertragspfandrechts (§§ 1204 f., Einbringung auf das Grundstück oder in den Mietraum genügt nicht. RGZ. 72, 182 f.). Wegen der Sicherungsübereignung s. Anm. 4 zu § 48.

b) Das Pfandrecht des Vermieters erlischt außerhalb des K. grundsätzlich mit der Entfernung der Sachen von dem Grundstück (§§ 560, 561 BGB.). Das gilt soweit auch für die Entfernung durch den KVerw., als der Vermieter nach § 560 Satz 2 der Entfernung überhaupt nicht widersprechen kann. Der Erlös aus Sachen z. B., deren Entfernung für den Vermieter unschädlich ist, weil er durch das Zurückbleibende offenbar gesichert ist, fließt ungeschmälert in die KMasse (vgl. für die Zwangsvollstreckung RGZ. 71, 418). Im übrigen ist davon auszugehen, daß die Verwertung der Masse durch den KVerw. zwar keine Zwangsvollstreckung ist, ihr aber gegenüber Dritten, denen das Gesetz für den Fall der Zwangsvollstreckung ein Widerspruchs- oder Vorzugsrecht beilegt, materiell gleichsteht (Anm. 3 zu § 4). Der Vermieter kann demnach der Verwertung der Sachen für die Masse (§ 117) und ihrer Entfernung vom Grundstück zu diesem Zwecke (wohl aber einer Räumung durch den GSch. oder einen Dritten) nicht widersprechen, er behält dann aber bis zur Veräußerung der Sachen sein Pfandrecht und erlangt mit der Veräußerung — maßgebender Zeitpunkt für den Umfang der gesicherten Forderungen — einen Anspruch auf vorzugsweise Befriedigung aus dem Erlös ohne Rücksicht darauf, ob seine Forderung fällig ist oder nicht (entspr. § 805 ZPO.). Der Verw. muß die Verwertung nach den Vorschriften über die Zwangsvollstreckung oder den Pfandverkauf betreiben (§ 127 Abs. 1, s. aber dort Anm.), wenn er sich mit dem Gläubiger nicht anders einigt. Erfolgt die Versteigerung ohne Entfernung der Sachen

---

[1]) Die Berechnung rückwärts vom Tage der KE. an gilt auch dann, wenn sich der K. an ein GeschäftsaufsVerf. anschließt (Jaeger LZ. 12, 19).

auf dem gemieteten Grundstück, so ist die rechtliche Lage des Vermieters die gleiche. Den Anspruch auf Vorzugsberechtigung muß der Vermieter geltend machen, solange nicht der Erlös mit der Masse vereinigt ist. Die Form und Frist des § 561 Abs. 2 Satz 2 gilt für die Wahrung dieses Anspruchs nicht (vgl. Jaeger Anm. 20f.; Planck Erl. 2c zu § 561; Hamm OLG. 17, 4; Celle OLG. 19, 3f.; RG. LZ. 4, 228f. = JW. 38, 424; s. auch Hamburg OLG. 21, 203). Über die Ansprüche des Absonderungsberechtigten nach der Vereinigung des Erlöses mit der Masse s. Anm. 3 zu § 4. Ist der Vermieter ausnahmsweise Besitzer der haftenden Sachen — den Besitz muß er z. B. der KE. haben — und zum Pfandverkaufe berechtigt (s. §§ 1257, 1231, 1228 Abs. 2 BGB.; s. auch RG. Gruch. 49, 840), so kann er sich wie der Vertragspfandgläubiger durch Verkauf (§§ 1233f.) befriedigen; der Verw. ist zur Verwertung unter Beschränkung der Rechte des Vermieters auf den Erlös erst in zweiter Linie befugt (s. § 127 Abs. 2). Sind die Sachen vor der KE. ohne Wissen oder unter Widerspruch des Vermieters entfernt worden und läuft die Ausschlußfrist (§ 561 Abs. 2 Satz 2) noch, so muß der Vermieter seinen Anspruch (§ 561 Abs. 2 Satz 1) innerhalb der Frist gerichtlich geltend machen, sonst erlischt das Pfandrecht (vgl. auch Planck Erl. 2c zu § 561). Ist der Anspruch gegen den KVerw. gerichtet, so kann dieser einwenden, daß er die Sachen nach § 127 Abs. 1 verwerten will. Dann tritt an die Stelle der Pfandhaftung die Vorzugsbefriedigung aus dem Erlös. Ist eine Sache vor der KE. gepfändet und durch den Gerichtsvollzieher vom Grundstück entfernt oder dort belassen worden, so gilt für den Vermieter auch nach der KE. der § 805 ZPO., die Herausgabe zur Zurückschaffung oder die Überlassung des Besitzes kann er nicht verlangen.

5. a) **Das Pfandrecht des Verpächters insbesondere** (Anm. 3γ). Das Pfandrecht des Verpächters richtet sich im allgemeinen nach dem Pfandrecht des Vermieters (§ 581 Abs. 2 BGB.), für das Pfandrecht des Verpächters eines landwirtschaftlichen Grundstücks gilt aber die Besonderheit, daß es — auch gegenüber einem Pfändungspfandgläubiger — für den gesamten rückständigen und künftigen Pachtzins geltend gemacht werden kann (§ 585 BGB.). Dem entsprechen die Vorschriften in § 49 Nr. 2 am Schluß. Das Pfandrecht dieses Verpächters erstreckt sich ferner (§ 585 a. a. O.) auf die Früchte des Grundstücks (§ 99 BGB.) und auf das nach § 811 Nr. 4 ZPO. zwar unpfändbare aber (§ 1 Abs. 2) zur KMasse gehörende Inventar (Gerät, Vieh u. a.). Die Streitfrage, ob das Pfandrecht des Verpächters an den Früchten erst mit deren Trennung, also mit dem Zeitpunkt entsteht, in dem der Pächter das Eigentum an ihnen erwirbt (§ 956 BGB.) oder ob es (vgl. § 810 ZPO.) schon vorher besteht, wird bei der allgemeinen Fassung des § 585 im letzteren Sinne zu entscheiden sein (Ausn. von § 93 BGB.); gl. Ans. z. B. RGRKomm. zu § 585; Seuffert Anm. 3 zu § 810 ZPO.; a. M. Jaeger Anm. 32, 51; Staudinger II 1b zu § 585. Der Verpächter hat deshalb ein Vorzugsrecht nach § 805 ZPO., wenn ein Gläubiger des Pächters Pfändung nach § 810 ZPO. erwirkt. Gl. Ans. (trotz abweichender Grundauffassung) Planck Erl. 2a zu § 585.

b) Wegen des Entschädigungsanspruchs, den er infolge der Kündigung des KVerw. hat (§ 19 Satz 3, § 26), kann auch der Verpächter eines landwirtschaftlichen Grundstücks das Pfandrecht während des K. nicht geltend machen.

6. Pfändungspfandrechte (Nr. 2).

a) Solche Pfandrechte können begründet sein durch Privatpfändung (s. u. a. Art. 89 EG. BGB., Preußen z. B. §§ 77 f. Feld- u. Forstpolizeiges. v. 1. April 1880 [s. weiter Crusen-Müller Preuß. AG. BGB. S. 746], Bayern Art. 6 f. Feldschadenges. v. 6. März 1902, Art. 87 FischG. v. 15. August 1908, Sachsen §§ 41 f. Forst- u. Feldstrafges. v. 26. Februar 1909) und durch amtliche Pfändung. Wegen Privatpfändung während des K. s. Jaeger Anm. 11 zu § 15. Die rechtliche Grundlage der amtlichen Pfändung (Zwangsvollstreckung nach der ZPO. §§ 803 f., Arrestvollziehung § 930 ZPO., Verwaltungszwangsverfahren, auch die vollstreckungs- oder arrestmäßige „Beschlagnahme" einzelner beweglicher Gegenstände, soweit sie zur Deckung oder Sicherung von Geldforderungen, nicht zur Sicherung des Beweises oder der Einziehung erfolgt) macht keinen Unterschied.

b) Das Pfändungspfandrecht muß vor der KE. gültig entstanden sein; verwertet kann es auch nachher werden (Anm. **3** vor § **47**; s. §§ **14**, 15). Besondere Vorschrift in §§ 221, 236. Die Pfändung von Sachen im Gewahrsam des Schuldners, des Gläubigers oder eines zur Herausgabe bereiten Dritten ist bewirkt durch die Besitzergreifung des Gerichtsvollziehers (ZPO. §§ 808, 809). Werden die Sachen im Gewahrsam des Inhabers belassen, so muß die Pfändung ordnungsmäßig ersichtlich gemacht sein. Durch die Beseitigung des Pfandzeichens ohne Einwilligung des Gläubigers oder des Gerichtsvollziehers erlischt das Pfandrecht nicht; die Erneuerung des Zeichens ist keine neue Pfändung (vgl. Seuffert Anm. 7 zu § 804 ZPO.; Jaeger Anm. 39). Die gepfändeten Sachen werden nach der KE. in der gewöhnlichen Weise (§§ 814 f. ZPO.) verwertet. Die Pfändung einer Geldforderung ist bewirkt durch die Zustellung des Gerichtsbeschlusses an den Drittschuldner (§ 829 Abs. 3). Besondere Vorschriften für die Pfändung einer Hypothekforderung in §§ 830, 837 Abs. 3, der Forderung aus einem Wechsel oder andern indossabeln Papieren in § 831. Die Überweisung der gepfändeten Geldforderung an den Gläubiger zur Einziehung oder an Zahlungs Statt (§§ 835 f., s. auch § 844) ist Verwertung des schon entstandenen Pfandrechts und kann auch nach der KE. erfolgen (gl. A. Jaeger Anm. 9 zu § 14). Der Drittschuldner wird auf Grund der Überweisung durch die Zahlung an den Gläubiger dem Schuldner und dem KVerw. gegenüber befreit, auch wenn der Überweisungsbeschluß zu Unrecht ergangen ist (§ 836 Abs. 2). Über die Zwangsvollstreckung in Ansprüche, die die Herausgabe von Sachen betreffen, s. §§ 846 f., über die Zwangsvollstreckung in andere Vermögensrechte s. § 857 ZPO.

Wird gepfändetes Geld, der Erlös gepfändeter Gegenstände oder der vom Drittschuldner geschuldete Gegenstand hinterlegt, so hat der Gläubiger daran (event. an der Forderung auf Rückerstattung entspr. § 233 BGB.) ein Absonderungsrecht, weil sein Pfändungspfandrecht fortdauert (s. §§ 720, 815 Abs. 2 Satz 1, § 930 Abs. 2, § 805 Abs. 4, § 827 Abs. 2, § 854 Abs. 2, § 930 Abs. 2, §§ 839, 853 ZPO.; Seuffert Anm. 9a zu § 804; Jaeger Anm. 39).

c) Die Anordnung des Arrestes begründet noch kein Absonderungsrecht des Arrestgläubigers, erst die — befristete (§ 929 Abs. 2, 3 ZPO.) — Arrestvollziehung (§ 930 ZPO.). Dazu Jaeger Anm. 14 zu § 14. Durch die Pfändung i. W. der Arrestvollziehung entsteht ein

Pfandrecht mit den Wirkungen des § 804. Während des K. kann das Arrestpfandrecht in Vollstreckungspfandrecht übergehen; der Rang des letzteren bestimmt sich dann nach seiner Entstehung als Arrestpfandrecht Die Ausübung des Absonderungsrechtes zur Zeit der Befriedigung setzt einen Zwangsvollstreckungstitel voraus. Als solcher dient schon während des K. die vom GSch. nicht ausdrücklich bestrittene Feststellung der Forderung zur KTabelle (§ 145; s. dort Anm. 3b und Kassel ZZP. 40, 113; LZ. 3, 490). Ein Pfandrecht erwirbt der Arrestgläubiger auch an der nach § 923 ZPO. hinterlegten Abwendungssumme oder an der Forderung gegen die Hinterlegungsstelle auf Rückerstattung (BGB. § 233, vgl. Seuffert zu § 923). Über verschiedene hierher gehörige Fragen s. RGZ. 56, 145; Jaeger Anm. 14 zu § 14. Besondere Vorschriften in §§ 221, 236.

d) Die Pfändungsbenachrichtigung (§ 845 ZPO.) genauer die Benachrichtigung des Drittschuldners wirkt wie eine Arrestvollziehung (§ 930), sofern die Pfändung der Forderung innerhalb 3 Wochen seit der Zustellung gültig nachgeholt wird (Abs. 2), begründet also ein aufschiebend bedingtes Pfändungspfandrecht. Wird aber vor der Pfändung der K. über das Vermögen des Sch. eröffnet, so kann die Bedingung nicht eintreten (§ 14); die Benachrichtigung verliert ihre Wirkung. S. Karlsruhe BadRspr. 13, 57. Auch die Pfändung, die erfolgt, nachdem ein gerichtliches Veräußerungsverbot nach § 106 Abs. 1 an den Schuldner ergangen ist, ist — der KMasse gegenüber — unwirksam (§§ 136, 135 BGB.). War die Pfändung vor der KE. wirksam erfolgt, so bestimmt sich der Rang des Pfandrechts — vorbehaltlich der Anfechtung — nach dem Zeitpunkt, in dem die Benachrichtigung an den Drittschuldner zugestellt wurde. Die Pfändung hat also rückwirkende Kraft (s. Seuffert Anm. 3 zu § 845 ZPO., RGZ. 42, 367).

7. Das Absonderungsrecht wegen Verwendungen (Nr. 3).

a) Es setzt voraus

α) daß eine bewegliche Sache (sonst entscheidet § 47), die zur KMasse gehört, von dem zur Herausgabe Verpflichteten zurückbehalten oder unter Vorbehalt seines Rechtes auf Vorzugsbefriedigung herausgegeben wird,

β) daß die Zurückbehaltung (Rechtsverwahrung) erfolgt, weil der Pflichtige oder sein Rechtsvorgänger etwas zum Nutzen der Sache verwendet hat,

γ) daß dieses Zurückbehaltungsrecht nach den für das Rechtsverhältnis maßgebenden Vorschriften oder vertragsmäßig begründet ist. S. dazu §§ 102, 273 Abs. 2, 3, §§ 292, 304, 347, 450, 500, 501, 547, 601, 670, 675, 683, 850, 972, 994 bis 1003, 1049, 1216, 1466, 2022, 2125, 2185 BGB. Papiere, die nicht selbständige Träger einer Forderung sind, können nach Nr. 3 (wie nach Nr. 4) im K. nicht zurückbehalten werden, RG. LZ. 4, 217 (s. auch b).

Die Verwendung muß ferner den Wert der Sache noch bei der Geltendmachung des Absonderungsrechts erhöhen und die abgesonderte Befriedigung ist beschränkt auf den Betrag, der dem noch vorhandenen Nutzen entspricht. Unter diesen Umständen wird das persönliche Zurückbehaltungsrecht aus Anlaß des K. wie ein dingliches Befriedigungsrecht behandelt. Im Streitfalle kann der Gläubiger gegen den KVerw.

auf Feststellung des Absonderungsrechts oder, wenn dieser die Verwertung der Sache betreibt (§ 127), auf Vorzugsbefriedigung klagen. Zur Verwertung der Sache ist der Gläubiger in der Regel nicht selber befugt, er kann deshalb ihre Herausgabe an den Verw. zur Verwertung nicht verweigern (§ 127 Abs. 1). Ausnahme: § 1003 BGB. Die Aufforderung zur Erklärung über die Genehmigung der Verwendungen (s. dort) ist nach der KE. an den KVerw. zu richten. Nach dem fruchtlosen Ablaufe der Frist kann der Besitzer in Höhe des noch vorhandenen Mehrwertes Befriedigung durch Pfandverkauf der Sache (§§ 1228 f. BGB.) suchen; hiezu § 127 Abs. 2. Hat der Verw. rechtzeitig genehmigt, so erlangt der Besitzer kein Selbstbefriedigungsrecht und es gilt die Regel des § 127 Abs. 1. Den Umfang des Anspruches bestimmt das BGB. Verwendungen vor der KE. begründen eine KForderung, Verwendungen nach der KE. einen Masseanspruch (§ 59 Nr. 1, 3).

b) **Ein in Nr. 1, 3 u. 4 nicht berücksichtigtes Zurückbehaltungsrecht auf gesetzlicher oder vertragsmäßiger Grundlage (z. B. wegen Schädigung durch die herauszugebende Sache, s. § 273 Abs. 2 BGB.) hat im K. keine Wirkung und begründet vor allem keine Einrede gegen den Herausgabeanspruch des Verw.** Denn Sicherungsrechte, die die KO. nicht ausdrücklich als fortdauernd wirksam anerkennt, haben der Masse gegenüber keine Bedeutung. Vgl. RGZ. 20, 133 f.; 29, 302; LZ. 4, 217, 226; Jaeger Anm. 42; a. M. Seuffert 112; Wolff LZ. 2, 36 f., 107 f. Daraus folgt, daß auch der Rechtsanwalt im K. seines Klienten dem KVerw. gegenüber das Zurückbehaltungsrecht an den Handakten nach § 32 RAO. nicht ausüben kann (s. Friedländer RAO. Anm. 33 f. zu § 32; Jaeger Anm. 42; a. M. Meyer SeuffBl. 68, 6 f.). Anders selbstverständlich, wenn der Rechtsanwalt wegen seiner Auslagen und Gebühren Massegläubiger ist, weil ihn der KVerw. beauftragt hat. Denn die dem KVerw. gegenüber entstandenen gesetzlichen — und vertragsmäßigen (s. RGZ. 53, 192) — Zurückbehaltungsrechte haben ihre gewöhnliche Wirkung. Wegen Sicherstellung eines Gl. mit einem (Militärdienst)VersichSchein s. Dresden SeuffArch. 72, 14.

8. a) **Das kaufmännische Zurückbehaltungsrecht (Nr. 4)** kommt (näheres §§ 369 bis 372 HGB.) einem Kaufmann zu wegen der Forderungen, die er gegen einen andern in K. geratenen Kaufmann aus den zwischen ihnen geschlossenen beiderseitigen Handelsgeschäften (§§ 343 f. HGB.) hat; es besteht an den beweglichen Sachen und Wertpapieren (nicht bloßen Beweisurkunden), die mit Willen des Schuldners auf Grund von Handelsgeschäften in den Besitz des Gläubigers gelangt und z. Z. der KE. noch in dessen Besitz sind. U. U. besteht das Zurückbehaltungsrecht auch, wenn der Gläubiger Eigentümer der Sache oder des Wertpapiers geworden ist (§ 369 Abs. 1 Satz 2 HGB.). Dann gehört der Gegenstand nicht zur KMasse und das Zurückbehaltungsrecht begründet kein Absonderungsrecht nach Nr. 4 (Bem. 4 vor § 47); sein Inhalt und seine Ausübung richtet sich vielmehr nach den gewöhnlichen Vorschriften, die Klage auf Gestattung der Befriedigung (§ 371 HGB.) geht dann gegen den GSch., für die Beteiligung des Gläubigers am KVerf. gelten entsprechend die Grundsätze, wie wenn dem Gläubiger der Gegenstand eines Dritten oder ein freier Gegenstand des GSch. haftet (Bem. 4 vor § 47).

Nach der KE. kann das Zurückbehaltungsrecht auch wegen nicht fälliger Forderungen geltend gemacht werden (§ 370 Abs. 1 HGB.). Hiezu Kiel OLG. 11, 409; Jaeger Anm. 22 zu § 15. Der Gläubiger hat nach § 371 HGB. kraft des Zurückbehaltungsrechts die Befugnis, sich aus dem zurückbehaltenen Gegenstande zu befriedigen. Zur Selbstverwertung (§ 127 Abs. 2) ist er aber nur berechtigt, wenn er einen vollstreckbaren Titel hat. Durch Klage gegen den Verw. auf Gestattung der Befriedigung kann er sich diesen auch während des K. verschaffen. Örtliche Zuständigkeit: § 371 Abs. 4. Hat der Berechtigte keinen vollstreckbaren Titel, so hat er den Gegenstand dem Verw. zur Verwertung herauszugeben mit dem Rechte auf Vorzugsbefriedigung aus dem Erlöse (§ 127 Abs. 1).

b) über eine Einschränkung des kaufmännischen Zurückbehaltungsrechts s. § 8 DepG.

c) Weitere Fälle von Zurückbehaltungsrecht im HGB. s. § 615 Abs. 1, §§ 627, 751, 888 (Seehandel). Dazu § 97 BinnenschG., § 28 FlößG. Dem § 888 HGB. ist nachgebildet § 77 VVG. (Schadensversicherung für fremde Rechnung; Zurückbehaltungsrecht des Versicherungsnehmers am Versicherungsschein gegenüber dem KVerw. des Versicherten; Vorzugsbefriedigung aus der Entschädigungsforderung).

Ausübung von Absonderungsrechten im Auslande.

§ 50. (§ 42.)

Wer nach der Eröffnung des Konkursverfahrens oder mit Kenntnis des Eröffnungsantrages oder der Zahlungseinstellung eine Konkursforderung dem im Auslande wohnenden Inhaber eines zur Konkursmasse gehörigen Gegenstandes oder in der Absicht, daß dieser die Forderung erwerbe, einer Mittelsperson abtritt, ist verpflichtet, zur Konkursmasse den Betrag zu ersetzen, welcher derselben dadurch entgeht, daß der Inhaber für die Forderung nach dem Rechte des Auslandes entgegen den Bestimmungen dieses Gesetzes ein Absonderungsrecht an dem Gegenstande ausübt. Die Vorschrift des § 33 findet entsprechende Anwendung.

Begr. I 220. — Unverändert durch die Nov.

1. Allgemeines. Das KVerf. umfaßt grundsätzlich auch das der Zwangsvollstreckung unterliegende Vermögen des GSch., das sich außerhalb des Bereichs der KO. im Auslande befindet. Der KVerw. hat sich zu bemühen auch solche Bestandteile der Masse zu verwerten. Er wird aber u. U. hieran dadurch gehindert, daß der Gegenstand nach dem ausländischen Rechte von einem oder mehreren Gläubigern des GSch. der Masse entzogen und zur abgesonderten Befriedigung verwendet wird. Soweit die abgesonderte Befriedigung im Einklange mit der KO. steht, also auch im Inlande zulässig wäre, ist nichts zu bemerken. Soweit sie aber nur möglich wird, weil das ausländische Recht den deutschen K. nicht anerkennt oder doch die Sonderbefriedigung ohne Rücksicht auf das deutsche Recht zuläßt, ergibt sich die Frage, wie sich das inländische

Recht dazu verhält. Der deutsche Gesetzgeber kann freilich solche Eingriffe nicht verhindern, er könnte aber z. B. den Gläubiger, der im Auslande ein von der KO. nicht anerkanntes Absonderungsrecht (s. § 4 Abs. 1) ausübt, von der Teilnahme am inländischen Verfahren ausschließen oder sonst Vergeltung nehmen. Von solchen Maßregeln ist abgesehen. Aus § 50 ist vielmehr zu schließen, daß sich das deutsche Recht mit der Ausübung eines Absonderungsrechtes, die entgegen den Vorschriften der KO. auf Grund ausländischen Rechtes erfolgt, grundsätzlich ebenso abfindet wie mit der ausländischen Zwangsvollstreckung in Bestandteile der KMasse, die im Inlande nach § 14 verboten wäre (s. Anm. 6 zu § 14, RGZ. 54, 193). Dies gilt auch für den in § 50 bestimmten Tatbestand. Die Ausübung des nach der KO. nicht begründeten Absonderungsrechtes wird nicht beanstandet, die KO. zieht aber denjenigen zum Ersatze heran, der durch die Abtretung einer KForderung (der die Veräußerung von Wertpapieren gleichsteht) die Umgehung des deutschen Gesetzes ermöglicht. Die Abtretung muß erfolgt sein nach der KE. (§ 108), wenn auch vor der öffentlichen Bekanntmachung der Eröffnung, oder mit Kenntnis des Eröffnungsantrags oder der Zahlungseinstellung. Im letzten Falle besteht aber keine Ersatzpflicht, wenn die Abtretung mehr als 6 Monate vor der KE. erfolgt ist (Satz 2 mit § 33). Der Ersatzanspruch ist kein Anspruch aus unerlaubter Handlung, er wird schon durch den Tatbestand des § 50 verwirklicht. Der Gerichtsstand des § 32 ZPO. kommt deshalb nicht in Betracht, auch nicht die abgekürzte Verjährungsfrist des § 852 BGB. (s. Jaeger Anm. 9; a. M. Wolff Anm. 2, 3).

2. Einzelnes.

a) Die Entstehung des Ersatzanspruchs setzt zunächst voraus die Abtretung (s. oben) einer KForderung (§ 3), für die ein inländisches Absonderungsrecht nicht oder nicht in dem Umfange besteht, in dem es im Auslande ausgeübt wird, an den Inhaber eines zur KMasse gehörigen Gegenstandes, der im Auslande wohnt oder der zwar (vgl. Jaeger Anm. 4) im Inlande wohnt aber den zur Masse gehörigen Gegenstand im Auslande hält. Auf die Staatsangehörigkeit des Erwerbers kommt es so wenig an wie auf die des Veräußerers. „Abtretung" ist jedes Rechtsgeschäft unter Lebenden, das den Erwerber zum Sondernachfolger macht (vgl. Jaeger Anm. 2); sie kann entgeltlich oder unentgeltlich sein. Der Erwerb im Wege der Gesamtrechtsnachfolge oder der Zwangsvollstreckung fällt nicht darunter.

„Ausland" ist hier alles, was nicht zum Geltungsbereiche der deutschen KO. gehört. Die deutschen Schutzgebiete können schon deshalb nicht Ausland im Sinne dieser Vorschrift sein; auch nicht die deutschen Konsulargerichtsbezirke, wenn der Gläubiger, der dort seine abgesonderte Befriedigung betreibt, der deutschen Gerichtsbarkeit unterworfen ist.

b) Der Inhaber des Massegegenstandes muß zur Deckung der abgetretenen Forderung ein Absonderungsrecht (Befriedigungsrecht) ausüben, das das betreffende ausländische Recht anerkennt oder zuläßt, während es nach der KO. im Inlande nicht besteht. Der Tatbestand wird auch gegeben sein, wenn die Ausübung in den Formen der Zwangsvollstreckung erfolgt. Dagegen liegt er nicht vor, wenn sich der Erwerber der Forderung durch die Zwangsvollstreckung in andere zur Masse gehörige ausländische Vermögensstücke des GSch. Befriedigung verschafft.

c) Die Abtretung braucht nicht gerade in der Absicht der Verkürzung der KMasse zu erfolgen. Der in Anspruch Genommene muß aber wissen oder damit rechnen, daß der Erwerber der Forderung einen zur (künftigen) Masse gehörenden Gegenstand im Ausland inne hat und ihn entgegen den für das Inland geltenden Vorschriften zur Befriedigung der Forderung heranziehen kann. Ebendeshalb wird man, auch wenn die Abtretung nach der KE. erfolgt, Schlechtgläubigkeit des Abtretenden, also Kenntnis der KE. oder doch des Eröffnungsantrags oder der Zahlungseinstellung verlangen müssen (vgl. Kohler Leitf. 161; a. M. Jaeger Anm. 6).

d) Der Ersatzanspruch geht auf den Geldbetrag, um den die KMasse durch die Ausübung der Absonderung geschädigt ist. Die Abtretung, nicht die Absonderung wird als der KMasse gegenüber unwirksam betrachtet; der Ersatzpflichtige (e) muß der Masse gewähren, was ihr ohne die Abtretung zukäme. Im Verhältnis zwischen dem Veräußerer und dem Erwerber bleibt die Abtretung unberührt. Der Ersatzanspruch kann nur vom KVerw. geltend gemacht werden, er erlischt mit der Beendigung des K. Wird er geltend gemacht, so ist als KGl. wieder der Veräußerer legitimiert (entspr. § 39). Wie sich der Erwerber, der etwa durch die abgesonderte Befriedigung nur einen Teil der Forderung gedeckt hat und für den Ausfall verhältnismäßige Befriedigung verlangt (§ 64), mit dem Veräußerer auseinandersetzt, berührt die Masse nicht. Mit dem Anspruch auf KDividende kann der Veräußerer gegen den Ersatzanspruch aufrechnen, soweit und sobald er die KDividende, etwa eine Abschlagsverteilung, fordern kann. Die Annahme, daß der KVerw. nur den um die wahrscheinliche (geschätzte) KDividende gekürzten Schadensbetrag verlangen könne (Seuffert 107 u. a.), führt zu großen Schwierigkeiten (vgl. Jaeger Anm. 11; Fitting 240; Sarw.-Boss. Anm. 4).

e) Ersatzpflichtig sind der Veräußerer der Forderung und die „Mittelsperson", der er sich etwa bedient hat, nicht aber der Erwerber, der die abgesonderte Befriedigung ausgeübt hat (a. M. Wolff Anm. 2). Eine Ersatzpflicht des letzteren besteht nur, wenn sich sein Verhalten nach den besonderen Umständen des Falles als unerlaubte Handlung (vgl. § 826 BGB.) darstellt. Mehrere Ersatzpflichtige haften als Gesamtschuldner, §§ 421 f. BGB.; vgl. Begr. I, 221.

Absonderungsrecht der Gemeinschaftsteilhaber.

§ 51. (§ 44.)*)

Wer sich mit dem Gemeinschuldner in einem Miteigentume, in einer Gesellschaft oder in einer anderen Gemeinschaft befindet, kann wegen der auf ein solches Verhältnis sich gründenden Forderungen abgesonderte Befriedigung aus dem bei der Teilung oder sonstigen Auseinandersetzung ermittelten Anteile des Gemeinschuldners verlangen.

Begr. I 223 f., Prot. I 45 f. — Unverändert durch die Nov.

*) § 43 a. F. (abgesf. Befriedigung der Nachlaßgl.) ist durch die Novelle aufgehoben worden. Begr. II 37.

a) § 51 steht im engsten Zusammenhange mit § 16, s. deshalb die dortigen Anm.; s. auch § 28. Bei der Auseinandersetzung außerhalb des K. werden in der Regel die Forderungen der Teilhaber gegen die Gemeinschaft (i. w. S.) oder untereinander, die sich auf das Gemeinschaftsverhältnis gründen, vor der Zuweisung der sog. Nettoanteile an die einzelnen Teilhaber ausgeglichen (vgl. insbesondere §§ 733, 755, 1476, 1498, 1546, 1549, 2042 BGB.; §§ 149, 161 Abs. 2 HGB.). Soweit dies geschieht, kommt die Anwendung des § 51 nicht in Betracht. Dagegen liegt § 51 vor, wenn ein Anspruch, dessen Rechtsgrund die Gemeinschaft ist, bei der Auseinandersetzung nicht befriedigt wurde. Das Absonderungsrecht des forderungsberechtigten Teilhabers besteht dann an dem realen „Anteile", der im Vollzuge der Auseinandersetzung dem GSch. zugewiesen ist. Der Anteil ist nicht notwendig ein Teil des früher gemeinschaftlichen Gegenstands (vgl. §§ 732, 752 BGB.), er kann auch ein Ersatzstück oder ein Geldbetrag, z. B. der auf den GSch. treffende Teilerlös sein. Anteil im Sinne des § 51 ist auch der Erlös aus der Veräußerung des Anteilsrechtes des GSch. an der Gemeinschaft (RGZ. 67, 156), sei es an die übrigen Teilhaber, sei es an einen Dritten, ferner die Abfindung, die der GSch. für sein Anteilsrecht erhält, falls die Gesellschaft durch seinen K. nicht aufgelöst sondern von den anderen fortgesetzt wird. § 51 ist ferner anzuwenden, wenn der KVerw. bei der Auseinandersetzung den gemeinschaftlichen Gegenstand für die Masse übernimmt. Ergibt sich für den GSch. ein Passivsaldo, so sind die forderungsberechtigten Teilhaber auf KForderungen beschränkt.

b) Ist der Anteil für die KMasse schon verwertet oder mit ihr vermischt (Geld), so hat der Absonderungsberechtigte einen Masseanspruch (§ 59 Nr. 3).

c) Das Absonderungsrecht wird nur berücksichtigt, wenn der Berechtigte es geltend macht. Die Behandlung des Absonderungsrechtes im KVerf. und die Verwertung des abgesonderten Gegenstandes richtet sich nach den gewöhnlichen Vorschriften (§§ 64, 96, 153, 155, 156, 168 Nr. 3, 127). Dabei ist zu beachten, daß das Recht auf abgesonderte Befriedigung dem Teilhaber kein dinglich wirkendes Recht an den Sachen und Rechten gibt, die zu dem in die Masse gefallenen Anteile gehören. Der Berechtigte muß die Verwertung der Gegenstände dem Verw. überlassen und sich an den Erlös halten, der nach Befriedigung der besser Berechtigten für die Masse übrig bleibt. Für die Verwertung beweglicher Gegenstände ist § 127 Abs. 1 maßgebend. Einen unbeweglichen Gegenstand wird der Verw. sowohl freihändig (s. § 134 Nr. 1, §§ 135, 136) als nach § 126 verwerten können.

d) Forderungen, die sich auf die Gemeinschaft gründen (vgl. § 756 BGB.), können z. B. sein Anspr. auf Ersatz von Verwendungen, Ausgleichungsforderungen nach § 426 Abs. 2 BGB., Gewinnrückstände. Ein Anspruch, der sich auf die Gemeinschaft gründet, ist auch das Recht der Teilhaber bei der Auseinandersetzung Befriedigung der Gemeinschaftsgläubiger zu verlangen (Anm. 2 zu § 16). Mit der Beendigung der Auseinandersetzung geht der Anspruch nicht unter. Ist deshalb ein dritter Gläubiger bei der Auseinandersetzung nicht befriedigt worden und hält er sich dann an einen nicht in K. geratenen Teilhaber, so genießt dieser für seinen Ausgleichungsanspruch gegen den GSch. das Absonderungsrecht nach § 51. Nicht anders ist es, wenn der Teilhaber selbst die Stellung eines dritten Gläubigers hatte (z. B. aus einem Darlehens- oder Kaufvertrag mit der Gesellschaft) und seinen bei der Auseinandersetzung nicht befriedigten Anspruch gegen den GSch. verfolgt. Der Gläubiger, der zugleich Teilhaber ist, ist demnach besser gestellt als ein anderer Gläubiger (im Erg. ebenso Jaeger Anm. 6).

e) über die Frage, ob sich der Miterbe, der zugleich Nachlaßschuldner (Schuldner aus einem Schuldverhältnis zwischen ihm und dem Erblasser) ist, bei der Auseinandersetzung die Anrechnung der Schuld auf seinen Erbteil gefallen lassen muß, s. einerseits (bejahend) Kassel SeuffArch. 64, 25; RG. JW. 41, 396; Hamm JZ. 10, 946; Müller Recht 9. 579; andererseits Stuttgart JZ. 10, 919 u. a.

f) Gerät bei der stillen Gesellschaft (Anm. 4 zu § 16) der Inhaber des Handelsgeschäftes in K., so kann der stille Gesellschafter seine bei der Auseinandersetzung berechnete Forderung auf Rückzahlung der Einlage nur als KForderung geltend machen; ein Absonderungsrecht hat er nicht (§ 341 Abs. 1 HGB., s. § 3 Abs. 1 EG. KO.). Gegenstände, die er dem Inhaber des Handelsgeschäftes nur zur Benutzung überlassen hat, kann er selbstverständlich aussondern. Ebenso hat der Inhaber des Handelsgeschäftes im K. des stillen Gesellschafters nur eine KForderung. Vgl. Staub Anm. 17 zu § 340, Anm. 3 zu § 341.

Vorbehalt für das Landesrecht.

§ 52. (§ 45.)

Die Befriedigung der Lehen-, Stammguts- oder Familienfideikommiß-Gläubiger erfolgt abgesondert aus dem Lehen, Stammgute oder Familienfideikommisse nach den Vorschriften der Landesgesetze.

Begr. I 225. — Unverändert durch die Nov.

a) Die Landesgesetze, die die Lehen, Stammgüter oder Familienfideikommisse betreffen, sind durch die KO. nicht berührt worden (§ 5 EG.). S. auch Art. 58 bis 61 EG. BGB., § 2 EG. ZVG. Nach Landesgesetz (lex rei sitae; jede Rechtsnorm, § 2 EG.) bestimmt sich zunächst, ob und wie weit das so gebundene Vermögen mit der Substanz oder mit den Einkünften („Kompetenz" des Besitzers!) überhaupt zur KMasse des Besitzers gehört, ferner, ob ein SonderK. über den Vermögenskomplex geboten oder möglich ist und wie er durchgeführt wird. Auch die Frage, wer Träger dieses Vermögens und GSch. im SonderK. ist (der Besitzer, die Familie als juristische Person usw.), entscheidet sich außerhalb der KO. Enthält das Landesrecht keine besonderen rechtlichen Bestimmungen, sondern verweist es ausdrücklich oder stillschweigend auf das allgemeine KRecht, so gelten an Stelle des aufgehobenen LandesK.-Rechts (§ 4 EG.) die entsprechenden Vorschriften der RKO., wenn nicht wegen des Zusammenhangs der landesrechtlichen Vorschriften im einzelnen Falle etwas anderes anzunehmen ist. Vgl. den Grunds. in Art. 4 EG. BGB.

b) Wenn nach a das gebundene Vermögen der Substanz oder den Einkünften nach zur KMasse des Besitzers gehört, dient es gemäß § 52

— wieder nach den Vorschriften der Landesgesetze — außerhalb des K. (§ 4 Abs. 2) der Befriedigung der Gläubiger, die nach den Landesgesetzen aus dem abgesonderten Vermögen Befriedigung erlangen können. Das Absonderungsrecht hat der KVerw. auch ohne Antrag zu beachten (gl. A. Kleinf. Lehrb. 82). Nur der Überschuß steht für die Befriedigung der KGl. zur Verfügung. Soweit die Absonderungsberechtigten auch KGl. sind (§ 3), nehmen sie am KVerf. wie andere Absonderungsberechtigte teil (s. bes. § 64).

c) Wegen Aufhebung der Fideikommisse, Lehen und Stammgüter s. nun Art. 155 RVerf. und für Bayern auch die Aufhebungsges. vom 28. März 1919 (GVBl. 114).

Sechster Titel.

Aufrechnung.

Vorbemerkung.

1. Der § 53 verweist wegen der Voraussetzungen der Aufrechnung, der Art der Geltendmachung und ihrer Wirkungen stillschweigend auf das zugrunde liegende materielle Recht (für altrechtl. Schuldverhältnisse Art. 170 EG. BGB.) und stellt den Grundsatz auf, daß der Gläubiger, soweit er zur Aufrechnung befugt ist, seine Forderung im KVerf. nicht anzumelden braucht. Der § 54 enthält Erweiterungen, der § 55 enthält Beschränkungen der Aufrechnungsbefugnis des Gläubigers. Der § 56 regelt einen Sonderfall der Verkürzung der KMasse durch eine Aufrechnung, die nach § 55 im Inland unzulässig ist. Die krechtlichen Beschränkungen der Aufrechnung sind zwingendes, der Parteiwillkür nicht unterworfenes Recht. Dagegen sind rechtsgeschäftliche Beschränkungen der Aufrechnung über das gesetzliche Maß hinaus auch im KVerf. zu beachten, s. § 53 Anm. 5a.

2. Die Erweiterungen und Beschränkungen gelten nur im K. Ist er beendigt, so kann weder der Gläubiger die Erweiterungen noch der frühere GSch. die Beschränkungen in Anspruch nehmen, selbstverständlich bleibt aber die Aufrechnung, die im K. erfolgte, nach der Beendigung des K. wirksam. Nach der Beendigung des K. erfolgt also die Aufrechnung wieder ausschließlich nach dem zugrunde liegenden materiellen Rechte. Eine andere Frage ist, welchen Einfluß ein Zwangsvergleich auf die Forderung des Gläubigers geübt hat (Anm. 7 zu § 53); seine Wirkungen sind nach dem Rechtszustand bei Eintritt der Rechtskraft des Bestätigungsbeschlusses zu beurteilen.

3. Der 6. Titel handelt von dem Einfluß, den der K. des Schuldners auf die Aufrechnung durch den Gläubiger hat. Der Wortlaut des Gesetzes bietet keinen Anhalt dafür, daß es nur die Aufrechnung durch Konkursgläubiger (§ 3; 8. Titel) regeln will. Auch unanmeldbare Forderungen nach § 63 können gegen Forderungen, die zur Masse gehören, aufgerechnet werden. Die Erweiterungen des Aufrechnungsrechtes (§ 54) und die Beschränkungen (§ 55) gelten auch für sie (vgl. RG. JW. 36, 275 unten; Jaeger Anm. 7; teilw. a. M. Seuffert 230, 232; Fitting 259, 260 Anm. 37). Da die unanmeldbaren Forderungen vom Zwangsvergleich nicht ergriffen werden (§ 193 Satz 1, s. aber Anm. 1 zu § 193), können sie auch nach der rechtskräftigen Vergleichsbestätigung voll aufgerechnet werden.

4. Der 6. Titel handelt nicht von der Aufrechnung einer zur Masse gehörenden Forderung gegen die Forderung des Gläubigers des GSch., deren Erkl. dem KVerw. zukommt, auch nicht von der Aufrechnung einer kfreien Forderung des GSch. gegen die Forderung des Gläubigers, deren Erklärung Sache des GSch. ist. Die Aufrechnung durch den KVerw. oder den GSch. bestimmt sich ausschließlich nach den Vorschriften außerhalb der KO. Der KVerw. kann zur Aufrechnung Anlaß haben, weil die Forderung gegen den Gläubiger uneinbringlich oder minderwertig ist, die Aufrechnung also für die Masse vorteilhaft scheint, er darf aber nicht seinerseits den Gläubiger auf die Aufrechnung verweisen und deshalb der Forderung des Gläubigers widersprechen. Nicht nach Aufrechnungsgrundsätzen beurteilt sich u. schlechthin krechtlich wirksam ist eine Vereinbarung in einem Werkvertrag, daß der Besteller auf Rechnung der von ihm zu zahlenden Vergütung Gl. des GSch. decken dürfte (RG. SeuffArch. 68, 132).

5. Über die Aufrechnung von Masseforderungen und gegen Masseschulden s. Anm. 2 zu § 55.

Grundsatz.

§ 53. (§ 46.)

Soweit ein Gläubiger zu einer Aufrechnung befugt ist, braucht er seine Forderung im Konkursverfahren nicht geltend zu machen.

Begr. I 225 f. — Unverändert durch die Nov.

1. Allgemeines. Der Grundgedanke des § 53 ist: soweit ein Gläubiger des GSch. nach dem Rechte außerhalb der KO. seine Forderung gegen eine Forderung des GSch. aufrechnen kann, soll er daran durch die KE. nicht gehindert werden; er soll nicht etwa gezwungen werden, seine Schuld an die Masse zu zahlen und sich mit der KDividende zu begnügen. Darüber hinaus hat der § 53 die materiellrechtliche Bedeutung, daß der KGl., soweit er zur Aufrechnung befugt ist, von den Beschränkungen der KGl. nach § 12 und § 193 nicht betroffen wird (s. Anm. 7; vgl. RG. JW. 42, 216). Er übt sein Aufrechnungsrecht unabhängig vom KVerfahren aus, nur daß ihm an Stelle des GSch. der KVerw. gegenübersteht (Anm. 3). Seine Stellung ähnelt deshalb der des Absonderungsberechtigten; wie dieser kann er sich getrennt von den übrigen KGl. und vor diesen an einem Bestandteile der Masse befriedigen. Anderseits ist seine Stellung dadurch verschieden, daß die Beschränkungen, die den Absonderungsberechtigten nach § 64 (§§ 96, 153, 155, 156, 168) treffen, ihm gegenüber nicht gelten. Während der Absonderungsgläubiger aus der gemeinschaftlichen Masse nur soweit befriedigt wird, als er auf abgesonderte Befriedigung verzichtet oder bei dieser ausfällt, hängt die Beteiligung des Aufrechnungsbefugten an den Zahlungen aus der Masse nicht davon ab, daß er zuvor die Aufrechnung ausgeübt oder auf sie verzichtet hat (vgl. RGZ. 26, 116). Der Gläubiger darf deshalb die Dividende von der ganzen Forderung erheben und sich für den Ausfall durch Aufrechnung decken. Ein Verzicht auf die Aufrechnung kann nur aus besonderen Umständen, nicht schon aus der Annahme der Dividende gefolgert werden. Hat z. B. der Gläubiger 2000 zu fordern, während er 1000 schuldet, so kann er von vornherein aufrechnen und für den Rest von 1000 die Dividende verlangen oder er kann die Dividende für 2000 erheben und erst dann aufrechnen. Beträgt die Dividende z. B. 20 %, so wird der Gläubiger ersterenfalls in der Höhe von 1200, letzterenfalls in der Höhe von 1400 befriedigt. Selbstverständlich hat der Gläubiger die Wahl, wann er aufrechnen will, nur, solange nicht der KVerw. die Gegenforderung geltend macht und ihn dadurch zwingt aufzurechnen.

2. Voraussetzungen der Aufrechnung (§§ 387 f. BGB.).

a) Die (einseitige, gesetzliche) Aufrechnung setzt zunächst voraus, daß zwei Personen einander Leistungen schulden, die nach ihrem Gegenstande gleichartig sind (vertretbare Sachen nach § 91 BGB., insbesondere Geld). Aufgerechnet werden kann auch gegen einen rein dinglichen Anspruch des GSch. (RG. JW. 43, 196). Krechtliche Erweiterung § 54 Abs. 1, 4.

b) Die Aufrechnung setzt weiter voraus, daß der Aufrechnende die ihm gebührende Leistung fordern und seine Leistung bewirken kann. Die Zeit der Leistung ist entweder durch Rechtsnorm oder rechtsgeschäftlich bestimmt (dazu § 271 Abs. 2 BGB.) oder aus den Umständen zu entnehmen; ist beides nicht der Fall, so gilt § 271 Abs. 1 BGB. Krechtliche Erweiterung § 54 Abs. 1, 2, 3.

c) Nicht notwendig ist, daß die Forderungen auf dem gleichen rechtlichen Verhältnisse beruhen und daß sie unbestritten sind. Auch rechtshängige Forderungen können aufgerechnet werden. Über die Aufrechnung durch den Bekl. im Prozesse s. ZPO. § 145 Abs. 3, §§ 302, 322 Abs. 2, 529 Abs. 3.

d) Die in § 387 BGB. vorgeschriebene Gegenseitigkeit der Forderungen schließt die Aufrechnung der Forderung gegen einen Dritten zur Deckung eigener Schuld, die Aufrechnung einer fremden Forderung zur Deckung eigener Schuld (selbst wenn der Dritte zustimmt, RGZ. 78, 382) und die Aufrechnung einer Forderung gegen den Aufrechnungsgegner zur Deckung fremder Schuld grundsätzlich aus. Doch gibt es Ausnahmen. S. z. B. BGB. §§ 406, 412; § 268 Abs. 2 mit § 1249, § 1142 Abs. 2, § 1224. Eine Forderung, die einem Gesamtschuldner zusteht, kann nicht von den übrigen Schuldnern aufgerechnet werden (§ 422 Abs. 2). Die Aufrechnung durch einen Gesamtschuldner wirkt auch für die übrigen Schuldner; ob und wieweit die Forderung des Gläubigers auf den Aufrechnenden übergeht, bestimmt sich nach dem innern Verhältnisse der Gesamtschuldner (§ 422 Abs. 1, § 426; s. auch WO. Art. 49 f.). Der Bürge kann zwar die Befriedigung des Gläubigers verweigern, solange sich dieser durch Aufrechnung gegen eine fällige Forderung des Hauptschuldners befriedigen kann (§ 770 Abs. 2 BGB.), er darf aber mangels einer gesetzlichen Vorschrift, die ihm dies gestattet, Forderungen des HSch. gegen den Gläubiger nicht selbst aufrechnen (RGZ. 59, 210; Übergangsrecht Jaeger Anm. 35). Dagegen ist der Bürge nicht gehindert, eine ihm gegen den Gläubiger zustehende Forderung gegen die Forderung des Gläubigers aus dem

Bürgschaftsvertrag aufzurechnen. Er braucht nicht abzuwarten, daß der Gläubiger diese Forderung geltend macht. Soweit die Aufrechnung reicht, geht die Hauptforderung auf den Bürgen über (§ 774 Satz 1 BGB.). Der HSch. kann sich auf diesen Übergang berufen, wenn ihn der Gläubiger trotzdem belangt. Diese Sätze gelten auch, wenn der Gläubiger im K. ist (RGZ. 53, 403). Ob der HSch. gegenüber dem Bürgen, der den Gläubiger ganz oder teilweise befriedigt hat, Forderungen aufrechnen kann, die er gegen den Gläubiger hat, entscheidet sich zunächst darnach, ob der Bürge seinen Anspruch auf die kraft Ges. auf ihn übergegangene Forderung des Gläubigers oder auf sein rechtliches Verhältnis mit dem HSch. (in der Regel Auftrag; vgl. Anm. 5c zu § 3) gründet. Letzterenfalls ist die Aufrechnung unzulässig, ersterenfalls sind die §§ 412, 406 BGB. maßgebend (vgl. RGZ. 59, 208). Zweifelhaft ist wegen § 392 Abs. 2 HGB., ob gegen Forderungen aus einem Kommissionsgeschäfte der Schuldner (der Dritte) mit Wirkung gegen den Kommittenten Forderungen aufrechnen kann, die er gegen den Kommissionär hat. Die Frage wird zu verneinen sein. Denn im Verhältnis zwischen dem Kommittenten und den Gläubigern des Kommissionärs gilt die Forderung schon vor der Abtretung als Forderung des Kommittenten. Bei der Aufrechnung kommt aber der Dritte als Gläubiger des Kommissionärs in Betracht (vgl. Lang 24; Cosack HR. 187). Die gegenteilige Ansicht läßt die Aufrechnung zu. Von ihrem Standpunkt kann der Schuldner Forderungen gegen den Kommissionar nach Maßgabe des § 406 BGB. auch nach der Abtretung gegen den Kommittenten aufrechnen (vgl. Jaeger Anm. 8; Staub Anm. 11 zu § 392 HGB.

e) Neben der einseitigen Aufrechnung (Zwangsaufrechnung) nach §§ 387f. BGB. kommt noch die vereinbarte Aufrechnung in Betracht. Ihre Wirksamkeit bemißt sich nach dem Vertrage, sie ist nicht dadurch bedingt, daß die Voraussetzungen für die einseitige Aufrechnung vorliegen (RGZ. 72, 378). Der Vertrag gilt mit den frechtlichen Erweiterungen und Beschränkungen der Aufrechnung auch im K. des einen oder des andern Vertragsteils unbeschadet der etwaigen Anfechtbarkeit.

f) Die Aufrechnung kann nicht mehr erfolgen, soweit die Leistung schon bewirkt ist. Hat z. B. der KGl. ohne aufzurechnen seine Schuld vor der KE. an den GSch. oder nachher an die Masse gezahlt, so ist er auf die Anmeldung seiner Forderung im K. beschränkt. Er kann die Zahlung nicht zurückfordern, weil er habe aufrechnen können. Das gilt auch, wenn er bei der Zahlung seine Gegenforderung nicht kannte. Die Masse ist durch die Zahlung nicht rechtlos bereichert. Der Gläubiger muß die Folgen seiner Unterlassung tragen (vgl. RGRKomm. Anm. 1 zu § 389 BGB.; a. M. Jaeger Anm. 4; Pet.-Reinf. Anm. 4 vor § 53). Anders liegt die Sache, wenn der Gläubiger aufgerechnet aber unter Vorbehalt gezahlt hat, weil der Gegner die Berechtigung der Aufrechnung bestritten hat. Wird später außergerichtlich oder gerichtlich (s. dazu § 302 ZPO.) festgestellt, daß die Aufrechnung begründet war, so ist der Gegner zur Herausgabe der im Betrage der aufgerechneten Forderung rechtlos empfangenen Leistung oder nach den Umständen zum Schadensersatze verpflichtet. Die rechtlose Bereicherung des GSch. vor der KE. oder seine Schadensersatzpflicht begründet aber nur eine KForderung, während die Ansprüche aus einer rechtlosen Bereicherung der Masse oder Ersatzansprüche gegen den KVerw. Masseschulden sind (§ 59 Nr. 1, 3).

3. Erklärung der Aufrechnung. Die Aufrechnung erfolgt durch außergerichtliche, wenn auch während eines Rechtsstreits abgegebene, formlose Erklärung gegenüber dem anderen Teile (§§ 130 f. BGB.). Wird sie unter einer echten Bedingung (s. § 158 BGB.) oder einer Zeitbestimmung abgegeben, so ist sie unwirksam (§ 388 BGB.). Eine sog. condicio iuris, besonders der Vorbehalt, daß die vom Aufrechnenden bestrittene Gegenforderung wirklich besteht, ist unschädlich. Da die Aufrechnung eine Verfügung über die Forderung ist, mit der aufgerechnet wird (s. Anm. 2 zu § 7), kann eine zur Masse gehörende Forderung nur der KVerw. aufrechnen. Die Aufrechnung des GSch. ist der Masse gegenüber unwirksam (§ 7). Auch die Entgegennahme der Aufrechnungserklärung durch den GSch. ist eine der Masse gegenüber unwirksame Rechtshandlung (Anm. 2 zu § 7). Der Gläubiger hat deshalb die Erklärung an den KVerw. zu richten (§ 6). Dem ist genügt, wenn die Aufrechnung gelegentlich der FdgsAnmeldung erfolgt (RGZ. 56, 365). Der einzelne KGläubiger kann seinen Widerspruch gegen eine angemeldete Forderung nicht damit begründen, daß sie aufrechenbar sei (s. Jaeger Anm. 2). Die Aufrechnung einer Forderung, die zum kfreien Vermögen gehört, ist Sache des GSch.; die Aufrechnung gegen eine solche Forderung ist dem GSch. zu erklären. Durch die Aufrechnung solcher kfreien Forderungen kann der Schuldner auch KForderungen tilgen. Anderseits kann sich auch der KGl. durch Aufrechnung an der kfreien Forderung befriedigen, § 14 Abs. 1 steht nicht entgegen (RGZ. 26, 67).

4. Wirkung der Aufrechnung. Die Erklärung der Aufrechnung (Anm. 3) — nicht die Tatsache, daß sich aufrechenbare Forderungen gegenüberstehen, — bewirkt, daß die Forderungen, soweit sie sich decken, als in dem Zeitpunkt erloschen gelten, in dem sie zur Aufrechnung geeignet einander gegenübergetreten sind (§ 389 BGB.). Die Aufrechnung hat demnach rückwirkende Kraft. Sind für die Zeit nachher Zinsen gezahlt worden, so ist der Zahlung der Rechtsgrund nachträglich entzogen; die Bereicherung des GSch. vor der KE. begründet eine KForderung, die Bereicherung der Masse eine Masseforderung (§ 59 Nr. 3). Über die Aufrechnung bei mehreren Forderungen oder bei Haupt- und Nebenforderungen s. § 396 BGB.

5. Beschränkungen der Aufrechnung.

a) Gesetzliche Beschränkungen s. §§ 390 bis 394 BGB. Hervorzuheben ist, daß u. U. auch verjährte Forderungen aufgerechnet werden können (§ 390 Satz 2). Die Beschränkungen sind auch im K. zu beachten; s. RGZ. 89, 199 (201) gegen Braunschweig LZ. 10, 179. Über die Einwirkung eines Zwangsvergleichs s. Anm. 7. Über Aufrechnungsbeschränkungen im Gesellschaftsrechte vgl. Jaeger Anm. 16.

b) Vereinbarte Beschränkungen der Aufrechnung sind möglich und gelten in der Regel auch im K. (s. Begr. I, 228; a. A. Breit JW. 45, 1078). Es ist aber jeweils zu prüfen, ob die Vertragsteile nicht die Vereinbarung für den Fall des K. ausgeschlossen haben oder doch, wenn sie ihn bedacht hätten, ausgeschlossen hätten, so daß nach Treu und Glauben eine Berufung auf den Verzicht oder die Einschränkung der Aufrechnung unzulässig ist (vgl. RGZ. 60, 358; ferner Staub Anm. 85 Exk. zu § 382 HGB. — Ausbedingung von Barzahlung).

c) Besondere Vorschriften gelten, wenn der NachlaßK. eröffnet ist, für die Aufrechnung, die ein NachlaßGl. vorher (nachher s. §§ 1975, 2013 BGB.) mit der gegen den Nachlaß gerichteten Forderung gegen eine nicht zum Nachlaß gehörige Forderung des Erben, und die Aufrechnung, die ein Erbengläubiger vorher (nachher s. §§ 3, 226 KO.) mit der gegen den Erben gerichteten Forderung gegen eine zum Nachlaß gehörende Forderung vorgenommen hat (s. § 1977, aber § 2013 BGB.). Hat der Erbe vorher aufrechnungsweise mit einer zum Nachlaß gehörenden Forderung eine persönliche Schuld oder mit einer persönlichen Forderung eine Nachlaßverbindlichkeit getilgt, so kommen die §§ 1978, 1979, 2013 BGB. und § 225 KO. in Betracht; seine Aufrechnung bleibt bestehen. Vgl. Lang 34 f.

6. Aufrechnung und Anmeldung.

a) Die Aufrechnung erfolgt außerhalb des KVerf. (Anm. 1, 3). Auch Streitigkeiten über die Aufrechnung werden außerhalb des K. erledigt, z. B. in der Weise, daß der Gläubiger auf die Leistungsklage des KVerw. die Aufrechnung seiner Gegenforderung geltend macht oder daß er gegen den KVerw. Feststellungsklage erhebt.

b) Der Gläubiger braucht die Forderung im KVerf. nicht geltend zu machen, soweit er zur Aufrechnung befugt ist, er kann sie aber dort anmelden und zum vollen Betrag zur Feststellung bringen (vgl. RGZ. 26, 116, s. weiter Anm. 1). (Ausnahme — Anmeldezwang — nach § 105 Abs. 5 GenG.; s. Seuffert 331.) Bei der Anmeldung braucht sich der Gläubiger die Aufrechnung nicht vorzubehalten. Er kann z. B. abwarten, ob ihn der Verw. in Anspruch nimmt oder ob seine Forderung ohne Widerspruch bleibt. Die Feststellung der Forderung ist kein Hindernis ihrer Aufrechnung. Auch die Annahme von Zahlungen aus der Masse hindert im Zweifel nicht, daß der Gläubiger später den Rest seiner Forderung aufrechnet. Ein Verzicht des Gläubigers auf die Aufrechnungsbefugnis ist möglich und kann auch stillschweigend erklärt werden, muß aber im Streitfalle vom KVerw. oder nach der Beendigung des K. von dem früheren GSch. wie jeder andere Rechtsverzicht bewiesen werden (Anm. 1).

7. Aufrechnung und Zwangsvergleich.[1])

a) Soweit eine Forderung durch Zwangsvergleich erlassen ist, kann sie zur Aufrechnung nicht mehr verwendet werden. Davon gilt folgende Ausnahme. Die Forderung des Gläubigers, der z. Z. der KE. materiellrechtlich zur Aufrechnung befugt ist oder nach § 54 mit der KE. dazu berechtigt wird und seine Aufrechnungsbefugnis bei dem Eintritte der Rechtskraft des Bestätigungsbeschlusses noch hat, wird zwar vom Zwangsvergleich mitbetroffen, in Ansehung der Aufrechnung bleibt sie aber durch den Zwangsvergleich unberührt (RG. JW. 42, 215). Das ist im Gesetze nirgends ausdrücklich gesagt, ergibt sich aber aus dem Grundgedanken

---

[1]) In der Grundauffassung wie hier z. B. eingehend RGZ. 80, 407 f., Bamberg SeuffArch. 58, 430, Jaeger Anm. 30, Seuffert 430 f., Fitting 258 Anm. 34; a. M. z. B. Sarw.-Boss. Anm. 7, Wilm.-Kurlb. Anm. 2, Bet.-Kleinf. Anm. 6 vor § 53, Hellmann 532, Lang 126 f., die der Ansicht sind, daß die Forderung des Gläubigers nur in der Höhe der Zwangsvergleichsrate zur Aufrechnung verwendet werden kann, die Aufrechnung mit der ganzen Forderung also nur für die Zeit vor der Zwangsvergleichsbestätigung zulassen. S. auch Marienwerder OLG. 15, 237.

des § 53 (Anm. 1) und wird auch gerechtfertigt durch die nahe Verwandtschaft der Aufrechnungsbefugnis mit den Absonderungsrechten, die für die gesetzliche Regelung maßgebend war. Hat z. B. der KGl. eine Forderung von 1000, die er gegen eine gleich hohe zur Masse gehörende Forderung aufrechnen kann, und beträgt die Vergleichsrate 25 %, so mindert sich die Forderung des Gläubigers auf 250 (§ 193), der Gläubiger kann also von der Aufrechnung abgesehen nur wegen dieses Betrags vorgehen, nur diesen Betrag abtreten usw. Der Gläubiger hat aber, solange sich die Forderungen gegenüberstehen, und darüber hinaus nach § 406 BGB. die Möglichkeit mit dem ganzen Betrag von 1000 aufzurechnen und dadurch die ganze Forderung des früheren GSch. von 1000 zu tilgen.

b) Nur solche Forderungen können **nach** dem Zwangsvergleich ohne Beschränkung auf die Vergleichsrate gegeneinander aufgerechnet werden, deren Aufrechnung im KVerf. zulässig gewesen wäre. Der Gläubiger kann z. B. nicht über die Vergleichsrate hinaus gegen eine Forderung des früheren GSch. aufrechnen, gegen die er im K. nach § 55 nicht aufrechnen durfte oder die erst nach dem Zwangsvergleich entstanden ist. Denn hier sind sich die Forderungen als aufrechenbar erst gegenübergetreten, nachdem die Forderung des Gläubigers durch den Zwangsvergleich gemindert war. Anders, wenn der Gläubiger bei Eintritt der Rechtskraft des Bestätigungsbeschlusses gegen eine Forderung des GSch. aufrechnen konnte, die nach der KE. entstanden war ohne Masseforderung zu sein. Die KO. regelt auch diesen Fall nicht ausdrücklich, es ist aber davon auszugehen, daß nach dem Grundsatze des § 193 (Satz 2) dem Gläubiger die Deckung, die er neben der KMasse hat, durch den Zwangsvergleich nicht entzogen werden soll. Die Aufrechnungsbefugnis des Gläubigers wird deshalb auch hier durch den Zwangsvergleich nicht berührt (im Erg. ebenso Seuffert 438, Jaeger Anm. 31; abw. Marienwerder OLG. 15, 238).

c) Die Beteiligung des Gläubigers am ZwangsvergleichsVerf., seine Zustimmung zum Vergleich und die Annahme von Zahlungen kann nicht ohne weiteres als Verzicht auf die Aufrechnung ausgelegt werden. Ist der Verzicht nicht ausdrücklich erklärt, so muß er aus besonderen Umständen hervorgehen. S. Anm. 6 b.

Erweiterungen.

§ 54. (§ 47.)

I Die Aufrechnung wird nicht dadurch ausgeschlossen, daß zur Zeit der Eröffnung des Verfahrens die aufzurechnenden Forderungen oder die eine von ihnen noch betagt oder noch bedingt war, oder die Forderung des Gläubigers nicht auf einen Geldbetrag gerichtet war.

II Eine betagte Forderung des Gläubigers ist zum Zwecke der Aufrechnung nach der Vorschrift des § 65 zu berechnen.

III Zum Zwecke der Aufrechnung einer aufschiebend bedingten Forderung bei dem Eintritte der Bedingung kann der Gläubiger Sicherstellung insoweit verlangen, als die Forderung der von ihm einzuzahlenden Schuld gleichkommt.

IV **Eine nicht auf Geld gerichtete Forderung des Gläubigers ist zum Zwecke der Aufrechnung nach den Vorschriften der §§ 69, 70 zu berechnen.**

Begr. I 229 f. — Unverändert durch die Nov.

1. **Allgemeines.** Der § 54 enthält Erweiterungen der Aufrechnungsbefugnis des Gläubigers, nicht des KVerw. (Bem. 4 vor § 53). Während sonst die Aufrechnung voraussetzt, daß der Aufrechnende seine Leistung bewirken und die Leistung des Gegners fordern kann (§ 387, dazu § 271 BGB.), erklärt § 54 die Aufrechnung auch für zulässig, wenn bei der KE. beide Forderungen betagt oder bedingt waren oder wenn die Forderung des Aufrechnenden betagt oder bedingt waren oder wenn die zur Masse gehörende Gegenforderung betagt oder bedingt war. Die Aufrechenbarkeit der Forderungen (s. § 389 BGB.) tritt mit der KE. ein. Die Aufrechnungsbefugnis des Gläubigers wird ferner mit der KE. dadurch erweitert, daß er gegen die zur Masse gehörende Geldforderung seine bei der KE. nicht auf Geld gerichtete, also ungleichartige Forderung aufrechnen kann. Diese Ausnahme ist eine Folge des Grundsatzes, daß nach § 69 KForderungen, die nicht auf Geld gerichtet sind, als Geldforderungen zu berechnen sind. Daraus ergibt sich aber nicht der Gegenschluß, daß Forderungen, die bei der KE. zwar nicht auf Geld gerichtet aber sonst gleichartig waren, nach der KE. nicht mehr aufrechenbar sind. Der Wortlaut des Abs. 4 ist insofern zu eng, als nach § 69 nicht bloß Forderungen des Gläubigers zu berechnen sind, die nicht auf Geld gerichtet sind, sondern auch Forderungen, deren Geldbetrag unbestimmt oder ungewiß (z. B. Leibrentenanspruch) oder nicht in Reichswährung festgesetzt ist. Wiederkehrende, nach Betrag und Zeitdauer bestimmte Geldhebungen sind nach § 70 zu kapitalisieren. Wegen der Aufrechnung von Leibrenten gegen eine vom KVerw. geltend gemachte Forderung s. RGZ. 68, 340 f. Eine vor der KE. erfolgte unzulässige, aber mit KE. nach § 54 zulässige Aufrechnung wird nicht von selbst wirksam; die Aufrechnungserklärung muß gegenüber dem KVerw. wiederholt werden (RG. LZ. 12, 1066).

2. **Betagte Forderungen.**

a) Ist die Forderung des Gläubigers betagt, so gilt sie mit der KE. als fällig (Abs. 2 mit § 65 Abs. 1). Eine unverzinsliche Forderung des Gläubigers mindert sich auch für die Aufrechnung nach § 65 Abs. 2. Steht nicht fest, wann sie fällig wird, so wird sie gemäß § 69 geschätzt. Eine verzinsliche Forderung kann der Gläubiger ungemindert aufrechnen, Zinsen aber nur bis zur KE., dem Zeitpunkt der Aufrechenbarkeit (Anm. 1), denn durch die Aufrechnung weiterer Zinsen wäre der Gläubiger ungerechtfertigt bereichert (s. Anm. 4 zu § 53), auch soweit ihre Aufrechnung nicht ohnehin durch § 55 Abs. 2 ausgeschlossen ist.

b) Die betagte Forderung der Masse wird mit ihrem Nennwert angesetzt, auch wenn sie unverzinslich ist. § 65 Abs. 2 kann auf sie nicht angewendet werden. Vgl. § 272 BGB. Da es im Belieben des Gläubigers liegt, ob er aufrechnen will, während der KVerw. eine vorzeitige Aufrechnungsbefugnis nicht hat, ist das keine Unbilligkeit. Ist die Forderung der Masse verzinslich, so laufen die Zinsen an und für sich nach der KE. fort. Gegen Zinsen, die er nach der KE. zur Masse schuldig geworden ist, kann der Gläubiger nach § 55 Nr. 1 nicht aufrechnen. Es ist aber wieder (s. Anm. 2) zu beachten, daß wegen der rückwirkenden Kraft der Aufrechnung für die Zeit nach der KE. Zinsen für die als erloschen geltende Forderung nicht verlangt werden können.

3. Aufschiebend bedingte Forderungen der Gläubiger.

a) KForderungen, die rechtsgeschäftlich oder gesetzlich aufschiebend bedingt sind (vgl. RGZ. 58, 11), berechtigen den Gläubiger nur zu einer Sicherung (§§ 67, 96, 154, 156, 168). Der Gläubiger, der zugleich der Masse schuldet, kann Sicherung der Aufrechnung verlangen. Das gilt sogar dann, wenn sich der Gläubiger am K. aktiv nicht beteiligen kann, weil und solange ihm ein anderer Gläubiger vorgeht (vgl. Anm. 5cε zu § 3). Wie aus dem Abs. 3 (s. auch § 388 Satz 2 BGB.) hervorgeht, kann der Gläubiger die Aufrechnung erst erklären, wenn die Bedingung eingetreten ist, erst damit entsteht die Aufrechenbarkeit (§ 389 BGB.). Er darf also die vorhergehende Erfüllung seiner Schuld nicht verweigern, kann aber, soweit nicht seine Forderung den Betrag der Schuld übersteigt, für die spätere Aufrechnung Zug um Zug Sicherheitsleistung durch den KVerw. nach §§ 232 f. BGB. verlangen. Das ist auch der Fall, wenn die bedingte Forderung des Gläubigers einen gegenwärtigen Vermögenswert nicht hat, weil der Eintritt der Bedingung unwahrscheinlich ist. Erst wenn die Schlußverteilung bevorsteht, verschiebt sich die Lage zu Ungunsten des Gläubigers (Anm. zu § 171). Streitigkeiten über das Recht auf Sicherheitsleistung sind außerhalb des K. zu entscheiden (Leistungsklage des KVerw., Einrede des Gläubigers; Feststellungsklage des Gläubigers). Über die Zwangsvollstreckung s. die §§ 756, 765, auch § 726 Abs. 2 ZPO. Der KVerw. wird die Sicherheit in der Regel durch Hinterlegung von Geld oder Wertpapieren leisten, ist aber in der Wahl des Mittels (§ 232 BGB.) nicht beschränkt. Das besondere Recht, das der Gläubiger durch die Sicherheitsleistung erlangt, insbesondere das Pfandrecht nach § 233 BGB., kann ihm der KVerw. einseitig nicht entziehen.

b) Der Gläubiger der aufschiebend bedingten Forderung kann seine Leistung an die Masse von der Sicherstellung der späteren Aufrechnung abhängig machen, er kann aber auch unter Vorbehalt der späteren Aufrechnung und der dadurch bedingten Zurückforderung seiner Leistung erfüllen, ohne Sicherstellung zu verlangen. Letzterenfalls kann er den Anspruch auf Sicherstellung im K. jederzeit nachträglich geltend machen, wenn er nicht vertragsmäßig verzichtet hat (vgl. J a e g e r Anm. 6). Tritt die Bedingung ein und erklärt der Gläubiger die Aufrechnung, so wird der Leistung an die Masse nachträglich unter Rückwirkung auf den Zeitpunkt des Eintritts der Bedingung der Rechtsgrund entzogen (Ausnahme von der Regel; s. Anm. 2f zu § 53). Die Masse ist dann rechtlos bereichert (§ 59 Nr. 3) und der Gläubiger hat einen Masseanspruch, für den ihm die etwa bestellte Sicherheit haftet. Leistet der Gläubiger ohne Sicherstellung zu verlangen und ohne Vorbehalt, so kann er seine Erklärung nicht nachholen, auch wenn er bei der Erfüllung seine Gegenforderung nicht kannte (vgl. RG. Recht 1913 Nr. 120; er ist auf die Beteiligung am K. beschränkt, sofern nicht nach den Umständen des Falles auch diese ausgeschlossen ist. Wird der K. beendigt, ohne daß die Bedingung eingetreten ist, so geht der während des K. entstandene bedingte Anspruch des Gläubigers nicht unter, er richtet sich jetzt gegen den früheren GSch. Zweifelhaft ist, welchen Einfluß der Zwangsvergleich (§ 193) auf eine nichtbevorrechtigte Forderung hat, wenn die Möglichkeit der Aufrechnung bis zur Rechtskraft des Bestätigungsbeschlusses nicht eingetreten ist. Ist sie bis dahin eingetreten, so bleibt die Forderung in Ansehung der Aufrechnung und der sich hieraus ergebenden Rechte durch den Zwangsvergleich unberührt (vgl. Anm. 7 zu § 53). Ist sie bis dahin nicht eingetreten, so wird die Forderung durch den Zwangsvergleich wie eine andere Forderung ergriffen und nur die Rechte des Gläubigers aus der ihm etwa bestellten Sicherheit bleiben (arg. § 193 Satz 2) bestehen; eine Aufrechnung auf Grund des nachher erfolgten Eintritts der Bedingung kann nur in Höhe der Vergleichsquote erklärt werden (bestr., a. M. RGZ. 80, 413 f.; vgl. KommBer. zur Nov. 16; Fitting 251 Anm. 14; Jaeger [2] Anm. 8 gegen [5] Anm. 8; Wilm.-Kurlb. Anm. 4a; Lang 186 f.; Hellmann 533).

4. Aufschiebend bedingte Forderungen des GSch. Der KVerw. muß mit der allenfalls beabsichtigten Aufrechnung warten, bis die Bedingung eintritt, denn seine Aufrechnungsbefugnis ist nicht erweitert (Bem. 4 vor § 53). Dagegen geht aus Abs. 1 zweifelfrei hervor, daß der Gläubiger seine unbedingte oder unbedingt gewordene Forderung auch gegen eine zur Masse gehörende aufschiebend bedingte Forderung aufrechnen **kann** (a. M. Hellmann 184). Das ist von Bedeutung für die Wirkungen des Zwangsvergleichs. Die bei dem Eintritte der Rechtskraft des Bestätigungsbeschlusses bestehende Aufrechenbarkeit sichert dem Gläubiger die Aufrechnung, auch wenn die Bedingung erst nachher eintritt (s. Anm. 7 zu § 53).

5. Beiderseitige aufschiebend bedingte Forderungen. Der Gläubiger ist zunächst auf die Anmeldung seiner Forderung im K. beschränkt, wenn er sich überhaupt aktiv beteiligen kann (s. Anm. 3). Aufrechnen darf er erst, wenn seine Forderung unbedingt geworden ist (s. auch Anm. 4). Wird vorher die Gegenforderung unbedingt, so muß er an den KVerw. leisten, hat aber die Rechte nach Abs. 3.

6. Auflösend bedingte Forderungen.

a) Steht die Forderung des Gläubigers unter einer auflösenden Bedingung, so kann er sie wie eine unbedingte zur Aufrechnung benützen (s. auch § 66). Dazu ist er übrigens nach den Grundsätzen des BGB., nicht erst mit der KE. nach Abs. 1 berechtigt. Tritt die auflösende Bedingung ein, so fällt der rechtliche Grund der Aufrechnung, nicht die Aufrechnung (a. M. Hellmann 180 f.), weg und der Gläubiger ist ungerechtfertigt bereichert (§ 812 Abs. 1 Satz 2 BGB.). Es tritt aber nicht ohne weiteres der frühere Rechtszustand wieder ein, so daß der Masse die Gegenforderung wieder zustände (s. § 158 Abs. 2 BGB.), denn die Aufrechnung war unbedingt und konnte nicht bedingt abgegeben werden (§ 388 BGB.). Die Masse hat vielmehr einen neu entstandenen (vgl. § 55 Nr. 1) Anspruch auf Herausgabe der Bereicherung, die in der Schuldbefreiung des Gläubigers besteht, d. h. auf Wiederherstellung der Forderung (s. Jaeger Anm. 5). Gegen diese Forderung der Masse kann der Gläubiger mit einer anderen Forderung nicht aufrechnen. Streitigkeiten sind außerhalb des KVerf. zu entscheiden. Mit dem Eintritte der Rechtskraft des Erkenntnisses, das den Gläubiger verurteilt, gilt die Forderung als wiederhergestellt (s. § 894 ZPO.). Vgl. Lang 174.

b) Ist die Forderung der Masse auflösend bedingt, so geht das Recht des KGl., der aufgerechnet oder gegen den der KVerw. aufgerechnet hat, nach dem während des K. erfolgten Eintritte der Bedingung auf Wiederherstellung seiner durch die Aufrechnung erloschenen Forderung und Herausgabe der rechtlosen Bereicherung der Masse. Der Gläubiger erhält nicht seine KForderung zurück, sondern sein während des K. entstandener Anspruch begründet, soweit die Masse in Betracht kommt, eine Masseschuld (§ 59 Nr. 3). Bereichert ist die Masse um den Betrag, um den der Gläubiger durch die Nichtbeteiligung im K. zu kurz kommt. Für die Zeit nach der KBeendigung richtet sich der Bereicherungsanspruch gegen den GSch. persönlich. (Vgl. über die Frage eingehend Lang 176 f., ferner Fitting 252 und Anm. 18, anders Jaeger Anm. 5).

Beschränkungen. **§ 55. (§ 48.)**

Eine Aufrechnung im Konkursverfahren ist unzulässig:

1. **wenn jemand vor oder nach der Eröffnung des Verfahrens eine Forderung an den Gemeinschuldner erworben hat und nach der Eröffnung etwas zur Masse schuldig geworden ist;**
2. **wenn jemand dem Gemeinschuldner vor der Eröffnung des Verfahrens etwas schuldig war und nach derselben eine Forderung an den Gemeinschuldner erworben hat, auch wenn diese Forderung vor der Eröffnung für einen andern Gläubiger entstanden war;**
3. **wenn jemand vor der Eröffnung des Verfahrens dem Gemeinschuldner etwas schuldig war und eine Forderung an den Gemeinschuldner durch ein Rechtsgeschäft mit demselben oder durch Rechtsabtretung oder Befriedigung eines Gläubigers erworben hat, falls ihm zur Zeit des Erwerbes bekannt war, daß der Gemeinschuldner seine Zahlungen eingestellt hatte, oder daß die Eröffnung des Verfahrens beantragt war. Die Vorschrift des § 33 findet entsprechende Anwendung.**

Die Aufrechnung ist zulässig, wenn der Erwerber zur Übernahme der Forderung oder zur Befriedigung des Gläubigers verpflichtet war und zu der Zeit, als er die Verpflichtung einging, weder von der Zahlungseinstellung noch von dem Eröffnungsantrage Kenntnis hatte.

Begr. I 234 f. — Unverändert durch die Nov.

1. Allgemeines.

a) Dem § 55 Nr. 1, 2 liegt der gleiche Gedanke zugrunde wie den §§ 14, 15 u. 4 Abs. 1. Die nach § 3 zur gemeinschaftlichen Befriedigung der KGl. dienende Masse soll nicht dadurch gemindert werden, daß ihr Teile zur Vorzugsbefriedigung einzelner Gläubiger entzogen werden. Deshalb muß die Aufrechnungsbefugnis des Gläubigers in der Regel bei der KE. schon bestehen oder mit ihr begründet werden. Darüber hinaus schließt die Nr. 3 die Aufrechnung unter bestimmten dem Anfechtungsrecht entlehnten Umständen sogar dann aus, wenn sich die Forderungen vor der KE. aufrechenbar gegenübergetreten sind.

b) Die Aufrechnung in den Fällen des § 55 ist im KVerf. unzulässig, d. h. sie ist schlechthin, nicht bloß den KGl. gegenüber, unwirksam, wenn sie die KMasse betreffen würde. Aufrechnungen in das freie Vermögen des GSch. werden weder durch § 55 noch durch § 14 ausgeschlossen. Mit der Beendigung des K. fällt die Beschränkung nach § 55 weg. Von einem etwaigen Zwangsvergleiche wird aber die im K. nicht aufrechenbare nichtbevorrechtigte KForderung nicht betroffen (§ 193).

c) Die Beschränkungen der Aufrechnung sind zwingendes, der Parteiwillkür nicht unterworfenes Recht (s. RGZ. 33, 48) und können auch durch eine Vereinbarung mit dem KVerw. nicht beseitigt werden. Sie treffen insbesondere die Parteiabrede, daß jeweils verfallende Zinsraten durch Anrechnung auf eine Gegenforderung ausgeglichen werden sollen (RGZ. 40, 125).

d) Über die Frage, ob im Genossenschafts K. der GenosseGl. gegen die Nachschüsse mit Forderungen aufrechnen kann, die er nach der KE. erworben hat, s. (bejahend) Jaeger Anm. 12 mit Lit.; Seuffert 332 Anm. 9.

2. **Die Fälle der Nr. 1.**

a) Der Tatbestand verlangt, daß der Gläubiger — dazu gehört auch der bevorrechtigte KGl. — nach der KE. (s. aber c) eine Leistung zur Masse schuldig geworden ist. Das Gesetz unterscheidet also scharf zwischen dem Kgebundenen und dem Kfreien Vermögen des GSch. Wer zu dem letzteren nach der KE. etwas schuldig wurde, kann aufrechnen ohne Rücksicht, ob er KGl. ist oder nicht; § 14 Abs. 1 steht nicht entgegen (herrschende Ans., s. RGZ. 26, 67; a. M. Fitting 253). Wer dagegen nach der KE. Schuldner des ersteren wurde, kann mit einer Forderung gegen den GSch. nicht aufrechnen. Auf den Rechtsgrund der Schuld an die Masse (z. B. Rechtsgeschäft mit dem KVerw., unerlaubte Handlung) kommt es nicht an. Ob die Schuld vor oder nach der KE. entstanden ist, kann im einzelnen Falle fraglich sein, wenn bei der KE. das der Schuld zugrunde liegende Verhältnis schon besteht. S. dazu Anm. 5 zu § 3. Ist der Anspruch des GSch. schon vor der KE. entstanden aber erst nachher wirksam (fällig) geworden, so ist, wie aus § 54 hervorgeht, die Aufrechnung des Gegners mit einer vor der KE. erworbenen Forderung nicht unzulässig; mit einer nachher erworbenen Forderung darf sie nach Nr. 2 nicht erfolgen. Ist aber der Anspruch nach der KE. neu (wenn auch wiederkehrend) entstanden, so ist die Aufrechnung mit einer Gegenforderung an den GSch. ausgeschlossen, mag sie vor oder nach der KE. erworben sein. Hat z. B. der GSch. dem Gläubiger vor der KE. ein verzinsliches Darlehen gegeben, so werden die nach der KE. fällig werdenden Zinsen als neu entstandene Schuld im Sinne der Nr. 1 zu betrachten sein, denn sie erscheinen als Entgelt für die in einem bestimmten Zeitraum gewährte oder zu gewährende

Nutzung des Kapitals. Dies gilt auch, wenn die Zeit, für die Zinsen geschuldet werden, teilweise vor der KE. liegt. Hat der GSch. vor der KE. vermietet oder verpachtet und tritt der KVerw. in den Vertrag oder ist der Vertrag der Masse gegenüber ohne weiteres wirksam (§ 21 Abs. 1), so kann der Mieter oder Pächter gegen die Miet- oder Pachtzinsforderung der Masse, d. h. gegen den nach der KE. verfallenden Zins, seine Forderung gegen den GSch. grundsätzlich nicht aufrechnen (vgl. RGZ. 1, 347; 33, 48; 40, 125). Eine Ausnahme gilt zugunsten des Mieters oder Pächters eines Grundstücks und des Mieters einer Wohnung u. a. für den Miet- oder Pachtzins des bei der KE. laufenden u. U. auch des folg. Kalendervierteljahres (§ 21 Abs. 2). Vgl. KommBer. II, 12 und Anm. 4b zu §§ 19 bis 21. Der Fall der Nr. 1 ist ferner gegeben, wenn auf die Masse (durch Rechtsgeschäft, Zwangsvollstreckung oder kraft Gesetzes) der Anspruch eines Dritten gegen den Gläubiger übergeht, mag er auch für den Dritten vor der KE. entstanden sein (vgl. Jaeger Anm. 5; Lang 255). Dagegen liegt Nr. 1 z. B. nicht vor, wenn der KVerw. nach § 17 die Erfüllung eines zweiseitigen Vertrags zur Masse verlangt (vgl. Hamburg LZ. 5, 635; 7, 572; RGZ. 79, 129; Ausnahmen für wiederkehrende Leistungen s. oben) oder wenn der Absonderungsberechtigte (und ebenso der durch ein Sicherungsgeschäft gedeckte Gläubiger, Anm. 4 zu § 48) sich an dem abgesonderten Gegenstand befriedigt hat in Ansehung des schon bei der KE. als aufschiebend bedingte Forderung zur Masse gehörigen Anspruchs auf den Überschuß (Dresden SeuffArch. 72, 36, a. M. Rostock SeuffArch. 50, 378). Nr. 1 liegt auch nicht vor, wenn der Vertragsgegner des GSch. mit einer Entschädigungsforderung wegen Nichterfüllung oder Aufhebung des Vertrags gegen Ansprüche des Verw., die sich auf den Vertrag stützen (Anm. 7b zu § 17), aufrechnen will. Hamburg SeuffArch. 61, 83. S. auch RGZ. 58, 11. Wegen der Aufrechnung durch den Beauftragten (Geschäftsbesorger) gegen Forderungen der Masse in den Fällen der §§ 672, 674 BGB. (KO. §§ 23, 27) s. RGZ. 53, 330; ferner Jaeger Anm. 7; Lang 257f.

b) Schon durch die Fassung des Gesetzes, das zwischen Forderungen an die Masse und sonstigen die Masse nicht berührenden Forderungen an den GSch. unterscheidet (s. oben unter a), ist klargestellt, daß Massegläubiger (7. Titel) ihre Forderungen auf Schulden zur Masse im Sinne der Nr. 1 aufrechnen können. Das gleiche ergibt sich aus dem Zwecke des § 55, eine Minderung der für die KGl. zur Verfügung stehenden Masse durch die Vorzugsbefriedigung einzelner zu verhindern (Anm. 1). Gem. Meinung, s. z. B. Jaeger Anm. 4; Wilm.-Kurlb. Anm. 4; Willenb. Anm. 1. Selbstverständlich kann dann auch der KVerw. aufrechnen. Weiter ist die Aufrechnung (für den KGl. und den KVerw.) möglich zwischen der Forderung auf Zahlung von KDividenden und der gleichviel wann entstandenen Schuld des KGl. zur Masse. Die Aufrechnung ist ferner zulässig zwischen der Forderung eines Massegläubigers und seiner vor der KE. entstandenen Schuld zur Masse oder seiner freien Schuld an den GSch.

c) Die Aufrechnung ist auch unzulässig, wenn die Schuld an die Masse mit der KE. entstanden ist. Gegen die Rückgewährschuld nach § 37 (Gläubigeranfechtung) kann deshalb nicht aufgerechnet werden. So im Ergeb. Jaeger Anm. 24 zu § 37.

3. Die Fälle der Nr. 2. Ist die Forderung des Gläubigers nach der KE. (§ 108) entstanden, so hat er nach § 3 keinen Anspruch auf Befriedigung aus der Masse, weil die durch die KE. bewirkte Beschlagnahme für ihn nicht erfolgt ist. Er muß deshalb seine vorher entstandene Schuld an die Masse erfüllen, ohne sich an ihr durch Aufrechnung befriedigen zu können. Zufolge der ausdrücklichen Vorschrift in Nr. 2 gilt das auch, wenn die Forderung gegen den GSch. vor der KE. für einen anderen Gläubiger entstanden ist und nach der KE. von dem Schuldner der Masse erworben wurde. Diese Vorschrift hat in erster Linie den Zweck, Schiebungen unter den Beteiligten auf Kosten der Masse zu verhindern. Schuldet z. B. A der Masse 1000, während B eine KForderung in gleicher Höhe hat, so liegt die Gefahr nahe daß B die Forderung an A verkauft und A dann aufrechnet. Sie geht aber weiter und trifft alle Fälle des nachträglichen Erwerbs der Forderung durch den Schuldner ohne Rücksicht auf den Rechtsgrund, auch den Erwerb kraft Gesetzes, und ohne Rücksicht auf Sonderrechtsnachfolge oder Gesamtrechtsnachfolge, insbesondere auch den Erwerb durch Erbgang Forderung und Schuld müssen demnach bei der KE. in einer Person vereinigt sein (vgl. RGZ. 51, 394). Auf die Kenntnis des Erwerbers von der KE. kommt es nicht an (anders nach Nr. 3). Ebensowenig darauf, ob der frühere Gläubiger aufrechnen konnte oder nicht. Nach den vom RGZ. 11, 123 (zunächst für älteres preuß. Recht) aufgestellten Grundsätzen besteht aber eine Ausnahme, wenn die Forderung von einem aufrechnungsberechtigten Gesamtschuldner auf einen andern Gesamtschuldner übergegangen ist; die Masse wird durch den Übergang nicht berührt, weil auch die Aufrechnung durch den Vormann die Schuld des Erwerbers getilgt hätte (§ 422 Abs. 1 BGB.). S. Jaeger Anm. 9. Zweifelhaft ist die Rechtslage, wenn der Schuldner des GSch. zwar z. Z. der KE. Gläubiger war, dann seine Forderung durch Abtretung u. a. an einen andern verloren, später aber wieder erworben hat. Die Aufrechnung nach dem Wiedererwerb der Forderung dürfte zulässig sein, der Wortlaut und der Zweck der Vorschrift in Nr. 2 stehen nicht entgegen. Ebenso — wenigstens für den Fall einer Sicherungsabtretung — Jaeger Anm. 9; RGZ. 51, 394.

b) Wer einen Wechsel, den der GSch. vor der KE. angenommen, ausgestellt, indossiert oder mit seinem Aval versehen hat, nach der KE erwirbt, ist KGl. (Anm. 5 e zu § 3), kann aber nach § 55 Nr. 2 eine Schuld zur Masse nicht aufrechnen. Anderseits gibt der Indossant durch das Indossament sein Wechselrecht nicht auf. Hat er es also vor der KE. erworben und löst er nach der KE. den rücklaufenden Wechsel ein so übt er bei dem Rückgriffe nicht ein ihm übertragenes fremdes, neu erworbenes Recht sondern sein ursprüngliches Recht als Remittent oder Indossatar (vgl. RGZ. 77, 187; RG. Recht 17 Nr. 119) aus, er kann also aufrechnen und nach § 54 Abs. 3 vor der Einlösung Sicherstellung der späteren Aufrechnung verlangen.

c) Befriedigt der Bürge des GSch. auf Grund einer vor der KE übernommenen Bürgschaft nach der KE. den Hauptgläubiger, so geht mit der Befriedigung die Forderung des Hauptgläubigers gegen den GSch. kraft Gesetzes auf ihn über (§ 774 BGB.). Da ihm aber diese Forderung vorher nicht einmal bedingt zustand (s. Anm. 5 c zu § 3), kann er mit ihr nicht aufrechnen (gl. Ans. Lang 212). Der Bürge wird aber regelmäßig schon vor der Befriedigung aus seinem rechtlichen Verhältnisse mit dem GSch. einen bedingten Rückgriffsanspruch gehabt haben (Anm. 5c zu § 3). Mit diesem kann er nach der Befriedigung des Hauptgläubigers aufrechnen; vorher § 54 Abs. 3.

4. **Die Fälle der Nr. 3.**

a) Wenn die Schuld und die Forderung vor der KE. entstanden und z. Z. der KE. in der gleichen Person vereinigt sind, ist die Aufrechnung regelmäßig zulässig. Besonders gilt aber, wenn der Gläubiger (= der Schuldner zur Masse) seine Gegenforderung nach der — für den K. kausalen — Einstellung der Zahlungen durch den GSch. oder nach dem Antrag auf KE. — wenn auch bedingt oder betagt — erworben hat und wenn ihm oder seinem Vertreter (s. Anm. 1e zu § 30) bei dem Erwerb — spätere Kenntnis schadet nicht — diese Zahlungseinstellung oder der Einstellungsantrag bekannt war. Eine besondere dolose Absicht braucht ihn nicht geleitet zu haben. Nicht nötig ist ferner eine Benachteiligung der späteren KMasse durch den Erwerb (s. Lang 276). Erforderlich ist aber weiter, daß der Gläubiger die Forderung, nachdem er Schuldner des GSch. geworden war, vgl. RGZ. 26, 81, durch entgeltliches oder unentgeltliches Rechtsgeschäft mit dem GSch. oder durch Rechtsabtretung (auch Indossierung) von seiten des bisherigen Gläubigers oder durch Befriedigung des bisherigen Gläubigers (vgl. §§ 268, 426, 774, 1143, 1150, 1225, 1249, 1607, 1709 BGB.) erworben hat. Gleichgültig ist es, wenn die Aufrechnung schon vor der KE. erfolgte (RGZ. 85, 38); gleichgültig ist es auch, ob sie durch einseitige Erklärung oder Aufrechnungsvertrag erfolgt (RG. Seuff.-Arch. 70, 382). Der Erwerb der Forderung im Wege der Gesamtrechtsnachfolge gehört nicht daher, auch nicht der Erwerb der Forderung durch Überweisung an Zahlungs Statt (§ 835 ZPO.). Die Überweisung zur Einziehung begründet ohnehin keine Aufrechenbarkeit gegen Forderungen des Drittschuldners (vgl. Seuffert ZPO. zu § 835). Zu beachten ist ferner, daß die Nr. 3 nicht zutrifft, wenn der Gläubiger schon vor der Befriedigung des bisherigen Gläubigers eine bedingte Forderung gegen den späteren GSch. hatte, die durch die Befriedigung unbedingt wird (Lang 278). Die Kenntnis der Zahlungseinstellung ist unschädlich, wenn sich die KE. länger als 6 Monate nach dem Erwerb verzögert hat (entspr. § 33). Der Beweis der Umstände, die die Aufrechnung ausschließen, obliegt dem KVerw. (Gegeneinwand gegen den Einwand der Tilgung durch Aufrechnung, u. U. Feststellungsklage). Eine Ausschlußfrist (s. § 41) läuft nicht. An der Geltendmachung der Forderung als bevorrechtigte oder nicht bevorrechtigte KForderung ist der Gläubiger nicht gehindert. Durch § 55 Nr. 3 wird nicht etwa der Erwerb der Forderung für anfechtbar erklärt, nur die Ausübung der Aufrechnung auf Grund derselben ist im K. unzulässig (vgl. RGZ. 11, 123). Ob der Forderungserwerb als der KMasse gegenüber unwirksam angefochten werden kann, bestimmt sich nach § 30. Das gleiche gilt, wenn der Gläubiger erst mit oder nach dem Erwerbe der Forderung Schuldner des GSch. geworden ist (z. B. Verschleuderung von Waren nach der Zahlungseinstellung). Erlangt der Gläubiger inkongruente Deckung (z. B. Aufrechnung ungleichartiger Leistungen durch Vereinbarung mit dem

GSch.), so kann auch § 30 Nr. 2 anwendbar sein. S. dazu Anm. 3c zu § 30; Jaeger Anm. 27 zu § 53, Anm. 17 zu § 55. Keine Aufrechnung liegt vor, wenn aus Anlaß eines auf ein Guthaben bei dem GSch. gezogenen Schecks von dem GSch. eine Gutschrift zugunsten eines Schuldners des GSch. erfolgt (RG. SeuffArch. 69, 394).

b) Der Abs. 2 der Nr. 3 enthält einen Ausnahmetatbestand, der die Rückkehr zur Regel, der Aufrechenbarkeit von Forderung und Schuld auch im K., bringt. Der Beweis liegt dem Gläubiger ob, der sich auf die Zulässigkeit der Aufrechnung beruft. Besonders liegt die Sache, falls der Gläubiger, wenn er sich zur Befriedigung verpflichtet, schon eine (bedingte) Rückgriffsforderung gegen den späteren GSch. hat, die durch die Befriedigung des Nachmannes, Hauptgläubigers u. a. (wieder) unbedingt wird. Z. B. der Gläubiger verpflichtet sich zur Befriedigung des Dritten durch Weiterbegebung eines vom späteren GSch. angenommenen oder begebenen Wechsels. In solchen Fällen kommt es auf die Kenntnis des Gläubigers nicht z. Z. der Verpflichtung, auch nicht z. Z. des Eintritts der Bedingung, sondern auf seine Kenntnis z. Z. des Erwerbs seiner (bedingten) Forderung an und die Beweislast trifft nach Abs. 1 den KVerw. Auch muß die Schuld des Gläubigers an den späteren GSch. vor dem Erwerb dieser (bedingten) Forderung bestanden haben, wenn (nach Nr. 3 Abs. 1) die Unzulässigkeit der Aufrechnung geltend gemacht werden soll. Z. B. A ist am 1. Januar dem späteren GSch. B 1000 schuldig geworden. Am 1. Februar erwirbt er einen von B indossierten Wechsel. Am 1. März indossiert er ihn an C weiter. Am 1. April muß er den rücklaufenden Wechsel einlösen. Hat B vor dem 1. Februar seine Zahlungen eingestellt und war das dem A am 1. Februar bekannt, so ist die Aufrechnung durch A im K. des B unzulässig. Hat aber A erst nach dem 1. Februar Kenntnis erhalten, so bleibt sein Aufrechnungsrecht unberührt, auch wenn er am 1. März oder 1. April um die Zahlungseinstellung wußte. Wurde A erst mit oder nach dem Wechselerwerb Schuldner des B, so ist der Verlust des Aufrechnungsrechtes überhaupt nicht in Frage und es handelt sich dann nur darum, ob ein anfechtbares Rechtsgeschäft vorliegt.

Leistet der Schuldner des späteren GSch. für diesen Bürgschaft und verpflichtet sich dadurch zur Befriedigung des Hauptgläubigers, so erlangt er in der Regel (s. Anm. 5c zu § 3) mit der Bürgschaftsübernahme einen bedingten Rückgriffsanspruch gegen den Hauptschuldner. Auch hier handelt es sich nicht um einen Fall des Abs. 2 (Verpflichtung vor Erwerb der Forderung) sondern um einen Fall des Abs. 1. Der KVerw. muß beweisen, daß dem Bürgen bei dem Erwerb dieser bedingten Forderung die Zahlungseinstellung oder der KEAntrag bekannt war.

Über die Aufrechnung durch den Geschäftsbesorger, der in Kenntnis der Krisis für den GSch. gezahlt hat, s. RGZ. 38, 34; Jaeger Anm. 18; Lang 286. Über die Aufrechnung durch eine Bank im K. eines Girokunden, auf dessen Anweisung sie in Kenntnis seiner Krisis Zahlung geleistet hat, s. Jaeger Anm. 18 (mit Lit.) und Lang a. a. O.

Die Voraussetzungen der Aufrechnung sind nach dem Ges. zu beurteilen, unter dessen Herrschaft die Schuld steht, deren Erlöschen durch die Aufrechnung behauptet wird (RGZ. 26, 67). Nach welchem Rechte im internationalen Verkehre sich ein Schuldverhältnis und dessen Erlöschen bestimmt, muß im einzelnen Falle zunächst nach dem ausdrücklichen oder mutmaßlichen Willen der Beteiligten besonders untersucht werden. Zur Ergänzung wird teils das Recht des Erfüllungsortes teils das sog. Personalstatut des Schuldners herangezogen. Die Rechtsprechung des RG. ist nicht einheitlich (vgl. z. B. RGZ. 55, 106; 62, 380).

Aufrechnung im Auslande. **§ 56.** (§ 49.)

Die Bestimmung des § 50 findet entsprechende Anwendung auf den Fall, daß ein im Auslande wohnender Schuldner nach dem Rechte des Auslandes eine nach § 55 unzulässige Aufrechnung mit der ihm abgetretenen Konkursforderung vornimmt.

Begr. I 238. — Unverändert durch die Nov.

Die KO. nimmt zu den Fragen des internationalen Privatrechts keine Stellung, sie regelt insbesondere nicht, ob eine im Ausland erklärte Aufrechnung, die nach § 55 im Inlande während des K. unzulässig ist, für das Inland verbindlich ist. In dieser Hinsicht wird es darauf ankommen, ob die durch die Aufrechnung zu tilgende Schuld nach den obigen allgemeinen Regeln dem deutschen oder dem ausländischen Recht untersteht. Ist sie nach dem deutschen Recht zu beurteilen, so gelten für sie auch die Beschränkungen des § 55. Die KO. befaßt sich in Anlehnung an § 50 nur mit der Ersatzpflicht des der inländischen Gerichtsbarkeit erreichbaren Zedenten, der nach der Zahlungseinstellung usw. eine KForderung dem im Auslande wohnenden Schuldner zur Masse oder mit der Absicht, daß dieser die Forderung erwirbt, einer Mittelsperson abtritt, falls während des K. der Schuldner zur Masse — gedeckt durch das ausländische Recht — auf seine Schuld entgegen den Vorschriften des § 55 die ihm abgetretene KForderung aufrechnet. Der Ersatzanspruch geht auf den Geldbetrag, um den die Masse durch die Ausübung der Aufrechnung geschädigt ist. Er besteht nicht, soweit es dem KVerw. gelingt, den Schuldner trotz der Aufrechnung zur Leistung heranzuziehen, weil nach den Umständen des Falles die Aufrechnung für das Inland nicht verbindlich ist. S. weiter § 50 und die dort. Erl.

Siebenter Titel.

Massegläubiger.

Vorbemerkung.

1. Die Massegläubiger sind zwar aus der KMasse zu befriedigen, sie sind aber keine KGl. und unterliegen nicht den Beschränkungen derselben nach §§ 12, 14, 15, 193 (s. RGZ. 61, 261). Sie gehören auch nicht zu den Absonderungsberechtigten, deren Rechte an einzelnen Teilen der Masse vor der KE. entstanden sein müssen. Im Verhältnis zu den

KGl. sind sie nicht gleichberechtigt sondern vorberechtigt. Erst wenn sie befriedigt sind, kommen die KGl. zum Zuge (§ 57). Im Verhältnis zu den Aussonderungs- und Absonderungsberechtigten treten sie dagegen zurück. Wer Massegläubiger ist, bestimmt das Gesetz positiv und erschöpfend. Die Zeit der Entstehung des Anspruchs ist kein sicheres Unterscheidungsmerkmal. Wenn auch die Masseansprüche in der Regel nach der KE. entstehen, so gibt es doch Masseforderungen, deren Entstehungsgrund vor der KE. liegt. Anderseits müssen die KForderungen regelmäßig z. B. der KE. schon begründet sein (§ 3 Abs. 1), daneben sind durch besondere Vorschrift KForderungen anerkannt, die erst nachher entstanden sind (s. Anm. 1a zu § 3). Auch die Scheidung der Masseforderungen von den nur gegen das freie Vermögen des GSch. gerichteten Forderungen läßt sich lediglich nach den einzelnen gesetzlichen Vorschriften, nicht nach allgemeinen Grundsätzen bestimmen. Selbstverständlich kann eine Masseforderung auch während des K. durch Vertrag, Zwangsvollstreckung oder kraft Gesetzes auf einen andern übergehen; hierüber entscheiden die allgemeinen Rechtsgrundsätze (über einzelne Zweifelsfragen s. Jaeger Anm. 7 zu § 58).

2. Das Gesetz gebraucht für die Masseforderungen den allgemeinen Ausdruck „Masseansprüche" (s. § 133 Nr. 2, § 172, § 191 Abs. 1) und unterscheidet wieder Massekosten (§ 58) und Masseschulden (§ 59). Der Unterschied ist von Bedeutung für die Reihenfolge bei der Befriedigung aus der unzulänglichen KMasse (§ 60). Die Grenze zwischen beiden Arten ist nicht scharf gezogen. Eine Verbindlichkeit kann sowohl zu den Massekosten wie zu den Masseschulden gehören (Fitting 174). Dann bleibt dem Gläubiger vorbehalten, wie er seinen Anspruch stützen will (a. M. Jaeger Anm. 1 zu § 58).

3. Im NachlaßK. ist der Kreis der Masseschulden erheblich erweitert: § 224. Über weitere besondere Fälle von Masseansprüchen s. §§ 27, 28, 38 Satz 1.

4. Über die Aufrechnung mit und gegen Masseforderungen s. Anm. 2b zu § 55.

Massegläubiger. **§ 57.** (§ 50.)

Aus der Konkursmasse sind die Massekosten und Masseschulden vorweg zu berichtigen.

Begr. I 239 f. — Unverändert durch die Nov.

1. **Der Schuldner der Masseansprüche.** Die KMasse bleibt Vermögen des GSch. Die Masse ist keine juristische Person, sie ist auch nicht Zweckvermögen einer Organisation der KGl. Eine organisierte „Gläubigerschaft" besteht nicht. Die Gesamtheit der Gläubiger hat keine Verbindlichkeiten (s. Anm. 1b zu § 3, Anm. 2 zu § 6). Die Masseansprüche richten sich deshalb — ausschließlich — gegen den GSch. und es kann sich bloß fragen, ob der GSch. mit seinem ganzen Vermögen oder nur mit der Masse und ob und wie er nach der Beendigung des K. haftet (herrschende M., s. z. B. Begr. I, 239 f.; Hamburg OLG. 25, 336; Fitting 182; Jaeger Anm. 2 f.; Wilm.-Kurlb. Anm. 2 vor § 57; RGZ. 2, 24; 52, 332; 55, 332). Nach anderer Meinung ist die Schuldnerin der Masseansprüche die Gemeinschaft der KGl., die Haftung beschränke sich auf das

Gemeinschaftsvermögen, weder die einzelnen KGl. noch der GSch. seien haftbar (Seuffert 240, ähnlich Kohler Leitf. 204, s. auch Hellmann 193 f.). Das Gesetz bietet aber vor allem keine Handhabe dafür, daß Ansprüche, für die der GSch. vor der KE. persönlich gehaftet hat, und die im K. als Masseforderungen zu behandeln sind, mit der KE. kraft Ges. von den KGl. übernommen oder mitübernommen werden. Freilich kann auch der GSch. Massegläubiger sein (a. M. Wolff Anm. 3). Das geht nicht bloß aus § 58 Nr. 3 und für den NachlaßK. aus § 224 (bes. Nr. 1, 6) hervor, sondern ergibt sich auch daraus, daß der KVerw. für die Masse mit dem GSch. in Rechtsverkehr treten kann. Die rechtliche Sonderung der Masse macht, wie Jaeger Anm. 3 (vgl. Staudinger-Herzf. IV A zu § 1975 Satz 175 oben) richtig bemerkt, rechtliche Beziehungen zwischen ihr und dem GSch. ebenso möglich wie sie, wenn Nachlaßverwaltung angeordnet ist, zwischen dem Erben und dem Nachlasse bestehen können (s. §§ 1978, 1979 BGB.).

2. Die Haftung der Masse.

a) Aus der Masse sind zunächst die Gegenstände auszusondern, die nicht zur KMasse gehören (§§ 43 f.), dann folgen die Ansprüche auf Ausscheidung der Gegenstände, die zwar zur KMasse gehören aber unabhängig vom KVerf. der abgesonderten Befriedigung einzelner dienen (§§ 4, 47 f.), dann kommen die Massegläubiger zum Zuge, zunächst die Masseschulden, hierauf die Massekosten (RGZ. 33, 119; 53, 193), ihnen folgen erst die KGl., unter sich nach der Rangordnung des § 61, bei gleichem Rang nach Verhältnis ihrer Beträge.

b) Die Massegläubiger sind am Anmeldungs- und PrüfungsVerf. (§§ 138 f.) nicht beteiligt, ihre Forderungen werden in die KTabelle nicht eingetragen. Die Beschränkung des § 12 gilt für sie nicht, sie werden außerhalb des KVerteilungsVerf. befriedigt. Die Forderung kann auf Geld oder eine andere Leistung gerichtet sein; § 69 ist nicht anwendbar. Die Massegläubiger halten sich gerichtlich und außergerichtlich an den KVerw. als das Organ, das die Masse verwaltet und über sie verfügt (Anm. 7). Während des K. können sie mit Arrest und Zwangsvollstreckung (dazu Anm. 1 zu § 126) gegen die Masse vorgehen und Eigentum und Sonderrechte an den zur Masse gehörigen Gegenständen, insbesondere Pfandrechte, im Wege des Zwanges oder der Vereinbarung mit dem KVerw. mit Wirksamkeit auch gegenüber den KGl. erwerben. Die §§ 14, 15 (s. auch Anm. 2b, c zu § 15) sind ihnen gegenüber nicht anwendbar. Vgl. RGZ. 61, 261. Kann der Massegläubiger Befriedigung aus der Masse durch Pfändung nicht erlangen, so ist der KVerw. zur Aufzeichnung der Masse und zum Offenbarungseid verpflichtet, §§ 807, 899 f. ZPO. (s. Gaupp-Stein zu § 807; LZ. 3, 717 f. mit Bem. von Jaeger, a. A. Kretzschmar BayZfR. 14, 233; s. ferner Anm. b zu § 60). Vor der Anerkennung von Masseansprüchen im Betrage von über 300 Mark hat der Verw. die Genehmigung des etwa bestellten Gläubigerausschusses einzuholen, ohne daß davon im Verhältnisse zu den Massegläubigern die Gültigkeit der Anerkennung abhängt (§§ 133, 136). Mitteilung an den GSch. s. § 135. Anmeldung der Forderung für den Fall, daß der KVerw. ihre Eigenschaft als Masseanspruch nicht anerkennt, ist zulässig. Durch die Anmeldung als KForderung und die Feststellung zur Tabelle ist die Geltendmachung der Forderung als Masseanspruch nicht ausgeschlossen. Aber eine Masseforderung, die irrig als KForderung behandelt wird, hat in dem Tabelleneintrag (§ 164 Abs. 2) keine Vollstreckungsgrundlage (vgl. KG. in LZ. 1, 679; s. auch Celle OLG. 9, 297). Wie an den Beschränkungen nehmen die Massegläubiger auch an den Rechten der KGl. im KVerf., insbesondere an den Abstimmungen (§ 95) nicht teil.

c) Der KVerw. hat den Massegläubigern gegenüber die Amtspflicht sie vor den KGl. zu befriedigen oder sicherzustellen und ist ihnen dafür nach § 82 verantwortlich. Der Verw. hat deshalb von Amts wegen alle ihm bekannt gewordenen Masseansprüche zu berücksichtigen (s. dazu § 191 Abs. 1, § 205 Abs. 2; auch § 116). Anderseits haben die Massegläubiger ein Interesse sich rechtzeitig zu melden, weil sie durch verspätete Meldung u. U. von der Befriedigung aus den Mitteln der Masse ausgeschlossen werden. Mit seinem Anspruch auf Erstattung von Auslagen und auf Honorar kann der Verw. selbst Massegläubiger sein (Anm. 2 zu § 58). Als Organ der Masse kann er entsprechend § 181 BGB. mit sich im eigenen Namen ein Rechtsgeschäft, das nicht ausschließlich in der Erfüllung einer Verbindlichkeit besteht, nicht vornehmen. S. Seuffert 241 Anm. 4.

3. Die sonstige Haftung des GSch. während des K. und nach dem K. Ob der GSch. den Massegläubigern auch mit freien Mitteln (z. B. einer nach der KE. angefallenen Erbschaft) haftet, ist bestritten. Es ist zunächst zu beachten, daß der Schuldgrund vor der KE. entstanden sein kann (s. bes. § 59 Nr. 2, 3). Die persönliche Haftung des GSch. für solche Schulden wird durch die KE. nicht berührt. Ob der Anspruch bei der KE. unbedingt oder bedingt, fällig oder betagt war, macht keinen Unterschied. Aber auch für Masseansprüche, die nach der KE. entstehen, wird der GSch. persönlich haften, denn er ist der Träger solcher Verbindlichkeiten und eine Beschränkung seiner Haftung kann nur angenommen werden, soweit sie durch das Gesetz zugelassen ist. Das ist aber im gewöhnlichen K. nur hinsichtlich der zeitlichen Geltendmachung der Ansprüche der Fall. Nach dem Willen des Gesetzes sollen die Massegläubiger regelmäßig aus der KMasse befriedigt werden (vgl. §§ 57, 191 Abs. 1, § 205 Abs. 2, s. auch § 116). Der Massegläubiger, dessen Anspruch nach der KE. entstanden ist, muß deshalb zunächst versuchen aus der Masse Befriedigung zu erlangen. Solange sich nicht herausgestellt hat, daß die KMasse unzulänglich ist (s. § 60), kann der GSch. die Befriedigung der Masseforderung aus freien Mitteln verweigern. Zahlt er trotzdem, so kann er aus der Masse nicht Ersatz verlangen. Die Masse hat keine Ausgleichungspflicht. Nach der Beendigung des K. infolge Aufhebung oder Einstellung des Verf. haftet der frühere GSch. persönlich für alle noch nicht erledigten Masseansprüche ohne Beschränkung auf die frühere Masse, die mit dem sonstigen Vermögen wieder ein einheitliches Ganzes bildet, und ohne Rücksicht auf die Zeit der Entstehung des Anspruchs. Durch den Zwangsvergleich werden Massegläubiger nicht berührt (§ 193). (Die Ansichten gehen weit auseinander s. Begr. I, 240, KommBer. I, 109; Jaeger [5] Anm. 4, 5 gegen [2] Anm. 3; Lang 93; Wilm.-Kurlb. Anm. 2 zu § 57; Pet.-Kleinf. Anm. 2, 3 vor § 57; Sarw.-Boss. Bem. vor § 57; RGZ. 2, 24; 52, 332; Hamburg LZ. 8, 1406; OLG. 25, 336, das Beschränkung auf die

Bestandteile der KMasse annimmt; Marienwerder OLG. 23, 212; grundsätzlich anders die Schriftsteller, die die KGl. als Schuldner der Masseansprüche betrachten.)

4. **Die Haftung der KGl.** Da die KGl. weder einzeln noch zusammen Schuldner der Massegläubiger sind (Anm. 1), haben sie für deren Befriedigung mit ihrem Vermögen auch dann nicht aufzukommen, wenn die Masse nicht zureicht. Es fragt sich aber, ob sie nicht wegen ungerechtfertigter Bereicherung (§ 812 BGB.) haften, wenn sie entgegen dem § 57 auf Kosten der Massegläubiger aus der Masse Dividenden bezogen haben, ohne daß die Massegläubiger vorweg befriedigt waren. Hier entscheidet § 172. Masseansprüche, die nicht bis zur Festsetzung des Prozentsatzes (§§ 149f., § 159) durch Anmeldung bei dem Verw. oder sonst zur Kenntnis des Verw. gelangt sind, können, auch wenn sie noch vor dem Vollzuge der Abschlagsverteilung geltend gemacht werden, die Auszahlung des festgesetzten Prozentsatzes nicht hindern. Durch den Empfang der Abschlagszahlung ist der KGl. nicht rechtlos bereichert, auch wenn die Restmasse zur Befriedigung der Nachzügler nicht ausreicht. Das gleiche gilt für die Zahlungen bei der Schlußverteilung (§§ 161f.) oder bei Nachtragsverteilungen (§ 166) gegenüber Massegläubigern, von deren Ansprüchen der KVerw. nicht bis zur Beendigung des Schlußtermins (§ 162) oder bis zur jeweiligen Bekanntmachung der Nachverteilung in Kenntnis gesetzt ist. Hat dagegen der Verw. bis zu dem jeweils in Betracht kommenden Zeitpunkt Kenntnis von dem Masseanspruch erlangt, übersieht er aber dessen vorherige Befriedigung oder Sicherung, so sind die KGl. bei unzulänglicher Restmasse um den Mehrbetrag, den sie erhalten haben, ungerechtfertigt bereichert und zur Herausgabe verpflichtet. Daneben haftet der Verw. persönlich nach § 82 (gem. M., vgl. Begr. I, 376, 389; Seuffert 241; Jaeger Anm. 7). S. Anm. zu § 172.

5. **Die Haftung des KVerw.** kann sich außer nach § 82 (schuldhafte Nichterfüllung der Verpflichtungen gegenüber den Massegläubigern; s. Köln LZ. 3, 406) daraus ergeben, daß bei Rechtsgeschäften sein Wille, im Namen der Masse zu handeln, nicht erkennbar hervortritt. Dann haftet er nach außen persönlich (§ 164 Abs. 2 BGB.), kann aber seinerseits als Massegläubiger (§ 58 Nr. 2 oder § 59 Nr. 3) die Masse in Anspruch nehmen.

6. **Das Verhältnis der Massegläubiger untereinander.** Die Massegläubiger stehen in keinem Gemeinschaftsverhältnis. Sie haben an der Masse keine gemeinsamen Rechte. Jeder kann ohne Rücksicht auf die andern seine Interessen wahren. Eine Schranke richtet § 60 auf. Siehe Anm. dort. Kein Massegläubiger kann verlangen, daß der andere auf das Objekt der Masse verwiesen wird, das zur Begründung des Masseanspruchs Anlaß gab. Alle Masseansprüche werden aus der einheitlichen KMasse befriedigt. Wenn z. B. der Erlös eines nach § 127 verwerteten Gegenstandes nicht einmal die Kosten deckt, wird der Rest auf die allgemeine Masse übernommen. S. auch Begr. I, 241f.

7. **Rechtsstreitigkeiten über Masseansprüche.** Über die Aufnahme der bei der KE. gegen den GSch. anhängigen Rechtsstreitigkeiten, die eine Masseschuld betr., s. § 11. Rechtsstreitigkeiten, die nach der KE. anhängig werden, werden für die KMasse von dem und gegen den KVerw. geführt (Anm. 2). Der Gläubiger, der den Masseanspruch geltend macht,

kann auf Leistung oder u. U. (§ 256 ZPO.) auf Feststellung seiner Masseforderung klagen. Ist das Gericht der Anschauung, daß der Gläubiger nur eine KForderung hat, so muß es die Klage abweisen, auf Feststellung der KForderung kann es nicht erkennen (arg. § 12, vgl. RGZ. 67, 373). Für den KVerw. kommt u. U. negative Feststellungsklage in Betracht. Ist bei der Aufhebung des KVerf. infolge Schlußverteilung (§ 163) ein Rechtsstreit über einen Masseanspruch noch anhängig, so führt ihn der Verw. fort, wenn der streitige Betrag sichergestellt ist; er ist dazu legitimiert, weil er den etwa frei werdenden Betrag zur Nachtragsverteilung bringen muß (§ 166). S. Seuffert 241; Anm. zu § 172. Teilweise abw. Jaeger Anm. 12. Anders, wenn bestrittene Masseansprüche bei der Aufhebung des KVerf. infolge Zwangsvergleichs (§ 190) oder bei der Einstellung des Verfahrens (§§ 202, 204) sichergestellt sind (§ 191 Abs. 1, § 205 Abs. 2). Dann erhält der GSch. das Recht zurück über die KMasse frei zu verfügen (§§ 6, 192, 206) und hat für diese die aktive und passive Legitimation. In den Rechtsstreit tritt er ein, ohne daß es einer Anzeige oder Aufnahme bedarf, während der KVerw. mit der Veröffentlichung der Aufhebung oder Einstellung die Vertretungsmacht verliert (arg. § 241 ZPO.; vgl. RG. SeuffArch. 55, 487; s. auch RG. LZ. 2, 706).

Massekosten.

§ 58. (§ 51.)

Massekosten sind:

1. **die gerichtlichen Kosten für das gemeinschaftliche Verfahren;**
2. **die Ausgaben für die Verwaltung, Verwertung und Verteilung der Masse;**
3. **die dem Gemeinschuldner und dessen Familie bewilligte Unterstützung.**

Begr. I 242 f. — Unverändert durch die Nov.

1. **Die gerichtlichen Kosten für das gemeinschaftliche Verfahren (Nr. 1)** einschließlich des der KE. vorangegangenen Verfahrens und der Nachtragsverteilungen. Darunter fallen die Gebühren und Auslagen des KGerichts nach §§ 51, 57, 58, 79, 80, 80a, 80b GKG. (zu beachten Art. III des Änderungsges. v. 1. Juni 1909).

a) Einzelnes: Die nach dem Ergebnisse des KVerf. abgestuften Gebührensätze des § 51 GKG. enthalten die Gesamtentschädigung des KGerichts für seine Tätigkeit. Für die Entscheidungen des KGerichts werden daneben Gebühren nicht erhoben. Ausnahmsweise ist jeder besondere Prüfungstermin (§ 142) eigens gebührenpflichtig (§ 142). Die Tätigkeit der Beschwerdegerichte unterliegt selbständigen Gebühren (§ 57 GKG.). Für das Entscheidungsverfahren (§§ 102 f.) wird eine besondere Gebühr nur geschuldet, wenn der Antrag auf KE. abgewiesen oder (s. § 105 Abs. 1, § 208 Abs. 2, § 210 Abs. 2, §§ 213, 217 Abs. 2, § 218 Abs. 2, § 236) von vornherein nicht zugelassen wird (§ 53 GKG.). Sonst umfaßt die Gebühr auch das Eröffnungsverfahren (s. § 51 GKG.). Zur Deckung der baren Auslagen der Gerichte, die nicht anderweitig (§ 79 f. GKG.) zu ersetzen sind, werden pauschweise (15 %ige Zuschläge zu den Gebühren, aber nicht mehr als jeweils 75 Mark, erhoben (§ 80b Abs. 1 GKG.; Ges. v. 8. Nov. 1916. Über die Fälligkeit der Gebühren und die Erhebung von Abschlagszahlungen s. §§ 93, 95 GKG.

b) Schuldner der gerichtlichen Gebühren und Auslagen[1]) ist der GSch. (s. Anm. 1 zu § 57; § 92 GKG.). Die Kosten besonderer Prüfungstermine tragen aber die beteiligten Gläubiger (§ 142, § 54 GKG.); Vorschußpflicht §§ 82, 84 Abs. 1 GKG. Außerdem hat jeder, der die KE. beantragt, nach §§ 82, 84 Abs. 1 GKG. einen Vorschuß zu zahlen. (S. ferner §§ 107, 198 Abs. 1, § 204 Abs. 1.) Ist ein Gläubiger Antragsteller, so fällt seine Haftung durch die KE. nicht weg; sie wird auch nicht dadurch berührt, daß der GSch. (die Masse; § 58 Nr. 1 und GKG. § 92) zahlungspflichtig wird; sie ist aber beschränkt auf die Zahlung in der Höhe der Vorschußpflicht. Die nach § 89 GKG. naheliegende Annahme, daß der KGl. über die Vorschußpflicht hinaus für die Kosten des KVerf. haftet, trifft nach den Mot. z. GKG. nicht zu. Soweit ein Gläubiger den Vorschuß geleistet hat, ist er an Stelle des Fiskus Massegläubiger nach § 58 Nr. 1 (nicht § 59 Nr. 3). S. aber Anm. 2 zu § 107. Ein Vorschuß des GSch. dagegen gilt als Vorschuß aus der Masse und begründet keine Ersatzpflicht der Masse. Hat ein Dritter dem Antragsteller die Mittel zur Verfügung gestellt, so ist er nicht Massegläubiger; ihm haftet der Antragsteller. Ist er bis zur KE. Gläubiger des GSch. geworden, so kann er seine Forderung als KForderung verfolgen (§ 3 Abs. 1).

c) Massekosten sind nur die gerichtlichen Kosten für das gemeinschaftliche Verfahren, d. h. für das KVerf. mit Einschluß des Eröffnungsverfahrens, nicht für etwaige gerichtliche Nebenverfahren. Massekosten sind — gegen die Begr. I, 242 — zweifellos auch die gerichtlichen Kosten im Zwangsvergleichsverfahren (herrsch. Lehre), ferner die gerichtlichen Kosten der Beschwerdeinstanz, soweit sie die Masse belasten. Nicht dazu gehören die Kosten der einzelnen Gläubiger aus ihrer Teilnahme am K. (§ 63 Nr. 2), die Gebühren und Auslagen, die einzelnen Beteiligten zur Last fallen (GKG. §§ 53, 54, 57, 58; s. oben), der Anspruch des Verw. auf Vergütung (§ 85 Abs. 1) und namentlich die Gerichtskosten für nebenhergehende Rechtsstreitigkeiten, auch für Feststellungsprozesse nach § 146. Auch die von einem Absonderungsberechtigten betriebene Verwertung des ihm haftenden Gegenstandes ist arg. § 4 Abs. 2 kein Teil des gemeinschaftlichen Verfahrens (ebenso Seuffert 243).

2. Die Ausgaben für die Verwaltung, Verwertung und Verteilung der Masse (Nr. 2).

a) Darunter fallen z. B. die Gebühren und Auslagen des Verw. (§ 85, s. RG. 61, 261) und der GlAusschußmitglieder (§ 91), Wirtschaftskosten und Arbeits- und Gesindelöhne für die Fortführung des Betriebs, Mietzinse, die gerichtlichen und außergerichtlichen Kosten der von dem Verw. geführten Prozesse, soweit sie der Masse zur Last fallen, Anwaltskosten, Steuern und Abgaben für den Grundbesitz der Masse und den fortgeführten Gewerbebetrieb, Einquartierungslasten der Grundstücke, die gerichtlichen und außergerichtlichen Kosten der auf Betreiben des Verw. erfolgten Verwertung von Bestandteilen der Masse (s. §§ 117, 126, 127)

---

[1]) S. auch Hesselbarth LZ. 5, 598 f. (Haftung für die Kosten des KVerf.).

z. B. der Zwangsversteigerung oder Zwangsverwaltung eines Grundstücks, soweit sie nicht durch den Erlös oder Ertrag gedeckt sind, Prämien für gewerbliche, landwirtschaftliche Unfallversicherung, Brandversicherung, Hagelversicherung, Viehversicherung, Haftpflichtversicherung, nicht aber persönliche Steuern des GSch. Begr. I, 243; Seuffert 243. Die Verwaltungskosten müssen zur Erhaltung und Nutzbarmachung der Masse während des K. aufgewendet sein (vgl. RGZ. 17, 174). Darüber, inwieweit die Zuwachssteuer hierher fällt, s. Dresden LZ. 9, 28 und dazu Warneyer ebendort.

b) Ein Teil dieser Massekosten hat zugleich die Natur von Masseschulden, was nach § 60 bei Unzulänglichkeit der Masse von Bedeutung ist (vgl. Begr. I, 243, Anm. 2 zu § 57; grunds. a. M. Jaeger Anm. 1, 5).

c) Über Sondermassekosten im K. der Hypothekenbanken und Lebensversicherungsanstalten s. Jaeger Anm. 6.

3. Die Unterstützung des GSch. und (oder) seiner Familie, Nr. 3.

a) Die Vorschrift hat nicht den Sinn, daß der GSch. und (oder) seine Angehörigen einen unbedingten Rechtsanspruch auf Unterstützung aus der Masse haben. Über die stets widerrufliche Bewilligung entscheidet vielmehr nach freiem Ermessen vorläufig (§ 129 Abs. 1) der Verw. mit Genehmigung des Gläubigerausschusses oder des Gerichts, endgültig die Gläubigerversammlung (§ 132 Abs. 1). Solange aber die Bewilligung nicht widerrufen ist, hat die begünstigte Person, soweit es sich um Unterstützung nach § 132 handelt und die Klagbarkeit nicht ausgeschlossen ist, einen klagbaren Anspruch gegen den KVerw. Bei Unzulänglichkeit der Masse tritt die Unterstützung an die letzte Stelle. Von der Unterstützung zu scheiden ist die vertragsmäßige Vergütung an den GSch. für Dienstleistungen (vgl. Begr. I, 351), sie fällt unter § 58 Nr. 2, § 59 Nr. 1 (s. Anm. 1 zu § 57). Freilich kann nach den Umständen des Falles zweifelhaft sein, ob die Zahlung der Unterstützung von der Mithilfe des GSch. bei der Verwaltung oder Verwertung der Masse abhängig gemacht ist oder ob ein Dienstvertrag des GSch. mit dem KVerw. vorliegt.

b) Nach § 1 Abs. 2 Satz 2 alter F. hatte der GSch. einen Unterhaltsanspruch, wenn sein Nießbrauch am Vermögen seiner Frau oder seiner Kinder in die KMasse fiel. Übergangsweise hat die Vorschrift noch Bedeutung, s. Art. 200 Abs. 1 EG. BGB., Art. VI EG. KNov. und dazu Anm. 22 zu § 2. Seuffert rechnet diesen Anspruch zu den Masseschulden nach § 59 Nr. 3.

4. In Konkursverfahren, die im Anschluß an eine Geschäftsaufsicht eröffnet sind, sind weiter Massekosten (außer den Kosten des § 58) die gerichtlichen Kosten der Geschäftsaufsicht (§ 78 GeschAVO.) und des Vergleichsverfahrens (§ 78 GeschAVO.) und die Gebühren und Auslagen der Aufsichtsperson (§ 27 GeschAVO.; RG. DJZ. 21, 897); s. § 71 GeschAVO. „Im Anschluß an eine Geschäftsaufsicht eröffnet" ist ein KVerf. dann, wenn es mit der GeschAufsicht im inneren Zusammenhange steht, namentlich wenn es auf demselben Konkursgrund beruht, der die GeschAufsicht veranlaßt hat; eine unmittelbare zeitliche Aufeinanderfolge ist nicht notwendig (Klimmer § 71 Anm. 2).

§ 59. (§ 52.)

Masseschulden sind:

1. die Ansprüche, welche aus Geschäften oder Handlungen des Konkursverwalters entstehen;
2. die Ansprüche aus zweiseitigen Verträgen, deren Erfüllung zur Konkursmasse verlangt wird oder für die Zeit nach der Eröffnung des Verfahrens erfolgen muß;
3. die Ansprüche aus einer rechtlosen Bereicherung der Masse.

Begr. I 244 f. — Unverändert durch die Nov.

1. Ansprüche aus Geschäften oder Handlungen des KVerw., Nr. 1.

a) Das Gesetz sagt nicht ausdrücklich, wann die Ansprüche Dritter aus Geschäften oder Handlungen des KVerw. von der Masse zu decken sind. Hierüber entscheiden Grundsätze des allgem. bürgerlichen Rechtes (s. auch Jaeger Anm. 1).[1] Vorausgesetzt ist, daß das Geschäft (nicht bloß Rechtsgeschäfte) oder die Handlung (auch Unterlassung) eine — wenn auch vielleicht unzweckmäßige (RGZ. 53, 192) — Ausübung des Verwaltungs- oder Verfügungsrechtes des KVerw. über die Masse (§ 6 Abs. 2) enthält (vgl. § 164 Abs. 1 BGB.). Nur soweit der KVerw. die Masse überhaupt verpflichten kann (Anm. 4 zu § 6), sind die Ansprüche Dritter aus seinen Geschäften oder Handlungen Masseschulden. Die Haftung der Masse für die Tätigkeit des Verw. geht keinesfalls weiter wie die Haftung des Vertretenen für die Tätigkeit seines gesetzlichen Vertreters. Trifft den KVerw. bei der Erfüllung einer Verbindlichkeit der Masse ein Verschulden, so hat die Masse dafür einzustehen. Das gleiche gilt wegen des Verschuldens einer Person, deren sich der KVerw. zur Erfüllung einer Verbindlichkeit der Masse bedient (entspr. § 278 BGB.). Zu weit geht, wer sagt, daß die KMasse für allen Schaden hafte, den der Verw. durch eine in Ausführung seiner Verrichtungen begangene, zum Schadensersatze verpflichtende Handlung einem Dritten zufügt (entspr. §§ 31, 89 BGB.; vgl. Seuffert 244). Denn die KMasse ist keine Körperschaft des privaten oder öffentlichen Rechtes. Auch darf die Ausnahme des § 31 BGB. mangels einer besonderen Vorschrift nicht entsprechend ausgedehnt werden. Man muß vielmehr von der Regel (s. RGRKomm. Anm. 12 zu § 823 BGB.; RGZ. 62, 349) ausgehen, daß für eine unerlaubte Handlung außerhalb eines Vertragsverhältnisses nur der Täter verantwortlich ist, nicht die Person, für die zu handeln er berechtigt ist. Für außerkontraktliches Verschulden des KVerw. haftet demnach die Masse grundsätzlich nicht. Nach RG. LZ. 1, 143 soll für einen durch wissentliche oder grobfahrlässige Patentverletzung des KVerw. verursachten Schaden nach § 59 Nr. 1 die Masse haften. S. ferner RG. LZ. 3, 787; 10, 1268 (Schadensersatzanspruch gegen die Masse wegen schuldhafter Nichtberücksichtigung eines Aussonderungsrechtes durch den Verw.). Zweifelhaft ist, wen die Haftung für Tiere und für Kraftfahrzeuge (§ 833 BGB.; § 7 KFG. v. 3. Mai 1909) trifft, die zur Masse gehören. Als Halter ist nach der jetzt herrschenden Auffassung, die es allein auf die Verwendung im eigenen Interesse an-

[1] Altrechtliche Entscheidungen über einzelne Fälle sind deshalb mit Vorsicht zu benützen.

kommen läßt und rechtliche Verfügungsgewalt des Halters nicht fordert (s. RGRKomm. Anm. 4 zu § 833), wohl nicht der KVerw. sondern — wenigstens regelmäßig — der GSch. anzusehen. § 59 Nr. 1 ist deshalb nicht anzuwenden, wohl aber kommt, wie Jaeger Anm. 3 mit Recht hervorhebt, § 58 Nr. 2 in Betracht, denn die Gefahr für Tiere und für Kraftfahrzeuge, die im Interesse der Masse benützt werden, ist ein Verwaltungsaufwand, mit dem jeder in gleicher Lage rechnen muß (vgl. Kleinf. 43).

b) Für die Nr. 1 kommen namentlich in Betracht Verträge des KVerw. bei der Verwaltung oder Verwertung der Masse (s. §§ 117, 133 f.), wechselmäßige Verpflichtungen u. a. Vgl. RGZ. 53, 192. Die Anerkennung einer zunächst bestrittenen KForderung durch den KVerw. schafft keinen neuen Schulgrund und macht den Anspruch nicht zur Masseforderung. Kraft besonderer Vorschrift in § 26 Satz 2 kann eine Forderung wegen der Nichterfüllung einer Verbindlichkeit des GSch. oder der Aufhebung eines Rechtsverhältnisses, die infolge der KE. eintritt, nur als KForderung, nicht als Masseforderung, geltend gemacht werden, auch wenn sie unmittelbar auf dem Verhalten des KVerw. beruht (Anm. 4 zu § 26).

c) Unter Nr. 1 fällt ferner die Prozeßführung des KVerw. mit den Schadensersatzfolgen nach § 302 Abs. 4, § 600 Abs. 2, § 717 Abs. 2; s. auch § 945 ZPO. (s. Jaeger Anm. 3). Die Kosten eines vom KVerw. geführten Rechtsstreits, auch die Kosten eines Anfechtungsprozesses (RGZ. 52, 330 f.), sind, soweit sie ihm als Organ der KMasse auf Grund eines Urteils oder Vergleichs zur Last fallen, Masseschulden nach Nr. 1 ohne Unterschied, ob der Rechtsstreit von ihm oder gegen ihn begonnen wurde, oder ob der Rechtsstreit von ihm oder gegen ihn aufgenommen wurde und ob die Kosten dann vor oder nach der KE. entstanden sind (s. Anm. 1 h zu § 3, ferner RG. JW. 24, 226; 25, 103; Dresden OLG. 1, 408; Colmar LZ. 5, 954; Karlsruhe OLG. 10, 201 hinsichtlich der Kosten des nach § 146 Abs. 3 gegen den Verw. aufgenommenen Prozesses, die ihn s. Naumburg OLG. 28, 169 auch treffen, wenn er nach Aufnahme den Widerspruch zurücknimmt; vgl. aber auch Anm. 2 zu § 62). Es ist dabei ohne Einfluß, ob die vor dem KBeginn erwachsenen Kosten schon als bedingte KForderung angemeldet waren; Anmeldung wie Feststellung des Anspruchs als KForderung haben nur eventuelle Bedeutung: KG. OLG. 19, 215; s. auch § 6 Anm. 3. Über die Frage, ob Prozeßkosten des NachlaßVerw. im späteren NachlaßK. Masseschulden nach § 224 Nr. 5 sind, s. § 224 Anm. 1 c. Kosten, die dem GSch. vor der KE. auferlegt wurden, können, wenn nicht während des K. eine abändernde, den KVerw. verurteilende Entscheidung ergeht, nur als KForderung geltend gemacht werden. Beschränkt sich die während des K. ergehende Entscheidung darauf, den KVerw. in die Kosten eines Rechtsmittels zu verurteilen, so sind nur diese Kosten Masseschulden, die früheren KForderungen. Vgl. Fitting 83 (Anm. 33); Jaeger Anm. 2 und wegen der Prozeßkosten im KVerfahren im allgemeinen Kurlbaum LZ. 11, 623 f.

d) Einen eigenartigen Fall von bedingter Masseschuld (Bürgschaftsschuld) der Masse bestimmt § 36 Abs. 2 VerlG. vom 19. Juni 1901.

2. Ansprüche aus zweiseitigen Verträgen, Nr. 2. Gemeint sind nicht Verträge, die der KVerw. für die Masse abschließt, diese fallen unter Nr. 1, sondern Verträge, die der GSch. vor der KE. abgeschlossen hat und die bei der KE. von beiden Teilen nicht oder nicht vollständig erfüllt sind (§ 17, vgl. § 20 Abs. 2, § 44 Abs. 2). Vorausgesetzt ist, daß der KVerw. die Erfüllung der Verbindlichkeit des anderen Teiles zur KMasse verlangt hat (§ 17) oder daß der Vertrag auch ohne dieses Verlangen, wenigstens bis zum Ablaufe einer Kündigungsfrist, nach der KE. weitererfüllt werden muß. Ein solcher Erfüllungszwang besteht besonders für Miet- und Pachtverträge, falls dem GSch. der Gegenstand vor der KE. vom Vermieter oder Verpächter überlassen war oder falls der GSch. den Gegenstand vor der KE. dem Mieter oder Pächter überlassen hatte (§§ 19, 21 Abs. 1, 3), ferner für Dienstverträge nach § 22. Bei Gefahr auf Verzug hat ferner der Beauftragte oder Geschäftsbesorger die Geschäftsbesorgung nach der KE. fortzusetzen (§§ 23, 27, BGB. § 672 Satz 2). Unter der gleichen Voraussetzung hat der geschäftsführende Gesellschafter die Geschäfte der Gesellschaft einstweilen fortzuführen (§ 28, BGB. § 728 Satz 2). Die Vertragsansprüche des Gegners, der hiernach auf Verlangen des KVerw. oder kraft Gesetzes nach der KE. erfüllen muß, sind Masseschulden (auch wenn in einzelnen Fällen z. B. bei persönlicher Dienstleistung an den GSch. die Masse keinen Vorteil hat, Jaeger Anm. 9). Das gilt aber, wenn es sich um wiederkehrende Leistungen z. B. Darlehenszinsen, Mietzinsen, Pachtzinsen, Löhne handelt, nur für die Ansprüche, die auf die Zeit von der KE. an fallen. Die Ansprüche für die Zeit bis zur KE. sind KForderungen, u. U. bevorrechtigte (§ 61). Ist z. B. am 1. September der K. eröffnet und am 1. Oktober der Gehalt eines im Geschäfte des GSch. angestellten und nach § 22 vom Verw. übernommenen Handlungsgehilfen für die Zeit vom 1. Juli bis 1. Oktober fällig geworden, so bildet nur der Gehalt seit 1. September eine Masseschuld. Auf die Zeit der Fälligkeit des Anspruches nach dem Vertrage kommt es deshalb für die Scheidung zwischen KForderung und Masseforderung nicht an (s. Begr. I, 245). Für Ersatzansprüche des Gegners auf Grund des Vertrags ist entscheidend, ob sie während des K. entstehen; dann sind sie Masseschulden (Jaeger Anm. 7, s. Anm. 6 zu § 17). Masseschuld ist bei einem nach KE. fortgesetzten Mietverhältnis auch die Pflicht, nach Beendigung des Mietverh. die Sache zum Zwecke der Zurückgabe in den ordnungsmäßigen Zustand zu versetzen, sowie eine bei Nichterfüllung dieser Verpflichtung sich ergebende EntschädPflicht (Dresden SeuffArch. 73, 39). Masseschuld sind auch die Kosten für Ferngespräche des GSch. unter Benützung des für sein Geschäftslokal eingerichteten Anschlusses nach KE. (Hamburg Seuff.-Arch. 71, 48). Kraft ausdrücklicher Vorschrift in § 26 sind aber Ansprüche wegen der Aufhebung eines Rechtsverhältnisses, die als Folge der KE. wenn auch erst im Laufe des K. durch Kündigung des Verw. eintritt (s. § 19 Satz 3, § 22 Abs. 2), nur KForderungen; s. auch Anm. 4b zu § 21.

3. Ansprüche aus rechtloser Bereicherung der Masse, Nr. 3.

a) Die Masse muß unmittelbar bereichert sein (RGZ. 66, 390), d. h. die Masse muß durch die Leistung eines andern oder in sonstiger Weise auf dessen Kosten etwas ohne rechtlichen Grund erlangt haben oder

der rechtliche Grund der Leistung, die in die KMasse gelangt ist, muß später weggefallen sein oder der Erfolg, der nach dem Inhalte des Rechtsgeschäfts mit einer in die KMasse gelangten Leistung bezweckt war, ist nicht eingetreten (vgl. §§ 812 f. BGB.). Ist vor der KE. der GSch. bereichert worden, so ist der Anspruch wie eine andere persönliche Forderung gegen den GSch. eine KForderung, auch wenn die Bereicherung auf eine strafbare Handlung des GSch. zurückzuführen ist (s. RGZ. 28, 150; 45, 172; 94, 20). „Masseschuld wird ein Bereicherungsanspruch nur dadurch, daß das Vermögen, nachdem es für die Gläubiger zu einer KMasse geworden, über den Umfang derselben durch fremdes Gut vermehrt worden ist" Begr. I, 246. Einzelne Fälle s. z. B. § 7 Abs. 2, § 38, vgl. ferner (weitergehend) § 46, dann Anm. 3, 4 zu § 4, Anm. zu § 26, Anm. 7a zu § 49. In den Fällen des § 147 Satz 2, ähnlich § 13 Abs. 1 Satz 2 AnfG., handelt es sich nicht um eine rechtlose Bereicherung der Masse, sondern um besondere Ersatzansprüche gegen die Masse wegen nützlicher Geschäftsführung, von denen es zweifelhaft ist, ob sie den Massekosten oder den Masseschulden anzugleichen sind. Richtig ist wohl das letztere (s. dazu § 683 Satz 1 BGB.). Masseschuld ist nicht der Anspruch, den der Vertragsgegner des GSch. aus dem von ihm vor der KE. einseitig erfüllten Vertrage hat, er kann den Gegenstand seiner Leistung nicht als Bereicherung der Masse zurückfordern (§ 26).

b) Über den Umfang des Anspruchs auf Herausgabe s. §§ 818 f. BGB.

Verhältnismäßige Befriedigung.

§ 60. (§ 53.)

Sobald sich herausstellt, daß die Konkursmasse zur vollständigen Befriedignng aller Massegläubiger nicht ausreicht, tritt eine verhältnismäßige Befriedigung derselben in der Weise ein, daß zunächst die Masseschulden, dann die Massekosten, von diesen zuerst die baren Auslagen und zuletzt die dem Gemeinschuldner und dessen Familie bewilligte Unterstützung zu berichtigen sind.

Begr. I 247 f. — Unverändert durch die Nov.

a) Die Massegläubiger werden unabhängig vom KVerf. befriedigt (Anm. 2 zu § 57), sie stehen dem KVerw. gegenüber wie vor der KE. die Gl. ihrem Schuldner. Untereinander haben sie keine rechtliche Gemeinschaft und auch — von Sonderrechten wie Pfandrechten abgesehen — keinen verschiedenen Rang. Jeder kann selbständig und ohne Rücksicht auf die anderen Massegläubiger gerichtlich oder außergerichtlich auf seine Befriedigung bedacht sein' (RGZ. 61, 261). Ihre Befriedigung dürfen sie nach allgemeinen Grundsätzen fordern, insbesondere also wenn der Anspruch fällig ist. Für die Voraussetzungen und die Folgen des Verzugs des KVerw., seine Schadensersatzpflicht usw. gilt nichts Besonderes. Bei der Klage und der Zwangsvollstreckung geht jeder einzeln vor. Hat er Sicherung oder Befriedigung erlangt, so ist er nicht deshalb auf Kosten anderer rechtlos bereichert, weil diesen wegen Zahlungsunfähigkeit der Masse nicht das gleiche gelingt.

b) Die Rechtslage verschiebt sich, „sobald sich herausstellt“, daß die KMasse zur vollständigen Befriedigung aller Massegläubiger nicht ausreicht. Dann tritt zwar „kein K. der Massegläubiger im K. der KGl.“ ein (s. Begr. I, 248), auch keine Ermäßigung ihrer Ansprüche entsprechend dem Bestande der Masse, aber eine verhältnismäßige Befriedigung der Gläubiger nach einer nur für diesen Fall bestimmten Rangordnung. Gehört eine Verbindlichkeit sowohl zu den Massekosten wie zu den Masseschulden, so hat der Gläubiger die Wahl, wie sein Anspruch behandelt werden soll. In Ermangelung einer gegenteiligen Erklärung ist die Forderung als Masseschuld anzusetzen (vgl. Anm. 2 vor § 57). Massegläubiger mit gleichem Rang werden nach dem Verhältnisse ihrer Forderungen befriedigt. Den Abzug, den der Gläubiger erleidet, kann er regelmäßig gegen den GSch. verfolgen (Anm. 3 zu § 57), auch gegen den KVerw., sobald wieder Masse vorhanden ist. Ist der Zuwachs an Masse zur Befriedigung aller Restforderungen und der etwaigen Ansprüche neuer Massegläubiger unzulänglich, so hat wieder verhältnismäßige Befriedigung stattzufinden. Sonderrechte, die Massegläubiger vor dem kritischen Zeitpunkt an Bestandteilen der Masse erlangt haben (Pfandrechte u. a.), bleiben unberührt und führen je nach ihrem Inhalte zu einer vorzugsweisen Befriedigung oder Sicherung des Inhaber. Von dem kritischen Zeitpunkt ab kann kein Massegläubiger über seinen verhältnismäßigen Anteil hinaus Sonderrechte, auch nicht durch Zwangsvollstreckung oder Arrest, wirksam erlangen. Was ein Massegläubiger nachher aus der Masse entgegen dem § 60 durch Zahlung, anderweitige Befriedigung oder Sicherung erhalten hat, kann der KVerw. wegen ungerechtfertigter Bereicherung des Gläubigers zur Masse zurückfordern (s. RGZ. 61, 262). Soweit der Massegläubiger aufrechnen kann, wird er darin durch § 60 nicht berührt. Über die Pflicht des Verw. zur Leistung des Offenbarungseides im Falle des § 60 s. einerseits (verneinend) Kiel OLG. 19, 215; Celle LZ. 5, 475; anderseits (bejahend) Jaeger Anm. 7. S. auch hier § 57 Anm. 2b.

c) Zweifelhaft und bestritten ist, wie die Unzulänglichkeit der Masse festgestellt wird. Nach der einen Ansicht (z. B. Fitting S. 181 Anm. 30) hat das KGericht entsprechend §§ 107, 204 durch einen mit sofortiger Beschwerde anfechtbaren Beschluß den Eintritt der Unzulänglichkeit festzustellen. Diese Meinung entspricht aber kaum der wesentlich passiven Stellung des KGerichts und findet im Gesetz keinen Anhalt (s. Kiel OLG. 19, 215; Jaeger Anm. 6). Es ist Pflicht des KVerw., soweit möglich stets einen Überblick über den Bestand der Masse und anderseits über die schon fälligen und die künftig zu befriedigenden Masseansprüche zu haben. Kommt er zur Überzeugung, daß die Masse zur vollständigen Befriedigung aller Massegläubiger nicht ausreicht oder zwar augenblicklich ausreicht aber voraussichtlich in einem späteren Zeitpunkt nicht mehr zulangen wird (z. B. wenn ein Rechtsstreit verloren geht), so hat er die Befriedigung der Massegläubiger über den bei vorsichtiger Berechnung der Aktiven und Passiven zu treffenden verhältnismäßigen Anteil hinaus vorläufig zu verweigern. Läßt sich nicht berechnen, wieviel den einzelnen Gläubiger treffen wird, so kann der KVerw. vorläufig jede Leistung verweigern (vgl. RGZ. 61, 263 am Schluß). Ob die Weigerung des KVerw. berechtigt ist, hat, wenn der Massegläubiger seine Forderung gegen den KVerw. einklagt, das Gericht in den Gründen zu würdigen (vgl. Posen

OLG. 10, 204; Kiel OLG. 19, 215). Hält es die Weigerung für begründet, so hat es die Klage je nach den Umständen ganz oder zum Teil abzuweisen. Hat der Massegläubiger schon einen Vollstreckungstitel, so kann der KVerw. im Wege der Klage Einwendungen nach § 767 ZPO. erheben (Posen OLG. 10, 204) und wegen der Zwangsvollstreckung, auch wenn sie noch nicht begonnen hat,[1]) Antrag nach § 769 ZPO. stellen. Auch die weitere Durchführung des § 60, die verhältnismäßige Befriedigung der Massegläubiger, ist vorbehaltlich des Klagewegs und der Verantwortlichkeit des Verw. nach § 82 Aufgabe des KVerw. Hinterlegungsrecht des Verw.: § 372 BGB. Ein gerichtliches Verteilungsverfahren entsprechend §§ 872 f. ZPO., das von Jaeger [5] Anm. 7 gegen (2) Anm. 5 für zulässig erachtet wird, findet nicht statt (RG. JW. 19, 151; Posen a. a. O.; Seuffert 249).

d) über die Frage, ob sich § 60 auch auf Forderungen bestimmter in der Masse befindlicher Gegenstände, z. B. einer vom KVerw. gekauften Sache, bezieht, s. verneinend Jaeger Anm. 9.

Achter Titel.

Konkursgläubiger.

Vorbemerkung.

1. Wegen des Begriffs der KForderungen im allgemeinen s. die Bemerkungen zu § 3. Der achte Titel bestimmt in §§ 61, 62 die Rangordnung für bevorrechtigte und nicht bevorrechtigte KForderungen, schließt in § 63 einzelne Arten von Forderungen von der Teilnahme im K. aus, regelt in §§ 64 bis 67 die Befriedigung für absonderungsberechtigte, betagte und bedingte Forderungen, ferner in § 68 für Forderungen, für welche mehrere Schuldner solidarisch haften, in § 69 für die nicht auf einen Geldbetrag gerichteten und in § 70 für die Forderungen, deren Gegenstand wiederkehrende Hebungen sind.

2. Die Novelle hat in § 61 Nr. 1 das Vorrecht für Dienstbezüge auch für den Fall gewährt, daß es sich nicht um einen dauernden Dienst handelt, in Nr. 4 das Vorrecht des Tierarztes neu eingestellt und in Nr. 5 neben den Pflegebefohlenen nach der Ausdrucksweise des BGB. auch die Mündel genannt.

Rangordnung. **§ 61.** (§ 54.)

Die Konkursforderungen werden nach folgender Rangordnung, bei gleichem Rechte nach Verhältnis ihrer Beträge, berichtigt:

1. die für das letzte Jahr vor der Eröffnung des Verfahrens oder dem Ableben des Gemeinschuldners rückständigen Forderungen an Lohn, Kostgeld oder anderen Dienstbezügen

---

[1]) S. Falkmann 334, vgl. auch 383 f.

der Personen, welche sich dem Gemeinschuldner für dessen Haushalt, Wirtschaftsbetrieb oder Erwerbsgeschäft zur Leistung von Diensten verdungen hatten;

2. die Forderungen der Reichskasse, der Staatskassen und der Gemeinden, sowie der Amts-, Kreis- und Provinzialverbände wegen öffentlicher Abgaben, welche im letzten Jahre vor der Eröffnung des Verfahrens fällig geworden sind oder nach § 65 als fällig gelten; es macht hierbei keinen Unterschied, ob der Steuererheber die Abgabe bereits vorschußweise zur Kasse entrichtet hat;

3. die Forderungen der Kirchen und Schulen, der öffentlichen Verbände und der öffentlichen, zur Annahme der Versicherung verpflichteten Feuerversicherungsanstalten wegen der nach Gesetz oder Verfassung zu entrichtenden Abgaben und Leistungen aus dem letzten Jahre vor der Eröffnung des Verfahrens;

4. die Forderungen der Ärzte, Wundärzte, Tierärzte, Apotheker, Hebammen und Krankenpfleger wegen Kur- und Pflegekosten aus dem letzten Jahre vor der Eröffnung des Verfahrens, insoweit der Betrag der Forderungen den Betrag der taxmäßigen Gebührnisse nicht übersteigt;

5. die Forderungen der Kinder, Mündel und der Pflegebefohlenen des Gemeinschuldners in Ansehung ihres gesetzlich der Verwaltung desselben unterworfenen Vermögens: das Vorrecht steht ihnen nicht zu, wenn die Forderung nicht binnen zwei Jahren nach Beendigung der Vermögensverwaltung gerichtlich geltend gemacht und bis zur Eröffnung des Verfahrens verfolgt worden ist;

6. alle übrigen Konkursforderungen.

Begr. I 250; Begr. II 243. Geändert durch die Nov.

1. Allgemeines. Die KE. bindet die KGl. Diese haben infolge ihrer Beteiligung am K. kein Recht der Sondervollstreckung gegen den GSch. und dessen kfreies Vermögen, sondern nur das Recht auf gleichmäßige Befriedigung aus der KMasse. Aus Gründen des öffentlichen Wohles und zum Schutze gewisser Personen ist die Gleichmäßigkeit der Befriedigung der KGl. durch die Schaffung der fünf Vorrechtsklassen des § 61 durchbrochen worden (Begr. I, 253). Das Vorrecht erstreckt sich auf das Kapital und die Nebenrechte nach § 62, die der Forderung zugerechnet werden. Jede frühere Klasse hat vor der späteren den Vorrang. In der gleichen Klasse werden die Forderungen, falls der Betrag hiefür nicht ausreicht, nach dem Verhältnis der Größe ihrer Beträge berücksichtigt. Die Rangordnung gilt für in- und ausländische Forderungen, ist absolut und der Parteivereinbarung nicht unterworfen. Geht die For-

derung auf einen Dritten über, sei es im Wege der Übertragung, oder kraft Gesetzes, gleichgültig, ob vor oder nach KE. (Braunschweig SeuffArch. 53, 244), so geht auch das Vorrecht des § 61 über (BGB. §§ 401 Abs. 2, 412); demgemäß insbesondere auch in den Fällen der §§ 426, 774, 1249, 1257 BGB., §§ 411, 441 HGB. (RGZ. 67, 214). Mitzeichnung eines Wechsels zu Bürgschaftszwecken überträgt das Vorrecht nur, wenn nebenbei, wenn auch stillschweigend eine Bürgschaft übernommen wird (RG. LZ. 10, 1378). Eine selbständige Übertragung des Vorrechts ist nicht möglich. Durch Aufnahme einer privilegierten Forderung in ein Kontokorrentverhältnis geht das Vorrecht verloren (Staub § 356 Anm. 4 Abs. 2). Im dem K. des Übernehmers einer mit einem Vorrecht ausgestatteten Schuld kann es nicht geltend gemacht werden (§ 418 Abs. 2 BGB.). Verzicht auf das Vorrecht ist zulässig. Ein Vorrecht nach § 61 kann nur dann Berücksichtigung finden, wenn es, wenn auch gesondert von der Anmeldung der Forderung selbst, spätestens im Prüfungstermin angemeldet wird. Wegen der Anmeldung von Vorrechten für festgestellte Forderungen s. § 142 Anm. 4. Für den NachlK. gilt weiter die besondere Rangordnung des § 226.

Die in den einzelnen Nummern des § 61 bestimmten Fristen werden von der KE. an nach rückwärts auch dann gerechnet, wenn der K. sich an ein Geschäftsaufsichtsverf. anschließt; es entscheidet nicht etwa der Beginn der Geschäftsaufsicht (Jaeger LZ. 12, 19). Ob ein Recht bevorrechtet ist und mit welchem Rang, bemißt sich stets nach deutschem Recht (Hamm OLG. 25, 333; RGZ. 1, 322).

2. **Die sog. Liblöhner.** Den ersten Rang nehmen die Ansprüche der sog. Liblöhner ein, d. h. die Forderungen an Lohn, Kostgeld oder anderen Dienstbezügen solcher Personen, die sich dem GSch. für dessen Haushalt, Wirtschaftsbetrieb oder Erwerbsgeschäft zur Leistung von Diensten verdungen hatten, jedoch nur die Rückstände für das letzte Jahr vor der KE. oder dem Ableben des GSch.

Es muß die Leistung von Diensten in Frage stehen; Abschluß eines Dienstvertrags im engeren Sinne ist allerdings nicht notwendig (RGZ. 38, 113). Es muß aber ein Dienstverhältnis sein; es darf sich also nicht nur um die Übernahme einzelner Arbeiten oder die Ausführung einmaliger Leistungen handeln, sondern es muß die Arbeitskraft ausschließlich oder doch wesentlich in den Dienst des Unternehmers gestellt sein (Frankfurt OLG. 19, 125). Ansprüche aus einem Werkvertrag fallen nicht hierher (Dresden OLG. 19, 217; Kiel OLG. 15, 241). Ob aber das Dienstverhältnis dauernd oder vorübergehend ist, ist gleichgültig.

Es genügt aber auch nicht das bloße Versprechen der Leistung von Diensten, sondern der Dienstleistende muß sich verdungen haben, d. h. er muß seine Selbständigkeit in größerem oder geringerem Umfang aufgegeben haben und auf die freie Verfügung über seine Zeit und seine Arbeitskraft zugunsten eines andern mehr oder minder verzichtet haben (RGZ. 62, 229; Kiel OLG. 15, 241; a. A. Dresden OLG. 10, 204). Es können deshalb juristische Personen nie ein Vorrecht nach § 61 Nr. 1 beanspruchen (Dresden SeuffArch. 63, 174). Persönliche Botmäßigkeit, d. h. Unterordnung, wie sie sich bei Dienstboten gegenüber der Dienstherrschaft findet, ist damit nicht verlangt. Für die Annahme eines Dienstverhältnisses spricht es, wenn Arbeitszeit und

Reihenfolge der Arbeiten festgesetzt und nicht dem Ermessen des Anmeldenden überlassen war (Stuttgart OLG. 32, 383). Nach der geschichtlichen Entwicklung des Vorrechts fallen aber Personen in leitender Stellung wie Aufsichtsräte, Direktoren von Aktiengesellschaften, Geschäftsführer einer GmbH. nicht hierher (KG. in OLG. 32, 381; Jaeger LZ. 7, 365; a. A. Frankfurt OLG. 19, 215; Celle SeuffArch. 72, 143; Kiel OLG. 32, 384). Ob Zeit- oder Stücklohn geleistet wird, ist gleichgültig (Dresden OLG. 19, 217), auch die Form der Gewinnbeteiligung ist möglich. Nach dem Dargelegten besteht das Vorrecht nicht zugunsten von Handlungsagenten (RGZ. 62, 229; Hamburg OLG. 10, 205; s. auch Meyer JW. 33, 33); weiter nicht zugunsten von Provisionsreisenden (München SeuffArch. 74, 277); auch nicht zugunsten von Rechtsanwaltsgebühren (Dresden OLG. 10, 206). Wegen einzelner Fälle s. Bücherrevisoren (Dresden OLG. 19, 217); Hausgewerbetreibende (Dresden OLG. 11, 361); Kolonnenführer für Putzarbeiten (KG. OLG. 21, 174); Ziegelmeister (Dresden OLG. 15, 43; München OLG. 29, 4). Die Dienste müssen dem GSch. geleistet werden für dessen Haushalt, Wirtschaftsbetrieb oder Erwerbsgeschäft; s. hiewegen § 22 Anm. 1. Nur zugunsten von Dienstbezügen besteht das Vorrecht; d. h. es bezieht sich nur auf die Vergütung für die Dienste, auch Naturalvergütungen, nicht etwa auf alle dem Angestellten aus dem Dienstverhältnis erwachsenden Ansprüche, also nicht auf Schadensersatzansprüche, insbesondere auch nicht auf die durch § 22 wegen vorzeitiger Lösung des Dienstverhältnisses gegebenen Entschädigungsforderung oder auf Provisionen für Erfindungen, die zwar mit dem Dienstverhältnis im Zusammenhang stehen, aber gegenüber der Vergütung eine selbständige Bedeutung haben (Frankfurt OLG. 19, 215); auch nicht auf Ansprüche für Auslagenersatz oder auf Rückgabe von Kautionen (s. Meyer DJZ. 8, 567).

Nur Rückstände für das letzte Jahr vor der KE. oder dem Ableben des GSch. genießen das Vorrecht, d. h. Ansprüche für die im letzten Jahr geleisteten Dienste, gleichgültig, wenn sie fällig werden; anders bei Nr. 2 und 3 (RGZ. 22, 139). Berechnet wird das letzte Jahr rückwärts von der KE. an, oder, wenn der GSch. schon vorher gestorben ist, also im K. über seinen Nachlaß (§§ 214 f.) oder über das Vermögen einer fortgesetzten Gütergemeinschaft (Jaeger § 236 Anm. 15), vom Tode des GSch. ab.

Das Vorrecht der Nr. 1 haben auch Rückstände aus Ansprüchen der Versicherungsträger (d. s. die Krankenkassen, die Berufsgenossenschaften und die Versicherungsanstalten) nach der Reichsversicherungsordnung (§ 28 Abs. 3 und § 3 RVO.). Das gleiche Vorrecht steht zu den Ansprüchen der Reichsversicherungsanstalt auf Grund des Versicherungsges. für Angestellte gegen Arbeitgeber oder Versicherte (§ 227 Abs. 3 AngestVersichG. v. 20. Dezember 1901). In beiden Fällen beschränkt sich das Vorrecht gemäß § 61 Nr. 1 KO. auf die Ansprüche für das letzte Jahr (Königsberg OLG. 32, 384), d. h. auf solche, deren Rechtsgrund in dem letzten Jahr sich ergab; andere Ansichten sind vertreten BayZ. 12, 44. Privatrechtliche, nicht aus den genannten Versicherungsgesetzen begründete Ansprüche genießen das Vorrecht nicht (Mentzel, VersichGes. für Angestellte § 227 Anm. 2, 5).

3. Die Forderungen öffentlicher Kassen wegen öffentlicher Abgaben. Den zweiten Rang genießen Forderungen des Reichs, der Kassen der Länder, der Gemeinden, der Amts-, Kreis- und Provinzialverbände wegen öffentlicher Abgaben, die im letzten Jahr vor der Eröffnung fällig geworden sind oder z. Z. der KE. betagt sind und deshalb nach § 65 als fällig gelten. Von den öffentlichen Abgaben fallen nicht hierher die Gebühren, d. h. die Abgaben, die als besonderes Entgelt für bestimmte staatliche oder gemeindliche Leistungen von den einzelnen Staats- oder Gemeindeangehörigen oder einzelnen Klassen von solchen nach gewissen, wenn auch im einzelnen Fall den Wert der staatlichen Gegenleistung überschreitenden Sätzen erhoben werden, so für die Benützung einer von einer Gemeinde im öffentlichen Interesse unterhaltenen Veranstaltung, oder Gerichtskosten, Gebühren der Verwaltungsbehörden. Inbegriffen sind dagegen die eigentlichen Steuern einschließlich der Stempelsteuern, die Zölle, Aufschläge, Umlagen, die Hundegebühr, Abgaben, die gelegentlich, nicht für die Tätigkeit von Notaren oder sonstigen Beamten erhoben werden (herrschende Lehre, insbes. RGZ. 83, 207; 21, 46; 28, 87; 85, 341; RG. JW. 43, 104; ObLGZ. n. F. 4, 301 gegen a. S. 12, 476 und 14, 519; Zweibrücken BayZ. 4, 301); auch die Erbschaftssteuer fällt hierher und zwar ist sowohl die Nachlaßsteuer, wie die Erbanfallsteuer auch Nachlaßverbindlichkeit (s. die Fassung des § 17 Abs. 1 und des § 30 Abs. 3 ErbschaftssteuerGes. v. 10. Sept. 1919, RGBl. 1543) und deshalb auch im NachlK. zu berücksichtigen. Ausscheiden privatrechtliche Ansprüche, wozu regelmäßig die Abgaben für Wasser, Gas, Elektrizität zählen werden (vgl. Zweibrücken BayZ. 1, 132). Hinsichtlich des Vorrechts des Fiskus wegen des vom Notar eingezogenen, aber nicht verwendeten Stempels s. RGZ. 85, 341. Ausländische Kassen der in Nr. 2 bezeichneten Art fallen nicht hierher (Hamm OLG. 25, 333).

Die Forderungen müssen im letzten Jahr vor der KE. fällig geworden sein oder in diesem nach § 65 als fällig gelten; der Zeitpunkt des Entstehens ist gleichgültig, nur der Zeitpunkt der Fälligkeit ist maßgebend (RGZ. 22, 139); Stundung, nicht aber bloße Duldung und Nachsicht (Cöln LZ. 13, 549) erhält demnach das Vorrecht; doch nur, wenn sie erfolgt, bevor die ursprüngliche Fälligkeit eingetreten ist. Das Vorrecht soll auch bestehen, wenn der „Steuererheber" die Abgabe vorschußweise entrichtet hat; es soll also so angesehen werden, als sei eine Zahlung noch nicht erfolgt.

Den in Nr. 2 bezeichneten Forderungen der Reichskasse stehen die rückständigen und die für das Jahr der KE. laufenden Beträge der zur Begleichung des Reichsnotopfers begründeten Tilgungsrente gleich; s. § 40 RNotOpferG. vom 31. Dezember 1919 (RGBl. 2189).

4. Die Forderungen der Kirchen, Schulen, öffentlichen Verbände und öffentlichen Feuerversicherungsanstalten. An dritter Stelle stehen die Forderungen der Kirchen, Schulen, öffentlichen Verbände und der öffentlichen zur Annahme der Versicherung verpflichteten Feuerversicherungsanstalten wegen der gesetzlichen und der verfassungsmäßigen Abgaben und Leistungen aus dem letzten Jahr vor der KE. Kirchen sind alle nach Landesrecht als öffentliche Körperschaften anerkannten christlichen Religionsgesellschaften (L. Seuffert S. 62). Nicht christliche

Religionsgesellschaften können aber „öffentliche Verbände“ sein; wegen der Verleihung der Rechte als Körperschaft des öffentlichen Rechts an Religionsgesellschaften und an Vereinigungen zur „Pflege einer Weltanschauung“ s. nun Art. 13 RVerf. v. 11. August 1919. Schulen sind die vom Staate oder einem öffentlichen Verbande, z. B. von der Gemeinde, eingerichteten, nicht aber Privatschulen; diesen kommt ein Vorrecht nicht zu (L. Seuffert 62). Öffentliche Verbände sind alle auf staatlicher Anerkennung beruhenden, öffentlichen Interessen dienenden Vereinigungen. Darunter fallen: die juristischen Personen und Gemeinschaften des öffentlichen Rechts, Armenverbände, Wege-, Deich- und Meliorationsverbände, Gewerbe- und Handels-, Anwalts- und Ärztekammern, Innungen, Knappschaftsvereine (Bolze 2 Nr. 1992) — zum Teil fallen sie schon unter Nr. 2 —, nicht aber die staatlich privilegierten Verbände, wie Eisenbahngesellschaften, Bodenkreditvereine, Aktiengesellschaften, wenn sie nur Privatinteressen dienen (L. Seuffert 62). Das Vorrecht kommt den öffentlichen Feuerversicherungsanstalten nur zu, wenn sie im konkreten Falle nach Gesetz oder Statut zur Annahme der Versicherung verpflichtet waren. Gleichgültig ist, ob die Versicherung Mobilien oder Immobilien betrifft, freiwillig oder zwangsweise, gegen Prämie oder auf Gegenseitigkeit erfolgt (KommB. I 49—52, 150—152). Staatliche Hagel- oder Viehversicherungsanstalten fallen unter den Begriff „öffentliche Verbände“.

Die Forderung muß der Kirche, Schule oder dem öffentlichen Verbande, nicht dem einzelnen Beamten, Geistlichen z. B. Stolgebühren, oder dem Lehrer zustehen (Begr. I 256). Nur die gesetzlichen oder verfassungsmäßigen Abgaben und Leistungen fallen hierher, nicht privatrechtliche.

Forderungen aus dem letzten Jahre sind solche, die im letzten Jahre vor der Eröffnung fällig wurden; es sollte damit das Gleiche gesagt werden wie durch den umständlicheren Ausdruck der Nr. 2 (RGZ. 22, 139). Diesen müssen gleichstehen die betagten, aber nach § 65 als fällig geltenden.

5. **Die Forderungen für Kur- und Pflegekosten.** In vierter Reihe stehen die taxmäßigen Forderungen der Ärzte, Wundärzte, Tierärzte, Apotheker, Hebammen und Krankenpfleger für Kur und Pflege. Auch Zahnärzte sind hierher zu rechnen (Stepp LZ. 8, 1841, a. A. Lehnsen DJZ. 19, 567; s. auch Meyer JW. 33, 33); doch, soweit für die Tätigkeit eine Approbation notwendig ist, immer nur im Inland (bestr.) approbierte Medizinalpersonen. Ausgeschlossen sind Bader, Masseure, Heildiener, Naturheilkundige. Als Krankenpfleger können auch Kranken- oder Diakonissenanstalten und sonstige der Krankenpflege dienende Anstalten erscheinen (Falk DJZ. 16, 645). Andere Forderungen als für Kur und Pflege sind nicht bevorrechtet, also nicht solche für Lieferung künstlicher Körperersatzteile (auch Anfertigung künstlicher Zähne) (Eckstein LZ. 6, 904), wohl aber für Arzneimittel, ärztliche Zeugnisse und auch für Verpflegungskosten (Unterkunft, Kost, Licht) (Falk DJZ. 16, 645). Wem die Kur und Pflege geleistet wurde, ist gleichgültig, wenn nur der GSch. der Schuldner ist. Sind taxmäßige Gebühren überhaupt nicht festgesetzt, so besteht kein Vorrecht, denn hier besteht nicht die Gewähr, daß keine ungebührliche Bevorzugung erfolgt (bestr. s. Jaeger Anm. 30, der diesenfalls ein unbeschränktes Vor-

recht zugesteht, und Rostock SeuffArch. 46, 483, das diesenfalls das Vorrecht für den üblichen Satz zugestehen will).

Das Vorrecht beschränkt sich auf Forderungen aus dem letzten Jahr vor der KE. (nicht wie bei Nr. 1 auch vor dem Ableben des GSch.), d. h. es muß die Kur und Pflege im letzten Jahr geleistet sein (vgl. Königsberg OLG. 32, 384), wenn auch vielleicht der Rechtsgrund des Anspruchs z. B. ein Vertrag auf dauernde Behandlung früher liegt; bloße Fälligkeit im letzten Jahr genügt nicht (a. A. Korn Recht 16, 196).

6. Die Forderungen der Kinder, Mündel und Pfleglinge wegen ihres verwalteten Vermögens. An fünfter Stelle stehen die Forderungen der Kinder, Mündel und Pflegebefohlenen des GSch. in Ansehung ihres gesetzlich seiner Verwaltung unterworfenen Vermögens. Nur die auf Gesetz beruhende Verwaltung fällt hierher, nicht etwa eine vertragsmäßige oder eine auf letztw. Verfügung beruhende; es kommt in Betracht das Verwaltungsrecht der Eltern (Vater und Mutter) nach BGB. §§ 1627, 1628, 1638—1648, 1681, 1684, 1685; Stiefkinder fallen nicht hierher. Weiter kommt in Betracht das Verwaltungsrecht des Vormundes, gleichgültig aus welchem Rechtsgrund die Vormundschaft besteht, auch das des Gegenvormunds und des vorläufigen Vormunds, BGB. §§ 1773 f., 1896 f., 1906; ferner das Verwaltungsrecht des Pflegers, BGB. §§ 1909 f., einschließlich des des Nachlaßpflegers § 1960 und des des Nachlaßverwalters § 1975; endlich das des Beistands, insbesondere des Beistands mit Vermögensverwaltung (BGB. § 1693); dadurch, daß der Mutter ein Beistand ohne Vermögensverwaltung (§ 1693) bestellt wird, wird die Anwendung der Nr. 5 auf die Mutter nicht beeinträchtigt (Dresden OLG. 6, 238). Bei der fortgesetzten Gütergemeinschaft sind die Kinder im K. des überlebenden Ehegatten nach Maßgabe des § 2 Abs. 3 mit Abs. 1 KO. beschränkt. Ist die Bestellung des Vormunds wegen eines Unfähigkeitsgrunds nichtig (BGB. §§ 1780, 1915), so steht dem Mündel oder Pflegling das Vorrecht nicht zu (Planck § 1780 Anm. 1). Bestellung des Vormunds oder Pflegers durch ein unzuständiges Gericht berührt die Anwendung des § 61 Nr. 5 nicht (FGG. § 7). Zur Frage, ob eine ohne das Vorliegen der gesetzlichen Voraussetzungen eingeleitete Vormundschaft nichtig ist, s. Planck § 1773 Anm. 5; bei Nichtigkeit entfiele auch die Anwendung des § 61 Nr. 5. Das Vorrecht besteht auch, wenn das Verwaltungsrecht neben der gesetzlichen eine sonstige Rechtsgrundlage hat (RGZ. 42, 21). Das Vorrecht beschränkt sich nicht auf Forderungen aus der gesetzlichen Verwaltung etwa auf Schadensersatzansprüche, Bereicherungsansprüche, Ansprüche auf Herausgabe des Anteils der Kinder, Mündel oder Pfleglinge bei Auseinandersetzung einer Gemeinschaft, sondern es umfaßt auch Ansprüche aus anderen Rechtsgründen, wenn sich nur das Verwaltungsrecht des GSch. hierauf erstreckte, so z. B. aus einem Darlehen der Kinder an den GSch., auch Ansprüche, die die Kinder gegen den GSch. auf Grund einer Rechtsnachfolge erwerben (so die feste Rechtspr. des RG. RGZ. 39, 70; 45, 156; ebenso Dresden OLG. 6, 238; dagegen Jaeger Anm. 36). Eine andere Beurteilung tritt nur ein, wenn zur Verwaltung eines bestimmten Anspruchs ein Pfleger für eine bestimmte Angelegenheit bestellt wurde; aber auch nur, soweit die Verwaltung des Pflegers reicht (s. Dresden OLG. 10, 209).

Weitere Voraussetzung ist, daß die Forderung binnen zwei Jahren nach Beendigung der Vermögensverwaltung gerichtlich geltend gemacht und bis zur Eröffnung des Verfahrens verfolgt worden ist. Es handelt sich um keine Verjährung (a. A. Seuffert S. 63); immerhin wird § 209 BGB. (nicht auch §§ 210—215) für die Frage, ob eine gerichtliche Geltendmachung erfolgte, entsprechend anzuwenden sein; insbesondere genügt auch die Anmeldung im K. selbst; doch muß es eine wirksame, dem § 139 KO. entsprechende Anmeldung sein (Cöln LZ. 10, 1204). Nur eine zulässige Klage wahrt die Frist; soweit Ergänzung, ohne unzulässige Klageänderung, zulässig ist, wahrt die Frist auch eine unvollständige Klage. Steht die Forderung einer Erbengemeinschaft zu, so kann jeder Erbe die Frist für alle wahren; sie läuft nicht ab, solange sie noch zugunsten eines Miterben besteht (Cöln LZ. 10, 1204). Die Frist beginnt mit Beendigung der Vermögensverwaltung; Fälle der Beendigung der Vermögensverwaltung über Kinder sind: BGB. §§ 1626, 1679 Abs. 1, 1680, 1765 Abs. 1; 1647, 1666 Abs. 2, 1670; 1676, 1677, 1682; 1686, 1697; der über Mündel: BGB. §§ 1790, 1894; 1882—1889, 1895, 1897, 1908; der über Pfleglinge: BGB. §§ 1918 bis 1921; s. hierzu FGG. §§ 16, 51, 52. Nach Wahrung der Frist zerstört nur eine ungewöhnliche vom Gläubiger veranlaßte Prozeßpause das Vorrecht (Seuffert S. 64). Beim GesamtgutsK. (§ 236) haben als Forderungen der Kinder usw. des GSch. diejenigen Forderungen zu gelten, welche das Gesamtgut zur Zeit des Eintritts der fortgesetzten Gütergemeinschaft als Schulden des Ehemanns belasteten (Hamburg SeuffArch. 60, 340).

7. Die übrigen KForderungen. Den letzten Rang nehmen die übrigen KForderungen ein. Auf sie entfällt nach Verhältnis ihres Betrages der nach Befriedigung der Vorrechtsansprüche verbleibende Rest.

8. Vorrechte besonderer Art. Ein besonderes Vorrecht aber nur in Ansehung gewisser Vermögensgegenstände besteht zugunsten der PfandbriefGl. im K. der Hypothekenbank (§ 35 Hypothekenbankgesetz vom 13. Juli 1899). Ein ähnliches Vorrecht besteht im K. von Versicherungsunternehmungen zugunsten der Forderungen auf die rechnungsmäßige Prämienreserve hinsichtlich der Befriedigung auf dem Prämienreservefonds bei der Lebensversicherung (§ 61 Versicherungsaufsichtsgesetz vom 12. Mai 1901). Besondere Vorrechte ergeben sich im K. eines Versicherungsvereins auf Gegenseitigkeit auch aus §§ 50, 51, 53 des genannten Gesetzes.

Sogenannte Prioritätsobligationen genießen als solche kein Vorrecht — unter Umständen kann allerdings zu ihren Gunsten ein Absonderungsrecht bestehen —. Nur im Verhältnis zu Schuldverschreibungen anderer Emissionen müssen diejenigen Gl., welche nach Maßgabe der Emissionsbedingungen vertragsmäßig ihre Rechte nur Vorbehalts des Vorrangs der Gl. älterer Emissionen erwerben, diesen letzteren nachstehen; s. hierzu Begr. II 479 f. Das Verhältnis zu anderen KGln. wird dadurch nicht berührt.

Rang d. Nebenforderungen. **§ 62.** (§ 55.)

Mit der Kapitalsforderung werden an derselben Stelle angesetzt:

1. **die Kosten, welche dem Gläubiger vor der Eröffnung des Verfahrens erwachsen sind;**
2. **die Vertragsstrafen;**
3. **die bis zur Eröffnung des Verfahrens aufgelaufenen Zinsen.**

Begr. I 241. — Unverändert durch die Nov.

1. **Allgemeines.** Die in § 62 bezeichneten Nebenforderungen haben den Rang der bevorrechtigten oder nicht bevorrechtigten Hauptforderung, zu der sie gehören, und werden dieser für die Geltendmachung im K., auch für das Stimmrecht, zugerechnet.

2. **Kosten, Nr. 1.** Die Kosten für die Teilnahme am KVerf. kann der Gl. als KForderung nicht geltend machen (§ 63 Nr. 2). Kosten, die aus Geschäften oder Handlungen des KVerw. entstehen, sind Masseschulden (§ 59 Nr. 1); andere besonders bezeichnete Kosten sind Massekosten (§ 58 Nr. 1, 2). Unter § 62 Nr. 1 fallen die Kosten in bezug auf die Hauptforderung, die dem Gl. vor der KE. erwachsen sind und deren Ersatz er vom GSch. verlangen kann. Dazu gehören insbesondere die Kosten der Rechtsverfolgung ohne Unterschied, ob über die Verpflichtung zur Kostentragung entschieden ist, und die Vollstreckungskosten. Wird der Kostenforderung im Prüfungstermine widersprochen, so kann der Gl. ihre Feststellung betreiben (§ 146), u. U. durch Aufnahme des Rechtsstreits unter Beschränkung auf den Kostenpunkt. Siegt der Gl. in dem auf die Kosten beschränkten Rechtsstreite, so sind die vor der KE. entstandenen Kosten als KForderung festgestellt, die nach der KE. erwachsenen Kosten aber sind, falls der KVerw. der Gegner war, Masseschulden nach § 59 Nr. 1. Wird der Rechtsstreit gegen den Verw. oder von ihm in der Hauptsache aufgenommen, so sind alle dem Gl. zu ersetzenden Kosten Masseschulden (Anm. 3b zu § 3, Anm. 1c zu § 59; s. Fitting 117 Anm. 15; Jaeger Anm. 2 zu § 59 und LZ. 5, 80). Zu den Kosten nach § 62 Nr. 1 gehören auch die dem Gl. im EVerf. (§§ 102 f.) erwachsenen. S. aber Anm. 16 zu § 58 (Vorschuß des Gl.).

3. **Vertragsstrafen, Nr. 2.** An und für sich gehört nur die Vertragsstrafe (s. §§ 339, 342, 343 Abs. 2 BGB.) hierher, die der GSch. neben der Erfüllung schuldet (§ 341 BGB.). S. den Eingang des §: „mit der Kapitalsforderung werden .... angesetzt ..." Es entspricht aber, wie Jaeger Anm. 2 mit Recht bemerkt, dem Sinne des Gesetzes, auch einer statt der Hauptforderung geschuldeten Vertragsstrafe (§ 340 BGB.) den Rang der Hauptforderung anzuweisen. Die Vertragsstrafe kann schon vor der KE. verwirkt sein, dann ist sie — unbeschadet der Möglichkeit ihrer Herabsetzung nach § 343 BGB., s. aber §§ 348, 351 HGB. — unbedingte KForderung; ihre Verwirkung kann weiter bei der KE. aufschiebend bedingt sein (s. RGZ. 59, 53), dann berechtigt sie vorläufig nur zu einer Sicherung (§ 67). Da der KVerw. in die Rechtsstellung des GSch. eintritt, ist er im allgemeinen an die Strafversprechen des GSch. gebunden; sein Verzug oder seine Zuwiderhandlung usw., sein Nichtwollen oder Nichterfüllen verwirkt deshalb

die Vertragstrafe und macht die KForderung unbedingt. S. dazu § 26 S. 2; RGZ. 21, 5; 26, 92; 59, 53; Anm. 7d zu § 17. Es ist aber zu beachten, daß der KVerwalter nicht dadurch in Verzug kommt, daß er den Gl. nur nach Maßgabe der Vorschriften für das KVerfahren befriedigt (s. § 12), ferner daß je nach den Umständen die Vereinbarung über die Vertragsstrafe für den KVerw. nicht verbindlich ist, weil sie ihn an der Ausübung der ihm gesetzlich übertragenen Pflichten hindert (vgl. RGZ. 35, 28). Über Verwirkung der Vertragsstrafe durch eine Rechtshandlung des GSch. nach der KE. s. Anm. 5 zu § 3; RGZ. 59, 53. Wird die Vertragsstrafe neben oder statt der Erfüllung einer Verbindlichkeit geschuldet, die nach § 59 Nr. 2 Masseschuld ist, so gehört auch sie zu den Masseschulden.

4. Die Zinsen bis zur KE., Nr. 3. Dazu gehören alle bis zur KE. aufgelaufenen, d. h. bis dahin — mit Ausschluß des Tages der KE. — sich berechnenden, nicht verjährten Zinsforderungen ohne Beschränkung auf eine bestimmte Höhe des Zinsfußes und auf eine bestimmte Zeit des Rückstands und ohne Rücksicht auf den Rechtsgrund der Verpflichtung, also auch gesetzliche Zinsen. Wegen der späteren Zinsen s. § 63 Nr. 1 und Anm. 2 dort.

Ausgeschlossene Forderungen.

§ 63. (§ 56.)

Im Konkursverfahren können nicht geltend gemacht werden
1. die seit der Eröffnung des Verfahrens laufenden Zinsen;
2. die Kosten, welche den einzelnen Gläubigern durch ihre Teilnahme an dem Verfahren erwachsen;
3. Geldstrafen;
4. Forderungen aus einer Freigebigkeit des Gemeinschuldners unter Lebenden oder von Todes wegen.

Begr. I 270 f. — Unverändert durch die Nov.

1. Allgemeines. Die nach § 63 kraft Gesetzes vom KVerf. ausgeschlossenen Forderungen sind keine KForderungen; sie gewähren kein Stimmrecht und kein Recht auf Befriedigung aus der KMasse; andererseits werden sie auch von den Beschränkungen der KForderungen (§§ 12, 14, 193) nicht betroffen (für den Zwangsvergleich s. aber Anm. 1 zu § 193, Colmar LZ. 3, 408). Da §§ 12, 14 unanwendbar sind, kann der Gl. die Forderung auf jede außerhalb des K. mögliche Weise gegen den GSch. verfolgen und in das freie Verm. des GSch. vollstrecken. Das gleiche gilt hinsichtlich mithaftender Dritter (RGZ. 92, 192). Die Anmeldung einer ausgeschlossenen Forderung unterbricht ihre Verjährung nicht (s. § 209 BGB.). Wegen der Aufr. unanmeldbarer Forderungen s. Anm. 3 vor § 53. Keinem Zweifel unterliegt, daß zugunsten einer unanmeldb. Forderung auch ein Absonderungsrecht (§§ 4, 47 f.) bestehen und ausgeübt werden kann (vgl. Colmar a. a. O., Anm. 3 vor § 47). Die Forderung wird dadurch nicht zur KForderung (RGZ. 92, 181). Die abgesonderte Befriedigung erfolgt unabhängig vom KVerf. (§ 4 Abs. 2); § 64 ist nicht anzuwenden, wohl aber § 127, der sich nicht bloß auf KGl. bezieht. Nach dem K. können die Anspr. wieder geltend gemacht werden.

2. **Die Zinsen seit der KE., Nr.** 1 sind mit Einschluß der Zinsen für den Tag der KE. (Anm. 4 zu § 62) nicht anmeldbar, einschließlich der aus bevorrechtigten Forderungen. Auf den Verfalltag kommt es nicht an; auch ein bei der KE. begründeter und fälliger Anspr. hierauf ist ausgeschlossen. Auch der Rechtsgrund der Forderung wird nicht berücksichtigt. Nicht um eine Zinsforderung im Sinne der Nr. 1 handelt es sich, wenn der Gl. einem Dritten Zinsen für die Zeit nach der KE. gezahlt hat und gegen den GSch. Rückgriff nimmt, sofern der Anspr. auf Schadloshaltung ein Teil seiner schon bei der KE. aufschiebend bedingt bestehenden Hauptforderung ist (vgl. Art. 51 WO., § 17 ScheckG.). Das gilt auch für den Bürgen, der dem Gl. Zinsen für die Zeit nach der KE. zahlen mußte und dann auf Grund des zwischen ihm und dem Hauptsch. (= GSch.) bestehenden Schuldverh. (s. Anm. 5cα zu § 3) seine jetzt unbedingt gewordene Rückgriffsforderung geltend macht. Dagegen kann der Erwerber einer KForderung — ohne Rücksicht auf den Grund des Erwerbs — die Forderung nicht anders geltend machen als sein Vorgänger, mithin ohne Zinsen seit der KE. (vgl. Jaeger Anm. 2). Maßgebend ist der Tag der KE. auch dann, wenn sich der K. an ein GeschäftsaufsVerf. anschließt (Jaeger LZ. 12, 19). Zinsen aus Masseansprüchen sind zu behandeln wie der Hauptanspruch.

3. **Die Kosten der Teilnahme am KVerf., Nr.** 2 stehen im Gegensatz zu den gerichtlichen Kosten nach § 58 Nr. 1 und den Kosten der einzelnen Gl. vor der KE. nach § 62 Nr. 1; s. Anm. 1 zu § 58, Anm. 2 zu § 62.

4. **Geldstrafen, Nr.** 3 sind ausgeschlossen ohne Rücksicht darauf, ob sie Kriminalstrafen, Polizeistrafen, Disziplinarstrafen, Ordnungsstrafen, Zwangsstrafen sind, ob sie im Inland oder Ausland ausgesprochen wurden und ob sie von einem Gericht oder einer anderen mit Strafgewalt ausgestatteten Behörde ausgehen, ferner ohne Rücksicht darauf, ob sie vor oder nach der KE. erkannt wurden. Auch die Strafen nach §§ 888, 890 ZPO. gehören hierher. Ob Geldstrafen, die ein Verband gegen seine Mitglieder verhängt, unter § 63 Nr. 3 fallen oder als Vertragsstrafen, § 62 Nr. 2, anzusehen sind, kann nur von Fall zu Fall entschieden werden. Das unterscheidende Merkmal liegt in der gesetzl. Ermächtigung des Verbandes zur Verhängung von Strafen. Keine Geldstrafe ist die Einziehung (§§ 40, 42, 152, 295, 360 Abs. 2, § 367 Abs. 2 StGB. u. a.) und die Unbrauchbarmachung (§ 41 StGB. u. a.). Beide Maßregeln können auch nach der KE. wirksam und vollzogen werden (s. Anm. 4c zu § 15, vgl. auch Anm. 2a zu § 49). Keine Geldstrafe ist ferner die Buße (s. dazu Anm. 3gγ zu § 1). Bei der strafrechtl. Beschlagnahme von Vermögensstücken ist zu unterscheiden, ob sie zur Sicherung des Beweises oder der Einziehung erfolgt (§ 94 StPO.) oder zur Deckung von Geldstrafen und Kosten (s. § 140 Abs. 2 StGB., §§ 325, 326, 480 StPO.) oder zu sonstigen Sicherungszwecken (§ 93 StGB., §§ 332, 480 StPO.). Die erste Maßregel ist der KMasse gegenüber stets wirksam und nach der KE. durch § 15 nicht ausgeschlossen. Die weiteren Maßregeln stehen der KE. nicht entgegen und können nach der KE. nur unbeschadet der Rechte der KGl. getroffen werden. Ist die Beschlagnahme nach § 325 StPO. vor der KE. vollzogen und dadurch ein Absonderungsrecht begründet worden (vgl.

Anm. 6c zu § 49), so kann sich der Fiskus hieraus auch wegen der Geldstrafe befriedigen (teilw. a. M. Jaeger Anm. 4).

5. Forderungen aus einer Freigebigkeit des GSch.

a) Der GSch. muß die Verbindlichkeit ohne verpflichtenden Rechtsgrund und mit dem Willen den andern aus seinem Verm. zu bereichern übernommen haben; auf seinen Beweggrund kommt es nicht an. Auch wenn er damit einer sittlichen Pflicht oder Anstandspflicht genügt hat, ist die Forderung nicht KForderung. Freigebigkeit ist nicht immer identisch mit Unentgeltlichkeit, die nach § 32 die Rechtshandlung des GSch. u. U. anfechtbar macht. Forderung aus einer Freigebigkeit ist auch der Anspr. aus einer vom GSch. freigebig übernommenen Wechselverpflichtung. Eine Einwendung daraus kann aber nur gegenüber dem ersten Erwerber und dem Nachmanne erhoben werden, der die Sachlage kennt, nicht aber gegenüber dem gutgläubigen Nachmanne (s. Jaeger Anm. 5, 9, gegen die herrschende Lehre z. B. Wilm.-Kurlb. Anm. 5; vgl. auch RGZ. 71, 291 zu § 518 BGB.). Bei gewöhnlicher Forderungsübertragung gilt (s. auch § 404 BGB.) der Grundsatz, daß der Nachteil der Unanmeldbarkeit der Forderung den Rechtsnachfolger des Bedachten trifft, mag er gutgl. sein oder nicht, mag er die Forderung vor oder nach der KE., entgeltlich oder unentgeltlich erworben haben.

b) In Betracht kommt vor allem das Schenkungsversprechen (§ 518 BGB.), auch als abstraktes Schuldverspr. oder Schuldanerkenntnis (§§ 780, 781 BGB.). Von der Einwendung nach § 519 kann der GSch. Gebrauch machen, wenn der Versprechensempfänger sich an das freie Verm. halten will.

Der Aussteueranspr. der Tochter nach §§ 1620 f. BGB. entsteht erst mit der Verheiratung der Tochter; dieser Zeitp. ist auch ohne Rücksicht auf spätere Veränderungen, insbes. die KE. über das Verm. des Vaters oder der Mutter, maßgebend für die Bedürftigkeit der Tochter und die Leistungsfähigkeit des Verpflichteten (s. RGRKomm. Anm. 3 zu § 1620). Im K. des Verpflichteten kann die verheiratete Tochter nach Maßg. der Verh. zur Zeit ihrer Eheschließung den Aussteueranspr. als KFdg. geltend machen (Verjährung § 1623!). Die bei der KE. unverheiratete Tochter ist, auch wenn die Eheschließung bevorsteht, dazu nicht in der Lage, selbst wenn ihr die Aussteuer vor der KE. besonders versprochen ist. Denn entweder erkennt der Vater (die Mutter) damit nur seine gesetzliche Verpflichtung an, die aber seine Leistungsfähigkeit bei der Eheschließung der Tochter voraussetzt, oder er verpflichtet sich freigebig über den Rahmen des Gesetzes hinaus. Letzterenfalls wird ein Ausstattungsversprechen vorliegen (s. § 1624 BGB.). Dieses ist zwar kein Schenkungsversprechen, soweit die Ausstattung das den Umständen entsprechende Maß nicht übersteigt, aber doch in Ermangelung einer Verpflichtung eine Freigebigkeit nach § 63 Nr. 4 (gl. A. Hellmann 214 Anm. 2, a. M. u. a. Jaeger Anm. 6 und RG. LZ. 10, 1116, das den Begriff der Schenkung auch im Sinne des § 63 Nr. 4 dann stets verneint, wenn die Ausstattung das den Umständen entsprechende Maß nicht überschreitet, und auch letzterenfalls eine Entgeltlichkeit für möglich erachtet, insbes. wenn es als Gegenleistung für die Heirat gedacht ist; s. ebendort wegen der Behandlung von Ausstattungsversprechen, die eine Leibrente darstellen). Das Versprechen einer Ausstattung oder Aussteuer, das ein anderer als ein Elternteil gibt, ist von besonderen Fällen abgesehen immer Schenkungsverspr. (Seuffert 58).

Über den Fall, daß der GSch. zur Verschleierung seiner VermLage ein zu hohes Eink. zur Steuer angemeldet hat s. RGZ. 14, 118.

c) Die Grundlage der Forderung muß eine Freigebigkeit des GSch. sein. Die Beschränkung gilt also nicht im K. des Übernehmers der Schenkungsschuld, wohl aber in dem des Schenkers, wenn der Schenker die Schuld wieder von dem Übernehmer zurückübernommen hat (Planck § 418 Anm. 6). Schon vor der Nov. von 1898 war anerkannt, daß § 63 Nr. 4 der Teilnahme des Vermächtnisnehmers am K. des Erben nicht entgegensteht, weil das Vermächtnis nicht auf einer Freigebigkeit des GSch., sondern der des Erblassers beruht und kein Anlaß besteht, den Gl. des Erben einen Vorzug von dem Vermächtnisnehmer einzuräumen (RGZ. 43, 228). Unter dem neuen Rechte hat die Nr. 4, soweit sie Forderungen aus einer Freigebigkeit des GSch. von Todes wegen betrifft, keinen Inhalt. Denn seine Anordnungen von Todes wegen begründen für den K., der zu seinen Lebzeiten über sein Verm. angeordnet wird, keine Forderungen im Sinne des § 3 Abs. 1 (s. insbes. § 2176 BGB.). Das gilt auch für Schenkungsversprechen (Schuldversprechen, Schuldanerkenntnisse) von Todes wegen (§ 2301 BGB.), bei denen sich der Schenker an sein Verspr. nur unter der Bedingung bindet, daß ihn der Beschenkte überlebt (s. RGRKomm. Anm. 1 zu § 2301). Denn auch hier hat der Beschenkte, wenn der Schenker in K. kommt, keinen Vermögensanspr. an den GSch. Würde man allerdings einen solchen aufschiebend bedingten Anspr. annehmen, so wäre seine Geltendmachung durch die Nr. 4 ausgeschlossen. Im NachlK. sind die Verbindlichkeiten aus der Freigebigkeit des Erbl. von Todes wegen ausdrückl. als KForderungen minderen Ranges anerkannt (§ 226 Abs. 2). Im K. des beschwerten Erben oder Vermächtnisnehmers sind die Forderungen daraus durch § 63 Nr. 4 nicht betroffen, weil sie nicht auf die Freigebigkeit des GSch. d. h. des Erben oder des Vermächtnisnehmers zurückzuführen sind (s. Jaeger Anm. 7, 10; Hellmann 214; s. Bem. 6 vor § 214).

Absonderungsberechtigte. **§ 64.** (§ 57).

Ein Gläubiger, welcher abgesonderte Befriedigung beansprucht, kann die Forderung, wenn der Gemeinschuldner auch persönlich für sie haftet, zur Konkursmasse geltend machen, aus derselben aber nur für den Betrag verhältnismäßige Befriedigung verlangen, zu welchem er auf abgesonderte Befriedigung verzichtet, oder mit welchem er bei der letzteren ausgefallen ist.

Begr. I 271 f. — Unverändert durch die Nov.

1. Allgemeines.

a) Die Absonderungsberechtigten (§§ 47 f., § 4) sind als solche nicht KGl. (Anm. 2 zu § 3). Sie haben als solche kein Stimmrecht. Die Vorschr. über die Anmeldung der Forderungen (§§ 138 f.) sind auf ihre Rechte nicht anzuwenden. An die Stelle der Anmeldung bei Gericht tritt die Anzeige beim KVerw. (§ 118). Das Prüfungsverfahren und die Feststellungswirkung (§ 144) erstreckt sich nicht auf das Absonderungsrecht (s. Bem. 6 vor § 47). KGl. ist der Berechtigte bloß, wenn er für die Forderung, die ihn zur abgesonderten Befriedigung berechtigt, zugleich den GSch. persönlich in Anspr. nehmen kann (vorbehaltl. der Schranken des § 63). Nur wenn die drei Voraussetzungen — persönliche Forderung gegen den GSch., Möglichkeit ihrer Geltendmachung als KForderung, Sonderhaftung eines Massegegenstandes für die Forderung — zusammentreffen, ist § 64 (und damit §§ 96, 153, 155, 156, 168 Nr. 3) anwendbar. § 64 kommt demnach insbes. nicht in Betracht, wenn der Absonderungsberechtigte keine persönliche Forderung gegen den GSch. hat, z. B. weil dieser einen ihm gehörigen Gegenstand für fremde Schuld verpfändet hat, oder wenn dem KGl. für seine Forderung ein massefremder Gegenstand haftet, z. B. weil ein Dritter einen ihm gehörigen Gegenstand für die Verbindlichkeit des GSch. verpfändet hat. Im K. der off. HG., KommanditG. und KommanditG. auf Aktien kommt § 64 nur dann zur Anwendung, wenn abgesonderte Befriedigung aus dem GesVerm., nicht aber, wenn sie aus dem Privatvermögen beansprucht wird; dabei entscheidet auch hier (s. § 1 Anm. 1a) das wirkliche nicht das etwaige fiduziarische Eigentum (RGZ. 91, 12). § 64 trifft ferner nicht zu, wenn die Forderung im K. unanmeldbar ist (vgl. Anm. 1 zu § 63) oder wenn für sie ein kfreier Gegenstand des GSch. haftet (Anm. 4 vor § 47). Die Vorschrift gilt weiter nicht, wenn ein Masseanspr. durch ein Sonderrecht an einem Massegegenstande gesichert ist. Ansprüche gegen Dritte, die neben dem GSch. haften, werden durch § 64 nicht berührt; s. RGZ. 92, 181 (192). Entspr. Anw. des § 64: § 212 Abs. 3 (KVerf. über das Privatverm. eines persönl. haftenden Gesellsch.), § 234 (ErbenK.), § 236; § 35 Abs. 2 HypBankG. (Pfandbriefgl. im K. über das Verm. der Hyp.-Bank), § 61 Abs. 3 VAG. (Versicherte im K. der Vers.-Untern.). Wegen der Fälle von Sicherungsübereignung s. Anm. 4 zu § 48.

b) Für die Anwendung des § 64 ist der Rechtszustand z. Z. der KE. entscheidend. Seine Beschränkungen gelten deshalb z. B. nicht, wenn dem KGl. bei der KE. für seine Forderung ein massefremder Gegenstand haftet und der Gegenstand später Bestandteil der Masse wird. Die vollberechtigte KForderung kann nicht ohne Zutun des Gl. nachträglich in eine Ausfallsforderung nach § 64 verwandelt werden. „Das einmal mit der KE. begründete Recht des KGl. auf anteilsmäßige Befriedigung (= seiner ganzen Forderung) darf nicht durch eine spätere Veränderung der KMasse zum Vorteile der übrigen Gl. beeinträchtigt werden" (ausführl. RGZ. 59, 367 f.; a. M. Jaeger Anm. 3). Dagegen darf in den Fällen, in denen § 64 nicht anwendbar ist, nicht ohne weiteres nach § 68 verfahren werden. § 68 setzt die persönliche Haftung mehrerer für die gleiche Leistung voraus. Seine entsprechende Anwendung auf andere Fälle ist bedenklich und kaum zulässig (Anm. 4 zu § 68, dahinstellend RGZ. 74, 234). Haftet also dem Gl. ein Gegenstand eines Dritten als Pfand und erhält er während des K. teilweise Befriedigung, so mindert sich dadurch seine Forderung auch für die Beteiligung im K., aber — das ist der Unterschied von § 64 — der Gl. kann, wenn er Befriedigung aus der KMasse will, nicht zunächst auf den haftenden Gegenstand verwiesen werden; es steht vielmehr in seinem Belieben, welche Haftung er zuerst in Anspruch nimmt. Auch hat ein solcher Gl. Stimmrecht nicht bloß für den Ausfall, sondern für seine ganze Forderung und ein Recht auf sofortige Zahlung der Dividenden für den ganzen Betrag. Der KMasse stehen demnach KGl., denen ein massefremder Gegenstand haftet, wie andere KGl. gegenüber. Wenn sich ihre Forderung während des K. durch Teilbefriedigung aus dem haftenden Gegenstande mindert, kommt das der KMasse zugute. Der KVerw. kann sie aber nicht unter Verweisung auf die mögliche Verwertung des fremden Gegenstandes von der KMasse abwehren (vgl. RG. JW. 16, 328).

c) § 64 enthält zwingendes, der Parteiabrede nicht zugängliches Recht: RGZ. 6, 67 f.

2. Die Forderung im KVerf.

a) In den Fällen, in denen § 64 zutrifft, hat der Gl. die Wahl, ob er sich an den Absonderungsgegenstand oder an die KMasse halten will, das letztere hat aber zur Voraussetzung, daß das Absonderungsrecht erschöpft ist oder daß der Gl. auf die abgesonderte Befriedigung zugunsten der Masse verzichtet hat. Bei Geltendmachung seines Absonderungsrechts darf der Gl. die nach § 63 Nr. 1 und 2 ihm als KForderungen ausgeschlossenen Zinsen und Kosten in erster Linie decken, an Zinsen jedoch nur die bis zur Zeit der Pfandverwertung (Jaeger LZ. 10, 1414). Trotzdem ist die ganze Forderung (bevorrechtigte oder einfache) KForderung. Sie wird auf den vollen Betrag angemeldet. Die Wirkung der Feststellung (§ 144 Abs. 1) erstreckt sich auf den vollen Betrag nach Maßgabe des Tabelleneintrags, nicht bloß auf den Ausfall (RGZ. 22, 154, ObLGZ. a. S. 11, Hamburg OLG. 15, 243, Falkmann 80). Ob bei der Eintragung in die Tabelle schon die Voraussetzung für die Befriedigung der Forderung aus der Masse vorlag, ist unerheblich. Der Anmeldende braucht sich nicht mit einer Feststellung „in der Höhe des Ausfalls" zu begnügen, und kann diesenfalls Klage nach § 146 erheben (KG. und Kiel OLG. 35, 261). Nach der Aufhebung des KVerf. infolge Schlußvert. oder nach der Einstellung des Verf. ist der Tabelleneintrag Vollstreckungstitel gegen den früheren GSch. wegen der ganzen darin festgestellten Forderung (§ 164 Abs. 2, § 206 Abs. 2). Die Beschränkungen des § 64 fallen mit der Beendigung des K. in diesen Fällen weg. Dem GSch. ist überlassen, Einwendungen, die den festgestellten Anspr. selbst betreffen, durch Klage geltend zu machen (entspr. § 767 ZPO.). Übrigens kann der Absonderungsberechtigte den Tabelleneintrag schon während des K. als Vollstreckungstitel für die Geltendmachung seines Absonderungsrechtes verwerten (Anm. 6 vor § 47). Dabei ist zu beachten, daß im K. nur die Forderung, nicht das Absonderungsrecht festgestellt wird (RGZ. 55, 159); Streitigkeiten über das letztere werden außerhalb des K. ausgetragen (s. § 4 Abs. 2, Anm. 3 zu § 4) und die Feststellung der Forderung hindert nicht, daß der KVerw. das Absonderungsrecht bestreitet. Selbst wenn der KVerw. im Prüfungstermin das Absonderungsrecht ausdrücklich anerkannt hat, dient die Tabelle, die nur zur Feststellung der KForderungen und etwaiger Vorrechte nach § 61 Nr. 1 bis 5 bestimmt ist, nicht zur urteilsmäßigen Feststellung des Absonderungsrechts (ObLG. a. S. 17, 186).

b) Der Anspruch des Gl. auf Dividende ist bedingt durch seinen Verzicht auf das Absonderungsrecht (Anm. 3) oder seinen Ausfall bei der abgesonderten Befriedigung (s. RGZ. 78, 76). Für den Rang seiner Forderung ist § 61 maßgebend. Zahlt der KVerw. irrtümlich Dividenden an den Gl., obwohl die Bedingung nicht eingetreten ist, so ist der Gl. ungerechtfertigt bereichert und zur Herausgabe an die Masse verpflichtet. Der Nachweis des Verzichts oder Ausfalls ist Sache des Gl. (vgl. §§ 153, 155, 156). Wird der Nachweis nicht geführt, so ist die Forderung von den Verteilungen und jedenfalls (s. § 153 Abs. 2) von der Schlußverteilung ausgeschlossen. Der Gl., der an den KVerteilungen teilnehmen will, ist also u. U. genötigt, schnell die Verwertung des Gegenstands zu betreiben (s. aber §§ 126, 127). Ist er dazu aus rechtlichen Gründen nicht imstande (s. Anm. 2 zu § 65), so bleibt ihm die Wahl, ob er auf das Absonderungsrecht verzichten oder die Teilnahme an den Verteilungen aufgeben will.

c) Über die Berechnung des Ausfalls s. auch Anm. 3b zu § 48.

d) Hat der GSch. für eine Schuld zahlungshalber Wechsel gegeben und Pfandsicherheit gewährt oder gibt der Gl. die Wechsel weiter, so kann der Gl. für die Forderung die volle Sicherheit in Anspruch nehmen und der Wechselberechtigte den vollen Betrag anmelden (RGZ. 85, 53).

3. Der Verzicht auf das Absonderungsrecht.

a) Der Wortlaut des Ges. legt die Annahme nahe, daß zwischen dem Verzicht „auf abgesonderte Befriedigung" und dem Verzicht auf das ihr zugrunde liegende, in der Regel dingliche, Recht zu unterscheiden ist und daß der erstere Verzicht — der Verzicht auf die Ausübung des Rechtes im K. — genügt (vgl. Schäfer SeuffBl. 71, 211 f.). Dem ist aber nicht so. Der abgesonderte Gegenstand ist der KMasse entzogen. Im Interesse der anderen KGl. verweist das Ges. den Berechtigten zunächst an diesen Gegenstand. Will der Gl. ohne Rücksicht auf den Gegenstand mit den anderen konkurrieren, so muß er den Gegenstand der KMasse zur Verwertung zurückstellen, er muß also das Recht zugunsten der Masse aufgeben.

Wie der Verzicht erfolgt, sagt die KO. nicht. Auch das BGB. regelt den Verzicht auf ein Recht nicht allgemein. Der Verzicht erfolgt nicht schlechthin durch einseitige empfangsbedürftige Erklärung an den KVerw. (Fitting 121 Anm. 25 u. a.), sondern nach Maßgabe der für die Aufgabe des betr. Rechtes (Hypothek, Hypothekvormerkung, Grundschuld, Reallast, Vertragspfandrecht, gesetzl. Pfandrecht, Pfändungspfandrecht, kaufmänn. Zurückbehaltungsrecht usw.) geltenden Vorschriften (ebenso Jaeger [5] Anm. 14 gegen [2] Anm. 9; vgl. RGZ. 78, 76; Seuffert 44 Anm. 7; Senst I 288). S. dazu §§ 875, 1168, 1175, 1178 Abs. 2, §§ 1183, 1192, 1253, 1255, 1257 u. a. BGB. Hat der Gl. eine Hypothek, so ist es für § 64 ohne Belang, ob er auf sie verzichtet (§ 1168) oder ob er sie aufhebt (§ 1183). Nur soweit die Aufgabe des Rechtes formlos geschehen darf, kann sie auch stillschweigend erklärt werden und nur soweit kommt in Frage, ob in der vorbehaltlosen Beteiligung des Gl. am K., besonders in dem Mitstimmen für die ganze Forderung und in der Empfangnahme von Zahlungen aus der Masse oder auf Grund eines Zwangsvergl. ein Verzicht auf das Absonderungsrecht zu erblicken ist. Regeln lassen sich nicht aufstellen, es kommt immer auf die Umstände des Falls an (vgl. Jaeger Anm. 16 und LZ. 11, 523; Seuffert 436; RGZ. 16, 71;

64, 425; RG. SeuffArch. 50, 483; LZ. 2, 607; 4, 158; Gruch. 44, 729; Zweibrücken LZ. 9, 384).

b) Der Verzicht kann für die ganze gesicherte Forderung oder nur für einen Teil erklärt werden (vgl. Fitting 121 Anm. 25).

c) Da der Verzicht die Aufgabe des Rechtes enthält (a), wirkt er nach der Beendigung des K. zugunsten des früheren GSch. fort.

4. Die Forderung nach dem Zwangsvergleiche. Wird das KVerf. infolge Zwangsvergl. aufgehoben, so gelten die Beschränkungen des § 64 für die Befriedigung des absonderungsberechtigten KGl. weiter (RGZ. 5, 394; 6, 66; 23, 43 und namentl. 78, 75; Hamburg OLG. 23, 310). Beim Zwangserlaß ist also der Anspr. des Gl. auf die Quote dadurch aufschiebend bedingt, daß er seinen Verzicht auf das Sonderrecht erklärt oder seinen Ausfall bei der abgesonderten Befriedigung nachweist; letzterenfalls kann er den Anspr. nur für den Betrag geltend machen, mit dem er ausgefallen ist. Aus § 193 S. 2 folgt nur, daß der Gl. aus dem Sondergegenstand für seine volle Forderung Befriedigung suchen kann. Das trifft auch zu, wenn die Voraussetzungen für die Vollstreckung nach § 194 vorliegen. Dann hat zwar der Gl. in dem Tabelleneintrag in Verbindung mit dem Zwangsvergl. einen Vollstreckungstitel, muß sich aber Einwendungen gegen seine Forderung nach § 767 ZPO. gefallen lassen. Ist allerdings der Gl. bevorrechtigt (§ 61 Nr. 1 bis 5) und wirkt deshalb der Zwangsvergl. nicht gegen ihn (§ 193), so kann er, wenn er nicht schon vom KVerw. befriedigt wurde (§ 191 Abs. 2), wie vor dem K. seine ganze Forderung und daneben sein Sonderrecht geltend machen. Zahlt der frühere GSch. auf Grund des Zwangsvergl. an den nichtbevorrechtigten Gl., obwohl die Bedingung noch nicht eingetreten ist, so zahlt er eine nicht bestehende Schuld. Trotzdem kann er weder die Zahlung als rechtlose Bereicherung zurückfordern noch den nachträgl. Verzicht des Gl. auf das Sonderrecht verlangen. Denn hat er gewußt, daß er zur Leistung nicht verpflichtet war, so ist die Zahlung nach § 814 Halbs. 1 BGB. rechtsbeständig, hat er aber in dem Irrtum gezahlt, daß er dem Gl. wie den anderen Gl. zur Zahlung der Quote verpflichtet sei, so steht seinem Ersatzanspr. nach RGZ. 78, 76 entgegen, daß er lediglich einer Anstandspflicht (§ 814 Halbs. 2 BGB.) genügt hat. Eine andere Frage ist aber, ob nicht in der vorbehaltlosen Annahme der Quote für die ganze Forderung ein Verzicht auf das zur Sonderbefriedigung ermächtigende Recht liegt; darüber Anm. 3a.

Betagte Forderungen. **§ 65.** (§ 58.)

I Betagte Forderungen gelten als fällig.

II Eine betagte unverzinsliche Forderung vermindert sich auf den Betrag, welcher mit Hinzurechnung der gesetzlichen Zinsen desselben für die Zeit von der Eröffnung des Verfahrens bis zur Fälligkeit dem vollen Betrage der Forderung gleichkommt.

Begr. I 275 f. — Unverändert durch die Nov.

1. Allgemeines.

a) Betagte Forderungen, d. h. Forderungen, die z. Z. der KE. entstanden, aber noch nicht fällig sind, werden im K. als fällig behandelt. Dazu gehören auch Forderungen, deren Fälligkeit von einer Kündigung mit oder ohne Kündigungsfrist abhängt (vgl. § 609 BGB.) und Forderungen, deren Kündigung — wie häufig bei Annuitätsdarlehen — für den Gl. regelmäßig ausgeschlossen ist (vgl. auch § 19 HypBankG.), ferner verzinsliche Forderungen mit unbestimmtem Fälligkeitstag (dies certus an, incertus quando). Unverzinsliche Forderungen mit unbestimmtem Fälligkeitstermin gelten zwar auch als fällig, müssen aber, weil ihre Berechnung nach § 65 Abs. 2 nicht möglich ist, nach § 69 geschätzt werden. Vgl. Begr. I 278; Jaeger Anm. 2, 7. Aufschiebend befristete Forderungen im Sinne des allg. bürg. Rechtes, d. h. Anspr., die zwar erworben sind, aber erst mit einem Anfangstermin wirksam werden (§§ 163, 158 Abs. 1 BGB.), sind wie aufschiebend bedingte Forderungen (§ 67) zu behandeln, berechtigen also nach § 67 nur zu einer Sicherung (vgl. Anm. 5 zu § 3, RGRKomm. Anm. 1 zu § 163; Jaeger Anm. 1). Gestundete Forderungen stehen den betagten gleich (Cöln LZ. 13, 649). Über die rechtl. Natur des Leibrentenrechtes und die Folgerungen für den K. s. RGZ. 68, 343.

b) Betagte verzinsliche Forderungen sind mit ihrem vollen Nennwerte zur Teilnahme berechtigt. Dies gilt auch dann, wenn der vertragsmäßige Zinsfuß niedriger ist als der gesetzliche; Begr. I 278.

c) Betagte unverzinsliche Forderungen sind nach Abs. 2 zu dem Betrage geltend zu machen, der mit Hinzurechnung der gesetzlichen Zinsen ohne Zinseszinsen für die Zeit von der KE. (nicht von der Auszahlung im K.) bis zum Verfalltage dem vollen Betrage der Forderung gleichkommt. (Sog. Hoffmannsche Methode, vgl. §§ 1133, 1217 BGB., § 111 ZVG.). Abgelehnt ist damit die sog. Carpzowsche Methode, die dem Gl. die aus dem Nennbetrage der (ganzen) Forderung bis zum Verfalltag berechneten Zinsen abzieht, und die Methode von Leibnitz, die auch Zinseszinsen ansetzt (näheres Begr. I 277). Die Berechnung erfolgt wohl am einfachsten nach der von Fitting 113 Anm. 4 verwerteten Formel $x : C = 100 : 100 + u$. Dabei bedeutet x den gesuchten Betrag, C den Nennbetrag, u die gesetzl. Zinsen von 100 für die Zeit von der KE. bis zum Verfalltag. Es sind deshalb zunächst diese Zinsen zu berechnen, wobei der Monat einheitlich zu 30 Tagen, das Jahr zu 365 Tagen angenommen wird. Der gesetzl. Zinsfuß beträgt nach § 246 BGB. 4% für das Jahr, bei beiderseitigen Handelsgesch. nach § 352 HGB. 5% und im Wechselverkehr (näheres Jaeger Anm. 7) 6%, s. auch § 17 ScheckG. Schuldet z. B. der GSch. dem Gl. 2000 ℳ unverzinslich und fällig 9 Monate nach der KE., so betragen 4%ige gesetzl. Zinsen von 100 ℳ bis zum Verfalltag $\frac{4 \cdot 9}{12} = 3$ ℳ. Der Gl. kann sonach ($x : 2000 = 100 : 103 =$) den Betrag von 1941,74 ℳ als KForderung geltend machen. Auf eine Formel gebracht[1]) würde die Rechnung lauten:

$$x = \frac{100 \cdot 2000}{100 + (9 \cdot 4/12)};$$

bei einer Zwischenzeit von 25 Tagen $x = \frac{100 \cdot 2000}{100 + (25 \cdot 4/365)}$.

[1]) Vgl. Schweitzers Terminkalender.

2. Die Tragweite des § 65. § 65 gilt nur für Forderungen, die auf Grund des Abs. 1, nicht für solche, die auf Grund einer besonderen Fälligkeitsabrede als fällig gelten (Jaeger LZ. 8, 59); er gilt nur für das Verh. des KGl. zum GSch., zunächst zur KMasse, nicht für Forderungen des GSch., nicht für das Verh. des KGl. zu einem anderen Verpflichteten z. B. zu anderen Gesamtsch. oder zum Bürgen; vgl. §§ 125, 767 BGB. (Fischer-Henle Anm. 1 zu § 767); RGZ. 8, 356; 88, 373. Sie tritt ein weder zum Nachteil noch zum Vorteil des anderen Verpflichteten; dieser kann also auch nicht die Annahme der noch nicht fälligen Leistung fordern (RG. SeuffArch. 70, 427). Auch der Anspr., der ein Absonderungsrecht begründet, wird durch die KE. nicht fällig. Das trifft nicht bloß für Absonderungsberechtigte zu, die nicht KGl. sind, sondern auch für Gl., die eine durch ein Absonderungsrecht gesicherte KForderung haben. Denn die abgesonderte Befriedigung erfolgt unabhängig vom KVerf. (§ 4 Abs. 2) unter den Voraussetzungen, wie sie außerhalb des K. bestehen (Anm. 3 zu § 4; Anm. 7 vor § 47). Ob etwa der Anspruch aus einer Hypothek oder einem Pfandrecht wegen der KE. früher als sonst geltend gemacht werden kann, bestimmt nicht die KO. Nur für die Beteiligung des Absonderungsberechtigten als KGl. (§ 64) kommt § 65 in Betracht. Das kann allerdings (vgl. § 153) zur Folge haben, daß der Gl., um sich diese Beteiligung zu sichern, auf die abgesonderte Befriedigung verzichten muß, weil er seine Befriedigung aus dem abgesonderten Gegenstand noch nicht betreiben darf (vgl. RGZ. 86, 247; KommBer. I 86; Wilm.-Kurlb. Anm. 2, a. M. Jaeger Anm. 4; Königsberg SeuffArch. 69, 302). Notbehelf § 174 ZVG. (Anm. 2d zu § 126).

3. Die betagte Forderung nach der KBeendigung. Hier gelten entsprechend die Bemerkungen in Anm. 3 zu § 69. Zweifelhaft kann sein, ob nach der rechtskräftigen Bestätigung des Zwangsvergl. eine nicht festgestellte betagte, nicht bevorrechtigte Forderung nach Maßgabe des Zwangsvergl. geltend gemacht werden kann oder nur mit der ursprünglichen Verfallzeit. Da sie vom Zwangsvergl. ebenso ergriffen wird wie wenn sie am K. teilgenommen hätte und der Vergleich grundsätzlich allen nicht bevorrechtigten KGl. gleiche Rechte gewähren muß (§ 181), trifft das erstere zu (vgl. Jaeger Anm. 3 zu § 193; Fitting 444 Anm. 1).

Auflösend bedingte Forderungen.

§ 66. (§ 59.)

Forderungen unter auflösender Bedingung werden wie unbedingte geltend gemacht.

Begr. I 279. — Unverändert durch die Nov.

a) Solange die auflösende Bedingung (§ 158 Abs. 2 BGB.) nicht eingetreten ist, muß der Gl. bei den Abstimmungen und den Zahlungen behandelt werden, wie wenn seine Forderung unbedingt wäre. Ist er aber nach den Vorschriften außerhalb der KO., insbesondere auf Grund eines Vertrags oder einer Verf. von Todes wegen dem Sch. zur Sicherheitsleistung verpflichtet, so bleibt es dabei auch im K. und die Zahlung der Anteile an ihn ist davon abhängig, daß er die Sicherheit leistet (§ 168 Nr. 4). Die KO. selbst begründet keine Pflicht zur Sicherheitsleistung. Ob der Gl. Sicherheit leisten muß, ist im Prüfungstermin zu würdigen und in der Tabelle einzutragen (§ 145). Bestreitet der Gl. diese Verpflichtung unter Widerspruch des Verw. oder eines KGl., so ist die Forderung insoweit streitig geblieben und der Streit nach § 146 auszutragen (s. Begr. I 279, Seuffert 51, a. M. Jaeger Anm. 3).

b) Mit dem Eintritt der auflösenden Bedingung endigt die Forderung des KGl. (§ 158 Abs. 2 BGB.). Diese Endigung hat der KVerw. durch Bestreiten der noch nicht festgestellten Forderung oder nach der Feststellung der Forderung (§ 145 Abs. 2) durch Klage nach § 767 ZPO. geltend zu machen. Zahlungen an den Gl. aus der Masse kann der Verw. zur Masse zurückverlangen, weil der Grund der Zahlung weggefallen ist. Nach der Beendigung des K. übt vorbeh. des § 166 (Anm. 2 dort) dieses Recht der frühere GSch. aus; die einzelnen KGl. haben — wie während des K. — keinen Bereicherungsanspr. (vgl. Jaeger Anm. 2, teilweise anders Seuffert 51).

Aufschiebend bedingte Forderungen.

§ 67. (§ 60.)

Forderungen unter aufschiebender Bedingung berechtigen nur zu einer Sicherung.

Begr. I 279 f., Begr. II 48 f. — Unverändert durch die Nov.

1. Allgemeines.

a) Forderungen unter aufschiebender Bed. (§ 158 Abs. 1 BGB., s. auch Anm. 1 zu § 65) werden von der Rechtsordnung als Vermögensrechte behandelt und sind deshalb unter den Voraussf. des § 3 KForderungen (Anm. 5 zu § 3). Sie berechtigen den Gl. aber nur zu einer Sicherung. Die Sicherung erfolgt auch, wenn der Sch. nach dem Rechte außerh. der KO. zur Sicherheitsleistung nicht verpflichtet ist. Nach dem BGB. gibt eine aufschiebend bed. Forderung ohne Unterschied, ob sie auf einer Verfügung unter Lebenden oder von Todes wegen ruht, dem Gl. an und für sich keinen derartigen Anspr. Die Sicherung erfolgt ferner, wenn die Bedingung schon entschieden, das Ergebnis aber noch nicht bekannt ist (vgl. Prot. z. BGBE. I, 182). Die Forderung wird als bedingte in ihrem vollen Betrag angemeldet und als bedingte in die Tabelle eingetragen. Für Streitigkeiten über die Bedingtheit der Forderung gilt § 146. Bei Abschlagsverteilungen wird die bed. Forderung zu dem Betrage berücksichtigt, der auf die unbedingte Forderung fallen würde (§ 154 Abs. 1). Die Anteile werden aber bis zum Nachweis des Eintritts der Bedingung dem Gl. nicht ausgezahlt — auch nicht gegen Sicherheitsleistung — sondern zurückbehalten (§ 168 Nr. 2). Tritt die Bed. ein, so kann der Gl. den Anteil erheben. Weigert sich der KVerw. zu zahlen, so kann der Gl. seinen Anspr. im Prozeßwege verfolgen (s. zu § 168). Fällt die Bed. aus, so endigt das Teilnahmerecht des Gl. am K. Zurückbehaltene Anteile werden für weitere Verteilungen frei. Streitigkeiten zwischen dem KVerw. und dem Gl. werden nach §§ 158, 162 ausgetragen. Ist die Schlußverteilung schon vollzogen, so kann der Gl. sich gegen den Gerichtsbeschluß beschweren, der wegen des Ausfalls der Bed. eine Nachtragsverteilung anordnet (Seuffert 52). Auch bei der Schlußverteilung wird der treffende

Betrag zurückbehalten; ist aber die Möglichkeit des Eintritts der Bed. so entfernt, daß die Forderung einen gegenwärtigen VermWert nicht hat, so erfolgt die Schlußverteilung ohne Rücksicht auf die Forderung (§ 154 Abs. 2) und die bei Abschlagszahlungen zurückbehaltenen Anteile werden dann ebenfalls frei (§ 156). Streitigkeiten über die Voraussetzungen dieser Ausnahme, die der KVerw. zu beweisen hat, werden durch Erhebung von Einwendungen gegen das Schlußverzeichnis (§ 162 Abs. 1) zur Entscheidung des KG. gebracht (§ 162 Abs. 2 mit § 158 Abs. 2). Beträge, die bei der Schlußverteilung nicht ausgezahlt werden können, werden mit den nicht frei gewordenen früheren Anteilen hinterlegt (§ 169) und u. U. nachträglich verteilt (§ 166).

Aufschiebend bedingte Forderungen berechtigen zum Stimmen in den GlVers. wie unbedingte. Der Verw. oder ein KGl. kann aber widersprechen. Dann entscheidet das KG. unanfechtbar, ob und zu welchem Betrage die Forderung ein Stimmrecht gewährt (§ 96).

b) über die Aufr. mit und gegen aufschiebend bed. Forderungen s. §§ 54, 171 und Anm. 3, 4 zu § 54.

2. Besondere Tatbestände. Nicht alle bei der KE. gegen den GSch. begründeten aufschiebend bedingten Forderungen berechtigen ohne weiteres zur Teilnahme am KVerf. Besonderes gilt für bed. Anspr. auf Schadensersatz wegen Nichterfüllung oder auf Vertragsstrafe, sofern die von der Bedingung abhängig gemachte Wirkung eine Rechtshdlg. des GSch. (§ 7) voraussetzt, für aufschiebend bedingte Rückgriffsforderungen des Bürgen, des Mitgesamtsch. und sonstiger Mitverpflichteter, ferner für Prozeßkostenansprüche u. dgl. Hierüber s. näheres Anm. 5 zu § 3.

Gesamtschuldverhältnisse u. a. § 68. (§ 61.)

Wird über das Vermögen mehrerer oder einer von mehreren Personen, welche nebeneinander für dieselbe Leistung auf das Ganze haften, das Konkursverfahren eröffnet, so kann der Gläubiger bis zu seiner vollen Befriedigung in jedem Verfahren den Betrag geltend machen, den er zur Zeit der Eröffnung des Verfahrens zu fordern hatte.

Begr. I 285 f., KomB. I 55 f., 131. — Unverändert durch die Nov.

1. Allgemeines.

a) Schulden mehrere nebeneinander eine Leistung in der Weise, daß jeder die ganze Leistung zu bewirken verpflichtet, der Gl. aber die Leistung nur einmal zu fordern berechtigt ist (Gesamtschuldner), so kann der Gl. die Leistung nach Belieben von jedem Sch. ganz oder zum Teil fordern. Bis die ganze Leistung bewirkt ist, bleiben alle Sch. verpflichtet (§ 421 BGB.). Soweit ein Gesamtsch. den Gl. befriedigt, befreit er auch die übrigen Sch. (§ 422 BGB.). Diese Grundsätze gelten ohne Rücksicht auf den Rechtsgrund der gesamtschuldnerischen Haftung und auf den Inhalt der Leistung (für § 431 BGB. vgl. RGZ. 67, 275), auch wenn ein Gesamtsch. oder gleichzeitig oder nacheinander mehrere oder alle Gesamtsch. in K. geraten sind. Der Gl. kann seine ganze Forderung, soweit sie bei der jeweiligen KE. noch besteht, im K. anmelden und ist mit dieser Forderung zur Teilnahme an den Abstimmungen und den

Zahlungen berechtigt. Aus Gründen der Billigkeit enthält aber § 68 eine Ausnahme. Während aus dem allgemeinen bürgerlichen Rechte folgern würde, daß eine Teilbefriedigung des Gl. nach der KE., mag sie von einem Gesamtsch. oder von einem Dritten (s. bes. § 267 BGB.) ausgehen, die Forderung und damit das Teilnahmerecht des KGl. entsprechend mindert, gestattet der § 68 dem KGl. seine Forderung im K. und, wenn mehrere K. laufen, in jedem K. in dem vollen Betrage, wie sie bei der KE. bestand, weiter zu verfolgen, wie wenn seine Forderung unvermindert fortbestände. Dieses Recht hat er, bis er volle Befriedigung — sei es aus KMitteln sei es aus anderen Mitteln — erlangt hat. Auch am Zwangsvergleiche nimmt er mit der fingierten ganzen Forderung Teil, daneben bleiben seine Rechte gegen die Mithaftenden unberührt. (§ 193 S. 2). Nimmt der Gl. über seine volle Befriedigung hinaus Zahlungen aus der KMasse in Empfang, so ist er auf Kosten der Masse grundlos bereichert und zur Herausgabe verpflichtet (§ 812 BGB.).

b) Das Gleiche wie zu a trifft zu, wenn es sich nicht um ein Gesamtschuldverh., sondern um ein sonstiges Verh. handelt, kraft dessen mehrere nebeneinander für die gleiche Leistung auf das Ganze haften. Spätestens durch die KE. muß diese Haftung begründet sein. Der Bürge hat zwar regelmäßig die Einrede der Vorausklage (§ 771 BGB.), verliert sie aber (Ausnahme § 773 Abs. 2) durch die E. des K. über das Verm. des Hauptsch. (§ 773 Abs. 1 Nr. 3 BGB.). Er haftet dann mit der KE. neben dem GSch. für die gleiche Leistung auf das Ganze u. zw. auch im Falle der Teilbürgschaft (s. Anm. 5cγ zu § 3; Hamm Seuff.-Arch. 73, 143; Staub Anm. 21, 22 zu § 349 HGB.). Der § 68 ist demnach nicht nur bei selbstschuldnerischer Bürgsch. (§ 773 Abs. 1 Nr. 1 BGB.) und kaufmännischer Bürgsch. (§§ 349, 351 HGB.), sondern auch bei der gewöhnl. Bürgsch. anzuwenden, letzterenfalls, wenn der Hauptsch. in K. gerät. Der K. des Bürgen allein schließt dagegen die Einrede und damit die Nachhaftung des Bürgen nicht aus; es muß auch der Hauptsch. in K. gekommen sein oder sonst ein Grund vorliegen, aus dem die Einrede nicht durchgreift. Bei der Schadlosbürgschaft (Indemnitätsbürgsch.) haftet der Bürge regelmäßig nur für den Ausfall, den der Gl. im K. des Hauptsch. erleidet. Hauptsch. und Bürge haften sonach nicht nebeneinander und für die Anwendung des § 68 fehlt es an den Voraussetzungen. Im K. des Bürgen kann der Gl. für seine aufschiebend bedingte Schadlosforderung Sicherung nach § 67 verlangen (s. Jaeger Anm. 3).

c) Die Teilbefriedigung des Gl. vor der KE. mindert seine Forderung, ohne Rücksicht darauf, ob sie aus einem anderen K. stammt oder sonst erfolgte, sie kann ihm also tatsächlich zum Nachteile gereichen. Eine Ausgleichung des Schadens aus der KMasse steht dem Gl. deshalb nicht zu. Wird der Gl. nach der KE. durch Aufrechn. teilweise befriedigt, so ist auf die Rückwirkung der Erklärung nach § 389 BGB. zu achten.

2. Das Verhältnis mehrerer KMassen. Der Gl. kann die Forderung, die er bei der KE. hatte, „in jedem Verfahren" bis zur vollen Befriedigung geltend machen, d. h. in jedem KVerf. Gegen den mithaftenden Dritten, der nicht in K. ist, kann er nur den Anspr. erheben, wie er ihm jeweils noch zusteht. Er muß also Teilleistungen, die er empfangen hat, insbes. KDividenden abziehen. Laufen aber mehrere KVerf. nebeneinander, so ist er dazu nach § 68 nicht genötigt. Das ist für die Masse, die früher zahlt als die andere, insofern von Bedeutung, als der zur Masse gehörende Rückgriffs- oder Ausgleichungsanspr. in dem anderen K. neben der Forderung des Gl. erst geltend gemacht werden kann, wenn diese Forderung voll befriedigt ist (näheres Anm. 5cγ und δ zu § 3, Jaeger Anm. 9). Über das Zusammentreffen mehrerer K. von Mitverpflichteten, falls der Gl. in dem einen K. absonderungsberechtigt war (§ 64), s. RGZ. 52, 169.

3. Besondere Vorschriften gelten für die Beteiligung der Gesellschaftsgl. im K. über das Privatverm. eines persönl. haftenden Gesellschafters (§ 212), dann für die Beteiligung der NachlGl., denen der Erbe unbeschränkt haftet, im ErbenK. (§ 234; s. § 236). Nicht die besonderen Vorschr., sondern § 68 ist anzuwenden, wenn dem Gl. neben der Gesellsch. oder Erbengemeinschaft der Gesellschafter oder Erbe aus einem besonderen Rechtsgrund (z. B. Bürgschaft, kumulat. Schuldübernahme) haftet, s. RGZ. 74, 234.

4. Entsprechende Anwendung des § 68. Die Vorschrift des § 68 ist eine Ausnahme von allgemeinen Rechtsgrundsätzen und darf im allgemeinen auf andere Tatbestände nicht ausgedehnt werden. Sie gilt ohne weiteres, wenn der Gl. nach der KE. Teilbefriedigung aus dem ihm besonders haftenden Gegenstand eines persönlich Mitverpflichteten findet. Über das Verhältnis zu § 64 s. dort Anm. 1b. Zweifelhaft ist aber vor allem, ob die Teilbefriedigung, die der Gl. nach der KE. aus dem ihm haftenden Gegenstand eines ihm nicht persönlich verhafteten Dritten, z. B. aus einem Pfand erlangt, sein Befriedigungsrecht im K. mindert. Die Frage wird zu bejahen sein, denn das Gesetz gibt keinen Anhalt dafür, daß der als Ausnahmevorschrift aufgestellte § 68 auf Fälle der bloßen Gegenstandshaftung ausgedehnt werden darf. Eine andere Frage ist, ob der Gl. wegen seiner Befriedigung zunächst auf den ihm haftenden Gegenstand verwiesen werden kann (s. dazu Anm. 4 vor § 47; RGZ. 59, 372 und 74, 234; Jaeger § 64 Anm. 3; Fitting 120 f.; für die Anwendung des § 68 Hamm SeuffArch. 73, 143; Naumburg DJZ. 21, 1091; Jaeger LZ. 13, 1055). Unzweifelhaft ist, daß die Teilbefriedigung des Gl. nach der KE. durch einen nichtverpflichteten Dritten das Teilnahmerecht des Gl. mindert. Dagegen dürfte § 68, soweit nichts Besonderes gilt, unmittelbar anzuwenden sein, wenn sich mehrere Gütermassen einer Person gegenüberstehen, die nebeneinander für die gleiche Leistung auf das Ganze haften; vgl. Jaeger § 68 Anm. 2. Über das Verhältnis von NachlK. und ErbenK. u. a. s. § 234, über ErstK. und NachK. s. Anm. 4 zu § 14, über den Einfluß ausländischer Zwangsvollstr. s. Anm. 6 zu § 14.

Berechnung nach dem Schätzungswerte.

§ 69. (§ 62.)

Forderungen, welche nicht auf einen Geldbetrag gerichtet sind, oder deren Geldbetrag unbestimmt oder ungewiß oder nicht in Reichswährung festgesetzt ist, sind nach ihrem Schätzungswerte in Reichswährung geltend zu machen.

Begr. I 289 f. — Unverändert durch die Nov.

1. **Allgemeines.** Zum Zwecke der Verteilung wird die KMasse in Geld umgesetzt. Das Beteiligungsrecht der KGl. muß deshalb in Geld bestimmt werden ohne Unterschied, ob die KForderung von vornherein auf Geldzahlung gerichtet ist oder auf die Lieferung sonstiger vertretbarer Sachen oder auf die Herausgabe oder Verschaffung bestimmter Sachen oder auf die Verschaffung von Rechten oder auf die Leistung von Diensten oder auf Befreiung von einer Schuld und Hypotheklöschung (RG. BayZfR. 9, 171) oder auf Rechnungslegung (KG. OLG. 25, 333) usw. Jeder zur Zeit der KE. begründete Vermögensanspruch gegen den GSch. (§ 3) wird für die Geltendmachung im K. als Geldforderung berechnet. Abgesehen von wiederkehrenden Leistungen zu einem bestimmten Betrag und für bestimmte Zeit (§ 70) und abgesehen von betagten unverzinslichen Forderungen (§ 65 Abs. 2) entscheidet der Nennbetrag der Forderung zur Zeit der KE. in Reichswährung oder mangels dessen der Schätzungswert in diesem Zeitpunkte. Forderungen, deren Geldbetrag unbestimmt ist, können vor allem Schadensersatzansprüche sein; Forderungen, deren Geldbetrag ungewiß ist, sind z. B. Reichnisse auf Lebenszeit oder bis zu einem anderen in der Zukunft liegenden unbestimmten Zeitpunkte. Solche wiederkehrende Leistungen von unbestimmtem Betrag und (oder) auf unbestimmte Zeit sind mit ihrem geschätzten Kapitalwerte anzusetzen. Mit diesem Kapitalwerte nimmt der Gl. an den Zahlungen aus der Masse teil, nach ihm bemißt sich sein Stimmrecht (§ 94 Abs. 3). Das Kapital dient nicht etwa zur Sicherstellung der wiederkehrenden Leistungen, das Recht auf diese Leistungen wird durch Kapitalzahlung abgelöst (s. Begr. I 291 f.). Daß sich hinterher die Verhältnisse, auf denen die Leistungspflicht ruhte, wesentlich ändern (vgl. § 323 ZPO.), ist ohne Einfluß (vgl. Jaeger Anm. 4 zu § 69 und Anm. 10 zu § 164 gegen Seuffert 50 Anm. 16). Wegen der Behandlung von Anleihen, deren Rückzahlung auf Grund planmäßiger Verlosung zu erfolgen hat und von Lotterieanleihen s. Jaeger §§ 207, 208 Anm. 25 und 26.

2. **Die geschätzte Forderung im Verfahren.** Die Schätzung ist zunächst dem anmeldenden Gl. überlassen. Die Forderung gilt als festgestellt, soweit ihr im Prüfungstermine weder der Verw. noch ein KGl. widersprochen hat oder soweit ein Widerspruch beseitigt ist (§ 144 Abs. 1). Streitigkeiten werden nach § 146 ausgetragen. Auch der GSch. kann die Schätzung bemängeln, seine rechtzeitige Bestreitung hindert nicht die Feststellung der Forderung (s. § 144 Abs. 2), wohl aber die Vollstreckung aus der KTabelle (§ 164 Abs. 2).

3. **Die Forderung nach der Beendigung des K.**

a) Meldet der Gl. die unter § 69 (§ 65 oder § 70) fallende Forderung im K. nicht an, so wird die Forderung durch den K. nicht berührt; der Gl. kann nach der Beendigung des K. die Forderung mit dem ursprünglichen Inhalte gegen den früheren GSch. geltend machen. S. ferner für die Dauer des K. Anm. 1 zu § 12. Eine Ausnahme gilt für den Zwangsvergleich, s. unter b. Auch die Anmeldung im K. als solche hat noch keine Veränderung des Inhalts der Forderung als Folge. Wird z. B. die Anmeldung der Forderung zurückgenommen oder auf den Widerspruch des Verw. oder eines KGl. ihre Feststellung nicht betrieben, so bleibt die Forderung mit dem bisherigen Inhalte bestehen. Eine

Umwandlung der Forderung tritt dagegen ein, soweit die Forderung festgestellt und nicht vom GSch. im Prüfungstermin ausdrücklich bestritten worden ist. Denn dann findet nach der Aufhebung des KVerf. infolge Schlußverteilung oder nach der Einstellung des KVerf. aus dem Eintrag in die Tabelle die Zwangsvollstreckung statt (§ 164 Abs. 2, § 206 Abs. 2). Ihr Gegenstand kann aber nur die festgestellte Geld-(Kapital-)Forderung sein; ein Zurückgehen auf den ursprünglichen Inhalt, z. B. den Rentenanspruch, ist gegenüber der Urteilswirkung des Tabelleneintrags ausgeschlossen. Das Gleiche gilt aber auch, wenn der GSch. die Forderung im Prüfungstermine bestritten hat. Dann hat der Gl. die Bestreitung zu beseitigen, insbes. durch Leistungs- oder Feststellungsklage oder Aufnahme des Rechtsstreits (s. § 144 Abs. 2). Gegenstand des Streites ist die Forderung, wie sie im KVerf. festgestellt wurde. Auf den früheren Inhalt der Forderung kann weder der Gl. noch der Sch. einseitig zurückgehen. Wann der Gl. die Bestreitung beseitigt, ob während des K. oder nach dessen Beendigung, ist nicht von Belang. Nur bei dieser Auffassung können große Schwierigkeiten vermieden werden. Wenn z. B. auf eine Forderung, die ursprünglich auf eine nicht vertretbare und unteilbare Leistung des GSch. gerichtet und dann nach § 69 in Geld geschätzt war, im K. Geldzahlungen erfolgen, ist es nach der Beendigung des K. für beide Teile ausgeschlossen, einseitig d. h. ohne Vereinbarung mit dem andern auf den ursprünglichen Gegenstand der Forderung zurückzukommen. Der Gl. hat kein Recht, den ursprünglichen Gegenstand unter Aufgabe der bezogenen Dividenden zu fordern und der Sch. ist nicht berechtigt, die Zurückzahlung der Dividenden unter Anbietung des ursprünglichen Gegenstandes zu verlangen. Wie soll der Gl. seine Restforderung geltend machen, wenn nicht die Schätzung nach § 69 maßgebend sein soll? Wie soll ferner z. B. eine Teilzahlung, die ein Rentenberechtigter auf die geschätzte Kapitalabfindung erhalten hat, nach der KBeendigung auf seine Rentenansprüche angerechnet werden (vgl. Hellmann 213 Anm. 2)? Ergebnis: Die Änderungen einer KForderung nach § 69 (das Gleiche gilt für §§ 65, 70) werden durch die Feststellung der Forderung in der KTabelle „dem Sch. wie dem Gl. gegenüber dauernd festgelegt" (Jaeger [2] Anm. 10 zu § 164) ohne Rücksicht darauf, ob der GSch. die Forderung bestritten hat oder nicht (gl. A. Fitting 304 f.; Jaeger [5] Anm. 3, 10 zu § 164; RGZ. 93, 209; s. auch Seuffert 394 Anm. 33, teilw. a. M. z. B. Wilm.-Kurlb. Anm. 5, 8 zu § 164, wohl auch Begr. I 292).

b) Der rechtskräftig bestätigte Zwangsvergleich wirkt für und gegen die nicht bevorrechtigten KForderungen, auch wenn sie im KVerf. nicht angemeldet wurden (§ 193). Der nicht bevorrechtigte KGl., der nicht angemeldet hat, oder gegen dessen Forderung ein nicht beseitigter Widerspruch nach § 144 Abs. 1 vorliegt, ist deshalb bei einem Zwangserlasse darauf beschränkt, daß er seine Forderung nach § 69 (§§ 65 Abs. 2, 70) veranschlagt und davon die im Zwangsvergleich festgesetzte Quote fordert. Im Streitfalle entscheidet das Prozeßgericht. Die ursprüngliche Leistung kann nicht mehr verlangt werden. Der bevorrechtigte Gl. (§ 61 Nr. 1 bis 5), dessen Forderung nicht festgestellt wurde, kann seinen Anspruch unverändert geltend machen. Für festgestellte KForderungen gelten die Grundsätze unter a, gleichviel, ob für sie der Zwangsvergleich Vollstreckungstitel ist (§ 194) oder, weil sie vom GSch. bestritten wurden, nicht Vollstreckungstitel ist (vgl. Jaeger Anm. 3 zu § 193, Fitting 304 f., 444 Anm. 1; abw. Seuffert 435).

Andere Kapitalisierung. § 70. (§ 63.)

Wiederkehrende Hebungen zu einem bestimmten Betrage und von einer bestimmten Zeitdauer werden unter Abrechnung der Zwischenzinsen (§ 65) durch Zusammenzählung der einzelnen Hebungen kapitalisiert. Der Gesamtbetrag darf den zum gesetzlichen Zinssatze kapitalisierten Betrag derselben nicht übersteigen.

Begr. I 289 f. — Unverändert durch die Nov.

a) Nur wiederkehrende Leistungen zu einem (wenn auch wechselnden) bestimmten Betrag und von einer bestimmten Zeitdauer fallen unter § 70; ist der Betrag oder die Zeitdauer oder beides unbestimmt, so erfolgt die Berechnung nach § 69. Rückständige Leistungen, die vor der KE. fällig wurden, sind selbstverständlich besonders anzusetzen. Bei der Rechnung nach § 70 werden die einzelnen Leistungen zusammengezählt, vorher wird aber der Wert jeder einzelnen Leistung zur Zeit der KE. durch Abzug der Zwischenzinsen (§ 65 Abs. 2) ermittelt. Die oberste Grenze des anrechenbaren Kapitalbetrags bildet der Betrag, der sich durch Kapitalisierung der einzelnen Leistung zum gesetzlichen Zinsfuß ergibt. Bezieht der Gl. z. B. auf 40 Jahre vierteljährlich 100 ℳ Rente, so kann er nur 10 000 ℳ Kapital anmelden. Wechselt der an sich bestimmte Betrag der einzelnen Leistung, z. B. je am 1. Januar und 1. Juli 150 ℳ, je am 1. April und 1. Oktober 100 ℳ oder in den ersten fünf Jahren je 500 ℳ, in den weiteren fünf Jahren je 1000 ℳ, so ist zur Berechnung nach S. 2 der Durchschnittsbetrag anzusetzen.

b) Über die Behandlung der Forderung im Verf. s. Anm. 1, 2, über die Geltendmachung der Forderung nach der Beendigung des K. s. Anm. 3 zu § 69.

Zweites Buch.

Konkursverfahren.

Erster Titel.

Allgemeine Bestimmungen.

Vorbemerkung.

Das KVerf. (formelles KRecht) beruht auf dem Grundsatze der unter gerichtlicher Aufsicht stehenden Selbstverwaltung. Der KVerw. nimmt der Verwaltung und Verwertung der Masse unter Aufsicht des Gerichts und Mitwirkung des Gläubigerausschusses. und der Gläubigerverf. vor. Das KG. hat nur die Leitung des Verf. nach der KO., nicht die Entscheidung der über KForderungen entstehenden Streitfälle. Die Streitsachen sind vielmehr vom Prozeß G. zu entscheiden. Für die Feststellung streitig gebliebener Forderungen im Prozeßverf. besteht jedoch nach § 146 vorbehaltlich besonderer Fälle eine ausschließliche Zuständigkeit (s. auch § 164 Abs. 3).

Ob der GSch. Kaufmann ist oder nicht, hat auf das Verf. keinen Einfluß. Ebensowenig der Umfang der Masse. Ein summarisches Verf. für Bagatellfälle ist nicht vorgesehen. Im allgemeinen sind die Vorschriften über das Verf. zwingendes R., d. h. der Änderung durch Rechtsgeschäfte entzogen. Doch kommt es auf die Umstände des Falles an. S. Jaeger Anm. 5 bis 7 zu § 71.

Das deutsche KProzeßrecht ist für deutsche K. auch maßgebend, wenn der GSch. Ausländer ist oder wenn es sich um Forderungen ausländischer Gl. handelt. Es gilt ferner für den RegelK. wie für den K. mit beschränkter Masse (§ 238).

Dienstanweisungen für die Gerichtsschreibereien s. z. B. Preuß. GeschO. für die Gerichtsschr. der Amtsger. v. 18. Februar 1914 (JMBl. 193) §§ 31—35, geändert insoweit d. Verf. v. 3. März 1915 (JMBl. 47); Bayr. GeschAnw. v. 2. März 1910 (JMBl. 475) §§ 156—159 und 174—204 mit Bek. v. 7. November 1912 (JMBl. 324) und v. 3. Dezember 1912 (JMBl. 331).

Zuständigkeit. **§ 71.** (§ 64.)[1])

[I] **Für das Konkursverfahren ist das Amtsgericht ausschließlich zuständig, bei welchem der Gemeinschuldner seine gewerbliche**

---

[1]) Vgl. dazu Jaeger, Örtliche Zuständigkeit des Konkursgerichts, LZ. 8, 662 ff.

Niederlassung oder in Ermangelung einer solchen seinen allgemeinen Gerichtsstand hat.

II Sind mehrere Gerichte zuständig, so schließt dasjenige, bei welchem zuerst die Eröffnung des Verfahrens beantragt worden ist, die übrigen aus.

Begr. I 293 f., KommB. I 59; KommB. II 17 f. — Geändert durch die Nov.

1. **Sachliche Zuständigkeit** hat das Amtsgericht, der Amtsrichter als Einzelrichter (§ 22 GVG.). Zu den Verhandlungen ist ein Gerichtsschreiber zuzuziehen (§ 72 KO., § 165 ZPO.). An die Stelle des Amtsgerichts tritt in einem deutschen Konsulargerichtsbezirk der Konsul (Richterkonsul), in einem deutschen Schutzgebiet der zur Ausübung der Gerichtsbarkeit ermächtigte Beamte; s. §§ 2, 5, 7 Ziff. 1, §§ 18, 19 Ziff. 1 KGG. v. 7. April 1900, §§ 1, 2, 3 SchutzgebG. v. 10. September 1900. Das dort eröffnete KVerf. ist deutsches, nicht ausländ. KVerf. Folgerungen hieraus für die Zuständigkeit unten Anm. 4; s. ferner Anm. 2 zu § 237, Anm. 3 zu § 238.

2. **Örtliche Zuständigkeit.** Zuständig ist in erster Linie das Amtsgericht der gewerblichen Niederlassung und erst in dessen Ermangelung das Amtsgericht des allgemeinen Gerichtsstandes des GSch. Seine gewerbliche Niederlassung hat der GSch. da, wo sich Einrichtungen zum Betriebe seiner Fabrik, seines Handelsgeschäftes oder seines Gewerbes befinden und von wo aus unmittelbar Geschäfte geschlossen werden; s. § 21 ZPO., Seuffert 37. Die Bevorzugung der gewerblichen Niederl. ist namentlich wichtig, wenn der Sch. in einer größeren Stadt seine gewerbliche Niederlassung, aber in einem zu einem anderen AG. gehörigen Vorort seinen Wohnsitz hat. Gemeint ist übrigens nur die Niederlassung, die den Mittelpunkt des wirtschaftlichen Daseins des Sch. bildet, also gegebenenfalls die Hauptniederlassung. Hat der Sch. daneben Zweigniederlassungen, so begründen sie keine mehrfache Zuständigkeit (Abs. 2). Hat der Sch. im Inland neben dem allgemeinen Gerichtsstand nur eine Zweigniederlassung, so wird das Gericht des allgemeinen Gerichtsstands vorgehen (s. Jaeger Anm. 10, 11). Der allgemeine Gerichtsstand ist geregelt durch §§ 13 bis 19 ZPO. und §§ 7 bis 11 BGB. (Wohnsitz). Für das KVerf. gegen einen Schuldner, der weder eine deutsche gewerbliche Niederlassung noch einen deutschen allgemeinen Gerichtsstand hat, aber im Inlande ein mit Wohn- und Wirtschaftsgebäuden versehenes Gut als Eigentümer, Nutznießer oder Pächter bewirtschaftet, ist das Amtsgericht ausschließlich zuständig, in dessen Bezirke das Gut sich befindet (§ 238 Abs. 2). Der Betrieb eines landwirtschaftlichen Gutes neben dem allgemeinen deutschen Gerichtsstand begründet keine besondere Zuständigkeit in KSachen. Die örtliche Zuständigkeit für den NachlaßK. bemißt sich ausschließlich nach dem allgemeinen Gerichtsstand des Erblassers zur Zeit seines Todes (§ 214).

3. **Sachliche und örtliche Zuständigkeit sind ausschließlich**, d. h. der Vereinbarung der Beteiligten entzogen (§§ 38 f. ZPO.) und von Amtswegen zu berücksichtigen. Zur Weitergabe an das zuständige G. ist das angegangene unzuständige G. berechtigt, wenn es der Antragsteller schriftlich oder zu Protokoll verlangt (a. M. LZ. 3, 669 f.). Die Rechtskraft des Eröffnungsbeschlusses heilt aber den Mangel der Zuständig-

keit (Seuffert 38). Unter Umständen bestimmt das im Instanzenzuge zunächst höhere Gericht das zuständige Gericht (s. § 36 Nr. 1, 2, 3, 5, 6; § 37 ZPO.). Über die Wirkungen s. LZ. 3, 671. Ob der GSch. Inländer ist oder Ausländer, kommt für die Zuständigkeit nicht in Betracht, wenn er nur der Gerichtsbarkeit des betr. Gerichts unterworfen ist (s. §§ 18 bis 21 GVG.).

4. **Mehrfache Zuständigkeit.** Sind mehrere deutsche Gerichte (Anm. 1) zuständig, z. B. wenn der Sch. mehrere gewerbliche Hauptniederlassungen oder Wohnsitze hat, so schließt das G., bei welchem zuerst die Eröffnung des Verf. beantragt worden ist, die übrigen aus. Das frühere Eintreffen des Antrages nicht die frühere Entscheidung des G., entscheidet über die Zuständigkeit. Diese Vorschrift gilt aber nur für die deutschen Gerichte untereinander. Die Eröffnung eines AuslandsK. hat auf die Zuständigkeit zur Eröffnung eines deutschen K. keinen Einfluß.

5. **Nachträgliche Änderung der für die Zuständigkeit maßgebenden Verhältnisse**, z. B. Änderung des Wohnsitzes des Sch. berührt die Zuständigkeit des KG. nicht (§ 72 KO. mit § 263 Abs. 2 Nr. 2 ZPO.). Entscheidend der im Abs. 2 bezeichnete Zeitpunkt. Es genügt aber anderseits, daß der Zuständigkeitsgrund zur Zeit der Entscheidung über den KAntrag — auch im Beschwerdeverfahren — vorliegt. Jaeger LZ. 3, 665 f.

Anwendung der Zivilprozeßordnung.

§ 72. (§ 65.)

Die Vorschriften der Zivilprozeßordnung finden, soweit nicht aus den Bestimmungen dieses Gesetzes sich Abweichungen ergeben, auf das Konkursverfahren entsprechende Anwendung.

Begr. I 297. — Unverändert durch die Nov.

1. **Allgemeines.** Das KVerf. ist ein Teil der streitigen Gerichtsbarkeit, nicht ein Teil der freiwilligen Gerichtsbarkeit. Die Vorschriften des GVG. finden unmittelbar Anwendung; die KO. ist „Prozeßordnung" im Sinne des § 24 GVG. Die ZPO. wird auf Grund des § 72 entsprechend angewendet, d. h. soweit sich nichts anderes aus dem Sinn und Zweck der Vorschriften der KO. ergibt.

2. **Gerichtsverfassungsgesetz.** Anwendbar sind die Vorschriften über Rechtshilfe §§ 157—169, Sitzungspolizei §§ 177—185, Gerichtssprache §§ 186—193, Beratung und Abstimmung §§ 194—199 (Beschwerdegericht), und Gerichtsferien § 204. Hiernach sind die Ferien auf das KVerf. als solches ohne Einfluß, für die darauf bezüglichen Zivilprozesse gelten die allgemeinen Vorschriften (§§ 201 f.). Da das KGericht kein erkennendes Gericht im Sinne des § 170 GVG. ist, erfolgen seine Verhandlungen nicht öffentlich; wegen der Zulassung einzelner Unbeteiligter s. § 176 Abs. 2 GVG. Vgl. Seuffert 27 Anm. 1.

3. **Zivilprozeßordnung.** Ihre entsprechende Anwendung unterbleibt, abgesehen von den besonderen Ausnahmen, wenn die Anwendung wegen der eigenartigen Natur des KVerf. — z. B. Offizialbetrieb § 75 — ausgeschlossen ist. S. Wilm.-Kurlb. Anm. 2. Auf die konkursrecht-

lich geordnete Verwaltung und Verwertung der Masse (§§ 117 f.) ist sie nicht anzuwenden. Die Zwangsvollstreckung muß der KVerw. nach den allgemeinen Vorschriften betreiben. Besondere Vorschriften über öffentliche Bekanntmachungen und Zustellungen s. §§ 73, 76, 77.

Entsprechend anwendbar sind mit dem obigen Vorbehalt insbesondere die Vorschriften der ZPO.

über die Ausschließung und Ablehnung von Gerichtspersonen (§§ 41—49),

über die Parteifähigkeit, die Prozeßfähigkeit und die Vertretung (§§ 50—57, 79—90),

über die Streitgenossenschaft (§§ 59—62),

u. U. (s. bes. § 97 Abs. 1) die Vorschriften über die Prozeßkosten,

über das Armenrecht (§§ 114—127),

über die mündliche Verhandlung (§§ 128—165, soweit diese Vorschriften auf fakultative — § 73 Abs. 1 — mündliche Verh. überhaupt anwendbar sind; vgl. Seuffert ZPO. Anm. 5 zu § 128),

über die Berechnung von Fristen (§ 222),

über die Wiedereinsetzung in den vorigen Stand (§§ 232 f., s. auch KO. § 165),

über freie Beweiswürdigung (§ 286),

über Glaubhaftmachung (§ 294),

über die Zugänglichkeit der Akten (§ 299),

über die Beweisaufnahme (näheres Anm. 2 zu § 75),

über das Rechtsmittel der Beschwerde (näheres Anm. 4 zu § 73),

über den Offenbarungseid und die Haft (§§ 900—913).

Nicht anwendbar sind z. B. die Vorschriften der ZPO. (§§ 239 f.) über Unterbrechung oder Aussetzung des Verf. im Falle des Todes des GSch. oder seines ges. Vertreters oder bei Verlust der Prozeßfähigkeit des GSch. oder bei Beendigung der Vertretungsmacht des ges. Vertr. (s. Hellmann 418). Die Beteiligten können nicht (wie § 251 ZPO.) vereinbaren, daß das Verf. ruhen solle.

Entscheidungen. Zustellung. Beschwerde.

§ 73. (§ 66.)

I Die Entscheidungen im Konkursverfahren können ohne vorgängige mündliche Verhandlung erfolgen.

II Die Zustellung geschieht von Amts wegen.

III Gegen die Entscheidungen im Konkursverfahren findet, soweit dieses Gesetz nicht ein Anderes bestimmt, die sofortige Beschwerde statt.

Begr. I 298 f., KommB. I 59 f. — Unverändert durch die Nov.

1. Fakultative mündliche Verhandlung; schriftliches Verfahren. Zwischen beiden hat das Gericht nach freiem, durch Anträge nicht beengtem Ermessen die Wahl. Das gilt auch, wenn die „Anhörung" der Beteiligten vorgeschrieben ist (s. bes. §§ 84 Abs. 2, 105 Abs. 2, 203 Abs. 2, 208 Abs. 2, 210 Abs. 2, 217 Abs. 2 und 3, 218 Abs. 2, 230 Abs. 2, 236), denn diese kann mündlich oder schriftlich (protokollarisch) erfolgen und der Vorschrift ist genügt, wenn der Beteiligte eine ihm vom G. gesetzte Frist zur Erklärung hat verstreichen lassen. Besondere Vorschrift in § 184 Abs. 2 (Antragstellung nur im Termin). Obligatorische mündliche Verhandlung als Grundlage richterlicher Entscheidung nirgends vorgeschrieben (es gibt deshalb nur Beschlüsse, nicht Urteile des KG.). Nicht verwechselt werden dürfen damit die Fälle, in denen unter der (formellen) Leitung des G. mündliche Erörterungen u. Beschlußfassungen der Beteiligten stattfinden (vgl. §§ 93, 94, 97, 110, 132, 141, 142, 162, 179, 182).

Im schriftlichen Verf. entscheidet das G. auf Grund der Akten, bei mündlicher Verhandlung zunächst auf Grund der mündlichen Vorträge, dann aber auch auf Grund der ergänzenden Akten, denn das G. hat für seine Entscheidung den Sachverhalt von Amts wegen aufzuklären (die zivilprozessuale Streitfrage — s. Gaupp-Stein I 380, 381 — ist für das KVerf. ohne Bedeutung). Von dem Termine der mündlichen Verhandlung werden die Beteiligten von Amts wegen benachrichtigt. Keine Ladungsfrist. Erscheint niemand oder nur ein Teil, so entscheidet das G. — nach etwaigen Ermittlungen von Amts wegen (§ 75) — auf Grund der Akten und der Erklärungen der Erschienenen; das Verf. „ruht" nicht; Versäumnisverfahren (ZPO. §§ 330 f.) ausgeschlossen. Anwaltszwang besteht nicht (für das Beschwerdeverf. s. Anm. 4 b, c), Vollmacht deshalb v. A. zu prüfen (ZPO. §§ 79, 88 Abs. 2). Entsprechend anwendbar weiter von der ZPO. besonders die Vorschriften über Leitung und Durchführung der Verhandlung §§ 136, 139—143, 156, 157 (Zulassung von Prozeßagenten u. dgl.), dann über die Protokolle §§ 159—164, 510 a. Über das Beweisverfahren s. Anm. 2 zu § 75. Für die Kostenentscheidung sind die §§ 91 f., 97 Abs. 1, 2 ZPO. entsprechend (s. § 72) anwendbar, wenn dem Beschw.-Führer ein Gegner gegenübersteht, so daß von einer siegenden und einer unterliegenden „Partei" (im weit. S.) die Rede sein kann; als Gegner kommen im allgemeinen nur die Gesamtheit der Gl. und der GSch. in Frage; einzelne Gläubiger werden im Verhältnis untereinander jedoch Partei, wenn ein Gl. die Forderung des andern bestritt (KG. LZ. 10, 1391); s. auch Anm. zu § 105 und Anm. 3 zu § 108.

2. Mitwirkung des Gerichtsschreibers. Der GSch. hat in entspr. Anwendung der ZPO. Gesuche, Anträge und Erklärungen zu Protokoll zu nehmen (vgl. § 496 Abs. 2 ZPO.). Er nimmt ferner Protokoll auf nicht nur über die mündlichen Verhandlungen vor dem KG. im eigentlichen Sinne (s. Anm. 1), sondern auch über die vom G. geleiteten Versammlungen — ZPO. § 165 — (s. bes. Gläubigerverf. § 94, Prüfungstermin, Schlußtermin, Vergleichstermin §§ 141, 162, 179). Über die Protokollf. s. ZPO. §§ 159—164, 510 a; GVG. §§ 184, 185, 187, 192.

Über die Rechtsbehelfe gegen die Entscheidung des Gerichtsschreibers s. §§ 576, 577 Abs. 4 ZPO.

3. Zustellung. Die auf Grund mündlicher Verhandlung ergehenden Beschlüsse des G. werden verkündet (§ 329 Abs. 1, §§ 309, 310 ZPO.). Abweichend von § 329 Abs. 3 ZPO. bestimmt aber § 73 Abs. 2, daß grundsätzlich alle Entscheidungen, auch die verkündeten, auch die unanfechtbaren (s. Anm. 4, Seuffert 124 Anm. 21) (nach §§ 208—213 ZPO.) den Beteiligten von Amts wegen zugestellt werden. Das KG. hat zu prüfen, wer Beteiligter ist. Die Zustellung an alle Beteiligten wird ersetzt durch die öffentliche Bekanntmachung, auch wenn neben ihr eine besondere Zustellung ausdrücklich vorgeschrieben ist (§ 76 Abs. 3, § 77). Über einen besonderen Fall (Niederlegung der Entsch. auf der Gerichtsschreiberei unter Eröffnung der Beschwerdefrist) s. § 158 Abs. 2. Ferner bedarf der Beschluß nach § 185 nur der Verkündung, nicht der Zustellung. S. weiter als Ausnahmen § 93 Abs. 2, § 182 Abs. 2 (Vertagung von Terminen).

4. Sofortige Beschwerde. § 577 ZPO. Sie ist das einzige Rechtsmittel gegen alle im KVerf. auf Grund der KO. erlassenen „Entscheidungen". Entsch. sind alle selbständigen Willensäußerungen des G.; auch über Fragen des richterl. Ermessens; s. Kleinfeller SeuffBl. 58, 337f., Seuffert 121 Anm. 16, Jaeger Anm. 7; a. M. Hellmann S. 416, Kohler Leitfaden (Anhang) S. 329f. Beschlüsse der GlVersammlung sind keine Entsch. (Rostock OLG. 35, 254). Die Entsch. nach §§ 95, 96, 163 Abs. 1, 189 Abs. 3, 190 Abs. 1 KO. und § 108 GenossGes. sind unanfechtbar.

Die einfache Beschwerde kann vorkommen, soweit sie in der entsprechend angewendeten ZPO. vorgesehen ist, z. B. gegen Straf- oder Zwangsbeschlüsse nach § 380 (Abs. 3), § 390 (Abs. 3), § 490 (Abs. 2); s. ferner § 183 GVG. (auch § 160 dort). Vgl. Frankfurt LZ. 2, 174.

Über die Einschränkung der Anfechtung der Kostenentsch. s. § 99 ZPO. § 568 Abs. 3 ZPO. (Beschwerdesumme von 50 ℳ bei weiterer Beschwerde in betreff der Prozeßkosten) gilt auch für die Kosten des KVerf. (Düsseldorf OLG. 31, 65), auch hinsichtlich der Vergütung der Mitglieder des GlAusschusses (Posen OLG. 31, 65).

a) Beschwerdeberechtigt ist jeder, der nach dem Inhalte seiner Beschwerde durch die Entsch. in seinen berechtigten Interessen betroffen wird. Wer z. B. nur, wenn auch in der Form eines Antrags, eine Aufsichtsverfügung des G. veranlassen will, hat gegen die Ablehnung regelmäßig kein BeschwRecht. OLG. 4, 172. Legitimiert können im einzelnen sein der Verw., ein KGl., ein anderer Beteiligter (Aussonderungsberechtigter, Absonderungsberechtigter, MasseGl.) oder der GSch., dieser auch dann, wenn die Maßnahme erst nach der KBeendigung ihre Wirkungen äußern wird (Sarwey Anm. 6), nicht aber die GlVers. und der GlAussch. als solcher. RG. JW. 24, 329; Cassel LZ. 2, 322, Marienwerder SeuffArch. 58, 254.

b) Verfahren auf sof. Beschwerde. § 577 mit §§ 537f. ZPO. Für die sof. Beschw. läuft eine unabänderliche (§ 224 Abs. 1 ZPO.) Notfrist von 2 Wochen, beginnend mit der Zustellung der Entsch. (Fristberechn. § 222 ZPO.). Ausn. § 158. Die Beschw. kann aber schon vor Beginn der Frist eingelegt werden (vgl. LZ. 2, 147 unten). Über die Beschw. entscheidet das Landgericht (§ 71 GVG.). Sie wird bei dem Amtsgerichte (KG.) oder dem Landgerichte schriftlich oder zu Protokoll des Gerichtsschreibers eingelegt und kann neue Tatsachen und Beweise bringen. Das KG. kann die der Beschw. unterliegende Entsch. nicht ändern, auch nicht vor der Einlegung der Beschw. (§ 577 Abs. 3; Ausn. § 44 KonsGG., § 3 SchutzgG.). Die Beschw. hat keine aufschiebende Wirkung, das KG. oder das BeschwG. kann aber den Vollzug der Entsch. aussetzen. Über die Beschw. wird im schriftlichen Verfahren oder nach mündlicher Verhandlung entschieden (Anm. 1). Für das BeschwG. gilt das Offizialprinzip wie für das KG., also über den § 574 ZPO. hinaus auch für die sachliche Entsch. Hält das BeschwG. die Beschw. für begründet, so trifft es die erforderliche Anordnung entweder selbst oder überträgt sie dem KG. Reformatio in peius anderseits nicht ausgeschlossen, weil die Verhandlungsmaxime der ZPO. nicht gilt (s. auch RGZ. 53, 4). Über die Kosten wird — auch ohne Antrag entsprechend § 308 Abs. 2 ZPO. — nach den allgemeinen Grundsätzen (s. §§ 91f., bes. § 97 Abs. 1) entschieden. Kosten, die die KMasse treffen, sind Masseanspr. (§ 58 Nr. 1, § 59 Nr. 1).

Anwaltszwang besteht weder für die Einlegung der Beschwerdeschrift bei dem LG. noch für die Einreichung sonstiger schriftlicher Erklärungen bei dem LG. noch für die etwaige mündliche Verhandlung vor dem LG. (s. Neukamp 2dβ zu § 569, 1b zu § 573 ZPO., in letzt. Hins. a. M. Gaupp-Stein I 2 zu § 573).

Über das Beweisverfahren s. Anm. 2 zu § 75.

c) Weitere sofortige Beschwerde zulässig an das Oberlandesgericht (§ 123 Nr. 4 GVG., auch in Bayern), soweit in der Entsch. des BeschwG. — d. h. in dem verfügenden Teile — ein neuer selbständiger BeschwGrund enthalten ist (§ 568 ZPO.; Ausn. § 189 Abs. 3). Die zweiwöchige Notfrist läuft von der Zustellung (§ 73 Abs. 2) der Entsch. des BeschwG. Die weitere Beschw. wird eingelegt bei dem LG. oder dem OLG. schriftlich oder zu Protokoll des Gerichtsschreibers, sie hat aufschiebende Wirkung (§ 74), das BeschwG. oder das OLG. (s. § 572 Abs. 3 ZPO.) kann aber die sofortige Wirksamkeit der Entsch. anordnen. Für die Frage, ob Anwaltszwang besteht, und für das Verf. vor dem OLG. s. entspr. die Bem. unter b. Die Entsch. des OLG. wird im Falle mündlicher Verhandlung mit der Verkündung, sonst mit der Zustellung wirksam und zugleich rechtskräftig. Gegen die Entsch. des OLG. kein Rechtsmittel (§ 567 Abs. 2 ZPO.).

5. Anrufen der Dienstaufsicht wegen angebl. Untätigkeit des KG., Verzögerung der Rechtspflege u. a. möglich (vorbehaltlich des § 1 GVG.) nach den landesrechtlichen Vorschriften (Angelegenheit der Justizverwaltung). S. preuß. AG. GVG. v. 24. April 1878 § 85, bayr. AG. GVG. v. 23. Februar 1879 Art. 73, 74, württemb. AG. GVG. v. 24. Januar 1879 Art. 23, bad. EG. RJG. v. 3. März 1879 §§ 17, 18.

Wirksamkeit der Entscheidung des Beschwerdegerichts.

§ 74.

Die Entscheidung des Beschwerdegerichts wird erst mit der Rechtskraft wirksam. Das Beschwerdegericht kann jedoch die sofortige Wirksamkeit der Entscheidung anordnen.

KommB. II 18. — Eingef. durch die Nov.

Während die Entsch. des KG. sofort wirksam ist, wird die Entsch. des BeschwG. erst wirksam, sobald sie entspr. § 705 ZPO. rechtskräftig ist.

Im Gegensatze zu § 572 ZPO. hat sonach die weitere Beschwerde grundsätzlich aufschiebende Wirkung, das LG. oder das OLG. kann aber anders bestimmen (s. Anm. 4c zu § 73, dazu RG. LZ. 2, 303). Durch die Vorschrift soll insbes. vermieden werden, daß die Entsch. über die KE. wiederholt geändert wird (Vorbild § 26 FGG.). Hat z. B. das AG. den K. eröffnet, das LG. die KE. aufgehoben und den KAntrag abgewiesen, das OLG. aber den Beschluß des AG. wieder hergestellt, so ist die KE. vorbehaltlich anderer Anordnung ununterbrochen wirksam geblieben und die nochmalige Anwendung der §§ 110, 111 kommt nicht in Betracht. Hat dagegen das AG. die KE. abgelehnt, das LG. dem Antrag stattgegeben, das OLG. sich dem AG. angeschlossen, so ist die KE. vorbehaltlich anderer Anordnung (die allerdings durch § 108 Abs. 1 nahegelegt wird) nicht wirksam geworden. Rückwirkende Kraft hat der Eintritt der Rechtskraft nicht.

Die von der Rechtskraft der KE. abhängigen Folgen für ehel. Güterrecht und elterl. Gewalt (s. §§ 1419, 1543, 1647, 1686 BGB.) treten noch nicht mit der Wirksamkeit der KE. ein.

Offizialbetrieb.

§ 75. (§ 67.)

Das Konkursgericht kann zur Aufklärung aller das Verfahren betreffenden Verhältnisse die erforderlichen Ermittelungen, insbesondere die Vernehmung von Zeugen und Sachverständigen anordnen.

Begr. I 299 f., KommB. I 60. — Unverändert durch die Nov.

1. Offizialprinzip. Die Bedeutung des § 75 geht über den Wortlaut hinaus. Das G. ist verpflichtet, innerhalb des Bereichs der ihm zugewiesenen Aufgaben den Sachverhalt nötigenfalls durch Ermittlungen von Amts wegen zu klären, es kann aber nach seinem Ermessen auch darüber hinaus Ermittlungen anstellen, die das Verfahren fördern sollen. Als Anstoß zur gerichtl. Tätigkeit ist oft ein Antrag notwendig (z. B. §§ 84, 99, 103, 121 Abs. 2, 123 Abs. 2, 127 Abs. 2, 135 Abs. 2, 160, 188, 197 Abs. 2, 198 Abs. 1, 202 Abs. 2). Das KG. kann aber auch auf anderweitige Anregung, namentlich des KVerw. und zur Kontrolle der Angaben des GSch. (§ 100), Erhebungen veranstalten z. B. über die Voraussetzungen der Anerkennung einer KForderung bzw. die Aussichten eines für die KMasse zu führenden Prozesses (Frankfurt LZ. 2, 555) oder die Begründung eines Aussonderungs- oder Absonderungsanspruchs oder die Aussichten einer Anf. Die Zulässigkeit der Erhebungen beschränkt sich nicht auf Umstände, die mit dem KVerfahren in unmittelbarer Beziehung stehen (Seyfart DJZ. 18, 638). Von diesem wertvollen Mittel, einwandfreie Auskunft zu beschaffen, Prozesse zu vermeiden und Kosten zu sparen, wird in der Praxis zu wenig Gebrauch gemacht (vgl. Jaeger Anm. 2 und die Begr. I, 299; s. im allgemeinen Kleinfeller, Offizialprinz. und Dispositionsprinz. im KVerf. LZ. 5, 249).

2. Die zulässigen Ermittlungen. Von der ZPO. sind (für das KG. und die Beschwerdeinstanzen und in jedem Abschnitt des Verf.) entspr. anwendbar mit mehr oder minder weitgehenden Einschränkungen, je nach den Umständen des Falles und, je nachdem schriftliches Verf. oder mündliche Verhandlung stattfindet, die allgem. Vorschr. über Beweisaufnahme (§§ 355 f.), dann die bes. Vorschr. über Augenschein (§§ 371 f.),

Zeugenbeweis (§§ 373 f.) — namentlich über die Pflicht zum Erscheinen, zur Zeugnisabgabe und Beeidigung und die Folgen des Ungehorsams —, über Sachverständigenbeweis (§§ 402 f.), über das Verf. bei der Eidesabnahme (§§ 478 f.) u. a. Nicht anwendbar sind die Beweisregeln der ZPO., auch nicht die Vorschr. über Parteieid und richterlichen Eid. Versicherung an Eides Statt ist Mittel der Glaubhaftmachung (§ 294). Das G. kann sich nach freiem Ermessen mit der schriftl. Äußerung von Auskunftspersonen begnügen, ordnet es aber mündl. Vernehmung eines Zeugen an, so ist dieser zu beeidigen (§ 391 Abs. 1; Abs. 2 — Verzicht auf Beeidigung — nicht anwendbar. Bestr. ist, ob Angehörige ein Zeugnisverweigerungsrecht nach §§ 383 mit 385 Nr. 3 und 4 haben; dagegen Henke DJZ. 17, 1408; dafür Stepp BayZfR. 9, 146 und Stern LZ. 7, 376). Auskunft des GSch. kann nach §§ 100, 101, s. auch § 125 KO. erzwungen werden. Wegen der Teilnahme des GSch. an der gerichtlichen Beweisaufnahme s. Nürnberg OLG. 19, 222. Das G. kann Behörden um Mitteilung von Urkunden und Akten ersuchen. Rechtshilfe nach allgem. Vorschr., s. bes. §§ 157 f. GVG. Die Form des Beweisbeschlusses (§§ 358 f.) ist entbehrlich; sofortige Beweiserhebung entspr. § 509; Vorbereitung einer mündl. Verhandlung entspr. § 501 Abs. 1 ZPO.

Die Zeugen und Sachverständigen erhalten Gebühren nach der RGebO.

3. Strafanzeige gegen den GSch. Im KommBer. II 18 ist als „selbstverständlich" bezeichnet, daß das KG. amtlich verpflichtet sei, dem Staatsanwalt Mitteilung zu machen, wenn der GSch. eines KVerbr. oder KVerg. verdächtig wird. Diese Amtspflicht kann aber nur angenommen werden, soweit die Durchführung des strafrechtl. Verf. für das KVerf. von Bedeutung ist (z. B. § 175 Nr. 2, 3). Landesrechtl. (z. B. beide Reuß AG. § 4 und § 3) ist allerdings mitunter die Anzeige geboten („soll"). Vgl. auch Anm. 4 zu § 112.

Öffentliche Bekanntmachung. § 76. (§ 68.)

I Die öffentlichen Bekanntmachungen erfolgen durch mindestens einmalige Einrückung in das zur Veröffentlichung amtlicher Bekanntmachungen des Gerichts bestimmte Blatt; die Einrückung kann auszugsweise geschehen. Die Bekanntmachung gilt als bewirkt mit dem Ablaufe des zweiten Tages nach der Ausgabe des die Einrückung oder die erste Einrückung enthaltenden Blattes.

II Das Gericht kann weitere Bekanntmachungen anordnen.

III Die öffentliche Bekanntmachung gilt als Zustellung an alle Beteiligten, auch wenn dieses Gesetz neben ihr eine besondere Zustellung vorschreibt.

Begr. I 300 f., KommB. I 60 f. — Unverändert durch die Nov.

1. Die öffentliche Bekanntmachung ist vorgeschrieben in §§ 81, 93, 98, 111, 116, 151, 163, 179, 198, 203, 205 und ausdrücklich für zulässig erklärt in § 106 Abs. 1. Die Einrückung eines Auszugs in den Deutschen Reichsanzeiger ist angeordnet in §§ 111 Abs. 2, 116, 163, 190, 205 (Ausn. nach § 29 KonsGG., § 3 SchutzgebG.). Die öffentlichen

Bekanntmachungen erfolgen von Amts wegen durch das KG., nach § 151 durch den Verw. Weitere Bekanntmachungen z. B. in verbreiteten Zeitungen oder durch Anschlag an der Börse oder durch Anheften an der Gemeindetafel liegen im Ermessen des G. Mitteilungen des Gerichtsschreibers s. § 112.

2. Amtsblatt. Das Gesetz sagt nicht, wer das zur Veröffentlichung der KBek. bestimmte Blatt bezeichnet. Maßgebend ist das Landesrecht. S. für Preußen § 34 GeschO. f. d. GSchr. der AG. v. 11. Oktober 1906 (JMBl. 304) in der Fassung v. 18. Februar 1914 (JMBl. 193), für Bayern § 2 der Bek. v. 13. Dezember 1912, JMBl. 341 („der mit der Bayerischen Staatszeitung verbundene Bayerische Staatsanzeiger"), für Sachsen §§ 436 f., § 1448 GeschO. f. d. JB., für Württemberg Art. 2 AG. KO. v. 18. August 1879, Bek. v. 3. Juli 1900, JMBl. S. 126, für Baden VO. v. 26. Juni 1879, GVBl. S. 318.

3. Bekanntmachung und Zustellung. Die öff. Bek. gilt als Zustellung (§ 73 Abs. 2) an alle Beteiligte. Sie ersetzt die Zustellung an die einzelnen Beteiligten nicht nur in den Fällen, in denen sie vorgeschrieben oder ausdrücklich zugelassen ist (Anm. 1), sondern auch sonst, wenn das KG., was sein Ermessen ist, an Stelle der Einzelzustellung die öff. Bek. wählt (Folgerung aus § 76 Abs. 3; herrschende M.). Öff. Bek. zu empfehlen u. a., wenn viele Personen beteiligt sind (oder wenn zweifelhaft, wer beteiligt ist), und zur Zustellung von Entsch. nach §§ 80, 87, 99 (vgl. Jaeger Anm. 1, Fitting 311 Anm. 16).

4. Fristenlauf. Maßgebend für den Fristenlauf (Abs. 1 S. 2) ist die allgemeine Ausgabe des Blattes, nicht der ihm aufgedruckte Erscheinungstag. Der Tag der Ausgabe wird nicht mitgerechnet (§ 222 Abs. 1 ZPO., § 187 Abs. 1 BGB.). Bestr., ob die Frist nach § 222 Abs. 2 ZPO. verlängert wird, wenn der 2. Tag ein Sonn- oder allgem. Feiertag ist. Die Frage ist zu verneinen, weil die zweitägige Frist nur die Verbreitung des Blattes ermöglichen soll, die durch einen Festtag kaum gehindert wird. Die zweiwöch. Beschwerdefrist läuft von dem Zeitpunkte, von dem die Bek. als bewirkt gilt, ohne Rücksicht auf die frühere oder spätere Einzelzustellung nach § 73 Abs. 2 oder nach § 77 Abs. 1. Die Bek. wirkt demnach gleichzeitig und einheitlich gegen und für alle Beteiligte (vgl. Dresden LZ. 5, 160, Jaeger Anm. 5; a. M. Wilm.-Kurlb. Anm. 4; Cöln BuschsZ. 46, 436 läßt den Fristenlauf mit der früheren Sonderzustellung dann beginnen, wenn letztere erfolgt, ohne daß sie gesetzlich vorgeschrieben ist).

5. Besondere Zustellung neben der öff. Bek. vorgeschrieben in §§ 111 Abs. 3, 179; ferner in § 107 Abs. 1 GenG. (dazu RG. LZ. 2, 788); Unterlassung hat auf das Verf. keinen Einfluß (Ausnahme nach § 107 GenG., zit. RGE.). Das Ger. kann auch in anderen Fällen nach Ermessen neben der Bek. bes. Zust. verfügen. Erleichterte Form der Zust. § 77. Im übrigen Anm. 3 und 4.

Besondere Zustellung; Mitteilungen des KVerw.

§ 77. (§ 69.)

[I] **Wenn neben der öffentlichen Bekanntmachung eine besondere Zustellung vorgeschrieben ist, so kann dieselbe durch Aufgabe**

zur Post bewirkt werden. Einer Beglaubigung der Abschrift des zuzustellenden Schriftstücks bedarf es nicht.

II Die dem Verwalter obliegenden Mitteilungen können unmittelbar und ohne besondere Form geschehen.

Begr. I 300 f., KommB. I 61 f. — Unverändert durch die Nov.

1. **Besondere Zustellungen.** Zust. durch Aufgabe zur Post (§§ 175, 213 [nicht § 192] ZPO.) nur zugelassen für Zust. neben der öff. Bek., nicht für die Normalzustellung ohne öff. Bek. nach § 73 Abs. 2. Von den Vorauss. des § 174 ZPO. ist die Zust. durch Aufg. z. P. nicht abhängig. Die „Abschrift" kann auch ein Abdruck sein RG. LZ. 2, 788.

2. **Die Mitteilungen des Verw.** (§§ 135, 159) können formlos erfolgen. Hält der Verw. einen Beleg der Mitteilung für erforderlich, so wird er sie schriftlich gegen Postnachweis machen. Für die öff. Bek. des KVerw. nach § 151 ist § 76 Abs. 1 maßgebend.

Ernennung des Konkursverwalters.

§ 78. (§ 70).

I Der Konkursverwalter wird von dem Gerichte ernannt.

II Das Gericht kann demselben die Leistung einer Sicherheit auferlegen.

Begr. I 301 f. — Unverändert durch die Nov.

1. **Ernennung.**

a) Das KG. ernennt bei der KE. (§ 110 Abs. 1) den Verw. nach freiem Ermessen. Eine Beeidigung oder sonstige Verpflichtung des Verw. erfolgt nicht. Die Ernennung wird nachträglich der GläubVers. in der Weise unterbreitet, daß diese eine andere Person wahlweise vorschlagen kann. Das G. ist aber an die anderweitige Wahl nicht gebunden (§ 80). Bei der Ernennung kann das G. den voraussichtlichen Umfang der Masse und die Schwierigkeit der Verwaltung berücksichtigen. Der Verw. braucht nach dem Gesetze nicht rechtskundig zu sein, er kann die Verw. fremden Verm. auch berufsmäßig betreiben. Im übrigen besteht — auch bei den Gerichten des gleichen Bundesstaates — wegen der Auswahl der Verw. keine einheitliche Übung.[1])

b) Zum KVerw. kann nur ernannt werden eine geschäftsfähige, natürliche Person. Ausgeschlossen sind juristische Personen (Köln LZ. 2, 245) — selbstverständlich kann aber z. B. der Geschäftsführer einer Treuhandgesellschaft m. b. H. für seine Person ernannt werden —, geschäftsunfähige oder in der Geschäftsfähigkeit beschränkte Personen (BGB. §§ 104, 106, 114), Personen, denen die bürgerl. Ehrenrechte abgesprochen sind, auf die Dauer des Ehrverlustes (StGB. § 34 Nr. 6 = Kurator). Ausgeschlossen ist auch der GSch. oder sein gesetzl. Vertr. (s. Jaeger Anm. 7, Kiel SeuffArch. 66, 377), nicht aber grundsätzlich ein Verwandter von ihm, auch nicht ein KGl.

---

[1]) S. die interessanten Erhebungen von Jaeger, LZ. 3, 1 f. Für Preußen s. auch allg. Verf. v. 12. Nov. 97 (JMBl. 288), vom 27. März 1901 (JMBl. 88), vom 8. Juli 1902 (Müller II, 1151), v. 17. Nov. 1917 (JMBl. 367).

Die nahe Verwandtsch. der KVerw. mit der NachlVerw. (§ 1975 BGB.; vgl. RGRKomm. Anm. 2) rechtfertigt eine entspr. Anwendung des BGB. § 1780 (Gründe, die die Ernennung nichtig machen) und des § 1781 (sog. Untauglichkeitsgründe). Vgl. Jaeger Anm. 1, 7; Fitting 319 Anm. 4.

c) Ob ein Beamter zur Übernahme des Amtes der Genehmigung seiner Dienstbehörde bedarf oder ob er wenigstens eine Anzeigepflicht hat, bestimmt sich nach Landesrecht. Vgl. für Preußen RVerf. v. 26. Juli 1893 bei Müller I, 417 (Justizsubalternbeamte, Gerichtsvollz.), für Bayern Art. 18 BG. v. 16. Aug. 1908, Bek. v. 4. April 1912 (JMBl. 77), wg. der Gerichtsvollz. § 47 Dienstvorschr. (JMBl. 1900, 1133; JMBl. 1912, 88); für Sachsen §§ 134, 139 GeschO. f. d. JB.; für Württemberg wg. der Gerichtsschr. Erl. v. 3. Dezember 1884 (JMBl. 98) und 27. Februar 1888 (JMBl. 9). Ein Zwang zur Übernahme von KVerwaltungen besteht reichsrechtlich nicht und kann auch landesrechtl. nur als Dienstpflicht von Beamten begründet werden (s. Art. 1 württemb. AG. KO. v. 18. August 1879).

d) Aus der Freiwilligkeit der Übernahme folgt, daß der Ernannte erst KVerw. wird, wenn er die Ernennung, auch stillschweigend, angenommen hat. Nach der Annahme kann er das Amt nicht nach Belieben niederlegen, sondern bedarf dazu der gerichtl. Entlassung. Anm. 4 zu § 84.

2. Rechtl. Stellung des Verw.

a) S. zu § 6. Der Verw. bekleidet zwar ein „Amt“ (z. B. § 86) aber nur in dem Sinne, in dem das Ges. von dem „Amte“ des Vormunds, des Mitglieds eines Familienrats (z. B. §§ 1878, 1885 BGB.) u. a. spricht. Er hat also kein öffentliches Amt und ist weder bürgerlichrechtl. noch strafrechtl. „Beamter“ („Behörde“). Anderseits ist er nicht Bevollmächtigter des GSch. Vgl. RGSt. 26, 107; RGZ. 43, 62; KG. LZ. 1, 298, Bamberg LZ. 1, 365.

b) Über die Entlohnung des Verw. s. §§ 85, 58 Nr. 2. Einen Anspr. auf Honorar gegen den Staat kann der Verw. aus seiner Ernennung nicht ableiten. RGZ. 43, 62.

c) Zu dem GSch. und den KGl. steht der Verw. nicht in einem Vertragsverh. Seine rechtl. Stellung ist zunächst in der KO. umschrieben. Hiernach hat weder der GSch. noch ein KGl. einen im Zivilprozeß verfolgb. Anspr. gegen den Verw. auf Vornahme von VerwHandlungen. Nicht einmal das KG. kann die Zweckmäßigkeit seiner Hdlgn. prüfen und in sein Ermessen eingreifen. S. zu §§ 82, 83. Vgl. RG. Gruch. 31, 1129; Rostock SeuffArch. 55, 125; Jaeger Anm. 2 wendet die Grundsätze des Geschäftsbesorgungsvertr. ergänzend an.

3. Beendigung des Amtes. Das Amt des KVerw. endigt a) mit der Beendigung des K. vorbehaltl. der Durchführung einer Nachtragsverteilung (§ 166; s. auch Anm. 4 zu § 36), b) mit dem Tode des Verw., c) mit der Entmündigung des Verw. (entspr. § 1885 Abs. 1 BGB.; s. oben Anm. 1 b), d) mit der Entlassung des Verw. (s. zu § 84), e) mit der Ernennung einer anderen Person nach § 80. Durch den Wechsel in der KVerw. wird ein für oder gegen den bish. Verw. anhängiges ProzeßVerf. nicht unterbrochen. §§ 239, 241, 246 ZPO.

nicht anwendbar. Vgl. dazu (für den Fall der KAufh.) RG. Gruch. 48, 121; JW. 32, 4. A. M. Jaeger Anm. 12 zu § 10; Gaupp-Stein I 2 zu § 241. Über Schlußrechnung des abtretenden Verw. s. § 86.

4. Sicherheitsleistung. Das G. kann dem Verw. nach freiem Ermessen, nicht bloß aus besonderen Gründen (vgl. § 1844 BGB.), eine Sicherheitsleistung für die Erfüllung seiner Pflichten (s. § 82) auferlegen. Die Sicherheit haftet den Beteiligten, denen der Verw. verantwortlich ist (nicht dem Fiskus für Strafen nach § 84, Seuffert 160 Anm. 5); sie ist vom KG. freizugeben, wenn die Schlußrechnung des Verw. allgemein anerkannt ist oder wenn die Einwendungen beseitigt sind (s. § 86). Die Art und den Umfang der Sicherheitsleistung bestimmt das KG., ohne an §§ 232 f. BGB. gebunden zu sein. § 108 ZPO. nicht entspr. anwendbar, auch nicht § 54 FGG. Das KG. kann, solange das Amt des Verw. dauert, jederzeit die Erhöhung, Minderung oder Aufhebung der Sicherheit anordnen (vgl. § 1844 BGB.). Die Kosten der Sicherheitsleistung sowie der Änderung oder der Aufhebung fallen nach § 58 Nr. 2 der Masse zur Last. Fordert das Gericht eine neue Sicherheitsleistung oder die Erhöhung der bisherigen Sicherh., nachdem der Verw. sein Amt angetreten hat, so kann der Verw. zweifellos seine Entlassung fordern (a. M. Jaeger Anm. 12). Das gleiche Recht hat sogar der Vormund (§§ 1889 mit 1786 Abs. 1 Nr. 6 BGB.). Auf diese Weise kann das KG. einen unzuverlässigen Verw. nötigen, entweder Sicherheit zu leisten oder seine Entl. zu nehmen.

5. Beschwerderecht.

a) Die Ernennung des KVerw. kann berechtigte Interessen des GSch. oder irgend eines KGl. verletzen (vgl. Anm. 4a zu § 73); jeder von ihnen ist deshalb beschwerdeberechtigt (§ 73 Abs. 3). Das gleiche gilt, wenn das KG. die Ernennung des nach § 80 gewählten Verw. versagt. Der erfolglos Gewählte hat kein Beschwerderecht (Jaeger Anm. 9).

b) Gegen die Entsch. des KG. über die Sicherheitsleistung können sich die an der Sicherheit Interessierten und der mit der Entsch. nicht einverstandene Verw. beschweren.

Mehrere Konkursverwalter.

§ 79. (§ 71).

Wenn die Verwaltung verschiedene Geschäftszweige umfaßt, so können mehrere Konkursverwalter ernannt werden. Jeder von ihnen ist in seiner Geschäftsführung selbständig.

Begr. I 305 f. — Unverändert durch die Nov.

a) Mehrere KVerw. dürfen nur ernannt werden, wenn jedem ein besonderer, abgeschlossener Geschäftszweig, z. B. dem einen der landwirtsch., dem andern der gewerbl. Betrieb übertragen werden kann. Die KVerw. bilden kein Kollegium und haften auch nicht gemeinschaftlich. Jeder ist in seinem Geschäftszweig allein KVerw. und allein nach § 82 verantwortlich (S. 2). Streitigkeiten unter ihnen über die Abgrenzung der Zuständigkeit entscheidet das KG.

b) Innerhalb seines Geschäftszweigs kann sich jeder Verw., wie auch der als einziger bestellte KVerw., bei der Erfüllung seiner Pflichten der Unterstützung anderer Personen bedienen. Er hat aber, wenn diese dabei ein Verschulden trifft, wie für eigenes Verschulden einzustehen, § 278 BGB. Außerhalb des durch seine Ernennung zum KVerw. begründeten Schuldverh. haftet er für sie nach § 831 BGB. Eine Übertragung des Amtes auf einen andern ist unzulässig (vgl. Jaeger Anm. 10 zu § 78), insbes. geht das Amt nicht auf den Stellvertreter des zum KVerw. ernannten RA. (§ 25 RAO.) über. Der KVerw. kann aber Prozeßvollm. erteilen und auch sonst für einzelne Verrichtungen einen andern bevollmächtigen. Die Grenze des Zulässigen ist nach den Umständen des Falles zu ziehen und vom KG. (§ 83) zu überwachen. In den GlVers. wird der KVerw. persönlich zu erscheinen haben. Ist er daran verhindert, so muß das KG. einen Stellvertreter bestimmen, der dann KVerw. ist, soweit seine Berufung reicht. Das gleiche gilt für die Prüfung einer KForderung des Verw. und für sonstige tatsächl. oder rechtliche Verhinderung des ordentl. KVerw. Abwesenheit usw. S. Fitting 326 Anm. 35; Jaeger Anm. 6 zu § 78 u. a. Vgl. Anm. 4a zu § 84.

Vorschlag eines anderen Verwalters.

§ 80. (§ 73.)

In der auf die Ernennung eines Verwalters folgenden Gläubigerversammlung können die Konkursgläubiger statt des Ernannten eine andere Person wählen. Das Gericht kann die Ernennung des Gewählten versagen.

Begr. I 301 f. — Unverändert durch die Nov.

1. **Die Wahl eines anderen Verwalters** kann nur in der ersten GlVers. mit absoluter Mehrheit der Stimmen (§ 94 Abs. 2, 3, § 110 Abs. 1) erfolgen. Erledigt sich später während des K. das Amt des Verw. (durch Tod, Entmündigung, Entlassung), so beruft das G. entspr. § 110 Abs. 1 eine GlVers. zur Beschlußfassung über den Vorschlag eines andern als des ernannten Verw. ein oder setzt die Beschlußfassung darüber nachträglich formgerecht auf die Tagesordnung einer schon einberufenen GlVers. (s. zu § 98). Nur die jeweils erste ordnungsmäßig berufene GlVers. kann einen andern Verw. wählen. Spätere GlVers. sind auf den Entlassungsantr. (§ 84 Abs. 1) beschränkt.

2. **Folgen der Wahl.** Wird ein anderer Verw. gewählt und der Gewählte vom G. ernannt, so scheidet der vorläufig ernannte Verw. ohne weiteres (s. Anm. 3 zu § 78) aus seinem Amte. Ein Beschwerderecht hat er nicht. Kommt keine Wahl zustande oder versagt das G. rechtskräftig die Ernennung des Gewählten, so ist der vorläufig Ernannte endgültig als KVerw. bestellt. Da das G. die Ernennung des Gewählten nach freiem Ermessen versagen kann, enthält das Wahlrecht nur ein Vorschlagsrecht.

3. **Beschwerderecht** s. Anm. 5a zu § 78. Daß der beschwerdeführende KGl. in der Vers. anwesend war, ist nicht erforderlich.

Bekanntmachung und Bestallung.

§ 81. (§ 73.)

I **Der Name des Verwalters ist öffentlich bekannt zu machen.**

II **Dem Verwalter ist eine urkundliche Bescheinigung seiner Ernennung zu erteilen. Er hat dieselbe bei der Beendigung seines Amts dem Gerichte zurückzureichen.**

Begr. I 305. — Unverändert durch die Nov.

Die öffentliche Bekanntmachung und die Erteilung der Bestallung sind keine Erfordernisse der Ernennung; sie sollen nur dem Verw. die Ausübung seines Amtes erleichtern. Die Maßnahmen sind auch zu treffen, wenn die Person des Verw. wechselt und wenn nicht bloß für eine bestimmte Gelegenheit sondern auf länger ein außerordentl. Verw. (b zu § 79) ernannt wird.

Die Bestallung — öffentl. Urkunde — legitimiert den Verw. namentlich bei den Prozeßgerichten als solchen, sie steht aber im Rechtsverkehre nicht der Vollmacht gleich. Der gutgl. Dritte wird gegen den Mißbrauch der Bestallung durch den früheren Verw. nicht nach §§ 170 f. BGB. geschützt. Die Wirkung der von dem früheren Verw. ohne Vertretungsmacht vorgenommenen RGesch. bemißt sich nach §§ 177 f. BGB. Vgl. die Komment. zu dem entspr. § 1791 BGB.

Die Rückgabe der Bestallung ist durch Ordnungsstrafen (§ 84) erzwingbar. (Bestr. wie in dem entspr. Falle nach § 1893 Abs. 2 BGB.; s. Jaeger Anm. 3).

Verantwortlichkeit des Verwalters.

§ 82. (§ 74.)

Der Verwalter ist für die Erfüllung der ihm obliegenden Pflichten allen Beteiligten verantwortlich.

Begr. I 306; Begr. II 37. — Geändert durch die Nov.

1. **Allgemeines.** Nach der alten Fassung hatte der Verw. „die Sorgfalt eines ordentlichen Hausvaters anzuwenden". Die Nov. von 1898 hat die Vorschr. dem § 154 S. 1 ZVG. angepaßt. Während aber im ZVG. der Kreis der Beteiligten bestimmt ist (§ 9; RGZ. 74, 259), enthält die KO. darüber nichts. Die Bedeutung des § 82 besteht darin, daß er eine persönliche Haftung des Verw. für ordentliche Pflichterfüllung durch Handlung oder Unterlassung begründet (RGZ. 87, 63). Die Haftung besteht gegenüber den Personen, deren Interessen der Verw. nach ausdrückl. oder stillschweigender gesetzl. Bestimmung wahrnehmen muß oder wenigstens nicht verletzen darf. Ihnen gegenüber steht der Verw. persönlich in einem Schuldverhältnis. Er haftet für Vorsatz und Fahrlässigkeit (§ 276 BGB.) und hat das Verschulden der Personen, deren er sich zur Erfüllung seiner Verbindlichkeit bedient, wie eigenes Verschulden zu vertreten (§ 278 BGB.). S. weiter zu § 79. Die Unzweckmäßigkeit der Hdlg., ihr Mißglücken allein begründet kein Verschulden des Verw. (Jaeger Anm. 1). Über seine Deckung durch Beschlüsse der anderen KOrgane, GlAussch. und GlVers., s. Jaeger Anm. 6, Köln LZ. 3, 407. Irrtum über zweifelhafte Rechtsfragen s. LZ. 4, 714. Ist der Verw. zum Schadensersatze verpflichtet, so kommen die §§ 249 f. BGB.

und bes. der § 254 (mitwirkendes Verschulden des Beschädigten; vgl. RGZ. 74, 263) in Betracht. Welche Verbindlichkeiten der Verw. gegenüber den einzelnen Beteiligten hat, ist eine Frage für sich und nicht von § 82 entschieden. Außer nach § 82 kann sich eine persönliche Haftung des Verw. auch wegen unerlaubter Hdlg. ergeben. S. §§ 823 f. BGB. Diese Haftung besteht nicht bloß gegenüber den „Beteiligten", sondern auch gegenüber sonstigen Personen. S. Jaeger Anm. 7. über die Haftung der Masse (und damit des GSch.) für Verschulden des KVerw. s. Anm. 1 zu § 59.

2. Die Beteiligten.

a) Beteiligt sind zunächst die KGl. als die Personen, in deren Interesse der KVerw. nach § 117 die Masse sammeln und verwerten soll, und der GSch. als das Rechtssubjekt der Masse und der vom KVerw. übernommenen Verbindlichkeiten. Außerdem die Personen, die vor den KGl. zum Zuge kommen und deshalb Berücksichtigung vor diesen verlangen können, die Aussonderungsberechtigten (s. Anm. 4e zu § 43), die Absonderungsberechtigten (vgl. RGZ. 74, 109, s. Anm. 3 zu § 4) — diesen haftet er z. B., wenn er in Widerspruch mit § 865 Abs. 2 ZPO. Zubehör veräußert und den Erlös zur Masse zieht (München SeuffArch. 71, 127) — die Massegl. (s. Anm. 5 zu § 57; Köln LZ. 3, 406). Das RGZ. 74, 262 rechnet ferner den Zwangsvergleichsbürgen (s. §§ 174, 194) hierher und billigt ihm einen Ersatzanspr. wegen schuldhafter Pflichtverletzung des Verw. zu ohne Rücksicht, ob diese vor oder nach der Annahme der Bürgschaftserklärung erfolgte.

b) Gerät der Verw. dadurch in eine Kollision, daß die Interessen der am KVerf. Beteiligten einander entgegenstehen, so ist für ihn in der Regel das Interesse der Masse entscheidend. Denn seine erste Aufgabe ist die Sammlung und Verwertung der Masse. Er darf dabei zwar nicht arglistig vorgehen, kann aber doch im allgemeinen den Gegeninteressenten die Wahrnehmung ihrer Rechte selbst überlassen (vgl. Anm. 3 zu § 4).

3. Die Geltendmachung der Haftung.

a) Soweit während des K. die Haftung des früheren Verw. für eine Schädigung der Masse geltend gemacht werden soll, ist dazu nur der später ernannte Verw. legitimiert (§ 6), nicht ein einzelner KGl. (RG. GruchotsBeitr. 48, 345), auch nicht der GlAussch. oder die GlVers. Vgl. Jaeger Anm. 3. S. ferner (nach der Aufhebung des K.) Anm. 3 zu § 166. Persönliche Schädigungen kann jeder Beteiligte schon während des K. verfolgen. Der in gewissen Fällen vorgesehene Ausschluß von Forderungen von der Befriedigung aus Massemitteln (s. zu §§ 162, 172) tritt nicht auch zugunsten des Verw. persönlich ein. Wenn z. B. der Verw. einen auszusondernden Gegenstand schuldhaft für die Masse versilbert hat und der jetzt als Massegl. beteiligte Berechtigte mit seiner Forderung nach § 172 ausgeschlossen wurde, so haftet der Verw. trotzdem persönlich weiter. Eine teilweise Einschränkung des Grundsatzes ergibt sich aus § 86, s. dort. S. weiter Celle OLG. 19, 223 f.; Jaeger Anm. 5. über die Geltendm. der Haftung nach Aufh. des K. durch Zwangsvergl. s. RGZ. 78, 186 f.

b) Mangels einer anderen Vorschr. verjähren Ersatzanspr. nach § 82 (anders Anspr. aus unerlaubten Hdlgn.: BGB. § 852) in 30 Jahren (§ 195 BGB.; RGZ. 78, 190).

Aufsicht des Gerichtes. **§ 83.** (§ 75.)

Der Verwalter steht unter der Aufsicht des Konkursgerichts.

Begr. I 306. — Unverändert durch die Nov. Erläutert bei § 84.

Einschreiten gegen den Verwalter. **§ 84.** (§ 76.)

I Das Gericht kann gegen den Verwalter Ordnungsstrafen bis zu zweihundert Mark festsetzen. Es kann denselben vor der auf seine Ernennung folgenden Gläubigerversammlung von Amts wegen, später nur auf Antrag der Gläubigerversammlung oder des Gläubiger-Ausschusses seines Amts entlassen.

II Vor der Entscheidung ist der Verwalter zu hören.

Begr. I 306 f., KommB. I 161. — Unverändert durch die Nov.

1. Umfang der Aufsicht. Vgl. §§ 1837, 1915 (1975) BGB., § 153 ZVG. Der KVerw. führt sein Amt selbständig und unabhängig, soweit er nicht durch das Gesetz darin beschränkt wird. Seine Verwaltungshdlgn. bedürfen grundsätzlich nicht der Genehmigung des KG.; auch kann das KG. dem Verw. regelmäßig nicht aus Zweckmäßigkeitsgründen die Vornahme einer Hdlg. gebieten oder verbieten. Ausn. s. §§ 99, 130 Abs. 2, § 135 Abs. 2, §§ 160, 161; s. auch § 188 Abs. 1 Nr. 2. Das KG. kann dem Verw. auch keine allgem. Anweisung für seine Amtsführung geben. Nur gegen Pflichtwidrigkeiten hat das KG. einzuschreiten. Das KG. hat aber ein umfassendes Recht zur Prüfung der Geschäftsführung des Verw. Allerdings hat das KG., weil es nur mit einzelnen Verrichtungen befaßt wird, im allgem. keinen Überblick über den Stand des Verf. Es wird deshalb von seinem Aufsichtsrecht in der Regel nur auf Antrag Gebrauch machen. Von Amts wegen wird es z. B. einschreiten, wenn es eine ungerechtfertigte Verzögerung in der Abwicklung der Gesch., der Rechnungslegung usf. wahrzunehmen glaubt. Der Verw. ist verpflichtet, dem KG. über den Stand der Verw. jederzeit mündlich oder schriftlich erschöpfenden Aufschluß zu geben (vgl. Fitting 323 Anm. 2) und Belege beizubringen. Das KG. braucht ihm die Veranlassung dieses Auftr. nicht zu eröffnen. Das KG. kann insbes. jederzeit die Kassenführung des Verw. prüfen und Nachweis über den Verbleib der Aktivbestände verlangen. S. dazu § 88, § 129 Abs. 2, § 132 Abs. 1. Aus der Rspr. s. RGZ. 29, 83, Rostock SeuffArch. 50, 127, KG. LZ. 1, 297, Bamberg LZ. 1, 365. Streitigkeiten kann das KG. nicht an Stelle des Prozeßg. entscheiden (s. Bem. vor § 71). Es darf aber auf die gütliche Beilegung von Streit hinwirken und kann in dieser Hinsicht von sich aus oder auf Anrufen tätig werden. Ein wichtiger Behelf ist § 75 (Anm. 1 dort). Haftung des KRichters für schuldhafte Amtspflichtverletzung § 839 BGB., dazu Art. 77 EG. BGB.

2. Zwangsmittel. Allgem. Da der Verw. dem KG. nicht persönlich untergeordnet ist, sind Disziplinarstrafen als Vergeltung für eine Verletzung der Pflichten, Verweis u. dgl. ausgeschlossen. Die Ordnungsgeldstrafen nach § 84 sind nur Zwangsmittel, durch die das KG. den Verw. zur Befolgung nicht oder nicht richtig vollzogener gesetzlicher Vorschriften oder gerichtl. Anordnungen anhält (bestr.; wie hier Jaeger Anm. 1 zu § 84; Fitting 323 Anm. 23). U. U. kann als Zwangsmittel auch die Auferlegung oder Erhöhung einer Sicherheitsleistung (§ 78 Abs. 2) dienen (Anm. 4 zu § 78). Die Entlassung des Verw. wider seinen Willen ist durch § 84 Abs. 1 S. 2 eingeschränkt. Ein unmittelbarer Zwangsvollzug auf Kosten des KVerw. oder der Masse steht dem KG. nicht zu.

3. Die Ordnungsgeldstrafen können in Freiheitsstrafen nicht umgewandelt werden. Ihrer Verhängung geht zweckmäßig und in der Regel eine Androhung voraus; vorgeschrieben ist sie nicht wie nach § 33 FGG. (a. M. Jaeger Anm. 2 zu § 84). 200 Mk. ist der Höchstbetrag für den einzelnen Fall. Die Ordnungsstrafe kann aber nötigenfalls bis zur Befolgung der Anordnung wiederholt werden. Der strafrechtl. Grundsatz ne bis in idem steht nicht entgegen. Der Ausspruch erfolgt durch Beschluß des KG. Vor der Verhängung der Strafe, nicht schon vor der Androhung, ist der Verw. nach Abs. 2 zu hören (wesentliches Erfordernis des Verf.). Gegen die Androhung und gegen die Verhängung hat der Verw. die sofortige Beschwerde, aber grundsätzlich ohne aufschiebende Wirkung (a. M. Fitting 323 Anm. 24; s. weit. Anm. 4b, c zu § 73). Der Beschluß des KG. ist ein vollstreckb. Titel nach § 794 Abs. 1 Nr. 3 ZPO. Die Vollstr. wird nötigenfalls von Amts wegen betrieben. Die Strafe fließt in die Staatskasse. Der Beteiligte, der gegen den Verw. die Aufsicht des KG. anruft und die Bestrafung des Verw. verlangt, hat kein Recht auf förmliche Entscheidung und auf Beschwerde (s. Anm. 4a zu § 73; vgl. Rostock SeuffArch. 50, 127; Kassel OLG. 19, 219).

4. Entlassung.

a) Zu unterscheiden ist die Entlassung von Amts wegen, insbes. gegen den Willen des Verw., und die Entlassung auf Antrag des Verw. Nur die erstere faßt das Ges. ins Auge, wenn es dazu regelmäßig den Antr. der GlVers. oder des GlAussch. verlangt (treffend Jaeger Anm. 6 zu § 84). Das KG. hat von Amts wegen auf diesen Antr. hinzuwirken (s. bei Berufung einer GlVers. § 98), wenn die Fortführung des Amtes durch den Verw., insbes. wegen pflichtwidrigen Verhaltens, das Interesse der Masse gefährden würde oder wenn der Verw. nachträglich zum Amte untauglich wird (entspr. § 1886 BGB.; s. Anm. 1b zu § 78). Auf eigenen Antr. hat das KG. den Verw. jedenfalls zu entlassen, wenn der Verw. dafür einen wichtigen Grund hat (vgl. § 1889 BGB., Anm. 4 zu § 78). Aber auch sonst wird dem Antr. stattzugeben sein, wenn eine andere taugl. Person als Verw. zur Verfügung steht und die Entl. nicht zur Unzeit begehrt wird. Von sich aus kann der Verw. das Amt nicht niederlegen (s. Anm. 1d zu § 78). Soweit die Entl. nicht auf Antr. des Verw. erfolgt, ist der Verw. vor der Entsch. zu hören (Abs. 2). Läßt sich dies z. B. wegen geistiger Erkrankung, Flucht des Verw. nicht durchführen, so wird die Entl. nicht gehindert. Bei Gefahr auf Verzug hat das KG. vorläufig einzugreifen; es kann insbes. einen vorläufigen Verw. ernennen (s. zu § 79). Die Entl. ist wegen § 166 auch nach der Aufhebung des K. möglich (näh. Stuttg. LZ. 5, 872).

b) Gegen die Entl. ohne seinen Willen und gegen die Ablehnung seines Antr. auf Entl. hat der Verw. die sofortige Beschwerde. Lehnt das Ger. den EntlAntr. der GlVers. oder des GlAussch. ab, so haben die einzelnen KGl. und wohl auch der GSch. das Beschwerderecht. Wird der von der GlVers. gestellte EntlAntr. abgelehnt, so erfolgt die Zustellung des Beschlusses durch öffentl. Bek. Ebenso ist die Entl. auf Antr. oder ohne Antr. des Verw. schon mit Rücks. auf § 81 Abs. 1 öff. bekannt zu geben (s. Senst KR. 30, 31).

Ansprüche des Verwalters. § 85. (§ 77.)

[I] Der Verwalter hat Anspruch auf Erstattung angemessener barer Auslagen und auf Vergütung für seine Geschäftsführung. Die Festsetzung der Auslagen und der Vergütung erfolgt durch das Konkursgericht.

[II] Die Landesjustizverwaltung kann für die dem Verwalter zu gewährende Vergütung allgemeine Anordnungen treffen.

Begr. I 307; Begr. II 37 f., KommB. II 19 f. — Abs. 1 unverändert durch die Nov. Abs. 2 durch die Nov. eingefügt.

1. Allgemeines.

a) Der Verw. führt sein Amt in der Regel gegen Entgelt, im Haupt- oder Nebenberuf. Selbstverständlich kann er auf seine Anspr. ganz oder teilweise verzichten, sich auch von vornherein zur unentgeltl. Geschäftsführung verpflichten. Auf seine Rechtsstellung hat das keinen Einfluß, auch nicht auf seine Haftung. Seine Anspr. gehen auf Erstattung angemessener Geldauslagen und auf Vergütung für seine Tätigkeit. Beide Arten von Anspr. gehören zwar zu den Massekosten (§ 58 Nr. 2), sind aber getrennt geltend zu machen und getrennt festzusetzen, weil sie vom Ges. (s. Abs. 2, § 60) nicht gleichheitlich behandelt werden (s. Kassel LZ. 2, 322). Gegenüber der KMasse und dem auch mit seinem freien Verm. haftenden GSch. (s. Anm. 3 zu § 57) können die Anspr. nur geltend gemacht werden, sobald und soweit sie durch das KG. festgesetzt sind. Vorher besteht keine Verbindlichkeit der Masse und kein Recht des Verw., sich nach § 181 BGB. aus der Masse selbst zu decken. Vorher hat der Verw. auch kein Zurückbehaltungsrecht nach § 273 BGB. an Gegenständen der Masse; eine dahingehende Vereinbarung mit dem neuen Verw. wäre nichtig (RGZ. 53, 190). Dazu wegen des Eigentums an den Schriften der KVerw. usw. Kolmar LZ. 1, 922. Der Staat haftet nicht für den Ausfall, den der Verw. erleidet (RGZ. 43, 62). Versprechen des GSch. ein höheres Honorar zu zahlen s. RG. Gruch. 50, 1126.

b) Die KO. hat sich bewußt jeder Vorschr. darüber enthalten, welche Auslagen angemessen und erstattungsfähig sind und wie die Vergütung zu bestimmen ist. Hierüber entscheidet das KG. nach seinem pflichtmäßigen Ermessen. Für das Gebiet eines Landes oder eines Teiles davon kann aber die Landesjustizverwaltung, d. h. die oberste Justizverwaltungsbeh. oder eine von ihr ermächtigte Behörde, über die Vergütung der KVerw., nicht über die ersatzfähigen Auslagen, allgem.

Anordnungen treffen insbesondere Tarife aufstellen, die das Ermessen des KG. beschränken (vgl. § 14 EG. GVG.).[1]) Für den einzelnen Fall kann die Justizverwaltung keine Weisungen geben. Soweit das Ermessen des KG. reicht, wird insbesondere auf den Umfang und Wert der Masse, die größere oder geringere Schwierigkeit ihrer Verwertung, den Zeitaufwand des KVerw., seinen sonstigen Erwerb und nicht zuletzt auf den Erfolg seiner Tätigkeit zu sehen sein. Es ist nicht ungerechtfertigt, die Vergütung des Verw. in gewisse Beziehung zu dem Maße der Befriedigung zu setzen, die die KGl. erlangen (vgl. Marienw. SeuffArch. 47, 482). Die Dauer des K. allein darf keinen Ausschlag geben, denn der Verw. darf kein Interesse haben, die Abwicklung zu verzögern. Im übrigen haben sich den örtlichen Bedürfnissen entsprechend bei vielen Gerichten verschiedenartige Übungen herausgebildet (s. dazu Jaeger Anm. 2). Vgl. auch Säger LZ. 2, 141 f. (namentl. über die Praxis in Braunschweig); Meyer BuschsZ. 21, 342; Kraetzer (JW. 45, 1576; gibt Anhaltspunkte für die Honorarbemessung).

2. Auslagen. Als solche kommen u. a. in Betr. angemessene Reisekosten, nicht bloß Transportkosten sondern auch Kosten für Aufwand und Zeitversäumnis, sofern die letztere nicht durch die Vergütung abgegolten wird. Die §§ 78 f. RAGO. sind auch bei RA. nicht anwendbar. Ferner persönl. Auslagen des Verw. für Kanzleibedürfnisse, Schreiblohn, Porti, Bestellgelder, Telegramm- und Telephongebühren usw. (vgl. Kassel LZ. 2, 322). Dem Verw. kann übrigens nicht zugemutet werden, die zur Verwaltung der Masse unmittelbar erforderlichen baren Auslagen zunächst aus eigenen Mitteln vorzuschießen und die Festsetzung abzuwarten. Er darf sie aus der Masse decken und weist diese Ausgaben dann in der Schlußrechnung (§ 86) nach. Erstattungsfähige Auslagen sind auch die Gebühren und Auslagen des KVerw., der in seiner Eigenschaft als Rechtsanwalt für die Masse Rechtsstreitigkeiten geführt hat (gem. M.). Eine Gebühr für Erhebung und Ablieferung von Geldern (§ 87 RAGO.) an sich selbst als KVerw. oder die Depotstelle kann aber der Verw. nicht verlangen. Ebensowenig die Gebühr nach § 44 RAGO., Hamburg OLG. 15, 184; Kiel OLG. 17, 230. Mitwirkung bei einem Prozeßvergl. als Partei s. Kolmar LZ. 4, 489.

3. Vergütung. Sie beträgt möglicherweise mehr als an Masse vorhanden ist. Die Festsetzung hat zu erfolgen ohne Rücksicht, ob sofortige Deckung möglich und ob ein persönl. Schuldner da ist (Jaeger Anm. 4).

4. Verfahren des KG.

a) Die Festsetzung erfolgt regelmäßig erst, wenn das Amt des Verw. endigt, kann aber, namentlich wenn der K. länger dauert, schon vorher von Zeit zu Zeit stattfinden. Vor der Beschlußfassung ist der Sachverhalt nötigenfalls durch Ermittlungen (§ 75) zu klären. Die Anhörung des GlAussch. und des GSch. ist nicht vorgeschrieben, u. U. aber zweckmäßig. Der Beschluß wird durch öffentl. Bek. allen Beteiligten zugestellt (s. § 76 Abs. 3); s. hierzu wegen der Form der öffentl. Bek. Stern LZ. 7, 844; von dem Zeitp., in dem die öff. Bek. als bewirkt

---

[1]) S. dazu württemb. VO. vom 20. Oktober 1900, JMBl. 144, ergänzt durch Verf. vom 15. Okt. 1918, JMBl. 198; bad. VO. vom 17. März 1905, Bad. Rspr. 7, 126.

gilt, läuft die Beschwerdefrist für alle.[1]) Nicht notwendig, aber empfehlenswert ist besondere Bekanntgabe daneben an den Antragsteller und den GSch. (vgl. Jaeger Anm. 5; Kolmar LZ. 3, 331). Ist die Zahl der Gl. nicht groß, so kann statt der öff. Bek. besondere Zustellung an alle Beteiligte (Form: Anm. 3 zu § 73) erfolgen.

b) Der Festsetzungsbeschluß ist ein vollstreckb. Titel nach § 794 Nr. 3 ZPO., auch nach Aufhebung des K. (vgl. Fund Recht 9, 310). Rechtskräftig festgesetzte Anspr. verjähren in 30 Jahren (§ 218 BGB.). Ohne Festsetzung verjähren sie in 2 Jahren (§ 196 Nr. 15 oder Nr. 8 BGB.); die Frist läuft aber regelmäßig erst vom Schlusse des Jahres, in dem der K. beendigt wurde.

c) Gegen den Beschluß kann sich beschweren der Antragst., der etwa neu ernannte Verw., jeder einzelne KGl., der GSch. Dazu Braunschweig LZ. 2, 148 (Jäger dort) gegen Jena SeuffArch. 51, 379. Marienwerder SeuffArch. 60, 255 nimmt an, daß das Beschwerderecht des KGl. (und wohl auch des GSch. und des neuen Verw.) verloren geht, wenn im Termin zur Abnahme der Schlußrechnung, die auch die festgesetzten Beträge enthält, Einwendungen nicht erhoben werden. Dagegen mit Recht Jaeger Anm. 2 zu § 86. Jedenfalls ist zu beachten, daß die Beschwerdefrist gegen den Festsetzungsbeschl. bis zum Termin zur Schlußrechnung schon abgelaufen sein kann (vgl. den von Stern LZ. 4, 669 dargelegten Fall).

Schlußrechnung des Verwalters.

§ 86. (§ 78.)

Der Verwalter hat bei der Beendigung seines Amts einer Gläubigerversammlung Schlußrechnung zu legen. Die Rechnung muß mit den Belegen und, wenn ein Gläubigerausschuß bestellt ist, mit dessen Bemerkungen spätestens drei Tage vor dem Termine auf der Gerichtsschreiberei zur Einsicht der Beteiligten niedergelegt werden. Der Gemeinschuldner, jeder Konkursgläubiger und der nachfolgende Verwalter sind berechtigt, Einwendungen gegen die Rechnung zu erheben. Soweit in dem Termine Einwendungen nicht erhoben werden, gilt die Rechnung als anerkannt.

Begr. I 308. — Unverändert durch die Nov.

1. **Zeit der Rechnungstellung.** Der Verw. stellt Rechnung regelmäßig bei der Beendigung des K., ausnahmsweise bei der früheren Beendigung seines Amtes (s. Anm. 3 zu § 78). S. weiter § 88 Abs. 2, § 132 Abs. 2 und Anm. 1 zu §§ 83, 84. Endigt das Amt durch das Ableben des Verw., so hat der Erbe in Erfüllung der dahingehenden Nachlaßverbindlichkeit ähnlich wie der Erbe eines Beauftragten bei dem KG. die in § 259 Abs. 1 BGB. bezeichnete Rechnung mit den Belegen einzureichen (bestr., vgl. Wilm.-Kurlb. Anm. 2, Jaeger Anm. 1; a. M. Fitting 324 Anm. 26). Ist ein GlAusch. bestellt, so legt der

[1]) In der öff. Bek. müssen die festgesetzten Beträge genannt werden. Dagegen allerdings eine verbreitete Praxis.

Verw. die R. zunächst diesem zur Prüfung und erst dann dem KG. vor. Auch die Rechnungsstellung erfolgt unter der Aufsicht des KG. Das KG. hat nicht nur die rechtzeitige Vorlegung der Rechnung zu überwachen und zu erzwingen, sondern auch — mangels einer Ausn. von § 83 — die Rechnung in formeller und materieller Beziehung zu prüfen, soweit es dazu in der Lage ist, und nötigenfalls einen Rechnungssachverst. heranzuziehen (§ 75). Ergeben sich Anstände, so kann das G. den Verw. veranlassen sie abzustellen oder auch seine Bedenken im Termine geltend machen und sich dadurch gegen Haftung schützen (bestr.; s. Fitting 324 Anm. 27; Jaeger Anm. 3 gegen Pet.-Kleinf. Anm. 5; vgl. auch preuß. RVf. vom 16. Juni 1905; Müller 165). In der öff. Bek., welche die GlVers. beruft (s. § 162), wird zweckmäßig auf die Möglichkeit hingewiesen, die R. in der Gerichtsschreiberei einzusehen.

2. **Inhalt der Rechnungsstellung.** Der Verw. hat eine Abrechnung mit geordneter Zusammenstellung der Einnahmen und der Ausgaben und die üblichen Belege vorzulegen (s. § 259 Abs. 1). Zweckmäßig (weitergehend Jaeger Anm. 2) wird aber die Rechnung zu einem Schlußbericht über die gesamte Geschäftsführung des Verw., etwa im Anschluß an das Inventar (§ 124), ausgestaltet. Die Entlastung wirkt dann für die gesamte in dem Berichte dargestellte Geschäftsführung.

3. **Einwendungen; Entlastung.**

a) Einwendungen kann nur der GSch., ein (nicht befriedigter) KGl. und der etwaige neu ernannte Verw. erheben u. zw. nur mündlich (wenn auch durch einen Vertreter) im Termine. Schriftliche Einwendungen geben allenfalls Anregung zur aufsichtl. Tätigkeit des KG. (vgl. Jaeger Anm. 5). Wer im Termine nicht anwesend ist oder zwar da ist, aber keine Einwendungen erhebt, hat den Geschäftsbericht des Verw. (s. dazu Anm. 4c zu § 85) anerkannt und kann diese Erkl. nur wegen Irrtums, arglistiger Täuschung oder Drohung (§§ 119, 123 BGB.) anfechten (s. Dresden LZ. 3, 711; keine Wiedereinsetzung bei schuldloser Versäumnis Vogel LZ. 4, 674). Mit der Anerkennung begibt er sich etwaiger Haftungsanspr. gegen den Verw. (s. § 82); der Verlust der Ansprüche tritt auch ein hinsichtlich solcher Punkte, die in der Rechnung überhaupt nicht erwähnt sind (Dresden SeuffArch. 72, 246; dagegen Jaeger JW. 47, 235). Vorbehalten bleibt die Haftung für vorsätzlich begangene unerlaubte Handlungen nach §§ 823, 826 (RGZ. 87, 151). Werden im Termin Einwendungen erhoben und aufrechterhalten, so bleiben die Anspr. des Einwendenden gegen den Verw. bestehen, soweit die Einwendungen reichen. Wegen der Angaben über die Einnahmen hat der Verw. u. U. (§ 259 Abs. 2, 3 BGB.) den Offenbarungseid zu leisten (Colmar LZ. 3, 164). Verfahren § 261 BGB., § 889 ZPO. Das KG. kann im Termin auf gütliche Erledigung von Meinungsverschiedenheiten hinwirken. Die Entscheidung über Einwendungen steht aber nicht dem KG. sondern dem ProzG. zu (anders nach § 158 Abs. 2, § 162 Abs. 2).

b) Der Ausschluß mit Einwendungen trifft nur Personen, die im Termin Einwendungen bringen können, also nicht alle „Beteiligten" (§ 82), insbes. nicht Aussonderungsberechtigte, Absonderungsberechtigte als solche, Massegl.

c) Von den Einwendungen gegen die Schlußrechnung sind die Einwendungen gegen das Schlußverzeichnis (§ 162) zu unterscheiden. Die im Schlußverzeichnis übergangenen Gl. gehen, wenn sie Einwendungen im Termin nicht erheben, gemäß § 162 Abs. 2, § 158 Abs. 2 ihrer Rechte gegenüber der Masse verlustig. Damit erschöpft sich die Wirkung der Nichterhebung des Widerspruchs. Er hat nicht die Bedeutung einer Anerkennung des Schlußverzeichnisses. Der Verw. haftet also gemäß § 82 weiter (RGZ. 87, 151; Augsburg SeuffArch. 68, 46).

Gläubigerausschuß. **§ 87.** (§ 79.)

I Vor der ersten Gläubigerversammlung kann das Gericht aus der Zahl der Gläubiger oder der Vertreter von Gläubigern einen Gläubigerausschuß bestellen.

II Die Gläubigerversammlung hat über die Bestellung eines Gläubigerausschusses zu beschließen. Die Mitglieder des Gläubigerausschusses sind von der Gläubigerversammlung zu wählen. Zu Mitgliedern können Gläubiger oder andere Personen gewählt werden.

Begr. I 308 f., KommB. I 68. — Unverändert durch die Nov.

1. **Rechtsstellung des GlAussch.** Der GlAussch. ist ein Hilfsorgan der KVerwaltung. Seine Aufgabe besteht in der Unterstützung und Überwachung des Verw. bei der Geschäftsführung. Die Bestellung des GlAussch. beruht zwar abges. von Abs. 1 auf dem Willen und der Wahl der KGl. Solange er aber besteht (s. § 92), ist er von den KGl. unabhängig. Er wird nicht im Auftrage der KGl. als deren Vollzugsorgan tätig, sondern er hat festbestimmte ihm vom Ges. zugewiesene Aufgaben. Deshalb ist er auch nicht bloß den KGl. verantwortlich, sondern allen „Beteiligten“, insbes. auch dem GSch. (s. § 89). Seine und seiner Mitglieder Befugnisse kann der Aussch. nicht beliebig etwa auf Kosten des Verw. erweitern. Er hat nur die Rechte, die ihm das Ges. gibt. RGZ. 31, 122; 36, 368. Über die Zuständigkeit des Aussch. s. §§ 84, 86, 88 Abs. 2, §§ 93, 100, 123 Abs. 2, §§ 129, 132 Abs. 2, §§ 133, 134, 136, 150, 159, 176, 177, 180. Über die Zuständigkeit der einzelnen Mitglieder s. § 88 Abs. 1, § 137. Der GlAussch. als solcher hat keine Beschwerdeberechtigung (Anm. 4a zu § 73); weder er noch die einzelnen Mitglieder als solche können in Rechtsstreitigk. intervenieren (s. zu § 6 und § 36). Wohl zu weit geht Becher (LZ. 8, 246), der dem KG. ein allg. Verbietungsrecht gegenüber gesetzwidrigen oder gegen die guten Sitten verstoßenden Beschlüsse des Ausschusses einräumt. Wegen der strafrechtl. Stellung der Mitglieder s. RGSt. 39, 383 (Untreue?).

2. **Bestellung.**

a) Durch das Gericht, Abs. 1. Die Bestellung liegt im Ermessen des KG., ebenso die Zahl der Mitglieder. Nur KGl., natürl. oder jurist. Personen (vgl. Dresden SeuffArch. 60, 41) oder Vertreter von ihnen können berufen werden. Zur Annahme der Berufung ist niemand verpflichtet. Der Aussch. hat die gleiche Stellung wie ein gewählter Aussch. (vgl. RGZ. 20, 109). Sein Dasein endigt aber ohne weiteres spätestens mit dem Schlusse der ersten GlVers. Auch wenn diese seine unveränderte Übernahme beschließt, wird er nicht mehr als gerichtlich bestellter sondern als gewählter Aussch. tätig. Wichtig wegen § 92. Anders § 103 GenG. Gegen die Entsch. des KG. über die Bestellung des Aussch. haben der Verw., die KGl. und der GSch. die sof. Beschwerde (s. Seuffert 164).

b) Durch die GlVers., Abs. 2. Die Bestellung eines Gl.-Aussch. ist ein notwendiger Gegenstand der Tagesordnung der 1. GlVers. (§ 110 Abs. 1, § 98), steht aber im Ermessen der GlVers. Relative Stimmenmehrheit genügt für die Wahl der Mitgl. (§ 94 Abs. 2). In der Mehrzahl der kleineren K. ist ein GlAussch. überflüssig; seine Bestellung führt hier nur zur Erhöhung der meist ohnehin beträchtlichen Massekosten (beachtenswerte Winke über das dann im Interesse der Masse gebotene Eingreifen des KG. auf Grund des § 99 bei Jaeger Anm. 5; anders allerdings Seuffert 164, LG. Köln LZ. 4, 799 u. a.). Obligatorisch ist ein GlAussch. im GenossenschaftsK., § 103 GenG. Die GlVers. ist an den Kreis der KGl. und ihrer Vertreter nicht gebunden, sie kann auch andere Personen, z. B. einen Bücherrevisor oder sonstigen zur Unterstützung des Verw. geeigneten Fachmann, mit Ausschl. des GSch. und selbstverständlich des zu überwachenden Verw., wählen. Auch Abwesende sind wählbar. Die Wahl ist vorbehaltlich des § 99 und des § 92 endgültig, sie bedarf keiner gerichtl. Bestätigung. Zur Annahme ist niemand verpflichtet. Kommt keine Wahl zustande, so ist kein Aussch. bestellt, der gerichtl. ernannte kann nicht weiter tätig sein (anders § 103 GenG.). Aber jede weitere ordnungsmäßig (§§ 93, 98) berufene GlVers. kann nachträglich einen Aussch. wählen oder Änderungen in der Zusammensetzung beschließen. Die GlVers. kann dem Aussch. das Recht der Selbstergänzung geben für den Fall, daß Mitgl. ausscheiden. Sie kann auch Ersatzmänner (für den Wegfall von Mitgl.) oder Vertreter (für die Verhinderung von Mitgl.) bestellen. Der Aussch. besteht zwar z. Z. seiner Bestellung notwendig aus mehreren Personen (vgl. § 90), kann sich aber auf zwei Mitglieder beschränken, die dann zu einem „Beschlusse des Aussch." übereinstimmen müssen (bestr., s. Jaeger Anm. 2, Seuffert 163).

Rechte und Pflichten des Ausschusses und seiner Mitglieder.

§ 88. (§ 80.)

[I] **Die Mitglieder des Gläubigerausschusses haben den Verwalter bei seiner Geschäftsführung zu unterstützen und zu überwachen. Dieselben können sich von dem Gange der Geschäfte unterrichten, die Bücher und Schriften des Verwalters einsehen und den Bestand seiner Kasse untersuchen.**

[II] **Der Gläubigerausschuß ist berechtigt, von dem Verwalter Berichterstattung über die Lage der Sache und die Geschäftsführung zu verlangen. Er ist verpflichtet, die Untersuchung**

der Kasse des Verwalters wenigstens einmal in jedem Monate durch ein Mitglied vornehmen zu lassen.

Begr. I 311. — Unverändert durch die Nov.

1. Pflichten und Rechte der einzelnen Mitglieder, Abs. 1. Die in Abs. 1 bezeichneten Pflichten und Rechte hat das einzelne Mitglied unabhängig vom Aussch. und seinen Beschlüssen. Vgl. RGZ. 20, 109. Eine Mitverwaltung des K. kommt ihm aber so wenig zu wie dem Aussch. Bindende Weisungen über die Verw. braucht der KVerw. von dem Aussch. und seinen Mitgl. nicht entgegenzunehmen. Der Aussch. oder das einzelne Mitgl. kann oder muß u. U. die Aufsicht des KG. (§ 83) anrufen. Die Pflicht zur Überwachung des Verw. hat j e d e s Mitglied. Niemand kann sich darauf berufen, daß für die Überwachung ein anderes Mitgl. bestimmt worden sei.

2. Pflichten und Rechte des Ausschusses, Abs. 2. S. Anm. 1 zu § 87. Wegen der wichtigen Verpflichtung des Aussch. zur Veranlassung regelmäßiger Kassenprüfungen s. RGZ. 63, 137. Hiernach ist aus § 88 Abs. 2 keineswegs zu folgern, daß der neugewählte GlAussch. die erste Kassenprüfung bis zum Ablauf eines Monats verschieben darf. Der Regel nach muß sich vielmehr der Aussch. gleich bei Beginn seiner Tätigkeit einen Einblick in die bisherige Geschäftsführung des Verw. verschaffen. Das gilt besonders, wenn der Verw. schon größere Beträge eingenommen hat. Der Aussch. muß ferner nach der Ansicht des RG. dafür sorgen, daß große Beträge dem Verw. überhaupt nicht allein ausgezahlt werden, sondern sofort an die Hinterlegungsstelle abgeführt oder an den Verw. u n d ein AusschMitgl. gemeinschaftlich gezahlt werden.

Verantwortlichkeit der GlAusschußmitglieder.

§ 89. (§ 81).

Die Mitglieder des Gläubigerausschusses sind für die Erfüllung der ihnen obliegenden Pflichten allen Beteiligten verantwortlich.

Begr. I 311; Begr. II 37. — Geändert durch die Nov.

a) Die Mitglieder des GlAussch. sind nicht bloß Geschäftsbesorger der KGl., sondern haben eine von diesen unabhängige Rechtsstellung. Sie haften nicht nur den KGl., vielmehr allen am KVerf. „Beteiligten", auch dem GSch. (RG. LZ. 4, 161). Über den Grund und Umfang der Haftung, ihre Voraussetzungen, ihre Geltendmachung usw. gilt das Gleiche wie nach § 82. S. dort Anm. 1, 2, 3. Ferner RGZ. 31, 121, RG. LZ. 4, 159 (Haftung gegenüber dem GSch.; sittenwidrige Schädigung). RGZ. 20, 109 (Geltendmachung der Haftung gegenüber der Masse durch den Verw.).

b) Die Pflichtverletzung muß beruhen in dem Verhalten des in Anspr. genommenen Mitgl. Der Ausschuß als solcher kann nicht belangt werden. Der zum Schadensersatz verpflichtende Umstand muß auf das Verschulden des Mitgl. zurückzuführen sein (RGZ. 63, 133f.). Handelt es sich um einen Beschluß des Aussch., so kann das Verschulden einzelner Mitgl. ausgeschlossen sein, wenn sie bei der Beschlußfassung nicht beteiligt waren oder wenn sie überstimmt wurden usw. Möglicherweise sind aber auch sie haftbar, wenn sie der Ausführung des Beschlusses untätig zugesehen haben. Den außerordentl. Umstand, der die Haftung ausschließt, hat das in Anspr. genommene Mitgl. zu behaupten und zu beweisen. Mehrere Pflichtige haften (nach außen) nicht nach Kopfteilen, sondern als Gesamtschuldner (§§ 421 f. BGB.). S. RGZ. 20, 110 (älteres R.), LZ. 4, 161. Wegen der Beweislast s. Dresden SeuffArch. 71, 252.

c) Belehrung der GlAusschMitgl. über ihre Rechte und Pflichten durch Übersendung einer Zusammenstellung der wichtigsten gesetzl. Vorschr. ist vorgeschrieben u. a. in Preußen (RdVf. v. 23. Mai 1907, Müller 1151, Bayern (Bek. v. 29. Juli 1907, JMBl. 226), Sachsen (§ 1452a GeschO.), Württemberg (Bek. v. 19. Juni 1907, JMBl. 110), Baden (Erl. v. 4. September 1907, BadRspr. 11, 46).

Abstimmung im GlAusschuß.

§ 90. (§ 82.)

Ein Beschluß des Gläubigerausschusses ist gültig, wenn die Mehrheit der Mitglieder an der Beschlußfassung teilgenommen hat, und der Beschluß mit absoluter Mehrheit der abgegebenen Stimmen gefaßt ist.

Begr. I 313, KommB. I 63. — Unverändert durch die Nov.

1. **Geschäftsordnung.** Der GlAussch. regelt selbst seine Geschäftsordnung, insbesondere die Form der Berufung, die Leitung der Verhandlungen, die Art der auch auf schriftlichem Wege zulässigen Abstimmung, die Beurkundung, Mitteilung und Ausführung der Beschlüsse. Begr. I, 313.

2. **Abstimmung.** Die Vorschrift des § 90 kann durch Vereinbarung der Beteiligten nicht geändert werden. Alle Mitglieder, mit Ausn. der nicht erreichbaren oder sonst verhinderten, müssen Gelegenheit zur Abstimmung haben. Die Mehrzahl muß an der Beschlußfassung teilnehmen. Von ihnen muß wieder die absolute Mehrheit dem Beschlusse zustimmen. Der Vorsitzende hat keinen Stichentscheid. Jedes Mitglied hat eine Stimme.

3. Das KGericht kann die Ausführung eines Beschl. des GlAussch. nicht endgültig (s. § 99), sondern nach § 135 Abs. 2 und nur vorläufig untersagen.

Entschädigung der Ausschußmitglieder.

§ 91. (§ 83).

[I] **Die Mitglieder des Gläubigerausschusses haben Anspruch auf Erstattung angemessener barer Auslagen und auf Vergütung für ihre Geschäftsführung. Die Festsetzung der Auslagen und der Vergütung erfolgt nach Anhörung der Gläubigerversammlung durch das Konkursgericht.**

[II] **Die Landesjustizverwaltung kann für die den Mitgliedern des Gläubigerausschusses zu ge-**

während e Vergütung allgemeine Anordnungen treffen.

Begr. I 311, KommB. I 64 f.; Begr. II 37 f. — Geändert durch die Nov.

a) Nach der früheren Fassung hatte das KG. die Festsetzung der Ausl. und Vergütung der GlAusschMitgl. nur vorzunehmen, wenn sich die Berechtigten mit der GlVers. nicht einigten. Durch die Nov. ist die Vorschr. dem § 85 angeglichen mit der Maßgabe, daß die Anhörung der GlVers. geblieben ist. Die Beschlußfassung muß auf der Tagesordnung stehen (s. § 98). Erscheint kein Gl. im Termine, so braucht das KG. deshalb keine neue Vers. zu berufen. Die festgesetzten Beträge sind Massekosten, § 58 Nr. 2. Vgl. im übrigen die Ausf. zu § 85, wegen der Anwendung der RAGO. auch Hamburg OLG. 23, 306, SeuffBl. 76, 328.

b) Wird die GlVers. wie gewöhnlich im Schlußtermin gehört, so können wegen der stets notwendigen Zustellung des Festsetzungsbeschl. (s. Anm. 4a zu § 85) formelle Schwierigkeiten entstehen. Es wird deshalb teilweise in der Praxis der KG. der Beschluß unter Vorbehalt einer anderen Entscheidung nach der Anhörung der GlVers. erlassen und die Veröffentlichung des Festsetzungsbeschl. mit der Berufung der GlVers. verbunden. Dieses Verf. ist zweckmäßig.

Widerruf der Bestellung. **§ 92.** (§ 84.)

Die durch das Gericht erfolgte Bestellung zum Mitgliede des Gläubigerausschusses kann von dem Gerichte, die durch die Gläubigerversammlung erfolgte Bestellung zum Mitgliede des Gläubigerausschusses durch Beschluß der Gläubigerversammlung widerrufen werden.

Begr. I 311. — Unverändert durch die Nov.

a) Die Mitgliedschaft im GlAussch. erlischt α) durch den Tod des Mitgl., β) durch die Beendigung des K., γ) durch Widerruf, δ) nach der herrschenden Ansicht auch durch Kündigung des Mitgl. ohne Kündigungsfrist (entspr. § 671 BGB.) vorbeh. der Schadensersatzpfl. bei Rücktritt zur Unzeit ohne wichtigen Grund (a. M. Seuffert, der einseitigen Rücktritt nicht zuläßt). Eintritt der Geschäftsunf. und Beschränkung der Geschäftsfähigkeit bilden nur Widerrufsgründe.

b) Der Widerruf ist jederzeit und ohne Beschränkung auf bestimmte Gründe zulässig; niemand hat einen Rechtsanspr., daß er Mitgl. bleibt. Vom KG. kann er nur bis zur 1. GlVers. ausgehen. Die Bestellung der von da ab im Amte befindl. Mitgl. kann nur die GlVers. mit absoluter Mehrheit (§ 94 Abs. 2 S. 1) widerrufen. Die Entsch. des KG. ist mangels anderer Vorschr. der Beschw. (§ 73 Abs. 3) nicht entzogen, ein berechtigtes Interesse (Anm. 4 zu § 73) an ihrer Änderung wird aber nur ausnahmsweise nachweisbar sein (vgl. Jaeger Anm. 1). Gegen den Widerruf durch die GlVers. gibt es keinen selbständigen Rechtsbehelf. U. U. ist aber die Frage, ob gültig widerrufen wurde, in einer anderen Streitsache zu würdigen. Der Widerruf kann sich gleichzeitig auf alle Mitgl. erstrecken. Dadurch wird der GlAussch. als solcher beseitigt.

Gläubigerversammlung. **§ 93.** (§ 85.)

I Über die Berufung der Gläubigerversammlung beschließt das Gericht. Die Berufung muß erfolgen, wenn sie von dem Verwalter, dem Gläubigerausschusse oder von mindestens fünf Konkursgläubigern, deren Forderungen nach der Schätzung des Gerichts den fünften Teil der Schuldenmasse erreichen, beantragt wird.

II Die Berufung muß öffentlich bekannt gemacht werden. Der öffentlichen Bekanntmachung bedarf es nicht, wenn in einer Gläubigerversammlung eine Vertagung der Verhandlung angeordnet wird.

Begr. I 313 f., KommB. I 68. — Unverändert durch die Nov.

1. Rechtsstellung der GlVers. Die GlVers. ist wie der GlAussch. (Anm. 1 zu § 87) ein Hilfsorgan der KVerwaltung. Auch sie hat festbestimmte, vom Ges. zugewiesene Aufgaben und nur die Rechte, die ihr das Gesetz gibt. Namentlich hat sie als solche keine Beschwerdeberechtigung (Anm. 4a zu § 73). Auch der GlAussch. ist der GlVers. gegenüber innerhalb seiner Zuständigkeit selbständig (s. dazu Jaeger Anm. 2 zu § 90). RG. JW. 22, 487 steht nicht entgegen (Ersetzung der vertragsmäßig bedungenen Zustimmung des GlAussch. nach dem Willen der Vertragsparteien durch die GlVers.). S. aber Anm. 1b zu §§ 133 bis 136. Über die Befugnisse und die Zuständigkeit der GlVers. s. §§ 80,-84, 87, 91, 92, 100, 131, 132, 134 (136), 137, 162. Im Zwangsvergleichsverf. beschließt eine Vers. der nicht bevorrechtigten KGl., s. §§ 173, 179, 180, 182.

2. Berufung. Die GlVers. im Sinne des Ges. kann nur vom KG. berufen werden. Einer anderen Vers. von Gl. kommt diese Rechtsstellung nicht zu; ebensowenig kann ein VersBeschl. durch die Sammlung von Unterschriften u. a. ersetzt werden. Obligatorisch ist die Berufung nach § 86 mit § 162, §§ 110, 179, s. auch § 135 Abs. 2, ferner wenn die Berufung nach Abs. 1 S. 2 verlangt wird. Außerdem beruft das G. die GlVers. nach seinem Ermessen. Die öff. Bek. (Abs. 2 § 76) muß die Tagesordnung der Vers. enthalten (§ 98). Die Anordnung der Vertagung (Abs. 2 S. 2) kann nur vom G. ausgehen, das von Amts wegen oder auf Antrag eines Beteiligten entscheidet. Die GlVers. kann die Verhandlung nicht selbst aussetzen, denn sie ist nicht Herrin des Verf. (vgl. über einen Beschl., daß das Verf. ruhen soll, Rostock OLG. 21, 176, Jaeger Anm. 2). Der öff. Bek. bedarf es nicht, wenn der neue Termin mit der alten Tagesordnung in der Vers. bestimmt wird.

3. Beschwerderecht. Gegen die Ablehnung des Antrags auf Berufung der GlVers. kann sich der Antragsteller, sein berechtigtes Interesse vorausgesetzt, auch dann beschweren (§ 73 Abs. 3), wenn er ein Recht auf Berufung nicht geltend macht. Gegen die Berufung der GlVers. hat unter der gleichen Voraussetzung jeder Beteiligte die sof. Beschwerde. Die gerichtl. Schätzung (Abs. 1 S. 2) ist ihrem Zwecke nach keine Grundlage der Beschwerde. Ein VersBeschl. ist nicht deshalb unwirksam, weil das G. irrig einen Fall obligatorischer Berufung angenommen hatte.

Denn die Berufung ist gültig, auch wenn das G. von einem irrigen Beweggrund geleitet wird.

4. Besondere Fälle. Über besondere GlVers. der Gl. aus Schuldverschreibungen im K. des Sch. s. § 18 mit § 1 des Schuldverschreibungsges. v. 4. Dezember 1899 (in Teil III).

Beschlußfassung und Abstimmung.

§ 94. (§ 86.)

I Die Gläubigerversammlung findet unter der Leitung des Gerichts statt.

II Die Beschlüsse der Gläubigerversammlung werden mit absoluter Mehrheit der Stimmen gefaßt. Für die Wahl der Mitglieder des Gläubigerausschusses genügt relative Mehrheit der Stimmen.

III Die Stimmenmehrheit ist nach den Forderungsbeträgen zu berechnen. Bei Gleichheit der Summen entscheidet die Zahl der Gläubiger.

Begr. I 318 f., KommB. I 68. — Unverändert durch die Nov.

1. Leitung der GlVersammlung. Die GlVers. ist nicht öffentlich (Anm. 2 zu § 72). Zutritt haben der KVerw., der GSch., die Mitgl. des GlAussch., die KGl. und ihre gesetzl. oder gewillkürten Vertreter; nicht Aussonderungsberechtigte, Absonderungsberechtigte als solche, Massegl. Wegen der Zulassung von Unbeteiligten s. § 176 Abs. 2 GVG. Das Ergebnis der Verhandlung ist unter Zuziehung eines Gerichtsschreibers in einem Protokoll zu beurkunden. S. § 72, Anm. 2 zu § 73. Die Leitung des KRichters beschränkt sich im wesentlichen darauf, den äußeren Gang der Verhandlung zu überwachen, Streitigkeiten über Teilnahme- und Stimmrecht zu entscheiden, geordnete Abstimmung herbeizuführen und auch sonst die Ordnung aufrechtzuhalten. Sitzungspolizei Anm. 2 zu § 72. Das schließt nicht aus, daß sich der Richter an der Verhandlung beteiligt, für Aufklärung sorgt und auf die Schlichtung von Streit hinwirkt.

2. Stimmenmehrheit.

a) Mit einer Ausn. (Abs. 2 S. 2, dazu Anm. 2b zu § 87) wird für jeden Beschl. absolute Mehrheit verlangt. Die Mehrheit wird nicht nach Köpfen, sondern nach den Forderungsbeträgen der im Termine erschienenen oder vertretenen KGl. berechnet. Dazu §§ 95, 96. Bevorrechtigte Gl. haben kein Vorzugsstimmrecht. Wer sich der Abstimmung enthält, wird nicht mitgerechnet. Die Nebenforderungen (§ 62) sind mit anzusetzen. Ein Antrag ist angenommen, wenn die KForderungen der Zustimmenden mehr als die Hälfte des Gesamtbetrags der KForderungen ausmachen, der den abstimmenden KGl. zusteht. Daß die Abstimmenden einen bestimmten Teil der Schuldenmasse vertreten, ist nicht vorgeschrieben. Auch auf Kopfzahl der Abstimmenden und der Zustimmenden kommt es nicht an. Anders aber nach §§ 182, 183 (Annahme eines Zwangsvergleichs). Bilden sich über Summen mehr als zwei Meinungen, von denen zunächst keine die Mehrheit für sich hat, so wird über die einzelnen Summen solange abgestimmt, bis sich eine Mehrheit gefunden hat oder die Ergebnislosigkeit weiterer Abstimmung feststeht. Eine mechanische Anwendung des § 198 Abs. 2 GVG. ist unzulässig (vgl. Jaeger Anm. 6, Wilm.-Kurlb. Anm. 4). Die Richtigkeit eines Beschlusses der GlVers. kann jeder Interessent geltend machen; vgl. dazu LZ. 5, 796 mit Fußnote von Jaeger.

b) Über die Abstimmung von GesamtGl. s. Anm. 7 zu § 3. Gehört die Forderung zu einem Gesamthandsverm. (Gesellsch., ehel. Gütergem., Nachlaß u. a.), so werden zwar alle Gesamthänder Zutritt zur GlVers. haben, die Forderung wird aber nur einmal in Ansatz gebracht. Wer abstimmen darf und welchen Einfluß eine Meinungsverschiedenheit unter den Gesamthändern hat, bemißt sich verschieden nach dem einzelnen Gesamthandsverhältnisse. S. Jaeger Anm. 4.

Stimmberechtigung. **§ 95.** (§ 87.)

I Zur Teilnahme an den Abstimmungen berechtigen die festgestellten Konkursforderungen. In Ansehung einer streitig gebliebenen Forderung wird bei der Prüfung mit den Parteien erörtert, ob und zu welchem Betrage ein bleibendes Stimmrecht für dieselbe zu gewähren ist. In Ermangelung einer Einigung entscheidet das Konkursgericht. Das Gericht kann die Entscheidung auf den weiteren Antrag einer Partei abändern.

II Ob und zu welchem Betrage nicht geprüfte Konkursforderungen zum Stimmen in einer Gläubigerversammlung berechtigen, entscheidet auf den Widerspruch eines Konkursgläubigers oder des Verwalters das Gericht.

III Eine Anfechtung der Entscheidungen findet nicht statt.

Begr. I 314 f., KommB. I 69 f. — Unverändert durch die Nov.

1. **Allgemeines.** Das Ges. unterscheidet wegen der Stimmberechtigung die im K. festgestellten KForderungen, die KForderungen, deren Feststellung streitig geblieben ist, und die KForderungen, die noch nicht geprüft sind (§ 95). Besonders geregelt wird das Stimmrecht für sog. Ausfallforderungen und für aufschiebend bedingte KForderungen (§ 96). Ferner wird unterschieden ein bleibendes Stimmrecht (§ 95 Abs. 1) und ein Stimmrecht für die jeweilige GlVers. (§ 95 Abs. 1, § 96 Abs. 1). Forderungen, die nicht KForderungen sind (s. auch § 63), geben kein Stimmrecht. Eine allgemeine Voraussetzung des Stimmrechts ist ferner die Anmeldung der Forderung im K.

2. **Festgestellte Forderungen,** d. h. Forderungen, denen im Prüfungstermin weder der KVerw. noch ein KGl. widersprochen hat oder gegen die ein Widerspruch nicht mehr besteht (§ 144 Abs. 1), berechtigen ohne weiteres (auch in eigener Sache Kolmar LZ. 5, 796, aber § 99) zur Teilnahme an den Abstimmungen nach der Feststellung für den ganzen Betr. der Forderung. Ausn. nach § 96. Das Entsprechende gilt für eine teilweise festgestellte Forderung. Die Bestreitung der Forderung durch den GSch. (s. § 144 Abs. 2) ist hier belanglos.

3. Streitig gebliebene Forderungen, d. h. Forderungen, denen im Prüfungstermin der KVerw. oder ein KGl. widersprochen hat und denen dieser Widerspruch noch entgegensteht, gewähren ein Stimmrecht nicht ohne weiteres. Das gilt auch für Forderungen mit einem Titel nach § 146 Abs. 6. Das KG. hat im Prüfungstermine mit den Parteien, d. h. dem Liquidanten und dem widersprechenden KVerw. oder KGl., die Frage des Stimmrechts zu erörtern. Entscheidend ist zunächst die Einigung der Parteien. Kommt sie nicht zustande (was auch der Fall ist, wenn der Liquidant nicht anwesend ist, s. § 143), so entscheidet das KG. nach pflichtmäßigem Ermessen unanfechtbar (Abs. 3), aber nicht unabänderlich (Abs. 1 S. 4). Glaubhaftmachung der Forderung ist nicht obligatorisch. Der GSch. ist nicht „Partei" nach § 95 Abs. 1. Die Einigung oder die gerichtl. Entsch. gibt dem KGl. ein bleibendes, d. h. bis zur Erledigung des Widerspr. oder Zurücknahme der Anmeldung dauerndes Stimmrecht. Ausn. nach § 96, der als Sondervorschr. insofern vorgeht, als die Frage der Stimmberechtigung für die dort bez. Forderungen in jeder GlVers. aufgegriffen werden kann.

4. Nicht geprüfte Forderungen. GlVers. können schon vor dem Prüfungstermine stattfinden, insbes. der Wahltermin (s. § 110). Es ist ferner möglich, daß der Gl. die Anmeldefrist und den Prüfungstermin versäumt hat (s. § 142). Unter der Voraussetzung, daß die Forderung im K. angemeldet ist (s. Anm. 1; bestr.), können auch Gl. nicht geprüfter KForderungen in der jeweils tagenden Vers. zum Betrage ihrer Forderung mitstimmen. Widerspricht aber der Verw. oder ein KGl., so entscheidet das KG. nach seinem Ermessen, ob der Gl. stimmen darf und mit welchem Betrage (Abs. 2). Solange das Stimmrecht besteht, kann der Liquidant gültig mitstimmen, auch wenn sich hinterher sein Anspr. auf Teilnahme im K. als ungerechtfertigt erweist.

5. Unanfechtbar sind gerichtl. Entsch. im Laufe einer GlVers. nur, wenn sie im Rahmen der §§ 95, 96 ergehen. Andere Entsch., z. B. der Beschluß, der einem Gl. mit festgestellter KForderung wegen eigener Beteiligung das Stimmrecht versagt (Kolmar LZ. 5, 796), sind beschwerdefähig. Nach der herrsch. Ans. (Jaeger Anm. 2, Wilm.-Kurlb. 6) sind auch verkündete unanfechtbare Entsch. zuzustellen (§ 73 Abs. 2); auf die Zustellung können aber die Beteiligten verzichten.

Ausfallsforderungen; aufschiebend bedingte Forderungen.

§ 96. (§ 88.)

I **Ob und zu welchem Betrage Forderungen, für welche abgesonderte Befriedigung beansprucht wird, in Ansehung ihres mutmaßlichen Ausfalls, sowie Konkursforderungen unter aufschiebender Bedingung zum Stimmen in einer Gläubigerversammlung berechtigen, entscheidet auf den Widerspruch eines Konkursgläubigers oder des Verwalters das Gericht.**

II **Eine Anfechtung der Entscheidung findet nicht statt.**

Begr. I 314. — Unverändert durch die Nov.

1. **Ausfallsforderungen.**

a) Wegen der Stellung der sog. Ausfallsforderungen im KVerf. s. zunächst Anm. 2 zu § 64. Trotzdem die ganze Forderung KForderung ist und die Wirkung der Feststellung (§ 144 Abs. 1) sich auf den vollen Betrag nach Maßgabe des Tabelleneintrags, nicht bloß auf den Ausfall erstreckt, hat der Gl. ein Stimmrecht nur für den von ihm angegebenen mutmaßl. Ausfall. Auf den Widerspr. eines KGl. oder des Verw. kann aber für die jeweilige GlVers. das KG. unanfechtbar anders entscheiden, d. h. je nach dem Grade der Wahrscheinlichkeit, daß und zu welchem Betrage der Gl. einen Ausfall erleidet, ihm das Stimmrecht absprechen oder beschränken. Vgl. Fitting 337, Jaeger Anm. 1, Wilm.-Kurlb. Anm. 1 gegen die (fast allgem. abgelehnte) Entsch. RGZ. 37, 16, wonach der AusfallsGl., solange nicht widersprochen wird, ein Stimmrecht für die ganze festgestellte Forderung hat.

b) Die Ausf. zu a gelten auch, wenn der KGl. entsprechend einem AusfallsGl. behandelt wird. S. § 212 (Abs. 3 dort), § 234; s. auch Anm. 4 zu § 14. Die PfandbriefGl. einer HypBank sind zwar wegen des Anspr. auf Befriedigung aus dem nicht unter § 35 Abs. 1 Hyp.-BankG. fallenden Bankvermögen im allgemeinen den AusfallsGl. gleichgestellt, der § 96 KO. ist aber in § 35 Abs. 2 a. a. O. nicht für entspr. anwendbar erklärt. Wegen der Anspr. der Versicherten im K. einer Lebensversicherungsunternehmung ähnlich § 61 Abs. 3 VAG. Auch hiernach ist § 96 nicht entspr. anwendbar.

2. **Aufschiebend bedingte Forderungen** sind zwar KForderungen, berechtigen aber grundsätzlich nur zur Sicherstellung (§ 67) und haben u. U. überhaupt keinen greifbaren VermWert (s. § 154 Abs. 2). Der § 96 macht es möglich, einen unangemessenen Einfluß solcher KGl. auf die Beschlußfassung auszuschalten und ihr Stimmrecht der tatsächl. Bedeutung der Forderung anzupassen. S. Anm. 1 zu § 67; wegen der auflösend bed. Forderungen s. Anm. zu § 66.

Stimmzählung.

§ 97. (§ 89.)

Gezählt werden nur die Stimmen der in der Gläubigerversammlung erschienenen Gläubiger. Die nicht erschienenen Gläubiger sind an die Beschlüsse gebunden.

Begr. I 316, 317. — Unverändert durch die Nov.

Nur die im Termine persönlich oder durch gesetzl. oder gewillkürte Vertreter abgegebenen Stimmen werden gezählt. Schriftl. Erklärungen Abwesender können bei der Abstimmung nicht berücksichtigt werden. Die Nichterschienenen, nicht gehörig Vertretenen und deshalb Zurückgewiesenen, nicht Abstimmenden sind an die Beschlüsse gebunden. Die Mehrheit wird nach dem Betrage der Forderungen berechnet, die den Abstimmenden zustehen. Bevollmächtigung entspr. §§ 79 f. ZPO. Das KG. hat den Vollmachtspunkt von Amts wegen zu prüfen (§ 88 Abs. 2 ZPO.). Einstweilige Zulassung eines Vertreters, der keine Vollmacht beibringt, entspr. § 89 Abs. 1 S. 1, Abs. 2 ZPO. Abstimmen darf ein solcher Vertreter nicht. Beistand entspr. § 90 ZPO. zuzulassen.

Bekanntmachung der Tagesordnung.

§ 98. (§ 90.)

Der Gegenstand, über welchen in der Gläubigerversammlung ein Beschluß gefaßt werden soll, muß bei der Berufung derselben öffentlich bekannt gemacht werden.

Begr. I 314. — Unverändert durch die Nov.

Die Bek. muß den Gegenstand der Tagesordnung bestimmt (dazu LG. Köln LZ. 4, 798) bezeichnen. Die Ergänzung oder Berichtigung der Tagesordnung ist ebenfalls öffentlich bekanntzumachen. S. § 76. Die öffentliche Bek. der Tagesordnung ist wesentlich; ein gültiger Beschluß über eine nicht auf der Tagesordnung stehende Angelegenheit kann nur gefaßt werden, wenn alle Beteiligten, insbes. alle KGl. in der Vers. anwesend sind und Widerspr. nicht erhoben wird. Besprochen werden kann auch eine solche Angelegenheit.

Untersagungsrecht des Gerichtes.

§ 99. (§ 91.)

Das Gericht hat die Ausführung eines von der Gläubigerversammlung gefaßten Beschlusses auf den in der Gläubigerversammlung gestellten Antrag des Verwalters oder eines überstimmten Gläubigers zu untersagen, wenn der Beschluß dem gemeinsamen Interesse der Konkursgläubiger widerspricht.

Begr. I 917; KommB. I 70. — Unverändert durch die Nov.

1. Bedeutung des § 99. Im allgemeinen übt die GlVers. ihre Rechte unabhängig von dem KG. aus. Das KG. kann deshalb Beschlüsse der GlVers. in der Regel nicht aufheben; es ist nicht Beschwerdeinstanz gegenüber der GlVers.; a. A. Becher LZ. 8, 246, der dem KG. ein Verbietungsrecht gibt gegenüber Beschlüssen, die den gesetzl. Wirkungskreis der Versammlung überschreiten oder sonst gegen das Gesetz oder die guten Sitten verstoßen. Wenn aber ein Beschluß dem gemeinsamen Interesse der KGl. widerspricht, hat das G. auf Antrag die Ausführung zu versagen. Auf diese Weise sollen z. B. übereilte Beschlüsse oder Beschlüsse einer Zufallsmehrheit, die dem Interesse der Gesamtheit nicht Rechnung tragen, unschädlich gemacht werden. Beschlüsse des Gl.-Aussch. kann das G. nicht aufheben.

Voraussetzung für das Untersagungsrecht ist:

a) daß der Verw. oder ein überstimmter Gl. den Antrag auf Untersagung noch in der gleichen GlVers. stellt,

b) daß der Beschl. dem gemeinsamen Interesse der KGl., nicht anderer Personen, widerspricht; das Sonderinteresse einzelner KGl. an der Ausführung steht dieser Feststellung nicht entgegen,

c) daß der Beschl. noch einer Ausführung bedarf. Wird nur beschlossen, daß etwas nicht geschehen, z. B. ein Rechtsstreit nicht geführt werden soll, so trifft § 99 nicht zu. In solchen Fällen kann aber das KG., wenn es glaubt, daß der Beschl. dem Interesse der KGl. widerstreitet, eine weitere GlVers. berufen und ihr die Aufhebung des Beschl. nahelegen. S. dazu wegen der Wahl des GlAusſch. Anm. 2b zu § 87.

Die Unterſagung bewirkt nur, daß der Beſchl. der GlVerſ. nicht ausgeführt werden darf (u. U. Einſchreiten gegen den Verw. § 84), erſetzt aber nicht die Beſchlußfaſſung der GlVerſ. Insbeſ. kann das G. nicht eine geſetzl. erforderl. Genehmigung an Stelle der GlVerſ. ſelbſt erteilen (vgl. Wilm.-Kurlb. Anm. 1 gegen Jaeger Anm. 3).

2. **Beſchwerderecht.** Gegen die Unterſagung kann ſich beſchweren (§ 73 Abſ. 3) der Verw., wenn er nicht den Antrag geſtellt hat, und jeder KGl., der dem Beſchl. zugeſtimmt hat oder, weil er nicht abgeſtimmt hat, als zuſtimmend gilt; gegen die Abweiſung des Antrags der Antragſteller. Erſterenfalls beginnt die Beſchwerdefriſt mit dem Zeitpunkt, in dem die öffentl. Bek. des Beſchl. als bewirkt gilt (§ 76) oder, falls die Zuſtellung an alle Beteiligten entſpr. der ZPO. erfolgt, für den einzelnen mit der Zuſtellung an ihn. Bei Abweiſung beginnt die Beſchwerdefriſt mit der Zuſtellung des Beſchl. an den Antragſteller.

3. **Nichtige Beſchlüſſe** der GlVerſ., beſ. ſolche, die entgegen den geſ. Vorſchr. über die Berufung, Leitung, Abſtimmung der Verſ. zuſtande kommen, darf das KG., ohne einen Antrag abzuwarten und auch wenn ein Einſchreiten nicht beantragt wird, nicht ausführen laſſen. Soweit möglich hat das KG. ſchon die nichtige Beſchlußfaſſung zu verhindern.

Auskunftspflicht des GSch. § 100. (§ 92.)

Der Gemeinſchuldner iſt verpflichtet, dem Verwalter, dem Gläubigerausſchuſſe und auf Anordnung des Gerichts der Gläubigerverſammlung über alle das Verfahren betreffenden Verhältniſſe Auskunft zu geben.

Begr. I 317 f. — Unverändert durch die Nov.

1. **Die Rechte und die Pflichten des GSch.** ergeben ſich in der Hauptſache aus §§ 6—8, 86, 100, 101, 103, 104, 105, 106, 109, 121, 123, 125, 130, 135, 141, 160, 165, 173, 180, 189, 192, 206.

2. **Auskunftspflicht des GSch.** Zu perſönlichen Dienſtleiſtungen für die Maſſe iſt der GSch. nicht verpflichtet. Die Bewilligung einer Unterſtützung aus der Maſſe (§ 129 Abſ. 1, § 132 Abſ. 1) kann aber davon abhängig gemacht werden. Die Auskunftspflicht (§ 100) erſtreckt ſich auf alle Angelegenheiten, die für das Verf. von Bedeutung ſind, insbeſ. den Beſtand, die Zuſammenſetzung, den Erwerb der Aktivmaſſe, die Veräußerung, den Verbrauch uſw. vor der KE., das Entſtehen einzelner K.-Forderungen uſw. S. auch § 105 Abſ. 2. Die Auskunft kann mündlich oder ſchriftlich gefordert werden. Auf Verlangen hat ſich der GSch. bei dem Verw. oder vor dem GlAusſch. jederzeit perſönlich einzufinden, auf Anordnung des KG. auch vor der GlVerſ. Zwangsmittel: Vorführung, Verhaftung des GSch. (§ 101 Abſ. 2), Offenbarungseid (§ 125), Verkürzung oder Unterziehung der Unterſtützung. Gegen mißbräuchl. Anwendung des Fragerechtes durch den Verw. kann ſich der GSch. an das KG. wenden (§ 83). Auch gegen den GlAusſch. kann der Schutz des G. inſofern erbeten werden, als der GSch. unter Darlegung des Sachverhalts erſucht, von gerichtl. Zwangsmitteln Umgang zu

nehmen. Die einzelnen KGl., ferner Aussonderungsberechtigte, Absonderungsberechtigte, MasseGl. können auf Grund des § 100 keine Auskunft verlangen. Aber Anregung an das G. möglich, nach § 75 zu verfahren.

3. Beschwerderecht. Ordnet das G. an, daß der GSch. in der GlVers. Auskunft gibt, so kann sich der GSch. beschweren (§ 73 Abs. 3). Beschwerde gegen die Ablehnung des Antrags hat der KGl. oder der KVerw., der den Antrag gestellt hat. Ist der Antrag ein Beschl. der GlVers., so kann sich jeder zustimmende KGl. beschweren.

4. Auskunftspflicht der Vertreter usw. des GSch. Als GSch. im Sinne des § 100 kommen in Betracht im NachlK. jeder Erbe, im K. der o. H. usw. jeder (persönlich haftende) Gesellschafter. Im K. einer juristischen Person trifft die Auskunftspflicht den oder die gesetzlichen Vertreter (Begr. I 445, KommBer. I, 117). Desgleichen den gesetzl. Vertreter, wenn der GSch. geschäftsunfähig oder in der Geschäftsfähigkeit beschränkt ist. Ob daneben auch der in der Geschäftsfähigkeit beschränkte (nicht der geschäftsunfähige) GSch. zur Auskunft herangezogen werden kann, läßt es sich nur für den einzelnen Fall entscheiden. Grundsätzlich ist die Heranziehung nicht ausgeschlossen. Vgl. (im einzelnen abw.) Seuffert 298f., Jaeger Anm. 4, 5, Fitting 342 Anm. 5. Angehörige, Bevollmächtigte, Angestellte u. a. des GSch. sind nach § 100 nicht auskunftspflichtig. Zur Aufklärung der Verh. können sie aber gerichtlich als Zeugen vernommen werden (§ 75), soweit sie nicht entspr. der ZPO. das Zeugnis verweigern dürfen; s. auch § 75 Anm. 2.

Zwangsmaßregeln gegen den GSch.

§ 101. (§ 93.)

I Der Gemeinschuldner darf sich von seinem Wohnorte nur mit Erlaubnis des Gerichts entfernen.

II Das Gericht kann die zwangsweise Vorführung und nach Anhörung des Gemeinschuldners die Haft desselben anordnen, wenn er die ihm vom Gesetze auferlegten Pflichten nicht erfüllt, oder wenn es zur Sicherung der Masse notwendig erscheint.

Begr. I 317 f., KommB. I 70. — Unverändert durch die Nov.

1. Entfernungsverbot (Abs. 1). Das Verbot soll sichern, daß der GSch. während des Verf. für das KG. und die Verwaltungsorgane immer erreichbar ist, es hat keineswegs den Inhalt einer Strafe. Immerhin enthält es eine wesentliche Beschränkung der persönlichen Freiheit, die nur gegenüber dem GSch. im UniversalK. gerechtfertigt ist. Das Verbot trifft also nicht den GSch. im SonderK. und auch nicht den gesetzl. Vertreter (Vater, Mutter, Vormund) des GSch. Eine Ausnahme ist zu machen zuungunsten der (persönlich haftenden) Gesellschafter der im K. befindlichen o. H. usw. Weitergehend Jaeger Anm. 5, Fitting 343 Anm. 7. Zweifelnd Seuffert 298f. Verletzung des Verbots kann zum Einschreiten nach Abs. 2 führen. Die Erlaubnis kann unter Bedingungen erteilt werden (vgl. Jaeger Anm. 1). Über die bürgerlichrechtliche Seite des Verbots s. Posen OLG. 19, 225.

2. **Zwangsvorführung und Haft** (Abs. 2) werden von Amts wegen oder auf Antrag verfügt, Haft nur nach Anhörung des (u. U. dazu vorgeführten) GSch., wenn der GSch. eine ihm gesetzlich auferlegte Pflicht, insbes. die Auskunftspflicht (§ 100), nicht erfüllt oder wenn die Masse vor unzulässigen Einwirkungen des GSch., Verschleppung von Sachen, Einziehung von Ausständen, Störung der Tätigkeit des Verw. u. a. gesichert werden muß. Vorführung und Verhaftung sind Zwangsmittel, nicht Strafen. Die Verhaftung erfolgt auf Grund eines Haftbefehls durch einen Gerichtsvollzieher vorbehaltlich des § 912 ZPO. Auf die Zulässigkeit der Haft und ihre Vollstreckung finden (s. § 72) die §§ 904, 905, 906, 907, 908, 910 ZPO. entspr. Anwendung. Die Haft darf nicht länger als 6 Monate dauern (entspr. § 913 ZPO.) und nicht über die Beendigung des K. fortgesetzt werden, muß auch sonst aufgehoben werden, wenn die Voraussetzung der Anordnung weggefallen ist. Vorführung und Haft sind auch zulässig gegen Personen, die an der Stelle des GSch. stehen oder ihn vertreten (vgl. Anm. 4 zu § 100), soweit die Maßnahme, die erzwungen werden soll, zum Pflichtenkreis des Betroffenen gehört. Gegen die Anordnung der Haft und die Ablehnung der Aufhebung des Haftbefehls kann sich auch der Verw. beschweren (§ 73 Abs. 3), weil die Haftkosten (wie die Vorführungskosten; s. § 9 Abs. 1 GV.GebO.) Massekosten sind (§ 58 Nr. 1). Der antragstellende KGl. hat die Haftkosten weder vorauszuzahlen (anders § 911 ZPO.; vgl. Jaeger Anm. 3) noch zu erstatten.

Zweiter Titel.

Eröffnungsverfahren.

Vorbemerkung.

KGrund ist beim RegelK. die Zahlungsunfähigkeit des Sch., deren Eintritt bei Zahlungseinstellung ohne weiteres angenommen wird (§ 102). Die KE. ist nur möglich auf Antrag des GSch. oder eines KGl. (§ 103). Dem ersteren Antrag kann, dem letzteren muß, abgesehen von der Ausnahme des § 105 Abs. 3, eine Ermittlung des Sachverhalts vorausgehen. §§ 105, 106. Zum Vollzuge des Eröffnungsbeschlusses ist eine Reihe von Verrichtungen erforderlich; §§ 110—113.

Die Nov. hat den § 106 Abs. 1 dem BGB, angepaßt, und in § 107 die KE. auch bei unzulänglicher Masse zugelassen, wenn ein zur Kostendeckung ausreichender Geldbetrag vorgeschossen wird, ferner die Führung eines Verzeichnisses über die vermögenslosen Schuldner angeordnet. Durch § 110 Abs. 2 ist jetzt die Verbindung der ersten Gl.-Vers. mit dem Prüfungs- und dem Zwangsvergleichstermin ermöglicht. Neu eingefügt wurden die §§ 113 bis 115. Der § 116 entspr. im wesentlichen dem früheren § 105.

Grundsätzlich abweichende Vorschriften über die KE. enthält für Versicherungsaktienges. und Versicherungsvereine a. G. des § 68 VAG. Dazu §§ 102, 73, 74, 75, 84, 109 VAG. Der Antrag auf KE. kann nur von der aufsichtführenden Reichs- oder Landesbehörde gestellt werden. Für das KG. ist ein ordnungsmäßiger Antrag bindend „unbeschadet der Vorschr. im § 107 Abs. 1 KO." Der EBeschl. ist nicht anfechtbar. Der EAntrag der Aufsichtsbehörde unterliegt aber dem Rekurs. Wird die Entsch. der Aufsichtsbehörde aufgehoben, so hat das KG. das mittlerweile eröffnete KVerf. einzustellen.

Konkursgrund. **§ 102.** (§ 94.)

I **Die Eröffnung des Konkursverfahrens setzt die Zahlungsunfähigkeit des Gemeinschuldners voraus.**

II **Zahlungsunfähigkeit ist insbesondere anzunehmen, wenn Zahlungseinstellung erfolgt ist.**

Begr. I 319 f., KommB. I 71 f. — Unverändert durch die Nov.

1. Allgemeines.

a) KGrund ist im Regelfalle die Zahlungsunfähigkeit des Sch. Ausnahmsweise ist Überschuldung erforderlich und genügend für die KE. über einen Nachlaß (§ 215) und über das Gesamtgut einer fortgesetzten GG. (§ 236). Außer der Zahlungsunfähigkeit ist die Überschuldung Grund für die KE. über das Verm. einer Aktienges. (§ 207 Abs. 1), einer Kommanditaktienges. (§ 209 Abs. 1 S. 2), eines sonstigen juristischen Person oder eines Vereines mit passiver Prozeßfähigkeit (§ 213), einer G. m. b. H. (GmbHG. § 63 Abs. 1), einer aufgelösten Genossensch. (GenG. § 98), u. U. auch für die KE. über das Vermögen einer Genossensch. mit beschränkter Haftpflicht (GenG. § 140).

b) Der K. wird nicht von Amts wegen sondern nur auf Antrag eröffnet. Auf den Antrag — auch des Sch. — ist aber von Amtswegen zu prüfen, ob die KGrund vorliegt. Keine rechtliche Voraussetzung ist (wichtig wegen § 30!), daß eine Mehrheit von KGl. vorhanden ist (herrsch. M., s. RGZ. 11, 42; Königsberg LZ. 12, 660; näheres Jaeger Anm. 1).

c) Wird der K. gegen eine Militärperson beantragt, so ist § 752 ZPO. nicht entspr. anwendbar (a. M. Hellmann 420). Anzeige bei der vorgesetzten Militärbehörde vor der KE. ist also nicht erforderlich.

2. Zahlungsunfähigkeit. Sie ist nach Abs. 2 „insbesondere anzunehmen", wenn Zahlungseinstellung erfolgt ist. Zahlungseinstellung ist die im Verhalten des Sch. für die Beteiligten zum Ausdrucke kommende Tatsache, daß der Sch. wegen voraussichtlich dauernden Mangels an Zahlungsmitteln seine fälligen Geldschulden allgemein nicht erfüllt, obwohl ihre Zahlung von ihm verlangt wird, oder kürzer die Kundgebung der Zahlungsunfähigkeit durch den Sch. Näheres darüber und über die Abgrenzung von Überschuldung, Zahlungsstockung, Zahlungszögerung s. Anm. 1b zu § 30. Die Zahlungsunfähigkeit tritt fast ausschließlich durch die Zahlungseinstellung in Erscheinung. Die Zahlungseinstellung im Sinne des § 102 Abs. 2 (wie nach § 30: Anm. 1b zu § 30) schließt ihrerseits die Zahlungsunfähigkeit des Sch. in sich. Rechtlich unmöglich ist jedoch nicht, daß die Zahlungsunfähigkeit des Sch. auf andere Weise hervortritt. Zur unklaren Fassung des Ges. s. Jaeger Anm. 2. Ob Zahlungsunfähigkeit des Sch. vorliegt, hat das G. unter Würdigung des ihm vorgelegten Materials und des Ergebnisses etwaiger Ermittlungen nach freier Überzeugung zu entscheiden. Seine Auffassung bindet aber den Prozeßrichter nicht (s. Anm. 1b zu § 30).

3. **Einfluß der Geschäftsaufsicht.** Unzulässig ist die KE. während der Dauer der Geschäftsaufsicht. (§ 6 Abs. 1 GeschAVO.). Die GeschA. beginnt mit Erlaß des Anordnungsbeschl. (Klimmer § 21 Anm. 2; bestr.; s. auch Bendix DJZ. 22, 604; Jwand DJZ. 21, 889); sie endet einmal mit der Rechtskraft des Beschl., durch den ein Zwangsvergleich bestätigt wird (§ 69 GeschAVO.), ferner mit der Rechtskraft des sie aufhebenden Beschl. (§ 68 S. 2 GeschAVO.). Tod des Sch. beendet sie nicht ohne weiteres (Klimmer § 66 Anm. 1, § 73 Anm. 2).

EAntrag. § 103. (§ 95.)

I Das Verfahren kann nur auf Antrag eröffnet werden.

II Zu dem Antrage ist der Gemeinschuldner und jeder Konkursgläubiger berechtigt.

Begr. I 325 f., KommB. I 73 f. — Unverändert durch die Nov.

1. **Antragsrecht.** Der K. wird nicht von Amts wegen sondern nur auf Antr. eröffnet. Den Antr. kann der GSch. stellen, ferner jeder KGl. (§ 3 Abs. 1, § 63) ohne Rücks. auf die Höhe seiner Forderung und ohne Rücks., ob er für seine Forderung einen vollstr. Titel hat oder nicht, ob der GSch. die Forderung bestreitet (s. Anm. zu § 105) und ob seine Forderung unbedingt (fällig) oder bedingt (betagt), bevorrechtigt oder nicht bevorrechtigt ist. Die Forderung muß aber dem Antragst. zur Zeit der gerichtl. Entsch. in der ersten oder in einer weiteren Instanz noch zustehen. Durch die Rechtskraft des EBeschl. werden Antragsmängel geheilt (Jaeger Anm. 6). Besondere Vorschr. über den Antr. auf E. des NachlaßK. oder des GesamtgutsK. s. § 217—220, 232, 233, 236, über den Antr. auf E. des K. einer Aktienges. s. § 208, über den Antr. auf E. des K. einer o. H., KommGes., Kommanditaktienges. s. § 210, über den Antr. auf E. des K. einer nicht bes. behandelten jurist. Person oder eines nicht rechtsfähigen Vereins s. § 213 mit § 208. S. ferner die besonderen Vorschr. in § 63 Abs. 2 GmbHG. mit § 208 KO., in §§ 100, 118 GenG.

2. **Antragspflicht.** Eine Antragspflicht besteht nur ausnahmsweise. Zum EAntr. verpflichtet sind der Vorstand oder die Liquidatoren eines rechtsfähigen Vereins (§§ 42, 48, 53 BGB.), der Vorstand oder die Liquidatoren einer bürgerlich-rechtlichen Stiftung (§§ 86, 88 BGB.), u. U. auch der Vorstand einer Körperschaft, Stiftung oder Anstalt des öffentlichen Rechts (§ 89 Abs. 2 mit § 42 Abs. 2 BGB.), der Vorstand oder die Liquidatoren einer Aktiengesellschaft (§§ 240, 241, 298, 315 HGB.), die persönlich haftenden Gesellschafter oder Liquidatoren einer Kommanditgesellsch. auf Aktien (§§ 320, 325 HGB.), der Vorstand oder die Liquidatoren einer Genossensch. (§§ 99, 118, 140, 148 GenG., dazu RGSt. 25, 86), die Geschäftsführer oder Liquidatoren einer Gesellsch. mit beschr. H. (§§ 64, 71, 84 GmbHG., dazu RGZ. 72, 287 f.), der Erbe und der Nachlaßverwalter (§§ 1980, 1985 BGB.). Wegen der

Anzeigepflicht des Vorstandes und der Liquidatoren einer VersAktGes. oder eines VersV. a. G. s. § 68 Abs. 2 VAG. und Bem. vor § 102. Wegen der zivilrechtl. Tragweite der Antragspflicht vgl. RGZ. 73, 34, Jaeger Anm. 5.

3. **Verfahren.** Für die Antragstellung gelten keine besonderen Vorschr. Der Antr. kann also schriftlich oder mündlich zu Prot. des Gerichtsschr. (s. auch Anm. 2 zu § 73) gestellt werden; ohne Anwaltzwang, persönlich oder durch einen Bevollmächtigten, (der Prokurist ist nicht antragsberechtigt, Staub § 49 Anm. 1). Wer nicht prozeßfähig ist, wird nach dem bürgerl. Rechte bei der Antragst. vertreten (entspr. § 51 ZPO.). Das Antragsrecht einer Frau wird dadurch, daß sie Ehefrau ist, nicht beschränkt (entspr. § 52 Abs. 2 ZPO.). Eine andere Frage, die das ehel. Güterrecht entscheidet, ist, ob ihr nicht die Legitimation zur Geltendmachung der KForderung und damit zur Antragst. fehlt. Kosten Anm. 1 zu § 58. Bewilligung des Armenrechts an den Antragsteller, auch den GSch., möglich, s. § 72 mit ZPO. §§ 114 f. Fraglich und streitig ist, ob der KAntr. noch nach der KE. bis zur Rechtskr. des Beschlusses zurückgenommen werden kann. Die Frage ist zu verneinen (herrsch. Ans.; s. Jaeger Anm. 3 mit Lit., Frankfurt LZ. 2, 175; a. A. Meyer JW. 33, 34). Eröffnet das LG. auf Beschwerde, so ist die Zurücknahme bis zur Rechtskraft zulässig, außer es ist eine Anordnung nach § 74 S. 2 getroffen (Naumburg OLG. 25, 336). Mit der KE. treten weittragende rechtl. Veränderungen ein, die der Antragst. nicht nach Belieben rückgängig machen kann. Bis zur KE. kann auch der GSch. seinen Antr. zurückziehen und dadurch das Verf. beendigen (vgl. § 53 Abs. 2 GKG.). Durch die Zurücknahme wird das Antragsrecht nicht verbraucht. Liegen mehrere Antr. vor, so greift das G. nach der Zurücknahme des einen auf den nächstälteren zurück. Das sich hieran anschließende Verf. ist wie das Verf. auf einen nach der Zurückn. gestellten Antr. rechtlich ein neues Verf. Vgl. auch Begr. I 329.

Das Antragsrecht des GSch. oder eines KGl. kann durch Vertr. weder dauernd noch zeitweise ausgeschlossen werden. Mittelbar kann aber der Ausschluß eines Gl. dadurch herbeigeführt werden, daß der Forderung die Klagbarkeit entzogen wird (bestr. Kohler 88, Seuffert 134 [mit Lit.], Colmar LZ. 4, 572 und 6, 410 u. a. gegen Jaeger Anm. 3 [mit Lit.], Darmstadt OLG. 19, 225 u. a.).

Antrag des GSchuldners. § 104. (§ 96.)

Beantragt der Gemeinschuldner die Eröffnung des Verfahrens, so hat er ein Verzeichnis der Gläubiger und Schuldner, sowie eine Übersicht der Vermögensmasse bei Stellung des Antrags einzureichen oder, wenn dies nicht tunlich ist, ohne Verzug nachzuliefern.

Begr. I 329, KommB. I 74 f. — Unverändert durch die Nov.

a) Beantragt der GSch. oder sein Vertreter die KE., so darf das G. im allg. davon ausgehen, daß der Antr. nicht ohne Grund gestellt ist. Das Vorverfahren kann Sch. dann sehr summarisch gestalten. Persönl. Anhörung des Sch. ist nicht geboten. Der GSch. braucht nur ein Verzeichnis seiner Gl. und Sch. zweckmäßig unter Angabe der Beträge und des Rechtsgrundes der Anspr., und eine rohe Übersicht der Aktiv- und Passivmasse einzureichen. Die Aufzeichnungen sollen dem G. den ersten Überblick über den Stand der Sache ermöglichen und den Vollz. des § 111 Abs. 3 erleichtern, sie sind aber nicht Vorauss. für die KE. Aber auch dem EAntr. des GSch. gegenüber hat das KG. unter freier Würdigung aller Umstände (entspr. § 286 ZPO.) von Amts wegen zu prüfen, ob der KGrund (Zahlungsunfähigkeit, Überschuldung) vorliegt. Es ist z. B. möglich, daß der Antr. nur aus Schikane gegen die KGl. gestellt wurde, oder um diese zur Nachgiebigkeit zu nötigen. Hat das G. von sich aus oder auf fremde Mitteilung Zweifel an dem Vorliegen des KGrundes, so hat es von Amts wegen Ermittlungen (§ 75) anzustellen. (Vgl. die eingehenden Erörterungen in der Komm. I Ber. 74 f.). Auch die Form des Antr. und die Legitimation des Antragst. prüft das G. von Amts wegen. Einen unbegründeten Antr. weist das G. unter Bekanntgabe der Gründe ab. Der abweisende Beschl. wird nur dem Antragsteller zugestellt (Beschwerde § 109). Der zurückgewiesene Antr. kann erneuert werden.

b) Nach besonderen Vorschr. (§ 208 Abs. 2, § 210 Abs. 2, § 213, § 217 Abs. 2, § 236 GenG., § 100 Abs. 2, § 118, GmbHG. § 63 Abs. 2 mit KO. § 208 Abs. 2) ist u. U. Glaubhaftmachung des K.-Grundes und Anhörung anderer Personen als des Antragst. geboten.

Antrag eines KGläubigers.

§ 105. (§ 97.)

I Der Antrag eines Gläubigers auf Eröffnung des Verfahrens ist zuzulassen, wenn die Forderung des Gläubigers und die Zahlungsunfähigkeit des Gemeinschuldners glaubhaft gemacht werden.

II Wird der Antrag zugelassen, so hat das Gericht den Schuldner zu hören und, sofern dieser nicht seine Zahlungsunfähigkeit oder Zahlungseinstellung einräumt, die erforderlichen Ermittelungen anzuordnen.

III Die Anhörung des Schuldners kann unterbleiben, wenn sie eine öffentliche Zustellung oder eine Zustellung im Auslande erfordert; in diesem Falle ist, soweit tunlich, ein Vertreter oder Angehöriger des Schuldners zu hören.

Begr. I 327 f., KommB. I 74 f., 162. — Unverändert durch die Nov.

Der Antr. eines KGl. (§ 103 Abs. 2) wird nur „zugelassen", wenn er a) seine Forderung, auch ihre Eigensch. als KForderung (Anm. 1 zu § 103), b) den KGrund glaubhaft macht. Zur Glaubhaftm. kann sich der KGl. entspr. § 294 ZPO. aller sofort zur Verfügung stehenden Beweismittel bedienen, er kann z. B. auch eine schriftl. Erkl. des GSch. vorlegen, worin dieser das Bestehen der Forderung und seine Zahlungsunfähigkeit einräumt, oder Auskunftspersonen mitbringen, deren Erklärung der GSchr. aufzunehmen hat. Über die von ihm behaupteten Tatsachen kann der Antragst. zur Versicherung an Eides Statt zugelassen werden, z. B. über den Bestand seiner Forderung, für den ihm ein sonstiges Beweismittel fehlt. Die Glaubhaftm. der KForderung und des KGrundes ist rechtl. Voraussetzung für das Verfahren des G. Selbstverständlich hat das G. daneben von Amts wegen seine Zuständigkeit und die Legitimation des Antragst. zur Geltendmachung der Forderung zu prüfen (s. dazu Anm. 3 zu § 103; wegen der Leg. des Pfandgl. Jaeger Anm. 2 zu § 103). Fehlt die Voraussf., so lehnt das G. durch Versagung der Zulassung des Antr. (vgl. GKG. § 53 Abs. 2) ein weiteres Eingehen ab. Der Beschluß wird nur dem Antragst. zugestellt. Beschwerde § 109. Ist die Voraussf. gegeben, so verfügt das G., ohne die Zulassung des Antr. beschlußmäßig auszusprechen, nach Abs. 2, 3 und § 106. Die Anhörung des GSch. (seines gesetzl. Vertr.) ist vorbeh. des Abs. 3 und abges. von dem Falle, daß sich der GSch. dem G. gegenüber schon geäußert hat, obligatorisch, muß also auch erfolgen, wenn der GSch. sich außerhalb des Gerichtsbezirkes im Deutschen Reiche aufhält. Wie sie erfolgt (Vorladung vor das KG., Vernehmung im Wege der Rechtshilfe, Aufforderung zur schriftl. Äußerung unter Fristsetzung), steht im Ermessen des G. Zwangsmittel sind Vorführung, Verhaftung (§ 106). Gerichtl. Ladungen und Aufforderungen sind entspr. §§ 208 f. ZPO. zuzustellen (s. § 73 Abs. 2). Die Anhörung **kann** unterbleiben, wenn öffentl. Zust. erforderlich wäre (s. § 203 ZPO.), also namentl., wenn der Aufenth. des GSch. unbekannt ist, oder wenn der GSch. sich (wenn auch vorübergehend) im Auslb. aufhält und ihm deshalb dort zugestellt werden müßte (s. §§ 199 f. ZPO.). Da das G. von der Zustellung an den im Ausl. befindl. Sch. überhaupt absehen kann, darf es sich auch mit einer formlosen Nachricht an ihn unter Aufforderung zur Erklärung begnügen. Unterbleibt die Anhörung des Sch., so ist, soweit im Einzelfall tunlich, ein Angehöriger des Sch. oder ein Vertreter (nicht im strengrechtl. Sinne; jede Person, die mit den Verh. des Sch. vertraut ist und deren Befragung dem mutmaßl. Willen des Sch. entspricht) zu hören. Zwang kann gegen solche Personen nicht geübt werden. Bei der Anhörung des Sch. usw. sucht das KG. zweckmäßig die im § 104 bezeichneten Nachweise zu beschaffen. Der GSch. wird ferner, wenn die KE. wahrscheinlich ist, schon jetzt über rechtl. bedeutsame Verh., wie den Besitz von Grundst. oder eingetr. Rechten (s. § 113), die Firmenführung (s. § 112), die Führung von Vormundsch. oder Pflegsch. (s. BGB. §§ 1886, 1781 Nr. 3, § 1915) zu hören sein. Vgl. Senst KR. 71. Räumt der Sch. ein, daß der KGrund vorliegt, so hat das G. in der Regel keinen Anlaß darüber weitere Ermittlungen anzustellen. Es ist aber daran nicht gehindert. Die Rechtslage ist die gleiche, wie wenn der Sch. den Antr. gestellt hätte. S. zu § 104. Der Sch. kann übrigens auch sonstige Einwendungen bringen, z. B. die Glaubhaftm. der Forderung des Antragst. durch sofort zur Verfügung stehende Beweismittel widerlegen (vgl. Jaeger Anm. 3, Senst KR. 72).

Ist der Antr. nach dem weiteren Verf. als unzulässig oder unbegründet zu erachten, so wird er abgewiesen. Zustellung und Beschwerde w. o.

Bei Abweisung hat der Sch. gegen den Gl. Anspruch auf Kostenerstattung in entsprechender Anwendung des § 91 ZPO. (s. § 72) Anspruch auf Kostenerstattung (Jaeger LZ. 8, 841; a. A. Jena Seuff.-Arch. 72, 93) s. auch § 73 Anm. 1.

Sicherheitsanordnungen. **§ 106.** (§ 98.)

I Das Gericht kann die zwangsweise Vorführung und die Haft des Schuldners anordnen. Dasselbe kann alle zur Sicherung der Masse dienenden einstweiligen Anordnungen treffen. Es kann insbesondere ein allgemeines Veräußerungsverbot an den Schuldner erlassen.

II Bei der Abweisung des Eröffnungsantrages sind die angeordneten Sicherheitsmaßregeln aufzuheben.

Begr. I 329 f., KommB. I 77, 162; Begr. II 38 f., KommB. II 25. — Geändert durch die Nov.

1. Allgemeines.

a) Bevor über den EAntr. entschieden werden kann, trifft das KG., wenn es nach den Umständen des Falles angezeigt ist, Sicherheitsmaßregeln, die sich gegen die Person des Sch. oder dessen Verm. richten. Zweck der Anordnungen ist in erster Linie die Sicherung der künftigen Masse gegen die Nachteile, die durch die Verzögerung der KE. drohen. Das KG. kann deshalb nur Maßnahmen treffen, die mit den Beschränkungen des GSch. nach der KE. verträglich sind.

b) Maßregeln gegen die Person des Sch. sind namentlich Vorführung zur Vernehmung, Verhaftung zur Erzwingung der Ausk. oder zur Sicherung der Masse vor unzulässigen Einwirkungen, Entfernungsverbot (entspr. § 101), Postsperre (entspr. § 121). Wegen der Haft s. entspr. Anm. 2 zu § 101; Anhörung des Sch. vor Anordnung der Haft ist aber nicht vorgeschrieben.

c) Maßnahmen gegen die Verfügungsgewalt des Sch. über sein Verm. sind u. a. Anlage von Pfandzeichen mit Veräußerungsverbot, Wegnahme wertvoller Gegenstände z. B. von Wertpapieren, Depotsperre, Anordnungen entspr. § 118, auch (bestr.) die Schließung des Geschäftes des Sch. Einwirkungen Dritter auf das Verm. des Sch. durch Zwangsvollstr. kann das G. nicht unmittelbar verbieten, aber durch Erl. eines allg. Veräußerungsverbots (Anm. 2) mittelbar ausschließen.

d) Einen Anspruch auf Abwendung des Vollzugs von Sicherheitsmaßregeln durch Sicherheitsleistung (vgl. §§ 923, 939 ZPO.) hat der Sch. nicht. Das G. hat hier freie Hand.

2. Allgemeines Veräußerungsverbot.

a) Durch ein allgem. Veräußerungsverb. wird dem Sch. die Verfügung über alle Gegenstände untersagt, die zur KMasse gehören würden, wenn der Konk. im Zeitp. der Erlassung des Verbotes eröffnet würde. Das Verbot trifft sonach die Verf. über kfreie Gegenstände nicht. Es bezweckt nur den Schutz der künftigen KGl., hat also nach näherer Maßg. der §§ 136, 135 BGB. nur relative Wirkung. Die dem Verbote widersprechende Verf. des Sch. durch Rechtsgesch., dann Verf. im Wege der Zwangsvollstr. oder der Arrestvollz. sind nur den geschützten Personen gegenüber unwirksam. Die verbotene Verf. ist demnach voll wirksam, wenn das Verbot nach Abs. 2 oder wegen Zurückn. des dem Verfahren zugrunde liegenden Antr. aufgehoben wird, ferner nach der Beendigung des K., soweit sie nicht durch Verfügungen des KVerw. gegenstandslos geworden ist. Wird nach der Zurücknahme des Antr. das KVerf. auf einen anderen Antr. wieder eingeleitet, so kann ein neues Veräußerungsverbot erlassen werden; das frühere hat seine Wirkung verloren. Die rechtl. Wirkung des Veräußerungsverb. geht nicht so weit als die Vorschr. des § 7 Abs. 1 und des § 14. Nach BGB. § 135 Abs. 2 (§ 136) finden die Vorschr. zugunsten derjenigen, welche Rechte von einem Nichtberechtigten herleiten, entspr. Anwendung. Der gute Glauben des Erwerbers wird hiernach — vorbeh. der Gl.-Anfechtung — nicht bloß im rechtsgeschäftl. Grundstückverkehr, sondern auch im übrigen rechtsgeschäftl. Verkehr entspr. den allg. Vorschr. geschützt. S. dazu bes. BGB. §§ 407, 892, 893, 932 f., 1032, 1138, 1155, 1156, 1207, 1244, 2366; WO. Art. 36, 74, 82, vgl. auch BGB. § 816, HGB. § 366. Die Kenntnis des KAntr. steht der Kenntnis des Veräußerungsverb. nicht gleich. Das Veräußerungsverb. wird mit der Zustellung der Entsch. an den Sch. wirksam, nicht erst mit der Rechtskr. der Entsch. Die Zustellung kann durch öffentl. Bek. erfolgen (§ 76 Abs. 3) und wird dann wirks. mit dem im § 76 Abs. 1 S. 2 bez. Zeitp. Vorgeschrieben ist die öffentl. Bek. der Entsch. nicht; die Berufung des Dritten auf den guten Gl. schließt sie nicht aus. Auch die Zwangsvollstr. (Arrestvollz.) ist nur relativ, nicht wie im K. (§ 14 Abs. 1) schlechthin unwirksam. Der gute Gl. des betreibenden Gl. wird aber regelmäßig nicht geschützt. S. jedoch § 898 ZPO.

b) Prozeßführung als solche ist nicht Verfügung. Der vom Verbote betroffene Sch. kann klagen und verklagt werden. Anhängige Sachen werden nicht unterbrochen. Die Wirkungen der KE. auf das Prozeßführungsrecht des Sch. (vgl. §§ 6, 10 f.) treten nicht schon mit dem Erlasse des allgem. Veräußerungsverb. ein (vgl. auch Planck [4] VI zu § 135).

c) Eintr. des allg. Veräußerungsverb. im Grundbuche s. § 113. Dazu wegen unerledigter Eintragungsantr. § 878 BGB.; wegen des öff. Gl. des Grundbuchs § 892 Abs. 1 S. 2 BGB.

d) Wegen der strafrechtl. Bedeutung des allg. Veräußerungsverb. (§§ 137, 288 StGB.) s. RGSt. 20, 244.

3. **Aufhebung der vorläufigen Maßregeln.** Sie kann jederzeit vor der Entsch. über den KAntr. erfolgen, z. B. wenn die Erhebungen die Abweisung des KAntr. wahrscheinlich machen. Sie muß erfolgen „bei" der Abweisung des KAntr., zweckmäßig im gleichen Beschlusse, also sofort mit der Abweisung, nicht erst, wenn der abweisende Beschl. rechtskräftig ist. § 113 entspr. auf die Löschung der Grundbuchvermerke anzuwenden. Die Auslagen des Staates für die vorl. Anordnungen, insbes. Haftkosten, sind nach Maßg. des GKG. §§ 79 f., 86, 89 von dem abgewiesenen Antragst. zu tragen. Wird der K. eröffnet, so gehören sie zu den Massekosten (§ 58 Nr. 1).

4. **Beschwerderecht.** Gegen die Anordnung von Sicherheitsmaßregeln kann sich der Sch. selbständig beschweren (§ 73 Abs. 3), gegen die Abweisung eines darauf gerichteten Antrags der antragstellende KGl.

Abweisung mangels Masse. § 107. (§ 99.)

I Die Abweisung des Eröffnungsantrags kann erfolgen, wenn nach dem Ermessen des Gerichts eine den Kosten des Verfahrens entsprechende Konkursmasse nicht vorhanden ist. Die Abweisung unterbleibt, wenn ein zur Deckung der im § 58 Nr. 1, 2 bezeichneten Massekosten ausreichender Geldbetrag vorgeschossen wird.

II Das Gericht hat ein Verzeichnis derjenigen Schuldner zu führen, bezüglich deren der Eröffnungsantrag auf Grund der Vorschrift des Abs. 1 Satz 1 abgewiesen worden ist. Die Einsicht des Verzeichnisses ist Jedem gestattet. Nach dem Ablaufe von fünf Jahren seit der Abweisung des Eröffnungsantrags ist die Eintragung in dem Verzeichnisse dadurch zu löschen, daß der Name unkenntlich gemacht wird.

Begr. I 331 f., KommB. I 77; Begr. II 39, KommB. II 25 f. — Geändert durch die Nov.

1. **Regelfall.** Ist eine den Kosten des Verf. entsprechende, d. h. eine zur Deckung der Gerichts- und der Verwaltungskosten (§ 58 Nr. 1, 2) ausreichende Masse nicht vorhanden, so hätte der K. keinen Zweck; er würde nur zur Schädigung der Gl. und des Sch. führen. Ist dieser Fall zweifelsfrei gegeben, so hat das G. den EAntr. abzuweisen. Häufig wird aber der voraussichtliche Bestand der Aktivmasse im EVerf. sehr schwierig zu bestimmen sein. Abgesehen davon, daß dem G. dafür vielfach nur die unsichere und oft unzuverlässigen Angaben des Sch. zur Verfügung stehen, läßt sich nur selten voraussagen, welche Werte Forderungen, belastete Grundstücke, anhängige Rechtsstreitigkeiten, Anfechtungen usw. der Masse zuführen werden. Das G. ist hier auf eine rohe und summarische Schätzung angewiesen. Wegen des Verf. des G. bei der Wertermittlung und der Zuziehung des Antragst. s. LZ. 4, 921. Im Zweifel wird der K. eröffnet. Er kann dann nach § 204 wieder eingestellt werden, wenn Ermittlungen des Verw. seine Zwecklosigkeit ergeben haben. Wenn das Ges. sagt, daß das G. den EAntr. abweisen *kann*, so heißt das nur, daß die Würdigung der Sachlage in das pflichtmäßige, im Beschwerdeverf. nachprüfbare *Ermessen* des G. gestellt ist. Keineswegs steht die eine oder andere Entsch. im Belieben des G. Deswegen, weil die KDividenden voraussichtlich nicht im Verhältnisse zum Kostenaufwand stehen werden, darf das G. den EAntr. nicht abweisen.

b) Die Abweisung wird nur dem Antragsteller durch Zust. eröffnet, nicht öff. bekannt gemacht. Zweifellos liegt darin eine Unebenheit gegenüber § 204.

2. **Ausnahmen.** Die Abweisung mangels Masse ist wegen der Haftung der Genossen ausgeschlossen, wenn die E. des K. über eine Genossensch. beantragt ist (§ 100 Abs. 3 GenG.). Sie ist ferner nicht zulässig (vgl. auch § 204), wenn der Antragst. oder ein anderer einen vom G. bezeichneten oder für ausreichend erachteten Geldbetr. vorschießt, der voraussichtl. die Massekosten nach § 58 Nr. 1, 2 deckt. Das G. wird demnach, wenn es mangels Masse abweisen will, dem Antragst. vorher anheimgeben, einen von ihm bezeichneten Vorsch. binnen bestimmter Frist einzuzahlen. Das Verlangen des Vorsch. und dessen Höhe kann mit der Beschwerde gegen die Abweisung (§ 109) beanstandet werden. Vgl. Hamburg LZ. 2, 627. Nach Jaeger Anm. 3, 5 soll ein Beschluß auf Anordnung der Vorschußleistung ergehen, der selbständig der sof. Beschwerde unterliegt. Der gezahlte Vorschuß entlastet die Masse, ohne daß diese einen Anspr. darauf hat, und dürfte deshalb, soweit er den gewöhnlichen Vorschuß (Anm. 1b zu § 58) übersteigt, eine KMasseschuld nach § 59 Nr. 3 sein. S. aber wegen des persönl. Anspr. gegen den GSch. Dresden LZ. 3, 331.

3. Das **Verzeichnis** nach Abs. 2 ist dem Verzeichnis über Offenbarungseide (§ 915 ZPO.) nachgebildet. Die Änderungen des § 915 ZPO. durch die Nov. von 1909 sind allerdings nicht übernommen. Der GSchr. dürfte aber gehalten sein, auf Antr. auch über das Bestehen oder Nichtbestehen einer Eintragung in dem Schuldnerverz. nach § 107 KO. zu geben. Bei schriftl. Auskunft werden Schreibgebühren und Portokosten erhoben. Sonst ist die Ausk. gebührenfrei. Auszüge oder Abschriften aus dem Verz. werden nach dem Ges. nicht erteilt; s. aber für Württemberg JMV. v. 15. März 1915 (JMBl. 23); für Preußen § 35 Nr. 9 GeschO. Durch Anordnung der Justizverwaltung kann das Verzeichnis nach § 915 ZPO. mit dem nach § 107 Abs. 2 KO. zu einem Verzeichnis vereinigt werden. S. weiteres z. B. § 35 preuß. GeschO., §§ 156 f., § 184 bayr. GeschAnw.

Eröffnungsbeschluß. **§ 108.** (§ 100.)

I Der Eröffnungsbeschluß hat die Stunde der Eröffnung anzugeben.

II Ist dies versäumt worden, so gilt als Zeitpunkt der Eröffnung die Mittagsstunde des Tages, an welchem der Beschluß erlassen ist.

Begr. I 382 f. — Unverändert durch die Nov.

1. Der Inhalt des Beschlusses.

a) Mit der KE. sind weittragende Rechtswirkungen verknüpft; vgl. z. B. §§ 6, 7, 8, 9, 10, 14, 15, 17, 29 usw. Die mit der KE. verbundenen Wirkungen treten ein mit dem Zeitp., der im EBeschl. angegeben ist, nicht erst mit der Abgabe des Beschl. an den GSchr. zur weiteren Amtshandlung, nicht erst mit der öffentl. Bek., nicht erst mit der Rechtskr. des Beschlusses. Der Beschl. ist zwar nach allgem. Grundsätzen ein Internum des G. und damit ein abänderbarer Entw., solange sich das G. seiner nicht durch Verkündung, Bek., Zust. entäußert hat. Tritt die Wirksamkeit aber ein, so wird sie von dem im Beschl. bezeichneten Zeitpunkte berechnet. Als den Zeitp. der E. wird der Richter den Zeitp. bestimmen, indem er den Beschl. unterschreibt (oder ausnahmsweise verkündet hat). Die Beschw. des GSch. gegen den EBeschl. (§ 109) kann auch die Angabe des Zeitp. beanstanden. Ein anderer Interessent hat kein BeschwRecht. Er kann auch nicht in einem anderen Verf. einwenden, daß die Zeitangabe unrichtig ist, wenn es sich nicht um eine aus dem Zusammenhang feststellbare Unrichtigkeit, z. B. ein Schreibversehen, handelt. Die Angabe hat demnach konstitutive Bedeutung. Schreibversehen und andere offenbare Unrichtigkeiten hat das G. jederzeit von Amts wegen oder auf Antr. zu berichtigen. Bis der EBeschl. wirksam wird, kann der EAntr. zurückgenommen werden (§ 103 Anm. 3). Im einzelnen abw. Jaeger Anm. 1 f., Seuffert 146 f., Fitting 359 f.

b) Gibt der Beschl. die Stunde der E. nicht an, so gilt als Zeitp. der E. die Mittagsstunde. Gegenbeweis durch einen Interessenten ausgeschlossen. Die Ergänzung des Beschl. kann nur der GSch. durch Beschwerde (§ 109) herbeiführen (bestr.; s. Pet.-Kleinf. Anm. 2; a. M. Jaeger Anm. 3 u. a., die eine Ergänzung im Beschwerdeweg ausschließen). Eine widerlegb. Vermutung wegen der Zeit der Vornahme der RHandlungen am KETage enthält § 7 Abs. 3.

c) Der K. einer o. H. usw. wird auf die Firma eröffnet, der K. eines Einzelkaufmanns auf seinen bürgerl. Namen unter Angabe der davon verschiedenen Firma (Jaeger Anm. 6). Der K. über einen Nachlaß lautet auf den Nachlaß des Erblassers; die Erben werden nach der herrschenden Übung nicht aufgeführt.

d) Wann der KGrund, namentlich die Zahlungsunfähigkeit eingetreten ist, wird im EBeschl. nicht festgestellt.

2. **Die Form des Beschlusses.** Eine Beifügung von Entscheidungsgründen ist gesetzlich nicht vorgeschrieben, aber wegen der Nachprüfung im Beschwerdeweg sachgemäß und üblich. Die Bezeichnung des Antragst. ist angemessen, damit festgestellt werden kann, auf wessen Antr. eröffnet wurde (vgl. Anm. 1 zu 103).

3. **Die Kosten.** Nach der herrsch. Ansicht und Übung enthält der EBeschl. keine Kostenentscheidung. Folgerichtig müssen aber die Parteikosten dem GSch. auferlegt werden, wenn Antragst. ein Gl. ist. Das ist wichtig, weil die Entsch. dem betreibenden Gl. — namentlich wegen etwaiger Anwaltskosten; s. § 54 RAGO. — einen VollstrTitel verschafft. Im K. hat der Gl. nur eine KForderung.

Beschwerde.

§ 109. (§ 101.)

Die sofortige Beschwerde steht gegen den Eröffnungsbeschluß nur dem Gemeinschuldner, gegen den abweisenden Beschluß nur demjenigen zu, welcher den Eröffnungsantrag gestellt hat.

Begr. I 384 f., KommB. I 77 f. — Unverändert durch die Nov.

1. Allgemeines. Daß gegen die Entsch. des KG. auf den EAntr., gleichviel welchen Inhalt sie haben, sofortige Beschwerde zulässig ist, ergibt sich aus § 73 Abs. 3. Wegen der Einlegung der Beschw. und des weiteren Verf. s. Anm. 4 zu § 73. § 109 regelt nur, wer zur Beschw. gegen den EBeschl. und gegen den abweisenden Beschl. berechtigt ist, schließt aber Beschw. gegen andere Entsch. nicht aus und gilt (s. Jaeger Anm. 1) entspr. auch für die weitere Beschw. über eine Ausn. von § 109 s. Bem. vor § 102.

2. Beschwerde gegen den EBeschluß.

a) Nur der GSch. (sein Organ, sein Vertreter) ist beschwerdeberechtigt; ist er selbst als Antragsteller im Beschl. bezeichnet, so kann er seine Beschwerde nur darauf stützen, daß ein gültiger Antrag nicht gestellt wurde oder daß die Zurücknahme des Antr. nicht berücksichtigt wurde. Seuffert 148; s. aber Jaeger Anm. 1. Sind mehrere Personen beteiligt, z. B. die persönlich haftenden Gesellschafter einer Handelsgesellschaft, im NachlaßK. mehrere Erben, so ist grundsätzlich jeder zur Beschw. berechtigt; vgl. RG. JW. 24, 454. Im K. juristischer Personen steht das BeschwRecht jedem Vertreter zu, der den EAntr. stellen kann, wenn auch im Einzelf. nicht gestellt hat. Vgl. Jaeger Anm. 1.

b) Die Entsch. des BeschwG. wird regelmäßig erst mit der Rechtskr. wirksam, kann aber für sofort wirksam erklärt werden (§ 74). Mit der wirksamen Aufhebung des EBeschl., nicht erst mit der öff. Bek. der Aufhebung, fallen die Rechtsfolgen, die sich kraft Gesetzes an die KE. angeschlossen haben, ohne weiteres weg, wie wenn sie nicht eingetreten wären. Insbes. kann die Wirksamkeit der von und gegenüber dem GSch. vorgenommenen RHandlungen (s. §§ 7, 8), einer Zwangsvollstr. (§ 14), eines Rechtserwerbs (§ 15), nicht auf Grund der KE. in Frage gestellt werden. Auf die Wirksamkeit der in der Zwischenzeit — d. i. bis zur wirks. Aufhebung des EBeschl., nicht bis zur öff. Bek. nach § 116 (vgl. Wilm.-K. Anm. 1 dort) — von und gegenüber dem KVerw. vorgenommenen RHandlungen hat aber die Aufhebung keinen Einfluß (vgl. dazu BGB. § 115). Widerspricht die während des K. erfolgte Verfügung des GSch. der des Verw., so geht die Verfügung des Verw. vor. Vgl. RGZ. 36, 93f. (Massenansprüche), Jaeger Anm. 4, Fitting 359. Wegen der Fortdauer der Verfügungsgew. des Verw. nach der Aufh. des EBeschl. oder der Einstellung des K. s. §§ 116, 205 Abs. 2.

3. Beschwerde gegen den abweisenden Beschluß. Beschwerdeberechtigt ist nur der Antragsteller, nicht auch eine andere im vorbereitenden Verf. gehörte Person. Nur dem Antragsteller wird der abweisende Beschluß zugestellt (Seuffert 147). Wegen der Beteiligung mehrerer vgl. Anm. 2a, was auch hier gilt. Ist die Beschwerde begründet und der K. zu eröffnen, so erläßt das BeschwG. den EBeschl. entweder selbst oder überträgt unter Aufh. des abweisenden Beschl. dem KG. das Weitere (s. § 575 ZPO.). Auch ersterenfalls kann es die Anordnungen nach § 110 dem KG. überlassen. Gegen die ihn beschwerende Entsch. der 2. Instanz hat der Sch. und, wenn ein neuer selbständiger BeschwGrund gegeben ist, auch der Antragst. die weitere Beschwerde (s. § 568 Abs. 2

ZPO.). Wirksamkeit der Entsch. in den Beschwerdeinstanzen § 74. Unzulässigkeit einer Beschw. gegen oberlandesgerichtl. Entsch. § 567 Abs. 2 ZPO.

4. Kosten. Wird auf Beschw. des GSch. der EBeschl. aufgehoben, so sind die Kosten des vorbereitenden und des BeschwVerf. dem Gl. aufzuerlegen, auf dessen Antr. der K. eröffnet wurde. Wird die Beschw. des GSch. verworfen, so fallen die BeschwKosten dem GSch. persönlich, nicht der KMasse zur Last. Wird auf Beschw. des abgewiesenen Gl. der K. eröffnet, so fallen die BeschwKosten regelmäßig dem GSch. zur Last (KForderung des Gegners). Wird die Beschw. des Antragst. abgewiesen, so hat er auch die BeschwKosten zu tragen. S. entspr. §§ 91 f., § 97 Abs. 1, 2 ZPO. Vgl. auch § 57 GKG. (dazu wegen der Berechn. des Streitwerts LZ. 4, 417), §§ 58 f. RAGO.

5. Rechtskraft. Die Rechtskraft des Beschl. umfaßt nur das Verf., das auf den in Betracht kommenden Antr. eingeleitet wurde. Ein abgewiesener Antr. kann erneuert werden. Nach KG. LZ. 4, 483 f. kann ferner „ein offenbar unrichtig und gesetzlich unzulässig eingeleitetes Verfahren", i. c. ein K. über eine nicht bestehende o. H., jederzeit von Amts wegen beseitigt werden. Dazu Jaeger Anm. 4 zu § 74. Wegen der örtl. Unzuständigk. des beschl. G. s. Jaeger LZ. 3, 668.

Anordnungen bei der Eröffnung.

§ 110. (§ 102.)

I Bei der Eröffnung des Konkursverfahrens ernennt das Gericht den Konkursverwalter, verordnet einen nicht über einen Monat hinauszusetzenden Termin zur Beschlußfassung über die Wahl eines anderen Verwalters, sowie über die Bestellung eines Gläubigerausschusses, erläßt den offenen Arrest und bestimmt die Anmeldefrist und den allgemeinen Prüfungstermin.

II Das Gericht kann die Termine verbinden, wenn die Konkursmasse von geringerem Betrage oder der Kreis der Konkursgläubiger von geringerem Umfange ist, oder wenn der Gemeinschuldner einen Zwangsvergleichsvorschlag eingereicht hat.

Begr. I 335, Begr. II 39. — Geändert durch die Nov.

a) Bei der Eröffnung des K., im äußerl. Zusammenh. mit dem EBeschl. oder auch äußerlich von ihm getrennt, hat das Gericht folgende Maßnahmen zu treffen: Ernennung des KVerw. (§ 78), Berufung der ersten GlVers. (§§ 80, 131), Erlassung des offenen Arrestes (§ 118), Bestimmung der Anzeigefrist (§ 118), Bestimmung der Anmeldefrist (§ 138), Bestimmung des allg. Prüfungstermins (s. § 138), Ersuchen des Grundbuchamtes (§ 113). Außerdem hat das G., wenn und solange es keinen vorl. GlAussch. bestellt hat, über die Hinterlegung der Gelder, Wertpapiere und Kostbark. durch den Verw. Anordnung zu treffen (§ 129 Abs. 2). Das G. hat sich ferner zu entschließen, ob es die Postsperre anordnet (§ 121) und ob es einen vorl. GlAussch.

bestellt (§ 87 Abs. 1). Dem Verw. ist die Bestallung auszufertigen (§ 81 Abs. 2). S. ferner Anm. 3 zu § 111, Anm. 2 zu § 112; § 18 Abs. 3 SchuldverschG., §§ 62, 63 VAG.

b) Das G. kann den ersten Termin (Wahltermin) und den Prüfungstermin verbinden, wenn nach seinem Ermessen die KMasse von geringerem Betrag ist oder verhältnismäßig nicht viele KGl. vorhanden sind. Bei der Verbindung ist zu beachten einerseits, daß der Wahltermin innerhalb eines Monats seit der KE. (a. M. Jaeger Anm. 3) stattfinden soll (§ 110), anderseits, daß die Anmeldefrist mindestens 2 Wochen seit der öff. Bek. (§ 76 Abs. 1 S. 2) betragen muß und daß der Prüfungstermin nicht früher als eine Woche nach dem Ablauf der Anmeldefrist stattfinden soll (§ 138). Das G. hat also nur einen Spielraum von wenigen Tagen.

c) Die Verbindung von Wahl- und Prüfungstermin ist (Nov. von 1898) ohne Rücks. auf die Vorauss. in sonstigen Fällen (b) zulässig, wenn der GSch. einen Zwangsvergleichsvorschl. (§§ 173 f.) eingereicht hat. Es kann dann noch nachträgl. (vgl. § 177) der anberaumte Termin auch als Vergleichstermin bestimmt werden (§§ 179, 180).

d) Für Konsulargerichtsb. und Schutzgeb. s. § 47 KonsGG., § 3 SchutzgebG.

Verpflichtungen des Gerichtsschreibers.

§ 111. (§ 103.)

I Der Gerichtsschreiber hat die Formel des Eröffnungsbeschlusses, den offenen Arrest, die Anmeldefrist und die Termine sofort öffentlich bekannt zu machen.

II Die Bekanntmachung ist, unbeschadet der Vorschriften des § 76 Abs. 1, auszugsweise in den Deutschen Reichsanzeiger einzurücken.

III An die ihrem Wohnorte nach bekannten Gläubiger und Schuldner des Gemeinschuldners erfolgt besondere Zustellung.

Begr. I 335, KommB. 78. — Unverändert durch die Nov.

1. Die Bekanntm. des EBeschl. ist eine selbständige Amtspflicht des GSchr. Sie erfolgt nach § 76 Abs. 1. Die „Formel" des EBeschl. ist ein Auszug aus dem Beschl., der das Wesentliche — die Angabe des KG., des GSch. nach Namen, Stand u. Wohnort, des Zeitp. der KE. (§ 108) und des KVerw. (§ 81 Abs. 1) — zu enthalten hat. Außerdem wird in der gleichen Bek. auf die Erlassung des offenen Arrestes hingewiesen (a. M. Jaeger Anm. 1, der Bekanntgabe des Inhalts des offenen Arrests fordert), zweckmäßig unter Angabe der Anzeigefrist („offener Arrest ist erlassen. Anzeigefrist bis . . . ."), ferner werden die Anmeldefrist (§ 138) und der Wahl- und der Prüfungstermin (Anm. zu § 110) bekanntgegeben. Die Bek. oder, wenn sie nicht schon ohnehin knapp gefaßt ist, ein Auszug wird auch in den Deutschen Reichsanzeiger eingerückt. Als Bek. im Sinne des § 76 Abs. 1 gilt aber nur die Veröffentl. im gerichtl. Amtsbl. Das G. kann weitere Bekanntm., z. B. Aushang an der Gerichtstafel, Anheften im Börsenlokal, Veröffentl. in verbreiteten Zeitungen anordnen. S. auch § 34 preuß. GeschO., §§ 178 f. bayr. GeschA. (s. Vorbem. vor § 71); nach deren § 180 Abs. 2 sollen mehrere Bek., die gleichz. wenn auch in versch. K. im gleichen Blatte zu veröffentlichen sind, zur Minderung der Kosten äußerlich verbunden werden.

2. Besondere Zustellung, d. h. formlose Mitteilung durch Aufgabe zur Post (§ 77), wohl nur dessen, was öff. bekanntgemacht werden muß (Anm. 1), nicht des ganzen EBeschl. erfolgt an die ihrem Wohnorte nach bekannten Gl. und Sch. des GSch. Dazu § 104, Anm. zu § 105. Zu Nachforschungen über weitere Gl. und Sch. ist das G. oder der GSchr. nicht verpflichtet.

3. Zustellung an den GSch. Die öff. Bek. gilt zwar auch als Zustellung an den GSch. (§ 76 Abs. 3) und sie setzt die Beschwerdefrist (s. § 109) in Lauf. Es empfiehlt sich aber dem GSch., wenn irgend tunlich, den ganzen EBeschl. durch Zust. von Amts wegen (s. § 73 Abs. 2) zugänglich zu machen.

§ 112. (§ 104.)

Der Gerichtsschreiber hat unter Bezeichnung des Konkursverwalters beglaubigte Abschriften der Formel des Eröffnungsbeschlusses den Behörden für die Führung des Handels- oder Genossenschaftsregisters oder ähnlicher Register und der Dienstbehörde des Gemeinschuldners mitzuteilen.

Begr. I 335, KommB. I 78 f. — Unverändert durch die Nov.

1. Allgemeines. Die Wirkungen der KE. treten ein unabhängig davon, ob der GSchr. seiner Mitteilungspflicht nachkommt. Wann der GSchr. die Mitteilungen zu machen hat, sagt das Ges. nicht ausdrücklich. Offenbar überflüssige Mitteilungen sind zu unterlassen. Die Mitteilung an eine Registerbehörde hat nur dann einen Zweck, wenn sie Anlaß zu einer Amtshandlung der Registerbehörde, insbes. zu einer Eintragung (vgl. Jaeger Anm. 2) bietet. Wenn auch die Mitt. regelmäßig durch übers. einer begl. Abschr. der „Formel" (Anm. 1 zu § 112) des EBeschl. erfolgen soll, genügt zur Geschäftsvereinf. in geeigneten Fällen doch auch die Übersendung der Akten zur Einsicht. Entspr. Anw. des § 112 s. § 116, § 163 Abs. 3, § 190 Abs. 3, § 198 Abs. 2, § 205 Abs. 2.

2. Mitteilungen an Registerbehörden.

a) Handelsregister, geführt von den AG. (§ 125 FGG.), Eintragung der KE. über das Verm. eines Kaufmanns, auch einer Handelsges., der Aufh. d. EBeschl., der Einst. oder Aufh. d. K. (§§ 32, 6 Abs. 1 HGB., § 13 Abs. 3 GmbHG.). S. weiter §§ 16, 30, 53 BAG. Die Vorschr. des § 15 HGB. (Berufung auf den Inhalt des HR.) gelten nicht (HGB. § 32 Schlußs.). Vgl. Staub Anm. 2.

b) Genossenschaftsregister, geführt von den AG. (§ 10 Abs. 2 GenG., § 125 FGG.). Eintragung der KE. über eine Genossensch. § 102 S. 1 GenG. Dazu (auf Grund des § 161 Abs. 1 GenG.) § 21 Abs. 2 der Bek. v. 1. Juli 1899, RGBl. 347 (Vermerk der Aufheb. oder Einst. d. K.).

c) Vereinsregister, geführt von den AG. (§§ 55f. BGB.). Eingetr. wird die E. des VereinsK. und die Aufh. des EBeschl., § 75 BGB.

d) Offizialeintragungen in das Güterrechtsregister (BGB. §§ 1558f.) erfolgen nach § 1560 BGB. nicht. Für die Eintragung der an den K. sich anschließenden güterrechtl. Veränderungen haben die Beteiligten zu sorgen. Mitteilung nach § 112 deshalb überflüssig (ebenso Jaeger Anm. 3). Keine Mitteilung erhält auch das Patentamt (Jaeger Anm. 3). Dagegen ist Mitteilung an die Schiffsregisterbehörde (§§ 4f. FlaggenG. v. $\frac{\text{22. Juni 1899}}{\text{21. Mai 1901}}$; §§ 119f. BinnenschG. v. $\frac{\text{15. Juni 1895}}{\text{20. Mai 1898}}$ nicht zwecklos. Vgl. BGB. § 1260 Abs. 1 mit § 878 und KO. § 15, FGG. §§ 100f.; BGB. § 1272 (a. M. Jaeger a. a. O.).

e) Weitere Register können nach Landesrecht in Frage kommen. Vgl. § 182 bayr. GeschA. (Vorbem. vor § 71) (registr. Gesellsch.).

3. Mitteilungen an die Dienstbehörde des GSch. kommen in Betr., wenn der GSch. öffentlichrechtl. Beamter ist.

4. Mitteilungen an den Staatsanwalt, teils durch das G. teils durch den GSchr., sind nicht reichsrechtl., wohl aber vielfach landesrechtl. vorgeschrieben. Vgl. die AG. von Anhalt § 9, Hessen Art. 24, Lippe § 11, Schaumburg-Lippe § 96, beide Mecklenburg § 4, Preußen (mit Waldeck) § 12, Reuß ä. L. § 4, Sachsen-Altenb. § 4, Schwarzb.-Sondersh. § 1 (abgedr. im Anh. bei Jaeger).

5. Mitteilung an das VormundschaftsG. nach § 50 FGG. erforderlich, wenn „die Anordnung einer Vormundsch. oder einer Pflegsch." infolge des KVerf. erforderlich wird. Die Mitteilung liegt dem KG. ob; sie empfiehlt sich wegen §§ 1647, 1686, 1694, 1781, 1878, 1886, 1915 BGB. immer, wenn der GSch. Inh. der elterl. Gewalt oder wenn er Vormund, Pfleger, Beistand, Mitglied eines Familienrats ist.

6. Weitere Mitteilungen, z. B. an die Berufsgenossenschaft, an die Börse, können landesrechtl. oder instruktionell vorgeschr. sein. Für Bayern s. § 182 II, III GeschA. (Vorbem. vor § 71); und wegen der Mitteilung an die Postscheckämter JMB. v. 11. Mai 1914 (JMBl. 103).

Eintragung in das Grundbuch.

§ 113. (§ 106.)[1]

[I] Ein von dem Konkursgericht in Gemäßheit des § 106 erlassenes allgemeines Veräußerungsverbot, sowie die Eröffnung des Konkursverfahrens ist in das Grundbuch einzutragen:

1. bei denjenigen Grundstücken, als deren Eigentümer der Gemeinschuldner im Grundbuch eingetragen ist;

[1]) § 105 a. F. ist mit Änderungen als § 116 eingestellt.

2. bei den für den Gemeinschuldner eingetragenen Rechten an Grundstücken oder an eingetragenen Rechten, wenn nach der Art des Rechts und den obwaltenden Umständen bei Unterlassung der Eintragung eine Beeinträchtigung der Konkursgläubiger zu besorgen ist.

II Das Konkursgericht hat, soweit ihm solche Grundstücke oder Rechte bekannt sind, das Grundbuchamt von Amtswegen um die Eintragung zu ersuchen.

III Die Eintragung kann auch von dem Konkursverwalter bei dem Grundbuchamte beantragt werden.

Begr. II 39 f. — Der § 106 alt verwies auf das Landesrecht. § 113 ist durch die Nov. von 1898 eingef.

1. **Allgemeines.**

a) Zum Schutze der KMasse gegen die Wirkungen des öff. Glaubens des Grundbuchs wird ein im Vorverfahren erlassenes allgem. Veräußerungsverbot (§ 106; Anm. 2a dort) und die KE. auf Ersuchen des KG. im Grundb. (s. § 3 S. 2 GBO.) eingetragen. § 39 GBO. Die Eintragung erstreckt sich auf die Grundstücke (und die ihnen gleichgestellten Rechte, Anm. 1 zu § 47), als deren Eigentümer der GSch. im Grundbuch eingetragen ist; bei off. HG., KommG. und KommG. auf Aktien nicht auf Grundstücke und Rechte der Gesellschafter. Bei den sonst für den GSch. eingetragenen Rechten kann die Eintragung unterbleiben, wenn die Unterlassung die KGl. voraussichtl. nicht beeinträchtigt. Dies ist z. B. der Fall bei Briefhypotheken, Grund- oder Rentenschulden, wenn der Verw. im Besitze des Briefes ist (§ 117). Das Ersuchen um Eintragung im Grundb. ergeht von Amts wegen. Die Pflicht des KG. beschränkt sich auf die ihm bekannten Grundstücke und Rechte des GSch. Weitere Ermittlungen gehören zur Aufgabe des Verw., der die Eintragung bei dem Grundbuchamte selbst oder durch Vermittlung des KG. (wichtig wegen § 114) beantragen kann. Die Eintragungen sind gebührenfrei (§ 115).

b) Dem Ers. des KG. um Eintragung des KVermerks bei einer Briefhyp. (Briefgrundsch., Briefrentensch.) hat das GrundbA. auch nachzukommen, wenn das KG. den Brief nicht vorlegt. Ausn. von §§ 42, 43 (62, 70) GBO. Wichtig für Fälle, in denen der Brief nicht beigebracht werden kann. Herrsch. Ans. (Hamburg RJA. 2, 204, Henle-Schmitt Grundbuchw. Anm. 4 zu § 42; Jaeger Anm. 5). Wenn der Verw. die Eintragung des KVerm. beantragt, verlangen Henle-Schmitt der Regel entspr. die Beibringung des Briefes; dagegen Jaeger a. a. O. Die Schwierigkeit läßt sich jedenfalls dadurch umgehen, daß auf Anregung des Verw. das KG. um Eintragung ersucht.

c) Entspr. Anwendung des § 113 bei Aufh. des EBeschl. (§ 116 S. 2), Aufh. des K. (§ 163 Abs. 3, § 190 Abs. 3), Einst. des K. (§ 205 Abs. 2), Wiederaufnahme des KVerf. (§ 198 Abs. 2).

2. Grundbuchsperre.

a) Das allg. Veräußerungsverbot nach § 106 entzieht dem Sch. nicht die Befugnis, über sein Verm. zu verfügen; es hat nur zur Folge, daß Verfügungen des Sch. entgegen dem Verbote den künftigen KGl. gegenüber unwirksam sind (Anm. 2a zu § 106). Das Grundbuchamt kann eine Eintragung im Grundb. nicht deshalb ablehnen, weil das Veräußerungsverbot ergangen ist. Die Rechtslage ist nicht anders, wie wenn ein sonstiges relativ wirksames Veräußerungsverbot, z. B. nach § 938 Abs. 2 ZPO., erlassen wurde. Das Grundbuch wird hiernach nicht gesperrt, weder gegen Eintragungen auf Grund einer Bewilligung des Sch. noch gegen Eintragungen auf Grund einer Zwangsvollstr. (Arrestvollz.). S. auch § 888 Abs. 2 BGB.; a. M. Jaeger Anm. 10.

b) Dagegen sperrt die KE. das Grundbuch nicht nur gegen Zwangseintragungen (§ 14; Anm. 5 dort), sondern auch gegen Eintragungen, die der GSch. als Passivbeteiligter (§ 19 GBO.) bewilligt hat. Ausn. nur dann, wenn die KE. (§ 108) in die Zeit zwischen der Einreichung des Eintragungsantr. und der Eintragung fällt (s. § 15 S. 2 [Anm. 5 dort], BGB. § 878). Die Grundbuchsperre rechtfertigt sich durch die Erwägung, daß die KE. dem GSch. das Recht der Verfügung über die KMasse entzieht (§ 6) und dem KVerw. überträgt. Der § 7 schränkt zwar die Nichtigkeit der Verfügungen des GSch. ein, begründet aber keine Verfügungsgewalt des GSch. neben der des Verw. Nur der Verw. darf demnach Eintragungen im Grundb. bewilligen (s. § 19 GBO.). Könnten der Verw. und der GSch., wenn auch der letztere nur unbeschadet der Rechte des ersteren, widersprechende Verfügungen über Grundstücke und eingetr. Rechte treffen, so würde zudem u. U. im Grundb. eine Verwirrung entstehen, die mit der Aufg. des Grundb. unverträglich ist. Jetzt herrsch. Ans. RG. 71, 38 (LZ. 3, 938 f.); KGJ. 40 A 278; ObLGZ. n. F. 11, 399; Jaeger Anm. 7; Henle-Schmitt Grundbuchw. 74, Predari GBO. Anm. 15 zu § 19, Männer SR. 49, Eccius Gruch. 50, 486, Planck Erl. I 2c zu § 135 u. a. gegen früher KG. RJA. 2, 139, 8, 47, dann Turnau-Förster I 154 u. a. Das Grundbuchamt hat die Verfügungsgewalt des Bewilligenden von Amts wegen zu prüfen. Die Grundbuchsperre hängt also von der Eintragung des KVermerks nicht ab. Es genügt, daß das Grundbuchamt auf anderm Wege Kenntnis von der KE. erlangt hat (vgl. Predari a. a. O.). Ergibt sich später, daß eine Eintragung nicht hätte vorgenommen werden dürfen, so ist von Amts wegen ein Widerspruch einzutragen (§ 54 Abs. 1 S. 1, s. § 62 Abs. 2, § 70 GBO.). Die Sperre betrifft aber nur rechtsändernde Eintragungen, nicht auch Eintragungen, die das Grundb. entsprechend dem vor der KE. eingetretenen Rechtszustande berichtigen sollen (KGJ. 40 A 278). Selbstverständlich ist für die Eintragung nach der KBeendigung kein Hindernis, daß die Eintragungsbewilligung des früheren GSch. während des K. erfolgte. Vgl. Eccius a. a. O. Ebenso ist während des K. auf Grund einer Bewilligung des GSch. die Eintragung einer Vormerkung zulässig zugunsten des Rechtes des Dritten auf späteren Erwerb für den Fall, daß das Grundstück nach Aufhebung des K. an den GSch. fällt (Ebbeke Gruch. 61, 561).

c) über die Haltung des GrundbA. gegenüber Eintragungsantr., die nach § 18 GBO. bei der KG. anhängig sind, s. Jaeger Anm. 9. Vgl. auch ObLGZ. n. F. 11, 399; ferner Anm. 1a zu § 24 (RJA. 10, 231).

§ 114.

Werden Grundstücke oder Rechte, bei denen eine Eintragung nach Maßgabe des § 113 Abs. 1, 2 bewirkt worden ist, von dem Verwalter freigegeben oder veräußert, so kann das Konkursgericht auf Antrag das Grundbuchamt um Löschung der Eintragung ersuchen.

Begr. II 41. — Eingest. durch die Nov.

a) Wird ein Grundst. oder ein eingetr. Recht, das zur KMasse gehört, vom Verw. freigegeben, d. h. dem Gl. zur Verfügung überlassen, oder an einen andern veräußert, so stimmt der Inhalt des Grundb. hins. des KVermerks, also hins. der Zugehörigkeit des Gegenstandes zur Masse und der Verfügungsbeschränkung des Rechtsträgers, mit der wirkl. Rechtslage nicht mehr überein. Der GSch. (Erwerber) kann nötigenfalls nach den allgem. Vorschr. die Berichtigung des Grundbuchs durch Löschung des Verm. herbeiführen (BGB. §§ 894, 899; Kosten BGB. § 897; GBO. § 22 Abs. 1; für den Erwerb vom KVerw. s. auch §§ 435, 445 BGB.). Billiger (§ 115) und einfacher ist es aber, wenn das KG. auf den Antr. eines Beteiligten das GrBA. um Löschung ersucht. Das KG. darf den Antr. nicht nach Belieben abweisen, sondern nur nach pflichtmäß. Prüfung, wenn es Bedenken hat. Beschwerderecht des Abgewiesenen: § 73 Abs. 3. Vor der Entsch. wird das G. den Verw. hören, wenn er nicht Antragst. ist. Besteht z. B. Streit, ob der Verw. den Gegenst. freigegeben hat, so wird das G. den Antr. abweisen.

b) Nach der Fassung des Ges. bezieht sich § 114 nicht auf Eintr., die der Verw. herbeigeführt hat (§ 113 Abs. 3), und nur auf Freigaben und Veräußerungen. Ob nicht trotzdem eine entspr. Anwendung auf weitere Fälle zulässig ist, mag fraglich sein. Dem Grundgedanken des § 114 entspricht es jedenfalls, die Vorschr. in allen Fällen entspr. anzuwenden, in denen sich vor der KBeendigung die Notwendigkeit ergibt, zur Berichtigung des Grundb. den KVermerk zu beseitigen.

c) Um die Löschung eines im Grundb. eingetr. allgem. Veräußerungsverb. hat das G. im Falle des § 106 Abs. 2 von Amts wegen zu ers. (Anm. 3 zu § 106).

d) über die Löschung des KVermerks auf Ersuchen des Vollstreckungsgerichts (Versteigerungsbeamten) nach § 130 Abs. 1 ZVG. s. Kolmar LZ. 2, 322.

§ 115.

Die Eintragung und Löschung von Vermerken auf Grund der §§ 113, 114 geschieht gebührenfrei.

KommB. II 27 f. — Eingest. durch die Nov.

Durch § 115 werden landesrechtl. Vorschr. über den Ansatz von Gebühren (nicht von Auslagen, wozu auch sog. Schreibgebühren geh.) in Grundbuchsachen für die Fälle der Eintragung und der Löschung von Vermerken „auf Grund der §§ 113, 114" außer Kraft gesetzt, also auch für die Eintragungen des KVerm. auf Antr. des Verw. (§ 113 Abs. 3). Nicht ausdrückl., aber bei entspr. Anw. des Ges. ausgeschlossen ist die Gebührenerhebung bei Löschung des Verm. eines Veräußerungsverbots nach § 106 Abs. 2 und bei Löschung des KVerm. auf unmittelb. Antr. eines Beteiligten, auch des KVerw. bei dem GrundbA. (vgl. Anm. zu § 114). S. Wilm.-Kurlb. Anm. zu § 115, Jaeger Anm. 2, 3. Soweit § 113 für entspr. anwendbar erklärt ist (Anm. 1c zu § 113), gilt dies auch vom § 115.

§ 116. (§ 105.)

Sobald eine den Eröffnungsbeschluß aufhebende Entscheidung die Rechtskraft erlangt hat, ist die Aufhebung des Verfahrens öffentlich bekannt zu machen. Die Vorschriften der §§ 111 Abs. 2, 112, 113, 191 finden entsprechende Anwendung.

Begr. I 336; Begr. II 41, KommB. II 28. — Geändert durch die Nov.

1. Wegen der **materiellrechtl. Wirkungen** der Aufh. des EBeschl. s. Anm. 2c zu § 109.

2. **Rechtskräftig** (vgl. § 705 ZPO.) ist die aufh. Entsch. des BeschwG. mit dem Ablauf der Frist für die weitere Beschw. oder mit der Abweisung der weiteren Beschw. d. h. mit der Zustellung des abweisenden Beschl. Hebt erst das OLG. den EBeschl. auf, so ist die Entsch. ebenfalls rechtskräftig mit der Zustellung des Beschl.

3. **Die öff. Bek.** der Aufh. ist Sache des GSchr. des KG. Sie erfolgt obligatorisch im Amtsblatt und im Reichsanz. (§ 76 Abs. 1, § 111 Abs. 2). Der GSchr. hat weiter den entsch. Teil des aufheb. Beschl. den Registerbehörden und der Dienstbehörde mitzuteilen, die nach § 112 von der KE. benachrichtigt wurden. Das KG. oder der Verw. (s. Jaeger Anm. 1) hat um Löschung des nach § 113 im Grundb. eingetr. KVermerks zu ersuchen. Kosten s. Anm. zu § 115. Trotzdem die Verfügungsgew. des Verw. grundsätzlich erloschen ist, dauert sie aus Zweckmäßigkeitsgründen nach der Aufh. zur Befriedigung der Massegl. fort (entspr. § 191 Abs. 1). § 191 Abs. 2 nicht anwendbar (s. Jaeger Anm. 2).

Dritter Titel.

Teilungsmasse.

Inbesitznahme der Masse. **§ 117.** (§ 107.)

[I] Nach der Eröffnung des Verfahrens hat der Verwalter das gesamte zur Konkursmasse gehörige Vermögen sofort in Besitz und Verwaltung zu nehmen und dasselbe zu verwerten.

[II] Die Geschäftsbücher des Gemeinschuldners dürfen nur mit dem Geschäft im ganzen und nur insoweit veräußert werden, als sie zur Fortführung des Geschäftsbetriebs unentbehrlich sind.

Begr. I 386 f., KommB. I 79; Begr. II 24, 41. — Abs. 2 geändert durch die Nov.

1. Besitz an der KMasse.

a) Durch die KE. (§ 108) allein wird der Verw. noch nicht Besitzer der zur Masse gehörenden beweg. und unbewegl. Sachen. Er muß davon erst Besitz ergreifen. Möglicherweise erlangt er an einem Teile der Masse, z. B. Sachen, die der GSch. verheimlicht oder die dem Verw. im Ausland nicht erreichbar sind, überhaupt keinen Besitz. Abges. von der Möglichkeit, die Verhaftung des GSch. herbeizuführen (§ 101 Abs. 2), hat der Verw. in dem KEBeschl. einen von der Rechtskr. des Beschl. unabhängigen, sofort wirksamen Vollstreckungstitel (s. § 794 Abs. 1 Nr. 3 ZPO.), mit dem er den Widerstand des GSch. brechen kann. Die Zwangsvollstr. gegen den GSch. erfolgt auf Grund einer vollstreckb. Ausfertigung des EBeschl. (§§ 795, 724 ZPO.) durch den Gerichtsvollz. entspr. §§ 883, 885 ZPO. Vgl. RGZ. 37, 399. Für den Offenbarungseid des GSch. ist § 125 maßgebend. Ist eine Sache im Gewahrs. eines Dritten und gibt sie dieser nicht heraus, so geht der Verw. mit Klage vor; § 886 ZPO. ist nicht anwendbar, weil der Verw. auf Grund des § 6 Abs. 2 zur Geltendm. des Anspr. ohne weiteres befugt ist. Entspr. gilt für die Einziehung von Forderungen des GSch. S. auch RGSt. 14, 289; 19, 85. Eigenmacht darf der Verw. nicht gebrauchen (s. §§ 858 f. BGB.), denn er selbst hat kein Vollstreckungsrecht; er ist kein Organ der Staatsgewalt, sondern er nimmt, allerdings unabhängig von den Beteiligten, nur Privatinteressen wahr. (RGSt. 19, 86).

b) Durch die Besitzergreifung, die der Verw. „sofort" d. h. ohne schuldh. Zögern betätigen muß und ohne die Rechtskr. des EBeschl. abzuwarten, wird der Verw. unmittelbarer Besitzer der Sachen und zwar Fremdbesitzer, weil er die Sachen nicht „als ihm gehörend" (§ 872 BGB.) besitzt. Dem GSch. gegenüber ist er kraft seines Privatamtes als Verw. auf Zeit, d. h. für die Dauer des K. oder bis zur früheren Verwertung der Sache zum Besitze berechtigt und (vorbehaltlich einer Freigabe) verpflichtet. Hiernach (§ 868 BGB.) hat der GSch. an den Sachen mittelb. Besitz, Eigenbesitz (herrsch. Ans. Vgl. statt allen Jaeger Anm. 6 mit teilw. abw. Lit.). Der Verw. hat die gewöhnl. Besitzschutzmittel (§§ 859 f., § 1007 BGB.). Der Besitz des Verw. geht nach der Regel des § 857 BGB. auf seinen Erben über. Eine Ausn. ist aber anzunehmen, wenn der Verw. vermöge eines Rechtsverh., das er in Ausübung seines Amtes geschlossen hat, namentlich eines Verwahrungsvertr., zur Zeit seines Todes mittelbarer Besitzer war. Dieses Besitzverhältnis geht auf seinen Nachf. im Amt über.

c) Der Verw. hat das gesamte zur Masse gehörige Verm. in seine Verfügung zu bringen. Das schließt nicht aus, daß er unverwertbare, auch mit Absonderungsrechten überbelastete Gegenstände von vornherein oder später freigibt (s. zu § 6). Wegen der Behandlung massefreier VermStücke s. Bem. 1 vor § 43; Anm. 1, 4 dort. Bedient sich der Verw. eines Gerichtsvollz., so hat der Dritte seine angebl. besseren Rechte an einem Gegenst. der Zwangsvollstr. nach § 771 ZPO. geltendzumachen, solange die Zwangsvollstr. noch nicht beendigt ist. Unter der gleichen Vorauss. hat der GSch., dem durch den Gerichtsvollz. eine kfreie Sache weggenommen wird, Einwendungen nach § 766 ZPO., über die das VollstrG., nicht das KG. entscheidet. Auch die Klage nach § 771 ZPO. kann dem GSch. wieder unter der gleichen Vorauss. nicht versagt werden. Zieht der Verw. ohne Zwangsvollstr. einen kfreien Gegenstand des GSch. an sich, so hat der GSch. die Aussonderungsklage (Bem. 1b vor § 43); ebenso nach Beendigung der Zwangsvollstr. (die Meinungen gehen weit auseinander, weil man schon über den Ausgangspunkt nicht einig ist, ob die Besitzergreifung des Verw. als solche Vollstreckungs- oder Verwaltungshandlung ist. Für letzteres und die darnach sich ergebende Unterscheidung zwischen Handlungen mit und ohne Zwangsvollstr. mit Recht RGZ. 37, 398; s. auch RGSt. 19, 86. Vgl. ferner Jaeger Anm. 50 zu § 1 mit Lit. Wegen der Ausl. des § 771 ZPO. vgl. Gaupp-Stein II 4 dort, RG. JW. 36, 523).

2. **Verwaltung.** Für die Art der Verwaltung sind bestimmte Grundsätze nicht aufgestellt. Sie liegt im pflichtmäßigen Ermessen des von den Beteiligten grundsätzl. unabhängigen, ihnen aber (§ 82) verantwortl. Verw.

3. a) Die **Verwertung** der Masse, die nicht notwendig in den Formen der Zwangsvollstr. geschieht (s. §§ 126, 127) hat nicht immer sofort, um jeden Preis, zu erfolgen, sondern unter verständiger Berücksichtigung der Interessen der KGl. dann, wenn die Umstände für die Verwertung günstig scheinen. Wie lang der Verw. zuwarten darf, dafür gibt es keine Regel. Er hat aber zu beachten, daß die baldige Ausschüttung der Masse das Normale ist und daß es im allgem. nicht angeht, in Zeiten schlechter Konjunktur die Verwertung bis zu dem oft ungewissen Eintritte besserer wirtschaftl. Verhältn. zu verschieben.

b) Die Verwertung kann auch in der Weise vor sich gehen, daß der Verw. Gegenstände der Masse gegen entsprechendes Entgelt dem GSch. freigibt. Da das Rechtssubjekt nicht wechselt, bedarf es nicht der Einhaltung der Formen (§ 313 BGB. usw.), die für den Vertr. mit einem Dritten erforderlich sind. Vgl. Jaeger Anm. 18, der einen Kaufvertr. über Rechte konstruiert.

4. Die **Geschäftsbücher** des GSch. gehören zwar zur KMasse (§ 1 Abs. 3), dürfen aber nicht etwa nach ihrem Papierwerte verschleudert

werden (Abs. 2). Verantwortung des Verw. § 82. Sind sie zuf. der Vorschr. im Abs. 2 bei der Beendigung des K. noch vorhanden, so kehren sie ohne weiteres in die freie Verf. des GSch. zurück. Vgl. auch §§ 162, 192, 206 Abs. 1. Wegen der Schriftstücke, die auf die KVerw. Bezug haben, s. Anm. 1 zu § 85.

Offener Arrest. **§ 118.** (§ 108.)

Durch den offenen Arrest wird allen Personen, welche eine zur Konkursmasse gehörige Sache in Besitz haben, oder zur Konkursmasse etwas schuldig sind, aufgegeben, nichts an den Gemeinschuldner zu verabfolgen oder zu leisten, auch die Verpflichtung auferlegt, von dem Besitze der Sache und von den Forderungen, für welche sie aus der Sache abgesonderte Befriedigung in Anspruch nehmen, dem Konkursverwalter innerhalb einer bestimmten Frist Anzeige zu machen.

Begr. I 341 f., KommB. I 79. — Unverändert durch die Nov.

1. **Allgemeines.** Der sog. offene Arrest wird bei der KE. vom KG. erlassen (§ 110 Abs. 1), gewöhnlich im EBeschl., und vom GSchr. öffentl. bekanntgemacht (§ 111 Abs. 1, 2). Bes. Zust. an die bekannten Schuldner § 111 Abs. 3. Er enthält ein Verbot und ein Gebot, beide zur Sicherung der Masse. Für die Wirksamkeit der KE. ist die Erlassung des offenen Arrestes nicht wesentlich. Eine Rechtsänderung hinsichtlich der zur Masse gehörenden Gegenstände bewirkt der offene Arrest nicht, insbesondere läßt er kein besonderes dingliches Recht der KGl. an der Masse entstehen (RG. LZ. 5, 845).

2. **Das Verbot** der Leistung an den GSch. ist nur eine Vorsichtsmaßregel. Die materiellrechtl. Frage, wann eine dem Verbote widersprechende Leistung der KMasse gegenüber wirksam ist, wird durch § 8 entschieden. Eine besondere Schadenshaftung für die Übertretung des Verbots ist nicht vorgesehen.

3. **Das Gebot** der Anzeige trifft nur die (unmittelb. oder mittelb.) Besitzer einer zur Masse gehörenden Sache ohne Rücksicht auf den Grund des Besitzes, namentlich ohne Beschränkung auf den Pfandbesitz, nicht aber gewöhnliche Forderungsschuldner. Das Gebot richtet sich auch an Personen, die den Besitz erst nach der KE. aber vor dem Ablaufe der Anzeigefrist ohne Wissen und Willen des KVerw. erlangen. Die schuldhafte Mißachtung des Gebotes begründet eine Schadensersatzpflicht (§ 119). Zur Masse „gehört" hier nur, was nicht der Aussonderung nach §§ 43 f. unterliegt. Eine Sache, deren Rückgewähr erst auf Grund einer GlAnf. verlangt werden kann (§ 37), ist nicht Gegenstand der Anzeigepflicht. Nimmt der Besitzer, was keineswegs wesentlich ist (s. o.), die Sache zunächst zur abgesonderten Befriedigung für sich in Anspr., so soll er innerh. der Anzeigefrist zur Unterrichtung des Verw. (s. §§ 120, 127) auch über den zugrunde liegenden Anspr. Angaben machen. Eine Schadensersatzpflicht erwächst aus der Unterlassung aber nicht.

Schadenshaftung.

§ 119. (§ 109.)

Wer die Anzeige über den Besitz von Sachen des Gemeinschuldners innerhalb der bestimmten Frist zu machen unterläßt, haftet für allen aus der Unterlassung oder Verzögerung der Anzeige entstehenden Schaden.

Begr. I 341. — Unverändert durch die Nov.

a) Durch die öff. Bek. des offenen Arrestes und der Anzeigefrist wird eine Verbindlichkeit der von dem Anzeigegebote betroffenen Personen (Anm. 3 zu § 118) begründet. Der Verpflichtete hat nach dem allgem. Grundsatze des § 276 BGB. Vorsatz und Fahrlässigkeit zu vertreten. Die Fahrlässigkeit fehlt z. B., wenn der Verpflichtete trotz Anwendung der im Verkehr erforderl. Sorgfalt von dem Ausschreiben keine Kenntnis erlangt, auch sonst (s. § 111 Abs. 3) keine Mitteilung erhalten hat. Eine Verpflichtung, die Amtsblätter oder den Reichsanzeiger nach den Bek. der KG. durchzusuchen, besteht jedenfalls für die Regel nicht. Das Verschulden des in Anspruch Genommenen, den Schaden und den ursächl. Zusammenhang zwischen Verschulden und Schaden hat der KVerw. nachzuweisen (bestr.). Strafvorschrift gegen betrügl. Verschweigen § 242 Abs. 1 Nr. 1.

b) Der Ersatzanspr ist Bestandteil der Masse (Jaeger Anm. 3) und führt u. U. zu einer Nachtragsverteilung (§ 166 Abs. 2). Der (frühere) GSch. kann ihn persönlich nicht geltend machen. Vgl. entspr. Anm. 4a zu § 36

Vorzeigepflicht.

§ 120. (§ 110.)

Gläubiger, welche abgesonderte Befriedigung aus einer in ihrem Besitze befindlichen Sache beanspruchen, haben dem Verwalter auf dessen Verlangen die Sache zur Ansicht vorzuzeigen und die Abschätzung derselben zu gestatten.

Begr. I 345. — Unverändert durch die Nov.

Der Verw. muß nicht nur über den Bestand der Masse, sondern auch über den Zustand der Massesachen unterrichtet sein, damit er sie unter Wertangabe aufzeichnen (§ 123) und sich über die Verwertung der Sache, Ablösung des Sonderrechtes oder Freigabe schlüssig machen kann. § 120 begründet deshalb neben der allgem. Vorzeigepflicht nach BGB. § 809 eine einklagbare Verbindlichkeit der Absonderungsgl., ohne Rücksicht darauf, ob sie persönliche Gl. des GSch. sind, zur Vorzeigung der Sachen, die sie unmittelbar oder mittelbar besitzen und aus denen sie abgesonderte Befriedigung verlangen. Ob und wann der Besitzer zur Herausgabe verpflichtet ist, bestimmt sich nach dem zugrunde liegenden RVerh. (s. auch § 127). Der Besitzer braucht die Besichtigung und Abschätzung der Sache durch den Verw. oder dessen Beauftragte in der Regel nur da zu gestatten, wo sich die Sache gewöhnlich befindet. Er ist, vorbehaltlich des Verbotes der Schikane (§ 226 BGB.), nicht verpflichtet, die Sache an einen Ort zu bringen, den der Verw. bezeichnet, oder zu diesem Zwecke die Sache aus der Hand zu geben. Anders nur, wenn ein wichtiger Grund vorliegt und der Verw. die Kosten vorschießt sowie wegen der Gefahr des Untergangs oder der Beschädigung der Sache Sicherheit leistet. Entspr. § 811 BGB.

Zurückhaltung von Postsendungen und Depeschen. **§ 121.** (§ 111.)

I Die Post- und Telegraphenanstalten sind verpflichtet, auf Anordnung des Konkursgerichts alle für den Gemeinschuldner eingehenden Sendungen, Briefe und Depeschen dem Verwalter auszuhändigen. Dieser ist zur Eröffnung derselben berechtigt. Der Gemeinschuldner kann die Einsicht und, wenn ihr Inhalt die Masse nicht betrifft, die Herausgabe derselben verlangen.

II Das Gericht kann die Anordnung auf Antrag des Gemeinschuldners nach Anhörung des Verwalters aufheben oder beschränken.

Begr. I 348, KommB. I 80. — Unverändert durch die Nov.

1. Allgemeines. Der § 121 wird erklärt durch § 5 des Postges. v. 28. Okt. 1871 („Das Briefgeheimnis ist unverletzlich. Die ... in Konkurs ... Fällen notwendigen Ausnahmen sind durch ein Reichsgesetz festzustellen") und die entspr. Vorschr. in § 8 des Telegraphenges. v. 6. April 1892. Auf Sendungen, die mit der Bahn befördert werden, bezieht sich § 121 nicht. Das Recht des Verw., sie an Stelle des GSch. in Empf. zu nehmen, ergibt sich aus §§ 6, 117. Auch auf den Fernsprechverkehr ist § 121 nicht anwendbar (vgl. Schultz LZ. 4, 280f., Jaeger Anm. 8). Trifft die strafrechtl. Postsperre mit der krechtlichen zusammen, so geht die erstere vor.

2. Anordnung.

a) Die Verpflichtung der Post- und Telegraphenbeh. beruht nicht auf der KE., sondern setzt eine besondere Anordnung des KG. voraus, die ohne obligat. Anhörung des GSch. bei der KE. oder später von Amts wegen oder auf Antrag des Verw. ergehen kann. Nach Anhörung des Verw. kann das KG. die Anordnung zurücknehmen oder beschränken. Ein Antrag des GSch. ist nicht rechtl. Voraussetzung der Zurücknahme. Das KG. ist nicht genötigt, eine zwecklos und lästig gewordene Anordnung bloß deshalb aufrechtzuerhalten, weil der Antr. des (vielleicht abwesenden oder gleichgültigen) GSch. nicht beigebracht wird. Abs. 2 stellt nur klar, daß der GSch. ein Antragsrecht hat (a. M. Jaeger Anm. 1). Die Anordnung fällt ohne weiteres weg mit dem Zeitp., in dem die Beendigung des K. wirksam wird. Es empfiehlt sich aber, daß das KG. die Postbehörde ausdrücklich benachrichtigt.

b) Die Anordnung erstreckt sich, wenn und solange sie nicht beschränkt wird, auf alle unter der Adresse des GSch. eingehenden Postsendungen, namentlich Briefe und Telegramme. Sendungen, die unter anderer Adresse, auch der naher Angehöriger, eingehen, dürfen dem Verw. selbst dann nicht ausgehändigt werden, wenn mit Gewißheit anzunehmen ist, daß sie für den GSch. bestimmt sind. Auch das G. kann dies nicht anordnen. Die nach § 121 zulässige Beschränkung des Brief- und Telegraphengeheimnisses darf nicht erweiternd ausgelegt werden. Es ist deshalb auch nicht zulässig, daß die vom GSch. herrührenden Postsendungen aufgehalten und vom Verw. geöffnet werden. Zwangsmittel gegen den unter Deckadressen arbeitenden GSch.: § 101 Abs. 2. Eine Beschränkung der Anordnung ist stets angezeigt für die Sendungen, die vom Verw. an den GSch. gelangen. Über die postamtl. Bestellung der für den GSch. eingehenden Briefe mit Zustellungsurk. s. die Anw. des Reichspostamtes v. 6. März 1914 (ZBl. 208) und die Bek. des Bayer. Verkehrsministeriums v. 12. März 1914 (JMBl. 39) § 6 Abs. 4. Darnach sind solche Briefe nach Anordnung der Postsperre als unbestellbar zu behandeln, also weder dem GSch. noch dem Verw. zuzustellen, sondern zurückzugeben. Der Absender kann dann eine andere Zustellungsart wählen.

3. Die Rechte des GSch. Der Verw. braucht den GSch. zur Eröffnung der Sendungen nicht beizuziehen, hat ihm aber auf Verlangen Einsicht in alle in Betracht kommenden Sendungen zu gewähren und ihm ferner auf Verlangen jeden Einlauf herauszugeben, der die Masse nicht betrifft. Gegen Pflichtwidrigkeiten des Verw. hat auf Anregung das KG. einzuschreiten (§ 83). Ist aber zwischen dem Verw. und dem GSch. der Anspr. des letzteren auf Einsichtnahme oder Herausgabe streitig, so entscheidet das ProzeßG. (bestr., s. einers. Jaeger Anm. 4, anders. Seuffert 290 u. a.).

4. Ein Beschwerderecht (§ 73 Abs. 3) haben der GSch. gegen die Anordnung (die ihm wie dem Verw. von Amts wegen zuzustellen ist) und gegen die Abweisung seines Antr. auf Beschränkung oder Aufhebung, der Verw. gegen die Abweisung seines Antr. auf Anordnung, gegen eine ihn beschwerende Beschränkung der Anordnung und gegen eine ihn beschwerende spätere Beschränkung oder Aufhebung.

5. Stellung des GSch. in SonderK. Die Anordnung nach § 121 kann getroffen werden im NachlK., soweit die Sendungen an den Erblasser, nicht an den Erben adressiert sind, im K. einer Handelsges. nicht bloß, soweit die Sendungen an die Gesellschaft, sondern auch soweit sie an persönlich haftende Gesellschafter gerichtet sind (bestr.), im K. einer jurist. Person, soweit die Sendungen für die juristische Person eingehen. Sendungen an den gesetzl. Vertreter und geschäftsunfähigen oder in der Geschäftsfähigk. beschränkten GSch. werden nur betroffen, wenn aus der Adresse ersichtlich ist, daß sie der Vertreter in dieser Eigensch. erhalten soll.

Siegelung. **§ 122.** (§ 112.)

I Der Verwalter kann zur Sicherung der zur Konkursmasse gehörigen Sachen durch eine zur Vornahme solcher Handlungen gesetzlich ermächtigte Person siegeln lassen.

II Die Geschäftsbücher des Gemeinschuldners sind durch den Gerichtsschreiber zu schließen.

Begr. I 343 f., KommB. I 83 f. — Unverändert durch die Nov.

1. Siegelung.

a) Die S. ist eine Vorsichtsmaßregel, die zur Sicherung der zur Masse geh. bewegl. Sachen gegen rechtswidrige Einwirkungen des GSch. und anderer Personen zugelassen ist und — auch nach ihrem Umfang — im pflichtmäßigen Ermessen des Verw. steht. Gegen Pflichtwidrigkeiten des Verw. schreitet das KG. ein (§ 83). Wie und was gesiegelt werden soll, richtet sich nach den Erfordernissen des Falles. In Betracht kommt zunächst der vorläufige Siegelverschl. von Räumen (z. B. Laden) und Behältnissen. Sachen, die zweifellos massefrei (auszusondern, kfrei) sind, müssen von der Siegelung ausgenommen werden. Wegen der vorgefundenen Gelder, Wertpapiere und Kostbarkeiten, die hinterlegt werden müssen, s. § 129 Abs. 2.

b) Die Zuständigkeit zur Siegelung und Entsiegelung (vgl. § 124) und das Verfahren des damit beauftragten Beamten richtet sich nach Landesrecht. In Preußen und in Bayern sind zuständig die Notare (Art. 87 preuß. FGG., Art. 2 Nr. 2 bayrNotG.), die Gerichtsschreiber [Anordnung des Richters] (§ 70 preuß. AG.GVG., Art. 63 Abs. 1 bayr. AG.GVG. nach Art. 167 XVI AG. BGB.), die Gerichtsvollzieher (§ 74 Nr. 3 preuß. AG.GVG., Art. 66 Nr. 2 bayr. AG.GVG.). Die Anwesenheit des Verw. ist nicht erforderlich; er kann sich aber beteiligen. Der GSch. wird auf sein Verlangen zur Siegelung zuzuziehen sein, wenn daraus keine Verzögerung entsteht. Über die Siegelung und Entsiegelung ist ein Protokoll aufzunehmen (s. § 124). Instruktionelle Vorschriften über das Verf. z. B. in §§ 128 f. preuß. GeschAnw. für die Gerichtsvollz. v. 24. März 1914 (JMBl. 343), in §§ 247 f. bayr. Gesch.-Anw. f. die Gerichtsvollz. v. 28. April 1900 (JMBl. 621 [760]) und für die Gerichtsschr. in § 188 der bayr. GeschAnw. für die Gerichtsschr. v. 2. März 1910 (JMBl. 253 [366]).

c) Unbefugte Siegelverletzung ist nach § 136 StGB. strafbar. Eine Verstrickung nach § 137 StGB. wird durch die Siegelung allein nicht herbeigeführt.

2. Die Schließung der Geschäftsbücher durch den GSchr. des KG. oder eines ersuchten G. ist obligatorisch, auch wenn der GSch. kein Kaufmann ist. Sie soll nicht ein Bücherabschluß im technischen Sinne sein (Begr. I 344), sondern besteht in einem einfachen Vermerk am Ende der Einträge. Fällt dem Beamten eine Unregelmäßigkeit in der Buchführung, z. B. das Fehlen von Blättern auf, so wird dies zweckmäßig in dem Vermerk erwähnt. Instrukt. Vorschr. z. B. in § 187 der bayr. GeschAnw. f. die Gerichtsschr. v. 2. März 1910 (s. oben).

Aufzeichnung der Masse. § 123. (§ 113.)

I Der Verwalter hat die einzelnen zur Konkursmasse gehörigen Gegenstände unter Angabe ihres Wertes aufzuzeichnen. Der Wert ist erforderlichen Falls durch Sachverständige zu ermitteln. Bei der Aufzeichnung ist eine obrigkeitliche oder eine Urkundsperson zuzuziehen. Der Gemeinschuldner ist zuzuziehen, wenn er ohne Aufschub zu erlangen ist.

II **Auf Antrag des Verwalters und, wenn ein Gläubigerausschuß bestellt ist, des letzteren, kann das Gericht gestatten, daß die Aufzeichnung unterbleibe oder ohne Zuziehung einer obrigkeitlichen oder einer Urkundsperson vorgenommen werde.**

Begr. I 344 f., KommB. I 84. — Unverändert durch die Nov.

1. **Aufzeichnung.** Auch wenn nicht gesiegelt wurde, müssen vorbeh. des Abs. 2 zur Feststellung der Masse, zur Beaufsichtigung des Verw. und als Untergrund für dessen künftige Rechnungslegung die zur KMasse gehörigen Gegenstände, Sachen und Rechte, aufgezeichnet werden. Hat eine Siegelung stattgefunden, so kann die Aufzeichnung zweckmäßig mit der Entsiegelung verbunden werden. Die Aufzeichnung soll übrigens alle zur Aktivmasse gehörenden Gegenstände umfassen, die dem Verw. im Zeitp. ihrer Vornahme bekannt sind, auch die Sachen, die dritte Personen, namentlich Absonderungsberechtigte besitzen. Gegenstände, die zweifellos auszusondern oder frei sind, werden nicht aufgenommen. Bestehen Zweifel wegen der Zugehörigkeit zur Masse, so sind die Gegenstände aufzuführen, zweckmäßig mit einer entspr. Bemerkung. Die Aufzeichnung bildet für die Aktiva die Grundlage des Inventars nach § 123, hat also den Wert der Gegenstände, geschätzt nach ihrer Verwertbarkeit im K., anzugeben. Zu berücksichtigen sind auch etwaige Rückgriffsrechte bei Gesamtschuldverh., namentl. im Wechselverkehr. Gegenstände, die zur abgesonderten Befriedigung dienen, sind demnach nur mit dem für die Masse bleibenden Mehrwert, zweifelhafte Forderungen nur mit ihrem mutmaßlichen wahren Wert einzusetzen, uneinbringliche Forderungen ohne Wertansatz zu lassen. Die Zuziehung von Schätzern, die weder allgemein beeidigt zu sein brauchen noch für ihre Mitwirkung nach § 123 besonders beeidigt werden, steht im pflichtmäßigen Ermessen des Verw. Notwendig (vorbeh. des Abs. 2) ist aber die Zuziehung einer obrigkeitlichen oder einer Urkundsperson. Ob eine um Mitwirkung ersuchte Amts- oder Urkundsperson berechtigt und verpflichtet ist mitzuwirken, bestimmt sich nach dem Landesrecht. Eine andere Frage ist, ob ohne landesrechtliche Regelung jede obrigkeitliche oder Urkundsperson mitwirken darf. Die Berechtigung dazu wird auf solche Personen einzuschränken sein, zu deren Aufgaben ähnliche Geschäfte auf anderen Rechtsgebieten, z. B. die Nachlaßsicherung, gehören. Daß zu den Urkundspersonen im Sinne des § 123 die Notare auch ohne besondere Vorschriften überall da gehören, wo es solche gibt, dürfte zweifellos sein. In Preußen und Bayern sind ausdrücklich für zuständig erklärt die Gerichtsschreiber und die Gerichtsvollzieher. Nachw. s. Anm. 1 zu § 122. Wegen der Notare s. Art. 31 preuß. FGG., Art. 2 Nr. 1 bayr. NotG.

2. **Erleichterungen** nach Abs. 2 können z. B. zugelassen werden, wenn der GSch. eine glaubwürdige Aufzeichnung vorgelegt hat oder eine zuverlässige Inventur aus letzter Zeit vorhanden ist oder wenn das Geschäft im ganzen verkauft werden soll. Es kann auch gestattet werden, daß eine Aufzeichnung ohne Wertermittlung erfolgt. Die Anordnung des G. setzt einen Antr. des Verw. und des etwa bestellten Aussch. voraus. Gegen die Ablehnung des Antrags hat der Verw. die Beschw.

(§ 73 Abs. 3), gegen die stattgebende Entsch. ist Beschw. nur möglich wegen Verletzung der Vorschr. über das Antragsrecht (bestr., s. Jaeger Anm. 4).

Inventar u. Bilanz. **§ 124.** (§ 114.)

Dem Verwalter liegt die Anfertigung eines Inventars und einer Bilanz ob. Derselbe hat eine von ihm gezeichnete Abschrift des Inventars und der Bilanz und, wenn eine Siegelung und Entsiegelung stattgefunden hat, die Protokolle über dieselben auf der Gerichtsschreiberei zur Einsicht der Beteiligten niederzulegen.

Begr. I 345 f. — Unverändert durch die Nov.

1. **Das Inventar** ist eine genaue Aufzeichnung der in der Masse vorhandenen Aktiva, getrennt nach Grundstücken, beweglichen Sachen — insbes. auch Bargeld, Wertpapieren, Kostbarkeiten —, Forderungen und sonstigen Rechten, und der die Masse treffenden Passiva (vgl. § 39 HGB.). Für die Aktiva ist vorbehaltlich etwaiger Änderungen die Aufzeichnung nach § 123 die Grundlage. Bei der Aufführung der Passiva sind auch die Masseanspr. zu berücksichtigen und die Forderungen hervorzuheben, die abgesondert zu befriedigen sind oder ein Vorrecht haben. Noch nicht fällige oder bedingte Forderungen sind als solche näher zu bezeichnen.

2. **Die Bilanz** ist der Abschluß, der das Verhältnis der Aktivmasse und der Passiva zusammenfassend darstellt (vgl. § 39 HGB.) und zweckmäßig ein kurzes Gutachten des Verw. über die Aussichten des K. enthält.

3. **Rechte der Beteiligten.** Zu den Beteiligten gehört der GSch., die KGl., die Mitgl. eines GlAusch. als solche, die Massegl., bei glaubh. gemachtem rechtl. Interesse wohl auch Absonderungsberechtigte, die nicht KGl. sind, Aussonderungsberechtigte. Gegen die Entscheidung des KG., das auf Erinnerung gegen den GSchr. die Einsicht versagt, steht sofortige Beschwerde offen (§ 73 Abs. 3). Wer Einsicht nehmen darf, kann sich auf seine Kosten auch Auszüge und Abschriften durch die GSchreiberei erteilen lassen (entspr. § 299 Abs. 1 ZPO., s. KO. § 72). Vgl. KommBer. II 29. KG. BuschsZ. 20, 492; KG. JW. 44, 804; LG. München BayZfR. 6, 455; Jaeger Anm. 4; Seuffert 286 (bestr.). Einen Anspr. auf Durchsicht der Geschäftsbücher des GSch. hat ein einzelner KGl. nicht. Vgl. KommBer. II 28 f. Auch der Steuerbehörde gibt die KO. dieses Recht nicht (vgl. Bamberg LZ. 1, 364); sie müßte ihren Anspr. auf eine Vorschr. außerh. der KO. stützen können.

Offenbarungseid. **§ 125.** (§ 115.)

Nach der Anfertigung des Inventars kann der Verwalter oder ein Konkursgläubiger den Gemeinschuldner in eine Sitzung des Amtsgerichts, bei welchem das Konkursverfahren anhängig ist, zur Leistung des Offenbarungseides laden.

Begr. I 346. — Unverändert durch die Nov.

1. Allgemeines. a) Erst nach der Anfertigung des Inventars ist der GSch. auf Antrag zur Leistung des Offenbarungseides verpflichtet. Der Eid soll ein Zwangsmittel zur Feststellung etwaiger in das Inventar nicht aufgenommener VermStücke sein. Der GSch. hat deshalb kein eigenes VermVerzeichnis vorzulegen, sondern seine Angaben auf Grund und auf Vorhalt des Inventars zu machen. Vgl. Dresden LZ. 2, 90. Der Eid geht dahin, daß der GSch. nach bestem Wissen sein bei der KE. vorhandenes Verm. so vollständig angegeben habe, als er dazu imstande sei. Das G. wird aber entspr. § 261 Abs. 2 BGB. nach den Umständen den Eid ändern können. Wegen der Eingangsformel s § 481 ZPO.; die religiöse Eidesform kann ersetzt werden durch die Erklärung „Ich schwöre" (RVerf. Art. 177). Die Pflicht zur Eidesleistung besteht, solange das KVerf. anhängig ist (bestr. s. Hausen BuschsZ. 43, 497); bei Beendigung des K. durch ZwVergl. endet sie mit dessen rechtskr. Bestätigung (Colmar OLG. 15, 248). Nur über die Aktiva braucht sich der GSch. eidlich zu äußern, nicht über die Passiva (bestr., wie hier Jaeger Anm. 1; Seuffert 293). Auskunftspflicht wegen der Passiva s. § 100, § 101 Abs. 2.

b) Das Verf. vollzieht sich außerh. des KVerf. (s. dazu Jaeger Anm. 21 zu § 71). Entspr. anwendbar sind die §§ 900 f. ZPO. Ausschließlich zuständig ist das AG., bei dem das KVerf. anhängig ist, als Vollstreckungsg. Im Wege der Rechtshilfe kann entspr. § 479 Abs. 1 ZPO. die Eidesleistung vor einem anderen AG. erfolgen (vgl. Seuffert ZPO. zu § 899). S. ferner § 902 ZPO. Eidesl. des verhafteten GSch. Antragsberechtigt ist der Verw. und jeder KGl. (nicht ein Massegl. oder Aussonderungsberechtigter, auch nicht ein Absonderungsberechtigter ohne pers. Forderung gegen den GSch.), der seine Forderung angemeldet hat. Feststellung der Forderung ist nicht erforderlich; auch eine bestrittene KForderung berechtigt an und für sich zum Antr.; Hausen BuschsZ. 43, 495 (bestr., anders Köln LZ. 3, 874). Der GSch. kann aber seine Eidespflicht bestreiten, weil der Antragst. nicht KGl. sei. Dann hat das G. beschlußmäßig über den Widerspr. zu entscheiden (entspr. ZPO. § 900 Abs. 3) und dabei zur Frage, ob dem Antragst. eine KForderung zusteht, für das Eidesverf. Stellung zu nehmen; der Gl. muß das Bestehen der Forderung beweisen, auf die er den Antr. stützt. U. U. empfiehlt sich Aussetzung der Entsch. bis zur Erledigung des wegen der Forderung anhängigen Rechtsstreits. (Vgl. Dresden LZ. 3, 870 f. und die ausführl. Bemerkungen dort von Jaeger mit Lit.). Der Antragst. braucht im Termin nicht anwesend zu sein (ZPO. § 900 Abs. 2). Gegen den GSch., der im Termin nicht erscheint oder die Eidesleistung ohne Grund verweigert, hat das G. zur Erzwingung der Eidesleistung auf Antr. die Haft anzuordnen (ZPO. § 901). Weitere Folge (kein Zwangsvergl.) § 175 Nr. 1. Auf die Zulässigk. der Haft und ihre Vollstreckung finden die §§ 904 bis 910, 912 ZPO. entspr. Anwendung. Die Haft darf nicht länger als 6 Monate dauern (entspr. § 913) und jedenfalls nicht über die Beendigung des K. fortgesetzt werden. Die §§ 903, 914 ZPO. sind nicht anwendbar. Der Offenbarungseid nach § 125 ist zu leisten ohne Rücksicht, ob und wann der GSch. den Offenbarungseid nach § 807 ZPO. geschworen hat. Anderseits ist er in jedem K. nur einmal zu leisten. Für die Abhaltung des

Termins fällt keine Gebühr an (§ 56 GKG.). Haftkosten hat der Antragst., der Verw. aus Massemitteln, von Monat zu Monat vorauszuzahlen (§ 911 ZPO.). Mit Jaeger Anm. 8 ist anzunehmen, daß dem Gl., der Haftkosten aufgewendet hat, ein Masseanspr. nach § 59 Nr. 3 zusteht, soweit sein Geldaufwand zur Ermittlung unbekannter Massewerte geführt hat.

2. Eidespflicht der Vertreter usw. des GSch. Für den prozeßunfähigen GSch. leistet den Eid sein gesetzlicher Vermögensvertreter, auch wenn er z. Z. der KE. noch nicht Vertreter war (Jaeger LZ. 8, 1651). Als GSch. im Sinne des § 125 kommen in Betr. im NachlK. jeder Erbe, im K. der OffH. usw. jeder (persönl. haftende) Gesellschafter. Im K. einer juristischen Person trifft die Eidespflicht den oder die gesetzl. Vertreter, desgl. den gesetzl. Vertreter, wenn der GSch. geschäftsunfähig oder in der Geschäftsfähigkeit beschränkt ist. Angehörige, Bevollmächtigte, Angestellte u. a. des GSch. sind nicht eidespflichtig. Vgl. Anm. 4 zu § 100.

Betreibungsrecht des Verwalters.

§ 126. (§ 116).

Die Zwangsverwaltung und die Zwangsversteigerung der zur Masse gehörigen unbeweglichen Gegenstände kann bei der zuständigen Behörde durch den Konkursverwalter betrieben werden.

Bgr. I 346 f., KommB. I 64 f. — Unverändert durch die Nov.

1. Allgemeines. Zur Verwertung eines Massegrundstücks oder sonstigen im Sinne der Zwangsvollstr. unbewegl. Gegenstandes (s. Anm. 1 zu § 47) kann der Verw. den Gegenstand entweder aus freier Hand (§§ 134 bis 136) oder im Rahmen eines Zwangsversteigerungsverf. veräußern (§ 126). Den letzteren Weg einzuschlagen ist er nur berechtigt, nicht verpflichtet, auch wenn ein nach § 174 ZVG. interessierter Absonderungsgl. es verlangt (vgl. Karlsruhe OLG. 3, 48; ObLG. SeuffBl. 64, 76 f.). Ferner kann der Verw. die Nutzungen des Gegenstandes in freier Verwaltung ziehen oder den Gegenstand unter Zwangsverwaltung stellen lassen. Beidemal wird nur die Form der Zwangsvollstr. gewählt, sonst hat das Verf. mit der Zwangsvollstr. nichts gemein. Dagegen liegt echte Zwangsvollstr. vor, wenn ein Absonderungsberechtigter (§§ 47, 4) oder ein persönlicher Gl. ohne Absonderungsrecht aber auf Grund einer vor der KE. wirksam gewordenen Beschlagnahme (§ 13) oder ein Massegl. (§§ 57 f.) das Verf. betreibt. S. dazu Anm. 2 zu § 4, Anm. 2 zu § 13, Anm. 2 zu § 57.

2. Das Verfahren.

a) Nach § 172 ZVG. finden, wenn der KVerw. die Zwangsverst. oder die Zwangsverw. beantragt, die Vorschriften des 1. und 2. Abschn. des ZVG. entsprechende Anwendung, soweit sich nicht aus den §§ 173, 174 ZVG. ein anderes ergibt. Das Verf. ist hiernach kein Teil des KVerf. In diesem Rahmen können nur einige wichtige Sätze hervorgehoben werden, die das Verf. auf Antr. des Verw. von dem ZwangsvollstrVerf. unterscheiden.

b) Der KVerw. braucht eine vollstreckb. Ausfertigung des EBeschl. nicht beizubringen, denn er läßt keine Forderung vollstrecken (herrsch. Ans.). Auch seine Bestallung (§ 81 Abs. 2) wird er nur vorlegen, wenn seine Eigensch. als Verw. dem VollstrG. nicht ohnehin bekannt ist. Der KVerw. hat als Antragsteller die Stellung des betreibenden Gl. und als der vom Verf. betroffene Verfügungsberechtigte (§ 6 Abs. 2) die Stellung des Schuldners (s. RG. JW. 31, 402), es ist aber jeweils zu untersuchen, ob die in Betracht kommenden Vorschr. auf ihn anwendbar sind (näh. z. B. von der Pfordten Anm. 2 zu §§ 172f.). Der GSch. ist nicht im Sinne des § 9 ZVG. besonders „beteiligt". Er ist zwar der Rechtsträger; neben dem Verw., dem Verfügungsberechtigten, hat er aber im Verf. keine selbständige Stellung. Dem Verf. auf Antr. des Verw. kann ein Absonderungsberechtigter oder ein Massegl. (s. Anm. 1) nach § 27 ZVG. beitreten, falls er einen Vollstreckungstitel hat (dazu Anm. 6 vor § 47). Der Verw. kann nach § 27 ZVG. einem wirkl. ZwangsvollstrVerf. beitreten, das auf Antr. eines Berechtigten (Anm. 1) eingeleitet wurde.

c) Der Beschl., durch den auf Antr. des Verw. das Verf. angeordnet wird, gilt — vorbeh. der §§ 13, 55 ZVG. — nicht als Beschlagnahme des Grundst. (§ 173 ZVG.), denn es ist niemand da, dem gegenüber ein Veräußerungsverbot wirken soll. Der GSch. ist schon durch die KE. in weitgehenderem Maße beschränkt (§ 6). Eine Beschränkung des Verw. aber wäre zwecklos. Der Verw. kann auch im Laufe des Verf. über das Grundstück, seine Bestandteile, das Zubehör usw. nach den allgem. Vorschr. (dazu Anm. 4 zu § 4) verfügen. Dieses Recht hat der Verw. selbstverständlich nicht, wenn zugleich ein Sonderberechtigter (Anm. 1) das Verf. betreibt. Hier gilt die Regel des § 20 ZVG. und der KVerw. hat die Stellung des Schuldners (§§ 23f. ZVG.). Wegen des Verhältnisses des KVerw. zum Zwangsverw. s. Fischer-Schäfer Anm. 1b zu § 173.

d) Hat ein Gl. für seine persönl. Forderung gegen den GSch. d. h. für eine KForderung ein vom KVerw. ausdrücklich oder stillschweigend anerkanntes Recht aus Befriedigung aus dem Grundst., wenn auch keinen vollstreckb. Titel (dazu Bem. 6 vor § 47), so kann er bis zum Schlusse der Verhandlung im VerstTermine verlangen, daß bei der Feststellung des geringsten Gebots nur die seinem Anspr. vorgehenden Rechte berücksichtigt werden; das Grundstück ist dann auch mit der verlangten Abweichung, also doppelt, auszubieten (§ 174 ZVG.). Das Anerkenntnis des KVerw. ersetzt nicht den vollstr. Titel, den der Gl. braucht, um das Verf. selbst zu betreiben oder ihm nach § 27 beizutreten. Der Gl. soll aber auf Grund des Anerkenntnisses wenigstens bei der Feststellung des geringsten Gebotes einem betreibenden Gl. (sonst nicht: RGZ. 75, 138) gleichbehandelt werden, also verlangen können, daß das geringste Gebot nicht auf einen höheren Betrag bestimmt werde, als zur Deckung der vorgehenden Gl. erforderlich ist. Zweck der Vorschr. ist, dem Gl. zu ermöglichen, daß er seinen etwaigen Ausfall (§§ 164, 153) möglichst einfach und bald feststellen läßt. Ferner macht sie die Geltendmachung betagter Absonderungsanspr. möglich, die selbständig nicht betrieben werden könnten (s. Anm. 2 zu § 65, näheres Fischer-Schäfer Anm. 1

zu § 174). Streitig ist, welchem Gebot der Zuschlag erteilt werden muß, wenn Gebote auf beide Ausgebote abgegeben werden. S. darüber Fischer-Schäfer Anm. 4 zu § 174 mit Lit.; Meyer SeuffBl. 69, 232; Jaeger Anm. 10.

e) Durch die E. des NachlaßK. wird die Zwangsverst., die ein Erbe u. a. nach § 175 ZVG. (s. §§ 176, 177, 179) beantragt hat, nicht beendigt; für das weitere Verf. gilt aber der KVerw. als Antragsteller (s. § 178 Abs. 2 ZVG.).

f) Gemäß § 11 des Reichssiedlungsges. v. 11. Aug. 1919 (RGBl. 1429) gelten auch für Übereignungen im Wege der Zwangsvollstr. und für freihändige Veräußerungen durch den KVerw. die Vorschriften dieses Ges. über das Vorkaufsrecht des Siedlungsunternehmens.

g) Gerichtsgebühr s. § 55 GKG.

Verwertung beweglicher Absonderungsgegenstände. **§ 127. (§ 117.)**

I **Der Verwalter ist berechtigt, die Verwertung eines zur Masse gehörigen beweglichen Gegenstandes, an welchem ein Gläubiger ein durch Rechtsgeschäft bestelltes Pfandrecht oder ein diesem gleichstehendes Recht beansprucht, nach Maßgabe der Vorschriften über die Zwangsvollstreckung oder über den Pfandverkauf zu betreiben. Der Gläubiger kann einer solchen Verwertung nicht widersprechen, vielmehr seine Rechte nur auf den Erlös geltend machen.**

II **Ist der Gläubiger befugt, sich aus dem Gegenstand ohne gerichtliches Verfahren zu befriedigen, so kann auf Antrag des Verwalters das Konkursgericht dem Gläubiger nach dessen Anhörung eine Frist bestimmen, innerhalb welcher er den Gegenstand zu verwerten hat. Nach dem Ablaufe der Frist findet die Vorschrift des ersten Absatzes Anwendung.**

Begr. I 348 f., KommB. I 86 f., Begr. II 41. — Geändert durch die Nov.

1. **Allgemeines.**

a) Der Verw. kann in Ausübung der Rechte des GSch. einen zur Masse gehörigen bewegl. Gegenstand — dazu gehören auch Forderungen und sonstige Rechte; vgl. RGZ. 58, 16 —, an dem ein anderer ein Absonderungsrecht (§§ 48 f.) oder ein Massegl. ein Pfandrecht oder ein diesem gleichstehendes Recht beansprucht, in der Weise freihändig oder durch Versteigerung (s. § 457 BGB.) veräußern, daß der Gegenstand, vorbehaltl. der Wirkungen des guten Gl., mit dem Rechte des Dritten belastet auf den Erwerber übergeht (RGZ. 58, 16). Er kann aber nach § 127 unter den gleichen Voraussetzungen die Verwertung auch in der Form der Zwangsvollstr. oder des Pfandverkaufs betreiben. Diese Art der Verwertung hat den Zweck einer Auseinandersetzung mit dem oder den Absonderungsberechtigten usw.; sie ermöglicht, den Überschuß zur

Teilungsmasse zu ziehen. Der Verw. kann zu dieser Verwertungsart greifen ohne Rücksicht darauf, ob er im Besitze der Sache ist oder der Absonderungsberechtigte. Der Letztere kann der Veräußerung der Sache nicht widersprechen, er muß vielmehr die Sache dem Verw. herausgeben. Sein Vorzugsrecht geht auf den Erlös über. Verweigert der Besitzer die Herausgabe, so kann ihm die Sache durch den GV. nicht ohne weiteres, sondern nur auf Grund eines besonderen VollstrTitels (nicht des KEBeschl.) weggenommen werden (vgl. Jaeger Anm. 11). Zu einschneidenden Ausnahmen führt der Abs. 2. Darf sich der Gl. auf Grund gesetzl. oder rechtsgesch. Ermächtigung (s. Begr. I 348, RG. Gruch. 48, 413) aus dem Gegenstand ohne gerichtl. Verfahren, d. h. ohne jede das Verfügungsrecht des Gl. beschränkende gerichtl. Mitwirkung, befriedigen, so kann der Verw. die Verwertung des Gegenstandes in der Form der Zwangsvollstr. oder des Pfandverkaufs (Abs. 1) erst betreiben, wenn der Gl. eine ihm gesetzte gerichtl. Verwertungsfrist nicht benützt hat. Tatsächlich ist nach dem jetzigen bürgerl. Rechte die als Ausn. gedachte Anwendung des Abs. 2 zur Regel geworden, weil sich der Gl. jetzt aus dem haftenden Gegenstande regelmäßig ohne gerichtl. Verf. befriedigen darf (vgl. Jaeger Anm. 5). Wegen der Ablösung von Pfandrechten u. a. vgl. § 133 Nr. 2. Allg. Erörterungen über § 127 RGZ. 75, 155 f. S. auch RGZ. 98, 302.

b) Über die Anspr. von Aussonderungsberechtigten wegen der Veräußerung des Gegenstandes durch den Verw. s. § 46. Widerspruchsklage s. § 771 ZPO.

c) Das Recht des Absonderungsgl. sich aus dem Gegenstande zu befriedigen (s. § 4) besteht neben dem Verwertungsrechte des Verw. fort und kann auch nach dem Ablauf der Frist im Abs. 2 ausgeübt werden, solange nicht der Verw. seinerseits die Verwertung betreibt.

2. Ohne gerichtl. Verfahren kann sich z. B. befriedigen der Pfandgl., dem eine bewegl. Sache haftet (BGB. §§ 1228, 1233 f., s. auch §§ 1219 f.; für gesetzl. Pfandrechte s. § 1257; ferner §§ 1293 f. Pfandr. an einem Inhaberp. oder indossablen Papier), der Pfandgl., dem eine Fdg. haftet (BGB. § 1282; anders nach der Regel des § 1277). Abkürzung der Verkaufsfrist in § 368 HGB. Besondere Vorschr. wegen der Deckung von Lombarddarlehen der Reichsbank in § 20 Bankges.; desgl. zugunsten der Darlehenskassen (Ges. v. 4. Aug. 1914, RGBl. 341). Wegen der Rechte des Vermieters (Verpächters) s. Anm. 4b zu § 49. Gerichtl. Verf. ist auch das Verf. des Gerichtsvollz., soweit er unter der Aufsicht des VollstrG. als dessen Organ tätig wird. Das Pfändungspfandrecht an einer bewegl. Sache kann sonach ohne gerichtl. Verf. im Sinne des Abs. 2 nicht verwirklicht werden und fällt unter Abs. 1 (vgl. München LZ. 3, 88, wo diese Ansicht als richtig vorausgesetzt wird; Kreß JW. 43, 509; a. M. Jaeger Anm. 5). Ist jedoch eine gepfändete Forderung dem Gl. zur Einziehung überwiesen, so findet eine weitere gerichtl. Mitwirkung nicht mehr statt, es ist also Abs. 2 anwendbar.

3. Zwangsvollstreckung; Pfandverkauf. Der Verw. vereinigt die Rollen des betreibenden Gl. und des Sch. Außerdem handelt es sich nicht um echte Zwangsvollstreckung (Zwangsbefriedigung), sondern um die Verwertung von Gegenständen der Masse in der äußeren Form der Zwangsvollstr. (des Pfandverkaufs). Die Vorschr. über Zwangsvollstr. (Pfandverkauf) sind deshalb nur mit entsprech. Einschränkungen anwendbar. Materiellrechtl. wird die Veräußerung nach § 127 beurteilt wie eine Veräußerung durch Zwangsvollstr. für einen persönl. Gl. (RGZ. 69, 85; s. auch LZ. 6, 698). Will der Verw. eine belastete bewegl. Sache im Wege der Zwangsvollstr. veräußern, so ist die vorhergehende Pfändung der Sache für den Verw. nicht nur entbehrlich sondern sogar ausgeschlossen (vgl. RGZ. 58, 18). Der Verw. übergibt die Sache dem Gerichtsvollz. mit dem Auftrage, sie wie eine gepfändete Sache zu versteigern (s. entspr. §§ 814, 816, 817, 820 f. ZPO.). Wegen der Anwendung des § 825 ZPO. (z. B. freihändiger Verkauf eines verpfändeten Warenlagers mit der Rechtswirkung nach § 127 auf Anordnung des VollstrG.) s. Köln LZ. 2, 627 f. (bestätigt RG. a. a. O. S. 612) und Dresden OLG. 26, 398. Den Erlös händigt der GV. dem Verw. aus, wenn kein anderer Auftr. oder keine entgegenstehende gerichtl. Anordnung vorliegt. Die Frist des § 816 Abs. 1 ZPO. braucht nicht eingehalten zu werden (herrsch. Ans.; s. aber RGZ. 58, 18). Gerichtl. Verteilungsverf. entspr. §§ 872 f. ZPO., wenn der hinterlegte Erlös zur Befriedigung der beteiligten Sonderberechtigten nicht reicht. Auch Forderungen und sonstige Vermögensrechte, die nicht Gegenstand der Zwangsvollstr. in das unbewegl. Verm. sind, werden zur Verwertung nach § 127 nicht gepfändet (RGZ. 58, 19; 62, 232). Fraglich ist aber, ob es einer gerichtl. Überweisung der Forderung usw. an den KVerw. zur Einziehung (s. § 835 Abs. 1 ZPO.) bedarf (so gegen die herrsch. Ans. Jaeger Anm. 10) oder ob der Verw. die Forderung ohne weiteres durch den Gl. öffentlich versteigern lassen kann (vgl. RGZ. 62, 233). Über die Anordnung einer anderen Verwertung durch das VollstrG. s. entspr. § 844 ZPO. Die Versteigerung durch den KVerw. — das gilt auch für Sachen — hat nicht die im § 127 bezeichnete Rechtswirkung gegenüber dem Sonderberechtigten (RGZ. 62, 233). Über die Verwertung nach den Vorschr. des Pfandverkaufs s. entspr. §§ 1235 f., 1293, 1295 BGB. Der § 1234 ist nicht anwendbar. Wegen Wahrung des Rechtes des AbsondBerechtigten, wenn der Verkauf vom KVerw. auf Grund einer gegen einen Aussonderungsberechtigten erwirkten einstweil. Verfügung mit Zustimmung des Absonderungsberechtigten erfolgt, s. RGZ. 84, 68.

Gegenstände der Nacherbschaft.

§ 128.

Ist der Gemeinschuldner Vorerbe, so darf der Verwalter die zur Erbschaft gehörigen Gegenstände nicht veräußern, wenn die Veräußerung im Falle des Eintritts der Nacherbfolge nach § 2115 des Bürgerlichen Gesetzbuchs dem Nacherben gegenüber unwirksam ist.

Begr. II 41. — Eingest. durch die Nov.

a) Der Vorerbe (s. §§ 2100 f. BGB. und wegen des K. des Vorerben im allgemeinen Kretzschmar LZ. 8, 556) ist wirklicher Erbe und Rechtsträger des zur Erbschaft gehörenden Verm. Wird über sein Verm. der K. eröffnet, so gehört der Nachl. zur KMasse. (Ausschlagungsrecht des GSch. s. § 9.) Das Verfügungsrecht des Vorerben ist aber nicht unbeschränkt (BGB. §§ 2112 f.). Noch mehr beschränkt — auch bei befreiter Vorerbschaft, s. §§ 2136, 2137 — ist in der Verfügung der KVerw. im K. des Vorerben. Nach § 2115 BGB. ist eine Verf. über einen Erbschaftsgegenstand, die durch den KVerw. erfolgt, im Falle des Eintritts der Nacherbfolge insoweit unwirksam, als sie das Recht des Nacherben vereiteln oder beeinträchtigen würde. Dementspr. verbietet § 128 KO. dem Verw. jede Veräußerung, die bei Eintritt der Nacherbfolge materiellrechtl. dem Nacherben gegenüber unwirksam wäre. Vgl. damit § 773 ZPO.

b) Der Verw. kann hiernach im allgem. (Ausn. s. c) nur die Nutzungen der Vorerbschaft zur Teilungsmasse ziehen. In Betr. kommt namentlich Vermietung, Verpachtung, auch Zwangsverwaltung (s. § 126 KO. mit § 172 ZVG., § 127 KO. mit § 857 Abs. 3, 4 ZPO.). Ob die Beschränkung des § 850 Abs. 1 Nr. 3 ZPO. (Belassung der Einkünfte zum notdürftigen Unterhalte des GSch. und bestimmter Angeh.) Platz greift, ist Frage des einzelnen Falles. Vgl. Jaeger Anm. 3, Seuffert ZPO. Anm. 5 zu § 850. S. auch § 863 ZPO. mit § 2338 BGB.

c) Die Verf. des KVerw. ist unbeschränkt wirksam (§ 2115 BGB.) und deshalb durch § 128 nicht ausgeschlossen, wenn der Anspr. eines NachlGl. (§ 1967 BGB.) oder ein an einem Erbschaftsgegenstande bestehendes Recht geltend gemacht wird, das bei Eintritt der Nacherbf. dem Nacherben gegenüber wirksam ist. Konkurrieren im K. des Vorerben (zu unterscheiden vom NachlaßK.) NachlGl. und andere Gl., so darf der Verw. nur zugunsten der NachlGl. den Stamm der Erbsch. angreifen; für die anderen Gl. darf er daraus nichts veräußern (näheres Seuffert 302; s. aber Jaeger Anm. 5). Wegen der dem Nacherben gegenüber wirksamen Rechte vgl. Seuffert 301; Jaeger Anm. 6.

d) Rechtl. Wirkung des gesetzl. Veräußerungsverbots s. § 135 Abs. 1 S. 1, Abs. 2 BGB. (Schutz des guten Glaubens). Für den Grundbuchverkehr s. § 52 GBO. Streitigkeiten zwischen dem Verw. und dem GSch. (Vorerben) über die Abgrenzung der Rechte des ersteren enthalten einen Aussonderungsstreit. Betreibt der Verw. eine unzulässige Veräußerung mit Zwangsvollstr. (s. dazu §§ 126, 127), so kann der GSch. (Vorerbe) nach § 766 oder § 771 ZPO. vorgehen. Vgl. Anm. 1c zu § 117. Der Nacherbe hat vor dem Eintritte der Nacherbfolge kein Aussonderungsrecht (§ 2139 BGB., Dresden LZ. 3, 796), aber einen Feststellungsanspr. Gegen eine für ihn unwirks. Veräußerung durch Zwangsvollstr. kann er nach §§ 773, 771 ZPO. Widerspr. erheben. S. über die versch. Ansichten Jaeger Anm. 9.

Vorläufige Maßnahmen. **§ 129.** (§ 118.)

[I] **Bis zur Beschlußfassung durch eine Gläubigerversammlung kann der Verwalter mit Genehmigung des Gerichts oder, wenn**

von dem Gerichte ein Gläubigerausschuß bestellt ist, mit dessen Genehmigung dem Gemeinschuldner und der Familie desselben notdürftigen Unterhalt aus der Konkursmasse gewähren.

II Bis zur Beschlußfassung durch eine Gläubigerversammlung hat der Verwalter nach seinem Ermessen das Geschäft des Gemeinschuldners zu schließen oder fortzuführen und die Gelder, Wertpapiere und Kostbarkeiten nach Anordnung des Gerichts zu hinterlegen. Ist von dem Gerichte ein Gläubigerausschuß bestellt, so beschließt dieser über die Schließung oder die Fortführung des Geschäfts und über die Hinterlegung der Gelder, Wertpapiere und Kostbarkeiten.

Begr. I 350 f., KommB. I 89. — Unverändert durch die Nov.

1. **Allgemeines.** Das Ges. will in § 129 die Zuständigkeit für die Besorgung dringender Angelegenheiten zunächst bis zur Entscheidung in der 1. GlVers. (s. § 132) regeln. Trifft aber die 1. GlVers. keine Entsch., so bleiben die vorl. Maßnahmen wirksam, bis eine spätere GlVers. entscheidet. Es ist auch nicht ausgeschlossen, daß nach der 1. GlVers. vorl. Anordnungen auf Grund des § 129 getroffen werden, wenn dafür ein Bedürfnis eintritt.

2. **Notdürftiger Unterhalt des GSch. und (oder) seiner Familie.**

a) Der Verw. kann aus der KMasse ohne Rücksicht auf die Lebensstellung des GSch. nur den Notbedarf gewähren (vgl. dazu §§ 1610, 1611 BGB.). Weitergehenden, namentlich standesgemäßen Unterhalt darf nur die GlVers. bewilligen (s. § 132). Der Verw. ist aber nicht gehindert, z. B. wenn er das Gesch. vorläufig fortführt, den GSch. oder einen Angehörigen für Leistungen im Interesse der Masse entspr. zu entschädigen. Er kann auch die Gewährung des Notbedarfs von einer Gegenleistung des GSch. oder eines Angeh. abhängig machen. S. ferner Anm. 3 zu § 58. Was Notbedarf ist, richtet sich nach den Umständen des Falles. Zur Familie des GSch. gehören regelmäßig die Personen, die auf Grund familienrechtl. Beziehungen mit ihm und wirtschaftlich abhängig von ihm eine Hausgemeinschaft bilden, aber auch Kinder, die zum Schulbesuch u. a. auswärts untergebracht sind. Daß der GSch. unterhaltspflichtig ist, wird nicht gefordert (bestr.). Die Frage ist nicht weiter von Bedeutung, weil weder der GSch. noch ein Angeh. einen Rechtsanspr. auf Gewährung des Notbedarfs hat und der Verw. nach pflichtmäßigem Ermessen entscheidet, wem der Notbedarf gewährt werden soll. Die bewilligte Unterst. gehört zu den Massekosten (§ 58 Nr. 3, s. § 60).

b) Über die Bewilligung des Unterh., das Maß und die Art der Gewährung entscheidet der Verw. Er bedarf aber (sonst Haftung nach § 82) der Genehmigung des Gerichts. Ist ein GlAussch. gerichtlich bestellt oder — für die Zeit nach der 1. GlVers. — gewählt, so steht die Genehmigung dem GlAussch. zu. Weigert sich der Verw., so kann seine Entsch. weder vom KG. noch vom Aussch. ersetzt werden, der GSch. muß warten, bis die GlVers. entscheidet. Offenbaren Pflichtwidrigkeiten kann aber das

KG. nach § 83 begegnen. Verweigert das G. die Genehmigung, so kann sich nur der Verw., der sie erbeten hat, beschweren. Die gerichtl. Genehmigung kann mit Beschwerde nicht angefochten werden (ebenso Seuffert 320).

3. Schließung oder Fortführung des Geschäfts. Ob der GSch. Inhaber eines kaufmännischen oder nichtkaufmännischen Betriebs war, ist unerheblich. Erforderlich ist aber, daß eine Einrichtung vorhanden ist, die die Fortführung des Gesch. durch den KVerw. oder einen Beauftragten möglich macht. Die Schließung des Geschäfts besteht dann in der Aufgabe des Betriebs sofort oder nach einer Übergangszeit (z. B. Ausverkauf).[1] An der Verwertung seiner persönl. Arbeitskraft oder sonstigen Befähigung durch geschäftl. Tätigkeit kann der GSch. selbstverständlich nicht gehindert werden. Vgl. Jaeger Anm. 9. S. weiter §§ 130, 132.

4. Hinterlegung. S. Anm. zu § 137. Die Bestimmung der Hinterstellungsstelle — auch eines privaten Bankunternehmens u. dgl. — und der Hinterlegungsart steht im Ermessen des KG. oder des GlAussch. Wegen der Kostbarkeiten vgl. RGZ. 13, 38. Die Hinterlegung von Geld kann auch durch verzinsliche Anlegung des Geldes mit fristloser oder kurzfristiger Kündigung erfolgen (vgl. § 700 BGB.). Das G. oder der Aussch. kann bestimmen, welchen Betr. der Verw. zur Deckung laufender Ausgaben zurückbehalten darf (s. Begr. I 352).

Untersagung der Geschäftsschließung.

§ 130.

I Soll nach § 129 das Geschäft des Gemeinschuldners geschlossen werden, so hat der Verwalter vor der Beschlußfassung des Gläubigerausschusses oder, wenn ein Gläubigerausschuß nicht bestellt ist, vor der Schließung des Geschäfts dem Gemeinschuldner, sofern derselbe ohne Aufschub zu erlangen ist, von der beabsichtigten Maßregel Mitteilung zu machen.

II Das Gericht kann auf Antrag des Gemeinschuldners die Schließung des Geschäfts untersagen, wenn der Gemeinschuldner einen Zwangsvergleichsvorschlag eingereicht hat.

Begr. II 41 f. — Eingestellt durch die Nov.

a) Im Anschluß an die Vorschr. in § 135 hat der KVerw. vor der Beschlußfassung des GlAussch. oder, wenn ein solcher nicht bestellt ist, vor seiner eigenen Entschließung dem GSch. von der beabsichtigten Einstellung des Geschäftsbetriebs formlos, mündl. oder schriftl., Mitteilung zu machen. Sie kann unterbleiben, wenn der GSch. nicht so rechtzeitig

[1] Aus dem Wettbewerbsges. v. 7. Juni 1909 s. bes. § 6 (Verbot der Bezugnahme auf die Herkunft der Waren aus einer KMasse, wenn öffentlich usw. der Verkauf von Waren angekündigt wird, die aus einer KMasse stammen, aber nicht mehr zum Bestand der KMasse gehören). Wegen der Zulässigkeit von Ausverkaufsverordnungen bei Verkäufen aus Anlaß eines K. s. Fuld Recht 17, 360.

zu erreichen ist, daß keine Verzögerung eintritt. Wenn die Benachrichtigung des GSch. ohne genügenden Grund unterbleibt, hat der GSch. u. U. einen Schadensersatzanspr. (§§ 82, 89).

b) Nur im Falle des Abs. 2 kann das KG. auf Antr. des GSch. die Geschäftsschließung untersagen. Ob sich der GlAussch. oder der Verw. schon für diese entschlossen hat oder nicht, ist unerheblich. Das G. wird von seiner Befugnis Gebrauch machen, wenn Aussicht besteht, daß der Zwangsvergl. zustande kommt. Die Entsch. des G. ist nur vorläufig. S. § 177 Abs. 2. Über die endgültige Schließung des Geschäftes hat die GlVers. zu entscheiden.

c) Ein Beschwerderecht (§ 73 Abs. 3) haben gegen die Ablehnung des Antrags der GSch., gegen die Untersagung der Verw. und wohl auch jeder einzelne KGl.

Erste GlVersammlung.

§ 131. (§ 119.)

In der ersten Gläubigerversammlung hat der Verwalter über die Entstehung der Zahlungsunfähigkeit des Gemeinschuldners, über die Lage der Sache und über die bisher ergriffenen Maßregeln zu berichten.

Begr. I 351. — Unverändert durch die Nov.

An den mündl. Vortr. des Verw. nach § 131 schließen sich gewöhnlich die Wahlen (§§ 80, 87) und die Beschlußfassung nach § 132.

§ 132. (§ 120.)

I **Die Gläubigerversammlung beschließt über eine dem Gemeinschuldner und dessen Familie zu bewilligende Unterstützung, über die Schließung oder die Fortführung des Geschäfts und über die Stelle, bei welcher, sowie über die Bedingungen, unter welchen die Gelder, Wertpapiere und Kostbarkeiten hinterlegt oder angelegt werden sollen.**

II **Die Gläubigerversammlung beschließt, in welcher Weise und in welchen Zeiträumen der Verwalter ihr oder einem Gläubigerausschusse über die Verwaltung und Verwertung der Masse Bericht erstatten und Rechnung legen soll.**

Begr. I 352. — Unverändert durch die Nov.

1. Allgemeines. Über die in § 132 (s. auch § 137) bezeichneten Angelegenh. entscheidet die GlVers., gewöhnlich die erste, endgültig. Untersagungsrecht des KG. § 99. Eine spätere GlVers. kann die Beschlußfassung nachholen oder ändern. Bis zur Beschlußfassung der GlVers. gelten die vorläufigen Anordnungen nach § 129. Die GlVers. kann ihr Anordnungsrecht ganz oder teilweise dem GlAussch. übertragen, behält aber auch dann das Recht selbst Anordnungen zu treffen.

2. Unterstützung des GSch. und (oder) der Familie. S. Anm. 2 zu § 129, Anm. 3 zu § 58. Gegen den Beschluß der GlVers. kann sich der GSch. nicht beschweren.

3. **Schließung oder Fortführung des Geschäfts.** S. Anm. 3 zu § 129.

4. **Hinterlegung oder Anlegung von Geldern u. a.** S. Anm. 4 zu § 129, Anm. zu § 137, Anm. zu § 169. Die GlVers. braucht keine staatliche oder staatlich beaufsichtigte Bankanstalt u. dgl. als Hinterlegungsort zu bestimmen. Es empfiehlt sich aber bei der Auswahl mit Vorsicht vorzugehen. Auch die Hinterlegungsart — z. B. Hinterlegung in geschlossenem oder in offenem Depot, Anlegung auf Schuldschein der Bank — bestimmt die GlVers. vorbehaltlich ihrer Befugnis, den Gl.-Aussch. zu Anordnungen zu ermächtigen. S. auch RGZ. 54, 211. Dauert der K. voraussichtlich länger, so kann sich der Ankauf von Wertpapieren empfehlen. Daß sie mündelsicher sind, ist rechtlich nicht notwendig.

5. **Berichterstattung und Rechnungslegung des Verw.** Wegen der eigenen Rechte und Pflichten des GlAussch. s. § 88.

Genehmigungspflichtige Handlungen.

§ 133. (§ 121.)

Der Verwalter hat, falls ein Gläubigerausschuß bestellt ist, dessen Genehmigung einzuholen:

1. wenn Gegenstände, deren Verkauf ohne offenbaren Nachteil für die Masse ausgesetzt werden kann und nicht durch die Fortführung des Geschäfts veranlaßt wird, verkauft werden sollen, bevor der allgemeine Prüfungstermin abgehalten oder ein vor dem Schlusse desselben eingereichter Zwangsvergleichsvorschlag erledigt ist;
2. wenn die Erfüllung von Rechtsgeschäften des Gemeinschuldners verlangt, Prozesse anhängig gemacht, deren Aufnahme abgelehnt, Vergleiche oder Schiedsverträge geschlossen, Aussonderungs-, Absonderungs- oder Masseansprüche anerkannt, Pfandstücke eingelöst, oder Forderungen veräußert werden sollen, und es sich in diesen Fällen um einen Wertgegenstand von mehr als dreihundert Mark handelt.

§ 134. (§ 122.)

Der Verwalter hat die Genehmigung des Gläubigerausschusses oder, wenn ein solcher nicht bestellt ist, die Genehmigung einer Gläubigerversammlung einzuholen:

1. wenn ein unbeweglicher Gegenstand aus freier Hand, oder das Geschäft oder das Warenlager des Gemeinschuldners im ganzen, oder das Recht auf den Bezug wiederkehrender Einkünfte veräußert werden soll;
2. wenn Darlehen aufgenommen, fremde Verbindlichkeiten übernommen, zur Masse gehörige Gegenstände verpfändet, oder Grundstücke erstanden werden sollen.

§ 135. (§ 123.)

I Der Verwalter hat in den Fällen der §§ 133, 134 vor der Beschlußfassung des Gläubigerausschusses oder der Gläubigerversammlung, und in den Fällen des § 133, wenn ein Gläubigerausschuß nicht bestellt ist, vor der Vornahme der Rechtshandlung dem Gemeinschuldner, sofern derselbe ohne Aufschub zu erlangen ist, von der beabsichtigten Maßregel Mitteilung zu machen.

II Das Gericht kann auf Antrag des Gemeinschuldners, sofern nicht die Gläubigerversammlung die Genehmigung erteilt hat, die Vornahme der Rechtshandlung vorläufig untersagen und zur Beschlußfassung über die Vornahme eine Gläubigerversammlung berufen.

§ 136. (§ 124.)

Durch die Vorschriften der §§ 133—135 wird die Gültigkeit einer Rechtshandlung des Verwalters dritten Personen gegenüber nicht berührt.

Zu §§ 133 bis 136: Begr. I 354 f., KommB. I 87 f., 170 f.; Begr. II 42, KommB. II 32.

Gemeinsch. Bemerkungen zu §§ 133 bis 136.

1. Allgemeines.

a) Der Verw. übt die Verfügungsgewalt über die KMasse (§ 6) grundsätzlich selbständig aus, auch gegenüber dem GlAussch. und der GlVers. Die GlVers. kann seine Befugnisse nicht einschränken. Für den Rechtsverkehr, d. h. für das Verhältnis nach außen, wird die Verfügungsmacht des Verw. auch durch die §§ 133 bis 135 nicht eingeengt. Das ist in § 136 deutlich ausgesprochen. Andere Personen erleiden durch die Nichtbeachtung der §§ 133 bis 135 keinen Nachteil, sie können sich aber auch nicht zu ihren Gunsten darauf berufen. Die Rechtsgültigkeit einer Handlung des Verw. kann hiernach wegen eines Verstoßes gegen § 133 oder § 134 oder § 135 nicht beanstandet werden (vgl. RGZ. 20, 110; 63, 213; JW. 25, 601; 31, 445; Jena LZ. 4, 330). Die Vorschr. haben nur Bedeutung für das Verh. des Verw. zu den KGl. und zum GSch. Auch das Grundbuchamt prüft nicht, ob sie beachtet sind (KG. OLG. 35, 259). Ihre Nichtbeachtung kann bei sonst gegebenen Voraussetzungen eine Schadensersatzpfl. des Verw. (§ 82) begründen. Der Verw. ist nicht einmal immer dann ersatzpflichtig, wenn er seiner Verpflichtung vorsätzlich zuwiderhandelt. Es kann sein, daß sein Vorgehen gegen den Willen des GlAussch. oder der GlVers. durch die notwendige Berücksichtigung von Interessen Beteiligter geboten war. Zu solchen Abweichungen auf seine Wag und Gefahr ist der Verw. in besonderen Ausnahmefällen schon deshalb berechtigt, weil er seiner Verantwortung nach § 82 z. B. gegenüber Aussonderungsberechtigten durch Beschlüsse des GlAussch. oder der GlVers. nicht enthoben wird. S. ferner den Fall, daß eine GlVers. nicht zustande kommt; Jaeger Anm. 2 zu § 136.

b) Das Ges. unterscheidet besonders wichtige Fälle, in denen der Verw. — nach innen — an die Genehmigung eines anderen Organes, der GlVers., auch dann gebunden ist, wenn ein GlAussch. nicht bestellt ist (§ 134) und weitere Fälle, in denen er nach innen nur beschränkt ist, wenn ein GlAussch. bestellt ist, sonst aber nach eigenem pflichtmäßigen Ermessen befindet (§ 133). Wenn nach § 133 oder nach § 134 die Genehmigung des GlAussch. einzuholen ist, wird sie nach dem Anm. 1 zu § 93 entwickelten Grundsatze durch die Genehmigung der GlVers. an und für sich nicht ersetzt (bestr.). Eine Verantwortung des Verw. (§ 82) gegenüber den KGl. wird aber, wenn statt des Aussch. die GlVers. die Handlung genehmigt hat, nur in ganz besonderen Fällen begründet sein. Selbstverständlich ist der Verw. nicht gehindert, auch in sonstigen, namentlich in zweifelhaften Fällen einen Beschluß des GlAussch. oder der GlVers. herbeizuführen.

c) Der GlAussch. kann nach pflichtmäßigem Ermessen und vorbehaltl. der Verantwortung seiner Mitglieder (§ 89) den Verw. von der Pflicht zur Einholung der Genehmigung in besonderen Fällen von vornherein entbinden. Dem Verw. ohne weiteres die Einholung der Genehmigung allgemein zu erlassen ist er nicht befugt; seine Mitglieder würden sich dadurch nach § 89 verantwortlich machen (s. aber Begr. I 356, Jaeger Anm. 4). Die Stellung der GlVers. ist freier. Sie kann — vorbeh. des Untersagungsrechtes des KG. nach § 99 — den Verw. von vornherein von der Verpflichtung befreien, ihre Genehmigung einzuholen.

d) Genehmigung ist regelmäßig vorhergehende Zustimmung, kann aber auch nachträglich erteilt werden. Freilich handelt der Verw. dann zunächst auf seine Gefahr.

2. Die einzelnen Fälle.

a) Vorzeitiger Verkauf von Bestandteilen der Masse, § 133 Nr. 1. Eine Wertgrenze ist nicht vorgesehen. Allgem. Prüfungstermin s. §§ 138 f. Der Verw. soll nicht ohne wichtigen Grund die Masse voreilig verwerten und dadurch einer günstigen Erledigung des K. durch Zwangsvergl. vorgreifen (Begr. I 354).

b) Das Verlangen der Erfüllung von RGesch. des GSch., § 133 Nr. 2. S. §§ 17 f. Wertgrenze 300 ℳ. Entscheidend ist dafür die Aufwendung, die die Masse machen muß (§ 59 Nr. 2), wenn Erfüllung verlangt wird. Zur Ablehnung der Erfüllung und zur Kündigung eines Vertr. ist Genehmigung nicht erforderlich.

c) Das Anhängigmachen eines Prozesses (§ 133 Nr. 2) durch Klage, Widerklage und im Mahnverfahren. Die Prozesse können die Teilungsmasse oder die Passivmasse betreffen. S. § 146 Abs. 6; Seuffert 311 Anm. 4; Jaeger Anm. 10 zu § 133 u. a. (bestr., anders Begr. I 354). Keiner Genehmigung bedarf der Verw., soweit er einen Rechtsstreit als Beklagter führen will oder wenn er einen anhängigen Rechtsstreit fortführen will, ferner nicht, wenn er sich dafür entscheidet, einen Rechtsstreit nicht zu beginnen. Zu beachten ist, daß das ProzeßG. die Genehmigungsfrage nicht prüft. Wertgrenze 300 ℳ, berechnet nach dem Streitgegenstande der Klage usw.

d) Die Ablehnung der Aufnahme von Prozessen, § 133 Nr. 2. Näh. zu §§ 10, 11, AnfG. § 13. Die Parteistellung des GSch. ist für die Frage der Genehmigungspflicht unerheblich. Wertgrenze w. o.

e) Abschluß von Vergleichen und Schiedsverträgen, § 133 Nr. 2. Der (gerichtl. oder außergerichtl.) Vergl. erfordert gegenseitiges Nachgeben, § 779 BGB. Auch der Zwangsvergl. fällt darunter (Jaeger Anm. 11 zu § 133). Schiedsvertr. §§ 1025 f. ZPO. Wertgrenze 300 ℳ, berechnet nach dem Gegenstande des Vertr., bei Vergl. nach dem Gegenstand, über den Streit bestand.

f) Anerkenntnisse, § 133 Nr. 2, gerichtliche (ZPO. § 307) oder außergerichtl., nicht bloß abstrakte (BGB. § 781), auch A. durch schlüssige Handlungen, namentlich Erfüllung. Wertgrenze 300 ℳ.

g) Einlösung von Pfandstücken, § 133 Nr. 2, durch Befriedigung von Absonderungsberechtigten oder Massegl. Wertgrenze w. o.

h) Veräußerung von Forderungen, § 133 Nr. 2, insbes. Verkauf der Außenstände, nicht aber Verfügung über die Forderung durch Einziehung oder Aufrechnung. Wertgrenze w. o.

i) Veräußerung eines unbewegl. Gegenstandes aus freier Hand, § 134 Nr. 1. Keine Wertgrenze. Unbewegl. Gegenst. im Sinne dieser Vorschr. sind Gegenstände, die selbständig der Zwangsvollstr. in das unbewegl. Verm. unterliegen (s. § 126; Anm. 1 zu § 47). „Veräußerung" ist schon der auf entgeltl. Überlassung (nicht bloß Belastung) des Gegenstandes gerichtete obligat. Vertr. „Aus freier Hand" veräußert der Verw., wenn er außerh. eines zur Erzielung des Höchstpreises rechtl. geregelten Verf. veräußert. Läßt er das Grundstück usw., wenn auch nicht in der Form der Zwangsvollstr., öffentl. versteigern (sog. freiw. Versteigerung), so bedarf er der Genehmigung nicht (bestr. Wie hier LZ. 3, 92, Jaeger Anm. 1 zu § 134; zweifelnd Seuffert 313 Anm. 14). S. auch § 1098 Abs. 1 BGB. (Vorkaufsrecht).

k) Veräußerung des (oder eines) Geschäftes oder des (oder eines) Warenlagers im ganzen, § 134 Nr. 1. Keine Wertgrenze. Das „Geschäft im ganzen" kann — wie außerhalb des K. — einen höheren Verkehrswert haben als die verwertbaren Gegenstände bei der Einzelverwertung zusammengenommen (Geschäftslage, Handelsverbindungen, Absatzgebiet usw.). Vgl. Jaeger Anm. 2 zu § 134. § 25 HGB. ist nicht anwendbar, weil die Firma des GSch. nicht zur KMasse gehört.

l) Veräußerung des Rechtes auf den Bezug wiederkehrender Einkünfte, § 134 Nr. 1. Keine Wertgrenze.

m) Aufnahme von Darlehen, Übernahme fremder Verbindlichkeiten, Verpfändung zur Masse gehöriger Gegenstände, Erwerb von Grundstücken. § 134 Nr. 2. Diese Rechtshandlungen entfernen sich soweit von dem Liquidationszwecke des K., daß sie nur in besonderen Ausnahmefällen durch das Interesse der Masse geboten sind. Keine Wertgrenze. Verpfändung im Sinne dieser Vorschr. ist auch die Bestellung einer Hyp., Grundsch., Rentensch. Ebenso Seuffert 314 Anm. 18.

3. Die Stellung des GSch. Der GSch. hat gegen die Vornahme einer Rechtshandlung nach § 133 oder § 134 kein Einspruchsrecht. Der Verw. soll ihn aber bei Gefahr eigener Verantwortung (§ 82) vor der Vornahme mündlich oder schriftlich benachrichtigen, wenn damit kein Aufschub verbunden ist. Der GSch. kann dann dem Verw. gegenüber seine Interessen durch Aufschlüsse, Geltendmachung von Bedenken usw. wahren. Der Schutz des KG. (§ 135 Abs. 2) ist nur möglich, wenn nicht die GlVers. schon die Rechtshandlung genehmigt hat (dann allenfalls § 99 anwendbar) und hat nur den Inhalt eines vorläufigen, bis zur Entsch. der GlVers. wirksamen Vetos. Die GlVers. entscheidet auch, wenn ein Fall nach § 133 vorliegt, und ist ohne Verzug zu berufen (Tagesordnung § 98). S. § 177 Abs. 2 (Aussichtslosigkeit eines Zwangsvergleichsvorschlags).

§ 137. (§ 125.)

Hinterlegungsstelle.

Wenn ein Gläubigerausschuß bestellt ist, und die Gläubigerversammlung nicht ein Anderes beschließt, bedürfen Quittungen des Verwalters über den Empfang von Geldern, Wertpapieren oder Kostbarkeiten von der Hinterlegungsstelle und Anweisungen des Verwalters auf die Hinterlegungsstelle zu ihrer Gültigkeit der Mitzeichnung eines Mitgliedes des Gläubigerausschusses.

Begr. I 353, KommB. I 88. — Unverändert durch die Nov.

a) Die Vorschr. bezieht sich nur auf den Verkehr des Verw. mit der nach §§ 129, 132 bestimmten Hinterlegungsstelle, nicht auf den Zahlungsverk. des Verw. überhaupt (RGZ. 80, 38). Im übrigen Geldverk. ist der Verw. entspr. der Regel des § 6 Abs. 2 nicht beschränkt. Der § 137 trifft auch nur zu, wenn ein GlAussch. bestellt ist (vorläufig vom G., endgültig von der GlVers.). Selbst in diesem Falle kann die Gl.-Vers. die Beschränkung aufheben oder Erleichterungen vorsehen.

b) Soweit die Vorschr. Anwendung findet, hat sie nicht bloß wie die §§ 133 bis 135 Bedeutung nach innen für die Verantwortung des Verw. gegenüber den Beteiligten (§ 82), sie enthält vielmehr eine Beschränkung der Verfügungsmacht des Verw. nach außen. Leistet die Hinterlegungsstelle entgegen dem § 137 auf eine Bescheinigung oder Anweisung, die nur vom Verw. herrührt, so hat sie nicht richtig erfüllt und muß u. U. an die Masse nochmals leisten. Die Verbindlichkeit der Hinterlegungsstelle erlischt auch dann nicht, wenn der Verw. für die Masse erhebt, solange nicht der GlAusschuß die Zahlung nachträglich genehmigt (RG. SeuffArch. 69, 341). Durch einen ausdrückl. oder stillschweigenden Vertr. der Hinterlegungsstelle mit dem Verw. (s. die üblichen Vordrucke in den Kontobüchern, daß die Bank ohne Prüfung der Legitimation an den Vorzeiger zahlen darf), kann der insoweit zwingende § 137 nicht außer Kraft gesetzt werden (RGZ. 54, 212; 80, 38).

c) Dagegen wird für die Anwendung des § 137 vorausgesetzt, daß die Bankfirma usw. ordnungsmäßig nach § 129 Abs. 2 oder § 132 als Hinterlegungsstelle bestimmt ist und davon Kenntnis hat. Es genügt nicht, daß der Verw. von sich aus bei ihr KGelder u. a. hinterlegt und daß der Bankfirma die Eigenschaft der Gelder bekannt ist. Soweit das G. die Hinterlegung anordnet, soll das G., im übrigen soll der Verw. die Hinterlegungsstelle in Kenntnis setzen. Das Entspr. gilt von der Bestellung und Zusammensetzung des GlAussch. Überträgt der Gl.-Aussch. im Wege der Geschäftsverteilung die Mitzeichnung einem oder mehreren bestimmten Mitgliedern, so hat dies zwar für das Verh. zur Hinterlegungsstelle keine maßgebende Bedeutung, zur ordnungsmäßigen Amtsführung des Verw. gehört es aber, der Hinterlegungsstelle auch dies mitzuteilen. Die Hinterlegungsstelle kann sich übrigens zur Abwendung ihrer Haftpflicht nicht darauf berufen, daß ihr die Bestellung des GlAussch. nicht mitgeteilt worden sei. Sie muß sich selbst bei dem KG. erkundigen, wenn sie keine Mitteilung erhält; andernfalls leistet sie auf ihre Gefahr (bestr.; vgl. RGZ. 54, 212 f., teilw. anders RGZ. 80, 38 f., Seuffert 323 f., Jaeger Anm. 2, 3).

d) Anweisungen nach § 137 sind auch Wechsel und Scheck (vgl. Jaeger Anm. 4, Seuffert 324).

Vierter Titel.

Schuldenmasse.

Vorbemerkung.

Die Nov. v. 1898 hat in diesem Titel nur die Mindestdauer der Anmeldefrist anders festgesetzt; sie beträgt zwei Wochen statt drei Wochen. Dadurch sollte die raschere Abwicklung kleiner K. gefördert werden.

Anmeldefrist und allgem. Prüfungstermin.

§ 138. (§ 126.)

Die Frist zur Anmeldung der Konkursforderungen beträgt zwei Wochen bis drei Monate. Der Zeitraum zwischen dem Ablaufe der Anmeldefrist und dem allgemeinen Prüfungstermine soll mindestens eine Woche und höchstens zwei Monate betragen.

Begr. I 358 f.; Begr. II 42 f. — Geändert durch die Nov.

a) Nur KForderungen jeder Art (aber § 53), privatrechtl. und öffentlichrechtl. Anspr. (ObLG. a. F. 4, 661 f. Notariatsgeb.), auch rechtshängige Anspr., unterliegen dem Anmeldeverf., nicht die Anspr. von Aussonderungsberechtigten, Absonderungsberechtigten als solchen, Masse-Gl. S. Anm. 4b zu § 43, Anm. 1 zu § 64, Anm. 2b zu § 57. Die Versäumnis der Anmeldefrist bewirkt nicht ohne weiteres einen Ausschluß von der Befriedigung aus der Masse. S. § 142. Anderseits ist eine Anmeldung nicht deshalb unwirksam, weil sie vor Beginn der Anmeldefrist (§ 76 Abs. 1) eingeht.

b) Die Anmeldefrist und den allgem. Prüfungstermin (besonderer Prüfungstermin § 142) bestimmt das KG. bei der KE., § 110. Dort (Abs. 2) auch über die Verbindung der Termine. Öff. Bek. und bes. Zust. s. § 111. Die Anmeldefrist wird gerechnet von dem Zeitp., in dem die öff. Bek. wirksam wird (§ 76 Abs. 1), nicht von dem Zeitp. der KE. (§ 108). Das G. hat demnach, wenn es die untere Grenze der Frist einhalten und einen bestimmten Tag als Ende der Frist bezeichnen will, den Zeitraum mitzurechnen, der von der KE. bis zum Wirksamwerden der öff. Bek. verfließt. Werden die Fristgrenzen vom KG. nicht eingehalten, so hat dies auf die Gültigkeit des sich anschließenden Verf. keinen Einfluß. Ist die Frist zu kurz bemessen, so wird dies in der Regel (s. § 142 Abs. 1) für den Gl. unschädlich sein. Muß in einem solchen Falle ausnahmsweise ein besonderer Prüfungstermin abgehalten werden, so findet er jedenfalls dann, wenn der Gl. innerh. zwei Wochen seit der öff. Bek. angemeldet hat, nicht auf Kosten des (nicht „säumigen") Gl. statt. Die Frist nach S. 2 beruht nur auf einer Sollvorschr. und kann namentlich in großen schwierigen K. nach dem Ermessen des G. erweitert werden. Für K. in KonsGBez. und Schutzgeb. s. § 47 Abs. 3 KonsGG., § 3 SchutzgebG. Gegen die Entsch. des KG. nach S. 1 und S. 2 ist sofort. Beschw. möglich (§ 73 Abs. 3). Ein BeschwRecht haben der Verw., die KGl. und der GSch.

§ 139. (§ 127.)

Anmeldung.

Die Anmeldung hat die Angabe des Betrages und des Grundes der Forderung sowie des beanspruchten Vorrechts zu enthalten. Sie kann bei dem Gerichte schriftlich eingereicht oder zum Protokolle des Gerichtsschreibers angebracht werden. Die urkundlichen Beweisstücke oder eine Abschrift derselben sind beizufügen.

Begr. I 359 f., KommB. I 90 f. — Unverändert durch die Nov.

1. **Erfordernisse der Anmeldung.** Anzugeben ist in deutscher Sprache (§§ 186, 187 GVG.) der Grund und der Betr. der KForderung (vgl. § 253 Abs. 2 Nr. 2 ZPO.; § 146 Abs. 4) und ein etwa (s. bes. § 61) beanspruchtes Vorrecht (s. auch § 146 Anm. 5). Von Amts wegen wird ein Vorrecht nicht berücksichtigt. S. dazu RG. JW. 19, 256 (Vorrecht unter Tatbestandsangabe bestimmt zu bezeichnen); § 140 Abs. 2. Eine nicht auf Geld gerichtete Forderung ist in Geld umzurechnen (§ 69). Mit dem Kapital sind die zulässigen Nebenforderungen (§ 62) anzumelden. Bei der Anmeldung von Ansprüchen aus einer Geschäftsverbindung ist notwendig, daß eine Aufstellung aller Posten rückwärts bis zum letzten anerkannten eingereicht wird (Dresden LZ. 9, 1460). Bes. Vorschr. für den NachlaßK. und den K. über das Gesamtgut einer fortges. GG. s. §§ 229, 236. Wegen der Anmeldung sog. Ausfallsforderungen s. Anm. 2 zu § 64.

2. **Form der Anmeldung.** Die A. geschieht durch den Gl. oder seinen Vertreter (kein Anwaltszwang) formlos schriftlich (auch telegraphisch) bei dem KG., nicht bei dem Verw., oder zum Protokoll des GSchr. des KG. Anmeldungen, die bei dem Verw. eintreffen, hat dieser an

das KG. abzugeben. Bei der Anmeldung genügt zur näheren Begründung die Bezugnahme auf ein nicht vorgelegtes, aber allen Beteiligten zugängliches Schriftstück (Dresden LZ. 9, 1460). Die A. ist erfolgt in dem Zeitp., in dem sie bei dem KG. eingeht. Das gilt auch, wenn sie zum Protokoll des GSchr. eines anderen G. als des KG. erklärt wurde. Die Beweisstücke oder Abschriften werden ordnungsmäßig der A. beigefügt, ihre Vorlegung ist aber kein wesentl. Erfordernis der A. (München OLG. 35, 26; vgl. RGZ. 54, 314) und kann nachgeholt werden. Ist der Gl. in dieser Hins. säumig, so läuft er Gefahr, daß die Forderung im Prüfungst. bestritten wird. Wegen der nachträgl. Anmeldung eines Vorrechtes vor der Feststellung der Forderung in der Tabelle s. § 142 Abs. 2.

3. Legitimation zur Anmeldung.

a) Die gewöhnliche Prozeßvollmacht (§ 81 ZPO.) ermächtigt nicht zur Anmeldung im K. (überwiegende Ans., anders Seuffert ZPO. Anm. 2 zu § 81). Der Bevollmächtigte (möglich jede prozeßfähige Person entspr. § 79 ZPO.) hat entspr. § 80 ZPO. eine schriftl. Vollmacht vorzulegen. Das KG. hat den Mangel der Vollm. von Amts wegen zu berücksichtigen (entspr. § 88 Abs. 2 ZPO.). Ein Vertreter ohne Vollm. kann entspr. § 89 Abs. 1 S. 1 ZPO. einstweilen zugelassen werden, auch noch im Prüfungstermin. Wichtig z. B. für den Fall, daß der Gl. abwesend ist und ein anderer seine Interessen wahrt. Regelmäßig hat aber der Bevollmächtigte den Nachweis der Vollmacht spätestens im Prüfungstermine zu erbringen, sonst wird die Forderung gerichtlich zurückgewiesen (Dresden LZ. 3, 248).

b) Im gesetzl. Güterstande kann der Mann eine zum eingebr. Gute gehörende Forderung im eigenen Namen anmelden und weiter geltendmachen (§ 1380 BGB.). Die Frau bedarf dazu entspr. § 1400 Abs. 2 der Zustimmung des Mannes. S. aber (Ausn.) §§ 1401, 1405, 1407. Zur „Verfügung" über die Forderung braucht der Mann die Zustimmung der Frau (§ 1375). Gehört die Forderung zum Gesamtgut einer Gütergemeinsch., so macht der Mann, bei der fortges. GG. der überlebende Gatte, die Forderung geltend und verfügt allein über sie (s. BGB. §§ 1443, 1487 Abs. 1, § 1519 Abs. 2, § 1549; s. aber §§ 1450, 1452). Vgl. Jaeger Anm. 12.

c) Über die Bestellung eines gemeinsamen Vertreters der Schuldverschr.Gl. und die Anmeldung der Forderungen durch den Vertreter s. §§ 18, 19 SchuldverschrG. Über die Bestellung eines gemeinsamen Pflegers der Versicherten im K. eines Lebensversicherungsunternehmens und das Recht des Pflegers zur Anmeldung s. §§ 61, 62 VAG.

4. Wirkung der Anmeldung. Durch die — dem Ges. entsprechende (RGZ. 39, 45) — A. wird die Verjährung des Anspr. unterbrochen (§ 209 BGB.). Dauer der Unterbrechung § 214 BGB. Rechtshängigkeit wird aber durch die A. nicht begründet (herrsch. M., näheres Jaeger Anm. 9; s. auch [Rechtsnachfolge] hier Anm. 1a zu § 3). Die nachträgl. Änderung des Schuldgrundes steht einer neuen Anmeldung gleich (Begr. I 359). Verjährungsfrist! Das gilt auch, soweit der Betr. erhöht wird. § 268 Nr. 2 ZPO. ist nicht entspr. anwendbar. S. Fitting 376 Anm. 6, Seuffert 253 u. a.

5. Die Zurücknahme der Anmeldung (auch mündlich im Prüfungstermin, sonst in der Form der Anmeldung; Seuffert 254) bewirkt, daß die Unterbrechung der Verjährung als nicht erfolgt gilt (§ 214 Abs. 2 BGB.). Dazu aber RGZ. 70, 35. In der Zurücknahme liegt nicht ohne weiteres ein Verzicht auf die Forderung, RGZ. 29, 73. § 271 ZPO. ist nicht entspr. anwendbar, s. Anm. 4. Nochmalige Anmeldung ist nicht ausgeschlossen. Bestritten ist, ob die Anmeldung noch nach der Feststellung der Forderung bis zur KBeendigung zurückgenommen werden kann (mit Recht verneinend Jaeger Anm. 14; bejahend Seuffert 254).

§ 140. (§ 128.)

I Die Anmeldungen sind in der Gerichtsschreiberei zur Einsicht der Beteiligten niederzulegen.

II Der Gerichtsschreiber hat jede Forderung sofort nach der Anmeldung derselben in der Rangordnung des beanspruchten Vorrechts in eine Tabelle einzutragen, welche innerhalb des ersten Drittels des zwischen dem Ablaufe der Anmeldefrist und dem Prüfungstermine liegenden Zeitraums auf der Gerichtsschreiberei zur Einsicht der Beteiligten niederzulegen und abschriftlich dem Verwalter mitzuteilen ist.

Begr. I 360 f. — Unverändert durch die Nov.

1. Einsichtnahme durch die Beteiligten. Die Anmeldungen mit den Belegen (s. zu § 145) sind ein Teil der KAkten und stehen der Einsicht der Beteiligten (oder ihrer Vertreter), d. h. des Verw., der einzelnen KGl., der Mitglieder des GlAussch. als solcher (gegen Fitting 376 Anm. 8) und des GSch., nicht aber der Aussonderungsberechtigten, der Absonderungsberechtigten als solcher, der MasseGl. u. a. offen. Erteilung von Abschriften entspr. § 299 Abs. 1 ZPO., für den Verw. auf Kosten der Masse (vgl. Begr. I 361).

2. Die KTabelle.

a) Das Ges. schreibt über die Einrichtung nichts vor. Die Vorschr. sind den Landesjustizverwaltungen überlassen. Gewöhnlich sind zwei Hauptabteilungen vorgesehen, die eine für die bevorrechtigten, die andere für die nicht bevorrechtigten Forderungen (s. Begr. I 360). Z. B. § 33 preuß. GeschO. v. 18. Februar 1914, §§ 189 bis 193 bayer. Gesch.-Anw. v. 2. März 1910. In den Landesvorschriften für die GSchr. sind auch die sonstigen Weisungen für die Führung der Tabelle enthalten.

b) Der GSchr. hat die vom KG. unabhängige Amtspflicht, alle angemeldeten Forderungen mit dem etwa beanspr. Vorrecht einzutragen. Für den Schaden, der aus einer Unterlassung erwächst, ist er verantwortlich. Daneben kann auch der KRichter haftbar sein, denn er muß im Prüfungstermin alle angemeldeten Forderungen der Erörterung unterstellen und darf sich nicht darauf verlassen, daß der GSchr. richtig und vollständig eingetragen hat. Vgl. RG. JW. 23, 63, auch JW. 33, 84. Zweifelhaft ist, wie sich der GSchr. gegenüber Anmeldungen verhalten soll, denen ein wesentliches Erfordernis (§ 139) fehlt. Zur Prüfung der Zulässigkeit der Anmeldung ist er nicht verpflichtet. Er hat auch nicht die Amtspflicht, den Anmelder zur Ergänzung aufzufordern, doch empfiehlt sich dieses Verf. in geeigneten Fällen. Will der GSchr. die Eintragung der angemeldeten Forderung ablehnen, so macht er davon dem KG. Mitteilung. Nur das KG. kann die Anmeldung zurückweisen. Der Anmelder hat dagegen die sof. Beschwerde (§ 73 Abs. 3). Durch die Eintragung der Forderung in die Tabelle wird das KG. nicht gehindert, die Zurückweisung der Forderung von der Prüfung später, noch im Prüfungstermin zu beschließen (bestr., vgl. Jaeger Anm. 2 zu § 140, Anm. 2 zu § 141, Fitting 376 Anm. 9, Seuffert 254, Pet.-Kleinf. Anm. 2 u. a.). S. auch Anm. 2 zu § 141.

3. **Bei Nichtbeachtung der Frist** des Abs. 2 kann das KG. den Prüfungstermin von Amts wegen oder auf Antrag eines Beteiligten (Anm. 1) verschieben. Die Kosten sind dabei entspr. § 102 ZPO. dem schuldigen GSchr. aufzulegen (Begr. I 360).

Allgem. Prüfungstermin. **§ 141.** (§ 129.)

I **In dem Prüfungstermine werden die angemeldeten Forderungen ihrem Betrage und ihrem Vorrechte nach einzeln erörtert.**

II **Der Gemeinschuldner hat sich über die Forderungen zu erklären.**

Begr. I 361 f. — Unverändert durch die Nov.

1. **Anwesenheit im Termine.** Im Prüfungstermine wird vor dem KRichter unter Zuziehung des GSchr. mündlich, aber nicht öffentlich verhandelt. Über die Verhandlung wird ein Protokoll aufgenommen. Reicht die verfügb. Zeit zur Erörterung aller angemeldeten Forderungen nicht aus, so setzt das KG. entspr. § 228 ZPO. zur Fortsetzung der Verhandlung einen weiteren Termin an. Öff. Bek. nicht erforderlich § 93 Abs. 2. Die Anwesenheit des Verw. im Termin ist notwendig. Zwang § 84. Vertretung des Verw. ist unzulässig. Bestimmung eines Stellvertreters s. Anm. zu § 79. Erklärungen des Verw. außerh. des Termins können seine Erkl. im Termine nicht ersetzen. Versäumt der Verw. den Termin, so muß ein neuer Termin angesetzt werden und dem Verw. können durch Beschl. des KG. entspr. § 102 ZPO. im Falle groben Verschuldens die dadurch veranlaßten Kosten auferlegt werden. S. auch § 82. Über die Teilnahme der einzelnen Gl. s. § 143. Die Anwesenheit des GSch. ist für die Abhaltung des Prüfungstermins nicht wesentlich. Abs. 2 hat nur den Inhalt einer Sollvorschr. Gewöhnlich gilt auch für ihn die öff. Bek. als Ladung. Das KG. kann aber sein Erscheinen besonders anordnen (§ 100; Zustellung § 73 Abs. 2) und nötigenfalls erzwingen. Wegen der Auskunftspflicht anderer Personen vgl. Anm. 4 zu § 100. Der GSch. hat übrigens ein persönl. Interesse am Erscheinen, s. § 164 Abs. 2, § 194, § 206 Abs. 2. Wiedereinsetzung in den vorigen Stand gegen Versäumnis des Termins s. § 165. Für den GSch. kann auch ein Bevollmächtigter erscheinen; die Vollm. wird von Amts wegen geprüft.

2. Verfahren. Das KG. prüft von Amts wegen für jede angemeldete, eingetragene oder wegen verspäteter Anmeldung (s. § 142) nicht eingetragene Forderung, ob die wesentlichen Erfordernisse nach § 139 vorliegen. Verneinendenfalls ist die Forderung von der Prüfung beschlußmäßig auszuschließen, auch wenn die Forderung in der Tabelle eingetragen ist (vgl. Anm. 2 zu § 140). Nach der herrsch. Ans. ist aber die Unanmeldbarkeit der Forderung (§§ 3, 63) kein Zurückweisungsgrund; das Gleiche gilt, wenn mehrere Gl. die nämliche Forderung für sich in Anspr. nehmen (s. Jaeger Anm. 3). Die eingetr. Forderungen werden nach der Tabelle durchgenommen. Die Beteiligten müssen Gelegenheit haben, sich zu äußern. Das KG. kann und soll in geeigneten Fällen versuchen Streitigkeiten beizulegen (s. Begr. I 361). Anstellung von Ermittlungen s. § 75. Es hat auch dahin zu wirken, daß die Beteiligten sich über alle erheblichen Tatsachen erklären und die sachdienlichen Antr. (Anspr. auf Vorrecht!) stellen (entspr. § 502 Abs. 1 ZPO.). Über Änderungen oder Ergänzung der Anmeldung s. Anm. 4 zu § 139. Bleibt eine Forderung streitig, so ist nach § 95 Abs. 1 zu erörtern, ob und zu welchem Betrag sie ein Stimmrecht gewähren soll.

Spätere Anmeldungen. § 142. (§ 130.)

I In dem Prüfungstermine sind auch diejenigen Forderungen, welche nach dem Ablaufe der Anmeldefrist angemeldet sind, zu prüfen, wenn weder der Verwalter noch ein Konkursgläubiger hiergegen Widerspruch erhebt; anderenfalls ist auf Kosten des Säumigen ein besonderer Prüfungstermin zu bestimmen.

II Auf nachträglich beanspruchte Vorrechte und sonstige Änderungen der Anmeldung findet die vorstehende Bestimmung entsprechende Anwendung.

III Gläubiger, welche Forderungen nach dem Prüfungstermine anmelden, tragen die Kosten des besonderen Prüfungstermins.

Begr. I 358 f., 361 f. — Unverändert durch die Nov.

1. Eine Zeitgrenze für die Prüfung von Anmeldungen, die erst nach Ablauf der Anmeldefrist (§ 138) bei dem KG. eingehen, zieht das Ges. nicht. Es ist deshalb anzunehmen, daß Anmeldungen bis zur KBeendigung zulässig sind. Wegen der Abhaltung des besonderen Prüfungstermins allein wird aber die Aufhebung und Einstellung des K. nicht verzögert (so Fitting 378 Anm. 15, Jaeger Anm. 2). Eine andere Frage ist, ob die Forderung noch bei der Verteilung zum Zuge kommt. Nach Pet.-Kleinf. Anm. 18 können dagegen neue Anmeldungen nicht mehr berücksichtigt werden, sobald das Schlußverz. festgestellt oder ein Zwangsvergl. angenommen ist.

2. Die verspätete aber **bis zum allgem. Prüfungstermin nachgeholte** Anmeldung ermöglicht regelmäßig die Prüfung der Forderung noch im allgem. Prüfungstermin ohne besondere Kosten. Erhebt aber der Verw. oder ein anderer KGl. im Termine Widerspr. (Angabe von Gründen nicht nötig), so ist ein besonderer Prüfungstermin erforderlich, wenn der Gl. nicht wegen der ihn treffenden Kosten (Ausnahmefall s. Anm. b zu § 138) die Anmeldung zurücknimmt. Durch Gerichtsbeschl. kann der Widerspr. nicht beseitigt werden.

3. Anmeldung nach dem allgem. Prüfungstermin macht, wenn sie aufrechterhalten wird, vorbeh. des Grunds. nach Anm. 1, stets einen besonderen Prüfungstermin erforderlich. Der Termin ist öff. bekanntzumachen (Tagesordnung § 98) und wird womöglich mit einer anderen GlVers. verbunden. Auch werden die Forderungen einer Mehrzahl von Nachzüglern zweckmäßig in einem Termin geprüft (vgl. Begr. I, 359).

4. Als Neuanmeldung gilt auch die nachträgl. Geltendmachung eines Vorrechtes oder die Änderung des Schuldgrundes oder die Erhöhung des Betrags (s. Anm. 4 zu § 139). Zweifelhaft ist, ob nachträglich ein Vorrecht für eine festgestellte Forderung (s. § 145 Abs. 2) geltendgemacht werden kann. Da die Tabelleneintragung auch gegen den Anmelder wirkt und die Forderung durch die Feststellung des Vorrechts zugunsten des Anmelders inhaltlich verändert würde, ist die Frage zu verneinen (s. RGZ. 20, 412; 38, 417; Fitting 132 Anm. 13 u. a. gegen Jaeger Anm. 11 zu § 139).

5. Die Kosten besonderer Prüfungstermine treffen die jeweils beteiligten Gl. Gerichtsgeb. §§ 54, 82, 95 Abs. 2 GKG. Dazu die Gerichtsausl. §§ 79 f. GKG. Außerdem gehören dazu die Kosten für die Teilnahme des KVerw. am Prüfungstermin, wenn solche ausgeschieden werden, und die Kosten für die Teilnahme der Gl., die im allgem. Prüfungstermin erschienen waren (entspr. § 95 ZPO.). Die Kosten sind nötigenfalls einzuklagen. Mehrere an einem Termin beteiligte Nachzügler haften außer für die Geb. nach § 54 GKG., die jeden nach dem Betr. seiner Forderung einzeln trifft, entspr. § 100 Abs. 1 ZPO. für die Kostenerstattung nach Kopfteilen. Vgl. Fitting 378 Anm. 15, Jaeger Anm. 5, Sarw.-Boss. Anm. 4.

Anwesenheit der Anmelder.

§ 143. (§ 131.)

Die Prüfung einer angemeldeten Forderung findet statt, wenngleich der anmeldende Gläubiger im Prüfungstermine ausbleibt.

Begr. I 361. — Unverändert durch die Nov.

a) Kein Versäumnisverf., sondern Prüfung von Amts wegen. S. dazu RG. JW. 33, 85 (übersehen angemeldeter Forderungen). Die Vorschr. gilt auch für besondere Prüfungstermine. Der Gl. setzt sich durch seine Abwesenheit der Gefahr aus, daß die Forderung bestritten wird. Dann kann er durch nachträgl. Aufklärung des Widersprechenden versuchen, eine Zurücknahme des Widerspr. zu erreichen. Wiedereinsetzung des Gl. in den vorigen Stand gegen die Versäumung des Termins, Wiederaufnahme der Prüfungsverhandlung ist einem für die Prüfung anderer Forderungen bestimmten späteren Prüfungstermin oder Ansetzung eines neuen Termins auf Kosten des Gl. sind ausgeschlossen. Ebenso kann der Gl. einen Widerspr. gegen eine andere geprüfte Forderung, den er wegen Abwesenheit nicht erheben konnte, nicht nachträglich geltend machen. Schriftl. Erklärungen zum Termine werden nicht berücksichtigt.

b) Der gehörig vertretene Gl. gilt als anwesend. Vgl. dazu Anm. 3a zu § 139.

Feststellung.

§ 144. (§ 132.)

I Eine Forderung gilt als festgestellt, soweit gegen sie im Prüfungstermine ein Widerspruch weder von dem Verwalter noch von einem Konkursgläubiger erhoben wird, oder soweit ein erhobener Widerspruch beseitigt ist.

II Ist die Forderung vom Gemeinschuldner im Prüfungstermine bestritten, so kann ein Rechtsstreit, welcher über dieselbe zur Zeit der Eröffnung des Konkursverfahrens anhängig war, gegen den Gemeinschuldner aufgenommen werden.

Begr. I 363, KommB. I 91f., 68f. — Unverändert durch die Nov.

1. Feststellung der KForderung.

a) Die Feststellung setzt keine ausdrückl. Anerkennung des Teilnahmerechtes der Forderung voraus, ist vielmehr immer dann gegeben, wenn und s o w e i t im P r ü f u n g s t e r m i n e weder der Verw. noch ein KGl. (oder sein Vertreter) der Festst. widerspricht. Stillschweigen gilt demnach als Anerkennung; Beanstandung der Forderung in einzelnen Bezieh. z. B. wegen der Höhe als Teilanerkennung. Vgl. RGZ. 37, 4; 55, 160. Der Widerspr. kann erhoben oder erweitert werden, solange die Festst. in der Tabelle noch nicht eingetragen ist (s. § 145). Die Festst. kann auch unter Vorbehalten erfolgen („soweit" ein Widerspruch nicht erhoben wird) s. RG. GruchBeitr. 58, 1130, aber auch KO. OLG. 35, 261. Einem nachträgl. Widerspr. steht die Feststellung entgegen. Zurücknahme oder Beschränkung des Widerspr. ist zulässig; sie kann mündlich noch im Prüfungstermin oder nach dessen Ablauf schriftlich oder zum Protokolle des GSchr. erklärt werden. Die Erkl. wird wirksam, sobald sie bei dem KG. eingeht. Erkl. gegenüber dem Anmelder genügt nicht. Dieser kann aber die Erkl. bei Gericht einreichen mit dem Antr., die Tabelle zu berichtigen. Die Zurücknahme des Widerspr. berechtigt einen andern nicht, den Widerspr. für seine Person aufzunehmen.

b) Nur ein im Prüfungstermine bei der Erörterung der betr. Forderung anwesender KGl., der seinerseits eine Forderung angemeldet hat, nicht ein Aussonderungsberechtigter, Absonderungsberechtigter als solcher oder ein MasseGl., kann widersprechen. Der Widerspr. oder seine Zurücknahme oder Beschränkung setzt Prozeßfähigkeit des Gl. voraus. Nicht erforderlich ist, daß die Forderung des Widersprechenden vorher festgestellt wurde. Auch eine bestrittene Forderung mit oder ohne Stimmrecht (s. § 95) begründet den Widerspr. Nicht notwendig ist ferner, daß der Widersprechende für seine Forderung den gleichen Rang beansprucht oder damit im Range nachsteht, so daß er am Wegfalle der bestrittenen Forderung ein unmittelbares Geldinteresse hat. Das Ges. enthält keine Einschränkung des Widerspruchsrechtes; j e d e r KGl., auch der bevorrechtigte, kann ohne Angabe von Gründen widersprechen und hat auch in dem sich anschließenden Feststellungsstreit sein persönl. Interesse am Widerspr. nicht darzulegen (bestr., vgl. Fitting 130 Anm. 10; Jaeger Anm. 9 zu § 141; Seuffert 263). Hat der KGl. im Termine seinen Widerspr. begründet, so ist er daran für den Rechtsstr. nicht gebunden. Es ist aber zu beachten, daß dem KGl. nicht alle Widerspruchsgründe des KVerw. zugänglich sind (GlAnf., Aufrechn.!). S. Jaeger a. a. O.; Fitting 144 A. 47.

c) Der Widerspr. wird beseitigt durch Zurückn. (s. a), ferner dadurch, daß der Widersprechende seine Eigenschaft als KGl. verliert (z. B. Befriedigung, Verzicht), oder daß er die Anmeldung seiner Forderung zurücknimmt oder daß der Widerspruch im Feststellungsstreit zurückgewiesen wird.

2. Bestreiten des GSch. S. Anm. 1 zu § 141. Das Aufnahmerecht (Abs. 2) hat nur der Gl., nicht der GSch. S. RG. LZ. 2, 540, Z. 70, 371. Feststellung der Forderung im Sinne des Abs. 1 setzt Abs. 2 nicht voraus (RG. SeuffArch. 52, 125). Ist ein Rechtsstreit nicht anhängig, so kann der Gl. gegen den bestreitenden GSch. schon während des K. eine Leistungs- oder Feststellungsklage erheben. Er kann aber nur Verurteilung zur Leistung nach der KBeendigung begehren. RGZ. 29, 74. Näh. Anm. 1, 2 zu § 12. S. auch Fitting 139 f. Wird die Forderung außer vom GSch. vom Verw. oder von einem KGl. bestritten, bedarf es also auch der Feststellung der Forderung für den K., so kann der Anmelder den anhängigen Rechtsstreit gegen alle Widersprechenden als Streitgenossen aufnehmen und ebenso einen neuen Rechtsstreit gegen alle Widersprechenden beginnen. Vgl. RGZ. 13, 315; 24, 405; ObLG. SeuffArch. 54, 377. Die Entscheidung gegen den GSch. hat nur Bedeutung für die Zeit nach der KBeendigung (s. § 164 Abs. 2 §§ 194, 206 Abs. 2). Ob der widerspr. GSch. den Anmelder während des K. auf Feststellung des Nichtbestehens der Fdg. verklagen kann, bestimmt sich nach § 256 ZPO. (s. aber Jaeger Anm. 4).

Eintragung in die Tabelle. § 145. (§ 133.)

I Das Gericht hat nach der Erörterung einer jeden Forderung das Ergebnis in die Tabelle einzutragen. Auf Wechseln und sonstigen Schuldurkunden ist von dem Gerichtsschreiber die Feststellung zu vermerken.

II Die Eintragung in die Tabelle gilt rücksichtlich der festgestellten Forderungen ihrem Betrage und ihrem Vorrechte nach wie ein rechtskräftiges Urteil gegenüber allen Konkursgläubigern.

Begr. I 363 f. — Unverändert durch die Nov.

1. Eintragung des Ergebnisses (Abs. 1) erfolgt ohne Angabe einer Begründung durch das Gericht. Nach den GeschAnw. soll jede einzelne Feststellung von dem Richter und dem GSchr. unterzeichnet werden. Wesentlich ist die Unterzeichnung nicht. Das Ergebnis besteht in der Feststellung der Forderung nach der (u. U. berichtigten oder ergänzten) Anmeldung oder in ihrer teilweisen Feststellung und teilweisen Bestreitung oder in der völligen Bestreitung der Forderung. Es muß vermerkt werden, inwieweit widersprochen wurde und von wem. Der Widerspr. des GSch., der die Feststellung der Forderung und damit den Eintritt der Wirkung nach Abs. 2 nicht hindert, gehört in die Spalte Bemerkungen.

Der Vermerk der Feststellung auf Wechseln und sonstigen Schuldurkunden soll dem Gl. die Verwertung der Forderung durch Verkauf usw. erleichtern.

Die Tabelle ist ein Bestandteil des Protokolls.

2. Berichtigung der Eintragung. Die Eintr. enthält die gerichtl. Beurkundung des Ergebnisses der Verhandlung über die einzelne Forderung, nicht eine Entsch. des KG. (bestr.). Die sof. Beschw. (§ 73 Abs. 3) ist erst möglich gegen einen Beschluß des KG., der sich auf die Eintr. bezieht. Mangels ausdrückl. gesetzl. Vorschr. ist fraglich, ob und wann das KG. von Amts wegen oder auf Antr. einen Tabelleneintrag berichtigen kann. Offenbare Unrichtigkeiten und Auslassungen, namentlich Schreibfehler, kann das KG. jederzeit von Amts wegen oder auf Antr. berichtigen (entspr. § 319 Abs. 1 ZPO.). Aber auch in sonstigen Fällen muß das KG., u. U. nach Vornahme von Ermittlungen (§ 75), in der Lage sein, den wahren Sachverhalt nachträglich festzustellen und in der Tabelle zu beurkunden. Selbstverständlich können dabei Erklärungen, die im Prüfungstermine versäumt wurden, nicht nachgeholt werden. Über die Berichtigung faßt das KG. Beschluß, der den Beteiligten von Amts wegen (§ 73 Abs. 2) zugestellt wird; die ganze Frage ist bestr. S. eingehend Jaeger Anm. 3; ferner Seuffert 266; Stuttgart OLG. 5, 217 [§ 320 ZPO.]. Wegen der Berichtigung der KTab. nach der Beendigung des K. s. RGZ. 22, 155; Dresden Sächs. OLG. 21, 540 beide verneinend und dagegen Jaeger a. a. O.).

3. Wirkung der Eintragung.

a) Soweit in der Tab. eine KForderung dem Ergebnis der Prüfung entspr. als festgestellt eingetragen ist, hat die Eintragung gegenüber allen KGl. die Wirkung eines rechtskr. Urteils. Eine Zustellung über den Inhalt der Eintragung erfolgt auch an den Anmelder nicht, der im Termine nicht anwesend war. Die Eintragung der Feststellung schließt einen späteren Widerspr. des Verw. oder eines KGl. aus. RGZ. 27, 91; 52, 270. Eine Forderung, die vor der KE. gegenüber dem GSch. rechtskräftig festgestellt war, ist nunmehr auch gegenüber allen KGl. rechtskräftig festgestellt (Jaeger A. 5). Wegen der Wirkung gegenüber dem GSch. s. weiter § 164 Abs. 2, § 194, § 206 Abs. 2.

b) Schon die Eintragung in die Tabelle wirkt („von Anfang an", nicht erst nach KAufhebung, s. RGZ. 35, 81; ObLGZ. a. S. 15, 750) wie ein rechtskr. Urteil. Die Zwangsvollstr. aus der Eintr. ist zwar vom Ges. ausdrücklich erst für die Zeit nach der KBeendigung vorgesehen (s. § 164 Abs. 2, § 194), während des K. aber nicht grundsätzlich ausgeschlossen (näh. Bem. 6 vor § 47, Anm. 2 zu § 64 [sog. Ausfallfdgen] mit Rspr.). Schon während des K. kann demnach eine vollstr. Ausfertigung der Tabelleneintragung verlangt werden (ebenso Schwabe

DJZ. 15, 1229; Stern LZ. 6, 130; Jaeger Anm. 6 zu § 164 gegen versch. Geschäftsordnungen). Für die GlAnf. nach dem AnfG. bildet die Eintragung den nach § 2 erforderl. Schuldtitel, auch ohne daß eine vollstr. Ausfertigung erteilt ist (s. dazu Anm. 3c zu § 36).

c) Nur KForderungen können festgestellt (§ 144 Abs. 1) und mit der Wirkung nach § 145 Abs. 2 in die Tabelle eingetragen werden. Irrtümlich eingetr. Aussonderungs- oder Massenanspr. nehmen an dieser Wirkung nicht teil (Anm. 2b zu § 57). Auch der Bestand und Umfang von Absonderungsrechten wird durch die Tabelle nicht erwiesen (Anm. 3 zu § 4, Anm. 2 zu § 64). S. auch München OLG. 21, 172. Wegen der nachträgl. Beanspruchung von Vorrechten s. RGZ. 38, 417 (Anm. 4 zu § 142).

d) Fraglich ist, ob bei einem Streite mehrerer Forderungsprätendenten durch die Feststellung der Forderung des einen die Feststellung der Forderung des andern ausgeschlossen wird oder m. a. W., ob die Wirkung nach § 145 Abs. 2 sich darauf erstreckt, daß die Forderung, die nur einmal besteht, und an und für sich nur einmal zu erfüllen ist, dem Anmelder zusteht, der die Feststellung erlangt hat, und keinem andern. Die Rechtspr. des RG. schwankt. Nach Z. 39, 2 (s. auch 55, 160) steht jedem Dritten, der die gleiche Forderung als ihm gehörend anmeldet, der Umstand entgegen, daß schon ein anderer ein judikatmäßiges Recht auf Dividende für diese Forderung erworben hat. Sein Anspruch auf Teiln. am K. könne deshalb nicht anerkannt werden, auch wenn er sonst begründet sei. Dem späteren Anmelder bleibe nur übrig, von dem früheren Anmelder die Abtretung zu verlangen. Trotzdem kommt das RG. a. a. O. (39, 5) unter Berufung auf Art. 39 WO. und mit der Annahme eines stillschw. Vorbehalts bei der ersten Festst. für Wechselforderungen, die ohne Vorlegung des W. festgestellt und später vom Wechselinhaber für seine Person angemeldet werden, zu einem anderen Ergebnis. Dagegen hat nach RGZ. 58, 369 die Eintr. der Feststellung nur die urteilsmäßige Bedeutung, daß allen KGl. gegenüber die Mitberücksichtigung des Anmelders mit der eingetr. Forderung bei der Verteilung der Masse festgestellt ist, nicht aber die Wirkung, daß der Anspr. eines anderen Anmelders von der Befriedigung aus der Masse ohne weiteres auszuschließen ist. So auch Jaeger Anm. 8.

4. **Einwendungen**, die den festgestellten Anspr. betreffen, sind entspr. § 767 ZPO. vom KVerw. oder einem KGl. (Seuffert 267) bei dem ProzeßG. (Zuständigk. entspr. § 146 Abs. 2; LZ. 5, 837f.) klageweise geltend zu machen. Die Gründe, auf denen sie beruhen, dürfen aber erst nach der feststellenden Eintragung entstanden sein. S. RG. LZ. 1, 836; 4, 231 (spät. Aufrechn.). Im übrigen kann die Wirkung der Eintragung nicht durch bürgrechtl. Anfechtung des der Eintr. zugrunde liegenden rechtserheblichen Verhaltens, auch nicht durch ein ordentl. Rechtsmittel oder bei Versäumung des Termines durch Einspr., sondern nur durch Wiederaufnahme des Verf. im Wege der Nichtigkeits- oder Restitutionsklage (näh. entspr. §§ 578f. ZPO.) oder durch Darlegung, daß die Tabelleneinträge in einer gegen die guten Sitten verstoßenden Weise arglistig erschlichen und erwirkt wurden, geltendgemacht werden.

Vgl. RGZ. 21, 336; 37, 387; 57, 271; RG. LZ. 12, 859; Jaeger Anm. 10f.; Seuffert 267.

Feststellungsstreit. **§ 146.** (§ 134.)

I Den Gläubigern streitig gebliebener Forderungen bleibt überlassen, die Feststellung derselben gegen die Bestreitenden zu betreiben. Zu diesem Behufe hat das Gericht den Gläubigern einen Auszug aus der Tabelle in beglaubigter Form zu erteilen.

II Auf die Feststellung ist im ordentlichen Verfahren Klage zu erheben. Für die Klage ist das Amtsgericht, bei welchem das Konkursverfahren anhängig ist und, wenn der Streitgegenstand zur Zuständigkeit der Amtsgerichte nicht gehört, das Landgericht ausschließlich zuständig, zu dessen Bezirke der Bezirk des Konkursgerichts gehört.

III War zur Zeit der Eröffnung des Konkursverfahrens ein Rechtsstreit über die Forderung anhängig, so ist die Feststellung derselben durch Aufnahme des Rechtsstreits zu verfolgen.

IV Die Feststellung kann nur auf den Grund gestützt und nur auf den Betrag gerichtet werden, welcher in der Anmeldung oder dem Prüfungstermine angegeben ist.

V Die Bestimmungen des ersten, dritten und vierten Absatzes finden auf Forderungen, für deren Feststellung ein besonderes Gericht, eine Verwaltungsbehörde oder ein Verwaltungsgericht zuständig ist, entsprechende Anwendung.

VI Der Widerspruch gegen eine Forderung, für welche ein mit der Vollstreckungsklausel versehener Schuldtitel, ein Endurteil oder ein Vollstreckungsbefehl vorliegt, ist von dem Widersprechenden zu verfolgen.

VII Die obsiegende Partei hat die Berichtigung der Tabelle zu erwirken.

Begr. I 364 f., KommB. I 92 f. — Unverändert durch die Nov.

1. **Allgemeines.** Grundlegend ist der Unterschied, ob der Gl., dessen Forderung ganz oder teilweise streitig geblieben ist, eine sog. titulierte Forderung (Abs. 6) oder eine nicht titulierte Forderung hat. Je nachdem gestaltet sich das Verf. abweichend. Abs. 1, 2 beziehen sich nur auf nicht titulierte Forderungen, Abs. 3, 4 auch auf titulierte Forderungen. Die Entsch. über das Teilnahmerecht streitiggebliebener Forderungen erfolgt stets außerhalb des KVerf.

2. **Abs. 1.**

a) Bei nicht titulierten Forderungen entscheidet das Ermessen des anmeldenden Gl., ob er die Feststellung betreiben will oder nicht (RGZ. 16, 358; JW. 32, 315). Die Klage ist mit der Feststellungsklage nach § 256 ZPO. nicht identisch (RG. JW. 29, 393). Das rechtl. Interesse an der alsbaldigen Feststellung ist ohne weiteres gegeben. Immerhin geht die Klage auf Feststellung des Bestehens eines RVerh., und zwar eines Verh. zwischen dem Anmelder und dem GSch., nicht auf Leistung aus der KMasse. Gegenstand der Festst. ist die streitig gebliebene Forderung, nicht ein besonderer Anspr. auf Teiln. im K. (vgl. die eingehende Darst. der versch. Ans. bei Jaeger Anm. 12; ferner Pet.-Kleinf. Anm. 17; RGZ. 55, 160). Das Ziel der Klage ist allerdings, daß die Forderung mit dem in der Klage bezeichneten Betrage (näh. zu Abs. 4) oder mit dem dort in Anspr. genommenen Vorrecht an der Befriedigung oder (s. § 67) Sicherung aus der KMasse teilnehmen darf. Die Feststellung im Prozesse führt auf Parteiantrag zur Berichtigung der Tabelle (Abs. 7). Der Klagantr. kann auch lauten, daß der Widerspr. des Gegners für unbegründet erklärt wird. Dieser Antrag kommt namentlich in Betracht, wenn bei einer Mehrzahl von Widersprüchen der Anmelder die Feststellung nicht gegen alle Widersprechende zusammen betreibt, sondern zunächst nur den einen oder einen Teil der Widersprüche bekämpft. Nach der herrsch. Ans. (vgl. RGZ. 51, 97, Jaeger Anm. 7, Seuffert 270; unentsch. RG. JW. 31, 397; a. M. Fitting 143) ist dies zulässig und u. U. veranlaßt. Werden aber gesonderte Klagen erhoben, so ist trotz der scheinbar entgegenstehenden Fassung des § 147 die Forderung im Sinne des § 144 Abs. 1 erst festgestellt, wenn der letzte Widerspr. beseitigt ist; die Beseitigung eines einzelnen Widerspruchs genügt nicht (RG. JW. 31, 397). Bekämpft der Anmelder mehrere Widerspr. in einer Klage (Verbindung mehrerer Proz. s. § 147 ZPO.), so sind die Beklagten notwendige Streitgenossen nach § 62 ZPO. (RG. LZ. 9, 1273), auch wenn ihr Widerspruch verschiedenen Umfang und Inhalt hat. Der Umstand, daß in getrennten Klagen eine verschiedenartige Entsch. möglich wäre, ändert daran nichts (herrsch. Ans.; z. B. RGZ. 5, 414; Jaeger Anm. 10; Fitting 144; teilw. a. M. Seuffert 269 f., Anm. 2 zu § 62 ZPO. mit Lit.). Der Widersprechende, der nur das Vorrecht bestreitet, ist aber nicht notwendiger Streitgenosse dessen, der das Bestehen der Forderung bestreitet. Vgl. Jaeger a. a. O. Der etwa mitbeklagte GSch. ist gewöhnlicher Streitgenosse. In dem Feststellungsprozeß kann auch ein Urteil bloß über den Grund des Anspruchs erlassen werden (Köln LZ. 10, 710).

b) Da der Sieg eines Widersprechenden allen KGl. zugute kommt (§ 147), kann dem im Rechtsstreit befindlichen widerspr. Verw. oder KGl. jeder KGl. als Nebenintervenient beitreten (§ 66, 69 ZPO.), mag er im Termin widersprochen haben oder nicht (bestr., vgl. Seuffert Anm. 2ca zu § 66, Anm. 1 zu § 69 ZPO., Jaeger Anm. 11). Die Nebenintervention des GSch. zugunsten des widerspr. Verw. hat das RG. (Z. 28, 422, JW. 22, 343) mit Unrecht für unzulässig erklärt. Vgl. Kleinfeller Recht 16, 38 f.; KG. OLG. 20, 297 (der GSch. hatte die Forderung bestr.). S. auch (a. M.) Jaeger a. a. O., Kohler ZivArch. 81, 409.

c) Der Widersprechende kann einen Rechtsstreit über den Widerspruch nicht seinerseits betreiben (s. a). Seine Klage wäre unzulässig (s. jed. wegen der Einlassung des Anmelders in einen Rechtsstr. RG. JW. 25, 602). Wenn aber durch besondere Umstände die Voraussetzungen für die Zulässigkeit einer negativen Feststellungsklage des KVerw. erfüllt sind, steht der Abs. 1 der Klage, für die dann besondere Vorschr., namentl. Abs. 2, nicht gelten, nicht entgegen. S. RG. JW. 32, 315.

d) Über die Kostenhaftung, wenn der Verw. die im Termine bestrittene Forderung nach oder vor der Zust. der Feststellungskl. anerkennt, s. Schulze, Jaeger LZ. 6, 57f.

e) Um dem Gl. die Möglichkeit zu geben, die Feststellung seiner Forderung zu betreiben, hat das Ger. ihm einen Auszug aus der Tabelle zu erteilen und zwar von Amts wegen (RGZ. 85, 64; a. A. Jaeger § 146 Anm. 20; s. auch Preuß. JMV. v. 3. März 1915 [JMBl. 47]).

3. Abs. 2. Der Abs. 2 bezieht sich nur auf Ansprüche, die neu anhängig gemacht werden sollen, nicht auf Ansprüche, die (im Inlande) schon rechtshängig sind (s. Abs. 3).

a) Klagerhebung „im ordentlichen Verfahren" sagt, wie geschichtlich zu erklären ist (s. Jaeger Anm. 5) nur, daß außerhalb des KVerf. geklagt werden muß, und schließt die Klagerhebung in einem besonderen Verf. des Zivilprozesses an sich nicht aus (bestr.). Der Urkunden- und Wechselprozeß (ZPO. §§ 592f.) und das Mahnverfahren (ZPO. §§ 688f.) werden aber ausgeschlossen sein, weil die Klage nicht auf Zahlung einer bestimmten Geldsumme sondern auf Feststellung der Forderung für den K. oder auf Zurückweisung eines einzelnen Widerspr. zu richten ist. Anders bei aufgenommenen Prozessen, s. Anm. 4. Sehr bestritten, vgl. z. B. Jaeger Anm. 5 (teilw. a. M.), Seuffert 269 Anm. 3, Fitting 145 Anm. 48, Pet.-Kleinf. Anm. 3, 9; RG. 32, 231; 50, 414.

b) „Ausschließlich" bezieht sich nur auf die örtliche Zuständigkeit des Amts- oder Landgerichts (Seuffert 271). Der Zweck der Vorschrift ist, die Feststellungsstreitigkeiten örtlich zu konzentrieren. Über die sachliche Zuständigkeit (Streitwert s. § 148) können sich die Parteien nach den allgem. Vorschr. (ZPO. §§ 38f.) vereinbaren. Die Zuständigkeit der Kammern für Handelssachen (§§ 100f. GVG.) ist auch für neue Klagen nicht grundsätzlich ausgeschlossen (bestr., vgl. Seuffert 270 Anm. 5); § 101 Nr. 1 GVG. ist aber nicht anwendbar, weil nicht der GSch. sondern der widerspr. Verw. oder Gl. Partei ist (a. M. von seinem Standp. Jaeger Anm. 14). Unberührt bleibt (vgl. Abs. 5) nicht bloß für Aufnahmen sondern auch für Neuklagen die Zuständigkeit der Sondergerichte, insbes. der Gewerbe- und der Kaufmannsgerichte (§§ 1, 4, 5, 6 GGG., §§ 1, 5, 6 KGG.). Vorwiegende Ans.; s. LZ. 4, 492f. (Sondergericht auch zuständig, wenn nur das Vorrecht der Forderung bestritten ist), Jaeger Anm. 15 (ferner LZ. 1, 210f., 2, 140f.), Fitting 147. A. M. z. B. Hamburg LZ. 1, 924; Dresden OLG. 15, 43; für die Zuständigkeit der Kaufmannsger. aber gegen die der Gewerbegerichte München SeuffArch. 69, 33. S. auch Wilhelmi-Bewer GGG. (2) S. 188f.

Unberührt bleibt ferner die Zuständigkeit der Verwaltungsbehörden und der Verwaltungsgerichte (s. Abs. 5). Diese sind aber regelmäßig (maßgebend ist das in Betr. kommende Reichs- oder Landesrecht, vgl. § 13 GVG.) nur zur Entsch. über den Bestand und die Höhe der Forderung, nicht zur Entsch. über die Eigenschaft als KForderung oder ein Vorrecht berufen. Erstreckt sich die Zuständigkeit nicht auch darauf, so haben die ordentl. G. die ergänzende Entsch. zu treffen. S. Fitting 147f., Jaeger Anm. 16, mittelfr. Reg. BayZR. 9, 468. Vgl. auch LZ. 4, 493.

b) über die Einrede der Schiedsrichterklausel s. eingehend Kleinfeller Recht 16, 33f., vgl. ferner Hamburg OLG. 19, 226, Jaeger Anm. 6.

c) Die Feststellung eines gegen den GSch. gerichteten, im Prüfungstermine bestrittenen Bußanspr. kann nur im Zivilprozesse verfolgt werden. Das etwa schon anhängige Strafverfahren wird durch die KE. nicht berührt. Das im Laufe des K. ergehende Urteil, das dem Anmelder eine Buße zuspricht, ersetzt die Feststellung nicht, denn in das Strafverf. kann der widerspr. Verw. oder Gl. nicht hereingezogen werden. Zu beachten ist, daß die Geltendmachung eines über das Maß der rechtskräftig zuerkannten Buße hinausgehenden Anspr. ausgeschlossen ist (z. B. § 188 Abs. 2 StGB., § 40 Abs. 2 LitUG.). S. über andere Ans. Jaeger Anm. 17.

4. Abs. 3.

a) Die Feststellung einer streitig gebliebenen, nicht titulierten Forderung, über die bei der KE. ein Rechtsstreit anhängig war, hat der Anmelder durch Aufnahme des Rechtsstreits gegen den oder die Widersprechenden zu verfolgen. Regelmäßig ist der Rechtsstreit durch die KE. unterbrochen (§ 240 ZPO.; Anm. 1a zu § 10). Die Aufn., die nur dem Anmelder nicht auch dem Widersprechenden zusteht (s. aber RG. JW. 25, 602; Rostock SeuffArch. 70, 46), erfolgt nach § 250 ZPO., im amtsgerichtl. Verf. nach § 496 Abs. 2 ZPO. Näh., auch wegen des Verlustes des Rügerechtes nach § 295, s. Anm. 1g zu § 10. Durch Aufnahme des Rechtsstreits durch den förmell in der Beklagtenrolle erscheinenden Gl. kann und muß die Fortsetzung des Rechtsstreits auch dann erfolgen, wenn der jetzige GSch. gegen die Gl. wegen des Anspruchs eine negative FeststKlage erhoben hat (RG. LZ. 9, 1273 und Jaeger ebendort). Die Aufn. erfolgt (Abs. 2 nicht anwendbar RGZ. 52, 55) bei dem (ordentl. oder Sonder-) Gerichte, das bei der KE. mit der Sache befaßt war, ebenso entspr. (Abs. 5) bei dem Verwaltungsgericht oder der Verwaltungsbeh., das die Sache behandelt hat. In den letzteren Fällen können aber Schwierigkeiten entstehen, wenn die KE. das Verf. nicht unterbrochen hat (Anm. 2b zu § 12) oder wenn das Verf. nicht in der Form des Rechtsstreits geführt wird. Wie sich dann eine Beteiligung des Widersprechenden am Verf. ermöglichen läßt, kann allgemein nicht erörtert werden. Ein unterbrochener Urkunden- oder Wechselprozeß ist in dieser Verfahrensart fortzuführen (KG. OLG. 29, 136, im Ergebnis auch RGZ. 50, 414 mit abw. Lit.); der übergang zum ordentl. Verf. richtet sich nach den allgem. Grunds., ebenso das Nachverf.

b) Die Anhängigkeit der Sache ist von Amts wegen zu beachten (Jaeger Anm. 19). Eine neue Klage ist deshalb regelmäßig unzulässig (Kolmar LZ. 3, 876). Die prozeßhindernde Einrede der Rechtshängigkeit (§§ 263 Abs. 2 Nr. 1, 274 ZPO.) steht aber jedenfalls dem mit einer neuen Klage belangten widerspr. Gl. nicht zu, weil er nicht der „Gegner" im Sinne des § 263 ist, sondern eine neue Partei. Die Aufnahme ist erforderlich gleichgültig, in welcher Lage und in welchem Rechtszug der Rechtsstreit sich befindet, und ob (insbes. wegen § 69) statt der Leistung des ursprünglich geforderten anderen Gegenstandes die Feststellung einer Geldforderung verlangt wird (s. § 268 Nr. 3, ferner — Minderung des Streitwertes — § 263 Abs. 2 Nr. 3 ZPO.). Näh. RGZ. 65, 133. Ist allerdings nur das Vorrecht der Forderung streitig, so bedarf es der Erhebung einer neuen Klage. S. Jaeger a. a. O.

c) In einem durch die KE. unterbrochenen Mahnverfahren (s. Anm. 1c zu § 10) erfolgt die Aufnahme regelmäßig durch Antr. des Anmelders auf Bestimmung des Termins zur mündl. Verhandlung (näh. §§ 696, 697 ZPO.). Vgl. Jaeger Anm. 19, Seuffert 271 Anm. 7.

5. Abs. 4. Abs. 4 (entspr. anwendbar nach Abs. 5) enthält eine zwingende und von Amts wegen zu berücksichtigende Beschränkung des Klage- und Aufnahmerechts (s. RG. JW. 31, 397; RGZ. 51, 96; Königsberg OLG. 32, 384). Die Parteien können auf die Beachtung der Vorschr. nicht verzichten. Der Prüfungstermin muß demnach jedenfalls vor der Verhandlung stattgefunden haben, die der Entsch. zugrunde liegt. Die Festst. kann „nur" d. h. höchstens auf den der Prüfung unterstellten Betr. gerichtet werden; Ermäßigung ist zulässig. Sie darf sich weiter nur auf den „Grund" der geprüften Forderung stützen. Dadurch wird eine Änderung des Schuldgrundes ausgeschlossen, der für das Wesen der Forderung bestimmend ist (Begr. I 366). Ob die Schranke eingehalten wurde, kann Frage der Auslegung sein. Beisp. aus der Rspr. s. RGZ. 64, 204; RG. LZ. 2, 391; KG. OLG. 19, 227; 21, 178; Königsberg OLG. 19, 227 und LZ. 3, 165, §§ 268, 270 ZPO. sind aber auch hier anwendbar. Vgl. RG. JW. 29, 133, LZ. 5, 231; Braunschw. LZ. 3, 84; s. auch Königsberg LZ. 3, 569. Will der Gl. einen andern Grund geltend machen oder den Betr. erweitern, so muß er neu anmelden (RG. LZ. 2, 391). Zum „Grunde" des Anspr. gehört auch das Gläubigerrecht, die Legitimation des Klägers zur Geltendmachung der Forderung. Hat der Anmelder die Forderung abgetreten oder ist sie sonst durch Sondernachf. auf einen andern übergegangen, so bleibt der durch die Tabelle ausgewiesene Anmelder zum Feststellungsbegehren legitimiert, sofern nicht der Übergang der Forderung in der Tabelle vermerkt ist. Der Erwerber der Forderung ist nur unter der letzteren Voraussetzung berechtigt, die Festst. an Stelle des Vorgängers zu betreiben. Vgl. RG. LZ. 5, 862 f.; RG. BayZfR. 8, 49. Ohne Tabellenvermerk — also namentlich bei Streit, wem die Forderung zusteht — kann der neue Gl. die Feststellung nur auf Grund eigener Anmeldung betreiben. § 265 ZPO. ist anwendbar, wenn die Abtretung nach Erhebung der Feststellungsklage erfolgte (Jaeger

Anm. 21). Auch der bestreitende Gl. bleibt für den Feststellungsstreit nach der Abtretung seiner Forderung legitimiert.

Angemeldet sein muß auch das mit der Klage geltend gemachte Vorrecht. Die Beanspruchung eines Vorrechts einer späteren Klasse ist nicht etwa eine bloße Beschränkung des Anspruchs sondern Geltendmachung eines anderen Rechts (Königsberg OLG. 32, 384).

6. Abs. 6.

a) Abs. 6 enthält für die Anmelder titulierter Forderungen eine Ausn. von Abs. 1. Nicht der Anmelder sondern der widerspr. Verw. oder Gl. hat den Widerspr. zu verfolgen. Der Widerspr. als solcher berührt das Recht des Anmelders auf Teiln. an den Zahlungen nicht. Die auf ihn treffenden Anteile werden erst zurückbehalten, wenn und soweit die Forderung infolge des Widerspr. „im Prozesse befangen" ist (§ 168 Nr. 1; s. auch § 152). Die Verfolgung des Widerspr. ist an keine bestimmte Frist gebunden. Da sie jederzeit während des K. einsetzen kann, hat der Anmelder, um sich den ungestörten Bezug der Dividenden zu sichern, ein rechtl. Interesse, auf die Feststellung zu klagen, daß der Widerspr. unbegründet ist (s. § 256 ZPO.); RGZ. 34, 410. Nach Fitting 150 ist für die Betreibung der Feststellung durch den Anmelder § 146 Abs. 2, 3 maßgebend.

b) Die streitig gebliebene Forderung muß, wie sie der Prüfung unterstellt wurde, durch einen der im Abs. 6 bezeichneten Titel gedeckt sein. Das ist nicht der Fall, wenn nur um die Eigensch. als KForderung oder um das Vorrecht im K. gestritten wird, denn darüber enthält der Titel nichts. Ebenso, wenn der im Titel zuerkannte Anspr. bei der Anmeldung nach § 69 in Geld umzurechnen war und dieser Schätzung widersprochen wird. Soweit der Titel nicht ausreicht, muß der Anmelder die Feststellung betreiben (Abs. 1 bis 5). Näh. Jaeger Anm. 23.

c) Als Titel kommen u. a. in Betr. nicht bloß rechtskräftige oder vorläufig vollstreckbare Endurteile (s. ZPO. §§ 704, 705, 708 f.), Vorbehaltsurteile (§§ 302, 540, 599), Versäumnisurteile, sondern auch mit der Vollstreckungsklausel vor oder nach der KE. (Anm. 3c zu § 14) versehene Schuldtitel nach §§ 794, 801 ZPO., ferner vollstreckbare Schuldtitel, aus denen nicht die gerichtl. sondern eine anderweitige Zwangsvollstr. stattfindet. Die Vollstreckungsbefehle des Mahnverf. sind im Ges. wegen § 796 ZPO. ausdrückl. genannt. Auch das Feststellungsurt. bildet einen Titel im Sinne des Abs. 6; nicht aber ein bedingtes Endurteil (RG. LZ. 2, 541 mit weit. Rspr.), oder ein Arrestbefehl (RGZ. 85, 64). Wegen ausld. Urteile (entsch. § 328 ZPO.) s. Jaeger Anm. 22. Erst nach der KE. und selbst nach dem Prüfungstermin verkündete Urteile gelten als vorher erworben (Braunschweig DJZ. 17, 351). Zweifelhaft ist, ob das Urteil ein Titel nach Abs. 6 auch ist, wenn es nach der KE. ergangen ist. Mit der herrsch. Ans. (vgl. z. B. Seuffert 274 Anm. 12, dagegen Jaeger Anm. 22) ist die Frage vorbehaltlich des § 249 Abs. 3 ZPO. zu verneinen. Daß Rechtshandlungen des GSch. (z. B. ein gerichtl. Vergl., ein vollstr. notarielles Schuldbekenntnis), die nach der KE. erfolgen, der KMasse gegenüber unwirks. sind, ergibt sich aus § 7. Der Titel muß im Prüfungstermine vorgelegt werden, sonst gilt der Anspruch nicht als tituliert (RGZ. 85, 64; a. A. Jaeger Anm. 2).

d) Welche Mittel der Widersprechende hat, um den Widerspr. zu verfolgen, sagt das Ges. nicht ausdrücklich. Nach der herrsch. M. hat er nur die Mittel, die der GSch. hätte, wenn K. nicht eröffnet wäre, also gegenüber einer nicht rechtskräftigen Entsch. das nach Lage des Falles zulässige Rechtsmittel (im weit. Sinne; Einspr., Berufung, Revision, Beschw.), gegenüber einem Vorbehaltsurteil die Anfechtung im Nachverf., gegen ein rechtskr. Endurteil die Wiederaufn. durch Nichtigkeits- oder Restitutionsklage (vgl. Kolmar OLG. 11, 36), ferner u. U. Einwendungen gegen die Zulässigk. der Vollstreckungsklausel (§§ 732, 768 ZPO.), Einwendungen gegen den durch das Urteil festgestellten Anspr. (§ 767 ZPO.). Dazu §§ 795, 796, 797 ZPO. u. a. Ein besonders auch gegenüber einem vollstreckb. Schuldtitel durchgreifendes Mittel hat der KVerw. (nur er) in der GlAnf. (näh. Anm. zu § 35; s. auch Anm. 1b zu § 144). Soweit angängig, ist zur Verfolgung des Widerspr. ein anhängiger Rechtsstreit aufzunehmen. Vgl. RGZ. 50, 412; 51, 97. Die Zuständigkeitsvorschr. des Abs. 2 ist keinesfalls anwendbar. Zuständig ist vielmehr das nach den allgem. Regeln berufene ordentl. G., Sondergericht, Verwaltungsgericht usw. S. Fitting 149, Jaeger Anm. 25, Seuffert 274. Der Antr. des Widerspr. richtet sich nach den Umständen, gewöhnlich geht er dahin, daß der Widerspruch für begründet erklärt wird (s. § 147). Mehrere Widersprechende können gemeinsam oder getrennt vorgehen. Auch wenn nur ein Widerspr. für begründet erklärt wird, ist, soweit er reicht, die Feststellung der Forderung (§ 144 Abs. 1) ausgeschlossen. Die Feststellung setzt vielmehr die Beseitigung aller Widersprüche voraus.

7. Abs. 7. Die Berichtigung der Tabelle hat die obsiegende Partei, nicht der Verw. als solcher (s. aber Fitting 152 Anm. 67) herbeizuführen. Die Berichtigung erfolgt durch das KG. auf Grund der von der Partei vorzulegenden Nachweise (vollstreckb. Urteilsausfertigung nicht erforderlich, vgl. Jaeger Anm. 32). Das G. hat eine aktenmäßige Verfügung zu treffen und sie den Beteiligten, bei Ablehnung nur dem Antragst., nach § 72 Abs. 2 zuzustellen. Beschwerde § 73 Abs. 3. Näh. Jaeger Anm. 31, teilw. a. M. Seuffert 276.

8. Der Feststellungsstreit nach der KBeendigung. Ist bei der Aufh. des K. infolge Schlußverteilung ein Feststellungsstreit anhängig, so kann er zum Zwecke einer etwaigen Nachtragsverteilung (§ 166) unter den bisherigen Parteien fortgeführt werden, auch wenn ein widersprechender Gl. Partei ist. Mit dem Zeitp., in dem die Aufhebung des K. infolge Zwangsvergl. (§ 190) oder die Einstellung des Verf. wirksam wird, scheidet der widerspr. KVerw. als Partei aus und tritt an seine Stelle ohne weiteres der GSch. Änderung des Klagantr. § 268. Soweit ein widerspr. Gl. als Partei beteiligt ist, ist der anhängige Streit in der Hauptſ. erledigt, nicht aber im Kostenpunkt. Mit dieser Beschränkung bleibt der Gl. Partei, der frühere GSch. tritt nicht an seine Stelle. Für die Entsch. im Kostenp. kann dann maßgebend sein, ob der Gl. bei Fortdauer des K. in der Hauptſ. durchgedrungen wäre. Vgl. Fitting 153, Seuffert 273, Jaeger Anm. 28f.; s. auch RG. LZ. 2, 706 (Prozeßvollm.), RG. LZ. 5, 153.

Wirkung des Feststellungsurteils.

§ 147. (§ 135.)

Soweit durch ein Urteil rechtskräftig eine Forderung festgestellt oder ein Widerspruch für begründet erklärt ist, wirkt dasselbe gegenüber allen Konkursgläubigern. War der Prozeß nur gegen einzelne Gläubiger geführt, so können diese den Ersatz ihrer Prozeßkosten aus der Konkursmasse insoweit verlangen, als der letzteren durch das Urteil ein Vorteil erwachsen ist.

Begr. I 368, KommB. I 93f., 173f. — Unverändert durch die Nov.

1. Rechtskraftwirkung.

a) Wird wegen einer streitig gebliebenen Forderung ein Rechtsstreit geführt, so ist trotz der scheinbar entgegenstehenden Fassung des § 147 die Forderung im Sinne des § 144 Abs. 1 erst festgestellt, wenn der letzte Widerspr. beseitigt ist; die Beseitigung eines einzelnen Widerspruch beseitigt ist; die Beseitigung eines einzelnen Widerspr. genügt nicht (RG. JW. 31, 397). Näh. Anm. 2a zu § 146. § 147 steht damit nicht in Widerspruch. Urteilsmäßig festgestellt ist die Forderung, auch wenn der Urteilssatz anders lauten sollte, erst, wenn ein Widerspr. gegen die Forderung nicht mehr besteht. D a n n wirkt die urteilsmäßige Beseitigung des Widerspr. über die Parteien und ihre Rechtsnachf. (§ 325 ZPO.) hinaus gegen alle KGl., die nicht widersprochen oder ihren Widerspr. zurückgenommen haben (s. aber Anm. 3d zu § 145). Ihnen gegenüber besteht also der Einwand der rechtskräftig entschiedenen Sache. Wird umgekehrt nur e i n Widerspr. für begründet erklärt, auch durch sachliche Abweisung der gegen einen Widersprechenden gerichteten Klage, so wirkt das rechtskr. Urteil zugunsten aller KGl., d. h. es ist für alle rechtskräftig entschieden, daß die Forderung, s o w e i t der für begründet erklärte Widerspr. reicht, das bestrittene Teilnahmerecht nicht gewährt. Wird in der Rechtsmittelinstanz durch Beschränkung der Anträge gemäß § 525 ZPO. der Feststellungsproz. auf einzelne strittige Punkte beschränkt, so gilt die Forderung insoweit festgestellt, als sie nicht mehr bestritten ist; s. RGZ. 94, 85 (87).

b) Für den GSch. hat die Entsch. im Feststellungsstreit insofern Bedeutung, als die rechtskräftige Beseitigung der Widersprüche und der entspr. Tabelleneintrag die Zwangsvollstr. gegen ihn aus dem Tabelleneintrag nach der KBeendigung eröffnet, wenn er nicht schon im Prüfungstermine (oder nach § 165) die Forderung ausdrücklich bestritten hat (§ 164 Abs. 2, § 194, § 206 Abs. 2). Weiter ist zu beachten, daß die zugunsten des widerspr. KVerw. ergangene Entscheidung über den Bestand und die Höhe der streitigen Fdg. auch zugunsten des GSch. wirkt (bestr., vgl. J a e g e r Anm. 3, a. M. z. B. S e u f f e r t 393 mit Lit.). Hinsichtlich der für einen widerspr. Gl. ergangenen Entsch. trifft dies nicht zu. Ist z. B. die Feststellungsklage eines Anmelders gegen einen dem Bestande der Forderung widerspr. Gl. abgewiesen worden, so steht einer neuen Klage gegen den früheren GSch. der Einwand der rechtskr. entschiedenen Sache nicht entgegen.

2. Kosten. Für den Zivilprozeß sind die gewöhnl. Vorschr. (§§ 91 f. ZPO.) entscheidend. Die Kosten, die dem widerspr. Verw. zur Last fallen, sind Masseschulden nach § 59 Nr. 1. Die widersprechenden Gl. prozessieren auf ihre Gefahr und tragen, soweit sie unterliegen, die Kosten nach den allgem. Grunds. Als KForderung können sie ihre Kosten nicht geltend machen (§ 63 Nr. 2). Kraft der ausdrückl. Vorschr. in S. 2 dürfen sie (oder ein einzelner KGl.) aber als Massegl. (§ 59 Nr. 3) für ihren Kostenaufwand einen Ausgleich aus der Masse bis zu dem Betr. verlangen, um den die Masse dadurch bereichert ist, daß sie mit ihrem Widerspr. durchgedrungen sind. Voraussetzung ist aber, daß sie den Streit, soweit er den ausgleichspflichtigen Vorteil zur Folge hatte, allein, ohne den Verw., geführt haben. War der Verw. in dieser Hinsicht beteiligt, so bleibt es bei der Regel. Auf das Verh. zwischen den Parteien des Rechtsstreits ist der S. 2 ohne Einfluß. Der KVerw. kann aber für die Masse in Höhe der Ersatzleistung die Abtretung der Forderung gegen den unterlegenen Gegner verlangen (Jaeger Anm. 7). Der S. 2 setzt nicht notwendig voraus, daß der siegreiche Gl. Beklagter war („gegen"), auch die Fälle gehören hierher, in denen ein einzelner Gl. den Widerspr. gegen den Anmelder verfolgt hat (s. § 146 Abs. 6) und damit durchgedrungen ist. Auf den Kostenausgleich kann der Gl. gegen den Verw. klagen (näh. Anm. 2 zu § 57).

Festsetzung des Streitwertes.

§ 148. (§ 136.)

Der Wert des Streitgegenstandes eines Prozesses über die Richtigkeit oder das Vorrecht einer Forderung ist mit Rücksicht auf das Verhältnis der Teilungs- zur Schuldenmasse von dem Prozeßgerichte nach freiem Ermessen festzusetzen.

Begr. I 368, KommB. I 95 f. — Unverändert durch die Nov.

a) § 148 bildet eine Ergänzung der §§ 2 f. ZPO. Das freie Ermessen des G. (§ 3 ZPO.) ist aber dahin eingeschränkt, daß es den Wert des Streitgegenstandes nach dem Verh. der Teilungs- zur Schuldenmasse festzusetzen hat. Maßgebend ist demnach, wenn und soweit über den Bestand einer Forderung oder ihre Eigensch. als KForderung gestritten wird, nicht der Nennwert der Forderung sondern der Betrag, der auf sie im K. voraussichtl. entfällt, wenn sie entspr. dem Begehren des Anmelders festgestellt wird. Wird nur über ein Vorrecht gestritten, so ist Streitgegenstand der Mehrbetr., der auf die Forderung trifft, wenn das begehrte Vorrecht festgestellt wird. Ob die Feststellungsklage neu erhoben oder ob ein unterbrochener Rechtsstreit aufgenommen wird (näh. § 146), macht dabei keinen Unterschied. Zu beachten ist aber, daß nach der Klagerhebung die Zuständigkeit des Prozeßg. durch eine Veränderung der sie begründenden Umstände nicht berührt wird (§ 263 Abs. 2 Nr. 2 ZPO.). Das gilt auch, wenn die Festsetzung des Streitgegenstandes nach § 148 wegen veränderter Umstände vom Prozeßg. erster oder einer weiteren Inst. auf Antr. oder von Amts wegen berichtigt wird. Vgl. RG. Gruch. 43, 1217. München BayZfR. 6, 289. S. ferner §§ 10, 11 ZPO. Für die Zulässigkeit der Revision (s. § 546

ZPO.) sind aber die Verh. bei der Einlegung der Revision maßgebend. S. dazu RGZ. 76, 294, LZ. 6, 473. Auf die richtige oder falsche (z. B. auf Zahlung der ganzen Forderung gerichtete) Fassung des Klagantr. kommt es nicht an, auch nicht in der Revisionsinstanz. Vgl. RG. Seuff.-Arch. 62, 472. S. ferner ObLGZ. a. S. 11, 627. § 148 gilt nur für Prozesse über KForderungen, nicht für Aussonderungs-, Absonderungs- oder Masseansprüche (Karlsruhe OLG. 35, 25).

b) Die Wertfestsetzung ist nicht bloß für die sachl. Zuständigkeit (§§ 23, 70 GVG.) von Bedeutung, sofern sich die Zuständigkeit nach dem Streitwerte bemißt, sondern auch für die Gerichts- und Rechtsanwaltskosten (s. §§ 9, 15 GKG., § 10 RAGO.).

c) Auch wenn mit einer Mehrheit von widerspr. Personen gestritten wird, bildet den Streitwert der Forderung nur ihr einfacher Betrag, bemessen nach § 148. S. Jaeger Anm. 5.

Fünfter Titel.

Verteilung.

Vorbemerkung.

Das Gesetz unterscheidet drei Arten von Verteilungen, Abschlagsverteilungen (§ 149), die Schlußverteilung (§ 161) und Nachtragsverteilungen (§ 166); daneben Zahlungen auf festgestellte bevorrechtigte Forderungen (§ 170).

So oft hinreichende bare Masse vorhanden ist, soll eine Abschlagsverteilung vorgenommen werden (§ 149). Für jede Verteilung fertigt der Verw. ein Verzeichnis der zu berücksichtigenden Forderungen und gibt deren Gesamtsumme sowie den verfügbaren Massebestand bekannt (§ 151). Hieran schließt sich das Einwendungsverf., die etwa erforderl. Änderung des Verz. (§§ 157, 158) und die Festsetzung des Prozentsatzes (§ 159). Nach der Mitteilung des Prozentsatzes werden KGl. und MasseGl. mit ihren jetzt erst dem Verw. bekanntgegebenen Ansprüchen von dem dermalen zu verteilenden Massebestand ausgeschlossen.

Die Nov. hat (s. §§ 154, 156, 171) die Berücksichtigung aufschiebend bedingter Forderungen bei der Schlußverteilung ausgeschlossen, wenn die Möglichkeit des Eintritts der Bedingung so entfernt ist, daß die Forderung einen gegenwärtigen Vermögenswert nicht hat. Ferner hat sie (§ 165) dem GSch. nur die Wiedereinsetzung gegen die Versäumung des Prüfungstermins gegeben.

Außerh. des gesetzlich geordneten Verteilungsverf. darf ein KGl. grundsätzlich nicht befriedigt werden. Ebensowenig ist eine Bevorzugung einzelner KGl. zulässig.

Abschlagsverteilungen. **§ 149.** (§ 137.)

Nach der Abhaltung des allgemeinen Prüfungstermins soll so oft hinreichende bare Masse vorhanden ist, eine Verteilung an die Konkursgläubiger erfolgen.

Begr. I 372 f. — Unverändert durch die Nov.

Abschlagsverteilungen können erst nach dem allgemeinen Prüfungstermin (§§ 138 f.) vorgenommen werden. Sie sollen so oft stattfinden, als hinreichende bare Masse vorhanden ist. Wann dies der Fall ist, haben der Verw. und der etwa bestellte GlAussch. pflichtmäßig zu ermessen. In Betracht kommt nur die reine Teilungsmasse nach Wegfertigung oder Abrechnung aller bekannten vorausgehenden Anspr., insbes. der Masseanspr. Dazu § 172. Kann aber verteilt werden, so ist der Verw. verpflichtet, die Verteilung einzuleiten und der GlAussch. verpflichtet, den Antr. des Verw. (§ 150) zu genehmigen. Die Abschlagsvert. ist nicht davon abhängig, daß ein bestimmter Prozentsatz verteilt werden kann (dazu § 159). Für die Unterlassung sind der Verw. und die Mitgl. des GlAussch. persönlich verantwortlich (§§ 82, 83, 84, 89). Nach der herrsch. Ans. haben aber die KGl. kein Klagerecht auf Verteilung. RG. JW. 19, 114, Karlsruhe SeuffArch. 51, 126. Wegen der Fristen nach §§ 152, 158 kann die Verteilung frühestens 3 Wochen nach dem Zeitp. erfolgen, in dem die öff. Bek. (§ 151) wirksam geworden ist (§ 76 Abs. 1).

Zahlungen auf festgest. bevorrechtigte Forderungen sind jederzeit — aber wegen der Vorauss. der Festst. auch nur nach dem allgemeinen Prüfungstermin — unabhängig von den Verteilungen zulässig. Der Verw. braucht jedoch für Zahlungen außerh. der Verteilungen die Ermächtigung des KG. (§ 170). Sonst ist nur für die Schlußverteilung die Genehmigung des G. nötig (§ 161 Abs. 2). Nach § 160 kann aber das G. unter den dort. Vorauss. anordnen, daß eine Abschlagsverteilung ausgesetzt wird.

Mitwirkung des GlAusschusses.

§ 150. (§ 138.)

Zur Vornahme einer Verteilung hat der Verwalter, wenn ein Gläubigerausschuß bestellt ist, dessen Genehmigung einzuholen.

Begr. I 373, KommB. I 100. — Unverändert durch die Nov.

Über den Zeitpunkt der Verteilungen entscheidet vorbeh. der Aufsichtsrechte des KG. das pflichtmäßige Ermessen des Verw. (Anm. zu § 149). Ist aber ein GlAussch. bestellt, so ist der Verw. verpflichtet, zu jeder Abschlagsverteilung und zur Schlußverteilung die Genehmigung des GlAussch. einzuholen und ihm zu diesem Zwecke die erforderliche Übersicht über die Lage des Verf. zu geben. Daneben kommt für die Schlußverteilung die Genehmigung des Gerichts in Betracht (§ 161). Versagt der Aussch. die Genehmigung, so kann sie durch die GlVers. nicht ersetzt werden, denn der Aussch. ist in seinem Pflichtenkreis unabhängig (bestr.). Die GlVers. kann aber die Bestellung des Aussch. widerrufen (näh. Anm. 1 zu § 87; Anm. zu § 92). Die Zahlungen des KVerw. sind nicht deshalb ungültig, weil er die Vorschr. des § 150 nicht beachtet hat (vgl. Jaeger Anm. 1 gegen Seuffert 347).

Verzeichnis.

§ 151. (§ 139.)

Vor der Vornahme einer Verteilung hat der Verwalter ein Verzeichnis der bei derselben zu berücksichtigenden Forderungen auf der Gerichtsschreiberei zur Einsicht der Beteiligten niederzulegen und die Summe der Forderungen sowie den zur Verteilung verfügbaren Massebestand öffentlich bekannt zu machen.

Begr. I 374. — Unverändert durch die Nov.

1. **Verzeichnis.** Vor jeder Verteilung stellt der Verw. ein Verzeichnis der Forderungen auf, die bei dieser zu berücksichtigen sind. Auf Grund des gegeb. Falls berichtigten Verz. erfolgt die Verteilung. Das Verzeichnis wird nach der Tabelle aufgestellt. Zu berücksichtigen und aufzunehmen sind — getrennt nach der Rangordnung — die in der Tabelle als festgestellt eingetr. Forderungen, die streitig gebliebenen titulierten Forderungen (§ 146 Abs. 6; § 152), bis der Widerspr. als begründet festgestellt ist, die übrigen streitigen Forderungen nur gegen den in § 152 bezeichneten Nachw. Zu berücksichtigen sind auch Forderungen unter auflösender Bedingung, selbst wenn der Gl. die ihm obliegende Sicherheit nicht leistet (arg. § 168 Nr. 4), aufschiebend bedingte Forderungen (Einschränkung § 154 Abs. 2), ferner Forderungen von Absonderungsberechtigten unter bestimmten Vorauss. (§ 153 Abs. 1 und 2). Eine andere Frage ist, ob der Gl., dessen Forderung berücksichtigt werden muß, Zahlung oder Sicherung, durch Zurückbehaltung der Anteile oder durch Hinterlegung, verlangen kann (s. §§ 168, 169). Nachzügler (§ 155) sind als solche besonders zu kennzeichnen. Minderberechtigte KForderungen (§ 226 Abs. 2 bis 4) werden aufgenommen, auch wenn sie nicht zum Zuge kommen.

2. **Niederlegung; öffentliche Bekanntmachung.** Jeder Beteiligte, d. h. jeder Anmelder (Jaeger Anm. 1) oder sein Rechtsnachfolger, darf das Verz. einsehen. Eine bestimmte Dauer der Niederlegung ist nicht vorgeschrieben. Das Verz. wird aber während der Ausschlußfrist (§ 152) aufliegen müssen. Wegen Änderungen im Verz. durch den Verw. s. § 157. Die öff. Bek. setzt die Ausschlußfrist in Lauf und schafft für die Verteilung insofern eine sichere Grundlage, als nur fristgerechte Einwendungen gegen das Verz. beachtet werden. Nimmt der Verw. eine zu berücksichtigende Forderung nicht ins Verz. auf oder unterläßt er die Niederlegung oder die öff. Bek., so macht er sich nach § 82 verantwortlich. Wegen des Bereicherungsanspr. gegen die KGl., die Zahlungen erhalten haben und die zulässigen Einwendungen s. Anm. 1 zu § 158.

Streitig gebliebene Forderungen.

§ 152. (§ 140.)

Konkursgläubiger, deren Forderungen nicht festgestellt sind und für deren Forderungen ein mit der Vollstreckungsklausel versehener Schuldtitel, ein Endurteil oder ein Vollstreckungsbefehl nicht vorliegt, haben bis zum Ablaufe einer Ausschlußfrist von zwei Wochen nach der öffentlichen Bekanntmachung dem Verwalter den Nachweis zu führen, daß und für welchen Betrag die Feststellungsklage erhoben oder das Verfahren in dem früher anhängigen Prozesse aufgenommen ist. Wird der Nachweis nicht rechtzeitig geführt, so werden die Forderungen bei der vorzunehmenden Verteilung nicht berücksichtigt.

Begr. I 374. — Unverändert durch die Nov.

a) Forderungen, die nicht geprüft sind, kommen für die Verteilungen nicht in Betr., gleichviel, ob sie angemeldet sind oder nicht und ob sie tituliert oder nicht tituliert (s. Anm. 6 zu § 146) sind. Geprüfte aber streitig gebliebene nicht titulierte Forderungen nimmt der Verw. ohne weiteres in das Verz. auf, soweit sie infolge eines bei der Prüfung erhobenen Widerspr. im Prozesse befangen sind und ihm dies bekannt ist, namentlich wenn er selbst Partei ist. Hat er keine Kenntnis von dem Rechtsstreit, so ist es Sache des Gl. sich innerh. der Frist des § 152, gerechnet von dem Zeitp., in dem die öff. Bek. des Verw. wirksam geworden ist (§ 76 Abs. 1), bei dem Verw. zu melden und diesem durch Vorlegung der Klageschrift, des Aufnahmeschriftsatzes mit Zustellungsnachweis u. a. zu beweisen, daß die Klage erhoben oder das Verf. aufgenommen ist. Selbstverständlich genügt es, daß der Rechtsstreit während der Frist anhängig wird oder aufgenommen wird. Die Frist ist keine Notfrist. Ihr Lauf wird durch die Gerichtsferien nicht gehemmt. Die Frist kann nicht verlängert werden. Wiedereinsetzung in den vorigen Stand ist nicht vorgesehen. Berechnung entspr. § 222 ZPO. Haben mehrere die Forderung bestritten, so muß nach der Fassung des § 168 Nr. 1 der Nachweis genügen, daß der Prozeß gegen einen Widersprechenden anhängig gemacht oder aufgenommen ist (bestr., a. M. z. B. Jaeger Anm. 5). Als tituliert gelten die Forderungen nur dann, wenn der VollstrTitel im Prüfungstermin vorliegt (RGZ. 85, 64).

b) Festgestellte Forderungen müssen auch dann berücksichtigt werden, wenn der Verw. das nachträgl. Erlöschen der Forderung, z. B. durch Aufrechnung, behauptet. Zunächst muß die Wirkung der Feststellung beseitigt sein (s. Anm. 4 zu § 145). Die Aufn. der Forderung in das Verz. ist aber nicht erforderlich, wenn der Gl. anerkennt, daß seine Forderung erloschen ist.

c) Die Ausschlußfolge bezieht sich bei Abschlagsverteilungen nur auf die zur Verteilung kommende Masse. Nachträgl. Geltendmachung des Anspr. ist zulässig (§ 155). Der ausgeschlossene Gl. ist dann, soweit er verkürzt ist, aus der Restmasse vorweg zu befriedigen, trägt aber die Gefahr, daß der Rest dazu nicht ausreicht. Wer die Ausschlußfrist für die Schlußverteilung versäumt, wird auch bei Nachtragsverteilungen nicht berücksichtigt (s. § 166 Abs. 1, Jaeger Anm. 7). Bereicherungsanspr. gegen die durch den Ausschluß begünstigten anderen Gl. können die übergangenen nicht erheben (vgl. Jaeger a. a. O.). Über die Stellung der Massegl. s. § 172.

d) Andere Fristbestimmung in § 47 Abs. 4 KonsGG., § 3 S. 2 SchutzgebG.

Absonderungsberechtigte. **§ 153.** (§ 141.)

I Gläubiger, von welchen abgesonderte Befriedigung beansprucht wird, haben bis zum Ablaufe der Ausschlußfrist dem Verwalter den Nachweis ihres Verzichts oder ihres Ausfalls nach Maßgabe des § 64 zu führen. Wird der Nachweis nicht rechtzeitig geführt, so werden die Forderungen bei der vorzunehmenden Verteilung nicht berücksichtigt.

II Zur Berücksichtigung bei einer Abschlagsverteilung genügt es, wenn bis zum Ablaufe der Ausschlußfrist dem Verwalter der Nachweis, daß die Veräußerung des zur abgesonderten Befriedigung dienenden Gegenstandes betrieben ist, geführt und der Betrag des mutmaßlichen Ausfalls glaubhaft gemacht wird.

Begr. I 376, KommB. I. 100 f., 178 f. — Unverändert durch die Nov.

1. **Allgemeines.** § 153 hat die Gl. im Auge, auf die § 64 unmittelbar oder entspr. anwendbar ist. S. dazu Anm. 1a zu § 64. Wegen der Verh. im K. einer Hypothekenbank oder eines Lebensversicherungsunternehmens s. Jaeger Anm. 7f. Auf Absonderungsberechtigte ohne KForderung ist § 153 nicht anwendbar; sie kommen für die Verteilungen der Masse nicht in Betracht. Ebensowenig aber auf KGl., denen ein massefremder Gegenstand haftet; sie stehen der Masse wie andere KGl. gegenüber. Näh. Anm. 1b zu § 64. In den Fällen, in denen § 64 zutrifft, ist die ganze Forderung (bevorrechtigte oder einfache) KForderung. Der Gl. hat die Wahl, ob er sich an den Absonderungsgegenstand oder an die KMasse halten will, das letztere kann er aber nur, wenn das Absonderungsrecht erschöpft ist oder wenn und soweit er auf abgesonderte Befriedigung verzichtet hat. Näh. Anm. 2 zu § 64. Der Nachweis gegenüber dem Verw. ist Sache des Gl. Der Nachweis des Ausfalls ist dann nicht zu erbringen, wenn der Gl. seine abgesonderte Befriedigung nicht betreiben kann, weil der Anspr., der das Absonderungsrecht begründet, nicht fällig ist. § 65 kommt nur für die Beteiligung des Absonderungsberechtigten als KGl. in Betracht. U. U. muß also der Gl., um sich diese Beteiligung zu sichern, auf die abgesonderte Befriedigung verzichten (Anm. 2 zu § 65). Über Inhalt und Form des Verzichts s. Anm. 3 zu § 64. Wird der Nachweis nicht rechtzeitig, d. h. innerhalb der Ausschlußfrist (Anm. zu § 152) geführt, so wird die Forderung bei der Schlußverteilung nicht berücksichtigt. Der entspr. Betr. wird auch dann nicht zurückbeh., wenn den Gl. ein Verschulden an der Verzögerung der Feststellung des Ausfalls nicht trifft.

2. **Besonderes für Abschlagsverteilungen.**

a) Hier sind die Voraussetzungen für die Berücksichtigung erleichtert. Nachzuweisen ist innerh. der Ausschlußfrist (Anm. zu § 152), daß die Veräußerung des abgesonderten Gegenstands betrieben wird. Das Erfordernis ist erfüllt durch die Vornahme jeder Handlung, die auf die Herbeiführung der abgesonderten Befriedigung gerichtet ist, z. B. durch die Androhung des Pfandverkaufs, den Auftr. zur öff. Versteigerung, die Klage auf Befriedigung aus dem Gegenstande (im einzelnen streitig). Der Nachweis ist nicht erforderlich, wenn die Tats., daß die Veräußerung betrieben wird, dem Verw. schon bekannt ist, insbes., wenn er sie selbst betreibt (§ 127). Fristsetzung nach § 127 Abs. 2 ist noch nicht der Beginn des Veräußerungsbetriebs. Außer dem bez. Nachweis hat der Gl. (entspr. § 294 ZPO.) noch eine Glaubhaftmachung des mutmaßl. Ausfalls beizubringen, z. B. durch eine sachverständige Schätzung des Wertes des Gegenstandes.

b) Die Berücksichtigung bei Abschlagsvert. besteht in der vorläufigen Zurückbeh. des Anteils bis spätestens zur Schlußverteilung (s. §§ 156, 168 Nr. 3). Bei dieser werden die nicht früher ausgezahlten Anteile für die anderen Gl. frei, wenn der Gl. nicht bis zum Ende der für die Schlußvert. laufenden Anschlußfrist den Nachw. nach § 153 Abs. 1 erbringt.

Aufschiebend bedingte Forderungen.

§ 154. (§ 142.)

I Forderungen unter aufschiebender Bedingung werden bei einer Abschlagsverteilung zu dem Betrage berücksichtigt, welcher auf die unbedingte Forderung fallen würde.

II Bei der Schlußverteilung ist die Berücksichtigung ausgeschlossen, wenn die Möglichkeit des Eintritts der Bedingung eine so entfernte ist, daß die bedingte Forderung einen gegenwärtigen Vermögenswert nicht hat.

Begr. I 376; Begr. II 48. — Abs. 2 geändert durch die Nov.

a) Forderungen unter auflösender Bedingung werden wie unbedingte berücksichtigt. § 66; s. auch § 168 Nr. 4. Näh. Anm. zu § 66.

b) Forderungen unter aufschiebender Bedingung berechtigen an sich zu einer Sicherung, werden aber unter der Voraus. des Abs. 2 bei der Schlußverteilung überhaupt nicht berücksichtigt. § 65, dann § 168 Nr. 2 mit § 156. Näh. Anm. 1 zu § 65.

Nachzahlung von Abschlagsdividenden.

§ 155. (§ 143.)

Gläubiger, welche bei einer Abschlagsverteilung nicht berücksichtigt worden sind, können nachträglich, sobald sie die Vorschriften der §§ 152, 153 erfüllt haben, die bisher festgesetzten Prozentsätze aus der Restmasse verlangen, soweit diese reicht und nicht infolge des Ablaufs einer Ausschlußfrist für eine neue Verteilung zu verwenden ist.

Begr. I 376 f. — Unverändert durch die Nov.

Die einmal zur Verteilung angewiesenen Beträge können von den bei der Verteilung ausgeschlossenen, nicht oder nicht genügend berücksichtigten KGl. nicht wegen ungerechtfertigter Bereicherung der Begünstigten angegriffen werden. Die bei einer Abschlagsverteilung ausgeschlossenen KGl. haben aber einen Anspr. gegen den Verw. auf unverkürzte Nachzahlung oder Absonderung (§ 168) aller früheren Dividenden nach Maßgabe der vorhandenen und für eine Verteilung verfügbaren Masse. Voraussf. ist, daß die Bedingungen der Berücksichtigung (§§ 152, 153) erfüllt sind. Verfügbar sind nur Massebestandteile, die nicht durch den Ablauf der Ausschlußfrist für eine neue Verteilung festgelegt sind. Die Zuweisung früherer Dividenden erfolgt auf Antr., nicht von Amts wegen. Sie wird in der Regel bei der nächsten allgemeinen Verteilung vorgenommen. Erfolgt sie selbständig, so muß das gewöhnl. Verf. (§§ 150, 151) eingehalten werden (bestr., s. Jaeger Anm. 2, Fitting 391 Anm. 22 gegen Begr. I 378 u. a.). Eine Klage auf Verteilung haben die beteiligten Gl. nicht (RG. Gruch. 34, 1201, Karlsruhe SeuffArch. 51, 126). Für Unterlassungen sind der Verw. und die Mitgl. des GlAussch. persönl. verantwortlich (§§ 82, 83, 84, 89). Vgl. LZ. 4, 714. Reicht die Restmasse nicht aus, so erhält der Gl., was vorhanden ist. Haben sich mehrere Gl. gemeldet, so muß dann eine Berücksichtigung nach der Rangordnung oder bei gleichem Range nach dem Verhältnisse der Beträge eintreten.

Freiwerden von Abschlagsdividenden.

§ 156. (§ 144.)

Die Anteile, mit welchen Gläubiger bei Abschlagszahlungen nach Maßgabe des § 153 Abs. 2 oder des § 154 Abs. 1 berücksichtigt worden sind, werden für die Schlußverteilung frei, wenn bei dieser die Voraussetzungen des § 153 Abs. 1 nicht erfüllt sind oder nach Maßgabe des § 154 Abs. 2 die Berücksichtigung der bedingten Forderung ausgeschlossen ist.

Begr. II 43. — Verändert durch die Nov.

S. Anm. zu §§ 153, 154.

Änderung des Verzeichnisses.

§ 157. (§ 145.)

Binnen drei Tagen nach dem Ablaufe der Ausschlußfrist hat der Verwalter die auf Grund der vorstehenden Bestimmungen erforderlichen Änderungen des Verzeichnisses zu bewirken.

Begr. I 378 f., KommB. I 105 f. — Unverändert durch die Nov.

Mit dem Ablauf der Ausschlußfrist (s. § 152) sind die Gl., die die für sie bestimmte Frist (s. §§ 152, 153) nicht benützt haben, von der Berücksichtigung bei der bevorstehenden Verteilung ausgeschl. Die Gl., die die erforderlichen Belege beigebracht haben, trägt der Verw. binnen drei Tagen im Verz. nach. Dann legt er das Verz. wieder in der Gerichtsschreiberei zur Einsicht der Beteiligten auf (s. §§ 158, 162). Andere Änderungen, namentlich das Nachtragen übersehener Forderungen oder das Streichen einer Forderung (s. Seuffert 354), darf der Verw. von sich aus oder auf Antr. auch nicht innerhalb der drei Tage vornehmen; sie können nur im Einwendungsverf. (§§ 158, 162) erfolgen. Im Einwendungsverf. können auch Eintragungen angefochten werden, die der Verw. gesetzwidrig nachgeholt hat (vgl. Jaeger Anm. 2; s. auch Fitting 392 Anm. 24). Nach Begr. I 379 darf der Verw. auch Änderungen vornehmen, die „zur Berichtigung eines zum Vorschein gekommenen tatsächl. Irrtums dienen". S. auch Jaeger Anm. 1.

Einwendungen gegen das Verzeichnis für Abschlagsverteilungen.

§ 158. (§ 146.)

I Bei einer Abschlagsverteilung sind Einwendungen gegen das Verzeichnis bis zum Ablaufe einer Woche nach dem Ende der Ausschlußfrist bei dem Konkursgerichte zu erheben.

II Das Gericht entscheidet über die Einwendungen. Die Entscheidung, durch welche eine Berichtigung des Verzeichnisses angeordnet wird, ist auf der Gerichtsschreiberei niederzulegen. Die Beschwerdefrist beginnt mit dem Tage, an welchem die Niederlegung der Entscheidung erfolgt ist.

Begr. I 379 f., KommB. I 105 f. — Unverändert durch die Nov.

1. Allgemeines. Gegen das Verz. (§§ 151, 157) für eine Abschlagsvert. werden befristete Einwendungen nach § 158 Abs. 1 bei dem KG. schriftlich erhoben. Gegen das Verz. für die Schlußvert. sind Einwendungen im Schlußtermin (§ 162) mündlich vorzubringen. Soweit das Recht zu Einwendungen reicht, ist der Prozeßweg ausgeschlossen. Zu Einwendungen ist jeder KGl. legitimiert, der nach seinem Vorbringen durch den Inhalt des Verzeichnisses benachteiligt ist. Die Benachteiligung besteht z. B., wenn eine Forderung des Einwendenden nicht aufgenommen ist, die der Verw. von vornherein (§ 151) oder nachträgl. (§ 157) hätte aufnehmen sollen, oder wenn die Forderung nicht richtig (Vorrecht, Betrag) aufgenommen ist oder wenn das Verz. die Forderung eines Konkurrenten enthält, die nicht oder mit einem geringeren Betr. oder mit einem schlechteren Rang hätte aufgenommen werden sollen. Daß der Einwendende bei der bevorstehenden Abschlagsvert. zu berücksichtigen ist, wird nicht verlangt. Denn auch wenn er erst nachträgl. (§ 155) zum Zuge kommt, kann er ein Interesse daran haben, daß die Forderung eines anderen Gl. ausscheidet. Dagegen muß er durch die Anmeldung seiner Forderung im K. dargelegt haben, daß er sich als KGl. beteiligen will. Prüfung seiner Forderung ist nicht erforderlich (bestr.). Angriffe gegen den festgestellten Anspr. eines anderen Gl. (z. B. Berufung auf nachträgl. Erfüllung) können nicht im Wege der Einwendungen gegen das Verz. geltendgemacht werden (Klage nach § 767 ZPO., s. Anm. 4 zu § 145). RGZ. 21, 336. Ausgeschlossen ist auch das Nachbringen der innerh. der Ausschlußfrist zu erbringenden Nachweise im Wege von Einwendungen. Seuffert 355. Einwendungen können nicht erheben die Massegl. (Rechtsstellung nach § 172) und der GSch., der den Verteilungen nicht widersprechen kann, weil sein Widerspr.

auch die Festst. der Forderungen nicht hindert. Berechnung der Einwendungsfrist (die 3 Tage nach § 157 eingerechnet) entspr. § 222 ZPO. S. weiter Anm. zu § 152. Mit dem Ablauf der Einwendungsfrist oder der rechtskräftigen Erledigung der Einwendungen steht das Verzeichnis als Grundl. der Verteilung unabänderlich fest (s. Begr. I 379). Das zeigt sich darin, daß KGl., die in dem Verz. übergangen sind, auch solche mit festgestellten Forderungen, von der zur Verteilung kommenden Masse ausgeschlossen sind und nicht einmal — weder während des K. noch nachher — gegen die derart begünstigten KGl. einen Bereicherungsanspr. haben. Die Verantwortung des Verw. für Versehen (§ 82) bleibt unberührt. Ein Bereicherungsanspr. besteht dagegen, wenn die Forderung des Betroffenen im Verz. enthalten war, bei dem Vollzuge der Verteilung aber nicht berücksichtigt wurde. S. Jaeger Anm. 10, Seuffert 375 f. (das Verz. stehe „einer condictio nicht grundsätzlich im Wege"). Vgl. RG. SeuffArch. 41, 409.

2. Verfahren.

a) Das KG. entscheidet in den Fällen des § 158 durch Beschluß. Weiteres §§ 73 bis 75 (fakultative mündl. Verhandlung, Ermittlungen und Anhören der Beteiligten nach freiem Ermessen). Eine Abweichung des Verf. besteht darin, daß die Entsch. der ersten oder einer weiteren Instanz, die eine Berichtigung des Verz. anordnet, auf der GSchreiberei niedergelegt wird und, wie Abs. 2 S. 3 beweist, damit gegenüber allen Beteiligten als zugestellt gilt. Die gewöhnl. Zust. ist demnach nur erforderlich für Beschlüsse, die Einwendungen abweisen (Zust. an den Antragsteller, den Verw. und den Gegner, falls er gehört wurde). Wird teils berichtigt teils abgewiesen, so ist die Entsch. niederzulegen und zuzustellen (bestr.; s. Seuffert 355, Jaeger Anm. 5 f.). Andere verlangen Zustellung auch bei Berichtigung.

b) Das Recht der sof. Beschw. (§ 73 Abs. 3) hat gegen den abweisenden Beschl. der Antragsteller, gegen die Anordnung einer Berichtigung der Verw. (Dresden SeuffArch. 61, 381; bestr.) und jeder interessierte KGl.

Prozentsatz. **§ 159.** (§ 147.)

I Für eine Abschlagsverteilung bestimmt der Verwalter und, wenn ein Gläubigerausschuß bestellt ist, dieser auf Antrag des Verwalters den zu zahlenden Prozentsatz.

II Der Verwalter hat den Prozentsatz den berücksichtigten Gläubigern mitzuteilen.

Begr. I 379 f. — Unverändert durch die Nov.

a) Mit dem Ablauf der Einwendungsfrist oder mit der rechtskräftigen Erledigung der Einwendungen steht der Kreis der beteiligten Gl. fest und läßt sich der auf den einzelnen fallende Prozentsatz berechnen. Rechtlich möglich ist die Verteilung übrigens schon, wenn noch ein Beschwerdeverf. anhängig ist oder eine Beschwerdefrist läuft, denn die Beschwerde hat keine aufschiebende Wirkung, außer wenn eine andere gerichtl. Anordnung getroffen wird (entspr. § 572 ZPO.). Ob die Rechtskraft abgewartet oder unter Zurückbehaltung des entspr. Betr. die übrige Verteilung vollzogen wird, steht im Ermessen des Verw. und des GlAusch. Verantwortung §§ 82, 89. Mehr, als öff. bekanntgegeben wurde (§ 151), darf wegen der Wirkungen des Ausschlusses nicht verteilt werden (Begr. I 380). Dieser Betr. kann sich durch das spätere Hervortreten von Masseanspr. (§ 172; maßgebend für ihren Ausschl. erst die Festsetzung des Prozentsatzes!) gemindert haben. Nicht notwendig ist eine völlig erschöpfende Verteilung der verfügbaren Masse. Zur Erleichterung kann ein „annähernd passender Prozentsatz, möglichst in runder Zahl" (Begr. I 380) gewählt werden. Die KGl. können sich gegen die Festsetzung nicht beschweren. Für gerichtl. Aufsichtstätigkeit (§§ 83, 84) wird nur in seltenen Fällen Raum sein.

b) Den Prozents. bestimmt der Verw. oder der etwa bestellte Gl.-Aussch., dieser „auf Antr." des Verw. Der Inhalt des Antragsrechtes des Verw. ist bestr. Nach richtiger Auff. ist der GlAussch. vorbeh. der Verantwortung seiner Mitgl. (§ 89) an den Antr. nach oben oder unten nicht gebunden. Vgl. Jaeger Anm. 2, Fitting 394 N. 10. Der Verw. muß aber die Ausführung eines gesetzwidrigen Beschlusses ablehnen.

c) Die Mitteilung nach Abs. 2 erfolgt formlos (§ 77 Abs. 2). Eine öff. Bek. des Verw. gilt entspr. § 76 Abs. 3 als Mitteilung an alle Beteiligte. Die Verteilung nimmt der KVerw. vor (§ 167). Auf die Berücksichtigung nach Maßg. des endgültig festgestellten Verz. haben die KGl. einen klagb. Anspr. § 12 steht nicht entgegen (vgl. Seuffert 374, Fitting 396 Anm. 17, Wilm.-Kurlb. Anm. 5. A. M. Jaeger Anm. 5).

d) Für die Schlußverteilung besteht eine dem § 159 entspr. Vorschr. nicht.

Aussetzung der Abschlagsverteilung.

§ 160. (§ 148.)

Das Gericht kann auf Antrag des Gemeinschuldners, wenn derselbe einen Zwangsvergleich vorgeschlagen hat, die Aussetzung einer Abschlagsverteilung anordnen, sofern nicht schon die Ausschlußfrist abgelaufen ist.

Begr. I 379, KommB. I 106. — Unverändert durch die Nov.

a) Die Anordnung steht im pflichtmäßigen, im BeschwVerf. nachprüfb. Ermessen des KG. Voraussetzung ist ein zulässiger Zwangsvergleichsvorschlag des GSch. (§§ 174, 175) und ein vor Ablauf der Ausschlußfr. eingereichter Antr. des GSch. auf Auss. der Abschlagsvert. Die Anordnung ist (wichtig für das BeschwVerf.) noch nach Ablauf der Ausschlußfr. bis zum Beginne des Verteilungsvollzugs zulässig (bestr. Andere verlangen auch den Erlaß der Anordnung innerh. der Ausschlußfrist. Das Gesetz ist unklar). Die Anordnung wird allen Beteiligten zugestellt oder ersatzweise öff. bekanntgemacht (s. § 73 Abs. 2, § 76 Abs. 3). Beschwerdeberechtigt (§ 73 Abs. 3) sind der Verw. und die einzelnen betroffenen KGl., gegen die Abweisung des Antr. der GSch.

Zahlungen an bevorrechtigte Gl. sind nach Maßg. des § 170 zulässig, auch wenn die Anordnung nach § 160 getroffen wird.

b) Auf die Auss. des Verf. ist § 249 Abs. 1, 2 ZPO. entspr. anwendbar (s. § 72). Die Aussetzung endigt ohne weiteres mit der endgültigen Ablehnung des Zwangsvergleichsvorschl. durch die KGl. oder der rechtskr. Verwerfung des Zwangsvergl. durch das G. Eine unterbrochene Frist beginnt voll von neuem zu laufen. Die rechtskr. Bestätigung des Zwangsvergl. macht die ausgesetzte Verteilung gegenstandslos.

Schlußverteilung. **§ 161.** (§ 149.)

I Die Schlußverteilung erfolgt, sobald die Verwertung der Masse beendigt ist.

II Die Vornahme der Schlußverteilung unterliegt der Genehmigung des Gerichts.

Begr. I 380 f. — Unverändert durch die Nov.

a) Die Schlußverteilung erfolgt, sobald von der Masse verwertet ist, was ohne unverhältnismäßige Verzögerung verwertet werden kann. Vgl. § 162 („nicht verwertbare Vermögensstücke"); s. auch Anm. 3 zu § 117. Die Erledigung von Rechtsstreitigkeiten über die Aktivmasse wird in der Regel abgewartet; rechtlich notwendig ist dies aber nicht, weil der Gegenstand des Rechtsstreits einer Nachtragsverteilung vorbehalten werden kann (Anm. 2 zu § 166). Daß die vorherige Erledigung von Streitigkeiten nach § 146 über die Passivmasse nicht erforderlich und in der Regel auch nicht angezeigt ist, geht aus §§ 168, 169 hervor.

b) Die Schlußverteilung darf nur vorgenommen werden, wenn sie das G. genehmigt hat. Vor dem Antr. an das G. hat der Verw. die Genehmigung des etwa bestellten GlAussch. einzuholen (s. § 150). Das G. prüft, ob die Vorauss. nach Abs. 1 gegeben ist. Der Verw. legt hierzu die Schlußrechnung nebst Belegen (näh. Anm. 1 zu § 86) und den Entw. des Schlußverzeichnisses vor. Erst auf Grund der gerichtl. Genehmigung geht der Verw. nach § 151 weiter vor. Die Genehmigung ist eine auf dem Aufsichtsrechte (§ 83) ruhende Erklärung des Gerichts gegenüber dem Verw. Nur an den Verw. wird deshalb die gerichtl. Entsch. zugestellt und nur er kann sich beschweren (§ 73 Abs. 3), wenn die Genehmigung versagt wird. Die KGl. und der GSch. sind zur Beschwerde nicht berechtigt, gleichviel welchen Inh. die Entsch. hat (bestr.). Vgl. KG. OLG. 19, 221. Kein Beschwerderecht haben die KGl. auch gegen Anweisungen des Gerichts an den Verw. hins. der Schlußverteilung (Hamburg SeuffArch. 71, 251).

c) Die Ausschlußwirkung greift bei der Schlußverteilung weiter als bei den Abschlagsverteilungen. KGl., die die Ausschlußfrist versäumt haben, sind vorbeh. der etwaigen Verantwortung des Verw. (§ 82) nicht bloß von der Schlußvert. sondern auch von etwaigen Nachtragsvert. (§ 166) ausgeschlossen. Durch Erhebung von Einwendungen gegen das Schlußverz. im Schlußtermin kann die Fristversäumnis nicht geheilt werden. Gl., die abgesonderte Befriedigung beanspr., werden bei der

Schlußvert. nach der strengen Regel des § 153 Abs. 1 behandelt; Anteile, die für solche Gl. bei Abschlagsverteilungen zurückbehalten wurden (§ 153 Abs. 2, § 168 Nr. 3), werden eingezogen und zur Schlußverteilung verwendet, wenn die Gl. dem § 153 Abs. 1 nicht genügt haben (§ 156). Wegen der Forderungen unter aufschiebender Bed. s. §§ 154, 156. Aber auch bei der Schlußvert. kann es vorkommen, daß Anteile nicht ausgezahlt sondern zurückbehalten werden (s. § 168 Nr. 1, 2, 4, § 169).

d) Das Schlußverteilungsverf. läßt sich auch dann nicht umgehen, wenn die Masse durch Berücksichtigung von Nachzüglern, Zahlung von Massekosten und -Schulden usw. *erschöpft* ist (Begr. I 381; *Jaeger* Anm. 10).

Schlußtermin. **§ 162.** (§ 150.)

I Zur Abnahme der Schlußrechnung, zur Erhebung von Einwendungen gegen das Schlußverzeichnis und zur Beschlußfassung der Gläubiger über die nicht verwertbaren Vermögensstücke bestimmt das Gericht einen Schlußtermin, welcher nicht unter drei Wochen und nicht über einen Monat hinaus anzuberaumen ist.

II Die Bestimmungen des § 158 Abs. 2 finden auf die Schlußverteilung Anwendung.

Begr. I 380 f. — Unverändert durch die Nov.

Zur Abhaltung des Schlußtermins beruft das Gericht eine GlVers. §§ 93, 98, 76. Die Frist zwischen drei Wochen bis zu einem Monat wird von dem Zeitp. gerechnet, in dem die Berufung wirksam wird (§ 76 Abs. 1 S. 2). Die Nichtbeachtung der Vorschr. macht die Berufung nicht ungültig. Vor dem Schlußtermin muß aber die Ausschlußfrist nach §§ 151, 152 und die dreitägige Frist nach § 157 abgelaufen sein. Der Termin wird abgehalten:

a) *zur Abnahme der Schlußrechnung* des Verw. (§ 86) und zur Geltendmachung von Einwendungen gegen die Schlußrechnung bei Vermeidung des Ausschl. Die Entscheidung über *solche* Einwendungen hat aber nicht das KG., sondern das ProzG. (s Anm. 3 zu § 86).

b) zur Beschlußfassung der Gl. über die *nicht verwertbaren* VermStücke, Sachen oder Rechte. Wird in dieser Hins. nichts beschlossen, so kommen diese Stücke mit der Aufh. des K. in die freie Verf. des GSch. Entgeltl. Übernahme solcher VermStücke durch KGl. kann noch im Schlußtermin vereinbart werden. Näh. *Jaeger* Anm. 6. Über die *nachträgl.* Ermittlung (verwertb.) VermStücke s. § 166 Abs. 2.

c) zur Erhebung von *Einwendungen gegen das Schlußverzeichnis*. Bei der Schlußverteilung sind *im* Schlußtermin, also mündlich (wenn auch durch einen Vertreter), die Einwendungen geltend zu machen, die bei Abschlagsverteilungen innerhalb der Frist nach § 158 Abs. 1 bei dem KG. schriftlich zu erheben sind (s. Anm. 1 zu § 158). Über die Einwendungen entscheidet das KG. durch Beschluß. Der Beschluß wird regelmäßig im Schlußtermin verkündet, kann aber je nach den Umständen (s. § 75) auch nach der Abhaltung des Termins ergehen. Über das weitere Verf. und das Beschwerderecht s. Anm. 2 zu § 158. Zuzustellen ist auch der verkündete abweisende Beschluß, auf der GSchr. niederzulegen auch der verkündete Berichtigungsbeschluß. Wegen der Bedeutung der Nichterhebung von Einwendungen gegen das Schlußverzeichnis s. § 86 Anm. 3 c.

Konkursaufhebung. **§ 163.** (§ 151.)

I Nach der Abhaltung des Schlußtermins beschließt das Gericht die Aufhebung des Konkursverfahrens. Eine Anfechtung des Beschlusses findet nicht statt.

II Der Beschluß und der Grund der Aufhebung sind öffentlich bekannt zu machen.

III Die Vorschriften der §§ 111 Abs. 2, 112, 113 finden entsprechende Anwendung.

Begr. I 381 f., KommB. I 107 f. — Unverändert durch die Nov.

1. **Aufhebung des Verfahrens.** Die Schlußvert. hat die Aufhebung des Verf. zur notwendigen Folge. Die Aufhebung erfolgt durch Beschl. des KG. Der Beschl. kann sofort erlassen werden, auch wenn der Verw. die Schlußverteilung noch nicht vollzogen hat (s. § 167) und wenn die Einwendungen gegen das Schlußverzeichnis noch nicht rechtskräftig erledigt sind. (Bestr., s. Fitting 403, Jaeger Anm. 1; die Übung der KG. ist verschieden). Auch die Erledigung der Einwendungen gegen die Schlußrechnung (s. Anm. 3 zu § 86) wird nicht abgewartet.

2. **Die Bekanntmachung der Aufhebung** erfolgt durch mindestens einmalige Einrückung in das Amtsblatt, ferner durch auszugsweise Einrückung in den Reichsanzeiger. §§ 76, 111 Abs. 2. Die Bekanntm. in den übrigen Blättern, in denen die KE. auf Anordnung des KG. (§ 76 Abs. 2) veröffentlicht wurde, ist empfehlenswert. Begr. I 381. Besondere Zustellung entspr. § 111 Abs. 3 ist nicht vorgeschrieben. Dagegen sind die §§ 112, 113 entspr. anzuwenden (s. dort). Für Bayern Mitteilung an die Postscheckämter (JMBl. 1914, 103).

3. **Die Wirkungen der Aufhebung.** Die Aufh. wird wirksam nicht schon mit der Abfassung des Beschl. wie nach § 108, sondern nach der Regel des § 76 Abs. 1 erst mit dem Ablaufe des zweiten Tages nach der Ausgabe des Amtsblattes, das die (erste) Einrückung enthält (bestr. Wie hier z. B. Jaeger Anm. 4, Seuffert 384, Dresden LZ. 5, 161, für den gleichgelagerten § 190; a. M. z. B. Fitting 404). Die Aufh. wird gleichzeitig gegen und für alle Interessenten wirksam (Dresden a. a. O.), auch für den GSch. nicht schon mit der Abfassung des Beschl. Erst mit dem Zeitp., in dem die Wirkung der Aufh. beginnt, fallen demnach die rechtl. Beschränkungen weg, die die KE. für den GSch. und die KGl. zur Folge hatte, und endigt die Verwaltungs- und Verfügungsgewalt (§ 6 Abs. 2) des KVerw. (ohne weiteres). Der GSch. muß aber die Verwaltungs- und Verfügungshandlungen des

Verw. gegen sich gelten lassen, er ist auch an die eingegangenen Verpflichtungen gebunden. Eine vom Verw. erteilte Vollmacht wirkt über die Beendigung des K. nicht hinaus (KG. OLG. 10, 66). Zurückgabe der Bestallung s. § 81 Abs. 2. Nur ausnahmsweise dauert die Amtsführung des Verw. fort, so zum Vollz. der Schlußvert.; s. weiter Anm. 2 zu § 166, Anm. zu § 169. Wegen des Fortfalls der Verjährungsunterbrechung s. BGB. § 214 Abs. 1 (Regel), § 214 Abs. 3, § 211 (Ausn. für Fälle nach § 169). Fortführung eines anhängigen Rechtsstreits über einen Masseanspruch s. Anm. 7 zu § 57.

Nachforderungsrecht. **§ 164.** (§ 152.)

I Nach der Aufhebung des Konkursverfahrens können die nicht befriedigten Konkursgläubiger ihre Forderungen gegen den Schuldner unbeschränkt geltend machen.

II Für die Gläubiger, deren Forderungen festgestellt und nicht von dem Gemeinschuldner im Prüfungstermine ausdrücklich bestritten worden sind, findet gegen den Schuldner aus der Eintragung in die Tabelle die Zwangsvollstreckung unter entsprechender Anwendung der §§ 724—793 der Zivilprozeßordnung statt.

III Für Klagen auf Erteilung der Vollstreckungsklausel, sowie für Klagen, durch welche die die Forderung selbst betreffenden Einwendungen geltend gemacht werden, oder der bei der Erteilung der Vollstreckungsklausel als bewiesen angenommene Eintritt der Tatsache, von welcher die Vollstreckung aus der Eintragung in die Tabelle abhängt, oder die als eingetreten angenommene Rechtsnachfolge bestritten wird, ist das im § 146 Abs. 2 dieses Gesetzes bezeichnete Gericht zuständig.

Begr. I 382. — Unverändert durch die Nov.

1. Allgemeines. Nach dem Wegfall der KBeschränkungen durch Aufhebung (§ 163) oder Einstellung (§ 202, § 204; s. § 206 Abs. 2) des KVerf. können die früheren KGl., soweit sie nicht befriedigt sind, ihre Forderungen gegen den Schuldner (s. Anm. 5 zu § 1) „unbeschränkt", d. h., nach den außerh. des K. geltenden Grundsätzen mit den außerh. des K. gegebenen Mitteln geltend machen (Nachforderungsrecht). Dies gilt für die Forderung in Haupt- und Nebensache, z. B. auch für die nicht anmeldbaren Zinsen der KZeit und die auf die Verfolgung des Anspr. im K. erwachsenen Kosten (s. § 63 Nr. 1, 2). § 164 betrifft auch Gl., die sich trotz rechtl. Möglichkeit am K. nicht beteiligt haben. Das Nachforderungsrecht ist unbeschränkt; kein beneficium competentiae des Sch. Haftet allerdings der Sch. ausnahmsweise nur mit der Masse (Erbe, der das Recht der Beschränkung auf den Nachl. nicht verloren hat), so ist § 164 überhaupt nicht anwendbar. Sonderfall: Erfüllung des Zwangsvergl. s. § 194. Für MasseGl. s. Anm. 3 zu § 57.

2. **Rechtsverfolgung.** Für festgestellte (§ 144 Abs. 1) und vom GSch. im Prüfungstermin nicht ausdrücklich bestrittene Forderungen schafft der Tabelleneintrag einen Vollstreckungstitel als Grundlage der Zwangsvollstr. nach KAufh. (KEinst.). Hat der GSch. teilweise bestritten, so gilt dies für den nicht ausdrücklich bestrittenen Teil der Forderung. Festst. und Bestreiten des GSch. wird ausschließlich durch den Inhalt der Tabelle erwiesen. Berichtigung der Eintr. s. Anm. 2 zu § 145; Wiedereinsetzung § 165. Die Judikatwirkung der Eintragung tritt schon während des K. ein (Anm. 3 zu § 145; § 145 Abs. 2). Hat der GSch. aber laut Tabelle die Forderung bestritten, so entfällt ihm gegenüber die Judikatwirkung und der Gl. muß gegen den früheren GSch. entweder einen vorher erworbenen VollstrTitel anwenden oder sich einen neuen verschaffen (Leistungsklage möglich schon während des K., Anm. 2 zu § 144). Aus der Feststellung in der Tabelle im K. der off. HG. kann gegen den einzelnen Gesellschafter nicht vollstreckt werden; wohl aber hat die Feststellung auch gegen ihn Rechtskraftwirkung, wenn er nicht von seinem Bestreitungsrecht Gebrauch macht (Staub § 124 Anm. 24). Widerspruch eines Miterben hindert nicht die Feststellung gegen die anderen (Wilm.-Kurlb. vor § 214 Bem. 5; a. A. Jaeger § 214 Anm. 18).

3. **Bestand und Inhalt der Forderung.**

a) Soweit der Vollstreckungstitel (Abs. 2) reicht, ist für Bestand und Inhalt der Forderung der Tabelleneintrag maßgebend, soweit nicht Befriedigung erfolgte. Was in der Tabelle nicht eingetragen ist, kann grundsätzlich nicht nach Abs. 2 beigetrieben werden. Nötigenfalls ist, z. B. für Zinsen in der KZeit, ein neuer Titel zu schaffen. Inhaltlich steht dem Gl. auf Grund der Tabelle stets eine Geldforderung zu. Wichtig für Forderungen, die ursprünglich nicht auf Geld gerichtet waren (s. § 69); sie können nicht auf ihren ursprünglichen Gegenstand vollstreckt werden. Entsprechendes gilt für die kmäßigen Änderungen nach §§ 65, 70. Fraglich ist aber, ob der eine oder andere Teil auf die ursprüngl. Forderung zurückgehen, besonders, ob der Gl. unter Verzicht auf die Anwendung des Abs. 2 und gestützt auf Abs. 1 einen früheren Titel benützen oder sich einen neuen Titel auf den ursprünglichen Forderungsinhalt (z. B. Sachleistung) verschaffen kann, selbstverständlich unter Anrechnung oder gegen Zurückgabe der KLeistungen. Die Frage ist dahin zu entscheiden, daß die Umwandlung der Forderung endgültig ist. Jedenfalls muß sich der Gl. an den kmäßigen Schuldtitel und die durch die KFeststellung vollzogene Inhaltsänderung auf Einrede des Sch. halten (ausf. Anm. 3a zu § 69; Anm. 3 zu § 65; Anm. zu § 70).

b) Hat der Gl. keinen VollstrTitel nach Abs. 2, weil seine Forderung zwar festgestellt aber vom GSch. im Prüfungstermine bestritten wurde, so gilt wegen der Wirkung der Feststellung das gleiche wie zu a. Wurde dagegen seine Forderung nicht festgestellt, so kann er nicht gehindert werden, auf den ursprüngl. Inhalt der Fdg. zurückzugehen, denn eine Inhaltsänderung ist nicht eingetreten. Dies gilt bes. dann, wenn er die Forderung im K. überhaupt nicht geltend gemacht hat (s. oben bez. Anm. zu § 69).

4. Entsprechende Anwendung der ZPO. Die Vollstreckung erfolgt auf Grund eines mit der Vollstreckungsklausel versehenen Tabellenauszugs. Entspr. § 757 ZPO. sind aus den Akten ersichtliche Abschlagszahlungen auf dem Schuldtitel zu vermerken (Falkmann 80/81). Im NachlK. ist nicht etwa der Vorbehalt gemäß § 780 ZPO. in die Tabelle aufzunehmen, sondern die bloß kmäßige Feststellung schließt den Vorbehalt der beschränkten Haftung ohnehin in sich (Wilm.-Kurlb. § 124 Anm. 4).

5. Sonstiges. Über gegenseitige Verträge nach KBeendigung s. Anm. 8 zu § 17, desgl. über Fixgeschäfte s. Anm. 5 zu § 18; desgl. über Kündigung eines Miet- oder Pachtvertrags s. Anm. 2c, 3a zu §§ 19 bis 21.

§ 165.

Wiedereinsetzung.

Hat der Schuldner den Prüfungstermin versäumt, so ist ihm auf Antrag die Wiedereinsetzung in den vorigen Stand zu erteilen. Die Vorschriften des § 232 Abs. 2 und der §§ 233—236 der Zivilprozeßordnung finden entsprechende Anwendung. Der den Antrag auf Wiedereinsetzung enthaltende Schriftsatz ist dem Gläubiger zuzustellen, dessen Forderung nachträglich bestritten werden soll. Das Bestreiten in diesem Schriftsatze steht, wenn die Wiedereinsetzung erteilt wird, dem Bestreiten im Prüfungstermine gleich und ist in die Tabelle einzutragen.

Begr. II 44, KommB. II 33. — Eingefügt durch die Nov.

Die Vorschr. ist auf den GSch. beschränkt. Ihre Begründung ergibt sich aus dem Vollstreckungsrecht für die vom GSch. im Prüfungstermin nicht bestrittenen Forderungen (§ 164 Abs. 2, §§ 194, 206 Abs. 2). Voraussetzung ist, daß der GSch. durch ein Naturereignis oder einen andern unabwendb. Zufall an der Wahrnehmung des Prüfungst. verhindert worden ist (entspr. § 233 Abs. 1 ZPO.). Das Verschulden eines Vertreters des GSch. ist kein Wiedereinsetzungsgrund (entspr. § 232 Abs. 2 ZPO.). Der GSch., der zwar im Termin anwesend war, die Bestreitung aber aus Unachtsamkeit oder einem andern Grund unterließ, kann Wiedereins. nicht verlangen. Beginn der zweiwöchigen Frist mit dem Tag, an dem das Hindernis gehoben ist. Nach Ablauf eines Jahres seit dem Termin kann entspr. § 234 ZPO. die Wiedereinsetzung nicht mehr verlangt werden. Der Antr. ist schriftl. bei dem KG. einzureichen oder zum Prot. des GSch. zu erklären. Der Schrifts. oder das Protok. wird in Abschr. von Amts wegen dem KGl. zugestellt, dessen Forderung der GSch. nachträglich bestreitet: über den Inhalt des Antr. s. entspr. § 236 Abs. 1 ZPO. Die Entsch. des KG. kann ohne mündl. Verhandlg. erfolgen und wird dem GSch. und dem betroffenen KGl. von Amts wegen zugestellt (§ 73 Abs. 1, 2). Die Entsch. bezieht sich nur auf die Wiedereinsetzung. Die Ergänzung der Tabelle führt das KG. auch ohne besonderen Antr. herbei, wenn es die Wiedereins. bewilligt. Gegen die Wiedereins. kann sich der betroffene Gl. sofort beschweren (§ 73 Abs. 3), gegen die Abweisung des Antr. der GSch. Ein besonderer Prüfungstermin zur Nachholung des Widerspr. findet nicht statt. Auch in einem nach § 142 bestimmten späteren Prüfungstermine kann der GSch. den Widerspr. nicht nachholen; er ist auf das Verf. nach § 165 beschränkt. Gebühr § 26 Nr. 5 GKG. (Jaeger Anm. 12).

Nachtragsverteilung. **§ 166.** (§ 153.)

I **Wenn nach dem Vollzuge der Schlußverteilung Beträge, welche von der Masse zurückbehalten sind, für dieselbe frei werden, oder Beträge, welche aus der Masse gezahlt sind, zur Masse zurückfließen, so sind dieselben von dem Verwalter nach Anordnung des Konkursgerichts auf Grund des Schlußverzeichnisses zur nachträglichen Verteilung zu bringen. Die über die Verwaltung und Verteilung solcher Beträge abzulegende Rechnung unterliegt der Prüfung des Konkursgerichts.**

II **Dasselbe gilt, wenn nach der Schlußverteilung oder der Aufhebung des Verfahrens zur Konkursmasse gehörige Vermögensstücke ermittelt werden.**

Begr. I, 886. — Unverändert durch die Nov.

1. **Allgemeines.** Die Nachtragsverteilung setzt erst ein, wenn die gewöhnliche Schlußverteilung abgeschlossen ist, der nachträgl. zur Verteilung kommende Betrag also in die Schlußverteilung nicht einbezogen werden konnte. Rechtlich ist sie Fortsetzung der Schlußverteilung. Das Schlußverz. ist auch die Grundlage der Nachtragsverteilung. Wer von der Schlußverteilung rechtlich ausgeschlossen war, kann auch bei Nachtragsverteilungen nicht berücksichtigt werden. Die Anordnung der Verteilung und die Prüfung der Rechn. des Verw. steht dem KG. zu. Die KOrgane neben dem Verw. — GlAussch. und GlVers. — leben nicht wieder auf.

2. **Fälle für Nachtragsverteilungen.**

a) Zurückbehaltene Beträge (§§ 168, 169) werden namentlich frei, wenn ein Feststellungs- (Widerspruchs-) Rechtsstreit zum Nachteile des Anmelders ausgeht (s. § 168 Nr. 1) oder wenn eine aufschiebend bedingte Forderung nicht wirksam wird, weil die Bedingung nicht eintritt (s. § 168 Nr. 2). Zur Fortführung eines Feststellungs- (Widerspruchs-) Prozesses ist der Verw. regelmäßig auch nach der Aufhebung des K. ermächtigt, weil sein Obsiegen den KGl. im Wege der Nachtragsvert. neue Mittel zuführt.

b) Aus der Masse gezahlte Beträge können u. a. zurückfließen, wenn die Wirkung der Feststellung einer durch Zahlung berücksichtigten Forderung durch Einwendungen nach § 767 ZPO. (Anm. 4 zu § 145) beseitigt wird oder wenn die Wirkung einer auflösend bedingten durch

Zahlung berücksichtigten Forderung infolge Eintritts der Bed. wegfällt (s. auch Anm. zu § 66). Das Gesetz spricht ungenau von einem Zurückfließen „zur Masse".

c) Zur KMasse gehörige (§ 1) VermStücke werden erst so spät ermittelt, daß sie in die Schlußverteilung nicht mehr einbezogen werden können. In der Regel war dann dem Verw. vorher nicht bekannt, daß die Gegenstände vorhanden sind, z. B. weil sie der GSch. verheimlicht hatte. Es ist aber auch möglich, daß der Gegenstand dem Verw. vorher zwar bekannt, aber, weil z. B. im Auslande befindlich, nicht erreichbar war. Auf solche Fälle ist § 166 entspr. anzuwenden. S. weiter RGZ. 25, 10; 36, 21 f. Auch die nachträgl. Festst. einer anfechtb. Hdlg., die vermöge des § 37 zu neuen Teilungsmitteln führt, enthält eine Ermittlung nach Abs. 2.

d) Über das Verfügungsrecht des früheren GSch. bis zur Anordnung der Nachtragsvert. und die Sondervollstr. s. Anm. 5b zu § 14.

3. **Vollzug der Nachtragsverteilung.** Die Nachtragsvert. wird vom KG. von Amts wegen oder auf Antr. eines Interessenten, auch des Verw., angeordnet. Der Vollzug der Verteilung ist Aufg. des bisherigen Verw. Seine Vertretungsmacht dauert für die zu Zwecken der Nachtragsvert. erforderl. Rechtshandlungen, trotz der Beendigung des K. fort (Stuttgart LG. 5, 872). Nicht ausgeschlossen ist, daß das KG. den Verw. nach der Aufhebung des K. entläßt (von Amts wegen, (s. § 84) und zur Prüfung der Geschäftsf. des früheren Verw., zur Geltendm. von Anspr. gegen diesen u. a. einen neuen Verw. ernennt (s. § 78). Vgl. Stuttgart a. a. O. Ein neuer Verw. ist auch zu ernennen, wenn der frühere Verw. gestorben ist oder auf Antr. entlassen wird. Vgl. Anm. 4 zu §§ 83, 84.

Vollzug der Verteilungen. § 167. (§ 154.)

Der Vollzug einer jeden Verteilung erfolgt durch den Verwalter.

Begr. I 387. — Unverändert durch die Nov.

Die §§ 167—169 regeln den Vollzug der Abschlags-, Schluß- und Nachtragsverteilungen, die dem Verw. übertragen sind. Der KGl. hat ein Recht auf Auszahlung seiner Dividende in barem Gelde, muß sich aber auch die verkehrsübliche bargeldlose Zahlung gefallen lassen. Erfüllungsort ist der Ort, wo die KVerwaltung geführt wird. § 269 Abs. 1 BGB. Die Schuld ist Holschuld; der Gl. hat die Gefahr und die Kosten der Übersendung zu tragen.

Bei Streitigkeiten zwischen Verw. und Gl. kann das KG. angerufen werden (s. § 83) und hat einzuschreiten, wenn der Verw. pflichtwidrig sich verhält. Sonst entscheidet das Prozeßgericht.

Zurückbehaltung von Anteilen.

§ 168. (§ 155.)

Die Anteile

1. auf Forderungen, welche infolge eines bei der Prüfung erhobenen Widerspruchs im Prozesse befangen sind,
2. auf Forderungen, welche von einer aufschiebenden Bedingung abhängen,
3. auf Forderungen, für welche eine abgesonderte Befriedigung beansprucht und der Vorschrift des § 153 Abs. 2 genügt ist,
4. auf Forderungen unter auflösender Bedingung, sofern der Gläubiger zu einer Sicherheitsleistung verpflichtet ist und die Sicherheit nicht leistet,

werden zurückbehalten.

Begr. I 387. — Unverändert durch die Nov.

1. Allgemeines. Für Streitigkeiten gilt das gleiche wie zu § 167. Das allgem. Recht des Schuldners bei Ungewißheit über die Person des Gl. mit befreiender Wirkung zu hinterlegen (s. BGB. § 372) hat auch der KVerw.

2. Nr. 1 gilt für alle Verteilungen. Der Rechtsstreit auf den Widerspruch des GSch. allein rechtfertigt die Zurückhaltung nicht.

a) Die nicht titulierten bestrittenen Forderungen werden nur berücksichtigt, wenn bis zum Ablauf der Ausschlußfrist der nach § 152 erforderliche Nachweis dem Verwalter geführt wird. S. Anm. zu § 152.

b) Die titulierten widersprochenen Forderungen (§ 146 Abs. 6) werden ohne Rücksicht auf den Widerspruch insolange durch Auszahlung der Anteile berücksichtigt, bis der Widersprechende die Forderung rechtskräftig beseitigt. Seuffert 376. Betreibt der Widersprechende oder einer von mehreren das Verfahren, so werden die Anteile zurückbehalten. Der Widersprechende muß dem Verw. die Verfolgung des Widerspruches nachweisen; er ist hiebei an die Ausschlußfrist des § 152 nicht gebunden. Die Zurückhaltung dauert bis zur rechtskräftigen Entscheidung über den erhobenen Widerspruch. Wird dem Widerspruche stattgegeben, so bleibt die Forderung unberücksichtigt. Wird der Widerspruch zurückgewiesen, so erfolgt die Auszahlung. Der Widerspruch solcher, die ihren Widerspruch nicht „verfolgt" haben (Anm. 6d zu § 146), steht nicht entgegen.

3. Nr. 2 gilt für alle Verteilungen. §§ 67, 154, 156. S. jedoch § 154 Abs. 2 (Forderungen ohne gegenwärtigen Vermögenswert).

4. Nr. 3. Zu unterscheiden zwischen Abschlagsverteilung und der Schlußverteilung. Bei letzterer wird die Forderung des Absonderungsberechtigten nur berücksichtigt, wenn der Verzicht auf das Absonderungsrecht oder der bei der abgesonderten Befriedigung erlittene Ausfall nachgewiesen ist. §§ 153, 156 (Freiwerden der zurückbehaltenen Anteile). Anm. 2b zu § 153.

5. Nr. 4 gilt für alle Verteilungen. Der Verw. hat die Beweislast für die Verpflichtg. des Gl. § 66. U. U. Nachtragsverteilung: § 166.

Hinterlegung.

§ 169. (§ 156.)

Die Beträge, welche bei dem Vollzuge der Schlußverteilung zurückzubehalten sind, oder welche bis zu diesem Zeitpunkte nicht erhoben werden, hat der Verwalter nach Anordnung des Gerichts für Rechnung der Beteiligten zu hinterlegen.

Begr. I 387. — Unverändert durch die Nov.

Für die zunächst bei Abschlagsverteilungen zurückbehaltenen Beträge gilt § 132 Abs. 1. Sie bleiben in der Masse und etwaige Zinserträgnisse wachsen dieser, nicht den Gläubigern, zu. Seuffert 380. Jaeger Anm. 1. § 169 meint, die bei dem Vollzuge der Schlußverteilung nach § 168 Nr. 1, 2, 4 zurückbehaltenen und die bis zur Beendigung der Schlußverteilung (Nachtragsverteilung) nicht erhobenen Beträge, die aus der Schlußverteilung oder aus früheren Abschlagsverteilungen stammen. Diese Hinterlegung erfolgt „für Rechnung der Beteiligten", die sonach die Gefahr und Kosten der Hinterlegung tragen, aber auch den Zinsgenuß und sonstige Nutzungen haben.

Das KG. bestimmt die Art und Weise der Hinterlegung nach pflichtmäßigem Ermessen. Anm. 4 zu § 132 gilt entspr. Zahlbare, aber unerhobene und deshalb hinterlegte Beträge können nach Ablauf einer vom KG. frei zu bestimmenden Frist einer Nachtragsverteilung (§ 166) zugeführt werden (so mit Recht Jaeger Anm. 4; das Gesetz regelt die Frage nicht).

Beschwerdeberechtigt (§ 73 Abs. 3) gegen die gerichtliche Anordnung sind der Verw., der Bezugsberechtigte und die übrigen KGl., die wegen des etwaigen Zurückfließens der Beträge zur Masse beteiligt sind. Den Streit, ob auszuzahlen oder zurückzuhalten und deswegen zu hinterlegen ist, entscheidet das ProzeßG. (s. Anm. 1 zu § 168).

§ 170. (§ 157.)

Zahlungen auf festgestellte bevorrechtigte Forderungen kann der Verwalter mit Ermächtigung des Gerichts unabhängig von den Verteilungen leisten.

Begr. I 388. — Unverändert durch die Nov.

Kein Klagerecht auf Vorauszahlung. Billigkeitsrücksichten (namentl. Bedürftigkeit des Gl., z. B. Angestellte) und freies pflichtmäßiges Ermessen des KG. entscheiden. Selbstverständlich darf durch die Zahlung die Befriedigung besser- oder gleichberechtigter Gl. nicht gefährdet werden. Ermessen des KG. im Beschwerdeweg nachprüfbar (bestr.). Das Ges. verlangt ausdrücklich vorherige Feststellung der Forderung.

§ 171. (§ 158.)

Beträge, welche zur Sicherstellung eines bedingt zur Aufrechnung befugten Gläubigers nach Maßgabe des § 54 Abs. 3

hinterlegt worden sind, fließen für die Schlußverteilung zur Konkursmasse zurück, wenn die Möglichkeit des Eintritts der Bedingung eine so entfernte ist, daß die bedingte Forderung einen gegenwärtigen Vermögenswert nicht hat.

Begr. I 389, Begr. II 43. — Verändert durch die Nov.

Vgl. § 154 Abs. 2, § 168. U. U. Nachtragsverteilung: § 166 (Anm. 1 dort). Streitigkeiten entscheidet das KG. (§§ 161, 162 Abs. 2, § 158 Abs. 2) mit der Möglichkeit sof. Beschwerde. S. auch § 54 Anm. 3.

Ausschließung der Masseansprüche.

§ 172. (§ 159.)

Masseansprüche, welche nicht bis zu der Festsetzung des Prozentsatzes oder der Beendigung des Schlußtermins oder der Bekanntmachung einer Nachtragsverteilung zur Kenntnis des Verwalters gelangt sind, können nicht auf den Massebestand geltend gemacht werden, welcher zur Auszahlung des festgesetzten Prozentsatzes erforderlich ist oder den Gegenstand der Schlußverteilung oder der Nachtragsverteilung bildet.

Begr. I 389. — Unverändert durch die Nov.

S. Anm. 4 zu § 57. „Zur Kenntnis gelangt" ist der Masseanspr. (§§ 57 f.) dem Verw. auch dann, wenn er ohne besondere Anmeldung wissen muß, daß der Anspr. besteht, z. B. wenn er selbst das Rechtsgeschäft abgeschlossen hat (s. § 59 Nr. 1), ferner dann, wenn er den Anspr. nicht anerkennt. Bestrittene Anspr., bedingte oder betagte oder ihrer Höhe nach unbestimmte Anspr. wird der Verw. durch die Zurückbehaltung der erforderl. Beträge sichern (vgl. Jaeger Anm. 6 zu § 57), wenn nicht außer Zweifel steht, daß sie durch die Restmasse gedeckt sind. Die Ausschließung der unbekannten Massegl. von dem in Betracht kommenden Massebestande mindert den Betrag ihrer Anspr. nicht und berührt nicht die persönliche Haftung des GSch. (s. Anm. 3 zu § 57). Die berücksichtigten KGl. sind einem Bereicherungsanspr. der ausgeschlossenen Massegl. nicht ausgesetzt (Anm. 4 zu § 57). Umgekehrt haften sie bei unzulänglicher Masse den übergangenen Massegl. auf die Bereicherung. Gegen den KVerw. kann die schon erfolgte oder bevorstehende Übergehung ein zureichender Arrestgrund sein (§ 917 ZPO.).

Die Ausschließung tritt ein:

a) bei Abschlagsverteilungen mit der Mitteilung des festgesetzten Prozentsatzes an die KGl. Die Wirkung der Ausschließung beschränkt sich auf den zur Auszahlung des Prozentsatzes erforderlichen Betrag, sie erstreckt sich nicht auf die Restmasse (§§ 149 f., § 159).

b) bei der Schlußverteilung (§§ 161 f.) mit der Beendigung des Schlußtermins nach § 162 (§ 136 Abs. 4 ZPO.). Sie wirkt für die Masse, über die durch die Schlußverteilung verfügt ist, nicht aber für die Bestandteile von Nachtragsverteilungen. Eine Wiedereröffnung des Termins nach § 156 ZPO. ist unzulässig.

c) bei Nachtragsverteilungen (§ 166) mit dem Zeitpunkt der Bekanntmachung der Nachtragsverteilung (§ 76 Abs. 1). Die Ausschließung umfaßt die bei der Nachtragsverteilung auszuzahlenden oder zurückzubehaltenden Beträge. KommB. I 108, 111.

Sechster Titel.

Zwangsvergleich.

Vorbemerkung.

Der Zwangsvergleich führt, wenn er rechtskräftig bestätigt wird, zur Aufhebung des KVerf. und damit zur Beendigung des Konkurses. Seine Besonderheit besteht darin, daß die KAufhebung durch die Minderung der Gläubigerrechte erkauft wird und daß diese Regelung von einer bestimmten Mehrzahl von KGläubigern der Minderheit aufgezwungen werden kann. Zwangserlaß eines Teiles der Forderungen nicht Begriffsmerkmal, aber Hauptfall des Zwangsvergl. Begrifflich ist auch Vollzahlung mit Stundung nicht ausgeschlossen. Im Genossenschaftskonkursverf. ist der Zwangsvergleich unzulässig (§ 116 Abs. 1 GenG.). S. auch § 6 EG.KO. (registr. bayer. Gesellschaften).

Das Verfahren zerfällt in die richterl. Prüfung, ob der Zwangsvergleichsvorschlag zulässig oder zurückzuweisen ist (§§ 174 bis 176), in das eigentl. Zwangsvergleichsverfahren (§§ 177 bis 183), in das Bestätigungsverfahren (§§ 184 bis 189), in die Aufhebung des KVerf. samt den vorangehenden Handlungen des KVerw. (§§ 190, 191). Zurückweisung ist gerichtliche Ablehnung der Eröffnung des Zwangsvergleichsverfahrens. Sie tritt ein

a) wenn der Zwangsvergleich unzulässig ist (§ 175),

b) wenn der Vorschlag nicht den gesetzlich erforderlichen Inhalt hat (§ 174).

Der Vorschlag kann zurückgewiesen werden aus den Gründen des § 176. Kein Zurückweisungsgrund ist die ablehnende Haltung des Gl.-Aussch. (§ 177). Verwerfung ist gerichtliche Ablehnung der Bestätigung des zwecks Zwangsvergleichs geschlossenen Vertrags (§§ 186, 187, 188).

Über Vorschläge zur Erzielung eines Zwangsvergl. außerh. und zur Abwendung des K., Zwangsmoratorium usw. vgl. LZ. 1, 107, 132, 584; LZ. 2, 270; BuschsZ. 48, 139; s. auch §§ 11 f. SchuldverschrG. vom 4. Dez. 1899, § 69 BAG. vom 12. Mai 1901 u. hier § 173 Anm. 4.

Die Einstellung des KVerfahrens wegen Zustimmung aller KGläubiger (§ 202) ist kein Zwangsvergleich und hat nicht dessen rechtliche Wirkungen (§ 193).

Allgemeines.

§ 173. (§ 160.)

Sobald der allgemeine Prüfungstermin abgehalten und solange nicht die Vornahme der Schlußverteilung genehmigt worden ist, kann auf den Vorschlag des Gemeinschuldners zwischen diesem und den nicht bevorrechtigten Konkursgläubigern ein Zwangsvergleich geschlossen werden.

Begr. I 408. — Unverändert durch die Nov.

1. **Die rechtliche Natur des Zwangsvergleiches.** Der Zwangsvergleich ist ein Vertrag des GSch. mit den nicht bevorrechtigten KGl. über Umfang und Art ihrer Befriedigung außerhalb der regelmäßigen Verwertung der Masse und Verteilung des KErlöses durch den KVerw. Der Vertrag muß unter bestimmten gesetzlichen Voraussetzungen zustande kommen und vom KG. bestätigt sein. Kraft positiven Rechtssatzes bindet der Wille einer bestimmten Mehrheit den nichterklärten oder widerstrebenden Willen der Minderheit, so daß der Mangel der Zustimmung oder der Widerspruch unbeachtet bleibt. Seinem Wesen nach ist der Zwangsvergleich, abgesehen von der letztgenannten positivrechtlichen Besonderheit, ein Vergleich des bürgerlichen Rechtes (§ 779 BGB.), der in einem Prozeßverfahren zustande kommt (herrsch. M. gegen die sog. Urteilstheorie, die sich mit dem klaren Wortlaut und Sinn des Gesetzes nicht vereinbaren läßt). Eine weitere Theorie „Die Lehre von den vier einseitigen Willenserklärungen" stellt neuerdings auf Grabner (BuschsZ. 48, 198). Als bürgerlich-rechtlicher Vertrag steht der Zwangsvergleich unter den allgemeinen Regeln für zweiseitige Rechtsgeschäfte (Geschäftsfähigkeit der Beteiligten; gesetzl. und gewillkürte Vertretung; Antrag und Annahme usw.), soweit sich nicht aus den besonderen Vorschriften der KO. und den anwendbaren Vorschriften der ZPO. etwas anderes ergibt. Demnach bedarf z. B. der Vormund der Genehmigung des Vormundschaftsgerichtes (§ 1822 Nr. 12 BGB.), wenn er dem Zwangsvergleich zustimmt und der Forderungserlaß mehr als 300 ℳ beträgt. (Die Sache liegt wie bei einem Prozeßvergleich). Es ist aber zu beachten, daß die Abstimmungen und Anträge der Gläubiger im Vergleichstermin die Natur von Prozeßhandlungen haben und daß auf die Vertretung der Gläubiger im Termin die §§ 79 f. ZPO. anwendbar sind (RG. LZ. 5, 557).

2. **Die Vertragsparteien.** Den Zwangsvergleich schließen auf der einen Seite der GSch., der sich durch einen „Vorschlag" aktiv beteiligen muß (ges. Vertretung oder Bevollmächtigung eines Dritten nach allgemeinen Grundsätzen), auf der andern Seite die nichtbevorrechtigten (§ 61 Nr. 6) KGl. Der KVerw. ist nicht Vertragspartei; auch nicht die Aussonderungsberechtigten, die Absonderungsberechtigten als solche (s. § 64), die Massegläubiger, die bevorrechtigten (§ 61 Nr. 1 mit 5) KGl. Am Vertrag beteiligt sind auch die nichtbevorrechtigten KGl., die ihre Forderungen nicht angemeldet haben. Die Masseansprüche und die bevorrechtigten Forderungen werden ohne Rücksicht auf den Zwangsvergleich vor der KAufhebung aus der Masse befriedigt oder sichergestellt (§ 191). Wenn sie sich am Vergleich beteiligen, so hat das zu erfolgen

nach den Vorschriften des Bürgerlichen Rechts; sie werden nicht gemäß § 193 durch die teilnehmenden KGl. vertreten (Naumburg OLG. 11, 364). Der Vergleichsbürge ist am Zwangsvergleichsverfahren als solchem nicht beteiligt, seine Verpflichtung kann aber nach dem bürgerlichen Rechte in dem Vorschlag des GSch., den er mitunterzeichnet, oder im Protokoll über den Vergleichstermin begründet sein.

3. Die Stellung des KG. Das Gericht hat die Aufsicht über die Einhaltung der vom Gesetz vorgeschriebenen materiellrechtlichen Voraussetzungen und der Regeln des Verfahrens. Seine Tätigkeit dient dem Schutze der Gläubigerminderheit, aber auch der Gläubigergesamtheit (s. § 188 Abs. 1 Nr. 2), und dem Schutze des öffentlichen Interesses, das aus Gründen der Rechts- und Kreditsicherheit leichtfertigen Zwangsvergleichen selbst dann entgegentritt, wenn die KGl. im einzelnen Falle dem Zwangsvergleich zustimmen; Ausbau des Grundsatzes des § 99. Dem Ermessen des Gerichts sind teils engere teils weitere Schranken gezogen (vgl. § 187). Ohne Bestätigung durch das KG. liegt kein Zwangsvergleich im Sinne der §§ 173 ff. vor, auch wenn sämtliche KGl. zugestimmt haben. Die Bestätigung steht demnach der sonstigen behördlichen Genehmigung eines ohne diese unwirksamen Rechtsgeschäfts nahe. Die rechtskräftige Bestätigung (s. § 189) deckt etwaige materiell- oder formalrechtliche Mängel des vorausgegangenen Verfahrens, führt zur unanfechtbaren Aufhebung des KVerf. (§ 190) und hat tiefgreifende materiellrechtliche Folgen (§ 193), u. U. ist Wiederaufnahme des KVerf. möglich (§ 198).

4. Einen Zwangsvergleich zur Abwendung des drohenden K. (z. B. Zwangsmoratorium) kennt die KO. nicht. Siehe aber §§ 11 f. SchuldverschrG. v. 4. Dez. 1899, § 69 VAG. v. 12. Mai 1901, und hinsichtlich eines unter Geschäftsaufsicht stehenden Schuldners s. §§ 33—65 GeschA. VO. Der außergerichtliche KAbwendungsvertrag ist eine Summe von (meist gleichartigen) Einzelverträgen; den Vertr. schließt der Schuldner oder ein Dritter mit jedem einzelnen Gläubiger. Regelmäßig ist ausdrückliche oder stillschweigende Bedingung, daß alle anderen Gläubiger gleichartige Erlasse oder Stundungsverträge schließen. U. U. Anfechtung wegen Irrtums oder arglistiger Täuschung nach dem BGB. Eingehend Dresden LZ. 1, 151. Trotz des Teilerlasses soll wie beim Zwangsvergleich eine klaglose Verbindlichkeit in Höhe des Erlasses bleiben, welche die Rückforderung auch irrtümlich hierauf betätigter Leistungen ausschließt und darnach über § 814 BGB. hinausgeht (vgl. auch Jaeger Anm. 9 zu § 181; Anm. 5 zu § 193). S. wegen des Einflusses eines außergerichtlichen Abfindungsvergleichs auf Ansprüche gegen Bürgen RG. SeuffArch. 69, 95. Nach RGZ. 92, 121 haftet der Bürge nur mehr für den nicht erlassenen Teil der Hauptschuld, sofern nicht etwas anderes vereinbart wurde gegen Jaeger § 193 Anm. 5 und LZ. 1916, 526 und 796. S. auch die Vorbem. vor § 173.

Inhalt des Vorschlags. **§ 174.** (§ 161.)

Der Vergleichsvorschlag muß angeben, in welcher Weise die Befriedigung der Gläubiger erfolgen, sowie ob und in welcher Art eine Sicherstellung derselben bewirkt werden soll.

Begr. I 406. — Unverändert durch die Nov.

1. **Allgemeines.** Der Zwangsvergleich ist ein gerichtl. bestätigter Vertrag, der Vergleichsvorschlag der Antrag des GSch. auf Schließung des Vertrags (s. § 145 BGB.), für den aber durch Gesetz (arg. § 176) die Gebundenheit des GSch. an den Antrag vor dessen Annahme durch die GlVersammlung (nicht die gerichtl. Bestätigung ist maßgebend) ausgeschlossen ist. Der Vorschlag kann rechtlich wirksam vom GSch. (nicht vom KVerw.) bis zur Annahme zurückgezogen werden. Neuer Vorschlag nicht unzulässig, er verfällt aber u. U. der Zurückweisung (§ 176). Die Annahme und das Zustandekommen des Zwangsvergleichs wird regelmäßig nicht dadurch ausgeschlossen, daß der GSch. vor der Annahme stirbt oder geschäftsunfähig wird (s. § 153 BGB.); jeder einzelne Erbe kann aber bis zur Annahme widerrufen. Teilw. abw. z. B. Jaeger Anm. 23, 24 zu § 173 von dem dort (gegen hier Anm. 2 zu § 179) vertretenen Standp., daß der Vergleichsantrag eine Prozeßhandlung im Vergleichstermin ist, der vorausgehende Vorschlag nur eine Ankündigung des Terminantrags. Die Änderung des Vorschlags ist materiellrechtlich Zurücknahme und Stellung eines neuen Antrags. Auch sie ist zulässig bis zur Annahme, führt aber, soweit geboten, zur Erneuerung des Verfahrens.

2. **Wesentlicher Inhalt des Vorschlags.** Der Vorschlag hat genau gefaßte Angaben über Art und Zeit der Befriedigung der nicht bevorrecht. KGl. zu enthalten, wobei zu beachten ist, daß nicht auf Geld gerichtete Forderungen durch den Zwangsvergleich auch ohne KFeststellung in Geldforderungen verwandelt werden (Anm. 3 zu § 69). Die Vorschrift wird ergänzt durch § 181 (Gleichbehandlung aller nicht bevorrecht. KGl.). Eine Beschränkung des Vorschlags auf die Befriedigung der angemeldeten Forderungen würde z. B. dagegen verstoßen. Befriedigung kann auch ohne persönliche Haftung des GSch., ausschließlich aus Mitteln eines Dritten (s. § 414 BGB.) angeboten werden (a. Ans. gegen die herrsch. M. Jaeger Anm. 5).

3. **Sicherstellung** der Befriedigung kein gesetzliches Gebot, aber im Vergleichsvorschlag zu erörtern. Sicherstellung im wirtschaftl. Sinne gemeint (Verpfändung; Bürgschaft; Beaufsichtigung des Schuldners im Geschäftsbetrieb; Abtretung von Vermögensstücken an einen Vertrauensmann der Gläubiger zur Verwertung und Verteilung usw.). Sicherstellung sonach nicht notwendig Sicherheitsleistung nach §§ 232 f. BGB. Ist zur Gültigkeit der Heranziehung eines Dritten eine Form vorgeschrieben (z. B. § 766 BGB. schriftl. Erteilung der Bürgschaftserklärung), so wird der GSch. die Erfüllung der Vorschrift zweckmäßig schon bei der Einreichung seines Vorschlags nachweisen; rechtlich notwendig ist dies nicht. Nachprüfung und Ergänzung noch im Bestätigungsverf. möglich (vgl. § 186 Nr. 1). Eine Bürgschaftsübernahme kann im Vergleichstermin mündlich zu Protokoll erklärt werden. Durch die Beurkundung ist die Schriftform erfüllt. RG. LZ. 1, 283.

4. **Stellung des KG.** Entspricht der Vorschlag nicht dem § 174, so weist ihn das KG. von Amts wegen a limine zurück. Sof. Beschwerde

des GSch. § 73 Abs. 3. Die Zurückweisung steht einem neuen Vorschlag nicht entgegen.

Unzulässigkeitsgründe. **§ 175.** (§ 162.)

Ein Zwangsvergleich ist unzulässig:

1. **so lange der Gemeinschuldner flüchtig ist oder die Ableistung des Offenbarungseides verweigert;**
2. **so lange gegen den Gemeinschuldner wegen betrüglichen Bankerutts eine gerichtliche Untersuchung oder ein wiederaufgenommenes Verfahren anhängig ist;**
3. **wenn der Gemeinschuldner wegen betrüglichen Bankerutts rechtskräftig verurteilt worden ist.**

Begr. I 408, KommB. II 34, KommB. II Beil. 119. — Geändert durch die Nov.

1. Nr. 1. Auch der GSch. (oder im SonderK. die Person, der die Rolle des GSch. zukommt) ist „flüchtig", dessen Aufenthalt zwar bekannt ist, der sich aber von seinem Wohnort ohne Erlaubnis des KG. entfernt hat (§ 101 Abs. 1). Offenbarungseid im K. s. § 125. Die Regelung des Aufenthalts mit Einverständnis des KG. und die Bereitwilligkeit zur Eidesleistung beseitigt die Unzulässigkeit. Anwendung des § 175 im K. jurist. Personen s. Jaeger Anm. 3, 7.

2. Nr. 2 und 3. Betrüglicher Bankerott s. § 239. Gerichtliche Untersuchung beginnt mit der Eröffnung der gerichtlichen Voruntersuchung. Staatsanwaltschaftliches Ermittlungsverfahren an sich kein Hinderungsgrund (z. B. wenn die Leichtfertigkeit der Strafanzeige klar liegt). Untersuchung und Verurteilung im ursächlichen Zusammenhang mit dem laufenden K. gemeint; Verurteilung aus Anlaß eines anderen K. kein Unzulässigkeitsgrund. Begnadigung beseitigt nicht die entscheidende Tatsache der rechtskräftigen Verurteilung. Späterer Eintritt des Tatbestands s. § 186 Nr. 2. S. ferner §§ 197 f. (Aufhebung des Zwangserlasses; Wiederaufnahme des K.). Einfacher Bankerott (§ 240) ist kein Grund zur Unzulässigkeit des Vorschlags und des Vergleichs, führt aber u. U. zur gerichtl. Verwerfung des abgeschlossenen Vergleichs (s. § 187).

3. Stellung des KG. Die Unzulässigkeit des Zwangsvergl. ist in jedem Stande des Verf. von Amts wegen zu beachten.

Weitere Zurückweisungsgründe. **§ 176.** (§ 163.)

Auf Antrag des Verwalters und, wenn ein Gläubigerausschuß bestellt ist, des letzteren kann das Gericht den Vergleichsvorschlag zurückweisen, wenn bereits in dem Konkursverfahren ein Vergleichsvorschlag von den Gläubigern abgelehnt oder von dem Gerichte verworfen oder von dem Gemeinschuldner

nach der öffentlichen Bekanntmachung des Vergleichstermins zurückgezogen worden ist.

Begr. I 410. — Unverändert durch die Nov

a) Die rechtskräftige gerichtl. Vergleichsverwerfung (§§ 186 f.) steht der Wiederholung des Vergleichsvorschlags dann entgegen, wenn der Grund, der zur Verwerfung geführt hat, unverändert fortbesteht. Das KG. ist dann an die Entscheidung gebunden; es erklärt den Vergleichsvorschlag ohne weiteres für unzulässig (in der Form der Zurückweisung); das KVerf. läuft ungehindert weiter. Sof. Beschwerde des GSch.: § 73.

b) Im Ermessen des KG. liegt die Zurückweisung des neuen Vorschlags, wenn es sich nicht um ungeänderte Wiederholung des verworfenen Vergleichs sondern um einen inhaltlich verschiedenen Vorschlag oder um den gleichen Vorschlag auf geänderter Grundlage handelt. Das gleiche Ermessen des KG. greift Platz

1. wenn in dem laufenden KVerf. ein Vergleichsvorschlag, gleichviel ob mit dem nämlichen oder mit einem andern Inhalt, in der hiefür vorgesehenen Versammlung der nicht bevorrechtigten Gl. abgelehnt worden ist (s. § 182),

oder 2. wenn der GSch. einen früheren Vorschlag, gleichviel ob mit dem nämlichen oder mit einem andern Inhalt, nach der öffentl. Bekanntmachung des VerhTermins (§§ 179, 76) aus irgendwelchen Gründen zurückgezogen hat.

Das G. soll Verschleppungsabsichten des GSch. entgegentreten, ferner aussichtslose Anträge abschneiden können. Voraussetzung der Zurückweisung ist aber ein Antrag des Verw. (zusammen mit dem GlAussch., wenn ein solcher bestellt ist). Keine Entscheidung des KG. von Amts wegen, aber u. U. Anregung der erforderlichen Anträge in Ausübung des richterlichen Aufsichtsrechtes. Bei Antragsablehnung hat der KVerw. die sofortige Beschwerde, bei Zurückweisung des Vorschlags der GSch. (§ 73).

Mitwirkung des Gläubigerausschusses.

§ 177. (§ 164.)

I Wird der Vergleichsvorschlag nicht zurückgewiesen, so hat der Gläubigerausschuß sich über die Annehmbarkeit des Vorschlags zu erklären.

II Erklärt der Gläubigerausschuß den Vorschlag nicht für annehmbar, so ist ein Widerspruch des Gemeinschuldners gegen die Verwertung der Masse nicht zu berücksichtigen.

Begr. I 410. — Unverändert durch die Nov.

Kommt das KG. nicht dazu, die Eröffnung des Zwangsvergleichsverf. abzulehnen = den Vorschlag zurückzuweisen, so legt es dem Gl.-Aussch., falls ein solcher besteht (§ 87), den Vorschlag zur Prüfung vor. Die Äußerung des Aussch. ist nur gutachtlich (s. §§ 178, 179). Verantwortung für gewissenhafte Prüfung § 89. Die ablehnende Haltung des Aussch. hält das weitere Verfahren nicht auf, führt insbesondere nicht zur nachträgl. „Zurückweisung" des Vorschlags durch das KG., entwertet aber den Einspruch des GSch. gegen Veräußerungshandlungen des KVerw., der vom GSch. mit dem Hinweis auf das Zwangsvergleichsverf. begründet wird. S. § 130 Abs. 2, § 133 Nr. 1, § 135.

Die Anhörung des GlAussch. in dem Sinne, daß ihm **Gelegenheit** gegeben wird sich zu äußern (das KG. hat kein Zwangsmittel die Äußerung herbeizuführen), ist wesentl. Verfahrensvorschrift. Die Anhörung des KVerw. ist üblich aber nicht vorgeschrieben.

Niederlegung.

§ 178. (§ 165.)

Der Vorschlag und die Erklärung des Gläubigerausschusses sind auf der Gerichtsschreiberei zur Einsicht der Beteiligten niederzulegen.

Begr. I 366. — Unverändert durch die Nov.

Vgl. § 124. Beteiligt sind zunächst die nichtbevorrechtigten KGl. als Vertragsgegner des GSch. (§ 173), dann aber auch die Personen, deren Interessen durch den Zwangsvergl. mittelbar berührt werden (s. entspr. Anm. 3 zu § 124; auch wegen der Erteilung von Abschriften und wegen des Beschwerdeweges). Die nichtbevorrechtigten KGl., welche Forderungen angemeldet haben, erhalten noch besondere Mitteilung (§ 179 Abs. 1). Bekanntmachung: § 179 Abs. 2.

Vorbereitung des Termins.

§ 179. (§ 166.)

I Der Vergleichstermin soll nicht über einen Monat hinaus anberaumt werden. Der Termin ist öffentlich bekannt zu machen. Zu demselben sind der Gemeinschuldner, der Verwalter, sowie unter Mitteilung des Vergleichsvorschlags und des Ergebnisses der Erklärung des Gläubigerausschusses die nicht bevorrechtigten Konkursgläubiger, welche Forderungen angemeldet haben, besonders zu laden.

II In der Bekanntmachung ist zu bemerken, daß der Vergleichsvorschlag und die Erklärung des Gläubigerausschusses auf der Gerichtsschreiberei des Konkursgerichts zur Einsicht der Beteiligten niedergelegt seien.

Begr. I 366; Begr. II 44. — Geändert durch die Nov.

1. **Bekanntmachung und Ladung.** S. §§ 76, 77 Abs. 1. „Besondere Ladung" Ordnungsvorschrift, deren Nichtbeachtung durch die öff. Bekanntmachung gedeckt wird: § 76 Abs. 3. Dies gilt auch für die „Mitteilung" als den näher vorgeschriebenen Inhalt der Ladung. Zu Abs. 2 s. § 178. Abs. 1 S. 1 enthält keine Prozeßfrist sondern nur eine Richtlinie für das Ermessen des KG. bei der Terminfestsetzung.

2. **Anwesenheit im Vergleichstermin.** Im Termin findet unter Leitung des KG. eine GlVersammlung statt (§ 94), deren Besonderheit darin besteht, daß nur die nichtbevorrechtigten KGl. stimmberechtigt sind. Der GSch. hat Zutritt und wird besonders geladen (Abs. 1 S. 2); seine oder seines Vertreters Anwesenheit im Termin ist aber keine wesentliche Voraussetzung des Zwangsvergleichs. Das Gesetz schreibt keineswegs „gleichzeitige Anwesenheit beider Teile" (so z. B. §§ 925, 1317 BGB.) vor. Der im Zwangsvergleich liegende Vertrag kommt auch durch Annahme des schriftlichen Angebots (des Vorschlags) des GSch. zustande. Daß zur Vereinfachung des Verfahrens durch Ordnungsvorschrift die Ladung des GSch. als Vertragspartei angeordnet ist, ändert daran nichts (bestr., a. M. Jaeger Anm. 2; Dresden OLG. 10, 216). Auch die Ladung des KVerw. ist vorgeschrieben, ohne daß dessen Anwesenheit für den Vertragsabschluß rechtlich bedeutsam ist. Die Übernahme einer Bürgschaft usw. (s. 194) braucht ebenfalls nicht mündlich im Termin erklärt zu werden (a. M. Dresden a. a. O.). Dagegen können die Gl. nur im Termin abstimmen; Erklärungen nicht erschienener und nicht vertretener Gl. werden nicht beachtet (§§ 94, 182).

3. **Verfahren.** Der Verhandlung über den Vergleichsvorschlag muß die Feststellung der Stimmrechte vorausgehen (§§ 95, 96) und zu diesem Zwecke die Prüfung der angemeldeten Forderungen. S. § 173. Zeitliche Verbindung des Vergleichstermins mit dem allgem. Prüfungstermin, wobei zunächst die Prüfung erfolgt, s. § 180. Dann begründet gewöhnlich der GSch. oder sein Vertreter den Zwangsvergleichsvorschlag. Hierauf äußert sich der Verw. und der etwaige GlAussch. gutachtlich über den Vorschlag und die KLage. Die Stellung des KRichters ist die gleiche wie in sonstigen GlVers. Mit absoluter Mehrheit (§ 94) kann die Gl.-Vers. Vertagung der Abstimmung beschließen. Die Art der Abstimmung bestimmt das KG. Wiederaufnahme eines abgelehnten Vorschlags rechtlich nicht ausgeschlossen. Protokoll s. Anm. 2 zu § 73. Unterzeichnung durch die Beteiligten nicht erforderlich. Das Protokoll ist die Grundlage der Zwangsvollstr., s. § 194, das KG. muß deshalb auf möglichst klare Beurkundung des Vertragswillens einschl. etwaiger Bürgenverpflichtungen u. a. bedacht sein.

Verbindung der Termine. § 180. (§ 167.)

Auf Antrag des Gemeinschuldners und, wenn ein Gläubigerausschuß bestellt ist, des letzteren kann das Gericht den Vergleichstermin mit dem allgemeinen Prüfungstermine verbinden.

Begr. I 366. — Unverändert durch die Nov.

Terminverbindung zur Beschleunigung des Verfahrens. Wie aus § 110 Abs. 2 mit § 180 hervorgeht, können verbunden werden der Termin zur Beschlußfassung über die Wahl eines andern Verwalters und über die Bestellung eines GlAussch., der allgemeine Prüfungstermin (§ 141) und der Vergleichstermin (§ 179). Die Verbindung kann auch nachträglich erfolgen. Sie erfordert, soweit § 180 in Frage kommt, stets einen Antrag des GSch. (nicht von Amts wegen, nicht auf Antr. des KVerw.) und zugleich einen Antrag des GlAussch., falls ein solcher bestellt ist (§ 87) und liegt im Ermessen des KG. Sofortige Beschwerde des GSch. (§ 73 Abs. 3), nicht des GlAussch. (Anm. 1 zu § 87).

Verbot der Begünstigung. § 181. (§ 168.)

Der Vergleich muß allen nicht bevorrechtigten Konkursgläubigern gleiche Rechte gewähren. Eine ungleiche Bestimmung der Rechte ist nur mit ausdrücklicher Einwilligung der zurückgesetzten Gläubiger zulässig. Jedes andere Abkommen des Gemeinschuldners oder anderer Personen mit einzelnen Gläubigern, durch welches diese bevorzugt werden sollen, ist nichtig.

Begr. I 406. — Unverändert durch die Nov.

1. Allgemeines. § 181 enthält zwingendes Recht. Da der Zwangsvergl. weitgehende Eingriffe in die Verfügungsfreiheit des einzelnen Gläubigers enthält, muß er in lauterer Weise zustande kommen. Oberster Grundsatz ist die Gleichbehandlung der Gl., die auch bei der Durchführung des K. Anspruch auf gleichmäßige Befriedigung aus der Masse haben. Gleiches Maß in Befriedigung und Deckung für alle; ungleiches Maß nur, wenn jeder hiedurch Betroffene ausdrücklich zustimmt. Jede nicht durch die Zustimmung der Betroffenen geheilte Begünstigung einzelner ist als dem Zwecke des Gesetzes widersprechend absolut nichtig (s. § 134 BGB.).

2. Gleichbehandlung aller nichtbevorrechtigten KGl. Durch § 181 wird geschützt und betroffen, wer durch § 193 getroffen wird, also auch der nichtbevorrechtigte Gl., der am KVerf. oder an der Abstimmung nach § 182 nicht teilnimmt oder gegen den Vergleich stimmt; auch der Gl., der ohne Verzicht auf seine Forderung auf Befriedigung aus den für die Erfüllung des Zwangsvergl. bestimmten Mitteln verzichtet. Die Gleichbehandlung wird verletzt nicht nur durch Bestimmungen des Vergleichs selbst, welcher dem einen Teil oder einzelnen bessere Rechte (z. B. höhere Quote — auch in der Form des Wechselakzepts, RGZ. 72, 46 —, günstigere Zahlungsfristen, bessere Sicherheit) in Aussicht stellt, sondern vor allem durch Nebenabreden des GSch. oder eines Dritten, auch eines KGl., mit einzelnen nichtbevorrechtigten KGl., Stimmenkauf (s. § 243), Berücksichtigung der schlechten wirtschaftlichen Verhältnisse des Begünstigten usw. Ob der Bevorzugung des einzelnen eine Gegenleistung entspricht, ist belanglos (RG. LZ. 1, 344). Das Gesetz verlangt dabei keine aktive Beteiligung des GSch. Die Bevorzugung kann ohne Wissen des GSch. von einem Dritten ausgehen. Aber die Willensrichtung der Handelnden, auch des KGläubigers, muß („bevorzugt werden sollen") auf eine Bevorzugung gerichtet sein (herrsch. Ans., s. RG. LZ. 2, 943), die übrigens mit unlauterer Absicht nicht identisch ist. Die Begünstigung kann auf unlauterer Absicht beruhen (vgl. § 188 Abs. 1 Nr. 1), der Beweggrund kann aber auch einwandfrei sein, z. B. Mitleid mit einem wirtschaftlich schwachen Gläubiger. Nicht unzulässig ist die Sonderbehandlung einzelner Gläubiger in der Weise, daß sie als Gläubiger ausscheiden und damit für den Vergleich nicht mehr in Frage kommen, z. B. der Aufkauf der Forderung eines widerstrebenden Gläubigers, denn auch während des K. ist eine Veränderung in der Gläubigereigenschaft, insbesondere ein Wechsel in der Person des Gl. nicht ausgeschlossen.

3. Einwilligung der Zurückgesetzten ist hier nicht bloß vorherige Zustimmung (vgl. § 183 BGB.) sondern auch nachfolgende Genehmigung. S. Anm. 2 zu § 186. Sie muß ausdrücklich erfolgen. Das ist aber nicht nur der Fall, wenn der Gl. um die von ihm erteilte Einwilligung besonders angegangen wurde sondern z. B. auch, wenn er den Vergleichsbedingungen, in denen die Begünstigung aufgeführt wird, im Bewußtsein der Bevorzugung anderer im Vergleichstermin zustimmt. Anderseits braucht die Einwilligung nicht im Vergleichstermin selbst erklärt zu werden, sie kann auch anderweitig, z. B. durch Vorlage einwandfreier schriftlicher Erklärungen nachgewiesen sein (s. Begr. und herrschende Lehre; a. M. Jaeger Anm. 3). Zu beachten, daß nur die Einwilligung der Zurückgesetzten erforderlich ist. Wird der Gl., was unbekannten nicht angemeldeten Forderungen gegenüber von Bedeutung ist, bevorzugt behandelt, wird z. B. vorgeschlagen, daß alle Gläubiger bis zu einer bestimmten Forderungsgrenze 50 v. H., über dieser Grenze 40 v. H. erhalten, so kann sich ein Gläubiger, der 50 v. H. erhält, also meistbegünstigt ist, auf § 181 nicht berufen.

4. Gerichtliche Prüfungspflicht. Die Verletzung des § 181 hat das KG., auf sof. Beschwerde das Beschwerdegericht als Verstoß gegen die Vorschriften über den Vergleichsabschluß von Amts wegen zu beachten (§ 186 Nr. 1). Sie führt, nötigenfalls nach Ermittlungen (§ 75), zur Verwerfung des Vergleichs. Der Vergleich muß verworfen werden, auch wenn er auf der Begünstigung einzelner nicht beruht, denn der § 181 verlangt nicht, daß das Sonderabkommen den Vergleich zustande gebracht oder auch nur sein Zustandekommen gefördert hat (anders § 188). Es ist deshalb unerheblich, wie sich die Bevorzugten im Abstimmungstermin verhalten haben. Neben der Amtspflicht des Gerichts besteht das Antragsrecht jedes nichtbevorrechtigten KGl. auf Verwerfung des Vergleichs, der durch Begünstigung zustande gekommen ist (§ 188 Abs. 1 Nr. 1). Die rechtskräftige Bestätigung des Vergleichs deckt aber die nicht beachtete Verletzung des § 181 und es bleibt nur die Möglichkeit der Anfechtung des Zwangserlasses nach § 196 übrig, falls der Zwangsvergleich durch Betrug = arglistige Täuschung zustande gebracht ist.

5. Nichtigkeit der Begünstigung. Wird der Vergleich, obwohl er gegen das gesetzliche Verbot eine ungleichmäßige Behandlung der in Betracht kommenden Gl. vorsieht, gerichtlich bestätigt, so ist die Ungesetzlichkeit gedeckt (s. Anm. 4); der Vergleich ist dann wirksam (§ 193) und vollziehbar (§ 194), auch soweit z. B. einem Gl. über die allgemeine Quote hinaus Befriedigung in Aussicht gestellt ist. Ein Abkommen außerhalb des Vergleichs (S. 3) wird durch die Vergleichsbestätigung nicht erfaßt und das Abkommen (nicht der Zwangsvergl., Jaeger Anm. 7) ist absolut nichtig, wenn es nach der Willensrichtung der Handelnden (Anm. 2) die Bevorzugung einzelner Gl. bezweckt, die nicht von allen zurückgesetzten Gl. ausdrücklich gebilligt ist. Durch die

Annahme der Leistung verstößt der Empfänger gegen ein gesetzliches Verbot; die Rückforderung des zur Erfüllung der nichtigen Verbindlichkeit Geleisteten ist aber durch § 817 S. 2 BGB. ausgeschlossen (vgl. RGZ. 72, 46; LZ. 4, 784). Über unschädliche Bevorzugung einzelner nach der Vergleichsbestätigung s. Anm. zu § 195.

Annahme des Vergleiches. § 182. (§ 169.)

I Zur Annahme des Vergleiches ist erforderlich, daß

1. die Mehrzahl der in dem Termine anwesenden stimmberechtigten Gläubiger dem Vergleiche ausdrücklich zustimmt, und

2. die Gesamtsumme der Forderungen der zustimmenden Gläubiger wenigstens drei Vierteile der Gesamtsumme aller zum Stimmen berechtigenden Forderungen beträgt.

II Wird nur eine der Mehrheiten erreicht, so kann der Gemeinschuldner bis zum Schlusse des Termins die einmalige Wiederholung der Abstimmung in einem neuen Termine verlangen. Das Gericht hat denselben zu bestimmen und im Termine zu verkünden.

Begr. I 414. — Unverändert durch die Nov.

1. Allgemeines.

a) Stimmberechtigt sind die nichtbevorrechtigten KGl. (s. § 173) und nur diese. Sollte ein nichtbevorrechtigter KGl. als Vergleichsbürge beteiligt sein, so verliert er deshalb sein Stimmrecht nicht. Maßgebend ist die Gläubigereigenschaft zur Zeit der Abstimmung (wichtig bei Gläubigerwechsel während des K.). Zur Teilnahme an der Abstimmung berechtigen nach der Regel des § 95 Abs. 1 Satz 1 zunächst die festgestellten (§ 144 Abs. 1) Forderungen. Das Stimmrecht für streitig gebliebene oder nicht geprüfte Forderungen, ferner für Forderungen, für welche abgesonderte Befriedigung beansprucht wird, dann für Forderungen unter aufschiebender Bedingung bemißt sich nach den allgemeinen Vorschriften der §§ 95, 96. Sie sind also nicht grundsätzlich ausgeschlossen und das Stimmrecht, das sie begründen, gilt auch für die Abstimmung nach § 182. Einschränkung (nicht des Stimmrechts sondern der Zurechnung zur Mehrheit) nach § 183. Abgestimmt werden kann nur im Termin bei persönlicher Anwesenheit des Gläubigers oder Anwesenheit eines legitimierten gesetzlichen oder gewillkürten Vertreters. Nach RG. LZ. 5, 557 kommen auf die Vertretung zunächst die §§ 79 f. ZPO. zur Anwendung. Vertritt jemand mehrere Gläubiger, so kann er für die einzelnen Forderungen verschieden stimmen. Erklärungen außerhalb des Termins sind unbeachtlich, auch wenn sie an die gerichtliche Adresse gerichtet oder zu Protokoll des Gerichtsschreibers erklärt sind. Ob der Richtige abgestimmt hat, ob seine Abstimmung nicht wegen eines Rechtsmangels, z. B. fehlender behördlicher Genehmigung, unwirksam ist, hat das KG. im Bestätigungsverfahren zu würdigen.

Wegen des Vormunds s. Anm. 1 zu § 173. Über die Beteiligung des Gläubigers, dem mehrere Gesamtschuldner haften, vgl. Anm. 1a zu § 68. Zur Frage, ob der KGl. sich bindend verpflichten kann, einem ZwVergleichsvorschlag zuzustimmen, s. Strecker Recht 17, 4 (bejahend) und Stepp Recht 17, 163 (verneinend).

b) Erforderlich ist eine Kopfmehrheit und eine qualifizierte Summenmehrheit.

2. **Kopfmehrheit.** Gezählt wird nach Köpfen ohne Rücksicht auf die Höhe der Forderung. Dabei verlangt das Gesetz ausdrückliche vorbehaltlose Zustimmung zum Vergleichsvorschlag; jedes anders geartete Verhalten gilt als Gegnerschaft. Die Zahl der ausdrücklich Zustimmenden muß größer sein als die Hälfte der Zahl der im Termin anwesenden stimmberechtigten Gläubiger. Auf die Zahl der Nichtanwesenden wird keine Rücksicht genommen. Wer mehrere Forderungen, d. h. Forderungen aus verschiedenen Rechtsgründen hat, zählt nur einmal. Mehrere Gläubiger, die eine Forderung geltend machen, z. B. Gesamtgläubiger, gelten auch hier als ein Gläubiger und werden den ausdrücklich Zustimmenden nur zugezählt, wenn sie einheitlich zustimmen. Es ist rechtlich aber nicht erforderlich, daß alle Gesamtgläubiger anwesend sind. Die einheitliche Zustimmung der erschienenen Gläubiger bindet die andern (s. § 429 Abs. 3 mit § 423 BGB.). S. Anm. 7 zu § 3. S. ferner (Forderung eines Gesamthandverhältnisses) Anm. zu § 94. Ist eine Forderung teilweise auf einen andern oder andere übergegangen, so ist jeder Teilgläubiger für sich stimmberechtigt. Auf diese Weise kann ein Gläubiger, der gegen den Zwangsvergleich ist, dem Zustandekommen des Zwangsvergleiches u. U. große Schwierigkeiten bereiten. Ist eine Forderung gepfändet und dem Pfändungsgläubiger zur Einziehung überwiesen (§ 853 ZPO.), s. müssen Pfändungsgläubiger und Schuldner zusammenwirken (vgl. Seuffert § 835 ZPO. 3 Ic).

3. **Summenmehrheit.** Hat die Abstimmung nach Köpfen die erforderliche Mehrheit ergeben, so ist zu prüfen, ob diese Kopfmehrheit zugleich die qualifizierte Summenmehrheit nach Abs. 1 Nr. 2 darstellt. Bei der Gesamtsumme, von der wenigstens 3/4 der zustimmenden Kopfmehrheit zustehen müssen, werden auch die Forderungen mitgerechnet, die im Termin nicht vertreten sind.

4. **Wiederholung der Abstimmung.** Wird keine der erforderlichen Mehrheiten erreicht, so ist der Vergleichsvorschlag durch Ablehnung erledigt. Will der GSch. trotzdem einen Zwangsvergleich noch anstreben, so hat er einen neuen Vorschlag einzureichen und das Verfahren beginnt von neuem. Gefahr der Zurückweisung des Vorschlags: § 176. Wird entweder die Kopfmehrheit oder die Summenmehrheit, nicht aber die andere Mehrheit erreicht, so hat der GSch. einen Rechtsanspruch auf einmalige Terminerneuerung zur Wiederholung der Abstimmung innerhalb des laufenden Zwangsvergleichsverfahrens, den er bis zum Schluß des Termines geltend machen muß. Der neue Termin wird vom KG. sofort verkündet. Öffentliche Bekanntmachung hierüber ist nicht vorgeschrieben. Gläubiger, die im ersten Termin nicht anwesend waren, werden nicht besonders verständigt und haben kein Recht auf Wiedereinsetzung in den vorigen Stand bei Terminversäumnis.

Der zweite Termin ist rechtlich selbständig vom ersten und erfordert neue Abstimmung. Ein Zurückgreifen auf die Abstimmung im früheren Termin ist unstatthaft. Gläubiger, die im ersten Termin zugestimmt haben, im zweiten aber fehlen und nicht durch einen Vertreter ihre Zustimmung erklären, dürfen nicht als zustimmend gezählt werden.

5. Änderung und Anfechtung der Abstimmung. Die Abstimmung kann bis zum Schlusse des Abstimmungsverfahrens geändert werden nicht nur wegen Irrtums, arglistiger Täuschung, Drohung, sondern auch weil der Gläubiger anderen Sinnes geworden ist. Nachher kann der KGl. im Bestätigungsverfahren (§ 184) seine Zustimmung wegen Irrtums (unverzügl. Anfechtung erforderlich § 121 BGB.), wegen Betrugs = arglistiger Täuschung (§ 123 BGB.) und wegen Drohung (a. a. O.) anfechten. Die Anfechtung im Bestätigungsverfahren muß dem Gerichte gegenüber, wenn auch schriftlich oder zu Protokoll des Gerichtsschreibers, erklärt werden, sie braucht nicht in dem der Gerichtsentscheidung vorausgehenden Termin (§ 184 Abs. 2) zu erfolgen. Die Anfechtung kann, da die Beschwerde auch auf neue Tatsachen gestützt werden kann (Anm. 4b zu § 74), noch in der Beschwerdeinstanz geschehen. Das Gericht hat im Offizialbetrieb (§ 75) die Rechtzeitigkeit und Begründetheit der Anfechtung zu prüfen und, soweit es die Anfechtung für zulässig und begründet hält, den Gläubiger als nichtzustimmend zu betrachten. Sind infolge der Anfechtung die erforderlichen Mehrheiten (§ 182) nicht mehr erreicht, so wird der Vergleich verworfen. Anfechtung des durch Betrug zustandegekommenen rechtskräftig bestätigten Zwangserlasses s. § 196.

Schuldhafte Unterlassungen ihrer Vertreter müssen sich die Gläubiger in gleicher Weise anrechnen lassen, wie wenn sie selbst die Unterlassung verschuldet hätten.

6. Protokoll. S. Anm. 3 zu § 179.

Beschränkung des Ehegatten.

§ 183.

I Bei der Berechnung der nach § 182 Abs. 1 Nr. 1, 2 erforderlichen Mehrheiten bleibt der Ehegatte des Gemeinschuldners außer Betracht, wenn er dem Vergleiche zugestimmt hat.

II Das Gleiche gilt von demjenigen, welchem der Ehegatte des Gemeinschuldners während des Konkursverfahrens oder in dem letzten Jahre vor der Eröffnung des Verfahrens eine Forderung gegen den Gemeinschuldner abgetreten hat, soweit das Stimmrecht auf der abgetretenen Forderung beruht. Diese Vorschrift findet keine Anwendung, wenn der Ehegatte zu der Abtretung durch das Gesetz oder durch einen Vertrag verpflichtet war, welcher früher als ein Jahr vor der Eröffnung des Konkursverfahrens geschlossen wurde.

KommB. II 88. — Eingef. durch die Nov.

a) Das Gesetz fingiert, daß der Ehegatte des GSch. zu dessen Gunsten befangen ist, und schließt deshalb seine Einflußnahme auf das Zustandekommen des Zwangsvergleiches aus, wenn er dem Vergleich zustimmt. Der Ehegatte, gleichgültig ob Frau im K. des Mannes oder Mann im K. der Frau, bleibt deshalb bei der Berechnung sowohl der Kopfmehrheit wie der Summenmehrheit außer Betracht, wenn er zustimmt. Er wird dann für die Abstimmung als nichtanwesend im Termin behandelt; seine Forderung wird der Dreiviertel-Summenmehrheit nicht zugerechnet, anderseits wird sie auch von der zugrunde gelegten Gesamtsumme abgesetzt. Z. B. von 25 Gläubigern mit einem Forderungsgesamtbetrag von 45000 ℳ stimmen 13 mit Forderungen von insgesamt 40000 ℳ, darunter die Ehefrau des GSch. mit einer Forderung von 10000 ℳ, für den Vergleich. Da die Frau als nichtanwesend gilt, ist zwar die Summenmehrheit (30000 ℳ von 35000 ℳ) erreicht, nicht aber die Kopfmehrheit (12 gegen 12).

b) Das Gesetz verlangt in Abs. 1 nur, daß zur Zeit der Abstimmung zwischen dem zustimmenden KGl. und dem GSch. die Ehe besteht, und läßt den Gegenbeweis, daß wegen Getrenntlebens, Scheidungsklage oder aus anderen sachlichen Gründen eine Befangenheit des Ehegatten ausgeschlossen sei, nicht zu.

c) § 183 enthält keine Beschränkung des Stimmrechts des Ehegatten. Dieser kann zwar wie jeder andere Gläubiger abstimmen, gäbe aber seine Zustimmung für die Erreichung der beiden Mehrheiten oder der einen oder anderen Mehrheit den Ausschlag, so tritt die Wirkung unter a ein.

d) Mit dem Rechtsgrund der Forderung des Ehegatten hat § 183 nichts zu tun. Er stellt nicht etwa eine Erweiterung des Anfechtungsrechtes dar; mit diesem hat er keinerlei Berührung.

e) Der Abs. 2 will eine Umgehung des Abs. 1 durch Abtretung, d. h. vertragsmäßige Übertragung der Forderung des Ehegatten (Bestand der Ehe z. Z. der Übertragung) an einen andern verhindern. Die Absicht der Umgehung oder eine noch weitergehende Benachteiligungsabsicht ist aber nicht Tatbestandsmerkmal des Abs. 2, der z. B. auch gilt, wenn zur Zeit der in die Jahresfrist fallenden Übertragung der Ausbruch des K. in keiner Weise vorauszusehen war. Auf anderen als vertragsmäßigen Übergang (darunter auch Vermögensübernahme § 419 BGB., Übernahme eines Handelsgeschäfts § 25 HGB. und ähnliche Fälle), also Übergang kraft Gesetzes oder Zwangsvollstreckung bezieht sich die Vorschrift nicht; auch nicht auf einen Fall von Gesamtrechtsnachfolge, so daß z. B. dem Erben des während des KVerf. gestorbenen Ehegatten die Beschränkung nicht entgegensteht.

f) Von der Übertragung = dem Übergang einer Forderung kraft Gesetzes (vgl. § 412 BGB.) ist die vertragsmäßige Übertragung einer Forderung auf Grund gesetzlicher Verpflichtung, z. B. wegen ungerechtfertigter Bereicherung (§§ 812 ff. BGB.) zu unterscheiden. Da hier der Ehegatte einem gesetzlichen Zwange folgt, findet Abs. 2 Satz 1 auf solche Fälle keine Anwendung (Abs. 2 Satz 2). Das gleiche gilt, wenn die vertragsmäßige Übertragung während des K.

oder der Jahresfrist auf der Grundlage eines Vertrags erfolgt ist, der früher als ein Jahr vor der KE. geschlossen wurde.

g) Die Beschränkung des Abs. 2 gilt nicht nur für den ersten Erwerber sondern auch für weitere Erwerber, vorausgesetzt daß und so lange als es sich auch weiter um vertragsmäßigen Übergang handelt.

Bestätigung des Gerichts.

§ 184. (§ 170.)

I Der angenommene Zwangsvergleich bedarf der Bestätigung des Konkursgerichts.

II Das Gericht entscheidet, nachdem es die Gläubiger, den Verwalter und den Gläubigerausschuß in dem Vergleichstermine oder einem zu verkündenden Termine gehört hat.

Begr. I 416. — Unverändert durch die Nov.

1. Rechtliche Natur der Bestätigung. Die Entscheidung über den Vergleichsvorschlag liegt zunächst bei den nichtbevorrechtigten KGl. Haben diese mit den erforderlichen Mehrheiten zugestimmt, so ist der Zwangsvergleich angenommen aber noch nicht wirksam. Die Wirksamkeit tritt erst ein mit der Rechtskraft der gerichtlichen Bestätigung; s. Anm. 3 zu § 173. Ist der Vorschlag abgelehnt, so erübrigt sich eine Stellungnahme des KG.

2. Anspruch auf Bestätigung. Der GSch. und jeder nichtbevorrechtigte KGl., der stimmberechtigt war oder zwar, namentlich weil er verspätet angemeldet hat, nicht stimmberechtigt war, aber seine Forderung glaubhaft macht, hat einen durch sofortige Beschwerde (§ 189) verfolgbaren Anspruch auf Bestätigung, wenn nicht ein Grund zur Verwerfung vorliegt. Die Gründe sind im Gesetz erschöpfend aufgeführt. Verwerfung von Amts wegen §§ 186, 187; Verwerfung nur auf Antrag §§ 188, 230 Abs. 2, § 236.

3. Verfahren. Das KG. muß den in Abs. 2 bezeichneten Beteiligten (nichtbevorrechtigte KGl., KVerw. und GlA., wenn ein solcher bestellt ist) Gelegenheit zur Äußerung darüber geben, ob ein Verwerfungsgrund vorliegt. Anhörung des GSch. keine Zwangsvorschrift, aber üblich und geboten. Die Erörterung erfolgt im Vergleichstermin oder in einem folgenden Termin, der im Vergleichstermin verkündet, nicht öffentlich bekannt gemacht wird. Über jeden Verwerfungsgrund ist mündlich zu verhandeln in der Weise, daß dem Beteiligten Gelegenheit zur Äußerung gegeben wird (vgl. Petersen Lehrb. 149). Das schließt außerhalb des Termins gestellte Anträge und Einwendungen nicht aus. Das KG. hat sie aber zur Kenntnis und Erörterung der Beteiligten im Termin zu bringen (bestr., s. Anm. 5 zu § 182; Wolff Anm. 3; Jaeger Anm. 6).

Verkündung.

§ 185. (§ 171.)

Der Beschluß, durch welchen der Zwangsvergleich bestätigt oder verworfen wird, ist zu verkünden.

Begr. I 416. — Unverändert durch die Nov.

Die Verkündung erfolgt sofort im Vergleichstermin oder in einem besonderen Verkündungstermin (§ 184 Abs. 2). Der Beschluß braucht den Inhalt des Zwangsvergleichs, auch wenn er bestätigt, nicht zu wiederholen; er wird durch das Protokoll erläutert. Beifügung von Gründen nicht vorgeschrieben aber jedenfalls bei Verwerfung ratsam, weil sonst die Begründung der sof. Beschwerde (§ 189) erschwert ist. Mit der Verkündung läuft die Beschwerdefrist (§ 189 Abs. 2). Aufnahme der Verkündung in das Protokoll oder eine Protokollanlage entspr. § 160 ZPO. Besondere Zustellung an die Beteiligten und öffentliche Bekanntmachung ist neben der Verkündung nicht erforderlich (Anm. 3 zu § 73). Die Entscheidung des Beschwerdegerichts wird aber nach den allgemeinen Vorschriften (s. § 73 Abs. 2) zugestellt.

Verwerfung von Amts wegen.

§ 186. (§ 172.)

Der Vergleich ist zu verwerfen:

1. **wenn die für das Verfahren und den Abschluß des Vergleichs gegebenen Vorschriften nicht beobachtet sind, und das Fehlende nicht ergänzt werden kann;**
2. **wenn ein Fall der Unzulässigkeit eines Zwangsvergleichs nachträglich eingetreten ist.**

Begr. I 416. — Unverändert durch die Nov.

1. Allgemeines. Ermessen des KG. im Bestätigungsverf. nur im Falle des § 187 S. 2. Sonst sind die Verwerfungsgründe bindend und erschöpfend vorgeschrieben. Verzicht der Vertragsgegner — nichtbevorrechtigten KGl. — auf die Geltendmachung eines Verwerfungsgrundes nach §§ 186, 187 nicht möglich; Beachtung vielmehr von Amts wegen.

2. Zu Nr. 1. Über die Vorschriften für das Verfahren und den Abschluß des Vergleichs s. §§ 173 bis 183, § 211 Abs. 1, §§ 230, 236. Das KG. entscheidet, ob die Nichtbeobachtung der einzelnen Vorschrift wesentlich ist und deshalb zur Verwerfung zwingt. Nachholung der Abstimmung nur unter der Voraussetzung des § 182 Abs. 2 zulässig, also nicht im Ergänzungsverfahren nach § 186. Über Anfechtung der Zustimmung zum Vergleich wegen Irrtums, Betrugs (= arglistiger Täuschung), Drohung s. § 196 u. Anm. 5 zu § 182. Prozessuale Mängel, z. B. fehlende Vollmacht, können im Ergänzungsverfahren ebenso geheilt werden wie materiellrechtliche Mängel, z. B. fehlende Einwilligung des Berechtigten, fehlende behördliche Zustimmung. Verletzung des § 181 heilbar durch nachträgliche Beibringung der Einwilligung der zurückgesetzten KGl. Für das gerichtl. Vorgehen gilt Offizialbetrieb (§ 75), auch im Beschwerdeverfahren (Anm. 4b zu § 73, Anm. 2 zu § 75).

3. Zu Nr. 2. Wenn ein Unzulässigkeitsgrund (§ 175) nach dem Schlusse des Vergleichstermins eingetreten ist, muß der Vergleich verworfen werden. Ergibt sich nachträglich, daß der Grund schon vorher bestand, so ist eine wesentliche Vorschrift des Verfahrens verletzt (Nr. 1).

Verwerfung wegen ungünstigen Ergebnisses.

§ 187.

Der Vergleich ist zu verwerfen, wenn er den Gläubigern nicht mindestens den fünften Teil ihrer Forderungen gewährt und dieses Ergebnis auf ein unredliches Verhalten des Gemeinschuldners, insbesondere darauf zurückzuführen ist, daß der Gemeinschuldner durch ein solches Verhalten die Eröffnung des Konkursverfahrens verzögert hat. Der Vergleich kann verworfen werden, wenn das gleiche Ergebnis auf ein leichtsinniges Verhalten des Gemeinschuldners zurückzuführen ist.

KommB. II 39 f. — Eingef. durch die Nov.

1. **Allgemeines.** Der Zwangsvergleich ist wirtschaftlich von großer Bedeutung. Er verschafft dem GSch. die Verfügung über das Vermögen und ermöglicht ihm dadurch insbesondere die Fortführung eines Erwerbsgeschäftes. Diese Möglichkeit entfällt bei der KAbwicklung durch Verteilung. Das leichtfertige Konkursmachen mit geringprozentigen Vergleichen ist aber eine öffentliche Gefahr und verlangt eine Eindämmung des ZwVergl. Der GSch. soll, wenn er sich die Vorteile des ZwVergl. wahren will, vor allem gehalten sein, den K. rechtzeitig anzumelden. Sind mehrere GSch. vorhanden (z. B. K. einer o. H.), so genügt das unredliche oder leichtsinnige Verhalten eines GSch. als Verwerfungsgrund (Seuffert 429). Dem GSch. stehen die Personen gleich, die im SonderK. die Rolle des GSch. haben; s. aber Jaeger Anm. 10.

2. **Obligatorische Verwerfung. Satz 1.** Der Vergleich muß von Amts wegen, auch wenn alle nichtbevorrechtigten KGl. zugestimmt haben, verworfen werden, wenn er den nichtbevorrechtigten KGl. nicht mindestens den fünften Teil ihrer Forderungen gewährt und dieses Ergebnis auf ein unredliches Verhalten des GSch. zurückzuführen ist. Unredliches Verhalten setzt ein vorsätzliches Tun des GSch. voraus, das den Anforderungen der billigen Rücksichtnahme auf die Interessen der Gl. widerspricht und Treu und Glauben verletzt. Die Hinauszögerung der KE. ist nur beispielsweise angeführt. Sie muß auf unredlichem Verhalten des GSch. beruhen. Der Vergleich ist vorbehaltlich der sonstigen Prüfung zu bestätigen, auch wenn er weniger als den fünften Teil der Forderungen gewährt, wenn nur kein unredliches Verhalten des GSch. die Ursache dieses schlechten Ergebnisses ist. „Mindestens" 20 % sind zu gewähren bei Eintritt der Rechtskraft des Bestätigungsbeschlusses. Werden Zahlungsfristen im Vergleich bewilligt ohne Verzinsung der gestundeten Beträge, mindestens zum gesetzlichen Zinsfuß von 4 %, so sind die entgehenden Zinsen durch Erhöhung des Kapitalbetrags rechnerisch auszugleichen (überw. Ans., z. B. Wilm.-Kurlb. Anm. 4. A. M. Jaeger Anm. 5).

3. **Verwerfung nach gerichtlichem Ermessen.** Der Vergleich kann von Amts wegen verworfen werden, wenn er den Gläubigern (s. o.) nicht

mindestens den fünften Teil ihrer Forderungen gewährt und dieses Ergebnis auf ein leichtsinniges Verhalten des Sch. zurückzuführen ist. Leichtsinniges Verhalten setzt grobe Fahrlässigkeit voraus und kann vor allem bei einem Tatbestand des einfachen Bankerotts (§ 240) vorliegen. Auch bei einer Befriedigungsquote unter 20 % ist die Bestätigung zulässig; selbst dann, wenn der GSch. leichtsinnig gehandelt hat. Auch dann kann das KG. unter Abwägung der Gründe für und wider den ZwVergl. bestätigen, es wird aber von seiner Befugnis besonders vorsichtigen Gebrauch machen, wenn die Gl. zum Teil gegen den ZwVergl. gestimmt haben.

4. **Sof. Beschwerde** s. § 189. Das Beschwerdegericht kann in der Ermessensfrage S. 2 zu einer andern Entscheidung kommen.

Verwerfung auf Antrag. **§ 188.** (§ 173.)

I Der Vergleich ist auf Antrag eines nicht bevorrechtigten Konkursgläubigers, welcher stimmberechtigt war oder seine Forderung glaubhaft macht, zu verwerfen:

1. wenn der Vergleich durch Begünstigung eines Gläubigers oder sonst in unlauterer Weise zustande gebracht ist;

2. wenn der Vergleich dem gemeinsamen Interesse der nicht bevorrechtigten Konkursgläubiger widerspricht.

II Der Antrag ist nur zuzulassen, wenn die Tatsachen, auf welche derselbe gegründet wird, glaubhaft gemacht werden.

Begr. I 416. — Unverändert durch die Nov.

1. **Allgemeines.** Die Verwerfungsgründe des § 188 sind nicht von Amts wegen sondern nur auf Antrag zu berücksichtigen. Zum Antrag berechtigt ist jeder nicht bevorrechtigte KGl., der vom Zwangsvergleich betroffen wird (s. § 193), der hiernach

a) im Vergleichstermin stimmberechtigt war oder, falls anwesend oder gehörig vertreten, stimmberechtigt gewesen wäre (auch besondere Feststellung des Stimmrechtes für einen Teil, §§ 95, 96, genügend), oder der

b) zwar ohne Stimmrecht war, z. B. wegen Nichtanmeldung der Forderung, aber seine Forderung glaubhaft (s. § 294 ZPO.) macht.

War der Gl. im Vergleichstermin anwesend, so hängt sein Antragsrecht nicht davon ab, daß er gegen den Vergleich gestimmt hat. In der Zustimmung trotz Kenntnis der Tatsachen kann aber ein Verzicht auf den Antrag liegen (vgl. auch RG. LZ. 5, 557). Neben der u. U. erforderlichen Glaubhaftmachung der Forderung ist jedenfalls die Glaubhaftmachung (s. § 294 ZPO.) der dem Antrag zugrunde liegenden Tatsachen erforderlich. Der Antrag ist nicht unbedingt im Termin nach § 184 Abs. 2 zu stellen, aber wenn vorher gestellt, in diesem zu erörtern (Anm. 3 zu § 184).

2. **Zu Nr. 1.** S. bes. § 181; Verbot der Sonderbegünstigung einzelner. Ursächlicher Zusammenhang zwischen der Begünstigung oder

dem sonstigen unlauteren Verhalten des GSch. oder eines Dritten und dem Vergleichsabschluß erforderlich. Wegen der Frage, inwieweit das G. hierbei auf die Prüfung der ihm vorliegenden Fassung des Vergleichs beschränkt ist oder auch andere Umstände berücksichtigen darf, s. Dummer (Recht 21, 189).

3. Zu Nr. 2. Bejaht das Gericht diesen Tatbestand (z. B. Mißverhältnis der Vergleichsleistung zu dem Ergebnis bei Verwertung der Masse), so muß es den Vergleich verwerfen, auch wenn im Vergleichstermin alle Gl. dem Vergleich zugestimmt haben.

Sofortige Beschwerde. **§ 189.** (§ 174.)

[I] Die sofortige Beschwerde gegen den Beschluß, durch welchen der Vergleich bestätigt oder verworfen ist, steht dem Gemeinschuldner und jedem nicht bevorrechtigten Konkursgläubiger zu, welcher stimmberechtigt war oder seine Forderung glaubhaft macht.

[II] Die Frist zur Einlegung der Beschwerde beginnt mit der Verkündung des Beschlusses.

[III] Eine Anfechtung der Entscheidung des Beschwerdegerichts findet nicht statt.

Begr. I 416. — Unverändert durch die Nov.

1. **Beschwerdeberechtigt** (s. § 73 Abs. 3) sind:

a) Der GSch. gegen den Beschluß auf Verwerfung des Vergleichs; unter besonderen Umständen gegen einen ihn beschwerenden Bestätigungsbeschluß (s. Jaeger Anm. 1);

b) jeder nichtbevorrechtigte KGl. für sich. War er im Vergleichstermin nicht stimmberechtigt, so ist formelle Voraussetzung seiner Beschwerdeberechtigung die Glaubhaftmachung seiner durch den Zwangsvergl. betroffenen Forderung (vgl. Anm. 1 zu § 188). Da die Beschwerde auch auf neue Tatsachen gestützt werden kann (Anm. 4b zu § 73), ist es nicht nötig, daß der Beschwerdegrund in der angefochtenen Entscheidung abweisend erledigt wurde. Z. B. Geltendmachung neuer Mängel des Verfahrens oder der materiellrechtl. Unwirksamkeit einer Abstimmungserklärung; Nachholung einer Anfechtung (s. Anm. 5 zu § 182); Nachholung des Antrags nach § 188. Der Grundsatz der Verhandlung aller Einwendungen im Termin des § 184 Abs. 2 (Anm. 5 zu § 184) wird hiedurch allerdings durchbrochen. S. § 570 ZPO. und hiezu Gaupp-Stein Note 5 (bestr., s. Wilm.-Kurlb. Anm. 2, Wolff Anm. 1; enger Jaeger Anm. 2, der Verwerfungsantrag müsse erfolglos schon in der 1. Instanz gestellt worden sein. Für die 2. Instanz sei nur neue Begründung des früheren Antrags gestattet).

c) Nicht beschwerdeberechtigt ist der KVerw., ein bevorrechtigter KGl., ein Massegl. usw.

2. **Verfahren.** Die 2wöchige Frist läuft von der Verkündung des Beschlusses einheitlich für alle im Termine anwesenden oder nicht an-

wesenden Beteiligten, GSch. und KGl. Vgl. im übrigen Anm. 4b zu § 73. Offizialbetrieb. Berücksichtigung eines von Amts wegen zu beachtenden, der 1. Instanz entgangenen Verwerfungsgrundes auch ohne Antrag. Kosten: § 97 Abs. 1 ZPO., §§ 52, 45 GKG. Kostengegner nicht vorhanden (Jaeger Anm. 2). Zustellung der Entscheidung von Amts wegen § 73 Abs. 2.

3. Weitere Beschwerde durch Abs. 3 ausnahmsweise (Anm. 4c zu § 73) ausgeschlossen. Mit Jaeger Anm. 3 u. a. ist aber anzunehmen, daß weitere Beschwerde (Oberlandesgericht) auch hier möglich, wenn das BeschwGer. keine materielle Entsch. getroffen, sondern die Beschw. als formell unzulässig (Fristversäumnis, Mangel der Glaubhaftmachung der Forderung usw.) zurückgewiesen hat.

Aufhebung des KVerfahrens.

§ 190. (§ 175.)

I Sobald der Vergleich rechtskräftig bestätigt ist, beschließt das Gericht die Aufhebung des Konkursverfahrens. Eine Anfechtung des Beschlusses findet nicht statt.

II Der Beschluß und der Grund der Aufhebung sind öffentlich bekannt zu machen.

III Die Vorschriften der §§ 111 Abs. 2, 112, 113 finden entsprechende Anwendung.

Begr. I 421. — Unverändert durch die Nov.

1. Wirkung der Rechtskraft.

a) Der Bestätigung. Die Rechtskraft deckt die Mängel des Zwangsvergleichsverfahrens in formeller und materieller Hinsicht und begründet die Wirkungen nach §§ 193, 194. Sondervorschriften in §§ 196, 197. Vgl. RGZ. 57, 275. Dagegen bewirkt die Rechtskraft nicht die Aufhebung des KVerf. Hiezu ist besonderer Gerichtsbeschluß erforderlich.

b) Der Verwerfung. Das KVerf. nimmt seinen Fortgang. Weitere Vergleichsvorschläge des GSch. möglich. Dann Erneuerung des ZwangsverglVerfahrens. Aber Gefahr der Zurückweisung § 176; näheres dort.

2. Voraussetzungen der Aufhebung des KVerf. Der Wortlaut des Ges. („sobald") legt die Annahme nahe, daß die KAufhebung im unmittelbaren Anschluß an den Eintritt der Rechtskraft des Bestätigungsbeschlusses zu erfolgen hat. Die herrsch. Meinung verlangt aber vor der Aufhebung die Abwicklung der ausstehenden Angelegenheiten, welche die KMasse betreffen, Schlußrechnung des Verw. in einer GlVerf. § 86 (Einhaltung der Frist des § 162 Abs. 1 dabei nicht erforderlich, weil keine Schlußverteilung im eigentl. Sinne), Festsetzung der Auslagen und der Vergütung des KVerw. und des GlAussch. §§ 85, 91; Berichtigung oder Sicherstellung der Masseanspr. und der bevorrechtigten KForderungen § 191. S. RGZ. 27, 113; 31, 40; 56, 72; Jaeger Anm. 2f; Willenb. Anm. 1; gegen Wilm.-Kurlb. Anm. 2, Wolff Anm. 2.

Ferner verlangt die herrsch. Ans. vor der KAufhebung den Nachweis, daß die Sicherheiten usw., von denen die Wirksamkeit des Zwangsvergl. abhängig gemacht ist, erfüllt sind (vgl. Jaeger Anm. 6). Von dem Standpunkt, daß die Befugnisse des Verw. mit der KAufhebung infolge Zwangsvergl. wegfallen (a. M. Wilm.-Kurlb. Anm. 1 zu § 191 u. a.), ist der herrsch. Lehre beizutreten. Die Erfüllung des Zwangsvergl. ist jedenfalls kein Teil des KVerf. und darf vor der KAufhebung nicht abgewartet werden.

3. Gerichtl. Verfahren. Der Aufhebungsgrund (Abs. 2) ist die Bestätigung des Zwangsvergl. Es genügt hierauf Bezug zu nehmen. Wirksamkeit des Aufhebungsbeschl. gleichzeitig für und gegen alle s. § 76 Abs. 1 S. 2. Dresden LZ. 5, 160. Der Beschluß ist der Beschwerde ausdrücklich entzogen. Gebühren s. § 51 Nr. 2 GKG. Wegen der im Abs. 3 bezeichneten Vorschriften s. die dortigen Erläuterungen. Ferner Anm. 2, 3 zu § 163.

Geschäfte des Verwalters. § 191. (§ 176.)

I Der Verwalter hat aus der Konkursmasse die Masseansprüche zu berichtigen. Die bestrittenen Masseansprüche sind sicherzustellen.

II Die bevorrechtigten Konkursforderungen sind, insoweit sie festgestellt sind, zu berichtigen, insoweit sie glaubhaft gemacht sind, sicherzustellen.

Begr. I 421. — Unverändert durch die Nov.

1. Allgemeines. Massegl. (§§ 57 f.) und bevorrechtigte KGl. (§ 61 Nr. 1 bis 5) werden vom Zwangsvergl. nicht betroffen und sind am Zwangsvergleichsverf. nicht beteiligt (Anm. 2 zu § 173). Solange das KVerf. nicht aufgehoben ist und demnach die Verfügungsmacht des Verw. über die KMasse dauert, halten sie sich an den Verw., der zu ihrer Befriedigung die Masse nach den allgemeinen Grundsätzen verwertet. Die Verantwortung des Verw. ihnen gegenüber (§ 82) bleibt trotz Zustandekommens des Zwangsvergl. bestehen. Über das Verhältnis von § 190 zu § 191 s. Anm. 2 zu § 190. Nach der (wirksamen s. Anm. 3 zu § 190) Aufhebung des KVerf. können sie sich nur an den früheren GSch. halten vorbehaltlich von Schadensersatzansprüchen gegen den früheren Verw. S. für Masseansprüche Anm. 1, 3, 5 zu § 57. Rechtsstreitigkeiten über Masseansprüche, Eintritt des früheren GSch. s. Anm. 7 zu § 57. Auch nach Abs. 2 ist der Verpflichtete der Verw. Über die Art der Sicherstellung entscheidet zunächst das pflichtmäßige Ermessen des Verw.

2. Masseansprüche insbesondere. S. §§ 57 f. Der Verw. berichtigt aus der Masse die von ihm anerkannten, unbedingten und fälligen Masseansprüche. Die andern stellt er durch Hinterlegung usw. sicher. Streitigkeiten zwischen Massegl. und Verw. (Prozeßgericht; u. U. Arrest) s. Anm. 2 zu § 57. Verw. als Massegl. s. Anm. 2 c zu § 57. Nach der KAufhebung frei werdende Beträge fallen dem früheren GSch. als dem Träger der Rechte und Verbindlichkeiten zu (§ 192).

3. **Bevorrechtigte KGläubiger insbesondere.** Der Verw. berichtigt aus der Masse die (mit Vorrecht) festgestellten (§ 144 Abs. 1) Forderungen, auch wenn sie der GSch. im Prüfungstermin bestritten hat. Alle andern bevorrechtigten Forderungen stellt er durch Hinterlegung sicher, soweit sie ihm nach Bestand und Vorrecht glaubhaft gemacht sind. Dazu gehören auch nichtangemeldete und nichtgeprüfte Forderungen; ferner Forderungen, die hinsichtlich des Bestandes festgestellt, hinsichtlich des Vorrechtes streitig sind, diese aber dann nicht, wenn es nach Ansicht des Verw. ausgeschlossen ist, daß das Vorrecht besteht. Bei der Stellungnahme zur „Glaubhaftmachung" handelt der Verw. auf eigene Wag und Gefahr (§ 82). Streitigkeiten über die Sicherstellung entscheidet das KG. und auf sof. Beschwerde das BeschwerdeG. (entspr. § 158 Abs. 2, § 162 Abs. 2). Nebenansprüche der bevorrechtigten KGl. wie Zinsen seit der KE. und Kostenansprüche, die nach § 63 im KVerf. nicht geltend gemacht werden können, scheiden eben aus diesem Grunde bei der Berichtigung oder Sicherstellung durch den Verw. aus (a. M. Jaeger Anm. 5).

GSch. nach der KAufhebung.

§ 192. (§ 177.)

Soweit der Zwangsvergleich nicht ein Anderes bestimmt, erhält der Gemeinschuldner das Recht zurück, über die Konkursmasse frei zu verfügen.

Begr. I 421. — Unverändert durch die Nov.

1. **Allgemeines.** Mit der Wirksamkeit des Aufhebungsbeschlusses — sie tritt ein mit der nach § 190 beschlossenen und bekannt gemachten Aufhebung, sobald diese gemäß § 76 „bewirkt" ist (Colmar OLG. 15, 251; Posen OLG. 25, 338; a. A. Breslau OLG. 21, 180) s. auch Anm. 3 zu § 190 — sind der K. und seine Wirkungen für die Zukunft beendet. Das Amt des Verw. erlischt im gleichen Zeitpunkt. Der frühere GSch. erhält das Recht zurück, über die Masse zu verfügen, auch zu klagen. Der Zwangsvergleich kann aber Vorbehalte enthalten (RGZ. 89, 131; RG. JW. 46, 164), z. B. hinsichtlich der Verwaltung: Erfüllung des Vergleichs aus Mitteln der früheren Masse durch den Verw. oder einen Ausschuß der Gl. oder sonstige Treuhänder — „Treuhandszwangsvergleich" (s. Jaeger JW. 47, 287) —, hinsichtlich der Verfügung: Pfandbestellung u. a. Die hieraus sich ergebende Beschränkung und Gebundenheit des früheren GSch. ist keine Fortsetzung des K., beruht überhaupt nicht auf Gesetz, sondern auf dem im Zwangsvergleich enthaltenen Vertrag. Die Einschränkung „soweit der Zwangsvergleich nicht ein anderes bestimmt" ist an sich selbstverständlich und bedeutet nicht etwa, daß es im Belieben der Vertragsteile liegt, den K. mit seinen privatrechtlichen und öffentlichrechtlichen Folgen, dem Amte des KVerw., der Aufsicht des KG. usw. ganz oder teilweise fortzusetzen. Die Erfüllung des Zwangsvergleichs mit den Sicherungen, die in ihm vereinbart sind (s. Anm. 3 zu § 174), liegt außerhalb des K. Ist der frühere Verw. zur Erfüllung des Zwangsvergl. tätig, so handelt er als vereinbarter Vertreter (Bevollmächtigter) des früheren

GSch., dem an sich die Erfüllung zusteht (vgl. RGZ. 31, 120; Wilm.-Kurlb. Anm. 1, Jaeger Anm. 1).

2. Verhältnis des Verwalters zum GSch. Der frühere Verw. hat die Masse, an der er kein Verwaltungs- und Verfügungsrecht mehr hat, vorbehaltlich besonderer Vereinbarungen (Anm. 1) an den früheren GSch. hinauszugeben. Streitigkeiten im Prozeßweg zu entscheiden. S. Anm. 4d zu § 6. Über die Dauer der Prozeßunterbrechung s. Anm. 1b zu § 10, über das Erlöschen des krechtlichen Anfechtungsprozesses s. Anm. 4 zu § 36.

3. Besondere Vorschriften über Fortsetzung der Aktienges., der off. HG., der KommGes. und der KommAktienGes., nach Abschl. eines Zwangsvergl. s. §§ 207 Anm. 1, 209 Anm. 4.

Wirkung des Zwangsvergleiches.

§ 193. (§ 178.)

Der rechtskräftig bestätigte Zwangsvergleich ist wirksam für und gegen alle nichtbevorrechtigten Konkursgläubiger, auch wenn dieselben an dem Konkursverfahren oder an der Beschlußfassung über den Vergleich nicht teilgenommen oder gegen den Vergleich gestimmt haben. Die Rechte der Gläubiger gegen Mitschuldner und Bürgen des Gemeinschuldners, sowie die Rechte aus einem für die Forderung bestehenden Pfandrecht, aus einer für sie bestehenden Hypothek, Grundschuld oder Rentenschuld oder aus einer zu ihrer Sicherung eingetragenen Vormerkung werden durch den Zwangsvergleich nicht berührt.

Begr. I 421; Begr. II 44, KommB. II 45. — S. 2 erweitert durch die Nov.

1. Allgemeines.

a) Die Wirkung des ZwVergl. beginnt mit dem Eintritt der Rechtskraft des Bestätigungsbeschlusses. Eine andere Frage ist, bis wann der GSch. den Vergleichsvorschlag zurückziehen kann; s. Anm. 1 zu § 174.

b) Der ZwVergl. wirkt für und gegen die Vertragsparteien, also für und gegen den früheren GSch. und für und gegen die nichtbevorrechtigten KGl. (Anm. 2 zu § 173) ohne Rücksicht auf die Beteiligung dieser Gläubiger am KVerf. (s. hierzu wegen des NachlK. Bem. 12 vor § 214) und die Art und Weise ihrer Beteiligung an der Beschlußfassung über den Vergleich. Auch Gl., welche vom K. keine Kenntnis erlangt haben und keine Kenntnis erlangen konnten, werden vom Zwangsvergl. betroffen, wie sie ihn anderseits für sich in Anspruch nehmen können. Das Gleiche gilt für und gegen Gläubiger, die auf Befriedigung aus der Masse, nicht auf ihre Forderung, verzichtet haben (Frankfurt LZ. 2, 175).

c) Die Wirkung des Zwangsvergl. ist auf KForderungen beschränkt. Forderungen, die nicht KForderungen sind, z. B. weil sie zur Zeit der KE. noch nicht begründet waren (s. § 3) oder weil sie im KVerf. nicht geltend gemacht werden konnten (s. § 63), werden vom ZwVergl. nicht berührt. Nicht berührt werden auch, weil sie keine Forderungen mehr sind, auf Grund vorläufig vollstr. Urteils befriedigte Forderungen (RGZ. 85, 214). Nebenansprüche, Zinsen seit der KE. und Verfahrenskosten der Gläubiger (§ 63 Nr. 1 und 2), können aber unter den vertragsmäßigen Erlaß fallen (Auslegungsfrage; s. hierzu RGZ. 92, 181). Der Majorisierungszwang, der die Hauptforderung ergreift (§ 182), erstreckt sich auch auf sie (vgl. Jaeger Anm. 7; Willenb. Anm. 2; Kolmar LZ. 3, 407 gegen Wilm.-Kurlb. Anm. 6, welche die Majorisierung hier ausschließen).

d) Der Zwangsvergl. bewirkt zwar keine sog. Novation der Forderung, es sind aber die rechtlichen Einwirkungen auf den Bestand und Inhalt der Forderung zu beachten. Befristete Forderungen, die im K. als fällig gelten (§ 65), bleiben fällig. Forderungen, welche nicht auf einen Geldbetrag gerichtet sind oder deren Geldbetrag unbestimmt oder ungewiß ist usw. (§ 69), werden unter dauernder Änderung ihres Inhalts nach ihrem Schätzungswert betroffen. Entsprechendes gilt für die Kapitalisierung nach § 70. Schwierigkeiten können entstehen, wenn die Forderung im K. nicht festgestellt oder nicht einmal angemeldet ist. Auch diese wird nach Fälligkeit, Inhalt usw. getroffen (München SeuffArch. 71, 324) und Streitigkeiten sind u. U. im Prozeßweg zu entscheiden. Ausnahme von der Regel, daß Nichtanmeldung im K. die Beschaffenheit der Fdg. nicht berührt (näh. Anm. 3 zu § 69; für bevorrechtigte Forderungen s. dort Anm. 3b).

e) Der Zwangsvergl. läßt unberührt die Masseforderungen, ferner die bevorrechtigten KForderungen; hierüber s. Anm. 1 bis 3 zu § 191; Anm. 2 zu § 194.

f) Über die Rechtsverfolgung aus dem Zwangsvergl. s. § 194.

2. **Absonderungsberechtigte.** Über das Verhältnis des § 193 zu § 64 s. dort Anm. 4. Hiernach gelten die Beschränkungen des § 64 für die Befriedigung des absonderungsberechtigten KGl. nach der KAufh. wegen Zwangsvergl. weiter. Der Anspruch des Gläubigers auf die Vergleichsleistung ist dadurch aufschiebend bedingt, daß er seinen Verzicht auf das Sonderrecht erklärt oder seinen Ausfall bei der abgesonderten Befriedigung nachweist (RGZ. 78, 75; 92, 181). Die Quote erhält er letzterenfalls für den ausfallenden Betrag. Für Rechte aus Sicherungsgeschäften gilt das gleiche; vgl. RG. LZ. 4, 159. Die Wirksamkeit von Eigentumsvorbehalten und Sicherungsübereignungen zugunsten des Gl. wird durch den Zwvergl. nicht berührt; sie sind gedeckt durch die bleibende natürliche Verbindlichkeit (RG. SeuffArch. 68, 301). Über den Einfluß des rechtskräftig bestätigten Zwangsvergl. auf das Absonderungsrecht nach § 157 VersVG. s. dort.

3. **Einzelne Fragen:**

a) Wirkung des Zwangsvergleichs für und gegen Gesamtgl. s. Anm. 7 zu § 3; Einfluß des Zwangsvergl. auf den Erfüllungsanspr. bei gegenseitigem Vertrag s. Anm. 8 zu § 17; Aufrechnung und Zwangsvergleich s. Bem. 2 vor § 53, Anm. 7 zu § 53. Für den NachlK. s. auch § 221 Anm. 2.

b) Die Ansprüche der nicht bevorrechtigten KGl. beschränken sich auf das, was ihnen der Zwangsvergl. gibt; kein Nachforderungsrecht ohne ausdrückl. Zubilligung im Vergleich oder nachträgliche nicht unter § 181 fallende Vereinbarung mit dem früheren GSch. (s. Anm. 5 zu § 181). Fraglich aber, ob trotz Zwangsvergleichs in Höhe des Zwangserlasses eine nicht klagbare Verbindlichkeit des GSch. bestehen bleibt, welche die Zurückforderung des zur Befriedigung dieser Verbindlichkeit Geleisteten ausschließt, auch wenn die Leistung in irrtümlicher Annahme des Nachforderungsrechtes bzw. des Bestehens einer klagbaren Verbindlichkeit bewirkt wurde. Mit der herrsch. Ans. ist anzunehmen, die Zurückforderung ist trotz Nichtklagbarkeit der Leistung über den § 814 BGB. hinaus ausgeschlossen; die Leistung ist nicht Schenkung, nicht unentgeltliche Verfügung nach § 32 (s. Kolmar OLG. 8, 89; RGZ. 42, 118; 78, 71; LZ. 2, 608; 4, 157; Jaeger Anm. 5 und 6; Wilm.-Kurlb. Anm. 2 u. a.). Demnach kann der frühere GSch. auch die Anerkennung der Restschuld nicht wegen Irrtums über die Klagbarkeit anfechten. Eine neue Haftung kann hinsichtlich der durch den ZwVergl. betroffenen Forderung nicht bloß durch mündliches Zahlungsverspr. oder mündliche Schuldanerkennung, sondern nur gemäß §§ 780, 781 BGB. erfolgen (München SeuffArch. 69, 343).

4. Fortdauernde Haftung Dritter.

a) Die persönliche Haftung Dritter als Mitschuldner oder Bürgen (auch der persönlich haftenden Mitglieder eines nicht rechtsfähigen Vereins, Jaeger § 213 Anm. 18) und die gegenständliche Haftung (einschl. der bei sog. Sicherungsgeschäften) Dritter dauert trotz der Wirkungen des Zwangsvergl. fort. Für die Haftungsfortdauer ist es gleichgültig, ob der Gl. dem Zwangsvergl. zugestimmt oder sich passiv verhalten oder dem Zwangsvergl. widersprochen hat. § 423 BGB. ist nicht ohne weiteres anwendbar, ebensowenig § 767 BGB., wonach für die Verpflichtung des Bürgen der jeweilige Bestand der Hauptverbindlichkeit maßgebend ist. Ein ausdrücklicher Verzicht auf die über die ZwVergleichsquote hinausgehende Restforderung beseitigt aber auch die Haftung Dritter (RG. JW. 43, 77; dagegen Leo JW. 43, 569). Nach der Absicht des Gesetzes wirkt die durch den Zwangsvergl. begründete Vergünstigung nur für die Person des GSch., nicht für andere an dem Schuldverhältnis passiv beteiligte Personen. S. auch Anm. 1a zu § 68. Wegen einer Ausnahme im K. der off. Handelsges., Kommandit-Ges. und Kommandit-Ges. auf Aktien s. § 211 Abs. 2.

b) Für das innere Verhältnis von Mitschuldnern und Bürgen gilt folgendes: Soweit sie eine Ersatz- oder Ausgleichforderung gegen den GSch. haben, was sich nur nach dem zugrunde liegenden Rechtsverhältnis beurteilen läßt, wirkt der Zwangsvergl. auch auf ihre Forderung ein. Ihre Rechtsstellung ist nicht verschieden von der eines sonstigen Gläubigers mit aufschiebend bedingter Forderung. Wirkung des Zwangsvergl. gegen den Wechselvormann s. Anm. 5f zu § 3, auf den Revalierungsanspruch des Wechselakzeptanten s. Anm. 5g zu § 3.

5. **Rechte aus einer Vormerkung** im Grundbuch s. Anm. 1 zu § 24.

6. Wegen der Wirkung der **außergerichtlichen Abfindungsvergl.** auf Ansprüche gegen den Bürgen s. § 173 Anm. 4.

Zwangsvollstreckung. **§ 194.** (§ 179.)

Aus dem rechtskräftig bestätigten Zwangsvergleiche findet für die Konkursgläubiger, deren Forderungen festgestellt und nicht von dem Gemeinschuldner in dem Prüfungstermine ausdrücklich bestritten worden sind, gegen den Gemeinschuldner und diejenigen, welche in dem Vergleiche für dessen Erfüllung neben dem Gemeinschuldner ohne Vorbehalt der Einrede der Vorausklage Verpflichtungen übernommen haben, die Zwangsvollstreckung unter entsprechender Anwendung der §§ 724 bis 793 der Zivilprozeßordnung und des § 164 Abs. 3 dieses Gesetzes statt.

Begr. I 421. — Unverändert durch die Nov.

1. **Rechtsverfolgung.**

a) Für festgestellte (§ 144 Abs. 1) und vom GSch. im Prüfungstermin nicht ausdrücklich bestrittene Forderungen schafft der Tabelleneintrag auch bei KAufhebung im Falle des Zwangsvergl. einen Vollstreckungstitel als Grundlage der Zwangsvollstreckung nach wirksam gewordener KAufh. Hat der Sch. teilweise bestritten, so gilt dies für den nicht ausdrücklich bestrittenen Teil. S. im übr. Anm. 2 zu § 164, der den allgem. Grundsatz enthält. Die Vollstreckung erfolgt auf Grund eines mit der Vollstreckungsklausel versehenen Tabellenauszugs, dem eine Ausfertigung des Zwangsvergleichsprotokolls (samt etwaigen für die Vollstreckung bedeutsamen Anlagen, Bürgschaftsurkunde und dgl.) beizufügen ist, wenn nicht in der Vollstreckungsklausel die entsprechenden Bestimmungen über Höhe und Frist der Zahlungen aufgenommen werden. Beifügung einer Ausfertigung des rechtskräftigen Bestätigungsbeschlusses instruktionell in den Geschäftsordnungen vorgeschrieben aber nicht wesentlich. S. Falkmann 81.

b) Für nicht unter a fallende Forderungen, darunter die im K. nicht angemeldeten, muß ein anderer Vollstreckungstitel beschafft werden. Hiefür gelten keine besonderen Vorschriften. Regelmäßig Klagerhebung. Gegen ältere Vollstreckungstitel sind auf Grund des Zwangsvergl. u. U. Einwendungen nach § 767 ZPO. zu erheben. Für Nebenansprüche, die im K. nicht geltend gemacht werden können (Zinsen seit der KE., Kosten § 63 Nr. 1, 2), ist der Tabelleneintrag auch dann nicht Vollstreckungsgrundlage, wenn die Hauptforderung unter a fällt.

2. **Bevorrechtigte KGl.** (§ 61 Nr. 1—5) werden vom Zwangsvergl. nicht betroffen und können sich nicht auf Grund des § 194 einen Titel zur Vollstreckung verschaffen. In der Regel werden sie vor der K.-Aufh. befriedigt oder sichergestellt (§ 191 Abs. 2). Ist dies nicht geschehen, so gilt für sie § 164 entsprechend, also Vollstreckung des Ganzen. Ist

lediglich das Vorrecht streitig, so kann der noch nicht befriedigte Gl. unter Vorbehalt seiner weitergehenden Rechte oder Verzicht auf sein Vorrecht nach § 194 vorgehen (ebenso Willenb. Anm. 4 u. a.; a. M. Falkmann 82, Jaeger Anm. 7; s. ferner dort Anm. 10 zu § 193, wonach der Verzicht auf das Vorrecht vor Vergleichsabschluß erklärt sein müsse).

3. **Vollstreckungsschuldner** sind a) der frühere GSch., auch wenn ihm durch Vereinbarung (s. Anm. 1 zu § 192) die Verfügung über die frühere Masse ganz oder teilweise entzogen ist; b) Vergleichsbürgen usw., die sich im Vergleich, d. h. als Bestandteil des den Zwangsvergleich bildenden Vertrags, für die Vergleichserfüllung neben dem GSch. selbstschuldnerisch, ohne Vorbehalt der Einrede der Vorausklage (§ 771 BGB.) verpflichtet haben, in Höhe der so übernommenen Verpflichtung. Die Einrede der Vorausklage muß ausdrücklich vorbehalten sein, sonst ist sie ausgeschlossen. Es ist Auslegungsfrage, ob der Bürge sich auch für Forderungen verbürgt hat, die erst nach der maßgebenden Abstimmung (§ 182) festgestellt worden sind. Einwendungen gegen die Zulässigkeit der Vollstreckungsklausel s. § 732 ZPO. Als Gl. kann auch der Vergleichsbürge gegen den GSch. vollstrecken lassen. RG. JW. 25, 5. Zu beachten die Zuständigkeitsregel, die sich aus entspr. Anwendung des § 164 Abs. 3 mit § 146 Abs. 2 ergibt.

Nichterfüllung des Zwangsvergleichs.

§ 195. (§ 181.)[1])

Eine Klage auf Aufhebung des Zwangsvergleichs aus dem Grunde der Nichterfüllung desselben findet nicht statt.

Begr. I 426. — Unverändert durch die Nov.

Dem Zwangsvergl. liegt zwar ein gegenseitiger Vertrag zugrunde, d. h. ein Vertrag, in dem die Leistung des einen Teiles, des GSch., gegen die Leistung des anderen Teiles, der nicht bevorrechtigten KGl., gegeben werden soll, die §§ 320 ff. des BGB., vor allem bei Verzug des früheren GSch. der § 326 sind aber wegen der durch das Prozeßrecht beeinflußten Natur des Vertrags nicht anwendbar. Ein Rücktrittsrecht vom Zwvergleich durch einseitige Willenserklärung des von der Nichterfüllung oder nicht rechtzeitigen Erfüllung betroffenen Gl. oder eine Klage auf Aufhebung des Zwvergleichs wegen Nichterfüllung ist ausgeschlossen. Die KO. kennt nur die kraft Gesetzes eintretende Aufhebung des Zwangserlasses für alle betroffenen Gläubiger, die unbeschadet der Vergleichsrechte aus dem Grunde des § 197 eintritt, und die Anfechtung des Zwangserlasses durch den einzelnen Gl. unbeschadet der Vergleichsrechte aus dem Grunde des § 196. Auch ein neuer K. des GSch. begründet die Aufhebung des Zwvergleiches für sich nicht. Im Zwvergleich selbst kann aber der GSch. zugestehen, daß bei Nichterfüllung oder nicht rechtzeitiger Erfüllung das Nachforderungsrecht der Gl. ganz oder teilweise auflebt,

---

[1]) § 180 d. KO. a. F. ist aufgehoben.

unbeschadet der KAufhebung, bei der es bleibt. Er kann ferner nach dem Abschluß des Zwvergleichs mit seinen Gl. Abkommen treffen, durch die der Bestand oder der Inhalt der Forderung geändert wird und dabei, ohne gegen § 181 zu verstoßen, einzelne Gl. bevorzugen. Die Bevorzugung kann bei Meidung der Nichtigkeit (§ 181 Satz 3) grundsätzlich erst nach Eintritt der Rechtskraft des Bestätigungsbeschlusses vereinbart werden. Nichtigkeit der späteren Vereinbarung tritt ein, wenn die Bevorzugung vor Abschluß des Zwvergleichs auch nur unverbindlich in Aussicht gestellt wurde (RG. SeuffArch. 68, 164).

Anfechtung wegen Betrugs.

§ 196. (§ 182.)

I Wenn der Zwangsvergleich durch Betrug zustande gebracht ist, so kann jeder Gläubiger den vergleichsmäßigen Erlaß seiner Forderung anfechten, unbeschadet der ihm durch den Vergleich gewährten Rechte.

II Die Anfechtung ist nur zulässig, wenn der Gläubiger ohne Verschulden außerstande war, den Anfechtungsgrund in dem Bestätigungsverfahren geltend zu machen.

Begr. I 426. — Unverändert durch die Nov.

1. **Anfechtung im Bestätigungsverfahren** wegen Irrtums, arglistiger Täuschung, Drohung (s. Anm. 5 zu § 182). Konnte der Gl. den Anfechtungsgrund des § 196, d. h. das Zustandekommen des Zwangsvergleiches durch Betrug, arglistige Täuschung entspr. § 123 BGB. — der strafrechtliche Tatbestand des § 263 StGB. ist nicht entscheidend; es genügt bewußte Irrtumserregung zum Zwecke der Willensbeeinflussung, s. RG. LZ. 3, 852), z. B. über den Bestand und Wert der Masse, auf Grund glaubhafter Kenntnis der maßgebenden Tatsachen (s. Wolff Anm. 3) — rechtzeitig u. U. also noch in der Beschwerdeinstanz (Anm. 1b zu § 189) in der Form des Antrags nach § 188 geltend machen, hat er dies aber nicht getan, ohne daran schuldlos gehindert worden zu sein, so hat er für seine Person das Recht des Abs. 1 verloren. Fraglich ist, ob er das Recht des Abs. 1 noch ausüben kann, wenn er den Anfechtungsgrund im Bestätigungsverfahren erfolglos geltend gemacht hat. Die Frage ist zu verneinen, weil der Anfechtungsgrund durch ablehnende Entscheidung im Bestätigungsverfahren verbraucht ist, es sei denn, daß neue Tatsachen oder Beweise geltend gemacht werden können (a. M. Wolff a. a. O.).

2. **Anfechtung nach Abs. 1.** Sie setzt die Rechtskraft des Bestätigungsbeschlusses voraus und steht jedem vom Zwvergleich betroffenen Gläubiger zu, der nachweist, daß der Zwvergleich auf arglistige Täuschung durch den GSch. oder einen Dritten zustande gekommen ist, also ohne die auf Arglist beruhende Irrtumserregung nicht abgeschlossen worden wäre. Ob sich der Gl. am Konkurs beteiligt und wie er abgestimmt hat, ist gleichgültig. Die Anfechtung erfolgt durch Erklärung gegenüber dem GSch., nicht durch Klage (§ 143 BGB.); für sie läuft eine Anfechtungsfrist von einem Jahre, gerechnet vom Zeitpunkt,

in dem der Anfechtungsberechtigte die Täuschung entdeckt; die Anfechtung ist ausgeschlossen, wenn seit der für die Abstimmung maßgebenden Gläubigerversammlung 30 Jahre verstrichen sind (s. § 124 BGB.).

Die Wirkung der gültigen Anfechtung ist, daß der Gläubiger, der angefochten hat, die im Vergleich dem GSch. in bezug auf die Erfüllung der Forderung eingeräumten Vorteile, den teilweisen Nachlaß, Zahlungsfristen usw. nicht mehr gegen sich gelten lassen muß, im Wege der Klage oder auf Grund eines früher erworbenen Vollstreckungstitels usw., also gegen den GSch. so vorgehen kann, wie wenn § 164 zur Anwendung käme. Auf der anderen Seite bleiben jedoch dem Gläubiger die Vergleichsrechte, insbes. die etwaige Vergleichshaftung eines Dritten.

Verurteilung wegen betr. Bankerutts.

§ 197. (§ 183.)

I Die rechtskräftige Verurteilung des Gemeinschuldners wegen betrüglichen Bankerutts hebt für alle Gläubiger den durch den Zwangsvergleich begründeten Erlaß auf, unbeschadet der ihnen durch den Vergleich gewährten Rechte.

II Auf Antrag eines Gläubigers kann das Konkursgericht Sicherheitsmaßregeln gegen den Gemeinschuldner schon vor der rechtskräftigen Verurteilung desselben anordnen.

Wiederaufnahme des Verfahrens.

§ 198. (§ 184.)

I Im Falle der rechtskräftigen Verurteilung wird, wenn genügende Masse vorhanden ist oder ein zur Deckung der im § 58 Nr. 1, 2 bezeichneten Massekosten ausreichender Geldbetrag vorgeschossen wird, das Konkursverfahren auf Antrag eines Konkursgläubigers wieder aufgenommen.

II Die Wiederaufnahme erfolgt durch Beschluß des Gerichts. Auf den Zeitpunkt der Wiederaufnahme und die Bekanntmachung derselben finden die Vorschriften der §§ 108, 111 bis 113 entsprechende Anwendung.

Anfechtung von Rechtshandlungen.

§ 199. (§ 185.)

Für die Anfechtung von Rechtshandlungen, welche in der Zeit von der Aufhebung bis zur Wiederaufnahme des Konkursverfahrens vorgenommen sind, sowie für die in diesem Zeitraum entstandenen Aufrechnungsbefugnisse gilt, wenn nicht inzwischen eine Zahlungseinstellung erfolgt ist, als Tag der Zahlungseinstellung der Tag des ersten die Verurteilung des Gemeinschuldners entsprechenden Urteils.

Teilnahme am Verfahren. **§ 200.** (§ 186.)

I An dem aufgenommenen Verfahren nehmen die Gläubiger, für und gegen welche der Vergleich wirksam war, mit dem noch nicht getilgten Betrage ihrer ursprünglichen Forderungen teil. II Die neuen Gläubiger des Gemeinschuldners sind zur Teilnahme an dem Verfahren berechtigt. Dieselben haben keinen Anspruch auf Befriedigung aus einer für die Erfüllung des Zwangsvergleichs bestellten Sicherheit.

Durchführung des Verfahrens. **§ 201.** (§ 187.)

I Das Verfahren ist soweit als nötig zu wiederholen. II Früher geprüfte Forderungen werden nur hinsichtlich einer inzwischen eingetretenen Tilgung von neuem geprüft.

Begr. I 426; Begr. II 45; § 198 geändert durch die Nov.; sonst unverändert.

Gemeinsame Erläuterungen zu §§ 197—201.

1. **Allgemeines.** Solange gegen den GSch. wegen betrüglichen Bankerutts (§ 239) eine gerichtliche Untersuchung anhängig ist, ferner wenn der GSch. im Zusammenhang mit dem schwebenden KVerf. wegen betrüglichen Bankerutts rechtskräftig verurteilt worden ist, ist ein Zwangsvergleich unzulässig (§ 175). Wird trotz des gesetzlichen Verbots ein Zwvergleich geschlossen und rechtskräftig bestätigt, so ist der Mangel geheilt und der Zwangsvergleich gültig. Wird der GSch. nach der rechtskräftigen Bestätigung des Zwangsvergleichs wegen betrüglichen Bankerutts verurteilt, einerlei, ob das Verfahren schon vorher anhängig war oder nicht, so bleibt der Zwvergleich bestehen, soweit er den Gl. Rechte einräumt, andererseits fallen vom Zeitpunkt des Rechtskraftseintrittes die durch den Zwangsvergleich begründeten Minderungen der Gläubigerrechte weg und zwar kraft Gesetzes zugunsten aller durch den Zwangsvergleich betroffenen Gläubiger. Die Gläubiger können dann die ganze noch nicht getilgte Forderung gegen den früheren GSch. verfolgen. Für festgestellte und vom GSch. im Prüfungstermin nicht ausdrücklich bestrittene Forderungen bildet der Tabellenauszug einen Vollstreckungstitel für das Ganze (nach dem Grundsatz des § 164 Abs. 2, demgegenüber die Beschränkung durch den Zwangsvergleich, § 194, weggefallen ist). Vgl. Falkmann 81.

2. **Sicherungsmaßregeln** (§ 197 Abs. 2) sind schon möglich vor der Aburteilung im Laufe der gerichtlichen Voruntersuchung usw., rechtskräftige Bestätigung des Zwangsvergleiches vorausgesetzt. Antrag eines nicht vollständig befriedigten KGl. erforderlich, der insofern als Geschäftsführer aller Gl. handelt, als nach Anordnung der Sicherungsmaßregeln deren Aufrechterhaltung nicht im Belieben des Antragstellers steht. Die Sicherungsmaßregeln können persönlich gegen den früheren GSch. ge-

richtet sein oder den Bestand der Masse betreffen (s. § 106 Abs. 1). Sie dienen zur Sicherung der Zwecke des Wiederaufnahmeverfahrens nach § 198 und sind aufzuheben, wenn das Verfahren gegen den früheren GSch. ohne rechtskräftige Verurteilung wegen betrüglichen Bankerutts, wenn auch z. B. durch Verurteilung wegen einfachen Bankerutts, erledigt ist, oder wenn nach rechtskräftiger Verurteilung wegen betrüglichen Bankerutts eine angemessene gerichtliche Frist zur Antragstellung nach § 198 versäumt wird. Über den Antrag und die Art der Maßnahmen entscheidet das Ermessen des KG. Sofortige Beschwerde gegen dessen Entscheidung (§ 73 Abs. 3) steht dem Gl., der abgewiesen wird oder mit dem Inhalt der Maßnahmen nicht zufrieden ist, und dem früheren GSch. zu, der von den Sicherungsmaßnahmen getroffen wird. Gerichtsgebühr: § 58 GKG.

3. **Voraussetzungen der Wiederaufnahme.**

a) Wiederaufnahme zu unterscheiden von neuem K., für den die allgemeinen Voraussetzungen vorliegen müssen (§§ 102 ff.). Unterschied: der alte K. wird wieder aufgenommen nur im Falle der rechtskräftigen Verurteilung des GSch. wegen betrüglichen Bankerutts und nur auf Antrag eines vom Zwangsvergleich betroffenen, noch nicht voll wenn auch mit der Vergleichsquote befriedigten KGl., auch wenn er am alten K. nicht teilgenommen hat. Bevorrechtigter KGl. nicht antragsberechtigt (a. M. Jaeger Anm. 3 zu § 198), ebensowenig neuer, d. h. zur Teilnahme am früheren K. nicht berechtigter Gl. Anders Teilnahmerecht im wiederaufgenommenen K., s. § 200 Abs. 2. Ein neuer Gl. kann nur einen neuen K. beantragen, wobei sich die Zuständigkeit des Gerichts nicht nach dem früheren Verfahren bemißt. Zwischen Wiederaufnahme-K. und Neu-K. entscheidet die Priorität (vgl. Jaeger Anm. 5 zu § 198).

b) Der Antrag ist nicht befristet. Der Antragsteller hat nötigenfalls, namentlich wenn er am alten K. nicht teilgenommen hat, seine Eigenschaft als KGl. glaubhaft zu machen. Zuständig ist das Amtsgericht, das im alten K. KG. war. Der GSch. wird grundsätzlich zu hören sein (entspr. § 105). Der Antrag wird abgewiesen, wenn nicht zur Überzeugung des Gerichts dargelegt wird, daß eine den Kosten des weiteren Verfahrens entsprechende Masse vorhanden ist. Der Nachweis hierüber wird ersetzt durch vorschußweisen Erlag eines Geldbetrages, der vom KG. zur Deckung der Massekosten nach § 58 Nr. 1, 2 für ausreichend erachtet wird. Der Wiederaufnahmebeschluß hat die Stunde der Wiederaufnahme anzugeben. Pflichten des Gerichtsschreibers s. entspr. §§ 111, 112; Eintragung ins Grundbuch s. entspr. § 113. Sofortige Beschwerde steht entspr. § 109 gegen den Aufnahmebeschluß nur dem GSch., gegen den abweisenden Beschluß nur dem Antragsteller zu.

4. **Wirkungen der Wiederaufnahme.**

a) Das KVerf. wird in dem Zustand wieder aufgenommen, in dem es sich bei der KAufhebung befand. Das KG. beruft womöglich den früheren KVerw. zur Wiederaufnahme seiner Tätigkeit. Diese Berufung ist nur formell; kraft der Wiederaufnahme lebt das Verwaltungs- und Verfügungsrecht des früheren Verw. wieder auf. Der GSch. sinkt in seine beschränkte Rechtsstellung zurück; die privatrechtlichen und öffentlichrechtlichen Wirkungen der KE. treten neuerdings ein. Dabei ist aber zu beachten: In der Zeit von der wirksamen Aufhebung des KVerf., bis zur Wiederaufnahme des Verfahrens war der GSch. Herr der Masse (s. § 192). Die von ihm oder gegen ihn getroffenen Verfügungen usw. sind nicht unwirksam. Die Regel des § 7 gilt erst wieder für Rechtshandlungen, die der GSch. nach der Wiederaufnahme des Verfahrens vorgenommen hat. Entsprechendes gilt für die Prozeßführung des GSch. in der Zwischenzeit; auch hier wirkt die Wiederaufnahme wie eine selbständige KE. (vgl. Jaeger Anm. 7 zu § 198).

b) Das KVerf. umfaßt nach der Wiederaufnahme das gesamte einer Zwangsvollstreckung unterliegende Vermögen des GSch., das ihm und wie es ihm zur Zeit der Wiederaufnahme gehört, also auch Neuerwerb in der Zwischenzeit. Auf der anderen Seite sind (§ 200) nicht nur die alten noch nicht vollbefriebigten KGl., bevorrechtigte und nichtbevorrechtigte, zur Teilnahme am Verfahren berechtigt (Zinsen und Kostenforderungen gem. § 63 Nr. 1, 2 für die Zeit bis zur Wiederaufnahme neuanmeldbar), sondern auch sonstige Gl. Voraussetzung ist, daß sie zur Zeit der Wiederaufnahme des Verfahrens einen vermögensrechtlichen Anspruch gegen den GSch. haben (§ 3 Abs. 1). Die alten Gl. haben vor den neuen Gl. voraus, daß nur ihnen eine etwaige für die Erfüllung des Zwangsvergleichs bestellte Sicherheit haftet, denn die Rechte aus dem Zwangsvergleich verlieren sie nicht. Sie erlangen, falls die Sicherheit aus dem Vermögen des GSch. bestellt ist, die Stellung von Absonderungsberechtigten (§§ 47 f.).

5. Umfang der Wiederaufnahme. Das Verfahren wird nur soweit als nötig wiederholt (§ 201 Abs. 1). Anmeldefrist und allgemeiner Prüfungstermin (§ 110) schon wegen der neuen Gl. erforderlich; ebenso wegen der Veränderung der Masse. Offener Arrest (§ 118); Aufzeichnung der KMasse, Inventar, Bilanz (§§ 123, 124); Anordnungen nach §§ 121, 122. Die frühere Anmeldung und Prüfung wirkt fort, es ist aber zu prüfen, ob nicht mittlerweile der Bestand der Forderung sich geändert hat (Erfüllung des Zwangsvergleiches usw.), § 201 Abs. 2. Neuprüfung nicht von Amts wegen, sondern auf Bestreitung des Verwalters, eines alten oder neuen KGl. oder des GSch. (Jaeger Anm. 6 zu § 201). Die früher festgestellten Forderungen (§ 144 Abs. 1, § 145 Abs. 2) bleiben festgestellt. Bei Widerspruch wegen inzwischen eingetretener Bestandsveränderung gelten sie als titulierte Forderungen nach § 146 Abs. 6.

6. Beendigung des Verfahrens. KAufhebung infolge neuerlichen Zwangsvergleiches durch § 175 verboten. Sonst allgemeine Beendigungsgründe des § 163 und der §§ 202, 204.

7. Bedeutung des § 199. In der Zeit von der wirksamen K.-Aufh. bis zur Wiederaufnahme sind die Rechtshandlungen des GSch. grundsätzlich voll wirksam. Soll eine Rechtshandlung als der KMasse gegenüber unwirksam angefochten werden (§§ 29 ff.) und kommt es dabei nach der gesetzlichen Vorschrift auf die Zahlungseinstellung an, so gilt, wenn nicht mittlerweile eine Zahlungseinstellung erfolgt ist (diese ist nicht Voraussetzung zur Wiederaufnahme), als entspr. Tag der Tag des ersten den GSch. wegen betrüglichen Bankerutts verurteilenden Erkenntnisses ohne Rücksicht auf den Zeitpunkt des Rechtskrafteintrittes. Das gleiche ist bestimmt für eine in diesem Zeitraum entstandene Aufrechnungsbefugnis, soweit deren Zulässigkeit für das KVerf. durch die Zahlungseinstellung beeinflußt wird (§ 55 Nr. 3, § 56).

Siebenter Titel.

Einstellung des Verfahrens.

Vorbemerkung.

Neben der Aufhebung des KVerf. infolge Schlußverteilung (§ 162) und der Aufhebung infolge Zwangsvergleichs (§ 190) kennt das Gesetz zwei außerordentliche Gründe der KBeendigung (Beendigung des K. ohne Erreichung des Zweckes der Befriedigung der Gl.): die Einstellung des Verf. mit Zustimmung der Gl. (§ 202) und die Einstellung mangels Masse (§ 204). Das schließt nicht aus, daß ein offenbar ungesetzliches Verfahren von Amts wegen eingestellt wird (RG. LZ. 4, 483), soweit nicht der rechtliche Mangel durch rechtskräftige KE. geheilt ist (hiezu Jaeger Einl. zu §§ 202, 203). Tod des GSch. ist kein Einstellungsgrund.

Besondere Vorschrift in § 116 GenG.; § 52 Abs. 2, § 53 BAG.

Einstellung mit Zustimmung der KGläubiger. **§ 202.** (§ 188.)

I Das Konkursverfahren ist auf Antrag des Gemeinschuldners einzustellen, wenn er nach dem Ablaufe der Anmeldefrist die Zustimmung aller Konkursgläubiger, welche Forderungen angemeldet haben, beibringt. Inwieweit es der Zustimmung oder der Sicherstellung von Gläubigern bedarf, deren Forderungen angemeldet, aber nicht festgestellt sind, entscheidet das Konkursgericht nach freiem Ermessen.

II Das Verfahren kann auf Antrag des Gemeinschuldners vor dem Ablaufe der Anmeldefrist eingestellt werden, wenn außer den Gläubigern, deren Zustimmung der Gemeinschuldner beibringt, andere Gläubiger nicht bekannt sind.

Verfahren. **§ 203.** (§ 189.)

I Der Antrag ist öffentlich bekannt zu machen und mit den zustimmenden Erklärungen auf der Gerichtsschreiberei zur Einsicht der Konkursgläubiger niederzulegen. Die Konkursgläubiger können binnen einer mit der öffentlichen Bekanntmachung beginnenden Frist von einer Woche Widerspruch gegen den Antrag

erheben. Im Falle des § 202 Abs. 1 steht der Widerspruch jedem Gläubiger zu, welcher bis zum Ablaufe der Frist eine Forderung angemeldet hat.

[II] Das Gericht beschließt über die Einstellung nach Anhörung des Gemeinschuldners und des Verwalters. Im Falle eines Widerspruches ist auch der widersprechende Gläubiger zu hören.

Begr. I 435. — Unverändert durch die Nov.

Gemeinsame Erläuterungen zu §§ 202, 203.

1. **Voraussetzungen der Einstellung mit Zustimmung der Gl.** Sie erfolgt niemals von Amts wegen sondern nur auf den formlosen, an einen bestimmten Stand des Verfahrens nicht gebundenen Antrag des GSch.

a) Nach dem Ablauf der Anmeldefrist (§ 138) muß das KG., wenn der Antrag vorliegt, die Einstellung beschließen, falls die Zustimmung aller KGl. ohne Unterschied des Ranges vorliegt, welche Forderungen bis zur gerichtlichen Beschlußfassung, wenn auch nach Ablauf der Anmeldefrist, angemeldet haben. KGl. ist nicht mehr, wer durch Erfüllung, Aufrechnung usw. voll befriedigt worden ist. Nachweis des Erlöschens der Forderung steht dem Nachweis der Zustimmung gleich (s. Jaeger Anm. 7). § 181 (Verbot der Begünstigung einzelner) nicht anwendbar. Massegl. sind nicht beteiligt.

Die Zustimmung braucht nicht notwendig in einer GlVersammlung oder in einem sonstigen Termin erklärt zu werden, sondern kann dem KG. auch sonst, z. B. durch Vorlage einwandfreier schriftlicher, auf Verlangen hinsichtlich der Unterschrift beglaubigter (s. § 129 BGB.) Erklärungen oder durch Erklärung zu Protokoll des Gerichtsschreibers nachgewiesen werden. Die Zustimmung hat der GSch. beizubringen; von Amts wegen werden Ermittlungen hierüber nicht angestellt. Das KG. hat auch keine Amtspflicht, Gl., die nicht angemeldet haben, auf den Antrag aufmerksam zu machen (Verf. § 203). Abhaltung des Prüfungstermines vor der gerichtlichen Entscheidung nicht erforderlich. Diese Abhaltung hat aber folgende Bedeutung: Von der Zustimmung von Gl., deren Forderungen im Termin festgestellt (§ 144 Abs. 1), wenn auch vom GSch. bestritten sind, kann das Gericht nicht befreien, auch wenn der Gl. abwesend ist. Dagegen entscheidet das KG. nach freiem, in der Beschwerdeinstanz nachprüfbaren Ermessen, inwieweit es der Zustimmung oder, wenn der Gl. nicht zustimmt oder nicht zu erreichen ist, der Sicherstellung von Gl. bedarf, deren Forderungen zwar angemeldet, aber nicht festgestellt sind. Das ist auch wichtig, wenn die Entscheidung nach Ablauf der Anmeldefrist, aber vor Ablauf des Prüfungstermines, getroffen wird.

b) Vor dem Ablauf der Anmeldefrist (s. o.) kann das KG., wenn der Antrag vorliegt, die Einstellung beschließen, falls der GSch. die Zustimmung aller Gl. erbringt, die dem KG. bekannt sind (GlVerzeichnis, § 104, bisherige Anmeldungen, Aufzeichnungen des Verwalters, Gerichtskundigkeit). Zweckmäßig Anfrage beim KVerw., ob andere Gl. bekannt sind. Trotz der Beibringung der Zustimmung aller bekannten Gl. und trotz der Durchführung des Verfahrens nach § 203 kann die Einstellung verweigert werden, wenn das KG. zur Ansicht kommt, daß durch diese vorzeitige Maßnahme die Interessen unbekannter Gl. verletzt werden können. Ist die Einstellung nach § 202 Abs. 2 verweigert, so muß sie auf neuerlichen Antrag später erfolgen, wenn die Voraussetzungen des Abs. 1 vorliegen. Die aus Anlaß eines früheren Antrags erteilte Zustimmung der Gl. ist aber bei jeder Erneuerung des Antrages neu beizubringen. Im Falle des Abs. 2 kann die vorläufige Entscheidung des Gerichtes auch lauten, daß zunächst der Ablauf der Anmeldebefrist abgewartet wird.

2. **Verfahren.**

a) Fehlt es von vornherein an einer Voraussetzung der Einstellung, so weist das KG. den Antrag zurück. Sofortige Beschwerde des GSch. § 73. Sonst wird das Verfahren nach § 203 durchgeführt. Es hat den Zweck, den KGl. die Möglichkeit des Widerspruchs gegen den Antrag zu eröffnen. Fristbeginn nach der Regel des § 76. Der Widerspruch kann ausgehen von einem Gl., dessen zustimmende Erklärung vorliegt, falls er diese Erklärung als nichtig beanstandet, wegen Irrtums, arglistiger Täuschung oder Drohung anficht, eine behauptende Vertretungmacht bestreitet, oder von einem Gl., der schon bisher widersprochen hat, oder der übersehen wurde und dgl. Der Widerspruch kann sich auch mit den Mängeln der Erklärungen anderer Gl. befassen. Durch § 203 Abs. 1 S. 3 ist das Widerspruchsrecht ausdrücklich auf die Gl. erstreckt, welche bis zum Ablauf der Widerspruchsfrist eine Forderung angemeldet haben. Ob der Widerspruch Beachtung finden muß, bemißt sich nach § 202; insbesondere entscheidet also über den Widerspruch eines Gl., dessen Forderung zwar angemeldet, aber nicht festgestellt ist, das freie richterliche Ermessen.

b) Die Anhörung des GSch., des Verwalters und der widersprechenden Gl. braucht nicht in einem Termin zu geschehen (anders § 184 Abs. 2, § 204 Abs. 2); sie kann auch schriftlich erfolgen.

3. **Sofortige Beschwerde** § 73: steht zu dem GSch. gegen die Entscheidung, die seinen Antrag zurückweist oder verwirft, gegen die Einstellung dem KVerw. (a. M. Jaeger Anm. 10) und jedem KGl., der nach dem Inhalt seiner Beschwerde sich beschwert erachtet. Die Beschwerde kann auf neue Tatsachen oder Beweise gestützt werden.

4. **Neueröffnung des Verfahrens** nach der Einstellung möglich, wenn ein neuer KGrund, in der Regel neue Zahlungsunfähigkeit des GSch. (§ 102) eingetreten ist. Die Wiederaufnahme des rechtskräftig eingestellten Verfahrens ist ausgeschlossen (vgl. RG. JW. 15, 55).

Einstellung wegen ungenügender KMasse.

§ 204. (§ 190.)

[1] **Das Gericht kann das Konkursverfahren einstellen, sobald sich ergibt, daß eine den Kosten des Verfahrens entsprechende Konkursmasse nicht vorhanden ist. Die Einstellung unter-**

bleibt, wenn ein zur Deckung der im § 58 Nr. 1, 2 bezeichneten Massekosten ausreichender Geldbetrag vorgeschossen wird.

II**Vor der Einstellung soll die Gläubigerversammlung gehört werden.**

Begr. I 437; KommB. II 45. — Geändert durch die Nov.

Nach § 107 Abs. 1 kann nach richterlichem Ermessen die Abweisung des Eröffnungsantrags erfolgen, wenn die Masse nach der Anschauung des KG. nicht die Kosten des Verfahrens deckt. Die Abweisung des Eröffnungsantrags unterbleibt, wenn ein Geldbetrag vorgeschossen wird, der zur Deckung der Massekosten nach § 58 Nr. 1, 2 voraussichtlich ausreicht. Da das KVerf. nicht Selbstzweck ist, sondern eine verhältnismäßige Teilung der Masse unter die KGl. zum Ziele hat, darf das Gericht auch nach der KE. in jeder Lage des Verfahrens darauf Rücksicht nehmen, daß nicht einmal eine den Kosten des Verfahrens entsprechende Masse vorhanden ist, und das KVerf. aus diesem Grunde einstellen. Die Einstellung unterbleibt bei genügendem Kostenvorschuß. Ein Recht auf Einstellung hat weder der GSch. noch eine andere Person. Der GSch., der KVerw. und jeder KGl. (nach Jaeger Anm. 3 auch ein Massegläubiger) kann aber die Einstellung beantragen und sich gegen die Abweisung des Antrages sofort (§ 73) beschweren (vgl. LZ. 3, 254). Das Beschwerderecht ergibt sich daraus, daß der GSch. und jeder KGl. ein Interesse daran hat, daß die Masse nicht nutzlos für formelle Zwecke verwertet wird. Die Legitimation des Verw. geht schon aus § 82 hervor (persönl. Verantwortung auch gegenüber den MasseGl., die durch die Fortsetzung des Verf. unter Umständen geschädigt werden).

Einstellungsbeschluß ist vom GSch., KVerw. und jedem KGl. durch sofortige Beschwerde anfechtbar.

Vor der Entscheidung soll die Gläubigerversammlung gehört werden; also mündliche Erörterung der Lage. Die Gläubigerversammlung als solche hat nach allgemeinen Regeln kein Beschwerderecht.

Gerichtliche Tätigkeit.

§ 205. (§ 191.)

I**Der Einstellungsbeschluß und der Grund der Einstellung sind öffentlich bekannt zu machen.**

II**Die Vorschriften der §§ 111 Abs. 2, 112, 113, 191 finden entsprechende Anwendung.**

Begr. I 437, KommB. I 116; KommB. II 45. — Geändert durch die Nov.

Stellung des Gemeinschuldners.

§ 206. (§ 192.)

I**Der Gemeinschuldner erhält das Recht zurück, über die Konkursmasse frei zu verfügen.**

II**Die Vorschriften des § 161 finden entsprechende Anwendung.**

Begr. I 437. — Unverändert durch die Nov.

Gemeinsame Erläuterungen zu §§ 205, 206.

a) §§ 205 und 206 beziehen sich auf beide Einstellungsarten (§ 202 und § 204). Grund der Einstellung (§ 205 Abs. 1) ist entweder der Antrag des GSch. mit Zustimmung der KGl. oder der Mangel einer den Kosten des Verfahrens entsprechenden KMasse. Der Einstellungsbeschluß wird nach der Regel der § 76 einheitlich wirksam mit dem Ablauf des 2. Tages nach der Ausgabe des Amtsblattes, das die (erste) Einrückung enthält, nicht schon mit der Abfassung des Beschl. und nicht erst mit der Rechtskraft (herrsch. Ans.; vgl. RGZ. 73, 313; Stettin OLG. 19, 201). Wird gegen die Einstellung sof. Beschwerde eingelegt, so entsteht, wenn das Beschwerdegericht die Einstellung aufhebt, ein konkursfreier Zwischenraum, weil die Entscheidung des Beschwerdegerichts grundsätzlich erst mit der Rechtskraft wirksam wird (§ 74). Das Beschwerdegericht kann einstweilige Anordnungen treffen, welche der Sicherung der Masse dienen (entspr. § 106). Die wirksame Einstellung beseitigt für die Zukunft die Wirkungen der KBeschlagnahme, das Verwaltungs- und Verfügungsrecht des KVerw., die privatrechtlichen und öffentlichrechtlichen Wirkungen des K. auf die Rechtssphäre des GSch., soweit nicht die Gesetze im einzelnen abweichen, und gibt dem GSch. das Recht zurück, über die Masse frei zu verfügen (§ 206). Was der KVerw. während des K. an Verfügungen getroffen hat, bleibt wirksam, ebenso bleibt es bei den einmal eingetretenen Wirkungen der KE. auf Rechtsverhältnisse. Für die Rechtsstellung der Gl. ist § 164 entspr. maßgebend, der den allgemeinen Grundsatz enthält (§ 206 Abs. 2). S. die dort. Erläuterungen. Dies gilt sowohl für den Bestand und Inhalt der Forderungen als für die Rechtsverfolgung.

b) Die Bezugnahme auf § 191 ergibt, daß der Verw. vor der gerichtlichen Einstellung des Verf. aus der Masse Masseansprüche und soweit möglich die bevorrechtigten KForderungen als die schutzbedürftigsten zu berichtigen oder sicherzustellen hat (sehr bestr.); vgl. Wilm.-Kurlb. Anm. 3; Jaeger Anm. 2. Reicht die KMasse nicht zur vollständigen Befriedigung aller MasseGl. aus, so tritt verhältnismäßige Befriedigung nach § 60 ein, wodurch die Ansprüche gegen den GSch. nicht berührt werden (s. Anm. zu § 60; Dresden JW. 45, 1493).

c) Formelle Vorschriften: Auszugsweise Bekanntm. der Einstellung im Reichsanzeiger (§ 111 Abs. 2), Verständigung des Registergerichts usw., des Grundbuchamts (§§ 112, 113). Für Bayern Mitteilung an die Postscheckämter (JMBl. 1914, 103).

Achter Titel.

Besondere Bestimmungen.

Vorbemerkungen.

Der 8. Abschn. enthält Sonderbestimmungen 1. über den K. von Aktiengesellschaften (§§ 207 und 208), 2. über den K. von offenen Handelsgesellschaften, Kommanditgesellschaften und Kommanditgesellschaften auf Aktien (§§ 209—212), 3. über den K. von juristischen Personen und Vereinen (§ 213), 4. über den NachlaßK. (§§ 214—235), 5. über den K. über das Gesamtgut bei der fortgesetzten Gütergemeinschaft (§ 236) und 6. über das gegenseitige kmäßige Verhältnis zwischen Inland und Ausland (§§ 237, 238).

Die Nov. hat in §§ 209, 210 als KGrund für die KommanditGes. auf Aktien auch die Überschuldung aufgenommen, durch die Fassung des § 212 krechtlich den Wegfall des Art. 122 des bisherigen HGB. zum Ausdruck gebracht, den § 213 über den K. der juristischen Personen und Vereine neu eingefügt, in §§ 214—236 im Anschluß an das Recht des BGB. den NachlaßK. und den K. über das Gesamtgut der fortges. Gütergemeinschaft einheitlich geregelt und die Fassung des § 238 der Neufassung des § 71 angepaßt.

Über den K. der Gesellschaften mit beschr. Haftung, der eingetragenen Genossenschaften und der Versicherungsvereine auf Gegenseitigkeit sind Sonderbestimmungen enthalten in dem Ges. betr. die Gesellsch. mit beschr. Haftung, in dem GenossenschGes. und dem VersicherungsaufsichtsGes.; diese Bestimmungen sind im Teil III abgedruckt.

Aktiengesellschaft.

§ 207. (§ 193.)

I. [I]Über das Vermögen einer Aktiengesellschaft findet das Konkursverfahren außer dem Falle der Zahlungsunfähigkeit in dem Falle der Überschuldung statt.

[II]Nach Auflösung einer Aktiengesellschaft ist die Eröffnung des Verfahrens so lange zulässig, als die Verteilung des Vermögens nicht vollzogen ist.

Begr. I 441. — Unverändert durch die Nov.

1. Allgemeines. Der K. über das Vermögen einer AktienGes. unterliegt den allg. Vorschriften, soweit nicht die §§ 207 und 208 besonderes bestimmen. Durch die KE. wird die AktienGes. vorbehaltlich ihres Fortbestehens als LiquidationsGes. aufgelöst (§ 292 Nr. 3 HGB.), sie kann aber bei Aufhebung des K. nach Abschluß eines ZwVergl. oder bei Einstellung auf Antrag des GSch. (§§ 190, 202 KO.) durch Beschluß der Generalversammlung fortgesetzt werden (§ 307 Abs. 2 HGB.); s. § 25 Anm. 2.

2. Einzelheiten.

a) Das KGericht bemißt sich nach § 71 KO. Soweit darnach die Zuständigkeit sich nach dem allg. Gerichtsstand bestimmt, ist § 17 ZPO. maßgebend.

b) Voraussetzung der KE. ist bei der Aktiengesellschaft neben dem allgemeinen, sich aus § 102 KO. ergebenden KEGrund der Zahlungsunfähigkeit die Überschuldung (Insuffizienz); sie ist vorhanden, wenn die Summe der vorhandenen Werte (Aktiva) die Summe der daraus zu berichtigenden Schulden übersteigt (Seuffert 138); s. hierzu § 30 Anm. 1 und § 102 Anm. 2. Nicht alles, was auf der Passivseite steht, ist abzurechnen, sondern nur die Schulden im eigentl. Sinn; nicht zu berücksichtigen sind also (andere) Reservekonten einschließlich der Grundkapitalsziffer, wohl aber die Fonds, die nur Berichtigungsposten für eine zu hohe Bewertung der Aktiva sind (Staub § 240 Anm. 11). Die Bilanzierungsvorschriften des § 261 sind hier nicht maßgebend (Staub § 240 Anm. 2). Notwendig ist, daß das eine oder andere feststeht. Nachdem das Gericht das Vorliegen des KGrundes von Amts wegen festzustellen hat, hat es, wenn der Antragsteller auch nur einen dieser Gründe geltend gemacht hat, von Amts wegen zu prüfen, ob nicht der andere vorliegt (Königsberg LZ. 12, 660).

Der K. ist auch zulässig nach Auflösung der AktienGes. während der Liquidation, solange noch eine Teilungsmasse zusammengebracht werden kann (§ 207 Abs. 2; Wilm.-Kurlb. § 207 Anm. 4); auch wenn das Vermögen verteilt ist, wenn nur die Möglichkeit besteht, im Wege der GlAnf. oder durch Haftbarmachung von Gesellschaftsorganen (§§ 241, 249, 298 HGB.) Vermögen wieder beizubringen (Jena LZ. 4, 329; s. Jaeger §§ 207 und 208 Anm. 2).

Konkursfähig ist auch die nichtige ins Handelsregister eingetragene AktienGes. und zwar vor wie nach Eintragung der Nichtigkeit, denn sie hat Bestand als AbwickelungsGes. (§ 311 HGB.; Staub § 311 Anm. 8). Bevor die AktienGes. ins Handelsregister eingetragen ist, besteht sie nicht (§ 200 HGB.) und ist deshalb auch nicht im Sinne der §§ 207, 208 kfähig; sie kann aber unter Umständen als nicht rechtsfähiger Verein kfähig sein (§ 213).

Aus § 306 Abs. 4 HGB., wonach bei liquidationsloser Vereinigung des Vermögens einer AktienGes. als Ganzes mit dem einer anderen AktienGes. oder einer KommGes. auf Aktien gegen Gewährung von Aktien bis zur Vereinigung des Vermögens der beiden Gesellschaften im Verhältnis der Gl. der aufgelösten Ges. zu der übernehmenden Ges. und den übrigen Gläubigern das übernommene Vermögen noch als Vermögen der aufgelösten Gesellschaft gilt, ergibt sich, daß ein SonderK. über das Vermögen der übernommenen Ges. mit Beschränkung auf die Gl. der übernommenen Ges. zulässig ist, in dem die Gl. der aufgelösten Ges. und zwar auch solche, deren Forderungen erst nach der Vereinigung entstanden, gegen die Gl. der übernehmenden Ges. geschützt sind. Dieser SonderK. ist zulässig bis zur tatsächlichen Vereinigung und noch darüber hinaus, wenn die Vereinigung vor Erledigung der in § 306 Abs. 5 HGB. vorgeschriebenen Maßregeln erfolgte. Zum SonderK. gehören auch die bis zum Ablauf des Sperrjahrs fällig werdenden Zinsen. Enteignungen, die aus dem Vermögen der aufgelösten Ges. durch die übernehmende Ges. erfolgt sind, bleiben aber im Verhältnis zu Dritten, vorbehaltlich einer etwaigen Anfechtung nach §§ 29 f., wirksam (Staub HGB. § 306 Anm. 19; RG. LZ. 9, 224; RGZ. 84, 242). Der KVerw. der übernehmenden Ges. darf Forderungen der übernommenen Ges. gegen Ansprüche gegen die übernehmende Ges. nicht aufrechnen (RG. JW. 42, 334). GSch. im SonderK. ist die übernehmende Ges. (Makower HGB. § 306 Anm. III c 3). Prozesse sind zwischen den KMassen der übernehmenden und der übernommenen Ges. gleichwohl nicht ausgeschlossen (RG. LZ. 9, 224). Die Gl. der übernommenen Ges. sind, da sie Gläubiger der übernehmenden wurden (BGB. § 419), auch in einem Konkurs der letzteren KGl.; sie haben dort ein aus § 306 Abs. 4 HGB. abzuleitendes Aussonderungsrecht bezüglich ihres früheren Vermögens nach § 43 KO. (Staub § 306 Anm. 19; Makower § 306 Anm. III b 3);

a. A. Jaeger § 207 Anm. 21, der ihnen nur ein Absonderungsrecht gibt; s. auch RGZ. 84, 242 (248).

c) Gemeinschuldner; Verhältnis zwischen dem K.-Verw. und den Organen der Ges. GSch. ist die AktienGes. als juristische Person. Die bisherigen Vertreter (Vorstand bzw. im Liquidationszustand die Liquidatoren) sind auch im K. noch Vertreter; da die Ges. zwar erlischt, aber noch als LiquidationsGes. weiterbesteht, so dauert, soweit nicht etwa im Einzelfall besondere zivilrechtliche Beendigungsgründe vorliegen (RG. LZ. 5, 308), auch ihre Stellung fort; das gilt auch vom Aufsichtsrat (RGZ. 81, 332); s. auch § 23 Anm. 1a. Sie haben im K. neben dem KVerw. insoweit in Tätigkeit zu treten, als beim K. natürlicher Personen der GSch. neben dem KVerw. selbst noch auftritt. Die Vorstandsmitglieder bzw. die Liquidatoren haben insbesondere die Pflicht zur Leistung des OffenbEids, wohl aber nicht die Anwesenheitspflicht (§§ 100, 125, 101; s. § 101 Anm. 2); s. Dresden LZ. 2, 170. Der ZwVergl. ist unzulässig, wenn auch nur bei einem Vorstandsmitglied oder Liquidator ein Unzulässigkeitsgrund vorliegt.

Nicht der KVerw., sondern die bisherigen GesOrgane vertreten die Ges. bei allen Angelegenheiten, die nicht durch die dem KVerw. nach den allg. Vorschriften gegebene Stellung von ihm zu erledigen sind; so bei der Beschwerde gegen den KEBeschluß (§ 109), bei den nach § 144 Abs. 2 aufgenommenen Prozessen, beim Vorschlag eines ZwVergl. (§ 173), bei der Beschwerde gegen dessen Bestätigung oder Verwerfung (§ 189); ihnen obliegt die Vertretung in einem von einem Gesellschafter wegen seiner Mitgliedschaft angestellten Prozeß, die Einberufung und Leitung der Gesellschafterversammlungen, die im öffentlichen Interesse hierüber vorgeschriebenen Mitteilungen an das RegisterGer. (RG. OLG. 34, 364). Der Aufsichtsrat vertritt noch für die Regel die Ges. bei Anfechtungsklagen gemäß §§ 271, 272 HGB. (RGZ. 69, 244; 76, 244); s. hierzu Wulff LZ. 7, 177. Eine Zuständigkeit der Gesellschaftsorgane kann sich noch ergeben zur Vertretung der Ges. bei Klagen auf Unterlassung der Verwertung eines Patents, das in ein Patent des Klägers eingreifen soll (Frankfurt OLG. 35, 281). Der Liquidator braucht aber nach der KE. die Eröffnungsbilanz nicht mehr der Generalversammlung vorzulegen; es genügt Einreichung beim Registergericht (§ 299 HGB.; Dresden LZ. 2, 710). Sind mehrere Vorstandsmitglieder oder Liquidatoren vorhanden (§ 231 Abs. 2, § 295 HGB.), so bemißt sich ihre Vertretungsmacht nach den allg. Vorschriften der §§ 232, 298 Abs. 3 HGB.; eine Ausnahme besteht für die Antragsstellung (s. § 208 KO.). Dagegen erteilt die Genehmigung zur Übertragung von Namensaktien (§§ 222 Abs. 2, 223 HGB.) der KVerw. (RGZ. 72, 291); dieser ist berechtigt, die noch rückständigen Einzahlungen der Aktionäre geltend zu machen (RGZ. 45, 153; RG. JW. 25, 189). Die Klage auf Aufhebung des Schiedsspruchs richtet sich gegen ihn (RGZ. 76, 244). Innerhalb seiner Befugnisse untersteht der KVerw. nicht etwa wie der Vorstand dem Aufsichtsrat.

d) Konkursmasse und Konkursgläubiger. Die KMasse bemißt sich nach den allg. Grundsätzen (§ 1 KO.). Auch Reservefonds fallen in die Masse. Zur Masse gehören weiter rückständige Einlagen auf die Aktien (ein Aufrechnungsrecht hiergegen besteht nicht, § 221 S. 2 HGB.) und die Regreßrechte der Ges. gegen die Mitglieder des Vorstands und des Aufsichtsrats (RG. LZ. 5, 305). Die Regreßrechte kann nur der KVerw. geltend machen; die Gl. der Ges. können sie während des K. auch dann nicht geltend machen, wenn der KVerw. die Erhebung der RegreßKl. ablehnt (RGZ. 74, 428). Auch für die KGl. gelten die allgemeinen Vorschriften der KO. Die Aktionäre sind wegen ihrer Einlagen nicht Gl. der Ges. (§ 213 S. 1 HGB.), demgemäß auch nicht KGl. (KG. OLG. 21, 389), wohl aber sind sie es mit dem ihnen gemäß § 213 S. 2 HGB. zustehenden Anspruch auf Reingewinn (Dividende); s. Staub § 213 Anm. 12; ebenso bei Herabsetzung des Grundkapitals mit dem Anspruch auf festgestellte Rückzahlungen (Jaeger §§ 207, 208 Anm. 18).

3. Wegen des K. der Kommanditges. auf Aktien s. §§ 209 f.

§ 208. (§ 194.)

I Zu dem Antrage auf Eröffnung des Verfahrens ist außer den Konkursgläubigern jedes Mitglied des Vorstandes und jeder Liquidator berechtigt.

II Wird der Antrag nicht von allen Mitgliedern des Vorstandes oder allen Liquidatoren gestellt, so ist derselbe zuzulassen, wenn die Zahlungsunfähigkeit oder Überschuldung glaubhaft gemacht wird. Das Gericht hat die übrigen Mitglieder oder Liquidatoren nach Maßgabe des § 105 Abs. 2, 3 zu hören.

Begr. I 441. — Sachlich unverändert durch die Nov.

a) **Antragsrecht.** Die Befugnis zur Antragstellung auf KE. bemißt sich an sich nach § 103 Abs. 2; es ist also jeder KGl. und der GSch. antragsberechtigt. Soweit den Antrag der GSch. stellt, gilt auch hier § 104. Darüber hinaus gibt § 208 jedem Vorstandsmitglied und jedem Liquidator ein Antragsrecht, auch wenn, was die gesetzliche Regel ist (HGB. § 232 Abs. 1 und § 298 Abs. 3), Kollektivvertretung besteht. Beschränkungen in der Zeichnungsbefugnis beschränken das Antragsrecht nicht. Wird der Antrag nicht von allen Vorstandsmitgliedern oder allen Liquidatoren gestellt, was auch dann der Fall ist, wenn den Antrag ein KGl. stellt, so ist in erster Linie seine Zulässigkeit zu prüfen, die davon abhängt, daß die Zahlungsunfähigkeit oder die Überschuldung glaubhaft gemacht ist. Stellt den Antrag ein KGl., so hat er nach der allgemeinen Regel des § 105 Abs. 1 auch seine Forderung glaubhaft zu machen. Beim Fehlen dieser Voraussetzungen wird der Antrag als unzulässig abgewiesen. Andernfalls werden die Vorstandsmitglieder oder Liquidatoren bzw. die übrigen Vorstandsmitglieder oder Liquidatoren schriftlich oder mündlich gehört und dann wird über die Eröffnung entschieden. Aktionäre, Prokuristen, Aufsichtsrat, Generalversammlung haben kein Antragsrecht; s. RGZ. 36, 27 (30). Die Aktionäre sind nicht etwa KGl. Aus der jedem Mitglied des Vorstands oder jedem Liquidator eingeräumten Befugnis zur Antragstellung ergibt sich auch ein Beschwerderecht hinsichtlich der einen Antrag ablehnenden Entscheidung und zur Abwehr eines von einem Gl. gestellten KEAntrags (Colmar in OLG. 15, 243).

b) **Antragspflicht.** Gemäß § 240 Abs. 2, § 298 Abs. 2, § 315 Abs. 1 Nr. 2 HGB. haben der Vorstand und die Liquidatoren, sobald die Zahlungsunfähigkeit der Ges. eintritt, oder wenn sich bei der Aufstellung der Jahres- oder einer Zwischenbilanz ergibt, daß das Vermögen nicht mehr die Schulden deckt, die Pflicht, die KE. zu beantragen. Zufolge KriegsVO. vom 8. Aug. 1914 (RGBl. 365) sind diese Vorschriften bis auf weiteres außer Kraft gesetzt, soweit sie die Verpflichtung betreffen, die KE. bei Zahlungsunfähigkeit zu beantragen. Zufolge ÜbergangsVO. vom 28. April 1920 (RGBl. 696) sollen sie ferner, bis der Justizminister die Außerkraftsetzung dieser VO. bestimmt, außer Anwendung treten, wenn die Überschuldung darauf beruht, daß sich infolge Veränderung des Umrechnungskurses der in Reichsmark ausgedrückte Wert einer auf ausländische Währung lautenden Schuld gegenüber dem Werte bei Eingehung der Verbindlichkeit erhöht hat.

c) Wegen des **Antragsrechts bei der Versicherungsaktienges.** s. § 68 VVG. und Vorbemerkung vor § 102.

§§ 209—212. Vorbemerkungen.

§§ 209—212 treffen Sonderbestimmungen über den K. der offenen HGes., der KommGes. und der KommGes. auf Aktien (wegen der AktienGes. s. § 207 und 208). Hievon befassen sich §§ 209 und 210 mit der Eröffnung des Verf., § 211 mit dem Zwangsvergleich und § 212 mit einer durch den GesK. veranlaßten Beschränkung der Geltendmachung von Ansprüchen im PrivatK.

Offene HandelsGes., KommGes. u. KommGes. auf Aktien.

§ 209. (§ 198.)

I **Im Falle der Zahlungsunfähigkeit einer offenen Handelsgesellschaft, einer Kommanditgesellschaft oder einer Kommanditgesellschaft auf Aktien findet über das Gesellschaftsvermögen ein selbständiges Konkursverfahren statt. Über das Vermögen einer Kommanditgesellschaft auf Aktien findet das Konkursverfahren auch im Falle der Überschuldung statt.**

II **Die Vorschrift des § 207 Abs. 2 findet entsprechende Anwendung.**

Begr. I 447; Begr. II 45, KommB. II 122. — Geändert durch die Nov.

1. **Selbständiger Konkurs über das Gesellschaftsvermögen.** Bei der offenen HGes., der KommGes. und der KommGes. auf Aktien finden Konkurse über das Vermögen der Gesellschaft statt; es ist das ein Ausfluß der aus § 124 HGB. und aus §§ 161 mit 124 HGB. sich ergebenden Parteifähigkeit der beiden ersteren Gesellschaften und der juristischen Persönlichkeit der letzteren. Daneben sind Konkurse über das Vermögen der Gesellschafter zulässig. Beide K. sind rechtlich selbständig und im allgemeinen (geringfügige Abweichungen s. §§ 211 und 212) ohne rechtlichen Einfluß aufeinander. Es hat insbesondere der K der Gesellschaft nicht rechtlich

den des Gesellschafters zur Folge und auch nicht umgekehrt (Hamburg OLG. 15, 228); wohl aber zieht der K. des Gesellschafters die Auflösung der offHGes. nach sich (§ 131 Nr. 5); s. hierwegen Staub § 131 Anm. 18 und 19. Das gleiche gilt bei der KommGes. (§ 161 Abs. 2 HGB.); bei der KommGes. auf Aktien letzteres aber nur bei KE. über das Vermögen des Komplementars, nicht aber bei der über das Vermögen des Kommanditisten (HGB. § 330 Abs. 1 und 2). Wegen des Einflusses der KE. über das Vermögen der Gesellschaften auf deren Bestand s. Anm. 4. Aus der Selbständigkeit des GesK. und des PrivatK. ergibt sich auch, daß der Verw. des GesK. Rechtshandlungen des Gesellschafters nicht anfechten kann (Kiel OLG. 21, 180), soweit nicht etwa der Gesellschafter in Vertretung der Ges. gehandelt hat; ebenso, daß Zahlunfähigkeit und ZahlEinstellung der Gesellschafter und der Ges. rechtlich getrennt zu halten sind (Hamburg OLG. 15, 228).

2. Voraussetzungen der KE. Zulässig ist die KE. bei der offHGes., der KommGes. und der KommGes. auf Aktien unter den allg. Voraussetzungen der Zahlunfähigkeit, bei der KommGes. auf Aktien auch im Falle der Überschuldung (§ 209 Abs. 1 S. 2). Bei allen drei Gesellschaften (§ 209 Abs. 2 mit § 207 Abs. 2) ist die KE. auch nach Auflösung der Gesellschaften zulässig, solange noch unverteiltes Verm. vorhanden ist oder im Wege der Anfechtung wieder erlangt werden kann (Dür.-Hach. § 144 Anm. 2; Jaeger LZ. 9, 272). Zahlunfähigkeit und Überschuldung müssen bei der Gesellschaft, nicht bei den Gesellschaftern eingetreten sein. Wegen der Begriffe der Zahlunfähigkeit und der Überschuldung s. § 30 Anm. 1 und § 102 Anm. 2. Zulässig ist die KE. bei der offHGes. und bei der KommGes., sobald sie nach außen als wirksam errichtet gelten (HGB. §§ 123, 161 Abs. 2; Staub § 131 Anm. 11; § 162 Anm. 15); der § 15 HGB. wird für die Frage der KE. nicht anzuwenden sein (vgl. RGZ. 93, 238). Wegen der Berücksichtigung der beiden KEGründe von Amts wegen bei der KommGes. auf Aktien gilt das bei § 207 Anm. 2 b Bemerkte. Wird über das Vermögen einer „offHGes." der K. eröffnet, während tatsächlich der Firmeninhaber Einzelperson ist, so ist — soweit nicht etwa HGB. § 123 nach dem Ausgeführten einschlägt — der K. wirksam über das Vermögen der Einzelperson eröffnet (Naumburg OLG. 19, 220). Erfolgreiche Anfechtung des die Beendigung der Gesellschaft bewirkenden Ausscheidens eines Gesellschafters gibt nicht die Möglichkeit KE. zu beantragen, wie wenn der Ausscheidende noch Gesellschafter wäre (KG. OLG. 25, 327).

3. Konkursmasse, Schuldenmasse, Gemeinschuldner.

a) Konkursmasse ist das GesVerm. einschließlich der Einlagen der Gesellschafter (RGZ. 91, 12) und Kommanditisten, welche Beträge der Verw., soweit sie noch nicht eingezahlt sind, einfordern kann (Dür.-Hach. § 171 Anm. 15; RG. JW. 25, 373). Das Vermögen der persönlich haftenden Gesellschafter gehört nur soweit zur Masse, als es zum GesZwecke vereinigt und gebunden ist. Auch Ansprüche der Ges. gegen die Gesellschafter wegen Verletzung ihrer Gesellschaftspflichten gehören zur Masse, nicht aber kann der Verw. offGesellschafter über ihr Einlageversprechen hinaus zur Begleichung ihrer Passivsalden belangen (Jaeger Anm. 17 und jetzt auch Staub § 131 Anm. 13 und Cosack § 197 Anm. IV 2 b). Bei der KommGes. wird während des K. die gegenüber den GesGl. bestehende unmittelbare Haftung des Kommanditisten bis zur Höhe seiner Einlage durch den KVerw. ausgeübt (§ 171 HGB.). Hierbei gilt auch zugunsten des KVerw. der in der Rechtspr. anerkannte Grundsatz, daß die Eintragungen im HandelsRegister als öffentliche im Rechtsverkehr verantwortliche Erklärungen gelten (RGZ. 51, 33). Die Haftung ist ausgeschlossen, soweit der Kommanditist eine Einlage bereits geleistet hat, dies kann auch geschehen sein durch Befriedigung von Ges.-Gläubigern und durch Aufrechnung mit Forderungen gegen die Ges. (RG. LZ. 3, 140). Die Aufrechnung kann im Rahmen der allg. Grundsätze auch nach der KE. erfolgen. Auch die Inanspruchnahme des ausgeschiedenen Kommanditisten obliegt dem KVerw. (Dür.-Hach. § 171 Anm. 15).

b) Zur Schuldenmasse gehören nur die GesSchulden, nicht die Privatschulden der einzelnen Gesellschafter; GesSchulden sind auch Ansprüche der einzelnen Gesellschafter aus besonderen Rechtsverhältnissen, vertraglichen wie Darlehen, Kauf und deliktischen; auch Ersatzansprüche für Aufwendungen und Verluste gemäß § 110 HGB. Ob der Gesellschafter Zinsen aus seinem Kapitalanteil und einen Gewinnanteil für das letzte Geschäftsjahr gemäß § 122 Abs. 1 HGB. verlangen kann, ist bestritten; verneint von Staub § 131 Anm. 13 und jetzt auch von Jaeger § 209 und § 210 Anm. 15. Jedenfalls kann der Gesellschafter wegen seines Anteils am GesVerm. keine Ansprüche als KFdg. geltend machen und auch nicht Zinsen und Gewinnanteile über den Umfang des § 122 Abs. 1 HGB. hinaus; s. auch § 3 Anm. 2. Auch der Kommanditist kann keine weitergehenden Ansprüche geltend machen (Cosack § 199 II 5; Staub § 177 Anm. 1; a. A. wohl München SeuffArch. 70, 203). Selbstverständlich kann der ausgeschiedene Gesellschafter sein Auseinandersetzungsguthaben geltend machen.

c) Gemeinschuldner sind bei der offHGes. und bei der Komm.-Ges. die sämtlichen Gesellschafter — offHandelsgesellschafter, auch die nicht vertretungsberechtigten (KG. OLG. 30, 82) und Komplementare — nicht auch die Kommanditisten; bei der KommGes. auf Aktien, die jurist. Person ist, ist diese GSch. Jeder der vorgenannten Gesellschafter hat demnach die Rechte und Pflichten des GSch., so das Recht zu Einwendungen nach § 86, das Recht auf Mitteilungen nach § 135 (Staub § 131 Anm. 12), das Bestreitungsrecht nach § 144 Abs. 2 (bestr., s. Jaeger Anm. 11), die Auskunftspflicht (§ 100), die Anwesenheitspflicht (§ 101), die Pflicht zur Leistung des OffenbEids (§ 125). Hinsichtlich des Antragsrechts enthält § 210, hinsichtlich des Zwangsvergleichsvorschlags § 211 eine Sonderregelung. GSch. im Sinne des § 113 ist die Ges. Anfechtbar sind Rechtshandlungen der Gesellschafter, die sie als Organe der Ges. vorgenommen haben, einschließlich solcher, die sie mit sich selbst vornehmen (Dresden OLG. 35, 257); die Frage der Zahlungseinstellung bemißt sich nach dem Verhalten der Firma, nicht nach dem des Gesellschafters als Einzelperson (Hamburg OLG. 15, 228; RG. LZ. 10, 308); wegen des Angehörigenverhältnisses nach § 31 Nr. 2 s. § 31 Anm. 3c. Wird aus dem Vermögen einer offHGes. ein Vermögensstück in anfechtbarer Weise weggegeben und dann die Gesellschaft von einem der Teilhaber mit Aktiven und Passiven übernommen, so hat der Verwalter im K. dieses Teilhabers kein Anfechtungsrecht (a. A. RG. SeuffArch. 70, 213; dagegen Jaeger LZ. 9, 267 mit RG. JW. 26, 308 und Dresden LZ. 9, 268). Die Liquidatoren sind nicht GSch. (Staub § 145 Anm. 5). S. auch § 164 Anm. 2.

4. Auflösung der Gesellschaften durch den Konkurs. KE. löst die offHGes. auf (§ 131 Nr. 3 HGB.); nach Beendigung des K. können jedoch die Gesellschafter die während des K. trotz der Auflösung fortbestehende Rechtsgemeinschaft wieder in eine offHGes. verwandeln (Staub § 131 Anm. 10); § 144 HGB. sieht dies für die Fälle der Aufhebung nach Abschluß eines ZwVergleichs oder der Einstellung auf Antrag des GSch. auch ausdrücklich vor; das gleiche gilt für die KommGes. (§ 161 Abs. 2 HGB.). Auch die KommGes. auf Aktien wird durch die KE. aufgelöst (§ 330 Abs. 1, § 161 Abs. 2 HGB.); nach Beendigung des K. kann die Ges. aber unter den gleichen Voraussetzungen wie bei der AktienGes. festgesetzt werden (HGB. §§ 320 Abs. 3, 307 Abs. 2; s. § 207 Anm. 1); erforderlich ist hier auch die Zustimmung der Komplementare (Staub § 30 Anm. 21); s. auch § 25 Anm. 2. Wegen des Einflusses der KE. über das Vermögen eines Gesellschafters s. Anm. 1.

§ 210. (§ 199.)

I Zu dem Antrage auf Eröffnung des Verfahrens ist außer den Konkursgläubigern jeder persönlich haftende Gesellschafter und jeder Liquidator berechtigt.

II Wird der Antrag nicht von allen persönlich haftenden Gesellschaftern oder allen Liquidatoren gestellt, so ist derselbe zuzulassen, wenn bei der offenen Handelsgesellschaft oder der Kommanditgesellschaft die Zahlungsunfähigkeit, bei der Kommanditgesellschaft auf Aktien die Zahlungsunfähigkeit oder die Überschuldung glaubhaft gemacht wird. Das Gericht hat die übrigen persönlich haftenden Gesellschafter oder die Liquidatoren nach Maßgabe des § 105 Abs. 2, 3 zu hören.

Begr. I 447; Begr. II 45, KommB. II 122. — Geändert durch die Nov.

1. Das KGericht bemißt sich nach § 71 KO.; soweit darnach der allg. Gstand in Betracht kommt, schlägt § 17 ZPO. ein.

2. Antragsberechtigt (wegen der materiellen Voraussetzungen s. § 209 Anm. 2) sind zunächst die GesGl., nicht die Privatgläubiger eines Gesellschafters. Dem antragstellenden GesGl. muß im Augenblick der KE. ein VermAnspruch gegen die Ges. zustehen. Antragsberechtigt sind weiter die persönlich haftenden Gesellschafter (§§ 116, 131 f., 145, 161, 320 f. HGB.) ohne Rücksicht auf ihre Vertretungsbefugnis und Bestellung zum Liquidator. Der Antragsteller, wie der nach Abs. 2 zu Hörende müssen zur Zeit der KE. noch persönlich haftende Gesellschafter sein. RGZ. 29, 88. Wer nicht mehr pers. haftender Gesellschafter oder Liquidator ist, ist nicht deswegen antragsberechtigt, weil er noch als solcher im Handelsregister vorgetragen ist; denn die in § 15 HGB. vorgesehenen Wirkungen der handelsregisterl. Eintragungen beschränken sich auf den Geschäftsverkehr (RGZ. 93, 238). Kommanditisten (§§ 164, 170 bis 172 HGB.) haben als solche kein Antragsrecht. Antragsberechtigt ist schließlich jeder Liquidator (§§ 145, 149, 320 f., 331 HGB.), nicht aber bei der KommGes. auf Aktien der Aufsichtsrat oder die Generalversammlung. Wegen einer Antragspflicht der Komplementare und der Liquidatoren der KommGes. auf Aktien s. §§ 240 Abs. 2, 298 Abs. 2, 315 Abs. 1 Nr. 2, 325 Nr. 8 HGB. Bei der offHGes. besteht keine Pflicht der Gesellschafter oder Liquidatoren zur Antragstellung (Staub § 131 Anm. 11); auch nicht bei der KommGes. Die Beschränkungen der Antragspflicht, die die KriegsVO. vom 8. August 1914 (RGBl. 365) und vom 28. April 1920 (RGBl. 696) für die Aktiengesellschaften brachten (s. hierwegen § 208 b), gelten zufolge dieser Verordnungen in der gleichen Weise auch für die KommGes. auf Aktien.

3. Verfahren. Für den Fall, daß der Antrag nicht von allen persönlich haftenden Gesellschaftern (gleichgültig, ob alle vertretungsberechtigt sind) oder allen Liquidatoren gestellt wird, trifft Abs. 2 eine Sondervorschrift für das Verfahren; die Zulassung hängt von der Glaubhaftmachung des KGrundes ab und es sind bei der Zulassung die übrigen persönlich haftenden Gesellschafter oder Liquidatoren zu hören. Die Ermittelungspflicht (§ 105 Abs. 2) des Gerichtes tritt ein, wenn diese nicht den KGrund einräumen. Im übrigen gelten für das Verfahren die Vorschriften des RegelK., also wenn der Antrag von allen pers. haftenden Gesellschaftern oder allen Liquidatoren gestellt wird, § 104; wenn er von einem Gl. gestellt wird, § 105 KO.

§ 211. (§ 200.)

I Ein Zwangsvergleich kann nur auf Vorschlag aller persönlich haftenden Gesellschafter geschlossen werden.

II Der Zwangsvergleich begrenzt, soweit er nicht ein Anderes festsetzt, zugleich den Umfang der persönlichen Haftung der Gesellschafter.

Begr. I 447; Begr. II 46. — Geändert durch die Nov.

1. Wirkung des ZwVergleichs auf die persönliche Haftung der Gesellschafter. Der geschlossene ZwVergl. begrenzt, abweichend von § 193 S. 2, auch die persönliche Haftung der Gesellschafter; doch kann eine weitergehende Haftung im ZwVergl. festgesetzt werden; diese Haftung kann auch für die einzelnen Gesellschafter verschieden sein. Zugunsten ausgeschiedener Gesellschafter gilt diese Haftungsbeschränkung nicht (RGZ. 29, 38; 56, 363). Dagegen wird sie auch zugunsten des Kommanditisten, soweit seine Einlage rückständig ist, wirken, so daß er also nicht unter § 193 S. 2 fällt (Jaeger Anm. 4), nicht aber zugunsten des ausgeschiedenen Kommanditisten (Staub Exk. zu § 177 Anm. 1). Für Pfandrechte, Rechte aus Hypotheken, Grund- und Rentenschulden und Vormerkungen hiefür gilt auch den pers. haftenden Gesellschaftern und dem Kommanditisten gegenüber wieder § 193 S. 2.

2. Zwangsvergleichsverfahren. Der Vorschlag zu einem ZwVergleich (§ 173) kann bei einer offHGes., einer KommGes. und einer KommGes. auf Aktien nur von den pers. haftenden Gesellschaftern (nicht auch den Kommanditisten oder Liquidatoren) ausgehen und zwar muß er von allen ausgehen — gleichviel ob an sich vertretungsberechtigt oder nicht —; ausgeschiedene Gesellschafter kommen nicht in Betracht. Zurücknahme durch einen Gesellschafter beseitigt den Vorschlag (Kann nach Hegler BuschsZ. 46, 37). Im übrigen bemißt sich das Verf. nach den §§ 173 bis 201. Unzulässig (§§ 175, 186 Abs. 2) wird hierbei der ZwVergleich schon dann, wenn auch nur in der Person eines pers. haftenden Gesellschafters ein Unzulässigkeitsgrund (§ 175) eintrat. Auch für die Verwerfung nach § 187 und die Erlaßaufhebung nach § 197 gilt das gleiche. Ehegatten der Gesellschafter haben kein Stimmrecht nach Maßgabe des § 183 (Staub § 131 Anm. 12). Der Wiederholungsantrag nach § 182 Abs. 2 muß von allen pers. haftenden Gesellschaftern ausgehen (Jaeger Anm. 2).

§ 212. (§ 201.)

I In dem Konkursverfahren über das Privatvermögen eines persönlich haftenden Gesellschafters können die Gesellschaftsgläubiger, wenn das Konkursverfahren über das Gesellschaftsvermögen eröffnet ist, Befriedigung nur wegen desjenigen Betrags suchen, für welchen sie in dem letzteren Verfahren keine Befriedigung erhalten.

II Bei den Verteilungen sind die Anteile auf den vollen Betrag der Gesellschaftsforderungen zurückzubehalten, bis der Ausfall bei dem Gesellschaftsvermögen feststeht.

III Im übrigen finden auf die bezeichneten Forderungen die Vorschriften der §§ 64, 96 entsprechende Anwendung.

Begr. I 447; Begr. II 46. — Geändert durch die Nov.

1. PrivatK. neben dem GesK. Neben dem GesK. ist bei der offHGes., der KommGes. und der KommGes. auf Aktien ein PrivatK. der pers. haftenden Gesellschafter (selbstverst. auch der Kommanditisten) zulässig; die K. sind gegenüber dem GesK. im allg. selbständig (s. hierzu § 209 Anm. 1). KMasse ist im PrivatK. das Privatverm. dess Gesellschafters, einschließlich seines (infolge der KE. über das GesVermögen praktisch wohl kaum von Bedeutung werdenden) Auseinandersetzungsguthabens gegenüber der offHGes. oder der KommGes. (für die Auseinandersetzung gelten §§ 16 und 51). KGl. sind sowohl die PrivatGl. wie die GesGl. des Gesellschafters.

2. Beschränkung der Geltendmachung der Anspr. im Privatkonkurs.

a) § 212 beschränkt die Geltendmachung von Forderungen, für die an sich sowohl das Gesellschaftsvermögen haftet wie das Privatvermögen, durch Übertragung der nach § 64 für die Geltendmachung des persönlichen Anspruchs beim Bestehen eines Absonderungsrechts bestehenden Grundsätze; die Geltendmachung im GesellschaftsK. wird hierbei der des Absonderungsrechts gleichgestellt. Demgemäß kann der Gläubiger zwar im GesellschaftsK. seine Forderung voll geltend machen, im K. des Gesellschafters erhält er aber verhältnismäßige Befriedigung nur auf den Ausfall. Um ihm diesen Betrag auf jeden Fall zu sichern, sind im K. des Gesellschafters die Anteile aus dem vollen Betrag zurückzubehalten; Auszahlung und zwar nur der aus dem Ausfall sich berechnenden Prozente erfolgt erst, wenn feststeht, wie hoch der Ausfall im GesellschaftsK. ist. Die auf diese Weise etwa freiwerdenden Beträge kommen im K. des Gesellschafters zu einer Nachtragsverteilung. Die im Verhältnis zwischen Erben- und NachlK. anwendbaren §§ 153, 155, 156, 168 Nr. 3 und 169 finden hier keine Anwendung.

Die Beschränkung gilt aber nur, wenn die Haftung des Gesellschafters auf dem gleichen Schuldgrund wie die der Gesellschaft (§ 128 HGB.) beruht, ein selbständiger Verpflichtungsgrund (Bürgschaft, Wechsel) fällt nicht hierher (§ 68 Anm. 3; Jaeger § 212 Anm. 19). Sie entfällt, soweit der Gl. im GesellschaftsK. auf Befriedigung verzichtet oder ausfällt (§ 212 Abs. 3 mit § 64); die bloße Unterlassung der Anmeldung im GesK. ist noch kein Verzicht; der Verzicht kann wie der Ausfall sich auf einen Teil der Fdg. beschränken (Seuffert 45). Im übrigen vgl. § 64 Anm. 3. Die Beschränkung gilt nur, wenn und solange über das Vermögen des Gesellschafters der K. eröffnet ist; andernfalls haftet der Gesellschafter unbeschränkt; s. RG. 92, 181 (191); Colmar OLG. 15, 252; anders war die Rechtslage nach Art. 122 des früheren HGB., der im Falle des GesellschaftsK. den GesGl. stets nur wegen des Ausfalls aus dem Privatvermögen des Gesellschafters Befriedigung suchen ließ. Die Beschränkung gilt auch für einen bereits ausgeschiedenen Gesellschafter (RG. JW. 32, 270); nicht aber zugunsten des Kommanditisten (Dür.-Hach. § 171 Anm. 15).

b) Aus Abs. 1 folgt auch, daß ein KGl. der Gesellschaft und des Gesellschafters, der zugleich Schuldner des letzteren ist, seine Forderung zwar sofort aufnehmen kann, daß aber die Aufrechnung nur soweit wirkt, als nach den Grundsätzen des Abs. 1 die Forderung im K. des Gesellschafters überhaupt zu decken ist (RGZ. 56, 362).

c) Die Verweisung des Abs. 3 auf § 96 ergibt, daß der Gläubiger im K. des Gesellschafters bis zum Widerspruch voll stimmberechtigt ist, während bei Widerspruch das Gericht entscheidet.

3. Konkurseröffnung über das Vermögen mehrerer Gläubiger. Wird der K. über das Vermögen mehrerer persönlich haftender Gesellschafter eröffnet, so bietet das keine Besonderheit; es kommt in deren gegenseitigem Verhältnis § 68 zur Anwendung, d. h. der GesGl. darf in jedem dieser K. den vollen Betrag geltend machen nach dem Stand z. Z. der KE., s. RGZ. 91, 12; vorbehaltlich der Vorschrift des § 212; es kann also in jedem PrivatK. nur Befriedigung für den Ausfall im GesK. gesucht werden, aber es hat in jedem Zurückbehaltung zu erfolgen. Die Berechnung der Dividende erfolgt in jedem PrivatK. aus dem endgültigen Ausfall im GesK.

Juristische Personen und Vereine.

§ 213.

Auf das Konkursverfahren über das Vermögen einer juristischen Person, sowie eines Vereins, der als solcher verklagt werden kann, finden die Vorschriften der §§ 207, 208 entsprechende Anwendung.

Begr. II 46. — Eingefügt durch die Nov.

1. Allgemeines. Die besonderen Bestimmungen, welche für das KVerf. über das Vermögen einer Aktiengesellschaft gelten, passen auch für das KVerf. über das Vermögen einer juristischen Person. Mit Rücksicht auf die §§ 50, 735 ZPO., wonach Vereine, die nicht rechtsfähig sind, verklagt werden können, sind solche Vereine auch in Ansehung des KVerf. über das Vereinsvermögen den juristischen Personen gleichgestellt (Begr. II 46; Begr. zur Nov. d. ZPO. S. 16; KommB. hiezu S. 31, 32; Denkschrift zum BGB. S. 14; §§ 54, 705 f. BGB.; Art. 10 EG. BGB.). Für solche K. sollen zufolge des § 213 die §§ 207 und 208 entsprechend Anwendung finden.

2. Einzelne Folgerungen.

a) Konkursgericht: Maßgebend ist § 71 KO., soweit darnach der allg. Gerichtsstand entscheidet, § 17 ZPO. und § 24 BGB.

b) Konkursgrund ist Zahlungsunfähigkeit oder Überschuldung (§ 207 Abs. 1). Der K. ist auch zulässig nach Auflösung der juristischen Person oder des nicht rechtsfähigen Vereins, solange die Verteilung des Verm. nicht vollzogen ist (Art. 207 Abs. 2), bei rechtsfähigen Vereinen also auch nach Auflösung (§ 41 BGB.) oder nach Entziehung der Rechtsfähigkeit (§§ 43, 73); bei einer Stiftung nach Aufhebung oder Erlöschung (§§ 87, 88 BGB.). Fällt das Vermögen eines rechtsfähigen Vereins oder einer Stiftung an den Fiskus (§ 45 Abs. 3, § 88 BGB.), so finden die Vorschriften über den NachlK. entsprechend Anwendung (§§ 46, 1936, 1942 BGB.; §§ 214 f. KO.; Seuffert 69, 71, 72; Art. 5 BayAG. BGB.).

c) Antragsberechtigt ist neben den KGl. jedes Mitglied des zur Vertretung der juristischen Person oder des nicht rechtsfähigen Vereins berufenen Organs (§ 208 Abs. 1; Wilm.-Kurlb. § 213 Anm. 7 gibt bei nicht rechtsfähigen Vereinen das Antragsrecht jedem Vereinsmitglied). Wird der Antrag nicht von allen Mitgliedern dieses Organs (auch nicht allen Liquidatoren) gestellt, so ist § 208 Abs. 2 maßgebend. Eine Antragspflicht juristischer Personen besteht nach näherer Maßgabe der §§ 42 Abs. 2, 48 Abs. 2, 86, 88, 89 Abs. 2 BGB., eingeschränkt durch ÜbergangsVO. vom 28. April 1920 (RGBl. 696) für die Fälle, daß sich infolge Veränderung des Umrechnungskurses der in Reichsmark ausgedrückte Wert einer auf ausländische Währung lautenden Schuld gegenüber dem Werte bei Eingehung der Verbindlichkeit erhöht hat. Diese für juristische Personen geltende Antragspflicht besteht auch bei nicht rechtsfähigen Vereinen (ausdehnende Anwendung des § 42 Abs. 2; bestr. s. Jaeger § 213 Anm. 6). Wegen der besonderen Verhältnisse bei den VersichGes. auf Aktien und den VersichVereinen auf Gegenseitigkeit s. § 68 VAG.

d) Gemeinschuldner ist die juristische Person oder der nicht rechtsfähige Verein, nicht etwa die einzelnen Mitglieder des letzteren; a. A. Wilm.-Kurlb. Anm. 4. Die Rechte und Pflichten des GSch. im Verfahren haben die zur Vertretung berufenen Organe (auch die Liquidatoren), die ihre Stellung durch die KE. nicht verlieren (Jaeger LZ. 7, 366). S. so wegen der Auskunftpflicht § 100 Anm. 4. Ein Zwangsvergleich ist unzulässig, wenn in der Person eines Mitglieds des Vertretungsorgans ein Unzulässigkeitsgrund gegeben ist (Seuffert 417; Hellmann 573 N. 5).

3. Besonderes hinsichtlich des K. des nicht rechtsfähigen Vereins. Zum KVermögen gehören auch Ansprüche auf rückständige Beiträge, soweit sie vor der KE. anfielen; später anfallende gehören nicht dazu (§ 1 Abs. 1 Halbs. 2). Desgleichen gehören die Rechte auf Vermögensstücke, die fiduziarisches Eigentum Dritter etwa der Vorstandsmitglieder sind, zur Masse (Wilm.-Kurlb. § 213 Anm. 3). Der Verein wird durch die KE. auch aktiv prozeßfähig (Dresden LZ. 5, 565; Jaeger LZ. 7, 366). Die KE. und die Aufhebung des EröffnBeschlusses sind in das Vereinsregister einzutragen (§ 75 BGB.; s. § 112 KO.). Der Verein wird durch die Eröffnung des K. über das Vermögen eines Gesellschafters aufgelöst (§§ 54, 728 BGB.).

4. Besonderes für einzelne Arten juristischer Personen oder Vereine. Zulässig ist der K. grundsätzlich auch über das Vermögen juristischer Personen des öffentlichen Rechts; nicht aber über das Vermögen des Reichs oder der Länder (Staatsbankerott im formellen Sinn kennt also die KO. nicht), vorbehaltlich der Zulässigkeit von Sonderkonkursen (§ 1 Anm. 5); s. Jaeger § 213 Anm. 1; wegen der Zulässigkeit landesgesetzlicher Beschränkungen hinsichtlich öffentlich-rechtlicher juristischer Personen und unter der Verwaltung öffentlicher Behörden stehender Körperschaften und Stiftungen s. Art. IV EG. KNov. mit § 15 Nr. 3 EG. ZPO.; hierzu für Bayern hinsichtlich der Gemeinden und der unter Leitung des Staates oder einer Gemeinde stehenden Körperschaften und Stiftungen Art. 10 mit Art. 9 Abs. 2 AG. ZPO., KO. vom 23. Febr. 1879/26. Juni 1899. Unzulässig ist der K. über das Vermögen einer Gesellschaft des bürgerlichen Rechts. § 213 gilt nur für diejenigen juristischen Personen und Vereine, für die nicht Sonderbestimmungen bestehen, wie hinsichtlich der Aktiengesellschaften und der KommGes. auf Aktien in §§ 207—212, oder für die Gesellsch.m.b.H. und die Genossenschaften im GmbHG. und im GenossG.; s. hierwegen Teil III. Wegen Anwendung der §§ 207, 208 auf die registrierten Gesellschaften des bayer. Rechts s. § 6 EG. KO. und Art. 2 EG. KNov. Die anerkannten Vereine des bayer. Rechts (Gesetz vom 29. April 1869), die in § 6 EG. KO. in der ursprünglichen Fassung erwähnt waren, fallen nun als juristische Personen schlechthin unter § 213. Auch die Innungen fallen unter § 213; es besteht für die Vorstandsmitglieder und die Liquidatoren die Antragspflicht zur KE. nach § 42 Abs. 2 BGB.

Neunter Titel.

Der Nachlaßkonkurs.

Vorbemerkungen.

1. Übersicht über die gesetzlichen Bestimmungen. Die §§ 214—236 befassen sich mit dem NachlaßK. Hievon regelt § 214 die Zuständigkeit, §§ 215 und 216 die Voraussetzungen der KE., 217—220 die Berechtigung zur Antragstellung samt den hinsichtlich einzelner Antragsteller bestehenden Einschränkungen, 221 die Absonderung, 222 die Anfechtung, 223 das

Zurückbehaltungsrecht des Erben nach §§ 1978, 1979 BGB., 224 die Masseansprüche, 225 die Stellung des Erben gegenüber der Masse des NachlK., 226—229 die KForderungen, 230 den ZwVergl., 231 die Nacherbfolge, 232 und 233 die Rechtsverhältnisse aus Anlaß eines Erbschaftskaufs, 234 das AbsondR. im ErbenK. und im K. des Ehemanns der Erbin, wenn der Nachlaß zum Gesamtgut gehört, 235 den K. über einen Erbteil und 236 den GesamtgutsK.

2. Allg. Charakter des NachlK. Voraussetzung für den NachlK., d. h. für den K. über einen rechtlich gesondert zu behandelnden Nachlaß, ist die Überschuldung des Nachl. Der NachlK. ist ein Sonderkonkurs (§ 1 Anm. 5); er wird auf den Namen — nicht auf die Firma — des Erblassers in dem ausschließlichen Gerichtsstand der Erbschaft über den Nachlaß als Ganzes, auch nach dessen Teilung, nicht aber über die einzelnen Erbteile eröffnet und bewirkt die Sonderung des Nachlasses vom Erbenvermögen, die Aufhebung der eingetretenen Konfusion und Konsolidation, sowie der durch die Aufrechnung herbeigeführten Veränderungen der Masse. Der Nachlaß dient infolge der Sonderung lediglich zur Befriedigung der NachlGl., nicht aber zur Befriedigung der persönlichen Gl. des Erben. Stirbt der GSch. nach der KE., so wird das Verfahren nicht unterbrochen (s. den gemäß § 72 entsprechend anwendbaren § 744 ZPO.) und zwar geht der RegelK. weiter; bei der Verschiedenheit, die zwischen einem solchen und einem NachlK. besteht, kann er nicht in einen solchen übergehen (LG. Gießen DJZ. 18, 176; bestr. s. die Verweisungen bei Kretzschmar 575 und Wilm.-Kurlb. vor § 214 Bem. 16 f.). Ist NachlK. über das Vermögen eines für tot Erklärten eröffnet, und stellt sich später heraus, daß dieser z. Z. der Eröffnung noch lebte, oder wurde sonst der K. über das Vermögen eines z. Z. der E. noch Lebenden eröffnet, so ist das Verf. aufzuheben (Wilm.-Kurlb. § 216 Anm. 1).

3. Die leitenden Gesichtspunkte der Novelle. Die Novelle hat im Anschlusse an das einheitliche Erbrecht des BGB. die Vorschriften über den NachlK. in ausführlicher Weise neu geregelt. Im Interesse der NachlGl. ist beim Vorhandensein mehrerer Erben auch nach der Teilung des Nachlasses die KE. möglich. Ob die Erben beschränkt oder unbeschränkt haften, die Erbschaft bereits angenommen oder noch nicht angenommen haben, ist für die KE. gleichgültig. Über einen Erbteil findet kein KVerf. statt (§§ 216, 235). Zu dem Antrage auf Eröffnung sind neben den Erben die NachlGl., der Nachlaßverwalter, ein anderer Nachlaßpfleger und der verwaltungsberechtigte Testamentsvollstrecker berechtigt (§ 217). Das Antragsrecht der NachlGl. ist jedoch zeitlich auf 2 Jahre seit der Erbschaftsannahme beschränkt (§ 220). Nach der Natur des NachlK. ist der Kreis der in § 59 bezeichneten Masseschulden erweitert (§ 224) und sein Zweck, die Befriedigung der NachlGl. vor den Erbberechtigten, hat zu der in § 226 geschaffenen Rangordnung geführt, wonach insbesondere die Pflichtteilsberechtigten und Vermächtnisnehmer, die auch bei einem Zwangsvergleiche über den Nachlaß nicht teilnehmen, hinter die eigentlichen vollberechtigten NachlGl. zurücktreten (§§ 226, 230). Bei einem Erbschaftskaufe tritt krechtlich der Erbschaftskäufer an die Stelle der Erben (§ 232). Die Vorschriften über den NachlK. finden schließlich im Falle der fortgesetzten Gütergemeinschaft auf den K. über das Gesamtgut entsprechende Anwendung (§ 236).

4. **Die Konkursmasse.** KMasse im NachlK. ist der Nachlaß, nicht das sonstige Vermögen des Erben, demnach zunächst die vom Erblasser auf den Erben übergegangenen und bei KE., wenn auch nur bei einem Miterben, der sie von den anderen Miterben übernommen hat (Karlsruhe DJZ. 13, 1349), vorhandenen Vermögensstücke; die Zuschreibung (§ 890 BGB.) eines Nachlaßgrundstücks zu einem Grundstück des Erben ist im Wege der Grundbuchberichtigung wieder rückgängig zu machen (Meyer JW. 33, 33). Mit den Vermögensstücken sind auch deren Früchte und sonstigen Vermehrungen aus sich selbst heraus (z. B. Losgewinne, Ansprüche aus Versicherungen) herauszugeben. Verfügungen, die der Erblasser über einen Gegenstand des Erben traf, sind im NachlK. wirksam, vorausgesetzt, daß der Erbe unbeschränkt haftet (§ 185 Abs. 2 BGB.). Die infolge des Erbfalls durch Konfusion oder Konsolidation erloschenen Rechtsverhältnisse zwischen Erben und Erblasser gelten als nicht erloschen (§§ 1976, 2013 BGB.; Planck § 2013 Anm. 2 d). Dingliche Rechte, die an den Nachlaßgegenständen erworben wurden, bleiben bestehen (Ausnahme § 220). Hierauf beschränkt sich die Masse, wenn der Erbe unbeschränkt haftet; ein Bedürfnis zur Heranziehung weiterer Gegenstände besteht diesenfalls nicht, weil der Erbe auch mit seinem Vermögen haftet (§ 2013 BGB.). Ist aber die Haftung des Erben eine beschränkte, so umfaßt die Masse weiter Ansprüche gegen den Erben, sie erweitert sich schuldrechtlich nach §§ 1978, 666, 667, 681 BGB.; er hat alle für den Nachlaß erworbenen Sachen mit ihren Früchten herauszugeben, so Gegenleistungen für veräußerte NachlGegenstände, Ersatzansprüche für Zerstörung, Beschädigung und Entziehung von Nachlaßgegenständen (Wilm.-Kurlb. vor § 214 Bem. 10 läßt diese unmittelbar in die Masse fallen); ein unmittelbarer Übergang auf den Nachlaß erfolgt nicht (Seuffert LZ. 1, 23). Hinsichtlich der vor Annahme der Erbschaft besorgten Geschäfte gelten die Vorschriften über die Geschäftsführung ohne Auftrag, von der Annahme an die für den Auftrag (§ 1978). Ob der Erbe hierbei eine Sache oder ein Recht für den Nachlaß erwarb, bemißt sich nach der Willensrichtung des Erben; hat er hierbei mit Mitteln des Nachlasses für sich erworben, so muß er die verwendeten Mittel ersetzen. Zieht er NachlForderungen ein und verwendet er das Geld für sich, so muß er es von der Verwendung an verzinsen (Braunschweig OLG. 19, 231). Miterben haften als Gesamtschuldner nach § 427, soweit in ihrer Person ein Haftungsgrund vorliegt; § 2058 BGB. gilt nicht (Braunschweig 24, 64; Planck § 2058 Anm. 1; a. A. Wilm.-Kurlb. vor § 214 Anm. 13). Im ErbenK. sind die bezeichneten Ansprüche gegen den Erben und die Miterben nur KFdgen. Zur Masse gehören weiter Schadensersatzansprüche wegen nicht rechtzeitiger Beantragung des NachlK. (§§ 1980, 2013), auch solche gegen Nachlaßverwalter (§ 1985 Abs. 2, § 2013), sonstige Nachlaßpfleger und Testamentsvollstrecker. Aufrechnungen von NachlGl. gegen Fdgen des Erben und von Gläubigern des Erben gegen NachlFdgen gelten als nicht erfolgt, so daß also ersterenfalls der Erbe seine Fdg., letzterenfalls der NachlGl. seinen Anspruch geltend machen kann (§ 1977). Bei Hypotheken, die zur Masse erworben werden, sind im Grundbuch die Erben, nicht etwa die Masse oder der KVerw. als Gl. anzugeben; sind die Erben nicht bekannt, so ist ihre Stellung als Gl. so gut als möglich zum Ausdruck zu bringen (BayObLG. NF. 14, 442).

Die allg. Grundsätze des § 1 gelten auch für die KMasse im NachlK.; es wird also nicht ergriffen das der ZwangsVollstr. nicht unterliegende Vermögen (§ 1 Anm. 3). Bei relativen Pfändungsbeschränkungen (s. z. B. § 811 ZPO.) können nicht die Verhältnisse des Erben entscheiden (so Jaeger § 214 Anm. 24 und die dort Angeführten); der NachlK. soll ja auch sonst die Befriedigung des NachlGl. nach den Verhältnissen des Nachlasses ermöglichen und Benachteiligungen, die aus der Person des Erben (z. B. durch die Konkurrenz von Privatgl.) kommen, ausschließen. Andrerseits sind aber auch die Verhältnisse des Erblassers nurmehr soweit maßgebend, als sie über dessen Tod hinaus Bestand haben (Nürnberg BayZfR. 5, 458; Dresden OLG. 32, 404); so gelten die Beschränkungen der § 811 Nr. 2 und 3 noch zugunsten der Familie und des Gesindes; a. A. wieder Kretzschmar LZ. 8, 363, der die Person des Erben entscheiden läßt aber ihm auch die Berufung auf die Beschränkungen zugesteht, die ihm bei Lebzeiten des Erblassers als einem Familienangehörigen zustatten gekommen wären; s. auch KG. OLG. 1, 431 und Celle OLG. 17, 195.

Streitigkeiten zwischen dem Erben und dem KVerw., ob ein Gegenstand konkursfreies Vermögen des Erben ist oder zur Masse des NachlK. gehört, werden wie im gewöhnlichen KVerf. im ordentlichen Prozeßweg (demgemäß auch durch einstweilige Verfügung oder Arrest) ausgetragen; soweit der KVerw. Gegenstände im Wege der Zwangsvollstreckung erfaßt, kann auch der Weg des § 766 ZPO. mit § 72 KO. gewählt werden (RGZ. 37, 398; Braunschweig OLG. 19, 231).

5. Der Gemeinschuldner. Als GSch. gilt für die Zeit vor dem Erbfall der Erblasser, für die Zeit von da an der Erbe (RG. LZ. 6, 461; KG. OLG. 1, 446; Cassel OLG. 19, 137; Braunschweig OLG. 19, 231; a. A. Hellmann § 63 Anm. 6 — bloß der Erbe sei GSch. —). So kann der Erblasser als der GSch. erscheinen im Sinne der §§ 17, 19, 29 f. (RG. in SeuffArch. 70, 213), 45, 46, 50, 55, 56, 61 Nr. 1 und 5, 63 Nr. 4, 122, 183 u. a., der Erbe im Sinne der §§ 6, 7, 9, 14, 17, 19 f., 29 f., 44—46, 61 Nr. 1, 63 Nr. 4, 100, 101, 105, 106, 121, 122, 125, 135, 141 Abs. 2, 144 Abs. 2, 164, 165, 173, 194, 206, 230 u. a.; an die Stelle des Erben tritt nach Eintritt einer Nacherbfolge (auch wenn sie im Laufe des Verfahrens eintritt) der Nacherbe, bei einem Erbschaftskaufe der Erbschaftskäufer oder dessen Nachmann (§§ 231, 232). Wenn auch der Erbe im allg. als GSch. erscheint, so ist doch dem Rechnung zu tragen, daß er nur in seiner Eigenschaft als Erbe, nicht in seiner ganzen Persönlichkeit GSch. ist. Sonstiges Vermögen des GSch. im Sinne des § 14 sind deshalb (vorbehaltlich des § 1975) nur kfreie Nachlaßgegenstände, nicht das sonstige Vermögen des Erben. Der NachlK. nimmt nicht die Einrede der Vorausklage (§ 773 Abs. 1 Nr. 3 BGB.). Es endigt nicht die Verwaltung und Nutznießung beim gesetzl. Güterstand (§ 1419 BGB.), auch nicht die Errungenschaftsgemeinschaft (§ 1543). Auch die staatsbürgerlichen Rechte des Erben bleiben ungeschmälert (Wilm.-Kurlb. vor § 214 Anm. 2 II). Wegen der Wirkung der Unterlassung des Bestreitens einer angemeldeten Fdg. (§ 144 Abs. 2) auf die Haftung des Erben mit seinem sonstigen Vermögen s. Jaeger § 214 Anm. 12. Klage gegen den Erben während des K. (s. § 12 Anm. 1) sind auch beim NachlK. zulässig, vorausgesetzt, daß dem Antrag eine

Fassung gegeben wird, die klarstellt, daß der Kläger erst nach Beendigung des K. und nur aus dem Küberschuß im Rahmen des § 1973 Abs. 2 Befriedigung begehrt (RG. LZ. 7, 691; dagegen Jaeger ebendort).

Auch der vorläufige Erbe hat im allgemeinen die Stelle des GSch. (a. A. Kurlbaum LZ. 1, 638); so sind seine Handlungen anfechtbar (§§ 29 f.), er hat das Recht zur Äußerung nach § 105, das Bestreitungsrecht nach § 144 Abs. 2, das Recht Einstellung zu beantragen (§ 202), das Beschwerderecht (§ 109). Aufklärungs-, Beeidigungs- und Anwesenheitspflicht (§§ 141, 125, 101) trifft den vorläufigen Erben nicht (Kurlbaum a. a. O.); es wird insoweit vom NachlGericht ein NachlPfleger oder vom KG. ein Sonderpfleger zu bestellen sein (in ausdehnender Anwendung von § 1961 BGB. oder § 779 Abs. 2 ZPO. s. Reichel SeuffBl. 76, 452). An die Stelle des vorläufigen Erben kann auch im Laufe des KVerf., das dadurch nicht berührt wird, ein anderer vorläufiger oder der endgültige Erbe treten (Wilm.-Kurlb. vor § 104 Bem. 1 I).

Sind Miterben vorhanden, so hat jeder von ihnen die Stellung des GSch., jeder einzelne hat ein Bestreitungsrecht im Prüfungstermin; sollen Verfügungen vorgenommen werden, so ist gemeinschaftliches Handeln nötig (§ 2040 BGB.; Jaeger § 214 Anm. 17; Wilm.-Kurlb. vor § 214 Bem. 3; teilw. a. A. Hellmann 609, 611). Wegen des Zwangsvergleichsvorschlags s. § 230. Wegen der Bedeutung der Verfügung über einen Miterbenanteil (§ 2033 BGB.) s. § 232 Anm. 1.

Besteht eine Nachlpflegschaft (§ 1960 BGB.), die trotz des K. bestehen kann (Hamburg OLG. 5, 436), so hat der Pfleger die Rechte und Pflichten des Erben. Die Pflegschaft bleibt trotz des K. bestehen und kann während desselben neu eingeleitet werden (Kurlbaum LZ. 1, 638). Der Pfleger ist nach § 105 zu hören und er hat nach § 100 Auskunft zu geben. Bestreitet er im Prüfungstermin nicht, so bildet die Feststellung auch einen VollstrTitel gegen den Erben. An die Stelle des Pflegers kann bei Wegfall der Pflegschaft im Laufe des Verfahrens der Erbe treten (Wilm.-Kurlb. vor § 214 Bem. 6). Auch der NachlVerw. nimmt die Stelle des GSch. ein und zwar neben dem Erben selbst; mit der Eröffn. des NachlK. endet sein Amt (§ 1988 Abs. 1 BGB.), er kann demnach nur für die Zeit vor der Eröffnung in Betracht kommen. Der Testamentsvollstrecker nimmt vor dem K. und während desselben die Stellung des GSch. neben dem Erben ein, soweit eben sein Amt als Testamentsvollstr. im einzelnen Fall reicht (s. § 217 Anm. 1 c). Die staatsbürgerlichen Rechte der Genannten bleiben ungeschmälert.

6. Konkurs über das Vermögen des Erben. Neben dem NachlK. ist ein K. über das Vermögen des Erben möglich. KMasse in diesem ist das Vermögen, das der Erbe, abgesehen von dem Nachl., hat. Dazu gehören auch die Ansprüche des Erben gegen die Nachlaßmasse (s. § 225; KO. und § 1978 Abs. 3 BGB.). KGl. sind die PrivatGl. des Erben; hierzu treten aber, soweit der Erbe unbeschränkt haftet, die NachlGl. mit der aus § 234 sich ergebenden Beschränkung; die Beschränkungen des § 63 Nr. 3 und 4 gelten nicht, soweit es sich um Geldstrafen gegen den Erblasser oder um Fdgen aus dessen Freigebigkeiten handelt; s. § 63 Anm. 5 c. Die Besonderheiten der §§ 224 und 226 Abs. 2 gelten nicht (Kretzschmar 574). Wegen des Erben-GesamtK. s. § 264 Anm. 3. Wegen der Fälle, in denen der GSch. nur Vorerbe ist, s. § 128; wegen der Stellung des Vorerben im K. des Nacherben s. § 231.

7. Die Nachlaßverbindlichkeiten. Der Begriff der Nachlaßverbindlichkeiten ergibt sich aus §§ 1967 f. BGB. Sie sind z. Tl. „vererbte", d. h. vom Erblasser herrührende Schulden („Erblasserschulden"), z. Tl. sonstige Verbindlichkeiten; das sind jene, „die den Erben als solchen treffen" („Erbfallschulden") s. § 1967. Zu den ersteren gehören alle nicht unvererbbaren (wegen unvererbbarer Verbindlichkeiten s. z. B. §§ 528, 672, 673, 727 BGB.) Verbindlichkeiten des Erblassers, auch solche, die auf einer causa beruhen, vermöge deren bereits der Erblasser verpflichtet gewesen wäre, wenn er nicht vor der vollständigen Verwirklichung des Tatbestands gestorben wäre, z. B. bedingte Verbindlichkeiten oder solche aus unerlaubten Handlungen des Erblassers, deren für andere nachteilige Folgen sich erst nach dem Erbfall entwickeln (Planck § 1967 Anm. 2 a). Zu der zweiten Gruppe gehören auch die in § 1967 ausdrücklich angeführten Verbindlichkeiten aus Pflichtteilsrechten (§§ 2303 f.), Vermächtnissen (§§ 2147 f.) und Auflagen (§§ 2192 f.); aber auch die sog. gesetzlichen Vermächtnisse (der Voraus § 1932, der Dreißigste § 1969), die Verpflichtung zur Tragung der Beerdigungskosten (§ 1968) und der Unterhaltsanspruch der Mutter des Erben (§ 1963). Ferner fallen hierunter die Verbindlichkeiten aus der Geschäftsführung des Nachlaßpflegers (Nachlaßverwalters), des Testamentsvollstreckers, des Nachlaßkonkursverwalters, die Ansprüche des später ausschlaggebenden Erben (§ 1959), Verbindlichkeiten, die sich an den Besitz gewisser Nachlaßgegenstände knüpfen, z. B. Tierschäden, Steuern und Gebühren, die auf dem Nachlaß ruhen, Prozeßkostenschulden, die Kosten der gerichtlichen Nachlaßregelung (Nachlaßsicherung, Testamentseröffnung, Inventarerrichtung, Aufgebot der Nachlaßgläubiger, Auseinandersetzung). Ebenso entsteht eine NachlVerbindlichkeit, wenn der Erbe gegen eine reine Nachlaßverbindlichkeit verstößt und so eine Schadensersatzpflicht entsteht (Kipp § 73 II 2). Nachlaßverbindlichkeiten entstehen insbes. auch aus Rechtsgeschäften, die der Erbe „als solcher" mit Beziehung auf den Nachlaß, so zum Zwecke der Nachlaßregelung oder in Betätigung der Verwaltung, vornimmt, wie die Anerkennung einer vererbten Nachlaßschuld (RGZ. 62, 38). Auch Eigenverbindlichkeiten des Erben können zugleich Nachlaßverbindlichkeiten sein, z. B. es schließt der Erbe zur Beerdigung des Erblassers einen Vertrag, oder er beauftragt einen Notar mit der Inventarerrichtung (Planck § 1967 Anm. 6 a).

Nachlaßverbindlichkeiten sind insbesondere auch die Unterhaltsansprüche, soweit sie vererblich sind, d. i. in den Fällen der §§ 1351, 1582, 1586, 1712, 1715 BGB. (Unterhaltspflicht des geschiedenen und des diesem gleichgestellten Ehegatten und gegenüber dem unehelichen Kind und Sechswochengeld der unehelichen Mutter), s. § 3 Anm. 8 b; sie können gemäß § 3 Abs. 2 im K. geltend gemacht werden. Die gleiche Stellung wie die Ansprüche, die dem Kinde unmittelbar zustehen, hat ein Anspruch aus einer nach § 1712 Abs. 2 gewährten Abfindung. Eine solche Abfindung, zu der auch der KVerw. befugt ist (KG. JW. 45, 1357), ist aber nicht ein Pflichtteilsanspruch, sondern sie wird nur rechnerisch wie ein Pflichtteil ermittelt; sie fällt deshalb wie der Unterhaltsanspruch unter § 61 Nr. 6, nicht unter § 222 oder § 226 Abs. 2 Nr. 4; a. A. Jaeger §§ 226—229 Anm. 4 und § 222 Anm. 5. Wenn der Nachlaß überschuldet ist, ergibt sich naturgemäß ein Anspruch des Kindes nach § 2712 Abs. 2 überhaupt nicht (KG. a. a. O.).

Wegen der Geltendmachung der Zuwachssteuer im NachlK. des Vorerben s. ThürVG. JW. 46, 878 und dazu Jaeger ebendort.

8. Die beschränkte Haftung des Erben für die Nachlaßverbindlichkeiten. Der Erbe haftet für die Nachlaßverbindlichkeiten persönlich und unbeschränkt (§§ 1967, 1975, 1976 f. BGB., jetzt herrschende Lehre Kipp § 74 II). Er kann jedoch durch die Geltendmachung der Haftungsbeschränkungsmittel seine unbeschränkte Haftung in eine auf den Nachlaßbestand beschränkte verwandeln. Zu diesem Behufe hat er die allgemeinen Haftungsbeschränkungsmittel, die Nachlaßverwaltung (§§ 1975—1988 BGB.; § 75 FGG.), den Nachlaßkonkurs (§§ 214—235) und die Abzugseinrede (§ 1990 BGB.). Diese allgemeinen Haftungsbeschränkungsmittel beschränken die Haftung für die Nachlaßverbindlichkeiten gegenüber allen Nachlaßgläubigern auf den Nachlaßbestand. Daneben bestehen die besonderen Haftungsbeschränkungsmittel, welche die Haftung nur gegenüber einzelnen NachlGl. beschränken; das Ausschlußurteil nach gerichtlichem Gläubigeraufgebot (§§ 1970—1973 BGB.; §§ 989—1000 ZPO.) und die Ausschlußfrist nach § 1974, wenn eine Nachlaßverbindlichkeit nicht binnen 5 Jahren seit dem Erbfalle angemeldet worden ist. In gewissen Fällen wird aber die Wirkung dieser Beschränkungsmittel wieder beseitigt und die Haftung zu einer unbeschränkbaren; das ist der Fall, wenn der Erbe die Inventarfrist versäumt (§ 1994 Abs. 1 BGB.), wenn er Mängel des Inventars absichtlich herbeiführt oder die erforderlichen Auskünfte verweigert oder verzögert (§ 2005 BGB.) — in diesen Fällen wird die Haftung allen Gl. gegenüber unbeschränkbar —, wenn er die Leistung des Offenbarungseids verweigert (§ 2006 BGB.) oder wenn er die Erwirkung des Haftungsvorbehalts nach § 780 ZPO. versäumt — hier haftet er nur dem antragstellenden Gl. unbeschränkbar —, endlich, wenn er allen oder einzelnen Gläubigern gegenüber auf die Beschränkung verzichtet (Kipp § 74 II 2 d). Verschieden von der Frage der beschränkten oder unbeschränkten Haftung ist die bei Miterben auftauchende, ob sie nach Maßgabe ihrer Erbteile oder als Gesamtschuldner haften.

9. Beschränkungen der gerichtlichen Geltendmachung von Ansprüchen gegen den Erben. Vor der Annahme der Erbschaft kann ein Anspruch, der sich gegen den Nachlaß richtet, gegen den Erben nicht gerichtlich geltend gemacht werden (§ 1958 BGB.). Der Erbe ist vor der Annahme auch nicht zur Fortsetzung des durch den Tod unterbrochenen Verfahrens verpflichtet (§ 239 Abs. 5 ZPO.). Vor der Annahme ist eine Zwangsvollstreckung wegen eines gegen den Nachlaß gerichteten Anspruchs nur in diesen zulässig (§ 778 Abs. 2 ZPO.). Eine Zwangsvollstreckung, die zur Zeit des Todes des Schuldners gegen diesen bereits begonnen hatte, wird in den Nachlaß fortgesetzt (§ 779 Abs. 1 ZPO.). Nach der Annahme darf der Erbe die Berichtigung einer Nachlaßverbindlichkeit bis zum Ablauf der ersten drei Monate, jedoch nicht über die Errichtung des Inventars hinaus, verweigern (§ 2014 BGB.); wegen der prozessualen Geltendmachung dieses Rechts s. § 782 ZPO. Die Geltendmachung der beschränkten Haftung (der Haftung cum viribus hereditatis) erfolgt nach

§§ 780 und 781 ZPO., der Erbe muß sich die Beschränkung im Urteil vorbehalten lassen; in der Zwangsvollstreckung muß er sie dann durch Einwendungen geltend machen.

10. Die Nachlaßverwaltung. Als ein weiteres dem NachlK. verwandtes Mittel zur Haftungsbeschränkung kennt das BGB. die NachlVerw. (§§ 1975 ff.). Sie wird vom NachlG. auf Antrag des Erben (s. aber § 2013) unter gewissen Voraussetzungen auch auf solchen eines NachlGl. angeordnet (§ 1981) und öffentlich bekannt gemacht (§ 1983). Der Nachlaßverw. hat den Nachl. zu verwalten und die Nachlaßverbindlichkeiten aus dem Nachl. zu befriedigen (§ 1985). Mit ihrer Anordnung verliert der Erbe das Recht, den Nachlaß zu verwalten und über ihn zu verfügen; KO. §§ 6 und 7 finden Anwendung (§ 1984). Sie endet mit Eröffnung des NachlK., mit Aufhebung mangels einer den Kosten entsprechenden Masse und mit Aufhebung wegen Erreichung ihres Zweckes (§ 1988; Planck § 1988 Anm. 2).

11. Aufgebot der Nachlaßgläubiger. Im Nachlaßverfahren kann nach näherer Maßgabe der §§ 1970—1974 BGB., 989—1000 ZPO. das Aufgebotsverfahren zum Zwecke der Ausschließung der Nachlaßgläubiger durchgeführt werden. Den davon betroffenen Gl. (wegen der nicht betroffenen s. §§ 1971, 1972, 2013 Abs. 1 S. 1 und 2 BGB., im einzelnen s. Planck vor § 1971 Anm. 3) haftet, soweit ihr Ausschluß im Aufgebotsverfahren erfolgt, der Erbe nur mehr beschränkt d. h.: Soweit der Nachlaß durch die Befriedigung der nicht Ausgeschlossenen erschöpft wird, gleichgültig, ob sie schon befriedigt sind, kann der Erbe (er muß es nicht, Staudinger § 1973 II 1 e) die Befriedigung der ausgeschlossenen Gl. verweigern (Erschöpfungseinrede). Den (nicht erschöpften) Überschuß hat er den ausgeschlossenen Gl. zum Zwecke der Befriedigung im Wege der Zwangsvollstr. nach den Vorschriften über die Herausgabe einer ungerechtfertigten Bereicherung herauszugeben. Eine Reihenfolge bei der Befriedigung der ausgeschlossenen Gl. braucht er nicht einzuhalten. Rechtskräftige Verurteilung des Erben zur Befriedigung eines ausgeschlossenen Gl. wirkt hierbei einem anderen Gl. gegenüber schon wie eine Bezahlung. Die Herausgabe kann er zudem durch Zahlung des Wertes der noch vorhandenen Nachlaßgegenstände abwenden. Pflichtteilsrechte, Vermächtnisse und Auflagen darf er, obwohl diese allen andern Forderungen nachstehen, ausgeschlossenen Gl. vorziehen, solange nicht der ausgeschlossene Gl. seine Forderung geltend macht (§ 1973 BGB.). Hinsichtlich seiner eigenen Fdgen gegen den Nachlaß ist er, je nachdem auch er seine Rechte im Aufgebotsverfahren geltend machte oder nicht, ausgeschlossener oder nicht ausgeschlossener Gl. Zulässig ist das Aufgebotsverfahren auch, wenn der Erbe unbeschränkt haftet; die bezeichneten Wirkungen treten aber nur ausnahmsweise ein (§ 2013 BGB.). Die Wirkung des Ausschlußurteils tritt auch gegenüber solchen Gl. ein, die in das nach § 992 ZPO. einzureichende Verzeichnis des bekannten NachlGl. nicht aufgenommen wurden und die deshalb die Mitteilung nach § 994 ZPO. nicht erhielten (RG. LZ. 4, 864; JW. 39, 713). Den ausgeschlossenen Gl. stehen im wesentlichen (nähere Maßgaben enthält § 1974 BGB.) NachlGl. gleich, die ihre Forderungen später als fünf Jahre nach dem Erbfall dem Erben gegenüber geltend machen. Die Anmeldung im Aufgebotsverfahren ersetzt nach näherer Maßgabe des § 229 die Anmeldung im K. Wegen der

Stellung der ausgeschlossenen Gl. im K. s. § 219, § 226 Abs. 4, § 227, § 228 Abs. 2, § 230.

12. Die Haftung des Erben nach Beendigung des NachlK. Sie ist verschieden je nach dem Beendigungsgrund:

a) Erfolgt die Beendigung durch Schlußverteilung (§ 163) oder Zwangsvergleich (§ 190), so findet (eine Ausnahme von § 164 KO.) § 1973 BGB. entsprechende Anwendung (§ 1989 BGB.); d. h. der Erbe kann die Befriedigung der NachlGl. soweit verweigern, als der Nachlaß durch Verteilung der Masse im K. oder durch Verwendung zu Zwecken des ZwVergl. erschöpft wird. Ansprüche aus Pflichtteilsrechten, Vermächtnissen und Auflagen hat er im Nachgang zu den sonstigen Verbindlichkeiten unter entsprechender Anwendung des § 226 KO. zu befriedigen, außer solche werden erst nach Berichtigung der Ansprüche aus Pflichtteilen usw. geltend gemacht. Den nicht erschöpften Betrag hat er zum Zwecke der Befriedigung des Gl. nach den Grundsätzen über die Herausgabe ungerechtfertigter Bereicherung zur Verfügung zu stellen; er kann statt der Nachlaßgegenstände deren Werte entrichten. Soweit er einem Gl. gegenüber bereits rechtskräftig verurteilt ist, wirkt das schon wie eine Befriedigung des Gl. Hat er zur Erfüllung eines ZwVergl. eigene Mittel verwendet, so rechnet er diese der Nachlaßmasse als Bereicherung auf. Als vom ZwVergl. ergriffen gelten, wie nun § 193 KO. einmal lautet, auch hier auch die Gl., die am K. nicht teilnehmen und ihre Fdgen nicht anmeldeten (s. Staudinger § 1989 Anm. 3; bestr. Planck § 1989 Anm. 3 Abs. 3; Kipp § 79 VII; Kretzschmar LB. 3, 189; Wilm.-Kurlb. § 230 Anm. 4; Kretzschmar 578 Anm. 57); sie haben also Ansprüche auf Grund und nach Maßgabe des ZwVergl. Nicht betroffen vom ZwVergl. werden kraft der besonderen Bestimmung des § 226 Abs. 2 Nr. 2—5, Abs. 4 die hierunter fallenden Fdgen; diese Gl. behalten ihre ursprünglichen Ansprüche vorbehaltlich des § 1989; der Erbe kann demnach hierwegen nur nach § 1973 auf den nicht erschöpften Betrag in Anspruch genommen werden.

b) Erfolgt die Beendigung durch Einstellung nach § 202 (KVerzicht), so haftet der Erbe wie vor der KE.; er kann nun NachlVerw. oder neuerdings NachlK. beantragen; soweit anläßlich des Verzichts besonderes vereinbart wurde, entscheidet diese Vereinbarung (Kipp § 79 Anm. VII 4).

c) Wird das Verfahren nach § 204 (wegen Mangels einer den Kosten entsprechenden Masse) eingestellt, so bestimmt sich die Haftung nach § 1990 d. h. der Erbe kann die Befriedigung eines NachlGl. soweit verweigern, als der Nachlaß nicht reicht. Er hat den Nachl. zum Zwecke der Befriedigung des Gl. im Wege der Zwangsvollstr. herauszugeben. Unter den Voraussetzungen der §§ 1973 und 1974 hat er auch die dort bestimmten Rechte.

d) Das Dargelegte gilt nur, wenn der Erbe beschränkt haftet; haftet er unbeschränkt, so dauert diese Haftung auch nach Beendigung des K. fort (s. insbes. hins. des § 1989 den § 2013 BGB.); s. hierzu Kretzschmar LG. 3, 189. Durch den ZwVergl. kann diese Haftung nicht aufgehoben werden, da dem ZwVergl. nur die Rechte der Gl. als KGl. unterliegen (Wilm.-Kurlb. § 230 Anm. 3).

e) Wird die KE. infolge sofortiger Beschwerde aufgehoben (§§ 109, 116), so gilt der K. als nicht eingetreten, die Haftungsbeschränkung ist also fortgefallen (Staudinger § 1989 Anm. 1e).

Zuständigkeit.

§ 214. (§ 202.)

II. Für das Konkursverfahren über einen Nachlaß ist das Amtsgericht ausschließlich zuständig, bei welchem der Erblasser zur Zeit seines Todes den allgemeinen Gerichtsstand gehabt hat.

Begr. I 452. — Unverändert durch die Nov.

a) Ausschließlich zuständig ist das Amtsgericht, bei welchem der Erblasser zur Zeit seines Todes den allg. Gerichtsstand gehabt hat (§§ 13—16 ZPO.; §§ 7—11 BGB.). Nicht zuständig ist das KGericht des Erben, auch nicht in erster Linie das der gewerblichen Niederlassung (§ 71). Bei mehrfachem Wohnsitz entscheidet § 71 Abs. 2 (zuständig ist das G., bei dem zuerst ein Antrag einging).

b) Fehlt ein inländ. allg. Gerichtsstand, so findet § 238 Abs. 1 u. 2 sinngemäß Anwendung. Es ist demnach ein NachlK. mit Beschränkung auf den im Inland befindlichen Nachlaß zulässig u. zwar beim Gericht der gewerblichen Niederlassung; wenn aber eine solche nicht besteht, bei dem Gericht, wo ein Gut nach § 238 Abs. 2 bewirtschaftet wird. Sinngemäße Anwendung ergibt, daß hierbei die gewerbliche Niederlassung des Erblassers u. Gutsbewirtschaftung durch diesen entscheiden (Jaeger § 214 Anm. 34). Abs. 3 des § 238 kann im Hinblick auf § 215 keine Anwendung finden. Ist auch keine Zuständigkeit nach § 238 gegeben, so kann nur eine Einzelvollstreckung in die inländischen Nachlaßgegenstände erfolgen (§§ 778, 779 ZPO.). Vereinbarung eines anderen Gstands ist nicht zulässig (Wilm.-Kurlb. Anm. 1).

Voraussetzungen der Eröffnung.

§ 215. (§ 203.)

Die Eröffnung des Verfahrens setzt die Überschuldung des Nachlasses voraus.

Begr. I 452. — Unverändert durch die Nov.

a) Die Überschuldung ist ausschließlicher KE.-Grund. Die Erbschaftsschulden müssen die Aktivmasse überwiegen. Die Überschuldung muß vorliegen zur Zeit der KE., nicht zur Zeit des Erbfalls. Wegen des Begriffs der Überschuldung s. § 30 Anm. 1 u. § 102 Anm. 2. Unzulässig ist der NachlK., wenn an ihm einem Dritten ein Leibzuchtsrecht eingeräumt u. der Leibzuchtsberechtigte mit sämtlichen NachlSchulden belastet ist; denn dann ist der (dem Erben verbleibende) Nachl. nicht überschuldet (RG. LZ. 6, 238). Bei Zahlungsunfähigkeit ohne Überschuldung ist die Nachlaßverwaltung das angebrachte Haftungsbeschränkungsmittel.

b) Die Überschuldung berechnet sich nach dem Nachlaßwert zur Zeit der KE. (Planck § 1975 Anm. 7a). Eine vom Erblasser getroffene Wertbestimmung ist nicht maßgebend (§ 2311 Abs. 2 BGB.).

Bedingte, betagte und ungewisse auf wiederkehrende Hebungen gerichtete Rechte und Verbindlichkeiten sind nach §§ 65, 67, 69, 70 KO.; § 2313 BGB. in Ansatz zu bringen. In den Fällen des § 238 (s. hierzu § 214b) ist KMasse nur das im Inland befindliche Vermögen. Passiva sind: Die Masseschulden (§§ 59, 224), die voll- und minderberechtigten KForderungen (§§ 225—227), insbesondere auch die Verbindlichkeiten aus Pflichtteilsrechten, Vermächtnissen und Auflagen (§ 226 Nr. 4 u. 5). Der KGrund ist auch dann gegeben, wenn die Überschuldung lediglich auf Vermächtnissen und Auflagen oder auf ausgeschlossenen Nachlaßverbindlichkeiten (§§ 1973, 1974 BGB.) beruht. Nur braucht dann der Erbe den NachlK. nicht zu beantragen (§§ 1980 Abs. 1, 1973, 1974 BGB.) und er hat gegenüber den Vermächtnis- und Auflagegläubigern das Recht der Abzugseinrede (§ 1992 BGB.; Mot. BGB. V, 654).

c) Zahlungseinstellung. Die aus der Zahlungseinst. gemäß § 102 Abs. 2 sich ergebende Vermutung hat für den NachlK. keine Bedeutung; die Zahlungs-Einstellung des Erblassers kann jedoch Beweismittel für die Nachlaßüberschuldung sein und sie behält, gleich der Zahl.-Einstellung des Erben nach dem Erbfall, bei der Eröffnung des NachlK. ihren vollen Wert für die Anfechtung der vom Erblasser oder dem Erben vorgenommenen Rechtshandlungen und die Zulässigkeit der Aufrechnung (§§ 30, 33, 50, 55 Nr. 3, 56, 199) und für die Strafbestimmungen in §§ 239 f. (RGZ. 25, 34; RG. LZ. 6, 461).

d) Wirkung der Geschäftsaufsicht. Weitere Voraussetzung außer der Überschuldung der Eröffnung des Verfahrens ist, daß keine Geschäftsaufsicht besteht (§ 6 Abs. 1 GeschA.VO.); eine solche kann bestehen, weil sie schon zu Lebzeiten des Erblassers bestanden hatte; dessen Tod bringt sie nicht ohne weiteres zum Erlöschen (Klimmer § 73 Anm. 2); sie kann aber auch unmittelbar über den Nachlaß angeordnet werden (§ 73 GeschA.VO.). Dagegen hindert das Bestehen der Gesch.-Aufsicht über den Nachlaß nicht die Eröffnung des K. über das Vermögen des Erben (Klimmer § 73 Anm. 3).

§ 216. (§ 204.)

I Die Eröffnung des Verfahrens wird nicht dadurch gehindert, daß der Erbe die Erbschaft noch nicht angenommen hat, oder daß er für die Nachlaßverbindlichkeiten unbeschränkt haftet.

II Bei dem Vorhandensein mehrerer Erben ist die Eröffnung des Verfahrens auch nach der Teilung des Nachlasses zulässig.

Begr. I 452; Begr. II 46. — Geändert durch die Nov.

a) Eröffnung vor u. nach Annahme der Erbschaft. Die nunmehrige Fassung, die die Eröffnung des NachlK. schon vor der Annahme der Erbschaft für zulässig erklärt, war veranlaßt durch die §§ 1943, 1958 f. BGB. (Begr. II 46). Es steht deshalb auch die Möglichkeit, daß ein anderer als der vorläufige Erbe Erbe wird, der KE. nicht entgegen; ebensowenig steht ihr § 1958 (vorläufige Klage- u. Vollstreckungsbefreiung des Erben) entgegen — es kann deshalb gegen den KVerwalter auch die Klage nach § 146 erhoben werden —, noch die Dreimonatsfrist des § 2014. Wegen des ZwVergl. s. § 230 Anm. 1. Die E. ist auch zulässig, wenn überhaupt noch nicht bekannt ist, wer als Erbe in Betracht kommt.

b) Eröffnung ohne Rücksicht auf die beschränkte und unbeschränkte Haftung des Erben. Die Zulässigkeit der KE. auch bei unbeschränkter Haftung des Erben für die Nachlaßverbindlichkeiten sichert den NachlGl. die im früheren Rechte auf anderem Wege gewährte Möglichkeit, im Verhältnisse zu den Gl. des Erben unter allen Umständen abgesonderte Befriedigung aus dem Nachlasse zu suchen (Begr. II 46). Wegen ihrer Stellung, wenn auch der ErbenK. eröffnet ist, s. § 234; wegen des Falles, daß der Erbe einzelnen Gl. unbeschränkt haftet, s. § 225 Abs. 3.

c) Eröffnung ohne Rücksicht auf die Nachlaßteilung. Entgegen dem früheren Rechte, wonach ein ErbteilsK. zulässig war, ist jetzt nur über den Nachlaß als Ganzes, nicht über die einzelnen Erbteile der K. zulässig (§ 235). Die Eröffnung des NachlK. ist aber beim Vorhandensein mehrerer Erben auch nach der Teilung zulässig. Bei der Regelung, welche die Erbengemeinschaft im BGB. gefunden hat, erfordert es das Interesse der NachlGl., daß zu ihren Gunsten der Nachlaß auch dann noch als eine einheitliche Masse behandelt wird, wenn vor der Berichtigung der NachlVerbindlichkeiten die Teilung bewirkt ist (Begr. II 46). Die KE. nach der Teilung ist für den Erben, wohl aber für den NachlGl. (§ 222), zeitlich nicht begrenzt und die Durchführung des K., auch nach der Teilung, hat die Wirkungen der Haftungsbeschränkung (§§ 1975, 1989, 2000, 2013, 2060 Nr. 3). Die Nachlaßgegenstände sind von den Miterben dem KVerw. auszuhändigen (§ 117). Die Miterben haften nach §§ 1978 f. Ist die Haftung eines Miterben nur eine anteilige (§§ 2060 f. BGB.), so darf, was an Nachlaßmasse aus seinem Vermögen herangezogen wurde, nicht zur Befriedigung für einen auf andere Miterben fallenden NachlTeil verwendet werden (Wilm.-Kurlb. § 216 Anm. 5). S. auch Bem. 4 u. 5 Abs. 3 vor § 214.

Vorbemerkung zu §§ 217—220.

Die §§ 217—220 regeln das Antragsrecht; u. zwar bezeichnet § 217 die zur Antragsstellung befugten Personen im allgemeinen, § 218 trifft Sonderbestimmungen über das Antragsrecht der Ehegatten für den Fall, daß eine Ehefrau Erbin ist, § 219 beschränkt das Antragsrecht der im Aufgebotsverfahren ausgeschlossenen u. der ihnen gleichgestellten Nachl.-Gl. u. § 220 befristet allgemein das Antragsrecht der NachlGl.

Antragsrecht.

§ 217. (§ 205.)

[1] Zu dem Antrag auf Eröffnung des Verfahrens ist jeder Erbe, der Nachlaßverwalter, sowie ein anderer Nachlaßpfleger, ein Testamentsvollstrecker, dem die Verwaltung des Nachlasses zusteht, und jeder Nachlaßgläubiger berechtigt.

II Wird der Antrag nicht von allen Erben gestellt, so ist er zuzulassen, wenn die Überschuldung glaubhaft gemacht wird. Das Gericht hat die übrigen Erben, soweit tunlich, zu hören.

III Steht die Verwaltung des Nachlasses einem Testamentsvollstrecker zu, so ist, wenn der Erbe die Eröffnung des Verfahrens beantragt, der Testamentsvollstrecker, wenn der Testamentsvollstrecker den Antrag stellt, der Erbe zu hören.

Begr. I 452; Begr. II 47. — Geändert durch die Nov.

1. Antragsberechtigung. Auch der NachlK. setzt wie der RegelK. (§ 103) einen Antrag auf KE. voraus: Antragsberechtigt sind:

a) Jeder Erbe, also auch jeder Miterbe für sich allein, ohne Rücksicht darauf, ob die Annahme schon erfolgte, ob er beschränkt oder unbeschränkt haftet u. ob Teilung erfolgt ist oder nicht (§ 216), ob ein Testamentsvollstrecker bestellt ist oder nicht, ob Nachlaßverwaltung besteht oder nicht. Ausschlagung nach Rechtskraft des EröffnBeschl. stellt den Fortgang nicht in Frage; eine pro herede gestio des vorläufigen Erben liegt in der Antragsstellung nicht (Reichel SeuffBl. 76, 452). Wegen des Antragsrechts der Frau s. § 218. Das Antragsrecht erlischt mit Eintritt der Nacherbfolge. Ist der Erbe im K., so steht das Antragsrecht dem KVerw. zu (§ 6 Abs. 2; Jaeger §§ 217—220 Anm. 11). Wegen des Nacherben s. § 231, wegen des Erbschaftskäufers § 232. Auch der Fiskus hat auch in seiner Eigenschaft als notwendiger Erbe ein Antragsrecht (§§ 1936, 1942 Abs. 2 BGB.). Eine zeitliche Beschränkung besteht für den Erben nicht.

b) Der Nachlaßverwalter, sowie ein anderer Nachlaßpfleger (§§ 1975 f., 1960 f. BGB.). Mehrere Pfleger vertreten in der Regel nur gemeinschaftlich, sind also dann auch nur in der Gesamtheit antragsberechtigt (§§ 1915, 1797 BGB.; Begr. II 47). Bei Meinungsverschiedenheit mehrerer Pfleger entscheidet das NachlGericht, wenn nicht bei der Bestellung etwas anderes bestimmt ist (§§ 1797 Abs. 1, 1915, 1962 BGB.; Begr. II 47). Die Einleitung einer Nachlaßpflegschaft berührt das Antragsrecht des Erben nicht.

c) Der Testamentsvollstrecker, dem die Verwaltung des Nachlasses zusteht (§§ 2197 f. BGB.), also nicht der bloß beaufsichtigende Testamentsvollstr. (§ 2208 Abs. 2) u. nicht der Testamentsvollstr., dem nur die Verwaltung einzelner Nachlaßgegenstände (§ 2208 Abs. 1), oder nur die Verwaltung einzelner Erbteile zusteht, oder dem nur die Befugnisse nach §§ 2204, 2206 BGB. eingeräumt sind. Führen mehrere Testamentsvollstr. das Amt in der Art gemeinschaftlich, daß sie alle Verwalter des Nachlasses sind, so ist gemeinschaftliche Antragstellung notwendig, wenn nicht der Erblasser eine abweichende Anordnung traf; bei Meinungsverschiedenheiten entscheidet das NachlG. (§ 2224 Abs. 1 BGB.); s. auch Begr. II 47. Das Amt des Testamentsvollstr. erlischt nicht mit der KE. (Wilm.-Kutlb. § 4).

d) Jeder Nachlaßgläubiger, gleichviel, ob der Nachlaß geteilt oder ungeteilt ist, der Erbe angenommen hat oder noch nicht, ob er beschränkt oder unbeschränkt haftet, ob über sein Gesamtvermögen bereits K. eröffnet ist oder nicht (§ 234 Anm. 3). Antragsberechtigt sind daher auch Gl. mit ihren Forderungen aus Vermächtnissen u. Auflagen u. ausgeschlossene u. ihnen nach § 1974 BGB. gleichstehende NachlGl., jedoch in der Beschränkung des § 219 Abs. 1. Wegen der Antragsberechtigung der Pflichtteilsberechtigten s. § 219 Anm. 4.

2. Antragsverpflichtung. Der Erbe u. der NachlVerw. sind, nachdem sie von der Überschuldung des Nachlasses Kenntnis erlangt haben, verpflichtet, sofort d. h. ohne schuldhaftes Zögern bei Meidung der Schadenshaftung gegenüber den NachlGl. die Eröffnung des NachlK. zu beantragen (§§ 1980, 1985 Abs. 2 BGB.; Planck § 1980 Anm. 2). Die Antragspflicht entfällt, wenn die bekannt gewordenen NachlGl. mit der Unterlassung des Antrags einverstanden sind (BayObLG. NF. 6, 512). Zufolge ÜbergangsVO. v. 28. April 1920 (RGBl. 696) entfällt die Verpflichtung die KE. wegen Überschuldung zu beantragen bis auf weiteres, wenn sich infolge Veränderung des Umrechnungskurses der in Reichsmark ausgedrückte Wert einer auf ausländ. Währung lautenden Schuld gegenüber dem Werte bei Einziehung der Verbindlichkeit erhöht hat. Miterben haften, wenn keiner von ihnen rechtzeitig den Antrag stellt oder durch Nichtbeteiligung einzelner das Verfahren verzögert wird (s. KO. § 217 Abs. 2), soweit ihnen ein Verschulden zur Last fällt, für den Schaden als Gesamtschuldner (§§ 421 f.) s. Planck § 1980 Anm. 3. Die Schadensersatzansprüche fallen in die Masse. Der vorläufige Erbe hat die Antragspflicht nicht (Planck § 1980 Anm. 2; Reichel SeuffBl. 76, 452). Sobald die Nachlaßverwaltung angeordnet ist, entfällt die Antragspflicht des Erben (Planck § 1980 Anm. 2). Die Antragspflicht entfällt in den Fällen der §§ 1980 Abs. 1, 1992, 1973, 1974, 1990, 1991, 2013 BGB. s. Jaeger §§ 217—220 Anm. 28; Planck § 1991 Anm. 1a Abs. 2. Die Antragspflicht gemäß § 1980 obliegt auch dem Testamentsvollstr. u. den sonstigen Nachlaßpflegern (abgesehen v. Nachlaßverw.); denn sie haben die Pflichten des Erben; a. A. Jaeger §§ 217—220 Anm. 27; s. auch Planck § 1978 Anm. 3. Die gleiche Pflicht hat der Verwalter im K. des Erben (Sarw.-Boss. Anm. 2).

3. Verfahren bei der Eröffn. des NachlK.

a) Auf Erbenantrag. Der Antrag des Alleinerben oder der sämtlichen Miterben, der dem § 104 zu genügen hat, führt ohne weiteres, vorausgesetzt, daß die Überschuldung feststeht, zur KE. (§ 215). Der Antrag eines oder mehrerer der Miterben gibt zunächst Anlaß zur Prüfung der Zulässigkeit, die bei Glaubhaftmachung der Überschuldung gegeben ist (§ 217 Abs. 2). Die übrigen Miterben sind nach der Bestimmung der Novelle nur, soweit tunlich, zu hören, da die Einvernahme einer größeren Anzahl von Erben auf Grund der Vorschrift in § 105 Abs. 2 und 3 nicht selten zu Verzögerungen und Schwierigkeiten geführt hat (Begr. II 47). In beiden Fällen ist der neben dem Erben stehende antragsbefugte Testamentsvollstrecker über den Antrag zu hören (§ 217 Abs. 3). Voraussetzung der Eröffn. ist der Nachweis (§ 75) der Überschuldung. Wie der Antrag des Erben ist zu behandeln der des KVerw. im K. über das Gesamtvermögen des Erben.

b) Der Antrag des antragsberechtigten Testamentsvollstreckers erfordert die gleiche Prüfung der Zulässigkeit und soweit tunlich die vorherige Anhörung des Erben oder der sämtlichen Miterben (§ 217 Abs. 2, 3). Die Eröffnung erfordert den Nachweis der Überschuldung.

c) Der Antrag des NachlVerw. oder eines anderen NachlPflegers. Er ist zu behandeln wie der Antrag des Testamentsvollstr.

d) Der Antrag eines NachlGl. gibt zunächst Anlaß zur Prüfung der Zulässigkeit nach § 105; es ist also die Fdg. glaubhaft zu machen. Wenn die Zulässigkeit gegeben ist, hat das weitere Verfahren nach § 105 Abs. 2 u. 3 zu erfolgen. Die Eröffnung erfordert den Nachweis der Überschuldung. Wegen einer Beschränkung des Antragsrechts s. § 219; wegen einer Befristung § 220.

e) Wegen des Antragsrechts, wenn eine Ehefrau Erbin ist, s. § 218.

Die Maßnahmen des KGerichts bei und nach der Eröffnung des NachlK. ergeben sich aus §§ 108 f.

4. **Beschwerderecht.** Gegen die Ablehnung des KAntrags ist jeder Antragsteller beschwerdeberechtigt (§ 109). Gegen den EBeschluß sind beschwerdeberechtigt der Erbe, jeder Miterbe, der Nachlaßpfleger u. wohl auch der Testamentsvollstr. u. der Nachlaßverwalter (Wilm.-Kurlb. Anm. 8). Jaeger § 214 Anm. 19 verneint ein Beschwerderecht des NachlVerw. im Hinblick auf § 1988 Abs. 1 BGB. Sinngemäße Auslegung wird dazu führen, aus § 1988 die Beendigung nur vorbehaltlich des Beschwerderechts zu folgern.

§ 218.

I Ist eine Ehefrau die Erbin und gehört der Nachlaß zum eingebrachten Gute oder zum Gesamtgute, so kann sowohl die Ehefrau als der Ehemann die Eröffnung des Verfahrens beantragen, ohne daß die Zustimmung des anderen Teiles erforderlich ist. Das Gleiche gilt, wenn der Nachlaß zum Gesamtgute gehört, auch nach Beendigung der Gemeinschaft.

II Wird der Antrag nicht von beiden Ehegatten gestellt, so ist er zuzulassen, wenn die Überschuldung glaubhaft gemacht wird. Das Gericht hat den anderen Ehegatten, wenn tunlich, zu hören.

Begr. II 47. — Eingefügt durch die Nov.

a) Allgemeiner Charakter des § 218. Ist eine Ehefrau die Erbin, so kann sie als solche KAntrag stellen. Bei ihrem Antragsrecht hat es sein Bewenden, wenn der Nachlaß Vorbehaltsgut wird oder wenn Gütertrennung besteht. Fällt aber der Nachlaß ins eingebrachte Gut oder ins Gesamtgut, so soll neben der Frau auch der Mann ein

Antragsrecht haben. Dieses Recht soll er, wenn der Nachlaß zum Gesamtgut gehört, auch noch nach Beendigung der Gemeinschaft haben. Diese Befugnis wurde dem Mann eingeräumt im Hinblick auf die Verpflichtungen, die sich bei dem gesetzl. Güterstand u. bei der Gütergemeinschaft für ihn aus den Verbindlichkeiten der Frau ergeben, wobei die bei der Gütergemeinschaft bestehende Fortdauer seiner Haftung über die Zeit der Beendigung hinaus (§§ 1530, 1549) eine Erweiterung notwendig machte (Begr. II 47).

b) Materieller Inhalt. Wann der Nachlaß eingebrachtes Gut wird, ergibt sich beim gesetzl. Güterstand aus den §§ 1363—1371, bei der Errungenschaftsgemeinschaft aus den §§ 1521 bis 1526, bei der Fahrnisgemeinschaft aus den §§ 1549—1556. Ebenso wie das eingebrachte Gut muß im Hinblick auf § 1439 das Sondergut bei der allg. Gütergemeinschaft behandelt werden. Wegen der Fälle, in denen der Nachlaß zum Gesamtgut gehört, s. § 234 Anm. 2. Änderungen des Güterstands, die nach dem Erbanfall erfolgen u. durch welche nunmehr der Nachlaß eingebrachtes Gut oder Gesamtgut wird, geben dem Manne von da an ein Antragsrecht, auch wenn der Erbfall schon vorher eintrat; denn nun tritt die Haftung des Mannes ein (s. Planck § 1411 Anm. 2). Dagegen findet § 218 keine Anwendung, wenn die als Vorbehaltsgut angefallene Erbschaft nachträglich eingebrachtes oder Gesamtgut wird (ohne Änderung des Güterstands), denn dadurch wird die Haftung des Mannes nicht begründet (s. Planck § 1413 Anm. 2).

c) Verfahren. Stellen beide Ehegatten den Antrag, so tritt das Gericht ohne weiteres in die sachliche Prüfung der Zulässigkeit der Eröffnung ein (§ 215). Wird der Antrag von nur einem Ehegatten gestellt, so hat das Gericht zunächst die Zulässigkeit zu prüfen, die von der Glaubhaftmachung der Überschuldung abhängt. Der andere Ehegatte ist, wenn darnach Zulässigkeit gegeben ist, vor der sachlichen Entscheidung wenn tunlich zu hören. Die Antragsverpflichtung nach § 1980 trifft den erbenden Ehegatten. Das Beschwerderecht gegen die KE. (§ 109) dürfte, wenn § 218 zutrifft, jedem Ehegatten zustehen (Wilm.-Kurlb. Anm. 4).

§ 219.

I Ein Nachlaßgläubiger, der im Aufgebotsverfahren ausgeschlossen ist oder nach § 1974 des Bürgerlichen Gesetzbuchs einem ausgeschlossenen Gläubiger gleichsteht, kann die Eröffnung des Verfahrens nur beantragen, wenn über das Vermögen des Erben das Konkursverfahren eröffnet ist. Das Gleiche gilt von einem Vermächtnisnehmer, sowie von demjenigen, welcher berechtigt ist, die Vollziehung einer Auflage zu fordern.

II Ist eine Ehefrau die Erbin und gehört der Nachlaß zum Gesamtgute, so können die im Abs. 1 bezeichneten Gläubiger den Antrag nur stellen,

wenn über das Vermögen des Ehemanns das Konkursverfahren eröffnet ist.

Begr. II 48. — Eingefügt durch die Nov.

1. **Antragsbeschränkung ausgeschlossener u. ihnen gleichgestellter NachlGl.** Mit der Stellung, die den ausgeschlossenen und ihnen gleichgestellten NachlGl. nach §§ 1973 und 1974 BGB. zukommt (s. hierwegen Bem. 11 vor § 214 u. wegen des Begriffs der NachlGl. ebendort Bem. 7), ist eine Antragsberechtigung nicht wohl vereinbar; aber andererseits besteht ein Schutzbedürfnis für sie, wenn über das Erbenvermögen der K. eröffnet wird. Demgemäß sind diese Gl. zur Stellung eines Antrages auf Eröffnung des NachlK. nur dann berechtigt, wenn über das Vermögen des Erben der K. eröffnet ist (Begr. II 48). Bei Miterben genügt die KE. über das Vermögen eines von ihnen (Wilm.-Kurlb. Anm. 1). Wegen der Eröffnung eines K. auf Antrag der Ausgeschlossenen über den nach Befriedigung der Nichtausgeschlossenen verbleibenden Überschuß s. Jaeger KK. S. 42; Seuffert BuschsZ. 22, 504; Jaeger §§ 217 bis 220 Anm. 15. Die ausgeschlossenen u. die ihnen gleichgestellten Gl. sind im NachlK. nur minderberechtigte Gl.; s. § 226 Anm. 4.

2. **Antragsbeschränkung der Vermächtnisnehmer u. Auflagenberechtigten.** Vermächtnisnehmer u. Auflagenberechtigte (§§ 1939, 1940, 2147 f., 2194 BGB.), die vom Aufgebotsverf. im allg. nicht betroffen werden (§ 1972 BGB.), sind in ihrer Eigenschaft als NachlGl. (§ 1967 Abs. 2 BGB.) nach § 217 Abs. 1 an und für sich antragsberechtigt. Die Geltendmachung dieses Rechtes wird aber, insbesondere, wenn sich eine Überschuldung erst durch Einbeziehung ihrer selbst ergibt, dem mutmaßlichen Willen des Erblassers widersprechen. In der Regel haben auch die genannten Beteiligten kein begründetes Interesse daran, ihrerseits die KE. zu beantragen, da der Erbe, falls er sich ihnen gegenüber auf seine beschränkte Haftung beruft, entweder selbst die NachlVerw. oder den NachlK. beantragen oder ihre Befriedigung, soweit der Nachl. reicht, nach § 1992 BGB. in der Rangordnung des NachlK. herbeiführen muß (§§ 1981, 1984 1991 BGB.; § 784 Abs. 2 ZPO.). Anders verhält es sich, wenn der Erbe selbst in K. geraten ist. Hier bietet die Antragsberechtigung und die KE. einen Ersatz für das nach dem gemeinen Rechte und verschiedenen Landesgesetzen den Vermächtnisnehmern zustehende Absonderungsrecht (Begr. II 48).

3. **Antragsbeschränkung der unter 1 und 2 bezeichneten NachlGl., wenn der Erbe eine Ehefrau ist.** Ist eine Ehefrau Erbin, so findet im allgemeinen Abs. 1 des § 219 ebenfalls Anwendung; eine Besonderheit ergibt sich aber, wenn der ererbte Nachl. ins Gesamtgut fällt; in diesen Fällen wird das Gesamtgut vom K. des Ehemanns erfaßt (§ 2 Abs. 1) u. es ist nur eine sinngemäße Weiterbildung der unter Anm. 1 u. 2 dargelegten Gedanken, wenn hier Voraussetzung der Antragsberechtigung KE. über das Vermögen des Ehemanns ist. Die KE. über das Vermögen der Frau ist in solchen Fällen bedeutungslos, denn dieser berührt das Gesamtgut nicht (§ 2 Abs. 2). Wegen der Fälle, in denen der Nachlaß in das Gesamtgut fällt s. § 234 Anm. 2.

4. **Stellung der Pflichtteilsberechtigten.** Pflichtteilsberechtigte, die übrigens auch von dem Aufgebotsverfahren nicht berührt werden (§ 1972

BGB.), unterliegen keiner Beschränkung. Meistens wird aber, wenn eine Überschuldung besteht, die Voraussetzung der KE. ist (§ 215), ein Antragsrecht überhaupt nicht bestehen, da dann ein Wert des gesetzlichen Erbteils nicht vorhanden ist, ein Pflichtteilsanspruch somit nicht entsteht (§§ 2303 u. 2311 BGB.) u. der angeblich Pflichtteilsberechtigte überhaupt nicht NachlGl. ist. Doch besteht die Möglichkeit, daß die Überschuldung erst nach dem Erbfall oder mit ihm selbst durch Belastung mit Vermächtnissen u. Auflagen eintritt (s. Jaeger §§ 217—220 Anm. 29); dann besteht ein Pflichtteilsanspruch.

§ 220.

Die Eröffnung des Verfahrens kann von einem Nachlaßgläubiger nicht mehr beantragt werden, wenn seit der Annahme der Erbschaft zwei Jahre verstrichen sind.

Begr. II 49. — Eingefügt durch die Nov.

a) Der Grund für die Bestimmung des § 1981 Abs. 2 BGB., wornach die NachlGl. (s. hierzu Bem. 7 vor § 214) den Antrag auf Anordnung der Nachlaßverw. nicht mehr stellen können, wenn seit der Annahme der Erbschaft zwei Jahre verstrichen sind, trifft in gleicher Weise auch das Antragsrecht der NachlGl. auf Eröffnung des NachlK. (Begr. II 49). Die Sonderung des Erbenvermögens vom Nachlasse ist um so schwerer durchführbar, je länger die Vereinigung gedauert hat. Die Annahme der Erbschaft bemißt sich nach §§ 1943, 1957 BGB. Die Frist hat nicht zu laufen begonnen, wenn die Annahme oder die Versäumung der Annahmefrist wirksam angefochten wird (§§ 1954—1957) oder der Erbe über den Berufungsgrund irrte (§ 1949). Sind Miterben vorhanden, so ist die Annahme des letzten maßgebend. Die Frist läuft von der Annahme durch den Erben an auch, wenn eine Nacherbfolge angeordnet ist (Wilm.-Kurlb. Anm. 2). Die Frist ist gewahrt, wenn innerhalb ihrer der Antrag eingegangen oder zu Protokoll des Gerichtsschreibers gestellt ist; KE. innerhalb der Frist ist nicht notwendig.

b) Für den Antrag des Erben besteht keine zeitliche Beschränkung, ebensowenig wie für seinen Antrag auf Nachlaßverwaltung (§ 1981 Abs. 1 BGB.). Das Gegenstück hiezu bildet die zeitlich unbeschränkte Antragspflicht des Erben (§ 1980 BGB.).

Beschränkung der abgesonderten Befriedigung.

§ 221.

[I] Auf Grund einer nach dem Eintritte des Erbfalls gegen den Nachlaß erfolgten Maßregel der Zwangsvollstreckung oder der Arrestvollziehung kann abgesonderte Befriedigung nicht verlangt werden.

II Eine nach dem Eintritte des Erbfalls im Wege der einstweiligen Verfügung erlangte Vormerkung ist unwirksam.

Begr. II 49. — Eingefügt durch die Nov.

1. Allg. Charakter des § 221. Den allgemeinen Bestimmungen würde es entsprechen, daß ein NachlGl. oder ein persönlicher Gl. des Erben, der nach dem Eintritt des Erbfalls im Wege der Zwangsvollstreckung oder Arrestvollziehung ein Recht auf Befriedigung aus einem NachlGegenstande erlangt, berechtigt wäre, im NachlK. abgesonderte Befriedigung aus dem Gegenstande zu verlangen. Im Falle der Überschuldung des Nachl. ist es aber eine Forderung der Billigkeit, daß nicht durch derartige Vollstreckungsmaßnahmen die übrigen Gl. benachteiligt werden. § 221 beseitigt deshalb für den bezeichneten Fall das Recht auf abgesonderte Befriedigung im NachlK. und versagt aus den gleichen Gründen auch einer nach dem Eintritte des Erbfalls im Wege der einstw. Verfügung erlangten Vormerkung die Wirksamkeit (Begr. II 49).

2. Beschränkung der Wirksamkeit von Zwangsvollstreckungen und Arrestvollziehungen. Zwangsvollstr. einschließlich Arrestvollstreckungen, die nach dem Erbfall, wenn auch vor Eintritt der Überschuldung, erfolgten, geben kein Recht auf abgesonderte Befriedigung. Als solche erscheinen Pfändungen (§ 803 ZPO.), solche in körperliche Sachen, wie in Forderungen und andere Vermögensrechte, Zwangshypotheken (§§ 866, 932), Beschlagnahmen zum Zwecke der ZwVersteigerung und der ZwVerw. (§§ 10 Abs. 1 Nr. 5, 22, 27, 146, 162 ZwVG.); auch VollstrMaßregeln auf Grund einstw. Verfügungen fallen hierher. Ist die VollstrMaßregel schon vor dem Erbfall wirksam geworden, so bleibt sie wirksam. Die Erwirkung einer bloßen Vorpfändung (§ 845 ZPO.) vor Erbanfall kann das Absonderungsrecht nicht erhalten; es muß der Pfändungsbeschl. selbst schon vor dem Erbfall dem Drittschuldner zugestellt sein (§ 829 Abs. 3 ZPO.; RG. LZ. 2, 392). Auf anderen Rechtsgründen z. B. Vertrag (Hypothekbestellung) oder Gesetz (Vermieterpfandrecht, § 559 BGB.) beruhende Absonderungsrechte werden durch § 221 nicht berührt, für sie bleiben aber §§ 126 und 127 anwendbar. Wird in ein Grundstück, hinsichtlich dessen die Mietzinsen in einer unter § 221 fallenden Weise gepfändet sind, die Zwangsverwaltung betrieben, so fallen auch die Mietzinsen für das laufende bzw. auch das folgende Vierteljahr in die Masse; es kann nicht etwa der Pfandgl. unter Berufung auf § 1124 hier sein Pfandrecht geltend machen; das gleiche gilt bei der Veräußerung des zum Nachlaß gehörigen Miethauses hinsichtlich der Anwendung des § 57 S. 1 ZwVG. mit § 573 S. 1 BGB. (Jaeger LZ. 8, 551).

Ausgeschlossen ist durch § 221 aber nur das Recht auf abgesonderte Befriedigung, nicht ein Aussonderungsrecht. Ausgeschlossen ist ferner auch die abgesonderte Befriedigung nur im NachlK. Nach dessen Beendigung wirkt es wieder, soweit es nicht etwa durch Verwertung des Gegenstands gegenstandslos wurde. Bei einer Einstellung nach § 204 wirkt aber § 221 im Rahmen der §§ 1990, 1991 Abs. 4 weiter. Auch bei Aufhebung des K. durch Zwangsvergl., bei dem der im Sinne des § 221 gesicherte Anspruch an sich nur als ungesicherter in Betracht kommt, wirkt die Sicherung weiter, soweit nicht etwa ausdrückliche Bestimmungen des Zwangsvergl. entgegenstehen. Ist die abgesonderte Befriedigung schon vor KE. realisiert worden, so kann § 221 nicht mehr angewendet werden. Man pflegt jedoch gegen den persönlichen Gl. des Erben, nicht gegen den NachlGl. in diesem Fall dem Nachlaß einen Bereicherungsanspruch zuzuerkennen (Jaeger Anm. 6; Sarw.-Boss. Abs. 3).

Ob der Erbe beschränkt oder unbeschränkt haftet, ist für die Anwendung des § 221 gleichgültig. Die Durchführung des Verbots der abgesonderten Befriedigung erfolgt durch Einwendung nach § 766 ZPO., es kann aber auch durch Klage verwirklicht werden.

3. Unwirksamkeit von Vormerkungen. Die im Wege der einstw. Verfügung nach Eintritt des Erbfalls im Grundbuch oder im Schiffsregister erwirkte Vormerkung ist im NachlK. aus den gleichen Gründen den Nachl.- und den ErbenGl. gegenüber kraftlos und unwirksam, wie die Anlage einer Zwangvollstreckung oder eines Arrestvollzuges (Begr. II 49) gleichgültig, ob sie einer NachlForderung oder einer Forderung gegen den Erben dient. In Kraft bleiben dagegen die auf Grund einer Bewilligung des Erben oder Erbenvertreters vor der KE. eingetragenen Vormerkungen vorbehaltlich der Anfechtungsmöglichkeit und der Verantwortlichkeit des Erben gegenüber der Masse und zwar auch, wenn sie zugunsten einer Forderung gegen den Erben bewilligt wurden. Vormerkungen von Amts wegen wirken im K. überhaupt nicht (s. § 24 Anm. 1). Die Unwirksamkeit tritt in jeder Beziehung ein, in der eine Vormerkung überhaupt wirken kann, sie beschränkt sich aber, da Abs. 2 den gleichen Zweck wie Abs. 1 verfolgt, auf das KVerf.

Anfechtbarkeit.

§ 222.

Hat der Erbe vor der Eröffnung des Verfahrens aus dem Nachlasse Pflichtteilsansprüche, Vermächtnisse oder Auflagen erfüllt, so ist die Leistung in gleicher Weise anfechtbar wie eine unentgeltliche Verfügung des Erben.

Begr. II 49. — Eingefügt durch die Nov.

a) Pflichtteilsberechtigte, Vermächtnisnehmer und die aus einer Auflage Berechtigten können Befriedigung aus dem Nachl. nur insoweit verlangen, als nach der Berichtigung der übrigen NachlGl. ein Überschuß verbleibt. Demgemäß stehen sie im NachlK. an letzter Stelle (§ 226). Die von dem Erben in der Annahme der Zureichendheit des Nachlasses gemachten Zahlungen aus Nachlaßmitteln auf Pflichtteilsansprüche, Vermächtnisse und Auflagen gelten als für Rechnung des Nachl. erfolgt. Der Erbe ist zur Erstattung nicht verpflichtet und für Leistungen aus seinem Vermögen als MasseGl. ersatzberechtigt (§§ 224 Nr. 1, 1967 Abs. 2, 1979 BGB.; Begr. II 49). Zur Verhütung einer Benachteiligung der vorrangigen Gl. sind die vom Erben vor der Eröffnung des NachlK. aus dem Nachl. erfolgten Leistungen auf Pflichtteilsansprüche, Vermächtnisse und Auflagen in der gleichen Weise anfechtbar wie eine unentgeltliche Verfügung des Erben.

b) Nur die Erfüllung von Pflichtteilsansprüchen, Vermächtnissen und Auflagen gewährt das Anfechtungsrecht. Anfechtbar ist auch die Erfüllung gesetzlicher Vermächtnisse (s. Bem. 7 vor § 214). Wegen der Abfindung des unehelichen Kindes mit dem Pflichtteil (§ 1712 Abs. 2 BGB.) s. Bem. 7 vor § 214. Der Erfüllung muß gleichstehen eine Hingabe an Erfüllungs Statt (Wilm.-Kurlb. Anm. 4). Die Anfechtbarkeit ist die gleiche wie bei unentgeltlichen Verfügungen; sie besteht demnach, wenn die Voraussetzungen des § 32 Nr. 1 oder 2 vorliegen, also im Falle des § 32 Nr. 2 bei Erfüllung von Pflichtteilsansprüchen usw. zugunsten des Ehegatten des Erben. Die Rückgewähr erfolgt nach § 37 Abs. 1 und 2, je nachdem guter Glaube des Empfängers vorhanden ist oder nicht; die Anfechtung wird nicht ausgeschlossen, wenn ein vollstreckbarer Schuldtitel vorliegt oder Zwangsvollzug erfolgte (§ 35); bei Rückgewähr lebt die Pflichtteilsforderung usw. wieder auf (§ 39); es besteht die Ausschlußfrist des § 41. Daneben ist Anfechtbarkeit nach den allg. Grundsätzen §§ 30 f. möglich, wenn deren Voraussetzungen vorliegen. Die Anfechtbarkeit, die in erster Linie in den Fällen des § 1979 BGB. von Bedeutung sein wird, also wenn die Gl. die Berichtigung für den Nachlaß gelten lassen müssen, besteht auch, wenn der Erbe den NachlGl. für die Berichtigung verantwortlich ist (Begr. II 49).

Verbot des Zurückbehaltungsrechts.

§ 223.

Dem Erben steht wegen der ihm nach den §§ 1978, 1979 des Bürgerlichen Gesetzbuchs aus dem Nachlasse zu ersetzenden Aufwendungen ein Zurückbehaltungsrecht nicht zu.

Begr. II 49. — Eingefügt durch die Nov.

a) Der Erbe ist den NachlGl. nach § 1978 BGB. für die bisherige Verwaltung des Nachl. verantwortlich, für die Zeit vor der Annahme der Erbschaft nach Maßgabe der Vorschriften über die auftragslose Geschäftsführung (§§ 677 f. BGB.), von der Annahme ab jedoch nach den Grundsätzen über den Auftrag (§§ 662 f.). Andrerseits ist er, soweit er nach diesen Vorschriften Ersatz verlangen kann, für seine Aufwendungen nach § 1978 Abs. 3 BGB. aus dem Nachl. ersatzberechtigt und er hat nach § 273 BGB. im allg. das Recht, die Herausgabe des Nachl. zu verweigern, bis ihm die Aufwendungen ersetzt sind. Allein im NachlK. würde durch die Ausübung des Zurückbehaltungsrechtes die KAbwicklung erheblich verzögert und der Verw. unter Umständen genötigt werden, zum Zwecke der Berichtigung der Ersatzforderungen des Erben Geld auf Kredit der Masse aufzunehmen. Da andrerseits der Erbe durch die Einreichung seines Ersatzanspruches unter die Masseschulden (§ 224 Nr. 1) genügend gesichert ist, so ist das Zurückbehaltungsrecht des Erben für den NachlK. ausgeschlossen (Begr. II 50).

b) Das Verbot des Zurückbehaltungsrechtes erstreckt sich auf alle Gegenstände, die der Erbe in seiner Eigenschaft als Erbe besitzt (§ 857 BGB.). Die auf Grund eines besonderen mit dem Erblasser abgeschlossenen Vertrages im Besitz des Erben befindlichen Gegenstände, auf die er Aufwendungen gemacht hat, darf er nach § 273 BGB. im NachlK. zurückbehalten und ist er hieran aus § 49 Nr. 3 absonderungsberechtigt. An der Aufrechnung ist der Erbe nicht gehindert, soweit sie nicht etwa vertragsmäßig, wenn auch stillschw. ausgeschlossen ist (Braunschweig OLG. 24, 64). Der Erbschaftsbesitzer steht dem Nachl. als Dritter gegenüber; sein Zurückbehaltungsrecht wird durch § 223 nicht berührt; s. Wolff LZ. 2, 107 (115).

Masseschulden.

§ 224.

Masseschulden sind außer den im § 59 bezeichneten Verbindlichkeiten:

1. die dem Erben nach den §§ 1978, 1979 des Bürgerlichen Gesetzbuchs aus dem Nachlasse zu ersetzenden Aufwendungen;
2. die Kosten der standesmäßigen Beerdigung des Erblassers;
3. die im Falle der Todeserklärung des Erblassers dem Nachlasse zur Last fallenden Kosten des Verfahrens;
4. die Kosten der Eröffnung einer Verfügung des Erblassers von Todes wegen, der gerichtlichen Sicherung des Nachlasses, einer Nachlaßpflegschaft, des Aufgebots der Nachlaßgläubiger und der Inventarerrichtung;
5. die Verbindlichkeiten aus den von einem Nachlaßpfleger oder einem Testamentsvollstrecker vorgenommenen Rechtsgeschäften;
6. die Verbindlichkeiten, welche für den Erben gegenüber einem Nachlaßpfleger, einem Testamentsvollstrecker oder einem Erben, der die Erbschaft ausgeschlagen hat, aus der Geschäftsführung dieser Personen entstanden sind, soweit die Nachlaßgläubiger verpflichtet sein würden, wenn die bezeichneten Personen die Geschäfte für sie zu besorgen gehabt hätten.

Begr. II 50. — Eingefügt durch die Nov.

1. **Die besonderen Masseschulden des NachlK. im allgemeinen.** Der Kreis der Masseschulden wird hier für den NachlK. erweitert; für sie gelten die allg. Vorschriften für die Masseschulden (s. §§ 57 f. mit Vorbemerkungen). Sie stehen mit den sonstigen Masseschulden im gleichen Rang und werden, wenn der Nachl. nicht zureicht, mit diesen unter Ausschluß der Massekosten anteilsmäßig, auch nicht etwa unter sich nach der Reihe der Nummern berichtigt (§ 60).

2. Die einzelnen besonderen Masseschulden.

a) Zu Nr. 1. Der Erbe, der, wenn auch nur mittelbar die Geschäfte der NachlGl. besorgt hat, hat für seine nach §§ 1978, 1979, 670, 683, 684, 256, 257 BGB. aus dem Nachl. zu ersetzenden Aufwendungen einen Masseanspruch (Ausnahme § 2013). Die Gesichtspunkte, auf denen die Vorschriften des § 59 beruhen, treffen auch gegenüber diesen Erstattungsansprüchen zu. Die KMasse würde auf Kosten des Erben bereichert sein, wenn dieser seine Forderungen nur als KForderungen geltend machen könnte (Begr. II 50). Der Erbe hat wegen des Anspruchs unter Nr. 1 kein Zurückbehaltungsrecht (§ 223).

b) Zu Nr. 2. Entsprechend der Volksanschauung, zugleich aber auch im öffentlichen Interesse, sind die in § 1968 BGB. als NachlVerbindlichkeiten bezeichneten Kosten der standesmäßigen, nicht bloß der notdürftigen, sondern der der Lebensstellung des Verstorbenen entsprechenden Beerdigung als Masseschulden erklärt (§§ 1610, 1968, 2022 BGB.; Mot. V 555 f.). Trauerkleider für vermögenslose Angehörige und das Gesinde des Erblassers können je nach der Lebensstellung des Verstorbenen und nach dem Herkommen am Beerdigungsorte zu diesen Kosten gehören. Auch Kosten des Transports der Leiche an einen anderen Beerdigungsort fallen unter Umständen hierher (RGZ. 66, 307; KG. OLG. 14, 290); nicht aber die Kosten des Grabmals (Planck § 1968 Anm. 2).

c) Zu Nr. 3. Aus Gründen der Billigkeit gehören diese im Wege des Aufgebotsverfahrens für die Todeserklärung des Erblassers entstandenen Kosten zu den Masseschulden (§§ 13—19 BGB.; §§ 960 f. ZPO.; VO. v. 9. Aug. 1917, RGBl. 704).

d) Zu Nr. 4. Die gleiche Behandlung als Masseschuld erfolgt für die Kosten der Eröffnung einer Verfügung des Erblassers von Todes wegen (§§ 2259 f., 2273, 2300 BGB.), der gerichtlichen Sicherung des Nachlasses (§ 1960 BGB.; Art. 140 EG. BGB.), einer Nachlaßpflegschaft (§§ 1960—1962) und einer Nachlaßverwaltung (§§ 1975, 1981, 1988), des Aufgebots der NachlGl. (§§ 1970, 989 f. ZPO.) und die Kosten der Inventarerrichtung (§§ 1993 f.; Mot. V 630), da die der KE. vorangehende Verwaltung des Nachl., aus der diese Kosten erwachsen, in ihrem Ergebnis auch den NachlGl. zugute kommt (Begr. II 50); die Kosten der gerichtlichen Nachlaßauseinandersetzung fallen nicht hierher.

e) Zu Nr. 5. Weiter sind Masseschulden die Verbindlichkeiten aus den von einem Nachlaßpfleger (§§ 1960 f. BGB.) oder einem Test.-Vollstrecker (§§ 2197 f. BGB.) vorgenommenen Rechtsgeschäften, auch aus Wechselverbindlichkeiten (RGZ. 60, 30), weil die der KE. vorangehende Verwaltung des Nachlasses, aus der die Kosten erwachsen sind, auch den KGl. zugute kommt (Mot. V 603; Begr. II 50). Nachlaßpfleger ist auch der Nachlaßverwalter (Kassel OLG. 21, 182). Nach dem Zwecke der Vorschrift fallen hierher auch die durch eine Prozeßführung der genannten Nachlaßvertreter erwachsenen Kostenverbindlichkeiten (Kassel OLG. 21, 182; Frankfurt LZ. 7, 253).

f) Zu Nr. 6. Diese an sich den Erben aber als NachlSchulden (s. Bem. 7 vor § 214) belastenden Verbindlichkeiten kommen als Masseschulden insoweit in Betracht, als sie nicht (bloß) dem Interesse des

Erben sondern dem der NachlGl. dienen. Darunter fallen die Honoraransprüche und die Ersatzansprüche der Nachlaßpfleger, Nachlaßverwalter und Testamentsvollstrecker für Aufwendungen (§§ 1960 Abs. 2, 1975, 1835, 1915, 2218, 1959 Abs. 1, 1987, 2221, 670, 683 BGB.; Seuffert S. 247, 248); zum Teil werden sie aber auch unter Nr. 2 und 4 fallen. Eine vom Erblasser als Vergütung für die Führung des Amts erfolgte Erbeinsetzung eines TestVollstr. oder Bedenkung mit einem Vermächtnis fällt insoweit nicht hierher, als sie sachlich nicht mehr reine Vergütung ist (s. Planck § 2221 Anm. 2). Bei Berichtigung der Verbindlichkeiten der Nr. 6 seitens des beschränkt haftenden Erben aus eigenen Mitteln hat dieser einen Erstattungsanspruch als MasseGl. nach § 225 Abs. 2.

§ 225.

Ansprüche des Erben.

I Der Erbe kann die ihm gegen den Erblasser zustehenden Ansprüche geltend machen.

II Hat der Erbe eine Nachlaßverbindlichkeit berichtigt, so tritt er, soweit nicht die Berichtigung nach § 1979 des Bürgerlichen Gesetzbuchs als für Rechnung des Nachlasses erfolgt gilt, an die Stelle des Gläubigers, es sei denn, daß er für die Nachlaßverbindlichkeiten unbeschränkt haftet.

III Haftet der Erbe einem einzelnen Gläubiger gegenüber unbeschränkt, so kann er dessen Forderung für den Fall geltend machen, daß der Gläubiger sie nicht geltend macht.

Begr. II 50. — Eingefügt durch die Nov.

1. Geltendmachung von Ansprüchen des Erben gegen den Nachlaß. Mit der Eröffnung des NachlK. gelten nach § 1976 BGB. die infolge des Erbfalls durch Vereinigung von Recht und Verbindlichkeit erloschenen Rechtsverhältnisse als nicht erloschen. Nachlaß und Erbenvermögen stehen sich als zwei rechtlich getrennte Vermögen gegenüber. Demgemäß kann der Erbe die ihm gegen den Erblasser zustehenden Ansprüche im NachlK. geltend machen, gleichviel ob er den NachlGl. beschränkt oder unbeschränkt haftet (§§ 1976, 2013 BGB.; Begr. II 50). Der Erbe kann nach Maßgabe der ihm zustehenden Ansprüche die Rechtsstellung eines Aussonderungs- und Absonderungsberechtigten (§§ 43 f., 47 f.), eines Massegläubigers (§ 59 Nr. 2; § 224) und eines bevorrechtigten oder nichtbevorrechtigten KGl. (§ 61) haben. Eine Folge dessen ist, daß eine Hypothek, die der Erbe am Nachlaßgrundstück hatte, nicht etwa als Eigentümer- sondern als Fremdhypothek geltend gemacht wird; es wird auch demgemäß Grundbuchberichtigung zu erfolgen haben.

2. Eintritt des beschränkt haftenden Erben in eine außerhalb des Falles des § 1979 BGB. berichtigte Nachlaßverbindlichkeit. Nach § 1979 BGB. müssen die NachlGl. die vor der KE. durch den Erben bewirkte Berichtigung einer NachlVerbindlichkeit als für Rechnung des Nachlasses erfolgt gelten lassen, wenn der Erbe den Umständen nach hatte annehmen dürfen, daß der Nachlaß zur Berichtigung aller NachlVerbindlichkeiten ausreiche. Der Erbe hat dann dem Nachlasse gegenüber einen Ersatzanspruch und kann diesen Anspruch als Masseforderung geltend machen (§ 224 Nr. 1 KO.; § 1978 Abs. 3 BGB.). Trifft dagegen die Voraussetzung des § 1979 BGB. nicht zu, so ist dieser Erstattungsanspruch ausgeschlossen. In dem letzteren Falle soll aber der beschränkt haftende Erbe an die Stelle des von ihm befriedigten Gl. treten. Der Erbe erhält den Betrag erstattet, der auf den befriedigten Gl. im K. gefallen wäre. Dadurch wird verhütet, daß die dem befriedigten Gl. gleich- oder nachstehenden Gl. auf Kosten des Erben um den Betrag bereichert werden, der auf die Forderung jenes Gl. entfallen wäre, wenn er sich am NachlK. beteiligt hätte (Begr. II 51).

Der Erbe tritt also kraft gesetzlicher Ermächtigung vollständig an die Stelle des Befriedigten, dessen ForderungsR. mit seinen Nebenrechten, insbesondere Pfand- und Hypotheken-, Absonderungs- und Vorzugsrechten im K. und der Stellung im Zwangsversteigerungsverf. übergeht (§§ 412 mit 401 BGB.; RGZ. 55, 157). Sein Eintritt erfolgt jedoch bei Teilzahlungen nur auf den Teilbetrag, während der NachlGl. auf den Restbetrag KGl. bleibt. Ob die Befriedigung vor oder nach der KE. erfolgt, ob er den NachlGl. voll deckt oder ihn mit einem geringeren Betrag abfindet (teilw. a. M. Wilm.-Kurlb. Anm. 2), ist für den Forderungsübergang ohne Bedeutung. Voraussetzung ist aber für diesen gesetzlichen Eintritt in die Stellung des befriedigten Gl., daß der Erbe infolge Verwirkung der allgemeinen Haftungsbeschränkung nicht unbeschränkt haftet (§ 2013 BGB.). Dieser Forderungsübergang findet auch dann statt, wenn der Erbe nur einzelnen NachlGl. gegenüber unbeschränkt (s. Bem. 8 vor § 114) haftet und diese befriedigt (Jaeger Anm. 11).

3. Geltendmachung einer Nachlaßforderung seitens des Erben, der diesem einzelnen NachlGl. gegenüber unbeschränkt haftet. Aus dem gleichen Grunde der Verhinderung einer Bereicherung, wie unter Anm. 2 hat der Erbe, wenn er einem einzelnen Gl. gegenüber infolge Verwirkung der Möglichkeit der Haftungsbeschränkung unbeschränkt haftet (s. Bem. 8 vor § 114) und von diesem trotz der Eröffnung des NachlK. in Anspruch genommen werden kann, das Recht, dessen Forderung im NachlK. für den Fall geltend zu machen, daß der Gl. sie nicht geltend macht (Begr. II 51). Diese Geltendmachung der gläubigerischen Forderung ist also nicht davon abhängig, daß der Erbe den Gl. vorher befriedigt hat. Wie im Falle 2 macht er sie mit allen Nebenrechten geltend. Die Nichtgeltendmachung durch den Gl. selbst ist aufschiebende Bedingung für die Geltendmachung durch den Erben; daher finden, soweit sie KForderung ist, die §§ 67, 154, 156, 168 Nr. 2 KO. Anwendung.

Die Konkursforderungen.

§ 226.

I In dem Verfahren kann jede Nachlaßverbindlichkeit geltend gemacht werden.

II Nachstehende Verbindlichkeiten werden erst nach allen übrigen Verbindlichkeiten und in folgender

Rangordnung, bei gleichem Range nach Verhältnis ihrer Beträge, berichtigt:

1. die seit der Eröffnung des Verfahrens laufenden Zinsen der im § 61 bezeichneten Forderungen;
2. die gegen den Erblasser erkannten Geldstrafen;
3. die Verbindlichkeiten aus einer Freigebigkeit des Erblassers unter Lebenden;
4. die Verbindlichkeiten gegenüber Pflichtteilsberechtigten;
5. die Verbindlichkeiten aus den vom Erblasser angeordneten Vermächtnissen und Auflagen.

III Ein Vermächtnis, durch welches das Recht des Bedachten auf den Pflichtteil nach § 2307 des Bürgerlichen Gesetzbuchs ausgeschlossen wird, steht, soweit es den Pflichtteil nicht übersteigt, im Range den Pflichtteilsrechten gleich. Hat der Erblasser durch Verfügung von Todes wegen angeordnet, daß ein Vermächtnis oder eine Auflage vor einem anderen Vermächtnis oder einer anderen Auflage erfüllt werden soll, so hat das Vermächtnis oder die Auflage den Vorrang.

IV Die Verbindlichkeiten, in Ansehung deren der Gläubiger im Wege des Aufgebotsverfahrens ausgeschlossen ist oder nach § 1974 des Bürgerlichen Gesetzbuchs einem ausgeschlossenen Gläubiger gleichsteht, werden erst nach den im Abs. 2 Nr. 1—3 bezeichneten Verbindlichkeiten und, soweit sie zu den im Abs. 2 Nr. 4, 5 bezeichneten Verbindlichkeiten gehören, erst nach den Verbindlichkeiten berichtigt, mit denen sie ohne die Beschränkung gleichen Rang haben würden. Im übrigen wird durch die Beschränkung an der Rangordnung nichts geändert.

Begr. II 51. — Eingefügt durch die Nov.

1. **Allgemeiner Charakter des § 226.** Bei überschuldung des Nachl. ist nach §§ 1975 f. BGB. die Eröffnung des NachlK. für den Erben der regelmäßige Weg zur Erlangung der allg. Haftungsbeschränkung gegenüber den NachlGl. Deshalb ist durch Abs. 1 zur Erzielung einer vollständigen Bereinigung des Nachl. allen NachlGl. (wegen des Begriffs der NachlGl. s. Bem. 7 vor § 114) die Teilnahme am KVerf. gestattet. Allein diese Erweiterung darf nicht dahin führen, daß durch die Befriedigung derjenigen Gl., welche ohne diese Bestimmung nach

§ 63 im K. unberücksichtigt bleiben würden, die übrigen KGl. eine Beeinträchtigung erleiden. Sie werden daher erst nach allen anderen Gl. befriedigt (Begr. II 51). Der Abs. 2 setzt daher nach den Entstehungsgründen der einzelnen Ansprüche eine Rangordnung für die Befriedigung im NachlK. fest; er unterscheidet die regelmäßigen, vollberechtigten und die minderberechtigten KForderungen, welche erst aus dem nach Deckung der vollberechtigten KForderungen verbleibenden Masserest zu befriedigen sind. Im K. dessen, der die Schulden des § 226 von dem Erben übernommen hat, gelten die Beschränkungen des § 226 nicht; hier gilt wieder § 63. Wegen der Fälle, in denen die Schulden wieder auf den Nachlaß oder einen Erben zurückübernommen werden, s. Planck § 418 Anm. 6.

2. Die vollberechtigten KForderungen. Ihre Reihenfolge bemißt sich nach den allgemeinen Grundsätzen in §§ 57—61, 224; den Massegl. (§§ 57—60, 224) folgen zunächst die bevorrechtigten (§ 61 Nr. 1—5) und diesen die nichtbevorrechtigten KGl. (§ 61 Nr. 6).

3. Die minderberechtigten KForderungen.

a) Auch die minderberechtigten Forderungen sind KForderungen, für die deshalb die Vorschriften über die KForderungen gelten; insbesondere gelten für sie die Verjährungsvorschriften der §§ 207, 209, 214, 218 BGB.; die allg. Vorschriften der KO. über KForderungen §§ 62, 63 Nr. 2, 64—70; §§ 94 f. über das Stimmrecht in der Generalversammlung; §§ 138 f. über die Feststellung der Schuldenmasse — sie gewähren auch ein Widerspruchsrecht (§ 144) gegen vollberechtigte Gl.; ob sie voll- oder minderberechtigt sind, wird im Prüfungstermin (§ 141) erörtert und im Feststellungsverfahren (§ 146; s. Hamburg OLG. 18, 324) ausgetragen (über die Aktivlegitimation der verschiedenen Gl. zur Bestreitung s. näheres bei Jaeger §§ 226—229 Anm. 32) —; § 152 über das Verteilungsverfahren, wenn die Stellung als vollberechtigter Gl. bestritten ist. Auch minderberechtigte Forderungen können gegenüber NachlAnsprüchen aufgerechnet werden, solange nicht die Stellung der vollberechtigten beeinträchtigt wird, also insbes. im Aufgebotsverfahren ausgeschlossene nur soweit, als die Aufrechenbarkeit schon vor dem Ausschluß bestand (Jaeger §§ 226—229 Anm. 31). Ausgeschlossen sind die minderberechtigten Forderungen mit Ausnahme der in § 226 Abs. 2 Nr. 1 bezeichneten Zinsen nach näherer Maßgabe des § 230 Abs. 2 vom Zwangsvergleich; s. Mot. V, 630 f., Seuffert 64.

b) Wegen der Behandlung der Nebenansprüche der minderberechtigten KForderungen s. § 227 Anm. a und b.

c) Die minderberechtigten Forderungen kommen im NachlK. in nachstehender Rangordnung und zwar bei gleichem Rang, soweit nichts besonderes bemerkt, nach dem Verhältnis ihrer Beträge zum Zug. Die Ansprüche unter Abs. 2 Nr. 1, 2 und 3 entsprechen dem § 63 Nr. 1, 3 und 4; für die Ansprüche unter § 63 Nr. 2 besteht keine Besonderheit.

α) Zinsen. Nr. 1. Die gemäß § 63 Nr. 1 im RegelK. ausgeschlossenen seit der KE. erwachsenen Zinsen der vollberechtigten (bevorrechteten und nicht bevorrechteten) KForderungen. Die vor der KE.

erwachsenen Zinsen haben Gleichrang mit der Hauptforderung, ebenso die Zinsen aus den Masseschulden (§§ 59, 62 Nr. 3, 224). Die Zinsen minderberechtigter KForderungen sind nach § 227 geltend zu machen (Mot. V 637; Jaeger KK. S. 69, 71; Begr. II 51).

β) Geldstrafen. Nr. 2. Die gegen den Erblasser bei Lebzeiten rechtskräftig erkannten Geldstrafen (wegen dieses Begriffs s. § 63 Anm. 4) nach dem Prinzipe des NachlK. in Abweichung von § 63 Nr. 3 (§ 30 StGB.). Die rechtskräftig erkannte Buße fällt unter § 61 Nr. 6, desgl. die Kostenforderung des Staats (§ 497 StPO.); wegen der Einziehung und Unbrauchbarmachung s. § 63 Anm. 3.

γ) Freigebigkeiten des Erblassers unter Lebenden, die im RegelK. nach § 63 Nr. 4 ausgeschlossen sind. Nr. 3. Wegen des Begriffs der Freigebigkeit im einzelnen s. § 63 Anm. 5. Die Freigebigkeiten von Todes wegen werden erst an 5. und 6. Stelle berücksichtigt.

δ) Die Ansprüche im Aufgebotsverfahren ausgeschlossener und ihnen gleichstehender Gl. Abs. 4. Vor den Verbindlichkeiten aus Pflichtteilsrechten, Vermächtnissen und Auflagen müssen aber unter allen Umständen die von dem Erblasser selbst herrührenden Schulden berichtigt werden. Es kommen daher an 4. Rangstelle die im Aufgebotsverfahren ausgeschlossenen oder die den ausgeschlossenen gleichstehenden Gl. (s. hiewegen Bem. 11 vor § 214) in Betracht, es sei denn, daß der Anspruch des in seinem Rechte beschränkten Gl. sich selbst auf ein Pflichtteilsrecht, eine Auflage oder ein Vermächtnis gründet. In diesem Falle hat die Beschränkung zur Folge, daß der Gl. erst nach den Gl. befriedigt wird, mit denen er ohne die Beschränkung gleichen Rang haben würde. Diese Regelung ergibt sich ohne weiteres aus § 1973 Abs. 1 und § 1974 Abs. 2 BGB. Die zur vierten Rangstelle gehörigen ausgeschlossenen und die ihnen gleichgestellten Gl. behalten untereinander den Rang, der sich nach §§ 61, 226 Abs. 2 und 3 für nicht ausgeschlossene Gl. ergibt (Begr. II 52).

ε) Die Verbindlichkeiten aus Pflichtteilsrechten und Vermächtnissen, welche den Pflichtteil ersetzen. Nr. 4 und Abs. 3. Der Vorrang der Pflichtteilsansprüche vor den Vermächtnissen und Auflagen ergibt sich aus § 2318 BGB. Gleichen Rang wie der Pflichtteil hat jedoch auch auf den Pflichtteilsbetrag das Vermächtnis, durch welches das Recht des Bedachten auf den Pflichtteil nach § 2307 BGB. ausgeschlossen wird (§ 226 Abs. 3; § 2307 BGB. Begr. II 52). Im Aufgebotsverfahren ausgeschlossene und ihnen gleichstehende Pflichtteilsanspr. reihen sich ein nach den nicht ausgeschlossenen und nicht als solche geltenden Pflichtteilsansprüchen, jedoch vor den nicht ausgeschlossenen und als solche geltenden Vermächtnissen und Auflagen (§ 226 Abs. 4). Wegen der nach § 1712 Abs. 2 BGB. zulässigen Abfindung des unehelichen Kindes mit dem Pflichtteil s. Bem. 7 vor § 214.

ζ) Die Verbindlichkeiten aus den Vermächtnissen und Auflagen. Nr. 5 und Abs. 3. Sie haben den letzten Rang und sind in der Regel unter sich gleichrangig. Hat jedoch der Erblasser durch Verfügung von Todes wegen angeordnet, daß ein Vermächtnis oder eine Auflage vor einem anderen Vermächtnis oder einer anderen

Auflage erfüllt werden soll, so gebührt dem Vermächtnis oder der Auflage der Vorrang (§ 226 Abs. 3, § 2189 BGB.). Diesen vom Erblasser angeordneten Vermächtnissen und Auflagen stehen die in § 1932, 1969 BGB. geregelten gesetzlichen Vermächtnisse (Voraus und Dreißigster) gleich (Begr. II 52; Mot. V 638). Nichtausgeschlossene Vermächtnisse und Auflagen erhalten den Rang vor den ausgeschlossenen Vermächtnissen und Auflagen (§ 226 Abs. 4). Wie die sonstigen Vermächtnisse ist auch das Vorausvermächtnis (§ 2150 BGB.) zu behandeln.

§ 227.

Mit den im § 226 Abs. 2 Nr. 2—5, Abs. 4 bezeichneten Forderungen werden die bis zur Eröffnung des Verfahrens aufgelaufenen und die seit der Eröffnung laufenden Zinsen an derselben Stelle angesetzt.

Begr. II 52. — Eingefügt durch die Nov.

a) Der NachlK. bezweckt die Vereinigung aller Nachlaßverbindlichkeiten. Demgemäß bestimmt § 227, daß mit den dort bezeichneten nanderberechtigten Forderungen die bis zur KE. aufgelaufenen und die seit der Eröffnung laufenden Zinsen, gleichviel ob die Zinspflicht auf Gesetz oder Rechtsgeschäft beruht, an derselben Stelle angesetzt werden (Begr. II 52; §§ 226 Abs. 1; 62 Nr. 3 KO.; §§ 246 f., 288 f. BGB.; § 352 HGB.; Art. 51 f. WO.).

b) Aus § 62 Nr. 1 und 2 folgt weiter, daß die minderberechtigten KGl. die ihnen vor der KE. erwachsenen Kosten und die Vertragsstrafen im NachlK. zugleich mit der Hauptforderung geltend machen können (herrsch. Ans.).

§ 228.

I Was infolge der Anfechtung einer von dem Erblasser oder ihm gegenüber vorgenommenen Rechtshandlung zur Konkursmasse zurückgewährt wird, darf nicht zur Berichtigung der im § 226 Abs. 2 Nr. 4, 5 bezeichneten Verbindlichkeiten verwendet werden.

II Auf dasjenige, was der Erbe auf Grund der Vorschriften der §§ 1978—1980 des Bürgerlichen Gesetzbuchs zu der Masse zu ersetzen hat, haben die Gläubiger, die im Wege des Aufgebotsverfahrens ausgeschlossen sind oder nach § 1974 des Bürgerlichen Gesetzbuchs einem ausgeschlossenen Gläubiger gleichstehen, nur insoweit Anspruch, als der Erbe auch nach den Vorschriften über die Herausgabe

einer ungerechtfertigten Bereicherung ersatzpflichtig sein würde.

Begr. II 53. — Eingefügt durch die Nov.

1. **Gläubigeranfechtung zugunsten von Pflichtteilsansprüchen, Vermächtnissen und Auflagen.** Das Recht der GlAnfechtung unterliegt im NachlK. — wegen einer Erweiterung s. § 222 — an sich den gleichen Regeln wie die sonstige kmäßige Anfechtung (s. hierzu § 215 Anm. c). Zur Berichtigung der oben bezeichneten Erbfallanspr. aber (§ 226 Abs. 2 Nr. 4 und 5), die im NachlK. zwar geltend gemacht werden dürfen, darf dasjenige, was infolge der Anfechtung einer von dem Erblasser oder ihm gegenüber vorgenommenen Rechtshandlung zur KMasse zurückgewährt wird, nicht verwendet werden, denn die Anfechtbarkeit soll nur zum Schutze derjenigen dienen, die bereits Gl. des Erblassers waren (Begr. II, 53). Dagegen kommt die Anfechtung einer vom Erben oder ihm gegenüber vorgenommenen Rechtshandlung allen NachlGl., auch den Pflichtteilsberechtigten und Vermächtnisnehmern zugute. Unmittelbar ergibt sich aus § 228 Abs. 1, daß ein Anfechtungsrecht aus den Verhältnissen des Erblassers dann überhaupt nicht besteht, wenn die den Pflichtteilsanspr., Vermächtnissen und Auflagen vorgehenden Anspr. gedeckt sind.

Die Verpflichtungen der KMasse gegenüber dem Anfechtungsgegner bemessen sich nach den Grundsätzen des Anfechtungsrechtes (§§ 38, 39); der Anfechtungsgegner kann darnach MasseGl. oder einfacher KGl. sein. Was nach Befriedigung der anderen Gl. in der Masse übrig bleibt, ist dem Anfechtungsgegner zurückzuerstatten, auch wenn er die Benachteiligungsabsicht gekannt hat (Seuffert BuschsZ. 22, 515). Bereicherungsanspr. nach § 812 BGB., jedoch nur Zug um Zug oder mit Aufrechnung gegen das nach §§ 38 und 39 Erhaltene (Wilm.-Kurlb. Anm. 3).

2. **Beschränkung der im Aufgebotsverfahren ausgeschlossenen und der diesen gleichstehenden Gl.**; s. hierzu Bem. 11 vor § 214. Die Eröffnung des NachlK. hat die Wirkung, daß der allg. beschränkt haftende Erbe, und zwar nur dieser, den NachlGl. wie ein Beauftragter bzw. unbeauftragter Geschäftsführer für die bisherige Verwaltung des Nachlasses verantwortlich ist und insbesondere schadensersatzpflichtig ist, wenn er nicht unverzüglich, nachdem er von der Überschuldung des Nachl. Kenntnis erlangt hat, die KE. beantragt hat (Begr. II 53; §§ 1978 bis 1980, 2013 BGB.). Der Erbe haftet aber außerhalb des K. den ausgeschlossenen und den ihnen gleichstehenden Gläubigern gemäß § 1973 Abs. 2 S. 1, § 2013 BGB. nur auf das, und zwar nach den Vorschriften über die Herausgabe einer ungerechtfertigten Bereicherung, was nach Befriedigung der nicht ausgeschlossenen Gl. von dem Nachlaß übrig bleibt. Deshalb haben auch im NachlK. diese Gl. auf die Ersatzleistungen des Erben zur Masse nach §§ 1978—1980 nur insoweit Anspruch, als der Erbe auch nach den Vorschriften über die Herausgabe einer ungerechtfertigten Bereicherung (§ 818 BGB.) ersatzpflichtig ist. Denn die Haftung, die außerhalb des NachlK. den Erben trifft, kann im K. nicht gesteigert werden (Begr. II 53). Seiner weitergehenden über § 1973 Abs. 1 S. 1 hinausgehenden Haftung wird aber der Erbe im

übrigen nicht ledig; sie macht sich geltend, wenn Nachmänner der Ausgeschlossenen und ihnen Gleichstehenden (s. § 226 Abs. 4) vorhanden sind.

§ 229.

Die in dem Aufgebotsverfahren zum Zwecke der Ausschließung von Nachlaßgläubigern angemeldeten und nicht ausgeschlossenen Forderungen gelten als auch im Nachlaßkonkurs angemeldet, sofern das Aufgebot von dem Gerichte, bei welchem der Konkurs anhängig wird, erlassen und das Verfahren nicht vor der Eröffnung des Konkursverfahrens ohne Erlassung des Ausschlußurteils erledigt ist.

Begr. II 53. — Eingefügt durch die Nov.

a) Aus Gründen der Billigkeit erspart diese Vorschrift den Nachlaßgl., welche in dem Aufgebotsverfahren zum Zwecke der Ausschließung von Nachlaßgl. sich gemeldet haben, eine nochmalige Anmeldung ihrer Forderungen in dem späteren NachlK. (Begr. II 53). Wegen des Aufgebotsverfahrens s. Bem. 11 vor § 214.

b) Voraussetzung für diese Erleichterung ist, daß das Aufgebots- und KGericht ein und dasselbe Gericht sind (§ 214; § 990 ZPO.; §§ 72, 73 FGG.), daß das Aufgebotsverfahren nicht vor der KE. ohne Erlassung des Ausschlußurteils erledigt ist und daß die Anmeldung im Aufgebotsverfahren ordnungsmäßig erfolgt ist (§§ 951, 996 ZPO.), d. h. noch vor Erlassung des Ausschlußurteils eingereicht ist und Gegenstand und Grund der Forderung enthält. War das Aufgebotsverfahren vor der KE. rückgängig gemacht (§§ 952 Abs. 4, 954 ZPO.), so sind damit auch die in dem Verfahren erfolgten Anmeldungen gegenstands- und für den NachlK. wirkungslos geworden. Das Gleiche gilt für Forderungen, die im Aufgebotsverfahren zwar angemeldet, aber ausgeschlossen wurden, weil die Forderungsanmeldung nicht den gesetzlichen Vorschriften entsprach (§ 995 ZPO.; Begr. II 53).

c) Wirkung. Die Geltendmachung eines Vorrechtes nach § 61 Nr. 1—5 erfordert besondere Anmeldung. Die kmäßige Anmeldung wird auch hinsichtlich der Unterbrechung der Verjährung ersetzt (§ 209 Abs. 2 Nr. 2 BGB.); die Unterbrechung beginnt aber auch hier erst mit der KE. (Willenb.-Günther Anm. 2). Der Gerichtsschreiber hat die Forderung nach § 140 Abs. 2 in die Tabelle einzutragen; sie wird im Prüfungstermin nach § 141 erörtert.

Zwangsvergleich.

§ 230. (§ 206).

I Ein Zwangsvergleich kann nur auf den Vorschlag aller Erben geschlossen werden.

II Die Gläubiger, welchen die im § 226 Abs. 2 Nr. 2—5, Abs. 4 bezeichneten Forderungen zustehen, nehmen an dem Zwangsvergleiche nicht Teil, sie

sind jedoch vor der Bestätigung zu hören. Macht einer von ihnen glaubhaft, daß der Zwangsvergleich sein berechtigtes Interesse verletzt, so ist auf seinen Antrag der Zwangsvergleich zu verwerfen; gegen die Bestätigung steht ihm die sofortige Beschwerde nach § 189 zu.

Begr. I 452; Begr. II 54. — Unverändert durch die Nov.

1. Zwangsvergleichsvorschlag im NachlK. Die Nov. hat die frühere Fassung, nach der ein ZwVergleich auch auf Vorschlag eines von mehreren NachlVertretern geschlossen werden konnte, beseitigt, weil das BGB. eine NachlVertretung in Ansehung einzelner Erbteile nicht kennt, sondern nur in bezug auf den ganzen Nachlaß (Begr. II 54). Die Regelung ist nun die: Geht der Antrag von den Erben selbst (oder ihren Vertretern, auch einem für einen der Erben bestellten Pfleger) aus, so ist ein Vorschlag aller notwendig, aber nur aller Vorerben oder aller Nacherben (Wilm.-Kurlb. Anm. 1). Auch der Nachlaßpfleger (die NachlVerw. endet mit der KE., § 1988 Abs. 1 BGB.) ist antragsberechtigt, mehrere Nachlaßpfleger nur gemeinschaftlich (§§ 1797, 1915 BGB.; Begr. II 54). Auch der TestVollstr., dem die Verw. des Nachl. zusteht, ist antragsberechtigt; sind mehrere bestellt, so gilt § 2224 Abs. 1 (Planck vor § 2197 Bem. 5d); die Fragen sind bestr., s. Jaeger § 230 Anm. 11; Willenb.-Günther Anm. 2. Aus Abs. 1 folgt auch, daß der Widerspruch, der Widerruf, der Verwerfungs- und Anfechtungsgrund und die Verurteilung aus § 239 in der Person eines Miterben den Eintritt der in § 175, 176, 186, 196, 197 vorgesehenen Rechtswirkungen bewirkt (Seuffert 411, 412; Jaeger Anm. 10). Auch der vorläufige Erbe kann einen ZwVergleich vorschlagen; Erbschaftsannahme liegt darin nicht. Dagegen wird in dem Abschluß eine Annahme liegen (bestr., s Josef BuschsZ. 44, 487 und Reichel DJZ. 7, 914, der annimmt, daß die Verpflichtungen aus dem ZwVergleich bei Ausschlagung des vorläuf. Erben den annehmenden Nachberufenen treffen, vorbehaltlich seiner beschränkten Haftung).

2. Die Stellung der minderberechtigten KGl. im Zwangsvergleichsverfahren. Die minderberechtigten KGl. in § 226 2 Nr. 2—5 Abs. 4 werden durch den ZwVergl. nur dann berührt, wenn bei der Durchführung des KVerfahrens nach vollständiger Befriedigung der ihnen vorgehenden Gl. ein Überschuß verbliebe. Ihre Teilnahme ist daher in der Regel eine Unbilligkeit gegen den Erben, wie gegen die vorgehenden Gl. Die Novelle versagt ihnen deshalb die Teilnahme am ZwVergl., schreibt aber vor, daß sie vor der Bestätigung zu hören sind (Begr. II 54). Diese Berechtigung auf Anhörung steigert sich aber zur Berechtigung, die Verwerfung des ZwVergl. zu verlangen, wenn die minderberechtigten KGl. glaubhaft machen, daß der ZwVergl. ihr berechtigtes Interesse d. h. die begründete Aussicht, bei normaler KErledigung durch Verteilung noch Berücksichtigung zu finden, verletzt (Jaeger NK. S. 88; Begr. II 54). Die Erbringung der Glaubhaftmachung führt zur Verwerfung des Vergleiches (§ 188). Erfolgt dem Antrag des Gl. entgegen die Bestätigung, so steht diesem gegen den Bestätigungsbeschluß die sofortige Beschwerde zu (§ 189). Die Erklärungen nach Abs. 2 S. 2 können nur im Termin abgegeben werden; vor dem Termin eingereichte, in diesem nicht vertretene Erklärungen werden nicht berücksichtigt (Seuffert 427).

3. Wegen der **Wirkungen des ZwVergl.** s. Bem. 12 vor § 214.

Nacherbfolge.

§ 231.

Die Vorschriften des § 223, des § 224 Nr. 1 und des § 225 Abs. 2, 3 gelten für den Vorerben auch nach dem Eintritte der Nacherbfolge.

Begr. II 54. — Eingefügt durch die Nov.

1. **Der Vorerbe bleibt** bis zum Eintritt der Nacherbfolge **Erbe** und hat daher die Rechte und Pflichten eines GSch. in dem vor Eintritt der Nacherbfolge eröffneten NachlK. (§§ 2100 f.; 2139 BGB.). Mit dem Eintritte des Falles der Nacherbfolge hört er auf, Erbe zu sein. Die mit dem Erbfall für den Vorerben eingetretene Konfusion und Konsolidation gilt als nicht erfolgt (§ 2143 BGB.) und zwar, wenn auch nur ein Bruchteil der Erbschaft mit einer Nacherbfolge belastet ist (Planck § 2143 Anm. 1). Für das weitere Verfahren bei Eintritt der Nacherbfolge nach KE., ebenso aber von Anfang an in dem nach Eintritt der Nacherbfolge eröffneten NachlK. hat der Nacherbe die Rechte und Pflichten des GSch.

2. Wegen der **Wirksamkeit von Urteilen**, die gegen und für den Vorerben ergingen, gegen und für den Nacherben s. § 326 ZPO. Vollstreckung nach § 164 KO. ist gegen den Nacherben nur zulässig, wenn der Prüfungstermin nach Eintritt der Nacherbfolge stattfand (Wilm.-Kurlb. Anm. 2). Entsprechendes gilt für § 194.

3. Für den Vorerben bleiben bei eingetretener Nacherbfolge §§ 223, 224 Nr. 1, § 225 Abs. 2 und 3 maßgebend. Der Vorerbe kann daher infolge des Wegfalls der Konfusion die ihm zustehenden GlAnsprüche, insbesondere die ihm gegen den Erblasser zustehenden Ansprüche und weiter die in § 224 Nr. 1, § 225 Abs. 2 und 3 bezeichneten Forderungen im NachlK. verfolgen, hat aber wegen der ihm aus dem Nachlaß zu ersetzenden Aufwendungen kein Zurückbehaltungsrecht, jedoch das Recht, seine Ersatzansprüche wegen dieser Aufwendungen als Masseforderungen geltend zu machen (§ 224; Begr. II 54). S. auch Bem. 6 vor § 214.

Erbschaftskauf.

§ 232.

I **Hat der Erbe die Erbschaft verkauft, so tritt der Käufer in Ansehung des Verfahrens an seine Stelle.**

II **Der Erbe ist wegen einer Nachlaßverbindlichkeit, die im Verhältnisse zwischen ihm und dem Käufer diesem zur Last fällt, in derselben Weise wie ein Nachlaßgläubiger zu dem Antrag auf Eröffnung des Verfahrens berechtigt. Das gleiche Recht steht**

ihm auch wegen einer anderen Nachlaßverbindlichkeit zu, es sei denn, daß er unbeschränkt haftet oder daß eine Nachlaßverwaltung angeordnet ist. Die Vorschriften des § 223, des § 224 Nr. 1 und des § 225 gelten für den Erben auch nach dem Verkaufe der Erbschaft.

Begr. II 54; KommB. II 47. — Eingefügt durch die Nov.

1. **Allgemeiner Charakter des § 232.** Der Erbe, welcher die Erbschaft verkauft, bleibt Erbe. Der Käufer, in dessen Hand der Nachlaß gelangt, haftet aber für die NachlVerbindlichkeiten in gleicher Weise wie der Erbe (§§ 2382, 2383 BGB.). Zur Vereinfachung des Verhältnisses bestimmt daher § 232, daß der Käufer in Ansehung des KVerf. an die Stelle des Erben tritt. Die NachlGl. werden dadurch in keiner Weise beeinträchtigt. Dagegen bedarf es zur Wahrung der Interessen des Erben noch besonderer Vorschriften; diese trifft Abs. 2 (Begr. II 54 und 55). Im Auge hat § 232 die Fälle des § 2371, also das schuldrechtliche Geschäft, und zwar wie dieser sowohl den (schuldrechtlichen) Verkauf der Erbschaft als Ganzes, wie den eines Miterbenanteils an der Erbschaft (bestr. s. Hellmann 605); wenn bei einem solchen auch die bei ihm zulässige (§ 2033 BGB.) dingliche Verfügung erfolgt, so ist das krechtlich ohne weitere Bedeutung. Auch der Verkauf des Bruchteils, der nicht Miterbenanteil ist, wird hierher fallen (Planck § 2371 Anm. 2 Abs. 3). Der Verkauf muß in gerichtlicher oder notarieller Form erfolgen (§ 2371 BGB.). Nicht hierher fällt die im NachlK. durch den KVerw. erfolgende Veräußerung der die KMasse bildenden Erbschaft (BayObLG. NF. 7, 484); ebensowenig die Veräußerung einzelner NachlGegenstände, deren Erwerb für den Käufer keine Haftpflicht für die NachlVerbindlichkeiten begründet.

2. **Rechtsstellung des Erbschaftskäufers.** Der NachlK. wird gegen den Erbschaftskäufer beantragt und eröffnet. Der Käufer tritt mit Abschluß des Vertrages an Stelle des Erben, hat an dessen Stelle die Rechte und Pflichten des GSch. und ist zwangsvergleichsberechtigt (§§ 173, 230 Abs. 1). Die Verpflichtung zur Beantragung des NachlK., die nach §§ 1980, 2013 BGB. sonst den Erben trifft, lastet auf dem Käufer. Die Berechtigung zur Stellung des EAntrags (§ 217 Abs. 1, § 103 Abs. 2) hat der Käufer. Diesen trifft die Auskunftspflicht (§ 100), die Anwesenheitspflicht (§ 101) usw.

3. **Rechtsstellung des Erben.**

a) Der Verkäufer haftet trotz des Verkaufs den NachlGl. (mit dem Käufer) weiter (§ 2382 BGB.). Um einer dadurch entstehenden Benachteiligung zu begegnen — die Verfügung über die NachlAktiva steht ihm nicht mehr zu —, wird ihm noch die Möglichkeit gegeben, die Eröffnung eines NachlK. herbeizuführen. Er hat deshalb (Abs. 2 S. 2) ein Antragsrecht wegen aller (auch ihm nicht als Gl. zustehenden) NachlVerbindlichkeiten. Dieses Recht entfällt, soweit kein Bedürfnis mehr besteht; das ist der Fall, wenn der Verkäufer schon unbeschränkt haftet, oder, wenn NachlVerw. besteht, welchen Falls sich ohnehin seine Haftung auf den

Nachlaß beschränkt (§ 1975 BGB.). Soweit aber NachlVerbindlichkeiten in Frage kommen, hinsichtlich deren der Käufer dem Verkäufer gegenüber zur Deckung verpflichtet ist, hat der Verkäufer schlechthin ein Antragsrecht, also auch bei unbeschränkter Haftung, denn insoweit hat er selbst dem Käufer gegenüber eine GlStellung (Abs. 2 S. 1). Zur Deckung gegenüber dem Verkäufer ist der Käufer soweit verpflichtet, als er die Verbindlichkeiten übernommen hat. Ist nichts besonderes vereinbart, so erstreckt sich seine Verpflichtung auf alle Nachlaßverbindlichkeiten, abgesehen von Vermächtnissen, Auflagen, Pflichtteilslasten und den auf die Zeit vor dem Verkauf treffenden Lasten einschließlich der Zinsen, jedoch wieder ausnahmlich der auf den Stammwert gelegten Lasten und der von der Erbschaft zu entrichtenden Abgaben (§§ 2378, 2376, 2379 S. 2); s. Begr. II 55.

b) In der dargelegten Beschränkung hat aber der Erbe nur das Antragsrecht eines Gl., sein Antrag hat also dem § 215 mit § 105 zu genügen (Begr. a. a. O.); er muß die Überschuldung und die nach dem unter a) Bemerkten weiter erforderlichen Voraussetzungen seines Antragsrechts glaubhaft machen. Soweit der Antrag gestützt wird auf eine im Aufgebotsverfahren ausgeschlossene oder sonst unter § 219 fallende Forderung, besteht auch das Antragsrecht des Erben nur, wenn über das Vermögen des Erbschaftskäufers der K. eröffnet ist. Das Antragsrecht unterliegt endlich der Frist des § 220. Als GSch. hat der Erbe kein Antragsrecht, denn er hat nicht mehr die Stellung eines solchen. Weitere Rechte des Gl. als das Antragsrecht hat der Verkäufer nicht.

c) Satz 3 des Abs. 2 verleiht auch dem Erbschaftsverkäufer dieselben Rechte, wie sie § 231 dem Vorerben nach Eintritt der Nacherbfolge gibt; er kann also die Ersatzansprüche aus §§ 1978, 1979 im K. des Käufers als Masseschuld geltend machen; er tritt im Rahmen des § 225 Abs. 2 an die Stelle eines von ihm befriedigten NachlGl. auch dem Käufer gegenüber; er kann gemäß § 225 Abs. 3 die nicht geltend gemachte Forderung eines Gl. geltend machen, dem er unbeschränkt haftet; er kann (§ 225 Abs. 1) die ihm gegen den Erblasser zustehenden Ansprüche geltend machen (bei dem Vorerben [s. § 231] bedurfte es der Ausdehnung des § 225 Abs. 1 nicht, da dieser mit Eintritt der Nacherbfolge nicht mehr Erbe ist und sich so die gleiche Folge von selbst ergibt); er hat endlich wegen der Ersatzansprüche nach §§ 1978, 1979 kein Zurückbehaltungsrecht.

§ 233.

Die Vorschriften des § 232 finden entsprechende Anwendung, wenn jemand eine durch Vertrag erworbene Erbschaft verkauft oder sich zur Veräußerung einer ihm angefallenen oder anderweit von ihm erworbenen Erbschaft in sonstiger Weise verpflichtet hat.

Begr. II 55. — Eingefügt durch die Nov.

Entsprechend der Ausdehnung, die die Vorschriften über den Erbschaftskauf (§§ 2371—2384 BGB.) durch § 2385 BGB. erfahren haben, dehnt § 233 KO. die Vorschriften des § 232 KO. aus auf die Fälle:

a) daß jemand eine durch Vertrag, nicht durch Erbgang erworbene Erbschaft verkauft z. B. Verkauf einer Erbschaft seitens des Erbschaftskäufers;

b) daß jemand sich zur Veräußerung einer ihm angefallenen oder anderweit von ihm erworbenen Erbschaft durch einen anderen rechtswirksamen Vertrag als einen Kaufvertrag verpflichtet hat z. B. Verpflichtung des Erben zur Veräußerung der Erbschaft im Schenkungsweg.

Der Dritterwerber bzw. der auf Grund des sonstigen Vertrags Erwerbende hat die Stellung des Erbschaftskäufers, der Erbschaftsverkäufer bzw. der anders als durch Kaufvertrag Veräußernde die Stellung des Erben. Im ersten Falle, also dem Falle des Übergangs an einen Dritten, behält der ursprüngliche Veräußerer im Verhältnis zum Dritterwerber die Erbenstellung bei. Gleich steht dem Verkauf im Sinne des § 232 hier der schuldrechtliche Vertrag, nicht der sich etwa daran schließende dingliche Übereignungsvertrag.

Absonderungsrecht im Erbenkonkurs.

§ 234.

I In dem Konkursverfahren über das Vermögen des Erben finden, wenn auch über den Nachlaß das Konkursverfahren eröffnet, oder wenn eine Nachlaßverwaltung angeordnet ist, auf Nachlaßgläubiger, denen gegenüber der Erbe unbeschränkt haftet, die Vorschriften der §§ 64, 96, 153, 155, 156, des § 168 Nr. 3 und des § 169 entsprechende Anwendung.

II Das Gleiche gilt, wenn eine Ehefrau die Erbin ist und der Nachlaß zum Gesamtgute gehört, auch in dem Konkursverfahren über das Vermögen des Ehemanns.

Begr. II 55. — Eingefügt durch die Nov.

1. **Zusammentreffen von Nachl.- und ErbenK.** § 234 trifft Sonderbestimmungen über den ErbenK. (s. Bem. 6 vor § 214). Soweit der Erbe nur beschränkt haftet, können Nachlaßforderungen (s. hierwegen Bem. 7 vor § 214) im ErbenK. nicht geltend gemacht werden, auch nicht wenn sie durch eigene (auf den Nachlaß bezügliche) Handlungen des Erben entstanden (RGZ. 62, 38). Soweit er aber unbeschränkt haftet, können, wenn neben dem NachlK., sei es vorher oder nachher, auch das KVerf. über das Vermögen des Erben eröffnet wird, die NachlGl., denen der Erbe unbeschränkt haftet (s. hierzu Bem. 8 vor § 214), ihre Forderungen sowohl im NachlK. als in dem K. über das Verm. des Erben geltend machen, während die Gl. des Erben von der

Teilnahme an dem NachlK. ausgeschlossen sind. Ebenso gestaltet sich die Lage, wenn mit dem KVerf. über das Verm. des Erben eine Nachl.-Verwaltung zusammentrifft, da auch diese eine Ausscheidung des Nachl. zum Zwecke der Befriedigung der NachlGl. unter Ausschluß der ErbenGl. mit sich bringt (§§ 1984 f. BGB.; Begr. II 55). Die NachlGl., deren Verhältnis zu den übrigen KGl. im Erbenkonkurse der Stellung von Absonderungsberechtigten vergleichbar ist (§ 68), würden vor den Gl. des Erben in unbilliger Weise bevorzugt sein, wenn sie in beiden K. liquidieren könnten. Sie werden daher durch § 234 den Absonderungsberechtigten gleichgestellt. Demgemäß finden Anwendung:

a) der § 64; d. h. der NachlGl. kann im ErbenK. zwar seine ganze Forderung anmelden, aber er kann im ErbenK. nur für den Betrag verhältnismäßige Befriedigung verlangen, zu welchem er auf *Befriedigung im NachlK. oder in der NachlVerw. verzichtet* oder mit welchem er im NachlK. ausgefallen ist; wegen des Verzichts s. § 64 Anm. 3 (hier formlos); als (teilweiser) Verzicht wirkt auch ein Erlaß durch ZwVergl. im NachlK.

b) die §§ 153, 155, 156, 168 Nr. 3 und 169; d. h. bei *Abschlagsverteilungen* finden die Forderungen volle Berücksichtigung nur, wenn bis zum Ablauf der Ausschlußfrist (§ 152) dem Verw. der Nachweis des Verzichts oder Ausfalls geliefert ist (§ 153 Abs. 1). Ist bis zum Ablauf der Ausschlußfrist dem Verw. wenigstens der Nachweis geliefert, daß die Geltendmachung im NachlK. oder in der NachlVerw. betrieben wird, und glaubhaft gemacht, daß mutmaßlich ein Ausfall eintreten wird, so werden die auf den mutmaßlich ausfallenden Betrag treffenden Anteile zurückbehalten (§ 153 Abs. 2, § 168 Nr. 3, § 169); bei späteren Abschlagsverteilungen werden bis dahin nicht berücksichtigte Forderungen nachträglich in der gleichen Weise berücksichtigt, wenn nachträglich die bezeichneten Voraussetzungen erfüllt sind (§ 155). Bei der *Schlußverteilung* werden die Forderungen nur dann berücksichtigt, wenn dem Verw. der Nachweis des Verzichts oder Ausfalls geliefert ist. Andernfalls werden auch die zurückbehaltenen Beträge zugunsten der übrigen Gl. frei (§ 156; Begr. II 56); zahlbar gewordene aber nicht abgehobene Beträge werden hinterlegt (§ 169);

c) der § 96; d. h. die angemeldeten Forderungen haben im ErbenK. *Stimmrecht*; auf Widerspruch eines KGl. oder des Verw. entscheidet das Gericht unanfechtbar.

Die Beschränkung besteht nur, so lange die beiden K. bzw. der ErbenK. und die NachlVerw. nebeneinhergehen (RGZ. 74, 231); sie tritt weiter nicht ein, wenn der Erbe nicht bloß als solcher, sondern auf Grund eines besonderen Rechtstitels z. B. als Bürge oder auf Grund einer kumulativen Schuldübernahme (z. B. nach § 25 HGB.) haftet; hier findet § 68 Anwendung (RGZ. 74, 231) s. § 68 Anm. 3. Haftet der Erbe unbeschränkt und ist NachlK. nicht eröffnet, so können gegen ihn die Ansprüche unbeschränkt geltend gemacht werden.

2. **Zusammentreffen von NachlK. und K. über das Vermögen des Ehemanns der Erben.** Ist eine Ehefrau die Erbin und gehört der Nachl. zum Gesamtgute, so haftet für die NachlVerbindlichkeiten, da sie Ge-

samtgutsverbindlichkeiten sind, der Ehemann auch persönlich neben der Ehefrau (§§ 1438, 1440, 1459, 1461, 1549 f., 2008 BGB.). Daher können, wenn über das Verm. des Mannes das KVerf. eröffnet wird, die NachlGl., denen der Mann unbeschränkt haftet, ihre Forderungen sowohl in diesem K. als in dem auf den Nachlaß bezüglichen Verfahren (NachlK. oder NachlVerw.) geltend machen (Begr. II 53). Das Verhältnis ist hier das gleiche wie bei der Konkurrenz zwischen Erben- und NachlK. Demgemäß finden die Bestimmungen des Abs. 1 auch hier Anwendung; die NachlGl. haben im K. des Ehemannes die Rechtsstellung der in Abs. 1 bezeichneten Absonderungsberechtigten (Begr. II 56). Der Nachlaß gehört zum Gesamtgut bei der allg. Gütergemeinschaft stets, sofern nicht der Erblasser durch letztw. Verfügung bestimmt hat, daß das Zugewendete Vorbehaltsgut sein soll (§§ 1438, 1440 BGB.). Bei der Errungenschaftsgem. fällt der Nachlaß wohl nie ins Gesamtgut (BGB. § 1521). Bei der Fahrnisgemeinschaft fällt der Anteil der Frau am Nachlaß in dem Verhältnis ins Gesamtgut, in dem das bewegliche Vermögen zum Gesamtnachlaß steht (BGB. §§ 1551, 1549; RGZ. 75, 295); da der Mann auch dann den Gl. haftet, wenn nur ein Teil des Nachlasses ins Gesamtgut fällt (§ 1459 mit § 1549 BGB.), findet Abs. 2 hier also immer Anwendung, wenn nur ein Teil des Nachlasses bewegliches Vermögen ist. Bei der allg. Gütergem. sowohl wie bei der Fahrnisgemeinschaft fällt aber die Erbschaft dann nicht ins Gesamtgut, wenn Vorbehaltgutseigenschaft vereinbart ist (§§ 1440, 1549 BGB.; Staudinger § 2008 Anm. 1c).

Ist die Ehefrau Erbin und fällt der Nachl. nicht in das Gesamtgut, so findet für den K. der Ehefrau Abs. 1 Anwendung.

3. ErbengesamtK. (GesamtvermögensK.). Wird ein besonderer Nachl.-K. nicht eingeleitet, so erfaßt das KVerf. selbstverständlich auch das von dem GSch. erbweise erworbene Vermögen. Wenn man betonen will, daß sich in einer NachlMasse auch Erbvermögen befindet, so kann man von ErbengesamtK. oder GesamtvermögensK. sprechen. Im allgemeinen hat aber das Nachlaßvermögen keine besondere rechtliche Behandlung zu erfahren; es dürfen insbesondere die besonderen für den NachlK. geltenden Vorschriften nicht übertragen werden; ohne zureichenden Grund nimmt Rosenmeyer BuschsZ. 32, 272 an, daß die Verbindlichkeiten des § 224 auch im ErbengesamtK. Masseschulden sind. Wie im ErbenK. (s. Bem. 6 vor § 214) können Ansprüche nach § 63 Nr. 3 und 4, soweit sie in der Person des Erblassers entstanden, im ErbengesamtK. geltend gemacht werden. Die Möglichkeit eines NachlK. wird durch die Eröffnung des ErbenGesamtK. nicht ausgeschlossen (herrsch. M. s. Jaeger § 234 Anm. 4; a. A. Rosenmeyer BuschsZ. 32, 275). Gegenüber den NachlGl. schlägt die Erschöpfungseinrede nach §§ 1990, 1991 BGB., soweit sie außerhalb des K. besteht, auch hier durch, so daß die NachlGl. gegenüber den sonstigen Gl. sich mit den ihnen darnach zukommenden Rechten begnügen müssen; a. A. Rosenmeyer BuschsZ. 32, 290, der eine Separation für unzulässig hält, dafür aber den Nachl.-Gl. aus der Masse des ErbengesamtK. nur soviel zuteilen will, als die NachlMasse ergäbe.

Kein Erbteilskonkurs.

§ 235.

Über einen Erbteil findet ein Konkursverfahren nicht statt.

Begr. II 56. — Eingefügt durch die Nov.

Nach dem BGB. (§§ 2032 f.) ist das Rechtsverhältnis der Miterben eine Gemeinschaft zur ges. Hand. Die Miterben haften als Gesamtschuldner für die gemeinschaftlichen Nachlaßverbindlichkeiten (§§ 2058, 421—426 BGB.). Demgemäß ist nur ein K. über den Gesamtnachlaß nicht nur vor dessen Teilung, sondern auch nach der Teilung ohne zeitliche Begrenzung zugelassen und der K. über einen Erbteil ausgeschlossen (§ 216 Abs. 2; Begr. II, 56).

Gesamtgutskonkurs.

§ 236.

Die Vorschriften der §§ 214—234 finden im Falle der fortgesetzten Gütergemeinschaft auf das Konkursverfahren über das Gesamtgut entsprechende Anwendung. Konkursgläubiger sind nur die Gesamtgutsgläubiger, deren Forderungen schon zur Zeit des Eintritts der fortgesetzten Gütergemeinschaft bestanden. Zu dem Antrag auf Eröffnung des Verfahrens ist ein Gläubiger nicht berechtigt, dem gegenüber der überlebende Ehegatte zu dieser Zeit persönlich haftete. Die anteilsberechtigten Abkömmlinge sind zu dem Antrage nicht berechtigt; das Gericht hat sie, soweit tunlich, zu hören.

Begr. II 56. — Eingefügt durch die Nov.

1. **Allgemeines.** Bei der Fortsetzung der allgemeinen Gütergemeinschaft (§§ 1483—1518) und der Fahrnisgemeinschaft (§ 1557 BGB.) zwischen dem überlebenden Ehegatten und den gemeinschaftlichen Abkömmlingen, die bei der allg. Gütergemeinschaft, wenn sie nicht vertragsmäßig oder letztwillig ausgeschlossen ist oder abgelehnt wird, bei der Fahrnisgemeinschaft bei vertragsmäßiger Vereinbarung, falls sie nicht abgelehnt wird, eintritt, bei der Errungenschaftsgemeinschaft aber nicht möglich ist (§§ 1483, 1484, 1508, 1509, 1557 BGB.), haftet für die Gesamtgutsverbindlichkeiten der bisherigen ehelichen Gütergemeinschaft nicht nur das Gesamtgut, sondern auch der überlebende Ehegatte persönlich. Auf diese persönliche Haftung des überlebenden Ehegatten d. h. die, die *ihren Grund nur* in dem Eintritte der fortgesetzten Gütergemeinschaft, nicht in anderen Bestimmungen z. B. § 1459 Abs. 2 BGB. hat, finden die für die Haftung des Erben für die NachlVerbindlichkeiten geltenden Vorschriften mit der Maßgabe entsprechende Anwendung, daß an die Stelle des Nachlasses das Gesamtgut in dem Bestande tritt, den

es zur Zeit des Eintritts der fortgesetzten Gütergemeinschaft hat (§ 1489 BGB.). Der überlebende Ehegatte hat daher zur Beschränkung seiner persönlichen Haftung für diese Gesamtgutsverbindlichkeiten die allgemeinen und besonderen Haftungsbeschränkungsmittel (§§ 1973—1975, 1990, 2013 BGB.) und insbes. ist er zur Beantragung des über das Gesamtgut zulässigen, selbständigen K. berechtigt (Begr. II, 56 u. 57). Auf diesen GesamtgutsK. sollen zufolge § 236 die Vorschriften über den NachlK. (§§ 214—234) entsprechende Anwendung finden. Die KE. bewirkt nicht die Beendigung der fortgesetzten Gütergemeinschaft.

2. Einzelne Folgerungen und Bestimmungen.

a) Konkurseröffnung vor dem nach § 214 zuständigen Gericht, also dem AG., bei dem der verstorbene Ehegatte zur Zeit seines Todes seinen allgem. Gerichtsstand hatte. Voraussetzung für die Eröffnung ist die Überschuldung des Gesamtgutes im Augenblick der KE. Gleichgültig ist, ob der überlebende Ehegatte die Fortsetzung der Gütergemeinschaft noch ablehnen kann (Planck § 1489 Anm. II 3a; a. A. Jaeger Anm. 13), und ob er die Möglichkeit der Haftungsbeschränkung bereits verwirkt hat (§ 216 Abs. 1 KO.; §§ 1484, 1489, 1943, 2013 BGB.). Wird die Fortsetzung nachträglich abgelehnt, so ist das KVerf. einzustellen (Wilm.-Kurlb. Anm. 3); nach der Beendigung der fortgesetzten Gütergem. ist der K. unzulässig (s. § 2 Anm. 19; a. A. Wilm.-Kurlb. Anm. 4).

Antragsberechtigt sind der überlebende Ehegatte — dieser nach §§ 1489 Abs. 2, 1980, 1985 BGB. auch antragsverpflichtet (s. aber die Einschränkung durch VO. vom 28. April 1920, RGBl. 696) —, der Gesamtguts(= Nachlaß-)verwalter (§ 1489 Abs. 2), ferner die Gl., deren Forderungen schon zur Zeit des Eintrittes der fortgesetzten Gütergemeinschaft bestanden, und denen der überlebende Ehegatte zu dieser Zeit nicht persönlich haftete (für andere besteht kein Absonderungsbedürfnis), innerhalb der 2jährigen Frist des § 220; ausgeschlossene Gesamtgutsgl. nur unter der Voraussetzung des § 219 (Begr. II, 56 und 57). Der antragstellende Gl. hat die sein Antragsrecht begründenden Voraussetzungen und die Überschuldung glaubhaft zu machen (§ 105). Bei dem Gläubigerantrag sind soweit tunlich, der überlebende Ehegatte und die anteilsberechtigten Abkömmlinge zu hören, beim Schuldnerantrag nur letztere (§§ 236, 217 Abs. 2). Sie haben keine persönliche Haftung für die bestehenden Gesamtgutsverbindlichkeiten und sie sind nur dann antragsberechtigt, wenn sie KGl. sind (§§ 103 Abs. 2; 236 S. 4).

b) Konkursmasse ist das Gesamtgut nach seinem Umfange zur Zeit des Eintrittes der fortges. Gütergemeinschaft, insoweit es konkurspflichtig ist (Begr. II 57; § 1489 Abs. 2 BGB.). Die Massezugehörigkeit bemißt sich also hier nach dem Zeitpunkte des Eintrittes der fortges. Gütergemeinschaft; sie umfaßt auch Vergrößerungen dieser Masse aus sich heraus (Früchte, Zinsen) und Ersatzansprüche nach § 1978 Abs. 2 BGB. (Jaeger § 236 Anm. 20), erstreckt sich aber nicht auf die Neuerwerbungen nach diesem Zeitpunkte.

c) Gemeinschuldner mit dessen Rechten und Pflichten ist der überlebende Ehegatte, nicht der anteilsberechtigte Abkömmling. Bei Anfechtungen gilt für die Zeit vor dem Eintritt der fortges. Gütergemeinschaft als GSch. der Mann; desgl. für die Ansprüche nach § 61 Nr. 5 (Hamburg SeuffArch. 60, 340). S. entspr. oben Bem. 5 vor § 214.

d) Konkursgläubiger sind die Gesamtgutsgl. (§ 1488 BGB.), deren Forderungen schon zur Zeit des Eintritts der fortgesetzten Gütergemeinschaft bestanden (§ 236 S. 2); also die Gl. von Gesamtgutsverbindlichkeiten der ehelichen Gütergemeinschaft und von persönlichen Verbindlichkeiten des überlebenden Ehegatten; demgemäß, wenn die Frau überlebt, nicht die Verbindlichkeiten aus §§ 1460—1462, für die darnach das eheliche Gesamtgut nicht haftet, während, wenn der Mann überlebt, alle Verbindlichkeiten desselben darunter fallen (§ 1459). Für die persönlichen Verbindlichkeiten der Frau haftet nur ihr Nachlaß, hinsichtlich dessen auch ein NachlaßK. eröffnet werden kann. Ausscheiden Forderungen, die mit und nach Eintritt der fortgesetzten Gütergemeinschaft entstanden; es sind also keine KForderungen die Ansprüche aus Pflichtteilen (§ 1511 Abs. 2), Vermächtnissen und Auflagen (bestr. s. Seuffert 43; dagegen Hellmann 618 und Jaeger Anm. 18). Auch der überlebende Ehegatte kann KGl. sein z. B. gemäß § 1467 (wegen seiner Ersatzansprüche nach §§ 1978, 1979 BGB. ist er Massegl. § 224 Nr. 1) s. Planck § 1489 Anm. 3a.

e) Verschieden vom GesamtgutsK. ist der K. über das gesamte Vermögen des überlebenden Ehegatten (einschließlich des Gesamtguts), entsprechend dem ErbengesamtK.; s. § 234 Anm. 3; — hier kann der KVerw. die Eröffnung des GesamtgutsK. beantragen und die Gesamtgutsgl. haben dann im K. des überlebenden Ehegatten wie im Erbenkonkurse die Absonderungsberechtigung (§ 234; Willenb.-Günther Anm. 2); — ferner der K. über den Nachl. des verstorbenen Ehegatten, und der neben dem GesamtgutK. etwa einherlaufende EigenK. über das Vermögen des überlebenden Ehegatten, welchenfalls § 234 Anwendung findet; s. auch § 2 Anm. 16 f. und Bem. 6 vor § 214.

Konkurs im Ausland. **§ 237.** (§ 207.)

III. [I]Besitzt ein Schuldner, über dessen Vermögen im Auslande ein Konkursverfahren eröffnet worden ist, Vermögensgegenstände im Inlande, so ist die Zwangsvollstreckung in das inländische Vermögen zulässig.

[II]Ausnahmen von dieser Bestimmung können unter Zustimmung des Bundesrats durch Anordnung des Reichskanzlers getroffen werden.

Begr. II 456. — Unverändert durch die Nov.

1. **Grundsätzliches.** Ist im Inland der K. eröffnet, so ist auch der ausländische Schuldner der deutschen KO. jedenfalls soweit unterworfen, als eine Leistung im Bereich der inländischen ZwVollstreckungsgewalt zur Ausführung gebracht wird, ohne daß es darauf

ankommt, ob der Erfüllungsort im Ausland liegt und ob die Forderung zum ausländischen oder inländischen Vermögen zu rechnen ist (RGZ. 90, 124). S. weiter wegen Sondervollstreckung im Ausland während des InlandsK. Jaeger LZ. 7, 257. Ein ausländisches KV. wird im Inland grundsätzlich nicht beachtet (s. aber § 238 Abs. 3). D. h. es hat im Inland keine prozeßartigen Wirkungen (s. RGZ. 14, 409). Das folgt aus dem Grundsatze, daß ausländische zivilprozeßrechtliche Vollstreckungshandlungen im Inland nicht anerkannt werden (sog. Territorialität des AuslandsK.). § 237 enthält eine ausdrückliche Folgerung aus diesem Grundsatze für die Sondervollstreckung in das inländische Vermögen. Während für den deutschen K. § 14 gilt, wird die ZVollstr. während des AuslandsK. betrieben, wie wenn er nicht angeordnet wäre. Ähnlich Seuffert S. 31 f., Hellmann S. 648; s. über die grundlegende Streitfrage, ob Territorialität oder beschränkte Universalität des AuslK. Jaeger Anm. 1 (für Territorialität), ferner ebenso Kleinfeller in Böhm-Niemeyer 13, 549.[1]) Gleichgültig ist dabei, ob zur Sollmasse des AuslandsK. nach dem betr. ausländ. R. auch das im Reiche befindliche Vermögen gehört oder nicht, ob der GSch. Ausländer ist oder Inländer und wo er seinen Wohnsitz hat (RGZ. 14, 407).

2. **Ausland.** Die KE. durch einen deutschen Richterkonsul oder den zur Ausübung der Gerichtsbark. in einem deutschen Schutzgebiet ermächtigten Beamten erfolgt zwar außerhalb des Reichsgebiets, ist aber Äußerung inländischer Staatsgewalt und steht in ihren Wirkungen der KE. im Reichsgebiete gleich (ebenso wie die Urteile dieser Gerichte deutsche Urteile sind und bei der Vollstreckung den im Reichsgebiet erlassenen Urteilen gleichstehen, s. Seuffert Nr. 2 lit. b zu § 704 ZPO.). §§ 2, 5, 7 Ziff. 1, §§ 18, 19 Ziff. 1 KGG. vom 7. April 1900, §§ 1, 2, 3 SchutzgebG. vom 10. Sept. 1900. S. Kleinfeller a. a. O. S. 560, RGSt. 44, 404, 406 [für Schutzgebiete; grundleg. Ausf.]; a. M. Jaeger Anm. 5.

3. **Der ausländische Konkursverwalter** hat im Inlande kein Verwaltungs- und Verfügungsrecht über das Vermögen des Sch., kann deshalb das inländ. Verm. des Sch. nur mit dessen Einverständnis und vorbehaltlich der vor oder nach der auslb. KE. erworbenen stärkeren Rechte anderer zur ausländ. KMasse ziehen. Klage usw. des KV. gegen Sch. oder Masseschuldner auf Herausgabe zur ausländ. KMasse ausgeschlossen. Ob ausländische Urteile im Inland anerkannt werden, richtet sich nach allgem. Vorschr. (s. bes. § 328 ZPO.). Der Sch. bleibt für das Inland verfügungsberechtigt (vorbehaltlich der Prüfung,

---

[1]) Die Rechtsprechung des RG. ist nicht einheitlich. Entschieden für Universalität — § 237 Ausnahme, nicht Regel — JW. 28, 227; dagegen für Territorialität RGZ. 14, 405 (409 f.) unter Ablehnung der Motive, 52, 156 (s. auch RGZ. 21, 9; 54, 193; 89, 181). Widerspruchsvoll RGZ. 16, 337. Die schwankende Haltung zeigt sich in der verschiedenen Stellung des RG. zu Einzelfragen. Im allgemeinen überwiegt jetzt der Grundsatz der Territorialität, der auch allein durchführbar ist. Für Universalität noch KG. SeuffArch. 65, 426 (bejaht, daß der ausl. KV. über inländ. Forderungen des GSch. verfügen kann).

ob nicht durch die ausländ. KE. die materiellrechtliche Rechtsfähigkeit des ausländischen GSch. gelitten hat, s. auch Anm. 5, 8), er kann Vermögensstücke veräußern, belasten, verpfänden usw. Auch sein Verwaltungsrecht bleibt unberührt. Gleichgültig ist, ob er das Verm. vor oder nach der ausl. KE. erworben hat. Gleichgültig ist auch, ob der Gläubiger, der gegen den Sch. vorgeht, Inländer oder Ausländer ist, ob er am ausl. KV. beteiligt ist, dort angemeldet hat oder nicht.

4. **Rechtshilfe für den Auslandskonkurs** auch gegenüber den am HaagZProzAbk. v. 17. Juli 1905 beteiligten Staaten ausgeschlossen, soweit die auslb. KAnordnung im Inland unmittelbar verwirklicht werden soll (z. B. Ersuchen des ausländ. Gerichts um Abnahme und Übersendung von Sachen des Sch., Einziehung von Forderungen, Arrest, einstweilige Verfügung für die Zwecke des ausl. K. Dagegen zulässig, soweit es sich um Zustellungen, Vernehmungen u. dgl. handelt).

5. **Einwirkung auf Zivilprozesse.** Aus der Fortdauer der Verfügungsmacht des Sch. (Anm. 3) ergibt sich, daß anhängige inländ. Zivilproz., selbst wenn sie im Auslande befindliches Verm. betreffen, durch die ausl. KE. ohne Rücksicht auf die Parteirolle des Sch. nicht unterbrochen werden (a. M. für Aktivprozesse RGZ. 16, 339 von dem dort vertr. Univers.-Standp.). Dazu Dresden Sächs. OLG. 30, 327 [sächs.-österr. Vertr.]. Auch für Proz., die nach der ausl. KE. anhängig werden, ist im Inlande der Sch. der richtige Kläger und der richtige Beklagte. Der ausl. KV. ist weder an den zur Zeit der KE. anhängigen noch an den später anhängig gemachten Proz. als Partei oder Vertreter beteiligt (s. Kleinfeller a. a. O. S. 563; Hellmann 649/650; Seuffert 32; RGZ. 14, 411).

Selbst die Entziehung der Prozeßfähigkeit des GSch. nach ausl. R. durch die KE. ist ohne Einfluß, s. § 55 ZPO. Über Fälle, in denen die im AuslK. befangene ausl. jur. Person (oder der ausl. rechtsf. Verein) durch die KE. nach auslb. R. aufgelöst wurde (die Rechtsfähigkeit verlor) s. RGZ. 14, 412; 16, 338; Kleinfeller a. a. O. 564 Anm. 13.

6. **Die Anfechtung von Rechtshandlungen des Sch.**, über dessen Verm. nur im Auslb. K. eröffnet ist, kann im Inland nur nach dem für die Anf. außerhalb des K. geltenden Rechte erfolgen; Kleinfeller a. a. O. 564, Jaeger Anm. 69 zu § 29; Hellmann 650, Falkmann 490; weder die §§ 29 f. KO. noch das ausl. KAnfechtungsrecht sind anwendbar. A. M. RGZ. 16, 62 von dem dort vertr. Univers.-Standp. S. auch Zebermann LZ. 8, 750 und § 29 Anm. 6.

7. **Die Aufhebung des AuslandsK., der ausländ. Zwangsvergleich** hat nach dem A. 1 entwickelten Grundsatz für das Inland keine Wirkung, der Zwangsvergl. grundsätzl. auch dann nicht, wenn der betr. Gl. sich beteiligt und dem Vergleich vorbehaltlos zugestimmt hat. Der nach dem ausl. R. eintretende Untergang der Forderung über die Dividende hinaus wirkt also nicht im Inland, der Gl. kann wegen des Mehrbetrags klagen und vollstrecken, mit ihm aufrechnen usw. Den Verzicht des Gl. auf den Mehrbetrag müßte der Sch. aus be-

sonderen außerkonkursr. Umständen beweisen; s. RGZ. 52, 155 (und die früheren Entsch. Z. 21, 7, 24, 383 über die Wirkungslosigkeit der englischen discharge u. a.), Kleinfeller a. a. O. 566, Hellmann 650, Seuffert 33.

8. **Die allgem. privatrechtlichen und die öffentlichrechtlichen Beschränkungen** des GSch., die das Auslandsrecht an den AuslandsK. knüpft (s. für das deutsche Recht Anm. zu § 25, Anh. zu § 6) werden, wie sich aus Anm. 1 ergibt, im Inlande grundsätzlich nicht beachtet (vgl. Jaeger A. 43 zu § 25). Ausnahmen ergeben sich, wenn es nach dem internationalen Privat- oder Verwaltungsrecht auf die betr. Auslandsnorm ankommt.

9. **Ausnahmen** von Abs. 1, d. h. das Verbot oder die Einschränkung der inländ. Zwangsvollstr. zugunsten der KVerf. in einem ausländ. Staate, kann die Reichsleitung (Abs. 2) anordnen. Richterlich nicht nachprüfbares Verwaltungsermessen. Z. Zt. sind solche Anordnungen nicht getroffen. Das Gericht hat keine selbständige Befugnis einem ausländ. Staate Gegenrecht zu geben. Staatsverträge des Reichs, die über die Anerkennung ausld. KVerf. Vereinbarung enthalten, gehen den Anordnungen nach Abs. 2 vor, sind aber z. Zt. nicht vorhanden. Über die Wirksamkeit der älteren Partikularstaatsverträge s. A. 2 zu § 4 EG. Die Frage ist gerade gegenüber dem § 237 von Bedeutung.

Konkurs über Niederlassungen.

§ 238. (§ 208.)

I **Das Konkursverfahren umfaßt nur das im Inlande befindliche Vermögen, wenn der Schuldner im Deutschen Reiche eine gewerbliche Niederlassung, aber keinen allgemeinen Gerichtsstand hat.**

II **Hat ein Schuldner im Deutschen Reiche weder eine gewerbliche Niederlassung noch einen allgemeinen Gerichtsstand, so findet ein Konkursverfahren über das im Inlande befindliche Vermögen des Schuldners statt, wenn er im Inlande ein mit Wohn- und Wirtschaftsgebäuden versehenes Gut als Eigentümer, Nutznießer oder Pächter bewirtschaftet. Für das Verfahren ist das Amtsgericht ausschließlich zuständig, in dessen Bezirke das Gut sich befindet.**

III **Ist im Auslande ein Konkursverfahren eröffnet, so bedarf es nicht des Nachweises der Zahlungsunfähigkeit zur Eröffnung des inländischen Verfahrens.**

Begr. I 456. — KommB. II 49. — Geändert durch die Nov.

1. **Grundsätzliches.** Zur Sollmasse des RegelK. gehört auch das eines Zwangsvollstr. unterliegende Verm. des GSch. zur Zeit der KE.,

das in diesem Zeitpunkt oder später im Ausland ist (s. § 1 Abs. 1 KO.). Eine andere Frage ist, ob diese Gegenstände zur Masse gezogen werden können, bes. ob nicht das ausländische Gesetz die Heranziehung hindert (Grunds. der Universalität des deutschen K.). Ausnahmsweise (§ 238) beschränkt sich das KVerf. auch rechtlich auf das Inlandsverm.

2. **Deutscher K. und AuslandsK.** sind in ihrer Entstehung, ihrem Inhalt und ihrem Verlauf rechtlich von einander ganz unabhängig (s. nur Abs. 3). Staatsverträge könnten Abweichendes bestimmen. Selbstverständlich ist, daß der am deutschen K. beteiligte Gl. die Dividende im AuslK. von seiner Forderung abziehen muß. Die Anwendung des § 68 kommt dabei nicht in Frage (Hellmann S. 621; a. M. Jäger Anm. 3). Die Anmeldung im AuslK. hindert die Anmeldung im InlandsK. nicht. S. auch Anm. 1 und 7 zu § 237. Wie aus Abs. 3 hervorgeht, bescheinigt die auslb. KE. nur die Zahlungsunfähigkeit des Sch., nicht seine Zahlungseinstellung oder Überschuldung. Ob im Ausld. ein K. eröffnet ist, entscheidet das ausld. R. (s. Seuffert 32). Das ist wichtig für die Fälle, in denen im Ausld. ein konkursähnliches Verf. ohne gerichtliche Durchführung stattfindet.

3. **Voraussetzungen des Sonderkonkurses nach § 238.** § 238 (s. § 71) knüpft an § 21 ZPO. an, hat aber absichtlich die in diesem enthaltene Beschränkung nicht aufgenommen; s. Anm. 5. Wie für den RegelK. ist es für die Eröffnung des SonderK. gleichgültig, ob der Sch. Inländer oder Ausländer ist.

Der Sch. darf im Inland keinen allgemeinen Gerichtsstand haben (§§ 13—19 ZPO.), er muß aber im Inland eine gewerbliche Niederlassung — Haupt- oder ZweigN. — oder ein wirtschaftliches Gut nach Abs. 2 im Betriebe haben. Eine gewerbliche Niederlassung hat der Schuldner da, wo sich Einrichtungen zum Betriebe seiner Fabrik, seines Handelsgeschäftes oder eines anderen Gewerbes befinden (s. § 21 ZPO.). Von dieser Niederlassung aus müssen unmittelbar Geschäfte geschlossen werden, eine Geschäftsverbindung zwischen ihr und dem anmeldenden Gl. braucht aber nicht zu bestehen (s. Anm. 5). Die Niederlassung darf also nicht ausschließlich der Fabrikation und der Versendung der Fabrikate dienen. Seuffert 37; Sarwey-Bossert Anm. 3. Das wirtschaftlichen Zwecken dienende Gut (Abs. 2) muß mit Wohn- und Wirtschaftsgebäuden versehen sein und vom Sch. als Eigentümer, Pächter, Unterpächter oder Nutznießer entweder persönlich oder durch einen Vertreter auf eigene Rechnung bewirtschaftet werden. Verpachtung des eigenen Gutes oder Gutsverwaltung für einen andern genügt nicht. Befinden sich mehrere derartige Niederlassungen oder Wirtschaftsbetriebe des Sch. im Inland, so kann nur ein K. eröffnet werden. Über die gerichtliche Zuständigkeit entscheidet dann entsprechend der Grundsatz des § 71 Abs. 2 (s. dort Anm. 2 u. 4).

4. **Verfahren im Sonderkonkurs** entspricht, abgesehen von der Beschränkung der Masse, dem Verfahren des RegelK.; s. Vorbem. vor § 71.

5. Die KMasse umfaßt das gesamte einer Zwangsvollstreckung unterliegende inländische Verm. des GSch., das ihm z. Z. der KE. gehört, nicht bloß den Bestand der gewerblichen Niederlassung oder des Gutes. Bei Forderungen gilt als der Ort, wo das Vermögen sich befindet, der Wohnsitz des Forderungsschuldners und, wenn für die Forderung eine Sache zur Sicherheit haftet, auch der Ort, wo sich die Sache befindet. § 23 ZPO. Verm. des GSch., das erst nach der KE. in das Inland verbracht wurde, ist von der KBeschlagnahme nicht erfaßt und nach § 14 zu behandeln. In dem KVerf. können Forderungen in- oder ausländischer Gläubiger angemeldet werden, ohne Rücksicht darauf, ob sie in einer rechtlichen oder wirtschaftlichen Beziehung zur gewerblichen Niederlassung oder zum Gute stehen. RG. JW. 16, 475.

Drittes Buch.

Strafbestimmungen.

Vorbemerkung.

1. Die ehedem kstrafrechtliche Vorschriften enthaltenden §§ 281 bis 283 RStGB. vom 15. Mai 1871 sind mit Wirkung vom 1. Okt. 1879 auf Grund § 3 Abs. 2 Nr. 3 EG. KO. aufgehoben und (unter mehrf. Abweichungen und Erweiterungen) durch §§ 209—214 RKO. urspr. Fass. ersetzt worden. Diese selbst ist, auch soweit ihre Strafbestimmungen in Frage kommen, durch die sog. KNovelle vom 17. Mai 1898 mit Wirkung vom 1. Jan. 1900 mehrfach geändert und ergänzt worden. Seitdem und bis heute stellen §§ 239—244 der KO. jetz. Fass. die Hauptbestimmungen des KStrafrechts dar. Neben ihnen gelten zuf. § 3 Abs. 1 EG. KO. noch die besonderen kstrafrechtlichen Bestimmungen anderer Reichsgesetze.[1]) Vorschriften der Landesgesetze, die dieselbe Materie betreffen, sind, da eben diese „Materie" i. S § 2 EG. StGB. reichsrechtl. jetzt (s. vorher § 2 Abs. 3 EG. StGB.) erschöpfend geregelt ist, beseitigt (§ 4 Abs. 2 EG. KO.).

2. §§ 239—244 enthalten immerhin „ein geschlossenes System der strafb. Handlungen im K."; RGSt. 2, 441. Sie scheiden sich deutlich in 3 Gruppen: §§ 239—241, ergänzt durch § 244, stellen die eigentl. Bankeruttdelikte („Bankbruch") dar, denen gemeinschaftlich ist, daß sie im Interesse des allg. Kredits gewisse, gesetzl. bestimmt bezeichnete Handlungen eines Sch. (GSch.), die möglicherweise — wenn auch (in concreto) nicht notwendig — eine Beeinträchtigung (Gefährdung, nicht notw. Verletzung) der Rechte seiner Gläubigerschaft durch ihn enthalten, mit Strafe bedrohen (Vermögensdelikt! s. auch RGRspr. 7, 399; RGSt. 13, 235); während ihnen gegenüber der § 243 ein völlig selbständ. KDelikt (eine Form des strafb. Eigennutzes; s. Anm. 1 dazu) darstellt, nimmt § 242 eine Art Mittelstellung ein, indem hier ein an sich gleichfalls gegenüber dem Bank. (§§ 239—241, 244) selbst. Delikt, immerhin aber eine bes. Art von Beteiligung Dritter am Bank. (gleichfalls gegen das

---

[1]) Zusammenstellung bei Zweigert Vorb. 2b zu § 239. — Die GeschAufsVO. v. 14. Dez. 1916 (RGBl. 1363) enthält in § 77 ihre einzige, dem § 243 KO. entspr. bes. Strafbest.; nicht übernommen hat sie die übr. Strafbest. der KO., „weil diese gegenüber einem unter GeschAufs. stehenden Sch. wegen der bei ihm regelm. vorliegenden ZE. unmittelbar anwendbar sind" (Begr.; im Erg. teilw. bestr.).

Vermögen der Gläubigerschaft des Sch. gerichtet! s. auch Anm. 1 dazu) in Frage steht. Beachtenswert ist, daß auch für §§ 239—244, soweit aus ihnen nichts anderes hervorgeht, die allg. Bestimmungen des StGB. (§§ 1—79) maßgebend sind; RGSt. 2, 440; 4, 1; 5, 276 und 435.

Betrüglicher („betrügerischer", „schwerer") Bankerutt. **§ 239.** (§ 209.)

I Schuldner, welche ihre Zahlungen eingestellt haben, oder über deren Vermögen das Konkursverfahren eröffnet worden ist, werden wegen betrüglichen Bankerutts mit Zuchthaus bestraft, wenn sie in der Absicht, ihre Gläubiger zu benachteiligen,

1. Vermögensstücke verheimlicht oder bei Seite geschafft haben,

2. Schulden oder Rechtsgeschäfte anerkannt oder aufgestellt haben, welche ganz oder teilweise erdichtet sind,

3. Handelsbücher zu führen unterlassen haben, deren Führung ihnen gesetzlich oblag, oder

4. ihre Handelsbücher vernichtet oder verheimlicht oder so geführt oder verändert haben, daß dieselben keine Übersicht des Vermögenszustandes gewähren.

II Sind mildernde Umstände vorhanden, so tritt Gefängnisstrafe nicht unter drei Monaten ein.

Vorg. Strafbest.: § 281 RStGB. — Begr. I 459 ff., KommProt. I 125; KommB. II Beil. 127 ff. — Unverändert durch die Nov.

A. Der Täter.

1. Als Täter des Bank. kommt grunds. nur diejenige, aber auch jede (nicht wie vormals nur Kaufleute; über Besonderh. i. d. F. der Nrn. 3 und 4 der §§ 239 und 240 s. Anm. 11 und 14 zu § 239 und Anm. 5 und 6 zu § 240) — natürliche — Person in Betracht, die Schuldner (§ 241 BGB.; RGSt. 46, 11) ist und (Personengleichheit vorausges.) ihre Zahlungen eingestellt hat oder (RGRspr. 7, 27; RGSt. 24, 435; 36, 266 und 349) über deren Vermögen das KVerf. eröffnet worden ist. — Nur der Schuldner selbst, nicht also — von den in § 244 und Anm. 1 dazu genannten Fällen abgesehen — ein sog. Nichtschuldner, nicht also z. B. des Sch.'s gesetzl. o. rechtsgesch. Vertreter (als solcher) kann als Täter (oder Mittäter) der (eigentl.) BDelikte (§§ 239—241) in Frage kommen; RGSt. 49, 247. F. d. F. der Minderjährigkeit des Sch.'s (Kaufmanns) s. §§ 104 f., 106 ff., 112, 828 f., 1822, 1643 BGB. und RGSt. 26, 93; 36, 357; 45, 3; JW. 33, 128; DJZ. 16, 340; z. T. a. M. JW. 41, 977. — In Ansehung eines Nachlasses erscheint für die Zeit seit dem Erbfall der Erbe (nicht z. B. der — auch nicht der nachlaßverwaltende § 2209 BGB.; bestr. — Test.-Vollstr.), in Ansehung des GesGuts einer fortges. Gütergem. für die Zeit seit deren Beginn regelm. der überl. Ehegatte als Sch.; s. auch §§ 214 ff., 236 KO. — Soweit sich ZE. oder KE. auf das Verm. einer offenen Handelsgesellsch. (KommGes., KommGes. a. A.) bezieht, kommen als Täter deren Teilhaber (persönl. haft. Gesellschafter)

in Frage; RGSt. 34, 375 (380); 35, 85; 46, 78. — Mittäterschaft (z. B. i. F. d. Gütergem. durch beide Ehegatten) ist möglich, wenn hins. mehrerer Sch. ZE. oder KE. vorliegt und die Gläubigerschaft, deren Beeinträchtigung in Frage kommt, wenigstens teilw. gemeinschaftlich ist; RGSt. 9, 161; 24, 261; 31, 409; DJZ. 10, 964; JW. 22, 113.

2. Ob seitens des Sch.'s Zahlungseinstellung vorliegt, bestimmt sich hier „grundsätzlich" (s. aber auch Anm. 2b zu § 30 und 2 zu § 102) unabh. (a. M. Jaeger 13) von der sonst für die KO. maßgebenden Bestimmung dieses Begriffs nach dem aus §§ 281 ff. RStGB. in die strafr. Vorschriften der KO. herübergenommenen Sinn (Zweigert 3; RGSt. 41, 311; a. M. LZ. 3, 379) wie folgt: ZE. ist die — im Strafverf. unabh. von einer zivilgerichtl. Entsch. nach freier Überzeugung des Strafrichters festzustellende; Schwartz 3c gegen Frank II 1a — (wenn auch nicht durch eine diesbezügl. Erklärung des Sch. bedingte, so doch) nach außen kundgewordene Tatsache, daß der Sch. (gleichgültig ob Überschuldung, Zahlungsunfähigk. oder Zahlungsunwilligk. — bestr. — vorliegt oder nicht, ob es später zur KE. oder überhaupt zu einer Benachteiligung der Gl. kommt oder nicht; wenn auch nur zeitw., wenn auch in zu beseitigender Weise, obwohl eine bloß augenblickliche, vorübergehende Zahlungsstockung allein nicht genügt) aufgehört hat, seine (unstreitigen und fälligen) Verbindlichkeiten gegenüber seinen Gläubigern in der Allgemeinheit (gegenüber einem einzigen Gl. kann u. U. genügen, wenn im wesentl. nur ein Gl. zu befriedigen ist; daß noch einzelne Verbindlichkeiten erfüllt werden, steht nicht ohne weiteres entgegen) zu erfüllen. So im wesentl. die herrsch. Meinung, bes. u. a. Zweigert 3, Schwartz 3; Rosenberg RGRKomm. 4; RGSt. 3, 197 und 294; 14, 221; 39, 326; 41, 309; LZ. 7, 702; 10, 1029; z. T. abw. u. a. Frank II 1a, Jaeger 13, LZ. 3, 379; RGRspr. 1, 31 (ausgehend v. d. preuß. KO.), RGSt. 4, 61 (für § 241; darüber s. Anm. 1 dazu) und RGSt. 9, 161.

3. Ob über das Verm. des Sch. das KVerf. eröffnet worden ist, hat der Strafrichter (im Gegens. zur ZE.) lediglich nach der formalen Tatsache zu entscheiden, ob ein den Best. der KO. entspr. (rechtskr.) Eröffnungsbeschluß (§§ 108, 109) vorliegt, ohne sachl. prüfen zu dürfen, ob die KE. zu Recht erfolgt ist oder nicht; RGSt. 26, 37; GoA. 60, 268. Einstellung des KVerf. nach §§ 202 f., 204 darf die Annahme jener Tatsache nicht hindern (JW. 18, 476), während diese Annahme i. F. d. Aufhebung des Eröffnungsbeschl. i. W. d. Beschwerde (§ 109) zu entfallen hat; Zweigert 4, Frank II, Jaeger 18.

4. Während die Frage, wer (G.-) Schuldner ist, über dessen Verm. das KVerfahren eröffnet wurde, auf Grund der (jedenf. nach den einschl. Geschäftsordnungen auch insoweit bestimmt zu fassenden) Formel des KEBeschlusses (§ 111) und der auch in dieser Hins. geltenden formalen Gebundenheit des Strafrichters an den KEBeschluß (s. Anm. 3; RGSt. 29, 103) regelm. (s. aber auch RGSt. 49, 321) nicht zweifelh. sein kann, können im Einzelf. Bedenken entstehen, wer der Sch. ist, der seine Zahlungen eingestellt hat: handelt es sich um gemeinschaftl. Verbindlichk. von Ehegatten, die in Gütergem. leben, so werden beide als Sch. in Betracht kommen (RGSt. 9, 161); wurde ein

Geschäft *zum Schein* auf den Namen eines Andern (einer vorgeschobenen Person, z. B. der uxor mercatoris — im Gegens. zur mercatrix) betrieben und sogar eingetragen, so ist nicht diese formale Erscheinung, sondern der wirkl. Sachverhalt entscheidend, d. h. als Sch. (der seine Zahlungen eingestellt hat) ist derj. anzusehen, der tats. das Gesch. als sein eigenes, zum eigenen Vorteil (auf seine Rechnung) betrieben hat; RGSt. 24, 261; 25. 121; 26, 187; 29, 103; 46, 15; 49, 321; JW. 24, 98 und 573; 32, 140; 37, 604; GoA. 41, 265; 63, 428; einschränkend: Rosenberg RGRKomm. 2. Ist die Täterschaft zu verneinen, weil der für die BHandlung an sich in Betr. Kommende von einem KEBeschl. nicht betroffen wurde, so ist stets noch zu prüfen, ob sie nicht doch zu bejahen ist, weil gleichz. auch für ihn wenigst. ZE. in Frage kommt, z. B. für den tatsächl. (wenn auch verborgenen) Inh. eines Geschäfts: RGSt. 29, 105; 49, 323, für einen früheren, nun ausgeschiedenen Gesellsch. einer off. Handelsges.: RGRspr. 1, 628; RGSt. 35, 83; 41, 426.

5. *Zahlungseinstellung* (**Konkurseröffnung**) *ist Tatbestandsmerkmal*, Bestandteil des (äußeren; s. Anm. 18) Tatbestands, (objekt.; s. Anm. 18) Element der strafb. Handlung. So u. a. (wenn auch nicht gleichmäßig und im einzelnen nicht immer völlig klar) im Gesamterg. das RG.; s. RGSt. 3, 350; 5, 415; 6, 95; 7, 391; 9, 155; 11, 386; 13, 41; 16, 188; 22, 436; 27, 318; 29, 225 und 344; 34, 239; 39, 166; 45, 88.[1]) — über Fragestellung an die Geschw. hins. dieses Tatbestandsmerkmals s. RGRspr. 2, 207; 7, 26; RGSt. 3, 250; 24, 433.

B. Die äußere Handlung beim betrügl. Bankerutt;

6. Die Nrn. 1—4 des § 239 zählen die BHandlungen *erschöpfend* auf (s. aber noch § 241 und Anm. 1 dazu), die — Täterschaft i. S. der vorsteh. Anmerkungen oder des § 244 und der Anm. 1 dazu sowie Verschulden (darüber s. Anm. 18ff.) vorausgesetzt — ein Verbr. des betrügl. Bank. darstellen.

---

[1]) Die Frage ist überaus bestritten; sie bildet den Hauptangelpunkt vieler weiterer Meinungsverschiedenheiten im Einzelnen. A. M. sind besonders: 1. Liszt (22.) S. 449, Zweigert 5, Schwartz 5* u. A. sowie, ausgehend von der Analogie aus den gemeinges. Delikten der §§ 306 ff. StGB., im Erg. offenbar auch Rosenberg RGRKomm. 3: ZE. (KE.) bildet eine außerh. des delikt. Tatbestands stehende Voraussetzung, eine *objektive Bedingung der Strafbarkeit*. 2. GS. 48, 256 ff.: sie ist weder Tatbestandsmerkmal noch Bedingung der Strafbarkeit, sondern Anzeichen (Merkmal, Vermutung) für das eigentlich vorausgesetzte Tatbestandsmerkmal der Zahlungsunfähigkeit. 3. Frank I zu § 239 und I zu § 240: ZE. (KE.) begründet — außerh. des delikt. Tatbestands stehend — die unerläßliche und unwiderlegbare Vermutung für die schuldhafte Gläubigerbeeinträchtigung durch die BHandlung. 4. Binding Lehrb. I 427 f., GS. 68, 8 f.: ZE. (KE.) dient nur der Charakterisierung des möglichen Subjekts der strafb. Hdlg. 5. Jaeger Vorbem. II (teilw. unter Berufung auf einzelne Erkenntnisse des RG.): die ZE. (KE.) allein sei (als Äußerung der — in ihr zum Ausdrucke kommenden — Zahlungsunfähigkeit) Tatbestandsmerkmal, die (außerh. der delikt. Hdlg. zu stellende) BHandlung aber sei Bedingung der Strafbarkeit; liege eine BHandlung vor, so liege darin ein Kriterium, ein Symptom, ein Indiz für die Schuld, es bedürfe keines Beweises (sondern es sei auf Grund des Gesetzes — unwiderlegbar — zu präsumieren), daß die in der ZE. oder KE. zum Ausdrucke kommende Zahlungsunfähigkeit fälschlich vorgespiegelt (betrügl. Bank.) oder schuldhaft herbeigeführt (einf. Bank.) worden sei.

7. Keineswegs ist ein ursächlicher Zusammenhang zwischen BHandlung und ZE. oder KE. erforderlich. Die BHandlung kann grunds. der ZE. oder KE. nicht nur vorausgehen, sondern ihr auch nachfolgen; sie kann grunds. sogar noch nach der Wiederaufnahme der Zahlungen oder noch nach der KBeendigung (z. B. durch Zwangsvergleich oder durch Schlußverteilung) begangen werden. Ein gewisser („tatsächlicher", „zeitlicher", „äußerer", „objektiver") Zusammenhang (eine gewisse „Beziehung"; Rosenberg RGRKomm. 19) zwischen der BHandlung und — derselben, „bestimmten" — ZE. oder KE. ist allerdings erforderlich: beide müssen zunächst denselben Vermögensstand betreffen; es müssen also z. B. die Vermögensstücke i. F. d. Nr. 1 zu demselben Vermögen gehören, die Schulden oder Rechtsgeschäfte i. F. d. Nr. 2 dasselbe Vermögen betreffen, die Handelsbücher i. F. d. Nrn. 3 und 4 sich auf dasselbe Vermögen beziehen, in Ansehung dessen ZE. oder KE. erfolgt ist. Ferner kommt eine strafb. Handlung nur dann in Frage, wenn BHandlung einerseits und ZE. oder KE. andrerseits „faktisch nebeneinander bestehen", „nicht durch einen reinen Tisch getrennt sind" (Schwartz 7), wenn die sämtlichen Schuldverhältnisse, in denen der Sch. bei der Begehung der BHandlung einers. oder der ZE. (KE.) anderers. stand, bei nachmaliger ZE. oder KE. einers. oder nachmaliger BHandlung andrers. nicht bereits völlig abgewickelt waren, m. a. W. wenn ein konkretes vermögensrechtl. Interesse der Gläubigerschaft (als solcher, des corpus creditorum) an der Nichtvornahme der BHandlung überhaupt noch entstehen oder bestehen konnte. RGRspr. 4, 35 und 48; 8, 451; 10, 215; RGSt. 2, 50; 3, 350; 4, 41 und 418; 5, 415; 6, 97; 7, 391; 9, 134; 11, 386; 13, 41 und 354; 14, 86 und 221; 15, 64; 16, 277; 22, 436; 26, 385; 27, 318; 29, 225; 39, 165; 45, 88; GoA. 35, 312; JW. 25, 514; 31, 307.[1])

8. Eine bes. wichtige Stellung unter den BHandlungen nehmen die sog. Buchdelikte (Nr. 3 und 4 des § 239 wie auch Nr. 3 und 4 des § 240) ein. Bei ihrer Beurteilung empfiehlt sich stets eine vergleichende Betrachtung der sämtlichen genannten Nrn. des § 239 und § 240. Denn die Ergebnisse der Rechtspr. betreffen oft nur eine einzelne dieser Nrn., treffen aber nicht selten in gleicher Weise auf andere Buchdelikte zu; zudem erscheint die Grenze gerade dieser Tatbestände (bes. zwischen unterlassener und unordentlicher Buchführung — Bilanzziehung) oft recht flüssig, zuweilen ganz verwischt; s. auch RGRspr. 5, 226; RGSt. 30, 170; 49, 277; GoA. 47, 443.

Besonders im Falle der Nr. 1:

9. Vermögensstücke = alle geldwert. bewegl. u. (RGSt. 2, 118; a. M. z. T. Jaeger 29) unbew. Sachen, dingl. und obl. Rechte, so-

[1]) Im Einzelnen s. hierzu besonders: RGRspr. 8, 451; RGSt. 9, 134; 11, 386; 22, 436; JW. 21, 265; 23, 502: Vernichten oder Verheimlichen von Handelsbüchern nach Wiederaufnahme der Zahlungen oder nach KBeendigung. – GoA. 53, 177: strafrechtl. relevantes Fortwirken von Buchführungsmängeln eines übernommenen Geschäfts. — RGRspr. 1, 628; RGSt. 26, 385; 35, 83; 41, 426; JW. 22, 292; 25, 515; 32, 139 und 326; DJZ. 8, 346; GoA. 60, 268; LZ. 11, 355: Voraussetzungen für die Fortdauer der Verantwortlichkeit eines bei ZE. oder KE. geschäftlich (oder aus einer off. Handelsges.) Ausgeschiedenen. S. auch unten Anm. 21.

weit sie im Einzelfall zu demj. (beschlagsfäh.; §§ 1 f. KO.; GoA. 47, 158; a. M. z. T. Jaeger 30) Verm. des Sch. gehören, auf das sich ZE. oder KE. bezieht; nicht also bes. der Neuerwerb (JW. 24, 431). Beschränkt sich ZE. oder KE. auf eine Sondermasse (z. B. § 214, 236, 209; GoA. 37, 314), so fallen nur die zu dieser geh. Gegenst. unter den Begr. S. auch Anm. 7. — Verheimlichen oder Beiseiteschaffen liegt vor, je nachdem das Vermögensst. (in seiner Existenz oder in seiner Zugehörigk. z. Verm. des Sch.) der Kenntnis (Wahrnehmbarkeit) bzw. (nur oder auch) dem Zugriff (der Erreichbarkeit) der Gläubigerschaft oder ihres Organs (bei KE. des KVerw., KGer.) — wenn auch nur zeitw. (Liszt S. 451) oder nur teilw. (RGSt. 24, 434) — tatsächl. oder rechtl. entzogen wird (Erschweren der Kenntn. oder des Zugr. genügt, aber nicht bloßes Gebrauchsanmaßen); RGSt. 2, 118. — Verheimlichen insbes.: im allg. wie in § 259 StGB.; bes. Heimlichkeit nicht erford.; nicht etwa nur ein körperl. Verbergen; überhaupt posit. Tun nicht notw. (a. M. Frank III 1, Jaeger 29); irreführendes Ableugnen, sogar bloßes (rechtswidr., s. z. B. §§ 100, 125) Verschweigen genügt; allerdings nicht rein pass. Verhalten. — Beiseiteschaffen insbes.: im allg. wie in § 288 StGB.; nicht etwa nur ein räuml. Fortbewegen; jedes (auf Entziehung des Zugr. der Gläubigerschaft gerichtete) posit. Tun in Bezug auf d. Vermögensst. genügt, wodurch dieses aus seiner bish. Lage oder in seinem natürl. Verlauf in eine andere (tats. oder rechtl.) Lage oder in einen anderen Verlauf versetzt wird; RGSt. 2, 118; 22, 242; u. A. kann auch Veräußern und Vernichten genügen (a. M. Frank III 1, Jaeger 29, Rosenberg RGRKomm. 9); Zweigert 8. — Oder = alternativ; GoA. 44, 260; DJZ. 19, 755 (s. aber auch RGSt. 3, 250: kumulat. Fragestellung belanglos). Grenze kann flüssig erscheinen; s. aber auch RGSt. 3, 341.

besonders im Falle der Nr. 2:

10. Schuld = die auf irgend einen Rechtsgrund gegründete (möglicherw. ungültige) Verbindlichkeit des Sch. zur Entrichtung (nicht nur einer Geldsumme; a. M. u. a. Zweigert 9) einer vermögensrechtl. Leistung. — Rechtsgeschäft = eine (einseit. oder zweis.; möglicherw. ungültige) Privatwillenserklärung (1. Buch 3. Abschn. des BGB.), durch die eine vermögensrechtl. Verbindlichk. (a. M. Schwartz 10) des Sch. entstehen soll. — In beiden Fällen muß es sich um eine Verbindlichk. handeln, die das (beschlagsfähige) Verm. des Sch. belastet, auf das sich ZE. oder KE. bezieht; s. Anm. 7. — Die Schuld (= das Bestehen) bzw. das Rechtsgesch. (= das Entstehen einer Verbindl.) sind erdichtet, wenn (nachgewiesen wird, daß) der Sch. sie anerkennt oder aufstellt, während die Verbindlichk. überhaupt nicht (ganz) oder doch nicht in der behaupteten Art oder in dem behaupt. Umfang (z. B. Höhe; teilweise; wegen ganz oder teilw. s. RGSt. 24, 433, Glaser-Ottker Strafpr. III, 303) besteht bzw. entstanden ist; z. B. weil auf Scheinvertrag beruhend nichtig, weil noch nicht fällig, weil getilgt, nicht mit dem behaupteten Pfand- usw. Recht ausgestattet. Nicht erdichtet, wenn nur verjährt; § 222 BGB. — Anerkennen (hierfür müssen nicht bes. jurist. Erfordern. vorliegen, z. B. § 781 BGB., § 307 ZPO.) oder Aufstellen (z. B. auch durch unrichtige Buchführung) ist jede (nicht notw. Dritten gegenüber vorgenommene) Handlung, durch die die erdichtete Verbindlichk. zu einem beachtl. Faktor für ihre Befriedigung wird. Die Verbindlichk. muß nicht ausdrückl. geltend gemacht werden (RGSt. 2, 338); es genügt, wenn sie vom Sch. (wenn auch nur durch schlüss. Handlungen, Unterlassung) in einer voraussichtl. zu ihrer Befriedigung führenden Weise in Erscheinung gesetzt wird, z. B. durch forml. Auskunft gegenüber einem auskunftsber. Dritten (z. B. § 100), durch (wenn auch ohne Einverst. mit dem Gl.; s. auch RGSt. 17, 222; 28, 62) Nichtbestreiten in einem Verf., Nichtleistung eines Eides, Unterlassung einer schuldtilgenden (nicht aber der Verjähr. — § 222 BGB. —-) Einrede. Zweigert 10, Jaeger 31; a. M. teilw. Frank III 2, Schwartz 10, Rosenberg RGRKomm. 10.

besonders im Falle der Nr. 3:

11. Da § 239 Nr. 3 ebenso wie Nr. 4 und wie § 240 Nr. 3 (und Nr. 4; s. Anm. 6 dazu) nicht etwa nur „Geschäftsbücher" (§ 1 Abs. 3 KO.), sondern „Handelsbücher" voraussetzt, kann die BHandlung in diesen Fällen nur von einer Person begangen werden, die im Zeitp. ihrer Begehung — wenn auch nicht im Zeitp. der ZE. oder KE.; hierüber s. die in Fußn. 1 a. E. zu Anm. 7 angef. Entsch., ferner RGSt. 2, 50; 4, 41; 15, 64 — K a u f m a n n war. Da ferner § 239 Nr. 3 ebenso wie § 240 Nr. 3 (und Nr. 4 — „vorgeschriebenen" — darüber s. Anm. 6 dazu; aber im Gegens. zu § 239 Nr. 4 — darüber s. Anm. 14) voraussetzt, daß dem Sch. „die Führung von HBüchern gesetzl. oblag", muß (RGSt. 11, 142) im Hinbl. auf §§ 1 ff. und 4, 38 ff. HGB. hier der Sch. im Zeitp. d. BHandlung sog. V o l l k a u f m a n n gewesen sein. Als Vollkaufl. sind auch die Handelsgesellschaften anzusehen (§ 6 HGB.; GoA. 60, 76); von ihnen kommen f. §§ 239, 240 Nr. 3 und 4 im Hinbl. auf Anm. 1 zunächst nur die off. Handelsges. (§§ 105 ff. HGB., die KommGes. u. KommGes. a. A. §§ 161 ff., 320 ff. HGB.) in Betr.; wegen ihrer Liquid. und wegen der sonstigen Handelsges. s. § 244 und Anm. 1 dazu. — Ob der Sch. im maßg. Zeitp. nach den einschl. Best. des HGB. (denen gegenüber abw. Usancen nicht zur Geltung kommen dürfen; GoA. 57, 218) als Kaufm. und Vollkaufm. zu gelten hatte, untersteht grunds. der s e l b st., freien B e w e i s w ü r d i g u n g d e s S t r a f r i c h t e r s. Für ihn hat bes. die Vermutung des § 5 HGB. nicht etwa die Bedeutung einer Beweisregel; RGSt. 4, 120; GoA. 53, 73; DJZ. 9, 1187; JW. 41, 951. Freilich wird er i. d. F. der §§ 2 und 3 Abs. 2 HGB. die (Voll-) Kaufmannseigenschaft nicht bejahen können, insolange es an der Eintragung fehlte; bei einer (eingetr.) **off.** Handelsges. (KommGes., KommGes. a. A.) wird er seine Prüfung darauf beschränken müssen (§§ 105, 4 Abs. 2 HGB.), ob der Zweck der Ges. wirkl. auf den Betr. eines Handelsgew. i. S. d. HGB. gerichtet war. Zweigert 21; DJZ. 17, 1299. Im übr. ist für Zweifelsfälle im einzelnen auf die einschl. handelsrechtl. Literatur, ferner bes. auf Zweigert 15—17 und 23, Jaeger 5—8 und 10, Schwartz 11 a und b, Stenglein 10, 11, 14 mit umfangr. Kasuist. über die einschl. strafr. Rechtspr. des RG. zu verweisen.

12. Welche H a n d e l s b ü c h e r zu führen dem Vollkaufm. g e s e t z l. o b l a g, bestimmt sich (zwingend; RGSt. 13, 235) nach §§ 38—44 HGB. (RGRspr. 1, 562; RGSt. 2, 32), für bes. Fälle außerdem (GoA. 61, 350) nach den einschl. bes. Bestimmungen (z. B. § 100 HGB., § 33

BörsenG. — RGSt. 46, 102; a. M. Zweigert 24 —; § 1 Nr. 2, 13 DepG.; §§ 2, 6 BauFG. — GruchotsB. 54, 37 ff., a. M. Rosenberg RGRKomm. 11 —; § 5 ReblausG. — BayZ. 7, 89). Einen wesentl. Bestandt. der Buchf. bilden bes. auch *Inventar und Bilanz*; § 39 ff. HGB.; RGRspr. 2, 526; 4, 516; RGSt. 13, 355; 15, 174; 29, 222; 30, 171; 39, 165; 40, 242; 44, 48; GoA. 47, 171 (s. auch Anm. 17 und Anm. 6 und 7 zu § 240). Welche und wieviele HBücher im übr. ges. zu führen sind, bestimmt sich danach, inwieweit im Einzelf. nach Art und Umfang (nicht notw. nach Umsatz) des fragl. Gesch. solche Bücher notwendig sind, um „die Handelsgeschäfte des Kaufm. und die Lage s. Verm. nach den Grundf. ordnungsm. Buchführung (vollst.) ersichtl. zu machen"; § 38 HGB. Zweigert 24, Schwartz 11 d.[1]) — Selbstverst. ist Identität zwischen dem Sch. i. S. d. Anm. 1 ff., demjenigen, der die Handlung (Unterlassung) begeht und demjenigen notw., der *Buchführungspflichtiger* ist. Buchführungspflichtig ist, und zw. grundf. *persönlich* (RGSt. 13, 241; f. d. F. der Unkenntnis hins. d. Buchführungspflicht, der Unfähigkeit oder Unmöglichkeit zu ihrer Erfüllung, der Übertragung auf andere s. unten Anm. 19), im Fall eines Einzelkaufmanns grundf. der *Inhaber* des Handelsgew.,[2]) i. F. einer off. Handelsges. (KommGes., KommGes. a. A.) grundf. jeder Teilhaber (*pers. haft. Gesellschafter*) als solcher.[3]) F. d. F. der Minderjährigkeit des Pflichtigen s. die in Anm. 1 anges. Entsch. F. d. F. des Übergangs vom nichtbuchführungspflicht. zum -pflichtigen Betrieb: RGRspr. 8, 127. Ende der Buchführungspflicht bei Geschäftsauflösung s. JW. 25, 513 einers. und RGSt. 4, 41 andererf., ferner oben Anm. 7.

13. *Bes. zu beachten ist Folgendes*: § 239 Nr. 3 bezieht sich (ebenso wie in ihrer ersten Altern. § 240 Nr. 3) auf die *Gesamtheit* der zu führenden HBücher. Es ist hier Strafbark. einers. schon dann gegeben, wenn der Sch. nicht formell und sachl. geordnet sowie fortlaufend nach den Grundf. irgend eines der geltungsberecht. oder ihnen gleichstehenden (RGSt. 25, 37) *Systeme* der sog. festen kaufm. Buchf. Handelsbücher führte, andererseits aber auch nur dann, wenn *jede* einem solchen Syst. entspr. Führung von HBüchern *gänzlich*

---

[1]) *Einzelnes*: Bloße Notizbücher, Beibücher, Nebenbücher: RGRspr. 1, 562; 3, 304; GoA. 28, 300. Lose Zettel, fliegende Konten: RGSt. 17, 302. Dauerkontenbücher: LZ. 1, 645. Geheimbuch: Recht 11, 1084; a. M. Rosenberg RGRKomm. 12.

[2]) U. zw. grundf. auch für sein nichtgeschäftl. Vermögen; RGSt. 5, 409; 16, 55 (Inv. und Bil.); 25, 3; 41, 41; GoA. 46, 438; bestr. F. d. F. des Betriebs mehrerer Geschäfte s. RGSt. 5, 407; 25, 3 und 170; 41, 41. F. d. F. des Betriebs eines Nebengeschäfts s. RGSt. 4, 281; 8, 147. F. d. F. der Führung eines Gesch. durch mehrere ohne gemeinsch. Firma s. RGSt. 24, 261. F. d. F. d. Führung e. Gesch. zum Schein auf den Namen einer vorgeschobenen Pers. s. oben Anm. 4.

[3]) Grundf. unter Beschränkung auf das GesellschVerm. (RGSt. 11, 5; 29, 348); ohne Rücks. auf eine vereinbarte Geschäftsverteilung (RGRspr. 8, 331; RGSt. 1, 49; 45, 387; JW. 37, 604; einschränk. Jaeger 37 zu § 240), sofern der Gesellsch. nicht nach § 114 HGB. von der Geschäftsführung ausgeschlossen ist (§§ 114, 118 HGB.; RGRspr. 5, 359; Zweigert 20; Schwartz 11 f.; Frank III 3; bestr.); selbstverst. im übr. das notw. Verschulden vorausgesetzt (GoA. 38, 201). S. ferner RGSt. 13, 309: Teilh. einer off. HGes. ist vereinbarungsgem. von einem best. Zeitp. nur noch stiller Ges. gebl. Über nachmal. Ausscheiden eines Gesellsch. s. oben Anm. 4 a. E. und Anm. 7 mit Fußn. 1 dazu a. E.

(wenn auch u. U. nur eine Zeit lang; GoA. 61, 115; RGSt. 49, 277) fehlte. Der Mangel einzelner BuchfBestandteile, bes. einzelner — wenn auch ges. vorgeschr. — Bücher o. BfAkte dagegen kann eine „unordentl. Buchführung" i. S. der letzten Alt. des § 239 Nr. 4 (bzw. des § 240 Nr. 3) darstellen, die Nichtaufst. v. Inv. und Bil. i. F. d. eins. Bank. unter die bes. Best. des § 240 Nr. 4 fallen. RGSt. 11, 142 und 161; 17, 301; 30, 170; 39, 218; 49, 277; Recht 6, 620; 10, 455; DJZ. 11, 84; JW. 21, 144; 41, 1071; LZ. 7, 695; GoA. 61, 115; Zweigert 25; Schwartz 11e; bestr.

besonders im Falle der Nr. 4:

14. § 239 Nr. 4 setzt ebenso wie Nr. 3 und wie § 240 Nr. 3 und 4 voraus, daß der Sch. im Zeitp. der BHandlung Kaufmann war (s. Anm. 11); da aber hier im Gegens. zu dort „deren Führung ihnen ges. oblag" und „vorgeschr." fehlt, ist hier im Gegens. zu dort nicht notw., daß er auch Vollkaufmann war. Der Nr. 4 des § 239 unterstehen daher (hins. d. Subj.) auch sog. Minderkaufleute i. S. § 4 HGB., weiter aber (hins. d. Obj.) alle kaufm. GeschBücher; es genügt, wenn Sch. Kaufmann war und solche Bücher tats. führte. So im wes. RGSt. 16, 429; 42, 285; GS. 48, 303 N. 19; Zweigert 26, Stenglein 41; a. M. u. a. Frank III 4, Schwartz 12a, Jaeger 39 und (unter Hinw. auf RGSt. 15, 65) Rosenberg RGRKomm. 14. Im übr. vgl. vorst. Anm. 11f.

15. Von den 4 Alternat. des § 239 Nr. 4 sind nur die beiden letzten, nicht die beiden ersten durch den Nachsatz „daß dieselben keine... gewähren" zu ergänzen; a. M. u. a. Stenglein 25, 26. Daraus folgt der wichtige Unterschied, daß — während die beiden letzten Alternat. (wie Nr. 3, s. Anm. 13, und wie die erste und letzte des § 240 Nr. 3) sich auf die Gesamth. der Buchf. beziehen (s. Anm. 16) — die Strafbark. der beiden ersten Alternat. nicht dadurch in Frage gestellt wird, daß nur einzelne HBücher vernichtet oder verheimlicht werden und ohne daß dadurch die Übers. ü. d. Vermögensstand unmöglich wird; Zweigert 28, Jaeger 25 zu § 240; abw. JW. 23, 502; GoA. 58, 170. — Vernichten = jede Einwirkung auf die Bücher oder auf einzelne von ihnen (GoA. 58, 170), wodurch sie als solche zu bestehen aufgehört haben (RGRspr. 3, 370; s. auch § 274 StGB.), bes. Zerstören, Unleserlichmachen des Buchs oder seines die Buchf. betr. Inhalts, nicht aber das Beseit. oder Unkenntlichmachen einzelner BTeile oder Einträge, welch letzteres aber unter die weiteren Altern. der Nr. 4 fallen kann; GoA. 43, 240; a. M. u. a. Stenglein 27. — Verheimlichen s. in Anm. 9. — Belanglos ist Zurückh. von Abschriften (RGSt. 16, 426; GoA. 49, 283; JW. 17, 64; 35, 495; bestr.) und Ablauf der Aufbew.-Frist des § 44 HGB. (a. M. u. a. GoA. 44, 41; Rosenberg RGRKomm. 15; s. aber auch Anm. 7 Fußn. 1). Zweigert 27.

16. Die beiden letzten Altern. der Nr. 4 beziehen sich zufolge des (nur; s. Anm. 15) zu ihnen geh. Nachsatzes (wie Nr. 3, s. Anm. 13, und die erste und letzte Alt. des § 240 Nr. 4) auf die Gesamth. der Buchf.; RGRspr. 2, 526; RGSt. 11, 142 und 161; 47, 311; JW. 17, 454; Recht 6, 620; GoA. 60, 268. Sie bedrohen jede, aber auch nur diej. Art d. Führung oder Veränderung der

HBücher, die die Erfüllung ihrer Bestimmung unmöglich (nicht gerade wesentl. Erschweren genügt nicht; RGRspr. 2, 376 und 417 und 523; RGSt. 47, 311) machen, d. h. der Bestimmung (§ 38 Abs. 1 HGB.): aus ihnen, wenn auch nur aus ihrer Gesamth., so doch aus ihnen selbst oder aus als Ergänzung in Bez. gen. schriftl. Unterlagen (GoA. 61, 345; RGSt. 50, 132), aber nicht erst durch außerh. d. BFührung liegende Hilfsmittel (RGRspr. 8, 60; RGSt. 17, 301; 39, 219; JW. 22, 484; LZ. 10, 1230) jedem sachverst. Dritten (RGSt. 4, 121; 13, 354; 15, 174; 25, 4; 28, 429; 41, 41; LZ. 6, 937) jederzeit (ohne nennensw. Zeitverlust; RGSt. 47, 311; GoA. 62, 107) im Zeitp. d. ZE. oder KE. (RGRspr. 3, 190; RGSt. 5, 415; 7, 391; 29, 224; 39, 167 und 219; 40, 105; GoA. 35, 312; 60, 268; Recht 11, 780; 20 Beil. 1666; DJZ. 12, 513; a. M. u. a. Jaeger 36 zu § 240 und DJZ. 9, 363) eine nicht nur äußerl. korrekte, sondern auch inhaltl. wahre Übersicht über die wirtschaftl., tats. (LZ. 10, 956) Lage des ganzen Verm. (soweit sich Bspflicht und ZE. oder KE. darauf beziehen) einschließl. eines (nicht nur form., rechner., sondern mater.) Einblicks in die den einzelnen Posten in Wahrh. zugrunde liegenden Geschäfte (RGRspr. 2, 528; 3, 190 und 304; RGSt. 13, 354; 29, 307; GoA. 43, 240; 59, 124) zu gewähren.[1])

17. Da zu den wes. Bestandt. der kaufm. Buchf. auch Inventar und Bilanz gehören (s. Anm. 12), beziehen sich auch auf sie die sämtl. Altern. der Nr. 4 (wie auch der Nr. 3 des § 240). Unter sie fallen daher, wenn die übrigen Voraussf. dieser Best. zutreffen, die sog. Bilanzverschleierungen, während die Unterlass. (rechtzeit.) Bilanzaufstellung für sich allein i. F. d. § 240 Nr. 4 bes. mit Strafe bedroht ist; s. auch Anm. 6—7 zu § 240. Im übrigen ist wegen Voraussf., Art und Inh. von Inv. und Bil. auf §§ 39 ff. HGB. und für Zweifelsfälle auf die einschl. handelsrechtl. Lit. zu verweisen; RGSt. 2, 32.[2])

C. Der subjektive Tatbestand des betrügl. Bankerutts.

18. § 239 setzt nicht ein Verschulden in Bezug auf ZE. oder KE. (so gegen GoA. 23, 59; RGSt. 27, 316, JW. 40, 865 jetzt RGSt. 45, 88, GoA. 62, 145, LZ. 8, 1861; s. auch oben Anm. 5: bestr.), dagegen Verschulden in Bezug auf die einzelnen BHandlungen voraus, und zw. ist insoweit hier wegen des weiteren besonderen Erfordernisses der „Gläubigerbenachteiligungsabsicht" (darüber s. Anm. 20) in allen Fällen Vorsatz notwendig und Fahrlässigkeit nicht genügend. Für die Frage der Zurechenbarkeit der

---

[1]) Rechenfehler: Recht 8, 145. Durchstreich., Rasuren, Korrekt.: GoA. 43, 240; 49, 283; 60, 268. Unterlass. einzelner Posten oder Kontos: RGRspr. 3, 190 und 304; RGSt. 29, 307; GoA. 43, 240. Falschbewert. v. Akt. oder Pass.: RGSt. 39, 222 und Zweigert 29 a. E.

[2]) Einzelnes aus der strafr. Rechtspr.: S. Anm. 6 und 7 zu § 240! Schätzungsweise Ermittelung und Einstellung der Werte: RGSt. 13, 355; 44, 50; SeuffBl. 73, 762. (Ideelle) Güter, die keinen bestimmten VermWert darstellen (z. B. Kundschaft, Fasson, FabrGeheimnis, Firma) sind nur i. F. ihrer Verwertung durch Veräußerung und dann zu ihrem VeräußPreis einzustellen; BayZ. 10, 446. Keine Usancen gegenüber gesetzl. Bestimm.; GoA. 45, 364.

Tat (das Verschulden einschl. der GlBenachteiligungsabsicht) ist wie für diejenige der Zurechnungsfähigkeit des Täters (nur) die Zeit der BHandlung entscheidend; GoA. 47, 170.

19. In den Fällen der Buchdelikte (Nr. 3 und 4) ist ein Irrtum des Sch. (Kaufmanns) lediglich über die gesetzl. Voraussetzungen und den gesetzlichen Inhalt seiner Buchführungs(Bilanzziehungs)-pflicht, weil die einschlägigen handels(usw.)- gesetzl. Bestimmungen durch ihre (wenn auch nicht ausdrückliche) Inbezugnahme im Strafgesetze zu dessen wesentl. Bestandteilen geworden sind, als strafrechtl. Irrtum belanglos (vgl. § 59 StGB.; a. M. u. a. unter Hinw. auf RGRspr. 1, 467 Rosenberg RGRKomm. 19 zu § 240). Aber nicht nur Unkenntnis in dieser Hins., sondern auch Unfähigkeit, Unmöglichkeit zur Erfüllung jener Pflichten, z. B. inf. Erkrankung, oder die Übertragung der Buchführungsgeschäfte auf Andere (in diesem Falle darf den Schuldner jedenf. weder bei der Bestimmung, der Auswahl von Hilfskräften noch bei ihrer Überwachung ein Verschulden treffen) entschuldigt an und für sich nicht. Da aber in Fällen der letztgenannten Art jedenfalls der Vorsatz dem Sch. häufig nicht nachzuweisen sein wird, wird die Frage seltener beim betrügl. als beim einf. Bankerutt (§ 240), wo hauptsächlich fahrlässige Begehungsarten in Frage kommen, von Bedeutung sein. RGRspr. 1, 197; 2, 523; 4, 35 und 92; 5, 526; 7, 730; 8, 127 und 421; RGSt. 1, 49; 4, 418; 5, 407; 8, 149; 13, 241 und 354; 29, 224; 33, 186; 45, 387; GoA. 43, 374; 47, 171 und 387; 48, 362; Recht 7, 23; DJZ. 12, 1148; BayZ. 10, 172; LZ. 9, 897; JW. 44, 48. — Verteilung der Geschäfte unter die (nicht von der Geschäftsführung ausgeschlossenen) persönl. haft. Gesellschafter einer off. Handelsges. usw.: RGRspr. 1, 198; 8, 331; RGSt. 13, 359; 45, 387. Täuschung eines solchen Gesellschafters oder dessen Behinderung durch einen Mitgesellschafter: RGSt. 1, 49; 13, 360; GoA. 38, 201.

20. Gläubigerbenachteiligungs„absicht" setzt nicht etwa eine betrügerische Absicht i. S. d. § 263 StGB. und nicht voraus, daß die GlBenachteiligung den Beweggrund, den Endzweck des Handelns (so Liszt S. 451, Frank IV) bildete, sondern (wie in § 288 StGB.) lediglich daß sie vom Vorsatze des Täters, als (notw., unvermeidl.) Erfolg der BHandlung von seinem Bewußtsein umfaßt sowie daß dieses Bewußtsein in seinen (bestimmten) Willen aufgenommen war; Eventualdolus (wie selbstverst. auch Fahrlässigk.) in dieser Hins. genügt nicht. Die Absicht (in diesem Sinne) geht hier nur dann auf „Gläubiger"benachteiligung, wenn sie sich („ihre Gläubiger") gegen die Gläubigerschaft als solche, d. h. gegen die Gesamtheit der durch die ZE. oder KE. betroffenen Gläubiger, gegen das corpus creditorum (wenngleich begrifflich eine Mehrheit von Gläubigern nicht erforderlich ist; RGRspr. 8, 617; Recht 8, 51) einschließlich der Absonderungsberechtigten (RGSt. 16, 402; also nicht notw. nur gegen die eigentl. KGläubiger; bestr.) richtet, und zw. auf „Benachteiligung" ihrer Rechte auf Befriedigung. So im wesentl. u. a. Zweigert 34, Schwartz 6, Jaeger 24 und 25; RGRspr. 4, 163; 6, 709; RGSt. 7, 142; 24, 7 und 255; 39, 136; 42, 284.

D. **Vollendung, Zeit und Ort der strafb. Handlung. Verjährung. Versuch.**

21. Weil ZE. (KE.) Tatbestandsmerkmal ist (s. oben Anm. 5), ist die strafb. Handlung erst (aber auch; RGRspr. 3, 51; RGSt. 2, 340; LZ. 8, 778 — ne bis in idem —) in dem Zeitpunkte „begangen", vollendet, wenn außer der BHandlung auch — und zw. grunds. gleichgültig, ob dieser vorangehend oder (u. U. sogar noch nach Wiederaufnahme der Zahlungen oder KBeendigung) nachfolgend; s. aber auch oben Anm. 7! — die ZE. oder (rechtskr.) KE. vorliegt; RGRspr. 8, 451; RGSt. 2, 338; 7, 391; 9, 134; 11, 386; 13, 41; 14, 221; 16, 188; über sog. „nachträgliche BHandlungen" s. oben Anm. 7 sowie bes. RGSt. 11, 386 und vgl. RGSt. 26, 106 sowie 39, 414 (Untreue).[1]) Dieser Zeitpunkt ist denn auch (beim vollendeten Verbr.) entscheidend für den Beginn der Verjährung; RGRspr. 4, 50; 5, 362; RGSt. 3, 350; 7, 391; 9, 155; Recht 11, 588; ebenso Zweigert 35; s. auch RGSt. 29, 344 (Unterbrechung der Verjährung).[1]) Dieselbe grunds. Stellungnahme führt zu dem weiteren (bes. auch für die Frage der Begehung im Inland oder im Ausland wichtigen) Ergebnisse, daß als Ort der strafb. Handlung nicht nur der Ort der BHandlung, sondern auch derjenige der ZE. (KE.) in Betracht kommt (RGSt. 16, 188; 43, 84; ebenso, „weil dem prakt. Bedürfnis entspr.", Rosenberg RGRKomm. 24) und daß ein Versuch grunds. auch dann strafbar ist, wenn ZE. (KE.) nicht eingetreten ist (RGSt. 13, 41; ebenso Frank V; vgl. aber auch oben Anm. 7; s. ferner RGSt. 34, 380: auf Grund Auslieferung wegen vollendeten betrügl. B. ist auch Verurteilung wegen Versuchs dazu zulässig).[1]) Belanglos ist es, ob, wann und wo es zur Erreichung der in § 239 (240 Nr. 2) vorausgesetzten Absicht (s. die vorstehende Anm.), ob, wann und wo es insbes. im tats. (wirtschaftl.) Endergebnisse zu einer „Benachteiligung" der Gl. in ihren Rechten auf Befriedigung gekommen ist (s. auch Vorbem. 2). Ein Rücktritt vom (beendigten) Versuche nach § 46 Nr. 2 StGB. ist nicht denkbar; a. M. u. a. Frank V, Schwartz 13.

E. **Teilnahme.**

22. Anstiftung zum betrügl. Bank. und Beihilfe dazu sind nach den allg. Grundsätzen möglich; die Annahme strafb. Beihilfe wird nicht etwa durch § 242 ausgeschlossen (hierzu s. RGSt. 5, 436 und Anm. 9 a. E. zu § 242). Auch hins. des Vorsatzes des Teilnehmers gelten die allg. Erfordernisse; er muß ebensoweit, braucht aber auch (abges. von den weiteren bes. subj. Erfordernissen der Teilnahme) nicht weiter zu

[1]) Zu (völlig oder teilw.) abweichenden Ergebnissen gelangen (z. T. wieder unter sich abweichend) diejenigen, die ZE. oder KE. nicht als Tatbestandsmerkmal gelten lassen (s. oben Anm. 5 Fußnote 1), u. a. z. B.: 1. Zweigert 35: jedenf. für Vollendung, Zeit und Ort der strafb. Hdlg. sei nur die BHandlung entscheidend, die (für Zweigert u. a.) nur eine Bedingung der Strafbarkeit bildende ZE. oder KE. aber belanglos; ohne ZE. oder KE. sei ein Versuch nicht denkbar; ebenso (aber nicht bez. des Ortes): Rosenberg RGRKomm. 21, 23, 24. 2. Jaeger: für Vollendung, Zeit und Ort der strafb. Hdlg. und Beginn der Verjährung sei nur ZE. oder KE. entscheidend; ein Versuch der strafb. Hdlg. (wie auch eine Teilnahme daran) sei überhaupt undenkbar.

reichen als derjenige des Täters (hierzu s. oben Anm. 18ff.). RGSt. 31, 410; 44, 409. Zweigert 36. A. M. bes. Jaeger 43.

F. Zusammentreffen.

23. Treffen in Bezug auf eine und dieselbe („im Rahmen einer und derselben"; hierüber s. oben Anm. 7) ZE. oder KE. dieselbe Bhandlung derselben Person mehrmals oder mehrere Bhandlungen derselben Person nach § 239 zusammen, so kann nicht etwa Realkonkurrenz (bestr.), auch nicht etwa Idealkonkurrenz (bestr.) in Betracht kommen, sondern es steht nur eine einzige, einheitliche strafbare Handlung in Frage; bei mehreren Bhandlungen derselben Person handelt es sich solchenfalls stets um gleichwertige Erscheinungsformen („Modalitäten", „alternative Merkmale") eines und desselben Delikts. Dasselbe gilt innerhalb des § 240 sowie innerhalb des § 241 (hierzu s. bes. RGRspr. 5, 86; 6, 640; 7, 400 und 517; RGSt. 6, 94; SeuffBl. 70, 92; bestr.). RGRspr. 1, 627; 2, 32 und 441; 5, 52; RGSt. 1, 101; 2, 337; 6, 97; 11, 251; 13, 43 und 242; 16, 190; 29, 344; 34, 238; 36, 194; 38, 318; 42, 284; 46, 305; 48, 89; LZ. 11, 355. Auch wenn (in Bezug auf eine und dieselbe ZE. oder KE.) Bhandlungen derselben Person nach § 239, § 240, § 241 zusammentreffen, kommt nicht Realkonkurrenz (bestr.), sondern Idealkonkurrenz in Frage; RGRspr. 5, 52 und 86 und 518; 6, 570 und 633; 7, 399; 9, 197; RGSt. 2, 198; 6, 94; 40, 105; 48, 118; GoA. 60, 91. [Bes. wichtig auch für ne bis in idem, §§ 263, 265 StPO. und Unterbrechung der Verjährung der Strafverf.!] Ebenso die herrschende Lehre u. im Erg. u. a. Zweigert Anm. 37, § 240 Anm. 26, § 241 Anm. 12, Schwartz Anm. 8, § 240 Anm. 9, § 241 Anm. 8, während z. B. Frank (VI zu § 241) im Verh. von § 239, § 240 zu § 241 und Jaeger (25 zu § 241) im Verh. von § 240 zu § 241 Realkonk. annehmen. — Erscheint allerdings eine und dieselbe Handlung teils aus § 239, teils aus § 240 strafbar (z. B. die mangelh. Buchführung beruht teils auf GlBenachteiligungsabsicht, teils hat sie mit solcher Abs. nichts zu tun), so kommt nur — GesKonkurrenz — der spez. § 239 in Frage; RGSt. 2, 198. Erfüllt eine und dieselbe Handlung den Tatbestand des § 239 und denj. des spez. § 241, so kommt GesKonkurrenz (Strafbark. nur nach § 241; abw. u. a. Rosenberg RGRKomm. 13), Idealkonk. aber nur in Betracht, wenn derselben Handlung nicht nur GlBegünstigungsabsicht i. S. des § 241 (hierüber s. Anm. 8 zu § 241), sondern zugleich und neben dieser sowie unabh. von ihr auch GlBenachteiligungsabsicht (i. S. der Anm. 20 oben) zugrunde lag; RGRspr. 5, 518; RGSt. 6, 96; s. auch 36, 349.

24. Beziehen sich Bhandlungen (innerhalb des § 239, § 240, § 241 oder nach verschiedenen dieser Paragraphen) auf verschiedene ZE.en oder KE.en (z. B. auf das Privatverm. des Täters und auf das Gesellschaftsverm. einer off. Handelsges., deren Teilhaber er war), so ist Realkonk. selbstverst. denkbar; RGSt. 11, 8; LZ. 10, 617.

25. Wegen des Verh. des § 239 (240, 241) zu § 137 StGB. s. RGSt. 14, 286 und auch 41, 256; zur Begünstigung s. DJZ. 4, 178; zur Hehlerei s. RGSt. 25, 43; zum Betrug s. RGSt. 44, 409; zu § 288 StGB. s. RGSt. 20, 214 (Idealkonk. mit § 241 KO. möglich; bestr.); zu

§ 84 GmbHG. s. GoA. 60, 91 (Realkonk. mit § 240 Nr. 3 und 4 KO.); zu §§ 10, 11 DepotG. s. RGSt. 34, 238; 46, 306; GoA. 55, 328 (bestr.); zu §§ 5, 6 BauFG. s. RGSt. 46, 305; 48, 90 und 117; JW. 44, 356.

Einfacher („leichtfertiger", „leichter") Bankerutt. **§ 240.** (§ 210.)

I Schuldner, welche ihre Zahlungen eingestellt haben, oder über deren Vermögen das Konkursverfahren eröffnet worden ist, werden wegen einfachen Bankerutts mit Gefängnis bestraft, wenn sie

1. durch Aufwand, Spiel oder Wette oder durch Differenzhandel mit Waren oder Börsenpapieren übermäßige Summen verbraucht haben oder schuldig geworden sind;
2. in der Absicht, die Eröffnung des Konkursverfahrens hinauszuschieben, Waren oder Wertpapiere auf Kredit entnommen und diese Gegenstände erheblich unter dem Werte in einer den Anforderungen einer ordnungsmäßigen Wirtschaft widersprechenden Weise veräußert oder sonst weggegeben haben;
3. Handelsbücher zu führen unterlassen haben, deren Führung ihnen gesetzlich oblag, oder dieselben verheimlicht, vernichtet oder so unordentlich geführt haben, daß sie keine Übersicht ihres Vermögenszustandes gewähren, oder
4. es gegen die Bestimmung des Handelsgesetzbuchs unterlassen haben, die Bilanz ihres Vermögens in der vorgeschriebenen Zeit zu ziehen.

II Neben der Gefängnisstrafe kann in den Fällen der Nr. 1, 2 auf Verlust der bürgerlichen Ehrenrechte erkannt werden.

III Sind mildernde Umstände vorhanden, so kann auf Geldstrafe bis zu sechstausend Mark erkannt werden.

Vorg. Strafbest.: § 283 RStGB. — Begr. I 459 ff.; Begr. II 57 f., 1. PlenB. II 1027—1031, KommB. II 52 ff. und Beil. 126 ff. — Geändert durch die Nov.

A. Der Täter.

1. Auch beim eins. Bank. gelten wegen des Täters durchaus die Grundsätze in Anm. 1—5 zu § 239. Die vereinzelt vertretene Anschauung (z. B. Jaeger 13 Fußn. 1 zu § 239 und 3 zu § 240), daß i. d. F. des § 240 die ZE. stets auf wirklicher Zahlungsunfähigkeit beruhen müsse, ist, weil ohne gesetzl. Stütze, abzulehnen; RGSt. 41, 311; LZ. 7, 702.

B. Die äußere Handlung beim einfachen Bankerutt:

2. Auch i. F. d. einf. Bankerutts treffen hier zun. die Anm. 6 und 7 und für die Buchdelikte (Nr. 3 und 4) die Anm. 8 zu § 239 zu. Sowohl in d. F. der Nrn. 1 und 2 als auch der Nr. 3 (mit Ausn. des Verheimlichens und Vernichtens) und (RGRspr. 3, 51) der Nr. 4 des § 240 wird die BHandlung nach KE. kaum mehr denkbar sein.

besonders im Falle der Nr. 1:

3. Aufwand = jede Aufwendung (nicht = Ausgabe) des Sch. sowie (RGRspr. 6, 383; RGSt. 31, 151 — soweit durch ihn verhinderbar, aber unentschuldbar nicht verhindert) seiner Familie und seines Personals für persönl., Haushalts-, Geschäfts- oder sonstige Zwecke (RGRspr. 6, 383; RGSt. 7, 90; 16, 238; 42, 280; GoA. 38, 351; Recht 7, 188), die (wenn auch nicht aus Wohlleben, Prunksucht, sondern vielleicht aus an sich berechtigten Beweggründen, z. B. zur Erhaltung des Kredits gemacht — RGRspr. 6, 470; RGSt. 29, 347; zweifelh. JW. 35, 495; einschränk. Jaeger 6 —, so doch) weder üblich noch notwendig ist und in ihrer Größe (übertrieben) weder durch ihren Zweck noch bei Beurteilung der ges. Verm.- und EinkVerhältnisse des Sch. gerechtfertigt wird; RGSt. 15, 309. Regelm. nicht: die kaufmänn. reine Handelsoperation; RGSt. 16, 238; GoA. 64, 115; LZ. 7, 696 (übertriebene Versicherungen). — Spiel (RGSt. 15, 277; 27, 180) und Wette sind die in §§ 762 f. BGB. vorausgef. Verträge; RGSt. 15, 279. — Differenzhandel: f. zun. § 764 BGB. Trotz „Handel" genügt ohne Rücks. auf das Gesamtergebnis eines solchen schon ein einzelnes DiffGeschäft; RGSt. 14, 85; GoA. 40, 319; 41, 281; LZ. 7, 696; einschränk. Jaeger 16. Abges. v. Waren beschränkt sich aber hier der Begr. in Gegens. zu § 764 BGB. auf Börsenpapiere, d. h. das Gesch. muß zwar nicht an der Börse geschl., sein Gegenst. aber ein an der Börse zugel. (§§ 36 ff. BörsenG.; JW. 23, 541) Wertpapier sein. Andererf. wird über § 764 BGB. hinaus Diffhandel hier auch dann anzunehmen sein, wenn ledigl. d. Abs. des Sch. nur auf die Diff. gerichtet war, der Gegner aber diese Abs. weder kannte noch kennen mußte; Zweigert 5; vgl. RGRspr. 1, 563; 4, 516; RGSt. 1, 282; 22, 12; LZ. 7, 696; 9, 433; a. M. Schwartz 2 c.[1]) — Durch: ursächl. Zusammenh. zw. Aufwand usw. und Verbrauch o. Schuldigwerden notw.; Geldbeschaffen allein für Aufw. usw. genügt nicht; RGSt. 16, 188. Ob übermäßig entscheidet sich vorzugsw. nach dem Verhältnis nicht sow. des Einkommens als vielm. der obj. (LZ. 9, 433) GesVermögenslage des Sch. (ohne — zu weitgehende; RGRspr. 6, 470; JW. 24, 98 — Rücks. auf seine soz. Stellung) im Zeitp. der Handlung (nicht der ZE. oder KE.; GoA. 41, 282) zu der Summe; RGRspr. 6, 470; RGSt. 7, 90; 14, 80; 15, 309; Zweigert 6. Verbraucht = verausgabt; ohne Rücks. auf Gegenwert: GoA. 64, 115. Schuldigwerden = Belastung des Verm. mit (wenn auch unausklagbaren — RGSt. 22,

---

[1]) Einzelnes: GS. 48, 244: Umwandlg. e. ernstl. LiefGesch. in e. DiffGesch. — RGSt. 14, 85; Recht 21 Beil. 323: Prolongationen. — RGSt. 31, 7: Kommissionär als Täter. — LZ. 7, 696: maßgeb. f. d. Begr. ist immer nur der Zeitp. des Vertragsabschlusses (bestr.). S. auch DJZ. 8, 268 und 520.

12; a. M. Frank III 1, Schwartz 2d — oder verjährten) Schulden. Bei mehrf. Verausg. ist bes. Feststellung, welche einzelnen Ausg. überm. waren, nur ein Zweifel notw.; RGRspr. 6, 470; 10, 215; RGSt. 14, 80. — Auch ein einzelnes Verausg. oder Schuldigw. nur einer Summe durch einen einzigen Aufw., ein einz. Spiel, eine einz. Wette, ein einz. DiffGesch. genügt, ohne Rücks. auf irgendw. Gesamtergebnis; RGRspr. 10, 215; RGSt. 14, 224; a. M. Schwartz 2d; einschr. Jaeger 16. — Keine ausdehnende Auslegung: RGSt. 15, 279 und 313; 16, 239.

besonders im Falle der Nr. 2:

4. Absicht, die KE. hinauszuschieben s. unten Anm. 10; im Zeitp. der Handlung (d. i. hier Entnahme und Veräußern oder Weggeben; Stenglein 15) darf keine gegründete Hoffnung mehr auf Abwendung des K. bestehen; daß ZU. schon vorliegt, ist nicht notw., Jaeger 17; zur KE. selbst muß es nicht kommen. Entnahme auf (kurz- oder langfrist.) Kredit = Erwerb durch gegens. Vertrag (§§ 320 ff. BGB.), wobei der Sch. die ihm obl. Leistung nicht bewirkt hat; ob er sie später (sogar noch vor dem Veräußern oder Weggeben) bewirkt, ist belanglos; Zweigert 8; a. M. u. a. Rosenberg RGRKomm. 12. Veräußern = i. S. des BGB. Sonstiges Weggeben = nicht ein völliges Aufgeben (eine gänzl. Entziehung; d. i. „veräußern"), sondern eine nur teilw. (den Sch. wesentl. einschränkende und das Zugriffsrecht seiner Gl. tatsächl. oder rechtl. erschwerende) Entäußerung der Verfügungsgewalt; nicht notw. ein räuml. Weggeben; z. B. Verpfänden, DJZ. 10, 964; Lombardieren, DJZ. 11, 824, RGSt. 48, 217; Bestellung eines kaufm. ZurückbehRechts, Frank III 2. A. M. Rosenberg RGRKomm. 15: sonstiges Weggeben = (wie in § 288 StGB.) Besitzübertragung einer Sache, ohne daß sie aus dem Verm. d. Sch. ausscheidet. Wert ist nicht = Anschaffungspreis (Einkaufspr., „Fakturenwert"; bei Wertpap. nicht = Nennwert), sondern: (im Zeitp. d. Veräußerns oder Weggebens geltender) laufender Marktpreis: RGSt. 47, 61; bes. i. F. d. Lombardierung: RGSt. 48, 217. In e. d. A. e. o. W. widersprechenden Weise (vgl. §§ 586, 1036, 2049 BGB.) wird regelm., aber nicht immer schon durch „erheblich unter d. Wert" gegeben sein; grunds. auch nur hier ist tats. oder rechtl. Möglichkeit der Wiedereinlösung von Belang; Zweigert 9.

besonders im Falle der Nr. 3:

5. § 240 Nr. 3 ist (in seinen sämtl. Alternat.) ebenso wie § 239 Nr. 3 und § 240 Nr. 4 — aber im Gegens. zu § 239 Nr. 4; dort alle Kaufl.! — hins. des Subj. der strafb. Handlung auf solche Pers. beschränkt, die im Zeitp. der Handlung Vollkaufleute waren (hierw. s. Anm. 11 zu § 239 und „dieselben"). — Im übr. treffen für die erste Alternat. des § 240 Nr. 3 die Anm. 11 ff. zu § 239, für die weiteren Alternat. (s. auch RGSt. 3, 417; 19, 402) die Anm. 14 ff. zu § 239 zu. Auch hier bezieht sich nur auf die letzte Alternat. deren Nachsatz. Abw. von § 239 Nr. 4 fehlt hier „oder verändert" und ist „unordentlich" eingefügt; beides begr. jedoch sachl. keinen Unterschied, letzteres weist nur zugl. auf die bes. subj. Seite dieses Verg. (s. unten Anm. 8) hin; Zweigert 12, Jaeger 26; s. auch RGSt. 42, 284; a. M. GS. 62, 368.

besonders im Falle der Nr. 4:

6. § 240 Nr. 4 ist ebenso wie § 239 Nr. 3 und § 240 Nr. 3 — aber im Gegens. zu § 239 Nr. 4; dort alle Kaufl.! — hins. des Subj. der strafb. Handlung auf solche Pers. beschränkt, die im Zeitp. der BHandlung Vollkaufleute waren (hierw. s. Anm. 11 zu § 239 und „gegen die Best. des HGB. unterlassen" sowie „vorgeschriebenen"). Hins. ihres Obj. erstreckt sich § 240 Nr. 4 nicht nur auf die eigentliche Bilanz, sondern auch auf die (wenigst. i. d. Regel; Ausn. § 39 Abs. 3 HGB.) ihre unerläßl. Vorbedingung und Grundlage (RGRspr. 4, 594; RGSt. 15, 174; GoA. 47, 443) bildende Inventur. Da Inv. und Bil. wesentl. Bestandt. der kaufm. Buchf. ist (s. Anm. 12 zu § 239), können Verstöße und Mängel, die sich auf Inv. und Bil. beziehen (bes. sog. Bilanzverschleierungen) unter § 239 Nr. 3, 4, § 240 Nr. 3 fallen (s. auch RGSt. 21, 388). Soweit der Verstoß oder Mangel darin besteht, daß die vorgeschr. BilZiehung entw. überhaupt unterlassen (RGSt. 13, 354; 15, 174; a. M. Schwartz 5) oder „in der vorgeschriebenen Zeit" unterlassen wurde, kommt Strafbark. nach § 240 Nr. 4 in Frage; RGRspr. 4, 592; RGSt. 15, 174; Recht 17 Beil. 2577; LZ. 8, 1896; JW. 40, 859. Es ist daher zun. auf Anm. 11 bis 13, 14 bis 17 zu § 239 und die vorst. Anm. 5 zu verw.

7. Unterlassen ist die BilZiehung auch dann, wenn sie völlig der Inv. entbehrt (s. Anm. 6), wenn weder Inv. noch Bil. ihren ges. Zweck (§ 39 HGB.) überh. zu erfüllen geeignet ist, wenn sie (nach dem Willen des Sch.) gar nicht dazu bestimmt, wenn sie überh. nicht geeignet ist, (für sich allein) dem Sch. und jedem sachv. Dritten einen unmittelb., zuverl. (Akt. und Pass. zwar nicht ins Einzelne gehend, aber summar. zusammen- und gegenüberstellenden) abschließenden (wenigst. ohne weitere umständl. Rechenmanipul. zu gewinnenden) Überblick über das Verm. zu gewähren, z. B. auch wenn sie erhebl. Unrichtigkeiten oder gar ledigl. fingierte oder willkürl. Posten enthält, also innerlich völlig unwahr (Scheinbilanz) ist; eine best. äußere Form ist im übr. nicht notw.[1]) Zweigert 18; RGRspr. 4, 592; RGSt. 13, 354; 15, 174; 22, 439; GoA. 41, 379; 45, 364; 47, 171 und 443; LZ. 6, 937; 8, 1896; 10, 956.[2]) Ob die BilZiehung in der vorgeschr. Zeit unterlassen

[1]) Nicht ohne weit. als unterlassen ist die BilZiehung z. B. anzusehen: wenn sie nur in einem Brief erfolgt ist (GoA. 62, 110), wenn nur die Unterzeichnung fehlt (§ 41 HGB.: RGRspr. gegen 3, 403: 2, 417; RGSt. 7, 87; bes. PlenE. 8, 424; 44, 50; GoA. 41, 379; 61, 347; LZ. 7, 937), wenn statt jährl. nur zweijährl. Inv. aufgen. wurde, ohne daß § 39 Abs. 3 S. 1 HGB. vorlag (RGRspr. 1, 354 und 467; RGSt. 1, 421; 30, 170; DJZ. 16, 219), wenn Inv. und Bil. (wenngleich vorschriftswidrig; § 41, 44 HGB.) nicht aufbewahrt wird (RGRspr. 5, 226; JW. 21, 419; Recht 16 Beil. 1870; GoA. 62, 110).

[2]) Einzelnes. Verpfl. z. EröffnBil. (§ 39 Abs. 1 HGB.) besteht auch: wenn Gesch. ohne Verm. begonnen wird (RGRspr. 4, 316; GoA. 38, 351; 39, 46; Recht 7, 216), i. F. genehmigungsloser Geschäftsführ. durch einen Minderj. mit Eintritt der Vollj. (RGSt. 45, 4), beim Überg. v. Minderkaufm. zum Vollkaufm. (RGSt. 45, 6; JW. 41, 951), bei einer Änderung in der Inhaberschaft (u. U. auch i. d. Teilhaberschaft), einem Geschäftsübergang unter Lebenden oder v. Todes wegen (RGSt. 16, 55; 26, 222; 28, 428; 45, 6; JW. 20, 295; GoA. 35, 312; 43, 387; 45, 119; 47, 387; 61, 353; DJZ. 17, 1244). EröffBil. wird ledigl. durch Eintr. d. Einlage in ein Handelsbuch nicht ersetzt (RGSt. 22, 439). Ü. d. F. der Geschäftseröffnung durch den (früheren) GSch. (nach KBeendigung) s. RGSt. 25, 76; GoA. 46, 445; Recht 11, 324.

wurde, ist je nachdem es sich um eine EröffnBil. (§ 39 Abs. 1 HGB.), Jahresbil. (§ 39 .Abs. 2 HGB.) oder Zwischenbil. handelt, verschieden zu beurteilen.[1]) Wichtig ist, daß die Unterlassung der BilZiehung zur vorgeschr. Zeit nicht mehr durch spätere BilZiehungen nachgeholt und dadurch straflos werden kann; RGSt. 39, 165; GoA. 48, 452; JW. 46, 859; Recht 20 Beil. 1665.

C. Der subjektive Tatbestand des einfachen Bankerutts.

8. § 240 setzt (wie § 239) nicht ein Verschulden in Bezug auf ZE. oder KE. (hierüber s. Anm. 5 und 18 zu § 239), dagegen (wie § 239) ein (stets nachzuweisendes, im Bestreitungsfall im Urteile bes. festzustellendes; RGSt. 13, 359; bestr.) Verschulden in Bezug auf die einzelnen BHandlungen voraus, und zw. ist insoweit im Falle des § 240 Nr. 2 wegen des weiteren besonderen Erfordernisses der KVerschleppungsabsicht (hierüber s. unten Anm. 10) immer Vorsatz, in den übrigen Fällen des § 240 grunds. Vorsatz oder Fahrlässigkeit erforderlich, Fahrlässigkeit aber auch grunds. (Ausn. i. F. d. „Verheimlichens" und „Vernichtens" bei Nr. 3) genügend (bestr.). Neben Vorsatz und Fahrlässigkeit eine von ihnen verschiedene, ihnen gegenüber nicht klar abzugrenzende bes. dritte Verschuldensart (jede Vernachlässigung der dem Sch. obl. Pflichten) für genügend zu erklären, ist als dogmatisch unhaltbar abzulehnen. So u. a. Zweigert 20, Schwartz 6 und (unter erheblichen Schwankungen im Gesamterg. wohl) das RG.; RGRspr. 9, 546; 10, 298 und 487; RGSt. 13, 235 und 354 (359); 16, 279; 29, 308; 38, 410; 45, 88; Rosenberg RGRKomm. 18.[2]) Soweit sich die (äußeren) BHandlungen des einf. Bank. mit denj. des betrügl. Bank. decken, ist, soferne auch GlBenachteiligungsabsicht i. S. d. Anm. 20 zu § 239 vorliegt, selbstverst. nur § 239 anwendbar. Für die Frage der Zurechenbarkeit der Tat (das Verschulden, einschl. der KVerschleppungsabsicht bei Nr. 2) ist wie für diej. der Zurechnungsfähigkeit des Täters (wie bei § 239) — nur — die Zeit der BHandlung entscheidend; GoA. 47, 170. — Über das Verschulden im einzelnen bei Nr. 1: RGRspr.

---

[1]) J. F. d. EröffnBil. ist unter „bei dem Beginne des Handelsgew." nicht ein best. Zeitp., sondern ein angem. Zeitabschnitt zu verst. (RGSt. 27, 228; 28, 420; 34, 37; 45, 240; Recht 18 Beil. 1945), der im allg. mit dem Abschl. v. Gesch. z. Zw. des Gewerbebetr., nicht erst mit der Weiterveräuß. v. Waren (RGRspr. 4, 316; RGSt. 27, 228; GoA. 39, 46; JW. 22, 122; SeuffBl. 73, 290), i. d. F. d. § 2 und § 3 Abs. 2 HGB. und bei Handelsges., die erst mit d. Eintr. rechtl. existent werden (RGSt. 29, 222), allerd. erst mit der Eintr. beginnt. J. F. d. Jahresbil. s. § 39 Abs. 2 S. 2 HGB.; RGRspr. 1, 129; RGSt. 2, 30; 34, 37; wegen der sog. Zwischenbil. s. auch RGRspr. 2, 417; 4, 592.

[2]) Die Meinungen über die Frage des Verschuldens beim einf. Bank. gehen weit auseinander: vgl. z. B.: 1. der einf. B. erfordert zwar Zurechnungsfähigkeit aber kein Verschulden im allg. strafrechtl. Sinne (Vorsatz oder Fahrlässigkeit), es handelt sich um eine „objektive Strafnorm", um ein „Formaldelikt"; hierzu s. auch den früheren Standpunkt des RG. in RGRspr. 4, 35 und 92; 5, 425; RGSt. 4, 418; 5, 410. — 2. Der einf. B. erfordert zwar ein Verschulden, aber nicht notw. Vorsatz oder Fahrl.; es genügt vielmehr jede (vereinzelt: sogar nicht einmal nachzuweisende, sondern zu präsumierende) aus Leichtsinn hervorgegangene Pflichtverletzung (dazu s. auch RGSt. 14, 87; LZ. 9, 433). — 3. Der einf. B. erfordert in allen Fällen Vorsatz, Fahrlässigkeit ist nicht genügend. — Literaturnachweise s. bei Zweigert 25, Frank I, Jaeger 5a, Schwartz 6.

9, 546; RGSt. 14, 87; 15, 309; JW. 35, 495; Recht 11, 72; LZ. 9, 433; bei Nr. 3 und 4: GoA. 62, 145.

9. In den Fällen der Buchdelikte (Nr. 3 und 4) ist wegen Irrtums des Sch. (Kaufmanns) ledigl. über die gesetzl. Voraussetzungen und den gesetzl. Inhalt seiner Buchführungs(Bilanzziehungs)-pflicht, wegen Unkenntnis in dieser Hins., Unfähigkeit, Unmöglichkeit zur Erfüllung jener Pflichten und Übertragung der Buchführungsgeschäfte auf Andere auf Anm. 19 zu § 239 bes. hinzuweisen. S. auch § 59 Abs. 2 StGB.

10. J. F. d. Nr. 2 ist, wie in Anm. 8 erwähnt, wegen des bes. weiteren Erfordernisses der KVerschleppungsabsicht immer Vorsatz notwendig. Absicht, die Eröffnung des KVerf. hinauszuschieben, setzt voraus, daß der Wille des Täters bei der BHandlung darauf gerichtet war (über „Absicht" s. Anm. 20 zu § 239; die Erreichung dieser Absicht ist nicht erforderlich), der bevorstehenden KE. für jetzt zu entgehen. Strafbark. besteht auch dann, wenn der Täter durch seine unwirtschaftl. Handlungsweise den K. nicht lediglich hinausschieben, sondern ev. überhaupt vermeiden, hintertreiben wollte (DJZ. 10, 964; bestr.), es sei denn, daß er durch jene Handlungsweise sich nur Mittel für eine Zwischenzeit verschaffen wollte und bestimmt auf spätere Mittel sowie mit deren Hilfe nicht lediglich auf eine Hinausschiebung, sondern auf völlige Abwendung des K. rechnete und rechnen konnte. Die KVerschleppungsabsicht muß sowohl bei der kreditweisen Entnahme als auch bei der Veräußerung (o. dem Weggeben) der Gegenstände vorliegen; RGSt. 38, 330; SächsArchR. 3, 344. Zweigert 23.

D. Vollendung, Zeit und Ort der strafb. Handlung, Verjährung, Versuch.

11. Hierw. gelten durchaus die Erörterungen in Anm. 21 zu § 239. Jedoch kann im Hinbl. auf § 43 Abs. 2 StGB. ein (an sich allerd. denkbarer, aber) strafbarer Versuch des einf. Bank. überhaupt nicht in Frage kommen; daher ist auch die Möglichkeit eines strafbefreienden Rücktritts vom Versuch (Frank IV) abzulehnen.

E. Teilnahme.

12. Hins. der Anstiftung zum einf. Bank. und der Beihilfe dazu sind die allg. Grunds. anzuwenden; hiernach ist Teilnahme am einf. Bank. möglich, aber nur wenn die Haupttat (BHandlung) vorsätzlich begangen worden ist. Auch hins. des Vorsatzes des Teilnehmers gelten die allg. Erfordernisse; er muß ebensoweit, braucht aber auch (abges. von den weiteren bes. subj. Erfordernissen der Teilnahme) nicht weiter zu reichen als derj. des Täters (hierzu s. oben Anm. 8ff.). RGRspr. 10, 487; RGSt. 10, 8; 16, 277 und (teilw. gegen 27, 316) 45, 88; GoA. 43, 374; 62, 145; LZ. 8, 1861; Zweigert 25. A. M. bes. Jaeger 45.

F. Zusammentreffen.

13. Hierw. ist durchaus auf Anm. 23f. zu § 239 zu verweisen, wo alles in dieser Beziehung Erforderliche auch für § 240 miterörtert ist. — Zwischen § 240 Nr. 2 und (Kredit-) Betrug ist Idealkonk. möglich; Zweigert 11, Schwartz 3; a. M. Jaeger 19 (Realkonk.).

Gläubigerbegünstigung („Gratifikation").

§ 241. (§ 211.)

I Schuldner, welche ihre Zahlungen eingestellt haben, oder über deren Vermögen das Konkursverfahren eröffnet worden ist, werden mit Gefängnis bis zu zwei Jahren bestraft, wenn sie, obwohl sie ihre Zahlungsunfähigkeit kannten, einem Gläubiger in der Absicht, ihn vor den übrigen Gläubigern zu begünstigen, eine Sicherung oder Befriedigung gewährt haben, welche derselbe nicht oder nicht in der Art oder nicht zu der Zeit zu beanspruchen hatte.

II Sind mildernde Umstände vorhanden, so kann auf Geldstrafe bis zu sechstausend Mark erkannt werden.

Ohne vorg. Best. im RStGB. — Begr. I 459 ff.; KommB. II 56 f. und Beil. 127 ff. — Abs. 2 hinzugefügt durch die Nov.

1. Die Gläubigerbegünstigung ist ein mit Rücksicht auf das geringere Verschulden des Täters (nicht pure GlBenachteiligungs-, sondern wenigstens auch GlBegünstigungsabsicht; darüber s. unten Anm. 8) geringer strafbarer, privilegierter Fall des betrügl. Bankerutts; so die meisten, u. a. Zweigert 1, Schwartz 1; s. ferner RG.-Rspr. 5, 518; 7, 401; RGSt. 6, 95; 36, 349. A. M. (ein wenngleich dem Bank. ähnl., so doch selbst., die Vereitelung des sog. KAnspruchs der Gläubigerschaft — der par conditio creditorum — treffendes, § 30 Nr. 2 KO. „kriminalisierendes" KDelikt) u. a. (unter Berufung auf RGSt. 4, 61; 5, 116; JW. 22, 584) Jaeger Vorb. II 13 und Anm. 1, 2 zu § 241, Frank I und (unter Hinw. auf RGRspr. 4, 162 und RGSt. 24, 7) Rosenberg RGRKomm. 1.

A. Der Täter.

2. Aus Anm. 1 folgt, daß auch für § 241 zunächst durchaus die Erörterungen in Anm. 1—5 zu § 239 zutreffen. Da aber hier weiter verlangt wird, daß der Sch. „seine Zahlungsunfähigkeit kannte" (hierüber s. unten Anm. 7), ist hier (im Gegens. zu §§ 239 und 240) noch erforderlich und (auch i. F. d. KE.) vom Strafrichter bes. festzustellen, daß der Sch. — und zw. gerade im Zeitp. der BHandlung; ob er es vorher oder nachher war, ist belanglos — wirklich zahlungsunfähig war und daß („obwohl") die — selbstverst. außerdem noch erforderliche — ZE. (KE.) gerade auf Zahlungsunfähigkeit beruhte. Zahlungsunfähigkeit („Insolvenz", „materielle Konkursreife") ist nach der strafr. Rechtspr. des RG. (s. aber auch Anm. 2 zu § 102) das (regelm. aber nicht notw. auf Vermögensunzulänglichkeit — „Überschuldung", „Insuffizienz" — beruhende, mit ZE. an sich nicht identische) tatsächliche Unvermögen des Sch., sogleich bereite Mittel zur Zahlung seiner fälligen Schulden aus eigenem Vermögen oder vermöge Kredits herbeizuschaffen oder zu verwenden. RGRspr. 5, 450; RGSt. 3, 195; 4, 61; 14, 222; JW. 18, 228; DJZ. 6, 118; SeuffBl. 74, 245; GoA. 54, 306. — Die vereinzelte Annahme (z. B. früher Stenglein), daß wegen „ihre" in Ansehung eines zahlungsunf. Nachlasses der (nicht auch selbst zahlungsunf.) Erbe nicht als Täter in Betracht kommen könne, ist abzulehnen; Zweigert 2 a. E.

B. Die äußere Handlung bei der GlBegünstigung.

3. Aus Anm. 1 folgt ohne weiteres, daß auch für § 241 zunächst die Erörterungen in Anm. 6 und 7 zu § 239 entsprechend zutreffen. Auch die BegHandlung kann daher grundſ. der ZE. oder KE. nicht nur vorausgehen, sondern ihr auch nachfolgen; RGSt. 4, 67; Recht 6, 620; 10, 761; a. M. u. a. Jaeger 5.

4. Einem Gläubiger = jeder (u. U. mehrere, sogar alle mit Ausnahme eines einzigen; RGRspr. 6, 617; Jaeger 8) Gl. des Täters, also zun. (aber nicht nur) der eigentl. KGl. (§§ 3, 12, 61 f.; auch der Bürge wegen seines Anspr. aus der Befriedigung und zw. sowohl vor wie nach Zahlung der Hauptforderung, § 775 BGB.; RGSt. 15, 90; 30, 73), aber auch z. B. ein Gl. nach § 63, auch der Absonderungsberechtigte, bes. der HypGl.; RGSt. 16, 402; 40, 105; a. M. (teilw. unter Hinw. auf RGSt. 14, 292) u. a. Jaeger 6. Ist die Gl.-Eigenschaft vor der Gewährung nicht schon vorhanden gewesen, sondern erst gleichzeitig damit und durch sie begründet worden, so kommt nicht § 241, sondern u. U. § 239 Nr. 1 (oder § 288 StGB.) in Frage; RGSt. 35, 127; bestr.

5. „Eine Sicherung (= Schutz gegen Nichtbefriedigung; Jaeger 13) oder Befriedigung gewährt haben, welche derselbe nicht . . . . zu beanspruchen hatte" entspricht — aber nur insoweit; s. dazu RGSt. 3, 190 — nach Wortlaut und Sinn demj. des § 30 Nr. 2 (sog. inkongruente Deckung; RGSt. 48, 20); auf die Anmerkungen dazu wird deshalb insoweit verwiesen.[1])

---

[1]) Einzelnes aus der strafr. Rechtsprechung:

a) Deckung: Gewährung einer rechtl. Sicherung genügt, (obj.) gleichgültig, ob tatsächl. (wirtschaftl.) eine Sicherung wirklich erreicht wird; RGRspr. 2, 626; RGSt. 30, 261. Belanglos ist Anfechtbarkeit der Sicherung (Befr.); RGRspr. 2, 626; RGSt. 3, 196; 48, 19; JW. 34, 761; LZ. 8, 266 (keine Nichtigkeit wegen Zuwiderhandeln gegen § 241: RGZ. 56, 229). Immer aber muß Sich. (Befr.) effektiv geworden und noch bei ZE. (KE.) effektiv sein; bloße Gewährung einer Möglichkeit dazu (z. B. bloße Besitzübertragung, bloße Einräumung eines VollstrTitels) genügt nicht; RGSt. 4, 61; 5, 116; 20, 301; 30, 46; JW. 19, 149; 27, 335; Recht 12 Beil. 1122; bestr. Bei Sich. durch Bestellung einer (Brief-)Hyp. ist Sich. nicht schon mit ihrer Eintragung (so Zweigert 4 und Rosenberg RGRKomm. 5), sondern erst gewährt (§ 1117 BGB.) durch Briefübergabe oder was dieser gleichsteht; RGSt. 34, 172; GoA. 60, 283; JW. 35, 611; Schwartz 4a; bei Übertragung der Rechte aus einem Eintrag in die Gebrauchsmusterrolle dagegen schon mit der Übertragung, auch wenn diese noch nicht in der Rolle verlautbart ist; Recht 18 Beil. 1946. — Für Gewähren genügt zwar nicht rein pass. Verhalten des Täters (z. B. er läßt — ohne kollusives Einverständnis mit dem Gl. — einen unabwehrbaren Zivilprozeß über sich ergehen; Warneyer Jb. B 7, 61) und genügt jedenfalls auch pflichtw. Unterlassen (s. für einen Fall aus §§ 64 Abs. 1, 83 GmbHG.: RGSt. 48, 19), es setzt aber überh. nicht eine unmittelb. akt. Tätigkeit des Sch. voraus; RGSt. 17, 222; 28, 61. Andererſ. aber ist immer auch eine zustimmende Willenserklärung oder -betätigung (ein „Zutun") des Gl. (also auch dessen Zurechnungsfähigkeit oder er muß vertreten sein) zu verlangen; RGSt. 4, 65; 29, 413; JW. 19, 400; Zweigert 7; a. M. Frank II a. E.; bei Mängeln in dieser Hins. kann § 239 Nr. 1 vorliegen. Keineswegs notw. ist es (obj.), daß der Gl. seinen Anspruch bes. geltend

C. Der subjektive Tatbestand der GlBegünstigung.

6. § 241 setzt (wie §§ 239 und 240) nicht ein Verschulden in Bezug auf ZE. oder KE., dagegen (wie §§ 239 und 240) Verschulden in Bezug auf die BegHandlung voraus, und zw. ist insoweit hier schon wegen der weiteren bes. Erfordernisse der „Kenntnis der Zahlungsunf." sowie der „GlBegAbs." (hierüber s. nachf. Anm.) Vorsatz notwendig und Fahrlässigkeit nicht genügend. Für die Zurechenbarkeit der Tat (das Verschulden einschl. der Kenntnis der Zahlungsunf. und der GlBegAbs.) ist wie für die Zurechnungsfähigkeit des Täters auch hier (nur) die Zeit der BegHandlung entscheidend. S. auch Anm. 18 zu § 239.

7. Obwohl er seine ZU. kannte setzt voraus, daß die wirkliche und bestimmte Kenntnis des Sch. von seiner ZU. — diese i. S. d. Anm. 2 — (im Wege der freien richterl. Beweiswürdigung) nachgewiesen und (ausdrücklich) festgestellt wird; Kennenmüssen genügt nicht; RGSt. 3, 194 und 197; 4, 67. Meint der Sch., er sei zahlungsfähig, obwohl er in Wirklichkeit zahlungsunf. ist, oder meint er, er sei zahlungsunf., obwohl er es in Wirklichkeit nicht ist, so kann er bei solchem Irrtume nicht nach § 241 strafbar werden; s. § 59 StGB. und oben Anm. 2. Zweigert 8, Frank III, Schwartz 2.

8. In der Absicht, den Gl. (s. oben Anm. 4) vor den übrigen Gläubigern zu begünstigen, setzt (Entspr. s. bei § 239 Anm. 20) nicht voraus, daß die unerlaubte Beg. des Gl. (dessen inkongr. Deckung i. S. d. Anm. 5) den Beweggrund, den Endzweck des Handelns bildete (bestr.), sondern lediglich daß diese Beg. und eine aus ihr sich ergebende Benachteiligung („vor" = zum Nachteile; a. M.

gemacht oder auch nur zur Sprache gebracht hat; GoA. 40, 447. — Sicher. oder Befr. muß gewährt sein aus dem kbeschlagsfähigen Vermögen des Täters, auf das sich ZE. oder KE. bezieht; s. oben Anm. 7 zu § 239; RGSt. 40, 110; JW. 22, 584; 24, 431; GoA. 47, 158.

b) Ob die Deckung inkongruent ist, bestimmt sich nach dem zw. Gl. und Sch. (spätestens bis Eintritt und Kenntnis der ZU.; Zweigert 6) begründeten zivilrechtl. Rechtsverhältnisse; RGSt. 40, 105; 48, 19; und zw. — aber auch nur; RGSt. 40, 107; Schwartz 4 b; a. M. Zweigert 6 — vor KE. ohne Rücks. auf den (rein krechtl.) Gesichtsp. der par cond. omn. creditorum. Zahlung einer (vor Eintritt und Kenntnis der ZU.) fällig gew. Geldfdg. (vor KE.) fällt daher, selbst wenn sie zivilrechtl. anfechtbar sein sollte, nicht unter § 241. RGRspr. 4, 541; 6, 708; RGSt. 5, 118; 17, 220. — Sich. (oder Befr.) kann inkongruent sein, obwohl Befr. (oder Sich.) kongruent sein würde; RGSt. 3, 198; 5, 116; 23, 60; 48, 19; Warn. Jb. B 3, 111; GoA. 40, 408. — Eine Verpfl. z. Sicher. verbindet sich ohne bes. (durch Rechtsgesch., Ges. oder Gerichtsspruch begründeten) Verpflichtungsgrund grunds. nicht schon mit einer Schuld an sich; RGSt. 5, 116. — Befr. nicht in der Art kommt (obj.) bes. bei Leistung an Erfüllungsstatt in Betr.; § 364 BGB.; RGRspr. 5, 449; 6, 708; RGSt. 5, 119; 6, 149; JW. 19, 400; Recht 7, 242; über einen Fall der Verdeckung einer solchen: RGSt. 6, 149; sie liegt aber (ebensowenig wie eine ink. Sich.) nicht schon in der Hing. v. Wechseln f. d. Fdg.: GoA. 39, 230.

c) Anspr. aus bei KE. noch nicht erfüllten zweiseit. Vertr.: RGSt. 40, 105. Anspr. d. Ehefrau auf Sicherh. f. ihr eing. Gut bei VermVerfall d. Mannes: RGRspr. 2, 626; BayZ. 2, 425; JW. 39, 679. Ersatzanspr. d. Frau bei vertragsm. Aufhebung d. ErrGem. nach ZE. d. Mannes: RGSt. 40, 171. SichAnspr. aus Art. 28, 29 WO.: RGSt. 3, 195; 26, 257; JW. 18, 229; 23, 110.

anscheinend RGRspr. 5, 521) der übrigen Gl. vom Vorsatze des Täters, als (notw., unvermeidl.) Erfolg der BegHandlung von seinem Bewußtsein umfaßt sowie daß dieses Bewußtsein in seinen (bestimmten) Willen aufgenommen war; RGRspr. 4, 163 und 205; (5, 518;) 6, 708; RGSt. 6, 95; 7, 142; 36, 349; Recht 8, 51. Eventualdolus (wie selbstverst. auch Fahrlässigk.) in dieser Hins. genügt nicht; so RGSt. gegen 7, 142 später 24, 7 und 255; 39, 136; JW. 18, 61; 31, 308; SeuffBl. 70, 92; GoA. 54, 306; LZ. 7, 704. Die mit der GlBegAbs. notw. verknüpfte GlBenAbs. muß sich gegen „die übrigen Gläubiger", d. h. auch hier gegen die Gesamtgläubigerschaft und zw. i. S. d. Anm. 20 zu § 239 (s. bes. auch RGSt. 16, 402 und Recht 8, 51) richten. Zweigert 9. — Inwieweit ein Irrtum den Sch. straffrei macht, bemißt sich auch hier nach den allg. Grunds.; meint der Sch. — etwa aus einem zivilr. Irrtum —, die Deckung sei kongruent, obwohl sie inkongruent ist, so bleibt er straflos; RGRspr. 5, 90; 6, 710; RGSt. 17, 220; 23, 64.

D. Vollendung, Zeit und Ort der strafb. Handlung, Verjährung, Versuch.

9. Hierw. folgt aus Anm. 1, daß auch für § 241 zun. die Erörterungen in Anm. 21 zu § 239 entsprechend zutreffen. Jedoch kann im Hinblick auf § 43 Abs. 2 StGB. ein (an sich allerd. denkbarer, aber) strafbarer Versuch der GlBeg. überh. nicht in Frage kommen (RGSt. 30, 46); daher ist auch die Möglichkeit eines strafbefreienden Rücktritts vom Versuch (Frank V) abzulehnen. Darüber, daß die inkongr. Deckung (wenigstens rechtlich) effektiv geworden (und bei ZE. oder KE. noch effektiv) sein muß, s. oben Anm. 5 Fußn. 1a. Im übr. ist es gleichgültig, ob etwa die Deckung des Gl. später (nach ZE. oder KE.) wieder rückgängig gemacht wurde, und für Vollendung, Zeit und Ort der Gl.-Beg. belanglos, ob, wann und wo es zur Erreichung der in § 241 vorausgesetzten Absicht (s. die vorstehende Anm.), ob, wann und wo es insbes. im tatsächl. (wirtschaftl.) Endergebnisse zu einer „Benachteiligung" der übrigen Gl. in ihren Rechten auf Befriedigung gekommen ist; RGRspr. 1, 18; RGSt. 30, 261; LZ. 8, 755; Zweigert 10.

E. Teilnahme.

10. An dem Verg. des § 241 können sich andere Personen als der Sch. (aber auch sein Vertreter) der Teilnahme schuldig machen; für die Beurteilung, ob sie vorliegt, gelten die allg. Grundsätze. Auch der begünstigte Gl. selbst (selbstverst. auch sein Vertreter; RGSt. 20, 216; 29, 413) kann als Anstifter (über seinen dolus s. GoA. 54, 306) und als Gehilfe in Betracht kommen, soferne seine (oder seines Vertreters) Tätigkeit nicht gewissermaßen rein passiv ist, soferne sie sich also nicht in der bloßen Annahme der inkongr. Deckung (d. h. in sog. notw. Teilnahme) erschöpft; RGRspr. 3, 153; 4, 28; RGSt. 2, 439; 4, 1; 5, 275 und 435; 9, 162; 12, 124; 20, 216; 29, 306; 48, 21; BayZ. 11, 18; 12, 182; Rosenberg RGRKomm. 11; a. M. die meisten, u. a. Zweigert 11.

F. Zusammentreffen.

11. Infolge der grunds. Stellungnahme in Anm. 1 ist hierw. durchaus auf Anm. 23 f. zu § 239 zu verweisen, wo übrigens alles in dieser Bez. Erforderliche auch für § 241 miterörtert ist.

Schuldnerbegünstigung („Bankeruttunterstützung"). **§ 242.** (§ 212.)

I Mit Zuchthaus bis zu zehn Jahren wird bestraft, wer

1. im Interesse eines Schuldners, welcher seine Zahlungen eingestellt hat, oder über dessen Vermögen das Konkursverfahren eröffnet worden ist, Vermögensstücke desselben verheimlicht oder bei Seite geschafft hat, oder

2. im Interesse eines solchen Schuldners, oder, um sich oder einem Anderen Vermögensvorteil zu verschaffen, in dem Verfahren erdichtete Forderungen im eigenen Namen oder durch vorgeschobene Personen geltend gemacht hat.

II Sind mildernde Umstände vorhanden, so tritt Gefängnisstrafe oder Geldstrafe bis zu sechstausend Mark ein.

Vorg. Strafbest.: § 282 RStGB. — Begr. I 461. — Unverändert durch die Nov.

1. Die SchBegünstigung, an sich ein vom Bankerutt völlig verschiedenes, selbständiges KDelikt, ist begriffl. immerhin eine Art von Beteiligung Dritter („Nichtschuldner") an dem Bankerutt des Sch., gleichfalls eine Beeinträchtigung der Rechte seiner Gläubigerschaft (durch ganz bestimmte einzelne Handlungen), richtet sich also gegen das Vermögen (Vermögensdelikt), und zw. muß es das gleiche Vermögen betreffen, auf das sich die ZE. oder KE. bezieht; RGSt. 5, 436; a. M. teilw. Jaeger 1. Für die Strafbarkeit ist belanglos, ob strafb. Bank. des Sch. vorliegt oder nicht. — Soweit sich in § 242 Begriffe aus §§ 239—241 finden, gelten für sie entsprechend die Erörterungen zu den vorst. Paragraphen.

A. Der Täter.

2. Täter kann Jeder, bes. auch ein KGl. sein; nur nicht der Sch., in dessen Interesse die Handlung begangen wird, und nicht (bestr.) ein nach § 244 (s. auch dort Anm. 1) ihm gleichzustellender „Nichtschuldner".

B. Die äußere Handlung bei der SchBegünstigung;

3. besonders im Falle der Nr. 1: s. Anm. 9 zu § 239; „desselben" = notwendig des Sch. (DJZ. 14, 1148).

4. besonders im Falle der Nr. 2: eines solchen = eines Sch. i. S. der Nr. 1; RGSt. 38, 281. — In dem Verfahren (Fassung ungenau!) = in einem mit Beziehung auf einen Sch., der seine Zahlungen eingestellt hat oder über dessen Verm. das KVerf. eröffnet worden ist, bei Gericht (außergerichtl. Verhandlungen — selbst während des Verf. — scheiden aus; bestr.) nach Maßg. des Ges. anhäng. Verf., also nicht nur im eigentl. KVerf. nach KE., sondern auch schon im sog. Eröffnungs- und Ermittelungsverf. nach §§ 104, 105 KO. (so u. a. Zweigert 4; a. M. u. a. Frank II, Jaeger 3, Rosenberg RGRKomm. 6), wohl auch (wenn ZE. oder KE. vorliegt bzw. hinzutritt) im Verf. nach der GeschAufsVO. v. 14. Dez. 1916 (RGBl. 1363) und im Verteilungsverf. nach §§ 872 ff. ZPO. (bestr.); s. RGSt. 38, 275 (wo die

Streitfrage freilich unentschieden blieb) und DJZ. 11, 622. — Über Forderungen (= Umkehrung von „Schulden") und erdichtet s. Anm. 10 zu § 239; hier wie dort ist genügend, wenn die Forderung auch nur teilweise erdichtet ist, obwohl hier „ganz oder teilw." fehlt; GoA. 22, 271; RGSt. 24, 433. — Geltendmachen der Fdg. ist z. B. ihre Anmeldung, Beanspruchung eines ihr nicht zukommenden Pfand-, Vorzugs- oder Stimmrechts, Klageerhebung gegen die Masse. — Belanglos ist, ob die vorgeschobene Person (z. B. auch ein ges. o. rechtsgesch. Vertreter, Zessionar, Indossatar) bösgläubig (möglicherw. Mittäter oder doch Teilnehmer!) oder gutgläubig ist. Zweigert 6.

C. Der subjektive Tatbestand der SchBegünstigung.

5. § 242 verlangt (wie §§ 239—241) nicht etwa ein Verschulden in Bezug auf ZE. oder KE., dagegen im übrigen Verschulden in Bezug auf die einzelnen BegHandlungen, und zw. ist insoweit wegen der weiteren Begriffserfordernisse in allen Fällen Vorsatz notwendig und Fahrl. nicht genügend.

6. Im Interesse setzt nicht voraus, daß es Beweggrund, Endzweck des Handelns gebildet habe, wohl aber daß es vom Vorsatze des Täters, als (notw., unvermeidl.) Erfolg der BegHandlung von seinem Bewußtsein umfaßt sowie daß dieses Bewußtsein in seinen (bestimmten) Willen aufgenommen war, er werde durch seine Handlung — dauernd oder nur zeitw. — Vermögensbelange des Sch. wahrnehmen, damit aber auch (bestr.; s. auch GoA. 22, 271) dessen Gläubigerschaft benachteiligen; nur in letzterer Hinsicht genügt Ev.-Dolus; RGSt. 21, 291. Belanglos ist hier, ob Täter etwa gleichzeitig auch eigenen oder eines Dritten Vorteil fördern wollte. — Oder, um Vermögensvort. zu versch. (altern.) ist i. S. d. § 263 StGB. zu nehmen; rechtswidrig muß dieser Vort. nicht sein (Zweigert 7; a. M. Rosenberg RGRKomm. 5). — Belanglos ist (für § 242), ob Sch. davon weiß oder einverstanden ist oder nicht. — Zweigert 7; Entspr. s. auch Anm. 18 f. zu § 239, 6 f. zu § 241.

D. Vollendung, Zeit und Ort der strafb. Handlung, Verjährung, Versuch.

7. Ohne ZE. (KE.) keine Vollendung, wohl aber Versuch möglich (a. M. Zweigert 8); mit ihr, soferne sie der BegHandlung nachfolgt, auch erst Verjährungsbeginn. Auf Erfolg i. S. der Erreichung der für den subj. Tatbestand vorausgesetzten Zwecke (s. vorstehende Anm.) kommt es nicht an. Im übrigen s. Entsprechendes oben Anm. 21 zu § 239 und 9 zu § 241.

E. Teilnahme.

8. Hierw. gelten auch hier die allg. Grundsätze. Auch der Sch. kann u. U. Teilnehmer sein; so u. a. Zweigert 10, Rosenberg RGRKomm. 8; a. M. u. a. Jaeger 6.

F. Zusammentreffen.

9. Treffen bezügl. einer und derselben (hierüber s. Anm. 7 zu § 239) ZE. oder KE. desselben Sch. dieselbe SchBegHandlung derselben

Person mehrmals oder mehrere SchBegHandlungen derselben Person zusammen, so kann nicht etwa Realkonk., auch nicht etwa Idealkonk. in Betracht kommen, — bestr. — sondern es steht nur *ein* einheitl. Verbrechen in Frage; RGRspr. 2, 440; Entspr. s. Anm. 23 a. A. zu § 239. — SchBeg. kann ideell konkurrieren mit § 257 StGB. (RGRspr. 9, 684), i. F. d. Nr. 2 mit Betrug (Zweigert 11). — *Zwischen § 242 und Beihilfe zum betrügl. Bank.* besteht nicht etwa das Verhältnis der Gesetzeskonk. (bestr.) oder der Subsidiarität (bestr.), sondern ist zwar nicht Realkonk. (bestr.) aber *Idealkonkurrenz* rechtl. denkbar; s. Anm. 22 zu § 239; RGSt. 9, 430; 21, 293; 42, 110; Recht 6, 158; SächsArchR. 14, 161; Zweigert 9; a. M. u. a. Jaeger Vorb. 12, Anm. 43 zu § 239.

Stimmverkauf („Stimmkauf", „pass. GlBestechung"). § 243. (§ 213.)

Ein Gläubiger, welcher sich von dem Gemeinschuldner oder anderen Personen besondere Vorteile dafür hat gewähren oder versprechen lassen, daß er bei den Abstimmungen der Konkursgläubiger in einem gewissen Sinne stimme, wird mit Geldstrafe bis zu dreitausend Mark oder mit Gefängnis bis zu einem Jahre bestraft.

Ohne vorg. Best. im RStGB. — Begr. I 461. — Unverändert durch die Nov.

1. Der Stimmverkauf (ähnl. Strafbest. s. z. B. §§ 109, 331 StGB., 317 HGB., 151 GenG., 23 SchuldverschrG., 77 GeschAufsVO. v. 14. Dez. 1916 — RGBl. 1363) ist **kein** eigentl. *Bankeruttdelikt* (Beeinträchtigung der Rechte der Gläubigerschaft ist belanglos; s. oben Vorb. 2), sondern ein (nur aus Zweckmäßigkeit hier äußerl. angereihtes) *selbständiges*, grunds. unabh. von §§ 239—242 zu beurteilendes KDelikt und zw. eine Form des *strafb. Eigennutzes*; RGSt. 29, 309; Zweigert 1; bestr.

A. Der Täter (Stimmverkäufer).

2. Täter kann nur sein, wer als im K. des GSch. *stimmberechtigter KGl.* in Betracht kommen kann; auch der sog. Scheinzessionar, bestr.; nicht aber der bloße Vertreter oder Beauftragte; DJZ. 7, 98; s. auch §§ 64, 212, 234. Anmeldung, Anerkennung, Prüfung, Feststellung, Ausübung des Stimmrechts ist nicht erforderlich. A. M. z. T. Jaeger 2.

B. Die äußere Handlung beim Stimmverkaufe.

3. *Stimmkäufer* kann außer dem GSch. *jede* „andere Person", z. B. auch ein anderer Gl. sein. Um einen *Gemeinschuldner* i. S. d. § 243 handelt es sich auch dann, wenn erst nach der Handlung der K. eingetreten ist; so u. a. Zweigert 3; a. M. u. a. Frank II, Jaeger 4.

4. *Besondere Vorteile* = der Gläubigerschaft gegenüber eine Sondervergünstigung (Frank II), nicht notw. auf Vermögensvort. beschränkt (a. M. u. a. Rosenberg RGRKomm. 3), aber immerhin wirtschaftl. („materieller"; bestr.) Art, gleichgültig von wem und aus wessen

Vermögen sie geleistet wird, ob sie das Verm. des StKäufers mindert, ob sie dem StVerkäufer oder vereinbarungsgemäß einem Dritten zukommen soll; z. B. ein Gl. läßt sich vom GSch. f. d. F. des Zustandekommens eines ZwVergleichs einen seine ZwVDividende übersteigenden Betrag (z. B. weitere Prozente) versprechen; LZ. 8, 1053. — „Vorteile sich gewähren oder versprechen lassen dafür daß" (s. auch §§ 302a, 109 StGB.) setzt eine wenn auch nicht nach zivilr. Grunds. sich bemessende, so doch „kaufähnliche" (wenn auch nichtige; s. § 181; RGZ. 25, 259; JW. 27, 286; LZ. 8, 1053), ausdrückliche oder schlüssige, ernstgemeinte (a. M. z. B. Jaeger 7) Willenseinigung zw. StVerkäufer und StKäufer voraus; RGSt. 6, 194; 12, 123; 17, 101 und 296; 47, 71. — Diese Willenseinigung muß darauf gerichtet sein, daß der Gl. als Gegenleistung gegen den bes. Vort. (RGSt. 11, 218; ZL. 5, 401; dafür daß: es genügt, wenn zugleich „dafür daß", LZ. 8, 1053) bei den Abstimmungen der KGl. (= irgendwelche das KVerf. betreffende — Jaeger 5 — und im gerichtlichen Verf. sich vollziehende — Schwartz 3 — verbindl. Beschlußfassungen der GlVers. oder des GlAusschusses, bes. z. B. bei einem ZwVergleich) in einem gewissen (d. h. dann nicht mehr auf seinem freien Willen, sondern auf der Willenseinigung — dem Stimmverkaufe — beruhenden, wenn auch nur der Richtung nach bestimmten — bestr. —) Sinne stimme. Vereinbarung der Stimmenthaltung (JW. 27, 287; bestr.) oder der Erhebung oder Nichterhebung gewisser Einwendungen genügt noch nicht; bestr. Zweigert 5.

C. Der subjektive Tatbestand des Stimmverkaufs.

5. § 243 setzt notw. Vorsatz hins. sämtlicher Tatbestandsmerkmale voraus; Fahrl. ist nicht genügend. Absicht, die übrigen Gl. zu benachteiligen oder auch nur eine an sich tadelnswerte Abstimmung herbeizuführen, ist nicht erforderlich. S. auch LZ. 2, 942; 7, 385.

D. Vollendung, Zeit und Ort der strafb. Handlung, Verjährung. Versuch.

6. Vollendet ist das Verg. mit der erford. Willenseinigung; beim Gewährenlassen regelm. mit der Annahme der Vorteile, beim Versprechenlassen mit der Versprechensannahme, wenn die Handlung der KE. vorausgegangen, erst mit dieser (vgl. „GSch.", „KGl."; RGSt. 29, 309); dann beginnt auch erst die Verjährung. Belanglos ist, ob Täter abredegemäß, ob er überhaupt abstimmt, wie er sonst gestimmt hätte, ob er (beim Versprechenlassen) die Vorteile erhält, ob es überh. zu einer Abstimmung kommt, ob die Gläubigerschaft benachteiligt wird; s. RGSt. 6, 191; 12, 122; 17, 298; JW. 27, 287; teilw. bestr. Bloßes Erbieten des Gl. ohne Annahme des Angebots auf der anderen Seite ist (strafloser; § 43 StGB.) Versuch; RGSt. 6, 194. Im übrigen gelten die allg. Grundsätze.

E. Teilnahme.

7. Es gelten die allg. Grundsätze. Der Vorsatz des Teilnehmers muß nur auf die Willenseinigung, nicht auf die wirkl. Stimmabgabe gerichtet sein. — Auch der Stimmkäufer kann Teilnehmer sein, soferne sich seine Tätigkeit nicht lediglich auf die zur Herstellung des Tatbestands an sich unbedingt erforderl. Tätigkeit (auf sog. notw. Teilnahme) beschränkt; RGSt. 12, 123; 29, 305; a. M. u. a. Zweigert 10.

F. Zusammentreffen.

8. Verstößt derselbe Gl. mehrmals gegen § 243, so kommt Realkonk. in Betracht; Frank IV. — Verstößt derselbe GSch. gegen § 243 als Teilnehmer an diesem Verg. (s. Anm. 7) und gegen § 239, 240, 241, so kommt Realkonk. bzw. § 243 einerseits und § 239, 240, 241 andrerseits in Frage; RGSt. 29, 309. — Wegen des Verh. zu § 253 StGB. s. GoA. 51, 46, zum Wucher s. LZ. 8, 1053.

„Nichtschuldner" als Täter nach §§ 239—241.

§ 244. (§ 214.)

Die Strafvorschriften der §§ 239—241 finden gegen die Mitglieder des Vorstandes einer Aktiengesellschaft oder eingetragenen Genossenschaft und gegen die Liquidatoren einer Handelsgesellschaft oder eingetragenen Genossenschaft, welche ihre Zahlungen eingestellt hat, oder über deren Vermögen das Konkursverfahren eröffnet worden ist, Anwendung, wenn sie in dieser Eigenschaft die mit Strafe bedrohten Handlungen begangen haben.

Ohne vorg. Best. im RStGB. — Begr. I 462; KommB. II 57. — Unverändert durch die Nov.

1. § 244 enthält keine selbst. „Strafbest.", sondern (aus triftigen gesetzgeb. Erwägungen; s. auch RGSt. 13, 239; 16, 125; 42, 279) eine (erschöpfende — s. aber auch noch § 83 GmbHG.,[1]) §§ 112, 113 BAG.[1]); § 6 EG.KO., Art. 165 EG.BGB. —, auf Vertreter oder Organe anderer Verbände, z. B. aber auch auf TestVollstr. nicht analog ausdehnbare; RGSt. 38, 200; 46, 11; 49, 247) Erweiterung des Kreises der als Täter einer strafb. Handlung nach §§ 239—241 in Betracht zu ziehenden Personen (hierüber s. Anm. 1 ff. zu diesen Paragraphen) auf gewisse „Nichtschuldner". — Die Erweiterung ist außer auf die Vorstandsmitgl. einer AG. und EG. und die Liquidatoren der letzteren auf die Liquidatoren von Handelsgesellschaften jeder Art ausgedehnt, also außer auf die Liqu. einer AG. (§ 210 Abs. 2 HGB.) auch auf diejenigen einer off. Handelsges., einer KommGes. und KommGes. a. A. (während deren Teilhaber bzw. persönl. haftenden Gesellschafter unmittelbar unter §§ 239 bis 241 fallen; RGSt. 34, 380) und einer GmbH. (§ 13 Abs. 3 GmbHG.); RGSt. 41, 310. — Betroffen wird von der Erweiterung jeder (sämtliche) der bezeichneten Vorstandsmitgl. und Liqu., soferne er nach erfolgter und angenommener Wahl oder Bestellung tatsächlich die bezeichnete (rechtliche) Stellung eingenommen hat, gleichgültig ob zu Recht, ob mit oder ohne Vertretungsbefugnis nach außen und

[1]) Abgedruckt im Teil III.

ob eine anderweitige Vereinbarung vorliegt; RGSt. 12, 78; 13, 235 (PlE.); 16, 269; JW. 25, 511.

2. Die bezeichneten Vorstandsmitgl. oder Liqu. müssen in dieser Eigenschaft die strafbedrohte B(Beg)Handlung begangen haben. Es ist also zunächst erforderlich, aber auch genügend, daß sie im Zeitpunkte der Handlung (nicht notw. der ZE. oder KE.; RGSt. 39, 217; GoA. 60, 268; LZ. 9, 231) die bezeichnete Stellung eingenommen haben. Sie sind ferner auf Grund § 244 nur strafbar, soweit sie die B(Beg.)-Handlung mit Bezug auf das Vermögen und den Geschäftsbetrieb der bezeichneten Gesellschaft oder Genossenschaft, nicht aber soweit sie sie etwa z. B. mit Bezug auf ihr Privatvermögen oder auf einen privaten Geschäftsbetrieb vorgenommen haben; RGSt. 42, 280 und 286. Ihre Strafbarkeit setzt weiter voraus, daß sich in ihnen (ausgenommen ZE. oder KE.) objektiv und subjektiv der ganze Tatbestand einer B(Beg.)-Handlung nach § 239, 240 oder 241 verwirklicht hat; RGSt. 12, 78; 13, 241. Beschlüsse des Aufsichtsrats oder der Generalvers. usw. befreien die ausführenden Vorstandsmitgl. usw. grundſ. nicht von der strafr. Verantwortlichkeit; Zweigert 4 a. E.; a. M. z. T. Jaeger 11.[1])

---

[1]) Einzelnes: über Aufwand (§ 240 Nr. 1) i. F. d. § 244 s. RGSt. 42, 278. Für die Führung von Handelsbüchern (Bilanzen) sind i. d. F. des § 244 auch alle einschlägigen besonderen Gesetzesbestimmungen in Betracht zu ziehen; s. z. B. RGSt. 13, 237; 29, 222; 45, 238. Verpflichtung der Vorstandsmitglieder (Liqu.) zur (Eröffnungs-)Bilanz: RGSt. 29, 222; 35, 137; 40, 242; 45, 238. — Verantwortlichkeit der Vorstandsmitgl. einer ausländischen Gesellschaft hins. des Geschäftsbetriebs ihrer deutschen Zweigniederlassungen: Recht 18 Beil. 1054; LZ. 8, 1417.

II. Teil.

Die Ergänzungsgesetze zur Konkursordnung.

1. Einführungsgesetz zur Konkursordnung.

V. 10. Febr. 1877 (RGBl. 390) in der Fassung nach dem EinfG. v. 17. Mai 1898 zu dem Ges., betr. Änderung der KO. (s. unten unter 3).

§ 1.

Die Konkursordnung tritt im ganzen Umfange des Reichs gleichzeitig mit dem Gerichtsverfassungsgesetze in Kraft.

Begr. I 463.

Die KO. ist am 1. Okt. 1879 in Kraft getreten (§ 1 EG. GVG.). In Helgoland gilt sie seit 1. April 1891 laut VO. v. 22. März 1891 (RGBl. 21). Die Nov. trat am 1. Jan. 1900 in Wirksamkeit (Art. I EG. KNov.).

§ 2.

Gesetz im Sinne der Konkursordnung und dieses Gesetzes ist jede Rechtsnorm.

Begr. I 463.

Rechtsnorm ist das aus objektiver Rechtsquelle fließende, geschriebene oder ungeschriebene Recht materiellen oder formalen Inhalts einschließlich des Gewohnheitsrechtes. Gleichgültig ist, ob die Rechtsnorm auf der Reichs- oder Landesgesetzgebung beruht. S. die entsprechenden Bestimmungen des Art. 2 EG. BGB.; § 12 EG. ZPO.; § 7 EG. StPO.

§ 3.

I Die den Konkurs betreffenden Vorschriften der Reichsgesetze werden durch die Konkursordnung nicht berührt.

II Aufgehoben werden:

1. **die Vorschriften des § 51 des Gesetzes, betreffend die privatrechtliche Stellung der Erwerbs- und Wirtschaftsgenossenschaften, vom 4. Juli 1868, sowie die im § 48 desselben Gesetzes bestimmte Zuständigkeit des Handelsgerichts;**

2. die Vorschriften der §§ 13 bis 18 des Gesetzes, betreffend die Gewährung der Rechtshülfe, vom 21. Juni 1869;

3. die Vorschriften der §§ 281 bis 283 des Strafgesetzbuchs.

Begr. I 463; KommB. II 58.

Die §§ 3—7 regeln das Verhältnis der KO. zu den bestehenden Reichs- und Landesgesetzen. Der Abs. 3 des § 3 ist gegenstandslos geworden infolge Aufhebung des Art. 80 WO. durch Art. 8 Nr. 2 EG. HGB. vom 10. Mai 1897; Abs. 4 ist bereits durch § 153 Abs. 1 des GenossG. vom 1. Mai 1889 aufgehoben.

Abs. 1 läßt die den K. betreffenden Vorschriften älterer Reichsgesetze unberührt. Hierdurch ist Art. 29 WO. gedeckt, wornach der K. des Akzeptanten den Regreß auf Sicherstellung begründet. § 20 Nr. 2 des Reichsbeamtengesetzes vom 31. März 1873/18. Mai 1907 über das Vorzugsrecht des Reiches im K. eines Reichsbeamten, dem ein Kassendefekt zur Last fällt, ist gegenstandslos geworden (Jaeger Anm. 36 zu § 49 KO.). Das in Abs. 2 Nr. 1 erwähnte GenossG. vom 4. Juli 1868 ist nun ganz ersetzt durch das GenossG. vom 1. Mai 1889.

§ 4.

I Aufgehoben werden die Vorschriften der Landesgesetze über Konkurs-, Falliments-, Gant-, Debit-Verfahren, über gerichtliche, zur Abwendung oder Einleitung eines solchen Verfahrens dienende Stundungs- und Nachlaßverhandlungen, konkursmäßige Einleitungen, Vermögensuntersuchungen, über die Rechtswohltat der Güterabtretung und die landesherrliche oder gerichtliche Bewilligung einer allgemeinen Zahlungsstundung, sowie über das Konkursrecht, insoweit nicht in der Konkursordnung auf dieselben verwiesen oder bestimmt ist, daß sie nicht berührt werden.

II Aufgehoben werden die Strafvorschriften, welche rücksichtlich des Konkurses in den Landesgesetzen enthalten sind.

Begr. I 467.

Das reichsrechtliche KRecht geht dem Landesrechte vor (Art. 2 der früheren, Art. 13 der derzeitigen Reichs-Verfassung). Die KO. hat daher alle landesrechtlichen Vorschriften über das formelle und materielle KRecht, einschließlich der landesrechtlichen auf den K. bezüglichen Strafvorschriften beseitigt. § 2 Abs. 3 EG. StGB. § 4 setzt aber noch weiter alle hier bezeichneten, mit der Materie des KRechtes verwandten, durch die Einführung der KO. nicht aufgehobenen landesrechtlichen Materien außer Kraft. (Begr. I 468). Verweisungen auf fortgeltende Landesrechte enthalten §§ 25, 43, 52 KO. Die von den Ländern zur Zeit des Inkrafttretens der KO. abgeschlossenen Staatsverträge wurden durch die Einführung der KO. nicht berührt (RGSt. 24, 12; Dresden LZ. 4, 173 und Sächs. Ann. 30, 327; a. A. Tetzner LZ. 4, 450); eine Zusammenstellung der darnach in

Betracht kommenden Staatsverträge gibt Neumeyer SeuffBl. 71, 331 (340). Für Bayern kommt in Betracht der Vertrag vom 11. Mai 1834 (RegBl. 929 und 1005); hierzu RegBl. 1859, 1329.

§ 5.

Unberührt bleiben die landesgesetzlichen Vorschriften, welche die Lehen, Stammgüter oder Familienfideikommisse betreffen.

Begr. I 469.

Vgl. § 52 KO.; Art. 59 EG. BGB. Die frühere Nr. 2 ist beseitigt durch Art. 2 Nr. 1 EG. KNov. S. hierzu nun Art. 155 RVerf. vom 11. August 1919 und die bayer. Gesetze über die Lehen und die Fideikommisse vom 28. März 1919, 14. Juni 1919, 25. August 1919 (GVBl. 114, 291, 562) und 30. August 1920 (GVBl. 417).

§ 6.

I Die Bestimmungen der §§ 207, 208, 244 der Konkursordnung finden auf registrierte Gesellschaften, welche auf Grund des bayerischen Gesetzes vom 29. April 1869, betreffend die privatrechtliche Stellung der Erwerbs- und Wirtschaftsgesellschaften, bestehen, entsprechende Anwendung.

II Die Gesellschaft wird in dem Konkursverfahren durch den Vorstand oder die Liquidatoren vertreten. Ein Zwangsvergleich findet nicht statt.

Begr. I 469.

Die nunmehrige Fassung ist durch Art. 2 Nr. 2 EG. KNov. bestimmt. Vgl. Anm. 2 zu Art. 2 dieses Ges. (unten unter Nr. 3).

§ 7.

I In Ansehung der Landesherren und der Mitglieder der landesherrlichen Familien, sowie der Mitglieder der Fürstlichen Familie Hohenzollern finden die Bestimmungen der Konkursordnung nur insoweit Anwendung, als nicht besondere Vorschriften der Hausverfassungen oder der Landesgesetze abweichende Bestimmungen enthalten.

II Das Gleiche gilt in Ansehung der Mitglieder des vormaligen Hannoverschen Königshauses, des vormaligen Kurhessischen und des vormaligen Herzoglich Nassauischen Fürstenhauses.

Begr. I 470; Begr. II 59.

Vgl. § 5 EG. GVG.; § 5 EG. ZPO.; § 4 EG. StPO. Der durch Art. 2 Nr. 3 EG. KNov. eingefügte Abs. 2 entspricht dem Art. 57 Abs. 2 EG. BGB. Die Bestimmungen des § 7 wurden auch auf das Herzoglich Holsteinische Fürstenhaus ausgedehnt (Ges. v. 25. März 1904, RGBl. 149). Wegen der Fortdauer der Exemption der früheren Landesherrn und ihrer Familien von der ordentlichen Gerichtsbarkeit auch nach der Beseitigung der monarchischen Verfassung s. Leonhard DJZ. 1919, 828; Kiesow DJZ. 1919, 874.

§ 8.

I Ein vor dem Tage des Inkrafttretens der Konkursordnung eröffnetes Konkursverfahren ist nach den bisherigen Gesetzen zu erledigen.

II Der Landesgesetzgebung bleibt vorbehalten, die Konkursordnung auf die Erledigung der vor dem Inkrafttreten der Konkursordnung anhängig gewordenen Konkurssachen für anwendbar zu erklären und zu dem Zwecke Übergangsbestimmungen zu erlassen.

Begr. I 470.

Maßgebend ist der Zeitpunkt, nicht die Rechtskraft des Eröffnungsbeschlusses für die Übergangsbestimmung des § 8 (BayObLG. A. S. 8, 415). Maßgebend ist dieser Zeitpunkt auch für das materielle KRecht (RGZ. 48, 191). Vgl. Art. 231 Bayer. AG. ZPO. KO. v. 23. Febr. 1879. Die Übergangsbestimmungen für die Novelle enthalten Art. V f. EG. KNov. (unten Nr. 3).

§ 9.

In einem am Tage des Inkrafttretens der Konkursordnung oder nach diesem Tage eröffneten Konkursverfahren finden die Bestimmungen der Konkursordnung über die Anfechtung von Rechtshandlungen auf eine vor dem bezeichneten Tage vorgenommene Rechtshandlung Anwendung, sofern nicht dieselbe nach den Vorschriften der bisherigen Gesetze der Anfechtung entzogen oder in geringerem Umfange unterworfen ist.

Begr. I 470, 472.

§ 10.

In einem am Tage des Inkrafttretens der Konkursordnung oder nach diesem Tage eröffneten Konkursverfahren finden die Bestimmungen der §§ 50, 55 Nr. 3, 56 der Konkursordnung auf eine vor dem bezeichneten Tage abgetretene oder erworbene Forderung Anwendung, sofern nicht die bisherigen Gesetze eine Aufrechnung zulassen oder eine Verpflichtung zum Schadensersatze nicht oder in geringerem Umfange begründen.

Begr. I 472.

§ 11.

In einem am Tage des Inkrafttretens der Konkursordnung oder nach diesem Tage eröffneten Konkursverfahren finden die

Bestimmungen der Konkursordnung und dieses Gesetzes über abgesonderte Befriedigung auf Pfand- und Vorzugsrechte Anwendung, wenngleich dieselben oder die Forderungen vor dem bezeichneten Tage erworben sind.

Begr. I 473.

§ 12.

I Insoweit Pfand- und Vorzugsrechte, welche vor dem Tage des Inkrafttretens der Konkursordnung auf Grund eines Vertrages, einer letztwilligen Anordnung oder einer richterlichen Verfügung erworben oder in Bankstatuten den Banknoteninhabern rechtsgültig zugesichert sind, zufolge der Bestimmungen der Konkursordnung und dieses Gesetzes ihre Wirksamkeit verlieren, kann die Landesgesetzgebung für die Forderung des Berechtigten ein Vorrecht vor allen oder einzelnen der im § 61 der Konkursordnung bezeichneten Forderungen gewähren.

II Ist das Pfand- oder Vorzugsrecht auf einzelne bewegliche Gegenstände des Schuldners beschränkt, so kann das Vorrecht nur in Höhe des Erlöses derselben gewährt werden.

III Das durch die vorstehenden Bestimmungen vorbehaltene Vorrecht kann nicht gewährt werden für ein zwei Jahre nach dem Inkrafttreten der Konkursordnung eröffnetes Konkursverfahren, wenn nicht das Vorrecht dadurch erhalten wird, daß dasselbe bis zum Ablaufe der zwei Jahre zur Eintragung in ein öffentliches Register vorschriftsmäßig angemeldet ist. Der Erlaß von Vorschriften über die Einrichtung solcher Register, sowie über die Anmeldung und Eintragung der Forderungen bleibt der Landesgesetzgebung vorbehalten.

Begr. I 474.

§ 13.[1])

I Die Landesgesetzgebung kann der Ehefrau, den Kindern und den Pflegebefohlenen des Gemeinschuldners für Forderungen, welche vor dem Tage des Inkrafttretens der Konkursordnung entstanden sind, ein Vorrecht nach Maßgabe des § 12 Abs. 1, 2 insoweit gewähren, als ein gesetzliches Pfand- oder Vorzugsrecht der Ehefrau, der Kinder oder der Pflegebefohlenen nach den bisherigen Gesetzen bestanden hat.

II Auf das Vorrecht der Ehefrau findet die Bestimmung des § 12 Abs. 3 entsprechende Anwendung.

---

[1]) 14 bis 16 EG. KO. sind durch Art. II Nr. 4 EG. KNov. aufgehoben; s. die Anm. 4 hierzu.

III Den Kindern und den Pflegebefohlenen kann das Vorrecht für ein fünf Jahre nach dem Inkrafttreten der Konkursordnung eröffnetes Konkursverfahren nicht gewährt werden.

Begr. I 475.

Zu § 13 s. Bayer. AG. ZPO. KO. v. 23. Febr. 1879 Art. 232 bis 234 und Preuß. AG. KO. v. 6. März 1879 §§ 19, 21 ff.

§ 17.

I Unberührt bleiben die landesgesetzlichen Vorschriften, nach welchen den Inhabern von Pfandbriefen, die von Kreditanstalten, welche nicht zu den Hypothekenbanken gehören, auf Grund von Hypotheken ausgestellt sind, ein Vorrecht vor allen anderen Konkursgläubigern in Ansehung der Befriedigung aus den Hypotheken der Anstalt zusteht.

II Unberührt bleiben die landesgesetzlichen Vorschriften, nach welchen den Inhabern von Schuldverschreibungen, die von Körperschaften des öffentlichen Rechtes, Aktiengesellschaften, Kommanditgesellschaften auf Aktien, Gesellschaften mit beschränkter Haftung oder Genossenschaften über ein Anlehen ausgestellt sind, ein Vorrecht vor nicht bevorrechtigten Konkursgläubigern, deren Forderungen später entstehen, dadurch gewährt werden kann, daß die zu bevorrechtigenden Forderungen in ein öffentliches Schuldbuch eingetragen werden.

§ 17 hat seine jetzige Fassung erhalten durch § 43 Hypothekenbankges. v. 13. Juli 1899 (RGBl. 375).

2. Gesetz, betr. Änderungen der Konkursordnung.

Vom 17. Mai 1898 (RGBl. 230).

Die Konkursordnung wird dahin geändert:

(Es folgen in 56 Nummern die in dem Abdrucke der KO. berücksichtigten Änderungen der KO. vom 10. Febr. 1877).

Weggefallen sind die früheren §§ 13, 43, 105, 180, 195—197.[1])

Abgeändert sind die §§ 1 (**1**), 2 (**3**), 4 (**5**), 6 (**7**), 11 (**14**), 12 (**15**), 14 (**16**), 17 (**19**), 18 (**20**), 19 (**22**), 20 (**25**), 25 (**32**), 33 (**40**), 34 (**41**), 39 (**47**), 40 (**48**), 41 (**49**), 54 (**61**), 64 (**71**), 74 (**82**), 77 (**85**), 81 (**89**), 83 (**91**), 98 (**106**), 99 (**107**), 102 (**110**), 106 (**113**), 107 (**117**), 117 (**127**), 122 (**134**), 126 (**138**), 142 (**154**), 144 (**156**), 158 (**171**), 162 (**175**), 166 (**179**), 178 (**193**), 184

[1]) Die fettgedruckten, in Klammern stehenden Ziffern bedeuten die Paragraphen der neuen Numerierung, die anderen Ziffern ohne Buchstaben die Paragraphen der KO. vom 10. Febr. 1877, die Ziffern mit Buchstaben die Paragraphen des Ges. vom 17. Mai 1898.

(198), 190 (204), 191 (205), 198 (209), 199 (210), 200 (211), 201 (212), 204 (216), 205 (217), 206 (230), 208 (238), 210 (240), 211 (241).

Eingeschaltet sind die §§ 1a (2), 7a (9), 10a (18), 18a (21), 19a (23), 19b (24), 21a (27), 21b (28), 34a (42), 66a (74), 106a (114), 106b (115), 106c (116), 117a (128), 118a (180), 152a (165), 169a (183), 172a (187), 201a (213), 205a (218), 205b (219), 205c (220), 205d (221), 205e (222), 205f (223), 205g (224), 205h (225), 205i (226), 205k (227), 205l (228), 205m (229), 206a (231), 206b (232), 206c (233), 206d (234), 206e (235), 206f (236).

III. Einführungsgesetz zu dem Gesetze, betr. Änderungen der Konkursordnung.

Vom 17. Mai 1898 (RGBl. 248).

Artikel I.

Das Gesetz, betreffend Änderungen der Konkursordnung, tritt gleichzeitig mit dem Bürgerlichen Gesetzbuch in Kraft.

Begr. II 58.

Der Zeitpunkt des Inkrafttretens — 1. Jan. 1900 — stimmt mit dem in Art. 1 EG. BGB. überein.

Artikel II.

Das Gesetz, betreffend die Einführung der Konkursordnung, wird dahin geändert:

1. **Die Bestimmung des § 5 Nr. 2 wird aufgehoben.**
2. **Der § 6 wird dahin geändert:**

   Die Bestimmungen der §§ 207, 208, 244 der Konkursordnung finden auf registrierte Gesellschaften, welche auf Grund des bayerischen Gesetzes vom 29. April 1869, betreffend die privatrechtliche Stellung der Erwerbs- und Wirtschaftsgesellschaften, bestehen, entsprechende Anwendung.

   Die Gesellschaft wird in dem Konkursverfahren durch den Vorstand oder die Liquidatoren vertreten. Ein Zwangsvergleich findet nicht statt.
3. **Der § 7 erhält folgenden Abs. 2:**

   Das Gleiche gilt in Ansehung der Mitglieder des vormaligen Hannoverschen Königshauses, des vormaligen Kurhessischen und des vormaligen Herzoglich Nassauischen Fürstenhauses.
4. **Die §§ 14 bis 16 werden aufgehoben.**

Begr. II 59; KommB. II 58.

1. Nr. 1. Die bisherige Bestimmung in § 5 Nr. 2 ist durch die Vorschriften des BGB. über die Eintragung des Güterstandes in das

Güterrechtsregister (§§ 1431, 1435) überflüssig geworden (Begr. II 59).

2. Nr. 2. Die neue Fassung des § 6 berücksichtigt nur mehr die registrierten Gesellschaften auf Grund des bayer. Gesetzes vom 29. April 1869 betr. die privatrechtliche Stellung der Erwerbs- und Wirtschaftsgesellschaften. § 196 KO. a. F. ist inzwischen durch § 153 GenossGes. vom 1. Mai 1889 aufgehoben worden. Die anerkannten Vereine nach dem bayer. Gesetz vom 29. April 1869 betr. die privatrechtlichen Vereine, sind aus § 6 ausgeschieden; sie fallen nunmehr unter die juristischen Personen nach § 213 KO., und die Vorschriften in §§ 207, 208 finden auf sie entsprechende Anwendung. Sie werden nach Art. 30 des bayer. Gesetzes vom 29. April 1869 vom Vorstand und den Liquidatoren vertreten, auf welche die Strafvorschrift des § 244 KO. Anwendung findet. Ein Zwangsvergleich ist im Konkurse eines anerkannten Vereines nicht ausgeschlossen (Begr. II 59).

3. Nr. 3. Dieser Zusatz zu § 7 EG. entspricht dem Art. 57 Abs. 2 EG. BGB. (Begr. II 59); s. hierzu die Anm. zu § 7 EG. KO.

4. Nr. 4. Die besonderen, das Faustpfandrecht betreffenden Vorschriften der §§ 14—16 EG. KO., sind aufgehoben. Sie sind dadurch gegenstandslos geworden, daß das BGB. (§§ 1204 f.) das Pfandrecht an Sachen und Rechten erschöpfend geregelt hat (Begr. II 59).

Artikel III.

Die Vorschriften des § 49 Abs. 2 der Konkursordnung und des § 17 Nr. 1, 2 des Gesetzes, betreffend die Einführung der Konkursordnung, finden auch außerhalb des Konkurses Anwendung.

Begr. II 59.

Art. III sichert den in § 49 Abs. 1 Nr. 1 KO. bezeichneten Rechten auch außerhalb des KVerf. den Vorrang, der ihnen durch den neuen § 49 Abs. 2 für das KVerf. gegeben wird. Soweit Art. 3 dem § 17 Nr. 1 und 2 des EG. eine ausdehnende Anwendbarkeit gibt, ist er gegenstandslos geworden, da § 17 EG. unterdessen durch § 43 HypothekenbankG. aufgehoben und ersetzt wurde.

Artikel IV.

Unberührt bleiben die landesgesetzlichen Vorschriften, welche die Zulässigkeit des Konkursverfahrens über das Vermögen der im § 15 Nr. 3 des Einführungsgesetzes zur Zivilprozeßordnung bezeichneten juristischen Personen beschränken oder ausschließen.

Begr. II 60.

Die in § 15 Nr. 3 EG. ZPO. bezeichneten juristischen Personen sind der Fiskus, die Körperschaften, Stiftungen und Anstalten des öffentl. Rechts und die unter der Verwaltung einer öffentl. Behörde stehenden Körperschaften und Stiftungen; s. § 213 Anm. 4.

Die Vorschrift des Art. IV deckt sich mit dem Vorbehalt hinsichtlich der Zwangsvollstreckung in § 15 Nr. 3 ZPO. Sie soll die diesen jurist. Personen obliegende Verwaltung öff. Angelegenheiten vor Störungen bewahren.

Artikel V.

Ein vor dem Inkrafttreten des Gesetzes, betreffend Änderungen der Konkursordnung, eröffnetes Konkursverfahren ist nach den bisherigen Gesetzen zu erledigen.

Begr. II 60.

Diese Übergangsbestimmung schließt sich dem § 8 Abs. 1 EG. KO. an. Unter den bisherigen Gesetzen sind auch die materiellrechtlichen Bestimmungen des älteren Rechts zu verstehen (RG. 78, 186; wegen einer Einschränkung s. RG. 48, 193).

Artikel VI.

In einem am Tage des Inkrafttretens des Gesetzes, betreffend Änderungen der Konkursordnung, oder nach diesem Tage eröffneten Konkursverfahren bleiben, soweit für ein Rechtsverhältnis die Vorschriften des bisherigen bürgerlichen Rechtes maßgebend sind, für das Rechtsverhältnis auch die Vorschriften des bisherigen Konkursrechts maßgebend. Das gilt insbesondere in Ansehung eines Nachlasses, wenn der Erblasser vor dem bezeichneten Zeitpunkte gestorben ist. Die Landesgesetzgebung kann jedoch auf ein Rechtsverhältnis, für welches nach den Übergangsvorschriften des Einführungsgesetzes zum Bürgerlichen Gesetzbuche die Landesgesetze maßgebend sind, die Vorschriften des neuen Konkursrechts für anwendbar erklären.

Begr. II 60.

Der innere Zusammenhang zwischen den Vorschriften des bürgerlichen Rechtes und des KRechtes hat diese Übergangsbestimmung veranlaßt. In einem am 1. Jan. 1900 oder nach diesem Tage eröffneten KVerf. bleiben, soweit für ein Rechtsverhältnis die Vorschriften des früheren bürgerl. Rechtes maßgebend sind, für das Rechtsverhältnis auch die Vorschriften des früheren KRechts maßgebend (Art. 170—172, 175, 184, 200, 213 EG. BGB.; Begr. II 60; Seuffert 36). Dies gilt insbesondere auch in Ansehung eines Nachlasses, wenn der Erblasser vor dem 1. Jan. 1900 gestorben ist. Die Vorschriften der KNov. über den Nachlk. (§§ 214 f.) sind in diesem Falle nicht anwendbar. Für den Güterstand einer zur Zeit des Inkrafttretens des BGB. (Art. 200 EG. BGB.) bestehenden Ehe bleiben die bisherigen Gesetze maßgebend, also auch in Ansehung des dem Ehemann an dem Vermögen seiner Frau zustehenden Nießbrauchs für die Zukunft die Bestimmung des § 1 Abs. 2 KO. a. F. (Begr. II 22). Die elterliche Nutznießung an dem Vermögen der Kinder ist dagegen im

Verhältnis zur KMasse künftig ausschließlich nach den neuen Vorschriften zu beurteilen (Art. 203 EG. BGB.; Begr. II 22). Auf Grund des Art. 218 EG. BGB. kann jedoch die Landesgesetzgebung für Rechtsverhältnisse, auf die nach dem EinfG. die bisherigen Landesgesetze Anwendung finden, Übergangsbestimmungen erlassen, die ihrem Inhalte nach mit den Vorschriften des BGB. zusammentreffen. Die Landesgesetzgebung kann dann auch auf diese Rechtsverhältnisse die Vorschriften des neuen KRechtes für anwendbar erklären (Begr. II 60). Vgl. hinsichtlich des ehelichen Güterrechtes Art. 19 f.; Art. 62 f.; Art. 124 f. Bayer. ÜbergG v. 9. Juni 1899.

Artikel VII.

Das Gesetz, betreffend die Anfechtung von Rechtshandlungen eines Schuldners außerhalb des Konkursverfahrens, vom 21. Juli 1879 (Reichs-Gesetzbl. S. 277) wird dahin geändert:

(Es folgen nunmehr Änderungen der §§ 3, 3a, 4, 11, 12, 13 des Anfechtungsges., die in dem unten unter Nr. 6 erfolgten Abdruck des Ges. berücksichtigt sind).

Begr. II 61.

Artikel VIII.

Die Vorschriften des Art. VII finden auf die vor dem Inkrafttreten dieses Gesetzes vorgenommenen Rechtshandlungen keine Anwendung.

Begr. II 61.

Diese Übergangsbestimmung für die Abänderungen des Anfechtungsgesetzes steht im Einklange mit Art. 170 EG. BGB. (Begr. II 61).

Artikel IX.

In bürgerlichen Rechtsstreitigkeiten, in welchen durch Klage oder Widerklage ein Anspruch auf Grund des dritten Titels des ersten Buches der Konkursordnung oder auf Grund des Gesetzes, betreffend die Anfechtung von Rechtshandlungen eines Schuldners außerhalb des Konkursverfahrens, geltend gemacht ist, wird die Verhandlung und Entscheidung letzter Instanz im Sinne des § 8 des Einführungsgesetzes zum Gerichtsverfassungsgesetze dem Reichsgerichte zugewiesen.

KommB. I 58.

4. Gesetz, betr. die Ermächtigung des Reichskanzlers zur Bekanntmachung der Texte verschiedener Reichsgesetze.

Vom 17. Mai 1898 (RGBl. 342).

§ 1.

Der Reichskanzler wird ermächtigt, die Texte . . .
3. der Konkursordnung . . .
8. des Gesetzes, betreffend die Anfechtung von Rechtshandlungen eines Schuldners außerhalb des Konkursverfahrens,
wie sie sich aus den Änderungen ergeben, welche in . . .
dem Gesetze, betreffend Änderungen der Konkursordnung, und dem zugehörigen Einführungsgesetze, . . .
vorgesehen sind, und zwar die Zivilprozeßordnung und die Konkursordnung unter fortlaufender Nummernfolge der Paragraphen, durch das Reichs-Gesetzblatt bekannt zu machen.

Soweit in Reichsgesetzen oder in Landesgesetzen auf Vorschriften der im Abs. 1 Nr. 1 bis 8 bezeichneten Gesetze verwiesen ist, treten die entsprechenden Vorschriften der durch den Reichskanzler bekannt gemachten Texte an ihre Stelle.

[Diese Bek. erfolgte unterm 20. Mai 1898 (RGBl. 369).]

5. Gesetz zur Einschränkung der Verfügungen über Miet- und Pachtzinsforderungen.

Vom 8. Juni 1915 (RGBl. 327).

Artikel 3.

Die Konkursordnung (Reichsgesetzblatt 1898 S. 612) wird dahin geändert. (Nun folgen die beim Abdruck der KO. bereits berücksichtigten Änderungen des § 21.)

Artikel 4.

Für die Wirkung von Verfügungen und Rechtsgeschäften, die vor dem Inkrafttreten dieses Gesetzes in Ansehung der Miet- oder Pachtzinsforderung vorgenommen sind, bleiben die im Artikel 2 und im Artikel 3 unter I bezeichneten Vorschriften bis zum Ablauf des dem Inkrafttreten dieses Gesetzes folgenden Kalendervierteljahrs in der bisherigen Fassung maßgebend.

Artikel 5.

Ist das Miet- oder Pachtverhältnis vor dem Inkrafttreten dieses Gesetzes begründet worden, so bleiben für die Wirksam-

keit von Rechtsgeschäften, die zwischen dem Mieter oder Pächter und dem Vermieter oder Verpächter in Ansehung der Miet- oder Pachtzinsforderung vorgenommen werden, die im Artikel 2 und im Artikel 3 unter I bezeichneten Vorschriften in der bisherigen Fassung maßgebend, soweit es sich um den Miet- oder Pachtzins für die Zeit bis zu dem ersten Termine handelt, für den die Kündigung des Miet- oder Pachtverhältnisses zulässig ist.

Art. 5 war für die Fälle notwendig, wo der Mieter oder Pächter auf Grund eines bestehenden Vertragsverhältnisses verpflichtet ist, die Miete oder Pacht für längere Zeit als ein Vierteljahr im voraus zu entrichten oder wo die vertragsmäßigen vierteljährlichen Zinstermine nicht mit den Quartalsterminen zusammenfallen. In diesen Fällen darf der Mieter oder Pächter, der seinen Verpflichtungen entsprechend für einen längeren Zeitraum als ein Kalendervierteljahr bezahlt, nicht der Gefahr ausgesetzt sein, den auf das folgende Vierteljahr entfallenden Teil seiner Zahlung nochmals leisten zu müssen, falls vor dessen Beginn die Beschlagnahme oder sonstige Änderung erfolgt. Vielmehr soll dem Pächter oder Mieter bis zu der Zeit, wo er durch Kündigung des Vertragsverhältnisses andere Zahlungsbedingungen erlangen kann, derselbe Schutz gewährt werden, den er unter dem früheren Rechte genoß. Art. 5 beschränkt sich aber auf Rechtsgeschäfte, die zwischen dem Mieter und Vermieter oder dem Pächter und Verpächter vorgenommen wurden. Hinsichtlich aller anderen Verfügungen, insbesondere also hinsichtlich aller Abtretungen und Pfändungen, bewendet es bei der Übergangsvorschrift des Art. 4 (Begr. zur Nov. S. 14).

Artikel 6.

Dieses Gesetz tritt am 20. Juni 1915 in Kraft.

6. Gesetz, betr. die Anfechtung von Rechtshandlungen eines Schuldners außerhalb des Konkursverfahrens.

Vom 21. Juli 1879 (RGBl. 277) in der Fassung der Bek. vom 20. Mai 1898 (RGBl. 709).[1]

§ 1.

Rechtshandlungen eines Schuldners können außerhalb des Konkursverfahrens zum Zwecke der Befriedigung eines Gläubigers als diesem gegenüber unwirksam nach Maßgabe der folgenden Bestimmungen angefochten werden.

§ 2.

Zur Anfechtung ist jeder Gläubiger, welcher einen vollstreckbaren Schuldtitel erlangt hat und dessen Forderung fällig ist, befugt, sofern die Zwangsvollstreckung in das Vermögen des

[1] Hinsichtlich der Neufassung s. das Ges. v. 17. Mai 1898 (oben unter Nr. 4) und Art. VII des EG. KNov. (oben unter Nr. 3) und als Übergangsbestimmung hierzu Art. VIII des EG. KNov.

Schuldners zu einer vollständigen Befriedigung des Gläubigers nicht geführt hat oder anzunehmen ist, daß sie zu einer solchen nicht führen würde.

§ 3.

Anfechtbar sind:

1. Rechtshandlungen, welche der Schuldner in der dem anderen Teile bekannten Absicht, seine Gläubiger zu benachteiligen, vorgenommen hat;
2. die in dem letzten Jahre vor der Anfechtung geschlossenen entgeltlichen Verträge des Schuldners mit seinem Ehegatten, vor oder während der Ehe, mit seinen oder seines Ehegatten Verwandten in auf- und absteigender Linie, mit seinen oder seines Ehegatten voll- und halbbürtigen Geschwistern, oder mit dem Ehegatten einer dieser Personen,

   sofern durch den Abschluß des Vertrages die Gläubiger des Schuldners benachteiligt werden und der andere Teil nicht beweist, daß ihm zur Zeit des Vertragsabschlusses eine Absicht des Schuldners, die Gläubiger zu benachteiligen, nicht bekannt war;
3. die in dem letzten Jahre vor der Anfechtung von dem Schuldner vorgenommenen unentgeltlichen Verfügungen, sofern nicht dieselben gebräuchliche Gelegenheitsgeschenke zum Gegenstande hatten;
4. die in den letzten zwei Jahren vor der Anfechtung von dem Schuldner vorgenommenen unentgeltlichen Verfügungen zu Gunsten seines Ehegatten.

§ 3a.

Hat der Erbe aus dem Nachlasse Pflichtteilsansprüche, Vermächtnisse oder Auflagen erfüllt, so kann ein Nachlaßgläubiger, der im Konkursverfahren über den Nachlaß dem Empfänger der Leistung im Range vorgehen oder gleichstehen würde, die Leistung in gleicher Weise anfechten wie eine unentgeltliche Verfügung des Erben.

§ 4.

Hat der Gläubiger, bevor er einen vollstreckbaren Schuldtitel erlangt hatte oder seine Forderung fällig war, denjenigen, welchem gegenüber eine im § 3 Nr. 2 bis 4 bezeichnete Rechtshandlung vorgenommen ist, von seiner Absicht, die Handlung anzufechten, durch Zustellung eines Schriftsatzes in Kenntnis gesetzt, so wird die Frist von dem Zeitpunkte der Zustellung zurückgerechnet, sofern schon zu dieser Zeit der Schuldner zahlungsunfähig war und bis zum Ablaufe von zwei Jahren seit diesem Zeitpunkte die Anfechtung erfolgt ist.

§ 5.

Die Erhebung des Anfechtungsanspruchs im Wege der Einrede kann erfolgen, bevor ein vollstreckbarer Schuldtitel für die Forderung erlangt ist; der Gläubiger hat denselben jedoch vor der Entscheidung binnen einer von dem Gerichte zu bestimmenden Frist beizubringen.

§ 6.

Die Anfechtung wird dadurch nicht ausgeschlossen, daß für die anzufechtende Rechtshandlung ein vollstreckbarer Schuldtitel erlangt, oder daß dieselbe durch Zwangsvollstreckung oder durch Vollziehung eines Arrestes erwirkt worden ist.

§ 7.

I Der Gläubiger kann, soweit es zu seiner Befriedigung erforderlich ist, beanspruchen, daß dasjenige, was durch die anfechtbare Handlung aus dem Vermögen des Schuldners veräußert, weggegeben oder aufgegeben ist, als noch zu demselben gehörig von dem Empfänger zurückgewährt werde.

II Der gutgläubige Empfänger einer unentgeltlichen Leistung hat dieselbe nur soweit zurückzugewähren, als er durch sie bereichert ist.

§ 8.

Wegen Erstattung einer Gegenleistung oder im Fall einer anfechtbaren Leistung wegen seiner Forderung kann der Empfänger sich nur an den Schuldner halten.

§ 9.

Erfolgt die Anfechtung im Wege der Klage, so hat der Klagantrag bestimmt zu bezeichnen, in welchem Umfange und in welcher Weise die Rückgewähr seitens des Empfängers bewirkt werden soll.

§ 10.

Liegt ein nur vorläufig vollstreckbarer Schuldtitel des Gläubigers oder ein unter Vorbehalt ergangenes Urteil (Zivilprozeßordnung §§ 540, 599) vor, so ist in dem den Anfechtungsanspruch für begründet erklärenden Urteile die Vollstreckung desselben davon abhängig zu machen, daß die gegen den Schuldner ergangene Entscheidung rechtskräftig oder vorbehaltlos wird.

§ 11.

I Die gegen den Erblasser begründete Anfechtung findet gegen den Erben statt.

II Gegen einen anderen Rechtsnachfolger desjenigen, welchem gegenüber die anfechtbare Handlung vorgenommen ist, findet die gegen den letzteren begründete Anfechtung statt:

1. wenn ihm zur Zeit seines Erwerbes die Umstände, welche die Anfechtbarkeit des Erwerbes seines Rechtsvorgängers begründen, bekannt waren;
2. wenn er zu den im § 3 Nr. 2 genannten Personen gehört, es sei denn, daß ihm zur Zeit seines Erwerbes die Umstände, welche die Anfechtbarkeit des Erwerbes seines Rechtsvorgängers begründen, unbekannt waren;
3. wenn ihm das Erlangte unentgeltlich zugewendet worden ist.

III Im Falle des Abs. 2 Nr. 3 findet auf die Haftung des Rechtsnachfolgers die Vorschrift des § 7 Abs. 2 Anwendung.

IV Zur Erstreckung der Fristen in Gemäßheit des § 4 genügt die Zustellung des Schriftsatzes an den Rechtsnachfolger, gegen welchen die Anfechtung erfolgen soll.

§ 12.

I Die Anfechtung einer nach § 3 Nr. 1 anfechtbaren Handlung kann nur binnen zehn Jahren erfolgen. Auf den Lauf der Frist finden die für die Verjährung geltenden Vorschriften des § 203 Abs. 2 und der §§ 206, 207 des Bürgerlichen Gesetzbuchs entsprechende Anwendung.

II Die Frist beginnt mit dem Zeitpunkt, in welchem der Gläubiger den vollstreckbaren Schuldtitel erlangt hatte und seine Forderung fällig war, wenn aber die Rechtshandlung nach diesem Zeitpunkte vorgenommen ist, mit der Vornahme der Handlung.

III Die Anfechtung ist ausgeschlossen, wenn seit

der Vornahme der Rechtshandlung dreißig Jahre verstrichen sind.

§ 13.[1])

I Wird über das Vermögen des Schuldners das Konkursverfahren eröffnet, so steht die Verfolgung der von Konkursgläubigern erhobenen Anfechtungsansprüche dem Konkursverwalter zu. Aus dem Erstrittenen sind dem Gläubiger die Prozeßkosten vorweg zu erstatten.

II Ist das Verfahren über den Anfechtungsanspruch noch rechtshängig, so wird dasselbe unterbrochen. Im Fall einer Verzögerung der Aufnahme kommen die Bestimmungen der Zivilprozeßordnung § 239 zur entsprechenden Anwendung. Der Konkursverwalter kann den Anspruch nach den Vorschriften der Konkursordnung §§ 37 bis 39, 41 in Gemäßheit der §§ 268, 529 der Zivilprozeßordnung erweitern. Lehnt der Verwalter die Aufnahme des Rechtsstreits ab, so kann derselbe rücksichtlich der Prozeßkosten von jeder Partei aufgenommen werden. Durch die Ablehnung der Aufnahme wird die Befugnis des Verwalters, nach den Vorschriften der Konkursordnung das Anfechtungsrecht auszuüben, nicht ausgeschlossen.

III Soweit der Gläubiger aus dem Zurückgewährenden eine Sicherung oder Befriedigung erlangt hatte, finden auf die Anfechtung derselben die Vorschriften des § 30 Nr. 1 der Konkursordnung entsprechende Anwendung.

IV Nach der Beendigung des Konkursverfahrens können Anfechtungsrechte, deren Ausübung dem Konkursverwalter zustand, von den einzelnen Gläubigern nach Maßgabe dieses Gesetzes verfolgt werden, soweit nicht dem Anspruch entgegenstehende Einreden gegen den Verwalter erlangt sind. War die Anfechtung nicht schon zur Zeit der Eröffnung des Konkursverfahrens erfolgt, so wird die im § 3 Nr. 2 bis 4 bestimmte Frist von diesem Zeitpunkte berechnet, sofern die Anfechtung bis zum Ablauf eines Jahres seit der Beendigung des Konkursverfahrens erfolgt.

V Rechtshandlungen, welche der Gemeinschuldner rücksichtlich seines nicht zur Konkursmasse gehörigen Vermögens vorgenommen hat, können von den Konkursgläubigern auch während des Konkursverfahrens nach Maßgabe dieses Gesetzes angefochten werden.

[1]) § 14 ist in dem mit Bek. v. 20. Mai 1898 veröffentlichten Texte als gegenstandslos weggelassen.

III. Teil.

Konkursrechtliche Bestimmungen aus anderen Reichsgesetzen als die Konkursordnung.

---

1. Ges., betr. die Pflichten der Kaufleute bei Aufbewahrung fremder Wertpapiere (Depotges.).

Vom 5. Juli 1896 (RGBl. 183, 194).

§ 1.

I Ein Kaufmann, welchem im Betriebe seines Handelsgewerbes Aktien, Kuxe, Interimsscheine, Erneuerungsscheine (Talons), auf den Inhaber lautende oder durch Indossament übertragbare Schuldverschreibungen, oder vertretbare andere Wertpapiere mit Ausnahme von Banknoten und Papiergeld unverschlossen zur Verwahrung oder als Pfand übergeben sind, ist verpflichtet:

1. diese Wertpapiere unter äußerlich erkennbarer Bezeichnung jedes Hinterlegers oder Verpfänders gesondert von seinen eigenen Beständen und von denen Dritter aufzubewahren,
2. ein Handelsbuch zu führen, in welches die Wertpapiere jedes Hinterlegers oder Verpfänders nach Gattung, Nennwert, Nummern oder sonstigen Unterscheidungsmerkmalen der Stücke einzutragen sind; der Eintragung steht die Bezugnahme auf Verzeichnisse gleich, welche neben dem Handelsbuche geführt werden. Die Eintragung kann unterbleiben, insoweit die Wertpapiere zurückgegeben sind, bevor die Eintragung bei ordnungsmäßigem Geschäftsgange erfolgen konnte.

II Etwaige Rechte und Pflichten des Verwahrers oder Pfandgläubigers, im Interesse des Hinterlegers oder Verpfänders Verfügungen oder Verwaltungshandlungen vorzunehmen, werden durch die Bestimmung unter Ziff. 1 nicht berührt.

Wechselurkunden gehören nicht zu den unter § 1 fallenden Wertpapieren (RG. Recht 16 Nr. 3162).

§ 3.

I Der Kommissionär (Art. 360, 378 des Handelsgesetzbuchs),[1]) welcher einen Auftrag zum Einkaufe von Wertpapieren der im § 1 bezeichneten Art ausführt, hat dem Kommittenten binnen drei Tagen ein Verzeichnis der Stücke mit Angabe der Gattung, des Nennwertes, der Nummern oder sonstiger Unterscheidungsmerkmale zu übersenden. Die Frist beginnt, falls der Kommissionär bei der Anzeige über die Ausführung des Auftrages einen Dritten als Verkäufer namhaft gemacht hat, mit dem Erwerbe der Stücke, andernfalls mit dem Ablaufe des Zeitraums, innerhalb dessen der Kommissionär nach der Erstattung der Ausführungsanzeige die Stücke bei ordnungsmäßigem Geschäftsgange ohne schuldhafte Verzögerung beziehen konnte.

II Ein Verzicht des Kommittenten auf die Übersendung des Stückeverzeichnisses ist, falls der Kommittent nicht gewerbsmäßig Bank- oder Geldwechslergeschäfte betreibt, nur dann wirksam, wenn er bezüglich des einzelnen Auftrages ausdrücklich und schriftlich erklärt wird.

III Soweit die Auslieferung der eingekauften Stücke an den Kommittenten erfolgt oder ein Auftrag des Kommittenten zur Wiederveräußerung ausgeführt ist, kann die Übersendung des Stückeverzeichnisses unterbleiben.

§ 5.

Der Kommissionär, welcher einen Auftrag zum Umtausche von Wertpapieren der im § 1 bezeichneten Art oder zur Geltendmachung eines Bezugsrechts auf solche Wertpapiere ausführt, hat binnen zwei Wochen nach dem Empfange der neuen Stücke dem Kommittenten ein Verzeichnis der Stücke mit den im § 3 Absatz 1 vorgeschriebenen Angaben zu übersenden, soweit er ihm die Stücke nicht innerhalb dieser Frist aushändigt.

§ 10.

Ein Kaufmann, welcher seine Zahlungen eingestellt hat oder über dessen Vermögen das Konkursverfahren eröffnet worden ist, wird mit Gefängnis bis zu zwei Jahren bestraft, wenn er den Vorschriften des § 1 Ziff. 1 oder 2 vorsätzlich zuwidergehandelt hat und dadurch der Berechtigte bezüglich des Anspruches auf Aussonderung der von jenem zu verwahrenden

[1]) Jetzt §§ 383, 406 HGB.

Wertpapiere benachteiligt wird, desgleichen wenn er als Kommissionär den Vorschriften der §§ 3 oder 5 vorsätzlich zuwidergehandelt hat und dadurch der Berechtigte bezüglich des Anspruches auf Aussonderung der von jenem eingekauften, eingetauschten oder bezogenen Wertpapiere benachteiligt wird.

Erforderlich ist, um eine Zuwiderhandlung gegen § 3 als Kommissionär anzunehmen, Vereitelung oder wesentliche Erschwerung der Geltendmachung des Aussonderungsanspruchs; nicht kann verlangt werden ursächlicher Zusammenhang mit einem Vermögensnachteil (RG. Recht 15 Nr. 272).

§ 11.

I Ein Kaufmann, welcher seine Zahlungen eingestellt hat oder über dessen Vermögen das Konkursverfahren eröffnet worden ist, wird mit Zuchthaus bestraft, wenn er im Bewußtsein seiner Zahlungsunfähigkeit oder Überschuldung fremde Wertpapiere, welche er im Betriebe seines Handelsgewerbes als Verwahrer, Pfandgläubiger oder Kommissionär in Gewahrsam genommen, sich rechtswidrig zugeeignet hat.

II Sind mildernde Umstände vorhanden, so tritt Gefängnisstrafe nicht unter drei Monaten ein.

§ 12.

I Die Strafvorschrift des § 9 findet gegen die Mitglieder des Vorstandes einer Aktiengesellschaft oder eingetragenen Genossenschaft, die Geschäftsführer einer Gesellschaft mit beschränkter Haftung, sowie gegen die Liquidatoren einer Handelsgesellschaft oder eingetragenen Genossenschaft Anwendung, wenn sie in Ansehung von Wertpapieren, die sich im Besitze der Gesellschaft oder Genossenschaft befinden oder von dieser einem Dritten ausgeantwortet sind, die mit Strafe bedrohte Handlung begangen haben.

II Die vorbezeichneten Personen werden, wenn die Gesellschaft oder Genossenschaft ihre Zahlungen eingestellt hat, oder wenn über deren Vermögen das Konkursverfahren eröffnet worden ist, bestraft

1. gemäß § 10, wenn sie den Vorschriften des § 1 Ziff. 1 oder 2 oder den Vorschriften der §§ 3 oder 5 vorsätzlich zuwidergehandelt haben und dadurch der Berechtigte bezüglich des Anspruches auf Aussonderung der von der Gesellschaft oder Genossenschaft zu verwahrenden oder von

ihr eingekauften, eingetauschten oder bezogenen Wertpapiere benachteiligt wird,

2. gemäß § 11, wenn sie im Bewußtsein der Zahlungsunfähigkeit oder Überschuldung der Gesellschaft oder Genossenschaft fremde Wertpapiere, welche von dieser als Verwahrer, Pfandgläubiger oder Kommissionär in Gewahrsam genommen sind, sich rechtswidrig zugeeignet haben.

§ 13.

Dieses Gesetz findet auf diejenigen Klassen von Kaufleuten keine Anwendung, für welche gemäß Artikel 10 des Handelsgesetzbuchs die Vorschriften über die Handelsbücher keine Geltung haben.

An die Stelle des Art. 10 ist Art. 4 HGB. in der nunmehrigen Fassung getreten.

2. Gesetz, betr. die Erwerbs- und Wirtschaftsgenossenschaften
in der Fassung vom 20. Mai 1898 (RGBl. 810).[1])

Siebenter Abschnitt.

Konkursverfahren und Haftpflicht der Genossen.

§ 98.

I Das Konkursverfahren findet im Falle der Zahlungsunfähigkeit, nach Auflösung der Genossenschaft auch im Falle der Überschuldung statt.

II Nach Auflösung der Genossenschaft ist die Eröffnung des Verfahrens so lange zuläßig, als die Verteilung des Vermögens nicht vollzogen ist.

Zu Abs. 1 s. wegen der Gen. mit beschr. Haftpfl. § 140; Abs. 2 entspricht dem § 207 Abs. 2 KO.; s. die Bemerkungen hierzu; insbesondere gilt das Vermögen auch nicht als verteilt, solange noch die Möglichkeit der Einforderung von Nachschüssen besteht (Jena LZ. 4, 329).

§ 99.

I Sobald die Zahlungsunfähigkeit der Genossenschaft eintritt, hat der Vorstand die Eröffnung des Konkursverfahrens zu beantragen; dasselbe gilt, wenn bei oder nach Auflösung der

---

[1]) S. auch die KriegsübergangsVO. v. 25. Mai 1920 über die Auflösung eingetragener Genossenschaften (RGBl. 1082).

Genossenschaft aus der Jahresbilanz oder aus einer im Laufe des Jahres aufgestellten Bilanz Überschuldung sich ergibt.

II Die Mitglieder des Vorstandes sind der Genossenschaft zum Ersatz einer nach diesem Zeitpunkte geleisteten Zahlung nach Maßgabe des § 34 verpflichtet.

III Die Ansprüche auf Grund der vorstehenden Bestimmungen verjähren in fünf Jahren.

1. Durch Bek. vom 8. Aug. 1914 (RGBl. 365) wurden die Vorschriften der §§ 99, 118, 142, 148 insoweit bis auf weiteres außer Kraft gesetzt, als sie die Verpflichtung, bei Zahlungsunfähigkeit die Eröffnung des KVerfahrens zu beantragen, sowie das Verbot von Zahlungen nach Eintritt der Zahlungsunfähigkeit betreffen. Desgl. durch VO. vom 28. April 1920 (RGBl. 696), soweit sie diese Verpflichtungen für den Fall der Überschuldung feststellen, wenn sich infolge Veränderung des Umrechnungskurses der in Reichsmark ausgedrückte Wert einer auf ausländische Währung lautenden Schuld gegenüber dem Werte bei Eingehung der Verbindlichkeit erhöht hat.

2. Für die Gen. mit beschr. Haftpfl. s. § 140.

§ 100.

I Zu dem Antrage auf Eröffnung des Verfahrens ist außer den Konkursgläubigern jedes Mitglied des Vorstandes berechtigt.

II Wird der Antrag nicht von allen Mitgliedern gestellt, so ist derselbe zuzulassen, wenn die ihn begründenden Tatsachen (§ 98) glaubhaft gemacht werden. Das Gericht hat die übrigen Mitglieder nach Maßgabe der Konkursordnung § 105 Absatz 2, 3 zu hören.

III Der Eröffnungsantrag kann nicht aus dem Grunde abgewiesen werden, daß eine den Kosten des Verfahrens entsprechende Konkursmasse nicht vorhanden sei.

§ 100 entspricht dem § 210 KO.; s. die Bem. zu diesem. Eine Folge des Abs. 3 ist auch, daß § 204 KO. im GenK. keine Anwendung finden kann. (Parisius-Crüger GenG. § 100 Anm. 8).

§ 101.

Durch die Eröffnung des Konkursverfahrens wird die Genossenschaft aufgelöst.

1. Trotz der Auflösung besteht aber die Genossenschaft für die Durchführung des KVerf. noch fort (s. KO. § 25 Anm. 2A). Die Begründung neuer Mitgliedschaften ist hierbei nicht möglich; auch können durch die Genossen durch Beteiligung auf weitere Geschäftsanteile Verpflichtungen nicht übernommen werden (KG. RJA. 13, 115). Nach der E. fällig werdende Einzahlungen auf Geschäftsanteile sind nicht mehr zu leisten (RGZ. 73, 41 gegen KG. OLG. 6, 500).

2. Die durch § 101 bewirkte Auflösung ist eine endgültige; die GenVersammlung kann nicht etwa in entsprechender Anwendung der §§ 144, 307 Abs. 2 HGB., § 60 Abs. 1 Nr. 4 GmbHGes. nach der Einstellung des Verfahrens die Fortsetzung beschließen (KG. RJA. 10, 193; Moser LZ. 7, 55).

§ 102.

Die Eröffnung des Konkursverfahrens ist unverzüglich in das Genossenschaftsregister einzutragen. Die Eintragung wird nicht bekannt gemacht.

S. hierzu § 112 KO.

§ 103.

Bei der Eröffnung des Verfahrens ist von dem Gerichte ein Gläubigerausschuß zu bestellen. Die Gläubigerversammlung hat über die Beibehaltung der bestellten oder die Wahl anderer Mitglieder zu beschließen. Im übrigen kommen die Vorschriften im § 87 der Konkursordnung zur Anwendung.

Der § 103 bringt eine Abweichung von § 87 KO.

§ 104.

Die Generalversammlung ist ohne Verzug zur Beschlußfassung darüber zu berufen (§§ 44—46), ob die bisherigen Mitglieder des Vorstandes und des Aufsichtsrats beizubehalten oder andere zu bestellen sind.

Die Generalvers. ist nur zur Bezeichnung der als Mitglieder des Vorstands und des Aufsichtsrats zu bestellenden Personen berufen, nicht aber zur vertragsmäßigen Regelung ihrer Dienstverhältnisse; dieses ist Sache des KVerw. (KG. OLG. 6, 500; s. aber hierzu Jaeger LZ. 10, 930 unter Berufung auf KGJ. 48, 134).

§ 105.

I Soweit die Konkursgläubiger wegen ihrer bei der Schlußverteilung (Konkursordnung § 161) berücksichtigten Forderungen aus dem zur Zeit der Eröffnung des Konkursverfahrens vorhandenen Vermögen der Genossenschaft nicht befriedigt werden, sind die Genossen verpflichtet, Nachschüsse zur Konkursmasse zu leisten.

II Die Nachschüsse sind von den Genossen, wenn nicht das Statut ein anderes Beitragsverhältnis festsetzt, nach Köpfen zu leisten.

III Beiträge, zu deren Leistung einzelne Genossen unvermögend sind, werden auf die übrigen verteilt.

IV Zahlungen, welche Genossen über die von ihnen nach den vorstehenden Bestimmungen geschuldeten Beiträge hinaus leisten, sind ihnen, nachdem die Befriedigung der Gläubiger erfolgt ist, aus den Nachschüssen zu erstatten.

V Gegen die Nachschüsse kann der Genosse eine Forderung an die Genossenschaft aufrechnen, sofern die Voraussetzungen vorliegen, unter welchen er als Konkursgläubiger Befriedigung wegen der Forderung aus den Nachschüssen zu beanspruchen hat.

§ 105 begründet eine Nachschußpflicht, diese Pflicht entsteht erst durch die KE. (RG. JW. 43, 978); das Nachschußverfahren regeln die §§ 106 ff. Das Unvermögen (Abs. 3) braucht nicht notwendig durch erfolglose Zwangsvollstreckung festgestellt zu werden; als unvermögend haben auch zu gelten nicht erreichbare vermögende Genossen. Wegen des Einflusses einer vor KE. an den Liquidator geleisteten Zahlung der Haftsumme auf die Nachschußpflicht s. Königsberg SeuffArch. 73, 55. Neben der Nachschußpflicht des § 105 besteht bei den Gen. mit beschränkter und unbeschränkter Haftpflicht eine unmittelbare Haftung gegenüber den Gl. (§§ 122 und 141). Wegen der Aufrechnung s. § 55 Anm. 1d.

§ 106.

I Der Konkursverwalter hat sofort, nachdem die Bilanz auf der Gerichtsschreiberei niedergelegt ist (Konkursordnung § 124), zu berechnen, wieviel zur Deckung des in der Bilanz bezeichneten Fehlbetrages die Genossen vorschußweise beizutragen haben.

II In der Berechnung (Vorschußberechnung) sind die sämtlichen Genossen namentlich zu bezeichnen und auf sie die Beiträge zu verteilen. Die Höhe der Beiträge ist jedoch derart zu bemessen, daß durch ein vorauszusehendes Unvermögen einzelner Genossen zur Leistung von Beiträgen ein Ausfall an dem zu deckenden Gesamtbetrage nicht entsteht.

III Die Berechnung ist dem Konkursgerichte mit dem Antrage einzureichen, dieselbe für vollstreckbar zu erklären. Wird das Genossenschaftsregister nicht bei dem Konkursgerichte geführt, so ist dem Antrage eine beglaubigte Abschrift des Statuts und der Liste der Genossen beizufügen.

§§ 106 f. regeln das Nachschußverfahren; es ist ein Bestandteil des KVerfahrens. Es gliedert sich in ein Vorschußverfahren (§§ 106—113) und in die definitive Feststellung und Verteilung (§§ 114 und 115). Neben der in § 106 geregelten Vorschußberechnung kennt das Ges. die Zusatzberechnung (§ 113) und die Nachschußberechnung (§ 114).

§ 107.

I Zur Erklärung über die Berechnung bestimmt das Gericht einen Termin, welcher nicht über zwei Wochen hinaus anberaumt werden darf. Derselbe ist öffentlich bekannt zu machen; die in der Berechnung aufgeführten Genossen sind besonders zu laden.

II Die Berechnung ist spätestens drei Tage vor dem Termine auf der Gerichtsschreiberei zur Einsicht der Beteiligten niederzulegen. Hierauf ist in der Bekanntmachung und den Ladungen hinzuweisen.

Für die Bekanntmachung des Termins und die besondere Ladung der Genossen gelten §§ 76 und 77 KO., § 213 ZPO. (RG. LZ. 2, 788); RG. JW. 25, 344 steht hierzu auf dem Standpunkt, daß in den Fällen des § 107 die besondere Mitteilung eine ausdrückliche Aufforderung zum Erscheinen nicht zu enthalten braucht; s. zu dieser Frage auch Moser LZ. 7, 301.

§ 108.

I In dem Termine sind Vorstand und Aufsichtsrat der Genossenschaft, sowie der Konkursverwalter und der Gläubigerausschuß und, soweit Einwendungen erhoben werden, die sonstigen Beteiligten zu hören.

II Das Gericht entscheidet über die erhobenen Einwendungen, berichtigt, soweit erforderlich, die Berechnung oder ordnet die Berichtigung an und erklärt die Berechnung für vollstreckbar. Die Entscheidung ist in diesem Termine oder in einem sofort anzuberaumenden Termine, welcher nicht über eine Woche hinaus angesetzt werden soll, zu verkünden. Die Berechnung mit der sie für vollstreckbar erklärenden Entscheidung ist zur Einsicht der Beteiligten auf der Gerichtsschreiberei niederzulegen.

III Gegen die Entscheidung findet ein Rechtsmittel nicht statt.

Die Entscheidung darf nicht in einer bloßen Zurückweisung des Antrags auf Vollstreckbarkeitserklärung (§ 106 Abs. 3) bestehen. Sondern das Gericht hat, nötigenfalls unter Auflagen an den Verwalter, solange zu verhandeln, bis eine zur Vollstreckbarkeitserklärung geeignete Berechnung vorliegt.

§ 109.

I Nachdem die Berechnung für vollstreckbar erklärt ist, hat der Konkursverwalter ohne Verzug die Beiträge von den Genossen einzuziehen.

II Die Zwangsvollstreckung gegen einen Genossen findet in Gemäßheit der Zivilprozeßordnung auf Grund einer vollstreckbaren Ausfertigung der Entscheidung und eines Auszuges aus der Berechnung statt.

III Für die in den Fällen der §§ 731, 767, 768 der Zivilprozeßordnung zu erhebenden Klagen ist das Amtsgericht, bei welchem das Konkursverfahren anhängig ist, und, wenn der Streitgegenstand zur Zuständigkeit der Amtsgerichte nicht gehört, das Landgericht ausschließlich zuständig, zu dessen Bezirke der Bezirk des Konkursgerichts gehört.

Nicht befugt ist der KVerw., Vorschußbeträge, die ein Genosse auf Grund der für vorläufig vollstreckbar erklärten Vorschußberechnung zu zahlen hat, einem Dritten abzutreten (RG. 59, 67; KG. OLG. 1, 307).

§ 110.

Die eingezogenen Beiträge sind bei der von der Gläubigerversammlung bestimmten Stelle (Konkursordnung § 132) zu hinterlegen oder anzulegen.

Die Verteilung der Beträge erfolgt erst nach der Nachschußberechnung im Wege des § 115.

§ 111.

I Jeder Genosse ist befugt, die für vollstreckbar erklärte Berechnung im Wege der Klage anzufechten. Die Klage ist gegen den Konkursverwalter zu richten. Sie findet nur binnen der Notfrist eines Monats seit Verkündung der Entscheidung und nur insoweit statt, als der Kläger den Anfechtungsgrund in dem Termine (§ 107) geltend gemacht hat oder ohne sein Verschulden geltend zn machen außerstande war.

II Das rechtskräftige Urteil wirkt für und gegen alle beitragspflichtigen Genossen.

Die Klage nach § 111 ist für den Fall, daß der in Anspruch Genommene in die Liste der Genossen eingetragen ist, auch der einzige Weg zur Geltendmachung des Einwands der mangelnden Mitgliedschaft (RG. 50, 127); die Behauptung, es sei eine Beitrittserklärung überhaupt nicht abgegeben worden, letztere sei gefälscht, die Mitgliedschaft sei erloschen und selbst die Behauptung, die Genossenschaft sei nicht rechtswirksam entstanden, können nur auf diesem Wege geltend gemacht werden. Nur wenn die Eintragung in die Liste nicht erfolgt ist, werden die Rechte durch die Unterlassung der Klagestellung nicht verloren (RG. JW. 44, 589); s. weiter RGZ. 69, 366.

§ 112.

I Die Klage ist ausschließlich bei dem Amtsgerichte zu erheben, welches die Berechnung für vollstreckbar erklärt hat. Die mündliche Verhandlung erfolgt nicht vor Ablauf der bezeichneten

Notfrist. Mehrere Anfechtungsprozesse sind zur gleichzeitigen Verhandlung und Entscheidung zu verbinden.

II Übersteigt der Streitgegenstand eines Prozesses die sonst für die sachliche Zuständigkeit der Amtsgerichte geltende Summe, so hat das Gericht, sofern eine Partei in einem solchen Prozesse vor der Verhandlung zur Hauptsache darauf anträgt, durch Beschluß die sämtlichen Streitsachen an das Landgericht, in dessen Bezirke es seinen Sitz hat, zu verweisen. Gegen diesen Beschluß findet die sofortige Beschwerde statt. Die Notfrist beginnt mit der Verkündung des Beschlusses.

III Ist der Beschluß rechtskräftig, so gelten die Streitsachen als bei dem Landgerichte anhängig. Die im Verfahren vor dem Amtsgerichte erwachsenen Kosten werden als Teil der bei dem Landgerichte erwachsenen Kosten behandelt und gelten als Kosten einer Instanz.

IV Die Vorschriften der Zivilprozeßordnung §§ 769, 770 über die Einstellung der Zwangsvollstreckung und die Aufhebung der Vollstreckungsmaßregeln finden entsprechende Anwendung.

Ein nach Verweisung an das Landgericht auftretender neuer Anfechtender hat seine Klage bei diesem zu erheben (RG. LZ. 2, 701 [34]).

§ 113.

Soweit infolge des Unvermögens einzelner Genossen zur Leistung von Beiträgen der zu deckende Gesamtbetrag nicht erreicht wird, oder in Gemäßheit des auf eine Anfechtungsklage ergehenden Urteils oder aus anderen Gründen die Berechnung abzuändern ist, hat der Konkursverwalter eine Zusatzberechnung aufzustellen. Rücksichtlich derselben kommen die Vorschriften in §§ 106 bis 112 zur Anwendung.

II Die Aufstellung einer Zusatzberechnung ist erforderlichenfalls zu wiederholen.

§ 114.

I Sobald mit dem Vollzuge der Schlußverteilung (Konkursordnung § 161) begonnen wird, hat der Konkursverwalter in Ergänzung oder Berichtigung der Vorschußberechnung und der zu derselben etwa ergangenen Zusätze zu berechnen, wieviel die Genossen in Gemäßheit des § 105 an Nachschüssen zu leisten haben.

II Die Berechnung (Nachschußberechnung) unterliegt den Vorschriften in §§ 106 bis 109, 111 bis 113, der Vorschrift im

§ 106 Abs. 2 mit der Maßgabe, daß auf Genossen, deren Unvermögen zur Leistung von Beiträgen sich herausgestellt hat, Beiträge nicht verteilt werden.

§ 115.

I Der Verwalter hat, nachdem die Nachschußberechnung für vollstreckbar erklärt ist, unverzüglich den gemäß § 110 vorhandenen Bestand und, so oft von den noch einzuziehenden Beiträgen hinreichender Bestand eingegangen ist, diesen im Wege der Nachtragsverteilung (Konkursordnung § 166) unter die Gläubiger zu verteilen.

II Außer den Anteilen auf die im § 168 der Konkursordnung bezeichneten Forderungen sind zurückzubehalten die Anteile auf Forderungen, welche im Prüfungstermine von dem Vorstande ausdrücklich bestritten worden sind. Dem Gläubiger bleibt überlassen, den Widerspruch des Vorstandes durch Klage zu beseitigen. Soweit der Widerspruch rechtskräftig für begründet erklärt wird, werden die Anteile zur Verteilung unter die übrigen Genossen frei.

III Die zur Befriedigung der Gläubiger nicht erforderlichen Überschüsse hat der Konkursverwalter an die Genossen zurückzuzahlen.

§ 116.

I Eine Aufhebung des Konkursverfahrens durch Zwangsvergleich findet nicht statt.

II Eine Einstellung des Verfahrens ist erst zulässig, nachdem mit dem Vollzuge der Schlußverteilung begonnen ist. Die Zustimmung aller bei der letzteren berücksichtigten Konkursgläubiger ist beizubringen. Inwieweit es der Zustimmung oder der Sicherstellung von Gläubigern bedarf, deren Forderungen nicht festgestellt sind, entscheidet das Konkursgericht nach freiem Ermessen.

Die Aufhebung des K. im übrigen unterliegt den allg. Vorschriften (§ 163 KO.). Wegen der Einstellung des KVerf. s. § 202 KO. Eine Einstellung nach § 204 KO. ist nicht möglich (s. die Anm. zu § 100).

§ 117.

Der Vorstand ist verpflichtet, den Konkursverwalter bei den diesem in § 106 Abs. 1, § 109 Abs. 1, §§ 113, 114 zugewiesenen Obliegenheiten zu unterstützen.

§ 118.

Die in diesem Abschnitte hinsichtlich des Vorstandes getroffenen Bestimmungen gelten auch hinsichtlich der Liquidatoren.

Vgl. die Anm. 1 bei § 99.

Achter Abschnitt.

Besondere Bestimmungen.

I. Für Genossenschaften mit unbeschränkter Haftpflicht.

§ 122.

I Im Falle des Konkursverfahrens sind neben der Genossenschaft die einzelnen Genossen solidarisch und mit ihrem ganzen Vermögen den Konkursgläubigern für den Ausfall verhaftet, welchen diese an ihren bei der Schlußverteilung (Konkursordnung § 161) berücksichtigten Forderungen bei derselben erleiden.

II Nach Ablauf von drei Monaten seit dem Termine, in welchem die Nachschußberechnung für vollstreckbar erklärt ist, können die Gläubiger, soweit sie bisher nicht befriedigt sind, die einzelnen Genossen in Anspruch nehmen.

III Festgestellte Forderungen, welche im Prüfungstermine von dem Vorstande oder den Liquidatoren nicht ausdrücklich bestritten sind, können auch von den in Anspruch genommenen Genossen nicht bestritten werden.

IV Das rechtskräftige Urteil, welches in dem Prozeß über eine im Prüfungstermine von dem Vorstande oder den Liquidatoren bestrittene Forderung für oder gegen dieselben ergeht, wirkt gegenüber allen Genossen.

V In Ansehung einer im Konkursverfahren streitig gebliebenen Forderung kann, solange dieselbe nicht festgestellt ist, eine Verurteilung der Genossen nicht erfolgen.

§ 122 regelt die bei den Gen. mit beschr. und unbeschr. (§ 141) Haftpflicht bestehende unmittelbare Haftung gegenüber den Gl. Die Haftung kann nur durch Klage geltend gemacht werden. Anwendung muß bei dem Mangel einer dahingehenden ausdrücklichen Bestimmung § 122 auch finden, bei Genossen, die gemäß § 122 einen KGl. befriedigt haben, zugunsten ihres Regreßanspruchs; ein Gegenschluß aus § 124 (so Parisius-Crüger § 122 Anm. 4) rechtfertigt nicht die gegenteilige Annahme. Selbstverständlich kann aber der Rückgriff nur nach den Grundsätzen des § 426 BGB. erfolgen.

§ 123.

I Die Klage der Gläubiger gegen die einzelnen Genossen verjährt, sofern nicht nach Beschaffenheit der Forderung eine kürzere Verjährungsfrist gesetzlich eintritt, in zwei Jahren seit Ablauf der im § 122 Abs. 2 bestimmten Frist.

II Die Verjährung zugunsten eines Genossen wird durch Rechtshandlungen unterbrochen, welche gegen die Genossenschaft oder von derselben vorgenommen werden; sie wird nicht unterbrochen durch Rechtshandlungen, welche gegen einen anderen Genossen oder von demselben vorgenommen werden.

§ 124.

Soweit Genossen in Gemäßheit des § 122 Konkursgläubiger befriedigen, treten sie in die Rechte der letzteren gegen die Genossenschaft ein.

§ 125.

I Die Bestimmungen der §§ 122 bis 124 finden auf die in den letzten 2 Jahren vor der Eröffnung des Konkursverfahrens aus der Genossenschaft ausgeschiedenen Genossen (§§ 70, 76), welche nicht schon in Gemäßheit des § 75 der Haftpflicht unterliegen, wegen der bis zu dem Zeitpunkte ihres Ausscheidens von der Genossenschaft eingegangenen Verbindlichkeiten mit der Maßgabe Anwendung, daß der Anspruch der Gläubiger erst nach Ablauf von sechs Monaten seit dem Termine, in welchem die Nachschußberechnung (§ 114) für vollstreckbar erklärt ist, erhoben werden kann.

II Dieser Anspruch erstreckt sich, wenn im Falle des Todes eines Genossen dessen Ausscheiden nach dem in § 77 Absatz 1 bezeichneten Zeitpunkte eingetragen ist, auf die bis zum Tage der Eintragung von der Genossenschaft eingegangenen Verbindlichkeiten, sofern nicht der Erbe beweist, daß bei ihrer Eingehung dem Gläubiger der Tod des Genossen bekannt war.

II. Genossenschaften mit unbeschränkter Nachschußpflicht.

§ 128.

Ist im Falle der Eröffnung des Konkursverfahrens nach Ablauf von drei Monaten seit dem Termine, in welchem die Nachschußberechnung (§ 114) für vollstreckbar erklärt ist, die Befriedigung oder Sicherstellung der im § 105 Absatz 1 bezeichneten Konkursgläubiger noch nicht bewirkt, so sind die hierzu erforderlichen Beiträge von den innerhalb der letzten achtzehn Monate vor der Eröffnung des Konkursverfahrens ausgeschiedenen Genossen, welche nicht schon in Gemäßheit des § 75 oder des § 76 Absatz 4 der Nachschußpflicht unterliegen, nach Maßgabe des § 105 zur Konkursmasse zu leisten.

Zur Heranziehung ausgeschiedener Genossen führt § 128, da bei der Gen. mit unbeschr. Nachschußpfl. eine unmittelbare Inangriffnahme der Genossen durch die Gl. nicht zulässig ist, ein besonderes Nachschußverfahren ein.

§ 129.

I Der Konkursverwalter hat ohne Verzug eine Berechnung über die Beitragspflicht der Ausgeschiedenen aufzustellen.

II In der Berechnung sind dieselben namentlich zu bezeichnen und auf sie die Beiträge zu verteilen, soweit nicht das Unvermögen Einzelner zur Leistung von Beiträgen vorauszusehen ist.

III Im Übrigen finden die Vorschriften in § 106 Absatz 3, §§ 107 bis 109, 111 bis 113 und 115 entsprechende Anwendung.

§ 130.

I Durch die Bestimmungen der §§ 128, 129 wird die Einziehung der Nachschüsse von den in der Genossenschaft verbliebenen Genossen nicht berührt.

II Aus den Nachschüssen der letzteren sind den Ausgeschiedenen die von diesen geleisteten Beiträge zu erstatten, sobald die Befriedigung oder Sicherstellung der sämtlichen im § 105 Abs. 1 bezeichneten Konkursgläubiger bewirkt ist.

III. Für Genossenschaften mit beschränkter Haftpflicht.

§ 140.

Das Konkursverfahren findet bei bestehender Genossenschaft außer dem Falle der Zahlungsunfähigkeit in dem Falle der Überschuldung statt, sofern diese ein Viertel des Betrages der Haftsummen aller Genossen übersteigt. Der Vorstand hat, wenn eine solche Überschuldung sich aus der Jahresbilanz oder aus einer im Laufe des Jahres aufgestellten Bilanz ergibt, die Eröffnung des Konkursverfahrens zu beantragen. Die Vorschriften des § 99 Absatz 2, 3, § 100 finden entsprechende Anwendung.

Das Erfordernis der Qualifizierung der Überschuldung (Überschreitung eines Viertels der Haftsumme) entfällt, wenn der K. gemäß § 98 Abs. 2 nach Auflösung der Genossenschaft eröffnet werden soll (Jena LZ. 4, 329).

§ 141.

Die einzelnen Genossen können über ihre Haftsumme hinaus weder auf Leistung von Nachschüssen, noch von den Konkursgläubigern in Anspruch genommen werden. Im übrigen finden auf den Anspruch der Gläubiger die Bestimmungen in §§ 122 bis 125 Anwendung.

§ 142.

I Außer dem Falle des § 90 kann in dem Falle, daß entgegen den Vorschriften in §§ 19, 22 der Gewinn oder das Geschäftsguthaben ausgezahlt wird, der Ersatzanspruch gegen die Mitglieder des Vorstandes oder des Aufsichtsrats oder gegen die Liquidatoren von den Gläubigern der Genossenschaft, soweit sie von dieser ihre Befriedigung nicht erlangen können, selbständig geltend gemacht werden. Dasselbe findet gegen die Mitglieder des Vorstandes oder die Liquidatoren statt, wenn nach dem Zeitpunkte, mit welchem die Verpflichtung zum Antrage auf Eröffnung des Konkursverfahrens eingetreten ist, eine Zahlung geleistet wird, rücksichtlich des Ersatzes derselben.

II Die Ersatzpflicht wird den Gläubigern gegenüber dadurch nicht aufgehoben, daß die Handlung auf einem Beschlusse der Generalversammlung beruht.

Vgl. die Anm. 1 zu § 99.

§ 147.

I Mitglieder des Vorstandes und des Aufsichtsrats und Liquidatoren werden mit Gefängnis bis zu einem Jahre und zugleich mit Geldstrafe bis zu dreitausend Mark bestraft, wenn sie in den von ihnen dem Gerichte (§ 10) zu machenden Anmeldungen, Anzeigen und Versicherungen wissentlich falsche Angaben machen, oder in ihren Darstellungen, ihren Übersichten über den Vermögensstand der Genossenschaft, über die Mitglieder und die Haftsummen, oder den in der Generalversammlung gehaltenen Vorträgen den Stand der Verhältnisse der Genossenschaft wissentlich unwahr darstellen.

II Zugleich kann auf Verlust der bürgerlichen Ehrenrechte erkannt werden.

III Sind mildernde Umstände vorhanden, so tritt ausschließlich die Geldstrafe ein.

Der Begriff der Falschdarstellung über Verhältnisse der Gen. umfaßt auch die Aufstellung von Bilanzen mit unrichtigem Inhalt. Es ist bei Aufstellung der Bilanz § 40 Abs. 2 HGB. zu beachten (RG. Recht 13 Nr. 941).

§ 148.

I Mit Geldstrafe bis zu sechshundert Mark oder mit Gefängnis bis zu drei Monaten oder mit beiden Strafen zugleich werden bestraft:

1. die Mitglieder des Vorstandes und des Aufsichtsrats und die Liquidatoren, wenn länger als drei Monate die Genossenschaft ohne Aufsichtsrat geblieben ist, oder in dem letzteren die zur Beschlußfähigkeit erforderliche Zahl von Mitgliedern gefehlt hat;
2. die Mitglieder des Vorstandes oder die Liquidatoren, wenn entgegen den Vorschriften in §§ 99, 118, 140 der Antrag auf Eröffnung des Konkursverfahrens unterlassen ist.

II Die Strafe tritt nicht gegen denjenigen ein, welcher nachweist, daß die Unterlassung ohne sein Verschulden geschehen ist.

Vgl. die Anm. 1 zu § 99.

3. Gesetz, betr. die Gesellschaften mit beschränkter Haftung

in der Fassung vom 20. Mai 1898 (RGBl. 846).

§ 63.

I Über das Vermögen der Gesellschaft findet das Konkursverfahren außer dem Falle der Zahlungsunfähigkeit auch im Falle der Überschuldung statt.

II Die auf das Konkursverfahren über das Vermögen einer Aktiengesellschaft bezüglichen Vorschriften im § 207 Absatz 2, § 208 der Konkursordnung finden auf die Gesellschaft mit beschränkter Haftung entsprechende Anwendung.

1. Abs. 1 des § 63 entspricht dem § 207 Abs. 1 KO.; vgl. die Bemerkungen zu §§ 207 und 208 KO. Wegen der Stellung, die den Gesellschaftsorganen neben dem KVerw. zukommt, s. auch KG. OLG. 34, 364; KG. OLG. 28, 355.

2. Die GmbH. wird durch die KE. aufgelöst, die Gesellschafter können jedoch die Fortsetzung der Gesellschaft beschließen, wenn das Verfahren nach Abschluß eines Zwangsvergleichs aufgehoben oder auf Antrag des GSch. eingestellt wird (§ 60 Abs. 1 Nr. 4 GmbHG.); durch die Auflösung wird nur ihrer Erwerbstätigkeit ein Ziel gesetzt; in Ansehung begründeter Rechtsverhältnisse verschwindet sie nicht aus dem Verkehr, diese werden vielmehr noch zum Abschluß gebracht

(BayObLG. 15, 48). Der KVerw. kann deshalb auch noch die rückständigen Einlagen einziehen, soweit sie zur Deckung der GesellschSchulden nötig sind (RG. JW. 28, 305). Diesem Gedanken gemäß läßt § 207 Abs. 2 auch noch das KVerf. nach der Auflösung zu.

§ 64.

I Die Geschäftsführer haben die Eröffnung des Konkursverfahrens zu beantragen, sobald die Zahlungsunfähigkeit der Gesellschaft eintritt oder aus der Jahresbilanz oder aus einer im Laufe des Geschäftsjahres aufgestellten Bilanz Überschuldung sich ergibt.

II Die Geschäftsführer sind der Gesellschaft zum Ersatze aller nach diesem Zeitpunkt geleisteten Zahlungen verpflichtet. Auf den Ersatzanspruch finden die Bestimmungen im § 43 Abs. 3 und 4 entsprechende Anwendung.

1. Über den Begriff der Bilanz im Sinne des § 64 s. RGZ. 80, 104. Wegen der Verbuchung des Werts der Kundschaft (Facon) als Aktivum s. RG. LZ. 9, 231. Die aufgestellte Bilanz hat keineswegs ausschlaggebende formelle Bedeutung in dem Sinn, daß nicht der Beweis der Unrichtigkeit mindestens in der Richtung offen bliebe, daß die in ihr enthaltenen eine Überschuldung nicht ausweisenden Vermögensbewertungen den für die Errichtung der Bilanzen maßgebenden Vorschriften nicht entsprechen (RGSt. 46, 99). Ergibt sich aber aus einer aufgestellten Bilanz die Überschuldung, so besteht die Pflicht, Konkursantrag zu stellen; sie fällt nicht dadurch weg, daß tatsächlich der Vermögensstand günstiger ist (RGSt. 51, 21).

2. Strafrechtliche Ergänzung zu § 64: § 84.

3. Durch Bek. v. 8. Aug. 1914 (RGBl. 365) wurden die Vorschriften der §§ 64, 71 und 84 insoweit bis auf weiteres außer Kraft gesetzt, als sie die Verpflichtung, bei Zahlungsunfähigkeit die KE. zu beantragen, sowie das Verbot von Zahlungen nach Eintritt der Zahlungsunfähigkeit betreffen. Eine Befreiung von der Pflicht, die KE. bei Überschuldung zu beantragen, ist damit nicht geschaffen (Dresden LZ. 13, 498). Dagegen wurden durch VO. v. 28. April 1920 (RGBl. 696) die bezeichneten Verpflichtungen bis auf weiteres auch insoweit außer Anwendung gesetzt, als sich infolge Veränderung des Umrechnungskurses der in Reichsmark ausgedrückte Wert einer auf ausländische Währung lautenden Schuld gegenüber dem Werte bei Eingehung der Verbindlichkeit erhöht hat.

§ 71.

I Die Liquidatoren haben die aus §§ 36, 37, § 41 Absatz 1, § 43 Absatz 1, 2 und 4, § 49 Absatz 1 und 2, § 64 sich ergebenden Rechte und Pflichten der Geschäftsführer.

II Sie haben sofort bei Beginn der Liquidation und demnächst in jedem Jahre eine Bilanz aufzustellen.

1. Wegen des Einflusses des Widerspruchs von KGl., von Bürgen solcher, von Gesellschaftern oder der Liquidationskommission auf die Verpflichtung der Liquidatoren KAntrag zu stellen s. RGZ. 72, 285.

2. Wegen teilweiser vorläufiger Außerkraftsetzung des § 71 s. § 64 Anm. 3.

§ 83.

Die Strafvorschriften der §§ 239 bis 241 der Konkursordnung finden gegen die Geschäftsführer einer Gesellschaft mit beschränkter Haftung, welche ihre Zahlungen eingestellt hat oder über deren Vermögen das Konkursverfahren eröffnet worden ist, Anwendung, wenn sie in dieser Eigenschaft die mit Strafe bedrohten Handlungen begegnet haben.

Wegen der Frage, inwieweit in der Eigenschaft als Geschäftsführer ein Verbrauchen übermäßiger Summen durch Aufwand erfolgen kann, s. RGSt. 42, 278.

§ 84.

I Die Geschäftsführer oder Liquidatoren einer Gesellschaft mit beschränkter Haftung werden mit Gefängnis bis zu drei Monaten und zugleich mit Geldstrafe bis zu eintausend Mark bestraft, wenn entgegen den Vorschriften im § 64, § 71 Absatz 1 der Antrag auf Eröffnung des Konkursverfahrens unterlassen ist.

II Sind mildernde Umstände vorhanden, so tritt ausschließlich die Geldstrafe ein.

III Straflos bleibt derjenige, bezüglich dessen festgestellt wird, daß der Antrag auf Eröffnung des Konkursverfahrens ohne sein Verschulden unterblieben ist.

Wegen teilweiser vorläufiger Außerkraftsetzung des § 84 s. § 64 Anm. 3.

4. Hypothekenbankgesetz.

Vom 13. Juli 1899 (RGBl. 375).

§ 35.

I Ist über das Vermögen der Hypothekenbank der Konkurs eröffnet, so gehen in Ansehung der Befriedigung aus den in das Hypothekenregister eingetragenen Hypotheken und Wertpapieren die Forderungen der Pfandbriefgläubiger den Forderungen aller anderen Konkursgläubiger vor. Das Gleiche gilt von Geld, das dem Treuhänder zur Deckung der Hypothekenpfandbriefe in Verwahrung gegeben ist. Die Pfandbriefgläubiger haben untereinander gleichen Rang.

II In Betreff des Anspruchs der Pfandbriefgläubiger auf Befriedigung aus dem sonstigen Vermögen der Bank finden die für die Absonderungsberechtigten geltenden Vorschriften der §§ 64, 153, 155, 156 und des § 168 Nr. 3 der Konkursordnung (Reichs-Gesetzbl. 1898 S. 612) entsprechende Anwendung.

III Gehören zur Konkursmasse eigene Hypothekenpfandbriefe der Bank, die von dieser dem Bestand an Wertpapieren zugeschrieben sind, so werden sie bei der Berechnung der auf die einzelnen Hypothekenpfandbriefe fallenden Anteile an dem Erlös aus den im Abs. 1 bezeichneten Gegenständen mitgezählt.

IV Während des Konkurses der Hypothekenbank sind die Kosten einer Versammlung der Pfandbriefgläubiger, die nach den Vorschriften des Gesetzes, betreffend die gemeinsamen Rechte der Besitzer von Schuldverschreibungen, berufen wird, aus dem zur vorzugsweisen Befriedigung der letzteren dienenden Teile der Konkursmasse zu berichtigen.

1. Nach dem vom Ges. gewählten System erfolgt die Sicherung der PfandbrGl. nicht durch ein Pfandrecht sondern durch ein Vorzugsrecht im K.; es wird ihnen aber nicht ein Vorrecht an der ganzen KMasse eingeräumt, sondern es ist beschränkt auf die in das Hypothekenregister eingetragenen Hypotheken und Wertpapiere und zwar ohne Rücksicht darauf, mit welchem Betrag dieselben zur Pfandbriefdeckung zugelassen sind, und auf das nach § 31 Abs. 2 S. 2 unter Mitverschluß des Treuhänders gebrachte Geld. Die PfandbriefGl. sind sonach KGl.; ihre Befriedigung erfolgt durch den KVerw. innerhalb des KVerfahrens; sie nehmen an der allgem. GlVersammlung teil und an den Wahlen zum GlAusschuß; ihre Forderungen werden nach § 65 Abs. 1 KO. mit der KE. fällig. Von einem Zwangsvergleich werden sie nicht betroffen (§ 193 KO.).

2. Abs. 2 regelt die Rechte der PfandbriefGl. an dem sonstigen Vermögen der Bank. Sie können darnach für den Betrag, auf welchen sie auf ihr Vorrecht verzichtet haben oder mit dem sie bei den nach Abs. 1 für ihre bevorzugte Befriedigung dienenden Werten ausgefallen sind, aus der sonstigen KMasse zusammen mit den nichtbevorrechtigten KGl. verhältnismäßige Befriedigung fordern. Insoweit werden sie auch von einem ZwVergleich betroffen. Wegen § 96 KO. s. dort Anm. 1b.

3. Abs. 3 bezieht sich auf die gemäß § 5 Abs. 2 angekauften Hypothekenbankpfandbriefe; es ist ein Gebot der Billigkeit, daß ein auf sie fallender Betrag aus der Vorzugsmasse ausscheidet und der gemeinen Masse zugute kommt.

4. Abs. 4 soll einer Benachteiligung der nichtbevorrechtigten KGl. vorbeugen. Selbstverständlich haben zur Berichtigung der Massekosten und Masseschulden auch die PfandbriefGl. beizutragen.

5. Gesetz, betr. die gemeinsamen Rechte der Besitzer von Schuldverschreibungen

vom 4. Dez. 1899 (RGBl. 691); geändert durch Ges. vom 14. Mai 1914 (RGBl. 121).

§ 18.

I Ist über das Vermögen des Schuldners der Konkurs eröffnet, so gelten in Ansehung der Versammlung der im § 1 bezeichneten Gläubiger die folgenden besonderen Vorschriften.

II Die Versammlung wird von dem Konkursgerichte berufen und geleitet.

III Unverzüglich nach der Eröffnung des Konkurses ist eine Versammlung der Gläubiger zu berufen, um über die Bestellung eines gemeinsamen Vertreters im Konkursverfahren zu beschließen; die Berufung kann unterbleiben, wenn schon vorher von einer Versammlung über die Bestellung eines solchen Vertreters Beschluß gefaßt worden ist.

IV Das Konkursgericht hat außer den Fällen des § 3 Abs. 2 eine Versammlung der Gläubiger zu berufen, wenn dies von dem Konkursverwalter, dem Ausschusse der Konkursgläubiger oder der Aufsichtsbehörde verlangt wird.

V Die Stelle, bei welcher die Gläubiger die Schuldverschreibungen zu hinterlegen haben, wird durch das Konkursgericht bestimmt.

VI Die Vorschriften des § 5 Abs. 1, 2, des § 11 Abs. 1, des § 12 Abs. 3 und des § 13 finden keine Anwendung.

1. Schuldner im Sinne des Abs. 1 sind inländische natürliche Personen oder private jurist. Personen, die im Inland Schuldverschreibungen mit im voraus bestimmten Nennwerten ausgestellt haben, die nach dem Verhältnisse dieser Werte den Gl. gleiche Rechte gewähren, wobei die Nennwerte der ausgegebenen Schuldverschreibungen mindestens 300000 ℳ betragen müssen und die Zahl der ausgegebenen Stücke mindestens 300 betragen muß (§ 1 des Ges.). Es sind nicht bloß Schuldverschreibungen auf den Inhaber gemeint. Unter Gläubigern im Sinne des Abs. 1 sind die Gläubiger aus diesen Schuldverschreibungen zu verstehen.

2. Durch in Abs. 2 festgesetzte Zuständigkeit des KG. erlischt die Befugnis der Aufsichtsbehörde zur Berufung der GlVersammlung. Das KGericht darf die durch § 18 vorgesehene Mitwirkung versagen, wenn die Gründe des Antragstellers nicht geeignet sind, die Berufung der Versammlung zu rechtfertigen, besonders wenn die auf letzterer zu fassenden Beschlüsse nicht dem Ges. entsprechen. Die Beschwerde gegen einen vom Gericht gemäß § 18 erlassenen Beschluß beurteilt sich nach

§ 19 FGG. nicht nach § 73 KO. (Rostock OLG. 35, 96); a. A. Jaeger § 73 Anm. 7. Die Berufung der Versammlung erfolgt nach § 6 des Ges., nicht nach §§ 93 Abs. 2, 98 KO.

3. Nach § 3 Abs. 2 ist die GlVersammlung zu berufen, wenn Gl. mit $^{1}/_{20}$ der Schuldverschreibungen oder ein von der GlVersammlung bestellter Vertreter die Berufung verlangen.

4. Wegfallen auf Grund des Abs. 5 die Anhörung und Bestätigung durch die Aufsichtsbehörde und ihr Recht zur Berufung oder zur Anordnung der Berufung der Generalversammlung nach § 5 Abs. 1 und 2 und § 13, ferner die einschränkenden Bestimmungen über die Aufgabe oder Beschränkung von GlRechten und den Verzicht auf Kapitalansprüche (§ 11 Abs. 1, § 12 Abs. 3).

5. Die Bestimmungen des § 18 sind zwingend (§ 20).

6. Im übrigen haben die Gl. die allg. rechtliche Stellung von KGl.

§ 19.

Werden im Konkurse die Forderungen aus den Schuldverschreibungen durch den von der Gläubigerversammlung bestellten Vertreter der Gläubiger angemeldet, so bedarf es der Beifügung der Schuldverschreibungen nicht. Zur Erhebung der bei einer Verteilung auf die Schuldverschreibungen fallenden Beträge ist die Vorlegung der Schuldverschreibungen erforderlich; auf die Erhebung findet die Vorschrift des § 14 Abs. 2 keine Anwendung.

1. § 19 enthält eine Ausnahme von § 139 KO.

2. Werden die Schuldverschreibungen zur Erhebung nicht vorgelegt, so ist nach § 169 KO. zu verfahren.

6. Gewerbeordnung für das Deutsche Reich

in der Fassung vom 26. Juli 1900 (RGBl. 871).

§ 85.

II Über die Einnahmen und Ausgaben der im § 81 b Ziffer 3 und 5 bezeichneten Einrichtungen ist getrennt Rechnung zu führen und das hierfür bestimmte Vermögen gesondert von dem übrigen Innungsvermögen zu verwalten. Verwendungen für andere Zwecke dürfen aus demselben nicht gemacht werden. Die Gläubiger haben das Recht auf gesonderte Befriedigung aus dem getrennt verwalteten Vermögen.

1. Die in § 81b Ziff. 3 und 5 bezeichneten Einrichtungen der Innungen sind Kassen zur Unterstützung ihrer Mitglieder und deren Angehörigen, ihrer Gesellen, Lehrlinge und Arbeiter; ferner gemeinschaftlicher Geschäftsbetrieb zur Förderung des Gewerbebetriebs der Innungsmitglieder.

2. Den absonderungsberechtigten Gl. haftet auch das allgemeine Innungsvermögen.

§ 97.

IV Die Eröffnung des Konkursverfahrens über das Vermögen einer Innung hat die Schließung kraft Gesetzes zur Folge.

Das KVerf. über das Innungsvermögen bemißt sich nach § 213 KO. Der Vorstand hat während des K. die Rechte des GSch. auszuüben (Landmann GewO. § 97 Anm. 6).

§ 102.

IV Die Eröffnung des Konkursverfahrens über das Vermögen eines Innungsausschusses hat die Schließung kraft Gesetzes zur Folge.

§ 104 l.

Die Eröffnung des Konkursverfahrens über das Vermögen des Innungsverbandes hat die Schließung des letzeren kraft Gesetzes zur Folge. Der Vorstand des Innungsverbandes hat jedoch die während des Konkursverfahrens dem Gemeinschuldner zustehenden Rechte wahrzunehmen.

§ 104 m.

I Bei der statutmäßig beschlossenen Auflösung eines Innungsverbandes wird die Abwickelung der Geschäfte, sofern die Verbandsvertretung nicht anderweitig beschließt, durch den Vorstand unter Aufsicht der im § 104k bezeichneten Behörde vollzogen. Genügt der Vorstand seiner Verpflichtung nicht oder tritt die Schließung auf Grund des § 104f oder des § 104l ein, so erfolgt die Abwickelung der Geschäfte durch einen Beauftragten der Aufsichtsbehörde.

II Von dem Zeitpunkte der Auflösung oder Schließung ab bleiben die Verbandsmitglieder noch für diejenigen Zahlungen verhaftet, zu welchen sie statutarisch für den Fall eigenen Ausscheidens aus den Verbandsverhältnissen verpflichtet sind. Das Recht, diese Beiträge auszuschreiben und einzuziehen, steht dem mit Abwickelung der Geschäfte Beauftragten zu.

7. Gesetz über die privaten Versicherungsunternehmungen.

Vom 12. Mai 1901 (RGBl. 139).[1])

III. Versicherungsvereine auf Gegenseitigkeit.

§ 49.

Durch die Eröffnung des Konkurses wird der Verein aufgelöst. Die Vorschriften des § 307 Abs. 2, 3 des Handelsgesetzbuchs finden entsprechende Anwendung.

Zufolge § 307 Abs. 2, 3 HGB. kann, wenn der K. (nach Abschluß eines Zwangsvergleichs aufgehoben — s. hierzu hier § 52 Abs. 2 BAG. mit § 116 GenG. — oder) auf Antrag des GSch. eingestellt worden ist, die Generalvers. die Fortsetzung der Gesellschaft beschließen. Die Fortsetzung ist zum Handelsregister anzumelden. Für die kleineren Vereine gilt an Stelle des § 49 der § 42 BGB. (§ 53 BAG.).

§ 50.

I Soweit den Mitgliedern oder ausgeschiedenen Mitgliedern nach dem Gesetz oder der Satzung eine Beitragspflicht obliegt (§§ 24 bis 26), haften sie im Falle des Konkurses dem Vereine gegenüber für dessen Schulden.

II Ausgeschiedene Mitglieder gelten, wenn ihr Ausscheiden innerhalb des letzten Jahres vor der Konkurseröffnung stattgefunden hat, in Ansehung der Haftung für die Schulden des Vereins noch als dessen Mitglieder.

§ 50 erweitert die Beitragspflicht zu einer Haftung für Schulden und erweitert durch Abs. 2 diese Pflicht über die Beitragspflicht hinaus. Zufolge des § 26 kann gegen die Haftung nicht aufgerechnet werden.

§ 51.

I Die Ansprüche auf Tilgung des Gründungsfonds stehen allen übrigen Konkursforderungen nach. Unter den letzteren werden die Ansprüche aus dem Versicherungsverhältnisse, soweit sie den zur Zeit der Konkurseröffnung dem Verein angehörenden oder den innerhalb des letzten Jahres vor der Konkurseröffnung ausgeschiedenen Mitgliedern zustehen, im Range nach den Ansprüchen der sonstigen Konkursgläubiger befriedigt.

II Zur Tilgung des Gründungsfonds dürfen Nachschüsse oder Umlagen nicht erhoben werden.

[1]) Das Ges. ist geändert durch Ges. v. 20. Dez. 1911 (RGBl. 985) und v. 24. Okt. 1917 (RGBl. 973).

über den Gründungsfonds bestimmen das Nähere §§ 22 und 23. Durch Abs. 1 S. 2 werden die Ansprüche aus Versicherungsfällen vor der KE., soweit sie noch haftenden Mitgliedern zustehen (§ 50 Abs. 2), hinter alle KForderungen zurückgesetzt.

§ 52.

I Die Feststellung und Ausschreibung der im Falle des Konkurses erforderlichen Nachschüsse oder Umlagen erfolgt durch den Konkursverwalter. Dieser hat sofort, nachdem die Bilanz auf der Gerichtsschreiberei niedergelegt worden ist (Konkursordnung § 124), zu berechnen, wieviel die Mitglieder zur Deckung des in der Bilanz bezeichneten Fehlbetrags auf Grund ihrer Beitragspflicht vorschußweise beizutragen haben. Auf diese Vorschußberechnung und die erforderlich werdenden Zusatzberechnungen finden die Vorschriften des § 106 Abs. 2, 3 und der §§ 107 bis 113 des Gesetzes, betreffend die Erwerbs- und Wirtschaftsgenossenschaften, entsprechende Anwendung.

II Sobald mit dem Vollzuge der Schlußverteilung (Konkursordnung § 161) begonnen ist, hat der Konkursverwalter in Ergänzung oder Berichtigung der Vorschußberechnung und der etwa ergangenen Zusätze die von den Mitgliedern zu leistenden Beiträge zu berechnen. Auf diese Berechnung und das weitere Verfahren finden die Vorschriften des § 114 Abs. 2 und der §§ 115 bis 118 des Gesetzes, betreffend die Erwerbs- und Wirtschaftsgenossenschaften, entsprechende Anwendung.

Die Bedeutung des § 52 liegt darin, daß dem KVerw. die Feststellung und Ausschreibung der Nachschüsse und Umlagen zugewiesen wird, und daß die Vollstreckung der Berechnungen ermöglicht wird.

IV. Geschäftsführung der Versicherungsunternehmungen.

2. Besondere Vorschriften für die Prämienreserve bei der Lebensversicherung.

§ 61.

I Dem Prämienreservefonds dürfen, abgesehen von den zur Vornahme und Änderung der Kapitalanlagen erforderlichen Mitteln, nur diejenigen Beträge entnommen werden, welche durch Eintritt des Versicherungsfalls, durch Rückkauf oder andere Fälle der Beendigung von Versicherungsverhältnissen frei werden.

II Durch die Eröffnung des Konkurses erlöschen die Lebensversicherungsverhältnisse; die Versicherten können, unbeschadet ihrer weitergehenden Ansprüche aus dem Versicherungsverhältnisse, denjenigen Betrag fordern, der als rechnungsmäßige Prämienreserve zur Zeit der Konkurseröffnung auf sie entfällt.

III In Ansehung der Befriedigung aus den in das Register der Bestände des Prämienreservefonds (§ 57 Abs. 3) eingetragenen Gegenstände gehen die Forderungen auf die rechnungsmäßige Prämienreserve insoweit, als für sie die Zuführung zu diesem Fonds vorgeschrieben ist (§ 57 Abs. 1), den Forderungen aller übrigen Konkursgläubiger vor. Untereinander haben sie gleichen Rang. In Betreff des Anspruchs der Versicherten auf Befriedigung aus dem sonstigen Vermögen der Unternehmung finden die für die Absonderungsberechtigten geltenden Vorschriften der §§ 64, 153, 155, 156 und des § 168 Nr. 3 der Konkursordnung entsprechende Anwendung.

1. Wie § 35 HypBankG., so hat auch das VAG. die Gl. des Prämienreservefonds nicht mittels eines Pfandrechts sichergestellt, sondern auf ein Vorrecht im K. beschränkt. Ihre Befriedigung erfolgt im KVerfahren durch den KVerw.; sie sind KGl.

2. Abs. 2 bewirkt, daß aus nach KE. eintretenden VersichFällen die Fälligkeit der Versicherung nicht mehr eintreten kann; bereits vorher erwachsene Ansprüche können aber als KForderungen geltend gemacht werden. Die Rechte auf den Prämienreservefonds bleiben aber bestehen, und zwar auch zugunsten bereits erwachsener Versich.-Ansprüche.

3. Das Vorrecht des § 61 gibt wie § 35 ein selbständiges Vorrecht nur für die Zwecke und im Rahmen des KVerf. Von einem Zwangsvergleich wird es nicht betroffen (§ 193 KO.). Durch Parteivereinbarung werden die Rechte nicht betroffen.

4. S. auch KO. § 96 Anm. 1b.

§ 62.

I Das Konkursgericht hat den Versicherten zur Wahrung der ihnen nach § 61 zustehenden Rechte einen Pfleger zu bestellen. Für die Pflegschaft tritt an die Stelle des Vormundschaftsgerichts das Konkursgericht.

II Dem Pfleger liegt ob, den Umfang des vorhandenen Prämienreservefonds festzustellen sowie die den Versicherten zustehenden Ansprüche zu ermitteln und anzumelden.

III Der Pfleger hat die Versicherten soweit tunlich vor der Anmeldung zu hören und von der erfolgten Anmeldung zu benachrichtigen, ihnen auf Verlangen auch sonst über die für ihre Ansprüche erheblichen Tatsachen Auskunft zu erteilen.

Das Recht des einzelnen Versicherten zur Anmeldung bleibt unberührt. Soweit mit der Anmeldung des Versicherten eine Anmeldung des Pflegers in Widerspruch steht, gilt bis zur Beseitigung des Widerspruchs die dem Versicherten günstigere Anmeldung.

IV Der Konkursverwalter hat dem Pfleger die Einsichtnahme aller Bücher und Schriften des Gemeinschuldners zu gestatten und ihm auf Verlangen den Bestand des Prämienreservefonds nachzuweisen.

V Der Pfleger kann für die Führung seines Amtes eine angemessene Vergütung verlangen. Die ihm zu erstattenden Auslagen und die Vergütung fallen dem Prämienreservefonds zur Last.

VI Vor der Bestellung des Pflegers und vor der Festsetzung der Vergütung ist die Aufsichtsbehörde zu hören.

1. Weitergehende Befugnisse zur Teilnahme am KVerf., als sie Abs. 2—4 vorsehen, stehen dem Pfleger nicht zu, namentlich nicht solche in bezug auf die Abstimmung oder auf Verzicht auf das Vorrecht mit Wirkung für die Versicherten. Das Recht zur Prozeßführung über den Umfang des Prämienreservefonds und über Bestand und Höhe der von ihm angemeldeten Ansprüche wird ihm zuzubilligen sein (Manes-Hagen VAG. § 62 Anm. 2).

2. Die Kosten der Pflegschaft sind Massekosten (§ 58 Nr. 2 KO.), aber mit der Besonderheit des § 62 Abs. 6 VAG.

§ 63.

Auf Kranken- oder Unfallversicherungen der im § 12 bezeichneten Art finden die Vorschriften der §§ 56 bis 62 entsprechende Anwendung.

V. Beaufsichtigung der Versicherungsunternehmungen.

1. Aufgaben und Befugnisse der Aufsichtsbehörden.

§ 68.

I Das Konkursgericht hat, unbeschadet der Vorschrift im § 107 Abs. 1 der Konkursordnung, auf Antrag der Aufsichtsbehörde den Konkurs über das Vermögen einer Versicherungsgesellschaft auf Aktien oder eines Versicherungsvereins auf Gegenseitigkeit zu eröffnen. Der Antrag auf Eröffnung des Konkurses kann nur von der Aufsichtsbehörde gestellt werden. Eine Anfechtung des Eröffnungsbeschlusses findet nicht statt.

II Sobald die Zahlungsunfähigkeit eintritt, hat der Vorstand der Aufsichtsbehörde Anzeige zu machen. Das Gleiche gilt, sobald sich bei der Aufstellung der Jahresbilanz oder einer Zwischenbilanz Überschuldung ergibt. Diese Anzeigepflicht tritt an die Stelle der dem Vorstande durch andere gesetzliche Vorschriften auferlegten Pflicht, im Falle der Zahlungsunfähigkeit oder der Überschuldung die Eröffnung des Konkurses zu beantragen. Gehen bei Versicherungsvereinen auf Gegenseitigkeit mit Nachschuß- oder Umlagenpflicht ausgeschriebene Nachschüsse oder Umlagen innerhalb fünf Monaten nach der Fälligkeit nicht ein, so hat der Vorstand zu prüfen, ob sich, wenn die nicht bar eingegangenen Nachschuß- oder Umlagebeträge außer Berücksichtigung bleiben, Überschuldung ergibt; liegt eine solche Überschuldung vor, so ist innerhalb eines Monats nach dem Ablaufe der bezeichneten Frist der Aufsichtsbehörde Anzeige zu machen. Die gleichen Pflichten liegen den Liquidatoren ob.

§ 69.

I Ergibt sich bei der Prüfung der Geschäftsführung und der Vermögenslage eines Unternehmens, daß dieses zur Erfüllung seiner Verpflichtungen für die Dauer nicht mehr imstande ist, die Vermeidung des Konkurses aber im Interesse der Versicherten geboten erscheint, so kann die Aufsichtsbehörde die zu diesem Zwecke erforderlichen Anordnungen treffen sowie auch die Vertreter des Unternehmens auffordern, binnen bestimmter Frist eine Änderung der Geschäftsgrundlagen oder die sonstige Beseitigung der Mängel herbeizuführen. Bestimmte Arten von Zahlungen, insbesondere Gewinnverteilungen, und bei Lebensversicherungen der Rückkauf oder die Beleihung des Versicherungsscheins sowie Vorauszahlungen darauf können zeitweilig verboten werden.

II Unter der im Abs. 1 Satz 1 bezeichneten Voraussetzung ist die Aufsichtsbehörde berechtigt, nötigenfalls die Verpflichtungen einer Lebensversicherungsunternehmung aus ihren laufenden Versicherungen, dem Stande ihres Vermögens entsprechend, jedoch um höchstens dreiunddreißigeindrittel Prozent, zu ermäßigen.

2. Verfassung und Verfahren der Aufsichtsbehörden.

§ 73.

I Das Aufsichtsamt für Privatversicherung entscheidet auf Grund mündlicher Beratung in der Besetzung von drei Mitgliedern einschließlich des Vorsitzenden unter Zuziehung von zwei Mitgliedern des Versicherungsbeirats . . .

8. über die Stellung des Antrags auf Eröffnung des Konkurses (§ 68) . . .

§ 74.

I Gegen die gemäß § 73 Abs. 1 erteilten Entscheidungen steht den Beteiligten der Rekurs zu. Als Beteiligte gelten im Falle des § 73 Abs. 1 Nr. 4, wenn die Genehmigung des Auflösungsbeschlusses versagt ist, nur der Vereinsvorstand, wenn der Auflösungsbeschluß genehmigt ist, nur diejenigen Mitglieder des obersten Organs, welche gegen den Auflösungsbeschluß Widerspruch zum Protokoll erklärt haben. Im Falle des § 73 Abs. 1 Nr. 5 gilt als Beteiligter nur der Vereinsvorstand, gegen dessen Antrag die Anerkennung des Vereins als eines kleineren versagt worden ist.

II Über den Rekurs entscheidet das Aufsichtsamt für Privatversicherung in der Besetzung von drei Mitgliedern einschließlich des Vorsitzenden unter Zuziehung von zwei Mitgliedern des Versicherungsbeirats sowie eines richterlichen Beamten und eines Mitglieds eines höchsten Verwaltungsgerichtshofs in einem deutschen Bundesstaate.

III Die richterlichen Beamten sowie die Mitglieder höchster Verwaltungsgerichtshöfe werden für die Dauer ihres Hauptamts auf Vorschlag des Bundesrats vom Kaiser ernannt.

IV Bezüglich der Zuziehung der Mitglieder des Versicherungsbeirats gilt die Vorschrift des § 73 Abs. 2, bezüglich der Ausschließung und Ablehnung der zur Mitwirkung bei der Entscheidung berufenen Personen die Vorschrift des § 73 Abs. 3.

§ 75.

I Der Rekurs ist innerhalb eines Monats nach der Zustellung der Entscheidung bei dem Aufsichtsamte für Privatversicherung schriftlich einzulegen und zu begründen. Der Rekurs gegen die nach § 67 Abs. 2 oder nach § 69 Abs. 1 Satz 2 von der Aufsichtsbehörde getroffenen Anordnungen sowie gegen die Entscheidung auf Stellung des Konkursantrags hat keine aufschiebende Wirkung. Von der Aufhebung der Entscheidung auf Stellung des Konkursantrags hat das Aufsichtsamt für Privatversicherung dem Konkursgerichte Mitteilung zu machen. Das Konkursgericht hat das Verfahren einzustellen.

II An der Entscheidung über den Rekurs dürfen außer dem Vorsitzenden des Amtes Personen, die bei der angefochtenen Entscheidung mitgewirkt haben, nicht teilnehmen.

III Der Vorsitzende des Amtes ernennt einen ersten und einen zweiten Berichterstatter; ein Berichterstatter muß aus den richterlichen Beamten oder aus den Mitgliedern höchster Verwaltungsgerichtshöfe ernannt werden.

IV Die Entscheidung erfolgt nach Ladung der Beteiligten auf Grund mündlicher und öffentlicher Verhandlung. Die Öffentlichkeit kann aus den Gründen des § 173 des Gerichtsverfassungsgesetzes ausgeschlossen werden.

VIII. Strafvorschriften.

§ 109.

I Mit Gefängnis bis zu drei Monaten und zugleich mit Geldstrafe bis zu fünftausend Mark werden die Mitglieder des Vorstandes oder die Liquidatoren einer Versicherungsgesellschaft auf Aktien, eines Versicherungsvereins auf Gegenseitigkeit, einer eingetragenen Genossenschaft oder eines Vereins der im § 102 bezeichneten Art bestraft, wenn entgegen der Vorschrift des § 68 Abs. 2 der Aufsichtsbehörde eine der dort vorgeschriebenen Anzeigen nicht gemacht worden ist.

II Sind mildernde Umstände vorhanden, so tritt ausschließlich die Geldstrafe ein.

III Straflos bleibt derjenige, bezüglich dessen festgestellt wird, daß die Anzeige ohne sein Verschulden unterblieben ist.

§ 112.

Die Vorschriften der §§ 239 bis 241 der Konkursordnung finden gegen die Mitglieder des Vorstandes und die Liquidatoren eines Versicherungsvereins auf Gegenseitigkeit, welcher seine Zahlungen eingestellt hat oder über dessen Vermögen das Konkursverfahren eröffnet worden ist, Anwendung, wenn sie in dieser Eigenschaft die mit Strafen bedrohten Handlungen begangen haben.

§ 113.

Die Vorschriften der §§ 106, 109 bis 112 finden auch auf die Mitglieder des Vorstandes, eines Aufsichtsrats oder ähnlichen Organs sowie die Liquidatoren eines solchen Vereins

Anwendung, der nach § 101 als Versicherungsverein auf Gegenseitigkeit im Sinne dieses Gesetzes gilt.

8. Gesetz über das Verlagsrecht

vom 19. Juni 1901 (RGBl. 217).[1])

§ 36.

I Wird über das Vermögen des Verlegers der Konkurs eröffnet, so finden die Vorschriften des § 17 der Konkursordnung auch dann Anwendung, wenn das Werk bereits vor der Eröffnung des Verfahrens abgeliefert worden war.

II Besteht der Konkursverwalter auf der Erfüllung des Vertrags, so tritt, wenn er die Rechte des Verlegers auf einen anderen überträgt, dieser an Stelle der Konkursmasse in die sich aus dem Vertragsverhältnis ergebenden Verpflichtungen ein. Die Konkursmasse haftet jedoch, wenn der Erwerber die Verpflichtungen nicht erfüllt, für den von dem Erwerber zu ersetzenden Schaden wie ein Bürge, der auf die Einrede der Vorausklage verzichtet hat. Wird das Konkursverfahren aufgehoben, so sind die aus dieser Haftung sich ergebenden Ansprüche des Verfassers gegen die Masse sicherzustellen.

III War zur Zeit der Eröffnung des Verfahrens mit der Vervielfältigung noch nicht begonnen, so kann der Verfasser von dem Vertrage zurücktreten.

1. Abs. 1 klärt die Anwendung des § 17 KO. auf den Verlagsvertrag, Abs. 2 trifft besondere Bestimmungen für den Fall, daß der KVerw. in Anwendung des genannten § 17 Erfüllung wählt, und Abs. 3 gibt dem Verfasser für den Fall der KE. ein Rücktrittsrecht.

2. Abs. 1 stellt klar, daß die Ablieferung des Werkes keine vollständige Erfüllung des Verlagsvertrags ist, daß also trotz dieser noch das Wahlrecht des KVerw. besteht. Diese Regelung führt wohl zu dem Ergebnis, daß das Wahlrecht des KVerw. beim Verlagsvertrag stets bis zur vollständigen Abwicklung des Verhältnisses besteht; denn die Annahme einer vollständigen Erfüllung scheitert stets daran, daß der Verfasser immer noch verpflichtet bleibt, sich während der Vertragsdauer der Vervielfältigung und Verbreitung des Werks zu enthalten. Lehnt der KVerw. in Anwendung des § 17 die Erfüllung ab, so wird das Verhältnis nur für die Zukunft aufgehoben (KO. § 17 Anm. 7); der Verfasser braucht also schon empfangenes Honorar nicht herauszugeben. Das Vervielfältigungsrecht „vervollkommnet sich wieder" in der Person des Verfassers (Riezler in Ehrenberg, Handbuch des Handelsrechts V, 2 § 20). An bereits hergestellten Exemplaren bleibt das Eigentum

[1]) Geändert durch Art. 2 des Ges. vom 22. Mai 1910 (RGBl. 793).

des Verlegers bestehen und der KVerw. hat auch ferner das Verbreitungsrecht, denn auch letzteres ist nur eine Folge der bereits vor der Ablehnung der weiteren Erfüllung eingetretenen Rechtslage; teilweise a. A. Riezler a. a. O. S. 87 Note 12 und LZ. 4, 641; Allfeld Verlagsrecht § 36 Anm. 4d. Im Falle der Ablehnung der Erfüllung besteht ein Anspruch auf Schadensersatz (s. KO. § 17 Anm. 7a und § 26 Anm. 4; Jaeger LZ. 4, 641; Cosack Handelsrecht § 111 I 2c). Das Wahlrecht nach § 17 KO. entfällt, wenn der Verfasser sein Rücktrittsrecht auf Grund des Abs. 3 des § 36 ausübt; dieses geht vor.

3. Das in Abs. 2 behandelte Übertragungsrecht hat auch im K. der Verw. nur unter den allgemeinen hiefür aufgestellten Voraussetzungen des § 28 VerlG. Abs. 2 regelt aber die Wirkungen der Übertragung abweichend vom § 28. Der Aufhebung des S. 3 steht die Einstellung gleich (Allfeld a. a. O. § 36 Anm. 5bβ). Die Haftung der Masse nach S. 2 ist eine Masseschuld.

4. Mit Ausübung des dem Verfasser nach Abs. 3 eingeräumten Rücktrittsrechts erlischt das Vertragsverhältnis mit Wirkung nach rückwärts, insbesondere tritt das Urheberrecht des Verfassers ohne besondere Übertragung wieder voll in Kraft (Rippner in GoldschmZ. 68, 133); es ist in §§ 37 und 38 VerlG. näher geregelt. Der Beginn der Vervielfältigung ist zu rechnen vom Drucke an; bloße Beschaffung von Papier und auch von Typen genügen bei literarischen Erzeugnissen nicht; beim Musikverlag beginnt die Vervielfältigung mit der Herstellung der Form des Druckes (Kohler bei Dernburg BürgR. Bd. VI § 57 II).

5. Die Bestimmung des § 36 ist zwingendes Recht (gem. M.); zulässig ist aber die Bestimmung, daß der Verlagsvertrag bei KE. aufgelöst sein soll (KO. § 17 Anm. 5; Kohler bei Dernburg BürgR. Bd. VI § 57 IV).

6. Für den K. über das Vermögen des Erben bestehen beim Verlagsvertrag keine Besonderheiten. Der Anspruch auf Herstellung des Werkes ist nicht KForderung, da er nicht auf eine aus dem Vermögen des GSch. zu bewirkende Leistung geht (Riezler a. a. O.).

7. Wegen der Behandlung des Verlagsrechts im K. über den Nachlaß des Urhebers s. Voor in GoldschZ. 79, 421.

§ 37.

Auf das in den §§ 17, 30, 35, 36 bestimmte Rücktrittsrecht finden die für das vertragsmäßige Rücktrittsrecht geltenden Vorschriften der §§ 346 bis 356 des Bürgerlichen Gesetzbuchs entsprechende Anwendung. Erfolgt der Rücktritt wegen eines Umstandes, den der andere Teil nicht zu vertreten hat, so haftet dieser nur nach den Vorschriften über die Herausgabe einer ungerechtfertigten Bereicherung.

S. 2 findet auf das nach § 36 Abs. 3 ausgeübte Rücktrittsrecht keine Anwendung; denn den Ausbruch des K. hat die Masse stets zu vertreten (Allfeld § 37 Anm. 3 IIa; Riezler a. a. O. S. 84 Note 4; a. A. Jaeger § 17 Anm. 58). Aus der Anwendung des § 354 BGB. ergibt sich insbesondere, daß der Verwalter dem Verfasser bei Verzug zur Rückgewähr eine angemessene Frist setzen kann, bei deren Nichteinhaltung der Rücktritt unwirksam wird.

§ 38.

I Wird der Rücktritt von dem Verlagsvertrag erklärt, nachdem das Werk ganz oder zum Teil abgeliefert worden ist, so hängt es von den Umständen ab, ob der Vertrag teilweise aufrechterhalten bleibt. Es begründet keinen Unterschied, ob der Rücktritt auf Grund des Gesetzes oder eines Vorbehalts im Vertrag erfolgt.

II Im Zweifel bleibt der Vertrag insoweit aufrechterhalten, als er sich auf die nicht mehr zur Verfügung des Verlegers stehenden Abzüge, auf frühere Abteilungen des Werkes oder auf ältere Auflagen erstreckt.

III Soweit der Vertrag aufrechterhalten bleibt, kann der Verfasser einen entsprechenden Teil der Vergütung verlangen.

IV Diese Vorschriften finden auch Anwendung, wenn der Vertrag in anderer Weise rückgängig wird.

9. Scheckgesetz.

Vom 11. März 1908 (RGBl. 71).

§ 24.

Auf die Anfechtung einer auf einen Scheck geleisteten Zahlung finden die Vorschriften des § 34 der Konkursordnung entsprechende Anwendung.

Für die durch § 24 bestimmte entsprechende Anwendung des § 34 KO. wird § 16 des ScheckGes. erheblich, insoferne sich aus ihm ergibt, wann nach Scheckrecht der Empfänger bei Verlust des Scheckanspruchs gegen andere Scheckverpflichtete zur Annahme der Zahlung verpflichtet war. Nach § 16 ist Voraussetzung der Ausübung des Regreßrechts, daß der Scheck rechtzeitig zur Zahlung vorgelegt und nicht eingelöst wurde oder daß die Vorlegung vergeblich versucht worden ist. Darnach gilt als Regel, daß der Inhaber oder Indossatar des Schecks die Zahlung annehmen muß, da andernfalls der Nachweis der Nichteinlösung nicht geführt werden kann. Anfechtbar bleiben aber nachträgliche Zahlungen nach bereits erfolgter Vorlegung und Nichteinlösung, Zahlungen, wenn der Zahler der einzige Scheckschuldner ist, und Zahlungen nach Versäumung der Vorlegungsfrist, weil in diesen Fällen die Verweigerung der Annahme der Zahlung einen Regreß nicht ausschließt, und weiter Teilzahlungen, weil der Scheckinhaber zur Annahme solcher nicht verpflichtet ist (s. Lessing Scheckges. § 24 Anm. II 1).

10. Gesetz über den Versicherungsvertrag.

Vom 30. Mai 1908 (RGBl. 263).[1])

§ 13.

Wird über das Vermögen des Versicherers der Konkurs eröffnet, so endigt das Versicherungsverhältnis mit dem Ablauf eines Monats seit der Eröffnung; bis zu diesem Zeitpunkte bleibt es der Konkursmasse gegenüber wirksam. Soweit das Gesetz über die privaten Versicherungsunternehmungen vom 12. Mai 1901 (Reichs-Gesetzbl. S. 139) besondere Vorschriften über die Wirkungen der Konkurseröffnung enthält, bewendet es bei diesen Vorschriften.

1. Bis zum Ablauf der in Abs. 1 S. 1 bezeichneten Frist tritt der KVerw. in den Vertrag ein, er hat die hieraus sich ergebenden Pflichten und hat auch Anspruch auf die Prämie. Das Wahlrecht des § 17 KO. steht ihm nicht zu, § 13 ist eine besondere Bestimmung im Sinne des § 25 KO. Die Verpflichtungen des Versicherers aus einem innerhalb der Frist eingetretenen VersichFall sind Masseschulden nach § 59 Nr. 2 KO. Ansprüche aus einem vor KE. eingetretenen VersichFall sind nur KForderungen; tritt der Fall nach Abfall der Frist ein, so entstehen überhaupt keine Ansprüche mehr. Zur Frage, ob der VersichAnspr. KF. oder Masseschuld ist, wenn das schadenbringende Ereignis teils vor teils nach KE. eintritt, s. Heine LZ. 9, 745. Ein Schadensersatzanspruch wegen der nach § 13 eintretenden Beendigung des VersichVerhältnisses besteht nicht. Wegen der Zurückforderung der bereits gezahlten Prämie s. § 40 Abs. 3 VVG.

2. Die KMasse kann auch durch VersichBedingungen nicht über ein Monat hinaus gebunden werden, dagegen kann eine frühere Beendigung vorgesehen werden (gegen letzteres Gerhard VVG. § 13 Anm. 6).

3. Besondere Vorschriften für die Lebensversicherung und gewisse ihr gleichgestellte VersichZweige enthalten § 61 Abs. 2, § 63 VAG. und für die Seeversicherung § 898 HGB.

§ 14.

[I] Auf eine Vereinbarung, nach welcher im Falle der Eröffnung des Konkurses über das Vermögen des Versicherungsnehmers das Versicherungsverhältnis erlöschen oder der Versicherer befugt sein soll, das Versicherungsverhältnis ohne Ein-

---

[1]) Geändert durch § 10 des Ges. v. 20. Dez. 1911 (RGBl. 985).

haltung einer Kündigungsfrist oder unter Einhaltung einer Kündigungsfrist von weniger als einem Monate zu kündigen, kann sich der Versicherer nicht berufen.

II Das gleiche gilt, wenn eine Vereinbarung der im Abs. 1 bezeichneten Art für den Fall getroffen ist, daß die Zwangsverwaltung des versicherten Grundstücks angeordnet wird.

1. § 14 bezieht sich auf den K. des Versicherungsnehmers. Neben § 14 findet hier § 17 KO. Anwendung. Wählt darnach der KVerw. Erfüllung, so kann der Versicherer die Prämie als MasseGl. fordern (§ 59 Nr. 2 KO.). Macht der Versicherer von einem vertragsmäßigen Kündigungsrecht Gebrauch, so kann er die Prämie nur bis zur Beendigung des VersichVerhältnisses fordern; eine schon bezahlte Prämie muß er erstatten.

2. § 14 bleibt außer Anwendung bei der Transportversicherung von Gütern, der Kreditversicherung, bei der Versicherung gegen Kursverlust und Arbeitslosigkeit und bei der laufenden Schadensversicherung (§ 187 VVG.). Auch §§ 888, 889 HGB. enthalten Sonderbestimmungen.

§ 40.

III Endigt das Versicherungsverhältnis infolge der Eröffnung des Konkurses über das Vermögen des Versicherers, so kann der Versicherungsnehmer den auf die Zeit nach der Beendigung des Versicherungsverhältnisses entfallenden Teil der Prämie unter Abzug der für diese Zeit aufgewendeten Kosten zurückfordern.

§ 40 Abs. 3 gibt dem VersichNehmer im Falle der Aufhebung durch K. nach § 13 einen Anspruch auf Rückzahlung der Prämie. Abzugsfähig sind vor allem die Abschluß- und die Inkassoprovision. Der Anspruch ist KForderung.

§ 77.

Der Versicherungsnehmer ist nicht verpflichtet, dem Versicherten oder, falls über das Vermögen des Versicherten der Konkurs eröffnet ist, der Konkursmasse den Versicherungsschein auszuliefern, bevor er wegen der ihm gegen den Versicherten in bezug auf die versicherte Sache zustehenden Ansprüche befriedigt ist. Er kann sich für diese Ansprüche aus der Entschädigungsforderung gegen den Versicherer und nach der Einziehung der Forderung aus der Entschädigungssumme vor dem Versicherten und dessen Gläubigern befriedigen.

§ 77, der sich wie der ganze zweite Abschnitt nur auf die Schadensversicherung bezieht, sichert die Ansprüche des Versicherungsnehmers gegen den Versicherten im K. des letzteren; er hat in erster Linie den Anspruch des Versicherungsnehmers auf Erstattung der gezahlten Prämien im Auge, er beschränkt sich aber nicht auf Forderungen aus dem VersichVerhältnis, sondern erstreckt sich auf alle Forderungen, die in bezug auf die versicherte Sache bestehen. Für die Rechte des Versicherten im K. des Versicherungsnehmers bedarf es keiner besonderen Regelung, da die Entschädigungsforderung dem Versicherten zusteht (§ 75 VVG.); dieser hat deshalb ein Recht auf Aussonderung und einen Anspruch auf einen allenfalls zur Masse eingegangenen Betrag (§ 46 S. 2 KO.).

§ 157.

Ist über das Vermögen des Versicherungsnehmers der Konkurs eröffnet, so kann der Dritte wegen des ihm gegen den Versicherungsnehmer zustehenden Anspruchs abgesonderte Befriedigung aus der Entschädigungsforderung des Versicherungsnehmers verlangen.

1. § 157, der sich auf die Haftpflichtversicherung beschränkt, gewährt dem Dritten, der die Entschädigungsansprüche gegen den VersichNehmer hat, Rechte an der Entschädigungsforderung des VersichNehmers. Der HaftpflichtGl., der das ihm so gewährte Absonderungsrecht betreibt, hat außerhalb des KVerf. vorzugehen (§ 4 Abs. 2 KO.); er macht sein Recht geltend nach Analogie des auf einem Pfandrecht beruhenden Absonderungsrechts; er kann insbesondere auch gemäß § 1282 BGB. nach Fälligkeit der HaftpflichtForderung die Entschädigungs-Forderung des VersichNehmers unmittelbar einziehen (RGZ. 93, 209). Das Absonderungsrecht entsteht aber erst mit dem K. und gilt nur für die Dauer des KVerf.; doch kann bei einem Zwangsvergleich der. HaftpflichtGl. das erworbene Vorzugsrecht auch nach der Aufhebung des KVerf. geltend machen (Berthold LZ. 5, 451, gegen LZ. 2, 911 und 4, 583).

2. Auf die Forderung des HaftpflichtGl. gegen den Versicherungsnehmer wird man § 64 nebst §§ 96, 153, 156, 168, 169 KO. entsprechend anwenden müssen (s. Gerhard VVG. § 157 Anm. 3; s. § 35 HypBankGes.).

3. Wegen des Einflusses der Umwandlung der ursprünglichen Rentenforderung des HaftpflichtGl. in eine Kapitalforderung auf die Forderung gegen den Versicherer s. RGZ. 93, 209.

4. § 157 enthält zwingendes Recht (List LZ. 6, 537). Vgl. im allg. zu dessen Auslegung Kirchberger LZ. 4, 508; Schneider LZ. 6, 26; Flechtheim LZ. 2, 801; Meuret LZ. 2, 900.

11. Gesetz über die Sicherung der Bauforderungen.

Vom 1. Juni 1909 (RGBl. 449).

§ 5.

Baugeldempfänger, welche ihre Zahlungen eingestellt haben oder über deren Vermögen das Konkursverfahren eröffnet worden

ist und deren im § 1 Abs. 1 bezeichnete Gläubiger zur Zeit der Zahlungseinstellung oder der Konkurseröffnung benachteiligt sind, werden mit Gefängnis nicht unter einem Monate bestraft, wenn sie vorsätzlich zum Nachteile der bezeichneten Gläubiger den Vorschriften des § 1 zuwidergehandelt haben. Sind mildernde Umstände vorhanden, so kann die Strafe bis auf einen Tag Gefängnis ermäßigt oder auf Geldstrafe bis zu dreitausend Mark erkannt werden.

1. Der Begriff des Baugeldempfängers ergibt sich aus § 1 des Ges.; Baugeldempfänger ist, wer Baugeld erhält, d. h. Geldbeträge, die zum Zwecke der Bestreitung der Kosten eines Baues dienen; und zwar muß die Gewährung in der Weise erfolgt sein, daß zur Sicherung der Ansprüche des Geldgebers eine Hypothek oder eine Grundschuld an dem Baugrundstücke dient oder die Übertragung des Eigentums an dem Grundstück von dem Baugeldgeber an den Baugeldempfänger erst nach gänzlicher oder teilweiser Herstellung des Baues erfolgen soll.

2. §§ 5 und 6 finden keine Anwendung auf die gesetzlichen Vertreter der Baugeldempfänger oder der zur Führung des Baubuchs Verpflichteten (RGSt. 49, 247).

3. Zur Bestrafung genügt Vorsätzlichkeit; die Absicht der Gläubigerbenachteiligung ist nicht notwendig (RGSt. 48, 117).

4. Durch dieselbe Zahlungseinstellung oder KEröffnung strafbar gewordene Zuwiderhandlungen gegen § 5 oder § 6 oder gegen §§ 5 und 6 des Ges. können nicht in Realkonkurrenz stehen (RGSt. 46, 305; 48, 117 und 336).

§ 6.

Zur Führung eines Baubuchs verpflichtete Personen, welche ihre Zahlungen eingestellt haben oder über deren Vermögen das Konkursverfahren eröffnet worden ist und deren im § 2 Abs. 3 Ziff. 1 bezeichnete Gläubiger zur Zeit der Zahlungseinstellung oder der Konkurseröffnung benachteiligt sind, werden mit Gefängnis bis zu einem Jahre oder mit Geldstrafe bis zu dreitausend Mark bestraft, wenn sie das vorgeschriebene Baubuch zu führen unterlassen, oder es verheimlicht, vernichtet oder so unordentlich geführt haben, daß es keine genügende Übersicht, insbesondere über die Verwendung der zur Bestreitung der Baukosten zugesicherten Mittel, gewährt.

1. Wer zur Führung eines Baubuchs verpflichtet ist, ergeben §§ 2 und 3 des Ges. Demnach besteht die Pflicht für den, der die Herstellung eines Neubaus unternimmt und Baugewerbetreibender ist, sowie für jeden, der einen Neubau oder Umbau unternimmt und sich hiefür Baugeld gewähren läßt.

2. Wegen der Bestrafung der gesetzlichen Vertreter der zur Baubuchführung Verpflichteten f. § 5 Anm. 2.

3. Baugewerbetreibender ist nur, wer aus der Ausführung von Bauarbeiten ein Gewerbe macht; und zwar muß er es selbständig betreiben; es genügt nicht, wenn er sonst im Bauwesen tätig ist oder aus der Verrichtung von Arbeiten bautechnischer Art seinen Erwerb zieht (RGSt. 49, 72).

4. Unternehmer des Baus ist der, in dessen Namen die Herstellung erfolgt und der hierdurch in seiner Person Träger der aus der Bauführung entstandenen Rechte und Verbindlichkeiten geworden ist, also nicht der Generalbevollmächtigte des Unternehmers (RGSt. 46, 10). Auch der Generalunternehmer ist Unternehmer des Baus und zur Baubuchführung verpflichtet (RGSt. 46, 305). Darauf, für wessen Rechnung der Bau wirtschaftlich betrieben wird, kommt es nicht an; es können aber hinsichtlich desselben Baus mehrere Unternehmer sein (RG. JW. 44, 354).

5. Wegen der Realkonkurrenz in den Fällen des § 6 f. § 5 Anm. 4.

Anhang.

Vergleichende Zusammenstellung

der Paragraphenfolge der Konkursordnung v. 10. Febr. 1877, des Ges. v. 17. Mai 1898 u. der neuen Numerierung nach der Bek. v. 20. Mai 1898.

Die in der 2. Zahlenreihe enthaltenen Paragraphen zeigen sowohl die abgeänderten Paragraphen der alten Konkursordnung als die neueingeschalteten Paragraphen; wo ein Paragraph der alten Konkursordnung wegfällt, ist dies hier durch die Worte „fällt weg“ bemerkt.

Gesetz vom 10. Febr. 1877	Gesetz vom 17. Mai 1898		Neue Paragraphenfolge	Gesetz vom 10. Febr. 1877	Gesetz vom 17. Mai 1898		Neue Paragraphenfolge
	Paragraph	Nr.			Paragraph	Nr.	
§ 1	§ 1	1	§ 1	§ 20	§ 20	15	§ 25
	§ 1a	2	§ 2	§ 21			§ 26
§ 2	§ 2	3	§ 3		§ 21a	16	§ 27
§ 3			§ 4		§ 21b	16	§ 28
§ 4	§ 4	4	§ 5	§ 22			§ 29
§ 5			§ 6	§ 23			§ 30
§ 6	§ 6	5	§ 7	§ 24			§ 31
§ 7			§ 8	§ 25	§ 25	17	§ 32
	§ 7a	6	§ 9	§ 26			§ 33
§ 8			§ 10	§ 27			§ 34
§ 9			§ 11	§ 28			§ 35
§ 10			§ 12	§ 29			§ 36
	§ 10a	7	§ 13	§ 30			§ 37
§ 11	§ 11	8	§ 14	§ 31			§ 38
§ 12	§ 12	9	§ 15	§ 32			§ 39
§ 13	fällt weg	10	fällt weg	§ 33	§ 33	18	§ 40
§ 14	§ 14	11	§ 16	§ 34	§ 34	19	§ 41
§ 15			§ 17		§ 34a	20	§ 42
§ 16			§ 18	§ 35			§ 43
§ 17	§ 17	12	§ 19	§ 36			§ 44
§ 18	§ 18	12	§ 20	§ 37			§ 45
	§ 18a	12	§ 21	§ 38			§ 46
§ 19	§ 19	13	§ 22	§ 39	§ 39	21	§ 47
	§ 19a	14	§ 23	§ 40	§ 40	21	§ 48
	§ 19b	14	§ 24	§ 41	§ 41	21	§ 49

Gesetz vom 10. Febr. 1877	Gesetz vom 17. Mai 1898		Neue Paragraphenfolge	Gesetz vom 10. Febr. 1877	Gesetz vom 17. Mai 1898		Neue Paragraphenfolge
	Paragraph	Nr.			Paragraph	Nr.	
§ 42			§ 50	§ 78			§ 86
§ 43	fällt weg	22	fällt weg	§ 79			§ 87
§ 44			§ 51	§ 80			§ 88
§ 45			§ 52	§ 81	§ 81	28	§ 89
§ 46			§ 53	§ 82			§ 90
§ 47			§ 54	§ 83	§ 83	29	§ 91
§ 48			§ 55	§ 84			§ 92
§ 49			§ 56	§ 85			§ 93
§ 50			§ 57	§ 86			§ 94
§ 51			§ 58	§ 87			§ 95
§ 52			§ 59	§ 88			§ 96
§ 53			§ 60	§ 89			§ 97
§ 54	§ 54	23	§ 61	§ 90			§ 98
§ 55			§ 62	§ 91			§ 99
§ 56			§ 63	§ 92			§ 100
§ 57			§ 64	§ 93			§ 101
§ 58			§ 65	§ 94			§ 102
§ 59			§ 66	§ 95			§ 103
§ 60			§ 67	§ 96			§ 104
§ 61			§ 68	§ 97			§ 105
§ 62			§ 69	§ 98	§ 98	30	§ 106
§ 63			§ 70	§ 99	§ 99	31	§ 107
§ 64	§ 64	24	§ 71	§ 100			§ 108
§ 65			§ 72	§ 101			§ 109
§ 66			§ 73	§ 102	§ 102	32	§ 110
	§ 66a	25	§ 74	§ 103			§ 111
§ 67			§ 75	§ 104			§ 112
§ 68			§ 76	§ 105	fällt weg	33	fällt weg
§ 69			§ 77	§ 106	§ 106	34	§ 113
§ 70			§ 78		§ 106a	35	§ 114
§ 71			§ 79		§ 106b	36	§ 115
§ 72			§ 80		§ 106c	37	§ 116
§ 73			§ 81	§ 107	§ 107	38	§ 117
§ 74	§ 74	26	§ 82	§ 108			§ 118
§ 75			§ 83	§ 109			§ 119
§ 76			§ 84	§ 110			§ 120
§ 77	§ 77	27	§ 85	§ 111			§ 121

Gesetz vom 10. Febr. 1877	Gesetz vom 17. Mai 1898		Neue Paragraphenfolge	Gesetz vom 10. Febr. 1877	Gesetz vom 17. Mai 1898		Neue Paragraphenfolge
	Paragraph	Nr.			Paragraph	Nr.	
§ 112			§ 122	§ 147			§ 159
§ 113			§ 123	§ 148			§ 160
§ 114			§ 124	§ 149			§ 161
§ 115			§ 125	§ 150			§ 162
§ 116			§ 126	§ 151			§ 163
§ 117	§ 117	39	§ 127	§ 152			§ 164
	§ 117a	40	§ 128		§ 152a	46	§ 165
§ 118			§ 129	§ 153			§ 166
	§ 118a	41	§ 130	§ 154			§ 167
§ 119			§ 131	§ 155			§ 168
§ 120			§ 132	§ 156			§ 169
§ 121			§ 133	§ 157			§ 170
§ 122	§ 122	42	§ 134	§ 158	§ 158	47	§ 171
§ 123			§ 135	§ 159			§ 172
§ 124			§ 136	§ 160			§ 173
§ 125			§ 137	§ 161			§ 174
§ 126	§ 126	43	§ 138	§ 162	§ 162	48	§ 175
§ 127			§ 139	§ 163			§ 176
§ 128			§ 140	§ 164			§ 177
§ 129			§ 141	§ 165			§ 178
§ 130			§ 142	§ 166	§ 166	49	§ 179
§ 131			§ 143	§ 167			§ 180
§ 132			§ 144	§ 168			§ 181
§ 133			§ 145	§ 169			§ 182
§ 134			§ 146		§ 169a	50	§ 183
§ 135			§ 147	§ 170			§ 184
§ 136			§ 148	§ 171			§ 185
§ 137			§ 149	§ 172			§ 186
§ 138			§ 150		§ 172a	51	§ 187
§ 139			§ 151	§ 173			§ 188
§ 140			§ 152	§ 174			§ 189
§ 141			§ 153	§ 175			§ 190
§ 142	§ 142	44	§ 154	§ 176			§ 191
§ 143			§ 155	§ 177			§ 192
§ 144	§ 144	45	§ 156	§ 178	§ 178	52	§ 193
§ 145			§ 157	§ 179			§ 194
§ 146			§ 158	§ 180	fällt weg	53	fällt weg

Gesetz vom 10. Febr. 1877	Gesetz vom 17. Mai 1898		Neue Paragraphenfolge	Gesetz vom 10. Febr. 1877	Gesetz vom 17. Mai 1898		Neue Paragraphenfolge
	Paragraph	Nr.			Paragraph	Nr.	
§ 181			**§ 195**		§ 205b	62	**§ 219**
§ 182			**§ 196**		§ 205c	62	**§ 220**
§ 183			**§ 197**		§ 205d	62	**§ 221**
§ 184	§ 184	54	**§ 198**		§ 205e	62	**§ 222**
§ 185			**§ 199**		§ 205f	62	**§ 223**
§ 186			**§ 200**		§ 205g	62	**§ 224**
§ 187			**§ 201**		§ 205h	62	**§ 225**
§ 188			**§ 202**		§ 205i	62	**§ 226**
§ 189			**§ 203**		§ 205k	62	**§ 227**
§ 190	§ 190	55	**§ 204**		§ 205l	62	**§ 228**
§ 191	§ 191	56	**§ 205**		§ 205m	62	**§ 229**
§ 192			**§ 206**	§ 206	§ 206	62	**§ 230**
§ 193			**§ 207**		§ 206a	62	**§ 231**
§ 194			**§ 208**		§ 206b	62	**§ 232**
§ 195			**fällt weg**		§ 206c	62	**§ 233**
§ 196			**fällt weg**		§ 206d	62	**§ 234**
§ 197			**fällt weg**		§ 206e	62	**§ 235**
§ 198	§ 198	57	**§ 209**		§ 206f	62	**§ 236**
§ 199	§ 199	58	**§ 210**	§ 207			**§ 237**
§ 200	§ 200	59	**§ 211**	§ 208	§ 208	63	**§ 238**
§ 201	§ 201	60	**§ 212**	§ 209			**§ 239**
	§ 201a	61	**§ 213**	§ 210	§ 210	64	**§ 240**
§ 202			**§ 214**	§ 211	§ 211	65	**§ 241**
§ 203			**§ 215**	§ 212			**§ 242**
§ 204	§ 204	62	**§ 216**	§ 213			**§ 243**
§ 205	§ 205	62	**§ 217**	§ 214			**§ 244**
	§ 205a	62	**§ 218**				

Sachregister

nach der Buchstabenfolge.

(Die Zahlen bedeuten die Seiten).

A.

H.

J.

L.

O.

P.

T.

U.

V.

MIX
Papier | Fördert gute Waldnutzung
FSC® C083411

Kolibri 360 GmbH
Ferdinand-Jühlke-Straße 7
99095 Erfurt, Deutschland
produktsicherheit@kolibri360.de